STUDIEN ZUR ALLTAGS- UND KULTURGESCHICHTE

Herausgegeben von Stefan Haas (Federführung), Antje Flüchter, Armin Owzar, Aline Steinbrecher und Clemens Wischermann

Band 33

Peter Borscheid

THE AMERICAN WAY OF MUSIC

Wie Pop und Rock die Welt eroberten

Franz Steiner Verlag

Umschlagabbildung: © iStock.com / bernardbodo

Bibliografische Information der Deutschen Nationalbibliothek:
Die Deutsche Nationalbibliothek verzeichnet diese Publikation in der Deutschen Nationalbibliografie; detaillierte bibliografische Daten sind im Internet über <http://dnb.d-nb.de> abrufbar.

Druck: Memminger MedienCentrum, Memmingen
Gedruckt auf säurefreiem, alterungsbeständigem Papier.
Printed in Germany.
ISBN 978-3-515-12585-7 (Print)
ISBN 978-3-515-12593-2 (E-Book)

INHALTSVERZEICHNIS

1 VORWORT – ZUM AMERICAN WAY OF MUSIC

9. Mai 1956: Mit Pauken und Trompeten bringen die USA ihre Wertvorstellungen rund um den Globus zu Gehör – ihre Lebensweise und ihre Kultur. Mitten im Kalten Krieg versuchen sie, ihr Image mit Geigen und Chören aufzupolieren, mit Spitzentenören gegen den Kommunismus anzusingen und mit „Schallwaffen“ ihren Ruf als Kulturbanausen wegzublasen, den ihnen die Sowjetpropaganda anheftet. An jenem Tag finden in Übersee gleich fünf von der amerikanischen Regierung bezahlte Konzerte statt. Die Philharmoniker aus Los Angeles treten in Bangkok auf, der Komponist und Pianist Eugene Istomin gibt ein Konzert in Japan, und die Robert Shaw Chorale sind in Köln mit Kompositionen von Bach bis Verdi zu Gast. Doch mit der klassischen Musik können die Amerikaner diesen Krieg nicht gewinnen, selbst wenn sie ihre exzellentesten Künstler in die Schlacht schicken. Die klassische Musik gilt traditionell als Domäne Europas, und für Amerika ist es kaum möglich, die Rolle des Schülers und Imitators abzustreifen. Für die neue Nummer eins der Welt erweist sich die klassische Musik letztlich als untaugliches Werbemittel. Auch mit den Tom Two Arrows, die Tänze amerikanischer Indianerstämme zur Darbietung bringen und an jenem 9. Mai in Burma auftreten, verbucht die Regierung nur mäßigen Erfolg. Als eigentliche Zugnummer und Sensation erweist sich dagegen Dizzy Gillespies Jazzband.[1] Jazz steht für das wahre Nordamerika mit dem Swing an erster Stelle. Gillespies All Stars und vor allem ihr Bandleader werden in Vorderasien und auf dem Balkan von den Massen bejubelt und auf Schultern getragen. Als Jazz-Botschafter sind sie die gefeierten Stars dieser Konzertreihe, die das US-amerikanische Außenministerium 1956 als Teil einer Kulturoffensive ins Leben ruft, um die „rote“ Propaganda im Cold War mit einem Cool War zu parieren.[2] Jazzkonzerte erweisen sich offenbar als werbewirksames Mittel in der Propagandaschlacht der fünfziger Jahre. Moskau kontert mit dem Bolschoi-Ballett – vergebens. Den kommunistischen Machthabern sollte es nie gelingen, den Verlockungen der populären amerikanischen Massenkultur etwas Gleichgewichtiges entgegenzusetzen.[3]

Bereits unmittelbar nach Kriegsende erkannten zahlreiche Politiker und Manager in Ost und West die überragende Bedeutung der Kultur als Propagandainstrument – die Bedeutung von Werten und Erzählungen, von Mythen und Emotionen. Sie rüsteten sich zu einem Kampf um die Kulturhoheit und schulterten unterschiedliche Waffen. Sie bedienten sich dabei weniger der so genannten Hochkultur des Bildungsbürgertums, da sie damit nur relativ kleine Bevölkerungskreise erreichten. Sie zielten vornehmlich auf die Massen und besonders auf die jüngere, leichter

1 Gac 2005, 4; Prevots 1998, 111–112.
2 Von Eschen 2004, 27–57; Davenport 1999, 282–315; Nicholson 2014, 79.
3 Nye 2004, 49.

formbare Generation. Die Vertreter des Westens setzten in ihrer Hochschätzung der individuellen Freiheit, Selbstverwirklichung und des Konsums auf eine bunte Mischung kultureller Güter, mit denen sie ihre Kontrahenten im Kalten Krieg bekämpfen und die Vertreter der Dritten Welt beeindrucken wollten, mit denen sie zugleich die globalen Märkte beschicken konnten, wobei spezialisierte und hochprofessionelle Industrien die Umsetzung begleiteten oder ganz übernahmen. Sie sprachen ganz gezielt das Individuum an, das sich aus dem bereitgestellten Sortiment nach eigenen Vorlieben und Fähigkeiten bedienen und die angebotenen Optionen nach eigenem Gusto und im Sinne der Selbstentfaltung kombinieren sollte. Zu dieser dynamischen Kulturvielfalt gehörten Kinofilme aus Hollywood ebenso wie Mode aus Paris oder Mailand, bald auch die französische und italienische Küche, schließlich das amerikanische Fastfood sowie Musik in ihren vielfältigsten Varianten, in erster Linie populäre Musik, wie sie die amerikanische Musikindustrie mittels Schallplatten exportierte und über den Rundfunk in die Welt hinausposaunte. Manager großer und kleiner Labels hatten begriffen, welche kraftvolle Macht die Musik im Alltag der meisten Menschen in jenen Trümmerjahren darstellte jenseits aller mühevollen Arbeit und verwirrenden Politik. Sie konnten noch nicht ahnen, welche vereinigende Wirkung von ihrer Tätigkeit auf den zukünftigen Globalisierungsprozess ausgehen würde.

POPMUSIK – EINE WESTLICHE KULTUR- UND KONSUMOFFENSIVE

Die amerikanische Regierung sah in der Finanzierung der Jazz-Botschafter eine Kulturoffensive. Gillespie und andere sollten einen betörenden Soundtrack zum weniger betörenden Alltag in Demokratie und Marktwirtschaft liefern. Die Tonträgerindustrie und die Industrie im Allgemeinen interpretierten und nutzten die Jazz-Botschafter dagegen als Konsumoffensive. Angelockt von dem satte Gewinne verheißenden weltweiten Echo auf Popgesang und Popsänger und dem schnell gestiegenen Schallplattenabsatz hatte sich schon in der ersten Hälfte des 20. Jahrhunderts eine bunte Koalition von Unternehmern aus den unterschiedlichsten Sparten zusammengefunden, um diesem Glücksrad noch mehr Schwung zu verleihen – neben Musikern, Songschreibern, Schallplattenproduzenten, Toningenieuren, Managern, Musikverlagen und Konzertveranstaltern vor allem Produzenten von Empfangs- und Wiedergabegeräten, von Musikinstrumenten und Musikzeitschriften sowie den Accessoires der jeweiligen Musikszene wie Klamotten, Klunker und Kosmetik. Dazu gesellten sich Leiter von Rundfunk- und Fernsehanstalten, Filmemacher und Werbeleute, Agenten und Journalisten sowie andere mehr.

Sie alle hatten verstanden, dass Musik mehr ist als ein Reich der Töne, dass sie zugleich auch Inszenierung und Image ist, Lebensgefühl und Lebensinhalt, Vermarktung und Verführung. Sie alle wussten, dass Popmusiker auch als Schauspieler und Trommler taugen, um erfolgreich Werbung für Waren, Werte und Wohlsein zu machen, dass Popmusik dabei hilft, die Konsumenten mit verführerischen Scheinwelten zu umgarnen. Da jede Generation ihre eigenen Lieder singt, ihre eigene Sprache spricht und ihre eigene Liturgie pflegt, fiel es nicht schwer, die populäre

Musik als Glücksbringer immer wieder neu auf Hochglanz zu polieren, wenn auch der sehr quirlige Musikmarkt, die je nach Generation unterschiedlichen Geschmäcker sowie der technische Fortschritt den Unternehmern viel Einfallsreichtum und stetige Reaktionsbereitschaft abverlangten. Unentwegt ließ die Musikindustrie daher ihre Spähtrupps auf die Suche nach pfiffigen Undergroundkulturen ausschwärmen, die sie zunächst von massenuntauglichen Elementen säuberte, um sie anschließend als Konfektionsware zu kommerzialisieren. Ständig sicherten die Beteiligten ihr Kulturimperium durch neue Institutionen ab und hissten ihre Flaggen in weiteren Ländern. Permanent veränderten der technische Wandel und die damit verbundene Flut an neuen Geräten und Präsentationsmöglichkeiten Produktion, Konsumtion und Präsenz von Musik. Dabei akzeptierten die Produzenten der westlichen Rock- und Popmusik für ihr Ziehkind nur ein einziges Heimatland: die Welt, die ganze Welt vom Nord- bis zum Südpol. Popmusik sollte ein Global Player sein, und Popmusik wurde in den Händen einer dynamischen und gewinnorientierten Industrie zu einem echten Global Player. Die heutige weltweite Musiklandschaft ist von der Industrie geformt.

Die Anfänge der modernen Pop-und Rockmusik in Westeuropa, Japan, Mittel- und Südamerika, Südafrika und Australien beruhten nach dem Zweiten Weltkrieg weitgehend auf einem US-Import. In Westeuropa erreichte dieser US-amerikanische Kulturimport zwischen 1945 und den frühen 1960er Jahren einen ersten Höhepunkt. Der Transfer der amerikanischen Moderne mit ihrer breit gefächerten Massen- und Alltagskultur, der bereits in der Zwischenkriegszeit begonnen hatte, verstärkte sich nach dem Zweiten Weltkrieg aufgrund des erfolgreichen amerikanischen Engagements im Krieg gegen den Nationalsozialismus und die japanische Aggression. Der Sieg der Amerikaner bildete die Grundlage zur politischen, wirtschaftlichen und kulturellen Durchdringung der besiegten Feindstaaten wie auch einzelner Verbündeter, die es vor allem den Amerikanern zu verdanken hatten, den Krieg auf Seiten der Sieger beendet zu haben. Der Marshall-Plan mit seiner großzügigen Wirtschaftshilfe für jene Länder, die sich zur parlamentarischen Demokratie und zur freien Marktwirtschaft bekannten, verbreiterte und festigte diese Plattform, auf der sich der Kulturtransfer mit einer bis dahin nie gekannten Dynamik vollzog. Die Überlegenheit der USA in Wirtschaft und Technik ließ sie vornehmlich in den Aufbaujahren nach dem Zweiten Weltkrieg zum Vorbild und Lehrmeister aufsteigen, zu einem Musterland der Warenwelt und zur kulturellen Avantgarde. Die USA standen für Fortschritt und Wohlstand und waren wie kein anderer Staat zur Nachahmung prädestiniert. Sie verkörperten ein junges, freies und modernes Land und boten speziell der Jugend eine attraktive Alternative zur „alten" europäischen und ostasiatischen Kultur, vor allem zu der rigiden, von militärischer Disziplin durchwebten Kultur der Kriegsjahre sowie der grauen und griesgrämigen Kultur des Kommunismus. Wie der Historiker Anselm Doering-Manteuffel zu Recht anmerkte, ist Westeuropa vom Marshall-Plan 1947 bis zu den Römischen Verträgen und der Gründung der Europäischen Wirtschaftsgemeinschaft zehn Jahre später „ein Produkt amerikanischen Einflusses", wenn auch diese Einflüsse je nach Land auf unterschiedlich fruchtbaren Boden fielen. Während etwa Frankreich weiterhin von der Überlegenheit seiner eigenen Kultur überzeugt war, befand sich Westdeutschland nach der Katastrophe der nationalsozialistischen Jahre auf der Suche nach sich selbst und einem erfolgversprechenden Zukunftsmodell. Als besetztes Land war es den politischen, wirtschaftlichen und kulturellen Einflüssen besonders der Amerikaner sehr viel mehr ausgesetzt als sein Nachbar westlich des Rheins.[4]

Europäer und Japaner, ein Großteil der Südamerikaner und ebenso die Weißen Südafrikas und Australiens übernahmen von den USA deren Konsumdemokratie mitsamt kulturellen Standards wie etwa einem ungezwungenen und lässigen Verhalten in der Öffentlichkeit, ferner die amerikanische Marketingkultur sowie vor allem Insignien der amerikanischen Konsumgesellschaft wie Coca-Cola, Jeans, Kaugummi und Petticoats, ferner die innere Einstellung zu dieser Konsumgesellschaft, letztendlich die amerikanische populäre Musik wie Jazz und Rock 'n' Roll. Pop und Rock eroberten mit ihrer sich rasch verbreiternden Palette an Musikstilen und ihrem permanenten Angebot an immer neuen Songs schnell den Alltag der Menschen und wurden für sich neu bildende Gesellschaftsgruppen oftmals zum sozialen Kitt und damit zu einem Teil der Kultur. Mit einem speziellen Musikgeschmack als tönendem Mitgliedsausweis bildete sich ein immer dichteres Netz an Gemeinschaften mit eigenen Ritualen, Mythen und Symbolen, mit eigenen Medien, Konzerten und Festivals, mit eigenem Outfit, Jargon und eigenen Gebärden. Mit der Verbesserung der Kommunikationsmöglichkeiten vernetzten sich viele von ihnen zu grenzüberschreitenden Gemeinschaften. Agenten dieses Kulturtransfers waren in den fünfziger Jahren neben der Musikindustrie und den staatlich bestellten Jazz-Botschaftern auch amerikanische Entertainer wie Bob Hope und die Harlem Globetrotters.

Zunächst aber ging die nachhaltigste Wirkung von den im Ausland stationierten GIs sowie amerikanischen Rundfunkstationen wie Voice of America aus, bald auch von amerikanischen Unternehmen, Geschäftsreisenden, Touristen und Studenten, zumal die US-Regierung den Bildungsaustausch gezielt als zusätzliche Waffe im kulturellen Wettstreit des Kalten Krieges einsetzte.[5] Daneben stellte die Musikindustrie Westeuropas, Japans und Australiens die wirksamsten Agenten. Sie orientierte sich am amerikanischen Modell, was auch heißt, dass für sie der Markt bestimmend wurde und sie Produktion und Absatz am Markt ausrichtete.

In vielen Teilen der Welt tanzten die Menschen bereits kurz nach 1945 zur Musik amerikanischer Musikstars und kauften deren Schallplatten. Jedoch scheiterte die amerikanische Musikindustrie mit ihrem Versuch, diese Popmusik als globalen Standard durchzusetzen. Den Labelbossen gelang es zwar Hand in Hand mit Journalisten, Rundfunkreportern und Industriellen, ihre Musik in immer mehr Ländern bekannt zu machen und Geschichten von Musikern werbewirksam zu Mythen und Legenden aufzubauschen, sie provozierten damit aber auch Diskurse über den Vormarsch einer fremden Zivilisation, die zunächst in den postkolonialen Ländern Afrikas und Asiens und in den 1970er und 1980er Jahren auch in Ländern wie Frankreich, Kanada, Australien und Neuseeland in Warnungen vor einem amerikanischen

4 Doering-Manteuffel 2011, 10; Hüser 2007, 4.
5 Gödde 2013, 566–571.

Kulturimperialismus gipfelten. Derweil hetzten in der kommunistischen Welt Hardliner mit grimmiger Miene und Marschmusik gegen die amerikanischen „Schallwaffen", bald auch muslimische Fanatiker und ergriffen Abwehrmaßnahmen.[6]

Die Widerstände konnten nicht überraschen. Musik weist als eine kulturelle Praxis weltweit je nach Zeit und Kulturraum riesige Unterschiede auf, die weit über unterschiedliche Dialekte hinausgehen. Eine neue, unbekannte Musik löste vielfach zunächst mehr oder minder heftige „Geräuschkonflikte" aus. Was eine junge Generation als Wohlklang empfindet, schmerzt oftmals die Ohren der Älteren. Auch ist die populäre Musik eines einzelnen Landes nicht selten in einem bestimmten kulturellen oder politischen Kontext entstanden und mit diesem weiterhin eng verbunden. Musik versteht sich keinesfalls als weltumspannendes Esperanto. Zwar hat das Verständnis für westliche Musik in den außereuropäischen Kulturen seit den frühneuzeitlichen Eroberungen der Portugiesen und Spanier stetig zugenommen und wurde von Auswanderern, Missionaren und Geschäftsleuten sowie seit der ersten Hälfte des 20. Jahrhunderts auch von der Musikindustrie des Westens in alle Welt hinausgetragen, doch bleibt westliche Musik bis heute etwa für viele Hundert Millionen Chinesen eine fremdartige Musik, die sie als Missklang wahrnehmen, die sie schmerzt, die sie nicht hören wollen.

Neben fehlendem Verständnis traf die populäre Musik aus den USA bei ihrer Reise um den Globus vielerorts zudem auf massive Widerstände, Anfeindungen und Gegenmaßnahmen. Diese traten in ganz unterschiedlichem Gewand auf – als wirtschaftlich-technische Rückständigkeit und Verbote sowie in Form von Nationalismus und kulturellem Erbe, politischer Ideologie, religiösen Fundamentalismus und Orthodoxie. Das mussten auch der stets nach Neuem strebende Jazz, der aggressive Rock und der quirlige Pop als Teil der nordamerikanischen und westeuropäischen Kultur erfahren; nicht anders alle anderen Musikrichtungen, die der Westen hervorbrachte. Zahlreiche politische und religiöse Führer wähnten ihren Herrschaftsbereich von E-Gitarre und Saxophon bedroht und erklärten jeder ihnen nicht genehmen Musik den Krieg – der Marschmusik ausgenommen. Obwohl speziell die populäre Musik vor allem in Form von Musikkonserven als Teil des Privatlebens und Privatvergnügens gilt, spielten sich zu allen Zeiten Politiker und Priester als Herrscher über alle Töne auf. Auch über diese politische und religiöse Dimension der Musik handeln weite Teile dieses Buches.

In vielen Teilen der Welt machten sich nach dem Zweiten Weltkrieg zunächst kommunistische Machthaber daran, ihren Herrschaftsbereich mit einem stark verminten Bollwerk zu umgeben, um jegliche Kulturimporte aus dem Westen zu verhindern. Während mit Beginn des Kalten Krieges im Westen die Strategen des Antikommunismus einzelne Elemente der amerikanischen Massenkultur für Propagandazwecke instrumentalisierten, entwickelten auf der anderen Seite die meisten kommunistischen Staaten entsprechende Abwehr- und Gegenmaßnahmen. Auf beiden Seiten des Eisernen Vorhangs entstanden zum Teil hocheffiziente Netzwerke

6 Shuker 2016, 247.

aus Politikern, Künstlern, Medienleuten und Geschäftsleuten, die mal mit brachialen, mal mit sanften Methoden für ihre jeweilige Ideologie, für ihr Ordnungs- und Kulturmodell und für wirtschaftlichen Nutzen kämpften.

Dabei lockte der Westen nicht nur mit persönlicher Freiheit, einem vollen Warenkorb und individuellen Entfaltungsmöglichkeiten, sondern setzte – wie gesagt – auch „Schallwaffen" in Form populärer Musik ein, denen der Osten nichts Gleichgewichtiges entgegenzusetzen hatte, zumeist nur Störung, Verbote und Gewalt. Die Attraktivität der Popmusik erwies sich für den Westen als eine heiße und mehr oder minder effiziente Waffe im Kalten Krieg. Bereits vor dem endgültigen Zusammenbruch des Sowjetimperiums sahen sich dessen Machthaber jedoch gezwungen, der Musik aus dem Westen die Grenzen zu öffnen, um ihre Jugend nicht zu verlieren. Gleichzeitig schlüpfte der fundamentalistische und gewaltbereite Islam in die Rolle des Erzfeindes, zunehmend sogar in die des Todfeindes der westlichen Pop- und Rockmusik, zum Teil sogar aller Musik.

Überall dort, wo die Bevölkerung sich für die Musik aus den USA begeisterte oder sie auch nur akzeptierte, übernahm sie diese nicht unverfälscht und ungefiltert. Obwohl die amerikanischen Schallplattenlabels versuchten, auch außerhalb der englischsprachigen Länder mit den Originalsongs das große Geld zu machen, fanden dort zunächst Coverversionen mit einheimischen Musikern den weitaus größten Anklang. Einheimische Liedermacher unterlegten die Melodien aus den USA mit zum Teil stark abweichenden Texten in der jeweiligen Landessprache, Komponisten dekorierten sie mit einigen einheimischen Klängen, und Sänger interpretierten ihre amerikanischen Vorbilder recht freizügig in Kleidung, Frisur und Auftreten.[7] Vielfach ließen sich einheimische Künstler von der Musik aus dem fernen Amerika lediglich inspirieren, um die traditionelle Musik ihres Heimatlandes aufzufrischen und ihr mit Musikinstrumenten aus dem Westen einen modernen Touch zu verleihen. Sie alle passten die Musik aus der Neuen Welt den regionalen Wünschen an und machten sie für einen Großteil der einheimischen Bevölkerung damit erst genießbar, schmackhaft und bekömmlich. Sie vermischten amerikanische und einheimische Kulturelemente zu einem hybriden Neuen als einer Fusion von Klängen aus unterschiedlichen Welten. Das hielt einen kleineren Teil der Bevölkerung nicht davon ab, zu Originalversionen zu greifen, sei es, weil sie des Englischen mächtig waren, weil sie das Original für besser hielten oder rein aus Prestigegründen.

Um ihre Attraktivität wie auch ihre Verständlichkeit für Musikliebhaber aus anderen Kulturräumen noch weiter zu erhöhen, integrierte auch die Musikindustrie des Westens einzelne Elemente fremder Musiken in ihr Klangspektrum. Im Verlauf der Jahrzehnte bedienten sich Musikschaffende weltweit vermehrt lokaler und regionaler Musiktraditionen und entwickelten daraus eine weitere hybride Musikform, die heute fast allgegenwärtig ist. Diese Musik wird nicht mehr nur für ganz bestimmte Anlässe produziert und nur zu bestimmten Anlässen wie Gottesdiensten, Trauerfeiern und Hochzeiten vorgeführt, sondern dient zur Begleitung unterschiedlichster Ereignisse. So ertönt heute etwa der Song *Always Look on the Bright Side*

7 Nicholson 2014, 95.

of Life aus dem Film *Das Leben des Brian* der britischen Komikergruppe Monty Python auf vielen Beerdigungen, und dies nicht nur in Großbritannien.

Die Weltumrundung der Popmusik lässt sich keinesfalls auf eine Amerikanisierung reduzieren. Auch erlaubt ihre lokal sehr unterschiedliche Aneignung keinesfalls die Bezeichnung „Globalisierung". Angemessen scheint der Begriff „Glokalisierung", den der Soziologe Ronald Robertson für dieses Wechselspiel von Globalem und Lokalem geprägt hat.[8] Insgesamt führte die Produktion unterschiedlicher lokaler Musikstile weltweit zu einer größeren kulturellen Vielfalt mit der aus Nordamerika beziehungsweise Westeuropa stammenden Musik als Basis.[9] Amerika in Form seiner Songs zu konsumieren, sei es über den Umweg von Coverversionen oder direkt und unverfälscht, setzte sich in der zweiten Hälfte des 20. Jahrhunderts im Zuge der schnell fortschreitenden weltweiten Vernetzung immer mehr durch. Die aus dem Westen kommenden Songs beeinflussten immer mehr die einheimische Musik, zusätzlich verstärkt durch den Einsatz von westlichen Musikinstrumenten. Amerikanischen Waren und amerikanische Populärkultur erwiesen sich letztendlich rund um den Globus auch deshalb als höchst erfolgreich, weil sich in den USA als einem Einwandererland bereits seit Jahrhunderten eine multiethnische Kultur entwickelt hatte, die ein ideales Laboratorium für kulturelle Experimente abgab sowie einen idealen Testmarkt für kulturelle und materielle Produkte, die das Land in die ganze Welt zu exportieren gedachte.[10]

Bereits seit Ende des 19. Jahrhunderts hatten die in Europa und Nordamerika entwickelten Musikinstrumente wie Klavier und Saxophon diesem Musikexport den Weg geebnet. Seit dem Zweiten Weltkrieg schlugen E-Gitarre, Drum Set und Synthesizer weitere Breschen in überkommene Klanglandschaften. Gegenüber dem in diesen Instrumenten steckenden technischen Know-how und ihrem vieltönigen Sound erwiesen sich die meisten traditionellen Musikinstrumente überall in der Welt als höchst verletzlich. Im Riesenreich der Töne kamen sie gegen die mit elektrischer Energie aufgeladenen und in allen Klangfarben schillernden Instrumente aus dem Westen kaum noch an. Im Vergleich wirkten sie matt und eintönig und fanden nur noch in abseitigen Nischen Gehör. Dagegen verwandelten die aus dem Westen kommenden Musikinstrumente mit ihren revolutionären Tönen oftmals selbst einfache, mit traditionellen Instrumenten gespielte Melodien in zauberhafte Musiklandschaften.[11]

Dieses Buch handelt in weiten Teilen von dieser Landnahme der Musik aus dem Westen. Es handelt von den Strategien der Musikindustrie, von den permanenten Neuerungen, die sie und die Musikschaffenden kreierten, von dem Wildern in fremden Musiktraditionen und der Anpassung an regionale Geschmäcker, von der Eroberung der Welt durch diese Musik und den Widerständen, die ihr aus politischen, weltanschaulichen und religiösen Gründen entgegenschlugen und weiter entgegenschlagen, letztlich vom Wandel dieser Industrie im Strom des technischen

8 Roland Robertson, *Globalization. Social Theory and Global Culture*. London: Sage, 1992.
9 Dazu Iwabuchi 2002, 66–70.
10 Nye 2004, 41.
11 Mrozek 2019, 183.

Fortschritts. Es handelt von den vielen Institutionen, die den Welterfolg der Popmusik begleiteten und absicherten, sowie von den vielen Impulsen, die von ihr ausgingen und auf Kultur, Konsum und Wirtschaft einwirkten.

Die Integration der Musik des Westens in die Kultur anderer Länder erfolgte vorrangig über die Jugend. Seitdem die populäre Musik in den 1950er Jahren als rebellischer Spross der kapitalistischen Zivilisation des Westens urplötzlich und funkelnd aufblühte, gab sie Generationen von Jugendlichen ein attraktives Instrument in die Hand, sich von der Welt der Älteren abzusetzen. Fortan versuchten Jugendliche weltweit, sich mit ihrem Mode- und Musikgeschmack von ihren Eltern zu entfernen, ebenso mit ihren Umgangsformen und ihrem Slang. Wie Petra Gödde anmerkte, wurden Jugendliche in der Nachkriegszeit „zu einer treibenden Kraft der Globalisierung", da sie zunächst in den westlichen Industriestaaten und später auch in anderen Teilen der Welt begannen, „sich mit einer deterritorialisierten Kultur in Sachen Musik, Mode, Sprache und Verhalten zu identifizieren, die nationale Grenzen überschritt."[12] Für die Jugendlichen selbst ist Musik seitdem nicht nur ein Auslöser von Gefühlen, Leidenschaften, Liebe, Freude, Lust oder auch Angst und Wut, sie ist für sie vielmehr auch zu einem attraktiven Medium geworden, um sich zu artikulieren, um auszubrechen, um Bedürfnisse zu entwickeln, um sich in Gemeinschaften zu integrieren und eine eigene Identität auszubilden, um sich mit einer eigenen Kultur von der Erwachsenenwelt abzuschotten. Die Popmusik festigte das Lustprinzip gegenüber dem Leistungsprinzip. Sie setzte der Vernunftkultur des Bürgertums eine betonte Wildheit entgegen. Sie lieferte für einen Großteil der Jugendlichen jene Idole, die in vielen Jugendzimmern fortan die Wände zierten, obwohl das surreale Leben vieler Künstler mit ihren drogenzerstörten und drogenerleuchteten Körpern eigentlich nicht als Vorbild taugt. Sie bescherte vielen Menschen bis ins hohe Alter hinein persönliche Erinnerungen wie an das erste Verliebtsein, an Träumereien und an unvergessliche Momente. Musik ist meist Erinnerung. Bestimmte Lieder und Melodien katapultieren die Hörer zurück in Erlebtes, in zumeist schöne Erlebnisse.

Idole und deren Musik verhelfen dem einzelnen Fan auch zu einer gewissen Sicherheit, indem sie ihn in die Gemeinschaft einer Fangemeinde einbinden, wo er die Gewissheit erfährt, sich „richtig" zu verhalten. Wo er trotz vieler für Außenstehende skurrilen Verhaltensweisen wie etwa Teddybärenwerfen oder Headbangen die Überzeugung erlangt, normal zu sein. Wo er auf der Suche nach Familie fündig wird. Wo für ihn das unerträgliche Leben während der Pubertät erträglicher wird, indem er sich in Songs von gebrochenen Herzen, Schmerz und Leid, von Verliebt- und Glücklichsein verliert. Wo er sich von Musik wegtragen und von Rhythmen mitreißen lässt. Wo er während einer Klassenfahrt aus vollem Hals *Wann ist ein Mann ein Mann?* schmettert und sich dabei auch als Mann fühlt. Nach den Worten des britischen Soziologen Simon Frith benutzen wir Popsongs, „um uns selbst eine bestimmte Art von Selbstdefinition zu schaffen, einen bestimmten Platz innerhalb der Gesellschaft. Das Vergnügen, das Popmusik auslöst, ist in hohem Maße ein

12 Gödde 2013, 585.

Vergnügen der Identifikation – und zwar mit der Musik, die wir lieben, mit den Ausführenden dieser Musik, und mit anderen, die diese Musik ebenfalls mögen.“[13]

Jugendliche nutzen die Popmusik und deren Codes, die von den Songs vermittelten Werte sowie einzelne Künstler als eine Art Gerüst beziehungsweise Orientierungshilfe, um sich während ihrer Sozialisierung eine eigene Identität aufzubauen. Die zuerst in den Printmedien, dann im Fernsehen und schließlich im Internet zirkulierenden Bilder der Popgrößen dienten und dienen als Quellen für Mimik, Gestik und Begrüßungsformen, für Rebellion und Moden, letztlich für die Konstruktion von Identitäten. Dabei waren die von Jugendlichen verehrten Musiker kurz nach dem Zweiten Weltkrieg noch ferne Götter, die die Fans lediglich bei einigen ganz wenigen Bühnenauftritten zu Gesicht bekamen, meist jedoch nur in Form eines von der Plattenfirma veröffentlichten Heiligenbildes. Mit dem Fernsehen, den Musikfilmen und den Jugend- und Musikzeitschriften, die alle Bilder und Geschichten von Stars in unterschiedlichen Situationen vermittelten, entstand schließlich eine Art Vertrautheit, die es möglich machte, sich mit einem Star wirklich zu identifizieren und ihn in seinen Alltag einzubinden – als Sehnsucht, als Hoffnung, als Vorbild und als Bild an der Wand. Erst aufgrund dieser Vertrautheit wurden Stars für Millionen Teenager zu Idolen und Platzhaltern für den ersten Freund oder Freundin.[14]

Dabei blenden die meisten Fans bis heute aus, dass ein Großteil dieser Idole sich als extrem süchtig erweist und zwar nicht nur nach Musik, sondern auch nach Geltung, nach einem strahlenden Ego und mehr noch nach Alkohol und Drogen. Auch blenden die meisten aus, dass Zeitungen, Filme, Videoclips, Fernsehshows, Werbeplakate und Plattencover das reale Leben der Popmusiker keinesfalls wiedergeben, sondern diese lediglich in einer inszenierten Pose vor einer künstlichen Kulisse zeigen. Den wahren Fans ist es egal. Sie folgen ihren Idolen blindlings und kaufen ungesehen alles, was diese bewerben. Während im Europa der unmittelbaren Nachkriegszeit als Vorbilder zumeist noch Eltern, Lehrer und Nachbarn weit vor Sängern, Schauspielern und Sportlern rangierten, schoben sich in den folgenden Jahrzehnten die von Medien und der Musikindustrie geschaffenen Stars vor die Vorbilder aus der realen und unmittelbaren Umgebung. Gleichzeitig traten altgediente Institutionen, die bis dahin die Jugendphase umrahmt und deren Inhalt bestimmt hatten, in den Hintergrund und verloren an Bedeutung. Zu ihnen gehörten die Arbeitsorganisationen und die großen Kirchen, das Militär und die lokale Nachbarschaft. Ihren Platz nahmen die Freizeit- und die Konsumindustrie, die Massenmedien und die Bildungssysteme ein sowie in Eigenregie die Jugendlichen selbst in Form von Gruppen.[15]

Musik wurde spätestens seit dem Zweiten Weltkrieg über ihren reinen Unterhaltungswert hinaus für viele Menschen zu einem unverzichtbaren Teil ihres Le-

13 Frith 1987, 140.

14 Diederichsen 2014, 148–149. Thomas Lau, *Idole, Ikonen und andere Menschen*, in Kemper/Langhoff/Sonnenschein 2002, 276–291, hier 276–279;

15 Zinnecker 1997, 469 u. 477; Gabriele Klein/Malte Friedrich, *Globalisierung und die Performanz des Pop*, in Neumann-Braun/Schmidt/Mai 2003, 77–102, hier 91.

bens, wenn nicht sogar zum wichtigsten Inhalt ihres Lebens neben dem Beruf. Voller Leidenschaft sammelten sie Musik in Form von Schallplatten und CDs. Jahrein, jahraus suchten sie in Plattenläden und Tauschbörsen nach Raritäten. Für sie bedeuteten ihre Platten mehr als jede kostbare Antiquität. Für sie steckte in ihrer Schallplattensammlung „eine ganze Welt drin, eine schönere, schmutzigere, gewalttätigere, friedlichere, farbenfrohere, schlüpfrigere, gemeinere und liebevollere Welt als die", in der sie lebten, so Nick Hornby in seinem Bestseller-Roman *High Fidelity* über den Besitzer eines Plattenladens und die Beziehung von Männern zu Popmusik und ihrer Schallplattensammlung.[16] Viele von ihnen verteidigen bis heute leidenschaftlich, teils oberschülerhaft ihren persönlichen Musikgeschmack, lassen nur diesen gelten, leben in einem eigenen Universum und überschütten jeden mit Hohn und Spott, der etwa auf der Musik eines Schlagerstars steht. Alle die, die einen Song lediglich lieben, weil dieser sie irgendwie berührt oder an ein glückliches Ereignis erinnert, die bei ihrer Wahl aber ohne klar definierte Qualitätskriterien auskommen, sind für sie Banausen – Kulturbanausen, Kunstbanausen.

Die populäre Musik verdankt ihren raschen Aufstieg auf der gesellschaftlichen Werteskala seit dem Zweiten Weltkrieg zu einem Großteil einem Bündnis zwischen Jugendlichen und der Musikindustrie, die Konsumgüterindustrie eingeschlossen. Obwohl Letztere die Heranwachsenden immer rascher ihrer spezifischen Lebensstile enteignete, fanden beide Seiten zusammen, um ein ganz auf die Jugend zugeschnittenes Lebensgefühl mit Inhalt zu füllen, sichtbar zu machen, zu festigten und öffentlichkeitswirksam zu vermarkten und zwar mit Musik als Kern und Zentrum. Musik- und Konsumgüterindustrie präsentieren der Jugend bis heute gemeinsam ein verlockendes Sortiment an Konsumgütern, das ganz auf die Bedürfnisse und Geldbeutel der jungen Generation zugeschnitten ist – neben den Schallplatten vor allem technische Hilfsmittel, passende Moden, Fanartikel oder auch eine neue Bewegungskultur, die bereits in den fünfziger Jahren mit wilden und freien Tanzformen die Standardtänze der Tanzschulen verknöchert und verklemmt erscheinen ließ.

Ein Großteil der Jugendlichen griff dieses Angebot begierig auf, um Spaß zu haben und sich inmitten der modernen Gesellschaft besser zur Geltung zu bringen. Seit den Tagen des Rock 'n' Roll sind Generationen von Jugendlichen mit den Medien sowie den Produzenten von Musik, Mode und anderen Konsumgütern regelmäßig neue Bündnisse eingegangen, um die für sie ansonsten langweilige Normalität des Erwachsenwerdens kurzweiliger zu gestalten und der Welt der Erwachsenen Widerstand und Alternativen entgegenzusetzen. Nur als Teil einer solchen großen Koalition wurde es der Jugend möglich, ihrer Lebensweise und ihren Provokationen zu öffentlicher Aufmerksamkeit und Durchschlagskraft zu verhelfen. Nur so konnten auch etliche Wirtschaftszweige daraus Nutzen ziehen. Nur so gelang es, Normen der Erwachsenen zu durchbrechen und Geschmack, Tabus, Anstand und Schamgrenzen zu verändern.[17]

16 Nick Hornby, *High Fidelity*. Köln: Kiepenheuer & Witsch, 2016, 90.
17 Zinnecker 1997, 480–481; Speitkamp 1998, 259.

Neben der Musik half den Jugendlichen auch der Besitz der zur Wiedergabe notwendigen Geräte sowie das Image der jeweiligen Marke, um ihre kulturelle Position zum Ausdruck zu bringen. Dieser Apparatefetischismus nahm in den 1950er Jahren mit dem Kofferradio seinen Anfang und reicht aktuell bis zum Tablet und Smartphone. Damit entwickelte sich ausgehend von den USA eine spezifische Teenagerkultur, die sich mit jeder neuen Generation neu einkleidete, ausstattete und möblierte. Sie trat in den so genannten Wirtschaftswunderjahren nach dem Zweiten Weltkrieg ihren Siegeszug an als ein Terrain zur Selbstverwirklichung von Jugendlichen und zugleich als fetter Weidegrund für kommerzielle Anbieter.[18] Wenn die These des Soziologen Douglas Goodman zutrifft, dass die eigentliche globale Kultur die des Konsumismus ist, dann heizte die Jugend diesen mit ihrem Musikkonsum und dem damit verbundenen Konsum weiterer kurzlebiger Produkte entscheidend an.[19]

Während Eltern und Erzieher, Autoritäten und Medien wiederholt ihren Bann über jede neuentstandene Jugendkultur aussprachen und sie für banal oder gefährlich erklärten, stellten Plattenläden und Ladenketten in den Einkaufsstraßen die Musik dieser Subkultur mitsamt allen Accessoires in ihre Schaufenster und warben für sie als ein absolutes Muss. Diese mit der Popmusik verbundene Konsumkultur übersprang nach 1950 relativ schnell immer mehr Ländergrenzen und zwar im Zuge der Amerikanisierung des Westens und der späteren wirtschaftlichen und verkehrstechnischen Globalisierung, der technologischen Revolution und der vermehrten wirtschaftlichen Arbeitsteilung sowie nicht zuletzt im Zuge der Ausweitung der Freizeit, des Massentourismus und der Migration. Ob Rock 'n' Roll, Heavy-Metal, Hip-Hop, Techno oder EDM, alle Arten von Pop wurden Teil des die Wirtschaft vorantreibenden Konsums. Dieser fiel auf einen fruchtbaren Boden und blühte weiter auf, als die moderne Gesellschaft ihre zunehmende Freizeit immer mehr mit Unterhaltung füllte und an die Stelle der körperlichen Regeneration ein zunehmendes Verlangen trat, unterhalten zu werden.

Der Musikkonsum wird in der Regel mit weiteren Tätigkeiten kombiniert – mit dem Besuch von Clubs, anderen Freizeiteinrichtungen oder Live-Konzerten, mit der Kommunikation mit anderen oder der Profilierung der eigenen Person mit Hilfe von Modeartikeln, ausgefallener Kleidung oder Männlichkeits- beziehungsweise Weiblichkeitssymbolen, außerdem mit dem Bezug bestimmter Zeitschriften, dem Eintritt in einen Fan-Klub, dem Kauf von Fanartikeln und vielem anderem mehr.[20]

Diese institutionelle Absicherung von Musik trug neben dem Marketing der Musikindustrie entscheidend dazu bei, dass die vom Westen in die ganze Welt exportierte Popmusik die wohl am hochgradigsten internationalisierte Kulturform darstellt. Über alle nationalen Grenzen hinweg schuf sie Gemeinschaften und lässt die Globalisierung für immer mehr Menschen Realität werden. Nach den Worten von Diedrich Diederichsen sorgt die Popmusik „für grenzenlose Verständigung

18 Stuart Hall/Paddy Whannel, *The Popular Arts*. London: Hutchinson, 1964, 276; Flender/Rauhe 1989, 158–159.

19 Douglas Goodman, *Globalization and Consumer Culture*, in George Ritzer (Hg.), The Blackwell Companion to Globalization. Malden, Mass.: Blackwell, 2009, 330–351, hier 347.

20 Wicke 1993, 16–17.

über feinste Nuancen kultureller Selbsteinschätzung“. Sie verbindet „global Menschen, die auf einen mikroskopisch genau definierten Beat stehen“.[21]

Die über den Radio- und Fernsehkonsum um einzelne Künstler und Musikstile entstandenen Fangemeinden waren zunächst aus globaler Sicht noch so genannte imaginäre Gemeinschaften. Ihre Mitglieder blieben zumeist noch ohne direkten Kontakt zueinander. Mit der Verbesserung der Kommunikationstechnologie durch das Internet, der zunehmenden Bilderflut in Form von Musikvideos und Konzertmitschnitten, der Verbilligung des Reisens und des Angebots an attraktiven Musikevents wuchsen viele dieser lokal begrenzten Gemeinschaften zu überregionalen und grenzüberschreitenden Gemeinschaften zusammen. Deren Mitglieder machten sich die Mimik, Gestik und Moden ihrer Stars zu eigen, feierten auf den Musikveranstaltungen diese Gemeinsamkeiten und pflegten anschließend ihre dort aufgenommenen Kontakte im Internet weiter.[22] Daraus nährte sich das Gefühl, Teil einer großen und geachteten Gemeinschaft zu sein. Die mit der Tonträgerindustrie des Westens liierten übrigen Sparten der Musikindustrie halfen gleichzeitig entscheidend mit, für die produzierte Musik immer neue Terrains zu erobern, die bis dahin von ganz anderen Musikstilen beherrscht wurden. Die Geschichte der westlichen Popmusik gleicht einem Western. Ihre erfolgreiche globale Landnahme steht im Mittelpunkt dieses Buches.

Das Hören von Popmusik gehört zwar zu den „Ereignissen ohne Prestige“ (Henri Lefèbvre), das Leben mit Popmusik verändert jedoch das Dasein des Einzelnen in vielfältiger Weise. Dabei reagierte die Musikindustrie seit dem Zweiten Weltkrieg permanent auf den gesellschaftlichen Wandel, beziehungsweise dieser zwang sie zur Reaktion. Während der industriellen Moderne der fünfziger und sechziger Jahre, als eine wohlgeordnete Industriegesellschaft mit ihrem Ideal der „nivellierten Mittelstandsgesellschaft“ (Helmut Schelsky) einen für alle gültigen Lebensstil anstrebte, folgte auch die populäre Musik einem relativ einfachen, monotonen Muster – vergnügliche und unverfängliche Schlager für alle sowie ein eher frecher Rock für die leicht aufmüpfige und vitale Jugend. Mit dem anschließenden Aufstieg der neuen Mittelklasse der Akademiker, die voller Selbstbewusstsein Konformität und feste Normen zu Seite schoben, veränderte sich auch die populäre Musik. Im Gefolge der Bildungsexpansion, mit der ein Wertewandel in Richtung Selbstentfaltung und Liberalisierung einherging, verlangten auch die Musikfans zuerst nach einer größeren Vielfalt und mehr Auswahlmöglichkeiten, schließlich nach Einzigartigem, wenn möglich von hoher Symbolkraft. Als Kreativindustrie kam die Musikindustrie diesen Wünschen entgegen.

Indem sie sich seit den 1970er Jahren immer neuen Musikstilen öffnete und in diese investierte, verhalf sie dem Selbstverwirklichungsstreben der neuen Mittelklasse der Akademiker zu einer zusätzlichen Plattform. Sie leistete ihren Beitrag zum Ausbau der modernen „Gesellschaft der Singularitäten“, wie der Soziologe Andreas Reckwitz die heutige Gesellschaft mit ihrem Streben des Einzelnen nach

21 Diederichsen 2005, 78.
22 Klein/Friedrich 2003, 129–130.

dem Besonderen und Einzigartigen charakterisiert hat. Sie half zudem bei der Übernahme und Integration fremder Musikstile und –kulturen und bewegte sich damit ebenfalls im Gleichklang mit dem kosmopolitischen Habitus der stilprägenden Akademiker. Sie förderte deren Streben nach Aneignung fremder Kulturen, seien es Yoga aus Indien oder Tattoos aus dem subproletarischen Milieu, seien es Klamotten aus der Punkszene oder die Hip-Hop-Ästhetik aus amerikanischen Ghettos. Da andere Gesellschaftsschichten dem Vorbild der neuen Mittelschicht stets folgten, schwenkte diese immer schneller auf Neues und Unverbrauchtes um und brachte mit ihrem Drang nach Selbstentfaltung immer wieder Neuartiges und Unerhörtes ins Spiel.

Spätestens seit den 1980er Jahren hat sich eine unüberschaubare kulturelle Diversität etabliert, die einen zunehmenden musikalischen Partikularismus mit extremen Nischenkulturen einschließt. Die Produktion neuer Songs und Tracks sowie die Übernahme neuer Musikstile nehmen stetig zu, selbst wenn es sich dabei vielfach nur um neue Versionen alter Titel oder um einen Mix aus Schnipseln alter Tracks handelt. In den siebziger, noch stärker in den achtziger Jahren änderte sich der populäre Musikmarkt auf geradezu dramatische Weise, indem sich der Mainstream-Rock als bis dahin dominierender Stil in eine breite Palette unterschiedlicher Musikstile aufsplitterte, mit Macht unterstützt von den Major-Labels, die möglichst große Teile des Marktes erobern wollten.[23]

Die Globalisierung der westlichen Popmusik erfolgte in drei Phasen. In der ersten Phase vom Ende des Zweiten Weltkriegs bis in die späten 1960er Jahre, als die konkurrierenden kulturellen Vorstellungen von Ost und West nahezu unversöhnlich aufeinanderprallten und beide Seiten um eine kulturelle Hegemonie ihrer jeweiligen Ideologie in der Welt wetteiferten, nutzte der Westen die populäre Musik sowohl als grenzüberschreitende Schallwaffe wie auch als attraktive Begleiterin seiner kulturellen und ökonomischen Offensive. Die für alle sichtbarsten Widerstände hatten Jazz, Pop und Rock zunächst im kommunistischen Machtbereich sowie in den um kulturelle Eigenständigkeit bemühten postkolonialen Staaten Asiens und Afrikas zu überwinden. Dabei ging im kommunistischen Osten das Bekenntnis zu Rock und Pop vielfach mit einer regimekritischen Haltung einher. Diese verstand sich zugleich als Widerstand der jüngeren gegen die ältere Generation wie auch als Demonstration gegen die alles gleichmachende und bestimmende Partei.

In der zweiten Phase von den ausgehenden 1960er Jahren bis zum Ende des Kalten Krieges stieg mit der raschen Zunahme des Reiseverkehrs und der Migration sowie der ökonomischen Verflechtungen und der verbesserten Kommunikationstechnologie auch der grenzüberschreitende Musiktransfer an, während zugleich mit der pausenlosen Veröffentlichung neuer Hits und Musikstile die Attraktivität der westlichen Popmusik weiter zunahm. Die politischen Entspannungsbemühungen der siebziger Jahre sowie die Reformen Gorbatschows schlugen sich im Einflussbereich der Sowjetunion in einer vermehrten Akzeptanz der aus dem Westen kommenden Musik sowie den damit verbundenen Accessoires nieder. Dagegen mehrten

23 Andreas Reckwitz, *Die Gesellschaft der Singularitäten: Zum Strukturwandel der Moderne*. Berlin: Suhrkamp, 2017; Shuker 2016, 251.

sich in einigen islamischen Ländern die Widerstände gegen die Klänge aus dem Westen.

In der dritten Phase seit dem Schlüsseljahr 1989, als sich die globale Zirkulation von Gütern, Kapital, Ideen und Menschen nochmals beschleunigte und erhöhte, drang die westliche Popmusik bis in die entlegensten Regionen der Erde vor, entscheidend vorangetrieben vom Wandel des Kommunikationssektors mit der globalen Bildzirkulation über Musikfernsehen und Internet als wirkungsmächtigster Antriebskraft. Die neuen regionalen Scherpunkte des internationalen Tourismus sowie die exponentiell wachsenden Städte wurden rund um den Globus zu Hotspots von Rock und Pop, Hip-Hop und elektronischer Tanzmusik. Dabei verschmolzen in den urbanen Zentren die lokalen und westlichen Musikstile zu einem hybriden Neuen, womit weltweit neben der stetig voranschreitenden Homogenisierung zugleich auch die kulturelle Vielfalt zunahm. Indessen verschärfte der fundamentalistische Islam seine Angriffe auf die Musik aus dem andersgläubigen Westen.[24]

ÄTHERRAUSCHEN – MUSIC FOR NOTHING

Weite Teile dieses Buches beleuchten die wirtschaftliche Entwicklung der wichtigsten Labels und die ganz speziellen wirtschaftlichen Probleme, mit denen sich innerhalb der Musikindustrie vor allem die Tonträgerindustrie konfrontiert sah. Seitdem es gegen Ende des 19. Jahrhunderts gelungen war, Musikstücke auf Schellackplatten zu konservieren und nicht mehr nur als schriftliche Spielanleitungen beziehungsweise als Notenblätter zu drucken, suchte sich die Tonträgerindustrie im Markt sofort als feste Größe zu etablieren, musste dabei jedoch alsbald ganz andere und größere Schwierigkeiten überwinden als fast alle anderen Industriezweige. In den 1920er Jahren war ihr zwar mit dem Rundfunk ein lautstarker und wirkungsmächtiger Werbeträger zur Seite getreten, der aber schnell auch zu einem gefährlichen Konkurrenten heranwuchs. Die Schallplattenproduzenten benötigten den Rundfunk, um ihre Musikkonserven bekannt zu machen, und der Rundfunk nutzte diese Musik, um den Wünschen seiner Hörer nach Unterhaltung nachzukommen und weitere Sendungen mit Musik zu garnieren.

Für die Labels war das Radio Propagandist und Feind zugleich. Es entschied letztlich über das Schicksal eines Songs. Zwar ging die Musikindustrie in der Zwischenkriegszeit mit dem Rundfunk und seit Mitte des 20. Jahrhunderts auch mit dem Fernsehen eine Lebensgemeinschaft ein, doch drängten sich die beiden jüngeren Partner alsbald mit ihren breiten und muskulösen Schultern in den Vordergrund, übernahmen die Führungsrolle und degradierten die Tonträgerindustrie zu ihrer Gehilfin. Gemessen an den großen, landesweit tätigen Rundfunk- und Fernsehgesellschaften und –anstalten glichen die meisten Labels wirtschaftlichen Habenichtsen, die den Sendern zunächst nur wenig zu bieten hatten, zumal im Rundfunk weltweit

24 Die zeitliche Einteilung deckt sich mit der von Petra Gödde für die globalen Kulturen beschriebenen Phasen; Gödde 2013, 539.

lange Zeit die Wortbeiträge dominierten und zwar in Form von Nachrichten, Kommentaren, Diskussionen und Reportagen. Gleichzeitig stammte ein Großteil der Musik aus Direktübertragungen von Konzerten oder Gottesdiensten.

Dies änderte sich seit den 1950er Jahren, als ausgehend von den USA der private Rundfunk einen brutalen Wettbewerb um die Hörerwünsche einläutete und mit kostengünstigen Musikkonserven punktete. Zwar stieg damit die Nachfrage nach den Produkten der Schallplattenindustrie, konfrontierte diese jedoch zugleich mit einem ganz neuen Problem, dem sich kein anderer Industriezweig in gleicher Weise ausgesetzt sah. Indem Rundfunk und Fernsehen die Produkte der Labels für die Hörer fast zum Nulltarif in den Äther jagten, ließen sie den Wert dieser Musik drastisch sinken. Sie machten vor allem die Popmusik gewissermaßen zu einem öffentlichen, für alle frei zugänglichen Gut. Die seit Ende des Jahrhunderts stark zunehmende Musikberieselung im öffentlichen Raum, die kostenlosen Angebote im Internet sowie schließlich das Streaming drückten ihren Wert noch weiter. Die Musikindustrie beschleunigte diesen Wertverlust, indem sie permanent neue Aufnahme- und Wiedergabegeräte auf den Markt brachte, die es vielen Musikliebhabern für relativ wenig Geld ermöglichten, sich ein Aufnahmestudio einzurichten, ein neues Label zu gründen oder für den Hausgebrauch Musik aus dem Radio und dem Netz zu kopieren. Damit erhöhte sich das Angebot an Musikkonserven nochmals, während für die Labels die Werbekosten stiegen, vor allem die Ausgaben, um neue Schallplatten in Rundfunk- und Fernsehsendungen zu platzieren.

Angesichts dieser wenig erfolgversprechenden Lage entwickelte die Tonträgerindustrie ein spezielles Geschäftsmodell, das sie bis Ende des 20. Jahrhunderts höchst erfolgreich praktizierte.

Als Basis setzte sie erstens auf einen rechtlichen Schutz ihrer Musik, das Copyright, das sie ausgehend von den USA während des gesamten Jahrhunderts den jeweiligen technischen Möglichkeiten anpasste, verschärfte und im Zuge der Globalisierung auf immer neue Länder übertrug. Ohne Copyright gäbe es keine Schallplattenindustrie.

Zweitens suchten die großen und letztlich erfolgreichen Labels von Anfang an Schutz unter dem Dach größerer Konzerne, zunächst von Mischkonzernen, seit Ende des Jahrhunderts vornehmlich von Medien- und Technologiekonzernen, womit sie auch ihr Marketing optimierten.

Drittens verfolgten die führenden Labels, die alle Produktionsstufen bis zum Vertrieb unter ihrem Dach vereinten, ganz konsequent eine horizontale Konzentration, indem sie im In- und Ausland fortwährend neue Labels aufkauften. Dabei überließen sie zumeist den kleinen, finanzschwachen Plattenfirmen das mit dem Einstieg in eine neue Musikrichtung verbundene Innovationsrisiko. Die Übernahme erfolgreicher Indies durch so genannte Major-Labels zieht sich wie ein roter Faden durch die Geschichte der Musikindustrie ab den 1950er Jahren.

Viertens setzte sich die Tonträgerindustrie zum Ziel, Stars zu produzieren und nicht nur die Musik von mehr oder minder namenlosen Musikern in Vinyl zu pressen. Musikproduzenten verstanden sich immer auch als Macher berühmter Sänger, Sängerinnen oder Bands, wenn möglich als Macher eines von den Massen umschwärmten und vergötterten Idols, dessen Platten und Fanartikel blind gekauft werden. Dazu gehörte auch die Produktion von Geschichten, die die Stimmen in den Schallplattenrillen gewissermaßen zum Leben erweckten und mit Fleisch und Blut umgaben. Dazu gehörte die Verbreitung von Mythen, die die Fans einander erzählten und so zu Fangemeinden wurden.

Fünftens bestand das vorrangige Ziel der Labels in der Produktion von Hits, von Mega-Sellern, da jeder Song, der kein Hit wird, seine Kosten bis heute nicht einspielt. In der Schallplattenindustrie produzieren nicht nur offenkundige Flops rote Zahlen, sondern sogar durchschnittliche Verkaufszahlen. Es ist dies das Problem eines Industriezweigs, dessen Produkte als quasi öffentliches Gut nur einen geringen Wert besitzen.[25]

Trotz dieses Handicaps gelang es der Tonträgerindustrie seit Mitte des 20. Jahrhunderts, viele Millionen Menschen für ihre Produkte zu begeistern und ihren Kundenkreis kontinuierlich auszuweiten. Sie brachte wie die anderen Industriezweige immer neue Varianten ihres Produkts auf den Markt, nutzte alle Möglichkeiten des Marketings, erforschte den Markt, experimentierte mit Design und Verpackung, gab viel Geld für Werbung und Promotion aus, jonglierte mit den Preisen, optimierte die Distribution, nutzte neue Formen der Präsentation und etablierte sich als Global Player. Die großen Labels suchten zum Teil den Schulterschluss mit Produzenten von Audiogeräten, die in einem harten Konkurrenzkampf die Qualität der Radioapparate, Schallplattenspieler, Tonbandgeräte, Lautsprecher und Speichermedien stetig verbesserten und mit Hilfe geschickter Werbung dem Besitzer des jeweils neuesten Gerätes ein Plus an Prestige und Selbstwertgefühl suggerierten – vom Kofferradio in den 1950er Jahren über die Stereoanlage und den Walkman bis zum iPot, iPad und iPhone im neuen Jahrtausend.

Davon profitierten auch die Schallplattenproduzenten, wenngleich einige technischen Neuerungen sie zu kostspieligen Reaktionen in Form von teuren Neuinvestitionen zwangen, so die Einführung der Musikkassette und der CD. Schließlich erzwang die Etablierung des Internets und die rückläufigen Einnahmen aus Musikkonserven einen tiefgreifenden Umbruch der gesamten Branche sowie ein ganz neues Geschäftsmodell mit vermehrten Live-Auftritten der bei den Labels unter Vertrag stehenden Künstlern. Damit verwandelten sich diese gewissermaßen von Rentenempfängern, die von den Einnahmen aus ihren Plattenaufnahmen lebten, wieder in Dienstleister wie vor Einführung der Schallplatte.

Im Gegensatz zur Tonträgerindustrie besaßen die Musikverlage als Inhaber und Verwalter von Musikrechten nach dem Zweiten Weltkrieg zunächst nur geringe Bedeutung und waren in der breiten Öffentlichkeit im Vergleich zu den großen Schallplattenfirmen kaum bekannt.

Ähnliches gilt für die Livemusik-Industrie. Die allermeisten Musiker verdienten zwar mit Auftritten bei Tanzveranstaltungen, Hochzeiten oder in Clubs und Bars ihr Geld, waren jedoch meist Ein-Mann-Unternehmen, die sich selbst managten. Auch die Konzertveranstalter, die in den fünfziger Jahren öffentliche Konzerte und auch Tourneen von Jazz-, Blues- und Rockstars organisierten, waren im Vergleich zu den heutigen Großveranstaltern wie Live Nation oder Eventim lediglich

25 Shuker 2016, 9.

Klein- und Kleinstunternehmer. Das änderte sich erst seit der Wende zu den siebziger Jahren, als Musiker und Fans größere und besser ausgestattete Spielstätten forderten, die Konzerte mit Hilfe einer ausgeklügelten und leistungsstarken Soundtechnologie lauter wurden und auch die Professionalisierung des Konzertmanagements Fortschritte machte.[26]

Inmitten dieses Umfelds entwickelte die Tonträgerindustrie mit der Popmusik zuerst im Wegwerfamerika ein wohlschmeckendes Wegwerfprodukt, das nicht nur die Träume von Teenagern zum Leuchten brachte. Es ist ein Produkt wie aus der Großküche des flüchtigen Fastfood: täglich in Massen produziert, mit baldigem Verfallsdatum versehen, immer wieder neu angerichtet und mit neuer Rezeptur versehen, für den kleinen und größeren Hunger zubereitet, weltweit beworben und weltweit verschlungen, zumeist in Nuancen dem einheimischen Geschmack angepasst, andererseits aber auch vermehrt mit Zutaten aus aller Welt angereichert, um einer stets nach Neuem gierenden Welt zu munden. Zyniker könnten sagen, Popmusik scheint uns so unerträglich, dass wir sie spätestens wöchentlich austauschen müssen. Musikwissenschaftler dagegen betonen, Songs hätten „keinen anderen Sinn, als weiteren Songs den Boden zu bereiten“. Im Pop stehe nichts still.[27]

Wie dem auch sei, Überproduktion und steter Wechsel sind Kern der Popkultur. Seine Macher sind unaufhörlich auf der Suche nach einem neuen Körper, einer neuen Stimme, einem neuen Hingucker, einem neuen Song und einem neuen Sound. Heute sind Pop, Rock, Hip-Hop und elektronische Tanzmusik Produkte der Globalisierung, die zumeist von im Westen angesiedelten Großkonzernen mit Ingredienzien aus der ganzen Welt produziert und weltweit vertrieben werden. Das Resultat ist nach den Worten von Simon Frith eine weltweit gültige Pop-Ästhetik.[28] Sie ist ein Spiegelbild der immer dichter vernetzten Welt mit ihren Touristen, Migranten, Flüchtlingen und Gastarbeitern, mit ihrer weltweiten Arbeitsteilung und dem World Wide Web, mit ihrer weltweiten Kommunikation und ihres um die Welt zirkulierenden Kapitals. Der im Westen angesiedelten Musikindustrie ist es jedenfalls ausgehend von den USA gelungen, die von ihr produzierte Popmusik rund um den Globus zu einem Verkaufsschlager zu machen und vor allem seit Beginn der Zweiten Globalisierung in den späten 1980er Jahren dieser Musik einen globalen Touch zu verpassen, indem sie vermehrt Musikstile aus anderen Kulturen übernahm und diese dem westlichen Pop untermischte.[29]

Für die Tonträgerindustrie, deren Geschäftsmodell auf der Suche und der Produktion von Stars beruht, gilt seit Mitte des 20. Jahrhunderts der Grundsatz: nur die Masse macht’s. Um in der Überfülle an Musikern jene Nuggets aufzuspüren, die allein Gewinn garantieren, organisieren die Labels eine Art permanenter Castingshow. Sie geben einer riesigen Zahl an Künstlern die Möglichkeit, sich auf Tonträgern einer breiten Öffentlichkeit zu präsentieren, wobei die Millionen Verlierer die-

26 Frith/Brennan/Cloonan/Webster 2013, Kap. 4.
27 Heidingsfelder 2016, 221.
28 Simon Frith (Hg.), *World music, politics and social change*. Manchester: Manchester University Press, 1989, 2.
29 Taylor 1997, XV–XIX; Lipsitz 1999, 41–43.

ses Wettbewerbs genauso unauffällig und schnell wieder aus dem Blick der Öffentlichkeit verschwinden wie sie aufgetaucht sind. Die Erfolgreichsten dagegen bekamen und bekommen weiterhin die Chance, sich zum Star modellieren zu lassen, um mit ihrer Musik und ihrem Lebensstil Illusionen und Phantasiewelten zu erzeugen und ihren Fans zu Glück und einem zeitweisen Ausstieg aus dem grauen und rauen Alltag zu verhelfen. Das setzt voraus, dass sich die Auserwählten irgendwie von der Masse der Musiker absetzen. Sie müssen anders sein als die anderen. Sie müssen besonders und einzigartig sein, müssen nicht nur kreativ sein und die Fähigkeit besitzen, zu singen und ein Instrument zu beherrschen. Sie müssen nicht nur Ausstrahlung und Charisma besitzen, sondern im erbarmungslosen Wettbewerb der Künstler auch viele Tricks der professionellen Werbung beherrschen. Ein markantes Outfit kann unter Umständen das entscheidende Plus bringen, vielleicht der Haarschnitt oder die Performance, vielleicht die Lust am Skandal beziehungsweise die Fähigkeit zum Skandal. Ohne eine ausgefeilte Marketingstrategie wird niemand zum Star. Nach den Worten von Diedrich Diederichsen ist es ein Irrtum zu glauben, Popmusik sei in erster Linie „eine Sache von harter, aufopferungsvoller Arbeit am Talent, eiserner Disziplin und mordlüsternen Massakern an inneren Schweinehunden".[30] Alle nach dem großen Erfolg gierenden Musiker müssen sich von der Illusion verabschieden, nur über die Melodie einen Hit zu landen.

Erfolg und Ruhm erfordern speziell in Rock und Pop jede nur erdenkliche Art des Exzesses. Der einzelne Künstler muss, um auf sich und seine Musik aufmerksam zu machen, an irgendetwas wiederzuerkennen sein. Je mehr er sich vom Mainstream abhebt, desto größer das Interesse der Medien und all derer, die an diesem Anderssein verdienen können. Popmusik ist ein Industrieprodukt, das über die Medien möglichen Interessenten vermittelt wird, um letztlich von breiten Bevölkerungsgruppen zusammen mit zahlreichen Accessoires zum Vergnügen oder zur Erholung genutzt zu werden.[31]

Der von der Musikindustrie praktizierte Starkult verlangt, den unter Vertrag stehenden Künstlern auf Biegen und Brechen ein Image zurechtzuzimmern sowie Attitüden und Äußerlichkeiten marktschreierisch zu einer Art Marke aufzuwerten, in die die Fans ihre Phantasien projizieren können, um sie schließlich zu Kult und Mythos reifen zu lassen. Das Publikum hat seine Stars mit Hilfe der Industrie immer mit dem ausgestattet, über das es selbst nicht verfügt, aber verfügen möchte. Die Schriftstellerin Alexa Hennig von Lange lässt in ihrem Bestseller *Relax* den moralfreien Ich-Erzähler und Möchtegern-Rockstar träumen: „Du gehst abends feiern, lädst die Jungs ein, und die Weiber sind verrückt nach dir. Egal, was du für eine Scheiße erzählst, die Leute finden es lustig. Original. Ich meine, du hast komplett die Macht. Du bist der Guru, und alles was du sagst, glauben die Leute. Alle wollen cool sein, und du bist der absolut Coolste, [...]. Du kannst dir einfach alles erlauben.

30 Diederichsen 2005, 160–161.
31 Christoph Jacke, *Popmusikkulturen: Entwicklung und Verständnis*, in Leggewie/Meyer 2017, 67–75, hier 68.

Wenn du Lust hast, schmeißt du mit Barhockern um dich oder grabschst den Weibern an die Titten. Da bedanken die sich noch bei dir, weil du sie angefasst hast."[32] Musiker, die eigentlich nur Musik machen sollen, werden zu Übermenschen und Idolen aufgeblasen, um letztlich der Industrie als Goldeseln zu dienen. Sie lassen die Fans nach den Worten des Rock-Kritikers Lester Bangs ganz vergessen, dass „der durchschnittliche Popstar [...] weder besonders helle (ist), noch irgendeine Ahnung davon (hat), was abseits seines eigenen glitzernden Nährbodens so abgeht. Man hat ihn in eine Phantasiewelt gepflanzt, in der Ego und hervorstechende Eitelkeit zuviel Futter kriegen, und jede Substanz von einer permanenten Kokaindiät zerstört wird."[33]

Obwohl innerhalb der Musikindustrie andere Sparten mächtiger sind als die Tonträgerindustrie, steht letztere doch im Mittelpunkt, da alle Konsumartikel, die mit der Popmusik verbunden sind, abhängig sind von dem jeweilige Trägermedium – von der Schallplatte, dem Tonband, der CD und schließlich den neuen digitalen Speichermedien. Für die Existenz und den Erfolg der Popmusik ist allein deren Bindung an ein Trägermedium entscheidend.[34] Die Fixierung von Melodien auf Papier in Form von Notenblättern war nur ein erster Schritt. Der eigentliche Durchbruch der Musik als allseits nachgefragter Konsumartikel gelang erst mit ihrer Speicherung auf Schallplatte, Tonband, CD und andere Tonträger. Ohne sie bliebe jeder Musikstil ein regionaler Sound. Jeder Song wäre nichts Anderes als ein zeitlich vergängliches und lokal begrenztes Musizieren. Ohne Tonträger würden der Musik zudem die ökonomischen Triebkräfte fehlen, die die moderne Popmusik seit ihren Anfängen begleiteten, unterstützten und ihre weltweite Verbreitung erst ermöglichten und förderten. Ohne Tonträger würden jene Szenen fehlen, die sich um einzelne Musiker und Musikstile bilden und zahlreichen Industriezweigen als fettem Weidegrund dienen.[35]

Die gesamte Musikindustrie hat sich im Laufe von Jahrzehnten zu einer mächtigen und in viele Lebensbereiche hineinreichenden, finanziell hochpotenten und mit verkaufsfördernden Instrumenten bestens ausgestatteten Branche entwickelt. Indem sie der Welt den hämmernden Beat und den zuckrigen Pop, den arroganten Rap und das elektronische Zirpen mit einer breiten Palette an stetig verbesserten Instrumenten und Audiogeräten zu Gehör brachte und dabei die Lufthoheit errang, übertönte sie den fragilen Klang anderer lokaler und regionaler Musikkulturen und zwang diese zur Unterwerfung. Ihr gelang eine Internationalisierung des von den westlichen Labels erzeugten Sounds beziehungsweise eine weltweite, kulturelle Harmonisierung des Musikgeschmacks. Teenager in New York hören heute die gleiche Musik wie Teenager in Berlin, Moskau, Tokio und Mumbai. In den Clubs von San Francisco und Rio ertönt heute die gleiche Musik wie in den Clubs in Seoul

32 Alexa Hennig von Lange, *Relax*. Köln: DuMont, 2017, 9.
33 Bangs 2008, 76.
34 Matthew David, *Peer to Peer and the Music Industry: the criminalization of sharing*. London: Sage, 2010, 129.
35 Hans Peter Hahn, *Konsum, Materialität und Selbststilisierung als Bausteine jugendlicher Subkulturen*, in Richard/Krüger 2010, 57–68, hier 58–59; Wicke 1993, 43–47.

oder Kuta. Die in Nordamerika und Westeuropa entwickelte Popmusik beherrscht heute den weltweiten Musikmarkt und dringt immer weiter in Märkte vor, die ihr noch vor wenigen Jahrzehnten verschlossen waren. Diese Landnahme steht im Zentrum dieses Buches.

Es begann nach dem Zweiten Weltkrieg mit dem Jazz, der eine fruchtbare Grundlage für alle folgenden Musikstile abgab, die heute die populäre Musik rund um den Globus ausmachen. Jazz bedeutet Improvisation als Voraussetzung für die stete Suche nach Neuerungen, die für die westliche Popmusik typisch ist. Jazz bedeutet Offenheit für andere Musikstile und Musikinstrumente als Voraussetzung für die Integration anderer Musikkulturen in die Popmusik. Jazz bedeutet Aufforderung zum Tanz, um der Lebensfreude zusätzlich Ausdruck zu verleihen. Jazz bedeutet eine enge Vernetzung mit der Musikindustrie als Voraussetzung für eine weltweite Verbreitung der aus dem Westen kommenden Musik. Jazz bedeutet Freiheit.

2 IM ZEICHEN DES JAZZ 1945 –1965

Nachdem 1945 mit dem Waffenstillstand das Heulen der Luftschutzsirenen, das Knattern der Maschinengewehre, das Donnern der Bomber und das Explodieren der Bomben in weiten Teilen der Welt verstummt waren, herrschte zunächst Stille – Totenstille. Die Welt hielt den Atem an, ehe die „Kellerkinder“ und die noch einmal Davongekommenen aus den Katakomben der Kriegsruinen ans Tageslicht krochen, um nach Essbarem, Bewohnbarem und einer neuen Heimat suchten. Der Rundfunk sendete gemäß der seelischen Verfassung der Bevölkerung Wortbeiträge und ernste Musik. Über Jahre hinweg versammelten sich Familien, oder was davon übriggeblieben war, mit ernster Miene um das Radio, um Nachrichten, Hörspiele, belehrende Sendungen oder klassische Musik zu hören. Übertönt wurde dies alles von der Musik aus den Gotteshäusern, von den mit allen Registern gespielten Orgeln, von dem lautstark vorgetragenen „Lobet den Herren“ und dem vollen Glockengeläut. Je mehr aber die Trümmer des Krieges verschwanden und die Erzählungen vom Krieg Alltags- und Zukunftsthemen wichen, umso mehr schoben sich im Rundfunk reine Unterhaltungssendungen in den Vordergrund. „Mit Musik geht alles besser“, lautete in der noch jungen Bundesrepublik Deutschland der Titel einer der erfolgreichsten Musiksendungen. Die Texte formulierten Zukunftshoffnungen. Sie erzählten von Freizeit, Urlaub, Reisen und immer wieder von Liebe, während vor allem die jüngere Generation an die Amerikabegeisterung der zwanziger Jahre anknüpfte und Boogie-Woogie zu ihrem Favoriten kürte, ferner Swing und Foxtrott, einen Musikmix, den der amerikanische Militärsender AFN für seine in Europa stationierten Landsleute ausstrahlte, damit sie sich in der Fremde nicht allein fühlten. Bevor Mitte der fünfziger Jahre der Rock 'n' Roll die große Bruchstelle in der Geschichte der Jugendkultur markierte, klammerten sich die Jüngeren, die sich musikalisch von ihren Vätern und Müttern absetzen wollten, vornehmlich an den Jazz in seinen vielfältigsten Formen.[1]

JAZZ – MUSIK DER BEFREIUNG UND FREIHEIT

Die Überlebenden des Zweiten Weltkriegs bekamen den Jazz, der von Amerika aus bereits in der Zwischenkriegszeit über Atlantik, Pazifik und Indischen Ozean herübergeschwappt war, zumeist in Form des Swing zu hören. Für Europa war der Swing, vorgetragen von amerikanischen und auch europäischen Big Bands, die Musik der Befreiung und neugewonnener Lebensfreude. Amerikanische und einheimische Bands hotteten erneut über die Bühnen Europas und verhexten nach den angstvollen Kriegsjahren ihr Publikum. Sie weckten Erinnerungen an jene „goldenen“

1 Borscheid 1997, 174–177; Kleinsteuber 1993, 525–527.

zwanziger Jahre, als amerikanische Dixieland-Bands das Hammersmith Palais in London gerockt und selbst in Moskau und Leningrad die Menschen von den Stühlen gerissen hatten. Sie knüpften nahtlos an die dreißiger Jahre an, als der Rundfunk mit seinen Tanz- und Unterhaltungsorchestern dem Swing den nötigen Auftrieb gegeben und der Big Band-Version des Jazz zum Durchbruch verholfen hatte. Seit 1935 hatten in den USA die Radio-Shows der Benny Goodman-Band eine regelrechte Swing-Euphorie ausgelöst, die aus „Swing“ zudem ein verkaufsförderndes Etikett machte, das alsbald auf Waren aller Art klebte: auf Zigaretten wie auf Frauenkleidern. Gleichzeitig hatten in zahlreichen europäischen Hauptstädten von Oslo bis Paris so genannte Rhythm Clubs eröffnet, und in Belgien und den Niederlanden waren die ersten Jazz-Festivals veranstaltet worden, lange bevor dieses Format in den USA bekannt wurde. Schließlich hatte die amerikanische Air Force die Musik von Glen Miller als akustischen Leitstrahl für ihre Bombengeschwader eingesetzt. Beschwingt von *String of Pearls* hatten diese ihr Ziel angeflogen, um ihre todbringende Last wie an einer Perlenkette aufgereiht aus den Schächten fallen zu lassen und mit einem ohrenzerreißenden Big Bang ihrem Endzweck zuzuführen.[2]

Als Weltgenre hatte sich der Jazz zunächst über die Migration in der Welt verbreitet – über die zwangsweise Migration von Afrikanern nach Amerika und über die eher freiwillige Migration der Weißen in ferne Kolonien. Im Schlepptau der weißen Kolonialherren und Kaufleute war er in Wellen auch über den Pazifik und den Indischen Ozean hinweggeschwappt. In Japan hatte die ruhmreiche Zeit des Jazz Anfang der 1930er Jahre begonnen, als in den großen Städten des Landes zahlreiche Tanzsäle eröffneten, in denen Orchester zum Tanz aufspielten.[3] In den von Amerikanern und Europäern bevorzugten Hotels traten einheimische Bands im Kimono auf mit viel Pomade im Haar, im Repertoire die neuesten Hits aus dem Westen. Japaner und in Ostasien lebende Amerikaner brachten den Jazz auch in die japanische Kolonie Korea, wo in den großen Hotels von Seoul zudem französische Chansons und lateinamerikanische Rhythmen erklangen. Briten und Holländer hatten als Kolonialherren den Jazz zudem in Südostasien importiert. Für die westlich orientierten Eliten in Singapur, Bombay, Kalkutta, Colombo, Rangun, Bangkok und Kuala Lumpur war es in den dreißiger Jahren „in“, sich in den großen Hotels wie dem noblen Taj Mahal in Bombay, dem Strand in Rangun oder dem Raffles in Singapur vom Jazz in eine andere Welt tragen zu lassen und zu den Klängen von Dixieland und Swing zu tanzen. In Indien waren es besonders Musiker aus Goa, die sich auf diese heiße Musik spezialisiert hatten.

Die meisten Menschen riss der Jazz im Fernen Osten jedoch in den chinesischen Clubs in Shanghai von den Stühlen, in dieser globalisiertesten Stadt der Zwischenkriegszeit und dem eigentlichen Mekka des Jazz im pazifischen Raum. Dort griffen zum Teil russische Musiker zu Saxophon und Posaune, so das Orchester von Oleg Lundstrem, dem „König des Jazz im Fernen Osten“. Er begeisterte ein internationales Publikum im Paramount Ballsaal mit den neuesten Kompositionen.

2 Nicholson 2014, 54; Gioia 2011, 381–382.

3 Atkins 2001, 68–69; Martin Lücke, *Jazz in totalitären Diktaturen der 30er Jahre*, in www.iek.edu.ru/groups/airo/luecke.pdf [20.01.2017]; siehe auch Martin Lücke, *Jazz im Totalitarismus*. Münster: Lit, 2004.

Die großen Hotels der Stadt und der Tanzclub Majestic bevorzugten jedoch die weniger teuren Bands von den Philippinen. Der auf lange Sicht wohl größte Einfluss ging von dem amerikanischen Jazz-Trompeter Buck Clayton aus, der in den Jahren 1934 bis 1936 mit seiner Big Band, den Harlem Gentlemen, im eleganten Canidrome Ballroom in der Französischen Konzession aufspielte. Er arbeitete eng zusammen mit dem chinesischen Komponisten und Songschreiber Li Jinhui, der als Erster chinesische Volksmusik mit Jazz verband und die erste reine chinesische Jazzband gründete. Seine Musik erklang alsbald in zahlreichen Kabaretts und Nachtclubs Südostasiens, ehe sie von der Kommunistischen Partei als „Gelbe Musik“, das heißt als pornografisch und dekadent, auf den Index gesetzt wurde.[4]

Auf den im Pazifik verkehrenden Luxuslinern und in den Bars in Kobe, Manila und Singapur waren in den dreißiger Jahren wie auch in Shanghai neben amerikanischen und britischen, japanischen und russischen Bands vor allem Filipinos zu hören. Selbst nach Kambodscha brachten diese die als „Manila Music“ bekannt gewordenen Klänge und präsentierten in den Tanzbars von Phnom Penh neben Jazz auch Rhythmen aus der Karibik und Südamerika wie Rumba und Samba.[5] Die Amerikaner hatten als Kolonialherren die Bevölkerung der Philippinen seit dem Ersten Weltkrieg mit dem Jazz bekannt gemacht. Einheimische Musiker waren in die USA gegangen, um nach einigen Jahren in ihre Heimat zurückzukehren und in ihren Konzerten eine Mischung aus Jazz, klassischen Liedern und traditioneller Musik von den Inseln ihrer Heimat darzubieten. Den größten dieser Wanderer zwischen den Kulturen, den Pianisten Luis Borromeo (1879–1939), ehrten die Filipinos als ihren „King of Jazz“. In den dreißiger Jahren tanzten die Menschen auf Luzon und Mindanao bei Festen bereits zum Swing einheimischer Bands. Da der Rundfunk auch nach dem Zweiten Weltkrieg regelmäßig Jazz-Sendungen in sein Programm aufnahm und einheimische Musiker weiterhin den Jazz pflegten, blieben die Philippinen neben Japan die eigentliche Hochburg des Jazz in Ostasien.[6]

Schon seiner Herkunft nach ist Jazz Globalisierung pur. Er ist die Musik des atlantischen Dreieckhandels und der europäischen Kolonisierung Nordamerikas. Er erzählt von den Baumwollplantagen und schwarzen Sklaven, die bei ihrer Arbeit sangen, aber unter Hitze und Fron von der großen in die kleine Terz abrutschten. Er ist ein Kulturmix aus dem schwarzen und weißen Amerika. Er ist eine vielfache Kreuzung, wenn man so will: ein nicht angepasster Bastard. Seine Geburtsstadt ist New Orleans, im frühen 20. Jahrhundert ein ethnisch höchst buntes Universum aus Afro-Amerikanern, Italienern, Franzosen, Juden, Chinesen und vielen anderen Ethnien. Eine Stadt, die mehr in Richtung Karibik und Lateinamerika blickte als nach Norden; eine Stadt, die die katholische Feierkultur lebte und liebte. Es waren Musiker aus New Orleans, aber auch aus Memphis, Nashville und Charleston, die Musikkulturen aus verschiedenen Erdteilen zusammenführten. Die Brass-, Street- und

4 Clayton 1986, 66–78; Starr 1990, 187–188; Andrew F. Jones, *Yellow Music. Media Culture and Colonial Modernity in the Chinese Jazz Age*. Durham: Duke University Press, 2001; Stehen 2006, 407–413.

5 Atkins 2003, XV; Pinckney 1989/1990, 36–37; Andrew F. Jones, *Black Internationale. Notes on the Chinese Jazz Age*, in Atkins 2003, 225–243, hier 231–233; Atkins 2001, 55 u. 59; Mamula 2008, 29.

6 Murray/Nadeau 2016, 35; Lie 2015, 27.

Marching-Bands, die bei Umzügen und Feiern, Hochzeiten und Begräbnissen aufspielten, verbanden Spielweisen und Rhythmen aus Afrika und der Karibik mit europäischer Blas- und Marschmusik. Sie verknüpften europäische Harmonien mit der afrikanischen Pentatonik. Sie ließen sich beeinflussen von der Hymnik protestantischer Kirchen wie auch den Schmachtgesängen italienischer Opernsänger. Seit dem frühen 20. Jahrhundert war diese Musik mit der Great Migration vom Süden der Vereinigten Staaten nach Norden gewandert, wo die Schlachthöfe und die stahlverarbeitende Industrie von Chicago einen unstillbaren Hunger nach Arbeitskräften entwickelten. Mit den Menschen wanderte auch ihre heiße Musik gen Norden, ehe Schallplatte und Rundfunk sie über die Grenzen des Landes in die Welt hinaustrugen.[7]

Nach Chicago, dem Sitz vieler Schallplattenfirmen, zog es 1922 auch Louis Armstrong, der dort im Alter von 21 Jahren seine legendären Bands, die Hot Five und die Hot Seven, zusammenstellte. Zum eigentlichen Zentrum des Jazz stieg jedoch New York auf, wo diese ursprünglich rein farbige Musik als Arrangements weißer Big Bands und in Gestalt des Swing auch vom Bürgertum mit viel Beifall angenommen wurde. Der endgültige Durchbruch gelang mit dem berühmten Jazzkonzert von Benny Goodman, das er im Januar 1938 mit seiner Band in der New Yorker Carnegie Hall gab, in diesem 1891 als Domizil der New York Philharmonic und der Oratorio Society of New York eröffneten berühmtesten Konzerthaus der Welt. Mit diesem Konzert und dem enthusiastisch gefeierten Schlusstitel *Sing, Sing, Sing* wurde der Jazz salonfähig und auch in bürgerlichen Kreisen akzeptiert. Goodman zeichnete an diesem Abend mit den verschiedenen Stücken des Konzerts die Geschichte des Jazz nach.[8] Ähnlich gestaltete später auch Dizzy Gillespie als Jazz-Botschafter seine Konzerte. Jeder Auftritt begann mit Soli an den Bongos und am Schlagzeug als Erinnerung an die afrikanischen Wurzeln des Jazz. Es folgten Gospel- und Blues-Songs im Gedenken an Versklavung und Befreiung. Dem schlossen sich einige Hits aus der Swing-Ära an und am Schluss einige schnelle Bebop-Nummern von höchster Improvisationskraft. Mit dem innovativen Bebop wollte Gillespie demonstrieren, dass er sich als Farbiger höchst erfolgreich aus dem engen Korsett des Big Band-Sounds der beiden weißen Weltstars Benny Goodman und Glenn Miller zu befreien wusste.[9] Big Bands waren wegen des Zusammenspiels einer großen Zahl von Musikern gezwungen, nur festgeschriebene Arrangements zu präsentieren, während die einzelnen Musiker um Gillespie und anderen Bandleadern spontan aufeinander reagieren konnten.

Die amerikanischen Jazz-Botschafter ließen in der zweiten Hälfte der fünfziger Jahre den Jubel des Kriegsendes wiederaufleben, als der Jazz zusammen mit lässigen GIs und Lucky Strikes in die befreiten Ländern Einzug hielt – Swing, Jazz und Glenn Millers *In the Mood.* In England, wo vor dem Krieg der Besuch von Jazz-

7 Stefan Hentz, *Jass? Jasz? Jazz! Aus dem Rotlichtviertel aufs Grammofon*, in DIE ZEIT vom 23. Febr. 2017, 17.

8 James Lincoln Collier, *Benny Goodman and the swing era*. New York: Oxford University Press, 1989; Berendt/Huesmann 2014, 752.

9 Andrea Böhm, *Trompeten statt Drohnen*, in DIE ZEIT vom 25. Juni 2015, 21; Wicke 1992, 455–456 u. 460.

Clubs in und um London den dortigen „White-Collar-Angestellten" als soziales Distinktionsmerkmal gedient hatte, erwachte der Jazz seit etwa 1944 zu neuem Leben, erfuhr aber erst 1948 den entscheidenden Anstoß, als der Australier Graeme Bell mit seiner Band nach einer mehrmonatigen Tour durch die Tschechoslowakei in London auftrat. Als nette Lausbuben rissen die Bandmitglieder mit ihrem „glücklichen Outdoor-Feeling" die Briten von den Stühlen und animierten sie zum Tanzen. Ein Jahr später gründete die Band in ihrer Heimat mit Swaggie Records ein eigenes Label, das den australischen Jazz in der ganzen westlichen Welt bekannt machte.[10]

Im Vereinigten Königreich ging indes der britische Jazz mit dem Trad Jazz, dem Traditionellen Jazz, eigene Wege und widersetzte sich dem inzwischen als kommerziell empfundenen, vornehm-affektierten Big Band-Swing der Amerikaner. Junge Briten, die dem verklemmten und entbehrungsreichen Großbritannien der Nachkriegszeit zu entfliehen suchten, fühlten sich zu der wilden Energie des New Orleans-Stils hingezogen, der bis Anfang der Sechziger zusammen mit viel Alkohol ihre ausgelassene Tanzwut begleitete. Mit schmuddeliger Kleidung wehrten sie sich dagegen, dass der Jazz in Konzertsälen und Andachtsräumen vergilbte. Trad Jazz wurde zum Soundtrack der Anti-Atombewegung der Jahre 1958 bis 1963. Er lockte seine Fans in den Londoner Marquee Club in Soho, deren Eigentümer Harald Pendleton der 1948 gegründeten National Jazz Federation vorstand. Die Hausband des Clubs, die Chris Barber's Jazz Band, animierte mit *Ice Cream* und *When the Saints Go Marchin' In* ihre Landsleute seit Mitte des Jahrzehnts zum Mitsingen, begründete den Trad Jazz-Boom, ehe Mr. Acker Bilk ihn mit seiner Klarinette in den Pop begleitete. Mit der Beatlemania seit dem Herbst 1962 ging dem Trad Jazz schließlich die Puste aus. Ihn hatten Alexis Korner bereits seit Mai 1962 sowie zwei Monate später die Rolling Stones mit der Einführung von regelmäßigen Rhythm & Blues-Abenden im Marquee-Club zu attackieren begonnen.[11]

Auch in Australien blickte der Jazz auf eine lange Tradition zurück. Bereits 1919 war im Globe Theatre in Sydney die erste „Jazz-Week" über die Bühne gegangen, und im Dezember 1946 organisierten Jazzfreunde in Melbourne das erste von danach jährlich stattfindenden Jazz-Festivals.[12] In den von den Briten unabhängig gewordenen Ländern büßte der Jazz dagegen nach dem Zweiten Weltkrieg viel von seiner früheren Anziehungskraft ein, so etwa in Indien. Aber weiterhin galt es dort unter den einheimischen Eliten als Statussymbol, zu Hochzeitsfeiern eine anglo-indische Jazzband zu verpflichten. Auch beeinflusste der Jazz die indische Filmmusik, die seitdem indische mit westlichen Elementen vermischt. Letztlich aber mehrte sich nach der Unabhängigkeit Indiens wie auch in vielen anderen postkolonialen Staaten der Widerstand gegen westliche Einflüsse, worunter auch die Livemusik und damit die Big Bands zu leiden hatten. Viele Bands lösten sich auf.[13]

10 *Trailblazer still hooked*, in www.theage.com.au vom 3. Sept. 2004 [12.12.2016]; Addison 1995, 137; Bruce Johnson, *Swaggie (Australia)*, in Shepherd/Horn/Laing 2003, 761–762.

11 Reynolds 2012b, 203–206; Frith/Brennan/Cloonan/Webster 2013, Kap. 7.

12 Bruce Johnson, *Naturalizing the Exotic. The Australian Jazz-Convention*, in Atkins 2003, 151–168, hier 151–152.

13 Warren R. Pinckney, *Jazz in India*, in Atkins 2003, 59–79, hier 61–63; Pinckney 1989/1990, 44.

In Washington hoffte das State Department indes, mit den Jazz-Botschaftern diesem Bedeutungsverlust westlicher Kultur entgegenwirken zu können.

Jazz war zwar bereits in der Zwischenkriegszeit die Musik der Globalisierung. Nach dem Zweiten Weltkrieg stieg er jedoch zu einem stimmgewaltigen Wegbereiter der kulturellen Amerikanisierung auf. In der relativ kurzen Zeit der Radiosinnlichkeit, als Marshall McLuhan die Radio-DJs euphorisch begrüßte und große Teile der Jugend weltweit auf denselben Radiowellen surften, begann eine Straße des „globalen Dorfes" nach der anderen zu denselben Beats zu swingen.[14] Wo die amerikanischen Jazzmusiker auftraten, verstummen augenblicklich alle Ami go home-Rufe. In Griechenland, wo Dizzy Gillespie auf dem Höhepunkt der Zypernkrise die Bühne betrat, feierte die Band eines ihrer triumphalsten Konzerte, obwohl im ganzen Land gleichzeitig ein gewaltbereiter Antiamerikanismus hochkochte. In Athen flogen Steine gegen amerikanische Einrichtungen, und die griechische Presse forderte von den USA Kanonen statt Musiker, um Briten und Türken aus Zypern zu vertreiben. Als die Band jedoch im Athener Rex Club in Dizzy's *Tour de Force* hineinswingte, verstummten schlagartig alle Buhrufe, und das Publikum brach in rasenden Beifall aus. Am Ende trugen die Menschen den Bandleader „Dizzy! Dizzy!" skandierend durch die Straßen der Hauptstadt.[15] Auch die Jugoslawen reagierten geradezu enthusiastisch auf seinen Auftritt. Wie Gillespie später bemerkte, ging seinen Musikern das Spontane geradezu unter die Haut. Die Zeiten, in denen Jazz hier als dekadent, chaotisch und als Verführung zur Disziplinlosigkeit gegolten hatte, waren endgültig vorbei.[16]

Auch weit außerhalb des Westens fühlten sich viele Menschen vom Jazz mitgerissen. Der Trompeter Carl Warwick aus Gillespie's Band zeigte sich als Jazz-Botschafter zunächst sichtlich überrascht, dass die Menschen „in Ländern wie Pakistan [...] so auf unsere Musik standen".[17] Ein Beobachter aus dem State Department berichtete von dem Konzert in Karatschi: „Hier passiert gerade etwas Universelles." Als Gillespie *Hey Pete! Let's Eat More Meat* anstimmte, wippten die Zuhörer mit den Füßen und ihre Finger trommelten den Rhythmus auf ihren Knien. Fingerschnippend begleiteten sie die für sie zumeist neue Musik. Bereits zur Pause kochte das Theater nicht anders als jeder Ort in Amerika, an dem Dizzy vor langjährigen Fans spielte.[18]

Etwa zur gleichen Zeit demonstrierte das seit 1954 jährlich stattfindende Newport Jazz Festival, dass der amerikanische Jazz inzwischen zu einer Weltsprache aufgestiegen war. Seit 1958 trat auf dem Festival eine internationale Jugend-Band auf, der neben Amerikanern zahlreiche Europäer aus Ost und West angehörten.[19] Noch orientierten sich fast alle Jazzmusiker weltweit am nordamerikanischen Jazz. Wer mit dieser Musik etwas werden wollte, ging in die USA, um dort mit den amerikanischen Jazzlegenden aufzutreten und von ihnen zu lernen. So wechselte

14 Marshall McLuhan, *Understanding Media: The Extensions of Man*. New York: McGraw Hill, 1964.
15 Berendt/Huesmann 2015, 147; Shipton 1999, 283.
16 Gillespie/Frazer 1988, 352.
17 Gillespie/Frazer 1988, 346.
18 Shipton 1999, 282.
19 Nicholson 2014, 40.

der Belgier Toots Thielemans 1952 in die Vereinigten Staaten, wo er als Mitglied der Charlie Parker All Stars und des Quintetts von George Shearing die Mundharmonika als Solostimme im Jazz etablierte. Auch viele andere europäische Jazzmusiker stiegen erst nach Lehrjahren auf der anderen Seite des großen Teichs zu Weltstars auf, etwa der englische Gitarrist John McLaughlin und der österreichische Pianist Joe Zawinul, nachdem beide in den USA mit Miles Davis zusammengespielt hatten.[20]

Nach dem Zweiten Weltkrieg entfaltete der Jazz über alle Gräben des Kalten Kriegs hinweg eine erstaunliche Bindekraft und leistete mit zuvor nie dagewesener Geschwindigkeit und Reichweite vornehmlich in der westlichen Welt einen beträchtlichen Beitrag zur kulturellen Globalisierung. Er erfüllte viele Länder mit einem Sound, der irgendwie Berge und Grenzen zu versetzen schien. In den vier Besatzungszonen Deutschlands, wo der Jazz unter der Herrschaft der Nationalsozialisten als „Negermusik" verunglimpft und teils verboten gewesen war, wo viele dennoch in ihren Wohnzimmern vor den Volksempfängern zur Musik von Glenn Miller getanzt hatten, während draußen die Bomben fielen, fanden sich sofort nach Kriegsende überall Freunde dieser aus Amerika kommenden Musik zusammen. Selbst der sowjetische Stadtkommandant der Trümmermetropole Berlin, Generaloberst Nikolaj E. Bersarin, und der von der sowjetischen Militäradministration eingesetzte Generalbevollmächtigte für den Rundfunk genehmigten zunächst Jazzkonzerte und heiße Swing-Musik, und das Anfang 1947 gegründete Amiga-Schallplattenlabel brachte bald nach seiner Gründung die ersten Jazzplatten in Deutschland heraus.

In diesen Jahren der euphorischen Lebensgier, als die Überlebenden in einer Welt ohne Sicherheiten eine wahre Tanzwut packte, wählten sie die verschiedenen Varianten des Jazz als Taktgeber. In der von den Sowjets besetzten Zone saßen die Liebhaber des Jazz allabends vor den Rundfunkempfängern, um bei AFN die swingenden Top-Hits der amerikanischen und englischen Charts zu hören. Viele notierten die Melodien, um sie anschließend bei ihren Auftritten nachzuspielen.[21] Als die Sowjets im Sommer 1948 die Zufahrtswege nach West-Berlin blockierten und die Westmächte mit der Luftbrücke antworteten, landete als erster prominenter Musiker der Jazztrompeter und Kornettist Rex Stewart mit seiner gemischtrassigen Band in einem „Rosinenbomber" in Berlin. Stewart spielte in amerikanischen Clubs und trat zweimal pro Woche für Deutsche und Alliierte im Titania-Palast auf, einem der großen, zu einem Konzertsaal umfunktionierten Kino der Stadt.[22]

Der Jazz war immer in Bewegung gewesen, und er blieb es weiterhin. Er breitete sich über Ländergrenzen hinweg aus und veränderte dabei seinen Stil. Gleichzeitig verwandelten sich auch seine Fans. Louis Armstrong, der im Oktober 1952 erstmals nach West-Deutschland und West-Berlin kam, bemerkte es sofort. Als er 1955 nach einer Tournee durch Japan und Australien erneut durch West-Europa

20 Gioia 2011, 382–383.

21 Mathias Brüll, *Jazz auf AMIGA. Die Jazz-Schallplatten des AMIGA-Labels von 1947 bis 1990.* Berlin: Pro Business, 2003.

22 Schmidt-Joos 2016, 144–147.

tourte, beschrieb er in einem Interview mit einem amerikanischen Nachrichtenmagazin seine europäischen Zuhörer als sehr ernst: „Sie hüpfen nicht herum wie die Backfische. Sie hören Jazz auf die gleiche Weise, wie sie klassische Musik hören. Sie machen eine Wissenschaft daraus.“[23] Oder wie sich später Chet Baker ausdrückte: Sie haben nicht wie der Durchschnittsamerikaner „die Mentalität eines zwölfjährigen Kindes“.[24]

Armstrong verwies auf die hohe Flexibilität des Jazz, der sich in seiner Geschichte immer wieder soziokulturellen Veränderungen und der Mentalität des jeweiligen Landes anzupassen wusste, so auch nach dem Zweiten Weltkrieg. In Europa grenzten sich die meisten Jazzfreunde seit den fünfziger Jahren demonstrativ vom kommerzialisierten Jazz ab, erst recht von der Schlagerwelt und in der zweiten Hälfte des Jahrzehnts auch vom Rock ’n’ Roll und deren meist aus dem Arbeitermilieu kommenden Fans. Sie teilten nicht mehr die Swing- und Tanzbegeisterung der älteren Generation, sondern lauschten andächtig mit geschlossenen Lidern den neuen Bebop-Klängen eines Charlie Parker, der kreativen Besessenheit eines John Coltrane und den modernen Tönen von Miles Davis. Sie ließen die Seele schweben und die Gedanken stillstehen. Sie spürten, dass Jazz Gefühl ist und eine Herausforderung an Herz und Verstand. Als Gymnasiasten und Studenten stammten sie meist aus dem bürgerlichen Milieu. In den Enklaven der düsteren Jazzkeller und Kunsthochschulen diskutierten sie kettenrauchend über ihre Musik, gaben sich als Anhänger des französischen Existenzialismus aus und huldigten zugleich dessen Vertretern wie Jean-Paul Sartre, Albert Camus und Simone de Beauvoir. Sie orientierten sich an deren Kleidungsstil, Frisur und anderen ästhetischen Accessoires – schwarz der Mantel, schwarz der Rollkragenpullover, schwarz der Tabak der Zigarette, so als würden sie Juliette Greco zum Rendezvous erwarten. Sie wiegten den Kopf wie in Trance hin und her, eine selbst gedrehte Zigarette an die herabhängende Unterlippe geklebt. Clubabende ähnelten Universitätsseminaren und Jazzsendungen im Rundfunk akademischen Vorlesungen. Die Sprecher dozierten ausführlich über die neuesten US-Produktionen, ehe sie diese für die Hörer ehrfurchtsvoll auf den Plattenteller legten. Den jungen Intellektuellen der Nachkriegsjahre bot der Rückzug in die Jazzkultur eine Möglichkeit, der konformistischen Enge dieser Zeit mit ihrer bildungsbürgerlichen Tradition zu entkommen.[25] Zugleich wehrten sie sich gegen jede Vereinnahmung durch die Musikindustrie. Sie gaben vor, Kapitalismus und Konsum zu verabscheuen. In den fünfziger Jahren büßte der Jazz seinen Massenappeal ein, zumal er sich immer weniger zum Tanzen eignete. Doch auch weiterhin füllten Big Bands wie die von Quincy Jones die Säle.

Die große Flexibilität des Jazz zeigte sich auch in seiner grenzenlosen Integrationskraft. So nahm Louis Armstrong wie auch andere nach den Worten des Musikkritikers Ralph Gleason „die Organisationsmaterialien der europäischen Musik – Akkorde, Notenschrift, Takte und alles andere –, fügte dazu die Rhythmen der schwarzen Kirchen, der New Orleans-Musik und Afrikas, brachte die *blue notes*

23 *U.S. News & World Report* vom 2. Dez. 1955, 54–62; siehe auch Nicholson 2014, 58.
24 Zit. nach Heidkamp 1999, 60.
25 Schmidt-Joos 2016, 271–273; Heinz-Hermann Krüger, *Vom Punk bis zum Emo*, in Richard/Krüger 2010, 13–41, hier 16.

des Blues hinein, die Geheimnisse des Verbindens und Verdrehens der Noten [...].“[26] So gesehen war der Jazz bereits zu einer Zeit ein Sound der kulturellen Globalisierung, als Welthandel und internationale Arbeitsteilung durch die beiden Weltkriege und die Weltwirtschaftskrise weit zurückgeworfen wurden. Doch schon bald nach 1945 verstärkte er seine grenzüberschreitenden Integrationsbemühungen, indem er immer neue Elemente einzelner Musikrichtungen aus anderen Kulturen integrierte. Rund um den Globus setzten sich Jazzmusiker mit einheimischen Musikern zusammen und bauten deren Musik und Instrumente in ihre Arrangements ein. Zunehmend hinterließen unterschiedliche Kulturen im Jazz ihre musikalischen Spuren und machten ihn noch mehr zu einer globalisierten Musik.

1947 verband Dizzy Gillespie, angeregt durch die Band des Kubaners Chano Pozo und deren Spiel mit Conga- und Bongo-Trommeln, den Bebop mit Elementen kubanischer Musik zu Cubop, so in dem Stück *Cubana Be Cubana Bop*. Danach ließ sich fast jeder große Bandleader von kubanischen Rhythmen und Musikinstrumenten inspirieren, bis Anfang der 1960er Jahre der Afro Cuban Jazz von einem vermehrten Interesse der US-amerikanischen Jazzmusiker an der Samba und dem Bossa Nova abgelöst wurde. 1959 hatten in Brasilien die beiden Gitarristen und Komponisten Antônio Carlos Jobim und João Gilberto das richtungsweisende Album *Chega de Saudade (No more Blues)* herausgebracht und aus der Verbindung von Samba Canção und Cool Jazz den Bossa Nova geschaffen.[27]

Die Großen des Jazz bereisten nach dem Zweiten Weltkrieg auf der Suche nach Inspiration fast die ganze Welt. Sie wollten den Jazz weiterentwickeln, indem sie ihn mit exotischen Klangfarben bereicherten, um ihn zu einem Esperanto der Musik zu formen. Sie nahmen vorweg, was heute im Pop die Regel ist. Gillespie spielte Sambas in Südamerika, Goodman setzte in Rangun eine burmesische Oboe ein, Ellington und Dave Brubeck traten in Indien mit Sitarspielern auf, und Herbie Mann arbeitete im Mittleren Osten mit Oud-Musikern zusammen. Der US-amerikanische Pianist Randy Weston tauchte im Maghreb in die Musik der Gnawa-Bruderschaften ein, einer Gruppe von Mystikern, deren Musik eine heilende Kraft zugesprochen wurde.[28]

Sie alle entpuppten sich als Nomaden, die erfolgreich mit Musikern aus fernen Kulturkreisen und Regionen zusammenspielten, ohne deren Sprache zu kennen. Sie musizierten ganz ohne Noten, da sie die Gedanken ihrer Partner zu lesen wussten. Sie verstanden sehr wohl die vielen Geschichten, die diese auf ihren Instrumenten erzählten. Sie mussten nicht als Notenleser brillieren, mussten nicht die vielen schwarzen Punkte auf den fünf dünnen Linien buchstabieren als vielmehr die Erzählungen verstehen, die ihre Kollegen ihren Instrumenten entlockten.

Miles Davis unternahm wiederholt einen „Dialog des Jazz mit der Weltmusik“, so 1959 in seinem grandiosen Album *Sketches of Spain*, als er spanische Flamenco-

26 Zit. nach Berendt/Huesmann 2014, 99.

27 Gioia 2011, 387; Maximilian Hendler, *Cubana Be Cubana Bop. Der Jazz und die lateinamerikanische Musik*. Graz: Akademische Druck- und Verlagsanstalt, 2005; Marc Fischer, *Hobalala. Auf der Suche nach João Gilberto*. Berlin: Rogner & Bernhard, 2011.

28 Von Eschen 2004, 40–41; Fred Kaplan, *When Ambassadors Had Rhythm*, in The New York Times vom 29. Juni 2008; Warren R. Pinckney, *Jazz in India*, in Atkins 2003, 59–79, hier 70.

Kompositionen verarbeitete. Mitte der Sechziger experimentierte er schließlich mit Rock- und Funk-Ästhetiken und zitierte später die Gitarrenriffs von Jimy Hendrix.[29] Der US-amerikanische Saxophonist John Coltrane versuchte es mit indischen und afrikanischen Klängen, mit orientalischen Skalen und Rhythmen. Duke Ellington verarbeitete seine Begegnungen mit der Musik des Nahen und Mittleren Ostens in der *Far East Suite,* und Randy Weston, der 1961 erstmals als Mitglied einer amerikanischen Kulturdelegation nach Nigeria reiste, seine dortigen Kontakte 1963 in *Highlife – Music from the New African Nations featuring the Highlife* sowie ein Jahr später in *African Cookbook.*[30] Dave Brubeck veröffentlichte nach einer Konzertreise durch Europa, die Türkei und Südostasien im Jahr 1958 das Album *Jazz Impressions of Eurasia,* in dem er Töne und Rhythmen der Straßen und der Straßenmusiker von Kalkutta, Istanbul und Izmir einfing und integrierte – *Calcutta Blues, The Golden Horn, Blue Rondo à la Turk.* Der deutsche Jazz-Papst Joachim Berendt produzierte 1967 das Album *Jazz Meets India* als Zusammenspiel von sechs Musikern aus der Schweiz und Indien.[31] Schließlich trug nur wenig später der englische Jazz-Gitarrist John McLaughlin mit seinem Mahavishnu Orchestra und seinem Projekt Shakti und unter dem Einfluss des hinduistischen Gurus Sri Chinmoy entscheidend zur Popularität der indischen Musik im Westen bei.[32] Nach solchen Ausflügen in orientalische Kulturen zauberten die Weltreisenden des Jazz anschließend mit ihren Instrumenten lustvolle Märchenerzählungen aus Tausendundeine Nacht und erweckten Schlangenbeschwörer, Eunuchen und Haremsdamen zu neuem Leben, umweht von Gerüchen eines orientalischen Basars mit Zimt, Kardamom und Jasmin.

Umgekehrt kamen afrikanische Musiker bei ihren Reisen ins Ausland mit amerikanischem Jazz in Berührung, um diesen anschließend mit den traditionellen Klängen ihres Landes zu vermischen. 1956 reiste der damals sechzehnjährige Äthiopier Mulatu Astatke zum Ingenieurstudium nach Großbritannien, entdeckte dort seine Vorliebe für Musik und studierte am Trinity College of Music in London Piano und Klarinette, spielte in den Clubs von Soho zusammen mit Musikern aus Afrika und der Karibik, eher er sich als erster Afrikaner am Berklee College in Boston einschrieb und zum Vibraphon wechselte. 1969 kehrte er in sein Heimatland zurück, wo er eine Band gründete, die amerikanischen Jazz mit lateinamerikanischer Musik und der traditionellen Musik Äthiopiens verband, das heißt mit den landestypischen Tonskalen, Rhythmen, Gesangstilen und einzelnen Instrumenten – Ethio Jazz. 1971 trat er zusammen mit Duke Ellington auf, der ihn zusätzlich beeinflusste. Als Ende der sechziger Jahre die goldene Ära der äthiopischen Popmusik begann, wurde Mulatu Astatke im „Swinging Addis“, wo in den internationalen Hotels der Stadt Diplomaten aus allen Ländern und reiche Globetrotter nach Unterhaltung suchten, mit seiner hybriden Musik zum „Godfather“ des Ethio-Jazz. 1974 war es jedoch damit vorbei, als sich die sozialistisch-marxistische Militärdiktatur

29 Berendt/Huesmann 2014, 152 u. 155.

30 Collier 1999, 418; Kelley 2012, 41–90; Randy Weston/Willard Jenkins, *African Rhythms. The Autobiography of Randy Weston*. Durham: Duke University Press, 2010.

31 Nicholson 2014, 247; Pinckney 1989/1990, 47.

32 Broughton/Ellingham/Lusk 2009, 591–593.

des Derg-Regimes an die Macht putschte und im folgenden Jahr die Monarchie abschaffte. Die nur an Marschmusik interessierte Militärjunta drangsalierte und lähmte mit ihrer rigorosen Zensur genauso wie ihre Unterstützer in Moskau die Jazzszene und veranlasste viele Musiker zur Flucht ins westliche Ausland.[33]

In den 1950er Jahren veränderten Jazzmusiker aus verschiedenen Ländern den amerikanischen Jazz, indem sie ihre Instrumente ganz anders handhabten als ihre amerikanischen Kollegen, indem sie gewissermaßen in ihrer Muttersprache posaunten und trommelten.[34] Bereits in den dreißiger Jahren hatten in Frankreich der Gitarrist Django Reinhardt und der Violinist Stéphane Grappelli mit ihren speziellen Techniken und ihrer Vorliebe für Gesang dem Jazz voller Selbstbewusstsein eine eindeutig lokale und unverwechselbare Duftmarke verpasst. Reinhardt hatte mit seinem Spiel den „Gypsy Jazz" kreiert, und an ihm wiederum orientierten sich nach dem Krieg viele Gitarristen bis hin zu der Rock-Legende Carlos Santana.[35]

Andere wiederum entwickelten ihren eigenen Stil, indem sie zu Instrumenten ihrer traditionellen einheimischen Musik griffen. Dies gilt vor allem für Japan, wo der Jazz bereits in der Zwischenkriegszeit erste Fans um sich sammeln konnte, aber vor allem nach 1945 durch amerikanische GIs zur Blüte gelangte. 1933 hatte in Osaka das erste Jazz-Café – *jazu kissa* – eröffnet. Noch hatte Jazz im Japan der Zwischenkriegszeit ebenso wie die klassische europäische Musik als Teil der Elitenkultur gegolten. Das änderte sich unmittelbar nach dem Zweiten Weltkrieg, als die amerikanische Besatzungsmacht Jazz und Diskjockeys in das Programm des japanischen Rundfunks einführte. Zugleich forderten die in Japan stationierten GIs nach Livemusik, nach der sie tanzen konnten, und dies waren zunächst Foxtrott und Swing. Die von der japanischen Regierung im August 1945 gegründete Recreation and Amusement Association (RAA) richtete im ganzen Land für die Besatzungstruppen neben Bordellen mitsamt „comfort women" zahlreiche Tanzsäle, Bierhallen und Nachtclubs ein, in denen Bands die unterschiedlichsten Geschmäcker bedienten: Swing, Hillbilly und auch Jazz.[36] Dazu stellten die Inhaber wie auch die amerikanischen Offiziers-Clubs japanische Musiker ein, die bereit und fähig waren, das gewünschte Repertoire zu erlernen.

In diesen Jahren der Massenarbeitslosigkeit und des Massenelends nahmen viele hungernde Musiker nur allzu gern solche Angebote an, um in den Sperrgebieten der amerikanischen Clubs vergleichsweise üppig zu überleben, etwa in dem Zebra Club in Yokohama, der ansonsten off-limits für Japaner und Farbige war. Sie coverten amerikanische Titel, hielten sich streng an das amerikanische Vorbild, präsentierten sie aber in ihrer eigenen Sprache. Wie in Europa wurden die amerikanischen GIs auch in Japan und anderen Ländern Ostasiens zu den wohl effizientesten

33 Richard Williams, *Mulatu Astatke: the man who created ‚Ethio jazz'*, in The Guardian vom 5. Sept. 2014; Francis Falceto, *Abyssinie Swing: A pictorial history of modern Ethiopian music*. Addis Ababa: Shama Books, 2001.

34 Nicholson 2014, 126.

35 Benjamin Givan, *Django Reinhardt's left hand*, in Atkins 2003, 19–39, hier 20; Gioia 2011, 382; Michael Dregni, *Gypsy Jazz. In Search of Django Reinhardt and the Soul of Gypsy Swing*. Oxford: Oxford University Press, 2008.

36 Michael S. Molasky, *The American Occupation of Japan and Okinawa*. London: Routledge, 1999, 109–118; Atkins 2001, 175; Durgut 2014, 24 u. 41.

Exporteuren amerikanischer Populärkultur und schufen die Grundlage für den Wandel der jeweiligen Volkswirtschaft zu einer konsumorientierten Wirtschaft. Letztlich war es auch den GIs zu verdanken, dass amerikanische Plattenlabels Niederlassungen in Japan eröffneten und nordamerikanische Jazzmusiker es vorzogen, in Tokio und Kobe vor vollen Häusern anstatt in New York in gähnend leeren Clubs zu spielen. Dasselbe wiederholte sich nach dem Korea-Krieg in Südkorea, wo südkoreanische Musiker alle Titel in ihr Repertoire aufnahmen, die die GIs hören wollten.[37]

Amerikanische Jazzmusiker machten sich zugleich in Tokio und Seoul auf die Suche nach japanischen und koreanischen Talenten, um diese zu fördern und mit ihnen aufzutreten. 1952 entdeckte der kanadische Jazz-Pianist Oscar Peterson in einem Musik-Club im Tokioer Stadtteil Ginza die damals 23-jährige Pianistin Toshiko Akiyoshi, die 1956 als erste Ausländerin ein Stipendium am Berklee College of Music in Boston, Massachusetts erhielt, dem größten unabhängigen College für zeitgenössischen Musik in der Welt. Ihr folgte bald darauf der Saxophonist Sadao Watanabe nach Boston sowie in den folgenden Jahrzehnten eine ganze Reihe japanischer Jazzmusiker.[38] Bereits kurz nach Kriegsende war Jazz bei der städtischen Jugend Japans so sehr „in", dass sich der Druck eines speziellen Jazz-Magazins lohnte. 1947 erschien die erste Nummer des *Swing Journal* – später eines der weltweit führenden Jazz-Magazine.

Der Großteil der japanischen Bevölkerung lernte den Jazz wie auch die westliche Popmusik jedoch über das Fernsehen kennen. Die am Westen orientierte Musikkultur entwickelte sich in Japan Hand in Hand mit den modernen Massenmedien, die vielen Musikern zu landesweiter Berühmtheit verhalfen. Vor allem die städtische Jugend ließ sich von der Kraft der populären amerikanischen Musik und der damit verbundenen Freizeitkultur mitreißen.[39] Wie in den USA trugen schließlich auch in Japan gewinnorientierte Unternehmen zu einer stabilen Verankerung der aus dem Westen gekommenen Musik bei. Die Yamaha Corporation, die seit dem Jahr 1900 Pianos und Flügel herstellte und deren elektronische Musikinstrumente wie E-Gitarren, Keybords und Synthesizer später bei Spitzenmusikern in der ganzen Welt gefragt sein sollten, eröffnete 1954 ihre erste Musikschule, der bald weitere folgten. Seit Anfang der sechziger Jahre wurden dort auch Jazz und andere Richtungen westlicher Musik unterrichtet.

Zugleich unternahmen japanische Jazzmusiker erstmals Tourneen nach Amerika und Europa und beendeten die Phase der unterwürfigen Imitation. Der japanische Jazz wurde reifer, selbstbewusster und innovativ, aufbauend auf der reichen Kultur des Landes. Einheimische Jazzmusiker hörten wie schon zuvor viele ihrer europäischen Kollegen damit auf, ihre Identität zu verstecken. Sie spielten als „Yellow Negroes" einen „Yellow Jazz". Sie benutzten den Jazz als weltweit verständliches Esperanto, um auszudrücken, was sie fühlten und dachten. Sie spielten einen

37 Lie 2015, 29–32; Mitsui 2014, 55–59.

38 Ed Hazell, *Berklee: The First Fifty Years*. Boston: Berklee Press, 1995, 50; Gioia 2011, 386.

39 Mamoru Toya, *The Culture of Popular Music in Occupied Japan*, in Mitsui 2014, 52–70, hier 60–61.

Jazz, „der Reis isst", wie sich ein Musiker ausdrückte. Verschiedene Künstler experimentierten mit traditionellen japanischen Musikinstrumenten und japanischen Harmonien, so Toshiko Akiyoshi mit Kotsuzumi und Kakko, den traditionellen Handtrommeln, sowie mit Tsugaru Shamisen, der dreisaitigen Laute mit ihrem charakteristischen kleinen Korpus und langen Hals.

Jazz wurde ein fester Bestandteil der japanischen Musikszene, unterstützt von vielfältigen und stabilen Institutionen. Alle Städte boten Live-Konzerte in Musiksälen und Nachtclubs an, und überall entstanden Jazz-Cafés, in denen jeder zum Preis einer Tasse Tee stundenlang Jazz live oder von Schallplatten hören konnte. Für viele japanische Schriftsteller wurde der Jazz zu einer bedeutenden Kraft ihrer intellektuellen Entwicklung, so für den Literaturnobelpreisträger Kenzaburô Oe, die Schriftstellerin Yumiko Kurahashi und den durch seinen magischen Realismus weltberühmt gewordenen Haruki Murakami.[40]

In verschiedenen Teilen der Welt verdankte der Jazz als Soundtrack des 20. Jahrhunderts seinen Erfolg auch der unterschwelligen Botschaft, die Musik und Musiker vermittelten, und die viele verstanden, andere unbewusst erahnten und fühlten. Jazz steht nach den Worten des österreichischen Historikers Reinhold Wagnleitner einerseits zwar für Sklaverei und damit für die „schlimmste Form der Entwurzeltheit", andererseits jedoch „für ein radikales Konzept der Freiheit". Jazz ist Ausdruck der Leiden, aber auch der Lebensfreude der Unterdrückten.[41] Mit dem Jazz emanzipierten sich die schwarzen Musiker in den USA seit Beginn des Jahrhunderts ein Stück weit von der allgegenwärtigen Unterdrückung in ihrem Land. Dies galt weiterhin auch nach dem Zweiten Weltkrieg, als in der amerikanischen Gesellschaft noch immer ein höchst gewaltbereiter Rassismus vorherrschte, der die Afroamerikaner ebenso wie ihre Lebensweise und Werke als charakterlos und ehrlos abtat. Während Jazz für die Farbigen Kunst war, sahen die meisten weißen Amerikaner darin noch immer die Kakophonie einer minderwertigen Rasse – eben „Negermusik".

Einige wenige widersprachen und förderten ganz bewusst schwarze Musiker und schwarze Musik. So gründeten die beiden Berliner Juden Alfred Lion und Francis Wolff 1939 in dieser extrem rassistischen Umwelt das Label Blue Note Records, um die Musik der Afroamerikaner zu promoten. Auch hatten sie den Mut, die Plattencover mit Fotos der farbigen Interpreten zu gestalten. Sie arbeiteten hart daran, mit der Förderung des Jazz die Schwarzen ein Stück weit von Diskriminierung und politischer Unterdrückung zu befreien. In ihrem Label fanden gewissermaßen Verfolgte und Verdammte dieser Zeit zusammen und halfen, die Kultur des weißen Amerika mit dieser schwarzen Musik zu infizieren. Auch gingen die beiden aus Nazi-Deutschland geflohenen Jazzliebhaber das Risiko ein, schwarze Musiker wie den Pianisten und Komponisten Thelonious Monk, der für seine extrem individualistische Spielweise und Unzuverlässigkeit berüchtigt war und noch mehr als andere

40 Michael Molasky, *A Japanese Story about Jazz in Russia*, in Atkins 2003, 191–205, hier 191–192; Stevens 2008, 39–40; Nicholson 2014, 143; E. Taylor Atkins, *Can Japanese Sing the Blues?*, in Craig 2000, 27–59.

41 Reinhold Wagnleitner, *Jazz. Die klassische Musik der Globalisierung*, in www.aurora-magazin.at/gesellschaft/global_wagnleitner_jazz.htm [2.09.2015]; Von Eschen 2004, 17.

schwarze Musiker auf Ablehnung stieß, einer breiteren Öffentlichkeit bekannt zu machen.[42]

Zu einem noch größeren Promoter des Jazz stieg der Amerikaner Willis Conover auf, der seit Anfang 1956 mit seiner Baritonstimme die Jazzsendungen von Voice of America moderierte und dem Millionen Europäer jenseits des Eisernen Vorhangs und anderswo lauschten. Er nannte die Songs von Duke Ellington und Count Basie „Freiheitsmusik" – eine Musik der Freiheit in mehrfacher Hinsicht. Deren Arrangements bestanden aus einer Mischung aus Zucht und Zügellosigkeit, aus einer Kombination von Komposition und Improvisation, aus Disziplin und Freiheit. Ebenso wie in einer Demokratie können Musiker im Jazz eine größtmögliche Freiheit ausleben, wenn sie nur bestimmte Grundregeln respektieren. Louis Armstrong empfahl seinen Musikern: „*let yourself go*, spiel all das, was du an Gedanken, Regungen und Gefühlen in dir hast. Spiel nicht irgendeine Melodie. Spiel dich selber."[43]

Die vom State Department gesponserte Tournee der Dizzy Gillespie All Stars war eine Demonstration dieser individuellen Freiheit, reflektierte aber auch den Freiheitskampf, den das schwarze Amerika in diesen Jahren gegen die Rassenschranken im eigenen Land führte, sowie das Dilemma, in dem sich die amerikanische Außenpolitik Mitte der Fünfziger verfangen hatte. Die Tournee reflektierte gewissermaßen das wahre Amerika. Seit dem Aufstieg der Sowjets zur Atommacht war der Kalte Krieg für die USA wie auch für die Sowjets mit militärischen Mitteln nicht mehr zu gewinnen. Beide Großmächte trugen ihn daher fortan verstärkt auf anderen Feldern aus. Sie zielten mit ihren Propagandaschlachten vornehmlich auf die zahlreichen jungen Staaten, die in jenen Jahren in Asien und Afrika ihre Unabhängigkeit erlangten und sich vielfach noch unentschlossen zeigten, welcher Seite und welcher Ideologie sie sich zuwenden sollten. Um deren Sympathie buhlten Washington und Moskau nicht nur mit Geld und Waffen, sondern auch mit Kultur, vor allem mit Musik. Beide investierten viel in die Kulturdiplomatie, um die Bevölkerung des Gegners für ihr System zu begeistern und die Loyalität nichtverbündeter Nationen zu gewinnen. Als zur Mitte der fünfziger Jahre im indonesischen Bandung asiatische und afrikanische Staaten dem Neokolonialismus und der Rassentrennung den Kampf ansagten, viele von ihnen große Sympathie für den Kommunismus äußerten, und sich die Sowjetunion als Friedensapostels und Anwalt aller Länder ausgab, die unter dem Joch des Kolonialismus und Imperialismus zu leiden hatten, präsentierten sich die USA mit ihrem Kontrastprogramm als Hüter von Freiheit und Gerechtigkeit, warben demonstrativ für einen Konsumkapitalismus und versprachen Wohlstand für alle. Mit den Jazz-Tourneen versuchten sie speziell die unabhängig gewordenen afrikanischen Staaten für den Westen zu gewinnen. Die schwarzen Musiker sollten als Jazz-Botschafter die sozialen Aufstiegsmöglichkeiten im freiheitlichen Kapitalismus unter Beweis stellen.

42 Richard Cook, *Blue Note Records. The Biography*. London: Secker & Warburg, 2001; Richard Havers, *Blue Note. The Finest in Jazz*. München: Sieveking Verlag, 2014; Robin D. G. Kelly, *Thelonious Monk. The Life and Times of an American Original*. New York: Free Press, 2009.

43 Zit. nach Berendt/Huesmann 2014, 101; Richard Havers, *Blue Note. The Finest in Jazz since 1939*. München: Sieveking-Verlag, 2014.

Bereits während des Zweiten Weltkriegs hatte Henry Luce, Besitzer und Chefredakteur der Zeitschrift Life, in seinem berühmten Artikel „The American Century“ aus dem Jahr 1941 von der Verpflichtung der USA geschrieben, die Verbreitung ihrer Ideale über die ganze Welt voranzutreiben und das Lebensniveau der Menschen gewissermaßen in den Himmel zu heben. Neben der Verteidigung der Ideale von Freiheit und Gerechtigkeit müsse Amerika der übrigen Welt auf dem Gebiet der Unternehmertätigkeit und technologischen Kompetenz den Weg weisen. Dabei bilde der kulturelle Einfluss die Grundlage für den politischen Einfluss. Wörtlich: „Amerikanischer Jazz, Filme aus Hollywood, amerikanischer Slang, amerikanische Maschinen und patentierte Produkte sind in der Tat das Einzige, was jede Gemeinschaft in der Welt, von Sansibar bis Hamburg, einmütig anerkennt.“ Luce sprach von den USA als einer „Weltmacht in allen trivialen Angelegenheiten – in allen (allzu) menschlichen Dingen“, und meinte damit Konsumartikel, von denen die Menschen träumten. Darauf müsse das Land aufbauen, um auch zu einer politischen Weltmacht zu werden.[44]

Präsident Franklin D. Roosevelt hatte bereits einige Jahre zuvor damit begonnen, die amerikanische Kultur, oder was Amerikaner darunter verstanden, in den Dienst der Politik zu stellen. 1938 hatte er vom Außenministerium eine Abteilung für kulturelle Angelegenheiten gründen lassen, die die Verbreitung amerikanischer Kultur im Ausland fördern sollte. Im Krieg kamen weitere Propagandabehörden hinzu, im Juli 1942 Voice of America.[45]

1953 ließ Präsident Eisenhower schließlich die United States Information Agency einrichten, die dem Präsidenten direkt unterstellt war und die US-Politik im Ausland besser erklären und deren Akzeptanz fördern sollte. Die neuen Kulturdiplomaten setzten vorrangig auf die Attraktivität der amerikanischen Populärkultur und verlegten den Schwerpunkt ihrer Tätigkeit auf den Export von amerikanischer Musik, amerikanischen Filmen und amerikanischen Konsumgütern. Sie machten Reklame für die USA, indem sie begleitet von Swing und Dixieland Coca-Cola, Kaugummi und Nylonstrümpfe verteilen ließen. Dabei erwies sich jedoch die Rassentrennung im eigenen Land als höchst empfindliche Achillesferse, zumal die Sowjets jede Gelegenheit und jedes Mittel nutzten, um hohntriefend auf die engen Beziehungen der USA zum Kolonialismus und die Diskriminierung der farbigen Bevölkerung vor allem in den Südstaaten hinzuweisen und zwar mit Erfolg. Sowjetische Karikaturisten verteilten weltweit Zeichnungen mit dem Bild eines stiernackigen Uncle Sam, der großkotzig mit den USA als dem Land der Freiheit prahlt, während unter seinem Stiefel ein schwarzer Sklave im Dreck kriecht.

Viele Staaten sahen in den fünfziger Jahren in Amerika eine Supermacht der Heuchelei. Um der sowjetischen Propaganda etwas von ihrer negativen Wirkung zu nehmen, versuchte es das US-Außenministerium zunächst mit klassischer Musik, so mit einer vierjährigen Welttournee von George Gershwin's Oper *Porgy and Bess* mit der farbigen Sopranistin Gloria Davy in der Rolle der Bess. Die Tournee

44 Zit. nach Gödde 2013, 544; Henry Luce, *The American Century*, in Diplomatic History 23,2 (1999), 159–171.
45 Gödde 2013, 544.

begann 1953 in Europa, führte über den Mittleren Osten, Afrika und Russland, um 1956 in Lateinamerika zu enden.[46]

Da es aber Moskau weiterhin gelang, vor allem in den UN-Gremien das Image der USA als Vorkämpferin für eine freie Welt mit Verweis auf die amerikanischen Jim-Crow-Gesetze arg zu ramponieren, schlug der farbige Kongressabgeordnete Adam Clayton Powell Jr., der mit der ebenfalls farbigen Jazz-Pianistin Hazel Scott verheiratet war, Anfang 1956 vor, auch die Musik der Schwarzen zur Sympathiewerbung einzusetzen. Dem hätten die Sowjets nichts entgegenzusetzen, zumal sich mit dem Auftritt schwarzer Musiker der Vorwurf des Rassismus vorzüglich entkräften ließe. Powell präsentierte auch gleich seinen Freund Dizzy Gillespie als ersten Jazz-Botschafter. Im März 1956 startete dessen 18-köpfige Band zu ihrer ersten Goodwill-Tournee durch Südeuropa, den Mittleren Osten und Südasien.[47]

Gillespies Band sollte das „wahre" Amerika repräsentieren. Sie bestand nach Gillespies eigenen Worten aus einer „amerikanischen Mischung von Schwarzen, Weißen, Männern, Frauen, Juden und Heiden". Nach dem Willen der Regierung nahm die ursprünglich rein schwarze Band mehrere weiße Musiker auf und auch zwei Frauen, obwohl gemischtrassige Bands zu dieser Zeit in manchen Südstaaten der USA noch immer illegal waren. Es war eine heikle Tournee, da sie in die Zeit des Busboykotts von Montgomery in Alabama fiel, mit dem die schwarze Bürgerrechtsbewegung öffentlichkeitswirksam und unter Beobachtung ausländischer Journalisten gegen die Politik der Segregation ankämpfte. Noch immer durften schwarze Musiker in den USA nur über den Hintereingang auf die Bühne. So wurde denn auch Gillespie während der Tournee überall auf den Rassismus in den USA angesprochen. Dazu in seinen Erinnerungen: Die Leute „hatten die ärgsten Horrorgeschichten gehört, wie die Neger verbrannt und gelyncht würden, und dann sahen sie unsere Band, in der Schwarze und Weiße – noch dazu unter einem schwarzen Leader – friedlich miteinander spielten und sich offenbar prächtig vertrugen." Gillespie zeigte auf seine weißen Musiker und meinte: „Ja [...] wir haben unsere Probleme, aber wir arbeiten daran, sie zu bewältigen. Ich bin der Leader dieser Band und diese weißen Burschen arbeiten für mich, das ist eine tolle Sache."[48]

Um die Begeisterung für den amerikanischen Jazz weltweit hochzuhalten, schickte das State Department Gillespie sofort nach seiner Rückkehr aus Europa und Asien Ende Mai 1956 auf eine neue Tournee nach Südamerika, und auch Benny Goodman brach mit seinem Orchester zu einer siebenwöchigen Konzertreise in den Fernen Osten auf. 1962 entsandte das State Department zudem das schwarze Golden Gate Quartet nach Afrika. Eine amerikanische Zeitung vermerkte: „Musik hat Scharm, den Außenminister Dulles nicht hat." Im State Department hatte man zuvor sehr aufmerksam den triumphalen Empfang verfolgt, den die Bevölkerung der britischen Kronkolonie Goldküste Ende Mai 1956 Louis Armstrong als dem bekanntesten schwarzen Jazzmusiker bereitet hatte, ein knappes Jahr vor der Unab-

46 Von Eschen 2004, 4.

47 Fred Kaplan, *1959: The Year that Changed Everything*. Hoboken, NJ: John Wiley & Sons, 2009, 127–128.

48 Gillespie/Frazer 1988; Shipton 1999, 280–281.

hängigkeit des Landes. Armstrongs Reise in das spätere Ghana war von dem amerikanischen Medienunternehmen CBS finanziert und auch gefilmt worden. Bereits auf dem Flughafen von Accra erwarteten 10.000 Afrikaner und zahlreiche einheimische Bands die All Stars. Das Open-Air-Konzert führte zu einem Massenansturm von 50.000, nach einigen Presseberichten von 100.000 Zuhörern, die zum Teil in ekstatische Tänze verfielen und die Musiker anschließend auf ihren Schultern aus dem Stadion trugen. Am folgenden Tag lud Premierminister Kwame Nkrumah Satchmo und seine Ehefrau Lucille zum Lunch ein, zu dessen Abschluss Armstrong für den Staatschef den bekannten antirassistischen Song *Black and Blue* aus dem Jahr 1929 vortrug. Bei dessen Refrain „Meine einzige Sünde ist in meiner Haut/Was habe ich getan, um so schwarz und traurig zu sein“ hatte Nkrumah Tränen in den Augen.[49]

Umgehend versuchte die US-Regierung die weltweite Bekanntheit von Satchmo und die Begeisterung für seine Musik zu nutzen, um auch ihn als Jazz-Botschafter zu engagieren. Der wiederum wusste geschickt seine neue Rolle zu nutzen, um die Eisenhower-Regierung zu einem verstärkten Eingreifen zugunsten der schwarzen Bürgerrechtsbewegung zu bewegen. Als der Gouverneur von Arkansas im September 1957, drei Jahre nach der offiziellen Aufhebung der Rassentrennung an Schulen, in Little Rock neun afroamerikanischen Schülern den Zutritt zur dortigen High School verwehrte und die Nationalgarde antreten ließ, kritisierte Armstrong in einem Zeitungsinterview den zögernden Präsidenten Eisenhower als falsch und feige und lehnte es ab, als „Ambassador Satch“ und Vertreter seines Landes in Moskau aufzutreten. Einige gewitzte US-Diplomaten ließen umgehend verlauten: In den USA kann selbst ein Schwarzer die Regierung kritisieren, ohne bestraft zu werden.[50] Neben Armstrong waren sich die meisten schwarzen Musiker der Doppelzüngigkeit und Widersprüchlichkeit der amerikanischen Politik durchaus bewusst und reagierten nicht selten mit Zynismus. 1961 schrieben Dave und Lola Brubeck zusammen mit Louis Armstrong das Musical *The Real Ambassadors* als Satire auf die vom Außenministerium bezahlten Tourneen und als Kritik an den Rassenschranken in den USA. Darin erklärt Armstrong mit breitem Grinsen: „Sie sagen, ich sehe aus wie Gott/Könnte Gott schwarz sein? Mein Gott!“[51]

Auch Duke Ellington weigerte sich Anfang der sechziger Jahre zunächst, als Jazz-Botschafter im Ausland aufzutreten. Er reagierte damit auf die anfängliche Untätigkeit von Präsident John F. Kennedy auf dem Feld der Bürgerrechte. Erst als Kennedy im Jahr 1963 während der Rassenunruhen in Birmingham, Alabama seine Passivität ablegte, im Juni desselben Jahres in einer Fernsehansprache zu den Bürgerrechten Stellung bezog und damit die Richtschnur für den Civil Rights Act von 1964 vorgab, erklärte sich Ellington zu einer Zwölf-Länder-Tour als Jazz-Botschafter bereit. Sie führte die Band zuerst nach Damaskus und Neu-Delhi. Als die Musiker am 22. November 1963 in Ankara zu ihrem nächsten Konzert landeten, erfuhren

49 Ilse Storb, *Louis Armstrong*. Reinbek bei Hamburg: Rowohlt, 1999, 98–101.
50 Fred Kaplan, *When Ambassadors Had Rhythm*, in The New York Times vom 29. Juni 2008.
51 Von Eschen 2004, 79–91.

sie von der Ermordung Kennedys. Das Außenministerium beorderte die Band umgehend zurück in die USA, womit auch die eigentliche Blütezeit der Jazz-Botschafter endete.

Inzwischen hatte sich auch die amerikanische Industrie von der Werbewirksamkeit der schwarzen Musiker im Ausland und besonders in Afrika überzeugt. Vor allem die großen amerikanischen Getränkegiganten Coca-Cola und Pepsi Cola wollten bei ihrem Kampf um die Vormachtstellung auf den Weltmärkten am Ruhm der Großen des Jazz partizipieren. Die von Armstrong und seiner Band im Oktober 1960 begonnene Tournee durch 27 afrikanische Städte wurde bereits je zur Hälfte von Pepsi Cola und dem State Department finanziert. Mit dem Slogan „Pepsi bringt Satchmo zu dir", warb der Konzern auf großflächigen Plakaten in afrikanischen Städten für seine süße Brause. Ein Magazin kommentierte: „Armstrong und seine Pepsi-Six sind Stoßtruppen im Kampf mit Coca-Cola um den afrikanischen Softdrink-Markt." Dem State Department sollten die Musiker aber weiterhin in erster Linie als Stoßtruppen im Kampf mit der Sowjetunion um Sympathie und Ansehen in der Dritten Welt dienen. Gleichwohl konnte die Band die wahren Interessen der Amerikaner immer nur für einige wenige Stunden überspielen. Bei ihrem Auftritt im Kongo Ende Oktober 1960 bejubelte zwar eine riesige Menschenmenge die All Stars, und Armstrong wurde auf einem Thron durch die Straßen von Leopoldville getragen. Doch den Bürgerkrieg konnten die Musiker nur für zwei Tage unterbrechen. Nach ihrer Abreise ging das Morden unvermindert weiter, und die CIA mischte tatkräftig am Sturz und der Ermordung des ersten demokratisch gewählten Premierministers Patrice Lumumba mit.[52]

Als in den 1960er Jahren Rock und Beat in den USA alle anderen Musikrichtungen beiseiteschoben, wichen die amerikanischen Jazzgrößen nur zu gern ins Ausland aus, vor allem zu vom Außenministerium oder der Industrie gesponserten Tourneen. Viele von ihnen traten nach der Ermordung Kennedys offiziell zwar weiterhin als Botschafter ihres Landes auf, aber eigentlich verstanden sie sich nur noch als Botschafter ihrer Musik und ihrer selbst. Sie nutzten ihre Begegnungen mit fremden Kulturen, um deren Musik in sich aufzusaugen, diese anschließend einer chemischen Veränderung zu unterziehen und in ihre eigene Musik zu integrieren. Sie warben zwar im Ausland für einen Kulturaustausch, der nach den Vorstellungen der amerikanischen Geldgeber aber eher ein Transfer amerikanischer Werte, Ideologie, Produkte und Musik sein sollte. Duke Ellington führten seine Tourneen 1964 nach Japan, 1966 nach Nordafrika, 1968 nach Südamerika, 1969 nach Osteuropa und 1971 in die Sowjetunion und nach Südamerika. Ellington wurde zum Modell eines Weltbürgers.[53] Auch Dizzy Gillespie unternahm noch in den 1980er Jahren bis zu seinem Tod 1993 weiterhin mehrere weltweite Tourneen. Alle diese umjubelten Auftritte von Louis Armstrong, Dave Brubeck oder Herbie Mann in Europa, Asien, Afrika und Südamerika belegen, dass sich der Jazz auch dann noch als Sound der Globalisierung verstand, als bereits andere Musikstile ihren Siegeszug weltweit angetreten und den Jazz in das zweite Glied verwiesen hatten.

52 Von Eschen 2004, 43, 47, 59–67 u. 76; Collier 1999, 391.
53 Von Eschen 2004, 121–147.

Die vom State Department arrangierten weltweiten Jazz-Tourneen sollten auch die Gleichberechtigung von Mann und Frau demonstrieren. Für die Moslems in Pakistan und Persien war aber neben der für sie unbekannten Musik die Mitwirkung von zwei Frauen in Gillespies Band völlig unakzeptabel. Eine amerikanische Zeitschrift berichtete: „Die meisten der muslimischen Zuhörer hatten nie zuvor diese fremde Musik gehört. Einige betrachteten mit Missfallen die Posaunistin Melba Liston und die Sängerin Dotty Saulter, deren starke Auftritte die orthodoxe islamische Tradition verletzten."[54] Dennoch fand auch hier diese Freiheitsbotschaft vereinzelt Anklang. Melba Liston erinnerte sich später: „Ich sprach mit vielen Frauen, vor allem im Mittleren Osten, und sie wollten alles wissen: über die Beziehungen zwischen Männern und Frauen in den USA, wie die Frauen dort lebten, wie in der Welt es möglich war, dass ich einen solchen Job ausüben konnte."[55]

Die Jazz-Botschafter wurden begleitet und unterstützt von zielgerichteten Rundfunksendungen als einer weiteren Schallwaffe. Bereits seit Kriegsende zeigten sich viele Jugendliche in Europa und anderswo in der Welt fasziniert von der Lässigkeit, mit der amerikanische Moderatoren ihren Hörern begegneten und sich nicht wie ihre europäischen Kollegen als herrische Oberlehrer aufspielten. Wenige Monate bevor die Dizzy Gillespie Big Band zu ihrer ersten vom State Department gesponserten Tournee in Richtung Europa und Kleinasien aufbrach, war bei Voice of America erstmals die Ansage zu hören, die seitdem vier Jahrzehnte lang um die Welt ging: „Ladies and Gentlemen, time for jazz! Willis Conover speaking." Untermalt wurde die sonore Stimme von *Take The A Train*, gespielt vom Duke Ellington-Orchester. Die Eisenhower-Regierung hatte den Jazz endgültig als Soft Power entdeckt. Sie hatte irgendwie begriffen, dass Musik eine universelle Sprache der Gefühle sein kann über alle kulturellen, religiösen und ethnischen Grenzen hinweg. Es bedurfter jedoch einiger kräftiger Anstöße durch den US-Botschafter in Moskau, Charles E. Bohlen, der mehrfach auf den Hunger sowjetischer Jugendlicher nach amerikanischem Jazz hinwies. Zuvor hatten amerikanische Diplomaten über Jahre hinweg in Moskau die dortigen „halbstarken" Stilyagi beobachtet und deren Faszination für alles Amerikanische, vor allem amerikanischen Jazz entdeckt.

Dennoch galt es zunächst, heftige Widerstände der Republikaner zu überwinden, die die „schwarze Musik" mit der dunklen Seite der amerikanischen Gesellschaft gleichsetzten. Jazz sei ein Produkt zwielichtiger Nachtbars, in denen es von Gangstern, Prostituierten, Zuhältern und Säufern wimmele, aber keine Kultur. Der Präsident sprach ein Machtwort und machte Geld für die Jazz-Botschafter und Conovers Jazz-Botschaft locker, obwohl dieser sich vertraglich völlige Freiheit in der Programmgestaltung zusichern ließ sowie politik- und propagandafreie Sendungen. Eisenhower argumentierte, das Ausland definierte die USA ausschließlich materialistisch, also mit Autos, Kühlschränken und klebriger Prause, nicht jedoch mit Kultur gleich welcher Art. Der Erfolg von *Porgy and Bess* sowie die umjubelten Auslandtourneen von Louis Armstrong seien jedoch ein Beweis für die emotionale Kraft des Jazz. Seitdem präsentierte sich Conover als internationale Jazz-Stimme der USA, die über Relaisstationen in München, Saloniki, Tanger, Honolulu, Manila

54 Pittsburgh Courier vom 2. Juni 1956, zit. nach Shipton 1999, 282.
55 Gillespie/Frazer 1988, 345.

und Okinawa rund um den Globus zu hören war. Fast täglich lauschten ihm und der von ihm ausgewählten Musik weltweit Millionen und ließen sich oft für ihr übriges Leben mit einem Schuss Swing impfen. Conover wurde zum einflussreichsten Botschafter des amerikanischen Jazz in der UdSSR und Osteuropa.

Als Radioreporter orientierte sich Conover an Franklin D. Roosevelt's „Kamin-Plaudereien". Er sprach langsam, um auch die zu erreichen, die nur über geringe Englischkenntnisse verfügten. Die Hörer vertrauten „Willis", weil dieser nicht wie ein kalter Profi wirkte, weil er keine andere Botschaft predigte außer der, die in der Musik selbst steckt. Binnen kürzester Zeit stieg er zum Weltstar auf, der etwa bei seinem ersten privaten Besuch 1959 in Polen von Reportern, Fotografen und Jazz-Fans wie ein Pop-Star empfangen wurde – oder wie das Time Magazin schrieb – „als wäre er einer der Kennedy-Brüder". Fast alle Jazz-Liebhaber hinter dem Eisernen Vorhang begründeten ihr Interesse an dieser Musik mit dem Programm von Willis Conover. Der kanadische Journalist und Jazzautor Gene Lees nannte Conover den Mann, „der den Kalten Krieg gewann".[56]

In vielen Teilen der Welt legten amerikanische Soldaten und amerikanische Rundfunkstationen seit dem Zweiten Weltkrieg den Grundstein für die Akzeptanz und die Übernahme der westlichen Musik – sei es Jazz, Rock oder Pop. Das gilt selbst für Eritrea am Horn von Afrika. Dort hatten die Amerikaner in der Hauptstadt Asmara 1943 die Kagnew Station errichtet, eine großflächige Rundfunkstation, auf deren Gelände in den 1960er Jahren auf dem Höhepunkt des Kalten Krieges mehr als 5.000 Amerikaner lebten, ehe im folgenden Jahrzehnt die Kämpfe zwischen der Eritreischen Volksbefreiungsfront und Äthiopien zur Verringerung des Personals führten und schließlich 1977 zur Schließung der Station. Zuvor aber hatte der Sound der westlichen Musik, die die Station ausstrahlte, ähnlich wie in Ostasien tiefe und nachhaltige Spuren in der einheimischen Musikszene hinterlassen.

Bereits in den Sechzigern übernahmen eritreische Musiker die E-Gitarre, veränderten nachhaltig die traditionelle arabische Musik und hatten damit Erfolg. Andere bauten elektrische Versionen des in Eritrea und Äthiopien seit alters her benutzten Zupfinstruments Krar, eine Art fünfsaitige Leier, versahen sie mit Nylon- oder Stahlsaiten und revolutionierten den Sound und schließlich auch die Melodien. Sie konfrontierten die europäische Polyphonie mit den vielen verschiedenen Skalen der einheimischen Musik, die mit ihren Viertel- und Mikrotönen in den Ohren von Europäern sehr dissonant klingt. Sie leiteten eine Annäherung beider Systeme ein und halfen bei der Suche nach neuen Ausdrucksformen. Sie sahen sich unterstützt von ihrem Landsmann Amha Eshete, der 1969 mit Amha Records das erste äthiopische Plattenlabel gründete und viel zum Aufschwung des so genannten „Ethio-Jazz" und „Swinging Addis" beitrug. Auch ihn hatten die von der Kagnew Station ausgestrahlten Sendungen von Voice of America zu einem Jazz-Fan werden lassen.[57]

56 Lees 2003, 250–254; Starr 1990, 201–202; Schmidt-Joos 2016, 488–499.

57 Zara Tewolde-Berhan, *Popular music in Eritrea*, in www.musicinafrica.net/magazine/popular music-eritrea; Arefaynie Fantahun, *Amha Eshete: Pioneer of Ethiopia's music industry*, in www.musicinafrica.net vom 20. Juni 2016 [28.11.2017].

Fast überall in Afrika hinterließ der amerikanische Jazz seine Spuren. Er kehrte gewissenmaßen in seine alte Heimat zurück, wo er viele Musiker dazu anregte, ihre eigene, meist stehengebliebene Musik weiterzuentwickeln. Da Afrika aber aus Hunderten oder Tausenden ethnischer Gruppen und einer sehr fleckigen Musiklandschaft besteht, fand der Jazz in einer Vielzahl an Musikkulturen mit ganz unterschiedlichen Resultaten seinen Niederschlag. In der britischen Kolonie Goldküste und in Sierra Leone war unter dem Einfluss ausländische Musiker bereits in den 1920er Jahren mit dem Highlife eine Musik entstanden, die aus einer Mischung von traditionellen Rhythmen der Region und Elementen des Jazz bestand. Sie wurde gespielt auf überwiegend europäischen Instrumenten, die seit der Gründung europäischer Militär- und Handelsstützpunkte in der Frühen Neuzeit sowie mit den christlichen Missionaren hier Einzug gehalten hatten. Zu Beginn der 1940er Jahre ähnelten die meisten der frühen Highlife-Bands amerikanischen Jazz-Big-Bands, die von den an der Goldküste stationierten alliierten Soldaten aus den USA, der Karibik und Großbritannien immer neue Anregungen aus dem Jazz übernahmen.

Zur berühmtesten dieser Bands stiegen die Tempos auf, ein zunächst loser Zusammenschluss von in Accra stationierten europäischen Soldaten, die in unterschiedlicher Besetzung in den Armee-Clubs der Stadt mit Swing und Jazz zum Tanz aufspielten. Mit dem schrittweisen Abzug der Alliierten ersetzten einheimische Musiker Amerikaner und Europäer. 1948 übernahm der in Accra geborene Musiker E. T. Mensah die Leitung der Band, die fortan für ihr ghanaisches Publikum vermehrt Highlife spielte und dabei auch afrokubanische Perkussionsinstrumente einsetzte. E. T. Mensah wurde zum eigentlichen Erneuerer dieser Musik. In den Fünfzigern tourte er mit seiner Band regelmäßig durch Westafrika und löste dort einen wahren Highlife-Boom aus. Bei einem seiner zahlreichen Auftritte in Lagos regte er den führenden nigerianischen Jazzmusiker Bobby Benson dazu an, seinen Big Band-Sound mit Musik aus der Karibik und dem Highlife zu verbinden. Fortan feierte auch Benson in seinen Highlife-Hits das moderne Leben mit seinen Nylon-Kleidern und seinen „leichten Mädchen“, den „sisis“, „titis“ und „walkawalka babies“. Derweil erlangte E. T. Mensah internationale Bekanntheit. 1955 trat er während eines Englandaufenthalts mit der Chris Barber's Jazz Band auf, und ein Jahr später jammte er in Accra zusammen mit Louis Armstrong vor einer riesigen Menschenmenge. Nach der Unabhängigkeit Ghanas begleiteten E. T. Mensah and his Tempo's Band mehrfach auch Staatspräsident Nkrumah bei dessen Staatsbesuchen in andere afrikanische Länder.[58]

Neben Jazzmusikern, GIs und amerikanischen Rundfunkstationen trugen in den fünfziger und sechziger Jahren zudem aus Nordamerika und Europa zurückkehrende Studenten und Musiker zur Verbreitung der Musik aus dem nordatlantischen Westen in Afrika bei, ferner die in den Kolonien ansässigen Weißen sowie die Importeure westlicher Musikinstrumente und Schallplatten. In Westafrika entwickelte der Nigerianer Fela Kuti in den sechziger Jahren zusammen mit seiner Band Koola Lobitos den Highlife-Jazz nochmals weiter. Während seines vorangegangenen Musikstudiums in London hatte Kuti die Musik von Dizzy Gillespie und Miles Davis kennengelernt, und während eines nachfolgenden Amerikaaufenthalts

58 Broughton/Ellingham/Trillo 1999, 488–491 u. 596; Bender 2000, 139–142 u. 152.

die von James Brown. Auch war er mit den Ideen und Vertretern der schwarzen Bürgerrechtsbewegung in Berührung gekommen. Zurück in Nigeria kombinierte er Anfang der siebziger Jahre Saxophon und Trompete mit afrikanischen Trommeln, woraus der Afrobeat entstand, ein neuer Sound als Synthese aus Jazz, Funk und afrikanischen Einflüssen. Kuti sang in Pidgin-Englisch, um im gesamten anglo-afrikanischen Raum verstanden zu werden. Unter dem Einfluss der Black Panther Party lud er seine Lieder mit politischen Inhalten auf und forderte die in Nigeria herrschenden, korrupten Militärs mit provokanten Texten heraus. Diese rächten sich und warfen ihn wiederholt ins Gefängnis. 1977 zerstörten rund tausend Soldaten sein Anwesen, die so genannte Kalakuta-Republik, wo Kuti mit vielen seiner Musiker und Freunden lebte, darunter zahlreiche drogenabhängige Minderjährige und Drogendealer.

Den Sturm auf die Kommune überlebte Fela mit einem Schädelbasisbruch, während seine Mutter, Nigerias bekannteste Frauenrechtlerin Funmilayo Ransome-Kuti, dabei umkam. Offenbar hatten die Ideen seiner Mutter bei ihrem Sohn kein Gehör gefunden. Fela Kuti umgab sich zeitweise mit einem Harem von 27 Frauen, prahlte fortwährend, er würde täglich mit sechs Frauen schlafen, und verkündete in Liedern und Interviews in der Pose eines Machos: „Frauen sind Matrazen". Trotz aller Popularität blieb Fela Kuti in der blühenden Musiklandschaft Nigerias ein Randphänomen. Der Großteil der Bevölkerung stand auf einer ganz anderen Musik – neben dem Highlife mehr und mehr auf Juju- und Fuji-Musik. Auch kreierte Kuti nicht den größten Hit, sondern sein Landsmann Prince Nico Mbarga, der 1976 zusammen mit seiner Rocafil Jazz Band in einer Mischung aus Highlife und Kongo-Jazz mit dem Bestseller *Sweet Mother* die eigentliche Hymne Afrikas herausbrachte.[59]

In den fünfziger Jahren hinterließ der amerikanische Jazz fast überall in Afrika seine Spuren. So entwickelte sich gegen Ende des Jahrzehnts im westafrikanischen Kamerun aus den lokalen Rhythmen des Sawa-Volkes und Tänzen von Kindern der dort allgegenwärtige Makossa durch Übernahme einzelner Elemente des Jazz, der Rumba und des westafrikanischen Highlife sowie unter Zuhilfenahme verschiedener moderner westlicher Musikinstrumente. Diese Musik wurde erstmals außerhalb von Afrika bekannt, als der Kameruner Saxophonist, Pianist und Komponist Manu Dibango, der in Belgien als Jazzmusiker ausgebildet worden war, im Jahr 1972 den Song *Soul Makossa* herausbrachte, den ersten Nummer-eins-Hit eines afrikanischen Musikers in den USA.[60]

In Südafrika vermischte indes in einer Johannesburger Township der farbige Saxophonist Kippie Moeketsi den Modern Jazz der Weißen aus Johannesburg und Kapstadt mit der Kwela-Musik der südafrikanischen Elendsviertel, eine Musik, die gespielt wurde mit Gitarre, einem einsaitigen, aus einer Teekiste gefertigten Bass,

59 Carlos Moore, *Fela Kuti. This Bitch of a Life*. Berlin: Tolkemitt, 2011; Gronow/Saunio 1999, 132; Paytress 2012, 181; Hans Hielscher, *Afrobeat-Erfinder Fela Kuti. ‚Der gefährlichste Musiker der Welt'*, in SPIEGEL ONLINE vom 3. Nov. 2017; Harald Peters, *Fela Kuti. Die unaufhaltsame Renaissance des Afrobeat*, in Die Welt vom 27.10.2015, www.welt.de/148096580 [26.06.2016].

60 Bender 2000, 122–127; *Le Makossa voisin de Centrafrique*, in Histoire de la musique centrafricaine, www.maziki.fr [27.11.2017]; Bender 2000, 178–182.

einer Rassel sowie mit Metallblockflöten der westdeutschen Firma Hohner, so genannten Pennywhistles. Zusammen mit seiner Band, den Jazz Epistles, stand Moeketsi am Anfang des African Jazz. Große Teile der farbigen Bevölkerung Südafrikas waren seit der Zwischenkriegszeit vernarrt in den Jazz aus den USA, der im Radio und in den Bars der Weißen zu hören war. Sie tanzten zu diesen Klängen und spielten sie nach. Da sich aber die Jugendlichen auf der Straße keine teuren Musikinstrumente leisten konnten, ersetzten sie diese durch billige oder selbstgebaute Instrumente – das Saxophon durch die Pennywhistle und den Bass durch den Teekistenbass. Zusammen mit einer Gitarre ergab dies eine Kwela-Band.[61]

Eine ähnliche kulturelle Hybridisierung ging von dem südafrikanischen Label Gallo Records aus, das 1932 von dem weißen Südafrikaner Eric Gallo gegründet worden war. Dieser hatte sich in die Slums von Johannesburg und Kapstadt begeben, um die Musik der farbigen Bevölkerung auf Schallplatten zu pressen, so wie dies auch wenig später zahlreiche musikbegeisterte Europäer in Kenia taten. Bereits 1939 veröffentlichte das Label unter dem Titel *Mbube* erstmals den Song des Südafrikaners Salomon Linda, der mit neuem Arrangement ab 1951 als *Wimoweh* und *The Lion Sleeps Tonight* bis heute in mehr als 150 Coverversionen weltweit zu einem Millionenseller wurde. Den größten Erfolg verbuchte Gallo Records jedoch mit dem in den 1940er Jahren gegründeten Zulu-Vokalensemble The Manhattan Brothers, das sich nach dem Vorbild des US-amerikanischen Quartetts The Mills Brothers auf Swing und Jazz spezialisierte und sich von den besten Jazzmusikern des Landes mit den im Westen üblichen Instrumenten begleiten ließ. 1953 stieß die 1932 in einer Johannesburger Township als Tochter einer Swasi geborene Miriam Makeba zu der Gruppe, mit der sie noch im selben Jahr ihre erste Platte aufnahm, um rasch zum ersten Popstar Afrikas aufzusteigen. Sie wurde weltberühmt mit ihrem Jazzgesang und mit Stücken des in Südafrika populären „Township-Jazz“, den sie in polierter Form und mit technischer Perfektion vortrug. Nach ihrer Ausbürgerung im Jahr 1960 trat sie mit den wichtigsten amerikanischen Jazzgrößen auf, ehe sie 1967 und 1968 mit *Pata Pata*, einem ausgelassenen Tanz aus den Townships ihrer Heimat, in zahlreichen Ländern die Charts stürmte.[62]

Die meisten Regierungen der nach dem Zweiten Weltkrieg unabhängig gewordenen afrikanischen Staaten reagierten auf die Musik ihrer ehemaligen Kolonialherren eher neutral, zumal sie wussten, dass der allergrößte Teil der Bevölkerung über keinerlei Geräte verfügte, um sich die Musikkonserven aus Amerika und Europa zu Gehör zu bringen, beziehungsweise nicht genügend Geld besaß, um westliche Musikinstrumente zu erwerben. In ihrem berechtigten Stolz auf ihre überkommene Kultur, die von den Kolonialmächten zuvor meist als primitiv abgetan worden war, starteten einige Regierungen sofort nach der Unabhängigkeit ein so genanntes Authenzitäts-Programm, zu dem die Förderung der traditionellen Musik

61 Nicholson 2014, 99 u. 141; Gioia 2011, 388; Gronow/Saunio 1999, 133; Bender 2000, 284–285; Peter Esterhuysen, *Kippie Moeketsi: Sad Man of Jazz*. Johannesburg: Viva Books, 1995; Gerhard Kubik, *Africa and the Blues*. Jackson: University Press of Mississippi, 2008, 170–171.

62 Gronow/Saunio 1999, 133; Lloyd Gedye, *Early recordings get a facelift*, in Mail & Guardian. Africa's Best Read vom 15. Nov. 2008; Tuulikki Pietilä, *South Africa*, in Marshall 2013, 174; Rob Allingham, *Gallo (South Africa)*, in Shepherd/Horn/Laing 2003, 723–724; Bender 2000, 290.

des jeweiligen Landes gehörte. So ließ im westafrikanischen Guinea Staatspräsident Sékou Touré nach der Unabhängigkeit von Frankreich im Jahr 1958 sofort das staatliche Label Syliphone Records errichten, das sich ganz der traditionellen Volksmusik des Landes verschrieb, mit seinen Langspielplatten aber zumeist auch ein Loblied auf den *Syli*, den „großen Elefanten" Touré singen musste, der sich nach ausgiebiger Lektüre der Schriften Maos schon bald zum großen Diktator emporschwang mit Freude an Folter und Liquidierung politisch missliebiger Personen.[63]

Kwane Nkrumah, Staatspräsident von Ghana und einer der wichtigsten Sprecher der panafrikanischen Bewegung, förderte dagegen einheimische Musiker durch Auslandsstipendien. So konnte Ebo Taylor Anfang der sechziger Jahre in London an der Eric Guilder School of Music Komposition und Arrangement studieren, wobei er die Gelegenheit nutzte, um dort zusammen mit dem Nigerianer Fela Kuti den westafrikanischen Highlife zum Highlife-Jazz weiterzuentwickeln.

Gleichzeitig gründete der Dichter Léopold Sédar Senghor, 1960 erster Präsident des Senegal, zusammen mit seinen beiden Dichterkollegen Aimé Césaire von der Karibikinsel Martinique und dem in Cayenne geborenen Léon Damas die afrokaribische Bewegung der Négritude, die der kulturellen Dominanz des Westens die Kultur der Schwarz-Afrikaner mit ihrem Gemeinschaftsgefühl, ihrer Mythenbildung und ihrer Gabe des Rhythmus entgegenstellte, aber am Alltag der Menschen wenig veränderte.[64] Alle diese Staatspräsidenten waren sich sehr wohl bewusst, dass der Einfluss der Kolonialherrschaft nicht mehr völlig auszulöschen war, und zeigten sich daher bereit, vieles, was die ehemaligen Kolonialherren eingeführt hatten, in die indigene Kultur zu integrieren. So spielte der senegalesische Rundfunk alle Musik, die im Westen gerade angesagt war – lateinamerikanische Tänze in den fünfziger Jahren, dann Rockmusik, später Soul, Reggae und Disco, und immer auch Musik aus Frankreich. Er verstärkte damit die kulturelle Hybridisierung. Seit Anfang der 1970er Jahre vermischte in den Städten des Senegal der inzwischen zur nationalen Volkstanzmusik aufgestiegene Mbalax Elemente einheimischer Musik mit Jazz, Soul, Blues, R&B und Rock aus den USA sowie Kongolesisch Rumba und Pop aus der Karibik.[65]

Eine solche Vermischung unterschiedlicher Musikkulturen erfolgte ebenfalls im Kongo, wo nach dem Zweiten Weltkrieg unter dem maßgeblichen Einfluss von Europäern neue Bands gegründet wurden, die ihre hybride Musik später in weite Teile des Kontinents hinaustrugen. Vor allem griechische Einwanderer sorgten hier nach dem Zweiten Weltkrieg durch Gründung mehrerer Schallplattenlabels für eine großflächige Verbreitung dieser neuen Musik. Sie bestand aus traditioneller afrikanischer Musik, vermischt mit Jazz sowie Rumba und Cha-Cha-Cha aus Kuba, vorgetragen mit europäischen Musikinstrumenten. In Léopoldville, dem heutigen Kinshasa, hatte sich seit Beginn des 20. Jahrhunderts eine schnell wachsende griechische Gemeinde angesiedelt, größtenteils Flüchtlinge aus Griechenland nach der

63 Günter Gretz, *Syliphone (Guinea)*, in Shepherd/Horn/Laing 2003, 762–763; Bender 2000, 13.
64 Stefan Franzen, *Zwischen Hiplife und Afrofunk*, in Beyer/ Burkhalter 2012, 232–244, hier 234–235.
65 Broughton/Ellingham/Trillo 1999, 623–624; Bender 2000, 52.

Besetzung ihres Heimatlandes durch deutsche und italienische Truppen im Zweiten Weltkrieg sowie aus Ägypten aufgrund des dort seit den 1940er Jahren zunehmenden Nationalismus und der damit verbundenen Ausgrenzung der griechischen Minderheit aus dem Wirtschaftsleben. 1948 machte das Label Ngoma den Anfang. Ein Jahr später folgte Optika Records, 1950 Loningisa Records und 1958 Esengo Records, allesamt Gründungen griechischer Einwanderer. 1953 eröffnete zudem die Compagnie d'Enregistrement du Folklore Africain CEFA, ein Joint Venture zwischen einer griechischen Handelsgesellschaft und dem belgischen Jazzmusiker Bill Alexandre.

Alle diese Labels traten zunächst an, um traditionelle afrikanische Musik aufzunehmen und diese in Europa in Platten pressen zu lassen. Sie veränderten jedoch diese Musik, indem sie eigene Studiobands aus einheimischen Instrumentalisten und Sängern zusammenstellten, diese in europäischer Musik unterwiesen und mit westlichen Instrumenten ausstatteten, vornehmlich mit Gitarre, Saxophon, Klarinette, Bassgitarre und Schlagzeug. In einigen dieser Bands wirkten auch europäische Musiker mit. Nachdem die ersten Studiobands sich selbständig gemacht hatten, experimentierten diese mit weiteren europäischen Instrumenten. Auf dem neuesten Stand der Technik zu sein, gehörte zum Muss dieser Musiker. Sie spezialisierten sich zwar zumeist auf die im Kongo populäre Tanzmusik wie Maringa und Kongolesisch Rumba, passten diese Musik jedoch dem europäischen Geschmack an, um sie den in den afrikanischen Kolonien lebenden Europäern besser verkaufen zu können. Großen Einfluss auf diese Entwicklung nahm der belgische Jazzgitarrist und Bandleader Bill Alexandre, der in Europa unter anderem mit Django Reinhardt und Toots Thielemans zusammengespielt hatte. Er führte in den Kongo auch die ersten E-Gitarren ein – zwei Gibson Les Pauls –, dazu Verstärker, Bass, Tonbandgerät und Mikrofon.

Einige der von den Labels rekrutierten einheimischen Musiker stiegen mitsamt ihren Bands schnell zu überregionalen Stars auf, so der Sänger und Bandleader Joseph Kabasele, genannt Le Grand Kallé, der Vater der modernen kongolesischen Musik. Er begann 1950 bei Opika und gründete 1953 die Band African Jazz, die die Kongolesische Rumba stetig weiterentwickelte, immer neue Varianten hervorbrachte und die spanischen Texte der kubanischen Originale durch Lingála ersetzte. Die Band machte in den Jahren vor der Unabhängigkeit von Belgien mit ihren politischen Liedern zusätzlich auf sich aufmerksam. Zur Unabhängigkeitsfeier komponierte Kabasele den Song *Indépendance Cha Cha*, den ersten panafrikanischen Hit. Länderübergreifende Berühmtheit erlangte auch der bei Loningisa unter Vertrag stehende Gitarrist Luambo Makiadi, genannt Franco, als Mitglied der 1955 gegründeten Band O.K. Jazz. Sie spielte ebenfalls vornehmlich Kongolesisch Rumba sowie Maringa, doch indem sie diese Stücke mit Instrumenten aus dem nordatlantischen Westen vortrug, machte auch sie daraus eine weitgehend neue Musik. Sie benutzte den Begriff Jazz, um zu zeigen, dass ihre Musik modern und unterhaltend war. Mit den mehr als ein Dutzend Platten, die O.K. Jazz innerhalb weniger Jahre aufnahm, stieg sie zur erfolgreichsten Band des gesamten Kontinents auf und dominierte lange Zeit die populäre Musik in Zentral- und Ostafrika, wo diese unter dem Namen Soukous bekannt wurde.

Die von Europäern gegründeten Labels schlossen zwar 1959, als viele Weiße angesichts der bevorstehenden Unabhängigkeit der Kolonie und der zu erwartenden Unruhen den Kongo verließen. Doch TP O.K. Jazz, wie sich Francos Band fortan nannte, machte weiter erfolgreich Musik und profitierte von der Authenzitäts-Kampagne des kongolesischen Präsidenten Mobutu, der seit Anfang der 1970er Jahre mit der Förderung traditioneller afrikanischer Musik den kulturellen Einfluss der Europäer zurückdrängen wollte, aber letztlich das Spektrum der populären Musik in seinem Land zusätzlich erweiterte. Zu Francos Unternehmen gehörten auch ein Platten-Presswerk und drei Labels. Andere kongolesische Bands wie African Fiesta entwickelten ihre Musik weiter, indem sie kongolesische Volksmusik mit Soul vermischten. Wieder andere verließen angesichts der politischen Wirren und der wirtschaftlichen Probleme nach der Unabhängigkeit im Jahr 1960 die Republik Kongo auf der Suche nach einem besseren Leben. Sie spielten in Kenia, Tansania und anderen Nachbarländern bis ins folgende Jahrzehnt hinein erfolgreich auf und bereicherten die dortigen Musikszenen.[66]

Der auf unterschiedlichen Wegen nach Afrika und andere Erdteile gelangte und von unterschiedlichen Akteuren verbreitete Jazz trug viel zu einer kulturellen Hybridisierung bei und verlieh der jeweiligen Musik eine ganz neue Dynamik. Gleichzeitig sorgten die Musiksendungen der amerikanischen Rundfunkstationen in Europa, Afrika und Asien, die GIs, Jazz-Botschafter und Austauschstudenten dafür, dass in zahlreichen Ländern langsam eine Jazz-Szene heranwuchs, die sich bald organisierte und fest etablierte. Die Amerika-Häuser, Instituts Français und deutschen Goethe-Institute festigten mit ihren Kulturprogrammen diese Szenen. Indessen nahm der Jazz stetig neue Impulse aus lokalen Traditionen auf, verarbeitete sie und entwickelte eigene „Polystile“, die aus ganz unterschiedlichen Zutaten zusammengemixt wurden. Der Jazz versteht sich bis heute als eine Musik, der Bewegung und Fortschritt innewohnt und die stets nach Neuem strebt.

SCHALLWAFFEN – JAZZ GEGEN KOMMUNISMUS

Für große Teile der Welt war der Jazz nach dem Zweiten Weltkrieg trotz seiner weiten Verbreitung eine völlig fremde Musik. Er bestand aus Klängen, die ein Großteil der Menschen mit ihrem traditionellen Musikverständnis nicht in Einklang bringen konnte. Jazz war zudem in einer Zeit, als die meisten Menschen in der Welt noch über keine Rundfunk- und Fernsehgeräte verfügten, vielerorts eine unbekannte Musik. Wegen seines amerikanischen Ursprungs galt er im Kalten Krieg schließlich für große Teile des Ostblocks als feindliche Musik. Dort begann nach 1945 wie schon in der Zwischenkriegszeit erneut eine Politisierung des Jazz. In der Sowjetunion hatten schon seit 1936 zahlreiche Vertreter der klassischen Musik und der Volksmusik heftige Attacken gegen den Jazz geritten, da dieser sie aufgrund

66 Graeme Ewens, *Loningisa (Democratic Republic of Congo)*, in Shepherd/Horn/Laing 2003, 735; ders., *CEFA (Democratic Republic of Congo)*, ebd., 699–700; Gronow/Saunio 1999, 132; Gary Stewart, *Rumba on the River*. London: Verso, 2000; Rempe 2015, 244–246; Bender 2000, 93–95; Broughton/Ellingham/Trillo 1999, 458–464 u. 515.

seiner zunehmenden Beliebtheit von den Bühnen der Kur- und Urlaubsorte wie Sotchi, Jalta und Batumi verdrängte, ihnen also das Brot nahm. Zugleich hatten Nationalisten in diesen Schmähgesang eingestimmt. Ihnen war der Kosmopolitismus des Jazz ein Dorn im Auge, außerdem die jüdische Herkunft vieler seiner Protagonisten. Die Iswestija als Organ der sowjetischen Regierung hatte diese Angriffe unterstützt, während die Prawda als offizielles Organ der Kommunistischen Partei dem Jazz zur Seite gestanden hatte. Zwar war die Prawda aus dieser leidenschaftlich geführten Debatte als Sieger hervorgegangen und die Redaktion der Iswestija im Zuge des stalinistischen Terrors gesäubert worden, doch hatten die große Verhaftungswelle und die Schauprozesse landesweit auch zahlreiche Verfechter des Jazz im Gulag verschwinden lassen. In diesem bedrückenden Klima der Angst waren die meisten Bandleader in Deckung gegangen. Wie S. Frederick Starr in seiner Geschichte des Jazz in Russland schrieb, überlebte der zuvor sehr vitale Jazz den großen Terror „wie ein Bär den Winter: Er verfiel in einen tiefen Winterschlaf", der ihn aber seine Vitalität kostete, ihn abmagern ließ, ihn zurückwarf und langweilig machte.[67]

Gleichwohl blieb das Interesse vor allem der städtischen Bevölkerung an gutem Jazz weiterhin lebendig. Für ihre Fans symbolisierte diese mitreißende Musik Jugend, Freizeit, persönliche Freiheit und Spaß. Die Freunde des Jazz atmeten daher auf, als nach Ausbruch des Krieges die Machthaber erneut ihre Kulturpolitik änderten. Aufgrund der Kriegsallianz zwischen den Vereinigten Staaten und der Sowjetunion rehabilitierte Stalin die Musik des Klassenfeinds, ohne dabei die patriotischen Lieder und Volksballaden zu verbannen. Er öffnete das Land gegenüber der US-amerikanischen Kultur und erlaubte Bands der Roten Armee, alle amerikanischen Hits in ihr Repertoire aufzunehmen. Den meisten Nationalisten ging dies entschieden zu weit. Sie protestierten lautstark, und Mitglieder der Vereinigung Sowjetischer Schriftsteller attackierten in ihrer Verbandszeitschrift den Jazz, da er im sowjetischen Volk „das heilige Gefühl des Hasses für den Feind" abschwäche. Es half nichts. Jede Militärabteilung der Roten Armee und der Roten Marine bekam ihre eigene Swing-Band, die die Soldaten bis an die Front begleitete.

Die Amerikanisierung der populären Musik in der UdSSR erreichte ihren Höhepunkt, als 1944 der amerikanische Spielfilm *Sun Valley Serenade* in russischer Fassung in die Kinos kam mit der dreifachen Olympiasiegerin und zehnfachen Weltmeisterin im Eiskunstlauf Sonja Henie in der Hauptrolle und Glenn Miller mitsamt Orchester in einer Nebenrolle sowie den großen Hits wie *Moonlight Serenade*, *In the Mood* und *Chattanooga Choo-Choo*. Noch zwanzig Jahre später hatten zahlreiche russische Bands ihre eigenen Versionen dieser Filmmusik in ihrem Repertoire und ernteten dafür langanhaltenden Applaus. Der Jazz in der Sowjetunion erlebte während des Zweiten Weltkriegs seine eigentliche goldene Zeit. Der vor den Nazis in die UdSSR geflohene Berliner Jazzmusiker Eddie Rosner, von Satchmo persönlich als „weißer Louis Armstrong" geadelt, wurde vom Ersten Sekretär des Zentralkomitees der KP Weißrusslands und Mitglied des Präsidiums des Obersten

67 Starr 1990, 135–152.

Sowjets der SU, dem fanatischen Jazzfan und Bonvivant Panteleimon Ponomarenko, sogar zum Leiter des neugegründeten Staatlichen Jazzorchesters von Weißrussland ernannt. Umgehend stieg Rosner in der Sowjetunion zum Superstar auf, tourte mit seiner Band im eigenen Eisenbahnwaggon durch das Riesenreich und wurde von Stalin sogar zu einem Privatkonzert empfangen. Schließlich folgten 1945 die zahlreichen Jazzbands des Landes der Roten Armee bei deren Siegeszug durch die großen Städte Mitteleuropas und spielten auch bei den Siegesfeiern in Moskau groß auf.[68]

Damit war es 1946 erneut vorbei. Als sich die Kriegsallianz in internationale Spannungen verwandelte und im Kalten Krieg endete, begannen die roten Machthaber alle Spuren amerikanischer Kultur rigoros zu tilgen. Stalins Paranoia tat ein Übriges. Ohne jede Vorwarnung sahen sich Jazzmusiker in die unzähligen Kerker des Landes geworfen, mit ihnen auch andere Künstler, die für die öffentliche Unterhaltung zuständig waren, an erster Stelle Ausländer und Juden. Eddie Rosner wurde Ende 1946 mitsamt Ehefrau und Tochter im berüchtigten Lubjanka Gefängnis in Moskau verhört und gefoltert und schließlich in die sibirische Kolima-Region nach Sibirien verfrachtet, dem schlimmsten Außenposten des stalinistischen Gefängnis-Systems. Auch typische Elemente des Jazz fielen unter den staatlichen Bann, so das Vibrato von Blechbläsern. Wer Harmon-Trompetendämpfer benutzte oder den Kontrabass zupfte, machte sich verdächtig. Am schlimmsten traf es die Saxophonisten. Alle wurden entlassen und alle Saxophone, deren die Polizei habhaft wurde, konfisziert. An die Stelle der Jazzbands rückten folkloristische Gruppen, an die Stelle von typischen Jazzinstrumenten die traditionellen Balalaikas und an die Stelle des Jazz die so genannte Estrada, eine Mischung aus U- und E-Musik, deren Spektrum von operettenhaften Songs über patriotische Lieder, Marschmusik und Schlager bis hin zu Arrangements mit Jazz-Anklängen reichte.[69]

Erst danach meldeten sich die Ideologen zu Wort. Anfang 1948 erklärte Stalins Kulturpapst Andrej A. Schdanow, im Jazz mit seiner „chaotischen Anhäufung von Tönen“ spiegele sich der „Zerfall der bourgeoisen Kultur“. Er stelle eine „völlige Verleugnung der musikalischen Kunst“ dar sowie eine fundamentale Bedrohung der sowjetischen Zivilisation. Für Schdanow zählten Jazzfans zu den „Speichelleckern des Westens“. Die Partei verbot alle „Elemente der bürgerlichen Kultur, die mit der sozialistischen Moral“ nicht übereinstimmten. Selbst bekannte Komponisten wie Sergei Prokofjew, die noch kurz zuvor von der Partei- und Regierungspresse hoch gelobt worden waren, fielen wegen ihrer avantgardistischen Konzepte in Ungnade.

Der Musikkritiker Victor Gorodinski umschrieb den Jazz als „Musik der geistigen Armut“ und zitierte erneut einen Artikel von Maxim Gorki, den dieser in den zwanziger Jahren in seinem italienischen Exil in Sorrent verfasst und den die Prawda anlässlich der ersten Rückkehr des Schriftstellers in die Sowjetunion im Frühjahr 1928 veröffentlicht hatte. Darin hatte Gorki ein Jazz-Konzert mit dem „Geschrei eines metallenen Schweins“, dem „Quietschen eines Esels“ und dem

68 Starr 1990, 153–172.
69 Pickhan/Preisler 2010; Starr 1990, 177–182.

„amourösen Krächzen eines monströsen Frosches“ verglichen. Und weiter: „Lauscht man diesen Schreien ein paar Minuten, so stellt man sich unfreiwillig ein Orchester sexuell aufgepeitschter Irrer vor, dirigiert von einem Hengst-Mann, der ein riesiges Genitalorgan schwenkt.“[70] Nach Kriegsende diente dieser Artikel den kommunistischen Machthabern erneut dazu, gegen die Musik aus den USA Stimmung zu machen. Erneut sprach Stalin genauso wie seine Diktatorkollegen Hitler, Mussolini, Perón und die japanischen Militärs vom Jazz als einer „entarteten“ und „dekadenten Negermusik“.[71] Die Regierung zeigte sich wild entschlossen, jeden ausländischen Einfluss zu unterbinden. Die Grenzen wurden geschlossen, ausländische Radiosender gestört und Post aus dem Ausland kontrolliert.

Dennoch überlebte der Jazz. In der DDR stationierte sowjetische Militärangehörige schmuggelten stapelweise Jazzplatten aus West-Berlin ins Land, um sie auf dem Schwarzmarkt mit satten Profiten zu verhökern. Die Filmmusik zahlreicher abendfüllender Spielfilme, die die Sowjetunion im Rahmen von Reparationen Deutschlands und Österreichs erhielt, bestand oftmals aus heißem Jazz. Zudem widersetzten sich viele Offiziere und Funktionäre, die den Feldzug gegen den Jazz eigentlich anführen sollten, dem Verbot aus Moskau. Als begeisterte Jazzfans unternahmen sie nur das Allernötigste gegen Jazzmusiker. Selbst Kommandanten der berüchtigten Straflager wollten sich ihre Begeisterung für den Jazz nicht von Andrej A. Schdanow und anderen griesgrämigen Moskauer Funktionären vergällen lassen. So gingen denn auch einige der besten Jazzkonzerte der unmittelbaren Nachkriegsjahre in sibirischen Gulags über die Bühne, während in diesen Lagern zugleich Millionen Verbannte litten und starben.

Wie zahlreiche andere Jazzmusiker auch wurde Eddie Rosner nach seiner Verhaftung und Verbannung nach Sibirien 1946 von dem Leiter eines dortigen Konzentrationslagers angewiesen, umgehend ein Quartett zu gründen und die besten Jazzmusiker aus den sibirischen Lagern in seiner Band zu versammeln. Im Sommer 1947 tourte Rosner bereits mit seiner Truppe durch andere Lager, um Gefängnisbeamte und deren Damen zu unterhalten. Sein Ruhm veranlasste schließlich den Direktor des gesamten östlichen Lagersystems, Alexander Derewenko, ihm die Leitung des Orchesters des Magadan Lagertheaters zu übertragen. Derewenko und seine Frau lebten fernab von Moskau in der Küstenstadt Magadan am Ochotskischen Meer wie absolutistische Fürsten des 18. Jahrhunderts, hielten sich ihre eigenen Hofkünstler und Clowns und ließen ihre Sänger und Tänzer in exzentrischen Kostümen auftreten.

Zur gleichen Zeit feierte die Bevölkerung der tatarischen Hauptstadt Kasan das Oleg Lundstrem Orchester, das mit Werken von Glenn Miller, Fletcher Henderson und Duke Ellington sogar im dortigen Rundfunk auftrat. Oleg Lundstrem war mit seiner Swing-Band im Shanghai der Zwischenkriegszeit zu Weltruhm gelangt, hatte sich jedoch während des Krieges entschlossen, in die UdSSR zurückzukehren,

70 Maxim Gorki, *O musike tolstych*, in *Pravda* vom 18. April 1928, 4, zit. nach Martin Lücke, *Jazz in totalitären Diktaturen der 30er Jahre*, in www.iek.edu.ru/groups/airo/luecke.pdf [20.01.2017].

71 Joachim-Ernst Berendt, *Wandel und Widerstand*, in Wolfram Knauer (Hg.), Jazz in Deutschland. Hofheim: Wolke, 1996, 272.

nachdem Maos Kommunisten Shanghai das Nachleben genommen und die Kunde vom Ende der repressiven Kulturpolitik Moskaus bis nach China vorgedrungen war. Es war schon irgendwie verrückt. Während die Kommunistische Partei extremen Druck auf den Lehrkörper des Kasan Konservatoriums ausübte, um alle fremden und „kosmopolitischen" Einflüsse auszumerzen, trat die Band von Oleg Lundstrem in aller Öffentlichkeit auf. Zugleich lauschten Jazzfans im Kaukasus und Zentralasien bis spät in die Nacht dem ausgezeichneten Jazz-Programm von Radio Iran sowie in den baltischen Staaten dem aus Skandinavien, von Radio Luxemburg und des Holländisch-Indonesischen Rundfunkdienstes. In Lettland, Litauen und Estland feierte der Jazz derweil sogar ein erstaunliches Comeback, wobei sich die Esten als die talentiertesten Jazzmusiker der UdSSR erwiesen und 1948 in Tallinn sogar ein eigenes Jazz-Festival organisierten.[72] Während Jazz in Moskau verboten war und in den Untergrund abwanderte, lebte er an der Peripherie des Riesenreichs weiter.

Angesichts der weitverbreiteten Beliebtheit des Jazz konnte es nicht ausbleiben, dass seine Fans nach Wegen suchten, das Verbot zu umgehen, um sich ihre Lieblingsmusik weiterhin zu Gehör zu bringen. Einige gewiefte Technikfreaks gelang es alsbald eine Methode zu entwickeln, die verbotenen Töne aus dem Westen auf Schallplatten zu übertragen. Nach Kriegsende hatte die UdSSR im Rahmen ihrer Demontagepolitik einen Großteil der deutschen Funk- und Nachrichtentechnik aus der Sowjetischen Besatzungszone abtransportiert. Einige dieser Geräte waren in private Hände gelangt, so ein Telefunken-Aufnahmegerät, mit dem der Ingenieur Stanislaw Filon ab 1946 in seinem kleinen Leningrader Studio so genannte „Audibriefe" aus Zelluloid produzierte, das heißt kurze Grußbotschaften oder selbstgesungene Lieder zu Gitarrenbegleitung, mit denen jeder seine Verwandten und Freunde beglücken konnte.

Zudem kopierte Filon heimlich alle Musik aus dem Westen, der er habhaft wurde: Jazz, Boogie-Woogie, Foxtrott, Tango. Sein florierendes Geschäft lockte schnell erste Nachahmer an. 1947 gelang es dem talentierten Techniker Ruslan Bogoslowskij zusammen mit seinem Freund Boris Taigin, das Telefunken-Aufnahmegerät nachzubauen und sogar zu verbessern. Da jedoch Zelluloid zur Herstellung der Schallplatten schwer zu beschaffen war, experimentierten beide mit alten, belichteten Röntgenplatten als Tonträger. Die meisten Krankenhäuser waren froh, diesen gefährlichen, da leicht entzündlichen Kunststoff loszuwerden. Im Sommer 1947 begannen Bogoslowskij und Taigin mit dem Kopieren inzwischen verbotener Musik – Jazz, Swing, Blues, Tango und Stücke von Exilrussen. Sie gaben ihrem Label den Namen „Der Goldene Hund" als Hommage an das berühmte britische Label His Master's Voice, auf dessen Platten der Hund Nipper der Stimme seines Herrn vor einem Edison-Phonographen lauscht. Bald kursierten auf dem Leningrader Schwarzmarkt Hunderte der weichen, flexiblen Schallplatten, auf denen sich im Gegenlicht die Umrisse menschlicher Knochen und Organe abzeichneten. Jazzmusik ertönte gewissermaßen aus grinsenden Schädeln und die Stimme von Louis

72 Starr 1983, 216 u. 228; Starr 1990, 186–192.

Armstrong aus zerschmetterten Kniescheiben. Die vielen Fans sprachen von „Rippen- oder Knochenmusik“, tauften das Label „Meiner Großmutters Skelett“ oder sprachen einfach von „Roentgenizdat“.

Das staatlich verordnete Jazzverbot spielte dem Schwarzmarkt in die Hände und ließ die Preise der Tonträger in die Höhe schnellen. Schnell fand Der Goldene Hund landesweit Nachahmer, die alle von der Preisexplosion profitieren wollten. In zahlreichen Städten der Sowjetunion suchten Jazzfans fortan im Abfall der Krankenhäuser nach ausgedienten Röntgenbildern, schnitten sie mit einer Schere rund und brannten mit einer Zigarette ein Loch in die Mitte, während Kurzwellen-Amateure die nachts von Voice of America oder Radio Iran ausgestrahlten Jazz-Sendungen mitschnitten und Röntgen-Techniker diese auf die Röntgenplatten übertrugen. Dann trafen sich die Jazzfans nach den Worten von Nik Cohn in dunklen Kellern und benutzten wie Geheimagenten Losungsworte. Türen und Fenster wurden mit Lumpen verstopft, „damit kein verräterischer Laut nach draußen dringen konnte“. Die ehrfurchtsvoll ergriffenen Jazzfreaks hockten anschließend vor den Lautsprechern „wie Voodoo-Anhänger vor einer verbotenen Gottheit“, die glimmenden Zigaretten im Gefängnisstil in der hohlen Hand verborgen, und lauschten „einem entfernten Gegurgel aus statischem Rauschen und Kratzen“, im Blick die Bilder von inneren Organen, gebrochenen Rippen und teergetränkten Lungen.[73]

Alsbald kam die Staatsmacht dem illegalen Treiben des Goldenen Hundes auf die Spur, zumal das Untergrund-Label die Stilyagi, die Hipster der UdSSR, zu seinen wichtigsten Kunden zählte. Die meisten dieser „halbstarken“ Dandys rebellierten mit ihrem Outfit, Gehabe und ihrem Musikgeschmack gegen die Massenkultur der stalinistischen Gesellschaft. Weil ihre Väter sackförmige Hosen trugen, standen sie auf engen. Weil ihre Väter nachlässig in ihrer Kleiderauswahl waren, entschieden sich Söhne und Töchter für eine extravagante Kleidung aus langen Jacken mit breiten Schultern, schwarzen Hemden mit weißen Krawatten und dick besohlten Schuhen. Weil ihre Väter die Haare kurz trugen, standen die Söhne auf längeren, mit Gel geformten Haaren. Und weil ihre Väter den Jazz als dekadent bezeichneten, erhoben die Stilyagi ihn ins Zentrum ihrer Subkultur.[74]

Die „Knochenmusik“ des Goldenen Hundes lieferte ihnen den Soundtrack zu ihrer Rebellion. Die Staatssicherheit sorgte seit 1950 jedoch regelmäßig dafür, dass diese unangepassten Jugendlichen von der Straße verschwanden und anschließend mit kurzen Haaren Ferien auf dem Land machten. Auch steckte sie die beiden Kleinunternehmer 1951 wegen Verbreitung verbotener Musik für drei Jahre in ein Arbeitslager, nochmals 1957 und ein drittes Mal 1961. Jedes Mal kehrten beide mit neuen Ideen, mit einer verbesserten Technik und einer neuen Musik zum Bootlegging zurück. Zum Schweigen brachte sie aber nicht der Staat, sondern ab Mitte der sechziger Jahre ein schmales, braunes Plastikband. Der Siegeszug der Musikkas-

73 Cohn 1992, 188–189; Starr 1983, 141.
74 Starr 1990, 196–199.

sette, 1963 von Philips auf den Markt gebracht, versetzte plötzlich Millionen Musikliebhaber auch jenseits des Eisernen Vorhangs in die Lage, ihre Lieblingsmusik selbst zu kopieren.[75]

Das Jazzverbot der Nachkriegsjahre hatten den sowjetischen Jazz stagnieren lassen, und von sich aus besaß er nicht die Kraft, sich zu erneuern, während er sich gleichzeitig in den USA mit der Bop-Bewegung wieder auf seine „schwarzen" Wurzeln besann. Die Stilyagi waren die Ersten, die die neue musikalische Sprache eines Charlie Parker und Dizzy Gillespie für sich entdeckten und nutzten. Sie wandten sich abrupt ab von der Sprache der Swing-Bands, die zu banalem Frohsinn verkommen war, zu einer Begleitmusik für triviale Tanzvergnügen und einem von Alkohol befeuertem Gehopse. Der Bebop dagegen berauschte vornehmlich die Sinne und nur die Sinne. Er war Selbstzweck und hatte jede Beziehung zu Tanz und Unterhaltung abgebrochen. Er war wie gemacht für diese jugendlichen Nonkonformisten, die ohne viel Worte gegen die Einheitskultur der UdSSR rebellierten.[76]

Dann standen die Zeichen plötzlich wieder einmal auf Entspannung. Die Regierung änderte erneut ihre Kulturpolitik und lockerte die Anti-Jazzpolitik der späten Stalin-Jahre. Seit dem XX. Parteitag der KPdSU Ende Februar 1956 mit Chruschtschows Geheimrede „Über den Personenkult und seine Folgen" und die nachfolgende so genannte Tauwetter-Periode schien sich das Land aus der geistigen Quarantäne der Stalin-Zeit befreien zu wollen, obwohl im Herbst desselben Jahres sowjetische Panzer in Budapest einrollten. Der kulturelle Aufbruch war unübersehbar und weckte bei vielen durchaus berechtigte Hoffnungen auf ein Mehr an Freiheit. Wie unzählige andere Künstler auch durfte der Jazzmusiker Eddie Rosner, der „Zar des sowjetischen Jazz", wie er genannt wurde, den Gulag verlassen und feierte erneut landesweit Erfolge. Bereits 1956 war in Moskau eine erste große Picasso-Ausstellung zu sehen. Erstmals wurden auch die neuesten Werke der Weltliteratur ins Russische übersetzt und allen Völkern der Sowjetunion zugänglich gemacht: Ernest Hemingway, Erich Maria Remarque, J. D. Salinger. Unter Leitung des Lyrikers und Erzählers Alexander Twardowski, der von Chruschtschow gefördert und gedeckt wurde, entwickelte sich die Literaturrevue Nowy Mir zum Leitblatt der sowjetischen Intellektuellen und zum Forum einer neuen Literatur von Weltrang. Der sowjetische Filmregisseur Michail Kalatosow gewann mit seinem Meisterwerk *Wenn die Kraniche ziehen* über eine vom Krieg zerstörte Liebe die Goldene Palme beim Film-Festival Cannes 1958. Gleichzeitig hob sich für einige wenige Sowjetbürger der Eiserne Vorhang ein klein wenig, als der Staat Gruppenreisen nach Paris, Venedig und Florenz genehmigte. Schließlich begann Moskau auch den Konsum zu fördern und nicht nur die Schwerindustrie. Das alles signalisierte eine Zeit des Aufbruchs, und das war die Tauwetter-Periode auch. Die Macht war nach einem Wort von Anna Achmatowa, der berühmtesten russischen Dichterin und Schrift-

75 Karin Seethaler, *Röntgenschallplatten. Knochen, die rocken*, in SPIEGEL ONLINE vom 11. Aug. 2011; Yulia Karpova, *The Stilyagi: Soviet Youth (Sub)Culture of the 1950s and its Fashion*. Budapest: Diss. Central European University, 2009, www.academia.edu.

76 Starr 1990, 200.

stellerin, „vegetarisch“ geworden, und die Jazz-Fans mussten sich nicht mehr verstecken. Der Jazz lebte erneut auf. In den Jahren 1955 und 1956 fanden praktisch in jeder größeren Stadt neue Gruppen zusammen, von denen viele mit Bebop experimentierten. Andere verlegten sich auf Dixieland und traditionellen Jazz. Auch bildeten sich zahlreiche neue Big Bands.

Das 6. Weltjugend-Festival, das von Juli bis August 1957 in Moskau stattfand, markierte die eigentliche Wende. Mit dieser weltweit beachteten Großveranstaltung versuchte die sowjetische Regierung die diplomatische und kulturelle Isolation zu durchbrechen, in die Stalin das Land manövriert hatte. Aus diesem Anlass revidierte sie auch ihre ablehnende Haltung gegenüber dem in weiten Teilen des Landes sehr beliebten Jazz. Mit ihrer Einladung an ausländische Jazzgruppen wollte sie sich weltoffen und modern geben und hoffte, die populäre Musik aus dem Westen mit der Friede-und-Freundschafts-Thematik der Weltjugendspiele zu verknüpfen. Mit ihrem Ja zum Jazz hoffte sie, den internationalen Kommunismus für Jugendliche aus aller Welt attraktiver zu machen. Zudem begannen Washington und Moskau im Sommer 1956 mit Verhandlungen über ein Kulturabkommen, das auch den Jazz einbeziehen sollte. Ermutigt durch das kulturelle Tauwetter wagten sich ab 1958 einzelne Jazzfreunde sogar an die Gründung von Jazzclubs und erhielten die Genehmigung – in Leningrad, Moskau, Kalinin, Gorki bis nach Taschkent und Nowosibirsk. 1961 eröffnete die Jugendorganisation der KPdSU Komsomol zudem in Moskau die ersten beiden Jazz Cafés, in denen abends inländische Jazzmusiker aufspielten. Ähnliche Clubs eröffneten bald auch in anderen Städten. Die Partei wollte die Jugend nicht verlieren, sie aber dennoch unter Kontrolle behalten. Ab 1959 durften erstmals auch russische Jazz-Bands am seit 1949 jährlich stattfindenden Tallinn Jazzfestival teilnehmen, der wichtigsten alljährlichen Veranstaltung des Jazz in der Sowjetunion.

Aber diese Offenheit hatte Grenzen, zumal sich die meisten der steifen Ablehner des Jazz weiterhin in Amt und Würden befanden und der Auftritt einiger heißer Bands auf dem Weltjugend-Festival viele graue Apparatschiks nachhaltig verstörte. Weiterhin assoziierte ein Großteil der Parteiführung Jazz wie schon zu Stalins Zeiten mit zügelloser Sexualität, Homosexualität, Unmoral und bürgerlicher Dekadenz. Noch immer fürchtete Moskau, sich mit der populären westlichen Musik ein „Trojanisches Pferd“ ins Land zu holen, dessen Bauch prall mit antisowjetischem Material gefüllt sei. So durfte denn auch bis 1960 kein einziger der ganz großen internationalen Jazzmusiker in der Sowjetunion auftreten, und kein einziger sowjetischer Jazzmusiker erhielt die Erlaubnis, ins Ausland zu reisen. Weiterhin bedienten sich die Feinde des Jazz des Gorki-Aufsatzes von 1928, um diese Musik als „billig“ zu verunglimpfen. Weiterhin vertraten führende KGB-Offiziere die Meinung, die „laute ohrenbetäubende Musik“ in den Jazz Cafés habe nichts mit dem sozialistischen Lebensstil zu tun, zumal junge Mädchen, die dort verkehrten, blindlings westliche Mode und Gewohnheiten imitierten, Alkohol tranken und rauchten.[77] Sie wollten nicht einsehen, dass die meisten Jazz-Fans sich bei dieser Musik lediglich entspannen wollten – mehr nicht. Sie konnten nicht begreifen, dass die

77 Zhuk 2010, 65–77; Starr 1990, 205–214.

Bürger mit dieser Musik den Machtanspruch der Partei nicht aushebeln, dass sie lediglich ihre Ruhe haben wollten. Sicherlich sahen einige Jazzfreunde, die nachts heimlich Voice of America hörten, darin einen Akt des Widerstands gegen das kommunistische Regime, dem sie ausgeliefert waren. Die meisten jedoch suchten im Ätherrauschen nach diesem Sender, weil seine Musik sie berührte, mehr als jede andere, die ihnen das Regime zu Gehör brachte. Letztlich scheiterten alle Versuche der Jazzgegner, die ihnen verhasste Musik zu verbieten. Sie machten lediglich den amerikanischen Jazz im Ostblock noch bekannter.[78]

Zu Beginn der Verhandlungen über ein neues Kulturabkommen hatten die Amerikaner noch geplant, Louis Armstrong mit seiner Band in die Sowjetunion zu schicken. Wegen der zögerlichen Haltung Eisenhowers während der Rassenunruhen in Little Rock im September 1957 war Armstrong jedoch nicht mehr bereit, als Jazz-Botschafter in Moskau aufzutreten. Als schließlich Anfang 1958 beide Regierungen ihre Unterschriften unter das Abkommen setzten, war das Ergebnis für jeden, der auf ein weitergehendes kulturelles Tauwetter gehofft hatte, eher enttäuschend. Die Russen blieben dabei, die Sendungen von Voice of America zu stören. New York war weiterhin von Moskau aus nicht direkt anzufliegen, und der Chor der Sowjetarmee konnte ihren Hit *Kalinka* nicht in den USA vortragen. Gleichwohl nahm der Jazz in der Sowjetunion nach 1957 einen neuen Aufschwung.

Erst unter Präsident John F. Kennedy kam ein neues Kulturabkommen zustande, doch die roten Parteigrößen akzeptierten weder Tourneen von Armstrong noch von Ellington, auch nicht von Ornette Coleman oder John Coltrane. Genehmigt wurde zwar die Tournee einer 19-köpfigen Band, in der aber nur vier schwarze Musiker mitwirken durften. Als Bandleader war den Russen lediglich das „Swing-Relikt" Benny Goodman genehm, der einen „symphonischen" Jazz repräsentierte und seine Nähe zur klassischen Musik immer wieder betonte. Goodman hatte wenig gemein mit dem modernen, „freien" Bepop eines Dizzy Gillespie. Mit ihm glaubten sich die sowjetischen Machthaber nicht der Gefahr auszusetzen, das Publikum könnte beim Klang „freier" Töne in Ektase geraten. Die Angst vor unkontrollierbaren Reaktionen saß tief und auch die Angst vor Spionage. Goodman erzählte später kopfschüttelnd, argwöhnische Funktionäre hätten in seinem Orchester nichts anderes als einen verdeckten Stoßtrupp von CIA-Agenten gesehen. Die Tournee fand in einem höchst spannungsgeladenen Umfeld mitten zwischen der Berlin-Krise vom August 1961 und der Kuba-Krise vom Oktober 1962 statt, sodass Teile der sowjetischen Parteiführung den Jazz am liebsten ganz verboten hätten und auch deswegen die Sendungen von Voice of America weiter massiv störten. Das Ausmaß der Goodman-Begeisterung verschreckte die Funktionäre schließlich so sehr, dass sie die in Aussicht gestellten Gastspiele von Louis Armstrong, Dave Brubeck und Ella Fitzgerald umgehend absagten. Genehmigt wurden lediglich Austauschtourneen des Boston Symphony Orchestra und des Bolschoi Balletts.[79]

78 Starr 1983, 263–265; Starr 1990, 231; Gödde 2013, 592.
79 *Meister der Fröhlichkeit*, in DER SPIEGEL vom 9. Sept. 1964, 86.

Dann vollzog Nikita Chruschtschow erneut eine radikale Kehrtwende, nachdem ihn die Chinesen im Anschluss an die Kuba-Krise des „Revisionismus" beschuldigt, seine weiche Linie gegenüber dem kapitalistischen Westen lächerlich gemacht und Peking zum Zentrum der Weltrevolution erklärt hatten. Im Juli 1962 hatte Chruschtschow noch Goodmans Moskauer Konzert besucht und sich lebhaft an der Standing Ovation am Schluss beteiligt. Ende des Jahres erklärte er jedoch mit hochrotem Kopf anlässlich der Eröffnung einer Ausstellung moderner Kunst: „Ich mag keinen Jazz. [...] Ich dachte erst, das wäre eine Störung, als ich ihn im Radio empfing." Bei einer anderen Gelegenheit bezeichnete er den Jazz als schlechte, üble Musik und bekam nach eigenen Worten Blähungen, wenn er sie hörte. Schließlich verurteilte er die gesamte moderne Musik als kapitalistische Bedrohung. Damit galt die Ablehnung des Jazz als offizielle Politik der Sowjetunion. Der Moskauer Jazzclub wurde geschlossen. In einigen Jazz Cafés durften keine Jazzbands mehr auftreten, und ihre Manager wurden wegen „Verbreitung westlicher Einflüsse" entlassen. Der Jazz geriet erneut unter die Knute der Ideologen.

Diese Phase endete im Oktober 1964 mit dem Sturz Chruschtschows. Es folgte unter seinem Nachfolger Leonid Breschnjew zwar ein erneutes Tauwetter, das aber nur bis zur sowjetischen Invasion in der Tschechoslowakei 1968 anhielt. In diesen wenigen Jahren entstanden auf Initiative von Komsomol in der Sowjetunion von Riga bis Nowosibirsk neue Jazz-Festivals zusätzlich zu den etablierten Veranstaltungen in Tallinn, Leningrad und Moskau. Auch durften russische Jazz-Bands am Prager Jazz-Festival teilnehmen, wenn auch mehr sowjetische Kritiker und Bürokraten als Musiker eine Reiseerlaubnis erhielten.[80] Ob Tauwetter oder Eiszeit, die sowjetischen Machthaber erreichten nie, diese „Freiheitsmusik" zu unterbinden. Wie ein junger Russe zu Recht vermerkte: „Euch Amerikanern gelingt es nicht, die Schwarzen am Boden zu halten, und wir Sowjets können ihre Musik nicht unterdrücken."[81]

Ganz ähnlich wie nach dem Zweiten Weltkrieg Stalins Kulturpapst Andrej A. Schdanow äußerten sich gleichzeitig auch die Machthaber anderer kommunistischer Staaten, die alle intuitiv verstanden, dass mit dem Jazz etwas Befreiendes verbunden ist. In Warschau triumphierten zunächst die steifen Ablehner des Jazz und diffamierten 1948/49 die Klänge mit dem rebellischen Unterton als „amerikanisch-imperialistische Musik". In der DDR sprach indessen die Staatsspitze um Walter Ulbricht vom Jazz als einer „Affenkultur des amerikanischen Imperialismus", während das Parteiblatt Neues Deutschland in dieser Musik einen „spätimperialistischen Giftanschlag der amerikanischen Wallstreet-Gangster" vermutete. In den Chor der Schmähsüchtigen stimmte sofort zutiefst unterwürfig der Ost-Berliner Musikwissenschaftler Ernst Hermann Meyer ein und nannte Jazz eine „sensationslüsterne Rauschmusik, die von Millionärsfirmen des amerikanischen Kino- und Konzertbetriebes unter die Massen gebracht wird." Sie sei eine Bedrohung für

80 Starr 1990, 222–225 u. 231–232.

81 Von Eschen 2004, 92–120; Schmidt-Joos 2016, 506.

die Gehirne der Werktätigen und „ebenso gefährlich wie ein militärischer Angriff mit Giftgasen“.[82]

Andere in Ost-Berlin für Kultur zuständige Apparatschiks stuften den Jazz als „antinational“ ein und nahmen zur Durchsetzung ihrer verkrampften Kulturrevolution alle amerikanischen und englischen Titel aus dem Programm des staatlichen Plattenlabels. Sie witterten eine subversive Tätigkeit des Feindes, die ihrem Diktat einer proletarischen Kultur gefährlich werden könnte. Satchmos Scat Singing „Di da du bi bol“ brachte die Gralshüter der Revolutionsmärsche in Rage. Sie ahnten irgendwie, dass der, der „den Swing in sich hat, [...] nicht mehr im Gleichschritt marschieren“ kann, so der Gitarrist und Komponist Coco Schumann, der den Holocaust als „Ghetto-Swinger“ überlebt hatte. Ohne diese Musik zu verstehen, fühlten die Parteigewaltigen irgendwie, dass Jazz immer auch Rebellion ist. Die sauertöpfischen Kulturfunktionäre der Einheitspartei begannen umgehend, alle Tanzorchester des Landes zu schikanieren und zu attackieren, die bei ihren Auftritten swingende Nummern einstreuten und „hot“ klangen.[83]

Die Heinz Kretzschmar Band aus Dresden, die unmittelbar nach dem Krieg gelegentlich im US-Sender AFN München aufspielte, prügelten SED-Schergen im November 1950 buchstäblich von der Bühne, und SED-hörige Richter verurteilten den Bandleader für dessen angeblich „moralisch zerstörerischen Einfluss auf die Jugend“ zur Zwangsarbeit im Uran-Bergbau.[84] Das in Chemnitz beheimatete Karl Walter Orchester, das regelmäßig die Säle füllte, wurde gar beschuldigt, seine Musik grenze „an aktive Kriegshetze“. Bereits 1947 erteilte ihm die SED zwei Jahre Auftrittsverbot in Chemnitz und Ende 1950 fünf Monate in der gesamten DDR. Als die Band ohne Erlaubnis im September 1953 in der Nähe von Chemnitz dennoch auftrat, hagelte es eine saftige Geldstrafe, und als nach dem Ende eines weiteren Auftrittsverbots das erste Konzert sofort ausverkauft war, untersagte die Partei ihr für immer und ewig einen erneuten Auftritt. Das gesamte Orchester packte umgehend seine Sachen und setzte sich nach West-Berlin ab.[85]

Der Musikleiter des Ost-Berliner Rundfunks rechtfertigte den Jazz-Boykott damit, dass die amerikanischen Jazz-Produzenten „Sensationen, Träume, Illusionen und Rauschzustände“ unter das Volk brächten, um dieses „zu amüsieren und abzulenken von sozialen Ungerechtigkeiten“. Und weiter: „Nach einer Stunde Jazztumultes – vielleicht sogar noch auf dem Parkett gehopst und gezittert – ist kein Mensch zu einem klaren Gedanken mehr fähig.“[86] Mit hohem Aufwand störte der SED-Staat die westdeutschen, amerikanischen und britischen Armeesender. Die offiziöse „Funk-Zeitung“ begründete im Jahr 1952 die vom Staat verordnete Ablehnung des Jazz und der westlichen Tanzmusik damit, dass sie „im Dienste der Kriegshetzer“ stehe. Wörtlich: „Ihre Musiksendungen sind in erster Linie übelster

82 Zit. nach Rainer Bratfisch, *Schrille Töne in der Zwischenwelt. Jazz im Rundfunk der DDR bis zum Bau der Mauer*, in Trültzsch/Wilke 2010, 85–104, hier 95–96

83 Schmidt-Joos 2016, 28, 172–173, 185, 188 u. 263.

84 Karlheinz Drechsel, *Zwischen den Strömungen. Mein Leben mit dem Jazz.* Rudolfstadt: Greifenverlag, 2011, 37–38.

85 *Von Musik angesteckt*, in DER SPIEGEL vom 14. April 1954, 8–9.

86 Zit. nach Schmidt-Rost 2011, 222.

amerikanischer Jazz, der sich an die niedrigsten Gefühle des Menschen wendet. Ein ohrenbetäubender Lärm – vom feindlichen Rundfunk frecherweise Tanzmusik genannt – soll die Menschen und besonders die Jugend in einen Taumel von Vergnügungssucht stürzen und vergessen lassen, dass die Drahtzieher der Wallstreet für sie das Massengrab vorbereiten."[87]

Das DDR-Regime änderte gleichwohl wie der große Bruder in Moskau in kurzen Abständen immer wieder seine Haltung gegenüber Jazz und Swing. Deren Anteil am Rundfunkprogramm wurde zu einem recht genauen Seismografen der jeweiligen kulturpolitischen Großwetterlage. Den Funktionären fiel es zwar leicht, den Jazz zu verbieten, sie scheiterten jedoch regelmäßig daran, einen adäquaten Ersatz zu schaffen. Wiederholt konnten sich die Jazzfans für kurze Zeit einige Freiräume zurückerobern, so nach Stalins Tod, als sie argumentierten, Jazz sei die Musik der unterdrückten afroamerikanischen Arbeiterklasse der USA. Die Zahl der Konzerte und Zuschauer stieg sofort steil an, und vereinzelt durften sogar westdeutsche Musiker auftreten. Aber bereits 1955/56 endete dieses Tauwetter, weil die SED-Führung die landesweite Vernetzung von Jazz-Vereinigungen und deren Westkontakte beargwöhnte, und einige Jazzfreunde mit Hinweis auf die Ereignisse in Polen und Ungarn politische Veränderungen in der DDR einforderten. Umgehend hatten erneut die Feinde des Jazz das Sagen, und sie wiederholten gebetsmühlenhaft ihre alten Argumente. Für Georg Knepler, den Direktor der Deutschen Hochschule für Musik in Ost-Berlin, entstand der Jazz „in den niedrigsten Niederungen der amerikanischen Städte: in den billigsten Bier- und Schnapsbudiken, in den Nachtlokalen, in denen Gangster ein- und ausgingen, in den Bordells." Und für den stellvertretenden Chefredakteur des SED-Organs Neues Deutschland führte der Jazz gar „zu einer Vertierung und Bestialisierung des Menschen".[88]

Ab 1958 vollzog der DDR-Rundfunk abermals eine Kehrtwendung, nahm regelmäßige Jazz-Sendungen in sein Programm auf, bis wenige Jahre nach dem Bau der Berliner Mauer die Machthaber in Ost-Berlin den Jazz nach Moskauer Vorbild endgültig billigten. Westdeutsche Band traten in der DDR auf, und das staatliche Schallplattenlabel veröffentlichte deren Musik. Nachdem Louis Armstrong 1965 in der Tschechoslowakei, Rumänien, Bulgarien und Jugoslawien aufgetreten war, durfte er auch in fünf Städten der DDR Konzerte geben, zu denen fast 60.000 Besucher strömten. Letztlich aber konnte sich Ost-Berlin nur zu einer Tolerierung des Jazz durchringen, während dieser gleichzeitig in anderen sozialistischen „Bruderstaaten" wie Jugoslawien, Polen und der Tschechoslowakei sogar gefördert wurde. Dabei führten die Bulgaren Jazz und einheimische Folklore erfolgreich zusammen. Lediglich Albanien beharrte neben China weiterhin auf einem strikten Verbot.[89]

Trotz mehrfacher Anläufe gelang es Ulbricht und Co. nicht, den Jazz aus der DDR zu verbannen und der „fortschrittlichen" und „realistischen" Tanzmusik, wie sie die eigenen Kreationen nannten, ein Monopol zu verschaffen. Akustisch blieb

87 Zit. nach Schmidt-Joos 2016, 213.

88 Zit. nach Rainer Bratfisch, *Schrille Töne in der Zwischenwelt. Jazz im Rundfunk der DDR bis zum Bau der Mauer*, in Trültzsch/Wilke 2010, 85–104, hier 94.

89 Janko Tietz, *Louis in Leipzig*, in SPIEGEL ONLINE vom 23. März 2015 [19.01.2017]; *Meister der Fröhlichkeit*, in DER SPIEGEL vom 9. Sept. 1964, 86.

der Eiserne Vorhang trotz aller Bemühungen stets transparent, und über die offene Grenze in Berlin und den Postverkehr gelangten fortwährend Jazz-Schallplatten in die DDR. Nachdem die polnische Regierung 1956 ihr offizielles Jazzverbot aufgehoben hatte und ab 1958 jährlich Zehntausende zum von der Polnischen Jazzföderation veranstalteten Jazz Jamboree nach Warschau pilgerten, gelangten auch über das kommunistische Nachbarland die neuesten Jazzproduktionen in die DDR. Als erster ausländischer Star trat 1958 der Jazz-Pianist Dave Brubeck im Rahmen seiner vom State Department finanzierten Tournee in Warschau und weiteren elf polnischen Städten auf.[90]

Der größte Einfluss ging jedoch von den amerikanischen Rundfunksendern AFN, später von Voice of America und Radio Free Europe aus, zudem von Radio Luxemburg sowie dem neu gegründeten Westberliner Sender RIAS. Letzterer wurde als Gründung des Kalten Krieges zum größten Teil von der Bundesregierung in Bonn finanziert und entwickelte sich nach der Berlin-Blockade und dem Aufstand vom 17. Juni 1953 immer mehr zu einem Megaphon der westlichen Demokratie und des Kapitalismus. Während der Sender in seinen Musiksendungen zunächst auf den deutschen Schlager gesetzt hatte, favorisierte er ab 1956/57 Swing und Jazz von Lionel Hampton bis Louis Armstrong und Rock ’n’ Roll von Bill Haley, Elvis Presley und Guy Mitchell. 1958 kam mit dem *Club 18* eine eigene Jazzsendung hinzu.[91]

Der Argwohn gegenüber der populären amerikanischen Musik und Kultur beschränkte sich nicht nur auf die Machthaber im Osten. Auch viele westliche Intellektuelle sahen ihre Kulturhoheit bedroht und sprachen als Kenner und Genießer der klassischen Musik dem Jazz jeden höheren Wert ab. Nach dem Zweiten Weltkrieg hatten fast alle Intellektuelle ein kritisches Verhältnis zur Massenkultur, von der sie sich gern demonstrativ distanzierten. Der Philosoph, Soziologe und Musiktheoretiker Theodor W. Adorno von der Frankfurter Schule, der 1934 nach Oxford und vier Jahre später in die USA emigriert war, hatte schon 1933 der Abneigung führender Nationalsozialisten gegen diese „Negermusik“ laut Beifall gezollt, den Jazz als „großstädtische Entartung“ und „wurzellose Exotik“ abgetan und angemerkt, mit einem Verbot werde „nicht der musikalische Einfluss der Negerrasse auf die nördliche ausgemerzt, [...] sondern ein Stück schlechtes Kunstgewerbe.“[92] Fünf Jahre später sprach er zudem jedem improvisierenden Jazzmusiker die Kreativität ab: „Seine Improvisationen stammen von Vorlagen, und er steuert so nonchalant durch diese Muster, die Zigarette im Mund, als hätte er das alles selbst erfunden.“[93] 1953 legte er nach und nannte den Jazz eine Musik von „simpelster melodischer, metrischer und formaler Struktur“. Für ihn war Jazz eine „zeitlose Mode“, und wie bei Moden gehe es beim Jazz „um Aufmachung und nicht um die Sache; leichte

90 Schmidt-Rost 2011, 231–233; Nicholson 2014, 59.

91 Mrozek 2019, 384–387.

92 Theodor W. Adorno, *Abschied vom Jazz (1933)*, in Gesammelte Schriften. Bd. 18: Musikalische Schriften V. Frankfurt a.M.: Suhrkamp, 2003, 795–796.

93 Theodor W. Adorno, *On the Fetish-Character in music and the regression of listening*, in Frith 2004, 325–349, hier 345.

Musik".[94] Er sah auch in der Popmusik eine höchst raffinierte List des Kapitals zur Zementierung bestehender Machtverhältnisse.

Adorno verstand die von ihm vertretene Kritische Theorie als eine Methode, alles und jedes, was er in den Blick nahm, in einem schwer verständlichen Jargon zu kritisieren. Als Negationspapst verlegte er sich aufs Schimpfen, oder wie sich der Schriftsteller Ulrich Holbein ausdrückte: „Nirgendwo eine Suppe, in die er nicht spuckte."[95] Adorno gefiel sich darin, alles niederzumachen, was er unter Kulturindustrie verstand – Rundfunk, Film, Fernsehen, Unterhaltungsliteratur, populäre Musik und Sport. Für ihn zählte auch der Jazz zu dieser Kulturindustrie, die nach seiner Meinung als kapitalistischer Trick die Massen mit kommerzieller Unterhaltung betäube und ausbeute. Der Film war für Adorno ein „Agent des falschen Lebens" und das Kino ein „ästhetisches Asyl für die Hausfrau".[96] Adorno mochte Jazz und Popmusik einfach nicht. Viele Jazz-Fans hat diese Kritik, vorgetragen mit dem Gestus des Allwissenden, zutiefst verärgert. Dem Jazz hat sie jedoch nicht geschadet. Die Zeit ist über Adorno hinweggegangen. Sein Nein setzte alsbald Rost an, zumal es sich in einen nervtötenden Jingle verwandelte. Bis heute hat der Jazz nichts von seiner Anziehungskraft verloren.

Trotz aller weltweiten Erfolge des Jazz muss letztlich bezweifelt werden, ob das State Department mit der Finanzierung der Jazz-Botschafter sein eigentliches politisches Ziel erreichte, ob es ihm gelang, das Image der USA besonders in der so genannten Dritten Welt aufzupolieren und diese Länder an den Westen heranzuführen. Für die Zuhörer rund um den Globus stand der Jazz nicht allein für die Kultur der Vereinigten Staaten, sondern auch für die seiner afrikanischen Wurzeln. Er stand nicht nur für das Freiheitsversprechen, sondern auch für die Sklaverei. Der Jazz rückte zudem im Ausland die US-amerikanische Politik der Rassentrennung noch stärker ins Rampenlicht, als dies in jenen Jahren die spektakulären Aktionen der Bürgerrechtsbewegung und die blutigen Reaktionen ihrer Gegner ohnehin schon taten. Es war für das State Department ein waghalsiges Unternehmen, jene Musiker als Botschafter Amerikas in die Welt hinauszuschicken und ihnen eine aktive politische Rolle zuzubilligen, die im Jim-Crow-Amerika der Rassentrennung kaum Rechte besaßen. Wenn der Jazz dazu ausersehen war und auch fähig gewesen wäre, im Ostblock eine antikommunistische Bewegung zu fördern, dann wäre dies höchstwahrscheinlich eine Gegenkultur gewesen, die sich eher mit der oppositionellen schwarzen Kultur identifizierte als mit den Vorstellungen der amerikanischen Regierung von Demokratie.[97]

Entscheidend für das Bild, das Amerika von sich in den anderen Teilen der Welt hinterließ, war der Umgang seiner Regierungen mit den Bürgern des Landes sowie der seiner herrschenden Schichten mit den sozial Schwächeren. Die USA als

94 Theodor W. Adorno, *Jazz – Zeitlose Mode*, in Merkur. Deutsche Zeitschrift für europäisches Denken 7. Jg. 1953, H. 64, 537–548.

95 Ulrich Holbein, *Was hören sie eigentlich in der Frankfurter Schule?*, in Frankfurter Allgemeine Zeitung vom 30. Juli 2003; Frank Schäfer, *Ulrich Holbein. Dandy mit Adorno-Ohren*, in ZEIT ONLINE vom 19. Sept. 2008 [10.02.2017].

96 Schmidt-Joos 2016, 288–294 u. 450–457; Diederichsen 2005, 36–37.

97 Von Eschen 2004, 255.

Weltmacht und ehrgeiziger Missionar von Selbstbestimmung, Freiheit und Menschenrechten wurden daran gemessen, ob sie selbst ihre Botschaft lebten, oder ob es ihnen an erster Stelle um Macht und wirtschaftliche Interessen ging. Die Beteiligung der USA an Staatstreichen im Iran, Kongo und Ghana, ihre Mästung von Diktaturen in der westlichen Welt, ihre Unterrichtung lateinamerikanischer Generale im Foltern, ihre Bombardements in Vietnam mit Napalm und ihre Ölinteressen haben ihr Image im Ausland entscheidender und nachhaltiger geprägt als die Jazz-Trompeter und Drummer.

Im Kalten Krieg war es eine Illusion, die machtpolitischen Interessen der Vereinigten Staaten mit Swing und Bepop übertönen zu wollen. So sehr die Amerikaner auch mit betonter Lässigkeit, bezirzenden Tönen, neuen Lifestyle-Produkten und der Demonstration von Reichtum und Macht versuchten, rund um den Globus das westliche Lebensmodell wie einen Markenartikel anzupreisen, das Resultat blieb eher bescheiden. Nicht wenige Kulturen lehnten dankend ab oder empfanden die vom Staat ausgehende Werbung als unakzeptable Einflussnahme. Die Menschen, in erster Reihe die Jugendlichen außerhalb von Amerika wurden anders erobert: mit Gedanken- und Informationsfreiheit sowie der Möglichkeit zur Selbstverwirklichung, mit neuen Kommunikationstechnologien und der Verbilligung der Fernreisen, mit offeneren Grenzen und dem Einsatz kreativer Marketingmethoden.

Die Jazz-Botschafter selbst profitierten von einer für sie einmaligen historischen Konstellation – dem Kalten Krieg, der Bürgerrechtsbewegung der Afroamerikaner sowie der Unabhängigkeit zahlreicher Staaten in Afrika und Asien, auf die der Optimismus und die Erfolge der schwarzen amerikanischen Musiker ansteckend wirkten. Die weltweiten Auftritte der Jazz-Botschafter erwiesen sich letztlich als erfolgreiche Werbetourneen für die beteiligten Musiker selbst. Diese überzeugten im Ausland mit ihrer begeisterungsgeladenen Musik und ihrem Können. Die Musiker persönlich ernteten Beifall und Sympathie für ihre Kreativität und ihren Witz, für ihr Engagement für den Frieden und ihre Sympathie für die vielen kleinen Leute, denen sie kostenlos Konzerte gaben. Sie trugen ebenso wie Voice of America und AFN dazu bei, einen wesentlichen Teil der amerikanischen Kultur in vielen Teilen der Welt bekannt und für viele Menschen aus anderen Kulturen attraktiv zu machen, wenn auch die unterschiedlichen und vor allem die neuen Formen dieser Musik die Jazz-Fans polarisierten.[98]

Den Jazz-Botschafter eröffneten die staatlich finanzierten Tourneen die Möglichkeit, sich rund um den Globus einen Namen zu machen, musikalische Ausdrucksformen anderer Kulturen vor Ort kennenzulernen, mit dortigen Musikern Kontakt aufzunehmen und den Jazz noch mehr zu einer multikulturellen Ausdrucksform weiterzuentwickeln, als die er bereits zuvor gegolten hatte. Zwar übernahmen seit den 1960er Jahren andere Richtungen der populären Musik die Rolle, die sich der Jazz als Musik der Globalisierung zuvor erspielt hatte, aber alle folgenden Richtungen wurzelten im Jazz und bauten auf ihm auf. Zahlreiche Musiker wie etwa Quincy Jones, der als Jazztrompeter und Leiter einer Big Band groß geworden war, beeinflussten später die Popmusik, ohne dabei ihre Jazztradition zu verleugnen

98 Schäfers 2014, 280–281.

– Quincy Jones als Vizepräsident von Mercury Records und Produzent unter anderem von Michael Jacksons Erfolgsalben *Off the Wall*, *Triller* und *Bad*. Nach den Worten des deutschen Jazz-Journalisten Joachim-Ernst Berendt in seinem Nachruf auf Louis Armstrong: „Ohne Jazz (gäbe es) keine moderne Tanz- und Pop- und Gebrauchsmusik. All die Klänge, von denen wir täglich umgeben sind, wären anders ohne Satchmo, es gäbe sie nicht ohne ihn. Ohne ihn wäre der Jazz die lokale Volksmusik von Orleans geblieben – so obskur wie Dutzende anderer ethnische Musiken."[99]

Als die US-Regierung die Jazz-Botschafter auf Reisen schickte, war der Jazz bereits dabei, sich künstlerisch radikal zu erneuern. Er hatte sich inzwischen von den starren Vorgaben der Swing-Ära gelöst und aus der Vereinnahmung durch die Musikindustrie befreit. In den aufrührerischen Sechzigern probten einzelne Jazz-Musiker schließlich eine musikalische Revolte. Sie waren nicht mehr bereit, die musikalische Vergangenheit endlos nachzubeten, sondern wollten etwas vollkommen Neues schaffen. Es entstand der Free Jazz mit seinen offenen Formen und seinem freien Spiel, der sich an ein spezielles Publikum wandte, das sich als intellektuelle Avantgarde verstand und nach den Worten von Louis Armstrong „eine Wissenschaft aus dem Jazz machte". Es entstand aber auch der Fusion-Jazz als eine Mischung aus Jazz, Rock und Funk. Noch nicht einmal eine Woche nach dem Woodstock-Festival nahm Miles Davis im Studio das richtungsweisende Doppelalbum *Bitches Brew* auf, im Kopf noch immer die neuen Klänge und jenes Soundgebräu, das jene Rinderweide im ländlichen Staate New York drei Tage lang geflutet hatte. Mit diesem Album öffnete Davis dem Jazz die Ohren für weitere kreative Töne, so wie bereits andere Musiker vor ihm den Jazz auf viele geniale und phantasievolle Töne aus aller Welt hingewiesen hatten. Spezielle Schallplattenlabels, denen es nicht wie den Major-Labels um Gewinnmaximierung und einen weltumspannenden Vertrieb ging, unterstützten die Jazzliebhaber dabei und tun dies bis heute. Wichtiger war jedoch, dass der Jazz inzwischen den Weg frei geräumt hatte für eine Ära wirklich freier Musik, die nur noch von der Vorstellungskraft der Musiker eingeschränkt wurde – eine Musik, die nach den Worten von Lester Bangs „alle Begrenzungen hinter sich ließ und trotzdem vollkommen Sinn ergab und swingte, wie keine Musik vor ihr je geswingt hatte."[100]

99 Berendt/Huesmann 2014, 106.
100 Bangs 2008,81.

2 IM ZEICHEN DES ROCK 'N' ROLL 1955–1962

Die amerikanischen Jazzmusiker hatten die Einladung der amerikanischen Regierung seit 1956 meist dankbar angenommen, da ihnen in den USA inzwischen eine andere Musikrichtung den Rang abgelaufen hatte und immer mehr Jazz-Clubs, in denen sie bisher aufgespielt hatten, mangels Zuhörer schließen mussten. Für einen Großteil der amerikanischen Jugend hießen seit Mitte der 1950er Jahre die Idole nicht mehr Louis Armstrong und erst recht nicht Benny Goodman, vielmehr Elvis Presley, Bill Haley und Little Richard, die selbst den etablierten Popstars wie Frank Sinatra oder Pat Boone gewissermaßen das Schmalz vom Brot nahmen. Die Teenager gaben sich nicht mehr damit zufrieden, im Rhythmus des Jazz mit Händen und Füßen zu wippen oder zu Liedern von Mondschein, Rosen und gebrochenen Herzen zu tanzen, sondern sie wirbelten zu den Klängen des hitzigen Rock 'n' Roll über die Tanzflächen. Sie schüttelten mit diesem „Entfesselungskünstler" gesellschaftliche Zwänge ab, pfiffen auf genormte Schrittfolgen und demonstrierten mit einer Art Befreiungstanz ihre Individualität und Kreativität. Sie imitierten ihre Idole in Haartracht und Mode, posierten mit kühnen Haartollen, Lederjacken und Bolo Ties, und gaben sich als „Halbstarke" lässig und cool. Sie begrüßten einander im Kauderwelsch der Hits, das für sie einem Geheimcode gleichkam: „Tutti frutti all rootie, awopbopaloobop alopbamboom!" Die Boys versuchten mit dem berühmten, von ihren Eltern als anstößig verurteilten schlüpfrigen Hüftschwung von Elvis bei den Girls zu punkten, und wem dies nicht gelang, mit einem neuen Kofferradio und den neuesten Platten. Elvis und Co. elektrisierten ihr junges Publikum, und vor allem jüngere Mädchen reagierten darauf mit ekstatischem Gekreische, als würde ihnen die Musik und der Anblick der Musiker heftigste Schmerzen bereiten. Die Bildmedien sorgten mit ihren die Wirklichkeit verzerrenden Schnappschüssen entscheidend für eine allgemeine Verbreitung dieser Verhaltensweisen sowie für Gesten der Empörung bei den Älteren und Kulturpessimisten. Sie sorgten zusammen mit Radio und Fernsehen für die transnationale Verbreitung und den finanziellen Erfolg der neuen Musik und nicht nur der Musik. Rock 'n' Roll versprach den Jugendlichen Leidenschaft, Aggressivität, Herzklopfen und Coolness – und er hielt sein Versprechen.

JUGENDKULTUR – SOZIALISIERUNG MIT ROCK 'N' ROLL

Rock 'n' Roll sprühte vor Dynamik, Sexualität und rücksichtslosem Lärm. Rock 'n' Roll war mehr als ein Musikstil. Er war jugendliches Aufbegehren und Lebensgefühl pur. Er beeinflusste Film und Fernsehen und heizte mit seinem elektrisch verstärkten Sound die kulturelle Landschaft über Jahrzehnte auf. Er war wie gemacht für eine Jugend, die Geld in der Tasche hatte und bereit war, dieses Geld für ihre Vorlieben auszugeben. Er war ein perfektes Instrument, um sich von den Älteren abzugrenzen und diese mit Sound, Sprache, Kleidung und Freizeitvergnügen zu provozieren. Rock 'n' Roll wurde zum Symbol und teils ohrenbetäubenden Mittel des Triumphs über familiäre und gesellschaftliche Beschränkungen. Wenn das Schlagzeug hämmerte, die E-Gitarre kreischte und der Sänger schrie und kiekste, war damit eine Kampfansage an die harmonievernarrten Älteren verbunden. Wenn die mit E-Gitarren bewaffneten Sänger ihre Instrumente vor sich hertrugen wie später Rambo seine MP und zum Angriff auf das Trommelfell von Mammi und Pappi ansetzten, dann wurde der Generationenkonflikt hörbar und sichtbar.

Laute Musik hören, sich modisch kleiden und mit dem Motorrad, Moped oder dem Motorroller durch die Gegend zu düsen, wurden für die Jugendlichen zu den beliebtesten Fluchten aus dem Alltag und zum Ausweis ihrer Andersartigkeit. Mit ihren Lockerungsübungen von Körpern und Sitten signalisierte diese Jugend der eher hüftsteifen übrigen Gesellschaft die anstehende allgemeine Liberalisierung. Mit dem Rock 'n' Roll eroberte sich eine neue, quicklebendige Jugendkultur über Musikbox, Rundfunk und Fernsehen, Schallplattenläden und Tanzflächen große Teile der Welt und degradierte mit ihrer sprudelnden Lebensfreude die etablierte Musikkultur fast zum musealen Totenkult. Letztlich aber diente die Rockmusik lediglich als Ventil, um Aggressionsgefühlen freien Lauf zu lassen, ohne jemanden direkt zu attackieren. Sie war Spaß und ein heilsames Mittel zum Dampfablassen, wogegen die Jugendlichen nach Ansicht vieler Erwachsener mit ihrer Musik und ihren Motorrädern lediglich Lärm produzierten.

Unter dem Siegeszug des Rock 'n' Roll hatte nicht nur der Jazz zu leiden, der plötzlich völlig harmlos erschien. Auch andere Musikrichtungen wie der Tango Argentino und die Rumba wurden von den neuen Klängen brutal übertönt, von den Jugendlichen als altväterlich und als Erotik in Moll verhöhnt und den gelackten und geschniegelten Turniertänzern mit ihren geschmeidigen Knien überlassen. Es half nichts, dass der Tango auf sein goldenes Zeitalter verwies und noch immer im verblichenen Ruhm schwelgte, als er in den Salons und Bars am Rio de la Plata, in Europa und selbst in Japan von Jung und Alt, Arm und Reich als chic und modern gefeiert worden war. Seit den 1930er Jahren hatte er von dem spektakulären wirtschaftlichen Aufstieg Argentiniens profitiert, der das Land nach dem Zweiten Weltkrieg zum reichsten Land Südamerikas gemacht hatte. 1955 jedoch war Schluss damit. Der Rock 'n' Roll als neue Musik einer hochagilen Jugend des reichsten Landes der Erde machte den schmachtenden Tango nahezu mundtot, und die verfehlte Wirtschaftspolitik der Peronisten, die das Land in den Ruin trieben, trug zusätzlich das Ihre dazu bei.[1]

Fortan gab das neureiche Nordamerika mit seiner Kommerzmusik den Ton an. Dort spielte jetzt die wahre Musik, und diese Musik hieß Rock 'n' Roll, wenn auch weiterhin Schlagergrößen wie Pat Boone mit sanfter Baritonstimme, aseptischen Liedchen und großem Orchester Millionen von Herzen schmelzen und von trauter Zweisamkeit träumen ließen – *Love Letters in the Sand.*

1 Marta Rosalía Norese, *Contextualización y análisis del tango, sus orígenes hasta la aparición de la vanguardia*. Salamanca: Universidad de Salamanca, 2002.

Rock ’n’ Roll war in musikalischer Hinsicht nicht vollkommen neu. Er bestand aus einem Gemisch von Musikstilen, die in den USA schon seit längerer Zeit einen festen Platz unter den populären Musikformen innehatten. Im Jazz waren Spielweise und Musiziertechnik des Rock ’n’ Roll bereits voll ausgebildet, und der im mittleren Westen der Vereinigten Staaten weit verbreitete Western Swing unterschied sich musikalisch kaum vom Rock ’n’ Roll. Der konnte auf viele weitere Väter verweisen – auf den Blues aus dem Mississippi-Delta, auf Hillbilly- und Country-Musik und auf den Gospel. Viele Songs dieser Zeit, in der das Abkupfern kaum einmal auffiel, waren Nachproduktionen lokaler Hits, so etwa *Rock Around the Clock*. Zudem waren die neuen Stars der Szene wie Chuck Berry, Little Richard oder Bill Haley zuvor als Rhythm & Blues- beziehungsweise Western Swing-Musiker aufgetreten, und der in New Orleans beheimatete kreolische „Teddybär“ Fats Domino führte die Tradition dieser Stadt als der Wiege des Jazz wie selbstverständlich fort. Auch Elvis Presleys erste Single enthielt mit *That’s Allright (Mama)* einen traditionellen Blues und auf der Rückseite mit *Blue Moon of Kentucky* einen Country & Western-Song aus den dreißiger Jahren. Alle diese Coverversionen fielen dadurch auf, dass sie das Grundtempo ihrer Songs höher ansetzten und sich damit von dem typischen Blues-Feeling lösten.[2]

Das Publikum, das heiß war auf eine Musik, zu der es ausgelassen tanzen konnte, kümmerte es nicht, ob es sich musikalisch um Boogie Woogie, Rockabilly oder Rhythm & Blues handelte, zumal sich die Älteren bereits in den dreißiger Jahren zu Jitterbug und Lindy Hop mit ähnlichen Schritten, Schulterwürfen und Saltos auf der Tanzfläche ausgetobt hatten wie die Jüngeren nun zum Rock ’n’ Roll. Dies war nur für die Musiker relevant, oder auch nicht. Entscheidend war vielmehr, dass es der profitorientierten Musikindustrie gelang, dem Rock ’n’ Roll das Etikett der Rebellion und die Haltung des Revolutionärs anzuheften und mit diesem Marketingcoup erfolgreich satte Gewinne einzufahren.

Der ruppige Rock ’n’ Roll fand recht schnell zahlreiche Fans, weil er den meist aus dem weißen Arbeitermilieu stammenden Jugendlichen ein lautstarkes und frei gestaltbares Instrument in die Hand gab, mit dem sie sich in einem musikalischen Rausch demonstrativ von der Lebensweise und dem Geschmack der Älteren und den traditionellen Kulturträgern absetzen und Grenzen testen konnten. Vor dem Rock ’n’ Roll gab es eigentlich nur Musik für die ganze Familie; mit dem Rock ’n’ Roll erfolgte eine musikalische Spaltung der Familie. Die neue Musik zielte allein auf die Jugendlichen; sie wertete die Jugendlichen auf – *Sweet Little Sixteen*. Sie konnte und wollte den Erwachsenen nicht gefallen. Sie war laut, sehr laut. Sie zog knallende Türen und „leiser, leiser!“-Rufe nach sich. Oftmals waren nur genervte Seufzer zu hören, aber auch die genügten. Die neue Musik war nicht komplex und trieb unerbittlich den Blutdruck in die Höhe. Sie war pure Energie. Sie war Skandal. Sie war Rebellion. Sie war eine hormonelle Kraft. Allein wie Elvis die Hüften kreisen ließ, allein dieser laszive Hüftschwung reichte aus, um in dieser Zeit der repressiven Sexualmoral den Puls nicht nur der puritanischen Sittenwächter in die Höhe

2 Wicke 1992, 461; Wicke 1993, 22–23; Pendzich 2008, 85; Arnold Shaw, *The Rock Revolution*. New York: Crowell-Collier Press, 1969.

zu jagen. Und dann diese Haartolle, diese Stimme und diese Gitarre. Sie war nach Meinung eines Reporters „ein phallisches Maschinengewehr“. Für Arnold Shaw klang sie „wie das Knurren eines Hundes, der um eine läufige Hündin streicht.“[3] Elvis trug mit seinen Auftritten entscheidend zur „Triebentfesselung“ bei, die mit ihren Praktiken des „necking“ und „petting“ für zusätzlichen Streit zwischen Eltern und Kindern sorgte. Mit Hilfe von Elvis' Stil gelang es vielen Jugendlichen, kulturelle Normen und gesellschaftliche Konventionen zu untergraben, was der neuen Musik den Vorwurf einbrachte, traditionelle Werte zu bedrohen. Für einen Großteil der Älteren war Elvis ein Gottseibeiuns, und seine Musik führte für sie zur Zerstörung der Kultur, auf alle Fälle zur Zerstörung der Bestuhlung von Kino- und Konzertsälen.

Viele Ältere beschimpften in dieser prüden Zeit der McCarthy-Ära den aufpeitschenden und enthemmenden Rock als sexuellen Anpeitscher, der einen erotischen Vandalismus provoziere, zumal Rock and Roll in der Sprache des Blues für Beischlaf stand. Sie erregten sich über Elvis Presley als Galionsfigur des musikalischen Rauschs, der mit seinen lasziv körperbetonten Bühnenshows einen eigenen Stil in Kleidung, Sprache und auch Sex kreierte. In der Bundesrepublik Deutschland beschrieb die Jugendzeitschrift Bravo Elvis als einen Amerikaner, „der so singt, wie Marilyn Monroe geht.“[4] Nach den Worten des Musikjournalisten Nik Cohn klang seine Stimme schneidend und nervös, „sie war wie eine Sense, und sie explodierte. Sie klang gequält, nicht ausgereift, roh. Aber sie war sexy, mehr sexy als je eine andere Stimme zuvor. [...] Wenn die Musik anfing, dann schlackerte er mit den Hüften, und zwar so sehr, dass sein Auftritt wegen Obszönität in einer ganzen Menge Städte verboten war.“ Bei seinem ersten Auftritt in der meistgesehenen Teenager-Sendung *American Bandstand* erging an die Kameramänner angeblich die Aufforderung, den Sänger nur bis zur Gürtellinie zu zeigen. Dessen Image stieg weiter, als er auf Anordnung der Behörden bei einem Konzert in Florida wie ein Denkmal stillstehen musste und nur Mund und Finger bewegen durfte, um einer Verhaftung wegen Erregung öffentlichen Ärgernisses zu entgehen.

Ein Geistlicher nannte Elvis einen „wirbelnden Derwisch des Sex“, ein Staatsanwalt seine Platten „TNT auf dem Plattenteller“, ein Journalist fühlte sich „an die Paarungstänze von Aborigines“ erinnert, und in der New York Herald Tribune stand zu lesen, Presley wäre „ein unsagbar vulgärer und talentloser junger Entertainer“. Die Kirche sah in seinen Songs Teufelsmusik und befürchtete eine moralische Gefährdung ihrer unschuldigen Kinder. Viele Eltern hielten ihn für sexbesessen und weibisch, weil er die jungen Mädchen fast wahnsinnig machte mit seinen Hüften, seinem Haar und seinen Augen. Als Amerikas größtes Sex-Symbol ließ er bei seinen Konzerten ganz vergessen, dass er das Singen während des Gottesdienstes in der Kirche seines Geburtsortes in Mississippi gelernt hatte. Er präsentierte eine männliche Sexualität, die anlehnungsbedürftig war, genau das Gegenteil von jener unbarmherzig harten und wortkargen Art eines Westernhelden wie John Wayne. Bisweilen spielte er auch den Hampelmann beziehungsweise das Spielzeug für

3 Zit. nach Henry Pleasants, *Elvis Presley*, in Frith 2004, 251–263, hier 256; Shaw 1994, 161.
4 Zit. nach Farin 2006, 26.

kleine Mädchen, als er 1957 ins Mikro hauchte: „Baby let me be your lovin’ teddy bear“. Vor Elvis hatten die Mädchen bei Sängern wie Frank Sinatra und Pat Boone geseufzt und hatten in ihre Taschentücher geschluchzt, bei Elvis und anderen Rockgrößen kreischten und tobten sie, sie „machten Krawall, und sie wurden bewusstlos, sie machten sich nass.“[5] Später zückten sie bisweilen aber auch ihre Taschentücher, um ihre Tränen zu trocknen, so als Elvis ihnen 1960 *It’s Now Or Never* ins Ohr hauchte, seine ganz spezielle Version von *O sole mio*. Dafür nahm er seine erste goldene Schallplatte in Empfang.

Je mehr besorgte Eltern die Musik von Elvis und Co. als dekadent und krank, als Hort der Unmoral und sexueller Übertretungen verurteilten, sie sogar mit Kriminalität und Rowdytum in Verbindung brachten, und Politiker Rock ’n’ Roll-Konzerte verboten, desto mehr griffen die Jugendlichen zu dieser Musik und den entsprechenden Accessoires. Je mehr Radiostationen den Rock ’n’ Roll wegen zügelloser Posen, strotzender Sexualität und Gewaltbereitschaft anklagten und aus ihrem Programm verbannten, desto attraktiver fanden die Jugendliche Songs und Interpreten. Je lauter Radiosprecher das Christmas-Album des hüftschwingenden Sängers als obszön und blasphemisch verurteilten, desto mehr Jugendliche wünschten sich die Platte als Gabe unter dem Weihnachtsbaum. Je mehr Geschichten und Mythen Gegner wie Anhänger in die Welt setzten, desto schneller wuchs die Fangemeinde, desto mehr hatten die Jugendzeitschriften zu erzählen, desto mehr Aufmerksamkeit war Elvis und dem Rock ’n’ Roll sicher.

Seine Fans ließen sich aber nicht allein durch seine Musik aufrütteln, sondern auch von der Art, wie er Musik präsentierte. Sie liebten ihn, da jeder noch so schmalbrüstige Teenager mit dem Elvis-Look seine schlagergewohnten Eltern schockieren konnte.[6] Der deutsche Rockmusiker Udo Lindenberg meinte später rückblickend: „Elvis [...] hat uns gegen unsere Eltern, denen ja sonst alles gehörte, etwas Eigenes gegeben. Bis jetzt hatten wir immer zu hören bekommen: ‚Dafür bist du noch zu jung.‘ Mit Elvis in den Ohren konnten wir zurückbrüllen: ‚Dafür seid ihr schon zu alt!‘“[7]

Viele Eltern aus der weißen Mittelschichte brachte zudem in Rage, dass sich ihre Sprösslinge mit der Hinwendung zu Rock ’n’ Roll mit einer Musikform identifizierten, die als eine Mischung aus afroamerikanischem Rhythm & Blues (R&B) und euroamerikanischer Country Music für den unteren sozialen Rand der amerikanischen Gesellschaft stand. R&B stand für schwarz, Pop dagegen für weiß. Viele Weiße ärgerte im Amerika der Rassentrennung, dass ihre Kinder die schwarze Musik in den von Weißen dominierten Mainstream hievten, oftmals nur, um ihre Eltern zu ärgern. Sie erkannten schnell, dass die weißen Jungstars sich diese Musik bei einem Raubzug durch die schwarzen Viertel angeeignet hatten. Sie schrien auf, weil ihre wohlbehüteten Sprösslinge eine Musik akzeptierten, die nach Unmoral und Deklassierung roch und mit ihrer sprachlichen Direktheit und Drastik schockierte.

5 Cohn 1971, 20–21; Shaw 1994, 162.
6 Wang 2014, 126–127; Wicke 1993, 23; Hofacker 2012, 358.
7 Zit. nach Borscheid 1997, 176.

Weiße Radiomoderatoren im Süden der USA weigerten sich, Songs zu spielen, die von afroamerikanischer Musik beeinflusst waren, während schwarze Rundfunksender weiße Interpreten wie Elvis ablehnten, weil sie Songs schwarzer Musiker kopierten. Ein Großteil des weißen Amerika empfand die Begeisterung seiner Jugend für dieses aufrührerische Geschwür der „Negermusik" als eine nicht akzeptable Provokation, zumal einige Farbige sehr schnell den ersten weißen Stars der Szene wie Bill Haley und Elvis Presley die Spitzenplätze in den Hitparaden streitig machten. So landete der versierte Komödiant Chuck Berry ab 1955 innerhalb kürzester Zeit mit seinen rotzfrechen Songs *Maybellene*, *Roll Over Beethoven*, *Sweet Little Six*teen und *Johnny B. Goode* mehrere Top Ten-Hits, wobei er simple Geschichten aus dem amerikanischen Alltag erzählte, die er in Telefonzellen, Bushaltestellen und Flughäfen ansiedelte, die er mit sehr viel Gefühl aufzuladen verstand. Als brillanter Texter kam er direkt zum Punkt und wusste den weißen Teenagern mit seinen Versen über junge Liebe, Eifersucht und schnelle Autos zu begeistern, das Ganze gewürzt mit einem das Adrenalin hochjagenden Gitarrenriff.

Verfechter der Rassentrennung verwiesen mit gerümpfter Nase auf die Konzerte des schwergewichtigen Fats Domino, der federleicht, mit lässigem Charme und mitreißenden Triolen, die er mit der rechten Hand ins Klavier hämmerte, die Hallen zum Kochen brachte – *I'm Walkin'*. Nicht nur seine Konzerte endeten oftmals in Massenhysterie und Krawallen, sodass die Polizei einschreiten musste. Von Anfang an hatte der Rock 'n' Roll bei vielen einen schlechten Ruf. Das Britannica Yearbook beschrieb ihn 1956 als „fortgesetzte Barbarei", die „absichtlich den künstlerischen Idealen des Dschungels" nacheifere, und für Frank Sinatra war er „ein ranzig riechendes Aphrodisiakum, Schlachtgesang aller Übeltäter auf Gottes Erdboden".[8]

Die weißen Hardliner warfen dem Rock 'n' Roll vor, er fördere die Integration der Schwarzen, indem er deren „vulgäre" Kultur und Werte zum Mainstream pusche, indem er die geordnete und heile Welt der weißen Mittelschicht mit schwarzer Primitivität infiltriere. Sie sahen mit Entsetzen, wie schwarze Sänger mit wüsten Songs bei weißen Teenagern für unkontrollierte Ekstasen und Hormonschübe sorgten. Die ältere Generation attackierte weiße Sänger wie Elvis Presley und Bill Haley, weil diese leichtfüßig die hohen Rassenschranken übersprangen, ohne sich am Gezeter und den Drohungen der weißen Scharfmacher zu stören. Sie bekreuzigte sich vor dem Piano-Berserker Jerry Lee Lewis, der mit *Great Balls of Fire* heißen Sex hymnisch feierte, dabei das Klavier zügellos mit Händen und Füßen traktierte, um es schließlich anzuzünden.

Die ältere Generation ahnte irgendwie, dass eine neue, junge Pop Society sich soeben daranmachte, sich dem Konformitätsdruck innerhalb der Gesellschaft zu entziehen, diesen zu untergraben und der alten High Society die Führung in der modernen Kultur streitig zu machen. Ihr entging es nicht, dass diese frische „proletarische" Massenkultur die traditionelle Elitenkultur als muffig und antiquiert er-

8 Zit. nach Lars Brinkmann, *Hard & Heavy*, in Kemper/Langhoff/Sonnenschein 2002, 188–199, hier 190.

scheinen ließ. Ihr dämmerte allmählich, dass die von ihr als Kulturträger hochverehrten und wohlbeleibten Opernsänger, die als singende Schauspieler skurrile Geschichten inmitten staubiger Kulissen darboten, im Vergleich zu den vitalen Rock- und Beatmusikern mit ihren E-Gitarren, elektronischen Bässen und zeitnahen Texten den Eindruck von albernen und zopfigen Figuren hinterließen. Die Reaktion auf diese Erkenntnis fiel in den meisten Staaten in Ost und West zunächst ähnlich aus. Ältere versuchten die jungen Wilden mit zahmen Gegenangeboten auf ihre Seite zu locken. In den USA bemühte sich die American Broadcasting Company (ABC), die Teenager mit der Polka vom unbändigen Rock ’n’ Roll abzubringen – vergebens.

Die Berichterstattung über Rockkonzerte mit hysterisch schreienden Teenagern und zu Kleinholz gemachter Bestuhlung verstärkte die Mythenbildung rund um den Rock ’n’ Roll. Überall in der Welt, wo Jugendliche bei dieser Musik aus ihrem Sessel sprangen, das Radio aufdrehten und ihren neuen Stars laut schreiend zujubelten, sahen sie sich alsbald von Teilen der Presse mit auffällig oder straffällig gewordenen Jugendlichen in einen Topf geworfen – in den Niederlanden mit den als rebellisch und aggressiv eingestuften Nozems, in Australien und Neuseeland mit den als „Milchbar-Cowboys“ bespöttelten Bodgies und Widgies, in Moskau und Leningrad mit den modisch gekleideten Stilyagi oder in Österreich und der Schweiz mit den so genannten Platten, die sich rauften, stahlen und bei ihren Einbrüchen, wie der Name sagt, alles platt machten. In den USA wurden sie in einem Atemzug mit den vielen gewalttätigen Jugendgangs genannt, die mit Fäusten und Messern seit jeher jene Konflikte unter sich austrugen, die die „Unwirtlichkeit“ (Alexander Mitscherlich) amerikanischer Metropolen geradezu provozierte.

Der demographische Wandel mit seiner durch den Babyboom ausgelösten Geburt einer „jungen“ Gesellschaft zog fast zwangsläufig zahlreiche Generationskonflikte nach sich. Diese waren zwar weit entfernt von jeglicher Rebellion, aber da die Medien darüber oftmals in Form von Sensationsnachrichten berichteten, fühlten sich Teile der älteren Generation und auch der Staatsmacht bedroht und reagierten entsprechend. Die so ins Scheinwerferlicht gezerrten Jugendlichen kosteten diesen Ruhm aus und inszenierten sich selbstbewusst und bisweilen provozierend als Blickfang. Sie drapierten sich als Rock ’n’ Roller mit schwarzen Lederjacken, die in den USA zuvor als Markenzeichen so genannter Outlaw-Motorradclubs gegolten hatten oder als Ausdruck von betonter Sexualität und aggressiver Männlichkeit. Filme und Jugendzeitschriften lieferten den jungen Männern die dazu passende coole und selbstbewusste Haltung – hochgezogene Schultern, das Kinn leicht angehoben, die Augen halb geschlossen, die Hände tief in den Hosentaschen, den Blick von einer auf die andere Seite schweifend.[9]

Die üblichen Bedenkenträger im moralinsauren Amerika und die vielen, die sich qua Amt zu echauffieren hatten, brachten die Musikbegeisterung der Teenager mit zunehmender Jugendkriminalität, Früh-Schwangerschaften, Gottlosigkeit und allgemeinem Werteverfall in Verbindung. Auch die stets pessimistischen Druiden

9 Gerrit Mik, *Onze nozems*. Nijkerk: Callenbach, 1964; Jon Stratton, *Bodgies and Widgies – youth cultures in the 1950s*, in Journal of Australian Studies 8: 1984, H. 15, 10–24; Mrozek 2019, 42–105.

in den politischen Machtzentralen sahen rot beziehungsweise schwarz. Gefangen in seiner unheilbaren Paranoia glaubte in Washington Senator McCarthy die „fünfte Kolonne Moskaus" am Werk, und im Kreml befürchteten die Schwarzseher gleichzeitig eine „kulturelle Invasion des amerikanischen Imperialismus". Für FBI-Chef J. Edgar Hoover übte der Rock 'n' Roll einen korrumpierenden Einfluss auf die Jugend aus. Er ließ Elvis Presley als „eine definitive Gefahr für die Sicherheit der Vereinigten Staaten" beschatten und ein 700 Seiten starkes Dossier mit Informationen aus seinem privaten Umfeld anlegen, ebenso wie später über John Lennon, Jimi Hendrix, Bono und andere mehr, deren „Schallwaffen" paranoiden alten Herren in der Sicherheitszentrale der USA offenbar gehörig Angst einjagten.[10]

Die Hysterie vieler Eltern veranlasste 1955 auch den US-Kongress, einen Ausschuss zu berufen, der die jugendgefährdende Wirkung des Rock 'n' Roll aufdecken sollte. Dabei predigte diese Musik mit ihrer industriellen Massenproduktion von Schallplatten und ihrer zielgenauen Animation zu vermehrtem Konsum nichts anderes, als dem American Way of Life genussvoll und mit stets gezücktem Portemonnaie zu folgen. Sie forderte die Jugend zum Kauf von Schallplatten auf, rief sie an die Radio- und Fernsehapparate, um bestimmte Musiksendungen zu verfolgen, animierte sie zum Besuch von Musikfilmen im Kino und zum Lesen von Jugendzeitschriften. Sie baute die Stars der Musikszene in Outfit und Konsum zu Vorbildern auf beziehungsweise zu globalen Werbemarken. Sie machte heiße Musik zu einem Symbol des Heranwachsens und Konsumierens. In seinem Song *Blue Suede Shoes* erklärte Elvis den Teenagern ohne jedes Versteckspiel, worauf es ankommt: auf Kleidung und Stil: „Du kannst mein Haus abfackeln, mein Auto stehlen, meinen ältesten und besten Likör trinken, du kannst alles machen, was du willst, aber oh-oh Schätzchen, tritt mir ja nicht auf meine blauen Wildlederschuhe."[11]

Mit der wirkungsmächtigen Hilfe verschiedenster Industriezweige entwickelte sich die populäre Musik nach dem Zweiten Weltkrieg zu einem zentralen Sozialisierungsinstrument, das mit seiner kommerziellen Lenkung dem Zugriff von Elternhaus und Schule weitgehend entzogen war. Die Musikindustrie setzte mit dem Rock 'n' Roll als Banner das amerikanische Konzept des unbeschränkten Massenkonsums, diesen verführerischsten Teil des American Way of Life, nahezu optimal um und trug damit entscheidend zu seinem weltweiten Erfolg bei. Seit dem Rock 'n' Roll ist die Popmusik Teil bestimmter Lebensstile mit eigenen Konsum- und Verhaltensmustern wie Kleidungsstilen, Freizeitritualen und einer generationsspezifischen Lebensweise. Sie half entscheidend mit, die Lebensphase Jugend aufzuwerten und ihr einen eigenständigen Platz mit eigenen Sichten, Rechten und Pflichten im Lebenslauf einzuräumen.

Im Nachkriegsamerika zielte die Musikindustrie zunächst vorrangig auf die Jugendlichen aus der weißen Mittelschicht, die in einer Atmosphäre materiellen Wohlstands aufwuchsen und in einer Welt zunehmender Freizeit einen demonstra-

10 Altschuler 2003, 35–43; Wicke 1992, 461; Wicke 2011, 21 u. 38–39; Michael T. Bertrand, *Race, Rock, and Elvis*. Urbana: University of Illinois Press, 2000, 95–96.
11 Wicke 1993, 25–26; Poschardt 1997, 68.

tiven Konsum lebten – eine neue Konsumentengruppe mit ganz eigenständigen musikalischen Ansprüchen; ein Kaufkraftpotential, das die Kassen klingeln ließ und die Internationalisierung der Musikindustrie erst ermöglichte. Diese verwandelte das Taschengeld der Jugendlichen in einen Wirtschaftsfaktor.[12]

Die weiße Jugend hatte eine Menge Geld im Portemonnaie, und ihr Konsumpotential wuchs schneller als das jeder anderen Bevölkerungsgruppe, zumal mit dem Baby-Boom der Nachkriegsjahre die unter Zwanzigjährigen Mitte der Sechziger bereits 40 Prozent der amerikanischen Bevölkerung ausmachten. Mit dem Rock ’n’ Roll als Begleitmusik startete die Industrie einen Großangriff auf den Geldbeutel der jungen Leute. Viele amerikanische Teenager kauften alles, was man ihnen vorsetzte: Motorräder, Lederjacken, Blue Jeans, Kinokarten, Coke, Milchshakes, Kofferradios und natürlich Musik in Form von Vinyl-Schallplatten und Tonbändern sowie die dazu gehörende Audio-Technik, also Schallplattenspieler, Tonbandgeräte und Stereoanlagen. Sie fütterten in Bars und Cafés mit ihrem Taschengeld die Musikboxen und präsentierten stolz ihr neuestes Transistorradio, mit dem sie auch abseits des elterlichen Wohnzimmers ihre Lieblingsmusik hören konnten.

Das Kofferradio, seit Ende 1954 auf dem amerikanischen und bereits ein Jahr später auf dem japanischen Markt, stieg unter Jugendlichen zu einem Statussymbol der Wirtschaftswunderjahre auf. Es besaß Kultstatus und wurde zum akustischen Zeitzeugen zuerst der Rock- und anschließend der Beatmusik. Es wurde zu einer ganz neuen Sozialisierungsinstanz. Tom Wolfe vermerkte in einer seiner frühen Reportagen: Überall kutschieren die Jugendlichen in ihren Autos, „lungern mit Transistoren herum, die sie in ihre Schädel gestöpselt haben, und hören Radio. ‚Hören‘ ist eigentlich nicht das richtige Wort. Sie benutzen das Radio als Hintergrund, als Ohrenschmaus für ihren Lebenswandel [...]. Sie wollen keine Mitteilungen (messages), sie wollen Atmosphäre. [...] Alle Jugendlichen da draußen drehen immer an den Knöpfen und suchen etwas, das nicht den Geist, sondern die Seele massiert.“[13] Die Musikindustrie kreierte im Verbund mit anderen Industriezweigen eine mediale Nebenwelt, die den Alltag der Jugendlichen überformte. Fortan bestimmte die Verbrauchertechnologie immer mehr den Inhalt der Jugendkultur, und dies nicht nur in Amerika.

PARTNERSUCHE – DIE MUSIKINDUSTRIE FORMIERT SICH

Rock ’n’ Roll und alle folgenden Varianten der Pop- und Rockmusik entwickelten sich sehr viel mehr als der Jazz und die lateinamerikanische Musik zur Musik der Globalisierung, da sie nicht mehr nur allein das Produkt von Künstlern waren, sondern einer hochprofessionellen Musikindustrie nebst weiteren Industriezweigen, die zur Gewinnmaximierung alle Möglichkeiten der modernen Kommunikations- und Unterhaltungstechnik sowie des Marketings nutzten und auf die weiße Jugend

12 Mark Abrams, *The teenage consumer*. London: London Press Exchange, 1959; Speitkamp 1998, 260.

13 Tom Wolfe, *Der fünfte Beatle*, in Wolfe 1988, 49; Morton 2004, 156–157.

als neue Konsumentengruppe setzten. Seit dem Zweiten Weltkrieg war die noch recht kleine Tonträgerindustrie zunächst im Gleichschritt mit anderen Industriezweigen gewachsen, ehe der Rock 'n' Roll ihr einen kräftigen Wachstumsimpuls verschaffte. In den fünfziger Jahren explodierte ihr Angebot an Musik geradezu, und auch andere Sparten der Musikindustrie und der Rundfunk trugen ihren Teil zu diesem Wachstum bei. Die Tonträgerindustrie entwickelte auf der Grundlage von Vinyl neue Plattenformate, die als Singles und LPs den Ansprüchen der Popmusik wie auch der klassischen Musik mit ihren relativ kurzen beziehungsweise längeren Kompositionen bestens angepasst waren, und deren Platzbedarf und Gewicht im Vergleich zu den Schelllackplatten um ein Vielfaches geringer ausfielen. Hinzu kamen die vielen unabhängigen Labels, die nach der Entwicklung der Vinyl-Schallplatte und des Magnetophons zur Serienreife nach 1945 wie Pilze aus dem Boden schossen, jedenfalls in den USA. Mit ihrer Spezialisierung auf eine bestimmte Musikrichtung erhöhten sie die Musikvielfalt, während die Hersteller von Audiotechnik gleichzeitig mit der Entwicklung der Jukebox, des Kofferradios, der tragbaren und fest installierten Plattenspieler sowie der Tonbandgeräte die Möglichkeiten zur Nutzung von Musikkonserven kräftig erhöhten und mit Qualitätsverbesserungen wie dem seit Ende der fünfziger Jahre eingeführten Hi-Fi-Equipment die Lust auf diese Musik weiter steigerten.

Mit dem Aufkommen der privaten Rundfunkstationen in den frühen fünfziger Jahren stieg die Zahl der Sender zunächst in den USA um ein Mehrfaches, wobei die Privaten vor allem auf Musik setzten. Das Fernsehen erhöhte das Angebot an Musik nochmals. Allen Unkenrufen zum Trotz, die mit dem Aufkommen des Fernsehens das Ende des Radios prophezeiten, stieg in den USA die Zahl der Radiostationen in den zwei Jahrzehnten nach Ende des Weltkrieges von circa 2.000 auf 6.000 an. Allein von 1951 bis 1958 produzierte die Industrie 35 Millionen Empfangsgeräte.

Dagegen fiel die Livemusik-Sparte gegenüber der Tonträgerindustrie immer mehr zurück. Ab Mitte der fünfziger Jahre kam ein stetig wachsender Anteil der Konsumausgaben der Bevölkerung für Musik den Musikkonserven zugute, zumal das neue Medium Fernsehen die Menschen vermehrt vor den Bildschirm in der eigenen Wohnstube bannte und damit weg von den Bühnen der Konzertsäle. Zwar spielten weiterhin unzählige Bands bei Familienfeiern, Festen, Tanztees und öffentlichen Konzerten auf, zwar gingen einzelne „Teen-Beat-Bands" wie Cliff Richard and the Shadows unter der Leitung des damals größten britischen Pop-Promoters Arthur Howes auf Tour und die Veranstalter von Klassik- und Jazz-Konzerten und Operetten konnten mit einem treuen Stammpublikum rechnen, dennoch verlor die Livemusik Jahr für Jahr Marktanteile im Konkurrenzkampf mit den Musikkonserven. Trotz aller Subventionen durch die öffentliche Hand, von denen vor allem die klassische Musik und die Operette profitierten, punkteten die Plattenaufnahmen mit der relativen Attraktivität ihres Preises. Noch standen den Bands keine leistungsstarken Verstärker zur Verfügung, um in wirklich großen Hallen oder gar Stadien auftreten zu können. Noch erreichten Konzerte im Vergleich zu Rundfunk, Film und Tonträgern nur eine sehr begrenzte Hörerschaft. Noch waren nur ganz wenige

Sponsoren wie Coca-Cola und Pepsi Cola bereit, eine Tournee finanziell zu unterstützen. Noch befand sich die Professionalisierung der ganzen Sparte in den Anfängen.[14] Popmusik wurde schnell in Form von Musikkonserven Teil des Alltags. Auf Schallplatten fixiert wurde sie gewissermaßen zu einem öffentlichen Gut fast wie Luft und Wasser, womit sie jedoch kontinuierlich an Wert verlor beziehungsweise preisgünstiger wurde. Als Musik aus dem Radio tendierte ihr Preis in Richtung Null, und speziell die Musik aus dem Radio nahm stetig zu.

Die einzelnen Sparten der Musikindustrie, die letztlich alle aufeinander angewiesen sind, um erfolgreich zu wirtschaften, sahen sich mit ganz unterschiedlichen Problemen konfrontiert. Sie waren gezwungen, völlig unterschiedliche Geschäftsmodelle zu entwickeln, um rentabel zu arbeiten und zu wachsen, wobei sich die Tonträgerindustrie den größten Problemen gegenübergestellt sah. Während sich die amerikanischen Radiostationen bei ihrer Programmgestaltung seit Beginn der fünfziger Jahre zunehmend an den Hörerwünschen orientierten und vornehmlich mit Musik punkteten, setzten die Audioproduzenten auf technische Innovationen und Qualitätsverbesserungen. Vor allem Marken, denen es gelang, mit ausgefallenem Design und exzellenter Technik den Käufern neben einem verbesserten Hörgenuss auch ein Mehr an Prestige zu suggerieren, konnten deutlich höhere Preise durchsetzen und stattliche Innovationsgewinne abschöpfen.

Dagegen konnte die Tonträgerindustrie bei dem rasch steigenden Musikangebot durch Radio und Fernsehen nur vergleichsweise geringe Gewinne und Renditen erwarten. Vor die Wahl gestellt, für eine Schallplatte mit lediglich zwei Songs mehrere Dollar über die Ladentheke zu schieben oder nahezu kostenlos einen ganzen Plattenladen an Songs aus dem Radio zu hören, entschied sich die überwiegende Mehrzahl der Musikliebhaber für die weitaus kostengünstigere Variante. Außerdem drückten die riesigen Schallplattenberge, die keine Käufer fanden, die Gewinnmargen der Produzenten.

Die bisherige Geschichte der Tonträgerindustrie hatte gezeigt, dass nur ein verschwindend geringer Teil der Aufnahmen – weniger als jede Zehnte – Gewinne abwarf oder gar zu einem Hit wurde. Daran sollte sich auch fortan nur wenig ändern. Da aber die große Mehrheit der Platten kaum Käufer fand, war die Käuferschaft regional extrem zersplittert, was wiederum die Distribution erschwerte beziehungsweise mit zusätzlichen Kosten belastete. Für kühl kalkulierende Investoren war die Tonträgerindustrie kaum attraktiv, eher für leidenschaftliche, wenig rational denkende Musikliebhaber. So bewegte sich denn auch die Sparte über Jahrzehnte hinweg außerhalb des Blickfeldes und der Interessen der Wall Street. Sie war ein kleiner Industriezweig, der in den USA als dem mit Abstand weltweit größten Musikmarkt erst 1952 beim Umsatz die 200-Millionen-Dollar-Marke überschritt und in diesem Jahr innerhalb der Sparte Unterhaltungstechnik, bestehend aus Radio- und Fernsehgeräten, Musikinstrumenten und Tonträgern, lediglich einen

14 Kleinsteuber 1993, 520; Brennan 2010, 5–6.

Anteil von 8,5 Prozent erreichte.[15] Sie galt zudem wegen des oftmals sehr schwierigen Umgangs mit den unter Vertrag stehenden Künstlern als eine Industrie, in der die Anwendung der üblichen Managementmethoden versagte.

Um dennoch wirtschaftlich erfolgreich zu arbeiten, entwickelte die Tonträgerindustrie in den fünfziger und sechziger Jahren das bereits erwähnte Geschäftsmodell, das aufbaute auf dem gesetzlichen Schutz ihrer Produkte gemäß dem in den USA seit Beginn des Jahrhunderts entwickelten Copyright. Nochmals: ohne dieses gäbe es keine Tonträgerindustrie. Seit Mitte des 20. Jahrhunderts bemühten sich vornehmlich die US-Labels darum, diesen rechtlichen Schutz fortlaufend an den technischen Fortschritt anzupassen und auch außerhalb der USA durchzusetzen.

Als wirtschaftlich schwache und recht konjunkturanfällige Unternehmen suchten die erfolgreichsten Labels zudem Unterstützung und Schutz in vertikal strukturierten Konzernen, vornehmlich in Medien- oder Elektronikkonzernen, aber auch Mischkonzernen, während die kleineren, unabhängigen Labels den größeren die Distribution ihrer Platten übertrugen. Das Innovationsrisiko, also den Einstieg in neue Musikstile und das Engagement unbekannter Künstler, übernahmen in der Regel diese so genannten Indies. Als wirtschaftlich schwächstes Glied schulterten sie die größten Risiken, trugen aber letztlich entscheidend zu einer stetigen Ausweitung und Ausdifferenzierung der populären Musik bei. Erwies sich ein Engagement als erfolgreich, wagten auch die großen Labels den Einstieg in die neue Musikrichtung, kauften erfolgreiche Musiker aus den bestehenden Verträgen heraus oder erwarben das gesamte Label. Auch diese Praxis begann mit dem Rock 'n' Roll. Ebenso zielten kleine unabhängige Labels als Erste mit ihren Rock 'n' Roll-Platten auf die Jugendlichen aus der weißen Mittelschicht und hatten damit Erfolg. Der Rock 'n' Roll stand am Anfang der Kommerzialisierung des Jugendalters mit einer ganz auf Konsum, Hedonismus und Vergnügungssucht ausgelegten Massenkultur. Mit ihm brach sich auch der Starkult als wirksames Instrument zur Befeuerung des Konsums endgültig Bahn. Fortan versuchte die Schallplattenindustrie mit allen Mitteln, Stars zu modellieren und sie zu Idolen aufzublasen, denen die Fans blindlinks alles abnahmen, was sie produzierten und bewarben. Die Labels rührten die Werbetrommel seitdem nicht mehr nur für einen Song, sondern in erster Linie für dessen Interpreten.

Trotz der permanenten Ausweitung und Ausdifferenzierung des Musikmarktes in immer neue Teilmärkte nahm die horizontale Konzentration der Schallplattenindustrie stetig zu, um heute einen Grad zu erreichen wie in sonst kaum einem anderen Wirtschaftszweig. Mit dem Ausbau der internationalen Wirtschaftsbeziehungen erfasste diese horizontale Konzentration bald auch Labels in anderen Ländern und Erdteilen. Als Standorte großer und kleiner Labels sowie vor- und nachgelagerter Industriezweige entwickelten sich schließlich einige Großstädte wie London und New York zu Zentren der Musikindustrie mit Schallplattenfirmen und Künst-

15 Gesamtausgaben für diese Geräte im Jahr 1952 in den USA 2.349 Millionen US-Dollar. U.S. Department of Commerce, Bureau of the Census (Hg.), *Historical statistics of the United States, colonial times to 1970*. Bd. 1. Washington, D.C. 1975, 317.

leragenturen, Film- und Musikstudios, Radio- und Fernsehsendern sowie auf Medien spezialisierte Finanzinstitute. Obwohl aufgrund des wachsenden Überangebots an Musik deren Preis kontinuierlich fiel, gelang es der Tonträgerindustrie letztendlich im Verbund mit Radio und Fernsehen, Millionen Musikliebhaber für ihre Produkte zu begeistern, ihre Kundschaft auf immer neue Bevölkerungsgruppen auszuweiten und gewinnbringend zu wirtschaften.

Zunächst hatten die großen, nach dem Krieg nur noch teilweise und geringfügig international verflochtenen US-Labels RCA Victor, Decca, Columbia, Capitol, London, Mercury und MGM Records als so genannte *Major record companies* die Veränderungen des Hörerverhaltens kaum beachtet und neben klassischer Musik weiterhin ganz auf Herzen erwärmende Schlagerstars wie Pat Boone, Frank Sinatra oder Doris Day sowie auf Schnulzenkönige wie Perry Como gesetzt. Auch brachten sie etliche weichgespülte Coverversionen von erfolgreichen Rhythm & Blues-Songs mit weißen Interpreten in die Hit-Paraden. Bis zu Beginn der Rock 'n' Roll-Ära konnten sie Jahr für Jahr belegen, dass sie mit dieser Musikauswahl keineswegs falsch lagen. Von den 163 Schallplatten, die in den USA von 1946 bis 1952 mit Gold prämiert wurden, also über eine Million Mal verkauft wurden, kamen 158 aus den Studios der Großen der Branche.

Angesichts ihrer kontinuierlich gestiegenen Umsätze sahen die führenden Labels zunächst kaum einen Grund, sich einer neuen Zielgruppe zuzuwenden, zumal die Hinwendung zur Gruppe der Jugendlichen unvermeidlich mit steigenden Kosten verbunden war, mit neuen Verträgen, neuen Distributionswegen und einer neugestalteten Werbung, ungeachtet der Unabwägbarkeiten über das längerfristige Kaufverhalten der Teenager. Bereits wenige Jahre zuvor hatte die Einführung der neuen Vinyl-Platten in Form von Langspielplatten und Singles viel Geld verschlungen. Vor 1950 hatten die großen Labels wie Columbia Records und EMI die teuren Schellackplatten vornehmlich für betuchte Käufer und die Musikbox produziert – klassische Musik für eine exklusive Schicht von Bildungsbürgern und populäre Musik für die Jukebox. Die Entwicklung der wesentlich billigeren und leichteren, kleineren und qualitativ besseren Vinyl-Schallplatte sowie von Abspielgeräten mit elektrischen Tonabnehmern machte seit Mitte des Jahrhunderts eine massenhafte Verbreitung der schwarzen Scheiben erstmals auch unter Jugendlichen möglich. 1960 entfielen bereits 70 Prozent des Umsatzes mit Schallplatten auf die jugendlichen Käuferschichten.[16] Ehe mit dem Rock 'n' Roll die große Sause begann, hatte die Musikindustrie in den USA 1954 lediglich Schallplatten im Wert von 213 Millionen Dollar verkauft. Dann startete sie durch und erhöhte innerhalb von fünf Jahren ihren Umsatz auf 603 Millionen Dollar (Abb. 1). Damit steigerte sie gleichzeitig auch ihren Anteil in der oben genannten Sparte der Unterhaltungstechnik von 7,8 auf 18,1 Prozent. Zugleich sackte der Anteil der klassischen Musik, auf die 1955 noch ein Viertel aller Plattenverkäufe entfallen war, schnell auf unter 10 Prozent ab. Für Investoren gewann die Tonträgerindustrie plötzlich an Attraktivität. Das amerikanische Label Capitol Records, das im Jahr 1955 für lediglich 3 Millionen US-Dollar in den Besitz der britischen EMI übergegangen war, wurde Ende dessel-

16 Wicke 1993, 44–45; Wicke 2011, 21.

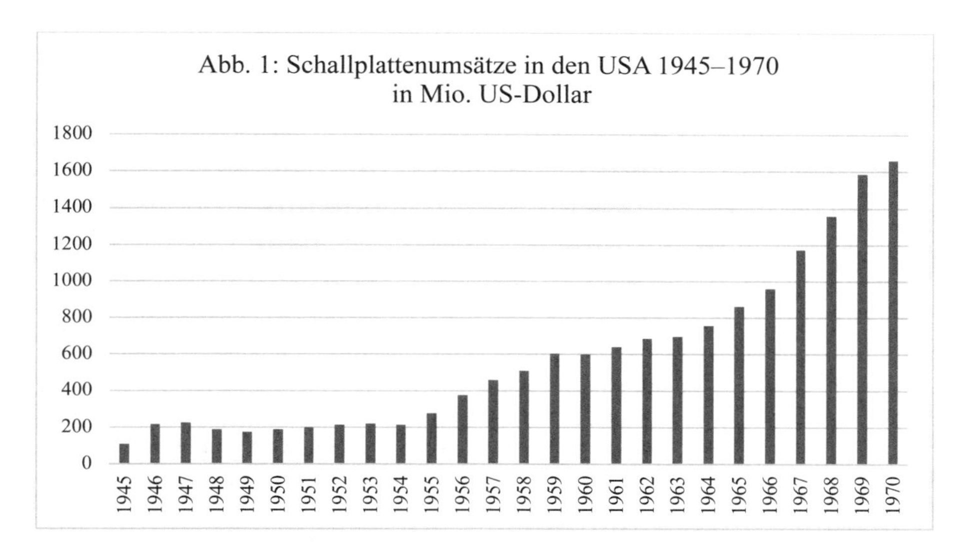

Quelle: Gronow/Saunio 1999, 96 u. 137.

ben Jahrzehnts an der Börse bereits mit 85 Millionen US-Dollar bewertet. Einige Schallplattenfirmen konzentrierten sich fortan ganz konsequent auf den Teenagermarkt, die Kosmetik-, Mode- und Textilindustrie im Schlepptau.[17]

Die Rock ’n’ Roll-Welle ging eindeutig von kleinen Independent-Labels aus, von denen einige bereits während des Zweiten Weltkriegs entstanden waren, die meisten aber danach, und die innerhalb weniger Jahre beträchtliche Marktanteile hinzugewannen. Als nach 1947 mit der Liberalisierung des US-Rundfunkmarktes und dem Aufkommen des UKW-Rundfunks die Zahl der Rundfunklizenzen stark zugenommen hatte und Radio-Diskjockeys zu den wichtigsten Förderern der populären Musik geworden waren, erhöhte sich die Zahl der Labels geradezu sprunghaft von elf im Jahr 1949 auf nahezu 200 fünf Jahre später. Neue technische Hilfsmittel wie das Tonbandgerät und rückläufige Preise machten für viele Musikliebhaber die Einrichtung einfacher Tonstudios möglich. Als so genannte Indies demonstrierten diese kleinen Labels seit den fünfziger Jahren immer wieder ihre große Flexibilität beim Auffinden neuer Trends und neuer Talente. Auch später setzten sie wiederholt Akzente, machten neue Musikstile bekannt und entdeckten große Stars. Die meisten von ihnen gründeten sich auf lokale Musiktraditionen, lokale Künstler und lokale Kunden, was ihnen zunächst Werbung und Vertrieb erleichterte. Erst nach dem Aufstieg einer ihrer Künstler zu einem überregionalen Star waren sie auf die Mithilfe eines großen Labels angewiesen.

17 Anstieg der Gesamtausgaben für diese Geräte in den Vereinigten Staaten von 2.726 Millionen US-Dollar im Jahr 1954 auf 3.330 Millionen US-Dollar 1959. U.S. Department of Commerce, Bureau of the Census (Hg.), *Historical statistics of the United States, colonial times to 1970.* Part 1. Washington, D.C. 1975, 317; International Federation of the Phonographic Industry (IFPI) (Hg.), *Global Recording Industry in Numbers 2006*, 17; Hofacker 2012, 361.

Wagemutige Geschäftsleute mit ihren kleinen unabhängigen Labels waren die eigentlichen Geburtshelfer des Rock ’n’ Roll: Lew Chudd, der Gründer des seit 1947 in Los Angeles tätigen Labels Imperial Records, der 1949 „Fat Man“ Fats Domino entdeckte und unter Vertrag nahm, ferner Phil und Leonard Chess vom 1950 gegründeten Chicagoer Label Chess Records, das Chuck Berry herausbrachte, oder der Hobbymusiker Sam Phillips, der 1952 in Memphis Sun Records gründete und Elvis Presley vertraglich an sich band, sowie Syd Nathan, der 1944 King Records in Cincinnati gegründet hatte und James Brown in Vinyl presste. Die fünfziger Jahre wurden zum goldenen Jahrzehnt für die Independents, die mit Blues, Gospel, Modern Jazz, Country, R&B und Rock ’n’ Roll geschäftlichen Erfolg anstrebten.[18] Da sie aber vielfach unter finanziellen Engpässen litten, ihre Tonträger nicht aufwendig bewerben konnten und meist über keine eigenen Plattenpresswerke und Vertriebsnetze verfügten, waren sie in Produktion und Vertrieb auf die Mithilfe der größten Labels angewiesen, die meist als Tochterunternehmen von Konzernen über die notwendigen finanziellen Mittel verfügten. Die großen Labels bekamen so Einblick in die Geschäftstätigkeit der Indies, warben ihnen erfolgreiche Künstler ab oder kauften das gesamte Label auf, um es in ihren Konzern zu integrieren.

Die Indies litten deutlich mehr als die Großen darunter, dass lediglich ein erschreckend geringer Teil der Schallplatten die Kosten deckte. Nur fünf bis zehn Prozent der LPs und Singles verkauften sich so, dass sie für alle Beteiligten, für die Künstler wie die Labels, genügend Gewinne abwarfen. Nur fünf bis zehn Prozent aller Platten erreichten Verkaufszahlen von mehr als 100.000 Stück. Zudem war die durchschnittliche Karriere eines Rockstars ähnlich der eines Hochleistungssportlers grausam kurz. Wie Fredric Dannen anmerkte, waren fünf Jahre „eine reife Leistung, zwanzig Jahre ein Wunder“.[19]

Überproduktion bleibt bis heute eines der Charakteristika der Tonträgerindustrie, außerdem vergleichsweise hohe Aufwendungen für das Marketing je produzierter Platte. A&R-Manager, die darüber entscheiden, ob ein Bewerber eine reelle Chance auf kommerziellen Erfolg hat, lagen im Schnitt bei acht bis neun von zehn Künstlern, die sie verpflichteten, völlig falsch. Die Labels investierten anschließend regelmäßig Hunderttausende in Musik, die niemand hören wollte. Zugleich verzeichneten einige der Künstler, die sie abgelehnt hatten, anschließend außerordentliche Erfolge. Für A&R-Manager und Musikproduzenten galt damals wie heute: Wenn sie wüssten, wie ein Hit klingt und ein Star aussieht, wären sie sofort Milliardäre. Zukünftige Musikstars zu finden, gleicht einer Pferdewette. Zwar hilft es, wenn man sich mit Pferden auskennt, aber man kann trotzdem viel Geld verlieren. Um gewinnbringend zu arbeiten, mussten die Verantwortlichen unter der riesigen Fülle an Musikern recht schnell potentielle Stars ausfindig machen beziehungsweise sie zu Stars machen. Dies kam einer Suche in dem berühmten Heuhaufen gleich oder verlangte einen riesigen finanziellen Aufwand, wobei nur allzu leicht einer der zukünftigen Goldschmiede und Goldadern übersehen wurde. Der Rock ’n’ Roll war eine solche Goldader.

18 Shuker 2016, 268–269.
19 Dannen 1998, 193.

Die großen Labels in den USA verschliefen den Beginn des Rock 'n' Roll, obwohl Insidern die tiefgreifenden Veränderungen im Musikgeschmack zu Anfang der 1950er Jahre kaum entgehen konnten. Und diese Veränderungen waren im ganzen Land zu hören. Zu Beginn des Jahrzehnts hatten die vier großen Radio-Networks die Hörerlandschaft noch mit ähnlichen Programmen versorgt und mit ähnlicher Musik berieselt. Das änderte sich nach 1947, in geradezu dramatischer Weise aber in den Jahren 1954 bis 1958, als die nationale Radiolandschaft in rund einhundert autonome lokale Märkte aufgebrochen wurde. Auf jedem dieser Märkte konkurrierten fortan im Durchschnitt acht bis zwölf private Radiostationen miteinander. Da die meisten sich kein kostspieliges Programm leisten konnten, ließen sie den Plattenteller kreisen. Schnell verknüpften die vielen neuen Labels ihren kommerziellen Erfolg mit diesen Radiostationen. 1953 begannen immer mehr dieser neuen Sender im Norden der Vereinigten Staaten, vermehrt Rhythm & Blues-Platten in ihr Programm aufzunehmen, und hatten damit Erfolg.[20] Zugleich coverten weiße Sänger immer öfter populäre Songs schwarzer Musiker, so Bill Haley im Jahr 1954 den Bluessong *Shake, Rattle and Roll* von Big Joe Turner.

Wie später bei jeder neuen Musikrichtung zu beobachten war, kamen die meisten der zukünftigen Rock-Stars zunächst nicht bei einem der Major-Labels unter Vertrag, sondern bei kleinen und kleinsten Firmen. Elvis Presley war bei dem Ein-Mann-Label Sun Records in Memphis untergekommen, Little Richard bei Speciality Records in Los Angeles und Chuck Berry bei dem auf Blues und Rhythm & Blues spezialisierten Indie Chess Records in Chicago. Von den späteren Stars des Rock 'n' Roll hatte zunächst nur Bill Haley im Frühjahr 1954 bei einem der großen Labels einen Vertrag ergattert – bei der amerikanischen Decca in New York. Die Alarmglocken schrillten bei den von ihrem Anspruch her marktbeherrschenden Firmen, als von den 147 Schallplatten, die es von 1955 bis 1959 in den USA unter die Top Ten schafften, knapp 70 Prozent von unabhängigen, zum Teil sehr kleinen Labels stammten. Im Jahr 1958 entfielen von den in den Billboard-Charts gelisteten Titeln sogar nur 24 Prozent auf die großen Vier.

Von den Majors reagierte als Erstes RCA Victor, kaufte Elvis Presley aus seinem Vertrag mit Sun Records heraus und veränderte umgehend den Sound seiner Platten in Richtung der Musik von Frank Sinatra, auf dem die Mittelschichten und vor allem Hörerinnen standen.[21] Noch niemals zuvor hatte eine Plattenfirma so viel Geld an ein unabhängiges Label gezahlt, um einen einzelnen Sänger aus seinem Vertrag herauszukaufen. *Heartbreak Hotel* aus dem Jahr 1956 war Elvis' erste Platte für sein neues Label.[22] Andere Majors dagegen ließen Rock 'n' Roll-Songs, die sich erfolgreich in den Charts platzierten, von eigenen, bei ihnen unter Vertrag stehenden weißen Künstlern erneut einspielen. Sie ließen sie, wie sich Nik Cohn ausdrückte, „kastrieren".[23] So coverte Pat Boone als Every-body's Darling und Saubermann des amerikanischen Schlagers zur Mitte der fünfziger Jahre umgehend

20 Shuker 2016, 268.
21 Mrozek 2019, 187.
22 Gronow/Saunio 1999, 102–103; Sanjek/Sanjek 1991, 137; Marcus 1992b, 298–305.
23 Cohn 1971, 13.

einige harte Rock-Songs, spülte sie weich und machte aus ihnen gepflegte Tanzmusik mit einem leichten Jazz-Einschlag. *Tutti Frutti* und *Long Tall Sally* von Little Richard wurden so auch für das auf Anstand und Sauberkeit bedachte weiße Bürgertum akzeptabel und eine Investition für den Plattenschrank.[24]

Gleichwohl hielten die meisten großen Labels weiterhin einigen Abstand zum Rock 'n' Roll. Bei Columbia Records, wo Mitch Miller seit 1950 das Sagen hatte, der Künstler wie Doris Day und Frankie Laine zu dem Label brachte und sie zu Stars machte, dauerte es auch nach dessen Abgang im Jahr 1965 noch eine Weile, bis das Unternehmen seine tiefsitzende Abneigung gegen Rockmusik ablegte. Als 1967 Clive Davis Präsident dieses traditionsreichen Labels wurde, war Columbia trotz Bob Dylan noch alles andere als ein Rock-Label, und in der Führungsetage stritt man sich noch immer darüber, ob die Rockmusik eine Goldgrube wäre. Auch die größten US-amerikanischen Rivalen von Columbia, RCA Victor und Capitol, hatten Mitte der sechziger Jahre zwar Elvis Presley und die Beatles unter Vertrag, engagierten sich aber insgesamt nicht groß auf dem Gebiet des Rock. Er galt für die meisten Manager als eine recht ungehobelte Musikform, die sich ihrer Meinung nach nicht lange halten würde. Noch war die Macht des seichten Pop ungebrochen. Gleichwohl dürfte den Verantwortlichen nicht entgangen sein, dass ihre bisherigen Goldesel altersbedingte Ermüdungserscheinungen offenbarten.[25]

Mit dem Rock 'n' Roll begann auch eine neuerliche, wenn auch zunächst noch vorsichtige Internationalisierung der Musikindustrie. Der Zweite Weltkrieg hatte wie schon der Erste das grenzüberschreitende Netzwerk der großen Plattenfirmen weitgehend zerrissen. Davon war besonders die britische EMI betroffen, die zuvor von dem britischen Weltreich profitiert hatte, nach 1945 aber von den meisten ihrer europäischen und asiatischen Filialen abgeschnitten war. Zwar konnte das Unternehmen von seiner Londoner Zentrale aus einige dieser Verbindungen bis Mitte der fünfziger Jahre neu knüpfen, andere dagegen gingen wie in China als Folge der Machtergreifung Maos ganz verloren. Das für die afrikanischen Länder zuständige, im Jahr 1931 geformte Label EMI/HMV, das vor dem Zweiten Weltkrieg in den meisten britischen und französischen Kolonien Afrikas ein Monopol besessen hatte, sah sich in den 1950er Jahren einer zunehmenden Konkurrenz durch einheimische Gesellschaften ausgesetzt und beschränkte sein Geschäftsgebiet fortan auf Nigeria und Südafrika.[26]

Generell waren die Schallplattenmärkte in der unmittelbaren Nachkriegszeit national organisiert. Die in den einzelnen Ländern operierenden, einheimischen Labels brachten neben den Musikstücken der mit ihnen vertraglich verbundenen einheimischen Künstler auch im Ausland erschienene Hits heraus und zwar als Originalversionen ausländischer Künstler in Lizenz oder als Coverversionen mit einheimischen Künstlern. In der Bundesrepublik Deutschland veröffentlichte Polydor zahlreiche Hits der amerikanischen Decca, Teldec von RCA Victor, Philips von

24 Pendzich 2008, 91–93.
25 Dannen 1998, 88 u. 102; Barfe 2005, 240–243.
26 Flemming Harrev, *EMI/HMV (Africa)*, in Shepherd/Horn/Laing 2003, 717–718.

Columbia Records und Elektrola von EMI und Capitol Records.[27] Seit dem wirtschaftlichen Zusammenschluss westlicher Länder mit Gründung der Europäischen Wirtschaftsgemeinschaft (EWG) im Jahr 1957 begann langsam eine erneute Internationalisierung der Tonträgerindustrie mit den großen US-amerikanischen und britischen Unternehmen als Vorreitern.

Ähnlich wie die US-amerikanischen Majors reagierten auch die meisten europäischen Labels zunächst eher skeptisch auf den Rock 'n' Roll. Sie schreckten angesichts der Zerstörungen und der allgemeinen Armut noch mehr als die amerikanischen Firmen vor Investitionen in die neue Musik aus Übersee zurück, weil auch ihnen deren Erfolgspotential höchst ungewiss erschien. Noch verbuchten sie gewinnträchtige Erfolge mit einer ganz anderen Musik – mit neapolitanischen Liebesliedern und den Rhythmen bayerischer Trachtenkapellen. In der Bundesrepublik Deutschland führten die *Caprifischer* und das *Traumboot der Liebe* die Hitlisten an. Die Texte erzählten von der großen und ewigen Liebe sowie von nahen und fernen Ländern. Sie waren von Summchören oder Meeresrauschen untermalt und von meist schlaffen Melodien getragen. Der Bestseller von EMI der Jahre 1954/55, die Instrumentalfassung des britischen Trompeters Eddie Calvert von *Oh mein Papa*, verkaufte sich über 3 Millionen Mal, obwohl der Musikmarkt in den Ländern Westeuropas um ein Vielfaches kleiner war als in den USA. Während die Schallplattenumsätze in Großbritannien, Westdeutschland und Frankreich im Jahr 1950 auf jeweils 2,5 Millionen Pfund geschätzt wurden, beliefen sie sich gleichzeitig in den USA auf 37 Millionen Pfund, und an diesen Unterschieden änderte sich in den folgenden Jahren kaum etwas.

Nach Kriegsende befanden sich unter den großen europäischen Labels die beiden britischen Unternehmen EMI und Decca noch in der besten Ausgangsposition, da ihre Presswerke kaum Schäden davongetragen hatten. Aber auch sie litten zunächst unter der bitteren Armut in ihrem Land. Besonders EMI fehlte zunächst neben Geld auch der Wille zu Innovationen. Das Unternehmen mit Sitz in Hayes bei London wechselte einige Jahre zu spät zu den neuen Langspielplatten, sodass die amerikanische CBS ab 1952 ihre Zusammenarbeit mit den Briten beendete und zu dem Newcomer Philips aus den Niederlanden wechselte, der zudem die französischen und niederländischen Niederlassungen der britischen Decca übernahm. Ein Jahr später folgte RCA dem Beispiel von CBS und übertrug seine Vertretung für Westeuropa auf Decca. Erst 1955 war es EMI möglich, diesen Verlust durch den Kauf der amerikanischen Capitol Records zu kompensieren.[28]

Der Beginn der Rock 'n' Roll-Euphorie kündigte sich auf dem europäischen Plattenmarkt im Jahr 1955 an. Noch dominierten amerikanische Sänger und Sängerinnen wie Frankie Laine und Doris Day die Charts, aber bereits im Januar dieses Jahres machte die neuen Wilden auf sich aufmerksam, als Bill Haley sich mit *Rock Around the Clock* auf den dritten Platz schob. Bald übernahm in Großbritannien das zu EMI gehörende Label HMV Records Elvis Presleys LPs und Singles in Lizenz und in der Bundesrepublik Deutschland Teldec, ein Joint Venture von Telefunken

27 Hermand 1986, 354.
28 Tschmuck 2017, 24–25.

mit der britischen Decca. In den Ländern, in denen die einheimischen Labels die amerikanischen Hits in Lizenz auf den Markt brachten, kam jedoch von den satten Gewinnen, die die amerikanischen Rockgrößen den einheimischen Labels bescherten, nur ein ganz geringer Anteil an. Wie auf vielen anderen Gebieten auch war die Musikindustrie der USA unangefochtener Weltmarktführer. Von ihr gingen die eigentlichen Innovationen und Trends aus. Sie erzielte die weitaus höchsten Umsätze und Gewinne. Um sich einen größeren Teil von diesem verlockenden Kuchen zu sichern und von der allgemeinen Rock 'n' Roll-Begeisterung zu profitieren, begaben sich die westeuropäischen Labels umgehend auf die Suche nach nationalen Elvis-Imitatoren, zumal nur nationale Stars für die gewünschte Anzahl an Konzerten und anderen Auftritten zur Verfügung standen, mit denen sie für ihre Hits werben konnten.[29]

Wie in den USA entstanden auch in Westeuropa in den 1950er Jahren zahlreiche unabhängige Labels, von denen einige zunächst nur amerikanische Jazz-Platten vertrieben, sich bald jedoch auch auf einheimische Popmusik spezialisierten. So begann in Frankreich Disques Vogue 1947 als Jazz-Label, brachte Kompositionen von Django Reinhardt und Dizzy Gillespie heraus, presste die Großen des Jazz, die in Paris auftraten, in Vinyl, um sich im nachfolgenden Jahrzehnt zunehmend auf Popmusik zu spezialisieren. Im Gegensatz zu den USA blieb aber in Europa die Zahl der unabhängigen Labels auch in den folgenden Jahrzehnten stets überschaubar.[30]

Dasselbe gilt für Lateinamerika, wo in Ländern wie Nicaragua, Ecuador, Uruguay und Bolivien in den fünfziger Jahren neue Labels gegründet wurden. Musikgeschichte schrieb insbesondere eine jamaikanische Gründung. 1959 eröffnete der erst 22 Jahre alte Chris Blackwell auf der Karibikinsel Jamaika, ausgestattet mit einem von seinen Eltern bereitgestellten Start-up-Investment in Höhe von 10.000 US-Dollar, das schnell berühmt gewordene Label Island Records. Er verlegte sich zunächst auf Jazz und einheimische Popmusik, landete nach ein paar Jahren mit Millie Small's *My Boy Lollipop* einen Welterfolg, um sich schließlich auf Rock und Reggae zu konzentrieren und später mit Künstlern wie der Spencer Davis Group, Nirvana, Emerson, Lake & Palmer, Jethro Tull, Grace Jones und vor allem Bob Marley zu einem der erfolgreichsten unabhängigen Labels aufzusteigen. Chris Blackwell bereicherte die westliche Popmusik mit Klängen aus der Karibik. Bereits in den späten 1950er Jahren hatten jamaikanische Musiker die Tanzmusik ihrer Heimat mit R&B vermischt und damit den Ska entwickelt, aus dem in den frühen Siebzigern der Roots Reggae entstand, dessen tief-schweren, schleppenden Sound Chris Blackwell beschleunigen ließ, und dem er Elemente von Rock und Soul, Blues und Funk untermischte. So stellte sich sein Erfolg ein.[31]

Während im Westen ältere Schallplattenfirmen neu aufgebaut wurden und viele neue entstanden, gingen in Osteuropa die meisten der in der Zwischenkriegszeit

29 Wicke 2011, 30; Pendzich 2008, 264–265.

30 Giusy Basile, *Vogue (France)*, in Shepherd/Horn/Laing 2003, 773–774.

31 Dave Laing, *Island Records*, in Shepherd/Horn/Laing 2003, 730–731; Jens Soentgen, *Yes, Lion*, in Kemper/Langhoff/Sonnenschein 2002, 163–176, hier 168–169.

gegründeten Labels in staatlichen Monopolunternehmen auf – Amiga in der DDR, Hungaraton in Ungarn, Supraphon in der Tschechoslowakei, Bulgaraton in Bulgarien und Jugoton in Jugoslawien. Auch in einigen der unabhängig gewordenen Staaten in Afrika installierten die neuen Herrscher alsbald nationale Labels, die auf Anweisung der jeweiligen Regierung zumeist die einheimische volkstümliche Musik zu fördern hatten.[32]

Seit der Zwischenkriegszeit war der Rundfunk für die Schallplattenindustrie Freund und Konkurrent zugleich gewesen. Seit den fünfziger Jahren wurde er zu ihrem wichtigsten Werbemedium, andererseits aber auch zu ihrem größten Gegenspieler, seitdem er die Privathaushalte zu stetig sinkenden Preisen mit immer mehr Musik, vor allem mit Musikkonserven versorgte. Dies gilt bis in die späten achtziger Jahre, als MTV dem Rundfunk als Werbemedium den Rang ablief. Nach 1945 gewann zudem der Film in Form von Musikfilmen als Werbemittel an Bedeutung, in den fünfziger Jahren schließlich das Fernsehen. Eine enge Verbindung der großen Labels mit diesen Medien war daher nur folgerichtig.

In den USA hatten bereits Ende der 1920er Jahre Musikindustrie und Rundfunk zusammengefunden, als 1929 die Radio Corporation of America (RCA) den damals führenden Schallplattenproduzenten der Welt Victor Records sowie 1938 die Columbia Broadcasting System (CBS) Columbia Records aufkauften. Seitdem waren die beiderseitigen Kräfteverhältnisse geklärt. Dabei hatte Columbia Records nur wenige Jahre zuvor CBS als drittes US-amerikanisches Radionetzwerk gegründet, musste aber gut ein Jahrzehnt später akzeptieren, dass ab sofort die Tochter das Sagen hatte. Seit Beginn des Zweiten Weltkrieges befand sich die amerikanische Tonträgerindustrie mit Ausnahme von Decca Records unter der Kontrolle der großen nationalen Radio-Networks, die mit ihren grenzüberschreitenden Verbindungen auch zur weltweiten Verbreitung der populären westlichen Musik beitrugen. Die Radio-Networks ihrerseits waren eng mit der amerikanischen Elektroindustrie verbunden. 1919 hatten American Marconi, Westinghouse Electric Corporation sowie General Electric als Mehrheitsaktionär RCA gegründet, und die 1926 entstandene National Broadcasting Company (NBC) war eine Gründung von General Electric, Westinghouse und RCA. In Deutschland gehörte die Deutsche Grammophon Gesellschaft seit 1941 zum Elektrokonzern Siemens.[33]

Insgesamt war die Tonträgerindustrie bereits vor 1945 in ein Abhängigkeitsverhältnis zu Medien- und Elektronikkonzernen geraten, die bis heute ihr Geschick ganz entscheidend mitbestimmen. Aufgrund dieser Integration der großen Labels in Großkonzerne stand den Konsumenten von gespeicherter Musik nach dem Zwei-

32 Gronow/Saunio 1999, 118–119; Dave Laing, *The recording industry in the twentieth century*, in Marshall 2013, 31–52, hier 38 u. 42.

33 Zolov 1999, 21; Tschmuck 2017, 22–23.

ten Weltkrieg eine finanzstarke und mächtige Industrie gegenüber, die auf das Verbraucherverhalten großen Einfluss nehmen konnte und auch nahm, zumal immer mehr Industriezweige Rundfunk und Musik als Werbemedium nutzten.[34]

Zwar war der Rundfunk seit den 1930er Jahren zur finanziell stärksten Sparte in der Unterhaltungsindustrie aufgestiegen, aber dennoch stand die Schallplatte weiterhin irgendwie im Zentrum. Ohne sie hätten sich lokal begrenzte und schriftlose Musikstile wie die afroamerikanische Musik nicht zum Jazz entwickeln und sich nicht über die ganze Erde verbreiten können. Sie bildete zudem den wirtschaftlichen Mittelpunkt der Musik, da sich von der Konservierung der Musik mit Hilfe der Schallplatte bestimmte Rechte ableiteten. Der US-amerikanische Copyright Act von 1909 hatte erstmals die Urheberrechtsansprüche der Komponisten und Verleger von Notenblättern gegenüber den Schallplattenfirmen festgelegt und den Urhebern und Copyright-Haltern eine Beteiligung an den Einnahmen aus dem Verkauf der Schallplatten zugesichert.

1944 erreichte die amerikanische Musikergewerkschaft mit einem zweijährigen Streik zusätzlich die Beteiligung der ausführenden Musiker an diesen Einnahmen. Das Musizieren war damit dem Komponieren gleichgestellt, während es bis dahin als Dienstleistung nur einmalig vergütet wurde. Mit der Produktion von Musik im Tonstudio gewann schließlich auch der Produzent als Mittler zwischen Musikern und den Studiotechnikern an Bedeutung. Mit der Anzahl der Rechte, die mit der Produktion einer Schallplatte verbunden waren, stiegen aber auch die Tantiemen- und Lizenzforderungen, damit die Produktionskosten sowie die Plattenpreise. Als Reaktion auf diese zusätzlichen Kosten verzichtete die Schallplattenindustrie nach dem Zweiten Weltkrieg zunächst weitgehend auf die Produktion von Swing-Platten und wich zum Ausgleich vermehrt auf die von nichtprofessionellen Musikern getragene, schriftlose Country Music und den ebenfalls schriftlosen afroamerikanischen Rhythm & Blues aus. Seit dem Krieg wehrte sich zudem auch die Radiowirtschaft vehement gegen die von der Urheberrechtsorganisation American Society of Composers, Authors and Publishers (ASCAP) eingeforderten höheren Tantiemen und gründete ihre eigene Verwertungsgesellschaft, die Broadcast Music Inc. (BMI). Sie spielte ebenfalls vor allem wenig marktgängige Musiktitel, die niemals von der ASCAP registriert worden waren. Darunter befanden sich viele Country & Western- sowie R&B-Stücke schwarzer Musiker. Schallplattenindustrie und Radiowirtschaft öffneten damit ungewollt die Tür zum Rock 'n' Roll.[35]

Zugleich entwickelte sich das Radio noch mehr zum wichtigsten Verbündeten der Musikindustrie. Die in den fünfziger Jahren in den USA entstandenen vielen unabhängigen lokalen Radiostationen setzten in ihrem Programm vorrangig auf Musik und Werbung. Sie stützten sich bei ihren Sendungen vornehmlich auf eine umfangreiche Plattensammlung. Im Gegensatz zu den großen Radio-Networks

34 Wicke 1992, 447–450; Rick Kennedy, *Jelly Roll, Bix, and Hoagy: Gennet Studios and the Birth of Recorded Jazz*. Bloomington: Indiana University Press, 1994, 141; L. A. Jackson, *Musicology 2101: A Quick Start Guide to Music ‚Biz' History*. Atlanta, GA: MKM Publishing, 2012, 114.

35 Wicke 1992, 451–452; Sanjek 1988; Gronow/Saunio 1999, 91; Pendzich 2008, 53–55; Kleinsteuber 1993, 523.

spielten sie die neuesten, von den weißen Teenagern favorisierten Songs, und mit Hilfe von Diskjockeys zogen sie das jüngere Publikum zu sich hinüber. Sie entwickelten mit den Hitparaden ein ganz neues Programmformat, das allein auf die Jugend abzielte. Zwar hatten die Sender der NBC schon 1936 eine von Lucky Strike gesponserte wöchentliche Musiksendung unter dem Titel *Your Hit Parade* eingeführt, doch blieb stets unklar, wie die Auswahl der besten Hits erfolgte. Dagegen richtete sich das in den fünfziger Jahren in den USA eingeführten Top-40-Radio nach den 40 in der jeweiligen Woche meistverkauften Songs. *Your Hit Parade* zog Mitte der fünfziger Jahre nach und setzte verstärkt auf die von der Jugend favorisierte Musik, ging jedoch im Frühjahr 1959 letztmalig über den Sender. Die Programmmacher hatten sich in einen unlösbaren Widerspruch verstrickt. Sie waren angewiesen auf ein erwachsenes Publikum, um ihre Lucky Strikes zu verkaufen, aber ihre Musik war die der Kids und Teenager.[36]

1949 hatte der KOWH-Sender in Omaha im Bundesstaat Nebraska erstmals damit begonnen, ausschließlich die populäre Musik zu spielen, die bei den Plattenverkäufen und in den Jukeboxen an der Spitze stand. Damit stieg der Rundfunk zu einem ganz entscheidenden Marketinginstrument für den Verkauf von Schallplatten auf, und die meistverkauften Songs waren auch am meisten zu hören. Der Erfolg nährte den Erfolg.[37] Die Folgen waren abzusehen. DJs und Programmdirektoren besserten ihre Einkommen oftmals durch „Beratungsgebühren" auf. Vor allem Labels, die Rock 'n' Roll im Programm hatten, zahlten Schmiergelder, damit ihre Platten öfter abgespielt wurden. Bisweilen wechselten auch Weinflaschen und andere Geschenke den Besitzer. Im so genannten Payola-Skandal wurden letztlich sechs DJs wegen Bestechlichkeit angeklagt und verurteilt, unter ihnen Alan Freed, der für sich in Anspruch nahm, Namensgeber des Rock 'n' Roll gewesen zu sein, weil er 1952 während einer Live-Sendung den Titel *Rock This Joint Tonight* mit „Rock 'n' Roll everybody, Rock 'n' Roll" angekündigt hatte.[38]

Payola erwies sich zugleich als Teil des Kampfs konservativer Kreise für eine „gute Musik". Freed war wiederholt von weißen Rassisten angegriffen worden, die ihn einen „Nigger Lover" nannten. Hinter Payola verbargen sich aber vor allem ökonomische Interessen. Die US-amerikanische Verwertungsgesellschaft ASCAP unterstützte den Angriff auf Payola und kritisierte zugleich ihre Rivalin BMI, deren Songschreiber für die meisten Rock 'n' Roll-Platten verantwortlich waren. Auch versuchten die großen Labels mit Hilfe von Payola den Aufstieg der Indies zu bremsen. Trotz aller juristischen Attacken verschwand Payola nie, sondern wurde lediglich weniger sichtbar und von den Labels als „Promotionskosten" ausgewiesen.[39]

Bald drängte die Musikindustrie darauf, den Bekanntheitsgrad und den Plattenabsatz der Rock 'n' Roll-Stars zusätzlich mit Hilfe von Unterhaltungssendungen im Fernsehen zu steigern. Besonders Ed Sullivan machte den Rock 'n' Roll ab 1955 mit seiner einmal wöchentlich landesweit ausgestrahlten Show gesellschaftsfähig.

36 Shaw 1994, 77–78.
37 Poschardt 1997, 54–56.
38 Schneidewind 2013, 89.
39 Pendzich 2008, 117; Shuker 2016, 138; Poschardt 1997, 65–68.

Er lud zudem erstmals schwarze Musiker ein. Größte Bedeutung erlangten auch die von dem Branchenmagazin Billboard eingeführten Charts. Sie beruhten auf der wöchentlichen Veröffentlichung der jeweils hundert meistverkauften Schallplatten und dienten dem Rundfunk zunächst als Orientierungshilfe für die Programmgestaltung, später auch den Einzelhändlern als Grundlage zum Ordern von Schallplatten. In den sechziger Jahren verfeinerte Billboard die Datenerhebung ganz entscheidend und baute die Charts zu einem Marketinginstrument aus. Inzwischen besitzt jede Musikrichtung ihre eigenen Charts.[40]

Auch in Europa waren es private Rundfunksender, die als Erste den Rock 'n' Roll unter den Jugendlichen bekannt machten, vor allem Radio Luxemburg, aber auch Europe 1, Radio Monte Carlo und der amerikanische Militärsender AFN sowie Voice of America. Auch auf dem alten Kontinent galt Rock 'n' Roll seit 1955 als die generationseigene Musik jener Teens und Twens, die auf Actionfilme, schwarze Lederjacken und schnittige Motorräder abfuhren.[41] Während die öffentlich-rechtlichen Monopol-Anstalten in Westeuropa sich in ihrer Programmgestaltung als wenig innovativ erwiesen und vor allem auf sauber formulierte Wortbeiträge und „seriöse“ Musik für die bildungsbeflissene Mittelschicht setzten, sprach das werbefinanzierte Musikprogramm von Radio Luxemburg speziell jüngere Hörer an. Nach dem Vorbild US-amerikanischer Privatsender konzentrierten sich seine Programmgestalter seit 1948 auf die aktuellen Top 20-Hits, die sie mit Hilfe ihres außergewöhnlich leistungsstarken Senders in die Wohnstuben nach Frankreich, Deutschland, die Benelux-Staaten und England funkten. Während die BBC sonntags ein vorwiegend religiöses Programm pflegte, beschallte Radio Luxemburg seine britischen Hörer gleichzeitig mit den neuesten Hits aus den USA und England. In Luxemburg hatten die Programmverantwortlichen schnell begriffen, dass die Jugendlichen vor allem auf schnelle, laute und vollaufgedrehte Musik abfuhren. Seit 1959 verkaufte der Sender zudem große Blöcke seiner Sendezeit an Schallplattenlabels.

Die in den öffentlich-rechtlichen Rundfunkanstalten weitverbreitete Hochnäsigkeit gegenüber Unterhaltungsmusik und Werbung und ihre weitgehende Missachtung der jugendlichen Hörer wurden zur Geburtsstunde zahlreicher Piratensender, die seit 1958 in den internationalen Gewässern der Nord- und Ostsee vor Anker gingen und von außerhalb der Drei-Meilen-Zone von Schiffen aus der Jugend in Dänemark, Schweden, England und den Niederlanden die Musik zu Gehör brachten, die ihnen die staatlichen Monopolisten nur in homöopathischer Dosierung zubilligten – Radio Mercur vor Dänemark, Radio Nord vor Stockholm, Radio Veronica vor den Niederlanden sowie Radio Caroline und Wonderful Radio London vor England beziehungsweise London. In ihrer Blütezeit zwischen 1964 und 1968 operierten 21 verschiedene Piratensender in der Nordsee und wurden zu Pionieren einer innovativen und jugendgerechten Programmgestaltung. Zugleich machten diese Sender ihre Hörer mit einer überdrehten Werbung bekannt, deren pseudo-amerika-

40 Wang 2014, 124–126 u. 137; Wicke 1993, 56–57.
41 Schäfers 2014, 211; Gronow/Saunio 1999, 136; Hermand 1986, 358.

nisches Tempo und pseudo-amerikanische Flapsigkeit mit den auf- und abgedrehten Sprüchen ihrer DJs in Einklang stand.[42] Die von allen diesen Privatsendern und den amerikanischen Militärsendern ausgestrahlte Musik bahnte sich an den öffentlich-rechtlichen Anstalten vorbei den Weg in die Jugendzimmer und Schallplattenläden, in die Musikautomaten der Milchbars und Eisdielen, auf die Rummelplätze und in die Kinos.[43]

Schon bald sahen sich die staatlichen Rundfunkanstalten gezwungen, den Wünschen der Jugend entgegenzukommen. Sie gingen mit neuen, ganz für die Popmusik reservierten Kanälen auf Sendung und gruben so den meisten Piraten auf hoher See das Wasser ab. Schweden reagierte bereits 1961 mit Melodiradio auf die Piratensender, Finnland zwei Jahre später mit Sävelradio, und die BBC setzte den Piraten 1967 Radio 1 entgegen. Schließlich ließen die westeuropäischen Länder in den 1970er Jahren im Zuge der Liberalisierung auch private Sender zu, die werbefinanziert fast ihre gesamte Sendezeit der Popmusik widmeten.[44]

In Australien dagegen dauerte es bis 1975, ehe die öffentliche Rundfunkstation ABC Radio National mit Double Jay den ersten Sender gründete, dessen Programm ganz auf jugendliche Hörer zugeschnitten war, der rund um die Uhr Rockmusik spielte und bei dem erstmals eine Frau als Diskjockey arbeitete. Im Jahr zuvor war bereits die Fernsehschau *Countdown* gestartet, die sich als Musiksendung nur an den Teenagern orientierte. Im Gegensatz zu entsprechenden Sendungen privater Rundfunkstationen hatte die Schallplattenindustrie hier keinen Einfluss auf die ausgewählten Songs.[45]

Die Privatsender gewannen einen Großteil der Jugend als Hörer, indem sie die Teenager direkt ansprachen und nicht über ihre Köpfe hinweg im Kasernenton über Dinge redeten, die kaum einen der Jüngeren interessierte. Sie holten eine völlig neue Generation Diskjockeys ans Mikrofon, die sich von den bisherigen emotionslos moderierenden Sprechern unterschieden wie Tag und Nacht – wahrhaft hysterische Diskjockeys, die mit ihrem endlosen Stakkato an Worten, Tönen und Gekreische die jugendlichen Hörer geradezu hypnotisierten, die zugleich Entertainer und Handelsvertreter waren, Dampfplauderer und Werbetrommler. Sie vermischten heiße Musik mit Werbung und ließen beides eins werden. Sie waren Meister der Worte und zwar der Worte des Pop – „awopbopaloobop alopbamboom“, wie Little Richard in *Tutti Frutti* sang. Jeder Diskjockey kämpfte seitdem mit einer noch lauteren und originelleren Show um die Gunst der Teenager. Tom Wolfe notierte in seiner Reportage über Murray the K, den bekanntesten und hysterischsten aller amerikanischen Radio-Diskjockey der frühen sechziger Jahre: „Ein großer manischer Wettbewerb kam in Gang, mit Gekreische, Kichern, Fistelstimmen, Possen,

42 Kernfeld 2011, 102–116; Shuker 2016, 138–139; Reynolds 2017, 82.
43 Kleinsteuber 1993, 527.
44 Mrozek 2019, 398.
45 *Countdown* in Milesago: Australasian Music & Popular Culture 1964–1975, in www.milesago.com/Radio/Double Jay: The first year, und www.milesago.com/Television/In dex of Shows [06.03.2017].

lachendem Gegurgel, High School-Beat-Sprache, Schreien, Keuchen, Seufzen, Gequassel, irrem Lachen, Nonsens-Versen, Wortwitzen, närrischem Akzent [...].“[46] Murray the K formte Wörter, Sätze und undefinierbare Laute, die keinem anderen Radiosprecher je über die Lippen gekommen waren, und hypnotisierte damit die Jugend: „Ahbay, ahbay, ooh wah wah, ahbay, ooh wah wah, koowee summa summa.“ Er füllte seine Sendungen vor einem nie endenden Hintergrundgedudel mit sinnlosen Botschaften und wilden dadaistischen Wortgebilden. Er machte Lärm.[47] Auch Alan Freed brüllte und schrie, während die Platten liefen, schlug auf einem Telefonbuch den Takt, läutete eine Kuhglocke und lieferte mit krächzender Stimme einen flinken Kommentar dazu ab: „Wer Sprüche klopft wie ‚Rock and Roll ist nur eine Modeerscheinung‘ [...] hat sie nicht alle beieinander!“[48]

Die erfolgreichsten Radio-Diskjockeys redeten schnell, sehr schnell, wenn auch nach dem Urteil der Erwachsenen sehr viel Unsinn. Sie machten aus Sendungen verrückte, aber attraktive Happenings. Sie drückten aufs Tempo, um bei den Jugendlichen Gehör zu finden. Tempo stand für Fortschritt und Jugendlichkeit. Die DJs griffen zu allen Tricks der Marktschreier und zu mehr, um den Jugendlichen Rock ’n’ Roll und Beat als die Musik der jungen, modernen Generation zu verkaufen. Und sie hatten Erfolg. Ihnen ging es nicht mehr so sehr um das Schöne, Wahre und Gute der Musik, sondern an erster Stelle um den einzelnen Song als Ware.

Das neue Sendeformat und die neue Art, die Jugend anzusprechen, wurde bald auch von westeuropäischen Privatsendern übernommen. In der Bundesrepublik Deutschland startete der in Hamburg ansässige öffentlich-rechtliche Nordwestdeutsche Rundfunk (NWDR) bereits im Jahr 1952 einen ersten Versuch, den Wünschen der Jugend entgegenzukommen. Um die zum Radiosender der Britischen Armee BFN und zu AFN abgewanderten jugendlichen Hörer zurückzugewinnen, engagierte der Intendant den damaligen Chef der Musikabteilung von BFN, Korporal Chris Howland, als „Schallplatten-Jockey“, der in seinen Sendungen als „Mr. Pumpernickel“ Trends und Neuheiten der internationalen Musikszene vorstellte und dabei mit eingestreuten Geräuschen von Wasserfällen, Pferdegetrappel und Explosionen angloamerikanische Radio-DJs imitierte.[49] Während Howlands Moderationsstil in der damaligen Bundesrepublik noch keine Nachahmer fand, hatte Radio Luxemburg wenige Jahre später mit seinen „fröhlichen Wellen“ sehr viel mehr Erfolg. 1958 wurde der Sänger und Radiomoderator Camillo Felgen zum deutschsprachigen Programmleiter ernannt und führte umgehend die *Hitparade* als neues Format ein sowie ein Jahr später die jährliche Vergabe der goldenen, silbernen und bronzenen Löwen von Radio Luxemburg für die beliebtesten und erfolgreichsten Schlagersänger, gemessen an Verkaufszahlen und Hörerwünschen.[50]

In Frankreich, wo sich der staatliche Rundfunk dem Rock ’n’ Roll zunächst verweigerte, kamen die Jugendlichen wie auch in anderen Ländern Westeuropas

46 Tom Wolfe, *Der fünfte Beatle*, in Wolfe 1988, 50.
47 Zit. nach Poschardt 1997, 77.
48 Dannen 1998, 61; Hofacker 2012, 343–345.
49 Mrozek 2019, 376.
50 RTL Radio Luxemburg Chronik 1957 bis heute, in www.radiojournal.de [29.06.2017].

zuerst über den amerikanischen Armeesender AFN mit dem neuen Sound in Kontakt. Seit 1955 brachte ihnen schließlich der private, im Saargebiet beheimatete Sender Europe 1 über Langwelle die neue Musik ins Haus. Im Jahr 1959 führte Europe 1 zudem mit *Salut Les Copains*, moderiert von Frank Ténot und Daniel Filipacchi, ein neues Sendeformat ein, das ganz auf die Jugendlichen zugeschnitten war und den Diskjockey zum Star machte. Erstmals hörten die Jugendlichen hier eine andere Musik als die ihrer Eltern: R&B, Soul und Rock ’n’ Roll. Erstmals duzte sie ein Moderator und schuf eine entspannte Atmosphäre, die sich grundlegend unterschied von der strengen Seriosität und Steifheit bisheriger Radiosendungen. *Salut Les Copains* machte viele Rocksänger zu Stars. 1962 brachten die Moderatoren zusätzlich ein gleichnamiges Jugendmagazin auf den Markt, das bald eine wöchentliche Auflage von über einer Million Exemplaren erreichte und der in Frankreich so genannten „Generation yé-yé“ eine Identität gab.

1965 erkor Frankreichs Jugend den amerikanischen Radio-DJ Emperor Rosko, der zuvor mit seinem irren Mundwerk und viel Lärm bei dem Piratensender Radio Caroline für Furore gesorgt hatte, zu ihrem neuen Starmoderator. Als „Le Président Rosko“ moderierte er in Paris bei Radio Luxembourg sowie bei Radio Monte Carlo, ehe er 1968 zur BBC wechselte.[51] Ansonsten aber bewahrte Frankreich seine Tradition des Chansons, das sich selbst in der Ära des Rock gegen angelsächsische Einflüsse behauptete. Das intellektuelle Milieu von Saint-Germain-des-Prés brachte Autoren, Komponisten und Interpreten hervor, die wie Georges Brassens, Léo Ferré und Jacques Brel zugleich poetische, politische und populäre Stücke auf die Bühne brachten und damit Erfolg hatten.[52]

Nach 1945 entdeckte auch die amerikanische Filmindustrie endgültig das kommerzielle Potential der populären Musik und investierte sowohl in die Musikindustrie wie auch in Musikfilme. Bereits in den 1920er Jahren hatte die elektrische Aufnahmetechnik die Filmindustrie revolutioniert und es Warner Brothers 1927 ermöglicht, mit *The Jazz Singer* den ersten Tonfilm als Spielfilm in die Kinos zu bringen. 1946 gründeten die Metro-Goldwyn-Mayer-Filmstudios das Label MGM Records, um die Soundtracks ihrer Filme direkt vermarkten zu können. Bald öffnete sich das Label auch der Pop- und Rockmusik, stieg Anfang der fünfziger Jahre zu einer der großen Plattenfirmen auf und ging Ende des Jahrzehnts auch ins Ausland. In Deutschland wurde Polydor zur Vertriebsgesellschaft von MGM, während die Amerikaner in Großbritannien wenig später ein Sublabel gründeten, das dort für sie den Vertrieb übernahm. Andere Filmgesellschaften folgten dem Beispiel. Paramount Pictures erwarb Anfang 1957 die Mehrheit an Dot Records in Hollywood, und die Filmgesellschaft United Artists nutzte die durch ihren Börsengang im selben Jahr eingenommenen Gelder zum Aufbau einer eigenen Musiksparte unter den Namen United Artists Records und United Artists Music. Ein Jahr später folgte die 20th Century Fox Film Corporation mit Gründung der 20th Century Records.[53]

51 Jacques Barsamian/François Jouffa, *L’âge d’or du yéyé: le rock, le twist, et la variété française des années 60*. Paris: Ramsay, 1983; Emperor Rosko/Johnny Beerling, *Emperor Rosko’s DJ Book*. London: Everest Books, 1976; Cohn 1971, 192–193.

52 Hüser 2007, 6.

53 Sanjek/Sanjek 1991, 133–134.

Die Verbindung von Musikindustrie und Film ließ den Schallplattenabsatz weiter boomen, verwandelte die beteiligten Künstler in ein ertragreiches Merchandising-Produkt und lieferte den Fans ein attraktives Schnittmuster für Outfit und Lebensstil.[54] Hollywood hatte bereits 1953 mit dem Film *The Wild One* mit Marlon Brando in der Hauptrolle sein Gespür für die Bedürfnisse der jugendlichen Kinogänger bewiesen. Schnell wurde Jugend für das Kino ein bevorzugtes Thema. Die Teenager fühlten fortan ihre Muskeln und ihr Selbstwertgefühl wachsen, wenn sie wie ihre Filmidole auf den Kinoplakaten in Blue Jeans und schwarzen Lederjacken rebellisch an zerbeulten Autos lehnten und mit cool-gelangweiltem Blick ihre Zigarettenkippen wegschnippten. Mit Ausdauer übten sie vor dem Spiegel, wie ihre Filmhelden lässig zu wirken, eine Hand in der Hosentasche, die Augenlider auf Halbmast, jede hektische Bewegung vermeidend.

Es ist bezeichnend, dass ein Film über den Generationenkonflikt und die Jugendprobleme der fünfziger Jahre den grenzüberschreitenden Erfolg des Rock 'n' Roll einläutete – *Blackboard Jungle – Die Saat der Gewalt* aus dem Jahre 1955 nach dem gleichnamigen Roman von Evan Hunter, der darin seine Erfahrungen als leidgeplagter Lehrer in der Bronx mit ihren gewaltbereiten Jugendgangs verarbeitete. Der Film thematisierte den Jugendterror. Er handelte von Jugendlichen, die die Schule in einen wüsten Dschungel verwandelten, womit er die vehemente Ablehnung des Rock 'n' Roll durch einen Großteil der Älteren weiter verstärkte, vor allem in England, wo viele Menschen äußerst empfindlich auf die Amerikanisierung der britischen Kultur reagierten. Bereits vor seinem Europa-Start war der Film umstritten. Einige lokale US-Behörden bewerteten ihn als amoralisch, lasterhaft und obszön. In Deutschland lehnten ihn Vertreter von Kirchen und Jugendverbänden als „zu negativ" ab, während Filmplakate mit „Skandal" warben.[55] Als schließlich ein Teil der so genannten Halbstarken den Film als ein Zeichen des Aufbruchs interpretierten und beim Mitsingen und bei Tumulten Kinosessel und Fensterscheiben zu Bruch gingen, war eine kollektive Hysterie vorprogrammiert. Letztlich aber half der Film dem Rock 'n' Roll und der Jugend beim Aufbau einer eigenen Identität. Er bestätigte den Konservativen das teuflische Image dieser Musik und positionierte die Teenager in Opposition zu den Älteren.

Blackboard Jungle begann und endete mit dem Song *Rock Around The Clock* von „Schmalzlocke" Bill Haley & His Comets. Es war diese Musik, die eine neue Zeit einläutete, nicht der Sänger. Bill Haley war alles andere als sexy. Er war rundlich, hatte ein Babygesicht und eine Wampe. Er war ein babyspeckiger Sänger, auf dessen Stirn eine Locke in der Form von einem großen C klebte, geformt mit Wasser und Pomade. Wenn er sang, grinste er permanent. Er war niemand, der eigentlich als Idol taugte, und seine Begleitband hörte sich an, „als trügen sie alle Betonstiefel", so Nik Cohn. Aber der Song wurde zur Hymne der Teenager-Revolution der fünfziger Jahre und läutete diese zunächst ganz auf die Jugend zielende Musikepoche ein. Während der Filmvorführungen rockten Jugendliche in den Gängen

54 Klein/Friedrich 2003, 116.
55 Mrozek 2019, 221–223.

der Kinos, rissen Sitze aus ihrer Verankerung und machten vieles zu Kleinholz, während Bill weiter grinste.[56]

Sie rockten noch heftiger, als Bill mit seiner Band 1957 durch Großbritannien und Australien und im folgenden Jahr durch Westeuropa tourte. In Berlin, wo er im Oktober 1958 im ausverkauften Sportpalast vor 7.000 Zuschauern auftrat, war bereits nach 40 Minuten Schluss. Zusammen mit den Comets flüchtete Bill von der Bühne, als ihre Musik in einer Saalschlacht unterging, ganze Stuhlreihen nur noch als Brennholz zu gebrauchen waren und die Polizei schlagstockschwingend in den Saal stürmte. Der Tagesspiegel titelte süffisant „Alles am Schlagzeug", während andere Zeitungen den Amerikanern und ihrer aufpeitschenden Musik und ihren nihilistischen Filmen die Schuld an diesem „Sittenverfall" gaben.[57] Eine bessere Reklame hätte sich der Rock 'n' Roll kaum wünschen können. Mit ihm meldete sich die Jugend mit eigenen Bedürfnissen lautstark zu Wort und forderte ein eigenes Leben im Hier und Heute.

Derartige Krawalle brachten den Rock 'n' Roll in die Schlagzeilen, waren aber immer auch Marketing. Sofort meldeten sich einzelne Personen und Institutionen zu Wort und forderten Gehör – Kirchenleute und Psychologen mit Erklärungen, Behörden und Eltern mit Strafen, Geschäftsleute mit Investitionen. Da zudem das Feuilleton den Rock 'n' Roll als Antimusik abtat, war ein Generationssymbol geboren. Musik- und Filmindustrie begriffen und reagierten sofort. Da *Rock Around the Clock* auch aufgrund des Films in den Jahren 1955 und 1956 die Spitze der US-Charts eroberte, und da der Filmvertrieb im Gegensatz zum Schallplattenvertrieb zu dieser Zeit bereits einen hohen Internationalisierungsgrad aufwies und viele Länder Europas sowie Japan und Australien abdeckte, nahm Hollywood noch mehr Geld in die Hand, um an diesem Erfolg auch weiterhin zu partizipieren. Die amerikanische Traumfabrik produzierte einen Musikfilm nach dem anderen, die alle nach dem gleichen Muster gestrickt waren und von denen über zwanzig Bill Haleys *Rock Around the Clock* einbauten. Der Song wurde zur berühmtesten Filmmusik aller Zeiten und zur „Marseillaise der Teenager-Revolution".[58]

1956 brachte Columbia Pictures den Musikfilm *Außer Rand und Band* – im Original *Rock Around the Clock* – in die Kinos: ein Streifen über den Werdegang des Haley-Ensembles. Die Produktionsfirma unterlegte den Trailer zum Film mit einem Lauftext: „Eine neue Art amerikanischer Folk Music fegt über die Welt, genau wie es Jazz und Swing zuvor taten."[59] Ein Jahr später kam *Jailhouse Rock – Rhythmus hinter Gittern* mit Elvis Presley in die Lichtspielhäuser – ein in den USA sehr erfolgreicher Streifen mit nicht weniger als 30 Songs. Allein Elvis stand insgesamt 33 Mal vor der Kamera, um die Teenies mit einem zumeist schmalzigen, klebrigen Pop in die Kinos zu locken.[60]

56 Cohn 1971, 16–17; Shaw 1994, 147.
57 Christoph Dorner, *Bill Haley in Berlin. Rock around the Clock*, in Tagesspiegel vom 12. Mai 2014; Mrozek 2019, 265–272.
58 Rüdiger Bloemeke, *Aufbruch – Suche nach dem neuen Rhythmus*, in Kemper/Langhoff/Sonnenschein 2002, 49–60, hier 52.
59 Altschuler 2003, 32–33 u. 67; Cohn 1971, 16–18; zit. nach Mrozek 2019, 227.
60 Millard 2005, 239; Wicke 2011, 29.

Alle Großen des Rock 'n' Roll zerrte die Filmindustrie vor die Kamera, wo sie in dünnen Storys und umgeben von professionellen Tänzern den Kinobesuchern die neuesten Schrittfolgen, Schulterwürfe, Sprünge, Attitüden und Kleidermoden beibrachten. Selbst DJ Alan Freed spielte sich 1959 in *Rock, Rock, Rock* selbst. Mit Hilfe dieses Dreiklangs aus Ton, Text und Bild gelang es der Musik- und Filmindustrie, popkulturelle Waren wie „Elvis" mit den damaligen Möglichkeiten der Kommunikationstechnologie optimal zu vermarkten. Zugleich dienten die Bilder der Musikfilme und Fernsehauftritte dazu, den Fans die Normen und Codes des Rock 'n' Roll beizubringen, aus Popstar und Fans eine Gemeinschaft zu bilden und die Accessoires dieser Musikrichtung zu bewerben.[61] In Deutschland und anderswo standen die Rock 'n' Roll-Filme im Ruf, die Jugendkrawalle der späten fünfziger Jahre ausgelöst zu haben, die durch den Film *Die Halbstarken* mit dem Schauspieler Horst Buchholz in der Hauptrolle zusätzlich befeuert wurden.

Von den sieben großen Labels, die in den 1950er Jahren den Musikmarkt der USA beherrschten, waren nur Capitol, Mercury und London Records nicht unmittelbar mit der Rundfunk- und Filmindustrie verbunden und verloren vornehmlich aus diesem Grund relativ schnell ihre Unabhängigkeit. Capitol Records, eine Gründung des Sängers und Songwriters Johnny Mercer aus dem Jahr 1942 und erstes Label an der Westküste der USA, war während des Krieges mit Unterhaltungsmusik groß geworden. Ende des Jahrzehnts hatte sich das junge Unternehmen bereits zum viertgrößten Label der USA hochgearbeitet. Mercer verstand es geschickt, den Rundfunk als Werbemedien zu nutzen, indem er die Platten seiner Künstler an Radiostationen verschenkte. Aber bereits 1955 wurde Capitol Records von dem finanzstarken englischen Unternehmen EMI übernommen, das neben Schallplatten auch Radaranlagen und Lenkwaffen produzierte. Die Briten ließen umgehend in Los Angeles ein neues Studio nach dem technischen Standard des berühmten Abbey-Road-Studios in London bauen und sorgten seit den Sechzigern mit Verpflichtungen von Künstlern wie The Beach Boys, The Beatles, Joe Cocker, Jimi Hendrix und Pink Floyd für den nachhaltigen Erfolg des Labels.[62] Auch das 1945 in Chicago gegründete Label Mercury Records wurde im Jahr 1962 samt Tochtergesellschaften von der Gramophon-Philips Group (GPG), einer gemeinsamen Tochter der beiden niederländischen und deutschen Elektrokonzerne Philips und Siemens, zur Ausweitung des US-Geschäfts aufgekauft und als Rock- und Pop-Plattenfirma weitergeführt. London Records dagegen diente dem britischen Label Decca Records als amerikanische Vertriebsgesellschaft.

Abgerundet und abgesichert wurden der Durchbruch des Rock 'n' Roll und die Hinwendung der Musikindustrie zur Jugend als neuer Käuferschicht durch neue Publikationen. Im Medienverbund kamen spezielle Teenager-Magazine auf den Markt, die für die Songs der Stars und deren Lebensweisen warben und in jeder

61 Gabriele Klein/Malte Friedrich, *Globalisierung und die Performanz des Pop*, in Neumann-Braun/Schmidt/Mai 2003, 77–102, hier 88.

62 Golden 2016, 23; Marc von Lüpke, *Aufstieg einer Plattenfirma. Wie Capitol Records reich und berühmt wurde*, in SPIEGEL ONLINE vom 2. Dez. 2016.

Ausgabe die aktuellen Charts veröffentlichten – letztlich Statistiken über das Konsumverhalten der Jugendlichen, das heißt über Verkäufe von Schallplatten und deren Abspiel im Radio. 1959 verlieh die US-amerikanische National Academy of Recording Arts and Sciences in Los Angeles erstmals an Sänger, Musiker und Komponisten die Grammy Awards, die ebenfalls auf Verkaufszahlen beruhten und nach eigenen Worten Verdienste um die „Fortentwicklung der Plattenindustrie" belohnten.

Die Musikverlage als dritter Pfeiler der Musikindustrie spielten bei der Geburt des Rock 'n' Roll nur eine untergeordnete Rolle. Noch war die Zahl der Songs zu gering, um für Einzelpersonen und erst recht für Unternehmen eine ausreichende Rente abzuwerfen und davon leben zu können. Aber der schnell wachsende Musikmarkt mit seinen vielen neuen Songs und deren Nutzung zu Werbezwecken, den zahlreichen Coverversionen und den zunehmenden grenzüberschreitenden Aktivitäten der Labels sorgten für eine kontinuierlich steigende Zahl an Copyrights, welche den Inhabern im Laufe der Jahre wachsende Einnahmen garantierten. In den fünfziger Jahren übernahmen die Aufgaben von Musikverlagen vornehmlich in den USA bisweilen auch Einzelpersonen, von denen einige kaum zu den ehrenwerten Bürgern zählten – knallhart, verschlagen, schillernd und verrufen. Einige zogen mit Vorliebe schwarze Musiker als die eigentlichen Erfinder des Rock 'n' Roll über den Tisch, bezahlten sie mit einem chromglänzenden Cadillac, der jedoch nur einen Bruchteil dessen wert war, was sie ihnen als Tantiemen schuldeten. Nach Willi Winkler war das damals so genannte Schaugeschäft ein legales Zuhältergewerbe, in dem nicht selten zwielichtige Manager ihre Pferdchen für ein karges Taschengeld laufen ließen. Check Berry etwa musste akzeptieren, dass der New Yorker Diskjockey Alan Freed als Mitkomponist von *Maybellene* genannt wurde, um überhaupt im Radio gespielt zu werden.[63]

Kein anderer Manager war jedoch mysteriöser und umstrittener als ‚Colonel' Tom Parker, der Elvis unter Vertrag nahm, ihn zum Teenageridol Amerikas aufbaute, ihn anschließend gegen eine märchenhafte Gage nach Hollywood verkaufte und damit „für die dreißig schlechtesten Filme aller Zeiten" sorgte. Anschließend machte er aus dem aufsässigen Rocker während dessen zweijährigen Wehrdienstes einen „patriotischen Elvis" und nach Bedarf auch „Mamas Liebling" oder den „frommen Elvis", so Willi Winkler. Dann ließ dieser übermächtige und übergewichtige Dresseur Elvis in Graceland in aller Ruhe dick werden. Als jedoch die Tantiemen weniger reichlich flossen, während Parkers Spielschulden explodierten, beorderte der ‚Colonel' seinen mehr und mehr von Spritzen und Tabletten abhängigen Superstar 1969 zu einem Auftrittsmarathon zurück auf die Bühne, bis Elvis schließlich im August 1977 sein Leben „dreizentnerdick, tabletten- und rauschgiftsüchtig" auf der goldenen Toilette von Graceland aushauchte.[64] Mit Elvis Tod und

63 Winkler 2002, 30.
64 Willi Winkler, *Der Windmacher*, in DIE ZEIT vom 31. Januar 1997.

dem fast gleichzeitigen Ableben anderer, noch sehr junger Popstars etablierte sich die Erkenntnis vom Pop als einer risikoreichen Lebensweise.[65]

Tom Parker war nicht der, als der er sich ausgab. Er war 1909 als Andreas Cornelius van Kuik im holländischen Breda geboren, verdingte sich als Jugendlicher in einem Zirkus, ehe er 1929 plötzlich spurlos genau an dem Tag verschwand, an dem die Frau eines örtlichen Kartoffelhändlers erschlagen wurde. Bald jedoch tauchte er unter dem Namen Tom Parker in Florida auf, zog wieder mit einem Zirkus übers Land, ehe er sich auf die Vermarktung von Country-Musikern spezialisierte. Schließlich hörte er in einer Kneipe von einem jungen Burschen in Memphis, der die Mädchen zum Schluchzen brachte, fädelte 1955 Elvis' Wechsel vom regionalen Sun-Label zum nationalen RCA-Label ein und hievte seinen Schützling sofort als umjubelten Hüftschwinger ins Fernsehen. Er machte aus Elvis den King in einem Land, das Könige ansonsten verabscheut. Er machte aus Elvis eine attraktive Produktmarke, die als Elvis-Jeans, Elvis-T-Shirts und Elvis-Armbänder die Jugendlichen wie magisch an die Ladenkassen hinzog.[66] Parker beantragte nie die US-Staatsbürgerschaft und besaß demnach keinem Pass. Er versuchte nie, Elvis außerhalb der USA zu verpflichten, und als dieser seinen Militärdienst in Deutschland ableistete, besuchte er ihn nie. Auch als eine einträgliche Tournee seinen Schützling nach Kanada führte, sagte Parker seine Reise dorthin wegen einer angeblichen Krankheit ab. Mit einer ausgeklügelten Marketing-Strategie machte Parker aus Elvis eine von Mythen umwobene Legende. Mal verkaufte er ihn als unberührten Jüngling, der „allein seine Mutter und den lieben Gott verehrt", dann wieder als „hüftwackelnden, geölten Gott der Sexualität", so Alanna Nash in ihrem Buch über Parker und Presley. Gemeinsam scheffelten beide Millionen, und gemeinsam stürzten beide ab – der eine mit Drogen, der andere mit Glücksspiel.[67]

Ein weiterer bekannter Manager, der sich früh darauf verlegte, mit Rechten an Rock 'n' Roll-Songs Geld zu machen, war der nicht weniger zwielichtige, in der Bronx geborene Morris Levy, in der Branche *Moishe* genannt. Er unterhielt lebenslang einträgliche Geschäftsbeziehungen mit mehreren Mafia-Familien, was ihm in der Branche aber niemand übelnahm. Außerhalb des Plattengeschäfts wäre ein Mann wie Levy ein Paria gewesen, die amerikanische Schallplattenindustrie schreckte jedoch nie vor der Mafia zurück, wie Fredric Dannen betont. Levy hatte zwar keinen Schulabschluss, aber mit Hilfe seiner Verbindungen und stillen Beteiligungen der „Familie" war es ihm gelungen, in den späten 1940er Jahren einige Nachtclubs in Manhattan zu erwerben, darunter den später weltberühmten Jazzclub Birdland am Broadway, den er 1949 von dem Mafioso Joseph „Joe the Wop" Catalano übernahm. Zur Eröffnung spielten Charlie Parker und Harry Belafonte auf, bald auch Dizzy Gillespie, Miles Davis und Count Basie. Im Gefolge der Jazzgrößen wurden Hollywood-Stars wie Marilyn Monroe, Marlene Dietrich, Ava Gard-

65 Gabriele Klein/Malte Friedrich, *Globalisierung und die Performanz des Pop*, in Neumann-Braun/Schmidt/Mai 2003, 77–102, hier 88–89.

66 Mrozek 2019, 340.

67 Nash 2003; Helmut Sorge, *‚Colonel' Tom Parker. Elvis' mörderischer Manager*, in SPIEGEL ONLINE vom 26. Juli 2003.

ner, Gary Cooper, Frank Sinatra und Sammy Davis Jr. zu Stammgästen. Im Birdland entstanden weltberühmte Liveaufnahmen wie 1954 *A Night at Birdland* mit dem Art Blakey-Quintett. Sie wurden von dem Plattenlabel Blue Note Records der beiden aus Hitler-Deutschland geflüchteten Berliner Alfred Lion und Francis Wolff veröffentlicht, allesamt Aufnahmen von hervorragender Klangqualität, die ganz dem Lebensmotto von Alfred Lion entsprachen: „It must schwing!“

Über die Livemusik kam Morris Levy erstmals in Kontakt mit der American Society of Composers, Authors and Publishers (ASCAP), der US-amerikanischen Verwertungsgesellschaft für Musikprodukte. Vertraut mit den Geldquellen der Mafia, hielt er den Gebühreneintreiber der ASCAP zunächst für einen Schutzgelderpresser. Sein Anwalt klärte ihn über die Rechtmäßigkeit der Zahlungen und den Wert von Copyrights auf. Umgehend gründete Levy den Musikverlag Patricia Music. Er hatte begriffen, dass jeder Hit auch eine Art Leibrente ist, die ihrem Besitzer Jahr für Jahr ein mehr oder minder großes Einkommen sichert. Das Copyright wurde für Levi zu einer ergiebig sprudelnden Rentenquelle, als Ende 1956 George Goldner, der stets von Geldnöten geplagte, wettsüchtige Besitzer mehrerer Plattenlabels, ihn um die Finanzierung eines neuen Labels bat.

Levy ließ sich die Chance nicht entgehen, wurde Präsident von den als Rock ’n’ Roll-Label gestarteten Roulette Records, um aus dieser Position heraus die Songs anderer Autoren unter seinem Namen herauszubringen. Er zwang Künstler, die ihre Songs bei dem Label veröffentlichen wollten, ihn als Mitautor zu akzeptieren, obwohl er keinen Buchstaben und keine Note zu Text und Melodie beigetragen hatte. Levy ging es um die Tantiemen. Er wollte zusätzlich zu den Verlags- auch die Autorentantiemen einstreichen. 1964 nutzte er – um nur ein Beispiel zu nennen – Millie Small’s Coverversion von *My Boy Lollipop*, dieses One-Hit-Wonder, das sechs Millionen Mal verkauft wurde, um sich als Coautor registrieren zu lassen. Er behauptete, der auf der Originalversion des Jahres 1956 als Coautor genannte Bobby Spencer wäre sein Pseudonym, unter dem er damals den Song komponiert hätte. Levy’s Macht und Reichtum beruhte auf den Copyrights. Anfang der 1980er Jahre besaß sein Musikverlag Big Seven Rechte an rund 30.000 Musikstücken. Obwohl sich Levy bis zu seinem Tod im Jahr 1990 permanenten „Schikanen des Staates“ ausgesetzt sah, wie er sich ausdrückte, schien er gegen alle strafrechtliche Verfolgung immun zu sein, was immer er auch außerhalb der Legalität tat. Erst 1988 bekam die Staatsmacht ihn zu fassen und verurteilte ihn wegen Erpressung zu einer 200.000 US-Dollar Geldstrafe sowie zehn Jahren Gefängnis. Bevor er die Haftstrafe antreten musste, starb er.[68]

In den fünfziger und sechziger Jahren waren viele Künstler und Produzenten nur an den Verkaufserfolgen ihrer Songs interessiert und übersahen den langfristigen Wert und die Bedeutung des Copyrights. Nicht selten erfolgte später ein böses Erwachen. So hatte Jim Stewart, der Gründer des für seinen Memphis-Soul berühmten Labels Stax Records, im Jahr 1961 mit Atlantic Records einen Vertriebsvertrag abgeschlossen, der es ihm ermöglichte, die Platten seiner bei ihm unter Ver-

68 Dannen 1998, 47–60.

trag stehenden Künstlern wie Otis Redding und Johnnie Taylor national zu bewerben und zu vertreiben. Als im Jahr 1967 Atlantic Records in den Besitz von Warner Records überging, musste Jim Stewart, der den Vertriebsvertrag offenbar nicht genau gelesen oder verstanden hatte, feststellen, dass alle seine bisherigen Aufnahmen und Masterbänder ihm nicht gehörten. Von einem Tag auf den anderen stand er ohne ein einziges Produkt und ohne Katalog da.[69]

Rock 'n' Roll war nicht einfach nur eine weitere Musikform wie viele zuvor. Rock 'n' Roll verband sich vielmehr unter dem Einfluss verschiedener Industriezweige mit speziellen kulturellen Werten, Konsum- und Verhaltensmustern.[70] Diese hochkommerzielle Grundlage des Rock nutzten unter anderem Modemacher, die die Jugendlichen mit Hosen, Hemden und Jacken à la Elvis umgarnten. Rockmusik wurde als Ware produziert, um Profit zu machen. Sie wurde in der Konsumgesellschaft über die Massenmedien zwar als Kulturgut angepriesen, aber als Konsumgut vertrieben. Mit den Fortschritten der Kommunikationstechnologie entwickelte sie sich während der zweiten Hälfte des 20. Jahrhunderts wie auch die gesamte Popmusik immer mehr zu einer globalisierten Massenkultur mit einem prägnanten Konsumcharakter. Sie trieb die Amerikanisierung der westlichen Welt weiter voran.[71]

Als erste Musikrichtung erwies sich der Rock 'n' Roll als wirkungsmächtige Soft Power, deutlich wirkungsmächtiger als der Jazz. Er ermunterte einen weiteren Teil der Weltbevölkerung, sich für den American Way of Life zu entscheiden. Von Rock 'n' Roll ging eine ähnliche Wirkung aus wie von Coca-Cola und Wrigley's Spearmint, von Micky Maus und dem Leinwandidol James Dean und dessen verächtlicher und herablassenden Art. Mit dem Rock 'n' Roll nahm die amerikanische Musikindustrie dieselbe Zielgruppe ins Visier wie die amerikanischen Getränkegiganten bei ihren weltweiten Werbefeldzügen. Wie Coca-Cola setzte auch Pepsi Cola ganz auf die Jugend unter dem Motto „Pepsi. For Those who Think Young" und unterlegte die Kampagnen mit der Musik der Jugend; und das war Rock 'n' Roll, eine einfache, sehr einfache Musik, die aber Drive, Lebenslust und Aggressivität versprühte.[72]

GRENZENLOS – ROCK AROUND THE WORLD

Überall in der westlichen Welt rissen sich Jugendliche um die Singles der amerikanischen Rockstars, schmierten sich pfundweise Pomade ins Haar, nagelten sich Eisenplättchen unter die Schuhsohlen, schlüpften in James Dean-Jacken, Röhrenjeans oder Petticoats und verschlangen die neuen Jugend- oder Musikmagazine, mit denen die Medienkonzerne des Westens die Teenager auch als Leser entdeckten –

69 Ericka Blount Danois, *The Soul of Stax Records*, in WaxPoetics in www.waxpoetics.com [18.12.2017]; Rob Bowman, *Soulsville U.S.A.: The Story of Stax Records*. New York: Schirmer Books, 1997.
70 Wicke 1992, 447.
71 Frith 1992, 3–4.
72 T.D. Taylor 2012, 151.

Melody Maker bereits seit 1926, New Musical Express NME seit 1952, Record Mirror seit 1954, Disc seit 1958 und Mersey Beat seit 1961 in Großbritannien, Tuney Tunes seit 1944 und Muziek Expres seit 1955 in den Niederlanden, Bravo seit 1957 in der Bundesrepublik Deutschland und im selben Jahr Melodie und Rhythmus in der DDR, Salut les Copains seit 1962 in Frankreich oder Margaret seit 1963 in Japan. Hinzu kamen Jugendzeitschriften, die vornehmlich Teenager-Trends und Teenager-Moden thematisierten wie Mod's Monthly, Fabulous und Petticoat und mit Anzeigen der Bekleidungsindustrie ihr ökonomisches Überleben sicherten. Einige dieser Zeitschriften kooperierten mit Radiosendern, die spezielle Musiksendungen für Jugendliche im Programm hatten: Mod's Monthly mit der BBC-Sendung *Ready Steady Go!,* Bravo und Fabulous mit Radio Luxemburg und Salut les copains mit der gleichnamigen Sendung von Europe 1.[73]

Alle diese Zeitschriften hatten Erfolg, weil sie Geschichten aus dem Leben der Stars erzählten, ganz gleich ob diese wahr oder erfunden waren. Alle Stories, die um Elvis und Co. gesponnen wurden, machten aus Konservenstimmen Menschen aus Fleisch und Blut, mit denen die Fans kommunizieren konnten, und sei es nur in ihren Träumen. Für viele Jugendliche in der westlichen Welt wurde Elvis so zu einem Gott, von dem sie irgendeine Reliquie zu erhaschen hofften, die sie im Alltag begleiten und glücklich machten sollte.[74] In vielen Ländern schlossen sich die Fans zu Fan-Clubs zusammen und bombardierten die Radiosender mit Briefen, um den Worten ihres Gottes öfter lauschen zu können. Bald begannen diese Clubs, auch mit anderen Fan-Clubs über die Landesgrenzen hinweg Kontakt aufzunehmen.

Die vermehrte mediale Vernetzung der Welt machte aus den großen US-amerikanischen Stars binnen weniger Jahre internationale Stars und aus einer US-amerikanischen Musik einen in vielen Ländern von den Jugendlichen favorisierten Musikstil. Nachrichtenagenturen, Radio, Fernsehen, Film, spezielle Jugendzeitschriften sowie die ins Ausland expandierenden großen Schallplattenlabels und die in vielen Ländern der Welt anwesenden US-Amerikaner verbreiteten binnen weniger Jahre die Musik von Elvis und Co. rund um den Globus mitsamt dem Hype um die jeweilige Person. Sie machten aus dieser Musik mit ihrem mitreißenden Rhythmus, ihrem Tempo und ihren stetigen Wiederholungen eine Weltformel der Popmusik. Dabei verdrängte der Rock 'n' Roll die anderen Musikstile keineswegs, und weder Rock noch Jazz beherrschten vollkommen die nationalen Charts. In Deutschland griffen die meisten Plattenkäufer weiterhin zum Schlager und in Frankreich zum Chanson. In den USA dagegen überholten die Stars des Rock 'n' Roll Schlager- und Schnulzenkönige wie Pat Boone und Frank Sinatra.[75]

In allen Ländern empfanden die ältere Generation und die Traditionalisten den Rock 'n' Roll zumeist als akustischen Schock, verstärkt noch aufgrund der neuen elektrisch verstärkten Musikinstrumente. Wie in New York und San Francisco

73 Mrozek 2019, 546–555.
74 Zit. nach Marcus 1992a, 47.
75 Mrozek 2019, 205–206.

wurde auch in London und Tokio darüber gestritten, ob dies nun Wohl- oder Missklang sei, Musik oder bloßes Geräusch, Kunst oder Kakophonie.[76] Überall wurde darüber diskutiert, ob der neue, enthemmende Musikstil jugendliche Delinquenz fördere, zumal er als Produkt gesellschaftlicher Außenseiter galt – von einkommensschwachen Schichten und ethnischen Minderheiten. Auch ging es nicht nur um die Musik, sondern immer auch um Kleidung, Verhaltensnormen und Körperpraktiken. Kritisiert wurden außerhalb der USA die mit dem Rock 'n' Roll aufgekommenen „schreienden" Kleidermoden mit ihren „quietschenden" Farben, die „schrillen" Frisuren sowie das laute Kreischen der Zuhörer, die allesamt nicht dem „guten Ton" entsprachen, wie ihn die Benimmbücher predigten. In Westeuropa empörten sich viele über die ungewohnten Körperbewegungen. In Großbritannien, und nicht nur dort, sah ein Geistlicher im Rock 'n' Roll „ein Revival des Teufelstanzes [...], um Gesetzlosigkeit zu provozieren, nervliche Stabilität zu schädigen und das Sakrament der Ehe zu zerstören".[77] Während die Jugend in westlichen Ländern derartige Einwände mit lauter Musik übertönte, einfach negierte oder als belangloses Gerede ewig Gestriger abtat, wurden die Widerstände gegen die neue Musik auf der anderen Seite des Eisernen Vorhangs zusätzlich mit ideologischen Argumenten aufgeladen.

Ausschlaggebend für den großen Erfolg, den der Rock 'n' Roll trotz vielfacher Anfechtungen rund um den Globus feierte, war letztlich, dass die Musikindustrie nicht nur auf amerikanische Stars und Originalsongs setzte, sondern außerhalb Nordamerikas vorrangig auf einheimische Musiker und Coverversionen in der jeweiligen Muttersprache. Die einheimischen Musiker federten mit ihren Coverversionen gewissermaßen die Härte von Culture Clashs ab und halfen der Bevölkerung in den verschiedensten Ländern, sich an die fremde Musik zu gewöhnen. Coverversionen wurden zu einem wirkungsmächtigen Bindeglied zwischen Amerika und anderen Kulturkreisen. Bisweilen kombinierten die Sänger Englisch und die jeweilige Landessprache in einem Song.

In Großbritannien wurde Cliff Richard als einheimische Variante zu Elvis Presley aufgebaut. In Neuseeland gelang es dem Bankangestellten Johnny Devlin zwar nicht ganz, die Haartolle und den Hüftschwung von Elvis zu imitieren, dennoch rockte er sich zur umjubelten „Antwort Neuseelands auf Elvis Presley" nach oben. In Australien stieg gleichzeitig Johnny O'Keefe zum „Wild One" auf, inspiriert vorrangig von Bill Haley's wilder Musik.[78] In Tokio feierte die Jugend Masaaki Hirao als „Japanese Elvis". In Manila machte Eddi Mesa mit seinem Gesang und Outfit als „Elvis Presley der Philippinen" seinem Vorbild alle Ehre, bevor er mit Frau und Kindern nach Amerika auswanderte und als Pastor nur noch zu Ehren Gottes sang. In Chile ließ sich Danny Chilean als der chilenische Elvis feiern. In Italien interpretierte der bis dahin völlig unbekannte Adriano Celentano die El-

76 Barendregt 2014.
77 Mrozek 2019, 174, Zitat 195.
78 Alan A. Heffernan, *Big Shows: The Lee Gordon Years*. Clear Island Waters: A. Heffernan, 2003.

vis-Songs in einheimischer Sprache und legte damit den Grundstein für seine Karriere. In Deutschland verbuchten Peter Kraus und Ted Herold die größten Erfolge bei der Imitation der amerikanischen Stars, wenn sie auch mit ihren weichgespülten Varianten des amerikanischen Rock 'n' Roll als Elternschreck recht blass blieben. Auf der anderen Seite des Rheins stieg Johnny Hallyday mit seinen animalisch-wilden Auftritten zum „French Elvis" auf und schürte ebenso wie sein Freund Eddy Mitchell mit seiner Grölstimme von Paris bis Marseille die Rockbegeisterung. Er gab dem Rock eine unverwechselbare französische Note, indem er die neuesten Trends wie Country, Psychedelisches und später Hip-Hop in seine Musik integrierte. Johnny Hallyday wurde in Frankreich trotz aller Alkohol-, Drogen- und Sexexzesse schnell zur Ikone. Im neuen Jahrtausend wurden seine Chansons zum Entsetzen mancher Priester bisweilen sogar bei Beerdigungen gespielt.

Um die ausländische Jugend noch mehr für den amerikanischen Rock 'n' Roll zu begeistern und ihre Gewinne zu steigern, ließen die Schallplattenproduzenten die großen Stars auch einige Sätze in Französisch, Italienisch, Spanisch oder Deutsch singen. So radebrechte Elvis Presley in *Wooden Heart*: „Muss i denn, muss i denn zum Städtele hinaus, und du mein Schatz, bleibst hier?" Und ganz Deutschland jubelte. Auch viele andere Stars aus den USA und später aus Großbritannien verdonnerte ihr jeweiliges Plattenlabel dazu, den Kampf mit gleich mehreren ausländischen Sprachen aufzunehmen.

Die Reaktion auf den Rock 'n' Roll fiel in den einzelnen Ländern höchst unterschiedlich aus. In Lateinamerika spaltete die neue Musik, die sich von Norden nach Süden verbreitete, oftmals weniger die Generationen als die Gesellschaft. Während auf Kuba Fidel Castro Rockmusik und Hippies als Vorboten des Kapitalismus von den Kubanern fernzuhalten versuchte und Rock 'n' Roll-Fernsehshows verbot, feierten in Mexiko Ober- und Mittelklassejugend den Rock 'n' Roll in seiner Vermischung mit lokalen Musikstilen enthusiastisch als Ausdruck von Modernität und beklatschte begeistert die Texte, den Gesichtsausdruck und die Körperbewegungen von Elvis Presley. Auch die Regierung von Präsident Adolfo López Mateos (1958–1964), die im Zuge des mexikanischen Wirtschaftswunders seit Ende der 1950er Jahre Landreformen, Mindestlöhne und Preiskontrollen einführte und das Gesundheits- und Schulwesen entscheidend verbesserte, begrüßte anfangs *rocanrol* als Teil einer umfassenden Modernisierung des Landes.

Bald jedoch gewannen die ewigen Pessimisten, Miesmacher und Unheilspropheten die Oberhand, die in diesen Klängen aus dem übermächtigen Nachbarland eine Bedrohung der Autorität des Staates witterten und sie als „imperialistische Musik" verdammten. Die regierungshörige Presse begann den Rock 'n' Roll sofort als gefährliche Rebellion und Chaos zu denunzieren und verbreitete Gerüchte, um den Musikimport aus dem Norden zu diffamierten. Sie behauptete, Elvis Presley würde nach eigener Aussage lieber drei schwarze Mädchen küssen als eine Mexikanerin. Alle Fake News halfen nichts. In der Mittelklassejugend gewann die Rockmusik zunehmend Fans hinzu, obwohl der Staat ab 1961 mit hohen Importzöllen die Einfuhr ausländischer Schallplatten erschwerte und die Radiostationen verpflichtete, mexikanische Musik und Musiker zu bevorzugen. Die meisten Diskjockeys kamen zwar dieser Anweisung nach, doch die einheimischen Favoriten der

Jugendlichen wie Los Rebeldes del Rock und Los Loud Jets trugen bei ihren Konzerten ihre detailgetreuen Coverversionen von Songs amerikanischer Rockbands meist nur in englischer Sprache vor.[79]

Über den für den Fernen Osten zuständigen amerikanischen Soldatensender FEN schwappte die Rock 'n' Roll-Welle sofort bis nach Japan hinüber. Während der Besatzungszeit nach dem Zweiten Weltkrieg hatten überall dort, wo GIs stationiert waren, sogenannte Jazz-Cafés und Nachtclubs eröffnet, die mit westlicher Livemusik vom Vergnügungsbedürfnis der amerikanischen Soldaten profitieren wollten. Die materielle Not dieser Jahre zwang zudem viele japanische Musiker, ihr Repertoire dem westlichen Geschmack anzupassen. Noch tanzten die jungen Japanerinnen dort zu Foxtrott, Boogie-Woogie und Swing in ihren traditionellen Kimonos. Dies änderte sich mit dem Korea-Krieg, der den spektakulären Boom der japanischen Wirtschaft auslöste. Die Sängerin Chiemi Eri spezialisierte sich darauf, amerikanische Erfolgshits zu covern, so etwa *Jambalaya* von Hank Williams.

Als Mitte der fünfziger Jahre mit dem Film *Blackboard Jungle* auch in Japan der Rock 'n' Roll den Jazz als bevorzugte Musik der Jugendrebellion ablöste, demonstrierten die Rokabirizoku – die Halbstarken Nippons – mit einer Tube Pomade und freier Stoffwahl eine ungeahnte Kreativität, und einheimische Bands nahmen die sportliche Härte des Rock genauso ernst wie die Gestaltung ihrer Haare.[80] Der Siegeszug des Rock 'n' Roll in Japan begann, als Chiemi Eri 1955 auch *Rock Around the Clock* in einem Mix aus Englisch und Japanisch coverte und der Sänger Kosaka Kazuya im folgenden Jahr Elvis Presleys *Heartbreak Hotel* herausbrachte und damit in einer populären Musiksendung des japanischen Fernsehens auftrat. Sofort eroberten zahlreiche Country & Western-Bands und Möchtegern-Elvis mit dieser Musik, die von den Medien auch Rockabilly genannt wurde, die Bühnen der Clubs. Selbst viele ältere Japaner fanden sofort Gefallen an den neuen Klängen, da sie Elvis für einen Sänger der traditionellen japanischen Enka-Musik hielten.[81] Fast jede japanische Rockband begann als reine Coverband, bevor sie eigene Songs in ihr Set aufnahm. Sie imitierten traditionell solange ihre Vorbilder, das heißt ihre Meister, bis es ihnen perfekt gelungen war, und sie auf diesem technischen Können ihre eigene Kreativität aufbauen konnten. Erst die Fähigkeit zu einem perfekten „Plagiat" verschaffte ihnen die Legitimation zu eigenständiger Musik.[82]

Mit welcher Begeisterung japanische Jugendliche auf den Rock 'n' Roll abfuhren, zeigte sich ab 1958, als das Nichigeki Theater in Tokio den ersten sogenannten *Western Carnival* veranstaltete. Eine Woche lang löste eine Band die andere ab, begleitet von den schrillen Schreien der vielen weiblichen Zuhörerinnen. Die Veranstaltung erwarb sich sofort einen legendären Ruf, fand 57 Mal statt, ehe sie 1977 im Todesjahr von Elvis Presley letztmalig über die Bühne ging. Bei der Premiere gerieten bereits am ersten Tag 9.500 Jugendliche während der Auftritte der Bands in Ekstase. Nach einer Woche zählte der Veranstalter 45.000 Zuhörer. Die Musiker

79 Keen/Haynes 2013, 346–347; Zolov 1999, 27–29 u. 67.
80 Atkins 2001, 192.
81 Stevens 2008, 40; Lipsitz 1999, 55.
82 Reynolds 2012b, 169–170.

coverten amerikanische Hits, in den sechziger Jahren auch die neuesten Hits aus England. Bereits der erste *Western Carnival* machte die „Three Rockabilly Men“ berühmt – Masa'aki Hirao, den „Japanese Elvis“, Mickey Curtis, dessen Vater Engländer war, und Keijiro Yamashita. Die jungen Zuhörer rasteten ebenso wie ihre amerikanischen Altersgenossen aus, wenn einer der Sänger im Stil von Little Richard *Tutti Frutti* anstimmte, Jauchzer und Silbensalat von sich gab, kreischte und wimmerte, heulte und hämmerte, einen göttlichen Lärm produzierte und dabei das Klavier nicht weniger traktierte als sein berühmter amerikanischer Kollege. Genauso wie dieser konnte er sich anschließend kaum vor „Groupies“ retten, die ihn auf der Bühne mit Toilettenpapierrollen bewarfen und im Anschluss Bühne und Garderobe stürmten.

Am ersten *Western Carnival* nahm auch der damals sechzehnjährige Kyu Sakamoto als zweiter Sänger der Band The Drifters teil. Er sollte fünf Jahre später als erster und einziger japanischer Rocksänger mit einem auf Japanisch gesungenen Liebeslied für einige Wochen die Spitze der amerikanischen Charts erobern. Mit insgesamt 13 Millionen verkauften Tonträgern wurde der Song zu einem weltweiten Megaseller. Da das Plattenlabel Capitol Records den sperrigen japanischen Titel *Ue o muite aruko – Während ich laufe, schaue ich nach oben* – den amerikanischen Hörern leichter verdaulich präsentieren wollte, veröffentlichte es das Lied unter dem Titel *Sukiyaki* – ein japanisches Eintopfgericht, das mit dem Text überhaupt nichts zu tun hat. Sakamoto war als Jugendlicher wegen der Nähe seiner elterlichen Wohnung zu einem amerikanischen Militärcamp zu einem Elvis-Fan und Freund der amerikanischen Popmusik geworden.[83]

Zur großen Popularität des Rock 'n' Roll in Japan trugen auch Konzerte amerikanischer Stars wie Gene Vincent mit seinem Hit *Be-Bop-A-Lula* und Teenie-Idol Paul Anka bei. Den größten Bekanntheitsgrad erzielten jedoch schwarze Stars wie Chuck Berry und Little Richard durch den Film *The Girl Can't Help It*. Im Schatten von Jazz und Rock 'n' Roll erlangte in den 1960er Jahren auch die Musik aus Hawaii und Lateinamerika einige Popularität, vor allem der Bossa Nova.[84] Alle diese aus dem Westen kommenden Impulse trugen zusammen mit der nach amerikanischem Muster agierenden einheimischen Musikindustrie entscheidend dazu bei, dass Musik zu einem wichtigen Teil der japanischen Jugendkultur wurde. Gleichwohl beherrschte weiterhin die traditionelle Enka-Volksmusik mit ihren berühmten Interpreten wie der Enka-Sängerin Keiko Fuji die Charts.[85]

In Südkorea war es der amerikanische Armeesender AFKN, der Rock 'n' Roll vor allem unter den Kolleg-Studenten in Seoul bekannt machte. Gleichzeitig erkannten zahlreiche südkoreanische Musiker die Chance, mit westlicher Musik ihren Lebensunterhalt zu verdienen. Um in den Militärclubs und –camps auftreten zu können, erwarben sie die für Rock-Konzerte notwendigen westlichen Instrumente

83 Lie 2015, 160–162.
84 Stevens 2008, 40.
85 Terumasa Shimizu, *From Covers to Originals: ‚Rockabilly‘ in 1956–1963*, in Mitsui 2014, 103–119, hier 104 u. 108; Bourdaghs 2012, 85–87; Katsuya Minamida, *The Development of Japanese Rock*, in Mitsui 2014, 120–138, hier 122.

und eigneten sich ein umfangreiches Repertoire amerikanischer Songs an. Als amerikanische Militärberater und Militärs Anfang der sechziger Jahre nach Vietnam verlegt wurden, traten sie mit in Koreanisch gecoverten Rock-Songs auch vor ihren Landsleuten auf, ohne jedoch auf eine ähnlich breite Resonanz zu stoßen wie ihre japanischen Kollegen.[86] Südkorea war ein armes Land, in dem nur wenige einen Plattenspieler oder ein Kofferradio besaßen, und dessen Regierung wegen der Devisenknappheit den Import von Schallplatten nur in seltenen Ausnahmefällen genehmigte. Südkorea war ein Agrarland, in dem die amerikanische Popmusik den Hörgewohnheiten der Menschen nicht entsprach. Zwar hatten christliche Missionare in Missionsschulen und in der Ende des 19. Jahrhunderts gegründeten EWHA Frauenuniversität vor allem junge Mädchen mit westlichen Harmonien und westlichen Kirchen- und Volksliedern vertraut gemacht, doch betraf dies nur einen ganz kleinen Teil der Bevölkerung. Noch immer empfand die übergroße Mehrheit der Koreaner die amerikanische Musik als laut, als zu laut und fremdartig.[87]

In Indochina, wo die amerikanischen Militärs den Franzosen zu Hilfe kamen, war es der in Saigon stationierte US-amerikanische Armeesender USAFR, der rund um die Uhr die neuesten Hits aus Amerika ausstrahlte und die Vietnamesen erstmals mit dieser Musik in Berührung brachte. In den Nachtclubs von Saigon unterhielten zunächst Filipinos die nach Vietnam entsandten amerikanischen Militärberater und andere Ausländer mit den neuesten Hits aus Amerika und Frankreich, ehe sich einheimische Amateurbands bildeten, die die Filipinos verdrängten und für die Amerikaner in Nachtbars und Militärcamps aufspielten. In den frühen Sechzigern verfassten zudem die ersten vietnamesischen Songwriters Rock-Songs in vietnamesischer Sprache und leiteten eine „Vietnamisierung“ der Rockmusik ein.[88]

In Kambodscha, wo die städtische Jugend seit Anfang der sechziger Jahre ebenfalls dem amerikanischen Militärsender USAFR lauschte, kamen sofort die neuesten Tänze aus dem Westen wie Twist und Jerk in Mode. Dabei kreierten die Jugendlichen einen eigenen Tanzstil als einer Mischung aus afrikanischem Hüftschwung und einheimischen Hand- und Körperbewegungen, begleitet von westlichen Musikinstrumenten. In Phnom Penh stieg der Songschreiber und Sänger Sinn Sisamouth mit Folk, Mambo, Rock 'n' Roll und Filmmusik zum „König der Khmer-Musik“ auf. Verschiedentlich trat er zusammen mit der Sängerin Pan Ron auf, die sich ganz nach westlicher Mode kleidete, von Rock bis Twist, Jazz bis Folk, Mambo bis Cha Cha Cha eine breite Palette westlicher Musik in ihr Repertoire aufnahm und mit Texten über weibliche Sexualität die konservative kambodschanische Gesellschaft provozierte. Auch sang Sisamouth zusammen mit der „Königin“ der populären Musik in Kambodscha, Ros Serey Sothea, die anfangs mit traditionellen kambodschanischen Balladen auf sich aufmerksam gemacht hatte, ehe sie seit Mitte der sechziger Jahre unter dem Einfluss des amerikanischen Militärsenders mit amerikanischem und britischem Rock und Soul sowie westlichen Instrumenten

86 Son 2012, 47–49.
87 Lie 2015, 19, 33 u. 109.
88 Gibbs 2008, 6–8.

zu experimentieren begann und eine Art Psychedelic Rock präsentierte. Alle drei Musiker fielen später den Mördern der Roten Khmer zum Opfer.[89]

Überall in Asien übernahm nur ein kleiner Teil der Jugendlichen die aus den USA gekommenen Rock 'n' Roll-Songs wie auch die nachfolgende Popmusik pur und ungefiltert. Zumeist bereicherten die Musiker die Texte mit einem kräftigen Schuss Lokalkolorit, der die Akzeptanz entscheidend erhöhte und gleichzeitig auch die Anzahl der Musikstile, nach denen die Jugendlichen tanzten. Die Bands griffen zwar zu E-Gitarre und Drum Set, verzichteten aber kaum einmal auf traditionelle Instrumente.

Auch den Eisernen Vorhang übersprang der Rock 'n' Roll mit Hilfe westlicher Rundfunkanstalten ohne größere Probleme, wenn auch in den meisten Ostblock-Staaten mausgraue kommunistische Parteifunktionäre mit hohem Blutdruck die neue Musik mit klassenkämpferischer Marschmusik zu übertönen versuchten und die rockenden Jugendlichen als eine außer Kontrolle geratene Affenbande diffamierten. Für diese wiederum bot die Musik des Klassenfeinds neben wohltuender Unterhaltung ein ideales Instrument zur Grenzüberschreitung. Mit ihr ließ sich die ältere Generation in den Parteizentralen wie auch zu Hause höchst wirksam provozieren. Mit ihr konnte die Jugend im Osten noch mehr als Gleichaltrige im Westen Eigenständigkeit demonstrieren, bisweilen sogar Opposition, während andererseits die politisch Verantwortlichen gleichzeitig mit autoritären Gesten die Freiräume der Jugend eingrenzten, Widerstände sanktionierten und alle Jugendlichen systemkonform gleichzuschalten versuchten.

Jeder kommunistische Staat reagierte anders auf die neuen Töne aus dem Westen. Im Gegensatz zu den meisten Ostblockstaaten antworteten Ungarn und Polen auf Elvis und Co. keineswegs mit Ablehnung und Verbot. Die Regierung in Budapest ließ sogar nach Niederschlagung des Volksaufstandes von 1956 Hunderte Wurlitzer Jukboxes importieren und sie mit den neuesten Hits aus Amerika bestücken. Gleichzeitig erlaubte sie Studenten, eine eigene Rockkultur mit Amateurbands, amerikanischen Zigaretten und vielen anderen Accessoires aus dem Westen zu kreieren.

Auch die polnische Regierung, die bereits kurz nach Stalins Tod ihren Widerstand gegen den Jazz aufgegeben hatte, tat wenig, um die Verbreitung des Rock 'n' Roll in ihrem Land zu verhindern. Der staatliche Rundfunk sendete westlichen Rock teils im Original, teils als Cover-Versionen polnischer Bands. Im Frühjahr 1958 berichtete die New York Times aus dem im südlichsten Zipfel Polens gelegenen Wintersportort Zakopane von grell aufgetakelten Blondinen, die in einem Club zu einer Musik tanzten, die der Sänger „Ruck en Rullye" nannte. Zum Zentrum des letztlich eigenständigen polnischen Rock 'n' Roll entwickelte sich jedoch der Non-Stop Club in Gdansk, von wo aus sich die neue Musik an der ganzen polnischen Ostseeküste entlang verbreitete.

In der Tschechoslowakei tourten alsbald Dutzende einheimischer Bands durch das Land, im Repertoire den neuesten Rock aus dem Westen. Ende der fünfziger Jahre jedoch ließen die Prager Machthaber einige dieser Musiker festnehmen und

89 Mamula 2008, 30; Broughton/Ellingham/Lusk 2009, 482–483.

ins Gefängnis stecken, weil sie diese „dekadente amerikanische Musik" spielten und sich einem „exzentrischen Tanz" hergaben, wie einige Moskau hörige Parteifunktionäre anmerkten.

Die meisten kommunistischen Regime waren sich wie schon beim Jazz letztlich völlig uneinig darüber, wie sie auf diese Musik reagierten sollten. In einigen kommunistischen Machtzentralen erschien der Rock 'n' Roll wie schon zuvor der Jazz paranoiden Funktionären als eine perfide imperialistische Waffe, als eine Giftspritze, mit der der Westen die Jugend des Ostens infizieren wollte, um sie auf den American Way of Life zu lotsen. In Rumänien wetterte die Parteipresse gegen diese „barbarische Musik", die „animalische Instinkte" wecke sowie „Grausamkeit, Verachtung und schädliche Triebe" hervorrufe. In Bulgarien versuchte die Regierung, Bars, Clubs und Restaurants zu zwingen, nur Musikstücke eines staatlich genehmigten Repertoires zu spielen, konnte sich damit aber trotz aller Polizeikontrollen nur teilweise durchsetzen.

In der DDR berichtete die Junge Welt, das Hausblatt der Freien Deutschen Jugend, 1957 über ein Konzert von Elvis Presley und benutzte dabei ein Vokabular, mit dem schon die Nationalsozialisten gegen den Swing gehetzt hatten: „Sein ‚Gesang' glich seinem Gesicht: dümmlich, stumpfsinnig und brutal. Der Bursche war völlig unmusikalisch, krächzte wie eine an Keuchhusten leidende Krähe und suchte solch stimmliche Nachteile durch wildes Hüftschwingen à la Marilyn Monroe wettzumachen. Er sprang herum wie ein hochgradig Irrer, schüttelte seinen Unterleib, als habe man ihm unverdünnte Salzsäure zu trinken gegeben, und röhrte dabei wie ein angeschossener Hirsch, nur nicht so melodisch."[90]

Für die DDR-Regierung war diese „Geräuschmusik" ein von den USA ausgeheckts Mittel der psychologischen Kriegsvorbereitung. Ein DDR-Lexikon definierte den Rock 'n' Roll rein ideologisch: „Aus den USA stammende, überspitzte, aufpeitschende Form des Boogie; verführt Jugendliche zu Exzessen; dient in WD als Mittel der ‚psychologischen Kriegsführung' zur Ablenkung der Jugend von den pol. Tagesfragen."[91] Mit strikten Kontrollen an den Grenzen versuchte der Staat die Einfuhr von Schallplatten genauso zu unterbinden wie die Einfuhr so genannter westlicher Schundliteratur, also Groschenromane, Comicstrips und Zeitschriften. Im April 1958 beschloss Ost-Berlin auf einer eigens einberufenen Konferenz, den Kampf gegen die „amerikanische Kulturbarbarei" aufzunehmen und mit dem Lipsi eine eigene „sozialistische" Tanzmusik zu kreieren. Der Plan einer Geschmacksdiktatur scheiterte wie vieles in der sozialistischen Planwirtschaft. Als am 1. Oktober 1958 Elvis Presley mit einem US-Truppentransporter in Bremerhaven an Land ging, um seinen Militärdienst in der Bundesrepublik Deutschland zu absolvieren, heulten in den Köpfen vieler kommunistischer Funktionäre sogleich Warnsirenen auf, so als hätten die USA im Nachbarland neue Mittelstreckenraketen installiert. Sie glaubten an eine bewusste Provokation und einen gefährlichen Schachzug der USA im Kalten Krieg, um die Jugend des Ostens mit rockigem Sirenengesang auf ihre Seite zu ziehen. Dabei produzierte Elvis während seines Militärdienstes in der

90 Zit. nach Büsser 2013b, 52.

91 Alfred Max Uhlmann, *Kleines Lexikon: A–Z*. Leipzig: Verlag Enzyklopädie, 1959, 803–804.

Bundesrepublik nichts als Schnulzen. Gleichwohl ahnten die roten Funktionäre irgendwie, dass der Rock 'n' Roll, der über den Eisernen Vorhang hinweg den Chor der Roten Armee übertönte, der Jugend ein Fenster zum Westen und zur Freiheit öffnete, zumal die staatliche Radioindustrie der DDR inzwischen mit dem *Sternchen* ihr erstes Transistorradio herausgebracht hatte, das es vielen Jugendlichen ermöglichte, auch außerhalb der elterlichen Wohnung und abseits des großen Ohrs der Staatssicherheit westliche Musiksender zu hören. Vor allem in den kleineren Städten bildeten sich bald Tausende von Beat-Bands, die den Parteifunktionären sichtlich Kopfschmerzen bereiteten. Letztlich aber litten in der DDR alle Musiker, die einige Gänge härter spielen wollten, neben der strengen staatlichen Zensur vor allem unter der Willkür der Behörden, die mit dem Totschlagargument „Verwestlichung" alles verbieten konnten, was ihnen nicht behagte.

1959 wetterte SED-Chef Walter Ulbricht zum wiederholten Mal gegen „die kapitalistische Dekadenz", gegen „Schundliteratur und spießbürgerliche Gewohnheiten" sowie gegen „die ‚Hotmusik' und die ekstatischen ‚Gesänge' eines Presley" und forderte erneut die Entwicklung einer eigenständigen sozialistischen Musikkultur. Eilfertig machten sich Funktionäre sofort an eine ideologische Reinigung von Musik, Tanz und Kleidung, verurteilten die von ihnen so genannten „Texashosen" als Lumpenzeug des Klassenfeinds und versuchten mit Verboten und eigenen Angeboten, die DDR-Jugend von westlichen Tänzen und Tanzformen abzuhalten. Während des Kalten Kriegs in Ost-Berlin eine amerikanische Jeans zu tragen, war für Ulbricht und Genossen nicht nur eine politische Provokation, sondern als kapitalistische Invasion auch eine Gefahr für die nationale Sicherheit der DDR. Die Volkspolizei ging in Mannschaftsstärke gegen die von ihnen als „Banden" bezeichneten Fan-Clubs vor, deren Mitgliedern sie vorwarf, ihr Männlichkeitsideal an „solchen Figuren wie Elvis Presley und Bill Haley" auszurichten und dabei das Interesse an einer vormilitärischen Ausbildung zu verlieren. Auch ließ die internationale Vernetzung der Fanclubs in Mielkes Horch- und Schnüffelzentrale die Alarmglocken schrillen. Dabei musste sich jeder auch noch so regimetreue Funktionär eingestehen, dass seine Regierung überhaupt nicht in der Lage war, die der Bevölkerung wiederholt versprochene, alles mitreißende Musik und erst recht nicht die Konsumgüter zu liefern oder gar den Westen bei der Produktion von alle dem zu übertreffen. Auch musste er akzeptieren, dass die Jugend für Briefmarkensammeln und Kochkurse sowie den eigens kreierten Modetanz Lipsi nicht zu begeistern war.[92]

Auch die Sowjetunion reagierte letztlich verstört und mit Schikanen auf die mitreißende Musik aus dem Westen und das vom Einheitsgrau der Apparatschiks abweichende Outfit der Rock 'n' Roller. Dabei hatte sich die Weltmacht anlässlich der 6. Weltjugendspiele im Sommer 1957 in Moskau noch recht weltoffen und modern gegeben und sogar einige Jazz- und Rock 'n' Roll-Bands aus dem Westen eingeladen. Fast 40.000 junge Menschen aus der ganzen Welt waren nach Moskau gekommen, um einen bunten Karneval mit Musik und Tanz auf den Straßen der Hauptstadt zu feiern. Doch die plötzliche Konfrontation mit fremden Gedanken,

92 Speitkamp 1998, 279; Mrozek 2019, 350–356.

fremden Sitten und fremden Tönen verstörte viele. Nicht nur politische Hardliner zeigten sich irritiert, verunsichert und befremdet. Viele äußerten wutentbrannt erneut ihren Abscheu vor den „halbstarken“ Stilyagi, die sich weiterhin für alles Amerikanische begeisterten, die sich Bob und nicht mehr Boris nannten, die Gorkistraße in Moskau und den Newski-Prospekt in Leningrad in „Broadway“ umtauften und sich in einem eigenen Slang unterhielten. Für sie war das Leben „groovy“, und als sprichwörtlich bunte Hunde rebellierten sie mit karierten Jacken, Röhrenhosen, dicken Kreppsohlen und mit viel Gel modellierten Haartollen gegen den grauen Alltag in ihrem Land. Sie standen zudem auf Roll ’n’ Roll wie zuvor bereits auf amerikanischem Jazz. Es war kein Geheimnis, dass die Stilyagi im Untergrund Schallplatten aus ausgedienten Röntgenplatten reproduzierten und etwa Aufnahmen von Bill Haley and the Comets unter die Leute brachten.[93]

Allwissende Parteifunktionäre, als Beweis ihrer Urteilskraft und Geistesschärfe mit Orden schwer behängt, sahen erneut den Staat, die staatliche Ordnung und die kommunistische Heilslehre in Gefahr. Mit hohem Blutdruck verurteilten sie den „ausländischen Primitivismus“ des Rock ’n’ Roll als eine „Explosion niedrigster Instinkte und Sexualtriebe“ und warnten vor dem schädlichen Einfluss dieser Musik auf die sozialistische Jugend. Nach dem Ende der Weltjugendspiele erklärten sie sofort den Verkauf von westlicher Musik auf Röntgenbildern als illegal und drohten mit sowjetischen Arbeitslagern. Das hielt viele Jugendliche nicht davon ab, sich Schallplatten mit der von der Partei als dekadent abgestempelten Musik zu besorgen. Ende der fünfziger Jahre waren in der Sowjetunion Millionen Raubkopien von Elvis-, Haley- und Little Richard-Platten selbst in der Provinz in Umlauf, zumeist als „Rock auf Knochen“.[94]

Wen der KGB damit erwischte, landete als Staatsfeind bisweilen in Sibirien. Gleichwohl ließen sich immer mehr Jugendliche nicht davon abhalten, Rock ’n’ Roll zu hören und zu genießen. Sie sahen darin ein geeignetes Mittel, für einige Zeit dem banalen Alltagstrott zu entfliehen sowie den von greisen Männern und Frauen verordneten Verhaltensregeln. Sie mokierten sich über die plumpen und stümperhaften Versuche staatlicher Institutionen, die Rockmusik zu diskreditieren. Als 1960 eine bekannte Moskauer Volkstanzgruppe ein als Satire gedachtes Stück über die amerikanische Rockmusik unter dem Titel „Zurück zu den Affen“ aufführte, applaudierte das Moskauer Publikum voller Begeisterung dieser lärmenden Musik und verulkte die Tänzer.[95]

Im Gegensatz zu vielen asiatischen Ländern war es in China der Kommunistischen Partei nach Gründung der Volksrepublik gelungen, die Jugend des Landes von den „dekadenten“ Tönen aus dem Westen völlig zu isolieren. Songschreiber und Komponisten hatten einzig und allein die Aufgabe, das Volk in der sozialisti-

93 Starr 1990, 197–200; Eleonory Gilburd, *To See Paris and Die. The Soviet Lives of Western Culture*. Cambridge, Mass.: The Belknap Press of Harvard University Press, 2018.

94 Ryback 1990, 21–32; Peter Wicke/John Shepherd, *The cabaret is dead: rock culture as state enterprise – the political organization of rock in East Germany*, in Bennett/Frith/Grossberg 1993, 25–36, hier 26.

95 Starr 1990, 238.

schen Ideologie zu erziehen und ihm kommunistische Ideale zu vermitteln. Die berühmtesten chinesischen Jazzmusiker der Zwischenkriegszeit hatten dagegen zu schweigen und mussten für ihre Begeisterung für westliche Musik büßen. Die beste chinesische Sängerin und Schauspielerin, die „goldene Stimme" Zhou Xuan, wurde in eine Irrenanstalt eingewiesen, wo sie 1957 während der von Mao initiierten Kampagne gegen Rechtsabweichler im Alter von 39 Jahren unter mysteriösen Umständen starb. Die Lieder des Komponisten und Songschreibers Li Jinhui, der als „Vater der chinesischen Popmusik" erstmals die Volksmusik seines Landes mit Jazz verbunden hatte und von dem bekannte Titel wie *Express Train* stammen, setzte die Kommunistische Partei als pornografisch auf den Index, ehe die Roten Garden ihn während der Kulturrevolution ins Gefängnis steckten und aus ihm ein körperliches Wrack machten. Erst im Zuge der von Deng Xiaoping eingeleiteten Öffnungspolitik sollte die chinesische Jugend in den achtziger Jahren mit der Rock- und Popmusik in Berührung kommen.[96]

1960 war das Jahr des Rock 'n' Roll-Goldrausches gewesen. Dann aber stagnierte diese Musik; wenigstens in den USA. Erstmals zeigte sich, dass der Jubel von gestern nur ein kurzes Echo hatte. Neue Musikstile kamen und gingen in immer kürzeren Abständen, und neben dem harten, wilden Rock eroberten immer wieder romantische, tränentreibende Balladen die Spitze der Charts und füllten die Kassen der Labels, so im Jahr 1957 mitten in der Rock 'n' Roll-Euphorie *Diana* des kanadischen Teenie-Idols Paul Anka. Bald wurde es still um diese laute Musik. Von den großen Rock 'n' Rollern war Elvis seit März 1958 bei der Army, verlor sich anschließend in austauschbaren Filmen und langweiliger Musik, raffte sich 1968 nochmals zu seinem legendären Comeback-Special auf, um auf dem Höhepunkt seiner erotischen Anziehungskraft ohne Pomade im Haar mit *One night with you* Schreie des Entzückens und Verlangens bei den anwesenden Frauen auszulösen, ehe er letztendlich als jämmerlicher Fettsack sein Leben auf der Toilette aushauchte. Buddy Holly war inzwischen tot und Little Richard Prediger geworden. Er hatte dem Rock 'n' Roll als „Teufelsmusik" abgeschworen, seine vielen Ringe von den Fingern gezogen und dem Meer übergeben. Über Jerry Lee Lewis hatten die Amerikaner den Daumen gesenkt und seine Songs aus allen Radiosendungen entfernt, weil er die erst 13-jährige Tochter seines Cousins geheiratet hatte, um danach eine langandauernde Liebesaffäre mit der Whiskyflasche zu beginnen. Chuck Berry saß im Gefängnis, da er illegal eine 14-jährige Apache aus Mexiko in die USA eingeschleust hatte, um sie als Garderobiere in seinem Club und auch als Prostituierte zu beschäftigen. Bill Haleys Abstieg hatte bereits mit dem ersten öffentlichen Auftritt von Elvis Presley begonnen, als den Teens endgültig klar wurde, wie er wirklich war – „ältlich, verheiratet, abgedroschen, spießig, zutiefst langweilig", so Nik Cohn.[97] Auch Alan Freed, der als Radiodiskjockey den Rock 'n' Roll als Erster in den Äther gejagt hatte, musste von der Bühne abtreten, da viele Zuschauer nicht akzeptieren wollten, dass in seiner Fernsehshow *The Big Beat* der schwarze Sänger

96 Andrew F. Jones, *Black Internationale. Notes on the Chinese Jazz Age*, in Atkins 2003, 225–243, hier 225–226; Steen 1995, 2–8.

97 Cohn 1971, 18.

Frankie Lymon mit einer weißen Zuschauerin getanzt hatte. Anschließend geriet Freed 1960 in den Strudel des Payola-Skandals, wurde wegen Annahme von Schmiergeldern verurteilt und entlassen, ehe er sich einige Jahre später zu Tode soff. Letztendlich hatte die Kommerzialisierung den Rock ’n’ Roll entschärft, hatte seine rauen, ungehobelten und anzüglichen Elemente im Interesse einer Ausweitung des Geschäfts abgeschliffen, dadurch jedoch für rebellierende Jugendliche uninteressant gemacht.

Der Rock ’n’ Roll verschwand zunächst einmal von der Bühne. Er verschwand ebenso schnell, wie er sie betreten hatte. Die weiße Mittelschicht und die Labels der Weißen stellten mit Genugtuung fest, dass sich fortan wieder allein die Schwarzen um diese Musik kümmerten, während weiße Musiker sich anderen Musikstilen zuwandten. So fand ein gewisser Bob Zimmermann, der bis dahin zusammen mit einigen Bands einen möglichst lauten Rock ’n’ Roll gespielt hatte, plötzlich Gefallen an den großen Heiligen der Country Music, um unter dem Namen Bob Dylan für einige Jahre zum Folksänger zu mutieren, wenn auch für ihn weiterhin Country- und Folksänger wie Woody Guthrie und Jimmie Rodgers weit hinter Little Richard und Gene Vincent rangierten.[98] Das alles änderte aber nichts daran, dass einige jüngere Weiße den Rock ’n’ Roll weiterentwickelten und damit am Leben hielten. Und weiterhin lieferten die großen und kleineren Songs der Väter des Rock ’n’ Roll die Blaupausen für künftige Welthits, so Chuck Berrys *Sweet Little Sixteen* für den ersten großen Hit der Beach Boys *Surfin’ U.S.A.* aus dem Jahr 1963.

Obwohl der Rock ’n’ Roll an Bedeutung einbüßte, war er inzwischen zum Bindeglied und Banner einer ganz neuen Jugendkultur geworden. Mit den Konzerten der Bands und ihren Filmen waren neue Geschmacksgemeinschaften entstanden, und das gemeinsame Erlebnis und der Stolz darauf, dabei gewesen zu sein, hatten unter den Fans ein echtes Zusammengehörigkeitsgefühl vermittelt. Der Rock ’n’ Roll hatte wie noch keine Musikrichtung zuvor ein emotionales Bündnis zwischen Künstlern und Fans sowie zwischen den Fans selbst geknüpft. Mit dem Bekenntnis zu „ihrer“ Musik hatten sich die Jungen und Mädchen eine Art kulturelle Identität geschaffen. „Ihre“ Musik vermittelte ihnen das Gefühl, einen Platz in der Gesellschaft gefunden zu haben. Zugleich trug diese Musik dazu bei, Jugend zu definieren. Rock ’n’ Roll war der erste Musikstil in der Geschichte der populären Musik, der sich mit einer bestimmten Altersgruppe verband und eine eigene Subkultur hervorbrachte. Viele „ihrer“ Songs wurden von den Fans dazu benutzt, eigenen Gefühlen und Meinungen durch Mitsingen oder Mitsummen Ausdruck zu verleihen, ohne peinlich zu wirken. Dies gilt vor allem für Liebeslieder, die den Großteil aller Popsongs ausmachen. Darüber hinaus aber ermöglichte der Rock ’n’ Roll den Jugendlichen, aus sich herauszugehen, Luft abzulassen, frei zu sein. Und dieses Gefühl der Freiheit, das der Rock ’n’ Roll vermittelte, sollte ihn nicht sterben lassen. Er sollte in den folgenden Jahrzehnten in immer neuen Variationen immer wieder neu auferstehen.[99]

98 Detering 2016, 24–25.

99 Frith 1992, 5–8; Ruth Padel, *I’am a Man: Sex, Gods, and Rock ’n’ Roll*. London: Faber and Faber, 2000, 46–48.

Die weltweiten Erfolge der Stars des Rock 'n' Roll hatten höchst eindrucksvoll auch die starke Bindekraft der populären Musik über Ländergrenzen hinweg demonstriert – und ebenso die äußerst verlockenden Gewinnmöglichkeiten für die Musikindustrie. Seit den sechziger Jahren beschleunigte sich mit den Fortschritten der Kommunikationstechnologie, der besseren Qualität der Musikträger, ausgeklügelten Vermarktungsstrategien, dem Starsystem sowie immer neuen Musikstilen die Entstehung weiterer Fangemeinden, für die die Grenzen der Nationalstaaten keinerlei Bedeutung mehr besaßen. Die unterschiedlichen Lebensstile, die sich verstärkt zuerst in den westlichen Industriestaaten seit den sechziger Jahren herausbildeten, verbanden sich oftmals mit einer der neuen Musikrichtungen grenzübergreifend zu einer Subkultur, lokal zu subkulturellen Szenen, Cliquen und Gangs mit eigenen Ritualen und Sprachen, in denen Songs den Platz von Nationalhymnen einnahmen. Immer mehr Jugendliche reklamierten eine bestimmte Musikrichtung als ihr kulturelles Ausdrucksmittel. Sie sahen darüber hinweg, dass diese Kultur ein kommerzielles Produkt der Musik- und Filmindustrie war.

Als der Rock 'n' Roll an der Wende zu den Sechzigern erstmals aus der Mode kam und viele seiner Anhänger nach etwas Neuem und Wildem Ausschau hielten, musste dieser von der Jugend noch kurz zuvor angehimmelte Musikstil erfahren, wie kurzlebig Musikmoden und Musikerkarrieren sind. Daran sollte sich auch in Zukunft nichts ändern – im Gegenteil. Gleichzeitig jedoch begann die gesellschaftliche Akzeptanz der populären Musik langsam zu steigen. Sie begann, ihr Schmuddelimage abzustreifen, wenn auch noch einige Jahre vergehen sollten, ehe die ersten Klassikfans sie auch nur eines Blickes würdigten.

Ihr gesellschaftlicher Aufstieg begann mit dem 1961 in Mode gekommenen Twist. Für Nik Cohn war das Twist-Fieber ein Hype, der von den Medien in eine Twist-Hysterie gepuscht wurde. Zuerst wurde der Sänger Chubby Checker wegen seines fantastischen Aussehens und seiner außergewöhnlichen Tanzfähigkeiten von seiner Plattenfirma dazu bestimmt, den Twist in Rundfunk und Fernsehen bekannt zu machen. Als er dann mit *The Twist* und *Let's Twist Again* zwei Hits gelandet hatte, „beschloss die smarte High Society von New York", so Nik Cohn, „dass der Twist dufte sei, und fing an in der Peppermint Lounge herumzuhängen." Die Hausband dieses Tanzlokal in Midtown Manhattan hatte sich in den fünfziger Jahren auf Rock 'n' Roll spezialisiert und wurde von Matrosen, Motorradfahrern und Prostituierten frequentiert. Als die jugendlichen Gäste des Lokals von der Band nur noch *The Twist* verlangten, klinkten sich die Klatschkolumnisten ein, bald auch die überregionale Presse, und eine ganze Industrie fing an zu hypen.

Dann brach der Wahn aus. Premierenpublikum des unweit gelegenen Broadways und der Metropolitan Opera mitsamt Persönlichkeiten aus dem Showbusiness zog es in den Club, wo sich bald edle Smokingärmel an speckigen Lederjacken rieben. Umgehend folgte die weiße Mittelschicht wie eine Herde Schafe der Hirtenpfeifen der Promis und des Marktes. Der New Yorker Jetset, der bis dahin keinerlei Interesse an der Popmusik gezeigt hatte, fand es plötzlich äußerst chic, in aller Öffentlichkeit neben Matrosen, Herumtreibern und leichten Mädchen zu twisten. Elsa Maxwell, Greta Garbo, Judy Garland, Tennessee Williams und der Duke of Bedford taten es, ebenso Soraya, die Ex-Ehefrau des Schahs von Persien, und

Jean Cocteau im fernen Paris.[100] Selbst die Polen und Tschechoslowaken taten es, kaum einmal jedoch die Russen, Bulgaren und Ostdeutschen. Wie schon beim Rock 'n' Roll versuchten erneut Parteiideologen, die nicht so bedeutend waren, wie sie selbst glaubten, den Menschen im Osten einzureden, der Twist sei ein perfides Instrument des imperialistischen Westens, die Jugend auf den Krieg vorzubereiten. In der DDR erschienen zwar auf dem Label Amiga mehr als 30 Twist-Songs, doch die meisten mit bewusst unamerikanischen Titeln wie *Aus Apfelkernen und Nudelsternen*.[101]

Indessen ging der Twist um die Welt. Chubby Checker ließ sich als „King of Twist" feiern. Caterina Valente machte die Deutschen mit dem *Peppermint Twist* des Ur-Twisters Joey Dee bekannt. In Großbritannien brachten Fats And The Chessmen den *Big Ben Twist* heraus und in Frankreich Dick Rivers den *Saint Tropez Twist*. Zugleich begann in vielen westlichen Ländern rund um den Globus eine fast hysterische Anbetung der neuen Popstars durch die Reichen und Tonangebenden. Millionäre, Künstler und Intellektuelle bekannten sich zum Pop, und die Popmusik wurde Teil des Lebens, nicht in Form selbst produzierter Musik, sondern als Musik aus der Konserve. Musik begleitete fortan vermehrt den Alltag und zwar über Rundfunk, Fernsehen und Tonträger und bemächtigte sich über Werbung, Volksfeste und Kofferradios auch immer mehr des öffentlichen Raums.[102]

100 Cohn 1971, 70; *Twist. Da scheppert's*, in DER SPIEGEL vom 10. Jan. 1962, 74–75; Mrozek 2019, 420.
101 Ryback 1990, 51–55; Mrozek 2019, 435.
102 Cohn 1971, 72; Poschardt 1997, 106.

4 IM ZEICHEN DES BEATS 1963–1973

Die Globalisierung der populären Musik nahm endgültig Fahrt auf, als die Beatles die internationale Bühne betraten. Mit ihnen begleiteten noch mehr spezielle Lebensstile, kulturelle Werte, Moden und kommerzielle Produkte die Weltumrundungen der Songs und Musikrichtungen. Rock- und Popmusik verbanden sich noch enger mit speziellen Bekenntnissen, Freizeitritualen, Kleidermoden, Accessoires und Drogen und eroberten neue Absatzmärkte und Konsumentengruppen. Ebenso wie zuvor der Rock 'n' Roll produzierte auch die neue Musik zunächst Geräuschkonflikte und damit Schlagzeilen, die um die Welt gingen. Aber anders als beim Rock 'n' Roll der fünfziger Jahre begeisterten sich für die Beatmusik nun auch große Teile der Jugendlichen aus der Mittelschicht. Die populäre Musik wurde endgültig unabhängig von der sozialen Herkunft. Sie wurde transnational, und die Jugendkultur stieg zur globalen Leitkultur auf. Anders als die Jugendkulturen früherer Jahrzehnte bestimmte sie die allgemeine Kultur fortan ganz entscheidend mit. Auch kristallisierte sich eine Unterscheidung zwischen Rock und Pop heraus, wenn auch die Übergänge stets fließend und unklar blieben. Popmusik wollte gefallen, wollte nett und hübsch sein. Rock dagegen sollte tiefgründiger sein, selbstbestimmt, intelligent und keineswegs angepasst. Popsongs standen und stehen weiterhin im Ruf, zuallererst auf einen schnellen Dollar aus zu sein. Rocksongs dagegen gelten als Musik, die Musiker für sich selbst geschrieben haben, und mit der sie nicht nur Geld machen möchten. Rockmusik gilt als authentisch. Jedenfalls wird sie als authentisch vermarktet.[1]

Rock, Pop und Beat trugen auch mit zu jener Soundrevolution der sechziger Jahre bei, die den Lärmpegel in den Großstädten des Westens verdoppelte, als zehntausende Presslufthämmer den autogerechten Umbau der Städte vorantrieben, Fabrikarbeit weiterhin mit sehr viel Lärm verbunden war und das Dauerdröhnen des Individualverkehrs zu einem Signum der urbanen Welt wurde, als die neuen Düsenjets den Himmel rund um die Flughäfen nach den Worten von R. Murray Schafer zu akustischen „Kloaken" verkommen ließen, als die über dicht besiedelten Wohngebieten die Schallmauer durchbrechenden Kampfjets den Sound des Kalten Kriegs bestimmten und die elektronisch verstärkte Rock- und Beatmusik für die Jüngeren den Aufbruch aus der miefigen Welt des Schlagers und den Ausbruch aus der verstaubten Welt der Älteren intonierte. Diese Soundrevolution ließen die sechziger Jahre in ganz Europa und Nordamerika zum lautesten Jahrzehnt des 20. Jahrhunderts werden.[2]

1 Shuker 2016, 101–102.

2 Gerhard Paul, *Soundrevolutionen und Ätherkrieg*, in Paul/Schock 2013, 346–351, hier 346; R. Murry Schafer, *Die Ordnung der Klänge. Eine Kulturgeschichte des Hörens*. Mainz: Schott Music, 2010.

In dieser Zeit mit ihrem schnell wachsenden und scheinbar unbegrenzten Konsum und ihrer Fortschrittsgläubigkeit bot die Beatmusik den Jugendlichen eine neue Möglichkeit der Identifikation sowie des Widerspruchs gegen die Kultur der Älteren. Auch übernahmen Musikstars wie die Beatles die Führungsrolle bei der Verbreitung aktueller Modedetails von den Filmstars der fünfziger Jahre wie Marlon Brando und James Dean. Im Beat fand die junge Generation einen neuen, unverbrauchten Vermittler einer gemeinsamen Ästhetik. Jugend war nicht mehr nur eine Vorstufe zum Erwachsenwerden, sondern eine Lebensphase eigenen Rechts und eigener Qualität.[3] Die Fortschritte in der Informationstechnologie legten gleichzeitig den Grundstein für die zunehmend schnellere Ausbreitung von grenzüberschreitenden Subkulturen, die sich mit der „Invasion" des britischen Beats in den „eroberten" Ländern etablierten.

DIE BEATLES – ANNÄHERUNG AN DIE KUNST

In Großbritannien war in den späten fünfziger Jahren der Versuch gescheitert, die britische Jugend den als schädlich gebrandmarkten Kultureinflüssen aus den USA zu entziehen. Über Filme wie *Blackboard Jungle*, die in der Nordsee ankernden Piratensender und das kontinentaleuropäische Radio Luxemburg kamen die Jugendlichen auf der Insel dennoch alsbald mit amerikanischen Rock 'n' Roll-Songs in Berührung. Zunächst schnulzten wohlerzogene und mit Ausdauer geföhnte Sänger wie Cliff Richard und Helen Shapiro zu swingenden Rhythmen, im Hintergrund wogte ein Geigenmeer, und Backgroundchöre hauchten „Yeh-Yeh". 1958 gelang es aber Cliff Richard mit *Move It* als erstem britischen Musiker, auf den Rock 'n' Roll-Zug aufzuspringen, obwohl er mit seinem Zahnpastalächeln und seiner „strahlenden Supersauberkeit" eher zum Singen von Balladen geeignet war.[4] Langfristig ging denn auch eine weitaus größere Wirkung von den vielen Jugendbands aus, die in oft feuchten Kellern amerikanische Songs in der Besetzung mit drei Gitarren und Schlagzeug in eigenen Versionen nachspielten. Allein in Liverpool und Umgebung brachten Anfang der sechziger Jahre etwa 350 Bands US-amerikanischen Rock 'n' Roll auf die Bühne, der sich in den Händen dieser Jugendlichen zu einem neuen Musikstil entwickelte. Aber auch andere Städte wie Manchester, Birmingham und London brachten eine Menge Gitarrenbands hervor: Tottenham die Dave Clark Five und Newcastle die Animals, die ihren Ruf als knallharte Band vor allem der rauen Stimme ihres Sängers Eric Burdon verdankten. Mit der Beatmusik entstand ein eigenständiger britischer Rockstil von erstaunlichem melodischem Einfallsreichtum – rau und doch romantisch. Indem sich diese Musiker von nahezu allen Genres und Gattungen der Musik inspirieren ließen, konnte die Beatmusik noch sehr viel mehr als der Rock 'n' Roll eine weltweite Fangemeinde um sich scharen, für die der Jazz inzwischen mindestens von gestern war.

3 Heinz-Hermann Krüger, *Vom Punk bis zum Emo*, in Richard/Krüger 2010, 13–41, hier 20.
4 David Hatch and Stephen Millward, *From Blues to Rock: an Analytical History of Pop Music*. Manchester: Manchester University Press, 1987, 78; Cohn 1971, 57.

Während aber die meisten anderen englischen Interpreten den amerikanischen Rock 'n' Roll sowie R&B nachäfften, klangen die Beatles und auch ihre einheimischen Rivalen, Gerry & the Pacemakers, so, wie sie waren – Liverpooler Arbeiterklasse. 1957 hatte ein gewisser John Lennon in den Tonnengewölben des neu eröffneten Cavern Club in der Liverpooler Mathew Street für die Combo The Quarrymen in die Saiten gegriffen. Der fünfzehnjährige Paul McCartney war später dazu gestoßen.

Damit begann die Geschichte. Insgesamt 292 Mal spielten die Beatles im Cavern Club auf, so ist es an der Wand der heutigen Touristenattraktion zu lesen. Die Vier waren die Ersten, die sich von den amerikanischen Vorbildern R&B und Rock 'n' Roll lösten und eigene Wege gingen, nachdem sie 1960 in Hamburg noch die schwarzen Lederjacken der Rocker getragen hatten. Zwar bestanden ihre ersten beiden Langspielplatten aus dem Jahr 1963 – *Please Please Me* und *With the Beatles* – jeweils zur Hälfte aus Coverversionen, doch demonstrierten sie auch damit bereits ihre außergewöhnliche Kreativität.

Diese Musik war anders, sie war schnell, heftig, sie steckte voller Leben. Sie klang in den Ohren vieler Teenager wie das Herzklopfen von Verliebten. Sie führte mit ihren fallenden Mundharmonikariffs und steigenden Gitarrenakkorden zum Adrenalinrausch. Mit ihrer Single *I Want to Hold Your Hand* gelang den Beatles im selben Jahr weltweit der Durchbruch; mit *She Loves You* landeten sie den bis dahin größten Hit eines englischen Interpreten.[5] Mit Unterstützung ihres an klassischer Musik geschulten Produzenten George Martin arbeiteten sie in *Yesterday* mit einem klassischen Streichquartett, brachten unterschiedliche musikalische Materialformen zusammen und legten höchsten Wert auf den Sound.

1964 traten sie im Pariser Olympia auf, wurden aber von der dort anwesenden Schickeria lediglich mit höflichem Applaus bedacht. Anschließend befürchteten die Verantwortlichen von EMI einen Misserfolg auch in Westdeutschland und ließen *I Want To Hold Your Hand* und *She Loves You* übersetzen. Die Beatles bekamen Deutsch-Unterricht und nahmen ihre einzige Platte in einer fremden Sprache auf *Komm, gib mir deine Hand* sowie *Sie liebt dich*. Dann brachen die Vier über die USA herein und besetzten die ersten fünf Plätze in den Charts, obwohl das US-Plattenlabel Capitol Records sich zunächst geweigert hatte, ihre Platten zu veröffentlichen.[6] Zusammen mit den Rolling Stones, James Bond und Monty Python lösten sie weltweit eine Großbritannien-Euphorie aus. Derartige Stars, deren Bekanntheitsgrad durch eine permanente Flut an Sensationsmeldungen in rasantem Tempo stieg, hatte die populäre Musik zuvor noch nie hervorgebracht. Die Beatles spielten in einer eigenen Liga. Bis heute verkauften sie über 600 Millionen Tonträger.

Es war die geballte Macht von Presse und Rundfunk, Film und Fernsehen, die die Grundlage für einen Starkult schuf, der alles Bisherige in den Schatten stellte. Zunächst produzierten die Gegner der neuen Musik und der neuen Maskerade die dazu notwendigen Schlagzeilen. In den USA sah die New York Times in den vier Engländern lediglich ein „gelungenes Massenplacebo", und Newsweek geiferte:

5 Wicke 1992, 463; Pendzich 2008, 120 u. 145.
6 Hill 2010, 51; Barfe 2005, 219–224.

„Optisch sind sie ein Alptraum: enge, geschniegelte edwardianische Bohemien-Anzüge, das Haar wie große Puddingschüsseln. Musikalisch läuten sie den Untergang ein. [...] Ihre Texte (unterbrochen von unsinnigen Yeah-Yeah-Rufen!) sind eine Katastrophe, ein absurdes Gemisch romantischer Sentimentalitäten im Stile von Valentinsgrußkarten.“[7]

In Deutschland, wo die Frankfurter Allgemeine Zeitung Anfang 1964 von den „4 Beetles (Käfer)“ und einer „landesweiten Mistkäferplage“ sprach, tat der Londoner Korrespondent des Blattes die Texte und Melodien der „Jazzgruppe“ als „ziemlich minderwertig“ ab und urteilte über ein Beatles-Konzert: „Alle Anwesenden, Spieler, Zuhörende und die dienstbaren Geister an der Bar, sind wie von Todeszuckungen befallen. Mit ausgestreckten Armen und Hüften, mit geschlossenen Augen und offenen Mündern wird ein geschlechtsloser Veitstanz aufgeführt.“

Auch als die Vier im Februar 1964 erstmals in den USA auftraten, rückte die Zeitung nicht von ihrem negativen Urteil ab. Der dortige Berichterstatter, ein Psychiater und Psychoanalytiker, schrieb aus New York: „Die Beatles, diese vier knabenhaften, kindischen Gitarre- und Paukenspieler von Liverpool, die sich nicht nur der Stadt New York, sondern der Gesamtaufmerksamkeit Amerikas bemächtigt haben, [...] die in rosafarbenen Anzügen auftreten und eine Art Rock-’n’-Roll-Musik mit ihren elektrischen Gitarren machen, dazu herumhüpfen und hin und wieder in Schreie (Yea, yea, yea) ausbrechen, erfüllen ein Bedürfnis unserer Zeit, in dem Sinne, dass diese Zeit diesen ungehobelten, platten, ungeistigen Wahnsinn braucht.“

Der musikalische Leiter der Ed Sullivan Show gab den Beatles weniger als ein Jahr, dann würde niemand mehr über sie reden. Die Herald Tribune urteilte: „Was ihr Talent betrifft, kann man die Beatles in 75 Prozent Werbung, 20 Prozent Haarschnitt und 5 Prozent schwungvoll geträllertes Unglück einteilen.“[8] Und wie kaum anders zu erwarten, meldete sich in Frankfurt Theodor W. Adorno zu Wort. 1965 ergriff er in einem Interview mit dem Hessischen Rundfunk die Gelegenheit, um die Beatles öffentlich abzukanzeln und deren Musik als „etwas Zurückgebliebenes“ verächtlich abzutun.[9] Derweil machten sich Produzenten, Journalisten und Fans an die Arbeit, um gemeinsam an einem Gespinst von Geschichten und Mythen um die neue Band zu stricken und über Presse, Rundfunk und Fernsehen zu verbreiten. Millionen, die auf der Höhe der Zeit sein wollten, horchten auf, wurden neugierig und griffen zu den Platten der „Pilzköpfe“.

Ihr Management hatte die Fab Four für ihren Auftritt in Amerika auf ein Teddy Bear-Image eingeschworen, da die weiblichen Fans dort deutlich jünger waren als auf der Insel. Als die amerikanischen Teenies, mit Zahnspangen bewaffnet, die vier Jungs mit ihren Wuschelköpfen zu Gesicht bekamen, wurden nach den Worten von Albert Goldman sofort ihre „von Walt Disney geprägten Reflexe angesprochen“.

7 Zit. nach Goldman 1989, 215.

8 Jörg Thomann, *Sorry Sir Paul*, in Frankfurter Allgemeine Magazin vom Juni 2017, 48–49; Hill 2010, 83.

9 Büsser 2013b, 13.

Und weiter: „Ihr legendäres Kreischen war nur das Geschrei eines Kindes, das gierig nach einem neuen Spielzeug greift und bei der Erkenntnis, dass es außerhalb seines Zugriffs liegt, in einem schrillen, schluchzenden, Fäuste ballenden Wutanfall explodiert."[10] Schon bald war diese Kreischlust, von der Presse durch fette Schlagzeilen verstärkt, überall zu hören, wo die Band auftrat. In Deutschland berichtete das Nachrichtenmagazin Der Spiegel über die Auftritte der „vier Liverpudel", so die Überschrift: „Wo sie hingehen, fallen Massen minderjähriger Weiblichkeit über sie her und in eine Art von Trance, wie sie, nach Meinung von Kritikern, seit Franz Liszt nicht mehr dagewesen ist."[11] Selbst die Musikfilme der Beatles wurden von schrillem Kreischen begleitet. Die Stadt New York rüstete ihre Polizisten bei Beatles-Konzerten eigens mit Ohrstöpseln aus sowie Sanitäter mit Ammoniak zur Wiederbelebung Ohnmächtiger.[12]

Gleichzeitig unterstützten die Medien eine hemmungslose und umfassende Vermarktung aller Embleme der Beatles – ihrer Frisuren, ihrer Kleidung, ihrer Musikinstrumente und natürlich ihrer Schallplatten –, sodass sogar der britische Premier die Gruppe als besten Exportartikel des Landes feierte. Augenblicklich hatten amerikanische Unternehmen das große Geschäft gewittert, als die Nachricht vom Auftritt der Band in New York bekannt wurde. Und sofort begann überall im Land der Verkauf von Beatles-Perücken, -Hemden, -Puppen, -Ringen, -Dosen, -Ansteckknöpfen, -Notizbüchern, -Turnschuhen und -Schaumbädern. Es gab Beatles-Puppen in allen Größen: aus Zucker, um sie in den Mund zu stecken, aus Plastik, um sie mit ins Bett zu nehmen, wie Der Spiegel süffisant vermerkte. Mehr als einhundert Firmen präsentierten etwa 150 Massenartikel, auf denen der Name oder das Konterfei der vier Beatles prunkte – Hemden, Höschen und Eierbecher. Die Werbung zielte zunächst auf die Arbeiterjugend, die im Gegensatz zu den Jugendlichen aus der Mittelschicht, die zur Schule oder aufs College gingen, bereits Geld verdiente. Es war eine Werbung, die Hysterie schürte, bei öffentlichen Auftritten der vier Musiker regelmäßig in Massenhysterie ausartete und die Registrierkassen heiß laufen ließ.

Das bloße Erscheinen der „Pilzköpfe" sorgte für Menschenaufläufe und wilde Verfolgungsjagden. Auf den Flugplätzen und vor den Hotels der Beatles versammelten sich in den USA, Europa und Australien Massen kreischender Fans. Hysterie und Rekorde wurden zu Selbstläufern. Als die Beatles im Februar 1964 zu einem Fernsehauftritt in der berühmten Ed Sullivan Show nach New York flogen, erwarteten sie etwa 200 Reporter und Fotografen sowie 5.000 hysterische Fans am Flughafen. Die Masse schnaubte wie Rennpferde vor dem Start und scharrte voller Ungeduld mit den Füßen. Ein Reporter begann seinen Bericht: „So was hat man seit dem Tag, an dem General McArthur aus Korea zurückgekehrt ist ..."[13] Eine Szenerie wie aus dem Irrenhaus: Nach der Landung des Flugzeugs rannten Jugendliche und Reporter schreiend und stoßend durch die Ankunftshalle, klatschten wie Vögel

10 Zit. nach Goldman 1989, 221.
11 *Beatles. Vier Liverpudel*, in DER SPIEGEL vom 26. Febr. 1964, 60–61, hier 60.
12 Mrozek 2019, 509.
13 Hill 2010, 77.

gegen die Spiegelglasscheiben und durchbrachen die Zollsperre. Tom Wolfe berichtete für den Herald Tribune über dieses Tohuwabohu: „Jede Zeitung, jede Fernseh-Station, alle Telegrafenbüros, alle Radio-Stationen, jeder, der jemand schicken konnte, um zu berichten, war vertreten, und alle angelten nach etwas Exklusivem. [...] alle Fotografen schrien zur selben Zeit, und es ging zu wie im Tollhaus.“[14]

Die Fernsehshow selbst verfolgten 74 Millionen Amerikaner. Auf ihrer Welttournee Mitte 1964, die das Quartett nach Skandinavien, Asien, Australien, Neuseeland, die USA und Kanada führte, jubelten den Beatles allein in Adelaide 300.000 Fans zu – eine derart gewaltige Menschenmasse war in Australien zuvor noch nie zusammengeströmt. Als auch Kranke und Behinderte in Reichweite der Beatles zu gelangen versuchten, nahm das Ganze sogar Züge einer Heiligenverehrung an. Bei ihrer Rückkehr nach Liverpool bereiteten über 200.000 Menschen den Beatles einen triumphalen Empfang. Im August 1965 traten sie im New Yorker Shea Stadium vor 55.600 Zuschauern zum bis dahin größten Open-Air-Konzert auf. Schließlich hatten sie im Juni 1967 einen Live-Auftritt in der ersten weltweit ausgestrahlten Fernsehsendung *Our World*, die in 31 Ländern gesehen und von geschätzten 400 bis 500 Millionen Zuschauern verfolgt wurde.[15]

Auch als die Beatles nach 1964 aufhörten, einfach nur eine raubeinige Rock-Gruppe zu sein und sich nach den Worten von Nik Cohn in „Mystiker, Möchtegern-Heilige“ verwandelten, ebbte die weltweite Hysterie um John, Paul, George und Ringo nicht ab.[16] Ende Juni 1966 traten die Vier während einer kurzen Deutschlandtournee in der Essener Gruga-Halle auf. Die Journalistin Tanja Krienen erinnert sich: „Es war ein Urknall, eine Erschütterung, eine Explosion, ein Erdbeben gar, eine persönliche Welterneuerung. Kreischende Mädchen, rockende Jungen – Menschen ohne Kontrolle! Gefühlsausbrüche der extremen Art, Ekstase bis zur Bewusstlosigkeit; Mädchen die außer sich waren. Alles tanzte, schrie, manche tobten bis sie umfielen und weggetragen wurden. [...] Von der Musik verstand man wenig, denn während des gesamten Auftrittes dominierte sehr helles, schrilles Kreischen die akustische Szenerie.“[17]

Während einiger Konzerte hörten die Beatles für Minuten auf zu spielen, ohne dass die Anwesenden ihr ohrenbetäubendes Kreischen unterbrachen. Noch kamen die Soundsysteme gegen diese Lärmkulisse nicht an. Auf den großen Konzerten waren die Beatles meist nur zu sehen und kaum zu hören. Dieses Kreischen war „nichts anderes als ein Ritual, eine zeremonielle Form des Mittuns der immer jünger werdenden Fans“, die sich mit ihrem Schreien bei den Konzerten austobten wie

14 Tom Wolfe, *Der fünfte Beatle*, in Wolfe 1988, 52.

15 Rainer Bratfisch, *Das Beatles Lexikon*. Berlin: Schwarzkopf & Schwarzkopf, 2007; Allan Kozinn, *The Beatles. From the Cavern to the Rooftop*. Berlin: Phaidon, 2010; Wicke 1992, 462–464; Millard 2005, 241–242; Savage 2015, 328; Glenn A. Baker/Roger Dilernia, *The Beatles down under: The 1964 Australia & New Zealand tour*. Glebe N.S.W.: Wild & Woolley, 1982; Schneidewind 2013, 120.

16 Cohn 1971, 112.

17 Tanja Krienen, *Extase bis zur Bewusstlosigkeit*, in SPIEGEL ONLINE vom 18. Okt. 2007 [2.09.2016].

andere auf dem Fußballplatz. Vor allem Mädchen hielten sich beim Kreischen völlig verzückt die Ohren zu, um das eigene Kreischen im Inneren ihres Schädels noch besser zu hören. In der Presse war die Rede von „einer Art Trance", die die Mädchen erfasst habe.[18]

Neben den Fans schienen überall auf der Welt auch die Gegner der Beatles von Hysterie geschüttelt. Als John Lennon sein Unbehagen über den überbordenden Fan-Kult mit den Worten kommentierte, die Beatles seien jetzt populärer als Jesus, bekreuzigte sich in den USA die gesamte fundamentalistische Christengemeinde und sprach den Kirchenbann über die angeblichen Gotteslästerer aus. Ein christlicher Rundfunksender startete eine „Ban the Beatles-Kampagne". In den Südstaaten wurden Scheiterhaufen errichtet, und Beatles-Platten, -Perücken und Fotos der Vier gingen in Flammen auf. Aktivisten des Ku-Klux-Klan nagelten ein Beatles-Cover an ein brennendes Kreuz und störten in Washington und Memphis mit Feuerwerksraketen und Knallfröschen Konzerte der Band.[19]

Obwohl die Beatles-Fans und die Anhänger der Beatmusik weniger aggressiv und gewalttätig auftraten als die Halbstarken der späten Fünfzigern, wurde der Beat mehr noch als der Rock 'n' Roll von der älteren Generation als Provokation empfunden. Senioren gaben sich einmal mehr entsetzt, weil die neue Musik verbunden war mit einem provozierenden Äußeren, mit langen Haaren, mit einer öffentlichen Diskussion über Sex, mit einer ganz neuen Liberalität, mit einer Lockerung der Sitten. Die Älteren ließen sich davon provozieren, dass die Beatles die Symbole der Männlichkeit wie Anzug, Schlips und Kragen mit femininen Langhaarfrisuren kombinierten, wo doch jeder Mann die Haare kurz bis ganz kurz zu tragen hatte. Selbst Vierzigjährige machte es fassungslos, dass diese vier „grünen Jungs" die Fragen von Autoritäten mit rotzfrechen Antworten konterten. Sie mussten sich an diesen entwaffnenden Willen zum Spaß erst noch gewöhnen. Die Beatles als Repräsentanten der jungen Generation der Unbekümmertheit machten der bürgerlichen Strenge den Garaus.[20] Sie propagierten eine Musik, die zunächst nur einen kleinen Teil der Jugendlichen ansprechen sollte, nicht die Eltern und nicht die Älteren, nicht die Erzieher und auch nicht die Pfadfinder, nicht die, die Flötenunterricht nahmen, und auch nicht die, die auf Hausmusik standen.

Der Trubel um die Beatles nahm weiter zu, als sie im Sommer 1966 zu einer Welttournee aufbrachen, die sie auch nach Ostasien führte, wo Skandale, oder was man für Skandale hielt, ihren Bekanntheitsgrad weiter erhöhten. In Tokio traten sie in der ansonsten der traditionellen japanischen Kampfkunst vorbehaltenen Halle Budôkan auf, was umgehend lautstarke Proteste und Morddrohungen von Traditionalisten hervorrief und die japanische Polizei veranlasste, zum Schutz der Pilzköpfe 35.000 Polizeibeamte einzusetzen, ein Aufwand ähnlich dem bei den Olympischen Spielen 1964.[21] In Manila gaben die Beatles zwei Konzerte vor insgesamt

18 Wicke 2011, 26; Tom Holert, *Abgrenzen und durchkreuzen*, in Kemper/Langhoff/Sonnenschein 2002, 23–37, hier 23.
19 Mrozek 2019, 536–537.
20 Farin, 2006, 37–40; Wicke 2011, 28.
21 Mrozek 2019, 527.

80.000 Zuhörern. Als die Gattin des philippinischen Diktators Marcos sie anschließend zum Frühstück in den Präsidentenpalast einlud, sie aber die Einladung ausschlugen, ließ Imelda Marcos die Sicherheitskräfte aus dem Hotel abziehen, in dem sie abgestiegen waren. Auf dem Flughafen wurden die vier von eben diesen Sicherheitskräften attackiert, sodass Ringo Starr nach einem Kinnhaken zu Boden ging und ein Chauffeur einen Rippenbruch erlitt.[22] Wieder ein Skandal, und wieder stiegen die Verkaufszahlen.

Das Jahr 1966 gilt innerhalb dieses rebellischen Jahrzehnts als das Jahr, in dem die Dekade musikalisch geradezu explodierte. Es gilt als ein magisches Jahr. Es läutete eine ganz neue Ära des Rock ein, als dieser sich endgültig aus den klebrigen Armen des Pop-Schlagers befreite und sich höheren künstlerischen Ebenen öffnete, als sich die Widersprüche zwischen populären Melodien und ernsthaftem Kunstschaffen aufzulösen begannen. Die Beach Boys ließen davon ab, für sonnengebräunte kalifornische Girls nur sonnengebräunte Surfmusik und Fun-in-the-sun-Songs zu spielen und vollzogen mit *California Girls* 1965 einen ersten Entwicklungsschritt. Im folgenden Jahr schöpften sie zuerst mit *Pet Sounds* alle Möglichkeiten aus, die ihnen das Studio bot, und erweiterten mit Waldhörnern, Piccolos, klappernden Löffeln, Cola-Dosen und Fahrradklingeln ihren Sound ganz entscheidend. Schließlich setzten sie mit *Good Vibrations* zu ganz neuen Höhenflügen an. Als Konkurrenten der Beatles trieben sie diese dazu, mit ihrer atemberaubenden Kreativität die populäre Musik nochmals zu verbessern.[23]

Zunächst konnte keiner ahnen, was folgte. 1966 kündigten John, Paul, George und Ringo ihrer schockierten Fangemeinde an, zukünftig keine öffentlichen Konzerte mehr zu geben. Sie hatten es satt, wegen der laut kreischenden Teenager, gegen die ihre saft- und kraftlosen Verstärkeranlagen nicht ankamen, ihre eigenen Worte nicht mehr zu verstehen. Manche vermuteten ob dieser Ankündigung, die Band wolle sich auflösen. Dem war nicht so – noch nicht. Fortan waren die Beatles eine Studioband. Passend zum „Sommer der Liebe“ erlösten sie ihre bangenden Fans schließlich im Mai 1967 mit einem äußerst aufwendig produzierten Album mit dem sonderbaren Titel *Sgt. Pepper's Lonely Hearts Club Band* sowie einem Cover, das die Beatles mit noch längeren Haaren, bunten Fantasie-Uniformen und John Lennon mit Brille zeigte, umringt von 70 Personen der Weltgeschichte, neben anderen Albert Einstein, Karl Marx, David Livingstone sowie Johnny Weissmüller, Marilyn Monroe und Bob Dylan, die gesamte Gesellschaft dekoriert mit Buddha-Statuen, Wasserpfeifen und Gartenzwergen. Elvis, eines ihrer frühen Idole, befand sich nicht darunter, auch nicht Little Richard und Chuck Berry. Später erfuhr die Öffentlichkeit, dass John Lennon auch noch gern Jesus und Adolf Hitler an seiner Seite gesehen hätte.

Das Album ging aber weniger wegen dieses Gruppenbilds in die Geschichte ein, sondern wegen seiner zum Teil surrealistischen Texte und nie zuvor erlebten

22 Bob Spitz, *The Beatles. The Biography*. New York: Little, Brown, 2005, 619–623; Savage 2015, 321–322; Goldman 1989, 272–276.

23 Golden 2016, 104–106.

Sound-Landschaften – eine Botschaft der Liebe, eingepackt in zum Teil hinduistische Klangbilder. Für die Platte hatten die Beatles siebenhundert Stunden im Tonstudio verbracht. Die Aufnahmen verschlangen für die sehr kurzlebige Musikindustrie die horrende Summe von 25.000 US-Dollar. Wie selbstverständlich nahm sich die Band ein Orchester zur Seite, ohne das Ganze klassisch klingen zu lassen. Dem Schlussakkord folgten ein Stimmengewirr und am Ende ein Lacher. Die meisten Hörer wussten unwillkürlich, dass sich mit dieser Platte etwas weitgehend Neues auf ihrem Plattenteller drehte. Es war nicht einfach eine Sammlung unterschiedlicher Singles, die zum Tanzen und Mitklatschen animieren sollte. Es war ein Album, es sollte ein so genanntes Konzeptalbum sein, zwar nicht das erste, aber aus der Sicht der Nachwelt das wichtigste. Schon vor *Sgt. Pepper's* hatten im Mai 1966 Bob Dylan *Blonde on Blonde* und die Beach Boys *Pet Sounds* herausgebracht. Aber erst 1969 läuteten die *Rock-Oper* der Who sowie 1973 *Dark Side of the Moon* von Pink Floyd die eigentliche Ära der Konzeptalben ein, die eine durchlaufende Geschichte, Motive und Stilelemente enthielten und mit ihren Papp-Landschaften der Aufklappcovers bedeutungsschwangere Kunstwerke darstellen wollten. Konzeptalben sollten zur Veredelung und Nobilitierung der Popmusik beitragen.[24]

Mit *Sgt. Pepper's* verließen die Beatles den Pop, obwohl ihnen Rock 'n' Roll immer noch als Grundgerüst diente. Sie hatten davon geträumt, Kunst zu schaffen, große Kunst, und eine solche Kunst bestand für sie in der Mischung aller möglichen Stilrichtungen mitsamt den dazu gehörenden Instrumenten. Sie mischten Elemente aus Rock, Folk und indischer Musik hinein. Erstmals ließen sie die Songtexte auf der Plattenhülle abdrucken, als handele es sich um Literatur. Diese Musik mit ihrer Vielfalt an Instrumenten, Klangfarben und Verfremdungen war so komplex, dass sie sich nicht mehr live aufführen ließ. Sie war hedonistisch. Die Songs waren nicht mehr in ein paar Stunden im Studio aufzunehmen, sondern Resultat mehrwöchiger und monatelanger Studioarbeit.

Die Beatles gaben ihrer Musik nach den Worten von Nik Cohn „eine Differenziertheit, Komplexität und Raffiniertheit, von der sich bis dahin niemand hatte träumen lassen". Mit *Sgt. Pepper's* löste sich die Popmusik von den Fesseln der Gebrauchsmusik als Grundlage und Aufforderung zum Tanzen. Sie befreite sich vom Zuckerguss des Schlagers und der naiven Welt des Poesiealbums. Sie degradierte den Schlager zur durchschnittlichen Durchschnittlichkeit. Sie wurde ein eigenständiges ästhetisches Gebilde. Damit veränderte sie zugleich die volkstümliche Musik des Westens so sehr, dass sie als kunstvolles Klanggebilde auch in intellektuellen Zirkeln wahrgenommen, respektiert und sogar bisweilen verehrt wurde. Texte wurden immer wichtiger, aber auch abstrakter und waren weniger eindeutig zu interpretieren. Rock war fortan mehr als reiner Lärm und Rebellion, er wurde schwergewichtig. Bereits Ende 1963 hatte William Mann, der Musikkritiker der Times,

24 Jens Gerrit Papenburg, *Konzeptalben als ‚große Werke' populärer Musik*, in Musik & Ästhetik 21. Jg., H. 84, 2017, 38–45.

die Musik der Beatles mit der Gustav Mahlers verglichen und von „äolischen Kadenzen“ geschrieben.[25]

Auch andere versuchten mit neuartigen Mitteln, die Popmusik der Kunst anzunähern. Andy Warhol holte die Gruppe The Velvet Underground in seine Factory, wo sie mit ihren experimentellen Avantgarde-Klängen einiger Aufmerksamkeit sicher war. Die Gruppe experimentierte mit einem brutalen Proto-Punk Sound, mit Disharmonien und Verzerrungen, mit einer lärmenden Originalität, mit provokanten Texten über Gewalt, Straßenstrich, Drogen und Sadomasochismus. Sie lieferte eher den Soundtrack zu S/M-Fantasien als zu LSD-Träumen. Ihre Frontfrau Nico, blond und cool-frostig wie der blasse Andy, sang 1967 von Paranoia, Sucht und sexuellen Unterdrückungsszenarien – *Femme Fatale* und *Venus In Furs*. Der Geigenstrich dazu klang wie eine streichelnde Peitsche. Ansonsten produzierte die Gruppe Krach als ästhetisches Mittel. Dazu flackerten die Lichter, gingen an und aus, und am Rande stand Andy Warhol und drückte dem Ganzen seinen Stempel auf. Er verlieh dem Gedröhne von Velvet Underground durch sein Dasein und der Gestaltung des Covers des so genannten „Bananenalbums“ die höheren Weihen der Kunst. Die meisten Zuschauer empfanden das Spektakel, das Velvet Underground veranstaltete, als kurios-wirre Avantgardekunst, als einen von Andy Warhols witzigen Einfällen, als das Zelebrieren von Einsamkeit, als eine Art Anti-Rock, so wie sie auch Andys Campbell-Suppendosen als eine Anti-Kunst verstanden.

Ob Kunst oder Krach, die Gruppe löste sich auf, bevor sie in den Charts auftauchte. Sie verkaufte kaum Platten und wurde im Rundfunk nicht gesendet. Lou Reed, der Mitbegründer, Gitarrist und Songschreiber der Band, startete später eine Solokarriere, indem er sich nach den Worten von Lester Bangs zunächst „als das ausgebrannteste, ruchloseste Subjekt weit und breit ausgab“, nur um auf sich aufmerksam zu machen. Dann verkaufte er die Würde des Rock ’n’ Roll „an Heroin, Speed, Homosexualität, Sadomasochismus“.[26]

Ebenso wie die Beatles suchten auch andere Gruppen den Aufstieg aus den kulturellen Tiefen des Pop und die Annäherung an die Kunst zu erreichen, indem sie laut an die Tür zum Heiligen Gral der Klassik klopften und die Barriere zwischen Pop und ernster Musik übersprangen. Viele Bands, die die Intellektualisierung der Popmusik vorantrieben, hatten eine klassische Ausbildung durchlaufen. Procol Harum nahm sich ein ganzes Symphonie-Orchester zur Seite, und Jethro Tull zitierte Johann Sebastian Bachs barockes Gitarrenstück *Bourrée*. Überhaupt hatte es Sebastian Bach vielen Musikern angetan: im Jazz Oscar Peterson und Nina Simone, im Pop den Beatles und den Beach Boys, später im Hip-Hop Eminem und Mobb Deep, schließlich zahlreichen Komponisten von Filmmusik. *Der Pate* und *Casino* gewannen durch Bach an Ehrbarkeit und Kraft. Bereits 1959 hatte der französische Pianist Jacques Loussier Bach zum Swingen gebracht und damit die Ära

25 Cohn 1971, 117–118; Wicke 2011, 45; Hill 2010, 276; Frank Witzel, *The Inner Groove of Sgt. Pepper*, in Kaiser/Jürgens/Weixler 2017, 11–28, hier 14; William Mann, *What Songs the Beatles Sang*, in The Times vom 27. Dez. 1963.

26 Schäfer 2016, 24; Savage 2015, 202–203; Frank Kelleter, *Aus der schönen Pophölle*, in Kaiser/Jürgensen/Weixler 2017, 30–51, hier 32–34; Paytress 2012, 96–97; Heidkamp 1999,155–168; Bangs 2008, 84 u. 218–219.

des ästhetischen Mischmaschs eingeleitet. Bis 1965 mixte er fünf solcher Cocktails unter dem Namen *Play Bach* zusammen mit zehn Prozent Bach, zehn Prozent Jazz, „den Rest mit eisgekühltem Bar-Jazz aufgefüllt", wie ein Journalist schrieb. Die Platten verkauften sich millionenfach. Solche Adaptionen von Werken der Klassiker ließ bei vielen Bildungsbürgern die Zornesadern anschwellen. Sie galten vielen als Sakrileg. Voller Entrüstung attackierten sie diese „Schmutzfinken", die mit dem „Verjazzen von Werken Bachs und Beethovens" angeblich das Genius verunglimpften.[27]

Einen anderen Weg ging Bob Dylan. Etwa zweieinhalb Jahre bevor die Beatles mit *Sgt. Pepper's* eine neue Popkunst kreierten, hatte er es mit „großer Poesie" versucht, um seine Lieder zur Kunst zu erheben. Während eines Aufenthalts in Europa hatte er intensiv Prosatexte und Gedichte des französischen Lyrikers Arthur Rimbaud studiert, vor allem *Illuminations* und *Le bâteau ivre.* Sein im Sommer 1964 erschienenes Album *Another Side of Bob Dylan* war ein erstes Resultat dieses Versuchs. Noch scheiterte er, weil seine musikalischen Ausdrucksmittel weit hinter seinen sprachlichen zurückblieben. Noch immer begleitete er seine Songs auf der Akustikgitarre. Zudem wirkten seine Bemühungen um „große Poesie" oft überanstrengt, gesucht rätselhaft und glitten bisweilen in Kitsch ab.

Im Frühjahr 1965 machte er es mit seinem neuen Album *Bringing It All Back Home* weitaus besser, als er zwar für viele seiner Anhänger zum Judas wurde, aber zum Rock zurückkehrte und damit zu den elektrisierenden harten, schnellen Beats und Gitarrenriffs eines Chuck Berry und zu einer damit verbundenen Aggressivität, wie sie später die Punkrocker verkörperten. Seine Wende vom Protestsänger hin zu einem selbstbewussten und autonomen Künstler vollendete er noch im Sommer desselben Jahres mit dem vielleicht wichtigsten Song der Rock-Geschichte schlechthin: *Like a Rolling Stone.* Wie es Heinrich Detering formulierte: Dies war „der Geburtsschrei einer neuen Kunst". Und weiter: „Seit diesem Song war klar, dass große Poesie in Rockmusik aufgehen und nicht nur von ihr begleitet oder ‚vertont' werden, dass Rockmusik also selbst ein Ort großer Poesie sein könnte." 1965 kreierte Dylan die Einheit von Rockmusik und Rockpoesie. Er verabschiedete sich von den Trivialitäten der gängigen Rocksongs und ermutigte die Rockmusik dazu, Intelligenz zu beweisen.[28] Unter seinem Einfluss veränderten auch die Beatles ihre Lyrik. Ein Jahr später stürzte er mit seinem Motorrad, und der Strom seiner im Halbjahrestakt erschienenen Alben, eines besser als das andere, versiegte. Zutiefst verunsichert suchte er anschließend viele Jahre lang verzweifelt nach Worten und Orientierung – beim Judentum und bei Schriftstellern, bei einem Maler und einem Psychologen, bei Jesus und beim Alkohol. Schließlich fand er zu sich selbst und feierte im Jahr 1975 mit *Blood On The Tracks* künstlerisch und kommerziell ein triumphales Comeback.

27 Pendzich 2008, 180–188; Krohn/Löding 2015, 353–354; Wolfgang Sandner, *Tabus, die nicht mehr existieren*, in Frankfurter Allgemeine Zeitung vom 8. März 2019, 12.

28 Detering 2016, 42, 50 u. 59; Günter Amendt, *Ich singe dir die Welt*, in Kemper/Langhoff/Sonnenschein 2002, 101–112, hier 108–109.

Das Cover von *Sgt. Pepper's* hatte einige experimentierfreudige Grafikdesigner ermuntert, die Rockmusik auch mit Kunst zu umhüllen. In London eröffnete 1968 das Grafikstudio Hipgnosis, das sofort die Gestaltung der Plattencover revolutionierte und mit teils surrealistischen Bildern auf den Alben von T. Rex, Led Zeppelin oder The Nice viele Musikfans ratlos zurücklies – nackte Kinder in einer Felsenlandschaft für Led Zeppelin, rote Ballons in der Sahara für The Nice, ein Dreieck mit buntem Licht für Pink Floyd, schließlich 1970 eine schwarzweiße Holstein-Kuh auf grüner Wiese für Pink Floyds *Atom Heart Mother* – kein Bandname und kein Titel; die ländliche Idylle mit dem friedlich grasenden Wiederkäuer als scharfen Kontrast zu dem bombastischen Rock von Pink Floyd im Inneren des Covers. In Rekordgeschwindigkeit eroberte diese Platte ohne Namen die Spitze der englischen Charts.[29] Auch dies war Ausdruck des speziellen kulturellen Klimas der sechziger Jahre mit ihrer Lust an Experimenten und Grenzüberschreitungen.

Derweil wollten die Beatles noch mehr. Sie wollten zusätzlich pillengesteuert in ganz neue Sphären und Welten eintauchen. Nachdem sie zunächst mit Hilfe von Acid versucht hatten, innere Erleuchtung zu erlangen und darüber die äußere Welt mehr und mehr vergaßen, vertiefte sich George Harrison in Hindu-Klassiker und Werke der indischen Yogis, während John Lennon das tibetanische Totenbuch in die Hand nahm. Dann ergaben sich die vier der Meditation. Als Erster bestieg George Harrison im Frühjahr 1968 seinen Berg, begleitet vom indischen Guru Maharishi Mahesh Yogi, der die fernöstliche Weltanschauung der westlichen Kultur zu westlichen Preisen zugänglich machte. Bald folgten auch die anderen drei Beatles mitsamt ihren Frauen in die Pilgerstadt Rishikesh am Ganges, wo etwa vierzig Songs entstanden, die später teilweise auf dem *Weißen Album* zu hören waren. Doch schon bald begannen alle am Sinn ihrer Reise zu zweifeln. Als erste flüchteten Ringo Star und seine Frau Maureen aus dem Meditationszentrum, da ihnen das scharfe Essen, das ungewohnte Klima und die vielen Fliegen nicht behagten. Paul McCartney und seine Freundin Jane Asher folgten alsbald, da sie einsahen, dass der Guru auch nur ein Mensch war, besonders gegenüber jungen Frauen. Dafür hechelten andere, die ebenfalls zum Pop-Olymp zählen wollten, den Beatles hinterher: Donovan, der sich dort in das Diamant-Sutra des Buddhismus vertiefte, und Peter Townshend, der Sufi-Texte las, ferner die Beach Boys, Eric Burdon, Mick Jagger und Mia Farrow, die sich am Ganges von ihrer kurzen Ehe mit Frank Sinatra erholte. Während der Guru den Besuch der weltberühmten Fab Four zur Eigenwerbung nutzte, sein Schweizer Bankkonto füllte und durch sie zu einer Ikone im Hippiemystizismus aufstieg, kehrten die Musiker bald wieder in ihre Heimat zurück.[30]

Neben den Beatles gaben Mitte der sechziger Jahre besonders die Rolling Stones mit ihrer nervös-aggressiven Spielweise der frühen Rockmusik die entscheidenden Impulse. Sie standen auf schwarzer Musik und verwirrten damit zunächst viele ihrer Zuhörer. „Wie kann ein verwöhnter, milchgesichtiger Junge aus dem

29 Aubrey Powell (Hg.), *Vinyl. Album. Cover. Art. The Complete Hipgnosis Catalogue*. London: Thames & Hudson, 2017.

30 Bill Harry, *The Beatles Encyclopedia*. London: Virgin, 2000, 705–706; Cohn 1971, 112–114; Hill 2010, 289, 310–313; Schneidewind 2013, 97.

Mittelstand, der nie auch nur ein Loch in seinem Schuh hatte, überhaupt den Blues singen, die Musik eines kaputten Schwarzen, der sein Leben in Armut und Elend verbracht hat?", fragte ein Kritiker. Die schnell wachsende britische Fangemeinde kümmerte es dagegen überhaupt nicht, dass die Stones Check Berry zu ihrem Idol erkoren und von seiner Musik lebten. Später gestand Keith Richards freimütig: „Ich habe ihm jeden Lick geklaut, den er je gespielt hat."[31] Noch bevor die Gruppe ihre erste Single herausbrachte, wurde heftig um ihre Zusammensetzung diskutiert. Zwar bildeten Brian Jones, Mick Jagger und Keith Richards den Kern der Truppe, lebten gemeinsam, spielten zusammen und teilten sich Geld und Frauen, aber Teile des Managements der Band überlegten, ob sie Mick Jagger wegen seiner schwachen Stimme nicht besser austauschen sollten, zumal er für einen Fernsehauftritt einfach zu hässlich wäre. Sie sahen sich unterstützt von einem Fernsehproduzenten, der empfahl, „diesen bösartigen Sänger mit den Lastwagenreifenlippen rauszuwerfen".[32] Die Kids sahen es anders.

Schon bald ließ die Gruppe um Mick Jagger bei ihren öffentlichen Auftritten und mit ihren Songtexten den Blutdruck von Fans wie den ihrer Gegner abrupt ansteigen. 1964 ging *The Last Time* um die Welt. Ein Jahr später folgte *I Can't Get No Satisfaction*, ein Song, der weltweit zur Hymne der Jugend aufstieg und mit seiner simplen konsumkritischen Lyrik zu einem großen Missverständnis ausartete. Nicht nur hier bestätigte sich, dass in der Rockmusik der Text meist nebensächlich ist. Es geht um den Song und um magische Worte wie „Satisfaction". Wenn die ersten Takte ertönten, die nach den Worten von Willi Winkler an eine Kuh erinnern, die plötzlich losblökt, weil sie gemolken werden will, sprangen überall auf der Welt, wo die Stones auftraten oder Diskjockeys die Platte auflegten, die Jugendlichen wie vom Stromschlag getroffen auf und brüllten das magische Wort.[33] Seit *Satisfaction* galten die Stones nicht mehr nur als irgendeine Rockband, sondern als die Rockband schlechthin. Rund um die Welt kannte jeder den Song und horchte auf, wenn jener metallische Riff erklang, von dem eine Signalwirkung ausging wie von der Marseillaise, so Ernst Hofacker.[34]

Der Manager der Rolling Stones, Andrew Loog Oldham, etwas jünger und viel boshafter als die Musiker, baute die Gruppe als eine dreckige, unflätige, wüste und grimmige Anti-Version der Beatles auf, obwohl ausgerechnet *I Wanna Be Your Man* als ihr erster Top-Ten-Erfolg eine Lennon/McCartney-Komposition war und die Stones mit den Beatles befreundet waren. Oldham modellierte sie in eine lärmende, ohrenbetäubende, aggressive, eklige und schockierende Gruppe um, zu hohlwangig bösen Beat-Buben, die keinen Drogen-Delikt ausließen und keine Provokation, die den Journalisten unentwegt reißerische Schlagzeilen lieferten, die grimmig und unfassbar böse dreinschauten, die nach Meinung sittenstrenger Bürger an Peinlichkeiten nicht zu übertreffen waren. Als Revolte gegen die weiterhin vor-

31 Zit. nach Winkler 2002, 12 u. 20.
32 Winkler 2002, 44 u. 52.
33 Winkler 2002, 97.
34 Hofacker 2018, 27.

herrschende Tyrannei der Konformität und gelackter Schlagersänger trimmte Oldham sie zu frivolen und schmuddeligen Exzentrikern. Er machte aus ihnen einen Bürgerschreck, eine regelrechte Drohung. Er brachte ihnen alles das bei, was Eltern besonders hassten. Er sorgte dafür, dass die Erwachsenen die Stones als Dreckskerle beschimpften und die Kids sie vergötterten. Er erfand skandalöse Geschichte und erreichte, dass die Klatschblätter einen Sturm der moralischen Entrüstung entfachten und seine Schützlinge ob ihrer langen Haare als eklige Schwuchteln verunglimpften.

Oldham fütterte die Presse mit Schlagzeilen und schrieb skandalträchtige Covertexte für ihre Alben. Er produzierte die für den Erfolg der Band unerlässlichen Geschichten und Mythen. Er schickte Mädchen-Fanclubs zum Toben in ihre ersten Konzerte, und diese Mädchen sollten ihre Freundinnen und deren beste Freundinnen mitbringen, um ein ohrenbetäubendes Gekreische anzustimmen, bis ganz England kreischte. Oldham lockte die damals noch biedere englische Presse mit kalkulierten Skandalen aufs Eis und führte sie am Nasenring durch die Arena. Es ging ihm einzig darum, dass die Kids den Stones zu Füßen lagen. Und sie taten es. Wenn Mick Jagger sie seit 1967 aufforderte, *Let's Spend The Night Together*, kreischten die Mädels „Yes" und wollten nichts lieber als das. Nach Oldhams Vorgaben fluchten und geiferten Mick, Keith und Brian, gaben sich obszön und machten als „bad boys" auf die Massen heiß. Sie machten Krach, den schönsten und außerirdischsten Krach. Sie ließen die Beatles recht zahnlos erscheinen.[35]

Oldham besorgte den Stones mit dem rüpelhaften Allen Klein zudem einen Manager, den er der Band als „Gangsterfigur außerhalb des Establishments" vorstellte. Klein verhandelte zwar hart und aggressiv mit den Plattenfirmen, sicherte sich aber auch 50 Prozent der Tantiemen sowie die Rechte an allen Songs der Stones vor 1971. Er zog die Fünf über den Tisch, wie dies in jenen Jahren viele zwielichtige und gefräßige Manager im Schaugeschäft taten, allen voran der Manager von Elvis Presley, ‚Colonel' Tom Parker, über Jahrzehnte hinweg der bekannteste Finsterling im Unterhaltungsgewerbe. Bisweilen waren es auch Musiker selbst, die ihre in rechtlichen Dingen völlig unbedarften Kollegen um die Früchte gemeinsamen Schaffens brachten. So ließ sich Alan Price von den Animals als alleiniger Urheber von Songtext und Musik des Welthits *The House of the Rising Sun* eintragen, sicherte sich alle Tantiemen, ohne seine Bandkollegen finanziell zu beteiligen.[36]

Die Stones erhielten von den zwei Millionen Dollar, die die Nordamerika-Tournee von 1965 eingebracht hatte, zusammen lediglich 250.000 Dollar. Auch die behielt ihr Manager Allen Klein fürs Erste für sich und versteuerte in England über Jahre hinweg nicht einen Cent der in die USA überwiesenen Gelder. Er hatte der Band zwar einen größeren Anteil an den Plattenverkäufen versprochen, aber Versprechungen vergaß er sofort. Die von Decca erstrittenen Nachzahlungen ließ er sämtlich auf sein Konto transferieren. Mick, Keith und Co. waren in finanziellen

35 Paytress 2012, 85; Hofacker 2018, 18–19.
36 Nash 2003.

Dingen völlig unbedarft, erhielten von den Einnahmen zunächst lediglich ein besseres Taschengeld von fünfzig Pfund pro Mann und Woche ausbezahlt, hatten bis zum Sommer 1970 keinerlei Kontrolle über die Verwertung ihres bis dahin eingespielten Katalogs und standen angeblich trotz zig Millionen verkaufter Platten und ausverkaufter Tourneen vor dem Konkurs. 1971 übernahm schließlich der Banker und Finanzberater Rupert zu Loewenstein ihre Geschäfte. Er verlegte den Wohnsitz der Band von England nach Südfrankreich, wo sie deutliche geringere Einkommenssteuern zu entrichten hatten, und sorgte dafür, dass die Stones dank aufwendiger Konzerttourneen zu einer der finanziell erfolgreichsten Bands der Popgeschichte aufstiegen. Er machte sie zu „einer erstaunlichen Geldmaschine“, wie das Wirtschaftsmagazin Fortune schrieb.[37]

Während Mick Jagger seit Ende des Jahrhunderts in Glitzer-Shirt und bestickter Weste auf die Bühne springt, traten die Stone Ende der Sechziger auf, als wären sie soeben von der Arbeit gekommen: im ausgeleierten Sweatshirt und mit ungewaschenen Haaren. Dann legten sie los mit Sottisen gegen die bigotte Elterngeneration sowie mit breitbeinig und mit der Zunge in der Backe vorgetragenen Anzüglichkeiten und Mackerfantasien: *Under my thumb*.[38] Für die amerikanische Presse waren diese britischen Musiker, die den Amerikanern den Rhythm & Blues ihrer schwarzen Mitbürger zurückbrachten und wie neu verkauften, extrem schmuddelig und schlampig, aber auch extrem sexy, „ungeheuer schön in ihrer Hässlichkeit“, so der Musikjournalist Nik Cohn.[39] Die deutsche Jugendzeitschrift Bravo kommentierte: „Sie stecken in erbarmungswürdig schäbigen Anzügen. Und sie sehen überhaupt höchst verhungert und verkommen aus.“[40] Aus dem gewaschenen, gesprayten und gescheitelten Etablissement flog ihnen immer wieder die Aufforderung entgegen, sich doch mal zu waschen. Die Beatles dagegen ließen ihre Fans wissen, dass sie sich jeden Tag die Haare wuschen, bisweilen sogar zweimal. Nicht so die Stones, die sich die Haare lediglich wachsen ließen und „den hungernden Friseuren Englands“ die allerliebsten Grüße übermittelten.

Tom Wolfe, der als junger Reporter den ersten Auftritt der Fünf in New York beobachtete, beschrieb Mick Jagger, den Frontmann der Gruppe, als einen „kleinen dünnen Jungen“ mit „außergewöhnlichen Lippen“, die aus seinem „Gesicht hängen wie Gänseklein“, aber mit der „Stimme eines Negerbullen“. Bevor er zu singen begann, glitten seine Augen „langsam und weich wie Karo-Sirup“ über die „Horde entflammter Knospen“, schlossen sich, und dann schürzten sich seine Lippen „zu dem trägsten, vertraulichsten, feuchtesten und lippigsten Beischlaf-Grinsen“, worauf die Zuhörerinnen in ein wildes Kreischen ausbrachen, zur Bühne drängelten oder auf ihre Sitze kletterten. Auch bei den Auftritten der Stones veranstalteten die Zuhörer einen Höllenlärm, bei dem Texte und Melodien völlig verlorengingen und

37 Shuker 2016, 66–69; Winkler 2002, 99 u. 220; Ben Sisario, *Allen Klein, 77, Dies, Managed Music Legends*, in The New York Times vom 4. Juli 2009; Hofacker 2018, 51–52; *Prince Rupert Loewenstein: The extra Rolling Stone*, in www.express.co.uk/entertainment/music/477661 [27.10.2017].

38 Schäfer 2016, 59–63; Savage 2015, 49–55.

39 Cohn 1971, 123; Shumway 2014, 101–107.

40 Bravo Nr. 13, 1964, zit. nach Farin 2006, 44.

nur noch Chaos und Anarchie übrigblieben.[41] An Mick Jagger schieden sich die Geister. Für den Rock-Kritiker Lester Bangs war er „ein spastischer Tornado mit Lippen wie ein Pfannkuchen, der an Millionen dampfender Mösen vorbei" über die Bühne wirbelte und den Zuhörerinnen Zweideutigkeiten in die Gehörgänge brüllte.[42] Die feministische Musikologin Sheila Whiteley charakterisierte Mick Jagger als „sexistisch, ein Feind von Anstand und Gesellschaft, kompromisslos, roh, sinnlich und rebellisch".[43] Wie dem auch sei, bei den Groupies bekam Jagger immer Bestnoten, und Cynthia „Plaster Caster" Albritton, die als Groupie Gipsabdrücke von den erigierten Penissen jedes Rockstars nahm, mit dem sie schlief, bejubelte Mick in den höchsten Tönen. Dieser hatte seine hektischen Tanzbewegungen von „Mister Dynamite" James Brown übernommen, und Tina Turner hatte ihm den Sideways Pony beigebracht.

Tom Wolfe sah in den Rolling Stones die typischen Repräsentanten der modernen Massenkultur, da sie „genauso wie der Rock and Roll, Beat und Twist aus dem Untergrund des modernen Teenager-Lebens (kommen), aus dem, was lange Jahre nur ein Schlupfwinkel war für die Ausgestoßenen der Welt der Kunst, der Fotografie, die von armen Jungen und Scharlatanen bevölkert ist."[44] Für Nik Cohn brauchte man seit den Rolling Stones als Rockmusiker „nicht mehr hübsch zu sein, man brauchte nicht mehr einfältig zu lächeln [...], und dennoch konnte man eine Million Dollar verdienen."[45] Er vergaß, dass die erste Tour der Stones durch Amerika als Fiasko endete. Zwar kreischten die Mädchen, die Jungs aber konnten mit dem Sänger mit den dicken Lippen nichts anfangen. Warum lutschte er so am Mikrofon? Warum bewegte er sich so eigenartig? Viele Repräsentanten des braven, sauberen Amerika machten sich über die Stones lustig. Der stets bestens frisierte und adrett gekleidete Dean Martin, der sich im August 1964 mit *Everybody Loves Somebody* an die Spitze der Charts gesungen und *A Hard Day's Night* von den Beatles verdrängt hatte, lästerte voller öliger Arroganz: „Manche sagen ja, die Rolling Stones hätten lange Haare. Das stimmt aber gar nicht: Sie haben nur eine niedrige Stirn und hohe Augenbrauen."[46]

Ganz anders die Reaktion der englischen Fans. Mick Jaggers spätere Freundin Marianne Faithfull erlebte die Band 1966 bei einem Konzert im südwestenglischen Bristol: „Praktisch mit den ersten Tönen erklang ein unterirdisches Heulen von Tausenden wahnsinniger Teenager. Mädchen fingen an, sich die Haare auszureißen, stellten sich auf die Stühle, schüttelten sich wie verrückt. Pupillen weiteten sich. Es war, als befänden sich die Leute auf einer seltsamen Droge, die sie antrieb und in synchrone Bewegungen versetzte. Die Halle geriet in Trance. [...] Während die anderen Stones einzeln und unbeweglich wie Osterinselstatuen dastanden, wirbelte Mick über die Bühne. Mit seinen Verrenkungen übermittelte er makellos die

41 Tom Wolfe, *Das Girl des Jahres*, in Wolfe 1988, 193.
42 Bangs 2008, 75.
43 Sheila Whiteley, *Little Red Rooster v The Honky Tonk Woman: Mick Jagger, sexuality, style and image*, in Frith 2004, 279–309, hier 280.
44 Tom Wolfe, *Das Girl des Jahres*, in Wolfe 1988, 197.
45 Cohn 1971, 127.
46 Winkler 2002, 81.

ganze Attitüde der Stones – das dunkel Bedrohliche, die Arroganz, das Androgyne.“ Pete Townshend von The Who, der damals lautesten Band, ergänzte: „Jagger war sexy. Die Mädchen liebten ihn.“[47]

Für ihre männlichen Fans lieferten die Rolling Stones, wie Konrad Heidkamp schrieb, die passenden Pin-up-Girls gleich mit – Anita Pallenberg und Marianne Faithfull, die wechselweise mit Keith Richards, Mick Jagger und Brian Jones liiert waren und nach Regeln lebten, die auf keiner Schule für höhere Töchter gelehrt wurden. Vor allem Letztere stieg alsbald als naive Verführerin mit Schmollmund und blonden Haaren zum Covergirl des „Swinging London“ auf, hauchte mit der Stimme einer Sechzehnjährigen *As Tears Go By* und zwang selbst harte Jungs zum Träumen.[48]

Oldham hatte den blonden Engel auf einer Party kennengelernt und ihr sofort versprochen, sie weltberühmt zu machen, musste dann aber bei der ersten Plattenaufnahme feststellen, dass sie „wie eine inzüchtige Hyäne“ sang. Obwohl dem Manager ob ihres Gesangs die Tränen kamen, dichtete er für sie völlig verlogene Pressemitteilungen, die letztlich ihr Image bestimmten und sie zum Star werden ließen. Nachdem sie 1965 den britischen Künstler und Galeristen John Dunbar geheiratet hatte, mit dem sie noch im selben Jahr einen Sohn bekam, trennte sie sich zwei Jahre später von ihm und zog mit den Rolling Stones durch die Lande. Zuerst mit Brian Jones, der aber wegen seines riesigen Konsums an Schlaftabletten, LSD, Aufputschmitteln und Alkohol meist zu müde und erschöpft war, um sie mehr als nur ausziehen zu können. Dann probiert sie es mit Keith Richards und verbrachte mit ihm nach eigenen Worten die beste Nacht ihres Lebens, ehe dieser sie darüber aufgeklärte, dass Mick Jagger furchtbar in sie verknallt sei. So wurden beide ein Paar, um sich Ende 1969 nach vielen Drogenexzessen wieder zu trennen.[49]

Wie viele andere Rockbands suchten auch die Rolling Stones zuerst in der Drogenwelt und dann zusätzlich im mystischen Kosmos nach Inspiration. Mick Jagger zog es, wie gesagt, nach Indien, während Brian Jones, der exzentrische Gitarrist der Gruppe, der jeden neuen Stoff sofort ausprobierte, sich 1967 und 1968 auf den Weg ins marokkanische Rifgebirge machte, wo er sich in dem abgelegenen Bergdorf Jajouka inmitten von fruchtbaren Haschischfeldern von den Flötenspielern von Jajouka ebenso wie der dortige Ziegengott Boujeloud in einen Trancezustand versetzen ließ. Seine Aufnahmen dieser polyrhythmischen Musik wurden 1971 als erstes Album der Weltmusik veröffentlicht – *Brian Jones Presents the Pipes of Pan at Joujouka*. Ein Jahr nach Jones’ zweitem Trip zu den Sufi-Trance-Musikern pilgerte auch der LSD-Papst Timothy Leary nach Jajouka, um durch den Haschischnebel hindurch in den Flötenspielern eine „vier tausend Jahre alte Rock ’n’ Roll-Band“ zu entdecken. Auch viele andere Musiker wie John Lennon und der Free-Jazz-Pionier Ornette Coleman sowie die in Tanger lebenden drei Beatpoeten Brion Gysin,

47 Zit. nach Winkler 2002, 106; Marianne Faithfull/David Dalton, *Eine Autobiographie*. Frankfurt a.M.: Zweitausendeins, 1994; Pete Townshend, *Who I Am. Die Autobiographie*. Köln: Kiepenheuer & Witsch, 2012.

48 Heidkamp 1999, 99.

49 Winkler 2002, 59–73.

William S. Burroughs und Paul Bowles suchten in den Bergen Marokkos nach Erleuchtung.[50]

1969 verstarb Brian Jones – die offizielle Todesursache: Tod durch Ertrinken im eigenen Swimmingpool. Seit er mit der Band Ende 1965 zum Abschluss der zweiten Nordamerika-Tournee in Kalifornien bei Ken Kesey und den Merry Pranksters einen „Acid-Test“ absolviert hatte, ihn daraufhin Wasserleitungen angesprochen hatten und fremde Gestalten aus der Wand gewachsen waren, hatte er alles in sich hineingeworfen, was der Markt hergab. Er verfiel in paranoide Wahnvorstellungen und erging sich in Verschwörungstheorien. Schließlich verlernte er sogar, Gitarre zu spielen, und musste wie ein Anfänger Stunden nehmen, bis ihn die anderen Bandmitglieder aus der Band warfen. Vier Wochen später war er tot. Am 5. Juli 1969 gaben die Stones ein kostenloses Konzert im Londoner Hyde Park, das bereits vor dem Tod von Jones geplant war, aber kurzfristig zu dessen Gedenkfeier umfunktioniert wurde. Die Zuschauerzahl signalisierte die inzwischen erreichte unwiderstehliche Anziehungskraft der Beatmusik. Knapp 300.000 Hippies, Flower Peoples, Rocker und andere Pop-Fans saßen und lagen auf der Wiese des Parks dicht an dicht – die größte Menschenmenge, die bis dahin je zu einem Popkonzert zusammengefunden hatte. Mick Jagger erschien ganz in Weiß – in weißer Hose, weißer Bluse und weißem Rock – und verlas zwei Oden von Percy Bysshe Shelley, dem Schriftsteller der englischen Romantik. Hunderte von Schmetterlingen stiegen in den Himmel auf. Dann begann das Konzert.

Rock war „in“ und zog die Massen an. Einige Wochen später kamen zum zweiten Isle of Wight-Festival ebenfalls dreihunderttausend Zuhörer und Mitte August in Woodstock eine halbe Million. Der Musikkritiker Helmut Salzinger vermerkte, die Musik sei gegenwärtig dabei, die literarische Äußerung, das gedruckte Wort, aus seiner dominierenden Stellung als Kommunikationsmittel zu verdrängen. Er meinte: „Es dürfte momentan außer der Pop-Musik kaum etwas geben, für das eine ähnliche Zahl von Menschen mobilisiert werden könnte.“ Salzinger sah in diesen Zuschauern freie Menschen, „die freiesten Menschen, die man heute auf dem Erdball finden kann, Leute, die jene Revolution bereits antizipiert haben.“ Dies offenbare auch ihr Äußeres, ihre Kleidung, mit der sie ihre Lebensfreude und Einstellung zum Leben zum Ausdruck brachten –fantastisch, fanny, keep it kool! Freiheit bedeutete diesen Fans vor allem „ein Leben zu führen, in das Autoritäten nicht hineinreden, das jedem die Gelegenheit gibt, das zu tun, was ihm gefällt.“[51] Ein Teil der Jugendlichen, die an der Wende zu den Siebzigern in Scharen zu den Konzerten der Beatles, Rolling Stones und anderer Rockbands pilgerten, hatte inzwischen Musiker wie John Lennon oder Keith Richards zu ihrem Idol erkoren, obwohl diese mit ihrem von Sex und Drogen überbordenden Lebenswandel keinesfalls die Eigenschaften ausstrahlten, die sie nach Ansicht des Bürgertums zu einem Vorbild

50 Mohamed Allah Hamri, *Tales of Joujouka*. Santa Barbara: Capra Press, 1975; Stephen Davis, *Jajouka Rolling Stone: A Fable of Gods and Heroes*. New York: Random House, 1993; Fariborz 2010, 128–148.

51 Schäfer 2010, 200 u. 92–96.

prädestinierten – im Gegenteil. Mit dem Aufstieg der verhaltensauffälligen Rockstars der sechziger Jahre zu Idolen der Jugend kündigten sich diese tiefgreifenden gesellschaftlichen Veränderungen an, jene Revolution von Werten und Verhaltensweisen, für die das Jahr 1968 als Chiffre steht. Zugleich hatten diese Musiker ihren Fans die Möglichkeit eröffnet, zwischen einer Vielzahl an Musikstilen zu wählen, sich auch nach außen hin zu einer Musikrichtung zu bekennen, die ihrem Fühlen und ihrer Lebenseinstellung bestens entsprach.

FREIHEIT – ZEIT FÜR EXPERIMENTE

Mitte der sechziger Jahre hatte für Musiker und alle, die sich dafür hielten, die Zeit der Experimente begonnen. In der Rückschau zählen auch sie zu den Akteuren der weltweiten Revolten und gesellschaftlichen Veränderungen der späten sechziger Jahre. Die Beatles experimentierten, die Beach Boys experimentierten, The Velvet Underground ebenso. Die in den Jahren zuvor recht erfolgreiche Londoner Band The Kinks wollte nicht nachstehen und versuchte 1968, gegen den aufrührerischen Lärm der anderen Rockgruppen mit einer Lobeshymne auf das Landleben anzusingen und die nervenaufreibende städtische Ekstase durch ein Leben auf dem Land mit Kuh und Katze zu beruhigen. Sie scheiterten. Ihr Album *The Village Green Preservation Society* wurde mit seinen melancholischen Texten und seiner zurückhaltenden Musik in jenem rebellisch-lauten Jahr zu einem kommerziellen Misserfolg. Erfolg hatten dagegen viele der experimentierfreudigen Bands, die ihren Fans mit neuen Musikrichtungen und den damit verbundenen äußeren Erkennungszeichen und Fankulturen zu immer neuen Möglichkeiten der Distinktion verhalfen. Sie ermöglichten Jugendlichen, sich mittels Musik eine Identität zuzulegen und sich zu positionieren, Kontakte zu knüpfen und soziale Energie zu entfalten, kurz: ihr Leben zu verbessern. Zugleich vermittelten die neuen Musikrichtungen der jungen Generation das Gefühl von Schnelllebigkeit, da sie die Musikfans permanent mit Neuheiten bombardierten. Nicht anders die Mode, die mit immer grelleren Farben, psychedelischen Pucci-Mustern und dem erstmaligen Zeigen der Oberschenkel nach Aufmerksamkeit schrie. Wie ein englischer Talkmaster jubelte, störte sich plötzlich niemand mehr „an lila Gehröcken, pinken Hemden und Stiefeln aus Wildleder. [...] Hoch die Revolution – verbannt all die trostlosen Grautöne und Nadelstreifen der Regenschirm-Fraktion!“[52] Unter den zahlreichen Fangruppen, die in den sechziger Jahren entstanden, nutzte eine schnell größer und lauter werdende Gruppe die Musik aber auch dazu, ihrem Unwillen und ihren Protesten gegen Ungerechtigkeiten in dieser Welt Ausdruck und Aufmerksamkeit zu verleihen. Sie vermischten in diesen unruhigen Jahren Popkultur mit Politik und förderten eine Entgrenzung der Politik.

Während des Vietnamkrieges und der Bürgerrechtsbewegung in den USA trugen auch die Jugendrevolten, die vor allem den Westen in dem kurzen Sommer der

52 Zit. nach Reynolds 2017, 93.

Anarchie erfassten, zur Weiterentwicklung der Rockmusik bei. Umgekehrt veränderte diese die Einstellung von Jugendlichen zu Krieg und Rassendiskriminierung. Rund um den Globus brodelte es, und überall von den USA über die Tschechoslowakei und Frankreich bis Japan gingen nicht nur Studenten auf die Straße, um gegen Krieg und für Gleichberechtigung, Demokratie und eine neue Gesellschaftsordnung zu demonstrieren. Feministinnen, Hippies und schwarze Bürgerrechtler schlossen sich den Studenten an, und mit den Haaren wuchs ihr Widerstand. Der Verdruss über die Zustände an den Universitäten und die miserablen Studienbedingungen gab vielerorts den Anstoß zu den Protesten. Politische Repression, die Ermordung von Martin Luther King, die Bombardierung von Nordvietnam und das Massaker von My Lai heizten die Protestbewegung weiter auf und zerstörten den Glauben an eine Wende zum Besseren durch eine veränderte Politik.

Bereits vor dem Medienkonstrukt „1968" hatten die so genannten Ostermarschierer seit 1958 gegen Kriegsdienst und atomare Aufrüstung protestiert. Sie fanden musikalisch ab etwa 1963 erste Verbündete im Folk, der zwei bis drei Jahre zuvor mit Ikonen wie Pete Seeger eine Art Wiedergeburt erlebt hatte. Mit Protestsongs begleiteten verschiedene Musiker das allgemeine Aufbegehren und den tiefgreifenden gesellschaftlichen wie wirtschaftlichen Wandel. Sie versuchten mit ihren Liedern, die Welt zu einem besseren Ort zu machen. Auf der Gitarre von Woody Guthrie, der Ikone der Folkbewegung, hatte der Aufkleber „This machine kills fascists" geprangt. Guthrie war in den vierziger Jahren zum radikalen Protestsänger geworden. Er hatte für die Kommunistische Partei und die Gewerkschaften gesungen, über die Leiden der Bevölkerung in wirtschaftlichen Krisenzeiten und über das Versagen der Politik, über ausbeuterische Bosse und den fortwährenden Rassismus.[53] Bob Dylan nahm sich Guthrie zum Vorbild.

Gleichzeitig verlagerte sich die treibende Kraft, die hinter der Weiterentwicklung des Rock stand, von England zurück in die USA, wo diese Musik fortan auch für Selbstbefreiung und Selbstverwirklichung stand, weitgehend frei von Regeln und gesellschaftlichen Konventionen. Folk- und Rockmusik umrahmten fortan politische Bewegungen wie die Studentenbewegung, die afroamerikanische Bürgerrechtsbewegung, die frühe Frauenbewegung, die ökologisch angehauchte Friedensbewegung, die Proteste gegen den Vietnamkrieg und die gegenkulturelle Hippiebewegung. Musiker wurden fortan von der jungen Generation nicht mehr nur als Unterhalter angesehen, sondern auch als soziale und politische Visionäre, als Vordenker.[54] Es war schon irgendwie verrückt. Ein Großteil der Jugendlichen skandierte im Laufschritt „Ho Ho – Ho Chi Minh" und schimpfte die Amerikaner Heuchler und Verbrecher, andererseits aber bejubelten dieselben weiterhin die Musik aus den USA, sei es den heißen Boogie-Woogie von Fats Domino, den *Hammer* von Trini Lopez oder aber die Protestsongs von Bob Dylan.

Die amerikanische Folk-Sängerin, Bürgerrechtlerin und Pazifistin Joan Baez wies als singende Jeanne d'Arc und dem Lied *We Shall Overcome* nicht wenigen

53 Barbara Mürdter, *This Tent Kills Fascists*, in Beyer/Burkhalter 2012, 152–159, hier 155.

54 Wicke 1993, 32; Matthias S. Fifka, *Rock around the Clock*, in Paul/Schock 2013, 402–407, hier 407.

den Weg zu diesem Protest. Für viele Jugendliche in den westlichen Ländern wurde ihre Musik Teil der eigenen Identität, und sie übernahmen die Aussagen derartiger Songs als eigenes politisches Credo. Sie stimmten in diese Lieder ein, um ihrem Protest Luft und Ausdruck zu verschaffen. Sie begleiteten mit voller Kehle die Auftritte des „Wanderpredigers" Bob Dylan, der die Rockmusik mit ihren bis dahin eher trivialen Liebesliedern mit sozialkritischen und poetischen Texten bereicherte, mit einer neuen Songpoesie aufwertete, der Rock 'n' Roll und Folk zu einer neuen Einheit verschmolz, der den rauen Rock mit stilvoller Lyrik verband, der das gegen die „große" Politik revoltierende Individuum in die Gemeinschaft Gleichgesinnter integrierte.

Es tat dem jugendlichen Enthusiasmus keinen Abbruch, dass die meisten der Dylan-Fans nicht nur aus sprachlichen Gründen seine assoziationsreiche, vieldeutige und dunkle Lyrik kaum verstanden, die der Sänger mit der näselnd-krächzenden Stimme ganz unverfroren in der Weltliteratur zusammengerafft hatte, so etwa seinen apokalyptischen Song *A Hard Rain's A-Gonna Fall* von 1964, mit dem er aber entscheidend dazu beitrug, Rockmusik zu einer Kunstform zu machen. Es war schon sonderbar. Nach Ansicht von Nik Cohn hatte der große Näsler Dylan technisch „nichts los, er spielte schlecht Gitarre und schlecht Mundharmonika, er sang kaum jemals in der Tonart richtig, und seine Stimme war hässlich, sie kam durch die Nase, und sie wimmerte, sie greinte. Dennoch war sie seltsam hypnotisch, sie bohrte sich einem in den Kopf. Auch wenn man sie nicht mochte, diese Stimme setzte einem zu."

Für einen Kritiker der New York Times klang die Stimme von Dylan so, als käme sie über die Mauern eines Tuberkulose-Sanatoriums. Andere erinnerte sein Mundharmonikaspiel an eine defekte Herz-Lungen-Maschine. Entweder hasste man Dylans Stimme, oder man liebte sie. Entweder hielt man sich die Ohren zu oder bewunderte die vielen Varianten von Emotionalität, die sie produzierte. Selbst wenn man Bob Dylan als Interpreten ablehnte, „als Autor aber war er einfach gewaltig. [...] Er hat den Pop erwachsen gemacht, er hat ihm Verstand gegeben", so nochmals Nik Cohn.[55]

Seit Anfang 1963 präsentierte sich Dylan als Singer-Songwriter und auch als Poet. Er griff für seine Lieder bedenkenlos auf Melodien und Texte anderer Musiker zurück, um sie nach seinem Geschmack und für seine Aussage umzuformen.[56] Sein *Blowin' in the Wind* von 1963 zur Melodie des alten Gospels *No More Auction Block* stieg bald zu einer weltweit gesungenen Anti-Kriegs-Hymne der Linken und Aufrechten auf, nachdem die US-amerikanische Folk-Gruppe Peter, Paul and Mary sie 1963 zum Hit gemacht hatte. Ähnliches gilt für Barry McGuire's düsteren, wenn auch flachen Protestsong *Eve of Destruction,* der den Vietnamkrieg zum Krieg der Alten gegen die eigene Jugend umdeutete, und der 1965 trotz des Boykotts durch Rundfunk- und Fernsehsender die Spitze der amerikanischen Charts eroberte.

Die Musik von Joan Baez, Bob Dylan und Jimi Hendrix bildete den Soundtrack zur sozialen Revolution der 1960er Jahre. Sie verkündete eine Botschaft gegen den

55 Cohn 1971, 137, 139 u. 142; Seifert 2016, 85.
56 Pendzich 2008, 129–132.

Atomkrieg und vielfältiges Elend. Sie forderte ein anderes Leben und erreichte es auch teilweise, selbst wenn die meisten die heilende Kraft des politisch korrekten Liedes völlig überschätzten. Die Botschaft wurde bis nach Japan vernommen, wo sich die verschiedenen studentischen Fraktionen einen äußerst blutigen Kleinkrieg mit vielen Toten lieferten. Japan erlebte einen wahren Folk-Boom, der 1969 in einem dreitägigen Folk-Festival in Nakatsugawa gipfelte.[57]

Gegen Ende des rebellischen Jahrzehnts wurden die Formen des musikalischen Protestes zahlreicher, vielgestaltiger und vielstimmiger. 1967 brachte Aretha Franklin die LP *I Never Loved a Man the Way I Love You* heraus. Gleich mit dem ersten Stück der Platte zeigte die Queen of Soul, warum es ihr ging: um *Respect*. Das eher intime Liebesdrama von Otis Redding verwandelte sie in einen kraftsprühenden gesellschaftlichen Schlachtruf. Wie der Journalist Christian Staas später schrieb: „Es war ein Lovesong, ein Protestlied, ein Schrei nach Anerkennung, ein Akt der Selbstermächtigung, ein Hit." Vier Jahre nachdem Martin Luther King zu Füßen des Lincoln Memorial in Washington von seinem „Traum" gesprochen hatte und sich im Alltag der Afroamerikaner und vor allem der afroamerikanischen Frauen gleichwohl nur wenig geändert hatte, war Nachhilfe geboten und nicht nur mit dem Ziel der politischen Gleichberechtigung. *Respect* wurde eine der großen Hymnen der Frauenbewegung in politischer und auch sexueller Hinsicht, da die Predigertochter mit gospelhafter Intensität auch über Sex und weibliche Lust sang. Sie sang darüber, wie Mann und Frau miteinander umgehen sollten, wie sie ihre gegenseitige Liebe zum Ausdruck bringen sollten.

Sofort ging *Respect* um die Welt. Der Chef von Atlantic Records erinnerte sich: „Du gingst nach Kopenhagen, gingst tanzen und hast zu ‚Respect' getanzt. Am nächsten Tag gingst du nach Singapur und hast zu ‚Respect' getanzt. Du gingst nach Johannesburg und hast wieder zu ‚Respect' getanzt. Und dann gingst du nach Buffalo, New York, und dort hast du auch zu ‚Respect' getanzt."[58]

In Erinnerung blieben auch die politischen Statements verschiedener Sportler und Musiker in jenen Jahren. Unter den Sportlern machte der Boxweltmeister im Schwergewicht Muhammad Ali alias Cassius Clay durch seine öffentlichkeitswirksame Verweigerung des Wehrdienstes auf sich aufmerksam. Er wollte nicht in Vietnam gegen Menschen kämpfen müssen, die ihn niemals Nigger genannt hätten. Unter den Musikern spielte sich neben vielen anderen Jimi Hendrix mit musikalischen Statements in den Vordergrund. 1967 legte er mit seiner Band mit *Are You Experienced?* sein erstes Album vor, verwandelte dabei die E-Gitarre in ein völlig neues Instrument und verschob nachhaltig die Grenze zwischen Musik und Geräusch. Im Hamburger Star-Club, wo er im selben Jahr auftrat, ließ er seine E-Gitarre zunächst losheulen und pfeifen, sodass alle Anwesenden dachten, die Anlage sei defekt. „Aber dann", so ein Augenzeuge, „legten Schlagzeug und Bass los und

57 Stevens 2008, 44; Savage 2015, 85.

58 Zit. nach Vea Kaiser, *Himmlischer Sex*, in Kaiser/Jürgensen/Weixler 2017, 167–181, hier 180; Christian Staas, *Aretha Franklin. Ein bisschen R-E-S-P-E-C-T*, in DIE ZEIT vom 13. Aug. 2015.

Hendrix würgte seine Gitarre, biss rein und spielte mit der Zunge und auf dem Rücken und unterm Knie und er haute sie gegen den Marshall-Turm, das klang so, als explodiere gerade ein Elektrizitätswerk. [...] Als er fertig war, waren alle fertig."[59]

Zwei Jahre später nahm er bei seinem Auftritt in Woodstock unnachahmlich und unvergessen Stellung zum Krieg in Vietnam. Mit seiner Spieltechnik und dem Einsatz von Effekten schredderte er die US-amerikanische Nationalhymne *The Star-Spangled Banner* und verwandelte sie in eine Gewaltorgie. Zwischen der allgemein bekannten Melodie der Hymne wurden Kriegsszenen mit Maschinengewehrsalven, Bombardements und Granateinschlägen hörbar.[60] Vor Hendrix mussten alle Gitarrengötter dieser Jahre ihren Hut ziehen, und sie taten es – Eric Clapton genauso wie Pete Townshend. Hendrix pochte auf den zentralen Anspruch des Rock dieser Zeit, die Welt mit Musik zu verändern. Doch letztlich setzte sich in der Rockmusik nicht das Politische durch, sondern das Kommerzielle, wodurch diese Musik auch nicht auf die studentische Jugend beschränkt blieb und sich ihre Weltumrundung beschleunigte.

Mitte der sechziger Jahre tauchten erstmals auch Drogen im Zusammenhang mit Jugendrevolte und Popmusik auf, und mit den Songs und den für ihren Drogenkonsum berüchtigten Rockmusikern breitete sich die Einnahme von Drogen über die Grenzen des jeweiligen Landes aus. Kokett definierte die Jugend des Westens diese Epoche durch Drogen, Sex und Rock 'n' Roll als den für sie wichtigsten kulturellen Ingredienzen. Während die Sowjetunion und die USA mit ihren Weltraumraketen nach außen strebten, suchten die Konsumenten von Drogen im Inneren nach neuen Welten. Sie wollten jeden Tag etwas Neues erleben, wollten in Sphären vordringen, die ihnen bis dahin versperrt waren. Die meisten der bekannten Musiker wollten den Rausch ihrer Kreativität mit „Mother's Little Helper", wie die Stones ironisch sangen, noch weiter verstärken. Für die Beatles war das Rauchen von Marihuana, das in London gern als Rauschmittel während einer Party konsumiert wurde, Mitte des Jahrzehnts so normal wie Teetrinken. Die Zeit der braven Anzüge, der gestärkten Hemden und seidenen Krawatten war endgültig vorbei. Irgendwann nahmen fast alle Musiker, die auf Tournee gingen, Kokain, anschließend mehr und mehr Heroin. John Lennon verbrachte Anfang der Siebziger ganze Wochen vollgedröhnt im Bett, und wegen der Drogensucht von Keith Richards stand der Fortbestand der Rolling Stones in den siebziger Jahren auf der Kippe. Joe Cocker kehrte Anfang der Siebziger völlig pleite und vom vielen Heroin und LSD völlig fertig ins Haus seiner Eltern nach Sheffield zurück, war zwei Jahre lang unfähig zu einem wirklich gelungenen Auftritt, und wenn er einmal eine Bühne betrat, hielt er sich an einer Flasche Brandy fest. Steven Tyler, der Leadsänger von Aerosmith, meinte später, Drogen hätten ihm das Gefühl gegeben, ein Rockstar zu sein, bevor er einer war. Zusammen mit dem Gitarristen Joe Perry hinterließ er mit seinem Drogenkonsum eine Schneise des Chaos. Als hungrige Lebemänner nahmen beide alles mit,

59 Zit. nach Detlef Siegfried, *Wild Thing. Der Sound der Revolte um 1968*, in Paul/Schock 2013, 466–471, hier 466.

60 Frieder von Ammon, *Nie wieder Surfmusik*, in Kaiser/Jürgensen/Weixler 2017, 70–87; Lang 2009, 238–239.

was sie kriegen konnten – mit Vorliebe die balzwilligen Groupies und die traumseligen Drogen. Deren extensiver Konsum bescherte ihnen den Spitznamen „The Toxic Twins".[61] Elton John verschwand 1989 aufgrund seiner Drogenprobleme für zwei Jahre von der Bühne und stürmte, wie in dem Film *Rocketman* nachgestellt, in eine Selbsthilfegruppe mit den Worten: „Ich bin Alkoholiker. Ich bin drogenabhängig. Ich bin kokainsüchtig. Ich bin sexsüchtig. Ich bin shoppingsüchtig. Ich kiffe, habe Bulimie und Aggressionsprobleme."[62] Er und viele andere balancierten auf dem schmalen Grat zwischen kreativer Schubkraft und schmerzlicher Selbstzerstörung, produzierten mitreißende Musik und waren dabei kaputtzugehen. Viele Jugendliche und die Musiker selbst haben solche Exzesse glorifiziert. Für die ältere Generation stand dagegen unisono fest, dass diese Drogensüchtige nicht als Vorbilder taugten.

Etwa ein Jahrzehnt lang hatte die CIA in den USA mit LSD experimentiert und Probanden dafür bezahlt, sich freiwillig als Versuchskaninchen zur Verfügung zu stellen. Unter ihnen befand sich auch der Literaturstudent Ken Kesey, der seine Erfahrungen mit LSD in der psychiatrischen Abteilung eines Hospitals in San Francisco 1962 in seinem Debütroman *Einer flog übers Kuckucksnest* verarbeitete. Von dem Honorar erwarb er ein Anwesen in der Nähe von San Francisco, wo er zusammen mit jungen Erwachsenen und viel LSD und Marihuana einen neuen Lebensstil erprobte. Sie nannten sich Merry Pranksters – lustige Schelme. Zur selben Zeit als Bob Dylan mit einigen Freunden und reichlich Marihuana im Gepäck im Frühjahr 1964 zu seinem ersten Road-Trip quer durch die USA aufbrach, kauften sich die Merry Pranksters einen alten Schulbus, bemalten ihn innen und außen mit geheimnisvollen Symbolen in wirbelnden psychedelischen Farben, statteten ihn mit Filmkameras, Tonbandrekordern und Lautsprecherboxen aus sowie mit einem Kühlschrank für viel, viel LSD. So machten sie sich auf zu einem irren, verrückten Roadmovie quer durch die USA. Mit voll aufgetreten Lautsprechern donnerte der *Furthur* getaufte Bus in Dörfer und Städte, grüne Rauchbomben fielen aus den Fenstern, auf dem Dach eine grölende, durchgeknallte Horde Schmuddel-Bohémiens in fluoreszierenden Westen. Dann stürmte der bunte Haufen Vollgedröhnter und Halbverrückter schreiend und tanzend aus dem Bus, filmte jeden und alles, während Polizei und biedere Bürger dem irren Treiben zumeist rat- und verständnislos zusahen. „Unverschämt, vulgär, unmoralisch, Skandal!" so die Kommentare.

Nach ihrer Rückkehr nach San Francisco begannen die Pranksters unter der Anleitung von Ken Kesey in Kalifornien psychedelische Partys zu organisieren, so genannte Acid Tests. Am Eingang konnte sich jeder Besucher aus einem großen Bottich mit dem allen Amerikanern bekannten Brausegetränk Kool-Aid bedienen, in das die Pranksters LSD gemischt hatten. Dann setzte eine brachiale Zwangsbeschallung ein, die Hausband Grateful Dead spielte auf, und Lichtblitze von Stroboskopen und Lichtorgeln, Schwarzlicht und Filmprojektionen ließen die Acid-Schlu-

61 Bean 1991, 92 u. 100; Poschardt 1997, 84.

62 *Rocketman* aus dem Jahr 2019 unter der Regie von Dexter Fletcher mit Taron Egerton in der Rolle des Elton John.

cker in Trance verfallen beziehungsweise erweiterten drogengestützt ihr Bewusstsein – ein Dauer- und Massendelirium. Von außen glichen solche Veranstaltungen einem Blick in ein Kaleidoskop, in dem die in Batik gekleideten Besucher mit ihren buntbemalten Gesichtern und ihren glitzernden Perlenketten in dem flackernden Licht als ein bunt wogender Ozean erschienen.

Ihren Höhepunkt erreichten diese Tests, als über 10.000 LSD-Freaks im Januar 1966 in die Longshoremens Hall in San Francisco strömten, um Jefferson Airplane und Grateful Dead zu hören sowie den LSD-Propheten Timothy Leary, der den verzückten und berauschten Blumenkindern seine Devise verkündete: „Turn On – Tune In – Drop Out". Die beiden Bands begeisterten weder mit ihrer Technik, noch mit ihren Texten, aber sie verstanden es, unter Drogeneinfluss mit entspannt plätschernden Rhythmen und schaukelnden, mäandernden Melodien eins zu werden mit ihren Zuhörern. Sie begleiteten diese „dreitägige Multi-Media-Feel-Free-Be-Yourself-Orgie mit [...] jeder Menge Performance-Künstlern, Tänzerinnen und Körpermalern im Publikum und einer zuckenden und wabernden psychedelischen Lightshow, die die dichten, berauschenden Marihuanaschwaden gespenstisch durchleuchtete und umtanzte", so Andreas Vick.[63] Tom Wolfe, in diesen Jahren noch ein junger Journalist der Herald Tribune, dokumentierte umgehend die Geschichte der Merry Pranksters und den Anfang der Hippiebewegung mit ihren Be-ins und Love-ins in seinem Buch *The Electric Kool-Aid Acid Test*.[64]

Seit 1966 veranstaltete auch der zukünftige Impresario der amerikanischen Rockszene, der in Berlin geborene Bill Graham, im Fillmore Auditorium in San Francisco Rockkonzerte, um mit einer Mischung aus Klang, Licht und Drogen das Bewusstsein der Teilnehmer zu erweitern, vor allem aber, um mit dem Underground aus Drugs und Rock 'n' Roll Geld zu verdienen. Er hatte zunächst Bettlaken über die Wände der großen Clubs spannen und Light-Shows zur Rockmusik projizieren lassen. Die von ihm und Chet Helms im Avalon Ballroom veranstalteten Konzerte machten San Francisco zum Mekka der Jugendkultur. Sie machten den Weg frei für eine Gegenkultur, der die Hippiebewegung ein Gesicht gab. Die von Bill Graham und Chet Helms angeheuerten Bands wie Grateful Dead, Jefferson Airplane, Big Brother and the Holding Company mit Janis Joplin als Sängerin spielten nicht mehr für kreischende und die Musiker anhimmelnde Teenies, sondern für Studenten auf der Suche nach dem Sinn des Lebens. Sie wollten mit ihrer markerschütternden, ohrenzerreißenden und ungewohnten Musik und dem grellen Lichtgewitter, das sie als Kunstwerk präsentierten, zur Einkehr trommeln. 1967 schrieb Jefferson Airplanes Sängerin Grace Slick mit dem Song *White Rabbit* einen ersten große Hit dieser Musik, die in erster Linie vom Konsum psychedelischer Drogen inspiriert war.[65]

63 Andreas Vick, *Love, Peace and Music*, in Kemper/Langhoff/Sonnenschein 2002, 90–100, hier 92–93; Krohn/Löding 2015, 278.

64 New York: Farrar, Straus and Giroux, 1968; deutsch als *Der Electric Kool-Aid Acid Test*. München: Heyne, 2009.

65 Wicke 2011, 44; Bill Graham/Robert Greenfield, *Bill Graham presents. Ein Leben zwischen Rock & Roll*. Frankfurt a.M.: Zweitausendeins, 1996; David-Christopher Assmann, *Something*

In London, wo sich während der „Swinging Sixties" die Musikindustrie mit zahlreichen Labels, Managern, Studios, Liveclubs und Musikshops etablierte, avancierte die Gruppe Pink Floyd mit ihrer Trip-Musik, ihren Lightshows und ihren quadrofonischen Soundexperimenten schnell zum Geheimtipp und stieg 1966 aus dem Londoner Untergrund zum „Hausorchester der psychedelischen Bewegung" (G. Kaiser) auf. In den frühen sechziger Jahren waren drei Architekturstudenten mit Chuck Berry-Nummern durch England getingelt, bis im Frühjahr 1965 der Leadgitarrist und Sänger Syd Barrett zu ihnen stieß, der der Truppe einen neuen Namen und einen neuen Sound verpasste, nach den Worten von Friedrich A. Kittler „übersteuerte Verstärker, das Mischpult als fünftes Instrument, durch den Raum kreisende Töne und was bei Kombination von Niederfrequenztechnik und Optoelektronik alles machbar ist."

Als Pink Floyd beim „International Times First All Night Rave", einem Happening des neuen Szenejournals IT, aufspielte, berichtete das Journal anschließend: „Dunkelheit, nur flackernde Lichter, maskierte Leute, halbnackte Mädchen. [...] Haschischwolken. Immer mal wieder das Geräusch einer zersplitternden Flasche. Die psychedelische Popgruppe The Pink Floyd traf mit ihren furchteinflößenden Feedback-Klängen und Dia-Projektoren den seltsamen Ton der Veranstaltung. [...] Berühmte Leute kamen vorbei: Antonioni und Monica Vitti, Paul McCartney als Araber verkleidet, Kenneth Rexroth, Peter Brook." Die Band überschritt mit ihren psychedelischen Lightshows und Texten Grenzen bisheriger Rockkonzerte. Sie integrierte Alltags- und Naturgeräusche in ihre Musikstücke, animierte ihre Zuhörer zu einem Ritt auf den Wolken und entführte sie in eine Welt, bevölkert mit Einhörnern und Gnomen, die direkt dem Tolkienschen Universum entsprungen schienen.[66] Die Truppe um Syd Barrett setzte bei solchen Konzerten auf die Stimulanz aller Sinne mit Hilfe zerfließender Farben und verwirrender Blitzgewitter sowie einer psychedelischen Musik, die den wachsenden LSD-Konsum jener Jahre hörbar machte, vor allem den von Syd Barrett selbst, der kurz vor seinem unfreiwilligen Ausscheiden aus der Band im März 1968 fast nur noch Räucherstäbchen-Balladen produzierte, ehe er im nebligen Tiefland von LSD-Psychose und Schizophrenie verschwand.[67]

Gleichzeitig traten in dem Londoner Kellerclub UFO die Psychedelic Rocker Tyrannosaurus Rex auf, ein Quartett, das sich 1967 um den Gitarristen, Sänger und Songschreiber Marc Bolan gebildet hatte. Mit ihrem Faible für Mythologie sang die Gruppe von Elfen und Zauberern, goldenen Katzen und riesigen Seevögeln, die alle einem Paralleluniversum entstammten.

Bei allen mit Drogen gesättigten Konzerten des Jahres 1966 war das Publikum der eigentliche Star. Es befand sich auf einem psychedelischen Trip und stand am Anfang der Hippiebewegung. Die Beatgeneration der Sechziger fand diese neue

completely different, in Kaiser/Jürgensen/Weixler 2017, 118–132; Ulrich Sonnenschein, *Turn On – Tune In – Drop Out*, in Kemper/Langhoff/Sonnenschein 2002, 113–124, hier 113.

66 Zit. nach Gerhard Kaiser, *English Wildness*, in Kaiser/Jürgensen/Weixler 2017, 52–69, hier 57–58; Friedrich A. Kittler, *Der Gott der Ohren*, in Dietmar Kamper/Christoph Wulf (Hg.), Das Schwinden der Sinne. Frankfurt a.M.: Suhrkamp, 1984, 140–155, hier 141.

67 Vernon Fitch, *The Pink Floyd Encyclopedia*. New York: Collector's Guide Publishing, 2005.

Jugendbewegung, die die amerikanischen Wohlstands-, Ordnungs- und Sauberkeitsideale ablehnte, zunächst keineswegs „hip“, sondern allenfalls ein wenig „hippy“.

Bald berichteten die US-amerikanische Zeitungen über die offenen Wohngemeinschaften und die freie Liebe, die in San Franciscos heruntergekommenem Wohnviertel Haight-Ashbury erprobt wurden, wo sich Aussteiger, Verweigerer und Tagträumer jeglicher Couleur trafen. Es war nach den Worten von Nik Cohn ein Wohnviertel mit „Straßen voller Sandalen, Zimmer mit Kakerlaken und Postern an den Wänden, Mülltonnen, die überliefen, der Geruch von getragenen Socken, kalter Haschichrauch, Risse in den Wänden, Bärte. [...] Die Straßen waren voller Bettler und Pusher und pubertärer Gammler. Alles war schmutzig, zerfallen, rattenverseucht. Hausgemachte Freaks saßen an den Rinnsteinen und kauten Haschsandwiches. Die Touristen schossen Hippieschnappschüsse.“[68]

Mit dem „Human Be-In“, einem Happening, das am 14. Januar 1967 im Golden Gate Park in San Francisco stattfand, begann der Taumel des Summer of Love. Anwesend waren neben anderen der Drogenpapst Timothy Leary, der Beat-Poet Allen Ginsberg sowie die Rockbands Grateful Dead und Jefferson Airplane. Sie definierten gemeinsam die neue Hippiekultur. Sie riefen auf zu Bewusstseinserweiterung und zur Poetisierung des Lebens, begleitet von psychedelischem Rock und geschmückt mit Blumen im Haar, wie Scott McKenzie wenig später sang, womit sich aber bereits die kommerzielle Ausschlachtung der Hippiekultur andeutete. Der Song brachte den Hippie-Hype gewinnbringend zum Überkochen und verwandelte den farbenprächtigen Sommernachtstraum letztlich in einen schmuddeligen Alptraum, als überall auf der Welt Teens in bizarren Regenbogenklamotten herumliefen, Ketten und Glöckchen um den Hals und Blumen im Haar.

Zahlreiche Bands ließen sich von den Merry Pranksters inspirieren und platzierten wie die kalifornische Rockband The Doors mit ihrem Frontmann Jim Morrison Drogen und Rausch ins Zentrum ihrer Texte und ihrer Musik. Sie wollte den Rausch jedoch nicht als die Realität auslöschende Betäubung nutzen, sondern als ein neues Erwachen in einer besseren Traumwelt. Im Rückblick haben viele diese San Franciscoer Phase mit ihrer psychedelischen Musik und ihren Rauschgiftvisionen in den Himmel gehoben. Doch unter dem angeblichen Glanz war schon bei flüchtigem Hinsehen sehr viel Kraftlosigkeit, Hoffnungslosigkeit und Erschöpfung zu erkennen, zumal im wirklichen Leben die feilgebotenen Rezepte für ein neues Erwachen meist recht kläglich versagten. Morrison, der eine Mischung aus Elvis Presley und Mick Jagger verkörperte, einen Mix aus Sex und Rebellion, der auf der Bühne aussah wie ein Mann auf einem ganz üblen Trip, arbeitete hart an seinem Niedergang, ergab sich Alkohol und Drogen und starb bereits 1971 an Herzinfarkt.[69] Auch andere Musiker und noch viel mehr Zuhörer, die zur Bewusstseinserweiterung auf Drogen und noch mehr Drogen setzten, mussten dafür schon bald mit ihrem Leben zahlen.

68 Cohn 1971, 177 u. 182.

69 Niels Penke, *Durchbruch und Ende*, in Kaiser/Jürgensen/Weixler 2017, 101–117; Paytress 2012, 95; Marcus 1992, 61.

Auf den Sommer der Liebe war der Winter des Heroins gefolgt, in dem Drogen nicht mehr zur Erweiterung des Geistes dienten, sondern zum Mittelpunkt des Lebens wurden. 1970/71 forderte dieses Rauschgift unter den Musikern seine ersten prominenten Opfer – der so genannte Klub 27 begann sich zu füllen. Janis Joplin, Jimi Hendrix und Jim Morrison waren die ersten. Bei ihren Bühnenauftritten hatte Janis Joplin ihre Zuhörer zwar mit ihrer kraftvollen Stimme fasziniert, viele jedoch auch mit ihrem vulgären und obszönen Verhalten, ihrem übermäßigen Alkohol- und Heroinkonsum geschockt und abgestoßen. „Auf der Bühne", so Nik Cohn, „setzte sie die Bourbonflasche an den Hals, und sie stampfte, sie mahlte. Sie fluchte, und ihre Stimme war heiser, voller Saft und Kraft und Mumm. [...] Oft war sie betrunken oder vollgepumpt und wurde hoffnungslos selbstbezogen, ego-tripping, sie kreischte und heulte ohne jeden Sinn für Tempo oder Dynamik, sie machte jeden Song kaputt mit emotionalem Overkill. [...] ihre letzten Jahre waren in zunehmendem Maße vergeudet. Nichtsdestoweniger machte man einen großen Kult um sie, und durch ihren Tod wurde sie zur Religion, deren Anhänger nicht die geringste Kritik dulden mochten."[70] Später feierten sie einige sogar als eine Wegbereiterin der Frauenemanzipation.

Wieder anderen blieb kaum Zeit zum Feiern. Peter Green, der Gründer der britischen Bluesband Fleetwood Mac, endete 1970 aufgrund seines exzessiven Drogenmissbrauchs in geistiger Umnachtung und als Totengräber. Sein Bandkollege Jeremy Spencer geriet ein Jahr später in die Fänge einer religiösen Sekte, und im folgenden Jahr wurde der dritte Gitarrist Danny Kirwan aus der Band entlassen, weil er nicht mehr von Flasche und Drogen loskam. Er endete auf der Straße.[71] Da sich auch viele Fans am Konsumverhalten ihrer Stars orientierten und vor den Kollateralschäden die Augen verschlossen, füllen sie inzwischen ganze Friedhöfe. Wieder andere überlebten, um als Ruinen der Zukunft den nachfolgenden Generationen wie in einer Endlosschleife von den heroischen Jahren des Rock zu berichten. „I hope I die before I get old", hatten The Who 1965 in *My Generation* gesungen und anschließend ihre Instrumente in einer verfrühten Aufwallung von Punkgeist zertrümmert.

Kurz bevor sich die Popmusik den verstörenden Klangwelten der Psychedelik öffnete, integrierte sie ein weiteres Element, mit dem sie sich zusätzlich aus ihrem bisherigen engen Korsett befreite und mit einem satten Schuss Exotik bereicherte. Man kann auch sagen, sie öffnete sich fremden Kulturen, saugte diese auf und integrierte sie. Mitte 1966 machte der Gitarrist der Byrds George Harrison von den Beatles mit der Musik des Sitar-Virtuosen Ravi Shankar bekannt, der seit 1956 Europa und Amerika auf Konzerttourneen bereiste, aber mit seiner dort kaum bekannten indischen Ragamusik westliche Ohren noch immer irritierte. Fortan aber bauten einige Gitarristen wie Jorma Kaukonen von Jefferson Airplane die indische Ton-

70 Cohn 1971, 179–180.
71 Bob Brunning, *The Fleetwood Mac Story: Rumours and Lies*. London: Omnibus, 2004; Martin Celmins, *Peter Green: Founder of Fleetwood Mac*. London: Sanctuary, 1998.

leiter in ihr Spiel ein und bereicherten die psychedelische Musik mit einer zusätzlichen exotischen Farbe.[72]

Sehr viel mehr noch bezog die weltmüde Hippiebewegung unter dem Motto Flower-Power den von ihr idealisierten und mystifizierten indischen Subkontinent in die westliche Kultur und Gemeinschaft mit ein, beziehungsweise der Westen übernahm Elemente der indischen Kultur, wenn es auch zumeist bei der Übernahme oberflächlicher Symbole blieb. In kleinen Gruppen flohen Jugendliche vor bürgerlichen Tabus und Autoritäten, Militärdienst und Arbeit nach Südostasien. Sie hofften auf eine irdische Zwischenmenschlichkeit in Verbindung mit einer himmlischen Harmonie. Sie ließen sich einen Bart stehen und lange Haare wachsen, behängten sich mit bunter Kleidung, übernahmen zahlreiche weibliche Werte und suhlten sich in Gefühlsduselei. In Indien glaubten sie, einem Leben als konsumsüchtige „Plastic People" (Frank Zappa) entgehen zu können. Sie wähnten sich auf der Suche nach Frieden, Freiheit und Liebe mit Kabul und Kathmandu als Durchgangsstationen und Indien als Ziel. Mit Hermann Hesses *Siddharta* im Gepäck sowie psychedelischer Musik oder Scott McKenzies *San Francisco* im Kassettenrekorder hofften sie, durch fernöstliche Religiosität, Mystik und Drogen ihre Wahrnehmung und ihr Bewusstsein zu erweitern. Sie träumten von freier Liebe und freiem Kiffen in einer egalitären Gemeinschaft und wollten ganz nebenbei mit Räucherstäbchen vor dem Hausaltar und Flower-Power die Welt vor dem drohenden Untergang retten. Die meisten von ihnen versanken in Goa und am Ganges drogenselig in einer naiv-lustvollen Spiritualität – Psychedeliker in Batikhosen.

Für den deutschen Film- und Literaturkritiker Wolfram Schütte waren alle die, die Europa in Richtung Indien den Rücken kehrten, „indische und sonstige transzendentale Mystagogen", die in ihrem VW-Bulli „die ausgebuddelte Leiche Hesses" mit sich schleppten, an die Frontscheibe „die apostolische Heiligkeit Timothy Learys" geklebt; es waren „Makro- und Mikrobiotiker", „Landkommunen und Kosmogonier".[73] Für andere waren es ganz einfach faule, langhaarige Gammler, die ihren Haaren beim Wachsen zusahen, die aus der ganz normalen Welt flohen, in der es noch leibhafte Arbeiter gab und man noch Miete zahlen musste. Ein deutsches Nachrichtenmagazin erklärte seinen Lesern: „Es sind Teens und Twens mit langen, zottigen Haaren. Wie Europas Gammler verabscheuen sie Wasser, Seife und Bürgertum. Mit Vorliebe begeben sie sich auf eine Rausch-Reise in ferne und irreal schöne Welten. [...] In ihren Marihuana-, LSD- und STP-Räuschen geraten sie in Euphorie und Verzückung, vergessen Zeit und Raum, all ihre Sinne konzentrieren sich auf Farben und Musik, Licht und Frieden, sie berauschen sich an Utopia."[74] David Bowie, der Ende der Sechziger noch immer auf der Suche nach einem „verkäuflichen Selbst" war, so Simon Reynolds, urteilte 1969 über die Langhaarigen: „Diese Leute sind so stumpfsinnig, so teilnahmslos. Die faulsten Menschen, die ich in meinem Leben getroffen habe. Sie wissen nichts mit sich anzufangen.

72 Paytress 2012, 81; Christoph Wagner, *Von der Sitar zum Laptop: Indien und der Westen*, in Leggewie/Meyer 2017, 283–289, hier 283 u. 286; Broughton/Ellingham/Lusk 2009, 589–590.

73 Zit. nach Schäfer 2010, 203.

74 *Hippies: Sommer der Liebe*, in DER SPIEGEL vom 28. Aug. 1967, 88.

Warten die ganze Zeit auf Leute, die ihnen zeigen, wo es lang geht. Sie tragen die Kleidung, die sie tragen sollen, und hören die Musik, die sie hören sollen."[75]

Pünktlich zum Beginn der Hippiebewegung kam 1967 das Musical *Hair* am Broadway auf die Bühne, das alsbald in den meisten westlichen Ländern bis nach Lateinamerika und Neuseeland Premieren feierte. Es thematisierte zu einer Musik, die an Gregorianische Choräle erinnerte, alles, was die Hippiebewegung ausmachte – einen radikalen Pazifismus und Gleichberechtigung, die Flucht aus der Wirklichkeit und das Eintauchen in eine mystische Welt, freie Liebe und Drogen. Es stellte sich gegen Rassenhass und Prüderie, gegen Konsumorientierung und Umweltzerstörung. Mit *Hair* und allen folgenden Musicals erhielt die Musik eine bis dahin nicht gekannte bunte Kulisse, und mit ihr entwickelte sich die Bühnenshow, um gegen Ende des Jahrhunderts Mainstream zu werden.

Zugleich nahmen verschiedene Industriezweige die Vorlagen, die ihnen die Hippies kostenlos lieferten, dankend an. Die „Blumenkinder" setzen sich mit ihrer Kleidung ganz bewusst von der industriell produzierten Massenmode ab und demonstrierten mit leuchtenden Farben gegen das Einheitsgrau der bürgerlichen Kleiderordnung und mit Blumen im langen Haar gegen den strengen Kurzhaarschnitt der Männer, besonders der in Vietnam kämpfenden GIs, sowie gegen die mit Dauerwellen festzementierten Haarhelme der Frauen.

Vom „Swinging London" aus griff diese Vielfarbigkeit alsbald auf Westeuropa und die USA über. In Paris zelebrierte Modeguru Yves Saint-Laurent 1968/69 den „Folklore-Look" und bediente sich dabei für seinen „Patchwork-Stil" im reichhaltig-bunten Kostümarsenal der Hippies. Schon bald aber füllten die Symbole der Hippiekultur die Wühltische der Kaufhäuser. Überall begegnete man Jugendlichen in grünen Hosen und roten Uniformjacken, ein orangefarbenes Halstuch als zusätzlichen Farbklecks. Schnell griffen auch Werbegrafiker und Innenarchitekten die neuen Zeitzeichen auf und machten sie gesellschaftsfähig. Die ausgehenden sechziger Jahre gingen mit einer Design- und Konsumrevolution einher. Das neue bunte Popdesign veränderte zusammen mit dem neuen geschlechtsneutralen Kleidungsstil die Kleiderordnung in der westlichen Welt und nicht nur diese. Alles wurde schockfarbig und, wenn immer möglich, aus Plastik hergestellt. Zeitschriften wie das seit 1963 in Australien und ab 1967 in Großbritannien erschienene Magazine OZ zelebrierten lustvoll eine radikale Abkehr von allem, was bisher gedruckt worden war – im Design, in Farben, Darstellungen, Themen und Wortwahl – und handelten sich umgehend Verbote und Strafen ein. Fließende Schrifttypen und florale Muster wucherten bis auf die Plattencovers. Die Farben des Regenbogens drangen bis in die Wohnungen vor, wo Blumentapeten die Wände zierten und Plastikmöbel in Knallorange die Küchen. In der Pop-Art-Szene entwickelte der US-amerikanische Maler Robert Indiana für die „Love-Generation" die einzelnen Buchstaben von „LOVE" in den Farben Rot, Blau und Grün zu einem eigenen Logo, das seitdem die unterschiedlichsten Medien ziert.[76] Mit den Morden der Charles-Manson-

75 Zit. nach Reynolds 2017, 106.

76 Terry Irving/Rowan Cahill, *Radical Sydney*. Sydney: University of New South Wales Press, 2010; Nigel Fountain, *Underground: The London Alternative Press 1966–74*. London:

Sekte Anfang August 1969 kamen die sechziger Jahre schließlich zu einem abrupten Ende, wie die Schriftstellerin Joan Didion schrieb, und mit diesem beispiellosen Blutrausch verlor die Hippiebewegung endgültig ihre vermeintliche Unschuld.[77]

Der weltweite Erfolg von *Hair* belegte auch, dass Ende der sechziger Jahre Frieden weiterhin eines der zugkräftigsten Themen blieb. 1967 textete John Lennon, den „Frieden auf Erden" beschwörend, *All You Need Is Love* und verließ auch in den folgenden Jahren nicht diesen Friedensweg. 1969 heiratete er die japanische Konzeptkünstlerin Yoko Ono, die zunächst eine Ausbildung als Opernsängerin begonnen hatte, aber schnell einsehen musste, dass sie sich als eine Frau ohne Stimme und musikalische Begabung auf dem völlig falschen Weg befand. Als Konzeptkünstlerin, was auch immer sie darunter verstand, versuchte sie anschließend „ungreifbare" Kunst zu verkaufen: Tonbänder mit dem Geräusch fallenden Schnees in Indien; Maschinen, die weinten; Gemälde, die im Kopf des Käufers zu erzeugen waren; Gartengeräte, die in Wolken existierten.

Auch hatte sie sich mit zwei ungewöhnlichen Performances in New York in bestimmten Kreisen einen Namen gemacht, wenn auch keinen einhellig guten – mit *Wall Piece for Orchestra*, wobei sie zu Musikbegleitung unablässig ihren Kopf auf den Boden schlug, sowie mit *Cut Piece*, wobei das Publikum ihr mit Scheren die Kleidung abschneiden durfte. John Lennon lernte sie in einer Gallery kennen, wo sie einen Apfel ausstellte, der kein Apfel, sondern ein „Objekt" war. Er biss hinein und entdeckte, dass es doch ein Apfel war. Dann stieg er auf eine Leiter, die im Raum stand, um ein Wort an der Decke zu entziffern, las „Yes", stieg derart erleuchtet wieder herab, wo ihm die Künstlerin eine Karte überreichte, auf der stand „Atme".[78] Lennon gehorchte. Ansonsten hätten beide ihr Publikum nicht mit jener Platte traktiert, die im November 1968 noch vor ihrer Hochzeit mit dem Titel *Unfinished Music No. 1: Two Virgins* auf den Markt kam – eine halbstündige Klangcollage mit merkwürdigen Klängen, zufälligen Körpergeräuschen und zusammenhanglosem Geplapper. Yoko Ono: „Es ist Kunst." John Lennon: „Diese Frau macht Musik, die noch niemand auf dieser Erde vernommen hat." Die aber auch niemand hören wollte. Lediglich 5.000 Exemplare wurden in Großbritannien verkauft, nicht wegen der Musik, sondern wegen des Plattencovers, das John und Yoko völlig nackt von vorne zeigte. Die Briten waren schockiert und schüttelten den Kopf. Lennon betrübt: „Ich glaube, man hält uns für ein hässliches Paar."[79]

An der Seite der Japanerin entwickelte sich John Lennon zu einem tiefgründigen und bedeutungsschwangeren Friedensaktivisten. 1969 zelebrierte er seine Flitterwochen mit Yoko Ono nach seinen eigenen Worten als Werbespot für den Frieden, obwohl beide nichts Interessantes über Frieden zu sagen hatten und höchst unpolitisch waren. Aber als Friedensapostel konnten sie ihren arg ramponierten Ruf und ihr Image als drogenbesessene Ehebrecher wieder aufpolieren. Im Beisein zahlreicher Musiker, Foto- und Klatschreporter veranstalteten sie in zwei Hotels in

Routledge, 1988; *OZ* in Milesago: Australasian Music and Popular Culture 1964–1975, in www.milesago.com/Press [06.03.2017]; Wagner 1999, 56–57.

77 Joan Didion, *The White Album*. New York: Simon and Schuster, 1979.

78 Goldman 1989, 290, 313–314; Savage 2015, 399; Winkler 2002, 61.

79 Hill 2010, 331; Goldman 1989, 424–425.

Amsterdam und Montreal unter dem Titel „Kampagne für den Frieden“ zwei Happenings, die als „Bed-Ins“ bekannt wurden. Mehr als fünfzig Reporter stürmten jeweils die beiden Suiten in der Hoffnung, „uns im Bett beim Vögeln zusehen zu können“, wie Lennon später zu Protokoll gab.

Die beiden Neuvermählten thronten jedoch eher unbeweglich in Pyjama und Nachthemd auf ihrem Doppelbett, begrüßten die Reporter mit „Frieden, Bruder“, predigten Gewaltlosigkeit, lächelten und priesen lange Haare. Dann kritzelte John Lennon Friedensparolen an die Wand des Hotelzimmers und griff zur Gitarre, um inmitten von Blumenarrangements gemeinsam mit den Anwesenden den Song *Give Peace a Chance* aufzunehmen. Dazu tanzten Mitglieder des kanadischen Radha-Krishna-Tempels in ihren langen Gewändern durch das Zimmer, und die Sängerin Petula Clark ließ das Ganze milde lächelnd als burleske Aktion spät pubertierender Teenager über sich ergehen. Während eines Abstechers nach Wien beklebten die beiden Friedensapostel die karmesinroten Tapeten eines eleganten Salons im Hotel Sacher mit Kartontafeln, auf denen sie ihre Botschaft gepinselt hatten: „Frieden, Bett, Lass Dein Haar wachsen“.[80]

An diesem Klamauk hatte einer nicht teilgenommen, obwohl er sich für Lennons „Friedensweg“ brennend interessierte – FBI-Chef J. Edgar Hoover. Wäre er dabei gewesen, hätte er wahrscheinlich darauf verzichtet, einige „ausgewiesene, erfahrene Agenten“ unter seinen Mitarbeitern damit zu beauftragen, „Lennon systematisch zu überwachen“. Seine Schnüffler produzierten bis zu Lennons Tod im Dezember 1980 etwa 40 Kilo Aktenmaterial über den Musiker, um den Fortbestand der Weltmacht zu sichern.[81]

Hoover hatte nicht bemerkt, dass die meisten der ach so „progressiven“ und gefährlichen Friedenslieder zwar recht einprägsam waren, aber ohne jede Substanz. Sie gingen an der Hand einer global agierenden Musikindustrie rund um die Welt, erzielten aber kaum konkrete Wirkung. Lediglich für die Plattenlabels wurde Frieden zu einem rentablen Produkt, bis sich die Hoffnung auf „Love and Peace“ im rauen Wind der Wirklichkeit verflüchtigte. Auch konnte die Yellow-Press des Westens mit Aktionen wie Lennons „Bed-Ins“ ihre Seiten füllen und den Hunger eines breiten Publikums nach Sensationen stillen, oder was dieses dafür hielt.

Um die Beatles, die Rolling Stones, Grateful Dead, Pink Floyd und andere Bands gruppierten sich alsbald weltweit riesige Fangemeinden mit jeweils eigenen Ritualen, eigenen Sprachen und Vorlieben. Rock- und Beatmusik waren damit nicht nur ein kommerzielles Produkt der Schallplattenfirmen, sondern sie dienten auch als Banner für verschiedene Subkulturen.

In schneller Folge kamen immer neue hinzu, die alle spezielle kulturelle Werte und Gruppensymbole wie Kleidung, Slang und Rituale mit einer bestimmten Musikrichtung verbanden, und sich zugleich von anderen Subkulturen abgrenzten – Teds, Mods, Rockers, Hippies, Punks und andere mehr. Sie schufen sich zudem

80 Goldman 1989, 466; Konrad Heidkamp, *Wie John Lennon einmal unter dem Bett lag*, in ZEIT ONLINE vom 2. Sept. 2009.

81 Wicke 2011, 37–38.

eigene kulturelle Infrastrukturen mit eigenen Zeitungen und Zeitschriften, Schallplattenlabels und Vertriebssystemen und entwickelten eigene Gruppensymbole wie Haarstile und Kleidermoden.[82]

Nachdem die Weiterentwicklung der Audiotechnik den Jugendlichen die Möglichkeit eröffnet hatte, abseits der Älteren ihre Musik zu hören, festigten vornehmlich spezielle Jugendzeitschriften diese Abgrenzung. Anfang 1966 startete in Philadelphia die Zeitschrift Crawdaddy!, benannt nach einem Club in Richmond, in dem die Rolling Stones ihre Karriere begonnen hatten. Das Magazin bemühte sich erstmals um eine inhaltliche Auseinandersetzung mit der Rockmusik. Im selben Jahr ging in Melbourne das Wochen-Magazin Go-Set an den Start, die Bibel der Popmusik in Australien, gestaltet von Musikjournalisten, Songtextern, Bandmanagern, Radio-DJs und Modemachern. Erstmals publizierte dieses Jugendmagazin die inländischen Top-40-Charts. Ein Jahr später folgte in San Francisco das Magazin Rolling Stone, herausgegeben von Jann Wenner und Ralph J. Gleason, der erste ein Aktivist des Free Speech Movement, der zweite ein einflussreicher Musikkritiker. Das Blatt wurde alsbald eine Art Bibel der Musikbranche. Wessen Foto auf der ersten Seite erschien, hatte es im Musikgeschäft geschafft. Das Magazin brachte Themen zur Sprache, die einige Jahre zuvor noch niemand mit den pubertierenden und kreischenden Teenagern in Verbindung gebracht hätte. Dasselbe gilt für das 1969 in Detroit gegründete Musikmagazin Creem, das sich selbstbewusst „America's Only Rock 'n' Roll Magazine" nannte.

Auch gingen diese Gründungen einher mit einem neuen Musikjournalismus, der jung, frisch und aufregend daherkam und einen literarischen Reportagestil pflegte mit dem Autor als Teil der Berichterstattung. Tom Wolfe demonstrierte mit *Das bonbonfarbene tangerinrot-gespritzte Stromlinienbaby*,[83] wie man Jugendlichen und Älteren die verschiedenen Erscheinungsarten des Pop in einer innovativ-frechen Sprache erklärt. Angeregt durch diesen Schreibstil wurde Hunter S. Thompson Ende der Sechziger einer der ersten Autoren des Rolling Stone und trug entscheidend zum Aufstieg des Magazins bei. In Großbritannien übernahm die bereits 1952 gegründete Musikzeitung New Musical Express (NME) Anfang der siebziger Jahre den von Thompson kreierten so genannten Gonzo-Journalismus.[84]

Die Pop-Infrastruktur wurde abgerundet durch Rockfestivals, die Musikbands und ihre Fans als Gemeinschaft zusammenführten. Das 1954 erstmals veranstaltete Newport Jazz Festival sowie das 1959 aus der Taufe gehobene Newport Folk Festival hatten bereits verdeutlicht, welche positiven Effekte von solchen Treffen ausgingen – vor allem für Künstler und Schallplattenindustrie. Das erste Monterey Pop Festival vom Juni 1967 und das Woodstock Festival vom August 1969 wurden für die Rockmusik zum eigentlichen Impulsgeber. Beide Festivals brachten eine Öff-

82 Wicke 1992, 465.

83 Tom Wolfe, *The Kany-Kolored Tangerine-Flake Streamline Baby*. New York: Farrar, Straus and Giroux, 1963.

84 Wicke 2011, 42–43; Jeff Jenkins/Ian Meldrum, *Molly Meldrum presents 50 years of rock in Australia*. Melbourne: Wilkinson Publishing, 2007; Robert Draper, *Rolling Stone Magazine: The Uncensored History*. New York: Doubleday, 1990; Shuker 2016, 162.

nung des Rock hin zu außereuropäischen Musikkulturen sowie zur schwarzen Musik und schwarzen Musikern und standen Pate für ähnliche Veranstaltungen rund um den Globus.

In Monterey, knapp 200 Kilometer südlich von San Francisco gelegen, wo bereits seit 1958 das Monterey Jazz Festival stattfand, kamen 1967 unter dem Motto „Love, flowers, and music" ein Großteil der damals bekanntesten Musiker und bis zu 90.000 Zuhörer zusammen, um die ganze Bandbreite von Rock und Pop mitsamt ihren Ursprüngen zu präsentieren – Jimi Hendrix, The Who, The Grateful Dead, Janis Joplin, The Mamas and the Papas, Simon & Garfunkel, The Byrds, Jefferson Airplane, Otis Redding und andere. Monterey war ein Festival der jungen Pop-Generation, die ihren Platz in der Gesellschaft suchte – *My Generation* stotterten The Who, während ihr Frontmann Roger Daltrey das Mikrokabel wie ein Lasso schwang und Pete Townshend und Schlagzeuger Keith Moon sich wie bei jedem Konzert darauf vorbereiteten, die Gitarre zu zerschmettern beziehungsweise Rauchbomben zu zünden.[85] Die Bands spielten auch die Musik, die Rock und Pop beeinflusst hatte, also Blues, Soul, Funk, Jazz und sogar klassische Musik aus Indien. Drei Stunden folgten die Menschen geradezu andächtig den indischen Ragas, die Ravi Shankar auf seiner Sitar vortrug. Er hatte mit dieser Musik zuvor bereits The Byrds und George Harrison bezirzt. In Monterey bat er das Publikum zunächst, während seines Auftritts nicht zu fotografieren und auch das Rauchen sämtlicher Arten von Tabak einzustellen, da es sich um eine religiöse Musik handle. Und das Publikum gehorchte. Die meisten waren nicht gekommen, um sich bei heißer Musik auszutoben, sondern sie wollten zuhören, lernen, ausprobieren und sich austauschen.

Viele junge Weiße hörten erstmals echte schwarze Musik, und sie verfolgten fast ungläubig die atemberaubende, erotische Show von Jimi Hendrix, der in scharlachroter Hose, mit weißem Rüschenhemd, gelb-schwarzer Weste, rosa Jackett und roter Boa über die Bühne stakste, seine Gitarre wie ein Sexspielzeug behandelte, sie rituell begattete, um anschließend mit diesem riesigen Geschlechtsorgan die Zuschauer vor der Bühne niederzumähen. Dann traktierte er sein Instrument mit den Zähnen, entlockte ihm ungehörte Klänge und zündete es am Schluss schließlich an. Der Film *Monterey Pop* über das Festival von D. A. Pennebaker und Richard Leacock zeigt aber auch einen andächtig lauschenden Jimi Hendrix, wie er Ravi Shankar beobachtete, oder Cass Elliot von The Mamas and the Papas, genannt Mama Cass, wie sie mit offenem Mund den emotionsgeladenen Auftritt von Janis Joplin erlebte – Oh, wow! Alle, die nach Monterey gekommen waren, waren nach den Worten von Nik Cohn „high, halb vom Pot und halb aus reinem Idealismus, und sogar die Leute, die gekommen waren, um sich darüber zu mokieren, die Presseleute und dergleichen, wurden angesteckt und begannen zu glauben. Am Ende der drei Tage trugen sogar die Polizisten Blumen." Monterey 1967 war ein Projekt der Künstler, die ohne Gage auftraten, um untereinander und mit dem Publikum Ideen über die populäre Musik auszutauschen und Neues auszuprobieren. Der Erlös aus Eintrittsgeldern und Filmrechten kam Solidaritätsprojekten zugute. Bald jedoch

85 Shuker 2016, 87–88.

übernahm die Kulturindustrie die Regie und machte aus Festivals ein Geschäft, ein sehr lukratives Geschäft. Grateful Dead, die mit der beginnenden Kommerzialisierung nicht einverstanden waren, drohten lange mit einer Alternativveranstaltung.[86]

Für das Major-Label CBS brachte Monterey letztlich die Wende hin zur Rockmusik. Sein neuer Präsident, der Harvard-Jurist Clive Davis, hatte das Festival auf Einladung des Mitveranstalters Lou Adler besucht, um den Vertrieb von dessen Label Ode Records zu übernehmen. Bereits die erste Platte boomte und verkaufte sich weltweit über 7 Millionen Mal: Scott McKenzies *San Francisco*. Schon bald sollte die Musikindustrie Clive Davis, der über einen sensiblen Riecher für Talente und kommende Trends sowie über ein feines Händchen im Umgang mit sensiblen Künstlerseelen verfügte, „den Mann mit den goldenen Ohren" nennen. Davis selbst bezeichnete sich nach dem Festival als *hip*. Er hatte eine Offenbarung erlebt, hatte Jimi Hendrix und Simon and Garfunkel gehört. Doch aufhorchen ließ ihn eine junge Texanerin mit einer faszinierenden Bühnenpräsenz namens Janis Joplin, die eine hinreißende Version von *Ball and Chain* ablieferte. Sie hatte einen üblen Ausbeutervertrag bei einem kleinen Label unterschrieben, hatte aber noch keine Platte herausgebracht. Davis kaufte sie umgehend für CBS aus ihrem Vertrag heraus. [87]

Im folgenden Jahr gaben sich Mitte August 1969 in Woodstock, nur wenige Wochen nach der Mondlandung von Neil Armstrong und Buzz Aldrin, fast eine halbe Million Menschen der Musik und der freien Liebe hin und feierten mit Blumen im Haar das Finale eines bemerkenswerten Jahrzehnts. Sie feierten Kindergeburtstag, verkleideten sich, kifften ein wenig und suhlten sich notgedrungen im Dreck. Alles blieb friedlich, obwohl die sanitären Anlagen ebenso miserabel waren wie die Tonqualität der Lautsprecheranlagen. Zwar ärgerten sich viele, weil die Beatles, die Rolling Stones, Led Zeppelin, die Byrds, die Doors und Bob Dylan abgesagt hatten, dafür aber traten andere auf, die in Woodstock ihrer Karriere eine spektakuläre Wende gaben, so der Mexikaner Carlos Santana, der mit einem eigenen Stil aus afrokubanischen Rhythmen, afrikanischer Perkussion und einem wilden Acid-Rock mit Latino-Flair begeisterte, sowie Joe Cocker mit seiner Version des Beatles-Songs *With a Little Help From my Friends* und seinen unkoordinierten Tanzeinlagen. Er sang nach den Worten von Nik Cohn „sehr schwitzig, und er wirbelte mit den Armen wie eine geistesgestörte Windmühle", während das Life Magazine darin eine „Mischung aus Parkinson'scher Krankheit, Muskelschwund und Veits-Tanz" sah.[88]

Danach gingen die Blumenkinder wieder brav nach Hause, stiegen nach den Worten von Willi Winkler „in die Badewanne, gingen zum Friseur und drei Wochen später zurück aufs College", sodass sich viele Eltern fragten, warum sie sich eigentlich die ganze Zeit über Musik und Outfit ihrer Sprösslinge aufgeregt hatten. Das Festival verstand sich als eine Demonstration der Freiheit und Brüderlichkeit.

86 Berthold Seliger, *Sie waren jung und brauchten kein Geld*, in Frankfurter Allgemeinen Zeitung vom 9. Juni 2017, 14; Krohn/Löding 2015, 280; Heidkamp 1999, 194; zit. nach Cohn 1971, 183.

87 Dannen 1998, 105; Barfe 2005, 243; Goodman 1997, 77.

88 Cohn 1971, 194; Bean 1991, 70.

Die Musik war nur ein Teil dieser Freiheit und umrahmte lediglich dieses Gemeinschaftsgefühl. Anschließend schrieb der Komponist und Schauspieler Paul Williams über das Festival: „Geschichtlich gesehen, handelte es sich um die größte Stadt, die jemals ohne Regierung und ohne Kriminalität Bestand hatte."[89]

Woodstock wurde zum Mythos, weil Warner Brothers das Geschehen auf Zelluloid bannte und das Chaos unter dem Motto präsentierte „Wir sind alle Brüder und Schwestern". Eine hundertköpfige Filmcrew dokumentierte das Ereignis, produzierte einhundert Stunden Bildmaterial und ließ die *3 Days of Peace & Music* letztlich für die Firma Woodstock Inc., für den Regisseur Michael Wadleigh, den Produzenten Bob Maurice und Warner Bros. zu einer hochprofitablen Investition werden. Dabei standen die eigentlichen Veranstalter dieses Festivals ohne Zäune wegen ihrer chaotischen Planung nach dem Ende der Veranstaltung kurz vor der Pleite. Der Film dokumentierte wie schon die Filme der Beatles die Kirmeshaftigkeit des Musikgeschäfts. Er verdeutlichte aber auch, dass Pop kommerzielle Musik ist, bisweilen Big Business. So irritierte denn auch die meisten Fans, die in Woodstock nicht dabei sein konnten, warum Jefferson Airplane, Janis Joplin und andere in der Originalfassung des Films fehlten. Später wurde bekannt, dass sie sich nicht wie alle anderen Musiker mit ein paar Cents hatten abspeisen lassen.[90]

Nach Woodstock blühte das Festival-Geschäft. Ende August 1970 fand das größte und chaotischste der frühen Rock-Festivals auf der Isle of Wight statt. Zwischen 600.000 und 700.000 Menschen rückten mit Schlafsäcken und kleinen Zelten an, verwandelten die umliegenden Hügel in eine bunte Zeltlandschaft und hörten für einen Eintrittspreis von 3 Pfund neben anderen The Doors, The Who, Miles Davis, Jethro Tull und erstmals Emerson, Lake & Palmer. Auch in Deutschland wollte man nicht nachstehen und lud die Rock-Götter für den folgenden Monat auf die Ostseeinsel Fehmarn ein. Das Spektakel endete im knietiefen Schlamm, mit Prügelorgien der Ordnungskräfte, zahlreichen Absagen und ebenso wie Woodstock mit einem riesigen Minus in der Veranstaltungskasse. Die Sonne kam nur einmal zum Vorschein, als Jimi Hendrix anderthalb Stunden lang die Saiten seiner Gitarre traktierte. Es war sein letztes Konzert. Zwei Wochen später war er tot.[91]

Einen Tag später fand im Südwesten Englands auf der Worthy Farm des Milchbauern Michael Eavis in der Nähe des Dorfes Pilton das Pilton Pop, Blues & Folk Festival statt, bei dem die 1.500 Zuhörer zum Eintrittspreis von einem Pfund und freiem Milchkonsum unter anderem den Auftritt von Marc Bolan feierten. Es war ein Festival der Skurrilitäten. Nach den Worten von Simon Reynolds hatte das vegetarische Essen „die gleiche Farbe wie der Schlamm, in dem nackte Hippies herumsprangen. Massen an ungepflegten haarigen Gestalten trommelten, spielten Flöte, musizierten spontan im Kollektiv. Ein verrückter Typ [...] grölte unten ohne auf der Bühne, während seine Genitalien mit jedem Schrei um sich schlugen." Aus diesen kleinen Anfängen entwickelte sich mit den Jahren das Glastonbury Festival,

89 Paytress 2012, 110–111; Winkler 2002, 215–216; Heidkamp 1999, 189 u. 196.
90 Stefan Hentz, *Musik ohne Zäune*, in DIE ZEIT vom 8. Aug. 2019, 16.
91 *Fehmarn-Festival 1970. Schlammbad mit Jimi Hendrix*, in SPIEGEL ONLINE vom 25. Okt. 2008.

das bald in den Ruf einer Stätte exzessiven Drogenkonsums geriet, in den neunziger Jahren wegen Überfüllung und Kriminalität Schlagzeilen machte und heute mit seinen über einhundert Bühnen zu einem kulturellen Großereignis in England angewachsen ist, zu dem 2017 knapp 200.000 Zuschauer pilgerten bei Eintrittspreisen von rund 250 Pfund, die meisten mit Gummistiefel bewaffnet, um im berühmten Schlamm von Glastonbury zu überleben.[92]

Indessen organisierten Musikbegeisterte in vielen Teilen der Welt neue Festivals. In Santiago de Chile warben im Juli 1969 Dutzende von Musikern für den Sozialisten Salvador Allende, unter ihnen der Sänger Víctor Jaran mit seinen sozialkritischen Folk-Balladen. In Argentinien gingen von 1970 bis 1972 ebenfalls nach dem Vorbild von Woodstock die drei ersten BA Rock-Festivals unter dem offiziellen Titel „Festival de la Música Progresiva de Buenos Aires" über die Bühne, nachdem einige Jahre zuvor die einheimische Rockband Los Gatos mit ihrem in Spanisch gesungenen Rock diesen in weiten Teilen der Bevölkerung populär gemacht und zahlreiche Bands für diese Musik begeistert hatte.[93] In Mexiko feierten 1971 etwa 200.000 oder mehr Jugendliche beim Festival de Avándaro Leben, Jugend, Natur, Frieden, freie Liebe und natürlich Musik. Mit Drogen und psychedelischer Musik wurde das Festival zu einem Meilenstein der mexikanischen Rockmusik und gab dem antiautoritären Protest eine lautstarke Stimme.[94] In Australien fand sich schließlich die Rockszene nach dem Vorbild von Woodstock von 1972 bis 1975 jährlich in der Nähe von Melbourne zum Sunbury-Festival ein.[95]

Die Rock-Festivals zogen die Massen auch deshalb an, weil Rundfunk und Fernsehen über Jahre hinweg in verschiedenster Form massiv Werbung für diese Musik gemacht hatten, die inzwischen zu einem festen Bestandteil des Alltags dieser Jugendlichen geworden war. Dies wäre noch Anfang der fünfziger Jahre nicht möglich gewesen. Für das Fernsehen hatten die Programmgestalter inzwischen ganz neue Musiksendungen entwickelt, die sich wie die Hitparaden im Rundfunk teilweise an Verkaufszahlen orientierten, so in Großbritannien die von dem Netzwerk privater Fernsehsender ITV von 1963 bis 1966 wöchentlich ausgestrahlte Show *Ready Steady Go*, ferner die von der BBC ab 1964 in *Top of the Pops* vorgestellten Mainstream-Songs oder *Hits à Gogo* ab 1967 in der Schweiz.

In den USA hatte ein regionaler Sender bereits 1952 die Musikshow *American Bandstand* in sein Programm genommen, die seit 1957 von den ABC-Fernsehstationen landesweit ausgestrahlt wurde. Auch diese Sendung präsentierte neueste Hits und brachte zudem Stars und Fans zusammen, indem jugendliches Publikum zur Livemusik der eingeladenen Bands tanzte. Gleichwohl war von der rebellischen Seite des Rock 'n' Roll in dieser Nachmittagsshow kaum etwas zu spüren. Die Jungen hatten Jacketts zu tragen und die Mädchen knielange Röcke. Jeans waren nicht

92 Reynolds 2017, 100; Venetia Dearden, *Glastonbury. Another Stage*. Heidelberg: Kehrer, 2010.

93 Daniel Bax, *Pop, Politik und musikalische Peripherie*, in Leggewie/Meyer 2017, 259–267, hier 262; https://es.wikipedia.org/wiki/B.A._Rock_I.

94 Keen/Haynes 2013, 347; Zolov 1999, 201–233.

95 *Sunbury (Vic.)*, in Milesago: Australasian Music & Popular Culture 1964–1975, in www.milesago.com/Performance/Festivals [06.03.2017].

erlaubt, ebenso wenig T-Shirts. *American Bandstand* war viele Jahre lang eine Unterhaltungssendung, in der „wohlerzogene, nett gekleidete Teenager, die sich sehr gut benahmen, einen angenehmen Nachmittag unter der Aufsicht eines gönnerhaften Anstandsherren verbrachten."[96]

In Westdeutschland übernahm der Fernsehsender Radio Bremen 1965 mit dem *Beat-Club* dieses Format. Eine Moderatorin stellte Beat- und Rocksongs englischsprachiger Interpreten vor, während wie bei dem amerikanischen Vorbild tanzende Jugendliche für die Live-Atmosphäre sorgten.[97] Die Macher dieser Jugendsendung waren zunächst gezwungen, sich energisch gegen den auf Tradition setzenden Intendanten durchzusetzen. Der Unterhaltungschef des Ersten Deutschen Fernsehens (ARD) warnte, eine Sendung nur mit Beatmusik und ohne „Schlagereinlagen" interessiere niemanden. Er sollte sich irren. Während die Väter am Samstagnachmittag vor den Häusern ihre Autos wuschen und polierten, versammelte sich ein Großteil der Jugendlichen mit glänzenden Augen vor dem Fernseher, um den *Beat-Club* zu sehen. Anfangs fiel es dem Regisseur noch schwer, bekannte englische und amerikanische Stars in das Studio zu locken.

Für die erste Sendung musste er notgedrungen auf die Bremer Band The Yankees zurückgreifen, die entgegen der englischsprachigen Vorgaben mit dem deutschen Titel *Halbstark* die Sendereihe eröffnete, ehe das kaum bekannte Mädchenquartett The Liverbirds aus Liverpool in ihren beigen Uniformen aus dem amerikanischen Bürgerkrieg und mit ihren mit viel Haarspray einbetonierten Frisuren auf die Bühne kletterte, um mit *Peanut Butter* „ihre Hausfrauenmusik" anzustimmen, so der Regisseur und Filmproduzent Wenzel Storch. Als Stammgast trat in den ersten Sendungen die Berliner Band The Lords mit Prinz-Eisenherz-Frisuren, Rüschenhemden und perfekt gebügelten Hosen auf. Die Fünf hoben im Takt ihrer Musik das Bein, um ihre weißen Socken und Stöckelschuhe zu zeigen, während sie oft knapp am rechten Ton vorbei *Poor Boy* intonierten. Gleichzeitig demonstrierten die als Staffage anwesenden Jugendlichen, was sie in der Tanzschule an Schrittfolgen und Manieren gelernt hatten – die Jungs im bügelfreien Hemd mit Krawatte und Sakko, die Mädels im Rock, züchtig die Knie bedeckt. In späteren Sendungen lockerten sich die Manieren, und die von der Moderatorin als „die Huh" angekündigte englische Beat-Band The Who durfte die Bühne ungestört in ein Schlachtfeld verwandeln, am Schluss übersät mit zu Kleinholz gehackten Gitarren und zertrümmerten Lautsprecherboxen. Bald ließ auch der Regisseur mit Hilfe der Elektronik das Bild wackeln, blubbern und „phantasmagorischen Zuckungen" vollführen, so als ob er den Zuschauern „Reise-Eindrücke von traumhaften LSD-Trips zu übermitteln" versuchte, wie ein Nachrichtenmagazin schrieb. Während die Röcke der Moderatorin immer kürzer wurden, bis es nichts mehr zu kürzen gab, umkreisten

96 Shaw 1994, 182–187.

97 Matthew F. Delmont, *The Nicest Kids in Town: American Bandstand, Rock 'n' Roll, and the Struggle for Civil Rights in 1950s Philadelphia*. Berkeley: University of California Press, 2012; Steve Blacknell, *The Story of „Top of the Pops"*. Wellingborough: Patrick Stephens, 1985; Uschi Nerke, *40 Jahre mein Beat-Club: persönliche Erlebnisse und Erinnerungen*. Braunschweig: Kuhle, 2005.

psychedelische Farben und nackte Busen die jeweilige Band. Viele der mit Schlagerparaden, Herzschmerzliedern und Tralala-Sängern groß gewordenen Zuschauer gerieten in Rage, empfahlen die Deportation „des Gesindels“ und protestierten gegen diese unerträgliche „Affenkultur“, nachdem Jimi Hendrix seine Gitarre behandelt hatte „wie ein wilder Orang-Utan“ sein neues Spielzeug, so ein Branchenblatt. Die Sendung wurde teilweise in London aufgezeichnet und in 48 Länder ausgestrahlt. Sie trug viel zur Internationalisierung der westlichen Popmusik bei. Auch jenseits des Eisernen Vorhangs lockte sie zahlreiche jugendliche Zuschauer vor die Fernsehgeräte und ließ auch dort das Beat-Fieber steigen.

Im selben Jahr, als in Deutschland der *Beat-Club* startete, nahm auch der Saarländische Rundfunk, der von den Erfolgen des Nachbarsenders Radio Luxemburg am unmittelbarsten betroffen war, seine Musik-Sendung *Hallo Twen* ins Programm. Ein Jahr später strahlte der Fernsehsender des Hessischen Rundfunks in Zusammenarbeit mit dem amerikanischen Soldatensender AFN zur besten Sendezeit um 20:15 Uhr nach der *Tagesschau* erstmals seine „Musiksendung im Beat-Rhythmus für junge Zuschauer“ unter dem Titel *Beat! Beat! Beat!* aus. Gleichzeitig nahmen sich in Frankreich und der französischsprachigen Schweiz die meisten Rundfunkstationen die Erfolge von *Salut les copains* zum Vorbild, um mit ähnlichen Musiksendungen ihr Programm attraktiver zu gestalten.[98]

Wie bereits in der Hochzeit des Rock 'n' Roll folgte die Filmindustrie auch der Beatmusik auf deren Erfolgsspuren. Unmittelbar nach ihren ersten musikalischen Erfolgen waren die Beatles auf der Leinwand zu sehen, wo ihre Songs von verrückten Stories mit einer Mischung aus intelligenten, skurrilen und platten Einfällen umrahmt wurden – *A Hard Day's Night* 1964 und im folgenden Jahr *Help!*. Damit verließ der Rock-Film sein zumeist eher seichtes Fundament und öffnete sich für mehr anarchische Formen. Um die Wende zum neuen Jahrzehnt thematisierten schließlich Dokumentarfilme wie *Woodstock* und *Gimme Shelter* sowohl die friedfertige wie die düstere Seite der Rockkultur, sowohl den kollektiven Liebesrausch wie auch die angestauten Aggressionen. Letzterer zeichnete die USA-Tournee der Rolling Stones im Jahr 1969 auf mit der Ermordung eines 18-jährigen Fans beim Altamont Free Concert durch ein bierbäuchiges Mitglied der Hell's Angels, die als Ordner eingesetzt waren. Wenige Meter vor der Bühne haute er dem jungen Schwarzen ein Messer in den Rücken, schlug ihn zusammen und trampelte anschließend so lange auf ihm herum, bis er auch wirklich tot war. Die Band versuchte die Zuschauer zu beruhigen und wollte das Konzert abbrechen, als der Chef der Hell's Angels von Oakland auf die Bühne sprang, Keith Richards eine Pistole in die Seite drückte und ihm befahl weiterzuspielen, sonst wäre er tot. Umgehend machte die „Bande schwuler, eingebildeter Primadonnen“ weiter, wie der Höllenengel sich später ausdrückte. Das Konzert wurde zu einem Alptraum aus Drogenexzessen und Bandenterror, und nicht nur dieses Konzert. Der Traum von Love and Peace war endgültig ausgeträumt.[99]

98 *Beat-Club. Die Realität blubbert*, in DER SPIEGEL vom 26. Aug. 1968, 113; Mrozek 2019, 580–585.
99 Winkler 2002, 232.

BEATLEMANIA – FAST RUND UM DIE WELT

Die Organisation immer neuer Festivals und „Beat-Clubs“ war ein untrügliches Zeichen für die große Begeisterung, die die Beatles, die Rolling Stones und andere mit ihrer Musik inzwischen in einem Großteil der Länder rund um den Globus entfacht hatten, gepaart mit einer zunehmenden Anerkennung der populären Musik selbst in Teilen des Bildungsbürgertums. Als die Rolling Stones zu ihrer 1972er-Tournee nach Nordamerika aufbrachen, standen zahlreiche prominente Zaungäste Spalier, um der „Greatest Rock ’n’ Roll Band in the World“ eine „devote Bewunderung“ zu zollen, wie Ernst Hofacker schreibt – Lee Radziwill, die Schwester von Jackie Kennedy, Truman Capote, Andy Warhol und andere.[100] Doch obwohl die Beatmusik auch in der übrigen Welt immer größere Bevölkerungskreise in ihren Bann zog und einheimische Musiker umgehend die großen Hits aus dem Westen als Coverversionen in ihr Repertoire aufnahmen und diesen Aufnahmen traditionelle Klänge ihres jeweiligen Heimatlandes beimischten, stieß diese Musik überall auf der Welt auch auf Widerstand beziehungsweise fand in einigen Ländern und Zirkeln keine oder kaum Beachtung. Obwohl Coverversionen die Beatmusik für einen Großteil der Bevölkerung bekömmlicher und verträglicher machten, spalteten der neue Sound und das Auftreten der Musiker wiederum die meisten Gesellschaften und sprachen zunächst nur einen kleinen, wenn auch stetig wachsenden Teil der Bevölkerung an. Im Westen vertiefte die Musik der Beatles den Graben zwischen den Generationen und zog auch innerhalb der Jugend eine scharfe Trennlinie zwischen denen, die die neuen Klänge enthusiastisch bejubelten, und denen, die sie als Missklang und Katzenmusik verabscheuten beziehungsweise das äußere Erscheinungsbild der Musiker nicht akzeptierten.

In Lateinamerika riss sie vielfach zusätzliche Gräben zwischen den Gesellschaftsschichten auf, so in Chile. Dort coverten einheimische Bands wie Los Mac’s oder Los Vidrios Quebrados – Die zerbrochenen Gläser – die Songs der Beatles und The Who, indem sie auf Englisch sangen und die Originalversionen lediglich mit einem kreolischen Touch anreicherten. Für sie und für viele Jugendliche aus der chilenischen Ober- und Mittelschicht verkörperte diese Musik Modernität und Fortschritt ganz im Gegensatz zu der von der einfachen Bevölkerung favorisierten chilenische Volksmusik. Als Teil des Bürgertums standen sie politisch auf der Seite ihres Präsidenten Eduardo Frei, der von den USA unterstützt wurde, und lehnten wie auch die meisten Intellektuellen die so genannte Nueva Canción als primitiv und rückständig ab. Diese ursprünglich rurale Musik war inzwischen von Mitgliedern der Kommunistischen Partei und der chilenischen Arbeiterbewegung, so von Violeta Parra und Victor Jara, mit Texten angereichert worden, die die sozialen Ungerechtigkeiten und politischen Skandale dieses Landes ansprachen. Musikstile repräsentierten in Chile soziale Klassen und ideologische Einstellungen.[101]

100 Hofacker 2018, 60–61; Robert Greenfield, *A Journey trough America with the Rolling Stones*. St. Alban: Panther Books, 1975.

101 Keen/Haynes 2013, 446–447; Joan Jara, *Das letzte Lied. Das Leben des Victor Jara*. München: Goldmann, 2000; Patricio Manns, *Violeta Parra, la guitarra indócil*. Conceptión: Literatura Americana Reunida, 1987.

Im benachbarten Peru dagegen veränderten die westliche Rockmusik und die elektrischen Musikinstrumente die dortige volkstümliche Musik. In den Städten war fortan Chicha oder Peruanisch Cumbia angesagt, eine Mischung aus traditioneller Musik vom Anden-Hochland und westlicher Rockmusik, vorgetragen mit Flöten und E-Gitarren, später auch unter Einsatz von Keyboard und Synthesizer. Die Songs erzählten vom Leben in der Stadt und vom Leben auf dem Land; sie erzählten von harter Arbeit. Sie feierten das einfache Leben, so der erste große Schallplattenerfolg der Gruppe Los Demonios del Mantaro *La Chichera*. Der Song beschrieb das Leben eines Straßenhändlers, der in der Stadt Maisbier von den Anden verkauft. Bald erzielte die Chicha-Musik in Peru weitaus größere Verkaufserfolge als die Musik der internationalen Stars wie Julio Iglesias oder Michael Jackson.[102] Innerhalb weniger Jahre erschien in großen Teilen Südamerikas alle Musik, zu der Jung und Alt unmittelbar nach dem Krieg noch gefeiert, getanzt und gemeinsam gesungen hatten, altbacken, verstaubt und misstönend.

Letztlich aber musste sich die Musik der Beatles und anderer Bands aus England und den USA überall in der Welt zunächst einmal gegen die dortigen, meist traditionellen Musikrichtungen durchsetzen. Das heißt, sie musste Widerstände überwinden, die sich umso höher auftürmten, je tiefer die kulturelle und politische Kluft war, die den Westen von dem jeweiligen Land trennte, die aber auch leichter zu überwinden war, wenn bereits mehr oder minder intensive Kontakte zum Westen bestanden und ein Kulturaustausch begonnen hatte. So fand denn auch die Beatmusik in einigen Ländern Asiens trotz der dortigen, vom Westen stark abweichenden Musikkultur recht bald Anhänger. Als Kolonialherren hatten Großbritannien und Frankreich in Indien, Indochina und China vielfältige Spuren hinterlassen, ebenso die USA als Besatzungsmacht in Japan und den Philippinen. Sie hatten damit kulturelle Anknüpfungspunkte geschaffen, der es der gesamten westlichen Musik leichter machte, Gehör zu finden.

In Japan, das dem amerikanischen Weg der Modernisierung unter allen asiatischen Staaten am schnellsten und konsequentesten folgte, inspirierten die Beatles umgehend zahlreiche einheimische Bands, obwohl John Lennon immer das Gefühl hatte, dort nicht anerkannt zu werden. In gewisser Weise hatte er recht, da Japan weiterhin ein Enka-Land blieb, in dem die traditionelle Volksmusik die Charts dominierte, und in dem Enka für die japanische Seele stand. Trotzdem war die Beatmusik dort zu Ende der sechziger Jahre unter einem Großteil der Jugendlichen bereits fest verankert. Es entbrannte lediglich eine heftige Kontroverse über den Gebrauch des Englischen in dieser Musik. Sie entbrannte zwischen Uchida Yûya von der Flower Traveling Band und Otaki Ei'ichi von der Band Happy End. Sie kreiste um die Frage: Sollten wir Rock in Japanisch oder Englisch singen? Uchida plädierte für Englisch, um den Japanern den Geist der Musik von Jimi Hendrix und Jefferson Airplane näherzubringen, was seiner Meinung nach in Japanisch nicht möglich wäre. Auch zielte er mit seiner Musik auf eine weltweite Hörerschaft. Happy End dagegen konnte nachweisen, dass Rockmusik mit Texten in einheimischer Sprache

102 Keen/Haynes 2013, 428–430.

in Japan eine viel größere Fangemeinde um sich sammeln konnte als mit rein englischen Texten. Die Band führte zudem die traditionelle japanische Musik mit dem Rock zusammen. Nachdem sie sich 1973 aufgelöst hatte, startete ihr Bassist Haruomi Hosono eine Solokarriere und wurde Ende des Jahrzehnts Gründer der über die Grenzen des Landes hinaus berühmten Gruppe Yellow Magic Orchestra (YMO), die den Elektropop oder Technopop in Japan einführte.[103]

Auch in Süd-Vietnam war Rockmusik seit Ende der sechziger Jahre aufgrund der Anwesenheit von GIs und amerikanischer Zivilisten sowie der Musiksendungen von AFN unter der städtischen Jugend bereits so weit verbreitet, dass die ersten Rock-Festivals erfolgreich über die Bühne gingen. Wortreich giftete die Nationale Befreiungsfront dagegen an und versuchte sie vergeblich als Versammlungen von zügellosen Playboys zu diffamieren. Nach ihrem Sieg und dem Abzug der Amerikaner im Jahr 1975 musste die kommunistische Partei jedoch feststellen, dass westlicher Rock und Pop sogar den Norden infiltriert hatten und auf dem Schwarzmarkt Kassetten mit westlicher Popmusik reißend Abnehmer fanden.

Nach einem Besuch in dem inzwischen in Ho Chi Minh Stadt umbenannten Saigon schrieb der kolumbianische Schriftsteller und Literaturnobelpreisträger Gabriel García Márquez: „In der Dämmerung versammelte sich die Jugend von Saigon auf den Plätzen – gekleidet im amerikanischen Stil, bewegte sie sich zu den Rhythmen von Rockmusik und träumte von einer Vergangenheit, die für immer vorbei war."[104] Da die Sowjetunion und andere kommunistische Staaten in Osteuropa Ende der siebziger Jahre den Rock und andere populäre Musikstile inzwischen in ihre Musik integriert hatten, akzeptierte ihn letztendlich auch die kommunistische Partei Vietnams. Sie rechtfertigte ihre Kehrtwendung mit dem Hinweis, im Rock 'n' Roll komme die jugendliche Lebensenergie zum Vorschein.[105]

In Thailand dagegen, wo der Jazz die dortige populäre Musik seit den 1930er Jahren nur unwesentlich beeinflusst hatte, fanden in den sechziger und frühen siebziger Jahren die neuen Klänge aus dem Westen lediglich in den großen Städten ein erstes Echo. Noch war die thailändische Musiklandschaft von einem tiefen Graben durchzogen, der „Luk Grung" von „Luk Thung" – die „Lieder der Stadt" von den „Liedern vom Land" – trennte. Während traditionelle Instrumente wie Lauten, Mundorgeln und Gongs die Landlieder begleiteten, waren die romantischen Stadtlieder der einheimischen Oberschicht bereits mit Wah-Wah-Gitarren und Drums instrumentiert.

In den sechziger Jahren gewann die westliche Rockmusik etwas an Popularität, und erste Bands nach dem Vorbild von Cliff Richard and The Shadows wurden gegründet. Wenig später machten die auf den amerikanischen Militärbasen stationierten GIs sowie amerikanische Militärsender während des Vietnamkriegs die einheimische Bevölkerung mit westlichem Rock und Pop bekannt. Thailändische Komponisten der Stadtlieder reagierten darauf mit einer Mixtur aus thailändischen Klängen und westlichem Rock und Soul, „String" genannt. Amerikanische GIs

103 Condry 2006, 147–149.
104 Zit. nach Gibbs 2008, 12.
105 Gibbs 2008, 6–13.

horchten auf, wenn mitten im asiatischen Singsang urplötzlich der Riff von *Jumpin' Jack Flash* auftauchte und elektrische Thai-Lauten nach kalifornischen Surfgitarren klangen. Damit war ein erstes Einfallstor für die neueste Musik aus dem Westen geöffnet. Es öffnete sich weiter mit den Touristenströmen, die in den achtziger Jahren mit Zuwachsraten von jährlich zehn Prozent Thailand zu einem bevorzugten Urlaubsland machten. Mit den Urlaubern hielten Rock und Pop schließlich Einzug in die vielen kleinen und größeren Badeorte, in die Orte mit touristischen Attraktionen im Landesinneren sowie in die Bars des Landes.[106]

Neben der Anwesenheit amerikanischer GIs, der Tätigkeit amerikanischer Militärsender und der offensichtlichen Überlegenheit der modernen westlichen Musikinstrumente gegenüber den meisten traditionellen Instrumenten waren es vor allem die in der jeweiligen Landessprache vorgetragenen Coverversionen der Hits aus Nordamerika und Großbritannien, die der westlichen Popmusik den Weg rund um den Erdball ebneten. Coverversionen erwiesen sich überall auf der Welt als höchst erfolgreiche Makler, um die Musik aus den USA und England fremden Kulturen zu vermitteln. Mit ihrer für die Einheimischen verständlichen Lyrik und ihrem den jeweiligen Hörgewohnheiten angenäherten Sound bestanden sie aus einer mehr oder minder hybriden Musik, die umso mehr vom englischen Original abwich, je größer die kulturellen Abstand zum jeweiligen Land. Dies galt unter anderem für den chinesischen Sprachraum. Nur so waren die Menschen dort zu erreichen und für die ihnen nicht vertraute Musik zu gewinnen.

In der britischen Kronkolonie Hongkong, in der Chinesen nach dem Zweiten Weltkrieg rund 95 Prozent der Bevölkerung stellten, und wo Rock und Pop aus dem Westen im Gegensatz zur Volksrepublik China keinen Verboten und Restriktionen unterlagen, fand die Musik von Elvis Presley, den Beatles und den Rolling Stones unter Jugendlichen zwar Anklang, aber vorwiegend nur unter den dort lebenden Europäern und Amerikanern. So waren es auch in erster Linie europäische und nordamerikanische Kids, die die Beatles bei deren Konzert in der Kronkolonie im Juni 1964 enthusiastisch feierten und in der Stadt eine kleine Beatlemania auslösten.[107] Die weitaus überwiegende Mehrheit der Bevölkerung Hongkongs war dagegen mit einer ganz anderen Musik aufgewachsen, vor allem die vielen Flüchtlinge aus Maos Volkrepublik. Sie trugen zwar entscheidend dazu bei, dass die Stadt von 1,7 Millionen Einwohnern im Jahr 1945 bis Anfang der Siebziger auf rund 4 Millionen anwuchs, da aber für einen Großteil von ihnen Honkong nur eine Zwischenstation auf ihrem Weg in andere Länder war, verhinderte die hohe Fluktuationsrate zunächst, dass sich in der Stadt ein Gemeinschaftsgefühl herausbilden konnte und sich die Menschen mit Hongkong identifizierten.

Das änderte sich seit den siebziger Jahren, als nach den Unruhen von 1967 ein rasantes Wirtschaftswachstum einsetzte, die Gesellschaft der Kronkolonie sich sta-

106 Christoph Twickel, *Sixties-Pop aus Thailand. Ding Dong mit Wah-Wah*, in SPIEGEL ONLINE vom 10. Jan. 2011.

107 Chris Wood, *When The Beatles came to Hong Kong June 1964, and screaming teenagers welcomed the Fab Four at Kai Tak airport*, in Post Magazine der South China Morning Post vom 2. Juni 2017.

bilisierte und die Regierung die Stadt gewissermaßen zu einer Nobelmarke aufbaute. Es änderte sich, als die Nachkommen der in der Stadt gebliebenen Flüchtlinge Honkong nicht mehr nur als Durchgangsstation betrachteten, sondern als ihre eigentliche Heimat, die ihnen verlockende Zukunftsaussichten versprach. Der Glanz und die internationale Reputation der Stadt als Industrie- und Finanzzentrum erfüllten ihre Bewohner zunehmend mit Stolz. Diese begannen sich vermehrt mit Hongkong zu identifizieren. Sie waren stolz auf die Freiheiten, die ihnen die Stadt bot, auf ihre wirtschaftlichen und sozialen Errungenschaften, sowie auf ihre Andersartigkeit gegenüber Maos China. Sie entwickelten eine eigene volkstümliche Kultur, die sich mehr am Westen orientierte als an der tristen und todbringenden Kasernenhofkultur im roten China.[108]

Die Radiosender hörten auf, wie in den fünfziger und sechziger Jahren vornehmlich Lieder im Stil der Kanton-Oper zu spielen, und verlegten sich vermehrt auf Songs, die von gesellschaftlich relevanten Themen der Großstadt handelten. Immer mehr Künstler, die ihre Popsongs zuvor nur in Englisch oder Mandarin vorgetragen hatten, wechselten zu Kantonesisch, dem in Honkong gesprochenen Dialekt. Die neue lokale Filmindustrie unterlegte ihre für das Fernsehen produzierten Seifenopern mit Titelmelodien und Songs, die aus einer Mischung aus moderner westlicher Musik sowie Melodien und Tönen bestanden, die der chinesischen Bevölkerung vertraut waren. Damit begann die Geschichte des so genannten Cantopop, der in den achtziger Jahren als ein Mix aus traditioneller chinesischer Musik sowie Jazz, Rock ’n’ Roll, R&B, Disco und später auch elektronischer Musik seine größten Triumphe feierte. Er entwickelte sich zu einer neuen hybriden Popmusik unter dem Einfluss der Kanton-Oper, der westlich geprägten Musik Shanghais der Zwischenkriegszeit – „Shidaiqu“ genannt – sowie des modernen Pop und Rock aus dem Westen. Letztlich führte der Cantopop die Hörgewohnheiten der chinesischen Bevölkerung an die des Westens heran. Wie im Shanghai der Zwischenkriegszeit, als es erstmals zu einer Fusion von chinesischer Volksmusik und westlicher Popmusik gekommen war, so auch seit Mitte der siebziger Jahre in Hongkong. In den dreißiger Jahren waren es die zugleich traditionellen wie modernen Songs des chinesischen Komponisten und Songschreibers Li Jinhui gewesen, die von Einheimischen wie von Ausländern gleichermaßen verstanden wurden; seit Mitte der siebziger Jahre war es der so genannte Cantopop.[109]

Gegen Ende der Siebziger machten die ersten Stars der Szene diese Musik mit ihren Fernsehauftritten bekannt, vor allem Sam Hui, der zusammen mit seinem Bruder in einer eigenen Fernsehshow zunächst Coverversionen von englischen und amerikanischen Hits präsentiert hatte, sich aber in der zweiten Hälfte der Siebziger zusätzlich als Songschreiber profilierte, indem er auf humorvoll-satirische Art Geschichten aus dem Alltag Hongkongs aufgriff und damit auch die chinesische Arbeiterschaft der Stadt für seine Musik gewann. Cantopop wurde Mainstream, als private Rundfunkstationen nach westeuropäischem Vorbild auf Jugendliche zugeschnittene Musiksendungen in ihr Programm aufnahmen und DJs bevorzugt diese

108 Chu 2017, 40–68.
109 Steen 2006, 407–413.

neue Musik spielten. Sie gewann zusätzlich an Popularität, als die meisten Gesangstars auch als Schauspieler in Filmen und Fernsehserien auftraten, so Liza Wang und Adam Cheng, Leslie Cheung und Anita Mui, die „Madonna des Ostens". Nachdem der Erfolg des Cantopop abzusehen war, wechselte selbst die erfolgreichste chinesische Sängerin und „Queen of Mandarin Songs", Teresa Teng, vom Hochchinesisch zum Dialekt Hongkongs.

Lokale und international tätige Plattenlabels übernahmen die Vermarktung der neuen Musik, während die großen Labels wie EMI und PolyGram zusätzlich dafür sorgten, dass die Verbindungen zum Westen nicht abrissen. Sie versorgten die Künstler mit Coverversionen von Hits aus westlichen Ländern, vor allem aus Japan. Sie trugen auch dazu bei, dass die zunächst von der Kanton-Oper übernommenen Musikinstrumente wie die Zitter und die zweisaitige Spießgeige von westlichen Instrumenten abgelöst wurden – von Piano, Gitarre, Drum Set und Synthesizer. Die Einführung von Karaoke, das von der Bevölkerung als attraktive Form der Unterhaltung und als neues Medium für Popmusik begeistert angenommen wurde, trug ab Mitte der achtziger Jahre zusätzlich zum Erfolg des Cantopop bei. Auch gelang es, diese Musik zusammen mit Fernsehserien und später mit Musikvideos zu einem Exportartikel zu machen, der vor allem in Südostasien und nach der Öffnung der Volksrepublik auch in China Millionen Abnehmer fand. Vietnam, Singapur, Thailand, Malaysia und Indonesien, dann auch Südkorea, Japan, Taiwan, Macau und die südöstlichen Provinzen der Volksrepublik China wurden zu Fanhochburgen dieser hybriden Musik.[110]

In der Zwischenzeit hatte auch Taiwan eine eigene Musikindustrie aufgebaut, die jedoch fast alle ihre Songs im Gegensatz zu Hongkong in Mandarin veröffentlichte, der am weitesten unter Chinesen verbreiteten Sprache. Diese Musik, Mandopop genannt, wurde seit 1979 auch von der Schallplattenindustrie in Singapur mit aufwendigen Kampagnen gefördert. Prominente Stars des Cantopop wie Teresa Teng und Faye Wong veröffentlichten ihre Cantopop-Hits auch in Mandarin, vorgetragen zumeist mit verändertem Text und Rhythmus. Nach der schrittweisen Öffnung Chinas eroberten seit den achtziger Jahren neben Cantopop vor allem Mandopop, der für eine panchinesische Volkskultur steht, das chinesische Festland. In der wirtschaftlich zurückgebliebenen Volksrepublik symbolisierte diese Musik aus der Wirtschaftsmetropole Hongkong und dem Tigerstaat Taiwan Dynamik und Modernität.[111]

Trotz aller Erfolge tat sich die Rockmusik in den siebziger Jahren außerhalb des Westens weiterhin recht schwer, gegen die tief in der Kultur der einzelnen Völker verwurzelten populären Musik anzukommen. Diese repräsentierte in ihren unterschiedlichen Ausprägungen und vorgetragen mit traditionellen einheimischen Musikinstrumenten eine Art Grundgeschmack oder Lebensgefühl des jeweiligen Volkes. Sie bildete den Soundtrack des Lebens der Menschen und wurde verstanden als ein Merkmal der jeweiligen Kultur. Sie hatte sich über Jahrhunderte nur

110 Chu 2017, 184–196; Broughton/Ellingham/Lusk 2009, 514–515.
111 Gunde 2002, 100.

wenig verändert, bis Radio, Film, Migration und neue Musikinstrumente diesen Stillstand beendeten.

Im Kongo etwa hatte sich bereits in der ersten Hälfte des 20. Jahrhunderts unter dem Einfluss der eingewanderten Europäer die einheimische Volksmusik zur Kongolesischen Rumba weiterentwickelt, die fortan neben lateinamerikanischen Rhythmen auch Elemente des Jazz enthielt. Unmittelbar nach dem Zweiten Weltkrieg hatten die Studiobands mehrerer, von Europäern gegründeten Plattenlabels diese Musik weiter modernisiert, das heißt verwestlicht. Nach der Unabhängigkeit des Kongo im Jahr 1960 verband sie unter dem Namen Soukous die verschiedenen Volksgruppen des Landes und half, eine gewisse nationale Identität aufzubauen.

Zugleich suchten einheimische Musiker nach Wegen, diese Musik noch weiter zu entwickeln. Einige ließen sich vom Rock 'n' Roll inspirieren, um Soukous mit zusätzlicher Energie aufzuladen. 1969 gründeten in Kinshasa mehrere Studenten die Band Zaiko Langa Langa, die mit ihrem beschleunigten Beat, dem Verzicht auf Blasinstrumente und ihrem von E-Gitarren und kleinen Snare Drums bestimmten Sound als die kongolesischen Rolling Stones rasch für Furore sorgte und innerhalb von nur drei Jahren zu einer der populärsten Bands im Kongo sowie in vielen Regionen Ost- und Westafrikas aufstieg. Ihren Ruhm begründete auch einer ihrer Sänger, der später weltweit bekannt gewordene schwergewichtige Papa Wemba, der sich selbst zum „Roi du Rumba Rock" kürte und auch am Anfang der so genannten Sapeur-Bewegung mit ihrem Eleganz und modische Individualität betonenden Lebensstil stand. Auf der Bühne präsentierte Papa Wemba stets seine neueste Kleidung und protzte, ähnlich wie später viele Hip-Hop-Stars, mit teuren Luxusmarken.[112]

Auch im benachbarten Sambia nahm die Entwicklung einen ähnlichen Verlauf. Auch dort hatte die Kongolesische Rumba schnell eine große Fangemeinde um sich versammelt. Zahlreiche Bands aus Zaire spielten in der Hauptstadt Lusaka zum Tanz auf, andere in den meisten größeren Städten im Südosten Afrikas. Ihr Repertoire bestand neben der Rumba aus südafrikanischem und amerikanischem Jazz, Kongo-Jazz, westlichem Rock und Pop sowie im benachbarten Simbabwe auch aus traditioneller Shona-Musik in der Besetzung mit drei E-Gitarren, Schlagzeug, Saxophon, Trompete und Gesang. Es war jedoch an erster Stelle der Rundfunk, der die Bevölkerung von Sambia mit der Musik aus anderen Regionen Afrikas sowie aus Europa und Amerika bekannt machte. 1941 hatten die Briten im nordrhodesischen Lusaka für die afrikanische Bevölkerung ihrer Kolonie einen ersten Sender errichtet, aus dem die Central African Broadcasting Station (CABS) und nach der Unabhängigkeit des Landes die Zambia Broadcasting Services (ZBS) hervorgingen. Der Sender erlangte im ganzen Land schnell eine große Popularität, nachdem der Batterieproduzent British Ever Ready Electrical Company (BEREC) 1950 ein batteriebetriebenes, so genanntes Saucepan Special Radio entwickelt hatte, das in einem Kochtopf untergebracht war. Vornehmlich über den Rundfunk gelangte seit Ende der sechziger Jahre auch der Rock nach Sambia, wo einheimische Musiker

112 Broughton/Ellingham/Trillo 1999, 462; Bender 2000, 95–96; *Afrikanischer Popstar. Papa Wemba ist tot*, in SPIEGEL ONLINE vom 24. April 2016.

die Songs der Beatles, von Jimi Hendrix und anderen Rockstars aus dem Westen zwar nachspielten, aber aus Mangel an modernen Musikinstrumenten eigene Wege einschlagen mussten und so den Zamrock entwickelten.[113]

Die westliche Rockmusik tat sich besonders schwer in Ländern, in denen sie auf eine einheimische Musik traf, die von der Bevölkerung als Teil ihrer tatsächlichen oder vermeintlichen Hochkultur angesehen wurde, so im Ägypten der sechziger Jahre, wo die Beatles und andere kaum Fans um sich sammeln konnten. Bereits den Rock 'n' Roll hatte die ägyptische Regierung aus dem Repertoire des staatlichen Rundfunks gestrichen und den Medien untersagt, ihn auch nur zu erwähnen. Während der Hochphase des arabischen Nationalismus, als nach der Verstaatlichung des Sueskanals im Jahr 1956 und der Gründung der Vereinigten Arabischen Republik zwei Jahre später die Bevölkerung des fruchtbaren Halbmonds den offensichtlich erfolgreichen Widerstand ihrer Länder gegen den britischen, amerikanischen und französischen Einfluss voller Stolz feierte, hatten die Klänge aus den USA und England kaum Chancen, gegen die traditionelle arabische Musik anzukommen. Die staatlichen Rundfunkstationen verstärkten dieses neue Selbstbewusstsein, indem sie eine nationalistische und patriotische Musik ausstrahlten, die den Hörgewohnheiten und dem religiösen Konservatismus der meisten Ägypter entsprach. Die in Kairo ansässige Filmindustrie brachte der Bevölkerung die bekanntesten Sänger und Sängerinnen in unzähligen Musikfilmen zusätzlich zu Gesicht, vermehrt seit den sechziger Jahren, als auch das Fernsehen diese Filme in sein Programm aufnahm.

Die ägyptische Sängerin Umm Kulthum wurde mit ihrer näselnden Stimme, mit der sie die klassische arabische Musik vortrug, so zu einem nationalen Symbol und zu einem panarabischen Star. Sie sang von Liebe und Leid, Freiheit und Freundschaft, Volk und Vaterland. Sie sang während der Zeit des arabischen Wiedererwachens in dem über tausend Jahre alten arabischen Stil und half dieser Region nach langer Fremdherrschaft bei seiner Suche nach einer eigenen Identität. Ihre Lieder dauerten oft über eine Stunde, und ihre Konzerte zogen sich meist über sechs bis sieben Stunden hin. Unter dem Schutz hoher ägyptischer Politiker stieg sie zur wichtigsten arabischen Sängerin auf. Nach der als Katastrophe und Schmach empfundenen Niederlage im Sechstagekrieg von 1967 verkündete sie voller Trotz: „Ich habe ein Gewehr!“[114] Gleichzeitig brachte der ägyptische Sänger Mohammad Abdul Wahab, der für mehrere arabische Staaten deren Nationalhymnen komponierte, der Bevölkerung von Tanger bis Beirut die glorreichen Tage der arabischen Kultur in Erinnerung, als arabische Musik und Gesang der Inbegriff von Freude und Fröhlichkeit gewesen waren. Er erweckte bei den Menschen ein Gefühl des Stolzes auf ihr reiches kulturelles Erbe. Jedoch hatte sich die klassische Musik Ägyptens bereits während des gesamten 20. Jahrhunderts unter dem Einfluss des Westens markant verändert. Wie die meisten traditionellen Musiken rund um den

113 Bender 2000, 230–234 u. 249.

114 Zein Nassar, *A History of Music and Singing on Egyptian Radio and Television*, in Frishkopf 2010, 67–76, hier 70–73; Danielson 1997, 136 u. 164–167; Andrea Hanna Hünniger, *Die Araberin, für die Gaddafi sogar seinen Staatsstreich verschob*, in Welt vom 8. Juni 2018, www.welt.de/kultur/kino/article177151680.

Erdball hatte auch sie sich verletzlich gegenüber dem technischen Know-how des Abendlandes erwiesen. Inzwischen hatten verschiedene westliche Musikinstrumente Einzug in die Orchester Ägyptens gehalten, so Cello, Kontrabass, Oboe und E-Gitarre. Ferner hatten sich ägyptische Komponisten wie Abdul Wahab von Kompositionen aus dem Westen, von Beethoven bis Bartok und vom Jazz bis zur Rumba, beeinflussen lassen.[115]

Im Libanon war es gleichzeitig die in einer christlich-orthodoxen Familien aufgewachsene Sängerin Fairuz, die die ganze arabische Welt seit ihrem ersten öffentlichen Auftritt im Jahr 1957 als neuen Star auf Schultern trug. Ihre konservativen Landsleute achteten und verehrten sie, weil sie es immer wieder verstand, ihre Rollen als Ehefrau, Mutter und Künstlerin miteinander zu verbinden, weil sie ohne Skandale lebte, weil sie nach den Worten von Ines Weinrich eine Reputation wie die Heilige Jungfrau Maria erlangte. Ihre Fans feierten sie als „Mutter der libanesischen Nation“ sowie als „Botschafterin der Araber“. Wie auch Umm Kuthum und Abdul Wahab war sie im klassischen arabischen Gesang ausgebildet, den sie aber wie auch Abdul Wahab unter dem Einfluss der beiden Komponisten, den Brüdern Assi und Mansour Rahbani, mit westlichen Klängen verband. Zusammen verstanden sie es geschickt, weder eine der vielen Fraktionen im Libanon noch die Machthaber in Syrien und Ägypten zu reizen. Fairuz begeisterte mit ihrer Neuinterpretation klassischer arabischer Songs, die begleitet wurden von Piano, Gitarre, Geige und Akkordeon sowie der orientalischen Längsflöte und arabischen Schlaginstrumenten. Mit ihrer Mischung aus westlichen Harmonien und traditionellen arabischen Liedern feierte sie Anfang der siebziger Jahre auch in Paris, London, New York und Los Angeles Triumphe.[116]

Gleichzeitig meldeten sich im Westen des arabischen Halbmondes erstmals Vertreter des politischen Islam zu Wort, um mit jenseitigen Argumenten aktiv gegen die aus England und den USA kommenden neuen Klänge vorzugehen. Mit verbissener Miene verkündeten sie, was sie im Koran über die Popmusik gelesen hatten oder glaubten, dort gelesen zu haben. Mit der Wiederkehr des religiösen Fundamentalismus erwuchs der westlichen Popmusik zwar ein neuer Gegner, der aber bis Anfang der achtziger Jahre die Weltumrundung des Pop kaum beeinträchtigte, da er sich der Musikindustrie nur auf unbedeutenden Märkten wie Algerien entgegenstellte. Zuvor hatten sich zwar in Saudi-Arabien die dortigen Religionsgelehrten mit ihrer ganzen Autorität gegen jegliche Neuerungen gestemmt und in ihrem Wunsch, wie die frühen Muslime zu leben, neben allen technischen Neuerungen wie Eisenbahn, Telefon, Automobil und Flugzeug auch Musik und Theater abgelehnt.

Aber der Wüstenstaat war ein fernes und vor allem ein unbekanntes Land, dessen Innenleben im Westen kaum jemanden interessierte. Ganz anders Algerien, das

115 Habeeb Salloum, *Mohammad Abdul Wahab: The Father of Modern Egyptian Song*, in Al Jadid. A Review & Record of Arab Culture and Arts 1,2: 1995; Danielson 1997, 171–174; Broughton/Ellingham/Trillo 1999, 326.

116 Weinrich 2006, 142–143, 341 u. 407; Thomas Burkhalter, *Frauenrollen und Popmusik in der arabischen Welt*, in Helms/Phleps 2011, 189–200, hier 195; Broughton/Ellingham/Trillo 1999, 393.

mit seinen drei Departements noch wenige Jahre zuvor Teil des französischen Mutterlandes gewesen war. Drei Jahre nach der Unabhängigkeit des Landes hatte jedoch 1965 Verteidigungsminister Houari Boumedienne gegen seinen alten Kampfgefährten Staatschef Ben Bella geputscht, das Amt der Staats- und Regierungschefs in seiner Person vereint und damit begonnen, gegen die europäische Kultur vorzugehen. Seine Vorstellungen von einer neuen Gesellschaftsordnung waren geprägt von seiner Erziehung in Koranschulen und seinem Theologiestudium an den islamischen Universitäten Al-Zaytouna in Tunis und Al-Azha in Kairo. Er sah im Islam die einzige gottgefällige Alternative zur westlichen Weltordnung und ließ als frommer Asket umgehend die westliche Popmusik verbieten. Zuvor hatten sich jedoch in den großen Städten des Landes und vor allem in Oran unzählige Bands zusammengefunden, die auf den länderübergreifenden Wellen des Rock 'n' Roll und des Soul mitsurften und ihren großen Vorbildern Elvis Presley, den Beatles, Rolling Stones und James Brown voller Lebensfreude nacheiferten. Damit war es mit Verweis auf den Koran von heute auf morgen vorbei. Wer eine private Fete mit Popmusik veranstaltete und denunziert wurde, musste mit einem Besuch der Polizei rechnen, die von den anwesenden Mädchen ein Jungfräulichkeitszeugnis verlangte und die Rocklängen vermaß. Fielen diese nach Ansicht der Sittenwächter zu gering aus, bestrichen die Polizisten die Beine der jungen Frauen mit Farbe. Alle Rockbands hatten sich aufzulösen, und Sänger, die auf Englisch oder Französisch sangen, wurden von arabisch sprechenden Ägyptern oder Syrern abgelöst.

Umgehend suchte die Jugend Algeriens nach einer neuen Musik, die ihr Vergnügungsbedürfnis begleiten durfte, ohne dass sich die Religionswächter zu sehr ereiferten und die Peitschen schwangen. Sie fand sie im Raï, der Weiterentwicklung einer alten Hirtenmusik aus der Umgebung von Oran, die aber auch im muslimischen Nachbarland Marokko gespielt wurde – improvisierte, ursprünglich nur von einer Flöte begleitete Lieder. In den Musikclubs, auf den Bühnen der Seebäder und in den vielen Kneipen entlang der algerischen Mittelmeerküste entwickelte sich diese anspruchslose, aber bisweilen extrem hypnotische Musik in den folgenden Jahren weiter, indem die meist jugendlichen Musiker neue Instrumente wie Geige, Schlagzeug und Akkordeon einsetzen, ohne dabei die Grundzüge dieser ehemals beduinischen Musik fallenzulassen. Später kam der Synthesizer hinzu, der mit seiner spezifischen Klangfarbe bestens geeignet war, den spezifischen Klang des Raï zu erzeugen.[117]

Scharfe Geschütze fuhren seit Mitte der sechziger Jahre auch zahlreiche andere weltliche Herrscher gegen die westliche Rock- und Popmusik auf, beziehungsweise gegen deren Fans, denen die aufrührerischen Klänge aus dem Westen als Ausweis ihrer Opposition gegen das jeweilige Regime dienten. In einigen lateinamerikanischen Ländern war die Popmusik in den sechziger Jahren eine Liaison mit gesellschaftspolitischen Einstellungen und Forderungen eingegangen beziehungsweise als Banner für entsprechende Aussagen benutzt worden. So etwa in Mexiko. Dort hatte bereits zuvor der Rock 'n' Roll die Generationen entzweit und die Jugendlichen aus dem elterlichen Zuhause fliehen lassen, um sich in den *cafés cantantes*,

117 Tenaille 2003, 46–58.

den Musikcafés, ungestört und im Kreis Gleichgesinnter dem lauten Rock hinzugeben. In den Augen der Herren der Macht, der seit 1929 regierenden Partei der Institutionalisierten Revolution (PRI), waren diese Cafés Zentren der Perversion und standen unter dem Einfluss dekadenter, langhaariger Nordamerikaner.

1965 ließ der Staat viele dieser Cafés schließen, und verschiedene Zeitungen warnten die Eltern davor, die weltweite Begeisterung für die Beatles könne auch die mexikanische Jugend erfassen. Bald sei nicht mehr zwischen Männern und Frauen zu unterscheiden, da alle wie Transvestiten aussähen. Während der weltweiten Studentenproteste von 1968, die auch auf Mexiko übergriffen, attackierte ein Großteil der Protestierenden den mexikanischen Staat auch wegen dessen weiterhin repressiver Haltung gegenüber der Rockmusik. Aus dem offiziellen Slogan „1968: Das Jahr der Olympischen Spiele" machten sie „1968: Das Jahr der Repression". Sie hatten es satt, von der PRI seit fast 40 Jahren autokratisch bevormundet zu werden.

Als die Studenten schließlich zehn Tage vor der Eröffnung der Spiele bei einer friedlichen Demonstration in Mexiko-Stadt zusätzlich die Demokratisierung von Wirtschaft und Politik forderten, umstellten 5.000 Soldaten den Platz der Drei Kulturen im Stadtteil Tlatelolco, auf dem die Demonstration stattfand. Dort war bereits im Jahr 1525 der letzte Azteken-Herrscher Cuauhtémoc von Hernán Cortés und seinen Invasoren niedergemetzelt worden. Staatspräsident Gustavo Díaz Ordaz und sein Innenminister Luis Echeverría ließen die heimlich zusammengestellte Eliteeinheit Olimpia anrücken, verstärkt durch Militärs und Polizisten. Über den Demonstranten kreisten Hubschrauber, und Hunderte Militärfahrzeuge und Panzer riegelten den Platz ab. Dann begann das Morden mit einem Stakkato aus Maschinen- und Sturmgewehren. Wie viele Menschen bei diesem Massaker starben, ist bis heute unklar – einige sprachen von 500; später war von 200 bis 300 Studenten die Rede. Hunderte wurden verletzt, Tausende festgenommen. Militärfahrzeuge säuberten noch am selben Abend den Platz von Toten und Verwundeten. Müllwagen wurden zum Abtransport eingesetzt. Zehn Tage später begannen in der Stadt die als weltweites Friedensfest inszenierten Olympischen Sommerspiele, bei deren Eröffnung 10.000 Friedenstauben in den Himmel flatterten, als sei das Land das friedlichste auf dem ganzen Erdball. Salutschüsse krachten, und Präsident Díaz versicherte IOC-Präsident Avery Brundage, die Wettkämpfe würden durch nichts gestört. So kam es denn auch. Nach den Spielen setzte sich die Arbeiterjugend an die Spitze der rebellischen Rock 'n' Roll-Kultur, die 1971 in dem anarchistischen Musikfestival von Avándaro mit Unmengen an Drogen und freier Liebe mündete.[118]

In Süd- und Mittelamerika, wo zahlreiche diktatorische Regime ebenfalls allen Wünschen nach Freiheit mit Einschüchterung und brutaler Gewalt entgegentraten, setzten zahlreiche Musiker Protestsongs als Schallwaffen gegen alle Formen von

118 Keen/Haynes 2013, 346–347; Zolov 1999, 98–102 u. 128–132; Julio Scherer García (Hg.), *Parte de guerï – Tlatelolco 1968: documentos del general Marcelino García Barragán; los hechos y la historia*. México: Aguilar, 1999; Christoph Becker, *Die Toten von Tlatelolco*, in Frankfurter Allgemeine Zeitung vom 29. Sept. 2018, 40.

Willkürherrschaft ein. Während sich jedoch in den Demokratien des Westens Musiker mit solchen Protestsongs etwa beim Marsch auf Washington 1963 oder auf der grünen Wiese in Woodstock 1969 profilieren konnten, um anschließend mit Mainstreammusik viel Geld zu verdienen, bezogen ihre südamerikanischen Kollegen mit einer solchen Musik in Militärdiktaturen Pressalien und Prügel. In Brasilien, wo das Militär 1964 geputscht hatte und 1966 der ihm genehme Artur da Costa e Silva zum Präsidenten gewählt worden war, gingen die Studenten und Teile der Arbeiterschaft 1968 auf die Straße, um, begleitet von Streiks, gegen das Militärregime, gegen Zensur und Säuberungen zu protestieren. Das Regime reagierte mit Waffengewalt und Repressionen. Die Jugend nutzte zunächst die Música Popular Brasileira für ihre Ablehnung der Zwangsherrschaft. Diese „Universitätsmusik", die nach der Blütezeit des Bossa Nova typische brasilianische Klänge wie Samba und Baião mit ausländischen Einflüssen wie Jazz und Rock verband, blieb auf die Städte beschränkt. Zum populärsten Song und zur studentischen Protesthymne stieg ab 1968 *Caminhando – Gehen* – des Sängers, Gitarristen und Komponisten Geraldo Vandré auf, um von den Militärs umgehend auf den Index gesetzt zu werden. Vandré flüchtete nach Chile ins Exil und von dort weiter nach Europa.

Gleichzeitig erfolgte unter dem Namen *Tropicalismo* der Aufstieg einer neuen kulturellen und politischen Bewegung. Sie bestand aus einer heftigen Eruption von Kunst und Poesie, von Theater und Klängen aus dem gesamten Spektrum der Kunstszene mit der Musik als dem stärkstem und für die Politiker gefährlichsten Ausdrucksmittel. *Tropicalismo* nutzte als musikalisches Erkennungszeichen eine Mischung aus den traditionell weichen Rhythmen des Bossa Nova und den harten Klängen von E-Gitarren, wie sie für Chuck Berry und Jimi Hendrix typisch waren. Ihre Anhänger kritisierten den Bossa Nova als zu romantisch, um damit gegen das brutale und repressive Militärregime ansingen zu können, und zeigten sich begeistert von der Musik des Beatles Albums *Sgt. Pepper's*. Die zum Teil recht witzigen und antiautoritären Songs und Happenings der Tropicalisten machten die Militärs nervös und ließen die Zensoren Rebellion und Umsturz wittern, zumindest Kritik. Das Lied *Proibido Proíbir – Es ist verboten zu verbieten* – von Caetano Veloso aus dem Jahr 1968, das sich an einen Slogan der Pariser Studentenproteste anlehnte, empfanden die Militärs als unakzeptable Provokation und Bedrohung, inhaftierten Veloso und seinen Freund Gilberto Gil, den Musiker und späteren Kultusminister Brasiliens, und verwiesen beide des Landes. Andere Mitglieder der Bewegung kamen weniger glimpflich davon. Sie wurden gefoltert und kamen in „psychiatrische Behandlung".[119]

In diesen unruhigen Jahren entstand auch in Argentinien, wo eine Militärdiktatur die Bevölkerung mit gezogener Waffe auf den rechten Weg zu prügeln versuchte, eine Hippiebewegung, die sich als Protestbewegung verstand und damit be-

119 Keen/Haynes 2013, 514–516; Paytress 2012, 108; Pedro Alexandre Sanches, *Tropicalismo: decadência bonita do samba*. São Paulo: Boitempo Editorial, 2000; Christopher Dunn, *Brutality Garden: Tropicália and the Emergence of a Brazilian Counterculture*. Chapel Hill: University of North Carolina Press, 2014.

wusst die Konfrontation mit dem herrschenden Militärregime suchte. Ihre Idole waren die Mitglieder der Band Los Gatos aus Rosario sowie deren Songschreiber José Alberto Iglesias Correa, genannt Tanguito, die zunächst über Jahre hinweg nur amerikanische Rock 'n' Roll-Hits gecovert hatten, sich ab 1967 aber weitgehend von ihren angelsächsischen Vorbildern lösten und zu eigenkomponierten Songs auf Spanisch wechselten. Um den Schlägen der Staatsgewalt auszuweichen, wanderte ein Teil der Hippies ins Landesinnere ab, wo sie etwa in Patagonien fernab der Landeshauptstadt und der Militärgefängnisse Hippiekommunen bildeten und ihren Idealen nachgingen.[120]

Überall in der Welt, wo Diktatoren an der Macht waren, glaubten sie ihre Gewaltherrschaft durch ein Verbot der Beatmusik schützen zu müssen. Im faschistischen Spanien kontrollierte das Franco-Regime genauso wie die roten Diktatoren jenseits des Eisernen Vorhangs die Einfuhr von Beatles-Platten und hetzte gegen die Band.[121]

In den sechziger Jahren fanden westlicher Rock und Pop auch in vielen weiteren Ländern aus politischen, kulturellen und wirtschaftlichen Gründen nur schwer Zugang. Nicht nur die Beatlemania blieb hier auf relativ kleine Randgruppen beschränkt, da die weit überwiegende Mehrheit der Bevölkerung nur ihre eigene traditionelle Musik gelten ließ beziehungsweise nur zu dieser Zugang erhielt.

Dies gilt etwa für Südkorea. Nach dem Zweiten Weltkrieg zeigten die amerikanische und die europäische Musikindustrie über Jahrzehnte hinweg keinerlei Interesse an diesem armen Agrarland, während die japanischen Unternehmen in dieser ihrer ehemaligen Kolonie auf breite Ablehnung stießen. Seoul strahlte erst seit 1961 ein abendfüllendes Fernsehprogramm aus, und während des gesamten Jahrzehnts stieg die Zahl der Haushalte, in denen ein Fernseher stand, nur sehr langsam an – 1970 waren es erst gut sechs Prozent. Während sich in den USA und Westeuropa die Jugend mit Rock 'n' Roll und Beatmusik demonstrativ von der älteren Generation absetzte, indem sie zu dieser Musik tanzte und sich mit eigenem Radio und eigenem Plattenspieler von den Älteren absondern konnte, fehlte den jungen Südkoreanern das Geld zum Kauf derartiger Geräte. Populäre Musik wurde von der Bevölkerung fast einzig in öffentlichen Räumen konsumiert – in Kinos, Teehäusern und Bars. Zudem begann mit dem Militärputsch vom Mai 1961 die fast zwei Jahrzehnte andauernde Entwicklungsdiktatur von Park Chung-hee, die auf einem rigiden Antikommunismus, einer damit verbundenen militärischen Aufrüstung und einer Militarisierung der Gesellschaft fußte. Park peitschte den wirtschaftlichen Aufstieg Südkoreas zum „Tigerstaat" mit entbehrungsreichen Fünf-Jahres-Plänen voran, setzte ganz auf eine exportorientierte Industrialisierung und verordnete eine moralische „Gesundung" der Gesellschaft, die er mit harter Hand durchzusetzte.

Als Musik akzeptierte er in erster Linie Trot, wenn auch nicht alle Songs. Trot hatte sich während der japanischen Kolonialzeit aus dem japanischen Musikgenre Enka entwickelt und baute auf der Fünfton-Musik auf mit dem vom Foxtrott bezie-

120 Victor Pintos, *Tanguito: la verdadera historia*. Buenos Aires: Ed. Planeta, 1993.
121 Mrozek 2019, 532.

hungsweise Slowfox entnommenen Grundrhythmus. Nach dem Korea-Krieg rückten die westlichen Elemente dieser Musik bei Neukompositionen etwas mehr in den Vordergrund. Als eine Mischung aus japanischer, westlicher und koreanischer Musik führte Trot die Koreaner langsam an die westliche Popmusik heran, wenn auch dieser Übergang einige Jahrzehnte dauerte und von den politischen Machthabern künstlich verlangsamt wurde.[122] In den Sechzigern übernahmen nur einige wenige koreanische Musiker von Japan englische Rockmusik, die sie anschließend in Koreanisch coverten. Außerhalb des Landes bekannt wurde der Gitarrist und Songschreiber Shin Jung-hyeon, der koreanische „Godfather of Rock". Er hatte seit 1957 unter dem Namen „Jackie Shin" zehn Jahre lang, seit 1961 mit eigener Band, für die in Korea stationierte U.S. Army musiziert. Ebenso wie in Japan wurde der koreanische Rock im Umfeld des amerikanischen Militärs geboren, von wo aus er langsam in studentischen Kreisen Anklang fand.

Für Präsident Park Chung-hee war diese Rockmusik, die die Studenten als Ausweis ihres Protestes gegen sein autoritäres Regime nutzten, jedoch nicht akzeptabel. Als er 1972 mit der „Yushin" – Erneuerung – genannten Verfassung die letzten demokratischen Attrappen seines diktatorischen Regimes beseitigte, ließ er verkünden, Rockmusik sei gleichbedeutend mit der dekadenten, betäubenden, zersetzenden und demoralisierenden Hippiekultur. Der Kultusminister verordnete umgehend, um „eine gesunde Sozialstruktur zu erhalten", eine Zensur der Popmusik, und wer sich dem widersetzte, wurde wegen Rauschgiftbesitz angeklagt. Da die liberal eingestellte städtische Jugend ihre Geisteshaltung nach außen auch mit Blue Jeans und langen Haaren zum Ausdruck brachte, der Innenminister aber „alle dekadenten Elemente in der Gesellschaft ausmerzen" wollte, erging an alle Friseure des Landes der Befehl, ihren Kunden die Haare kurz zu schneiden. Ansonsten drohte ihnen Gefängnis. Alle Musiker durften nur mit kurzen Haaren auftreten. In den Straßen kontrollierten Polizisten die Haarlänge der Südkoreaner, und Hippies wurden erst gar nicht ins Land gelassen. Ab 1973 sah die Regierung zudem im Minirock einen Beweis von Unmoral. Die staatlichen Moralwächter rückten den Frauen mit dem Metermaß zu Leibe, und wer die verordnete Norm unterschritt, musste zahlen oder wanderte für eine Nacht ins Gefängnis.

Mit Minirock und langen Haaren verschwand auch der harte koreanische Rock aus der Öffentlichkeit, wo er aber auch vorher nie wirklich präsent gewesen war, da ausländische Musik unter den Militärs immer zensiert und Schallplatten mit einem deftigen Importzoll belegt worden waren. Die staatlich gelenkten Medien förderten über Song-Wettbewerbe lediglich einen dezenten, apolitischen und unschuldigen Rock. Obwohl es auch um diese Musik ruhig wurde und die Regierung den Import einiger westlicher Lifestyle-Produkte und Musikrichtungen strikt untersagte, blieben die Vereinigten Staaten für die Bevölkerung Südkoreas das Gelobte Land, dem es nachzueifern galt, und zwar vornehmlich über Japan und mit Japan als Filter.[123]

122 Russell 2008, 140–143; Lie 2015, 42–45.

123 Son 2012, 50–53; Lie 2015, 46; *Südkorea: ‚Die Wut des Volkes steigt'*, in DER SPIEGEL vom 25. Okt. 1976, 161–172.

Hinter dem Eisernen Vorhang hatten viele rote Machthaber indes alles unternommen, um die Bevölkerung ihrer Länder vor einer Infizierung mit der westlichen Rock- und Popmusik zu schützen, die die Jugend angeblich krank werden und verlottern ließ. Äußerlichkeiten dienten als Argumente – die von der militärischen Norm abweichenden Frisuren und die schreienden, nicht im Gleichschritt marschierenden Fans. Für Nikita Chruschtschow waren sie kapitalistisch-dekadente „Sumpfblüten" und „Neandertaler". Dabei wirkten speziell die Beatles in ihren dunklen Anzügen und mit Krawatte in ihren ersten Jahren wie frisch aus der Reinigung. Das hinderte uniformierte und streng gescheitelte Parteigrößen in der UdSSR nicht daran, Konzerte der „Pilzköpfe" zu untersagen, Beatles-LPs vom Zoll abfangen und zerstören zu lassen sowie Propaganda für die Beatles und den Konsum ihrer Songs disziplinarisch zu verfolgen, wenn auch vielfach vergebens. Mit der Gründung des Moskauer Plattenlabels Melodiya als Monopolunternehmen im Jahr 1964 konnte der Staat die Musik-Veröffentlichungen noch besser kontrollieren.

Hundertprozentig erfolgreich gelangen diese Abwehrversuche lediglich in Maos China, sehr viel weniger dagegen in der UdSSR, wo sich die staatlichen Sittenwächter manches Eigentor einfingen. Jugendliche, denen die Musik der Beatles oder der Rolling Stones einer Erleuchtung gleichkam, und die von diesen unkonventionellen Stars aus dem Westen schwärmten wie Frischverliebte von ihren Angebeteten und ganz einfach Sehnsucht nach den ihnen Unerreichbaren hatten, verloren jeden Respekt vor dem Staat und dessen Repräsentanten, die ihnen mit grimmiger Miene einzureden versuchten, ihre Lieblinge seien soeben aus dem Urwald entsprungene Affen. Mit ihren Horrorgeschichten aus der grünen Hölle weckten die Apparatschiks erst recht das Interesse vieler Jugendlicher an der Musik des Klassenfeinds.[124]

Die Beatlemania wich in der UdSSR gezwungenermaßen in den Untergrund aus, wo sich Schwarzmärkte für kopierte Beatles-Schallplatten etablierten und Jugendliche sich aus Schuluniformen und Armeestiefeln den Beatles-Look selbst anfertigten. Da viele kommunistische Funktionäre bis Mitte der Achtziger E-Gitarren fürchteten wie der Teufel das Weihwasser, sah die sowjetische Planwirtschaft die Produktion dieser angeblichen Giftspritzen, die die Jugend mit dem Freiheitsvirus infiziere, nicht vor. E-Gitarren waren für viele kommunistische Machthaber die Grundlage des Rock 'n' Roll, und Rock 'n' Roll galt als die wirksamste Schallwaffe des Westens in der Schlacht der Ideologien. Nur Polen und die DDR produzierten elektrische Gitarren.

So konnte es nicht ausbleiben, dass Austauschstudenten aus beiden Ländern mit solchen Importen gute Schwarzmarktgeschäfte an russischen Universitäten und Technischen Hochschulen machten. Auch eröffnete die Regierung der DDR 1966 in Moskau ein Geschäft, das zur Eröffnung zehn E-Gitarre in seinem Sortiment hatte. Alle waren nach wenigen Minuten verkauft.[125] Viele Jugendliche machten sich indes daran, solche Gitarren selbst zu bauen. Der Erste war Valery „Seisky" Saifudinov aus Riga, der „Vater des sowjetischen Rock 'n' Roll", der 1961 in den

124 Nye 2004, 50.
125 Starr 1990, 239–240.

Besitz eines Katalogs des kalifornischen Produzenten von E-Gitarren Leo Fender gekommen war und damit auch an die Konstruktionszeichnungen der berühmten Fender Stratocaster. Zusammen mit Freunden schnitt er sich den Korpus der Gitarre aus Sperrholz zurecht, übernahm den Gitarrenhals von einer Akustikgitarre und lötete sich irgendwie die Elektronik zusammen. 1962 gründete er die Band Revengers, die nur Rockmusik von Little Richard, Chuck Berry, Elvis Presley, Ray Charles und Fats Domino spielte und im Untergrund vor Studenten auftrat. Drei Jahre später wurde Valery „Seisky" in die Rote Armee eingezogen, ehe er 1968 nach dem Militärdienst zusammen mit seinem alten Freund Pete Anderson die Band Natural Product gründete, die zwei Jahre später von den Behörden wegen ihres großen Erfolgs unter den Jugendlichen aufgelöst und verboten wurde. Valery „Seisky" emigrierte in die USA.[126]

Alsbald begannen Studenten am Polytechnischen Institut in Riga und an anderen Technischen Hochschulen mit dem Nachbau von E-Gitarren, die sie im ganzen Land privat verkauften. Auch einige innovative junge Moskowiter fanden einen Weg, solche Gitarren selbst herzustellen, obwohl kein Laden der Hauptstadt die dazu notwendigen elektromagnetischen Tonabnehmer anbot. Im Sommer 1969 verschwanden aus vielen öffentlichen Telefonzellen in Moskau auf geheimnisvolle Weise die Telefonhörer, während gleichzeitig die Zahl der selbstgebauten E-Gitarren steil anstieg. Obwohl sich seit Ende der Sechziger an Schulen und Universitäten der UdSSR zahlreiche Musikgruppen bildeten, die sich zunehmend von der amerikanischen R&B- und der britischen Beatmusik inspirieren ließen, blieb die Rockmusik in der Sowjetunion vor allem im asiatischen Teil auch im folgenden Jahrzehnt weiterhin ein Untergrundphänomen. Allein in Moskau gab es Ende des Jahrzehnts zwar mehr als 260 Bands mit Namen wie Purple Catastrophe oder Hairy Glass, die aber nicht öffentlich auftreten durften. Außerhalb der Hauptstadt entwickelte sich in den baltischen Teilrepubliken Litauen und Estland die dynamischste Rockszene. Bald entstand dort auch ein Mekka für Hippies aus der gesamten UdSSR.[127]

Die Beatlemania erfasste innerhalb der Sowjetunion besonders die Ukraine. Die 1960 geborene Julija Tymoschenko, Heldin der Orangenen Revolution von 2004 und anschließend zweimal Ministerpräsidentin des Landes, verehrte wie ein Großteil der studentischen Jugend wie selbstverständlich westliche Rockbands, allen voran die Beatles, Manfred Mann und Led Zeppelin. Für sie war in ihrer Jugendzeit ein modernes Alltagsleben ohne Rockmusik bereits nicht mehr vorstellbar. Während der frühen Sechziger war es unter den Studenten in Kiew, Lwiw (Lemberg) oder Dniepropetrovsk noch üblich gewesen, bei den zahlreichen Saufparties in den Studentenheimen die gängigen Songs von Elvis Presley und Bill Haley mitzusingen, teils mit russischem Text. Das änderte sich nach 1964, als das Beatles-Album *A Hard Day's Night* erschienen war. Die Beatles-Songs verbreiten sich

126 *Valery ‚Seisky' – Father of Soviet Rock 'n' Roll*, in www.seisky.blogspot.de [28.12.2017].
127 Ryback 1990, 62–65 u. 109–114; Starr 1983, 295; Kerstin Bittner, *Die sowjetische Rockkultur und der sowjetische Rockkonzertfilm*, in Kieler Beiträge zur Filmmusikforschung, Bd. 5.4, Jg. 2011, 492–500.

rasch mit Hilfe von kleinen Musikstudios, die die sowjetische Regierung seit den späten fünfziger Jahren überall im Land eingerichtet hatte.

Ebenso wie in den USA, wo bereits Anfang des Jahrzehnts Tausende von so genannten Recording Services eröffnet hatten, in denen sich jeder auf einer Schallplatte verewigen konnte, waren auch in der UdSSR zum Preis von zwei Rubel kleine Vinyl-Schallplatten oder Tonbänder mit selbst gewählten Songs – auch ausländischen – zu erwerben. Die Platten wurden gern als musikalische Grußkarten verschenkt. Gleichzeitig belieferten vor allem polnische Touristen den Schwarzmarkt mit den neuesten Beatles-Alben. Vereinzelt brachten auch einheimische Wissenschaftler, Ingenieure, kommunistische Apparatschiks und selbst Offiziere des KGB von ihren Auslandsreisen die neusten Platten mit, die anschließend auf Tonbänder kopiert und landesweit Verbreitung fanden. Auch kursierten zwischen 1965 und 1973 Tonbandmitschnitte von Musiksendungen rumänischer Rundfunkstationen, die im Gegensatz zu Voice of America und der BBC nicht gestört wurden.

Der größte Teil der aus dem Westen kommenden Rockmusik fand über den Schwarzmarkt Verbreitung, obwohl der KGB unablässig versuchte, die illegalen Musikimporte zu unterbinden. Ab 1967 war die Musik der meisten großen Bands und Musiker aus dem Westen in der Ukraine weit verbreitet, allen voran die der Rolling Stones, Shocking Blue, Cream, Procol Harum, Jimi Hendrix, Elton John, The Who, The Doors, Santana und Creedence Clearwater Revival. Dagegen ließen die Songs von Bob Dylan die meisten Jugendlichen recht kalt, da kaum jemand die Texte verstand, die meisten seinen Gesang als monotones Gemurmel oder als einschläferndes Soziologieseminar mit Gitarrenbegleitung abtaten.[128]

Die Kombination aus einer hohen Nachfrage nach Rockmusik und einer gleichzeitig nicht sehr effizienten staatlichen Kontrolle ermöglichte den Fans, ein relativ gut funktionierendes Organisationsnetz über das Land zu spannen und vor allem am Rand der Städte in Cafés und Restaurants als Familienfeiern getarnte Konzerte mit nicht-offiziellen Bands zu veranstalten. Da die Polizeirazzien nur sehr selten zu Verhaftungen führten, sah sich der Armenier Rafael Mkrtschian sogar ermutigt, ab 1969 im Sportpalast von Eriwan ein jährlich stattfindendes Rockfestival zu organisieren. Dazu lud er die jeweils besten Rockbands der ganzen Sowjetunion ein. Die Konzerte wurden auf Plakatwänden in Eriwan angekündigt, nicht aber in anderen Städten. 1972 ließ Mkrtschian zudem nach dem Vorbild von Woodstock einen Film über das Festival drehen, der aber niemals veröffentlicht wurde. Offenbar hatte er den staatlichen Funktionären zu wenig Schmiergeld gezahlt. Diese ließen ihn verhaften, und er verschwand für zehn Jahre hinter Gittern.[129]

Inzwischen konnte auch der Osten einen Weltstar sein Eigen nennen, den die Jugend von Sibirien bis zur Berliner Mauer als ihren Elvis feierte – den bekennenden Sozialisten Dean Reed aus Denver in Colorado. Nachdem der blonde Liebling ungezählter Frauen mehrfach die amerikanischen Nukleartests und den Krieg in Vietnam kritisiert hatte und die neue rechtsgerichtete Militärregierung Argentiniens ihn wegen pro-kommunistischer Aktivitäten aus dem Land geworfen hatte, wussten

128 Zhuk 2010, 79–89.
129 Starr 1990, 242–243.

die Machthaber in Moskau alsbald das propagandistische Potential dieses gutaussehenden Rock 'n' Roll-Bolschewisten im Kampf der Systeme zu nutzen. Obwohl sein Repertoire aus ungeliebter, wenn auch weichgespülter Rockmusik bestand, überwog die Verlockung, dem Erzfeind ein Bein zu stellen. 1966 lud Moskau Reed in die Sowjetunion ein. Der hatte mit seinen Songs wie *I Kissed a Queen* in den USA zwar nur sehr mäßigen Erfolg, war jedoch in Lateinamerika mit Popschnulzen zum beliebtesten Popstar des Subkontinents aufgestiegen. Er unterzeichnete einen Vertrag mit der staatlichen Konzertagentur Goskonzert, gab 39 Konzerte in acht Städten, füllte ganze Sportarenen und verursachte Verkehrsstaus. Zwei Jahre später brachte das staatliche Label Melodiya sein erstes Album mit Rock'n' Roll, Country und Folk heraus. Weitere fünf LPs und zehn Singles folgten, die sich millionenfach verkauften. Es folgten weitere Auftritte in der Mongolei und in den Jahren 1971 und 1979 Tourneen durch die UdSSR.

Nach der ersten Tournee durch die Sowjetunion hatte Reed sich in Rom niedergelassen, wo er in Italo-Western mitspielte, um 1969 nach dem Verlust seiner Arbeitserlaubnis nach Chile zu reisen und Wahlkampf für Salvador Allende zu machen. Bei den dortigen Sozialisten kam er bestens an, weil er als Gringo die Arbeiter unterstützte. Im November 1971 himmelte ihn beim Abschlussempfang der Internationalen Dokumentar- und Kurzfilmwochen in Leipzig eine junge Ostdeutsche namens Wiebke an. Reed verließ seine erste Frau und zog 1972 in die DDR, wo ihn Honecker mit offenen Armen empfing, um diesen Sonnyboy als amerikanischen Freiheitskämpfer, der sich für den Sozialismus und gegen den Kapitalismus entschieden hatte, zu instrumentalisieren.

Honecker erhofft sich von diesem Showtalent, der etwas von der Ausstrahlung des jungen Kennedy besaß, ein wenig Glanz der großen weiten Welt in das triste Grau des realen Sozialismus zu bringen. Als „Mann aus Colorado" und „singender Cowboy der DDR" bekam er 1977 seine eigene Fernsehshow und mimte in dem DDR-Western *Blutsbrüder* einen US-Kavalleristen, der nach einem Massaker an Indianern die US-Standarte zerbricht und sich den Cheyenne anschließt. Für Honecker war Dean Reed, der noch im Frühjahr 1986 in einer CBS-Sendung den Bau der Berliner Mauer verteidigte und Ronald Reagan Staatsterrorismus vorwarf, als Propagandainstrument Gold wert. Als Sänger waren seine goldenen Zeiten längst vorbei. Er sang immer noch Freiheitslieder, als die Jugend der DDR bereits ganz andere Lieder hörte. Mitte Juni 1986 wurde er unweit seines Hauses im Zeuthener See bei Berlin-Schmöckwitz mit aufgeschnittenen Pulsadern und den Magen voller Schlaftabletten tot aufgefunden. Honecker selbst ordnet an, den Selbstmord zu vertuschen. Offizielle Stellen sprachen von einem tragischen Unfall. Reeds 15-seitiger Abschiedsbrief verschwand in den Stasi-Akten. Bald kamen die wildesten Gerüchte auf. Im Westen vermutete man, die Stasi könnte den Mimen beseitigt haben, weil er in die USA zurückkehren wollte. Im Osten munkelte man, die Stasi habe den Abschiedsbrief selbst verfasst.[130]

130 *US-Rocker Dean Reed: Der Elvis des Ostblocks*, in SPIEGEL ONLINE vom 11. Febr. 2008; Chuck Laszewski, *Rock 'n' Roll Radical: The Life & Mysterious Death of Dean Reed*. Edina: Beaver's Pond Press, 2005.

Seit dem „Sommer der Liebe“ 1967 sah sich der Osten mit einem zusätzlichen Problem konfrontiert, als die Hippiebewegung über den Eisernen Vorhang hinüberschwappte. In Warschau, Lviv (Lemberg) und im estländischen Tallinn bildeten sich erste Hippiekommunen, die sich genauso wie ihre westlichen Brüder und Schwestern in Geist und Outfit vom Psychedelic Rock in eine Traumwelt treiben ließen. Sie brachten mit ihrem Äußeren ein wenig Farbe in den polnischen, ukrainischen und russischen Alltag mit seiner grauen und langweiligen Kleidermode. Radio Luxemburg und Touristen lieferten als Erste die Musik dazu, ehe polnische Jugendmagazine und Radiosender nachzogen, da die Regierung in Warschau, um die Jugend nicht zu verlieren, wenig gegen die Verbreitung dieser Musik unternahm. Gleichwohl blieben die Hippies jenseits des Eisernen Vorhangs vollkommene Außenseiter. Mit ihrem Drogenkonsum gaben sie dem Regime einen willkommenen Anlass, sie als Staatsfeinde hinzustellen und wegen ihrer freien Liebe als Prostituierte zu diffamieren.[131]

Während die Hippies im Westen unter Kommunismusverdacht standen, waren sie für den KGB vom kapitalistischen Klassenfeind infiziert. Parteifunktionäre sahen rot, weil diese Jugendlichen mit bunter Kleidung und dröhnender Rockmusik demonstrierten, nicht gewillt zu sein, zu Marschmusik hinter roten Fahnen herzulaufen. Wo immer die Staatsmacht irgendeine Handhabe fand, und war diese noch so sehr an den Haaren herbeigezogen, ließ sie die Langhaarigen festnehmen, versuchte ihnen die rechte Gesinnung einzuprügeln, um sie schließlich kahlgeschoren wieder zu entlassen.

Alle diese Repressionen halfen wenig, da sich diese Jugendbewegung am Staat vorbei von Polen und der Ukraine im Westen bis nach Wladiwostok im Fernen Osten selbst organisierte und ein recht gut funktionierendes System mit zahlreichen Kontaktadressen in jeder Stadt aufbaute, „Sistema“ genannt. Der KGB, bei der Entwicklung von gemeinen und gewissenlosen Schurkereien immer äußerst innovativ, genehmigte schließlich für den 1. Juni 1971 eine Großdemonstration der Hippies gegen den Vietnam-Krieg der Amerikaner, nur um die etwa 3.000 Demonstranten verhaften zu können, von denen Hunderte ihren Studien- oder Arbeitsplatz verloren. Die Hippiebewegung in der UdSSR verschwand daraufhin ganz im Untergrund.[132]

Hippies und Woodstock regten den später als Musiker, Komponisten, Producer und Promoter berühmt gewordenen Stas Namin im Jahr 1969 zur Gründung der Studentenband The Flowers an, die sich auf einen sehr sanften Rock spezialisierte, um bei den Kulturwächtern nicht anzuecken. Ihr erste, 1973 vom staatlichen Label Melodiya produzierte Single verkaufte sich sieben Millionen Mal; ihre zweite, im folgenden Jahr veröffentlicht, sogar zwölf Millionen Mal. Die Fans feierten die Musiker als „Soviet Beatles“, die Hüter der wahren Musik geißelten sie dagegen

131 William Jay Risch, *Only Rock 'n' Roll? Rock Music, Hippies, and Urban Identities in Lviv and Wroclaw, 1965–1980*, in Risch 2015, 81–99, hier 82–86; Tom Junes, *Facing the Music. How the Foundations of Socialism Were Rocked in Communist Poland*, in Risch 2015, 229–254, hier 233.

132 Dazu der Dokumentarfilm *Soviet Hippies* von Terje Toomistu, gesendet am 17. Nov. 2017 auf Arte.

als Staatsfeinde. 1975 verbot der Kultusminister die Band, da sie mit ihrem Namen Werbung für die westliche Ideologie und die Hippiebewegung betreibe. Das hielt den Bandleader nicht davon ab, im folgenden Jahr unter dem neuen Namen Stas Namin Group erneut aufzutreten und erneut zwei Singles zu veröffentlichen, obwohl die Band weiterhin offiziell verboten blieb.[133] Nicht weniger erfolgreich war die 1969 von Andrej Makarewitsch gegründete Studentenband Maschina Wremeni, die sich zunächst an der Musik der Beatles und der Rolling Stones orientierte, ehe sie sich für einige Zeit dem Rock 'n' Roll zuwandte.

Wie in fast allen Ländern, in denen die Beatmusik zur Musik der Jugend wurde, sicherten auch in der Ukraine und in Polen Coverversionen in einheimischer Sprache ihren bleibenden Erfolg und ließen gleichzeitig den Widerstand der staatlichen Kulturbehörde gegen diesen Kulturimport aus dem Westen bröckeln. Zum größten Hit in der Ukraine wurde ab 1970 der Welterfolg der niederländischen Band Shocking Blue *Venus*. Der ukrainische Text hatte jedoch nichts mehr mit der Verherrlichung der Göttin Venus als Inbegriff von Schönheit und Liebe zu tun, sondern war eine Lobeshymne auf die Saporoger Kosaken, die im 16. und 17. Jahrhundert in zahlreichen Kämpfen mit ihren Nachbarn, ihre Religion und das Land ihrer Geburt verteidigt, dabei mehrfach türkische Städte am Südufer des Schwarzen Meers überfallen und selbst Konstantinopel bedroht hatten. Der neue Text von *Venus* war einfach, er war patriotisch, er wurde zum Ohrwurm: „Der Dnepr fließt ins Schwarze Meer, und dort ereilt die Türken eine Katastrophe, wenn die Kosaken kommen und alle Türken töten. Hey Kosaken, Saporoger Kosaken [...].“[134]

Die Akzeptanz und der Erfolg der westlichen Rock- und Popmusik beruhten auch im kommunistischen Osteuropa vielfach auf den ganz eigenständigen Texten solcher Coverversionen. Sie halfen dem Rock in den sozialistischen Staaten Europas zu überleben trotz aller Hasstiraden eintöniger Parteifunktionäre. Diese mussten letztlich einsehen, dass sie die Jugend allein mit *Brüder, zur Sonne, zur Freiheit* nicht gewinnen und mit ihren Schmähreden die Rockmusik nicht aus der Gesellschaft verbannen konnten.

Wie der ukrainische Schriftsteller Andrej Kurkow in seinem Roman *Jimi Hendrix live in Lemberg* mit einer gehörigen Portion Ironie schrieb, war die ideologisch konforme sowjetische Musik „selbstverständlich weitaus konstruktiver und ganz ungefährlich für Körper und Geist“, verglichen etwa mit dem Song *Purple Haze* von Jimi Hendrix, der das Rauchen von Marihuana zum Thema hatte. Die sowjetische Musik dagegen half dabei, so Kurkow, „die Leute in Reih und Glied zu bringen, [...] zu marschieren und die Zukunft oder auch einfach nur neue Kuhställe aufzubauen. In jedem sowjetischen Lied war die Absicht der Autoren deutlich herauszuhören. Bei Rocksongs gab es nichts Eindeutiges, sie riefen einen animalischen

133 Stas Namin, *Ya nikogda ne byl nashim*, in Ogonek vom 1. März 2010, in www.kommersant.ru/doc/1324613 [30.12.2017].
134 Zhuk 2010, 89–93.

Instinkt der Freude hervor, ein Gefühl von Freiheit, starkes und plötzliches Verlangen. Einen Menschen, der diese Musik liebte, konnte man nicht lenken."[135]

Als immer mehr Funktionäre einsehen mussten, dass die westliche Rockmusik aufgrund ihrer unwiderstehlichen Durchsetzungs- und Anziehungskraft jede noch so hohe Betonmauer spielend überwand, und dass jeder Versuch paranoider Parteiführer, alles Westliche von ihrer Bevölkerung fernzuhalten, unweigerlich zum Scheitern verurteilt war, einigten sich beide Seiten auf einen Kompromiss. Die staatliche Zusage, diese von der Jugend favorisierte Musik schrittweise in die offizielle Kultur zu integrieren, war verknüpft mit Zusagen der Musiker, ihr Verhalten zu ändern.

Gegen Ende der sechziger Jahre akzeptierte das Moskauer Kultusministerium zunächst so genannte VIA's, worunter man Gesangs- und Instrumental-Ensembles verstand, die ihre Haarlänge kürzten, ihre Lautstärke reduzierten und dem Staat ihre Texte und ihre Musik zur Prüfung vorlegten. Dafür erhielten diese Bands, die sich der Parteilinie fügten, das notwendige Equipment zur Verfügung gestellt, und das Ministerium genehmigte ihnen Fernsehauftritte, Plattenverträge und vereinzelt sogar Auslandstourneen. In den Augen der inoffiziellen, vom Staat nicht genehmigten Rocker spielten diese an der kurzen Leine gehaltenen Musiker lediglich Fake Rock, einen in Text und Instrumentalisierung unfreien Rock. Während ihrer Konzerte taten die staatlichen Kontrolleure zudem alles, um die Zuhörer ruhig zu halten. Sie untersagten den Musikern, sich auf der Bühne von ihrem Platz fortzubewegen und nach der Art von Mick Jagger wie ein Derwisch über die Bühne zu hetzen. Sie verpassten ihrem Äußeren eine konservative Norm – keine langen Haare, keine Tattoos, keine Lederjacken, keine Accessoires aus Metall. Erlaubt waren nur Texte, die von Patriotismus und Liebe, Arbeitsfreude und Kritik am Westen handelten, natürlich auch von heißer Liebe zur KP.

In einem zweiten Schritt genehmigten die Parteioberen im Jahr 1971 schließlich dem staatlichen Schallplattenlabel Melodiya, russische Versionen von Songs der Beatles und Rolling Stones zu veröffentlichen, wenn auch ohne deren Namen zu nennen und ein Copyright einzuholen. In den folgenden Jahren erweiterte das Label dieses Programm und brachte Coverversionen von Songs der Animals, Bee Gees, Deep Purple, T. Rex und anderen heraus. Insgesamt beschränkten sich die Rockmusiker in der Sowjetunion anfangs darauf, westliche Songs nachzusingen, während sie kaum eigene Lieder schrieben.[136]

Diese halbherzige Öffnung der Sowjetunion gegenüber der Rockmusik verhalf dieser zum entscheidenden Durchbruch in dem Riesenreich. Während in den Sechzigern zumeist nur Studenten Rockmusik konsumiert und gespielt hatten, führte ab 1971 die „Deep Purple-Mania" zu einer Art Demokratisierung des Rock von Kiew bis Wladiwostok. Mit dem Hard Rock der damals lautesten Rockgruppe der Welt begannen sich auch Schüler und junge Arbeiter für diese gegenüber der Beatmusik

135 Andrej Kurkow, *Jimi Hendrix live in Lemberg*, in Soundcheck. Geschichten für Musikfans, ausgewählt von Christine Stemmermann. Zürich: Diogenes Verlag, 2019, 88–96, hier 93, Ausschnitt aus dem gleichnamigen Roman, Diogenes Verlag, 2014.

136 Zhuk 2010, 95–97; Wickström 2014, 121–124.

wesentlich härtere und aggressivere Musik zu interessieren. Die Gruppe Deep Purple, die 1972 mit *Smoke On The Water* die Hard-Rock-Hymne schlechthin herausbrachte, zog mit ihrer neuen Power und dem Wechselspiel zwischen den Hard-Rock-Riffs ihres Gitarristen Ritchie Blackmore und den klassischen, eher weichen Improvisationen von Jon Lord an der Hammond-Orgel in der Sowjetunion viel mehr Jugendliche auf ihre Seite als zuvor die Beatles.

Die Arbeiterjugend fand über Deep Purple, Led Zeppelin, Black Sabbath, Uriah Heep und T. Rex nicht nur Zugang zur Rockmusik, sondern ebenso zu Blue Jeans und langen Haaren. Immer mehr einheimische Bands, die an den Wochenenden in den Kulturpalästen zum Tanz aufspielten, beherrschten neben den von der Partei favorisierten und geforderten Tänzen wie Walzer, Tango und Kasatschok auch die neusten Rock-Hits aus dem Westen. Wenn die staatlichen „Kulturwächter“ müde den Saal verließen, begannen die Bands diese Hits zu spielen – und sofort füllten sich die Tanzflächen.

Der Anstieg des Tourismus sorgte zusätzlich für eine zunehmende Verbreitung der Rockmusik in der UdSSR. Trotz aller Abwehrversuche der Behörden fanden mit dem wachsenden Massentourismus immer mehr Originalschallplatten aus dem Westen den Weg über die Grenze. In den sechziger Jahren war die Zahl der ausländischen Besucher in der Sowjetunion von über 700.000 auf zwei Millionen angestiegen. Fünfzehn Jahre später sollten es mehr als sechs Millionen sein. Gleichzeitig besuchten immer mehr Sowjetbürger das sozialistische Ausland, wo sie, wie die Reiseleiter einstimmig berichteten, etwa in Sophia und Budapest vor allem Schallplatten mit Westmusik einkauften. Diese landeten größtenteils auf dem Schwarzmarkt, von wo sie vornehmlich über Raubkopien Eingang in die Privathaushalte fanden.[137]

In der Sowjetunion waren unterdessen auch einige der vom Staat genehmigten und unterstützten VIA’s mit ihrer Musik als einer Mischung aus Folk, Rock und Pop zu Megastars aufgestiegen. Während der frühen siebziger Jahre genehmigten staatliche Kontrolleure vor allem in den Randzonen der Sowjetunion vereinzelt einen härteren Rock, mit dem einige Gruppen eine stattliche Fangemeinde um sich versammeln konnten, so etwa die 1969 gegründete Gruppe Pesniary aus Weißrussland, die von der Musik von Frank Zappa beeinflusst wurde. Als sich die politische Großwetterfront aufhellte und die Salt-II-Verhandlungen Entspannung signalisierten, durfte Pesniary 1976 im Rahmen eines Musikeraustauschs sogar durch die USA touren.[138] Im Gegenzug trat die US-amerikanische Country-Rock-Band Nitty Gritty Dirt Band als erste US-Band in der Sowjetunion auf. Millionen Sowjetbürger verfolgten im Staatsfernsehen den Mitschnitt dieser 30-tägigen Tour. Das Fernsehen zeigte jedoch nicht, welche gewaltigen Anstrengungen der KGB unternahm, das Publikum ruhig zu halten. Den Musikern entging nicht, wie ältere Männer in blauen Anzügen ihre jüngeren Nachbarn, die es bei dieser Musik nicht mehr auf ihren Sitzen hielt, mit eiserner Hand in den sozialistischen Alltag herunterzerrten.

137 Zhuk 2010, 170–186 u. 280–289.
138 Ryback 1990, 129–130.

Die Ordnungskräfte identifizierten die laut kreischenden E-Gitarren als die eigentlichen Aufwiegler, deren aufrührerischen Klang es zu unterdrücken galt.

Da die Zeichen weiter auf Entspannung standen und sich das Regime angesichts der 1980 in Moskau anstehenden Olympischen Spiele weltoffen, modern und tolerant geben musste, setzten die Ordnungshüter gleichwohl durch, dass der nächste westliche Gastmusiker ohne derart unbändige Instrumente auftrat. Die Wahl fiel 1979 auf den Briten Elton John, der im Westen inzwischen zwar wieder out war und seit seinem Diskotheken-Hit von 1976 *Don't Go Breaking My Heart* nur noch wenig zustande gebracht hatte, von dem aber auch keine aggressive Punkmusik zu erwarten war.

Eine russische Delegation reiste nach England und nahm in Oxford die damalige Show des glitzernden Paradiesvogels unter die Lupe. Sie reiste völlig zufrieden wieder ab in der Gewissheit, dass dieser skurrile Sänger an seinem Klavier die Mauern der kommunistischen Festung nicht zum Einsturz bringen werde. Um völlig sicher zu gehen, erhielten nur Linientreue Karten für die insgesamt acht Konzerte in Leningrad und Moskau. Zudem sorgten die um das Wohl der sowjetischen Jugend besorgten Funktionäre dafür, dass sich der Altersdurchschnitt der Zuhörer kaum von dem eines Klassikkonzerts unterschied. Zwar jubeln viele Jüngere dem Briten zu, die meisten zeigen sich jedoch eher amüsiert ob des Outfits des Musikers, das sie an den Clown Oleg Popow vom Moskauer Staatszirkus erinnerte, der im Kostüm des russischen Iwanuschka die Menschen weltweit zum Lachen brachte.[139]

Schließlich rangen sich die Parteigewaltigen sogar dazu durch, ein erstes offizielles Rock-Festival zu genehmigen, das 1980 in Tiflis, der Hauptstadt der Sowjetrepublik Georgien stattfand – das legendäre Festival „Spring Rhythms – Tblisi-1980“, besser bekannt als das Tblissi Rock-Festival 1980, in dem manche ein sowjetisches Woodstock sahen. Die Gruppen sangen in den verschiedenen Sprachen des Vielvölkerreichs und wurden wie die Helden von Woodstock bejubelt. Sieger wurde die Kult-Band Maschina Wremeni – Zeitmaschinen – aus Moskau unter der Leitung von Andrej Makarewitsch.

Gleichwohl offenbarte das Festival, auf welch dünnem Eis sich die Musiker weiterhin bewegten. Als die Mitglieder der Band Aquarium, die sich stark an Pink Floyd orientierte, auf der Bühne Portwein tranken und provokative Körperbewegungen machten, und als schließlich der Sänger und Gitarrist der Band, Boris Grebenshikov, in Bauchlage ein Solo absolvierte und der Kontrabassist sein Instrument auf ihn stellte und weiterspielte, verließ die Jury abrupt den Saal. Die Band wurde angeklagt, Homosexualität, Unzucht und Inzest zu verherrlichen, und musste umgehend abreisen. In seiner Heimatstadt Leningrad verlor Boris Grebenshikov seinen Job und wurde aus der kommunistischen Jugendorganisation Komsomol ausgeschlossen.[140]

Auch Stas Namin bekam den Hass zahlreicher Parteioberen zu spüren. Er hatte 1981 mit ausdrücklicher Erlaubnis des armenischen Kultusministers in Yerevan

139 Stefan Zednik, *‚Gepflegte Beatmusik‘ in Leningrad*, in Deutschlandfunk Kultur vom 20. Mai 2009, www.deutschlandfunkkultur.de [30.12.2017].

140 Risch 2015, 260.

(Eriwan) dort das erste Rock-Festival organisiert, nachdem er ein Jahr zuvor mit seiner Band aus Moskau ausgewiesen worden war. Wenige Tage vor Beginn des Festivals bekam das Ministerium angesichts der Plakate und Teilnehmerliste mit Rockgruppen aus England, Holland und anderen Ländern jedoch kalte Füße. Plakate und Name des Festivals mussten geändert werden, und ausländische Bands wurde genauso von der Teilnehmerliste gestrichen wie inländische alternative Rockgruppen, so unter anderen die Band Aquarium. Dennoch fand das Festival bei Anwesenheit zahlreicher in- und ausländischer Journalisten sowie eines Fernsehteams statt. Die Teilnehmer feierten die Musik, sich selbst und waren glücklich, bis im Time Magazine ein euphorischer Artikel mit der Überschrift „Yerevan Woodstock" erschien. Ein solches Lob vom Klassenfeind konnte die Partei nicht hinnehmen nach dem Motto: Was der Westen preist, ist von uns zu schmähen. Wenige Tage später verurteilte die staatliche Presse das Festival als Schändung sowjetischer Kultur. Die Staatssicherheit Armeniens verfasste einen Bericht für den KGB, und die Stas Namin Group wurde umgehend ausgewiesen. Stas selbst musste seinen Reisepass abgeben, und der Generalstaatsanwalt suchte nach einem Vorwand, ein Strafverfahren gegen die Mitglieder der Band einzuleiten. Das Regime verhängte über Stas Namin den Bann und untersagte ihm jede weitere Veröffentlichung von Songs.[141]

In Ostdeutschland, Polen und der Tschechoslowakei widersetzten sich die kommunistischen Autoritäten im Gegensatz zur UdSSR nur vereinzelt der Beatlemania. Die Staatsgewaltigen mussten weitgehend hilflos mitansehen, wie Radio Luxemburg, die BBC, Radio Free Europe und westdeutsche Sender mit ihrer Musik von Westberlin und Bayern aus die Grenzen der Nachbarstaaten mühelos und gezielt übersprangen und mit neuen Sendeformaten und jungen, lockeren Moderatoren große Teile der Jugend hinter dem Eisernen Vorhang als Hörer gewannen. 1964 ergab eine Umfrage in der Tschechoslowakei, dass 90 Prozent der Jugendlichen Westsender allein der Musik wegen hörten. Die DDR, Polen, die Tschechoslowakei und Ungarn reagierten, indem sie die westlichen Hitparaden imitierten, die bisherigen Moderatoren mit ihrer Kasernenhofstimme aus dem Studio verwiesen und die neuesten Rock-Songs auf dem Plattenteller kreisen ließen.

In der DDR verfügte im September 1963 der ansonsten Moskau-hörige und auch wegen seiner hölzernen Diktion als engstirnig verschriene Erste Sekretär des Zentralkomitees der SED Walter Ulbricht sogar eine gewisse Liberalisierung der Kulturpolitik. Um die zwischen Mauer und Stacheldraht eingezwängte Jugend für den Staat zu gewinnen, erlaubte er ausdrücklich Jazz, Rock und Twist, und die DDR-Medien bemühten sich, die sozialistische Jugend ein klein wenig an der Beatlemania und am „Big Beat", wie es in Ost-Berlin hieß, teilhaben zu lassen. Im Sommer 1964 ließ sich die Band Amigos – die Haare kurz, die Texte deutsch – mit ihren beiden Beatles-Songs *Sie liebt dich* und *Komm, gib mir deine Hand* im Fernsehen feiern, als wären sie die Beatles höchstpersönlich.

141 *Pop-rock festival in Yerevan*, in www.stasnamin.com/producer%20and%20promoter/yerevan_81 [30.12.2017].

Mit DT 64 wurde gleichzeitig ein eigener Radiosender installiert, der den Jugendlichen diese West-Musik wohldosiert zu Gehör brachte. Zu Pfingsten 1964 war auf DT 64 erstmals eine Beatles-Platte zu hören, die aus dem Westen nach Ost-Berlin geschmuggelt worden war. Da offenbar kein Geld zum Ankauf von Schallplatten aus dem Westen zur Verfügung stand, speiste sich das Schallplattenarchiv des Jugendsenders zum Teil aus Spenden von Freunden und Verwandten der Radiomacher im Westen. Bisweilen schnitten die Techniker auch Sendungen von West-Sendern mit, um deren Musik anschließend auszustrahlen. Angesichts der Begeisterung um die Beatles veröffentlichte die staatliche Plattenfirma Amiga 1965 schließlich in Lizenz eine LP und drei Singles der echten Fab Four aus Liverpool, und Hunderte Amateurbands coverten die Hits aus dem Westen, was das Zeug hielt.[142]

Dabei blieb es nicht. In Polen ließ Parteichef Gomulka die Grenze des Landes noch ein Stück weiter für die Westmusik öffnen. Die Westsender wurden nicht mehr gestört, bestimmte Publikationen aus dem Westen waren im Land frei erhältlich, und Theater und Kinos zeigten westliche Theaterstücke und Filme wie *A Hard Day's Night*, den die Presse mit durchaus positiven Kritiken versah, den Gesang der Beatles sogar als „ziemlich gut" lobte und die Texte ihrer Songs als gar nicht so „idiotisch" empfand, wie von der Partei zuvor kritisiert. Der Film inspirierte junge polnische Musiker, nach dem Vorbild der Beatles neue Bands zu gründen, die sich vornehmlich mit Westmusik einen Namen machten. Zur berühmtesten und erfolgreichsten aller polnischen Rockbands stiegen die Anfang 1965 gegründeten Czerwone Gitary auf, die Roten Gitarren, auch bekannt als die polnischen Beatles. Mitte des Jahrzehnts besaß selbst die kleinste Provinzstadt einen Club, in dem „Big Beat Musik" gespielt wurde, wie man in Polen sagte.

Auch tourten Pop- und Rockgrößen wie Paul Anka und die britische Band The Animals durch das Land. Im April 1967 gaben sogar die Rolling Stones im Kulturpalast in Warschau ein heftig diskutiertes Konzert, das in Schlägereien endete, da die Plätze vorwiegend für die Nomenklatura reserviert waren. Die Stones ließen daraufhin ihre Platten an die Fans verteilen, die nicht in den Saal gelangen konnten, was zu weiteren Tumulten führte. Die Parteiführung bekam kalte Füße und machte einen geplanten Besuch der Beatles vorsorglich rückgängig. Trotz aller Freiheiten, die die polnische Jugend im Vergleich zu ihren Altersgenossen in anderen kommunistischen Ländern genoss, betrachtete die Partei die Entwicklung weiter mit Argwohn und behielt die Musikszene fest im Blick.[143]

In Prag erschien 1963 das erste tschechoslowakische Magazin für Rock- und Popmusik unter dem Namen Melodie, und im folgenden Jahr rühmte sich die Stadt der mehr als einhundert registrierten Beatbands, die in den Clubs und Tanzsälen der Hauptstadt aufspielten. Öffentliche Schulen nahmen moderne populäre Musik mit Songs der Beatles, The Shadows, Bill Haley und Elvis Presley in den Lehrplan auf,

142 Ryback 1990, 86–88; Wagner 1999, 39; Jürgen Kuttner, *Die Funktionäre im Widerstand*, in Kemper/Langhoff/Sonnenschein 2002, 239–247, hier 240; Mrozek 2019, 532–536 u. 593.

143 Tom Junes, *Facing the Music. How the Foundations of Socialism Were Rocked in Communist Poland*, in Risch 2015, 229–254, hier 231–232; Markus Krzoska, *Ein Land unterwegs. Kulturgeschichte Polens seit 1945*. Paderborn: Schöningh, 2015, 187–188.

um mehr Jugendliche zu animieren, selbst ein Instrument zu spielen. Die neue, vom Westen geprägte Jugendkultur überlebte sogar das Ende des Prager Frühlings. Den Panzern der Warschauer Pakt-Staaten gelang es nicht, zusammen mit den politischen Reformen auch die Begeisterung der Jugendlichen für die Rockmusik niederzuwalzen, obwohl die Staatsmacht in den frühen Siebzigern mit zum Teil blutiger Gewalt alles versuchte, die Rockszene wieder aus ihrem roten Imperium zu verbannen. Musik wurde zudem Teil des Widerstands der Bevölkerung gegen die brüderlichen Invasoren. Nach der Melodie einer alten russischen Volksweise tönte es aus Studentenkehlen: „Iwan geh' nach Hause, Natascha wartet auf dich ..." Oder: „Natascha hat einen anderen."

Zunächst konnten weiterhin Stars aus dem Westen wie die Beach Boys zu umjubelten Auftritten in die Tschechoslowakei einreisen. Sie konnten es ein knappes Jahr nach dem Einmarsch der Armeen des Warschauer Pakts sogar wagen, ihren Song *Breaking Away* dem geschassten Staatschef Alexander Dubcek zu widmen, dem der Versuch, einen „Sozialismus mit menschlichem Antlitz" einzuführen, zum Verhängnis geworden war. Weiterhin bevölkerten auch die mit der Beatmusik ins Land gekommenen Hippies die Stufen des Nationalmuseums in Prag, und weiterhin stieg der Konsum der mit den Hippies eingeschleppten Drogen. Weiterhin gründeten sich zahlreiche neue Rockgruppen, so im September 1968, nur einen Monat nach der Niederschlagung des Prager Frühlings, die völlig unpolitische Band The Plastic People of the Universe, benannt nach dem gleichnamigen Song von Frank Zappa aus dessen Album *Absolutely Free*. Ihre Musik orientierte sich an Frank Zappa, Velvet Underground, Jimi Hendrix, The Doors und Captain Beefheart. Die Gruppe organisierte musikalische Happenings mit Verkleidungen und psychedelischen Licht- und Toneffekten ähnlich denen von Velvet Underground zu ihrer Zeit an der Seite von Andy Warhol.

1970 aber traf die Keule des von Moskau verordneten Neo-Stalinismus unter dem Namen „Normalisierung" Big Beat, Rock 'n' Roll und Hippies. Als „normal" hatten fortan nur die von den alten Herren im Kreml genehmigten politischen Ideen, Auffassungen und Lebensweisen zu gelten. Anormal, dekadent und verboten waren dagegen lange Haare und ein unordentliches Äußeres, aber auch englische Lieder und englische Bandnamen. Plastic People überhörte geflissentlich die russischen Befehle. Die Band wollte unabhängig sein, womit sie jedoch den Zorn des Systems auf sich zog. 1970 zitierte die staatliche Genehmigungskommission diese Freigeister zum Vorspielen in ihr Hauptquartier. Da sie ihrem Stil, Namen und Äußerem treu blieben, verloren sie umgehend ihre Lizenz als Profimusiker. Sie mussten ihre Instrumente der staatlichen Leihagentur zurückgeben, und der Zutritt zu den Proberäumen wurde ihnen untersagt. Die Kommission rief ihnen nach: „Haare abschneiden und ab in die Kohlengruben!"

Mit geliehenen Instrumenten und selbst gebastelten Verstärkern machte die Band dennoch im Untergrund weiter, ging aufs Land, spielte in kleinen Dörfern und abgelegenen Häusern, spielte bei Hochzeiten oder als Hochzeiten getarnten Feiern, legte die Termine nur noch kurzfristig fest und gab sie mündlich weiter. Es entwickelte sich eine „Zweite Kultur", wie man diese musikalische Untergrundtätigkeit fernab von der Überwachung der Parteikader nannte. Dennoch kam der Geheimdienst dem Treiben auf die Spur. Obwohl die jugendliche Begeisterung für die Rockmusik keinen politischen Protest darstellte, jagte die Staatsmacht die Teilnehmer brutal auseinander, inhaftierte Studenten und warf Schüler von Schulen. Als die Band im September 1974 ein Musikfestival der „Zweiten Kultur" unter dem Namen „Hannibals Hochzeit" organisierte, das zu einer Art Underground Woodstock der Tschechoslowakei wurde, und im Februar 1976 mit „Magors Hochzeit" ein zweites folgen ließ, revanchierte sich der Staat. 27 Musiker wurden festgenommen, Wohnungen durchsucht und Musikaufnahmen beschlagnahmt. In einem Schauprozess verurteilte ein Gericht vier Musiker, darunter zwei Mitglieder von Plastic People, wegen „Erregung öffentlichen Ärgernisses" zu acht beziehungsweise 18 Monaten Haft. Dem folgte eine Kampagne der staatlichen Medien, die die Plastic People und den gesamten Underground als asozial, arbeitsscheu und drogenabhängig darstellten.

Die Rechnung der Regierung ging jedoch nicht auf – im Gegenteil. An dem Prozess nahm auch der Dramatiker und spätere Staatspräsident der Tschechisch Republik Vaclav Havel teil, den die Unerschrockenheit der Musiker beeindruckte, „die für ihre Wahrheit existenziell haften und nicht zögern, für ihre Lebensvorstellungen auch hart zu bezahlen", wie er in seinen Prozessbeobachtungen vermerkte. Und an anderer Stelle: „Das war ein Angriff des totalitären Systems auf das Leben selbst, auf die menschliche Freiheit und Integrität. Die Angeklagten waren junge Menschen. Sie wollten einfach nur in Übereinstimmung mit sich selbst leben und Musik machen, die sie mögen." Das rigorose, gewaltsame Vorgehen der Staatsmacht gegen die Musiker führte zu Protesten im In- und Ausland. Es führte zu Kontakten und Freundschaften zwischen Menschen aus bis dahin isolierten Kreisen, die bald darauf die Menschenrechtsorganisation Charta 77 gründeten.

Mit allen, die diese Charta unterschrieben, darunter auch zahlreiche Musiker, sprang der Staat sofort ähnlich rüde um wie zuvor mit dem Plastic People. Das Parteiorgan Rude Pravo beschimpfte sie als „Schiffsbrüchige", „verkrachte Existenzen der reaktionären Bourgeoisie" und als „Organisatoren der Konterrevolution von 1968 auf Bestellung antikommunistischer und zionistischer Zentralen". In der Charta 77 sah die Partei eine „demagogische Hetzschrift". Sie schlug wild um sich, da ihr irgendwie bewusst war, dass das Verlangen der Menschen, sich frei zu äußern, den Geist der Demokratie wie auch des Rock 'n' Roll verkörpert.[144]

Auch in Ungarn bekam das Regime diese Musik nicht unter ihre Kontrolle. 1969 machte eine Studie zweier Soziologen Furore, die anhand umfangreicher Befragungen nachwiesen, dass 92 Prozent der Budapester Jugend wenigstens ein Rockkonzert besucht hatten. Die Wissenschaftler belegten mit Zahlen, dass der Marxismus-Leninismus die Jugendlichen kaum interessierte, dagegen vorrangig

144 Zit. nach Mitteldeutscher Rundfunk, *‚The Plastic people of the Universe': Wie ein Prozess Mut statt Angst befeuert*, in www.mdr.de/zeitreise/weitere-epochen/zwanzigstes-jahrhundert/musik-revolution-cssr-plastic-people-of the-universe-100; philoSOPHIA e.V., *The Plastic People of the Universe und die Charta 77*, in www.wendezeitten.philopage.de/de/extras_passin_ppu_charta.asp [30.12.2017]; James Sullivan, *How a Revolutionary Czech Rock Band Inspired Vaclav Havel*, in *Rolling Stone* vom 19. Dez. 2011; Gödde 2013, 600.

Musik im Stil von Rock 'n' Roll. Mit den Westtouristen, die wegen der günstigen Preise die Schwarzmeerküste von Rumänien und Bulgarien als Urlaubsziel entdeckten, gelangten Rock und Beat auch in diese beiden Länder. In Rumänien befreite der 1965 an die Macht gekommene Staatspräsident Nicolae Ceausescu mit seiner demonstrativen Hinwendung zum Westen die Musiker sofort von den bisherigen staatlichen Vorgaben, und das staatliche Schallplattenlabel Electrecord brachte zahlreiche Platten mit anglo-amerikanischem Pop heraus.[145]

Trotz aller Zugeständnisse an die Musikwünsche der Jugend warnten weiterhin zahlreiche Parteigrößen vor den Gefahren einer ideologischen Aufweichung durch Rock und Pop und den Störgeräuschen des Klassenfeindes. Sie waren beunruhigt, da das internationale Netzwerk der Beatles-Fanclubs bis hinter den Eisernen Vorhang reichte. In ihrer Paranoia akzeptierten sie nicht, dass die Jugendlichen einfach nur Spaß haben wollten.

Besonders in der DDR bliesen die reformfeindlichen Hardliner unter der Führung des für Sicherheitsfragen im Politbüro verantwortlichen Erich Honecker seit September 1965 zum Gegenangriff, um dem schleichenden Siegeszug der Beatmusik unter den DDR-Jugendlichen Einhalt zu gebieten. Ihnen passte nicht, dass allein in Ost-Berlin mehr als 300 Gitarrencombos mit Zehntausenden Fans den Organisationen der Staatsjugend Konkurrenz machten. Nachdem es bei einem Konzert der Sputniks, der erfolgreichsten Beat-Band der DDR, wegen organisatorischer Mängel zu Krawallen gekommen war und die Polizei einschreiten musste, nutzte die Partei die Gelegenheit, um gegen diese unkontrollierbare Jugendszene vorzugehen. Das Neue Deutschland, das Zentralorgan der SED, sprach von „Bandentätigkeit", „Krieg gegen die DDR" und „westlichen Imperialismus". Während sich Walter Ulbricht im Urlaub befand, empfahl Honecker in einem Papier zur Vorbereitung des XI. Plenums des Zentralkomitees der SED, allen Bands, die dekadente westliche Musik darböten, die Lizenz zu entziehen und die Anhänger von Beatgruppen in Arbeitslager einzuweisen. Honecker kam äußerst gelegen, dass ein Konzert der Rolling Stones Mitte September 1965 in der Westberliner Waldbühne außer Kontrolle geraten war und mit Krawallen endete, obwohl Bravo, Westdeutschlands größte Jugendzeitschrift, ihre Leser zuvor ermahnt hatte, ihre Begeisterung für die Stones nicht „dem Inventar und Mobiliar gegenüber zum Ausdruck" zu bringen. Umgehend ließ Honecker in der DDR Beatkonzerte und Beatbands generell verbieten, in Leipzig allein 54 Gruppen „auf Lebenszeit".

Dazu gehörte auch die Gruppe Die Butlers, die zunächst vom Parteiorgan Neues Deutschland hymnisch gefeiert worden war, zahlreiche Fernsehauftritte hatte und bei dem staatseigenen Label Amiga unter Vertrag stand, aber bereits seit einem Jahr wegen ihres großen Erfolgs von den Behörden schikaniert wurde. Von heute auf morgen entsprach ihre Musik nicht mehr den „moralischen und ethischen Prinzipien" der Partei. Daraufhin riefen drei Jugendliche in Leipzig für den 31. Oktober 1965 zu einer Protestdemonstration in der Innenstadt auf. Obwohl Lehrer und Funktionäre mit Schulverweisen drohten und trotz eines riesigen Polizeiaufgebots

145 Ryback 1990, 58–62, 70–84, 96–97 u. 115–128.

mit Hunden und Wasserwerfern versammelten sich 2.000 bis 2.500 meist jugendliche Personen zu dieser Beatdemo, der größten nichtgenehmigten Demonstration in der DDR seit den blutigen Aufständen vom 17. Juni 1953. Innerhalb von 20 Minuten knüppelte die Polizei den Protest nieder und prügelte über 260 Demonstranten mit Gummiknüppeln auf die bereitstehenden Lastwagen. 164 von ihnen wurden strafrechtlich verfolgt, Langhaarigen die Haare geschoren, und 97 mussten bis zu sechs Wochen lang im Braunkohlebergbau Zwangsarbeit leisten.[146]

Im Dezember 1965 ging das XI. Plenum des Zentralkomitees der DDR endgültig zum Gegenangriff über und verordnete eine radikale Wende in der Kultur- und Jugendpolitik. Es kritisierte die auch im Westen anerkannten Schriftsteller wie Stefan Heym und nahm sich vor allem das meist rockige Programm des Jugendsenders DT 64 vor, der mit seiner angeblich „hektischen, aufpeitschenden“ Beatmusik „die Zersetzung der DDR-Jugend begünstige“. Um die Musikszene fest an die Kandare zu nehmen, führte die Partei einen Berufsausweis für Musiker und eine staatliche Spielerlaubnis für Laienmusiker ein. Mit einer breit angelegten Pressekampagne hetzte sie gegen Beatfans, Langhaarige und Gammler. Die Tonangeber des Sozialismus ängstige, die lautstarken Klänge der Beatmusiker und die schrillen Schreie ihrer Fans könnte die Mauern ihrer Herrschaft ebenso zum Einsturz bringen wie in alttestamentlicher Zeit die Trompeten von Priestern und Schreie des Volkes die Mauern von Jericho hatten einstürzen lassen. Ende 1965 endete in der DDR die kurze Phase einer relativ liberalen Kulturpolitik.

Auch Walter Ulbricht, der kurz zuvor der Beatmusik noch die Grenze geöffnet hatte, verurteilte zum Abschluss des so genannten „Kahlschlag-Plenums“ in seiner berühmt gewordenen, mit Fistelstimme vorgetragenen „Yeah!-Rede“ die Musik der Beatles: „Ist es denn wirklich so, dass wir jeden Dreck, der vom Westen kommt, nur kopieren müssen? Ich denke, Genossen, mit der Monotonie des Je-Je-Je, und wie das alles heißt, ja, sollte man doch Schluss machen.“ Kronprinz Erich Honecker sprang seinem Ziehvater bei und ergänzte: „Außerdem behindern lange Haare den Blick dafür, wie sich die Welt verändert.“ Dem Liedermacher Wolf Biermann erteilten die Parteioberen ein totales Auftritts- und Publikationsverbot, und Kultusminister Klaus Gysi ließ alle Schallplatten, die Touristen aus dem Westen mitbrachten, konfiszieren. Er geißelte selbst die Musik von Joan Baez und Bob Dylan, da sie die Klassenunterschiede zwischen Sozialismus und Kapitalismus nicht berücksichtige. Da die Rockmusik offenbar über den begrenzten Horizont der alten Herren des Politbüros hinausreichte, verdammten sie sie mit ihrem bewährten Totschlagargument als imperialistisch. Die Beatles waren für sie bürgerlich und die Rolling Stones faschistisch. Bis in die achtziger Jahre hinein war es dem Rundfunk der DDR untersagt, Stones-Platten zu spielen, ebenso dem Handel, Stones-Platten in Lizenz herauszubringen. Kühne Plattenaufleger umgingen das Verbot, indem sie sich eine Ansage sparten oder Mick Jagger und Co. als „Michael Jäger und sein Ensemble“ ankündigten.[147]

146 Wagner 1999, 40; Bodo Mrozek, *Kultur. Satellit des Systemfeinds*, in Tagesspiegel vom 10. Nov. 2002; Mrozek 2019, 665–680.

147 Schneidewind 2013, 319; Hauswald/Dieckmann 2018, 60.

Die Kopfschmerzen der Apparatschiks taten der Begeisterung der Jugend für die Westmusik jedoch keinen Abbruch. Sie überlebte, da das von der Partei offerierte Gegenangebot im Vergleichstest krachend durchfiel, die Jugendlichen weiterhin Westsender hörten und viele Schallplatten der Beatles und anderer Westgruppen weiterhin in Umlauf waren.[148] Studenten aus anderen sozialistischen Ländern, die freien Zugang nach Westberlin hatten, brachten von dort die neuesten Rockplatten mit, die sie zur Finanzierung ihres Studium mit saftigen Aufschlägen an ihre deutschen Kommilitonen weiterverkauften. Diplomatenkinder taten es ihnen gleich. Auch erstanden Urlauber in Bulgarien und Ungarn die meist nicht besonders guten Raubpressungen des staatlichen Labels Balkanton. Seit der zweiten Hälfte der siebziger Jahre strahlte der Jugendsender DT 64 die Sendung *Duett – Musik für den Rekorder* aus, in der jeweils eine Seite einer aktuellen oder weniger aktuellen Schallplatte so abgespielt wurde, dass sie mitgeschnitten werden konnte. Dabei hatte sich der Sender an das auch für Diskotheken gültige Verhältnis 60:40 von Ost- zu Westmusik zu halten.[149] Ferner behielt die BBC in London in ihrem deutschsprachigen Programm bis 1974 weiterhin jene Sendung bei, in der DDR-Bürger in „Briefen ohne Unterschrift" offen über ihre Probleme hinter der Mauer berichten, über die Politik unverhohlen vom Leder ziehen und Musikwünsche äußern konnten. Der Sender hatte ein ausgeklügeltes System entwickelt, das es den anonymen Absendern ermöglichte, ihre Beschwerden und Wünsche an der Stasi vorbei nach London zu übermitteln.

Während die Regierung sich von der Zerschlagung der Beat-Szene eine Aufwertung der Kulturarbeit der FDJ erhoffte, trieb sie mit ihren Maßnahmen viele Jugendliche in den kulturellen Untergrund. Die Kirchen reagierten und boten der Jugendkultur neue Schutzräume, in denen sie unter anderem ihren musikalischen Vorlieben nachgehen konnten.[150]

Weiterhin sahen etliche Kader in der Rockmusik einen hinterhältigen Klassenfeind. Hinter dem Beat verstecke sich die hässliche Fratze des Kapitalismus, so ihre Argumentation. Um dies zu beweisen, erwarb der staatliche Filmverleih 1969 den Film *Privilege* des britischen Regisseurs Peter Watkins über die kurze und hektische Karriere eines Popstars, den Kirche und Staat für ihre Zwecke zu manipulieren suchten, um die Jugendlichen vom Rebellieren abzuhalten. Offenbar aber ging das Kalkül der Funktionäre nicht auf, da die meisten „jungen Pioniere" in die Kinos strömten, um den Hauptdarsteller Paul Jones, den vormaligen Sängers der britischen Beatband Manfred Mann zu sehen, dessen Song *Free Me* zu hören und mit Tonbandgeräten heimlich mitzuschneiden.[151]

148 Wolfgang Zank, *Walter Ulbricht. Der Mann, der die Mauer baute*, in ZEIT ONLINE vom 4. Aug. 2011; Originalton: https://www.youtube.com/watch?v=Q55mQpAGNMc [30.10.2016]; Katja Iken, *Musikverbot in der DDR. Wasserwerfer gegen Pilzköpfe*, in SPIEGEL ONLINE vom 30. Okt. 2015; Ryback 1990, 88–93; Hauswald/Dieckmann 2018, 6; Liebing 2005; Rauhut 1993.

149 Schneidewind 2013, 20.

150 Susanne Schädlich, *Briefe ohne Unterschrift. Wie eine BBC-Sendung die DDR herausforderte*. München: Knaus, 2017.

151 Wagner 1999, 73–74.

Die DDR gab sich immer gern weltoffen und poppig, wenn die Welt etwa während der Weltjugendspiele 1973 in Ost-Berlin auf sie schaute. Dann ließ sie zu, die Spiele mit moderner Popmusik zu umrahmen. Rock- und Beatgruppen traten auf, und die „Stimme der DDR" spielte im Radio Uriah Heep und Led Zeppelin. Waren die Teilnehmer dieses „roten Woodstock" im grauen Sozialismus aber wieder in ihre Heimatländer zurückgekehrt, war es mit dem musikalischen Tauwetter wieder vorbei.

In der DDR, wo der Song der Klaus Renft-Combo *Ketten werden kürzer* kurz zuvor noch zur offiziellen Hymne des Jugendfestivals gekürt worden war, verbot die Partei der Band anschließend weiterhin aufzutreten und Songs zu veröffentlichen, weil die Combo in ihrem neuesten Album in der *Rockballade vom kleinen Otto* eine missglückte Republikflucht thematisiert hatte. Eine Zeile wie „Manchmal, sagte Otto, Leben ist wie Lotto, doch die Kreuze macht ein Funktionär" habe nicht das Geringste mit der sozialistischen Wirklichkeit zu tun und diffamiere die Staats- und Schutzorgane, so die Kulturbehörde in ihrer Begründung. Klartext blieb ein Tabu für alle Songschreiber. Daran durfte niemand rütteln. Alle Songs der Klaus Renft-Combo verschwanden aus den Schallarchiven von Rundfunk und Fernsehen. Einige Bandmitglieder landeten im Gefängnis und wurden anschließend ausgebürgert.[152]

Das Wohlwollen der Funktionäre fand dagegen eine Band wie Karat, die in netten weißen Anzügen, silbernen Stiefelchen und mit unkritisch-glatten Texten in Samstagabend-Unterhaltungsshows auftraten, von den Musikfans aber nicht ernst genommen wurden. Gleichwohl war die Rock- und Beatmusik in den siebziger Jahren in der DDR angekommen. Sie lief im Radio, Freiluft-Konzerte wurden organisiert und Schallplatten produziert. Wie im Westen knutschten die Fans bei langsamen Nummern und hüpften zu Heavy Metal, grölten und headbangten wie fast überall in der Welt. Rockbands dominierten selbst das Kulturprogramm während der Maifeiern und Republikgeburtstagen. Etliche einheimische Bands traten als Stellvertreter jener fernen Stars auf, die nach Ansicht nahezu aller Jugendlichen niemals in die DDR kommen würden. Die Stern-Combo Meißen vertrat Emerson, Lake and Palmer, und Modern Soul brillierte mit Otis Redding.[153]

Trotz einzelner Rückschläge fand die westliche Rock- und Popmusik seit Mitte der siebziger Jahre im gesamten Ostblock, China und Albanien ausgenommen, zunehmend Anklang. Zähneknirschend mussten die roten Funktionäre einsehen, dass der Staat mit einem absoluten Verbot dieser Musik nur sich selbst schadete, zumal neben den offiziell genehmigten professionellen Gruppen sich in allen Ländern unzählige inoffizielle Bands gebildet hatten, die mit zum Teil selbstgebauten Instrumenten aufspielten. Weiterhin verbreiteten sich die neuesten Hits aus dem Westen in Windeseile. Dennoch lebte nicht nur in der Sowjetunion bis in die achtziger Jahre

152 Detlef Kriese, *Nach der Schlacht. Die Renft-Story – von der Band selbst erzählt*. Berlin: Schwarzkopf & Schwarzkopf, 1998; Ryback 1990, 136–138; Wagner 1999, 94–96.

153 Jürgen Kuttner, *Die Funktionäre im Widerstand*, in Kemper/Langhoff/Sonnenschein 2002, 239–247, hier 243–245; Hauswald/Dieckmann 2018, 7.

hinein der Mythos von der Rockmusik als einer „psychologischen Waffe des Westens“ fort. Die Rede war von finsteren westlichen Geheimagenten, die mit Hilfe des Rock faschistische Ideen in die Köpfe der Jugendlichen hineintrommelten.[154]

KONZERNBILDUNG – GEWINNERWARTUNG UND SICHERHEIT

Die mit dem Rock 'n' Roll und der weltweiten Beatlemania steil ansteigenden Schallplattenumsätze animierten überall in der westlichen Welt Unternehmer, in den Musikmarkt im weitesten Sinne zu investieren. Sie ließen sich nicht davon beirren, dass immer mehr kostenlose Musik den Äther füllte, noch von den neuen Möglichkeiten, Musik privat zu kopieren. Von diesem Boom konnte der Konzertmarkt weiterhin kaum profitieren, da mit Live-Auftritten im Vergleich zu Rundfunk, Fernsehen und Film eine nur geringe Hörerschaft zu erreichen war, und die noch leistungsschwache Audiotechnik Konzerte in Riesenhallen oder Stadien kaum zuließ. Der Auftritt der Beatles Mitte August 1965 im mit über 55.000 Zuschauern bis auf den letzten Platz gefüllten Shea Stadium in New York, dieser erste wirklich große Gig einer Rockband in einer Freiluftarena, hatte bewiesen, dass das auf dem Markt befindliche Equipment für eine derartige Veranstaltung und erst recht für eine Tournee noch völlig unzureichend war. Weder Ton noch Licht genügten den Anforderungen, sodass die Beatles sich wegen der laut kreischenden Fans selbst nicht hören konnten, wie auch die meisten Zuhörer nur Schallfetzen der Musik mitbekamen. Auch fehlten Großleinwände, sodass ein Großteil der Zuschauer nur mit Hilfe von Ferngläsern die Musiker erkennen konnte. Es fehlte die Logistik, um eine Stadien-Tournee zu planen und durchzuführen. Es fehlte an Spezialisten.

Die in den sechziger Jahren deutlich erhöhten Investitionen in den Musikmarkt zeigten sich zunächst in der Gründung weiterer kleiner Labels, die meist nur den nationalen Markt bedienten und sich anfangs nur auf eine bestimmte Musikrichtung spezialisierten. Diese Gründungswelle reichte bis nach Afrika, wo, um nur eine Gründung zu nennen, im nigerianischen Lagos der Geschäftsmann und spätere „Vater der nigerianischen Musikindustrie“, Prince G.A.D. Tabansi, im Jahr 1970 das nach ihm benannte Label gründete, das sich auf Afro-Reggae, Afro-Funk, Afro-Pop und Afro-Soul spezialisierte.[155]

Von den vermehrten Investitionen profitierten aber besonders die großen Labels, deren weltweites Wachstum das Interesse großer, finanzstarker Konzerne weckte. Auf den führenden Musikmärkten verstärkte sich die vertikale wie horizontale Konzentration, mit der insbesondere Medienkonzerne ihre Verwertungskette erweiterten und ihre Vertriebswege und ihr Marketing optimierten. Mehr noch als in den fünfziger Jahren köderten die größten Labels die erfolgreichsten Musiker mit lukrativen Angeboten und übernahmen erfolgreiche unabhängige Labels, um

154 Alenka Barber-Kersovan, *Vom Balkan-Rock bis Russendisco: Eastern Rock Rolls West*, in Barber-Kersovan/Huber/Smudits 2011, 65–89, hier 66.

155 *Music Entrepreneur, Chief G.A.D. Tabansi, Is Dead*, in The Guardian. Saturday Magazine vom 7. Mai 2010, www.guardian.ng; Graeme Ewens, *Tabansi (Nigeria)*, in Shepherd/Horn/Laing 2003, 763.

sie als auf eine bestimmte Musikrichtung spezialisierte Tochterunternehmen fortzuführen. Auch setzten die großen Labels verstärkt auf Internationalisierung, soweit die weltweite Blockbildung dies zuließ und es angesichts der ökonomischen Entwicklung des einzelnen Landes sinnvoll erschien.

In den USA gründete das bereits seit 1888 bestehende Label Columbia Records, das seit 1938 zum Rundfunk- und Fernseh-Network Columbia Broadcasting System (CBS) gehörte, im Jahr 1962 CBS Records International, das seitdem für alle Musikgeschäfte von CBS Records außerhalb der USA und Kanada zuständig war. Damit begann unter Führung der großen amerikanischen Labels die eigentliche Internationalisierung der Musikindustrie. In den sechziger und siebziger Jahren wurden aus rein nationalen Gesellschaften multinationale Unternehmen. Die anderen großen US-amerikanischen Labels folgten CBS Records, bald auch EMI aus Großbritannien und das niederländisch-deutsche Joint Venture PolyGram, später Bertelsmann.[156]

Bis 1962 hatte Columbia seine Schallplatten außerhalb von Nordamerika über Partnerfirmen wie Philips Records in den Niederlanden vertrieben. Der Verkaufsleiter von CBS, Bill Gallagher, baute zunächst in den USA ein CBS-eigenes Vertriebsnetz auf, um den Vertrieb der CBS-Schallplatten dort besser steuern und kontrollieren zu können. Als erstes Label überhaupt ließ CBS seine LPs und Singles dort nicht mehr von Großhändlern für Fernsehgeräte und andere Haushaltswaren an die Einzelhändler ausliefern. Es sah sich seitdem nicht mehr gezwungen, wie etwa in Memphis einen Waffenhändler mit dem Vertrieb zu beauftragen. Es musste nicht mehr hinnehmen, dass diese Großhändler mehr daran interessiert waren, teure Haushaltsgeräte als billige Schallplatten an den Mann zu bringen und meist auch keine Ahnung von Musik hatten. Ein ganz auf die Labels zugeschnittener Vertrieb wurde fortan mitentscheidend für den Erfolg einer Platte, denn sobald es gelungen war, diese ins Radio zu bringen und bekannt zu machen, musste sie umgehend in die Läden ausliefert werden, sollte sie zu einem Hit werden. Seit Anfang der siebziger Jahre folgten auch die anderen großen Labels dem Beispiel von CBS, während die kleinen unabhängigen Labels mit den größeren Verträge abschlossen, um ihre Platten von diesen vertreiben zu lassen. Bis Ende der siebziger Jahre setzten sich die seitdem Major-Labels genannten größten Schallplattenfirmen von den übrigen ab: CBS, Warner, RCA, Capitol EMI, PolyGram und MCA. Sie hießen „große“ Labels, weil sie neben ihrem überdurchschnittlichen Marktanteil über einen eigenen überregionalen Vertrieb verfügten.[157]

Seit Mitte der Sechziger gab sich CBS auch nicht mehr damit zufrieden, mit Radio- und Fernsehstationen die wichtigsten Werbemedien für seine Schallplatten in der Hand zu haben, sondern ergänzte seine Verwertungskette um Musikinstrumente, Audioanlagen, Bücher und Zeitschriften. 1965 erwarb der Konzern für seine neu geschaffene Sparte „CBS Musical Instruments“ mit Fender Guitars den bedeutendsten und innovativsten Hersteller von E-Gitarren in den USA, der 1950 mit der Massenproduktion der ersten soliden E-Gitarre, der Fender Telecaster, begonnen

156 Goodman 1997, 362–363.
157 Dannen 1998, 90 u. 153.

hatte.[158] Gleichzeitig gingen die durch ein Joint Venture mit Fender verbundenen elektrischen Rhodes Pianos an CBS. Ein Jahr später kam Roger Drums hinzu, dessen Schlagzeuge bekannte Rockstars wie Ringo Starr von den Beatles und John Bonham von Led Zeppelin schätzten. 1972 erwarb der Konzern das in finanzielle Schwierigkeiten geratene Traditionsunternehmen Steinway & Sons und im selben Jahr auch den Hersteller von Hi-Fi-Stereoanlagen Pacific Stereo. Zeitgleich baute CBS seine neue Sparte „Publishing" mit dem Kauf mehrerer Buch- und Zeitschriftenverlage auf, so 1967 Holt, Rinehart & Winston, ein Jahr später W.B. Saunders, 1971 Bond/Parkhurst Publishing und 1974 Fawcett Publications mit seinen schlüpfrigen Cartoons, witzigen Magazinen und dem Frauenmagazin Women's Day. CBS wurde zu einem für diese Zeit typischen, jedoch schwerfälligen Gemischtwarenladen, in dem das Musiklabel lediglich eines von vielen Geschäftsfeldern abdeckte, letztlich nicht das wichtigste und ertragreichste.

Zudem waren die Gewinne des Labels inzwischen gefährlich geschrumpft, seitdem die zuvor gewinnträchtigen Broadway-Melodien nicht mehr die großen Renner waren und die junge Generation von College-Studenten aus den geburtenstarken Jahrgängen mehr Geld für LPs von neuen Gruppen wie Grateful Dead oder Pink Floyd ausgaben. Zum Glück für das Label brach sein neuer Präsident Clive Davis sofort nach seinem Amtsantritt 1967 mit der Tradition des Hauses und setzte verstärkt auf Rockmusik, nahm nach dem Monterey-Festival mehrere junge Künstler unter Vertrag und begann ab 1970 bei anderen Labels zu wildern, das heißt, bekannte Künstler von dort abzuwerben. Innerhalb von drei Jahren schnellte der Marktanteil von CBS in den USA von 12 bis 13 Prozent auf 22 Prozent in die Höhe und der Gewinn von 5 auf 15 Millionen Dollar. 1968 vereinbarte Clive Davis zudem ein Joint Venture mit der Sony Corporation of America, um die Vermarktung von Musik zusammen mit den anderen Produkten von Sony zu optimieren. Die auf Unterhaltungselektronik spezialisierte japanische Muttergesellschaft war erst 1946 gegründet worden und hatte bis zu diesem Joint Venture lediglich ab 1955 mit Transistorradios und 1959 mit dem ersten tragbaren Transistorfernseher auf sich aufmerksam gemacht. Das sollte sich bald ändern.[159]

Zur gleichen Zeit stieg die kalifornische Filmgesellschaft Warner Bros. Pictures, die bereits über zahlreiche Musikrechte an Kino- und Fernsehfilmen verfügte, in das Musikgeschäft ein. 1958 gründete sie Warner Bros. Records, verlor aber bis 1962 schätzungsweise 3 Millionen US-Dollar und spielte bereits mit dem Gedanken, das Plattengeschäft wieder aufzugeben. 1963 gelang jedoch die Wende, als Jack Warner das Folk-Trio Peter, Paul and Mary unter Vertrag nahm. Auch übernahm er Reprise Records, das in finanzielle Schwierigkeiten geratene Label von Frank Sinatra, das alsbald mit den seichten Pop-Songs von Dean Martin, Nancy Sinatra und Trini Lopez viel Geld in die Kassen spülte.

Aufgrund dieser Erfolge gelang es Jack Warner im Jahr 1965, die Warner Brothers Studios mitsamt den beiden Labels für 32 Millionen US-Dollar an den

158 Hofacker 2012, 326–329.
159 Lewis J. Paper, *Empire. William S. Paley and the Making of CBS*. New York: St. Martin's Press, 1987, 309; Wicke 2011, 91; Gronow/Saunio 1999, 188; Dannen 1998, 97 u. 104.

kleinen Filmproduzenten und Filmverleih Seven Arts zu verkaufen. Der neue Eigentümer erwarb 1967 zudem Atlantic Records sowie verschiedene weitere Sublabels. Damit gingen auch die Rechte an berühmten Musikern wie Ray Charles und Aretha Franklin an diese Plattenfirma, die sich gleichzeitig vermehrt der Rock- und Popmusik zuwandte und damit ihren langanhaltenden Wachstumsprozess einleitete.

Durch die Aufkäufe völlig verschuldet, entschloss sich Seven Arts im Jahr 1969, seine Warner-Beteiligungen und alle Labels an Kinney National zu verkaufen, einem Konglomerat aus Bestattungsinstituten, Autovermietungen, Parkplätzen und Reinigungen, das unter seinem Co-CEO Steve Ross, dem späteren CEO von Time Warner, damit begonnen hatte, auch in die Unterhaltungsindustrie zu expandieren. 1970 erwarb Steve Ross für 10 Millionen US-Dollar Elektra Records und vereinte alle Labels unter dem Namen Warner Music Group. Ein Jahr später gelang ihm der Abschluss eines Joint Ventures mit dem japanischen Elektronikunternehmen Pioneer Corporation, womit er einen ersten Zugang zu dem noch weitgehend abgeschotteten japanischen Markt erhielt. Da das Film- und Plattengeschäft rasch über Kinneys Kerngeschäft hinauswuchs, stieß Ross alle Nicht-Unterhaltungs-Teile ab, gab dem Unternehmen den Namen Warner Communications und stieg zusätzlich in das Kabel-Fernseh-Geschäft ein.[160]

Von den großen US-amerikanischen Labels hatte RCA Victor als erstes den wachstumsfördernden Geldregen gerochen, den die Rockmusik über die Musikindustrie niedergehen ließ, und Elvis Presley unter Vertrag genommen. Aber ebenso wie Columbia Records war auch RCA Victor lediglich Teil eines Mischkonzern, der sich in erster Linie als Elektronikproduzent und als nationale Fernsehgesellschaft verstand. Seit der zweiten Hälfte der Sechziger nahm das Gewicht des Labels innerhalb seiner Muttergesellschaft weiter ab, als RCA den Verlag Random House und den Autovermieter Hertz aufkaufte, zudem den Teppichproduzenten Coronet, das Tiefkühlkostunternehmen Banquet und den Hersteller von Glückwunschkarten Gibson. In diesem Flickenteppich von Unternehmen wurde das Label zu einem Fremdkörper, dem bei wirtschaftlichen Schwierigkeiten des Gesamtkonzerns der Verkauf drohte.[161]

Die amerikanische Decca hatte bereits vor Beginn des Rock 'n' Roll-Booms Bill Haley vertraglich an sich gebunden, war von dessen Erfolg jedoch sichtlich überrascht worden. Als an der Wende zu den sechziger Jahren eine erste große Übernahme- und Fusionswelle über die USA hinwegrollte, tat sich Decca 1962 mit dem Medienunternehmen Music Corporation of America (MCA) zusammen, das 1924 als Künstleragentur gegründet worden war und nach dem Zweiten Weltkrieg die Produktion von Fernsehrevuen aufgenommen hatte. Gleichzeitig mit diesem Zusammenschluss, durch den Decca zu einer Sparte von MCA wurde, gingen auch

160 Goodman 2010, 51–52; Goodman 1997, 43–49 u. 144–147; Bob Thomas, *Clown Prince of Hollywood: The Antic Life and Time of Jack L. Warner*. New York: McGraw-Hill, 1990, 255 u. 264–265; Dannen 1998, 166–167; Barfe 2005, 244–254.

161 Gronow/Saunio 1999, 188.

die 1912 gegründeten Filmstudios Universal Pictures an MCA, das 1967 MCA Records als neues Label außerhalb von Nordamerika einführte und bis 1973 auch in den USA und Kanada alle seine inzwischen erworbenen Labels, darunter auch Decca, unter diesem Namen vereinte. Anfang der Siebziger gelangte MCA nach Jahren der Stagnation endlich auf die Erfolgsspur, nachdem man die britische Rockband The Who sowie Elton John unter Vertrag genommen hatte.

Zu Beginn des Rock 'n' Roll-Booms war 1955 mit der American-Paramount Record Corporation ein ganz neues Label aus der Taufe gehoben worden, das zwei Jahre später mit Paul Ankas Welthit *Diana* und dem Erwerb zahlreicher kleinerer Labels schon bald in die Riege der mittelgroßen aufstieg und die gesamte Spannbreite der Pop- und Rockmusik wie auch Jazz und klassische Musik abdeckte. Der U.S. Supreme Court hatte 1948 auf der Grundlage der Anti-Trust-Gesetze Paramount Pictures den gemeinsamen Besitz von Studios und Kinoketten untersagt, worauf die Lichtspielhäuser in das neue, eigenständige Unternehmen United Paramount Theaters übertragen wurden, das 1953 die Fernsehsparte der American Broadcasting Company (ABC) übernahm und seitdem unter American Broadcasting-Paramount Theatres firmierte. Nachdem diese 1965 in American Broadcasting Companies (ABCs) umbenannt worden war, übernahm auch die Tochter 1966 den Namen ABC Records. Ein Jahr später erwarb sie das erst drei Jahre zuvor gegründete Label Dunhill Records, das mit den Erfolgshits von The Mamas and the Papas *California Dreamin'* sowie *Monday, Monday* bereits zu einer vielbeachteten Größe auf dem Popmarkt aufgestiegen war. 1974 folgte schließlich der Kauf der Famous Music Group des Mischkonzerns Gulf and Western Industries. Dieser war aus einer Manufaktur für Autostoßstangen hervorgegangen und hatte vornehmlich in den sechziger Jahren ein Sammelsurium ganz unterschiedlicher Unternehmen erworben, zu denen seit 1966 auch die in finanzielle Schwierigkeiten geratenen Paramount Pictures gehörten sowie von 1968 bis 1970 Stax Records aus Memphis, Tennessee, das den Memphis-Sound berühmt gemacht und neben anderen Otis Redding, Johnnie Taylor und den späten Elvis Presley unter Vertrag hatte. Mit Paramount Pictures waren neben dem Musikverlag der Filmstudios auch deren profitables Label Dot Records in den Besitz von Gulf and Western gekommen.[162]

Eine ähnliche Geschäftspolitik wie CBS in den Vereinigten Staaten verfolgte in Großbritannien das Label EMI Music, das von dem Boom um die Beatles am meisten profitierte. Es gehörte zur EMI Group, die 1931 aus dem Zusammenschluss der britischen Columbia Records und der Grammophone Company mit ihrem berühmten Label His Master's Voice (HMV) hervorgegangen war. Der Konzern produzierte während und nach dem Zweiten Weltkrieg entsprechend seinem Namen – Electric and Musical Industries – neben Schallplatten auch Radaranlagen und Lenkwaffen, Transistorcomputer und Computertomographen, Fernsehkameras und Photomultiplier. Seine Musiksparte entwickelte sich nach der Verpflichtung der Beatles im Jahr 1962 zu einem dicht verflochtenen Konglomerat aus Dutzenden von

162 David Edwards/Patrice Eyries/Mike Callahan, *ABC-Paramount Records Story*, in www.bsnpubs.com/abc/abcstory.html [16.12.2017]; Robert Gordon, *Respect yourself – Stax Records and the soul explosion*. New York: Bloomsbury, 2013.

Einzelfirmen, mit denen das Unternehmen auch die wichtigsten ausländischen Märkte abdeckte. Dies gelang in den USA über das 1955 erworbene Label Capitol Records, da im Jahr 1957 die 55 Jahre andauernde Verbindung mit RCA Victor auslief. In Deutschland gelang es mit Hilfe der 1925 gegründeten Tochtergesellschaft Electrola.

In Großbritannien agierte EMI als unangefochtene Nummer eins auf dem gesamten Musikmarkt, sodass es für jeden Briten fast unmöglich war, in irgendeiner Form Musik zu hören, ohne dass EMI dabei mitverdiente. Das Unternehmen besaß neben zahlreichen Labels auch Kinoketten, Freizeitklubs und Produktionsstätten für Elektroartikel. Um die Wende zu den Siebzigern kamen Musikverlage und Musikläden hinzu. 1973 kaufte EMI sich zudem in den rasch expandierenden japanischen Musikmarkt ein, indem es einen 50-Prozent-Anteil an Toshiba Musical Industries erwarb, einer 1960 gegründeten Tochtergesellschaft des Technologiekonzerns Toshiba. Diese hatte bis dahin bereits einzelne Titel des EMI-Labels Columbia in Lizenz veröffentlicht. Die bei EMI unter Vertrag stehenden Weltstars wie die Beatles, die Beach Boys, Pink Floyd, Queen, Cliff Richard oder Nat ‚King' Cole spülten sehr viel Geld in die Kassen des Musikgiganten und beflügelten dessen Expansion.[163] 1962 hatte der bei EMI tätige Musikproduzent George Martin den Beatles zu ihrem ersten Vertrag verholfen, nachdem deren Manager Brian Epstein bei anderen Labels wie Decca und Philips abgeblitzt war. Die für das Quartett zunächst äußerst ungünstigen Konditionen bescherten dem Label von Anfang an riesige Gewinne.

Unmittelbar nach dem Zweiten Weltkrieg war EMI unter den Labels einer der wenigen, wenn nicht der einzige Global Player. Als britisches Unternehmen profitierte es von dem Commonwealth und seinen über weite Teile der Erde verstreuten Landsleuten. Zusammen mit der britischen Decca war es in Südafrika wie auch in Westafrika das führende Label. In Indien gelang es ihm trotz des ausgeprägten wirtschaftlichen Nationalismus Neu-Delhis, mit 51 Prozent Mehrheitsaktionär der dortigen Gramophone Company of India zu werden, die ein Quasimonopol auf dem einheimischen Musikmarkt besaß und vor allem Filmmusik herausbrachte. Dagegen büßte es in Australien während der sechziger Jahre seine marktbeherrschende Stellung ein. Zunächst verlor es Marktanteile an den australischen Arm des US-Labels CBS Records, sehr viel mehr jedoch bald darauf an das in Sydney beheimateten Label Festival Records. Dieses war 1952 gegründet worden und hatte in der Ära des Rock 'n' Roll mit Bill Haley's *Rock Around the Clock* sowie der Verpflichtung des australischen Rockstars Johnny O'Keefe beachtliche Erfolge erzielen können. Es entwickelte sich jedoch erst zu einer steten Größe, als Rupert Murdoch die Firma im Jahr 1962 in sein Medienunternehmen aus Zeitungen, Magazinen sowie einer Rundfunk- und Fernsehstation einverleibte und Kooperationsverträge mit un-

163 Southall 2012, 20–32; Peter Martland, *Since Records Began – EMI. The First 100 Years*. London: Batsford, 1997; Wicke 2011, 91.

abhängigen Labels abschloss, die wiederum eng mit Aufnahmestudios zusammenarbeiteten.[164]

Andere bekannte britische Labels agierten weniger glücklich als EMI, in erster Linie die 1928 gegründete britische Decca. Sie war zwar seit 1957 Vertriebspartner von RCA Victor in Großbritannien, traf jedoch im Gegensatz zu den Amerikanern und ihrer amerikanischen Namensschwester zu viele falsche Entscheidungen. Vor allem in den Sechzigern verpasste das Management mehrere beste Gelegenheiten, um wenige Jahre später höchst erfolgreiche Künstler unter Vertrag zu nehmen, an erster Stelle die Beatles. Die Strategen in Kensington irrten sich, als sie vom baldigen Ende der Gitarrenbands ausgingen. Hätte George Harrison sie nicht auf die noch unentdeckten Rolling Stones aufmerksam gemacht, wäre ihr Label schon früher in finanzielle Schwierigkeiten geraten. So nahmen sie die Stones 1963 als „Anti-Beatles" unter Vertrag, konnten sie jedoch nicht halten. 1970 verließ die Gruppe um Mick Jagger die britische Decca. Andere Künstler folgten. Auch konnten Verträge mit verschiedenen Plattenlabels nicht verlängert werden. Schon 1969 war RCA ausgeschert, um in Großbritannien ein eigenes Tochterunternehmen zu gründen. Im folgenden Jahrzehnt produzierte Decca einfach zu wenig Hits.

Unterdessen schickte sich auf dem europäischen Festland ein Newcomer an, den Großen der Branche weltweit Paroli zu bieten. Im Jahr 1950 war das niederländische Elektronikunternehmen Philips, das 1891 in Eindhoven als Glühlampenfabrik gegründet worden war, mit dem Bau einer Schallplattenfabrik in Baarn in der Nähe des niederländischen Rundfunkzentrums Hilversum in den Tonträgermarkt eingestiegen. Zugleich produzierte das Unternehmen in seinen verschiedenen Fabriken Elektrorasierer, Rundfunkempfänger, Autoradios sowie Phono- und Tonbandgeräte. In den beiden folgenden Jahrzehnten kamen Staubsauger, Fernsehgeräte, Heimorgeln und Compact-Kassetten hinzu. Im Musikgeschäft konzentrierte sich Philips bei Eigenproduktionen bis Anfang der Sechziger auf klassische Musik, während es im Bereich der Popmusik bis 1961 vornehmlich Platten von Columbia Records in Lizenz übernahm.

Ein erster Schritt in Richtung Weltgeltung erfolgte 1962, als die Tonträgerabteilung des Unternehmens, die Philips Phonographische Industrie (PPI), zusammen mit einer Tochter des deutschen Elektronikkonzerns Siemens, der 1898 von Emil Berliner gegründeten Deutschen Grammophon Gesellschaft (DGG), die Gramophon-Philips (GPG) gründete. Um auf den Musikmärkten in den USA und Großbritannien präsent zu sein, kaufte GPG in den folgenden Jahren in beiden Ländern mehrere Labels, darunter bereits 1962 das US-amerikanische Major-Label Mercury Records, womit GPG auch direkten Zugang zu anderen Ländern wie etwa Nigeria fand. 1970 erfolgte der Einstieg in den indischen Markt, wo seit der Unabhängigkeit des Landes die Gramophone Company of India mit ihrem Mehrheitsaktionär EMI fast ein Monopol besaß.

164 Gregory D. Booth, *Economic Nationalism, Liberalization, and Recorded Music*, in Athique/Parthasarathi/Srinivas 2018, Bd. 1, Kap. 5; *Festival Records*, in Milesago: Australasian Music & Popular Culture 1964–1975, in www.milesago.com/Industry/Record Labels/Fes tival [06.03.2017]; Gronow/Saunio 1999, 132–133.

1971 fusionierten PPI und DGG zu PolyGram, an dem sich die beiden Muttergesellschaften Philips und Siemens zu je 50 Prozent beteiligten. Das neue Unternehmen setzte seinen Expansionskurs in den siebziger Jahren durch den Kauf mehrerer US-Labels fort, darunter 1972 Verve Records sowie das Major-Label MGM Records, die beide zuvor im Besitz der Metro-Goldwyn-Mayer-Filmstudios waren. Ferner schloss PolyGram 1976 mit 20th Century Records und MCA weltweit gültige Distributionsverträge ab, baute in Asien ein Filialnetz auf mit Niederlassungen in Hongkong, Singapur und Malaysia und expandierte auch in Europa.[165]

Ebenfalls in den fünfziger Jahren hatte in der Bundesrepublik Deutschland der Medienunternehmer Reinhard Mohn den Grundstock für sein weltweites Medienunternehmen gelegt, das mit seiner Musikabteilung bis zur Jahrtausendwende in die Riege der damals fünf Major-Labels aufsteigen sollte. 1950 hatte Mohn den Bertelsmann Lesering gegründet, dem er 1958 die ebenfalls von ihm gegründete Schallplattenfirma Ariola zur Seite stellte, die zunächst vor allem die Mitglieder des hauseigenen Leserings belieferte.[166] Noch konzentrierte sich Bertelsmann auf das Buchgeschäft und ebenso auf den deutschsprachigen Raum. Das Unternehmen rangierte Anfang der Siebziger in Umsatz und Reichweite noch sehr weit hinter den Großen der Branche, die allesamt bereits in zahlreichen Ländern vertreten waren: CBS, EMI, PolyGram, Warner und RCA. Es gehörte aber zu den zahlreichen hoffnungsvollen, teils neu gegründeten Unternehmen, die der Szene fortwährend neue Energie zuführten. Insgesamt nahm der Schallplattenverkauf auch in den westeuropäischen Ländern vor allem seit Mitte der sechziger Jahre bis zur Krise Ende der Siebziger einen steten, teils steilen Aufschwung – vorrangig Ergebnis des allgemeinen Wirtschaftsaufschwungs, aber auch der Fähigkeit der Musikindustrie, mehr und mehr die unterschiedlichsten Geschmäcker zu bedienen und den Besitz von Schallplatten und entsprechenden Wiedergabegeräten zu einem Muss für immer mehr Jugendliche und Erwachsene zu machen. (Abb. 2)

In Japan, als dem ab 1970 zweitgrößten Schallplattenmarkt der Welt, waren während des Pazifikkrieges die drei ausländischen Labels Japan Victor, Nippon Columbia und Nippon Polydor in japanische Hand gekommen. Da sie auch Phonografen und andere Geräte herstellten, hatte die Regierung sie zur Produktion kriegswichtiger Materialien gezwungen. Nach Kriegsende nahmen sie ebenso wie die beiden japanischen Gründungen King Records und Teikoku Chikuonki die Produktion wieder auf, operierten jedoch bis etwa 1953 aufgrund der Kriegszerstörungen, der Armut des Landes, Schwierigkeiten bei der Materialbeschaffung und der Anti-Monopolgesetze der US-Besatzungsbehörde stets am Rande des Zusammenbruchs. 1953/54 wurde Victor von dem Elektronik-Großkonzern Matsushita übernommen und firmierte fortan im Inland unter Japan Victor Company, im Ausland unter JVC.

165 *PolyGram N.V. History*, in Tina Grant (Hg.), International Directory of Company Histories. Bd. 23. Detroit: St. James Press, 1998, 389–392; José Roberto Zan, *Elenco (Brazil)*, in Shepherd/Horn/Laing 2003, 716–717; Dave Laing, *The recording industry in the twentieth century*, in Marshall 2013, 31–52, hier 42; Gregory D. Booth, *Economic Nationalism, Liberalization, and Recorded Music*, in Athique/Parthasarathi/Srinivas 2018, Bd. 1, Kap. 5; Barfe 2005, 283.

166 Thomas Lehning, *Das Medienhaus. Geschichte und Gegenwart des Bertelsmann-Konzerns*. München: Wilhelm Fink, 2004, 169.

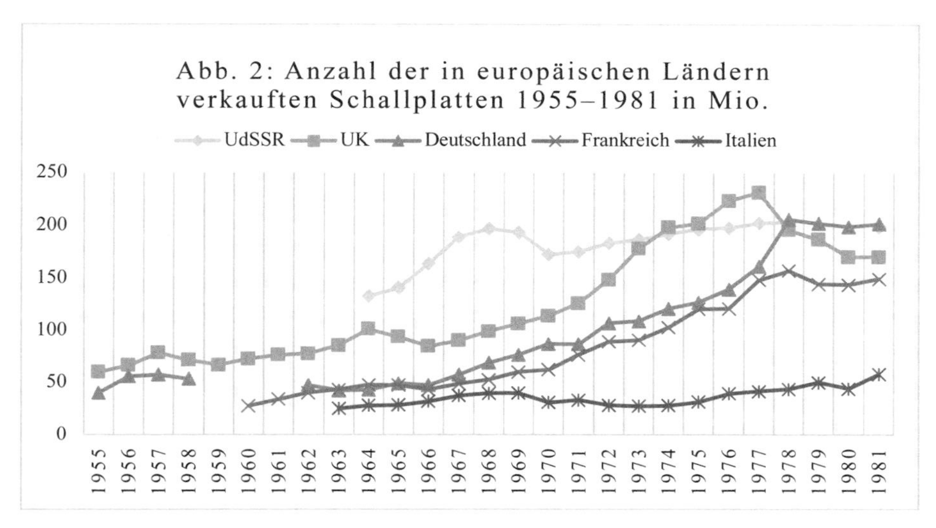

Abb. 2: Anzahl der in europäischen Ländern verkauften Schallplatten 1955–1981 in Mio.

Quelle: Pekka Gronow, *The Record Industry: The Growth of a Mass Medium*, in Frith 2004, 108–129, hier 120–122.

Während Matsushita sich zunächst auf Audio-Unterhaltungselektronik spezialisierte, produzierte Japan Victor neben Schallplatten auch Videogeräte und TV-Equipments. Nippon Columbia dagegen, das vor dem Zweiten Weltkrieg auch Phonographen hergestellt und an der Entwicklung des Fernsehens beteiligt gewesen war, beschränkte sich auf das Schallplattengeschäft und brachte 1951 die erste LP in Japan heraus. 1968 gründete das Label als Reaktion auf den anhaltenden Boom der Jazz- und westlichen Popmusik Denon Records.[167]

Noch Mitte der fünfziger Jahre bestanden 85 Prozent der in Japan verkauften Platten aus traditioneller einheimischer Volksmusik. Die von den zehn Rundfunkstationen der Besatzungsmächte in ganz Japan ausgestrahlten westlichen Hits sowie die Nachfrage der amerikanischen GIs nach Livemusik machten jedoch die Musik aus den USA und später auch die aus Großbritannien vor allem unter den Jugendlichen recht schnell populär, sodass ihr Anteil in Form von Original- und Coverversionen in den Katalogen der japanischen Labels bis Ende der sechziger Jahre auf fast 50 Prozent anstieg. Einen entscheidenden Beitrag dazu leisteten die neugegründeten Produktionsfirmen, die als Schallplattenlabels, Musikverlage und Künstleragenturen auch Musik-Shows für das Fernsehen produzierten. Sie bauten engste Verbindungen zu den Fernsehgesellschaften auf und konnten, da ihnen die Auswahl der in ihren Shows auftretenden Künstlern freigestellt war, die bei ihnen unter Vertrag stehenden Musiker optimal promoten. Die bekannteste dieser Firmen ist die 1955 von dem Bandleader Shin Watanabe und seiner Frau Misa gegründete Watanabe Productions Group. Misa Watanabe organisierte auch von 1958 bis 1977

167 Dave Laing, *Nipponophone (Nippon Columbia)*, in Shepherd/Horn/Laing 2003, 745.

im Nichigeki Theater in Tokio den alljährlich stattfindenden *Western Carnival*, der den Rock 'n' Roll in ganz Japan zusätzlich bekannt machte.[168]

Als sich die Schallplattenproduktion in Japan nach 1960 innerhalb eines Jahrzehnts wertmäßig verzehnfachte und gleichzeitig neue unabhängige Labels auf den Markt drängten, beteiligten sich zahlreiche Rundfunkstationen, Buchverlage und Hersteller von Audiogeräten an den Labels (Abb. 3). Die Zahl der Mitglieder der Recording Industry Association of Japan (RIAJ) stieg von sieben im Jahr 1960 auf 22 im Jahr 1975. Nachdem die japanische Regierung ihre protektionistische Politik und ihren Widerstand gegen ausländische Investitionen 1967 etwas gelockert hatte, gingen im folgenden Jahr die amerikanische CBS und Sony ein Joint Venture ein und brachten die erste gemeinsame LP heraus. 1969 folgten Matsushita, Nippon Victor und Philips aus den Niederlanden, zwei Jahre später Pioneer, Watanabe Production und die US-amerikanischen Warner Group sowie 1973 Toshiba Music und die britische EMI mit ähnlichen Joint Ventures.[169]

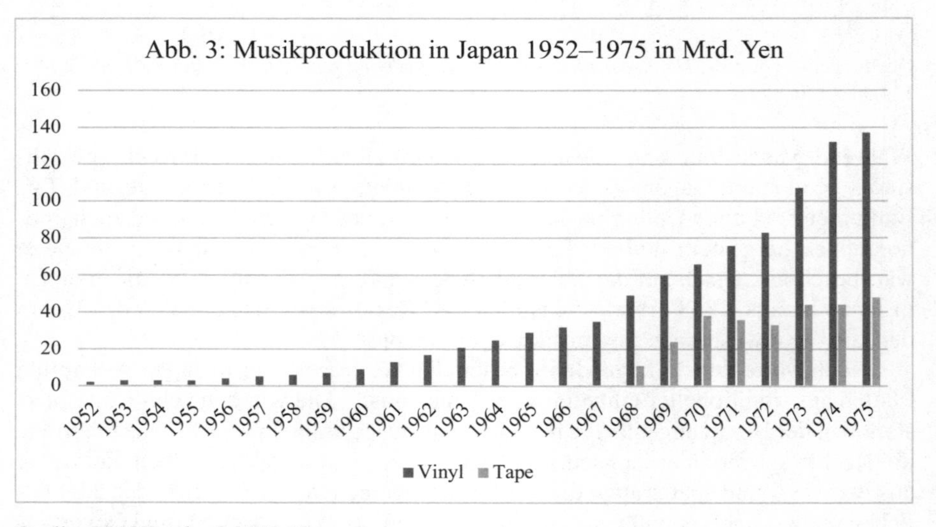

Quelle: *RIAJ Yearbook 2017*, 12.

Das größte Label weltweit befand sich bis zum Fall des Eisernen Vorhangs jedoch nicht in den USA oder in England, sondern in der UdSSR. 1964 hatte die Regierung in Moskau die staatliche Melodiya als Schallplattenunternehmen für alle Sowjet-Republiken gegründet und mit zahlreichen Studios, Fabrikationsanlagen sowie Distributionskanälen ausgestattet. In den siebziger Jahren zählte diese Monopolgesellschaft 120.000 Mitarbeiter, davon 40.000 in den Plattenläden des Labels. Sie produzierte jährlich rund 1.200 neue Aufnahmen, verkaufte pro Jahr zwischen 200 und

168 Terumasa Shimizu, *From Covers to Originals: ‚Rockabilly' in 1956–1963*, in Mitsui 2014, 103–119, hier 106.

169 Masahiro Yasuda, *Japan*, in Marshall 2013, 152–170, hier 156–159.

300 Millionen Platten nebst einer Million Kassetten und exportierte in 70 Länder. Zum Vergleich: Im selben Zeitraum verkauften alle in den USA tätigen Labels dort zwischen 500 und 700 Millionen Platten.

Bei Melodiya entfielen neben Reden der Parteigrößen rund 60 Prozent der Aufnahmen auf klassische Musik, ein Viertel auf volkstümliche Musik und 15 Prozent auf Popmusik, darunter Rock- und Diskomusik aus der Sowjetunion, Coverversionen mit Texten in Russisch und auch Jazzaufnahmen. Mit dem Aufkommen der so genannten *diskoteki* seit Mitte der siebziger Jahre nahm der Monopolist auch einige Titel von ABBA, Paul McCartney und Boney M. ins Programm, die jedoch nicht genügten, um den Hunger vieler Jugendlicher nach Westmusik zu stillen. So kursierten denn auch neben Mitschnitten von Musiksendungen der Westsender unzählige Kopien von Platten aus dem Westen, die auf dem Schwarzmarkt erhältlich waren, sowie Mitschnitte von Konzerten von Bands aus dem Westen wie etwa Boney M., die 1978 in Moskau auftreten durften.[170]

Auch in den anderen sozialistischen Staaten Osteuropas unterstanden die staatlichen Schallplattenfirmen dem jeweiligen Kultusministerium, das die Auswahl der Musiker, der Titel und Texte bis hin zu den Plattencovern bestimmte oder kontrollierte. In der DDR übernahm der Staat im Jahr 1954 ein 1947 gegründetes Unternehmen, das er als VEB Deutsche Schallplatten Berlin fortführte. Die Hälfte der Produktion von 97 Millionen Tonträgern, die bis 1989 das Haus verließen, entfiel auf Unterhaltungs- und Tanzmusik, für die das Label Amiga zuständig war.[171]

In der Musikindustrie des Westens war die Konzernbildung der 1960er und 1970er Jahre begleitet von permanenten Rationalisierungsmaßnahmen. Dazu gehörten auch die Ausgliederung beziehungsweise Umwandlung einzelner Konzernteile in selbständige Tochtergesellschaften. Davon betroffen waren unter anderem Aufnahmestudios, so das legendäre Studio der Columbia Records in der 30. Straße in New York, genannt The Church. Zumindest die Major-Labels wurden reine Musikverwerter, da sie die Aufnahmen von Produktionsfirmen ankauften und sich ganz auf den Vertrieb konzentrierten. Damit ließen sich alle mit der Produktion und dem Vertrieb von Schallplatten verbundenen Kosten optimal auf die beteiligten Tochtergesellschaften verteilen, und das Zusammenspiel von mehreren konzerneigenen Töchtern erweiterte den Spielraum der Finanzabteilung der Konzerne, die zur Gewinnmaximierung „kreativste“ Lösung zu finden.

Die Finanzkraft der neuen Konzerne ermöglichte es ihnen auch, die seit der Weltwirtschaftskrise von 1929 begonnene Abschottung der nationalen Märkte aufzubrechen und sich als international tätige Unternehmen zu etablieren. Die Großen der Branche erwarben vermehrt ausländische Labels und firmierten seit den sechziger Jahren weltweit jeweils als einheitliche Marke, so CBS seit 1962 als CBS Records. MCA folgte wenige Jahre später, Warner im Jahr 1970 und 1972 letztlich auch EMI. Die anglo-amerikanische Kommerzmusik eroberte Land für Land. Es half nichts, dass sich die kommunistischen Länder aus politischen und ein Land wie

170 Peter Wicke, *Melodiya*, in Shepherd/Horn/Laing 2003, 736–737; Bennett 1981.

171 Birgit u. Michael Rauhut, *Amiga. Die Diskographie aller Rock- und Pop-Produktionen 1964–1990*. Berlin: Schwarzkopf & Schwarzkopf, 1999.

Frankreich aus kulturellen Gründen dagegen wehrten. In der Bundesrepublik Deutschland ließen sich im Jahr 1974 nur noch 2,2 Millionen Schallplatten mit deutschen Schlagern absetzen, dagegen 5,2 Millionen Platten mit den Hits ausländischer Stars, vor allem solchen aus den USA und Großbritannien.[172]

Mit den Konzernbildungen der sechziger Jahre ging zudem eine Zersplitterung des Musikmarktes in unterschiedliche Segmente einher. Dies hatte sich bereits 1955 angekündigt, als die traditionellen zuckrigen Popsongs beziehungsweise Schlager und der vor Energie berstende Rock 'n' Roll ein völlig unterschiedliches Publikum und unterschiedliche Altersgruppen ansprachen. Die Beatles und bald auch die ersten Hard-Rock-Formationen vertieften diese Kluft zwischen ihren Fans und denen, die bei Songs von Paul Anka oder Chansons von Juliette Gréco ihre Taschentücher zückten, nicht zu reden von den Anhängern der klassischen Musik.

Wieder waren es unabhängige Labels, die als erste neue Trends setzten und damit Erfolg hatten. Mit dem Slogan „Der Sound des jungen Amerika" wurde in der damals boomenden Motor City Detroit der Farbige Berry Gordon Jr. zum Pionier des Black Pop. Er hatte zunächst als Boxer und Zuhälter sein Glück versucht, ehe er an den Fließbändern der Automobilindustrie die Idee entwickelte, die ihn reich und berühmt machte. 1959 gründete er mit einem Startkapital von 800 Dollar das Label Tamla Records und ein Jahr später Motown Records. Gordon setzte auf arbeitsteilige Massenproduktion, auf Konfektionierung und einen Sound, der nirgendwo aneckt. Er engagierte technisch perfekte Jazzmusiker als Hausband, die problemlos und rasch die melodischen Popnummern einspielen konnten.

Motown gab mit seinen glattgebügelten Fließbandproduktionen dem rauen, aber eleganten Soul der Sechziger ein Gesicht und feierte mit den Supremes und den Jackson Five als Hitmaschinen seine größten Erfolge. Er schuf eine Musik, die von der schwarzen Bevölkerung als cool empfunden und von den zahlungskräftigen weißen Teenagern gekauft wurde. Er presste eine Musik in Vinyl, deren Verständnis an keine Hautfarbe gebunden war, setzte sich jedoch dem Vorwurf aus, lediglich „ein persilreines Unterhaltungsprogramm für weiße Vorstädter" zu bieten. Er trieb seinen Kassenschlagern wie den Supremes mit Diana Ross zunächst die letzten Reste ihrer Ghetto-Identität aus, brachte ihnen Stil, Anmut und ein sicheres Auftreten bei, schickte sie in die Tanzschule und ließ sie in der Fifth Avenue einkleiden, eher er sie der Öffentlichkeit präsentierte. Er tat viel für die gesellschaftliche Integration der Schwarzen. Zwischen 1961 und 1971 brachte Motown 110 Top-10-Hits heraus, darunter zwölf Nr.-1-Hits.[173]

In Memphis Tennessee bemühten sich gleichzeitig die weißen Gründer von Satellite Records um bisher unbekannte schwarze Soul-Interpreten. Solche kleinen Labels jagten in den USA und Großbritannien den Großen der Branche zunehmend Marktanteile ab. In der zweiten Hälfte der sechziger Jahre gruppierten sich um bestimmte kalifornische Bands wie die Kommunarden-Band Grateful Dead und Jefferson Airplane mit ihren beißenden Texten schnell wachsende Fangemeinden.

172 Hermand 1988, 269.
173 Krohn/Löding 2015, 47–48; Seifert 2016, 76.

Beide Entwicklungen zwangen die Majors zu reagieren. Die Konzernbildung verschaffte ihnen die Möglichkeit, die einzelnen Musikrichtungen jeweils einem ihrer vielen Labels zuzuordnen. So reservierte EMI sein Traditionslabel His Master's Voice für die klassische Musik. Verbunden damit war die Umstellung der Werbung auf spezielle Zielgruppen.

Fortan stellte sich die Musikindustrie neuen Musikrichtungen nicht mehr in den Weg beziehungsweise versuchte sie nicht mehr zu negieren, zumal es für die Strategen in den Chefetagen seit dem Rock 'n' Roll-Boom immer schwieriger wurde zu entscheiden, welcher neuen Musikrichtung die Zukunft gehörte. Die meisten großen Unternehmen entschieden sich für eine generelle Öffnung gegenüber allen neuen Tönen, wiesen zunächst einem ihrer kleinen Labels ein eigenes Budget zu, und wenn sich Erfolg einstellte, übernahmen sie die Stars in ihr Hauptlabel. Zugleich konzentrierten sie ihre Vermarktung auf die sehr viel einträglicheren Langspielplatten beziehungsweise Alben, während Singles in Form von Auskoppelungen diese Alben lediglich promoteten. Die Musikindustrie insgesamt setzte auf Massen- und Überproduktion in der Hoffnung, dass die geballte Kraft von Werbung, Rundfunk und Fernsehen einen dicken Goldklumpen aus der riesigen Fülle an Songs an die Oberfläche spülte, um die Produktion des wenig erträglichen Goldstaubs und des riesigen Abraums zu subventionieren sowie künftige Stars aufzubauen. Diese Strategie funktionierte, weil die Gewinnspanne riesig war, wenn eine Platte ein Erfolg wurde.[174]

Die Konzernbildung und das rasante Wachstum des Musikmarktes fanden vor den Augen der Öffentlichkeit statt. Sie waren im Wirtschaftsteil der Zeitungen zu verfolgen. Was vor den Augen der Öffentlichkeit verborgen blieb, waren die vielen Neuerungen, welche die Beatles und die meisten der nachfolgenden Rockgruppen in den Aufnahmestudios erzwangen. Die Musikergewerkschaften liefen alsbald Sturm, weil sie ahnten, dass sich mit dem furiosen Aufstieg der Musikrevolutionäre auch ein tiefgreifender Wandel in der von ihnen bisher weitgehend kontrollierten Musikindustrie vollzog. Ein erstes Indiz dieses Wandels war die neue Rolle, in die eine Band wie die Beatles schlüpfte. Sie suchte nicht mehr das Zwiegespräch mit dem Publikum, sondern der Vokalpart wurde unter ihrer Regie lediglich Teil des gesamten Klangdesigns; er wurde Teil des Sounds.[175]

Diese Hinwendung zum Sound entwickelte sich für die Gewerkschaften zur eigentlichen Gefahr, da sich die jungen kreativen Amateurmusiker in ihrer antiautoritären Grundeinstellung über vieles einfach hinwegsetzen, was ihnen bei der Ausgestaltung dieses Sounds hinderlich und antiquiert erschien. Dies bekamen vor allem die englischen Musikergewerkschaften zu spüren, die in den Studios der Plattenfirmen das Sagen hatten und für ihre Innovationsfeindschaft in ganz Europa berüchtigt waren. Wer welches Gerät wie lange bedienen durfte, hatten sie wie ein kirchliches Dogma genauestens festgeschrieben. Die Gewerkschaftsfunktionäre wachten mit Argusaugen darüber, dass nur die in der Studio-Ordnung detailliert

174 Wicke 2011, 94–95; Dave Laing, *The recording industry in the twentieth century*, in Marshall 2013, 31–52, hier 42.
175 Wicke 2011, 35–36.

aufgelisteten Ober- oder Hilfsingenieure, Techniker oder Assistenten in ihren weißen Kitteln die Mikrofone, Regler, Aufnahmegeräte oder Plattenschneidemaschinen bedienen oder auch nur berühren durften, keinesfalls jedoch die Musiker oder Produzenten. Sie achteten minutiös darauf, die Studiouhr stets im Blick, dass eine Session die vorgeschriebene Höchstdauer von drei Stunden nicht überschritt. Sie verwiesen barsch auf die noch vor der Einführung der Magnetbandtechnik ausgehandelten Bestimmungen, nach denen alle Mitglieder einer Band vollzählig im Studio anwesend sein mussten, selbst wenn infolge der 1956 eingeführten Mehrspurtechnik während einer Session nur ein Musiker seinen Part aufnahm.

Viele Musiker, die sich in ihrer Kreativität eingeschränkt fühlten, waren über viele Jahre mit ihren Versuchen gescheitert, derartige Zöpfe abzuschneiden. Technisch deutlich verbesserte und billigere Aufnahmegeräte sowie der Einfallsreichtum von unabhängigen Technikern, Produzenten und Musikern räumten, wenn auch in zähem Kampf, mit diesem fossilen Gehabe auf. Die neue Generation der Rockmusiker, die nicht nur gegen die bisherigen Autoritäten ansangen, sondern auch in ihrem eigenen Leben mit vielen Regeln brachen, setzten sich letztlich ohne Gewissensbisse und als Vielfachmillionäre recht selbstbewusst über solche verstaubten und hinderlichen Vorschriften hinweg. Plötzlich wurde in den Tonstudios auch nachts gearbeitet, was bis dahin undenkbar war. Auch entstanden seit Mitte der fünfziger Jahre unabhängige Ein-Mann-Unternehmen, die in kleinen Studios ihre minimale technische Ausrüstung mit maximalem Einfallsreichtum kompensierten und einen bis dahin niemals gehörten Sound produzierten. Damit eröffnete sich auch Songschreibern und Bandleadern die Möglichkeit, sich selbst um die Realisierung ihrer Musik im Studio zu kümmern.

Die Industrie lieferte den Toningenieuren im folgenden Jahrzehnt neue Aufnahmegeräte und versetzte sie damit in die Lage, eine immer komplexere Klangarchitektur zu errichten. Mit neuer Technik machte sie das 1967 erschienene *Sgt. Pepper*-Album der Beatles und drei Jahre später *Atom Heart Mother* von Pink Floyd mit der 13-minütigen Soundcollage *Alan's Psychedelic Breakfast* erst möglich. In diesen Jahren stieg auch Motown Records wegen ihres einzigartigen Sounds auf der Grundlage eines neuartigen Aufnahme- und Mischkonzepts zum erfolgreichsten Pop-Label auf dem amerikanischen Musikmarkt der sechziger Jahre auf. Für die Techniker bei Motown war entscheidend, den besten Sound zu erzeugen und nicht buchstabengetreu die Regeln einer Gewerkschaft zu erfüllen. Die Firma beschäftigte festangestellte Songwriter, die für einen relativ kleinen Kreis von Interpreten arbeiteten, und Songs wie am Fließband produzierten.[176]

Im Gleichklang mit den Verbesserungen der Aufnahmetechnik erfolgten die Fortschritte bei der Audiotechnik. Sie bescherten den Käufern nicht nur einen besseren Hörgenuss, sondern ermöglichten den meist jugendlichen Fans, auch ohne den Kauf teurer Alben die Musik ihrer Lieblinge in Besitz zu nehmen und sie zu hören, wann immer sie wollten. Die Qualitätsverbesserungen der Tonbandtechnik

176 Wicke 2011, 63–73 u. 77–82; Pendzich 2008, 127–129; Paytress 2012, 76; Hofacker 2012, 367.

hatte bereits seit den Fünfzigern die Mitschnitte von Konzerten und Rundfunksendungen ermöglicht. Obwohl die Tonbandgeräte weiterhin relativ teuer blieben, stand 1962 in der Bundesrepublik Deutschland bereits in einem Viertel aller Haushalte ein solches Gerät.

Der erhoffte große Durchbruch gelang erst, als das niederländische Unternehmen Philips im Jahr 1963 ein kleines, handliches Tonbandgerät auf den Markt brachte mit einer Kompaktkassette als Tonträger. Ein Jahr später erreichte es auch den amerikanischen Markt. Das Magnetband war erstmals in ein Kunststoffgehäuse eingeschlossen, um das umständliche Einlegen der Bänder zu vereinfachen und diese vor Beschädigung zu schützen. Insbesondere Jugendliche nutzen die kleinen und relativ billigen Kassettenrekorder und Leerkassetten, um ihre Lieblingshits ganz bequem aus dem Radio aufzunehmen oder von Schallplatten zu kopieren. Alsbald kamen die ersten Kombigeräte auf den Markt, zuerst der Radiorekorder. Ab 1965 brachte die Musikindustrie zudem bespielte Kassetten heraus, die zwar von der Qualität her nicht mit den Vinyl-Platten konkurrieren konnten, dafür aber wesentlich billiger waren und neue Einsatzmöglichkeiten eröffneten, etwa im Auto. 1968 entwickelte wiederum Philips dazu das erste Autoradio, mit dem man Musikkassetten abspielen konnte.

Obwohl einige Bootleggers die neuen leicht zu kopierenden Tonträger umgehend nutzten, um massenweise Raubkopien zu erstellen, musste die Musikindustrie keinen existenzbedrohenden Umsatzrückgang befürchten. Sie schrie zwar Zeter und Mordio, und 1970 eröffnete die Internationale Föderation der Phonografischen Industrie (IFPI) zur besseren Überwachung der Urheberrechte der Musiker ihr erstes Regionalbüro in Hongkong, doch gleichzeitig ging mit der guten Wirtschaftskonjunktur ein stetig steigender Absatz von Schallplatten und Musikkassetten einher, der die Verluste durch Raubkopien mehr als kompensierte. Ihren Siegeszug verdankte die Musikkassette auch den technisch mehrfach verbesserten Magnetbändern, die die Klangqualität erhöhten, sowie der Einführung der Dolby-B-Rauschunterdrückung im Jahr 1968, womit auch ihre Einbindung in das High Fidelity-Equipment gelang.[177] Es verging aber noch mehr als ein Jahrzehnt, ehe Sony 1979 die Musikkassette in ein Abspielgerät integrierte, das nicht viel größer war als die Kassette selbst, wobei die Musik nicht über einen Lautsprecher übertragen wurde, sondern über einen miniaturisierten Stereokopfhörer. Der Walkman ließ die Musikkassette zusätzlich boomen und füllte den Alltag noch mehr mit Musik.[178]

In einigen Teilen der Welt hatte die Musikkassette einen geradezu revolutionären Einfluss auf die Verbreitung von Musikkonserven. Sie drängte die Livemusik in den Hintergrund und öffnete der aus dem Westen kommenden Pop- und Rockmusik zusätzlich den Zugang zu fremden Kulturkreisen. Speziell in Ländern mit niedrigem Durchschnittseinkommen führte die Kassette zu einer „Proletarisierung“ der Popmusik, so Martin Stokes. Der relativ niedrige Preis der Kassetten und der Kassettenrekorder ermöglichte dort weiten Bevölkerungskreisen, sich Musikkon-

177 Millard 2005, 319–320; Stevens 2008, 110; Morton 2004, 161–165.
178 Kernfeld 2011, 155–162.

serven ins Haus zu holen. Andererseits senkte diese Technologie in geradezu dramatischer Weise die Kosten, Musik aufzunehmen. Sie eröffnete etwa in Indien und Afrika Hunderten von Kleinunternehmern mit nur geringem Kapital den Eintritt in die Musikindustrie. Vor allem in Afrika nahmen die meisten einheimischen Musiker ihre Songs mit Hilfe von Kassettenrekordern selbst auf und brachten sie als Kassette in Umlauf.[179]

Die Fortschritte in der Audiotechnik hatten den Liebhabern von Musikkonserven inzwischen auch zu einem noch in den 1950er Jahren nicht für möglich gehaltenen Hörerlebnis verholfen. Seit 1958 waren stereophone Schallplatten auf dem Markt. Es folgten Anfang der Sechziger stereofähige Plattenspieler, Tonbandgeräte und Rundfunkempfänger, und auch der Rundfunk strahlte stereophone Sendungen aus. Seitdem es auf den Sound ankam, musste die Stereoanlage für Musikästheten Hi-Fi-Standards erfüllen. Für Formästheten musste sie in einem modernen Gewand daherkommen und nicht mit einer mit allerlei Zierrat überladenen hölzernen Verpackung. Wer es sich leisten konnte, griff zu den vom Aussehen her revolutionären, schnörkellosen Stereoanlagen, die der puristische Designer Dieter Rams mit seinem Team für die Firma Braun in Kronberg im Taunus entwickelte.[180]

Der technische Wandel beflügelte ganz entscheidend den Aufstieg der Rockmusik, zumal die rasanten Fortschritte bei der Produktions- und Aufnahmetechnologie mit Filtern, Effektgeräten, Verzerrern, Mischpulten und Synthesizern es den Musikproduzenten ermöglichten, den Sound nach individuellen Vorstellungen zu gestalten. Mit der Klangvariabilität nahm auch die Lautstärke der Instrumente zu. Beat- und Rockmusik verdankten einen Großteil ihres Erfolges dem Höllenlärm, mit dem sie die Zuhörer eindeckten und das Liebesgeflüster der schmalzigen Schlager zudeckten. Die E-Gitarre wurde zum eigentlichen Megaphon dieser Aufruhr und Befreiung suggerierenden Musik. Wie sich Rolv Heuer in der Zeitschrift Konkret ausdrückte, hatte man jetzt „die Autobahn auf der Bühne, die Maschinenhallen, das ganze Mobiliar der industrialisierten Welt. Die Musikinstrumente wurden nicht mehr verzärtelt und auf das Podest ‚Kunst' gestellt, sie erschienen zum ersten Mal als Werkzeug, machten den Fräsen und Kreissägen Konkurrenz." Rock und Beat wurden als Sound der Zeit empfunden, als Sound der sechziger Jahre, des lautesten Jahrzehnts des 20. Jahrhunderts.[181]

Die Fortschritte der Audiotechnik verhalfen auch der Livemusik zu einem Neustart, während es Ende der sechziger Jahre noch den Anschein hatte, als wäre ihr Ende bereits abzusehen. Seit Mitte der sechziger Jahre strömte das jugendliche Publikum vermehrt in die Diskotheken, um dort zur Musik vom Plattenteller zu tanzen, zumal die äußerst komplex gewordene Beatmusik, wie sie die Beatles entwickelt

179 Dave Laing, *The recording industry in the twentieth century*, in Marshall 2013, 31–52, hier 40; Peter Manuel, *Cassette Culture: Popular Music and Technology in North India*. Chicago: University of Chicago Press, 1993.

180 Sanjek/Sanjek 1991, 138–140; Sophie Lovell, *Dieter Rams. As Little Design as Possible*. London: Phaidon, 2011; Bernd Polster, *Braun. 50 Jahre Produktinnovationen*. Köln: DuMont, 2005.

181 Zit. nach Detlef Siegfried, *Wild Thing. Der Sound der Revolte um 1968*, in Paul/Schock 2013, 466–471, hier 467–468.

hatten, live nicht mehr aufzuführen war. Wer eines der zahlreichen neuen Musikfestivals besuchte, musste sich dagegen weiterhin bis in eine der ersten Reihen vorkämpfen, um von der Musik mehr als nur Schallfetzen mitzubekommen. Die Plattenfirmen schickten zwar einzelne ihrer Künstler auf Tour, doch sollten diese mit ihren Auftritten in mittelgroßen Hallen vornehmlich ihr neuestes Album bewerben. Ökonomen wetteten bereits auf das endgültige Aus der Livemusik und nannten als Hauptgrund deren vergleichsweise hohe Kosten.[182] Sie verloren die Wette, da einzelne Techniker, Manager, Künstler, Konzertveranstalter und andere die Probleme der Livemusik als Herausforderung verstanden, nach Lösungen suchten und fündig wurden.

Den Anfang machten Tontechniker. Nachdem in der zweiten Hälfte der sechziger Jahre mit der Musik auch die Fans immer lauter geworden waren und während der Konzerte bereits nach einer Viertelstunde so laut schrien, dass die Beschallungsanlagen gegen diesen Lärm nicht mehr ankamen, forderten zahlreiche Musiker von der Industrie leistungsfähigere Lautsprecherboxen und Verstärker. Sie hatten es satt, ihre eigene Musik nicht mehr zu hören und vom Großteil der Fans nicht mehr gehört zu werden. Die Walker Brothers brachen eins ihrer Konzerte schon nach wenigen Minuten ab, da ihr Nummer-eins-Hit *Make It Easy on Yourself* aus dem Jahr 1965 in der ohrenzerreißenden Hysterie-Orgie ihrer jungen weiblichen Fans völlig unterging.[183] In Zusammenarbeit mit Pete Townshend, dem Gitarristen von The Who, entwickelte das kleine britische Unternehmen Marshall Amplification zunächst zwei 4x12" Lautsprecherboxen von 100 Watt Leistung. Ohne diese kamen die lautesten Bands schon bald nicht mehr aus. Die Rolling Stones verfügten bei ihrer Ende 1969 begonnenen US-Tournee erstmals in ihrer Karriere über eine adäquat leistungsfähige Soundanlage. Damit wurden Live-Konzerte auch in größeren Hallen und Stadien möglich. Daraus ergab sich wiederum eine erhöhte Nachfrage nach professioneller Lichttechnik, nach professionellem Transport bei Tourneen und nach einer professionellen Organisation der Sicherheit.[184]

Auch wurden die Kostenprobleme in Angriff genommen. Eine von mehreren möglichen Lösungen lieferte das International Hotel im Zockerparadies Las Vegas, wo Elvis Presley ab Sommer 1969 insgesamt etwa 600 Konzerte gab – jeweils acht Wochen pro Jahr mit je zwei Shows pro Abend im mit über 2.000 Sitzplätzen größten Showroom der Stadt. Für die Veranstalter entfielen damit die Transportkosten, was ihnen erlaubte, mehr in die Show zu investieren, sie spektakulärer zu gestalten, um so ein größeres Publikum zu erreichen. Für die Besucher war das Konzert Teil eines mehrtägigen und vielfältigen Events mit Übernachtungen in einem Hotel der gehobenen Klasse, mit gutem Essen und Herzflattern am Roulettetisch. Die Organisatoren wollten mit den Musikshows lediglich möglichst viele Spieler anlocken

182 Simon Frith, *The Value of Live Music*, in Helms/Phleps 2013, 9–22, hier 10.
183 Ken Barnes/Mike Saunders, *The Walker Brothers*, in Greg Shaw, Die Briten kommen. Aus den Kindertagen der englischen Rockmusik. Reinbek bei Hamburg: Rowohlt, 1983, 139–142.
184 Brennan 2010, 7.

und hatten ein Defizit einkalkuliert. Da die Vorstellungen von Elvis jedoch bis zuletzt ausverkauft waren, machte das Hotel-Casino mit der Show erstmals Profit.[185]

Anfang der Siebziger geriet auch der bis dahin regional fragmentierte Konzertmarkt erstmals in Bewegung. Auch dabei machte Elvis Presley den Anfang. Die Initiative ging von einem jungen Promoter namens Jerry Weintraub und dessen Ein-Mann-Agentur Concerts West aus. Er zahlte dem Management von Elvis eine Million US-Dollar für das Recht, ab Februar 1970 einen Tourneemarathon durch die ganze USA zu buchen. Um die Kosten zu senken, verhandelte Weintraub an den lokalen Konzertveranstaltern vorbei direkt mit den Besitzern der Konzerthallen. Das Konzept ging auf. Als Reaktion wandten sich einige der übergangenen lokalen Konzertveranstalter an den in San Francisco tätigen Promoter Bill Graham, um ein Gegenmodell zu starten, das sie auch weiterhin in Tourneen einbezog. Ab 1973 begann daraufhin auch Graham mit der Organisation nationaler Tourneen und einiger großer Freiluftveranstaltungen, bei denen er den Fans auch erstmals Merchandising-Artikel zum Kauf anbot, vor allem die zu jeder Tour speziell angefertigten Tour-Shirts.

Die *Bob Dylan and The Band 1974 Tour* mit ihren 40 Konzerten in 21 Städten der USA ließ erstmals erkennen, wie groß die Nachfrage nach solchen Veranstaltungen inzwischen war. Für Dylan war dies die erste Tournee nach acht Jahren. Er wurde vom Publikum und der Kritik mit fast hysterischem Überschwang gefeiert, und die Tickets waren in Rekordzeit ausverkauft. Für den Tourneeveranstalter dagegen endete das Ganze mit einem Fiasko, da die Einbeziehung lokaler Subveranstalter die Kosten steigen ließ. Trotz erster Lösungsvorschläge waren Anfang der siebziger Jahre weiterhin neue Konzepte erforderlich, um die Zukunft der Livemusik zu sichern. 1974/75 lieferten drei junge Studenten mit der Gründung von Ticketmaster einen weiteren Baustein. Davon wird noch die Rede sein.[186]

An der Wende zu den siebziger Jahren bildete der US-amerikanische Musikmarkt weltweit weiterhin eindeutig den Mittelpunkt der Musikwelt. In den USA wurden weltweit die meisten Schallplatten produziert, verkauft und die weitaus höchsten Umsätze erzielt. Der amerikanische Musikmarkt war gemessen an der Zahl der verkauften Platten etwa ebenso groß wie die nachfolgenden drei größten Märkte in Großbritannien, Japan und Deutschland zusammen. Auf ihn entfiel etwa ein Drittel der weltweiten Schallplattenproduktion. Nur in den USA war das ganz große Geld zu verdienen. Von dort gingen erneut die eigentlichen Impulse aus, nachdem England sich kurzzeitig diese Position erobert hatte. Spätestens seitdem die Beatles getrennte Wege gingen, kamen die großen Stars und die weitreichenden Ideen wieder vornehmlich aus den USA. Entscheidend für Investoren war zudem, dass dieser Markt weiter in Riesenschritten wuchs.

185 Franz Dobler, *Elvis in Las Vegas. Fron auf dem Thron*, in SPIEGEL ONLINE vom 31. Mai 2005; Simon Frith, *The Value of Live Music*, in Helms/Phleps 2013, 9–22, hier 14.

186 Michael Haentjes, *Warengeschäft*, in Moser/Scheuermann 1992, 305–307, hier 306; Detering 2016, 101; Budnick/Baron 2012, 201–203.

5 IM ZEICHEN VON PUNK- UND HARDROCK 1973–1989

Die westliche Popmusik hatte in einer Zeit steigenden Wohlstands und gesellschaftlicher Konflikte als Soft Power ihren Siegeszug um die Welt begonnen. Sie stand für die Freiheitsideale des Westens, für freie Meinungsäußerung, jugendliche Selbstverwirklichung und die Vielfalt der Kulturen. Sie verkörperte zusammen mit der neuesten Audiotechnik den schnell voranschreitenden technischen Fortschritt der westlichen Industrieländer sowie die Lebensfreude der Konsumgesellschaft, zumal immer mehr Unternehmen die Popmusik in ihre bunte und witzige Werbung einbanden. Seit Beginn der 1960er Jahre nahmen zahlreiche Superstars Songs für Coca-Cola und Pepsi Cola auf, von denen einige Top-Platzierungen in den Charts erzielten.[1]

Ende der Sechziger war der Rock zusammen mit seinen frühen Fans erwachsen und mit seinem Anspruch, Kunst zu sein, seriös geworden. Er hatte sich als Teil der anerkannten Kultur etabliert, nicht nur der Jugendkultur. Einige Jahre später erfuhr er sogar eine Art himmlischer Weihe, als 1977 Chuck Berrys Song *Johnny B. Goode* neben klassischer Musik von Bach, Mozart und Beethoven mit den beiden Voyager-Sonden als vergoldete musikalische Grußbotschaft an Außerirdische ins Weltall aufstieg. Mit der neuen Würde büßte der Rock jedoch aus der Sicht der jungen Generation seine Fähigkeit ein, die Älteren zu schockieren, zu nerven und sich von ihnen abzusetzen. Auch missfiel den Jüngeren, dass alle modischen Neuerungen, die als Begleiter des Pop in der Gesellschaft Einzug gehalten hatten, von der Gesellschaft inzwischen weitgehend akzeptiert wurden – von langen Haaren bis hin zu vergammelten Jeans.

Ein Teil der Jüngeren fand es zudem lächerlich, dass seit Beginn des Jahrzehnts eine wachsende Zahl harter Rocker in schrillen, glitzernden und femininen Kostümen sowie mit sternchenübersäten Plateauschuhen über die Bühnen hüpften, bisweilen die Augen mit Make-up geschminkt, und versuchten, mit sexueller Mehrdeutigkeit die Aufmerksamkeit auf sich zu lenken. Viele spotteten über den engelgleichen Marc Bolan von T. Rex, der als Glam-Rocker in bunten Tanzschuhen für Mädchen, mit Korkenzieherlocken, Glitterstaub auf den Wangen und einer Federboa um den Hals vor sein Publikum trat, ähnlich Roxy Music in goldenen Glitzerhosen und silbernen Plateauschuhen. Viv Albertine, Gitarristin der Punkband The Slits, schrieb in ihren Memoiren schwärmerisch über Marc Bolan: „Er ist sinnlich, fährt sich mit der Zunge über die Lippen seines Schmollmunds, stößt die Hüfte vor, wirkt aber auf junge Mädchen überhaupt nicht bedrohlich. [...] Marc ist fast ein Mädchen.“[2] Bolan sprach ganz bewusst vor allem junge Mädchen an und animierte sie zum Kreischen. Dabei verstanden sich alle Glam-Idole auch als Rebellen, indem sie mit dem Zelebrieren von Illusionen gegen die trostlose Ansammlung von

1 Wang 2014, 156.
2 Albertine 2016, 54–55.

schmuddeligen Bärten und fantasielosen Jeans der Hippie-Generation protestierten, indem sie Rockmusik wieder zu etwas machten, was man nicht nur hören, sondern auch sehen wollte. Auch brachten sie ihre Fans dazu, sich für Konzerte zu kleiden wie der jeweilige Star des Abends. Das hielt die Mehrzahl der Rockfans jedoch nicht davon ab, sich über diese visuelle Verweichlichung zu mokieren. Sie sahen in dem Fetischisten und „Chamäleon der Rockmusik" David Bowie und seiner durchgeknallten, flamboyanten und bisexuellen Kunstfigur Ziggy Stardust ein für die damalige Zeit skandalöses Spiel mit der Homosexualität. Auch für John Lennon war Glam-Rock nichts anderes als Rock 'n' Roll mit Lippenstift. Der Regisseur Todd Haynes brachte später die Licht- und Schattenseiten dieser kurzen Glam-Rock-Ära mit ihrer Flut an Drogen und der Verherrlichung der Bisexualität in dem Film *Velvet Goldmine* auf die Leinwand.[3]

Der bunte und laute Eskapismus hatte die Pop- und Rockmusik nach Meinung eines Großteils der Jugend viel zu komplex und zu hygienisch, zu eitel und zu rührselig, zu feminin und damit langweilig werden lassen – eine Musik von und für Krawattenträger, Opis und Omis, eine Musik, die sich zu weit von der Jugend entfernt hatte und beim Schlagabtausch junger Rebellen gegen ältere Etablierte zu viele morsche und brüchige Stellen offenbarte. Viele sehnten sich nach dem in den Erzählungen der Älteren ursprünglichen, bulligen und derben Rock 'n' Roll der fünfziger Jahre zurück. Der überraschende Erfolg des Nostalgie-Films *American Graffiti* im Jahr 1973 mit seinen 40 Rock 'n' Roll-Titeln belegte diese Sehnsucht – eine Sehnsucht nach einer einfachen und kernigen Musik, nach Abhängen, den Mädchen hinterherjagen und dem ziellosen Herumfahren im Auto mit voll aufgedrehtem Radio, aus dem der DJ als Herold der Jugendkultur spricht und die vielen Jugendlichen in den Straßen miteinander verbindet.

Mit ihrem *Sgt. Pepper*-Album und ihrer damit bewiesenen Kreativität, Wandlungsfähigkeit und Vielseitigkeit hatten die Beatles aber auch die Tür für weitere Experimente aufgestoßen. Sie hatten demonstriert, dass auch für die Rock- und Popmusik der Fortschrittsimperativ galt. Sie hatten den Weg freigemacht für eine Ausdifferenzierung der populären Musik in immer neue Genres beziehungsweise musikalische und soziale Subkulturen.

Auf diesen technischen Neuerungen baute sofort der Hard Rock auf, der in England mit den vier Bands Black Sabbath, Deep Purple, Uriah Heep und Led Zeppelin sowie in Schottland mit Nazareth und in den USA mit Alice Cooper seinen Anfang nahm. Die meisten dieser Bands waren noch im Blues- und Psychedelic Rock sowie im Rock 'n' Roll verwurzelt, wandten sich aber bald einem immer härteren Gitarrenrock zu mit düsteren und aggressiven Elementen und zum Teil sehr langen Instrumentalpassagen.

Zur dynamischsten Rock-Maschine mit dem sattesten Sound der Branche sowie zum Flaggschiff des Hardrock stieg alsbald Led Zeppelin auf. 1969 stürmte die Band mit dem Eröffnungstrack ihres zweiten Albums *Whole Lotta Love* an die Spitze der Charts – eine damals als skandalös verschriene Hymne auf den kaum zu bremsenden Sexualtrieb. Die Gruppe verhalf einem extrem kantigen Rock 'n' Roll

3 Reynolds 2017, 23–75.

zum Durchbruch, ließ unzählige junge Menschen vor allem wegen ihres Lead-Gitarristen Jimmy Page zur Gitarre greifen, und ihr Frontmann Robert Plant stieg praktisch über Nacht zum King of Cock Rock auf. Die Vier mieden das Fernsehen und den Single-Markt und gingen stattdessen auf zahlreiche mehrmonatige Tourneen, die sie vornehmlich durch Nordamerika führten, aber immer wieder auch durch Westeuropa sowie Australien, Neuseeland und Japan, wo ihnen die Groupies zu Füßen lagen. Led Zeppelin war eine echte Sex-, Drugs- und Rock 'n' Roll-Band mit der Betonung auf Sex.[4]

Alice Cooper dagegen, Sohn eines Priesters und zunächst ein fleißig-frommer Kirchgänger und sittsamer Beatles-Imitator, sammelte als Schockrocker seit 1970 mit kalkulierten, also professionalisierten Provokationen eine weltweite Fangemeinde um sich, indem er mit einer ganzen Wagenladung angsteinflößender Requisiten aus den Folterkammern dieser Welt auf Tour ging, mit einem Grusel-Makeup auf die Bühne sprang, Babypuppen zerhackte und seinen Höllenkarneval mit bubenhafter Freude an Schock und Ekel stets mit Folter und Blut, Hängen und Enthaupten enden ließ. Coopers Bühnenshow glich einer Fahrt mit der Geisterbahn. Er setzte auf schwarzen Humor, schlechten Geschmack und bluttriefende Schockeffekte, da in den frühen Siebzigern mit wackelnden Hüften à la Elvis oder mit langen Haaren wie in den Anfangsjahren der Beatles kein Skandal mehr zu entfesseln war. Schon bald wurden die blutigen Shows des Amerikaners in Verbindung gebrachte mit *Clockwork Orange* sowie der Gewaltwelle, die Kubricks Film nach Ansicht seiner Kritiker 1971 ausgelöst hatte. Cooper demonstrierte mit seiner rauen Stimme, seinem dürren Körper und seiner krähenähnlichen Miene für jeden sichtbar, dass er keinesfalls wegen seiner sexuellen Anziehungskraft und der Qualität seiner Stimme zum Rockstar aufgestiegen war.[5]

Black Sabbath dagegen sammelte vor allem junge Arbeiter um sich, denen die Probleme der protestierenden Studenten, Vietnam und Bürgerrechte herzlich egal waren. Sie wollten lediglich am Ende der Woche mit einigen Freunden ein paar Bier trinken, natürlich bei sehr lauter Musik.[6] Alle diese Bands suchten sich mit für damalige Verhältnisse gigantischen Bühnenshows und opulenten Arrangements gegenseitig zu überbieten. Gleichzeitig flirteten die Vertreter des Artrock noch heftiger als zuvor mit der klassischen Musik und zitierten Bach, Bartók und Beethoven, so etwa Emerson, Lake & Palmer, die bei ihren Live-Konzerten schon allein mit ihrem riesigen Instrumentenpark demonstrierten, dass es sich hier um eine aufwendig produzierte Musik handelte. Sie rafften sich musikalische Versatzstücke zusammen, wo immer sie diese bei den Großen der Klassik finden konnten, und präsentierten sie voller Theatralik.[7]

1969 ging schließlich der Hard Rock-Song *Born to Be Wild* der nordamerikanischen Band Steppenwolf als Soundtrack des Kultfilms *Easy Rider* um die Welt. Mit seinen harten Rhythmen und röhrenden Basslinien wirkte er wie ein PS-starker

4 Wicke 2011, 49; Schneidewind 2013, 46–47.

5 Reynolds 2017, 121–160.

6 Lars Brinkmann, *Hard & Heavy*, in Kemper/Langhoff/Sonnenschein 2002, 188–199, hier 191–192.

7 Büsser 2013b, 65–66.

Boxermotor, der die beiden Hauptdarsteller Peter Fonda und Dennis Hopper auf ihren Chopper-Motorrädern über amerikanische Highways und die Route 66 nach New Orleans zum Mardi-Gras-Karneval vorantrieb. Erstmals tauchte dabei der Begriff „Heavy Metal“ auf. Mit diesem Roadmovie stieg *Born to Be Wild* zum größten Motorradsong der Musikgeschichte auf.[8] Mit allen diesen Gruppen nahm die Weltumrundung der westlichen Rock- und Popmusik als ein Motor der Globalisierung weiter Fahrt auf.

PUNKROCK – DER REBELLISCHE ENERGIESCHUB

Während der 1973 einsetzenden Wirtschaftskrise braute sich schließlich fast zwangsläufig ein explosives Gemisch aus Pop und Politik, Drogen und Chaos zusammen, das als Kunst verkleidet zuerst in London in die Luft flog und bald auch andere Länder entzündete. Die für viele Jugendliche unakzeptable Kommerzialisierung der Popmusik und die schwindenden eigenen Zukunftsaussichten gaben den Anstoß zur Subkultur des Punkrock, der mit trivial-einfachen, rohen, brachialen und ungeschliffenen Kompositionen, provokanten Texten und schockierend-lärmenden Auftritten dem etablierten Rock und selbst dem Hard Rock entgegentrat. Der Punkrock löste die dahinwelkende Flower-Power-Ära ab, und seine Anhänger verstanden sich selbst als Blumenkinder des Bösen. Sie fühlten sich angestachelt von einem beißenden Hunger nach Destruktion und Kollaps, Chaos und Krawall.

Doch keine Provokation ohne zu Provozierende. Die Punkrocker setzten an zu einem wilden Amoklauf gegen Kulturpäpste und Kulturindustrie. Sie schrien und geiferten gegen die Rockmusik als Traumfabrik und reinen Kommerz, als aufgeblasenen Bullshit, als Einsäusler in den Boutiquen und als Geräuschdämpfer in den Toiletten. Sie verhöhnten die Stones und andere als Relikte aus den Sechzigern und als peinliche alte Säcke. Sie verlachten die „engelsgleiche Sanftheit der Hippies“ und grölten 1976 im „Summer of Hate“ ganz direkt gegen deren Weltferne. Sie machten einen großen Bogen um jede Teestube und zerkrümelten die Glückskeks-Metaphorik der Blumenkinder, verspotteten deren Albernheit, Schlappheit und Blutarmut, obwohl sie ihren eigenen Drogenbedarf vornehmlich bei diesen Weichlingen deckten.

Sie mokierten sich über alle angeblich jung Gebliebenen, die noch immer derselben Musik von Joan Baez und Bob Dylan lauschten, weiterhin kifften und sich wie Hippies aufführten, obwohl sie längst Mamis und Papis geworden waren. Sie lärmten wie keine Stilrichtung zuvor gegen bürgerliche Werte und Regeln, verulkten Politiker und die ältere Generation. Mit Hass-Erektionen zielten sie auf das politische Establishment und die bürgerliche Lebensweise und prahlten mit totaler Verweigerung. Sie plädierten teilweise für eine Umkehrung bestehender Werte – Beleidigung statt Höflichkeit, Verkommenheit statt Vorbild, Fehlerhaftigkeit statt

8 Dave Marsh, *The Heart of Rock and Soul*. New York: New American Library, 1989, 357.

Vollendung, Müll statt Mode, Hass statt Liebe.[9] Sie fanden es geschmacklos, geschmackvoll zu sein. Gleichwohl waren die Punks bei aller Düsterkeit und Verbitterung nach den Worten von Klaus Farin nie so depressiv „wie eine durchschnittliche Veganer-WG".[10]

Ihnen schien vieles zwar völlig gleichgültig, doch trotzdem konnten sie es nicht lassen, sich über das und jenes aufzuregen, und zwar mit der Heftigkeit eines Orkans. Alle langatmigen Schwätzer raunzten sie an: Sag's in drei Minuten oder halt den Mund. Dann spulten sie ihr eigentlich anderthalbstündiges Programm in knapp dreißig Minuten ab.

Für die quasselige Ernsthaftigkeit der politischen Linken und deren Antiatomkraft-Blockaden hatten sie nur ein müdes Gähnen übrig. Auch die Grün-Alternativen waren ihnen zu verkopft, zu spaßresistent, zu lasch, zu langweilig. Hämisch zogen sie über die fett und träge gewordenen Götter auf dem Pop-Olymp her, diesen Lichtgestalten, deren Geklimper sie als „Tranquilizer für glückliche Konsumenten" abtaten sowie als Soundtrack beim Shopping.[11] Sie verfluchten die Musikindustrie, die ihrer Meinung nach den Rock 'n' Roll gekapert und zum Showbiz hatte verkommen lassen, oder wie sich Patti Smith ausdrückte, der in ihren „fetten Händen [...] in einem Morast von Bombast, Geschäftemacherei und leerer Virtuosität" unterzugehen drohte.[12] Sie rebellierten gegen die Intellektualisierung des Pop sowie eine zahm und energielos gewordene Rockszene. Mit Wut im Bauch krakeelten sie, der modernen Musik fehle es an Rohheit, Derbheit, Rüpelhaftigkeit und Lärm.[13]

Sie verhöhnten das Woodstock Festival vom August 1969 als Gipfel der Schlagerzufriedenheit und gaben sich aggressiv und nihilistisch. Kurzum: Sie rebellierten gegen Teile der Vergangenheit, aber vorrangig gegen die Gegenwart. Sie handelten nach der Devise: Wenn es keine Zukunft gibt, dann lasst uns solange Spaß haben, ehe alles vorbei ist. Sie verweigerten sich bewusst den Protesten gegen Atomkraft und Wettrüsten, das heißt gegen eine drohende Apokalypse, und feierten voller Spott jeden Tag, den es noch zu feiern gab.

Als Musiker protzten sie mit dem Fehlerhaften, Kaputten und Unvollkommenen, wollten Hass und Ekel ausleben, waren bewusst destruktiv und anarchistisch.[14] Sie entrümpelten die Bands von den ihrer Meinung nach elitären Instrumenten und ließen nur noch Gitarre, Bass, Schlagzeug und Stimme gelten. Sie nahmen mit einer gehörigen Portion Wut im Bauch eine E-Gitarre in die Hand, ließen sich einen Akkord zeigen, dann einen zweiten, Mutige auch einen dritten – und fertig war die Band. Sie setzten nicht auf Professionalität, sondern auf Energie, also auf Lärm. Die Mitglieder der 1974 gegründeten New Yorker Punkband Ramones wussten zunächst nicht, wie man eine Gitarre stimmt, und kannten lediglich den E-Akkord. Sie sagten von sich selbst, dass sie stanken und nicht spielen konnten. Sie hauten

9 Marcus 1992a, 72–73.
10 Farin 2006, 110.
11 Farin 2006, 103.
12 Smith 2016, 285.
13 Marcus 1992a, 62–63.
14 Büsser 2013a, 91.

zweiminütige, superschnelle, schlichte Hymnen „an Leimschnüffler und Schwachköpfe heraus" – das war's.[15] Kaum etwas ging ohne Drogen. Jerry Nolan, Schlagzeuger der New York Dolls und der Heartbreakers, gestand: „Bei allem, was wir taten, dröhnten wir uns vorher zu."[16]

Wie fast alle Punkmusiker pöbelten und kotzten sie ihren Zorn mit feindseliger Mimik ins Publikum beziehungsweise taten so als ob. Sie waren der Abschaum und die kläffenden Straßenköter der Popmusik. Sie waren vorrangig daran interessiert, jegliche Tabus zu brechen, Chaos und Anarchie zu leben. Was aus ihrem Mund herauszischte, war ätzend wie Säure.

Ihr Gesang klang eher nach Schreien als nach Singen. Sie röhrten, grölten, röchelten und perfektionierten das Grunzen des menschlichen Schweins. Sie keiften und bellten, sie kotzten und pinkelten ins Publikum. Sie traktierten die Trommelfelle mit rückkoppelnden Verstärkern. Sie fanden, dass Krach zu machen, eine tolle Sache sei. Vielen schien nicht daran gelegen, Musik zu machen, sondern verstärkten den Lärm von Luftschutzsirenen, imitierten als Sänger kreischende Bremsen, während der Gitarrist sich die quietschenden Reifen in der Parabolica des Autodroms von Monza zum Vorbild nahm. Sie katapultierten die Rockmusik auf einen ganz neuen Energielevel.

Da ihnen als Hohepriester der drei Akkorde wenig musikalisches Können abverlangt wurde, schafften es auch die zu einem laut bejubelten Auftritt, denen zwar die Fähigkeit zum Musiker abging, die aber trotzdem das Bedürfnis in sich verspürten, Musik zu machen. Andi, der Bassist der Toten Hosen, begann mit zwei Saiten, erst später kamen die dritte und vierte hinzu. Der New Yorker Punker Richard Hell beschrieb sich in seiner Autobiographie als dilettantischen Musiker, gescheiterten Schauspieler, selbstsüchtigen Narziss, schwanzgesteuerten Sexprotz und als Koks- und Heroin-Junkie, der seine Freunde beklaute.

Ebenso wie die Pop Art von Andy Warhol die Grenze zwischen autonomer und trivialer Kunst aufhob und jeden, der sich zum Künstler berufen fühlte, zum Künstler kürte, so nahmen auch die Punkrocker als Teil der gegenkulturellen Bewegung für sich in Anspruch, hochwertige Musik zu produzieren – bisweilen mit ironischen Gesten, zumeist aber voller Ernsthaftigkeit. Manche knallten einen kurzen Riff ins Publikum und dachten, es sei Kunst.

Die meisten Bands boten selbst den willigsten Mainstream-Hörern nur kulturelle Leere und wenig Menschliches. Der US-amerikanische Schriftsteller David Foster Wallace urteilte über die Realitätsferne vieler dieser Möchtegern-Künstler: „Können Sie sich vorstellen, wie ein Punk mit Ein-Meter-Zwanzig-Haaren, Nietenlederjacke und Nasenring ein, sagen wir mal, Mortadella-Sandwich isst? Eine Glühbirne wechselt? Einen Vierteldollar in eine Parkuhr steckt? Also echt, ich nicht."[17]

Ähnlich wie die Hippies mit bunten Kleidern, Jesuslatschen und Blumen im Haar gegen die Konsumgesellschaft und den Verhaltenscodex der bürgerlichen Gesellschaft rebellierten, so die Punks mit einem aggressiven Schmuddelimage. 1974

15 McNeil/McCain 2014, 224; Paytress 2012, 185.
16 McNeil/McCain 2014, 306.
17 Wallace/Costello 2014, 62.

präsentierte sich der Sänger Lou Reed auf dem Plattencover von *Rock n Roll Animal* mit einem stacheligen Hundehalsband und animierte sogleich Jugendliche, auf Krawatte und Perlenkette als Halsschmuck zu verzichten. Bald darauf klappten alle, die sich zu Punks berufen fühlten, die Mülldeckel hoch und zogen sich über, was sie an Unrat fanden – zerfetzte Klamotten aus dem Altkleidercontainer und Halsbänder aus der Hundehütte, Piercings aus dem Werkzeugkasten und Schnürstiefel aus dem Armeedepot.

Dann traten sie auf die Straße mit ihren unverzichtbar grell gefärbten und zu einem Irokesenschnitt einbetonierten Haaren, mit der Toilettenkette um den Hals geschlungen und der Sicherheitsnadel durch die Backe gerammt, die abgekauten Fingernägel schwarz lackiert. Mit Nieten bestückte und mit Stahlketten behängte radikale Lesben in Kampfstiefeln warnten vor jeglichen Annäherungsversuchen, als zusätzliche Abschreckung eine räudige Ratte auf der Schulter. Andere kleideten sich in Modemüll, färbten sich die Haare rot, grün und violett und zementierten diese mit Tapetenkleister zu Irokesen-Spikes. Sie ließen ihre Gesichter im bleichen Weiß des vorweggenommenen Todes erstarren und kritzelten ihre Wut in großen Lettern auf Lederjacken und Springerstiefel – „I hate". Punks gaben sich einfach hässlich und betonten zusätzlich ihre individuellen körperlichen Eigenheiten, egal ob sie fett, mager, pockennarbig oder picklig waren.

Punkrock verstand sich als Teil der Punkbewegung. Punk war zuallererst eine Geisteshaltung, nicht ein Musikstil. Punk rebellierte mit Schock und Chaos gegen das Establishment, gegen gesellschaftliche Erstarrung und allgemeine Tristesse. Punk wurde getragen von der Aufbruchsstimmung einer jungen Generation, die voller Zorn und mit Leidenschaft nicht mehr bereit war, jeglichen Stillstand hinzunehmen. Indem die Punks das Wertlose, Triviale und Banale, den Müll der bürgerlichen Gesellschaft als äußeres Erkennungszeichen für ihre innere Einstellung wählten, wollten sie zum Ausdruck bringen: No Future mit den bisherigen Lebensentwürfen und Null Bock auf sie. Und an das Establishment gewandt: Ihr hattet einen Versuch und habt versagt; jetzt sind wir dran.

Die Punks betraten die Bühne, als der Schallplattenabsatz weltweit zwar wie noch nie boomte, aber die britische Wirtschaft schrumpfte, als die auf riesigen Ölvorräten sitzenden Araber ab 1973 mit dem Westen genauso umsprangen, wie dieser zuvor mit Arabern umgesprungen war. Sofort stiegen Arbeitslosigkeit und Inflation. Im Großbritannien von Premierminister Edward Heath traf die Wirtschafts- und Arbeitsmarktkrise weite Teile der Bevölkerung, vor allem aber die Jugend. Sie wurde zusätzlich verstärkt durch langanhaltende Streiks und eine dadurch bedingte Energieknappheit. Die britischen Gewerkschaften legten ein bereits ruiniertes und graues Land völlig lahm, ließen das seit dem Krieg recht schäbige London zusätzlich in Bergen von Müll versinken und wollten selbst die Toten nicht mehr begraben. Den wirtschaftlichen Stillstand begleiteten der IRA-Terrorismus, der sich von Belfast bis nach London ausbreitete, sowie die zunehmende Gewalt auf den Straßen zwischen britischen Neonazis, farbigen Engländern, Sozialisten und der Polizei. Die Berufsperspektiven der Jugendlichen verschlechterten sich auf breiter Front, und die Punks erhielten Zulauf aus allen Schichten. Kunststudenten, Gymnasiasten, junge Arbeiter und arbeitslose Jugendliche schlossen sich ihnen an und skandierten zynisch: „Abitur, Abitur – auf zur Müllabfuhr!“ Sie verhöhnten die in ihren Augen unfähige Regierung: „Keiner fragt, Politiker antworten.“ Sie wähnten sich meilenweit entfernt von dem wattierten und sozialversicherten Leben des Bürgertums. Sie besetzten öffentliche Räume wie Bahnhofsvorplätze, Parks und Einkaufspassagen, wo sie nach Ansicht der Älteren und Etablierten lediglich ihre Duft- und Sudelmarken hinterließen. Dabei wollten die Punks vor allem eins: Veränderung.[18]

Das schockierte Establishment und die Mehrzahl der Bürger interpretierten Punk als Totalverweigerung jugendlicher Chaoten und Faulenzer, die ihre Vorliebe für Nichts teilten. Sie erkannten nicht, dass Punk letztlich ein schriller Aufschrei der jungen Generation war, die sich vergessen und verraten fühlte von einer Gesellschaft, die noch immer vom längst verblichenen Glanz und der seit Jahrzehnten verloren gegangenen Größe des Empire träumte. Die jugendlichen Rebellen wollten konzeptlose Politiker, destruktive Gewerkschaften und eine lethargische Gesellschaft wachrütteln, damit das Land nicht noch weiter in Richtung Abgrund driftete. Punk verstand sich keineswegs nur als Weigerung und Ablehnung. Punks wiesen vielmehr mit radikalen Formen auf die Kraft und Innovationsfähigkeit des Individuums hin: Ich bin ich! Mit Wut in Bauch und Stimme über eine eingerostete Gesellschaft ohne jede Zukunftsperspektive warben sie für Neues und forderten tiefgreifende Veränderungen. In vielerlei Hinsicht glichen sie der „Eisernen Lady“ Margaret Thatcher, die während der Hochzeit des Punk im Jahr 1975 in einer Kampfabstimmung den Parteivorsitz der Konservativen eroberte und ab 1979 als Premierministerin eine radikale Wende in der Wirtschaftspolitik einleitete, die sie mit aggressiver Rhetorik begleitete und mit eiserner Hand kompromisslos durchsetzte. Genauso wie Punk glaubte auch Thatcher mit ihrer Privatisierungspolitik an die alles überragende Kraft des Individuums. Thatcher und Punks predigten und lebten Rebellion. Sie räumten rigoros mit überkommenen Praktiken auf, die sich als nutzlos und schädlich erwiesen hatten.

Im Punkrock entrümpelten die Musiker indes als Reaktion auf die Massenarbeitslosigkeit das für die meisten Bands unbezahlbar und größenwahnsinnig gewordene technische Equipment. Einige gingen noch einen Schritt weiter, indem sie unter Nutzung der neuesten Technologie vieles selbst machten, was bisherige Gruppen der Musikindustrie übertragen hatten: das Konservieren der Songs, deren Vervielfältigung und Verbreitung sowie die Werbung. Sofort schossen überall in Großbritannien winzige Plattenfirmen wie Pilze aus dem Boden, die alles selbst in die Hand nahmen, jedenfalls behaupteten sie es. Auch im übrigen Westeuropa und in Nordamerika löste Punk eine Gründungswelle kleiner und kleinster Labels aus, die meist zwar nur einige wenige Jahre überlebten, aber viel frischen Wind in den Musikmarkt brachten. Es entstand eine neue Pop-Wirtschaft, die weniger den Profit zum Ziel hatte als vielmehr den nationalen Schock, die den nationalen Seelenfrieden stören wollte, indem sie Love Songs verfluchte, von Hass statt von Liebe sang oder von Masturbation und faschistischen Diktatoren.[19]

18 Heinz-Hermann Krüger, *Vom Punk bis zum Emo*, in Richard/Krüger 2010, 13–41, hier 22–23; Wicke 1993, 37–38; Wicke 2011, 51.

19 Marcus 1992a, 80–82.

Während Punk sich in New York mit zum Teil literarischen Texten zu einem avantgardistischen, auf kleinste Kreise beschränkten Kunstprojekt entwickelte, das ohne Wirkung auf die Massen blieb, breitete sich die Bewegung in Großbritannien als jugendliche Subkultur aus mit eigenen Faszines und Labels. Mary Harron, Mitarbeiterin der Zeitschrift Punk und Filmemacherin, erklärte später: „Ich spürte, dass das, was in New York als Witz begonnen hatte, in England von einem jüngeren und brutaleren Publikum ernst genommen wurde. [...] Was für mich in New York als eher erwachsene und intellektuelle Boheme-Rockkultur angefangen hatte, war zu einer verrückten Teenagerangelegenheit geworden.“ Sie war sprachlos, als sie bei ihrem ersten Konzertbesuch in London die vielen jugendlichen Kids erblickte, „wie Albträume, wie schaurige kleine Geister mit grellrot gefärbtem Haar und bleichen Gesichtern. Alle trugen Ketten und Hakenkreuze und Sachen, die sie sich an den Kopf gesteckt hatten.“[20] Das alles sah nach Verweigerung und Destruktion aus. Es war mehr. Punk führte der Gesellschaft und dem Rock sehr viel neue Energie zu, die besonders das heruntergekommene, träge und schläfrige England auch dringend notwendig hatte.[21]

Dennoch konnten Punk und Punkrock wie fast alle anderen Subkulturen und Musikrichtungen der Umarmung durch den Markt nicht entgehen. Viele haben dies kritisiert und als Enteignung und Piraterie verurteilt. Doch erst als die Medien auf diese städtische Subkultur aufmerksam machten, ihr Artikel und Schlagzeilen widmeten, und sich anschließend die Industrie zu ihrer kommerziellen Vermarktung entschloss, wussten sich Punk und Punkrock als städtische Praxis zu etablieren, bekamen einen Namen und konnte sich von anderen Subkulturen und Musikstilen abgrenzen.[22]

Mitentscheidend war, dass es der Industrie recht schnell gelang, aus jugendlichen Protestposen gewinnträchtige Lifestyle-Produkte zu fertigen, dass Werbedesigner und Modemacher sich wie Freibeuter die Symbole und Codes der Punks aneigneten und sie geschäftsmäßig in klingende Münze verwandelten. Schon bald präsentierten die teuersten Friseure und Modeboutiquen das Punk-Outfit als allerletzten Schrei. Dann füllte die Punk-Mode die Versandhauskataloge, ehe sie in den Wühltischen der großen Kaufhäuser als Ramschware endete. Die mit ausgeklügelten Marketingmethoden arbeitende Musikindustrie trieb indes die Globalisierung des Punkrock voran. Im Anblick dicker Scheckbücher erklärte sich manche Punkband ohne Zögern bereit, ihr Repertoire dem Geschmack eines breiteren Publikums anzupassen. Andere, denen eine Karriere als Musiker verwehrt blieb, stellten sich wenigstens mit aufwendig gestyltem Irokesenschnitt vor der Kulisse Londons in Pose – die Haare hart und aufrecht wie die Borsten eines Schrubbers, dazu eine eingefleischte Sicherheitsnadel und einen Nietengürtel. Sie wünschten sich, als

20 McNeil/McCain 2014, 292.

21 John Robb, *Punk Rock: An Oral History*. Chicago: PM Press, 2012; Craig O'Hara, *The philosophy of Punk: die Geschichte einer Kulturrevolte*. Mainz: Ventil, 2004; Jon Savage, *England's dreaming – Sex Pistols and punk rock*. London: Faber and Faber, 2005; Richard Hell, *Blank Generation: Autobiographie*. Berlin: Edition Tiamat, 2015; Heidkamp 1999, 257.

22 David Laing, *One Chord Wonders. Power and Meaning in Punk Rock*. Philadelphia: Open University Press, 1985.

Postkarte für Englands Hauptstadt Reklame zu machen oder von Touristen für einige Minuten Anerkennung zu erfahren.

Unter den Punkrockern schoss die Gruppe Sex Pistols den goldenen Vogel ab, als sie in die Hände des gewieften Managers Malcom McLaren geriet, der wusste, wie man aus Pop und Provokation Geld macht, wie man aus einer scheinbaren Abrechnung mit dem Kommerz eine höchst erfolgreiche Geschäftsidee entwickelt, wie man mit Dilettanten ein profitables kommerzielles Unternehmen hochzieht, wie man Geschichten und Mythen in die Welt setzt, um Kohle zu machen – Cash aus Chaos.

McLaren, der zunächst als „Fifties-Purist" angefangen und in Gene Vincent sein Vorbild gesehen hatte, eröffnete 1970 zusammen mit seiner Lebensgefährtin, der später mit Orden behängten Modedesignerin Vivianne Westwood, in der Londoner King's Road einen Laden, der sich schnell zum Trendsetter entwickelte und seinen Namen wechselte wie die Mode: *Let it rock*, *Too fast to live, Too young to die*, *SEX*, *Seditionarie*s und schließlich *World's End*. Hier verkauften beide Erotikwäsche und S&M-Artikel, ehe Westwood sich an die Nähmaschine setzte, um Sadomaso-Monturen, ärmellose T-Shirts mit provozierenden Slogans und Punk-Uniformen zu schneidern und viele Tabus dieses Jahrzehnts zu brechen.[23]

1974 stolzierte die US-amerikanische Glam-Rock-Band New York Dolls in diesen Laden, und McLaren war sofort hellauf begeistert vom Äußeren dieser Musiker, die in bunten, tuntigen Kleidern, mit hochhackigen Schuhen und Strumpfhosen auftraten. Er folgte der Gruppe zu einem Gig nach Paris und Ende des Jahres nach New York. Zwar konnte er kaum fassen, wie extrem schlecht das Debütalbum der Dolls war, das schlechteste, das er jemals gehört hatte, aber er war von dem ganzen Kitsch, den die Band umgab, und ihrer johlenden Verachtung von Duckmäusern hellauf begeistert. Für McLaren waren sie, um derart schlecht zu sein, geradezu genial. Er übernahm das Management der Dolls und versuchte noch vor Gründung der Sex Pistols aus ihnen eine Skandalband zu machen, indem er sie mit sowjetischen und chinesischen Symbolen ausstattete. Zudem fand er bei einem Konzert der New Yorker Punk-Band Richard Hell & The Voidoids jene Inspiration, welche dem britischen Punk ein Gesicht geben sollte: Stachelhaare und von Sicherheitsnadeln zusammengehaltene, zerrissene Shirts. McLaren fand vor allem Richard Hell einfach genial: „Er war nicht einfach nur jemand, der einen roten Vinylanzug und orange geschminkte Lippen und hochhackige Schuhe trug. Nein, er war ein total kaputter, destruktiver und abgerissener Typ, der aussah, als wäre er einem Abwasserkanal entstiegen. Er sah aus wie mit einer Schleimschicht überzogen und als hätte er seit Jahren nicht geschlafen und sich seit Jahren nicht gewaschen und als würden sich alle einen Dreck um ihn scheren. [...] Er war ein wunderbarer, gelangweilter, heruntergekommener, verängstigter, schmutziger Typ in einem zerfetzten T-Shirt."[24] McLaren hat diese Beschreibung zwar mit sehr viel Dichtkunst angereichert, aber als er Richard Hell erstmals zu Gesicht bekam, glich dieser wirklich einem übermüdeten, abgewrackten Clochard, da seine Freundin ihm

23 Savage 2005, 45–103; Reynolds 2012b, 233–234.
24 McNeil/McCain 2014, 243.

kurz vor dem Auftritt im Streit sein T-Shirt zerrissen hatte, das er auf die Schnelle nur notdürftig mit Sicherheitsnadeln wieder zusammenflicken konnte.

In New York fand McLaren jene Ideen, die das Aussehen der englischen Punks bestimmen sollten. Ohne diesen Amerika-Trip hätten die Pistols vielleicht wie die Bay City Rollers geklungen und auch so ausgesehen. Diese größte Pop-Kreisch-Band der mittleren siebziger Jahre löste zu Beginn der Punk-Ära vor allem bei ihren weiblichen Fans mit Hits wie *Bye Bye Baby* und *Give a Little Love* sowie ihrem blitzsauberen Outfit mit Schlaghosen und voluminösen Föhnfrisuren ein wahre Massenhysterie aus und musste eigentlich jeden erfolgsversessenen Manager zur Nachahmung reizen. Nicht so Malcom McLaren.

Nachdem dieser mit seinen extrem schrägen Ideen aus New York zurückgekehrt war, begannen Westwood und er genau diesen Look in ihrem Laden zu verhökern. Sie setzten auf Latex und Leder, auf T-Shirts mit Sicherheitsnadel und pornographischen Aufdrucken und sowie Hakenkreuz-Binden und andere Insignien des Faschismus. Dann schufen sie sich mit den Sex Pistols ein eigenes Kunstwerk mit aufgestellten Haaren, Junkie-Augen, phallischen Nasen und Stoßstangenlippen – eine Gruppe weltberühmt und weltberüchtigt. Westwood entwarf ihre Outfits und wurde so zur Schöpferin der Punkmode, die kurze Zeit später die Hochglanz-Modezeitschriften füllte und als Dekor und Design geadelt wurde.

McLaren dagegen entwickelte eine eigene Schocktaktik und organisierte die Skandale. Sänger der Gruppe war John Lydon, der zwar nicht gut singen konnte, aber als Johnny Rotten mit zynischen Texten, Gebrüll und Publikumsbeschimpfungen in der zweiten Hälfte der Siebziger zu einer berühmt-berüchtigten Figur des Punkrock aufstieg. Er hatte nach eigenen Worten das „süße Rock-'n'-Roll-Gesäusel" von friedfertigen Rebellen wie „Wimmer-King Elvis und Prediger Bob Dylan" einfach satt. Er war eines Tages mit seinen grün gefärbten Stachelhaaren und grünen Zähnen in Westwoods Laden aufgetaucht, hatte krächzend und Grimassen schneidend einen in der Jukebox laufenden Alice-Cooper-Song begleitet und sich damit noch am selben Tag als Sänger der Sex Pistols qualifiziert.[25] McLaren verpasste der Truppe einen anstößigen Namen, erzählte ihr von der Hohlheit der Popmusik und den Möglichkeiten, mit Hässlichkeit und Konfrontation Aufsehen zu erregen. Er feuerte die Vier dazu an, ein Maximum an Wut und Intensität, Hass und Krach in ihre Musik einzubringen. Sollte alles schiefgehen, könnte er den Namen immer noch als neues Namensschild an seinen Laden nageln.[26]

Nach McLarens Weisung hatte sich die Gruppe nur mit ihrem Image zu profilieren, nicht mit Substanz. Wer sie nach den ersten Auftritten als unmusikalisch bezeichnete, erhielt von Gitarrist Steve Jones die Antwort: „Wir stehen nicht auf Musik, wir stehen auf Chaos."[27] Sie standen wie die gesamte Punkbewegung für Chaos, Nonkonformität und Antiautorität. McLaren bekannte später: „Mit den Sex Pistols versuchte ich zu erreichen, was mir mit den New Yorker Dolls nicht gelungen war. Ich nahm die Bedeutungsschattierungen von Richard Hell, die tuntige

25 Heidkamp 1999, 253; Büsser 2013b, 82; Reynolds 2017, 551.
26 Marcus 1992a, 34.
27 Paytress 2012, 186.

Popseite der New York Dolls, die Politik der Langeweile und matschte es alles zusammen, um ein Statement abzugeben [...] und diese ganze Rock 'n' Roll-Szene anzukotzen."[28]

Die Punkrockerin Viv Albertine, die wie viele andere Punks oftmals stundenlang in Westwoods Laden herumhing und mit mehreren Musikern der Sex Pistols und The Clash befreundet war, beschrieb einen Auftritt von Johnny Rotten: „Sein Gesicht ist blass, und er verdreht den Körper auf so hässliche, merkwürdige Weise, dass er fast deformiert wirkt. Kein Herumgetanze, kein Versuch, uns zu unterhalten oder für ihn einzunehmen. [...] Kein glamouröser Star wie Marc Bolan oder David Bowie in ihren exotischen Kostümen; und ein virtuoser Musiker wie Eric Clapton oder Peter Green ist er auch nicht; nicht mal ein Macho [...], sondern einfach ein Typ aus Finsbury Park, London, England. Und er ist sehr wütend. Johnny grinst uns spöttisch an, beschimpft uns mit seinem ordinären Nordlondoner Akzent; seine Stimme ist nicht ausgebildet, nicht melodiös, sondern quengelig und gedehnt, zynisch."[29]

Ende 1976 erschien die erste Single der Band: *Anarchy In The U.K.* – eine Kampfansage an das britische Gesellschaftssystem, ein Ruf zu den Waffen: „I am an anti-Christ/I am an anarchist". Das Werbeplakat, angefertigt von dem Künstler Jamie Reid und dem Fotografen Ray Stevenson, symbolisierte den Niedergang des Vereinigten Königreiches mit einem zerrissenen Union Jack, der nur noch durch Sicherheitsnadeln und Klebeband notdürftig zusammengehalten wird. Anschließend entfachte die Band am 1. Dezember im damals äußerst züchtigen englischen Fernsehen einen Shitstorm, als ihr Gitarrist Steve Jones, angestachelt von dem leicht angetrunkenen Moderator Bill Grundy, diesen mit Injurien überhäufte: „Dirty sod, dirty old man, dirty bastard, dirty fucker, fucking rotter." Im House of Lords wähnten die Peers bereits das Ende britischer Lebensart, wenn nicht des gesamten Vereinigten Königreichs. Die Boulevardblätter aber jubelten. Die Pistols lieferten ihnen die Schlagzeilen, die den Absatz in die Höhe trieben – sie hatten im Fernsehen „fuck" gesagt und lautstark gerülpst. Danach kannte jeder diese Band, die an jeder Etikette vorbei den Krawattenträgern den erigierten Mittelfinger zeigte.[30]

Im Juni 1977 schließlich, als das Land dabei war, den Glauben an sich selbst zu verlieren, Queen Elizabeth jedoch ihr silbernes Thronjubiläum mit allem Pomp feierte wie zuvor Queen Victoria in den Glanzzeiten des Britischen Empire, brachte die Gruppe die Skandalsingle *God Save The Queen* heraus – eine etwas andere Interpretation der britischen Nationalhymne: „There's no future/In England's dreaming God save the Queen/No future/No future/No future for you." Die Pistols ätzten mit schriller Unversöhnlichkeit gegen Englands Traum einer glorreichen Vergangenheit, wie ihn die Queen verkörperte, und degradierten diese zu einer bloßen Touristenattraktion und Stütze einer auf nichts beruhenden Wirtschaft. Dann mietete die Band ein Boot mit dem Namen *Queen Elizabeth*, um mitten auf der

28 McNeil/McCain 2014, 296.

29 Albertine 2016, 100–101.

30 Savage 2005, 259; Gerhard Kaiser, *English Wildness*, in Kaiser/Jürgensen/Weixler 2017, 52–69, hier 53–54; Charles M. Young, *A Report on the Sex Pistols. Rock is sick and living in London*, in Rolling Stone vom 20. Okt. 1977.

Themse vor geladenen Gästen ein brachial lautstarkes Konzert zu geben.[31] Die Polizei schritt ein und verhaftete die meisten Passagiere. Die Mitglieder der Band konnten zwar entkommen, wurden aber in den folgenden Wochen von Royalisten mehrfach überfallen. Vogelfrei verließen sie zeitweilig das Land, um anschließend in England unter dem Pseudonym SPOTS (Sex Pistols On Tour Secretly) auf Tournee zu gehen. Das britische Etablissement gab sich schockiert und verurteilte die Gruppe als „Antithese der Menschheit" und Bedrohung der britischen Lebensart, aber ein Teil der Jugend feierte die Mitglieder als neue Heroen. Malcolm McLaren hatte erreicht, was er wollte. Wie Viv Albertine, die das Spektakel von der Tower Bridge aus beobachtete, sofort richtig erkannte, ging es jetzt „nur noch um Kommerz und Medienberichterstattung, das ist die Botschaft."[32]

Erst als Medienereignis wurde aus einem infantilen Unfug eine Subkultur, und erst nach Aufnahme dieses Juxes in den medialen Kosmos konnten seine kommerzielle Vermarktung sowie die Formulierung einer großen Erzählung beginnen. Letztlich machten diese Skandale den Rock 'n' Roll wieder zu etwas, über das man stritt, das man bejubelte oder verdammte, das man hasste oder liebte. Skandale machten den Rock erneut gewinnträchtig.

Die zwei Plattenfirmen, die die Pistols unter Vertrag genommen hatten – EMI und A&M – ließen sie sofort wieder fallen und schmolzen die bereits gepressten Platten wieder ein. Sie bezahlten sie sogar dafür, möglichst schnell und unbemerkt von der Bildfläche zu verschwinden. Die als räudige Köter beschimpften Musiker dachten jedoch nicht daran, und Richard Bransons Virgin-Label nahm sie hocherfreut unter Vertrag. Nachdem der Skandal ihre Single trotz des Boykotts von Radio und Fernsehen an die Spitze der englischen Charts gehievt hatte, wo sie als weißer Fleck triumphierte, veröffentlichten die Band Ende Oktober 1977 ihr einziges Studioalbum *Never Mind The Bollocks – Here's The Sex Pistols – Vergesst den Quatsch! Hier sind die Sex Pistols.* Das Plattencover des englischen Artisten und Anarchisten Jamie Reid, neongelb, schwarz und pink im Look eines Erpresserbriefs, machte die Platte endgültig zu Pop Art. Das Cover behauptete, Punk wäre etwas Revolutionäres und nicht nur miserabel gespielter Rock 'n' Roll. Pop-Blätter, eine sensationslüsterne Boulevardpresse und selbst seriöse Nachrichtenmagazine griffen den neuen Trend samt seinen Skandalen dankbar auf, sodass sich auch die T-Shirts mit dem Plattencover glänzend verkauften.[33] Damit begann die kommerzielle Ausbeutung des Punk, der vom gesellschaftlichen Rand aus als innovativer Ort den Mainstream mit neuen Ideen versorgte. Punk war viel zu schrill, zu skandalös und zu sensationell, um von der Industrie ignoriert zu werden.[34]

Dann überwarf sich Johnny Rotten mit Malcolm McLaren und Bassist Sid Vicious unterwarf sich dem Heroin. Die verbliebenen Mitglieder Paul Cook und Steve

31 Savage 2005, 351–367; Marcus 1992a, 17.

32 Albertine 2016, 216.

33 Tricia Henry, *Break All Rules! Punk Rock and the Making of a Style*. Ann Arbor: UMI Research Press, 1989; Savage, 2005; Poschardt 1997, 211–212; Barfe 2005, 268.

34 Ernst Mohr, *Punkökonomie. Stilistische Ausbeutung des gesellschaftlichen Randes*. Hamburg: Sven Murmann, 2016.

Jones waren jedoch noch nicht bereit, das Handtuch zu werfen, und versuchten einen neuen Coup zu landen. 1978 heuerten sie den Posträuber Ronnie Biggs an, der 1963 mit mindestens 14 weiteren Ganoven den Postzug von Glasgow nach Euston überfallen, ausgeraubt und mehr als zweieinhalb Millionen Pfund Sterling erbeutet hatte. Zwar war Biggs wenige Wochen später wie auch die meisten Beteiligten geschnappt und zu 30 Jahren Haft verurteilt worden, doch gelang ihm nach einem Jahr eine filmreife Flucht, die ihn zunächst nach Paris zu einem Gesichtschirurgen und anschließend nach Australien und Brasilien führte. Obwohl ihn die Briten in Rio aufspürten, entging er einer Auslieferung, da er zuvor eine brasilianische Stripteasetänzerin geschwängert hatte. Fortan gefiel sich Biggs in der Rolle des prominenten, staatlich geschützten Gauners. Da er pleite war, erzählte er Journalisten und Touristen gegen Cash Räubergeschichten, verkaufte Biggs-T-Shirts, warb für Alarmanlagen und versuchte sich mit den verbliebenen zwei Pistols als Sänger. Der Song *No One Is Innocent*, aufgenommen in einem Kirchenstudio in Rio, erreichte zwar in Großbritannien den achten Platz der Charts, floppte jedoch im übrigen Westeuropa wie auch in Australien und Japan, während in den USA Warner Brothers Records die Single erst gar nicht veröffentlichte. Als in den folgenden Jahren der Mythos Biggs weiter wuchs, nahm 1991 auch die westdeutsche Punkband Die Toten Hosen einen Song mit dem inzwischen als König der Diebe und selbsternannten King of Punk geadelten Posträuber auf – *Carnival in Rio (Punk Was)*. Biggs wurde zu einer Ikone der frühen Punkbewegung.[35]

Auch nachdem jeder einzelne Musiker der Sex Pistols eigene Wege gegangen war, arbeiteten sie als echte Punkstars weiter an ihrem Rüpel-Image. Als sie 2006 in das Rock-Pantheon der Rock and Roll Hall of Fame aufgenommen wurden, wiesen sie die Ehrung brüsk zurück, und zeigten auch der Hall of Fame den Mittelfinger. Johnny Rotten sandte den Mitgliedern des Komitees eine rasch hingekritzelte Antwort, in der es hieß: „Neben den SEX PISTOLS ist der Rock and Roll und diese Hall of Fame nichts anderes als ein Pissfleck. Euer Museum: Urin in Wein. Wir werden nicht kommen. Wir machen uns für euch nicht zum Affen, na und?“ Noch immer versuchten sie über den Skandal und fette Schlagzeilen auf sich aufmerksam zu machen, obwohl sie schon seit fast drei Jahrzehnten in der Bedeutungslosigkeit versunken waren.[36]

Malcolm McLaren hatte indes versucht, sein Erfolgsrezept mit anderen Dilettanten erneut zu Geld zu machen. Anfang 1978 managte er zwei Wochen lang mit wenig Erfolg The Slits, die ein Jahr zuvor als erste reine Frauen-Punkband von Teenagern aus dem Umfeld der Sex Pistols und The Clash gegründet worden war. Der Mangerverschleiß der Gruppe war riesig, da niemand diese wilden Mädchen, die in besetzten Häusern lebten, in den Griff bekam. Ihre Gitarristin Viv Albertine hatte 1976 zunächst zusammen mit Sid Vicious, der ein Jahr später Bassist der Sex

35 Jochen Buchsteiner, *Ronnie Biggs. Der Räuber von nebenan*, in Frankfurter Allgemeine Zeitung vom 18. Dez. 2013; Hendrik Ternieden, *Verstorbener Posträuber Biggs. Ein Leben lang Ganove*, in SPIEGEL ONLINE vom 18. Dez. 2013.

36 *Rock and Roll Hall of Fame. ‚Pissfleck‘-Schelte von den Sex Pistols*, in SPIEGEL ONLINE vom 14. März 2006.

Pistols werden sollte, die Band The Flowers of Romance gegründet, die jedoch niemals öffentlich auftrat oder gar eine Platte aufnahm.

Nach ihrem Rauswurf aus der Band durch Sid Vicious gründete die Drummerin Paloma Romero, genannt Palmolive, The Slits mit der 14-jährigen Deutschen Ariane Forster als Sängerin. Viv Albertine stieß wenig später dazu. Die Band trat verschiedentlich als Vorgruppe von The Clash und den Sex Pistols auf, tourte durch England und ließ es in Paris, New York und mehrfach auch in Deutschland krachen. Sie bestand zunächst aus vier Teenagern, die anfangs nicht die leiseste Ahnung von einem Konzert hatten und niemals fähig waren, ihre Instrumente selbst zu stimmen. Sie kletterten auf die Bühne, schrien „Fuck you" und legten dann los mit ihrer rauen, technisch unbedarften Musik, gaben sich anarchisch, bedrohlich und verführerisch. Da für sie anfangs schon der einfachste Akkord ein Wagnis war, fingen sie an zu quietschen und zu kreischen, zu knurren und zu jaulen. Wenn Zuhörer sie wegen ihrer Unfähigkeit ausbuhten, beschimpften sie diese als Wichser und forderten sie zum Musizieren auf die Bühne, während sie selbst in den Zuschauerraum sprangen und tanzten.

Viv Albertine schildert in ihrer Autobiografie einen Auftritt der Band: „Jede spielt ein anderes Tempo. Ari schreit so laut sie kann, ich dresche auf die Gitarre ein, Palmolive zertrümmert das Schlagzeug [...]. Wir spielen den Song getrennt voneinander, obwohl wir wissen, dass wir eigentlich zusammenspielen sollten, aber wir können es nicht. [...] Es hagelt Spucke. Riesige Rotzklumpen landen in meinen Haaren, auf meinen Augen und auf meinem Gitarrenhals, meine Finger rutschen ab, während ich versuche Akkorde zu greifen. Ich schaue zu Ari rüber und sehe, wie sie beim Singen Spucke in den Mund bekommt. Ich weiß nicht, ob sie zurückrotzt oder schluckt." Obwohl die Band auch aufgrund ihrer zahlreichen Tourneen und Gigs sehr schnell bekannt wurde, erschien erst 1979 mit *Cut* ihre erste Platte. Sie fand etliche Käufer, angelockt vornehmlich von dem Plattencover mit den nur mit einem Lendenschurz bekleideten drei Musikerinnen. Ende 1981 löst sich die Band auf.[37]

Punkrock verstand sich als Anarchie, als Chaos, als ein lustvoller Bruch mit Konventionen. Diese Sitten missachtende Musik konnte nur in dem frivolen Klima der Jahre nach 1968 gedeihen, als ein Teil der jungen Generation alles in Frage stellte – von den Sitten und der Moral über Autoritäten bis hin zur Kleidung. Für das Etablissement war Punk der reinste Horror, für die Punks und ihre Sympathisanten reinste Lebenslust. Als kulturelles Phänomen beschränkte sich die anarchische Eruption des Punkrock aber nicht nur auf die Musik, sondern brodelte und gluckerte gleichzeitig auch auf zahlreichen anderen Feldern, nicht weniger anstößig und nicht weniger wüst und kunterbunt. 1975 kam in Großbritannien als lustvoller Generalangriff auf alle moralischen und geschmacklichen Konventionen die äußerst bizarre *Rocky Horror Picture Show* in die Kinos; bald darauf auch in anderen

37 Zoë Street Howe, *Typical Girls? The Story of The Slits*. London: Omnibus Press, 2009; Marcus 1992a, 43–45; Albertine 2016, 201–202; Charles M. Young, *A Report on the Sex Pistols. Rock is sick and living in London*, in Rolling Stone vom 20. Okt. 1977.

Ländern. In der schrägen Show vermischten sich nach den Worten von Simon Reynolds alle Trends des Glam der frühen siebziger Jahre: „Das Rock-'n'-Roll-Revival, die Ästhetik des Kitsch, Dekadenz, das Kokettieren mit homosexuellem Auftreten, das Spiel mit den vorgegebenen Gendernormen und Drag."

Die burleske Handlung bestand aus einer schrillen Mischung aus Travestieshow und Gruselfilmparodie, unterlegt mit zahlreichen rockigen Ohrwürmern von *Science fiction double feature* bis hin zu der Grundaussage des ganzen Films *Don't dream it, be it!* Und das Publikum tat es und adelte die durchgedrehte Nonsens-Geschichte zum Kult-Film und globalen Dauerbrenner. In allen Kinos, in denen die Show um Mitternacht lief, verwandelte es den Zuschauerraum in ein Meer aus Wunderkerzen, wenn das verklemmte amerikanische Mittelstandspärchen das „Licht über dem Frankensteinplatz" besang. Es warf während der Hochzeitsszene kiloweise Reis in die Luft, und, wenn Rocky wie eine Mumie aus weißen Bandagen gewickelt wurde, flogen Toilettenpapierrollen über die Köpfe. Ein Gewitter auf der Leinwand artete zu einem feuchtfröhlichen Duell der Zuschauer mit Wasserpistolen aus. Während der Exhibitions-Party der narzisstischen Tunte Frank'N'Furter, diesem nach seinen eigenen Worten „süßen Transvestiten aus der transsexuellen Galaxie von Transsylvanien", der in Mieder, Strapsen und hochhackigen Schuhen auftrat, fühlten sich die Zuschauer selbst als Gäste. Sie schleuderten Toastscheiben in die Luft, wenn Frank sein Glas erhob und „a toast" ankündigte. Derweil mimte in der amerikanischen Version dieses Musicals der schwergewichtige Texaner Meat Loaf die Figur des Rock 'n' Rollers Eddie, dessen Gehirn teilweise entfernt worden war.[38]

Während in England die Pistols für Skandale sorgten und immer neue Punkbands es im Londoner Roxy Club im Stadtteil Covent Garden seit Ende 1976 krachen ließen, entwickelte sich auch das New Yorker Milieu um die Dolls Schritt für Schritt in Richtung Punkrock mit den Ramones und Patti Smith als ihren wichtigsten Figuren. Beide lärmten mit kühler Ironie und schwarzem Humor gegen den *Blitzkrieg Bop* an. Patti Smith, eine dunkelhaarige Mischung aus Hippie und Boheme mit französischer Existentialisten-Blässe, halb Junge, halb Mädchen, vermischte bei ihren Konzerten Dichterlesung und Rockkonzert. Sie trat mit ihrer Band in dem 1973 eröffneten New Yorker Punk-Club CBGB auf der Bowery in Manhattan auf und sang „mit der Aggressivität eines Punks und der Erotik der Mehrdeutigkeit". Sie bediente damit viele – Frauenbewegte und Lesben, Anarchisten und Sadisten, Androgyne und Romantiker. Sie sang von Sex und von weiblicher Lust. Sie schnaufte und schrie vor Lust.[39]

Viv Albertine über sie: „Nie zuvor habe ich ein Mädchen in der Musik schwer atmen oder Geräusche machen hören, als würde sie ficken. [...] Zu hören, wie sexuell Patti Smith ist, ein orgasmisches Crescendo aufbaut, während sie gleichzeitig eine Band anführt, ist wahnsinnig aufregend."[40] Neben ihr zeigten alle, die sich als

38 *Traumland Kino*, in DER SPIEGEL vom 18. Juni 1979, 205–207; Armin Himmelrath, *Rocky Horror Show. Strapsalarm im Kinosaal*, in SPIEGEL ONLINE vom 28. Jan. 2008; Reynolds 2012b, 271; Reynolds 2017, 408.
39 Heidkamp 1999, 243; Smith 2016, 285–286.
40 Albertine 2016, 95.

Punkrocker ausgaben, viele unterschiedliche Gesichter, bisweilen mit breitem Grinsen, bisweilen mit Schaum vor dem Mund.

In Deutschland wurde der Ratinger Hof in der Düsseldorfer Altstadt ab Ende der siebziger Jahre zu einer der Geburtsstätten des deutschen Punk – eine kahle Altbierkneipe mit nackten Neonleuchten und ein paar Spiegeln sowie einem Fernseher, der tonlos vor sich hin flimmerte. Hier trafen Künstler von der nahen Kunstakademie wie Joseph Beuys, Jörg Immendorff und Sigmar Polke auf junge Punker wie die 1982 gegründete Band Die Toten Hosen, um Schulter an Schulter gemeinsam Altbier zu trinken und Aktionen von Punk-Künstlern über sich ergehen zu lassen. Den Höhepunkt derartiger Experimente oder Exzesse war die so genannte „Putzaktion" der Gruppe Minus Delta t aus Zürich, die 1978 den Ratinger Hof unter Wasser setzte, säckeweise Gips verschüttete, mit Schlachtabfällen und Tierkadavern um sich schmiss und Fliegen ausschwärmen ließ, während der Schlagzeuger der Truppe die gesamte Aktion auf dem Tresen sitzend mit Trommelwirbel begleitete. Tagsüber probten verschiedene Punkbands in den Kellerräumen der Kneipe, so Fehlfarben und Deutsch Amerikanische Freundschaft (DAF).[41]

Ende der Siebziger brachte sich zudem die Nina Hagen Band mit ihrem fetzigen Punkrock in die Schlagzeilen. Deren Leadsängerin war nach ihrer Ausweisung aus der DDR zunächst in der britischen Punkszene unterwegs gewesen, wo sie jene Anregungen fand, die sie für ihre skandalträchtigen Auftritte mitsamt Hosenrunterlassen und Porausstrecken weiterentwickelte, getoppt nur durch ihren Auftritt im Club 2 des österreichischen Fernsehens im August 1979, als sie vor laufender Kamera die besten Stellungen weiblicher Masturbation vorführte. Nicht weniger rotzig und provozierend gebärdete sich die Gruppe S.Y.P.H. (Saufender Yankee prügelt Homo) aus Solingen. Gleichzeitig fühlte sich in Berlin Inga Humpe durch die amerikanischen Punkrocker Patti Smith und Richard Hell ermutigt, zusammen mit ihrer Schwester Annette als Musikerinnen vor die Öffentlichkeit zu treten. Sie probten dreimal und fertig war die Band Neonbabies, die 1980 ihre erste Schallplatte mit deutschen Texten veröffentlichte.[42]

Etliche Punker und Punkbands, die alsbald überall in der westlichen Welt die Bühnen stürmten, verzichteten jedoch auf schrille Skandale, beziehungsweise eine am schnellen Geld interessierte Musikindustrie zog ihnen die Zähne. Nachdem die Punk-Enthusiasten einen Sommer lang die billigen Akkorde und den Flug von Bierdosen gefeiert hatten, verwandelte die Musikindustrie nach den Worten von Konrad Heidkamp „die Kotze wieder in Tantiemen", und die Bekleidungsindustrie nutzte Punk für einen kommerziellen Karneval.[43] Punk wurde eine Ware wie jede andere. Nach den Worten von Viv Albertine wurde das Klima nicht nur in England erfolgsorientiert: „Bands erschienen zu den Treffen mit Plattenfirmen in Anzügen und mit Aktenkoffern."[44] Modemarken signalisierten mit goldenen Sicherheitsnadeln und

41 Christoph Twickel, *Punk-Kneipe Ratinger Hof. Legendäres Drecksloch*, in SPIEGEL ONLINE vom 15. Sept. 2010; Krohn/Löding 2015, 187–188.

42 Hermand 1988, 274–275; Krohn/Löding 2015, 262–263.

43 Heidkamp 1999, 20.

44 Albertine 2016, 281.

dem Verkauf von glänzenden Springerstiefeln, Bondage-Hosen und kunstvoll zerrissenen T-Shirts, dass sie inzwischen das Kommando übernommen hatten. Sie machten Punk noch bunter und schriller. Sie machten ihn hip und hyper-modern.

Von den Musikern verließ der Brite Billy Idol 1981 die von ihm gegründete Punkband Generation X, um sich in den USA von gewieften Musikmanagern das Image eines rebellischen, finsteren und harten Kerls auf den Leib schneidern zu lassen. Er selbst steuerte die notwendigen Exzesse mit Drogen, Frauen und schnellen Motorrädern bei und sorgte so unter seinen Fans auch dann für reichlich Gesprächsstoff und Bewunderung, wenn er Hits von eher magerer Qualität auf den Markt warf. Das künstliche Produkt, das alle Rockerklischees bediente, kam an. Idol landete in nietenbeschlagener Lederkluft mit blondierter Stachelfrisur mehrere Welthits, die aufwendig produziert und nur noch wenig mit seinem früheren Repertoire zu tun hatten. Gleichzeitig brachte die amerikanische Musikindustrie eigene Punkbands auf den Markt, so etwa Blondie. Deren wasserstoffblonde, punkig-sexy schillernde Frontfrau Debbie Harry bemühte sich zwar mit wilden Auftritten, dem Image einer Punkband zu entsprechen, ihre Aktivitäten als Fotomodell machten sie aber als anarchische Punkerin letztlich unglaubwürdig. Sie stieg schnell zum Pin-up-Girl des Medienzeitalters auf. Da der Punkrock in seiner kommerziellen, radiotauglichen Variante unter dem für Marketingzwecke erfundenen Namen *New Wave* weltweit eine große Fangemeinde um sich sammeln konnte, schafften auch Blondie und andere Gruppen wie The Cure den sehnlichst erhofften Aufstieg zum Idol.[45]

Schnell wurde Punk in der Hand einer hochkommerzialisierten Musikindustrie Teil des Mainstreams. Die britische Punkband The Clash, die sich ab 1976 mit aggressivem Rock und kämpferischen Politparolen an die Spitze der Punk-Rebellion katapultiert und mit radikaler Sozialkritik auf gesellschaftlichen Konflikte reagiert hatte, verabschiedete sich schon vor Ende des Jahrzehnts von ihren rotzigen Attitüden. Zuvor hatten sie gegen die Entpolitisierung des Rock angesungen, wie sie Gruppen von Led Zeppelin bis Fleetwood Mac in den Siebzigern betrieben. Ihr Frontmann Joe Strummer bellte nicht mehr von Hass und Krieg, von langweiligen Jobs und Arbeitslosigkeit oder von der Arbeitswoche als „Gefängnis auf Rädern“, sondern die Band integrierte auf Druck ihres Labels Columbia Records in dem Album *London Calling* von 1979 auch Beatles-Elemente, Rockabilly, Jazz, Soul, R&B und Reggae und ließ es swingen. Für das Plattencover übernahm die Band die Graphik von Elvis Presleys erster LP und ließen als Bild einen ihrer Musiker seine Gitarre auf dem Bühnenboden zertrümmern. Das Album wurde von den meisten mit viel Lob überhäuft, und das Fachblatt Rolling Stone adelte The Clash als beste Band der Welt, wogegen die Anhänger des Punk es als „das bisher tanzbarste Clash-Album“ eher indirekt kritisierten oder als „Supermarktangebot“ zum Teufel wünschten. Andere höhnten mit Verweis auf die Coverversion die Rockabilly-Songs *Brand New Cadillac* aus dem Jahr 1959, The Clash wollten sich in Zukunft wohl nur noch in solchen chromglitzernden Straßenkreuzern bewegen und aussehen wie James Dean.

45 Eugene Wiener, *New Wave – Analyse einer Verkaufsstrategie*, in Rolf Lindner, Punk Rock oder der vermarktete Aufruhr. Frankfurt a.M.: Freie Gesellschaft, 1981, 42–45.

Im folgenden Jahr veröffentlichte die Band ihr Dreifach-Album *Sandinista!* als eine Mischung aus Reggae- und Dub-Nummern, durchsetzt mit Bläsersätzen, Kinderchören und Country-Elementen. Für die Punk-Rocker hatte sich die Gruppe damit endgültig von der Bewegung verabschiedet. Sie hatte ihre zuvor rohe und drängende Energie „regelrecht kastriert", wie ein Musikjournalist schrieb. Als dann die ersten großen Schecks eintrudelten, zerstritt sich die Band und löste sich 1986 auf. 1991 kamen The Clash postum noch zu einem Nummer-eins-Hit, als der Kommerz sie nochmals und für alle sichtbar einholte. *Should I Stay Or Should I Go* wurde mit dem Fernsehspot des Jeans-Fabrikanten Levi's zum Welthit und Bestseller.[46]

Andere Bands, die sich von den Sex Pistols mit Lust auf Provokationen und lärmender Musik hatten infizieren lassen und deren Konzerte nicht selten im Bierdosen-Werfen und Massenschlägereien endeten, verabschiedeten sich von ihren rauflustigen Exzessen und fanden mit den Jahren zu einem eigenen, unverwechselbaren Stil. Die Post-Punk-Band Joy Division aus Manchester, die 1978 erstmals unter diesem Namen auftrat, ließ sich zunächst von der schrillen Energie des Punk anstecken und brachte mit ihrem schlichten, monotonen und düsteren Sound das deprimierende Lebensgefühl dieser von Arbeits- und Hoffnungslosigkeit geprägten No-Future-Generation Großbritanniens zum Ausdruck. Ihr Leadsänger Ian Curtis trug mit seiner hypnotischen Stimme entscheidend dazu bei, dass Joy Division aufhorchen ließ und viel zur Entstehung des New Wave beitrug. Nach seinem Selbstmord im Mai 1980 formierten sich die drei verbliebenen Bandmitglieder unter dem Namen New Order neu und feierten 1983 mit der Maxisingle *Blue Monday* ihren größten Erfolg. Dann ließen sie sich inspirieren von der Dance-Club-Musik aus Ibiza sowie von Acid House.[47] Geschichte geschrieben haben aber vor allem die ikonischen Cover ihrer Platten, für die Peter Saville, Art Director ihres Labels Factory Records aus Manchester, verantwortliche zeichnete – Plattenhüllen ohne Titel der Alben und ohne Namen der Band: Das Cover zu *Blue Monday* in Form einer Floppy Disk und auf dem Cover zu *Unknown Pleasures* lediglich die Radiosignale des ersten entdeckten Pulsars CP 1919.[48]

Als bereits der Verwesungsprozess des Punkrock eingesetzt hatte und Punks zu einer Art antiautoritärer Herdentiere geworden waren, die sich ihr ewiges Nein zu jeder Art Modernisierung auf ihre blassen Arme eintätowieren ließen, als die Bevölkerung die einzelnen Punker bereits nicht mehr als Provokation empfand und die Übriggebliebenen sich zusammen mit Punk-Frau und Punk-Hund in den Dreck und die Langweile besetzter Abbruchhäuser flüchteten, stieg der Amerikaner Iggy Pop zum Idol vieler Jugendlicher und zum „Godfather of Punk" auf. Früher als die

46 *Unter Volldampf*, in DER SPIEGEL vom 15. Mai 1980, 256–258; *Lieber stolz als reich*, in DER SPIEGEL vom 17. Jan. 2000, 222; Kris Needs in ZigZag-Magazin Nr. 99 vom Dezember 1979; Alfred Hilsberg in Sounds vom Januar 1980; Patrick Humphries in Melody Maker-Magazin vom 13. Dez. 1980; Büsser 2013b, 90.

47 Deborah Curtis, *Touching from a Distance – Ian Curtis and Joy Division*. London: Faber & Faber, 1995; Bernard Sumner, *Chapter and Verse. New Order, Joy Division and me*. London: Bantam Press, 2014.

48 Bild der Radiosignale des Pulsars CP 1919 aus der Dissertation von Harold D. Craft, Jr., *Radio observations of the pulse profiles and dispersion measures of twelve pulsars*. Ithaca, N.Y.: Cornell University, 1970.

Großverdiener des Punk hatte er bereits Ende der sechziger Jahre in Ann Arbor zusammen mit Freunden die Rockgruppe The Stooges gegründet und es in der nahen Autostadt Detroit zu einiger Bekanntheit gebracht.

The Stooges waren nach Meinung von Kritikern „die erste bekannte Gruppe, die sich wirklich gegründet hatte, noch bevor sie spielen konnte". Sie traten zusammen mit MC5, den Motor City Five, auf, die von dem Anarchisten John Sinclair gemanagt wurden. Die Musik beider Bands reflektierte jene explosive gesellschaftliche Stimmung, die sich seit den Rassenunruhen von 1967 mit ihren 47 Toten und über elfhundert Verletzten in Detroit breitgemacht hatte. Sie enthielt ein beunruhigendes Element jener Krankheit, die die Stadt seitdem heimsuchte, „eine aufgekratzt zitternde Unsicherheit, eine ziellose Albernheit", die die Absurdität und Verzweiflung jener Zeit widerspiegelte, so der Rock-Kritiker Lester Bangs. Sie war ein Abbild der Realität – rau, brutal, schmutzig, furchterregend und elektrisierend. Sie verstand sich mit ihren primitiven wie intensiven Stücken als Nervenzucken, Tobsucht und Tumult.[49]

Ähnlich wie Alice Cooper präsentierten sich auch die Stooges als eine Art Gegenpol zu den Idealen und dem Auftreten der Love Generation. Ihre Shows mit ihrem zum Teil ohrenbetäubenden Industrielärm endeten nicht selten im Skandal, wenn ihr Frontmann sich auf der Bühne mit nacktem Oberkörper in Glasscherben wälzte, sich Bauch und Brust mit Rasierklingen aufschlitzte und Blut fließen ließ, wie eine zerknitterte Echse aus einem Bild von Hieronymus Bosch auf die Bühne kroch oder sich mit Erdnussbutter einschmierte, wenn er sich das Mikrophon in den Rachen steckte oder gegen den Kopf schlug und in die johlende Meute vor der Bühne sprang, um auf seinen Fans zu surfen. Zumeist kreischte und stöhnte Iggy, nach den Worten von Lester Bangs „so ärgerlich, prätentiös und unmusikalisch wie Yoko Ono in ihren schlimmsten Momenten". Er sang aber auch Lieder, wie es ist, als Kid in Amerika aufzuwachsen und die meiste Zeit durchzuhängen. Er sang über die Verwirrungen, Zweifel und Unsicherheiten, über Trägheit und Langeweile in der Finsternis der Vorstädte. Er brachte viele der harten Rocker gegen sich auf, wenn er wie beim letzten Auftritt der Stooges im knappen Ballerinakostüm, mit einem G-String und Ballettschuhen auf die Bühne stakste. Er brachte noch mehr Eltern gegen sich auf, als er sich Anfang der Siebziger in L.A. so genannten Baby-Groupies wie der 13-jährigen Sable Starr hingab.

Bereits damals feierte Iggy Pop den Krach und das Primitive. Er zermalmte alles Konventionelle und lebte und überlebte den Exzess. Er verkörperte mit seinen nihilistischen Bühnenshows Anarchie und Dekadenz pur. Mit seiner Musik wurde er zu einem Wegbereiter des Punk, fand als charmanter Chaot aber erst sehr viel später Anerkennung. Noch zu Lebzeiten erlebte er seine Heiligsprechung, nachdem ihn sein Freund David Bowie in den Jahren 1976 bis 1978 in Berlin aus dem Sumpf von Alkohol und Drogen herausgezogen und ihm einen neuen Plattenvertrag vermittelt hatte.[50]

49 Bangs 2008, 65 u. 89.

50 Paul Trynka, *Iggy Pop. Open up and bleed.* München: Heyne, 2009; Bangs 2008, 68 u. 92; Goodman 1997, 152–168; McNeil/McCain 2014, 270; Reynolds 2017, 522.

Angela Bowie, die damalige Ehefrau von David, beurteilte den Berlin-Trip der beiden als sehr viel weniger nutzbringend und großartig: „Für David und Iggy war das wie eine Hochzeitsreise. Es war Ekel erregend – ein englisches Arschloch und ein amerikanischer Wichser denken: ‚Wir werden Deutschland romantisieren', während die Deutschen zuschauten und sie auslachten. Sie waren Bonvivants – warfen mit Geld um sich [...] David und Iggy wählten Berlin, weil es dort mehr öffentlich auftretende Transvestiten pro Quadratzentimeter gibt als in jeder anderen Stadt auf der Welt." Für Angela Bowie waren die beiden „ein Gespann von zugekoksten Paranoikern".[51]

Trotzdem wählten viele ihrer Fans sie zu Idolen und Vorbildern. Sie machten aus ihnen Heilige. Die Gemeinde der Lesben, Schwulen, Bisexuellen und Transgender erhob David Bowie gar zur Lichtgestalt, weil er 1972 in einem Interview bekundet hatte, dass er schon immer schwul gewesen sei. Nach den Worten des Kolumnisten Jens Balzer übersahen sie dabei höchst gnädig, „dass Bowie auch zu seinen scheinbar schwulsten Zeiten ganze Hundertschaften weiblicher Groupies auf eher unappetitliche Weise vernaschte", und während er sich als queerer Marsianer kostümierte, verging er sich „mit besonderer Freude an minderjährigen Mädchen". Andere wiederum blendeten aus, dass Bowie wiederholt Adolf Hitler als sein großes Vorbild nannte. „The Thin White Duke", den Bowie Mitte der Siebziger verkörperte, charakterisierten einige als einen „moralischen Zombie" und „emotionslosen arischen Supermann". Bowie selbst sah in ihm einen „sehr arischen, faschistischen Typ".[52] Auf alle Fälle taugte Bowie wie auch viele andere Künstler kaum als Vorbild.

In Konkurrenz zum Punkrock hatte auch der Hardrock während der siebziger Jahre an Härte, Aggressivität und Intensität zugelegt, zumal weiterhin ein Teil der Jugend sich mit dem gelackten, geföhnten und deodorierten Outfit der Yuppies nicht anfreunden konnte und sich deutlich absetzen wollte von den verschimmelten, bierernsten Altlinken, die ihre besetzten Hausruinen weiterhin mit Punkrock berieselten. Die britische Band Judas Priest, die zunächst mit einer harten Variante des Psychedelic Rock bekannt wurde, entwickelte bis Ende des Jahrzehnts einen noch härteren, schnelleren und düsteren Sound, für den sich schließlich der Name Heavy Metal einbürgerte, der an schwere Jungs und Schwergewichtler erinnert.

Zugleich gruppierten sich immer mehr Jugendliche und jung Gebliebene hinter dieser Musikrichtung und präsentierten in der Öffentlichkeit zum Zeichen der Identifikation mit diesem Musikgenre entsprechende Codes. Dazu gehörten Dresscodes wie die Biker-Kluft in Leder oder Denim sowie spikes- und nietenbestückte Armbänder; ferner Bewegungs-Codes wie das Headbanging, das heftige Schütteln des Kopfes und der langen Haare im Rhythmus der Musik sowie das Spielen der Luftgitarre. Dazu gehörten nicht zuletzt exzessive Trinkrituale der „Bier-formte-diesen-wunderschönen-Körper-Fraktion", um einen Ausdruck des Schriftstellers Nick

51 McNeil/McCain 2014, 304.

52 Jens Balzer, *Hitlergrüße aus London*, in DIE ZEIT vom 18. Okt. 2018, 45; David Buckley, *Strange fascination. David Bowie: The definitive story*. London: Virgin, 2000, 58; Nicholas Pegg, *The complete David Bowie*. London: Reynolds & Hearn, 2004, 297–300; Jones 2018, 697–698; Reynolds 2017, 526–529.

Hornby aufzugreifen. Der amerikanische Musikkritiker Robert Duncan, der für die Musikmagazine Creem und Rolling Stone tätig war, beschrieb Heavy Metal als eine Musik, „gespielt von maulfaulen, zotteligen Schwachsinnigen in Stiefeln und Leder und Chrome, für maulfaule, zottelige, flaumbärtige Schwachsinnige in billigen, zu großen T-Shirts mit aufgebügelten Motiven aus Endzeitcomics.“[53] Ab Mitte der Siebziger übernahmen auch die Bands bei ihren Auftritten als Zeichen der Identifikation mit ihren Fans diese Codes, während die Musikindustrie diese Symbole für ein zielgenaues Marketing nutzte.[54]

Vielen, denen der Punkrock besonders in seiner kommerzialisierten Form immer noch zu leise und zu zahm war, sahen seit Mitte der siebziger Jahre in dem damals dreißigjährigen Rocksänger und Bassist Lemmy Kilmister, der soeben seine Band Motörhead gegründet hatte, ihr neues Idol. Die Band konzentrierte sich auf eine ganz einfache Musik – auf einen lauten, sehr lauten, schnellen, rauen, arroganten und „paranoiden“ Speed-Freak-Rock ’n’ Roll, der alle Geschwindigkeitsrekorde brach, der melodischen Lärm als lebensrettende Maßnahme begriff und der auch bei Schwersthörigen Gehör fand. Mit ihrer Mischung aus Punk, Hardrock, Rock ’n’ Roll und Blues Rock sammelte die Band vor allem seit den Achtzigern eine wachsende Fangemeinde in Europa, den USA, Australien und Japan um sich und gewann mit ihren brutalen und rotzigen Hits wie *Bomber* und *Ace of Spades* von 1979 beziehungsweise 1980 großen Einfluss auf die Musik zahlreicher Heavy Metal-Bands.

Die Gruppe bot alles, was die Entstehung einer Fangemeinde und Subkultur aus Alt- und Jungrockern über alle Grenzen hinweg begünstigte. Vor allem ihr schwarz gekleideter Frontmann Lemmy Kilmister wurde als Schock-Rocker mit seinem Kavallerie-Hut, seinen hohen Cowboystiefeln, dem Eisernen Kreuz und seinem Westernbackenschnauzer sowie seinem von Whisky, Drogen, Frauen und flotten Sprüchen vollgesogenen und überbordenden Lebenswandel zur Identifikationsfigur für viele rund um den Globus, die sich absetzen wollten vom Businessdress und Businessstress der modernen Geschäftswelt, die ein mit anarchischen Elementen gefüttertes Freiheitsbedürfnis verspürten, die mit dieser Musik ihre Lebenslust herausschreien und ihren ungezügelten Ritt auf dem Phallus nie beenden wollten. Lemmy war nach den Worten von Lars Brinkmann „ein Raubein, ein Speed-Freak, ein Säufer, ein Großmaul, ein gemein aussehender Bastard mit Warzen im Gesicht.“ Er war aber vor allem eins: „ein begnadeter Entertainer mit einem Herz so groß wie ein Scheunentor“. Die Fangemeinde gefiel sich darin, schenkelklopfend die Spezialrezepte von Lemmy für ein erfülltes Leben weiterzugeben, etwa seine Verachtung für alle Abstinenzler, Vegetarier und Religiösen oder seine Abneigung gegenüber jeglichem Sport – außer Sex, wie er betonte. Vielen seiner Anhänger genügte es, sich ein schwarzes T-Shirt mit dem Logo der Gruppe überzustreifen, jener Fantasiefigur Snaggletooth, einem mit einem stacheligen Stahlhelm bewehrten Keilerschädel, an dessen übergroßen Hauern eine schwere Kette, ein Totenkopf und ein

53 Robert Duncan, *The Noise: Notes from a Rock ’n’ Roll Era*. New York: Ticknor & Fields, 1984, 36–37.

54 Wicke 2011, 53–54.

Eisernes Kreuz baumeln.[55] Nach seinem Tod Ende 2015 wurde der Motörhead-Sänger endgültig zur Legende. Ein vor 165 Millionen Jahren lebendes furchteinflößendes Meereskrokodil, dessen Überreste bereits Anfang des 20. Jahrhundert entdeckt worden waren, wurde nach ihm benannt – *Lemmysuchus obtusidens* –, aber auch ein längst ausgestorbener Wurm – *Kalloprion kilmisteri.*

Seit den späten Siebzigern übernahmen junge Bands aus dem Norden Englands wie Iron Maiden die Energie des Punk, und der knallharte Highspeed-Headbanger-Rock von Motörhead ließen den Metal zum bestimmenden Rockstil der Achtziger werden. Dann fiel das australische Familienunternehmen AC/DC mit seinen zwei Gitarren und drei Powerakkorden sowie einem extrem krachend harten, muskulösen und satten Sound in Großbritannien ein und verlängerte die wilde Party des Rock 'n' Roll. Ihr Leadsänger Bon Scott verschaffte sich wie ein Schneidbrenner durch den höllischen Lärm der Truppe hindurch Geltung, um seine röhrende Botschaft von Frauen und Autos und nochmals von Frauen zu Gehör zu bringen, während gleichzeitig der Rhythmusgitarrist Malcolm Young mit seinen knochentrockenen und extrem primitiven Riffs ohne jegliches Show-Klimbim ein ohrenbetäubendes Feuerwerk abbrannte, das ohne Hall und Vibrato explodierte und die Zuhörer wie ein Starkstromschlag traf – *Highway To Hell.*

Malcolm Young hatte einen schlichten, erdigen Reibeisensound ohne jede Effektunterstützung entwickelt, über den sein Bruder Angus witzelte, er höre sich an, als ob Malcolm Stacheldraht auf eine Holzfällergitarre aufgezogen habe. Für den nur 1,57 großen Malcolm war Chuck Berry das eigentliche Vorbild, keinesfalls ein Virtuose an der Gitarre wie Jimi Hendrix. Nachdem Unmengen an Bourbon, Pillen und Gras Bon Scott 1980 unter die Erde gespült hatten und Brian Johnson mit seiner kreischenden Stimme seinen Part übernommen hatte, erschien *Back In Black*, womit bis heute 50 Millionen Käufer zwar ihre völlige Taubheit riskieren, aber auch demonstrieren, dass ein harter, ehrlicher Rock 'n' Roll ohne jeden Firlefanz noch immer Jung und Alt begeistert, vorgetragen von einer Band, die auch den ganzen Mummenschanz der Siebziger und Achtziger nicht mitmachte, die ehrlich blieb und, wie sich ein Fan ausdrückte, die als einzige Band ihrer Art „niemals schwul wurde".[56]

Metal wurde gefestigt durch den rasanten Aufstieg der Band Metallica aus Los Angeles, die eine ganz neue Härte in die Szene einbrachte, sowie den Mainstream-Erfolg von Bon Jovi. Permanent traten neue Bands ins Rampenlicht, um als Lärmarbeiter mit Hardrock Karriere zu machen, um mit jedem Auftritt taube Ohren zu hinterlassen und weltweit eine riesige Fangemeinde um sich zu sammeln. Immer wieder brachten jugendliche Subkulturen, die in den siebziger und frühen achtziger Jahren Hochkonjunktur hatten, neue musikalische Formen und Stile als Antwort auf den jeweiligen Mainstream und als Grundlage ihrer Identität hervor. Sie rebellierten damit gegen die Codes und Symbole der jeweils herrschenden Kultur und

55 Lemmy Kilmister, *White Line Fever*. München: Heyne, 2013, Kap. 12; Lars Brinkmann, *Hard & Heavy*, in Kemper/Langhoff/Sonnenschein 2002, 188–199, hier 196; Jörg Scheller, *Eine Legende trinkt Limo*, in Der Tagesspiegel vom 25. Juli 2014 [31.12.2015].

56 Bozza 2011, 168.

sorgten für Frischluft, Diskussionen und musikalische Innovationen. Gegen Ende der achtziger Jahre waren es Guns N' Roses, eine Band aus Los Angeles, die 1985 um den damals noch dürren Sänger Axl Rose gegründet wurde und mit einer Mischung aus knüppelhartem Punk- und Bluesrock, Heavy Metal und Hardrock gegen die Dancemusic anrockte. Sie hinterließ mit ihren Konzerten bei Tausenden von Jugendlichen neue Anleitungen, um sich bei den Eltern unbeliebt zu machen. Ihr Debütalbum *Appetite for Destruction* verkaufte sich weltweit 35 Millionen Mal. Diese Truppe langmähniger Jungs, ausgestattet mit miserablen Tattoos und mottenzerfressenen Klamotten aus den verschmierten Überresten einer Altkleidersammlung, sorgte mit ihrem breitbeinig vorgetragenen Schreihals-Rock und Böse-Jungs-Klischees für eine permanente Apokalypse und einen Aufstand in den Kinder- und Jugendzimmern. Mit *Appetite for Destruction* trugen viele Jugendliche anschließend nur noch Schwarz und die Haare lang. Guns N' Roses lieferten ihnen zudem die perfekten Horror-Shirts, mit denen nach außen wildgewordene Kinder ihre Eltern noch mehr schockieren konnten. Aus oft kaum verständlichen Sprüchen der Gruppe stach immer wieder das Wort „motherfucker" hervor und ließ die Älteren zusätzlich erbleichen. Axl Rose, dieses „zart-linkische Sexmonster", wie Jutta Koether 1987 in Spex schrieb, „greift sich auf der Bühne einmal an die Hose, wie große, böse Sex-Rocker, und zuckt, fast erschrocken vor sich selbst, wieder zurück, um sich dann wieder beruhigt und konzentriert in das Gerangel mit den anderen Jungs zu schmeißen, den schwarzen Lederhandschuh nach vorn zu strecken, zur Faust zu ballen, hochzureißen und mit den Beinen zu strampeln."[57]

Ende der Achtziger verzückte Axl viele. Mal gab er mit hohen Tönen den Kolibri des Hardrock, wenn er mit seiner schneidend bösen Stimme mit einer Kreissäge wetteiferte, mal dessen Operetten-König, wenn er die jungen Leute mit seiner pathetisch völlig überladenen Piano-Ballade *November Rain* dazu animierte, ihre Feuerzeuge zu schwenken oder von Sex zu träumen. Dann hetzte er mit nacktem Oberkörper in Shorts oder Kilts mit Fliegerstiefeln, aus denen weiße Strümpfe quollen, wie ein vor einer Hundemeute fliehender Hase über die Bühne, während der sich stets cool gebende Lead-Gitarrist Slash mit seiner Gibson Les Paul in Richtung Publikum stakste und grandiose Riffs schrubbte, die direkt in die Beine gingen. Slash verdeckte sein Gesicht stets hinter einer Afromatte, auf der ein speckiger Zylinder thronte und aus der meist eine glimmende Zigarette hervorlugte, die er angeblich auch unter der Dusche nicht ausgehen ließ. Slash entlockte dabei seiner Gitarre Töne, als wollte er den Zuhörern intravenöse Injektionen verpassen.

Die Band erschreckte ihr prüdes Heimatland mit ein wenig Fäkalsprache und machte Schlagzeilen mit rassistischen, schwulen- und frauenfeindlichen Texten. Guns N' Roses sangen von dem, was sie kannten: von Frauen, Gewalt und Drogen. Sie pflegten, stets die Absatzzahlen im Blick, mit größter Sorgfalt ihr Rüpel-Image und strickten strategisch geschickt an ihrem eigenen Mythos. Sie scharten mit Hilfe von MTV und preisgekrönten Videos eine riesige Fangemeinde um sich. Hinzu kam eine skandal- und tumultgeschwängerte Welttournee, während der die Band

57 Jutta Koether, *Guns 'n' Roses. Iss' dein Herz leer, so und so!,* in Dax/Waak 2013, 112–117, hier 115.

Anfang der Neunziger in 28 Monaten insgesamt 192 Konzerte gab. Ihrem Weg säumten Exzesse und abgesagte Shows, Tumulte und Publikumsbeschimpfungen. In der Presse war die Rede von Sauf- und Bumsparties, vom Erschießen eines Schweins, von Prügeleien und viel Heroin. Am Ende fiel die Band auseinander, weil der eine nicht mehr von der Nadel wegkam, der andere sich ein normales Leben wünschte und Axl Rose in der Psychotherapie Rettung suchte. Später trat der Bandleader als aufgeschwemmte Karikatur seiner selbst mit seinen alten Songs gelegentlich bei Nostalgiekonzerten wieder auf, ehe er 2016 mit seiner inzwischen großzügigen Anatomie bei AC/DC als Sänger einsprang.[58]

Während die härtesten Jungs des Metal versuchten, die Gitarrenmusik neu zu erfinden, löste im Jahr 1991 eine US-Band aus Aberdeen im Bundesstaat Washington eine kleine Rock-Revolution aus – Nirvana mit ihrem Album *Nevermind*. Gemeinsam mit befreundeten Bands hatten die Jungs aus dem äußersten Nordwesten der USA einen eigenen Sound entwickelt und präsentierten sich als eine von den Medien so genannte Grunge-Band, die Punk mit Metal und Hardrock verband. Sie zählten sich selbst zu jener Generation, die mit der Konsum- und Genusssucht der Achtziger wenig anfangen konnte, die null Bock auf nichts hatte und sich frustriert und gelangweilt gab, die sich dem Mode- und Stildiktat der Industrie widersetzte, die sich jedem Kaufrausch verweigerte und bewusst schmuddelig und abgerissen im Pennerlook auftrat – Generation Ex. Ihre Musik klang unheilschwanger nach Düsternis und Depression, die Sandpapierstimme ihres Sängers Kurt Cobain nach Weltschmerz und Todesnähe.

Die ersten Songs von Nirvana erschienen bei dem winzigen Untergrundlabel Sub Pop in Seattle, das verzweifelt versuchte, die Musik aus dieser verregneten Pop- und Rockprovinz in den übrigen US-Staaten bekannt zu machen. Der Erfolg stellte sich ein, nachdem Nirvana 1990 zu DGC Records, einem Sublabel von Geffen Records gewechselt war. *Nivermind* hauchte dem Rock 'n' Roll, der nach Ansicht vieler wieder einmal abgewirtschaftet hatte, neues Leben ein und ließ es krachen. Die Platte verkaufte sich rund 30 Millionen Mal, und der Erfolg der Gruppe brachte eine ganze junge Generation dazu, sich Gitarren anzuschaffen. Die Musikindustrie entfachte sofort Hand in Hand mit Presse und MTV einen Grunge-Hype, der Seattle für einige wenige Jahre mit Gruppen wie Pearl Jam, Soundgarden und Alice In Chains zum Mekka der Rockwelt erklärte und die dortige Rockszene umgehend kommerzialisierte. Medien und Musikindustrie schlachteten gemeinsam die Medienverweigerung von Nirvana als Medienereignis aus. Wiederum gelang es, eine große Erzählung um die Welt zu jagen und die Kassen klingeln zu lassen.

Die Musiker in Seattle sahen sich unvermittelt als bodenständige Naturburschen von nebenan vermarktet als Kontrast zu den unnahbaren und auf Hochglanz polierten übermenschlichen Kunstfiguren wie Madonna und Michael Jackson. Da

58 Steven Adler, *My Appetite for Destruction: Sex & Drugs & Guns N' Roses*. London: Harper Collins, 2010; *‚Use Your Illusion'. Eine Überdosis Rock*, in SPIEGEL ONLINE vom 28. Sept. 2011; Christoph Dieckmann, *Heute leben, morgen sterben. Guns N' Roses, die ‚gefährlichste Rockband der Welt'. Auf Deutschland-Tournee*, in ZEIT ONLINE vom 12. Juni 1992; Philipp Holstein, *Mit Guns N' Roses war Axl Rose der König der Welt*, in *RP ONLINE* vom 14. Juni 2016.

Kurt Cobain und seine Ehefrau Courtney Love in zerrissenen Jeans und übergroßen Karo-Hemden auftraten, übernahmen sofort Modemacher diesen Stil und puschten Flanellhemden, seit Jahrzehnten ein alltägliches Kleidungsstück in der Region von Seattle, neben zerrissenen Jeans und zerfledderten Turnschuhen zum Dresscode der Grunge-Szene. Designer wie der Belgier Martin Margiela legten das Image von Promi-Ausstattern ab, flickten Kleider aus Abfallstoffen zusammen, machten Nähte sichtbar und überzogen Stofffetzen mit Schimmelkulturen. In Paris schickten Couturiers die Models in zerrissenen Klamotten, übermalten und löchrigen Jeans, klobigen Doc Martens sowie mit fettigen Haaren und verschmiertem Make-up über den Laufsteg. In Miami gestaltete der junge Designer Marc Jacobs 1992 für das Modeunternehmen Perry Ellis eine Grunge-Kollektion, die von den Kritikern in höchsten Tönen gelobt, aber von den Kunden verschmäht wurde. Alle diese teuren Klamotten sollten billig wirken. Die Hemden hingen aus der Hose, und die Haare waren unfrisiert. Dunkle und düstere Farben verdrängten die knalligen der Achtziger. Der kanadische Schriftsteller Douglas Coupland verpasste dieser „verlorenen Generation" der Neunziger mit seinem Roman *Generation X* einen Namen – eine Generation, die für ihre schlecht bezahlten Jobs völlig überqualifiziert war; eine Generation mit zu vielen Fernsehern und zu wenig Arbeit; eine Generation, die als Mitglied des „Armut-Jet-Sets" schon mit dreißig starb, aber erst mit siebzig begraben wurde.[59]

Grunge war in aller Munde, Nirvana war Kult. MTV wechselte sofort die Seite, ließ die knallbunten Videos verschwinden und setzte auf eher farblose, schäbige Clips. Das Video zu *Smells Like Teen Spirit* wurde zum meistgespielten Musikvideo von MTV, bekam von diesem globalen Pop-Leitmedium Heavy Rotation und war im Herbst 1991 in allen Radiostationen weltweit zu hören. Die Auftritte der Band wie auch die drogenbedingten Festnahmen, Gefängnisstrafen und die von der Boulevardpresse mit deftigen Schlagzeilen begleiteten Rehabilitationsversuche ihres heroinabhängigen, labilen Frontmanns Kurt Cobain nährten die Saga. Die Fangemeinde erklärte den Sänger zum Heiligen. Die Zeitschrift Spex nannte ihn „den ersten MTV-Toten", um anzudeuten, dass Cobain den ganzen Rummel um seine Person nicht verkraftet hatte.[60]

Mit Cobains Selbstmord mit der Schrotflinte im April 1994 klang dieses rebellische Revival des Rock langsam aus, obwohl einzelne Bands weiterhin erfolgreich ein schwermütiges Gitarrengetöse produzierten und lärmselige Requiems am Rand der Todesgrube intonierten. „Cool-Britannia" versuchte mit dem Britpop, die glorreichen 1960er und 1970er Jahre wieder auferstehen zu lassen, als gitarrenlastige Rockbands wie The Beatles, The Rolling Stones, The Animals, The Kinks oder The Who die British Invasion einleiteten. Auch verstand sich Britpop als Gegenströmung zum Grunge. Bands wie Suede, Oasis und Blur ließen es nochmals mächtig krachen, sorgten für Furore und für einen bizarren Medienrummel. Doch schon

59 Douglas Coupland, *Generation X. Tales for an Accelerated Culture*. New York: St. Martin's Press, 1991.
60 Reynolds 2017, 583–584.

nach wenigen Jahren fiel die Hysterie in sich zusammen, und die massiven Alkohol- und Drogenexzesse der Künstler ließen deren Schöpferkraft rasch ermatten. Das Zeitalter der heroischen Musiker, die breitbeinig einen maskulinen, schwitzenden Rock heraushauten, neigte sich dem Ende zu. Das Gitarrensolo verabschiedete sich, als Egoshow mehr und mehr verpönt, langsam aus der Mainstreammusik.

Vermehrt betraten verunsicherte und mit sich selbst beschäftigte Männer die Bühne, nachdem Cobain mit seinen öffentlich zur Schau gestellten Leiden an der eigenen Größe den selbstbewussten Pop-Maskulinismus aufgeweicht hatte. Wie Jens Balzer schrieb: „Er präsentierte sich als phallischer Charakter, gab dabei jedoch nur einen kläglichen, geknickten Phallus ab; einen Phallus, der nicht eingeführt und gestoßen, sondern gestreichelt und getröstet werden wollte; einen Phallus, der nicht nach einer Sexualpartnerin rief, sondern nach Mama."[61] Als Ausdruck dieser Entmannung kam 1995 das Album *Alice In Chains* in die Plattenläden, auf dem Cover ein beinamputierter und schwanzloser Hund mit tieftraurigem Blick.

Grunge zelebrierte mit seinen unheilschwangeren Klangwelten und Drogenproblemen Weltschmerz und Todesnähe – 2002 wurde auch Layne Staley, einer der beiden Sänger von Alice In Chains, nach einem Leben voller Drogen und Depressionen und einem Zuviel an Heroin und Kokain tot in seiner Wohnung aufgefunden. 2011 folgte ihm der Bassist Mike Starr auf die gleiche Weise. Schließlich erhängte sich im Jahr 2017 Chris Cornell, Sänger und Gitarrist von Soundgarden.[62]

Obwohl der Schatten des Todes die Szene stets begleitete, lärmten sich fortwährend immer neue Hardrock-Bands mit dreistelligen Dezibel-Zahlen in die Schlagzeilen beziehungsweise provozierten solche mit gezielten Tabubrüchen. Sie versuchten alles, um nicht unbemerkt in der unübersehbaren, wabernden Masse der Rock- und Popmusiker unterzugehen. Die aus einer Punkband hervorgegangene Gruppe Rammstein aus dem Osten Deutschlands setzte dazu seit Mitte der neunziger Jahre höchst aggressiv und erfolgreich auf eine körperbetonte Männlichkeit und fand über den von ihrem Management ausgearbeiteten Skandal die gewünschte internationale Beachtung. Ihr Video zu *Stripped* aus dem Jahr 1998 bestand aus Sequenzen des Films *Olympia* von Leni Riefenstahl aus dem Jahre 1938 – eine Parade perfekter, athletischer Körper, ein Fest der Schönheit.

Seitdem ließ eine nie endende Abfolge von Provokationen die Kasse klingeln: Lieder über die Wonnen sadistischer sexueller Unterwerfung oder über schwulen Geschlechtsverkehr, der im kannibalistischen Verspeisen eines Sexualpartners durch den anderen endet. Die Bühnenshows von Rammstein bestehen bis heute aus einem Spiel mit Muskeln und Feuer, aus schlichten, humorlosen Texten und einem pyrotechnischen Spektakel. Die Lieder, die der Sänger Till Lindemann in tiefer Stimmlage und rollendem „R" vorträgt, kreisen ohne jede Ironie um kontroverse und tabuisierte Themen. Lindemann singt zu einer stumpfen und primitiven Musik von Sex und Gewalt, von Inzest und Kinderschändung. Dazu klagen die Zuhörer

61 Balzer 2016, 16.
62 Paytress 2012, 262–263; Büsser 2013b, 172–173; Klaus Walter, *Smells Like Teen Spirit*, in Kemper/Langhoff/Sonnenschein 2002, 331–343, hier 339–340; Charles R. Cross, *Heavier than heaven: a biography of Kurt Cobain*. London: Hodder & Stoughton, 2001; Hofacker 2012, 390–391.

im Chor: „Weh mir, o weh!“ Mit seinem Sermon besingt Lindemann, in einen Brandmantel gehüllt, immer wieder den Schmerz und beschwört mit einem schicksalserdrückten Gestus das Weib. Das reicht zur Bildung einer weltweiten Fangemeinde.[63]

Hardrock-Bands wie Alice Cooper und Guns N' Roses sowie Punkbands wie die Sex Pistols hatten die Rockmusik auf Skandal gebürstet. Ohne Skandal war in einer Medienwelt der Sensationen offenbar kaum Aufmerksamkeit zu erzielen. Den Vogel schoss der Brite Ozzy Osbourne ab, bis 1979 Lead-Sänger der Hardrock-Band Black Sabbath, ein ehemaliger Milchmann, Zeitungsjunge, Kohlenträger und Schlachterbursche. Er stand mit dem Satan scheinbar auf Du und Du, lockte mit dem Grusel und offenbarte bei seinen Bühnenauftritten gewollt oder ungewollt schizophrene Züge. In seiner anschließenden Solokarriere erwarb er sich bald den Ruf eines Wahnsinnigen, der okkulten Ritualen frönt und immer wieder ins Dunkle und Dämonische abtaucht.

Während der Vertragsunterzeichnung mit der Schallplattenfirma CBS gab er eine erste Kostprobe seiner rohen Ästhetik, indem er einer Taube, die er mitgebracht hatte, den Kopf abbiss. Anfang 1982 fand während eines Konzertes in Des Moines im US-Staat Iowa eine Fledermaus vor den Augen aller Besucher auf die gleiche Art den Tod. In der Folge nutzte Osbourne dieses mit viel Mut und Blut erworbene Image für den Erfolg seiner Bühnenshows und den Vertrieb seiner Schallplatten. Er tobte als Madman wie ein Wahnsinniger über die Bühne und bewarf das Publikum mit Schlachtabfällen. Auf dem Plattencover seines 1982 erschienenen Albums *Speak of the Devil* präsentierte er sich Blut spuckend mit Vampirzähnen, auf dem Kopf eine Fledermaus.[64] Wieder waren die Songs zweitrangig; der Typ war das Event.

Die Wende zu den Achtzigern war auch in der Musik weiterhin geprägt von der Gleichzeitigkeit des Ungleichzeitigen. Während in England der Punk mit schrillem Getue „No Future“ hinausplärrte, fast die ganze Welt vom „Saturday Night Fever“ geschüttelt wurde, die Antiatomkraftbewegung die alten Protestlieder klampfte, kleidete Bob Dylan seine Songs „in orchestrale Gewänder“, wie Konrad Heidkamp schrieb. Dem ehemaligen Protestsänger und einer der großen Leitfiguren der Jugendrevolte schienen von dieser „nichts als die archaischen Sehnsüchte geblieben zu sein – abgesehen von den Millionen-Einkünften“, so ein Nachrichtenmagazin.

Als schließlich Anfang der Achtziger Punk, Post-Punk und New Wave unübersehbare Ermüdungserscheinungen offenbarten und auch Versuche, mit zwei Akkorden auszukommen, scheiterten, suchte der Mainstream in einer Retro-Welle sein Fortkommen. Der Soul der sechziger und frühen siebziger Jahre wurde wiederentdeckt. Phil Collins coverte 1982 den Hit der Supremes *You Can't Hurry Love* von 1966 und stürmte damit an die Spitze der Charts, ebenso 1986 Peter Gabriel mit

63 Büsser 2013b, 200–201; Ulf Lüdeke, *Am Anfang war das Feuer. Die Rammstein-Story*. München: riva, 2016; Balzer 2016, 215–219; Ulf Poschardt, *Stripped. Pop und Affirmation bei Kaftwerk, Laibach und Rammstein*, in *Jungle World*, Bd. 20, 1999, https://web.archive.org/web/20080522125740 [25.02.2018].

64 Mick Wall, *Ozzy Osbourne: Diary of a Madman*. London: Zomba Books, 1985.

Sledgehammer, indem er sich am Soul des in Memphis ansässigen Labels Stax Records orientierte. Schließlich nahm George Michael Soul-Legende Aretha Franklin an die Hand, um mit *I Knew You Were Waiting (For Me)* 1987 nicht minder erfolgreich zu sein.[65]

PUNK GLOBAL – MANCHE MÖGEN'S HÄRTER

Mitte der Siebziger lagen angesichts der weiter um sich greifenden Wirtschaftskrise und des Dahindämmerns der bisherigen Musikrichtungen weltweit Veränderungen in der Luft. Die Suche nach Neuem mündete teils im Klamauk der Disco-Szene, wo Gruppen wie ABBA und Boney M. in schrill-bunten Klamotten aus der Zirkusgarderobe oder Sänger wie Elton John mit transzendentalen Brillen bewehrt gegen die etablierten Größen der Popmusik anträllerten. Andererseits mündete diese Suche im rotzig-lauten und kläffenden Punkrock und dies nicht nur in England. Schon bevor die Sex Pistols jaulend auf die Bühne sprangen, hatte im Jahr 1973 im australischen Brisbane die Gruppe The Saints ihre erste Single veröffentlicht. Die Band ließ mit ihrer ohrenbetäubenden Musik in der Innenstadt die Fensterscheiben klirren, die Alarmanlagen aufheulen und die Ordnungskräfte anrücken, die die Fans der Gruppe wegen Bagatelldelikten unter Gewaltanwendung festnahmen. Damit stieg das allgemeine Interesse an der Punkszene. Bereits im folgenden Jahr schwappte die Punkwelle nach Sydney und Melbourne über, während Radiostationen die neue Musik in den Äther jagten und reichlich Werbegelder einfuhren.[66]

In nahezu allen englischsprachigen Ländern ließen sich Jugendliche alsbald vom englischen Punkrock anstecken. Schnell wurde die neue Musikrichtung für viele Jugendliche rund um den Globus höchst attraktiv, nicht nur für Unterprivilegierte und Arbeitslose. In Südafrika erregte die Gruppe Wild Youth aus Durban seit 1978 landesweit Aufmerksamkeit. Ihre Mitglieder kamen aus gutbürgerlichen Kreisen der weißen Mittelschicht und fühlten sich von den Stooges um Iggy Pop und The Clash beeinflusst. Wie auch Punkgruppen in anderen Ländern sahen auch sie sich als soziale Bedrohung verunglimpft und bisweilen mit Tomaten und anderen Zutaten beworfen. Kritiker verglichen ihre Musik mit einem Angriff von Hornissen auf die Ohren der Zuhörer.[67]

Schnell griff das Punkfieber auch nach Ostasien über. In Japan entstand der Punkrock anders als in England nicht als Reaktion auf die Jugendarbeitslosigkeit, sondern aus musikalischer Frustration. Ab 1978 entwickelte sich dort eine besonders eigenständige Szene mit zum Teil extrem vulgären oder dem Stalinismus und Nationalsozialismus entnommenen Namen sowie einem höchst fantasievollen Kleidungsstil. Schon die Namen sollten schockieren – SS, Anarchy, The Stalin, Bomb

65 Reynolds 2012b, 196; Heidkamp 199915; Siegfried Schober, *Bob Dylan – vom Protest zum Schubidu*, in DER SPIEGEL vom 17. Juni 1978, 162–164, hier 164.

66 Clinton Walker, *Inner City Sound. Punk and Post-Punk in Australia, 1976–1985*. Portland, OR: Verse Chorus Press, 2005.

67 www.johanneskerkorrel.com/durbs-by-the-sea.

Factory. Hier wie auch in anderen Ländern hatten die Punks rasch erkannt, dass der Gebrauch von Nazi-Symbolen und militärischer Kleidung sich als unschlagbar wirkungsvolles Protestmittel erwies. Dabei diente die Nazi-Binde nicht als Zeichen der Identifikation mit dem Nationalsozialismus, sondern nach den Worten von Ulf Poschardt als „symbolischer Ausdruck eigener Zerstörtheit, die jede Moral weit hinter sich ließ."[68]

Der japanische Punkrock feierte die Extreme. Die Band Juke/19 rückte ihren Zuhörern derart brutal mit Lärm zu Leibe, dass ihr der Auftritt im Zentrum der Underground-Rockszene in Tokio, dem Free Space Kichijouji Minor, verweigert wurde. Japanische Filmemacher nutzten den rohen und brutalen Punkrock zudem als Hintergrundmusik, um ihre Sicht der Großstadt-Hölle optimal in Augen und Ohren ihres Publikums einzubrennen. In seinem Film *Carnival in the Night* von 1981 folgt der Regisseur Masashi Yamamoto, begleitet vom ohrenbetäubenden Lärm einer Punkband, einer jungen Punkrockerin durch die heruntergekommenen, dunklen Randbezirke Tokios, und jede einzelne Person, die die Kamera einfing – Außenseiter, Kriminelle, Prostituierte, Gescheiterte – wirkte verstörter und kaputter als die vorige: Eine bild- und tongewaltige Explosion des Brutalen – eben Punkrock.[69]

Auf den Philippinen, die mit ihren vielen im Ausland tätigen Arbeitskräften eng mit den meisten Metropolen dieser Welt verbunden sind, machten zurückkehrende Gastarbeiter seit 1977/78 die einheimische Jugend mit der Punkbewegung bekannt. Bald brachte der bekannte Radio-DJ Howlin' Dave seinen jungen Zuhörern die Sex Pistols, The Clash und The Knack zu Gehör. 1979 rangierte Blondie mit *Heart of Glass* unter den größten Hits des Jahres. Im folgenden Jahr erlebten die Filipinos erstmals auch ein Punkkonzert mit lokalen Bands. Der Funken schlug jedoch erst 1983/84 über. Dem so genannten Pinoy Punkrock gelang der Durchbruch, als die Szene ihre Kreativität mit eigenwilliger Kleidung, Frisuren und Buttons unter Beweis stellte, Manila mit eigenen Fanzines aufwartete, mit Twisted Red Cross (T.R.C.) das erste unabhängige Underground-Kassettenlabel der Philippinen gegründet wurde und neue Bands wie Nazi-Haters, Abnormals und Philippine Violators mit Höllenlärm und ohrenbetäubendem Gedröhne, als würden Dampframmen mit Luftschutzsirenen im Wettstreit liegen, auf sich aufmerksam machten.

Die Szene wurde in dem vorwiegend katholischen Land zum Skandal, als einige Bands mit antichristlicher und dunkler Ästhetik kokettierten, sich mit okkulten Symbolen schmückten und eine morbide Grundstimmung verbreiteten. Die katholische Kirche startete Arm in Arm mit den Medien einen regelrechten Kreuzzug gegen diese unangepassten Jugendlichen, exkommunizierte gewissermaßen Teile der Szene als satanisch und verhalf dem Punkrock damit zu noch mehr Zulauf. Auf

68 Ulf Poschardt, Stripped. *Pop und Affirmation bei Kraftwerk, Laibach und Rammstein*, in *Jungle World*, Bd. 20, 1999, https://web.archive.org/web/20080522125740 [25.02.2018].

69 Katsuya Minamida, *The Development of Japanese Rock*, in Mitsui 2014, 120–138, hier 132–133; Stevens 2008, 51.

den Philippinen rebellierte der Punkrock in erster Linie gegen die moralische Oberherrschaft der Eltern. „We sing for change“, textete die Band No! aus Cebu.[70]

Als hätten alle Jüngeren dieser Welt, die nicht zum Musiker geboren waren, sehnsüchtig auf den Punkrock gewartet, folgten in der zweiten Hälfte der Siebziger unzählige Jugendliche rund um den Globus ihren englischen Vorbildern. In Brasilien entwickelten sich die industriellen Vororte von São Paulo während der Zeit der Militärdiktatur mit ihren sozialen Spannungen und der allgemein aggressiven Grundstimmung zum eigentlichen Zentrum des Punkrock. Aus Jugendgruppen, den so genannten Gangues, die für ihre Musik und ihr rebellisches Auftreten bekannt waren, entwickelten sich seit 1978 erste Punkbands, die wie auch in anderen Ländern allein schon mit ihren Namen schockieren wollten. Condutores de Cadáver – Leichenfahrer – rivalisierten mit Ratos de Porão – Kellerratten – um die Gunst des Publikums. Sie hatten rasch Zulauf, weil auch in Brasilien die Jugendlichen in eine wenig rosige Zukunft blickten, obwohl unter Präsident Ernesto Geisel, der 1974 an die Macht gekommen war, ein wirtschaftlicher Aufschwung begonnen hatte, der viele ausländische Investoren ins Land lockte. Die Szene etablierte sich schnell mit Rundfunksendungen, einem eigenen Festival, Labels und Fanzines. Im Vorfeld der für 1985 angekündigten ersten demokratischen Wahlen fanden weitere Bands zusammen, die wie die 1984 in São Paulo gegründete Band Fellini dem Punkrock ein markantes lokales Kolorit verpassten, indem sie ihn mit brasilianischer Popmusik, New Wave und Samba-Rock kreuzten.[71]

In Chile dagegen unterdrückte General Augusto Pinochet, nachdem er 1973 durch einen Putsch an die Macht gekommen war, mit Hilfe seiner Geheimpolizei das Aufkommen einer Punkbewegung. Erst als sich 1983 eine vorsichtige Liberalisierung andeutete, wagten sich die ersten Punkrocker an die Öffentlichkeit, jedoch ohne Erfolg. 1985 fand sich an der Katholischen Universität in Santiago die allererste Punkband zusammen, die ein wenig Farbe und Leben in dieses Land der Angst und Langeweile zu bringen versuchte. Mit ironischer Geste nannten sie sich Pinochet Boys, setzten sich einen Polizeihut auf und sangen von musikalischer Diktatur und von der Musik des Generals, zu der man nicht tanzen könne. Sie sangen von der Leere im Gehirn und der Leere im Kühlschrank. Ein mit Schlamm gefüllter Sack flog auf die Bühne und zerstörte ihr Equipment. Die Pinochet Boys machten als Skandaltruppe letztmalig Schlagzeilen, als sie bei einem ihrer Auftritte einen Hund grün und rot einfärbten. Unter dem permanenten Druck der Polizei traten sie 1987 ab.[72]

Dagegen überlebte die Gruppe Fiskales Ad-Hok die Jahre der Diktatur und löste sich erst nach dreißig Jahren sehr erfolgreicher Tätigkeit auf. Die Band hatte 1987 zusammengefunden, als gegen Ende von Pinochets Willkürherrschaft erstmals wieder Parteien zugelassen wurden. Sie war eine Gründung ganz im Geist der

70 Lilli Breininger/Mika Reckinnen, *Alternative Jugendkultur*, in Südostasien Bd. 4, Jg. 2012, 48–50.

71 Silvio Essinger, *Punk: Anarquia Planetária e a Cena Brasileira*. São Paulo: Editora 34, 1999; Antonio Bivar, *O Que é Punk*. São Paulo: Editora Brasiliense, 2007.

72 Miguel Conejeros, *Los Pinochet Boys: Chile (1984–1987)*. Santiago: Midia Comunicación, 2008.

Punkbewegung, obwohl weiterhin die größten Explosionen dieser Musik, ausgelöst durch die Sex Pistols und The Clash, in Chile nicht wahrgenommen wurden. In Santiago reagierten Musiker nicht auf fehlende Berufsperspektiven, sondern auf den blutigen Terror in ihrem Land. Nach dem Ende der Diktatur feuern und pöbeln Fiskales Ad-Hok sofort gegen alle, die an dieser Misere die Schuld trugen. *Estúpidos Policías – Dumme Cops* – lautet einer ihrer Songs, und ein Video zeigte wild um sich ballernde Polizisten, die mit viel Blei ganze Autobusse ausräumten, über Leichen gingen und mit vorgehaltener MP jeden anhielten, der ihnen über den Weg lief.[73]

Auch in Argentinien erschwerten Militärdiktatur und Staatsterror seit 1976 mit Gewehren und Gefängnissen die Geburt des Punkrock, verbannte die wenigen Gruppen in den Untergrund und sorgten dafür, dass sie keine Spuren auf Tonträgern hinterließen. Zudem verhinderte der Falkland-Krieg, den Argentinien 1982 gegen Großbritannien verlor, dass die von England ausgegangene Punkbewegung in dem südamerikanischen Land größere Popularität erlangte. Wie auch in Chile hatte die Musik der ersten Punkbands, die sich an der Wende zu den Achtzigern bildeten, den politischen Widerstand zum Thema. Die bekannteste und einflussreichste dieser Bands, die sich seit 1980 im Untergrund zusammenfanden, nannte sich Los Violadores – die Gesetzesübertreter – und beschwor mit viel Getöse und Songs wie *Ultraviolento* und *Represión* den Widerstand. Nach dem Ende der Militärdiktatur 1983 bildete sich in Argentinien eine neue Generation von Punkbands, die meist von Nihilismus, Sex, Alkohol und Drogen schwärmten. Die Punks sammelten auch hier Gleichgesinnte um sich, die angesichts der Wirtschaftskrise nicht an ihrer Zukunft interessiert waren und diese nicht an ihnen. 1984 erschien mit Resistencia das erste Fanzine der argentinischen Punkszene und festigte diese.[74]

Seit der Wende zu den achtziger Jahre verbreitete sich der Punk fast über die ganze Welt, selbst in vielen kommunistischen Staaten im Osten, die Volksrepublik China ausgenommen, wo die ersten ganz wenigen einheimischen Punkbands erst ganz zu Ende des Jahrhunderts öffentlich auftraten.[75] In Ungarn fand die Rockband Beatrice in den Sex Pistols ihr großes Vorbild und schrie seit 1979 höchst erfolgreich gegen die ihrer Meinung nach fetten und kahlköpfigen Götter der Rockmusik an, die nicht mehr für, sondern von ihrer Musik lebten. Alsbald brachten das staatliche Fernsehen, Rundfunk, Magazine und Tageszeitungen ausführliche Berichte über die Truppe, die jedes ihrer Konzerte mit ihrem explosiven und mauerbrechenden Song *Jericho* einleitete. Andere ungarische Punkbands verhöhnten Beatrice dagegen als Weichlinge und ließen den Provokationen völlig freien Lauf, damit den Leuten der Atem stockte und der Staat den Knüppel aus dem Sack holte. Als absoluter Meister der Brüskierung machte alsbald die Coitus Punk Group das Rennen. In ihrem Song *Gas Blues* thematisierte sie die Komplizenschaft der Ungarn mit den

73 Felipe Sánchez, *Fiskales Ad-Hok, 30 Años de Lucha Y Protesta*, in Quarter Rock Press, in www.quarterrockpress.com/.../6934-fiskales-ad-hok-30-anos-de [20.02.2017].

74 Patricia Pietrafesa, *Resistencia. Registro impreso de la cultura punk rock subterránea: Buenos Aires, 1984–2001*. Buenos Aires: Alcohol & Fotocopias, 2013.

75 O'Dell 2011, 21–157.

Nationalsozialisten während des Holocaust, beschimpfte den im Jahr 1982 verstorbenen sowjetischen Staats- und Parteichef Leonid Breschnew als Intriganten, Bestie und Diktator sowie die ungarische Staatsführung als verfaulte, stinkende Kommunisten-Gang. Die Attackierten antworteten mit einem mehrjährigen Auftrittsverbot.[76]

Auch in Polen fand der Punkrock während der schweren Wirtschaftskrise seit Ende der siebziger Jahre einen optimalen Nährboden. Nach 1979, einem der zahlreichen Schlüsseljahre des 20. Jahrhunderts, als der polnische Papst Johannes Paul II. mit dem Besuch seines Heimatlandes seinen Teil zum Zerfall des dortigen kommunistischen Regimes beitrug, verbreitete sich der Punkrock während der anschließenden Solidarnosc-Periode 1980 bis 1981 ungemein rasch. Die „verlorene Generation", die angesichts der massiven Repression unter Ministerpräsident Wojciech Jaruzelski seit 1981 jede Zukunftshoffnung aufgegeben hatte, entdeckte diese Musik als willkommenes Ausdrucksmittel, ihrer Unzufriedenheit und Null-Bock-Mentalität Luft zu verschaffen. Die für sozialistische Länder typische Langeweile verschaffte dieser unpolitischen Protest- und Aussteigerbewegung zusätzlichen Zulauf und ließ Polen zum Wallfahrtsort für Punker aus dem gesamten Ostblock werden. Um die Jugend nicht völlig zu verlieren, akzeptierte das Militärregime sogar, dass der staatliche Rundfunk rund um die Uhr die destruktive Musik einheimischer Punkbands spielte, falls die Texte nicht zu radikal und umstürzlerisch waren. Die Hit-Paraden von Rundfunk und Fernsehen führten Musikgruppen an, die auch bei ihrer Namensgebung nach dem Motto handelten, je obszöner umso beliebter – Degeneration, Toilet, Abortdeckel, Jauche, Untergang, Dead Organism, Defloration. Die Songs von Gruppen, denen der Zutritt zu den Rundfunksendern verwehrt blieb, verbreiteten sich dennoch über Life-Mitschnitte und Kassetten überall im Land.[77]

Die DDR erreichte der Punkrock im Jahr 1978 über deutsche und britische Radiosender, westdeutsche Magazine wie Bravo, Stern und Spiegel sowie die westdeutsche Band Die Toten Hosen, die in Ungarn auftraten, wo viele Ostdeutsche ihren Urlaub verbrachten. Gleichzeitig witterte die von der Einheitspartei gelenkte Presse die Chance, mit den Punks im Wettkampf der Systeme punkten zu können. Für sie waren die Punks ein augenfälliger Beweis für die Schwindsucht und Auszehrung des kapitalistischen Systems mit seinen Millionen Arbeitslosen. Dagegen sei die sozialistische DDR wegen der Vollbeschäftigung gegen diese Form des Jugendprotestes gefeit.

Die Parteioberen irrten sich wie so oft. Überall in der DDR, vor allem in Berlin und Leipzig, bevölkerten seit Ende der Siebziger kleine Gruppen von Punks Straßen und Plätze. Sie hatten es satt, dass mausgraue Parteifunktionäre ihr ganzes Leben bis in alle Einzelheiten verplanten, sie in die Schule, in eine Jugendorganisation und in die Armee abkommandierten. Ihnen stank, dass sie anschließend in einen Betrieb die Arbeitsnormen zur Ehre des Sozialismus übererfüllen und ihren Urlaub

76 Ryback 1990, 172–177.

77 *Bring sie um*, in DER SPIEGEL vom 28. Mai 1984, 165–171; Ryback 1990, 181–186; Tom Junes, *Facing the Music. How the Foundations of Socialism Were Rocked in Communist Poland*, in Risch 2015, 229–254, hier 236–238.

auf den Besuch anderer „Bruderstaaten“ eingrenzen mussten, bevor sie mit leeren Taschen vom Staat in die Rente entlassen wurden. Angesichts eines solchen Lebens spotteten viele Jugendliche über „too much future“, über diese Aussicht ohne Aussicht. Punk bot den wegen fehlender Freiheit und Selbstbestimmung gelangweilten und frustrierten Jugendlichen einen fidelen Ausweg. Punks lockten mit Neuem und Schockierendem, sie versprachen Chaos und Spontanität. Sie warben ganz einfach mit Spaß. Sie wollten keinesfalls das Regime stürzen und an der materiell höheren Konsumkultur des Westens teilhaben, sondern lediglich ihre persönlichen Wünsche über die des Kollektivs stellen. Sie wollten die Möglichkeit zur Selbstdarstellung und Selbstverwirklichung bekommen. Zugleich sandten sie mit ihrem Outfit und ihrer Haltung eine unmissverständliche Botschaft an die Parteioberen. Sie verlangten, sich von den Zielen der Partei abkoppeln zu dürfen inklusive Arbeit, Jugendorganisationen und sozialistischer Kultur. Punk sein, das wurde der Partei bald klar, war mehr als die Vorliebe für eine bestimmte westliche Musik. Es war mehr als der Wunsch, nach den Songs der Rolling Stones und Sex Pistols zu tanzen. Punk bedeutete Verweigerung; Punk wurde zum Staatsfeind. 1981 startete die Stasi eine erste Aktion, das Punkproblem bis 1983 zu lösen. Sie infiltrierte die Szene mit so genannten Inoffiziellen Mitarbeitern und schikanierte die Fans der schrillen Töne mit Ausweiskontrollen, Hausdurchsuchungen und Ordnungsstrafen.

Es half wenig; im Gegenteil. Die lokalen Punk-Gruppierungen, von denen viele in evangelischen Kirchen einen Unterschlupf und die Bands einen Ort zum Musizieren gefunden hatten, begannen sich landesweit zu organisieren. Ende April 1983 kamen Punks aus der ganzen DDR zu ihrem ersten gemeinsamen Treffen in der Christuskirche in Halle zusammen. Acht Bands wie Größenwahn und Wutanfall ließen mit ihren lärmfrohen Auftritten die Fenster der bis auf den letzten Stehplatz gefüllten Kirche vibrieren. Das Treffen war auf Plakaten als „Evangelischer Jugendabend“ angekündigt worden. Es wurde organisiert von Moritz Götze von der Band Größenwahn und dem Stadtjugendpfarrer Siegfried Neher, der die Kirche für einen wöchentlich stattfindenden Offenen Abend zur Verfügung gestellt hatte. Die Staatssicherheit sah zunächst nur zu. Als jedoch die Christus-Gemeinde in Halle für Oktober 1983 zu einem zweiten landesweiten Punk-Festival einlud, zu dem rund 500 Punks erwartet wurden, wähnte Erich Mielke die staatliche Sicherheit in Gefahr und befahl gegen diese „Entartung und Asozialität“ mit allen zur Verfügung stehenden Mitteln vorzugehen. Eine eigens ins Leben gerufene Einsatzgruppe der Stasi versuchte zusammen mit einem massiven Polizeiaufgebot die Punks von der Christuskirche fernzuhalten. Es gab Massenverhaftungen, und am Hauptbahnhof herrschte Ausnahmezustand. Lediglich 70 Punks erreichten die Kirche. Der Staat kriminalisierte und verhaftete die Jugendlichen mit den aufrechten Haaren und steckte die „negativ dekadenten Elemente“ wegen „öffentlicher Herabwürdigung der DDR“ massenweise ins Gefängnis. Er zwang sie zum Militär- und Arbeitsdienst oder schob sie gegen dringend benötigte Devisen in den Westen ab – machte sie zu Geld.[78]

78 Kate Gerrard, *Punk and the State of Youth in the GDR*, in Risch 2015, 153–181; Mark M. Westhusen, *Zonenpunkprovinz. Punk in Halle (Saale) in den 80er Jahren*. Halle: Verein für

In der Sowjetunion, wo Punks Anfang der achtziger Jahre zunächst vor allem durch exzessives Trinken auf sich aufmerksam machten, bescherten sie der Partei eine willkommene Gelegenheit, um mit dem Punkrock der ganzen ungeliebten westlichen Rockmusik den Strom abzudrehen. Ende 1982 war nach dem Tod von Breschnew der 68-jährige Juri Andropow zum Generalsekretär der KPdSU gewählt worden. Er kündigte zwar sofort Reformen in Wirtschaft und Gesellschaft an, ließ jedoch keinen Zweifel aufkommen, dass er die sozialistische Gesellschaftsordnung gegen jegliche Angriffe verteidigen und Abweichungen von den grundlegenden Prinzipien nicht dulden werde. Im Sommer 1983 erklärte das Zentralkomitee der Partei voller Kommandierlust und Knechtseligkeit der westlichen Popmusik und Lebensweise offen den Krieg. Polizisten patrouillierten in den Straßen, durchkämmten Kinos und Cafés, um alle festzunehmen, die keiner Arbeit nachgingen. In Moskau wurden die Auftritte von Amateurbands massiv eingeschränkt und die gesamte Rockszene aus öffentlichen Einrichtungen verbannt.

Überall im Land hielt die Partei spezielle Seminare für Disco-Aktivisten ab, die das Musikprogramm der im vorangegangenen Jahrzehnt eingerichteten Diskotheken zu kontrollieren und zu säubern hatten. Im folgenden Jahr musste mehr als die Hälfte aller Diskotheken schließen. Gleichzeitig veröffentlichte das Kulturministerium eine Liste mit 68 Rockbands aus dem Westen und 38 aus der Sowjetunion, deren Musik öffentlich verboten wurde, darunter AC/DC, Black Sabbath, Alice Cooper und Pink Floyd. Über Jahre hinweg durfte sogar das Wort „Rock“ nicht mehr verwendet werden. Noch auf dem Plenum des sowjetischen Schriftstellerverbandes im Jahr 1987 verglichen einige parteitreue Redner Rockmusik mit Aids. Sie sei demoralisierend und zerstörend.[79] Schon ein bis zwei Jahre zuvor hatten einzelne Parteigrößen damit begonnen, die ganze westliche Musik mit der Punkbewegung gleichzusetzen und diese als neofaschistisch zu diskreditieren. In den Diskotheken erschienen KGB-Männer, unterbrachen die Partys, überprüften die Schallplattensammlung und konfiszierten Platten von den Sex Pistols, Kiss, AC/DC, Pink Floyd und The Clash. Sie ließen sich auch nicht davon abbringen, wenn die Betreiber der Diskotheken ihnen klarmachten, dass das kommunistische Jugendmagazin Rovesnik erst unlängst über die Zusammenarbeit von The Clash und den britischen Kommunisten berichtet hatte sowie über deren gemeinsamen Kampf gegen Rassismus und Faschismus.

Mit sichtlichen Vergnügen zerstörten die Männer in den schwarzen Ledermänteln die Platten von Pink Floyd, obwohl sie über deren Kritik am derzeitigen Kapitalismus in dem Album *The Wall* beziehungsweise an der britischen Aggression im Falkland-Krieg in dem nachfolgenden Album *The Final Cut* aufgeklärt wurden. Die staatlichen Kontrolleure verboten selbst die Alben der britischen Rock-Band 10cc, weil sie als Hüter der reinen Lehre die Bedeutung der beiden C (cc= cubic centime-

Zeitgeschichte(n) e.V., 2005; Tim Mohr, *Stirb nicht im Warteraum der Zukunft: Die ostdeutschen Punks und der Fall der Mauer*. München: Wilhelm Heyne, 2017.

79 Gololobov/Pilkington/Steinholt 2014, 27; Armin Siebert, *Rockmusik in der Sowjetunion*, in www.bpb.de/internationales/europa/russland/48014 [25.04.2018].

ters) als SS interpretierten, da im Russischen der Buchstabe C wie ein S ausgesprochen wird. Sie konnten sich damit zugleich auch des Songs *Reds in My Bed* entledigen, der zwar eine Parodie auf die antisowjetische Hysterie im Kalten Krieg war, aber Ironie und Parodie konnten womöglich das ganze System zum Einsturz bringen. Punkrocker wanderten ins Gefängnis, und weil die Saubermacher schon einmal bei der Arbeit waren, reinigten sie Straßen und Diskotheken zugleich auch von Heavy Metal-Fans, die mit ihren langen Haaren und Pferdeschwänzen nicht der Parteimode entsprachen. Gleichzeitig entdeckten sie weitere „faschistische Punks", die ihr Gesicht „nach Art der Punks" bemalt und ihre Schläfen rasiert hatten.

Alle diese Verhaftungen und Verbote taten der Popularität der westlichen Musik keinen Abbruch. Sie führten vielmehr dazu, dass sich die Jugendlichen verstärkt mit der 1975 in Helsinki von den Sowjets unterschriebenen KSZE-Schlussakte beschäftigten. Alle inhaftierten Rock-Fans wiesen die Kerkermeister darauf hin, dass sich die UdSSR mit ihrer Unterschrift zur Wahrung der Menschenrechte und Grundfreiheiten verpflichtet hatte.[80] Es bildeten sich neue Gruppen, denen die Staatsfunktionäre alsbald ihre Arbeitskraft widmen konnten. Der 1984 in der westsibirischen Industriestadt Omsk gegründeten Punkband Graschdanskaja Oborona, was sich mit „Zivilverteidigung" übersetzen lässt, zeigten die Hüter der Ordnung wegen provokativer Texte und Schimpftiraden alsbald die rote Karte. Ihr Frontmann fand sich wegen seiner dadaistischen Auftritte und als freigeistiger Satiriker danach in einer Nervenklinik wieder. Von ihren Fans nur GO genannt, brachte die Gruppe mit ihren wenigen lärmenden Akkorden und ihrem ironischen Nihilismus die Parteifunktionäre zur Weißglut, zumal diese keine Mittel fanden, den Handel mit den im Untergrund zirkulierenden Musikkassetten der Band zu unterbinden. Für jeden strammen Kommunisten predigte GO Anarchie. So beschränkte sich der Song *Optimismus* auf eine Aufzählung von Personen, die bald sterben werden.[81]

Die größten Erfolge erzielte aber die 1985 gegründete Heavy Metal-Band Arija, die sich an Iron Maiden und Judas Priest orientierte. Während der beginnenden Perestroika nahm sie 1987 ein Album auf, das zunächst *Na slushbe sily sla – Im Dienst der bösen Mächte* – heißen sollte, das das staatliche Plattenlabel Melodiya aber in *Geroi Asfalta – Held des Asphalts* – umbenannte. Es wurde zunächst als Musikkassette veröffentlicht und kam 1988 bei Melodiya auch als LP heraus, die sich über eine Million Mal verkaufte. Als Dank erhielt die Band umgerechnet 500 Dollar ausgehändigt.[82]

Nach dem Tod des Generalsekretärs der KPdSU Konstantin Tschernenko im März 1985 ließ dessen Nachfolger Michail Gorbatschow im Rahmen seiner Politik von Glasnost und Perestroika die Grenzen des Landes für die westliche Popmusik mehr und mehr öffnen. 1986 konnte Melodiya einen ersten Lizenzvertrag mit EMI über die Beatles-Songs abschließen. Weitere Verträge mit westlichen Labels folgten. Die 1982 gegründete Heavy Metal-Band Korrosija Metalla, die zunächst nur

80 Zhuk 2010, 265–279.
81 Oliver Heilwagen, *Böse Onkel Wanjas: Russlands faschistische Punks*, in Die Welt vom 31. Juli 2002.
82 Riermaier 2003, 92–96.

im Untergrund auftreten konnte, erhielt 1985 die Erlaubnis, ihr erstes Demoband und zwei Jahre später ihr erstes Album herauszubringen.

In Leningrad entwickelte sich derweil der 1981 gegründete Leningrader Rockclub zum eigentlichen Zentrum des „Russki Rock". Hier durften selbst Punk-Bands auftreten, wobei sich der russische Punkrock mehr durch einen ästhetischen Minimalismus als durch verbale Provokationen und der Forderung nach Aufbruch und Erneuerung auszeichnete. Den im Haus des Volkschaffens ansässigen Club mit seinen rund 200 Plätzen hatte der Staat eingerichtet, um die einheimischen Rockgruppen besser kontrollieren zu können. Geschäftsführer und Mitarbeiter berichteten dem KGB über die Aktivitäten der verschiedenen Musiker, die aus der ganzen Sowjetunion dorthin pilgerten, um mit offizieller Erlaubnis aufzuspielen. Angestellte des Clubs waren zudem angehalten, die Zuhörer von jedem Begeisterungssturm abzuhalten. Wie der Regisseur Kirill Serebrennikow im Jahr 2018 in seinem Film *Leto* zeigte, hatten die Jugendlichen selbst bei den mitreißendsten Riffs still und brav auf ihren Sitzen zu verharren, hatten jedes heftige Wippen mit dem Fuß zu unterlassen, als wäre Rock ein Requiem.

Auch durften die Bands weiterhin in ihren Texten bestimmte Grenzen nicht überschreiten. Die 1984 gegründete Gruppe Televizor, die offen gegen die Zensur textete, erhielt umgehend ein halbjähriges Auftrittsverbot. Andere verpackten ihre Gesellschaftskritik in mehrdeutige Worte, ließen damit aber die staatlichen Sittenwächter nur noch hellhöriger werden. Wiktor Zoi, der Frontmann der 1982 gegründeten Band Kino, sang daher nicht lange von einem Mann, der in einem Zug sitzt, der ihn in die falsche Richtung bringt. Schon bald drehten ihm die Funktionäre den Strom ab und verboten ihm, das Lied bei öffentlichen Auftritten zu spielen. Erst als die Perestroika langsam heraufdämmerte, konnte er wagen, auf seine Freiheitsrechte zu pochen: „Wir wollen weiter sehen als bis zum Fenster vom Haus gegenüber. Wir wollen leben die sieben Leben der Katzen! Und nun sind wir hier, um unsere Rechte einzufordern." Über Jahre blieb der Leningrader Rockclub der einzige offizielle Auftrittsort für Gruppen wie Aquarium und Kino. Moskau dagegen musste bis zum Jahr 1985 warten, bis die dortige Rockszene mit dem Rock-Laboratorium ein ähnliches offizielles Zentrum erhielt.[83]

Im Jahr 1984 besuchte die damals 23-jährige Musikerin Joanna Stingray aus Los Angeles während eines einwöchigen Aufenthalts in Leningrad den dortigen Rockclub und war sofort beeindruckt vom Können zahlreicher Musiker wie Boris Grebenshikov von der Band Aquarium und Yury Kasparyan, dem Gitarristen von Kino. Sie entschloss sich ganz spontan, die sowjetische Rockmusik zu fördern und Yury Kasparyan zu heiraten. Obwohl der KGB sie überwachte und ihr manche Steine in den Weg legte, gelang es ihr, die Musiker mit Musikinstrumenten und weiterem Equipment aus dem Westen zu versorgen und den russischen Rock im Westen bekannt zu machen. Auch heiratete sie im November 1987 Yury Kaspa-

83 Wenke Husmann, *Leto. Rhythmus in Unfreiheit*, in ZEIT ONLINE vom 11. Mai 2018; Gololobov/Pilkington/Steinholt 2014, 25–27; Armin Siebert, *Rockmusik in der Sowjetunion*, in www.bpb.de/internationales/europa/russland/48014 [25.04.2018].

ryan. Nachdem sie die Bänder mit den Aufnahmen verschiedener russischer Underground-Bands aus der UdSSR herausgeschmuggelt hatte, brachte das australische Label Big Time Records 1986 die erste Platte mit Musik der vier sowjetischen Underground-Bands Aquarium, Kino, Alisa und Strannye Igry heraus – *Red Wave*.[84]

Im Zuge der 1985 von Michail Gorbatschow erlassenen Glasnost tauchten immer mehr russische Rockbands aus dem Untergrund auf, gaben mit Zustimmung der Behörden öffentliche Konzerte, traten im Fernsehen auf und veröffentlichten ihre Musik beim staatlichen Label Melodiya, so vor allem Aquarium. Stas Namin, dem die Behörden seit Anfang der Achtziger wegen angeblicher Propaganda für die westliche Ideologie jegliche öffentlichen Aktivitäten untersagt hatten, durfte 1986 mit seiner Band sogar sechs Wochen lang durch die USA und Kanada touren und trat Ende des Jahres auf Einladung von Peter Gabriel zusammen mit internationalen Rockstars beim *Japan Aid Festival* in Tokio auf. Anschließend ging die Band mit zahlreichen Unterbrechungen auf eine mehrjährige weltweite Tournee mit Stationen in Europa, Afrika, Nord- und Südamerika und Japan.

Das Jahr 1987 brachte schließlich die endgültige Wende. Stas Namin eröffnete im Moskauer Gorky Park das Stas Namin Centre (SNC) zur Unterstützung von Musikern, Künstlern und Schriftstellern, die vom Sowjet-Regime verfolgt wurden. Pink Floyd, U2, Frank Zappa, Quincy Jones, Annie Lennox, Ringo Starr, Robert De Niro, Arnold Schwarzenegger und viele andere kamen zu Besuch und zeigen sich beeindruckt von der freien und innovativen Atmosphäre des Zentrums. Ebenfalls 1987 durften nach vielen Jahren der Abstinenz auch wieder amerikanische Rockmusiker mit elektrischen Instrumenten nach Russland einreisen, vor deren aufwühlendem Klang zuvor die Sowjetoberen gezittert hatten. Billy Joel machte den Anfang. Erstmals war den Zuhörern erlaubt, während des Konzerts von ihren Sitzen aufzustehen, aufzuspringen und zu tanzen. Und sie taten es.

Im folgenden Jahr begann Stas Namin mit der Organisation des ersten Rock-Festivals in Russland und band dazu auch Gorbatschow in die Vorbereitungen ein. Mitte August 1989 feierten beim Moscow Music Peace Festival unter dem Motto „Rock gegen Drogen und Alkohol" rund 200.000 Zuhörer im Lenin-Stadion zahlreiche in- und ausländische Hardrock-Bands wie die Scorpions, Ozzy Osbourne, Mötley Crüe, Bon Jovi, Cinderella sowie Stas Namins neue Band Gorky Park. Das staatliche Fernsehen übertrug das Konzert bis in den hintersten Winkel des Riesenreiches. Die Scorpions, die ein Jahr zuvor bereits zehn Konzerte in Leningrad gegeben hatten, verarbeiteten die gewandelte Stimmung in der Sowjetunion anschließend in ihrem Song *Wind of Change*, der noch im selben Jahr auf ihrem neuen Album *Crazy World* erschien und zum Soundtrack des Mauerfalls wurde.

Rockmusik stand in diesen Jahren, als der Kalte Krieg zu Ende ging, wie noch niemals zuvor für Freiheit und jugendlichen Optimismus, für die Kraft des Individuums und für Selbstverwirklichung. Sie verkörperte wie sonst kaum ein anderes Kulturgut pure Lebensfreude. Es war daher nur folgerichtig und bezeichnend für die neue Einstellung des russischen Staates gegenüber der westlichen Musik, dass

84 Denis Boyarinov, *Joanna Stingray, a California Girl in the U.S.S.R.*, in The Moscow Times vom 14. März 2016.

die Regierung 1991 den Freunden der Rockmusik ein kostenloses Konzert bescherte. Nach dem fehlgeschlagenen August-Putsch reaktionärer kommunistischer Funktionäre bedankte sie sich damit bei den vielen Jugendlichen, die sich den Panzern der Putschisten entgegengestellt hatten. Sie bat den Medienkonzern Time Warner, ein solches Event in Moskau zu organisieren, während sie selbst für die notwendigen Sicherheitskräfte aufkam. Die Amerikaner willigten umgehend ein. Die Europatournee der „Monsters of Rock" wurde unterbrochen, das notwendige Equipment innerhalb weniger Tage nach Moskau eingeflogen, wo Ende September 1991 auf dem Militärflugplatz Tuschino vor grob geschätzten 500.000 Zuhörern das bis dahin weltweit größte Monsters of Rock-Festival über die Bühne ging mit der russischen Punk-Band E.S.T. (Electro Shock Therapy), der amerikanischen Hardrock-Band The Black Crowes, den beiden amerikanischen Metal-Bands Pantera und Metallica sowie AC/DC aus Australien. Als James Hetfield von Metallica den neuesten Hit der Gruppe *Enter Sandman* anstimmte, brodelte die riesige Masse und schien geradezu zu explodieren. Das eintägige Konzert zeigte, wie überfällig es war, den Wünschen der Menschen nachzukommen. Die Rockmusik hatte endgültig ihren Platz in Russland gefunden. Keine Staatsmacht konnte die Jugendlichen mehr daran hindern, ihren Gefühlen Luft zu verschaffen. Die Repräsentanten von Time Warner beschrieben das Konzert als ein Fest von Demokratie und Freiheit.[85]

Eine „Singende Revolution", anknüpfend an die Tradition des Liederfests, begleitete Ende der Achtziger auch den Weg der baltischen Staaten in die Freiheit. Über eine Million Menschen nahmen sich im August 1989 an die Hände, bildeten von Tallinn bis Vilnius eine 600 Kilometer lange Menschenkette und forderten Lieder singend ihre Selbständigkeit. Die Lieder gingen zurück auf das erste nationale Erwachen der Länder des Baltikums im späten 19. Jahrhundert, zitierten auch deren Melodien und Texte, wurden jedoch vorgetragen mit der Kraft und Dynamik des modernen Rock. Bereits im August 1988 hatte der Auftritt der britischen Band Public Image Ltd. auf dem „Rock Summer" in Tallinn die „Rückkehr Estlands nach Europa" lautstark angekündigt.[86]

Gorbatschows Reformprogramm zwang auch andere Regierungen des Ostblocks, einen Blick auf die Wunschzettel ihrer Jugend zu werfen. Wer das zu spät tat, den bestrafte das Volk. In der DDR waren heiße Rockmusik und schillernde Rockgrößen aus dem Westen für die roten Machthaber Anfang der achtziger Jahre noch immer nur dann interessant, wenn sich aus ihrem Auftritt politisches Kapital schlagen ließ. So hatte im Jahr 1983 die DDR-Jugendorganisation FDJ für das von ihr organisierte Friedensfestival im Palast der Republik in Ost-Berlin den US-Weltstar Harry Belafonte gewinnen können, der sich in der Friedensbewegung engagierte. Belafonte machte seinen Auftritt jedoch davon abhängig, dass auch der in

85 Inna Kiyasova, *The 5 Most Legendary Western Artists to Ever Perform in Moscow*, in The Moscow Times vom 29. Okt. 2015; William E. Schmidt, *Heavy-Metal Groups Shake Moscow*, in The New York Times vom 29. Sept. 1991; siehe auch den Film *Free to Rock*, gesendet von *ARTE* am 17. Nov. 2017.

86 Karsten Brüggemann/Maarja Merivoo-Parro, *Chormusik, patriotischer Rock und ein bisschen Punk*, in Paul/Schock 2013, 512–517.

der westdeutschen Friedensbewegung tätige Udo Lindenberg eine Einladung erhielt. Obwohl Kurt Hager, der Chefideologe der SED, sich zuvor vehement gegen einen Auftritt dieses „anarchistischen" und „dekadenten" Musikers ausgesprochen hatte, von dessen Songs die DDR-Größen sich verulkt fühlten, gaben die Machthaber dem Drängen Belafontes nach und genehmigten Lindenberg und seiner Band sogar für 1984 eine Konzerttour durch die DDR.

Die Musiker mussten lediglich ihren *Sonderzug nach Pankow* aus dem Programm nehmen. In diesem Lied zur Melodie von Glenn Millers *Chattanooga Choo Choo,* das der Westrundfunk rauf und runter spielte, warf Lindenberg dem DDR-Staatsratsvorsitzenden, dem „Oberindianer" Erich Honecker vor, im Palast der Republik dürften „all die ganzen Schlageraffen" singen, „dürfen ihren ganzen Schrott zum Vortragen bringen. Nur der kleine Udo, nur der kleine Udo, der darf das nicht." Und weiter: „Och, Erich ey, bist du denn wirklich so ein sturer Schrat? Warum lässt du mich nicht singen im Arbeiter- und Bauernstaat?" Ende Oktober 1983 durfte Lindenberg endlich 15 Minuten lang vor 4.000 eigens von der Partei ausgewählten FDJ-Blauhemden auftreten, vor „FDJ-Mumien", wie der Musiker dieses emotionslos applaudierende Publikum später bezeichnete. Während drinnen eine inszenierte Friedensshow über die Bühne ging, gingen draußen Sicherheitskräfte mit zum Teil brutaler Gewalt gegen die nicht eingeladenen und aus der ganzen DDR angereisten und „Udo! Udo!" skandierenden Fans vor. Fünfzig wurden verhaftet. Die Tour durch die DDR, die man Lindenberg zuvor zugesagt hatte, wurde abgesagt. Noch glaubte das Regime es nicht nötig zu haben, auf seine Jugend zuzugehen.[87]

Erst nach dem Amtsantritt von Gorbatschow war Honecker dazu bereit, zumal im Schatten der Mauer eine riesige Independent-Szene herangewachsen war, die sich weitgehend vom Sozialismus verabschiedete. Auch entpuppten sich die Platten der einheimischen Rock- und Popkünstler immer öfter als Ladenhüter, während die Nachfrage nach Westmusik stieg. Das 750. Stadtjubiläums von Berlin im Jahr 1987 bot den alten Herren im Politbüro die Gelegenheit, ohne Gesichtsverlust von ihrer harten Linie abzuweichen. In diesem Jahr wetteiferten Ost- und West-Berlin geradezu, die bekanntesten internationalen Künstler bei sich auftreten zu lassen. Peter Maffay trat in der Werner-Seelenbinder-Halle auf, bald darauf Carlos Santana. Auch durfte das Ost-Berliner Plattenlabel Amiga vermehrt Rock- und Popplatten von Künstlern aus dem Westen als Lizenzpressungen herausbringen, so *Whitney* von Whitney Houston und *4630 Bochum* von Herbert Grönemeyer. Gleichwohl konnten sich die ordensreichen DDR-Kulturfunktionäre nicht dazu durchringen, das Grönemeyer-Cover originalgetreu zu veröffentlichen, und ließen das Fotos des zu der Band gehörenden „Republikflüchtlings" Detlef Kessler retuschieren. Angekündigt war auch das U2-Album *The Joshua Tree*. Da aber die irische Band entsprechend der Originalausgabe des Albums auf einem Klapp-Cover bestand, musste der für die Schallplattenhüllen zuständige VEB Gotha-Druck passen.[88]

87 Ingo Grabowsky, *Sonderzug nach Pankow*, in Paul/Schock 2013, 500–503; Lars von Torne, *Sonderzug nach Mitte*, in Tagesspiegel vom 12. Febr. 2011.

88 Ron Schlesinger, *Wie das Ost-Berliner Plattenlabel Amiga die DDR mit Westmusik versorgte*, in t-online.de vom 16. Aug. 2019.

Zugleich entdeckte West-Berlin erneut den Rock als eine die Mauer überwindende Schallwaffe und bombardierte Ost-Berlin mit schrillen Rocktönen. Der Westteil der Stadt nahm damit jenen Akustik-Krieg wieder auf, den Ost-Berlin wenige Tage nach Beginn des Mauerbaus im August 1961 entfacht hatte, als DDR-Grenzer mit einem Schmählied aus Dutzenden Lautsprechern eine Rede von Konrad Adenauer am Brandenburger Tor gestört hatten. Damals hatte West-Berlin mit seinem „Studio am Stacheldraht" zum Gegenschlag ausgeholt, ehe Ost-Berlin angesichts der laut tönenden Übermacht des Westens seine akustische Kriegsführung einstellte. Im Juni 1987 war es wieder soweit, als David Bowie und Genesis zu einem vom Rundfunk live übertragenen Freiluft-Konzert in der Nähe des Brandenburger Tors die Bühne betraten und leistungsstarke Lautsprecher und ein günstiger Wind die Musik und die Botschaft über die Mauer hinweg auch den Ost-Berlinern zu Gehör brachten. Sofort strömten Unter den Linden Hunderte zusammen und lauschten westwärts. Als Rufe nach Perestroika und Glasnost laut wurden, schlug die Volkspolizei zu. Es kam zu Rangeleien und Tumulten. Die DDR-Regierung protestierte und argumentierte, durch die Vibrationen kämen Patienten in der nahegelegenen Charité zu Tode.

In dieser kniffligen Situation kam es der SED gelegen, dass ein bundesdeutscher Konzertveranstalter einen für September geplanten Auftritt von Bob Dylan in West-Berlin wegen des schleppenden Kartenvorverkaufs absagte und in Ost-Berlin anfragte, ob der amerikanische Musiker stattdessen im Ostteil der Stadt auftreten könnte. Dylan hatte seine Reputation in der zweiten Hälfte der Achtziger mit geistesabwesenden Auftritten und desaströsen Platten heruntergewirtschaftet, sodass das Publikum wegblieb. Für das Ministerium für Staatssicherheit war dies ohne Belang. Es gab recht schnell grünes Licht mit der Begründung, bei Bob Dylan handele es sich „um einen der sogenannten Altmeister des Rock", der „bei den gegenwärtig sich im jugendlichen Alter befindlichen Jahrgängen keine außergewöhnliche Resonanz" habe. Und weiter: „Es ist davon auszugehen, dass Bob DYLAN bei seinem Auftreten sich gegenüber dem Publikum und dem Veranstalter diszipliniert verhalten wird und bei seinem Auftritt keine negativen Emotionen zu erwarten sind." Die Stasi täuschte sich nicht. Alles blieb friedlich. 70.000 Zuhörer strömten in den Treptower Park, hörten zunächst Tom Petty und die Heartbreakers, ehe Dylan von West-Berlin herüberkam, die Bühne betrat, eher gelangweilt rund ein Dutzend Songs vortrug, sich nochmals nach vorne klatschen ließ, um *Blowing In The Wind* zu singen und, ohne ein Wort zu sagen, von der Bühne schlurfte und wieder in Richtung Westen verschwand. Danach schrieb der Journalist Christoph Dieckmann in der Wochenzeitung Sonntag, die im Aufbau-Verlag erschien: „In seltsamer Lethargie gingen die meisten nach Hause. Ja, viele waren enttäuscht."[89]

Den DDR-Funktionären wurde 1987/88 zunehmend bewusst, dass sich immer größere Teile der Bevölkerung von diesem anderen Deutschland abwandten und die Begeisterung der Jugend für Westmusik durch keine Mauer aufzuhalten war.

89 *Bob Dylan 1987 in Ost-Berlin. Wie die Stasi das Konzert im Treptower Park einschätzte*, in www.bstu.bund.de/Wissen/Aktenfunde/Bob_Dylan [10.01.2018]; Hauswald/Dieckmann 2018, 21.

Die Staatsführung rang sich schließlich zu dem Versuch durch, mit Westkonzerten verlorenes Prestige zurückzugewinnen. Der staatlichen Jugendorganisation FDJ gelang es zunächst mit Hilfe eines ungarischen Konzertveranstalters, die britische Synthie-Pop-Band Depeche Mode für einen Spottpreis von nur 5.000 West-Mark nach Ost-Berlin zu locken, wo diese Anfang März 1988 in der Werner-Seelenbinder-Halle ein vorher offiziell nicht angekündigtes Konzert gab. Auf den Eintrittskarten war lediglich zu lesen: „Geburtstagskonzert der FDJ“ sowie der Preis: 15 Ost-Mark. Jeder weitere Hinweis auf das Programm fehlte. Aber auch so verbreitete sich das Gerücht vom Auftritt der Stars aus dem Westen umgehend im ganzen Land. Der Schwarzmarkt blühte. Für ein paar Stunden Erholung von der Tristesse des sozialistischen Alltags zahlten die Fans bis zu 800 Ost-Mark.[90]

Als 1988 erneut zwei Freiluft-Konzerte in West-Berlin nahe der Mauer mit Pink Floyd und Michael Jackson angekündigt wurden, konterte die DDR umgehend mit den beiden internationalen Topstars James Brown und Bryan Adams. Die Regierung hatte aus den Vorkommnissen im Vorjahr gelernt und versuchte nun, sich die Rockbegeisterung der Jugend mit einer Art Pop-Perestroika zu Nutze zu machen. Zur selben Zeit, als die Musik von Pink Floyd und Michael Jackson über die Mauer schallte, rockten auf der alten Radrennbahn von Weißensee James Brown und Bryan Adams Tausende junge Ostberliner, die es vorzogen, die Stars aus dem Westen und deren Musik direkt zu erleben, als sich mit Schallfetzen, die über die Mauer waberten, zufriedenzugeben.

Nur zu selten war die große bunte Welt in der grauen und kleinen DDR zu Gast. Da der staatliche Veranstalter glaubte, die Menschen selbst bei diesem Event mit politischer Propaganda volldröhnen zu müssen und gegen Atomwaffen und Apartheit aufrief, hatte die als Moderatorin eingesetzte Katharina Witt, die wenige Monate zuvor bei den Olympischen Winterspielen in Calgary Gold im Eiskunstlauf gewonnen hatte, die Beschränktheit der Funktionäre auszubaden. Als sie in dem üblichen Parteislang zu ihrer Ansage ansetzte, wurde sie gnadenlos ausgepfiffen, beschimpft und mit Gegenständen beworfen.

Einen Monat später betrat Bruce Springsteen auf Einladung von Ost-Berlin an gleicher Stelle die Bühne. Da die Zahl der Ausreiseanträge kontinuierlich stieg, glaubte das Regime mit diesem Coup die vielen Unzufriedenen besänftigen zu können. Springsteen galt als kapitalismuskritisch, und er sang über einfache Arbeiter. Das beruhigte Honecker und Mielke. Angekündigt als größter Rockmusiker der Welt trat der Amerikaner zum größten Konzert in der Geschichte der DDR auf und nach Meinung der Presse zur größten Springsteen-Show aller Zeiten. Auf alle Fälle verursachte er in Ost-Berlin den längsten Verkehrsstau seit Kriegsende. 160.000 Eintrittskarten waren verkauft; mehr als 300.000 Menschen, vielleicht 400.000 waren gekommen, viele selbstgemachte, teils riesige US-Fahnen in den Händen, die ihnen auf dem Alexanderplatz mehrere Jahre Knast eingebracht hätten. Die FDJ-Ordner waren überfordert, kapitulierten und verfolgten den ganzen Trubel mit ver-

90 Sascha Lange/Dennis Burmeister, *Behind the Wall. Depeche Mode – Fankultur in der DDR*. Mainz: Ventil-Verlag, 2018.

steinerten Mienen. Auf den Tickets stand „Konzert für Nicaragua“, und dieser Leitgedanke sollte auch groß über der Bühne prangen, was das Management von Springsteen jedoch zu verhindern wusste.

Der Musiker sprang auf die Bühne, wie immer die rechte Faust gegen den Himmel gereckt, ein Kreuz über dem T-Shirt, seine abgenutzte Fender Telecaster wie ein Repetiergewehr in beiden Händen und begann mit einer kurzen Ansprache in holprigem Deutsch: „Es ist schön, in Ost-Berlin zu sein. Ich bin nicht für oder gegen eine Regierung. Ich bin gekommen, um Rock 'n' Roll für euch zu spielen in der Hoffnung, dass eines Tages alle Barrieren abgerissen werden.“ Frenetischer Jubel folgte. In letzter Minute hatte Springsteens Management ihm ausgeredet, das Wort „Mauer“ zu benutzen. Alle Anwesenden wussten dennoch, was „The Boss“ meinte. Wer das Konzert in Radio oder Fernsehen verfolgte, bekam die letzten Worte jedoch nicht zu hören. Vor Angst schlackernde Funktionäre hatten sie aus der zeitversetzten Übertragung kurzerhand entfernt. Dennoch: Nach den Worten von Erik Kirschbaum war es „die vielleicht kürzeste, mit Sicherheit aber die unterschätzeste Anti-Mauer-Rede, die je gehalten wurde.“

Dann stampfte Springsteen mit den Füßen und sang von *Badlands*, vom Ödland, in dem nachts die Lichter ausgehen, und er sang vom Ärger im Landesinneren. Er sang von einem jungen Mann, der sich eingeengt fühlt, der frustriert ist und davon träumt, die Kontrolle zu übernehmen. Auch sang er voller Energie *Born In The U.S.A.*, und viele konnten ihre Tränen nicht unterdrücken. Am Schluss goss er sich einen Eimer Wasser über den Kopf und rockte noch eine Stunde weiter – insgesamt knapp vier Stunden. Viele wussten genau, was Springsteen über die Wirkung der Rockmusik gesagt hatte: „Der Rock 'n' Roll schenkt mir die Zuversicht, dass es trotzdem da draußen eine Welt gibt, die riesig ist und die auf mich wartet. Eine Welt, in der man sich die Haare wachsen lassen kann oder abschneiden, in der man Jeans tragen kann oder nicht. Eine Welt, in der es nicht so sehr darauf ankommt, was man genau tut: Hauptsache, man meint es ernst. Hauptsache, es hat Zauber. Hauptsache, es hat Kraft.“ Die Menschen hatten sehr wohl verstanden. Weder Springsteen noch andere Rockstars haben die Berliner Mauer zum Einsturz gebracht, aber sie haben mit ihren „Schallwaffen“, mit ihren Stimmen, Worten und schneidenden Riffs kontinuierlich kleine und kleinste Gesteinsbrocken aus ihr herausgehämmert.[91]

Gut ein Jahr später fiel im November 1989 die Mauer endgültig. Einige Wochen danach wurde in Prag Václav Havel zum Staatspräsidenten der Tschechischen und Slowakischen Föderativen Republik gewählt, womit der politische Umbruch auch dort besiegelt war. Havel, der als begeisterter Anhänger von Rock und Jazz während seiner Reisen in die USA auch den berühmten Punk-Rockclub CBGB auf der Bowery in Manhattan besucht hatte, lud als Präsident umgehend die Rolling Stones zu einem Konzert nach Prag ein, dem er das Motto gab „Die Panzer rollten

91 Michael Pilz, *Wie Springsteen die Mauer zum Wackeln brachte*, in Welt N24 vom 19. Juli 2013, in www.welt.de/kultur/musik/article118180430; Erik Kirschbaum, *Bruce Springsteen – Rocking the Wall. Ost-Berlin 1988 – das legendäre Konzert*. New York: Berlinica, 2013; Zitat nach Heidkamp 1999, 287.

raus, die Stones rollen rein". Die Band, von den früheren kommunistischen Machthabern der Tschechoslowakei stets als kapitalistische Geldmaschine diffamiert, gab im Sommer 1990 vor 107.000 Zuhörern, darunter 10.000 Ungarn, ein frenetisch bejubeltes Konzert. Der Präsident, der die Stones danach in seinen Amtssitz, die Prager Burg auf dem Hradschin einlud, hob bei dieser Gelegenheit die Bedeutung der Rockmusik während der Novemberrevolution in seinem Land hervor. Keith Richards überreichte dem Präsidenten eine Lederjacke mit den Insignien der Rolling Stones und erlebte diesen nach eigenen Worten als einen „very funny guy". Währenddessen prangten dort, wo früher riesige Portraits von Stalin die Macht des Kommunismus symbolisiert hatten, ebenso große Plakate mit dem Logo der Stones. Der Rock streckte den Roten seine rote Zunge heraus.[92]

Indessen waren im Westen der Punkrock und die frühen Punkrocker seit den Achtzigern bereits ins Alter gekommen. Ihnen fiel nicht mehr viel Neues ein und die, denen etwas einfiel, ließen sich von der Musikindustrie vereinnahmen. Für andere war der Punkrock noch immer viel zu zahm und Ende des Jahrzehnts bereits ein Wrack. Sie wünschten es sich noch härter und unmelodischer, oder wie sich andere ausdrückten, noch rotziger, um ihrer Unlust an einer als spießig empfundenen Gesellschaft herausschreien zu können. Und wieder bildete sich eine neue Subkultur, so wie seit dem Zweiten Weltkrieg schon Hunderte entstanden waren – *Hardcore*. Seine Fans verhöhnten ebenfalls das Musikhören der Hippies, die auf ihrer ewigen Suche nach Gemeinschaft Musik mit geschlossenen Augen in sich wirken lassen wollten, die eintauchten in die Musik und dabei zufrieden lächelten, weil sie die Nähe von hunderten gleichgesinnter und friedfertiger Menschen fühlten. Hardcore-Konzerte umgab dagegen eine Atmosphäre der Bösartigkeit und Feindschaft, wenigstens simulierten sie Kampfbereitschaft und Fehde.[93] Auch diese neue Musikrichtung sammelte über alle nationalen Grenzen hinweg eine Fangemeinde um sich, verschrieb sich jedoch je nach Land unterschiedlichen Zielen. Während die Politisierung in Deutschland eine zentrale Rolle spielte, waren die Gruppen in Großbritannien teils anarchischer, teils gaben sie sich völlig destruktiv, präsentierten extrem rotzige Rock 'n' Roll-Spektakel oder aber reinen Nonsens. Gleichzeitig ging es den meisten nordamerikanischen Gruppen lediglich um Spaß und Selbstverwirklichung.[94] Zudem spaltete sich auch Hardcore in immer neue Untergruppen auf, für die die Labels alle ein spezielles Etikett parat hatten. Ohne ein solches ließ sich keine Musik vermarkten; ohne ein solches hatte sie keine Chance, in der riesigen Lagerhalle der Popmusik geortet zu werden.

92 Burton Bollag, *The Rolling Stones Take On Prague*, in The New York Times vom 20. Aug. 1990; Roman Lipcik, *The Rolling Stones' Czech Invasion*, in Rolling Stone vom 4. Okt. 1990.

93 Büsser 2013a, 99.

94 Büsser 2013a, 34–36.

6 IM ZEICHEN VON DISCO 1975–1985

Als sich die ersten Punkrocker an den drei Akkorden versuchten, war die Zersplitterung der Popmusik in immer neue Richtungen und Nischen bereits weit fortgeschritten und zwar parallel zur Zersplitterung der Gesellschaft in immer neue Gruppierungen im Zuge der Individualisierung sowie entlang der sozialen Demarkationslinien. Die zuvor relativ klaren Grenzen zwischen Klassen, Religionen und Ethnien waren erodiert, und viele dieser Gruppierungen hatten eine eigene Subkultur entwickelt. Zu ihnen zählten auch Gastarbeiter, Prostituierte und Homosexuelle, allesamt Gruppierungen, die nach den Worten des französischen Philosophen Jean-François Lyotard bis zu den späten 1960er Jahren „in den offiziellen Registern nicht geführt" wurden. Auch begannen scheinbar festzementierte Trennungslinien zu verschwimmen, etwa in der Kleidung zwischen Mann und Frau. Die Jugendkulturen zerfielen weltweit in eine Vielzahl politischer und unpolitischer Untergruppen, die sich teilweise grenzüberschreitend und über riesige Entfernungen miteinander verbanden. Wiederum reagierte die populäre Musik auf diese Zersplitterung, beziehungsweise Splittergruppen kreierten eine eigene Musik als Ausdruck ihrer Andersartigkeit. Aus globaler Sicht war ein kultureller Pluralismus die Folge, während mit Blick auf die einzelnen Musikstile und Fangruppen die Homogenisierung weiterging.[1] Die Welt wurde immer bunter. Im Glamrock hatten die Musiker das Spiel mit exotischer, ausgefallener und farbenfroher Bekleidung erstmals geprobt. Sie sollte als grell-buntes Markenzeichen auch der Disco-Ära mit ihrer Tanz- und Glitzermode ein Gesicht geben.

DISCO-MUSIK – EIN BUNTER KARNEVAL

Bereits zu Beginn der siebziger Jahre entstand in den USA in den dortigen Clubs der „Gay Community" mit Disco eine ganz neue Musikrichtung – grell und voller Lebensfreude. In diesem auf Ekstase und Anonymität angelegten Paralleluniversum entwickelte sich die Tanzfläche zu einem Freiraum, der dem Spiel mit dem eigenen Körper keinem Tabu mehr unterwarf. Im Schutz dieser Clubs wie dem Loft in Manhattan, wo David Mancuso im Februar 1970 seine erste offizielle Party unter dem Namen „Love Saves The Day" veranstaltete, versuchte die Minderheit der Schwulen ungestört zu leben und mit Hilfe einer entsprechenden Musik ihr Ghetto ein wenig angenehmer zu gestalten, Spaß zu haben, gut auszusehen und cool zu tanzen. Sie schuf sich eine Traumwelt, die mit Hilfe von Selbstinszenierungen das Spiel mit Identitäten förderte. Zum berühmtesten dieser Underground-Clubs avancierte zunächst das Sanctuary, gelegen in einer düsteren und drogenverseuchten

1 Jean-François Lyotard, *Das Patchwork der Minderheiten*. Berlin: Merve, 1977, 38; Gödde 2013, 605.

Gegend von Manhattan, eine ehemalige Baptistenkirche, auf deren Altar sich nun die Plattenteller drehten und deren Chor- und Kirchenstühle als Unterlage für zahlreiche Spielformen von Sex dienten. Wie Ulf Poschardt schrieb, wurden in diesem Club zu den Rhythmen von ‚Sex Machine' James Brown „alle möglichen Beischlafstellungen auf der Tanzfläche als Trockenübungen exerziert, um dann in den Kabinen der Herrentoilette real vollzogen zu werden." Die Schwulen zelebrierten ihre Sexualität im Sanctuary gewissermaßen als Sexmesse. Im April 1972 rückten die Behörden an und schlossen den Club, weil Abend für Abend Hunderte von Männern, die vor der Kirchentür auf Einlass warteten, dabei miteinander flirteten, schrien und sich in den umliegenden Hauseingängen bei Oralverkehr die Wartezeit verkürzten.[2]

Disco entwickelte sich in New York schnell zur Repräsentationskultur der Homosexuellen gemäß dem Credo, seinen Körper ganz dem Rhythmus der Musik auszuliefern und ihn auf der Tanzfläche zu zelebrierten, sich gehenzulassen und pausen- und endlos zu tanzen. Dazu hatte der DJ für einen die ganze Nacht andauernden Nonstop-Soundtrack zu sorgen. Er sollte möglichst „eine Art laszive, gespannte Monotonität" erzeugen, was aufgrund der damals zur Verfügung stehenden technischen Möglichkeiten nur bei genauester Kenntnis der einzelnen Schallplatten, der Geschwindigkeiten und Rhythmen möglich war. Verlangt wurde eine harte Bassline, die in den Körper eindrang, ihn erschütterte, hart den Magen und andere innere Organe traf und ein ruhiges Zuschauen unmöglich machte.[3] Eine solche Musik verlangte nach Rhythmus, nicht nach Melodie. Sie baute auf dem Funk auf, wie ihn James Brown seit Mitte der Sechziger mit seinen Mega-Hits *I Got You (I Feel Good)* und *Get Up Sex Machine* zelebrierte – eine stete Wiederkehr des Gleichen, betont durch Stöhnen und Singen, Jauchzen und Rappen. Dies gelang anfangs am besten in der legendären Paradise Garage, einem Club in Manhattan in Hudson Square, in dem der DJ Larry Levan ein hochmodernes DJing kreierte und aus einzelnen Platten einen nächtelangen Flow erzeugte.[4]

Dieser unter die Haut gehende synthetische Sound wurde Teil der Popkultur der glitzernden siebziger Jahre, als der US-amerikanische Musikproduzent Van McCoy 1975 den im Adam's Apple Club in New York von Schwulen und Jugendlichen getanzten Hustle mit seiner pumpenden Basslinie und einfachen Melodie auf eine Schallplatte presste und ihn so zum Modetanz machte. Innerhalb weniger Monate erfasste der Mainstream diese Musikrichtung, und Disco-Hits eroberten die Pop-Charts. Ebenfalls 1975 brachte James Brown die Single *Hustle!!!* auf den Markt, die bald als Plagiat eines Stücks des blinden kamerunischen Sängers und Gitarristen André-Marie Tala entlarvt wurde. Dieser hatte in seiner Heimat zwei Jahre zuvor sein erstes Album *Hot Koki* als eine Mischung aus Soul, Jazz, R&B

2 Jens Balzer, *Zum Tod von David Mancuso. Der Vater aller Tänze*, in Berliner Zeitung vom 15. Nov. 2016; Poschardt 1997, 108 u. 112–113.
3 Poschardt 1997, 114–118 u. 410–412; Büsser 2013b, 112–115.
4 Diederichsen 2005, 43.

und den traditionellen Klängen Kameruns herausgebracht, das James Brown während seiner Tournee durch Westafrika entdeckte.[5] Ebenfalls 1975 nahm Donna Summer, die bis dahin in einem Kirchenchor gesungen hatte und mit dem Musical *Hair* nach Deutschland gekommen war, mit dem Produzenten Giorgio Moroder in München das fast siebzehn Minuten lange Stück *Love To Love You Baby* auf, wobei die Sängerin den Refrain „mit orgastischer Wollust [...] schier endlos zu einem monoton treibenden Synthie-Beat" stöhnte, so Ulf Poschardt. Andere interpretierten das Stück als Kopulationsspektakel und vertonte Männerfantasie. Vor allem der hämmernde Bass und die Orchestrierung machten Schluss mit dem seit Beginn der Rock 'n' Roll-Ära dominanten Sound elektrischer Gitarren. Bereits 1969 hatten Serge Gainsbourg und Jane Birkin mit ihrem gestöhnten Lustsong *Je t'aime ... Moi non plus* demonstriert, dass auch seufzende Streicher und lustvolle Bässe die Kassen klingeln ließen.

Überhaupt stürmten im Jahr 1975 lustgetränkte Disco-Songs die Charts, so die Ode an eine Prostituierte in New Orleans *Lady Marmalade* der Girlgroup Labelle. Deren Refrain „Voulez-vous coucher avec moi ce soir?" flüstern seitdem Möchtegern-Beaus in allen Urlaubsorten dieser Welt den Urlauberinnen zu. Discomusik verkündete mit Vorliebe stöhnend, flüsternd und raunend ihre einfache Botschaft von Liebe, Tanz und sich gut fühlen. Dann ging es Schlag auf Schlag. 1976 brachte Johnnie Taylor seinen Riesenhit *Disco Lady* heraus; die erste Single, die in den USA mit Platin ausgezeichnet wurde. 1977 gelang Giorgio Moroder mit *I Feel Love*, wiederum mit Donna Summer als Sängerin, ein erneuter popkultureller Quantensprung, indem er alle Instrumentals mit einem Moog-Synthesizer produzieren ließ und diesem bisher nie gekannte Klänge entlockte. Sofort rückte der Synthesizer in den Mittelpunkt der Disco-Musik.

Die neue Musik entsprach den Wünschen der meisten Jugendlichen nach den neuesten Hits und musikalischer Perfektion. Da fast alle Bands die sehr komplex gewordene Studiomusik der frühen siebziger Jahre bei ihren Liveauftritten nicht nachspielen konnten, schlug die Stunde der DJs, die mit angesagten Schallplatten im Gepäck sehr wohl imstande waren, die Musikwünsche der jugendlichen Pop-Fans zu erfüllen. Zugleich nutzten auch die meisten Veranstalter die Gunst der Stunde, um ihre Kosten zu senken. Eine Diskothek mit einem DJ am Plattenteller war nun einmal mit weniger finanziellem Aufwand zu betreiben als ein Live-Club, der Abend für Abend auf eine relativ teure Band angewiesen war. Zahlreiche Clubbetreiber forderten dennoch weiterhin Eintritt von den Besuchern.

Zuvor hatten die Jugendlichen noch zur Musik aus der Jukebox getanzt, ohne dafür zur Kasse gebeten zu werden. Jetzt mussten sie ihre Portemonnaies zücken, um den Plattendrehern beim Plattenauflegen zusehen zu können. Einige Edelschuppen wie die New Yorker Disco Studio 54 begründeten ihre hohen Eintrittspreise

5 Alan Jones/Jussi Kantonen, *Saturday Night Forever. The Story of Disco*. Edinburgh: Mainstream Publishing eBooks, 2000, Kap. 6; Dibussi Tande, *Undermining African Intellectual and Artistic Rights: Shakira, Zangalewa & the World Cup Anthem*, in Scribbles from the Den vom 23. Mai 2010, www.dibussi.com [20.04.2018]; Lori Ortiz, *Disco Dance*. Santa Barbara: Greenwood, 2011,66; Roul Mbog, *André-Marie Tala, toute l'histoire de la musique camerounaise*, in Le Monde Afrique vom 17. Mai 2015, www.lemonde.fr [20.04.2018].

mit ihren aufwendigen Multi-Media-Einrichtungen, mit der sie sich von der Masse der Tanzsäle abzuheben versuchten. Solche hochtechnisierten Sehnsuchtsorte der Discophilen schienen ob ihrer akustischen und optischen Kanonade mit dem bombastischen Weltraumspektakel *Krieg der Sterne* konkurrieren zu wollen, das in jenen Jahren die Kinokassen klingeln ließ.

In rascher Folge eröffneten vor allem in New York neue Discos für alle Einkommensklassen, Rassen und Vorlieben. Während die glamouröse Welt der Reichen und Schönen, Stars und Sternchen, Models und Mondänen ganz exklusiv einige wenige Diskotheken für sich in Beschlag nahm, um von der Yellow Press nicht übersehen zu werden, pilgerten die meisten Schwulen nach West Village, Gutbetuchte nach Midtown Manhattan ins Studio 54 oder ins Zenon. Die schwarze Mittelschicht feierte gleichzeitig in schickem und buntem Outfit im Leviticus und Othello's in Manhattan. Hier herrschte Anzugpflicht, wurde Cognac getrunken, und wer in Jeans und T-Shirt aufkreuzte, wurde von den Türstehern brüsk abgewiesen. Weiße Arbeiter vergnügten sich in Brooklyn, Queens und New Jersey, wo italienische DJs den Ton angaben. Nach Schätzungen des Rolling Stone Magazine gab es 1975 in den USA rund 2.000 Diskotheken, davon allein 200 bis 300 im Raum New York, wo die Clubs an jedem Wochenende etwa 200.000 Besucher zählten.[6]

Discoabende verdrängten alsbald Beatkonzerte, und glitzernde Tanzflächen rückten an die Stelle großer Bühnen. Rockstars wie die Rolling Stones und Alice Cooper hatten mit ihren Bühnenspektakel die Jugendlichen zuvor zu bloßen Musikkonsumenten degradiert, sodass die New York Times die berechtigte Frage stellte: „Wird der Rock jemals wieder das Tanzen lernen?" Die „Tanzmuffel der Rock- und Drogen-Ära", so das Nachrichtenmagazin Der Spiegel, kannten als Tanz lediglich „das unkontrollierte Zucken oder Schlingern im Haschisch- oder LSD-Vollrausch".[7]

Damit und dem Lotter-Look war es nun für viele erstmals wieder vorbei. Jugendliche bekannten sich nach den rebellischen sechziger Jahren wieder zu Bügelfalte, geplättetem Hemd, Haargel und Tanzschule und verlegten Mannbarkeitsriten nach dem Vorbild von John Travolta auf den Tanzboden, während Filmhelden der fünfziger Jahre wie James Dean sie noch auf der Straße bei gewagten Autorennen zelebriert hatten. Als Service für alle Narzisse umrahmten Spiegelwände viele Dancefloors, vor denen jedermann mit einer Ein-Mann-Show seiner Lust an tänzerischer Selbstbefriedigung frönen konnte. Alle Diskotheken rückten das Publikum ins Scheinwerferlicht und verwandelten passive Zuhörer in aktive Tänzer, die in modischen Schlaghosen und bunten Blümchen-T-Shirts den Musikern die Schau stahlen.[8]

In den teuersten Diskotheken pumpten gewaltige Soundanlagen die mächtigen Beats auf schweißgeschwängerte Tanzflächen, über die sich drehende Spiegelkugeln bunte Lichtreflexe streuten. Disco sollte die Menschen beziehungsweise die

6 George 2002, 24; Shawn G. Kennedy, *The New Discotheque Scene: ‚Like Going to a Big House Party'*, in The New York Times vom 3. Jan. 1976, 29.
7 *Disco: Narziß im Laser-Licht*, in DER SPIEGEL vom 16. Okt. 1978, 222–233, hier 228.
8 Farin 2006, 97–98.

„Tanzidioten", wie Frank Zappa spottete, mit einem subtilen Klangdesign nur zum Tanzen animieren, zum fortwährenden Tanzen, und das war am besten möglich durch die andauernde Wiederholung derselben Tracks.[9] Gefragt waren einfache Rhythmen als Taktgeber für die wie im Delirium tanzenden Discobesucher. Gefragt waren zudem sensible Plattenaufleger, DJs genannt, die mit der richtigen Auswahl der Platten die Temperatur auf der Tanzfläche zum Kochen brachten. Gefragt war allein eine Musik für die Tanzfläche sowie Texte, die einzig und allein von der Tanzfläche handelten.

Disco war weniger ein Musikstil als vielmehr eine Klangschablone, in die verschiedene Stränge der afroamerikanischen Musik einflossen. Die Stars der Discoszene waren allein die Tänzer, und die Qualität der Musik wurde daran gemessen, wie sich die Tänzer auf der Tanzfläche präsentieren konnten mit dem DJ als Zeremonienmeister. Männer und Frauen sollten sich hier abseits des grauen Alltags mit Hilfe ihrer Kleidung und ihren Bewegungsriten neu verwirklichen und neu definieren. *Lost In Music* sang 1979 die amerikanische Gruppe Sister Sledge, und Kool & the Gang forderten gleichzeitig in bunt glitzernden Klamotten aus der Zirkusgarderobe mit ihrem Ohrwurm-Gesang die Frauen dazu auf, die Hüften zu schwingen – *Ladies' Night*.[10] Disco wurde zur Begleitmusik für alle, die im Kreise von Gleichaltrigen ihre Jugendfrische mit einem Endlostanz bis zum Gehtnichtmehr feiern und genießen wollten, die mal eben ihre überschüssige Energie in einem kurzen Saturday Night Fever ausschwitzen wollten, um anschließend wie neu geölt und mopsfidel in den grauen Alltag zurückzukehren. Disco löste trotz Öl- und Wirtschaftskrise einen Tanz- und Lifestyle-Boom aus, getragen von dem Wunsch, dem tristen Alltag zu entfliehen und für eine Nacht ein Star zu sein.

In Europa wurde Disco vor allem als Wochenendparty interpretiert mit Balzritualen, Konsum und der Eroberung der Nacht als wesentlichem Inhalt. In den USA dagegen, wo Disco im Untergrund entstanden war, blieb diese Musik weiterhin für Farbige und Homosexuelle eine Plattform, sich selbst mit ihren Wünschen zu präsentieren und zu feiern, so in der 1976 eröffneten Paradise Garage in der King Street in New York City. Disco stand nicht mehr für Rebellion oder politischen Protest, sondern in einer Zeit, in der Freizeit das halbe Leben ausmachte, für Lebensfreude und Spaß. Disco war reinster Pop, war reinstes Glück, war das Wegtanzen aller Probleme. Disco-Musik enthielt keine politische Botschaft, sondern forderte fernab von jeder revolutionären Gesinnung lediglich dazu auf, sich mit schicken Klamotten auf dem Dancefloor unter der glitzernden Discokugel zu amüsieren – Disco statt Demo. Obwohl diese Musik in den USA weiterhin eine schwule Angelegenheit blieb und einige Bands wie die 1977 gegründete Karnevalstruppe Village People sich wie Karikaturen von Homosexuellen kostümierten und diese auch ansprechen wollten, puschte die Industrie Disco seit etwa 1975 zum Mainstream, damit zugleich das Tanzen sowie zahlreiche Accessoires, die zuvor nur Schwulen als „Kluft" bei ihren Underground-Tanzvergnügen gedient hatten.

9 Poschardt 1997, 121–125; Kühn 2017, 112 u. 117; Wicke 2011, 86; Paytress 2012, 188.
10 Gerald Hündgen, *Do You Like Good Music?*, in Kemper/Langhoff/Sonnenschein 2002, 148–162, hier 159.

Texte waren eher zweitrangig, womit die Sänger mehr in den Hintergrund traten. Der in München 1974 zusammengestellten Gruppe Silver Convention gelang im folgenden Jahr mit *Fly, Robin, Fly* ohne viele Worte ein internationaler Tophit, wobei die drei Sängerinnen lediglich den einen Satz „Fly, robin, fly, up up to the sky" viermal wiederholten, ansonsten aber im Gleichschritt leichte gymnastische Übungen vollzogen. Die Mitglieder der Gruppe Boney M., die seit Mitte der Siebziger mit *Daddy Cool* und *Rivers of Babylon* Welthits landeten, trieben die Inhaltslosigkeit dieser Tanzmusik weiter auf die Spitze. Bobby Farrell verstand sich lediglich als Vortänzer und bewegte zu dem Gesangstext nur noch die Lippen. Schließlich brachte das ebenfalls von Frank Farian produzierte Discopop-Duo Milli Vanilli überhaupt keinen Ton mehr heraus und begleitete seine per Playback abgespielten und von ausgebildeten Sängern erstellten Songs lediglich als Tanzmäuse, die solange synchron zum Text ihre Lippen bewegten, bis ein Stromausfall ihrer Mundgymnastik ein Ende bereitete. Den Fans war es egal. Hauptsache Musik und Optik stimmten.[11]

Auch in der Disco-Ära gelang es einigen Produzenten, über den Skandal ihre Platten an die Spitze der Charts zu hieven. 1983 brachte die am Reißbrett entstandene britische Popgruppe Frankie Goes to Hollywood die Single *Relax* heraus, und Hysterie wie Verkaufszahlen explodierten. Vorab geschaltete Zeitungsanzeigen mit dem Bild der Bandmitglieder ließen aufhorchen. Sie ließen keine Zweifel aufkommen über die sexuellen Vorlieben der Musiker: „Alle diese netten Jungs lieben Seemänner." Anschließend schob das Management den Frontmann Holly Johnson, zuvor Sänger einer Punkband, und den Backgroundsänger Paul Rutherford ins Rampenlicht, die sich beide offen als Schwule outeten. Das hatte zuvor noch kein Popstar gewagt. In dem homoerotisch angehauchten Videoclip zur Platte tanzten schließlich mehrere Männer in Latexklamotten. Dazu das Plattencover – eine Kamasutrastellung in Leder.

Der Song selbst drehte sich einzig und allein um Orgasmus. Es stöhnte erstmals keine Frau wie Donna Summer, sondern ein Mann. Obwohl im Text von Sex nicht offen die Rede war und kein einziges F-Wort vorkam, zensierte die BBC die Platte wegen des anzüglichen Covers und des homoerotischen Textes und verbannte sie aus den Radio- und Fernsehsendungen. Damit aber feuerte der Sender das Interesse an dem Song erst richtig an. Die Verkaufszahlen stiegen, bis die Platte die Spitze der britischen Charts erreichte. Das Management hatte weitere Provokationen in petto. Um auch in den USA den Absatz zu puschen, steckte es die fünf Musiker in einen mit riesigen Lautsprechern bestückten Panzer, der durch Los Angeles kurvte, wobei die „Frankies" die Passanten mit obszönen Sprüchen traktierten.[12]

Ende der Siebziger war Disco derart angesagt, dass selbst einige harte Rocker, um weiter Kasse zu machen, zu dieser flockigen Musik griffen. 1978 veröffentlichten die Rolling Stones *Miss You*, nach den Worten von Keith Richards „eine verdammt gute Disco-Scheibe". Im selben Jahr stieg die zwittrig schillernde Amanda Lear, die als Punk ursprünglich harte Rockmusik hatte machen wollen, zum

11 Büsser 2013b, 116.

12 Holly Johnson, *A Bone in my Flute*. London: Random House, 1995

Weltstar auf, indem sie sich auf Druck ihrer Plattenfirma der Discomusik hingab und mit *Follow Me* und sado-masochistischen Paarungs-Andeutungen die Diskothekenbesucher zum Schwitzen brachte. Zeitgleich feierte Rockröhre Rod Stewart mit *Da Ya Think I'm Sexy* in zahlreichen Ländern wie den USA und Großbritannien einen Nummer-eins-Hit, weil nach den Worten des Co-Autors Duane Hitchings die Produzenten angesichts des Saturday Night Fever's befürchteten, die Tage der harten Rock 'n' Roller seien endgültig gezählt. Indes machte sich Gesamtkunstwerk Grace Jones mit Schulterpolster und Brikettfigur, mit viel nackter Haut und simplen Disco-Liedchen im New Yorker Studio 54 als dem Treffpunkt der Reichen und Schönen einen Namen als Muse von Andy Warhol und als Ikone der Gay-Community.[13] Selbst Aretha Franklin ließ sich als Queen of Soul von ihrem neuen Labelboss Clive Davis bei Arista Records ein neues Klanggewand schneidern, das sich an Disco und zeitgenössischem R&B orientierte. Als schließlich das Discofieber endete, kehrten Rockveteranen wie Bruce Springsteen, Eric Clapton, Led Zeppelin, Rod Stewart und Kiss wieder zu ihrer harten Musik zurück, um vor ausverkauften Häusern ihre vergangenen Jugendjahre zu feiern.

Wie schon bei anderen Musikrichtungen zuvor, steigerte die Musikindustrie das kommerzielle Potential der Disco-Musik durch eine inzwischen schon routinemäßige Allianz mit der Filmindustrie. Nach einer 1976 erschienenen Reportage von Nik Cohn über junge gesellschaftliche Außenseiter, die am Wochenende zu Königen des Dancefloors mutierten, kam bereits im folgenden Jahr *Saturday Night Fever* mit John Travolta in die Kinos. Der Film erzählt die Geschichte des armen Botenjungen Tony Manero, der in der Diskothek zum König der Tanzfläche aufblühte und dort seine Würde wiedererlangte, die ihm sein grauer Alltag verweigerte.[14]

Erneut feierte das Cross-Marketing Triumphe. Der Song bewarb den Film, und der Film bewarb die Single. Zuerst lief der Soundtrack im Radio, und nachdem das von den Bee Gees mit dreistimmigem Falsettgesang vorgetragene *Stayin' Alive* sich als Ohrwurm massenhaft in den Köpfen eingenistet hatte, wurde der Film für die Leinwand freigegeben.[15] Der Falsettgesang wurde für die Bee Gees und für die gesamte Disco-Ära zum Markenzeichen, und mit ihm stieg die Gruppe um die Brüder Gibb zu Mega-Stars auf. Mit dem Erfolg des Films wurden Feiern und Tanzen endgültig zur Körperertüchtigung, wurden zur harten Arbeit am eigenen Körper, zumal die neuen Körperideale meist nur mit viel Schweiß und Disziplin zu erreichen waren. Während die Tänze der bürgerlichen Gesellschaft noch Paartänze waren, hatten sich in den Modetänzen der Nachkriegszeit die Partner Schritt für Schritt voneinander gelöst, um sich in dem Disco-Narzissmus der siebziger Jahre selbstverliebt, selbstherrlich und selbstvergötternd zu präsentieren.

Disco lebte den Glamour, den Glanz und das Glitzern und stand dem Schlager äußerst nahe. Die Musik symbolisierte eine Welt ohne Sorgen und wachsenden

13 *Duane Hitchings. The man behind the hits*, in www.rockunited.com vom 23. März 2007.
14 Nik Cohn, *Tribal Rites of the New Saturday Night*, in New York Magazine vom 7. Juni 1976.
15 *Saturday Night Fever. Der Messias tanzt bügelfrei*, in SPIEGEL ONLINE vom 4. Nov. 2007.

Reichtum. Disco wollte nicht nur gehört, sondern vor allem erlebt, gelebt und gesehen werden. Disco zelebrierte Äußerlichkeiten: das schrille Outfit wie den perfekten Körper. Discos galten als Clubs für Hedonisten und Exhibitionisten, für Narzisse und gelackte Selbstdarsteller. Disco provozierte aber auch Hasstiraden bei allen denen, die Glanz und Glamour verabscheuten. Als Ende der Siebziger die Discokultur ihren kommerziellen Zenit überschritt und die tanzende Welt wieder einmal nach Neuem und Unverbrauchtem Ausschau hielt, vereinte die Ablehnung von Disco Punks und ehemalige Hippies, die unisono „Folter für Travolta" forderten.

Disco verlangte nach Darstellung und Darbietung und war wie gemacht für Länder, in denen das Farbfernsehen mit privaten Fernsehsendern die Konsumträume der Bevölkerung kanalisieren konnte. In Japan als dem wirtschaftlichen Aufsteiger im Fernen Osten lieferten die mit dem Fernsehen sehr eng verbundenen Produktionsgesellschaften mit dem so genannten Idol Pop eine höchst schmackhafte Variante, bei der weniger die musikalische Qualität als das Äußere der Mimen die entscheidende Rolle spielte. Die Zeit, als Disco den Dancefloor dominierte, war die goldene Zeit der Idole in Japan, eine Zeit der kurzlebigen, jungen, gut anzusehenden Sternchen – der männlichen Idole für weibliche Fans und der weiblichen Idole für männliche Fans. Die Manager dieser Teenager, die wegen ihrer fehlenden Gesangsausbildung und mangelhaften Gesangsqualität in der Regel als Gruppen auftraten, verpassten ihnen ein künstliches, frei erfundenes und sauberes Image ohne jeden Makel – keinen Freund, keine Zigaretten, keinen Sex. Eingerahmt von Werbung und seichter Musik bedienten diese Sternchen feuchte Jugendträume.[16]

Zugleich entstand in Japan zur Disco-Musik ein eigener Tanzstil. In den teuersten und vornehmsten Diskotheken des Landes entwickelte sich in den frühen Achtzigern aus dem Eurobeat heraus der Gruppentanz Para Para, bei dem die Teilnehmer zu gleichnamiger Musik als Einzeltänzer synchrone Armbewegungen durchführten, während sie ihre Beine kaum bewegten – ein idealer Tanzstil für reiche Krawattenträger, die, an den Bartresen gelehnt, nicht ins Schwitzen kommen wollten.

Disco begeisterte Millionen bis hin nach Kenia und Indien, wo Bollywood dazu das in Amerika und Europa so erfolgreiche Cross-Marketing-Konzept imitierte. 1982 flimmerte in dem Subkontinent *Disco Dancer* über die Leinwände – eine Geschichte, die selbst am Bollywood-Standard gemessen trivial und kitschig war, aber mit einem Soundtrack, den in den Discos des Landes jeder immer wieder hören wollte: *Yaad Aa Raha Hai*, in Indien eine Disco-Hymne für die Ewigkeit.[17] In Kenia erklangen in der zweiten Hälfte der Siebziger die Hits von ABBA und Boney M. nahezu rund um die Uhr aus dem Radio, sodass sich das Informationsministerium 1980 auf Druck der Fans einheimischer Musik veranlasst sah, den DJs des englischsprachigen Programms von Voice of Kenya zu verbieten, mehr als 25 Prozent ihrer Sendungen mit ausländischer Musik zu füllen. Schon nach zwei Wochen

16 Hiroshi Aoyagi, *Islands of Eight Million Smiles. Idol Performance and Symbolic Production in Contemporary Japan*. Cambridge, Mass.: Harvard University Press, 2005.

17 *Studio 84: Digging into the History of Disco in India*, in Geeta Dayal vom 29. Aug. 2007 [5. Dez. 2015].

musste die Regierung diese Direktive wieder zurücknehmen. Die meisten Radio-DJs weigerten sich, mehr lokale Musik aufzulegen. Voller Verachtung schauten sie auf diese Musik herab, die in ihren und in den Ohren ihrer Hörer schrecklich und primitiv klang.[18]

REAKTIONEN – ZUGESTÄNDNISSE UND BANN

Sehr schnell erfasste die Disco-Musik auch den Osten Europas, ebenfalls angeheizt durch *Saturday Night Fever*. In diesen Jahren, als die politischen Entspannungsbemühungen zwischen Ost und West zunahmen und am 1. August 1975 in Helsinki 35 Staaten aus Ost und West die Schlussakte der „Konferenz über Sicherheit und Zusammenarbeit in Europa“ (KSZE) unterzeichneten, beschleunigte der Film sogar den Sinneswandel und die Neupositionierung der Sowjetoberen und Moskauhörigen. Auf Initiative und mit Unterstützung der Jugendorganisation der KPdSU Komsomol wurden seit Mitte der siebziger Jahre überall in dem sowjetischen Riesenreich alte Jugendclubs in so genannte *diskoteki* umgewandelt, die zwar meist so trist eingerichtet waren wie ein Parkplatz, die aber von den Jugendlichen aus Mangel an Alternativen ebenso angenommen wurden wie Kwaß anstelle von Coca-Cola. Die Partei wollte die Jugend nicht verlieren und akzeptierte daher in den Siebzigern auch westliche Töne und westliche Tänze. Dennoch hatten die Veranstaltungen der vom Staat eingerichteten Diskotheken nur wenig gemeinsam mit gleichnamigen Veranstaltungen und Einrichtungen in New York, West-Berlin oder Tokio.

Die kommunistischen Kulturwächter hielten weiterhin an ihrem Credo fest, das lediglich klassische Musik und Agitationslieder als kulturell wertvolle Musik definierte, während es Tanzmusik und Liebeslieder als minderwertig erachtete. Sie verpflichteten die Leiter der Diskotheken, Unterhaltung mit Erziehung zu verbinden. Etwa ein Drittel des Abends hatten diese mit klassischer Musik zu bestreiten, gemischt mit Wortbeiträgen über revolutionäre, soziopolitische und patriotische Themen. Ferner hatten sie während eines Viertels der Zeit sowjetische „Unterhaltungsmusik“ aufzulegen, wie unterhaltsam derartige Agitationssongs auch immer waren. Lediglich ein Fünftel der Zeit war für ausländische Musik freigegeben, darunter Rock und Pop aus dem Westen. Die übrige Zeit hatten sich die Besucher bei Kinderliedern, Volksmusik und humoristischen Beiträgen zu amüsieren.[19]

Dieser Versuch, den musikalischen Einfluss des Westens mit einem pädagogischen Gegenprogramm auskontern, scheiterte letztlich, zumal über Lwiw (Lemberg) und Riga westliche Musik, westliche Mode und westliche Ideen in das Land eindrangen und sich von dort über den Schwarzmarkt im ganzen Land verbreiteten. Da die meisten Diskotheken wie kommerzielle Unternehmen arbeiteten, sahen sich die Leiter gezwungen, möglichst viele Besucher anzulocken. Dies gelang aber nur, wenn sie die neusten Hits aus dem Westen in ihrer Plattensammlung vorweisen

18 Bender 2000, 218–220.

19 Gregory Kveberg, *Shostakovich versus Boney M. Culture, Status, and History in the Debate over Soviet Diskoteki*, in Risch 2015, 211–227, hier 216.

konnten. Bald bildete sich ein Netzwerk zwischen den Leitern der Diskotheken, dem lokalen Schwarzmarkt und den Leitern der staatlichen Touristenbüros Sputnik, die während der organisierten Auslandsreisen die gewünschte Musik besorgten. 1984 wurden 90 Prozent der westlichen Musik in der Ukraine von einheimischen Touristen aus sozialistischen Bruderstaaten ins Land geschmuggelt.[20]

Zwar versuchte die Partei mit Marx- und Engelszungen, die Jugendlichen für eine patriotische Musik zu gewinnen, doch diese besuchten keine Diskothek, um sich gegen Bezahlung wie in einer Schule von oben herab belehren zu lassen und sich auf der Tanzfläche zu den Klängen süßer Volksmusik im Kreis zu drehen. Ihnen gierte nach den neusten Hits aus dem Westen. Während in den ersten Diskotheken noch die klassischen Rock-Balladen wie *House of the Rising Sun* von den Animals angesagt waren, verlangten die jugendlichen Besucher ab 1976 vermehrt nach Hits von ABBA, Boney M. und Donna Summer. Sie wünschten wie ihre Altersgenossen im Westen, wenigstens die Wochenenden in einen unschuldigen Karneval zu verwandeln. Die staatliche Schallplattenfirma Melodiya kam den Wünschen der Jugend einen Schritt entgegen, indem sie ein Album der schwedischen Disco-Band veröffentlichte und erstmals auch Lizenzen im Westen erwarb, vorrangig für als antikapitalistisch bewertete Song wie *Give Peace a Chance* von John Lennon. Den sowjetischen Tugendwächtern kam das Discofieber letztlich nicht ganz ungelegen, da mit ihm das Interesse der Jugend an der aufpeitschenden Rockmusik erlahmte und sich ein Großteil der Rock- und Beatbands auflöste.[21]

Das Jugendmagazin Rovesnik, das in einem ambivalenten Verhältnis zur westlichen Rockmusik stand und die ganze Konfusion der Parteiideologen angesichts der neuen Musik widerspiegelte, ging zwar vermehrt auf Hits und Stars aus dem Westen ein, konnte aber seine ideologische Beschränktheit nie abschütteln. 1972 erklärte das Magazin ausführlich die Hintergründe von Webber's Rock-Oper *Jesus Christ Superstar* sowie die Ursprünge der neuen „Jesus-Begeisterung“ in der Popkultur des Westens, berichtete aber mit Vorliebe über Sänger und Gruppen wie Joan Baez, Bob Dylan oder die Rolling Stones, die es als heroische Kämpfer gegen die kapitalistischen Ausbeuter und die amerikanischen Imperialisten aufblies. Einem Artikel über eine westliche Band musste in der Regel das Portrait einer Band aus einem sozialistischen Land vorangehen. So wurde 1977 ein Artikel über die zu dieser Zeit in der Sowjetunion populärste englische Band Slade eingeleitet mit langatmigen Informationen über die in der Sowjetunion weitgehend unbekannte ostdeutsche Rockband Puhdys. Als sich Rovesnik schließlich ab 1977 auch der Discomusik näherte, berichtete das Blatt zunächst nur über die Einrichtung und Organisation von Diskotheken in den sozialistischen Ländern.[22]

Wie im Westen wollten die Jugendlichen in der Sowjetunion ihre Idole aber nicht nur hören, sie wollten sie auch zu Gesicht bekommen und zwar nicht nur in Form von Fotografien. In Moskau und Leningrad bekamen die Fans bisweilen die

20 Zhuk 2010, 287–295.

21 Armin Siebert, *Rockmusik in der Sowjetunion*, in www.bpb.de/internationales/europa/russland/48014 [25.04.2018].

22 Zhuk 2010, 1–4 u. 215–249.

Möglichkeit, Gruppen wie Boney M. oder Cliff Richard and the Shadows bei Live-Auftritten zu bejubeln. In kleineren Städten setzen sie ihre ganze Hoffnung dagegen aus Mangel an Alternativen auf einen mit Popmusik unterlegten West-Film, den die Zensoren wegen seiner Antikapitalismuskritik das Prädikat „wertvoll“ verliehen und für die Sowjetbürger freigaben.

1975 war es soweit. Der Film *O Lucky Man!* des britischen Regisseurs Lindsay Anderson durfte den Eisernen Vorhang passieren, weil die Hauptfigur, der Kaffeevertreter Mick Travis, bei seiner wüsten Odyssee quer durch das damalige Großbritannien das Land in einem Zustand kompletter Verkommenheit zeigte. Mick geriet an Polizisten, die einen verunglückten Lieferwagen ausraubten, in ein Hotelzimmer, in dem sich Beamte und Schieber zu Orgien einfanden, in eine Klinik, in der Wissenschaftler Menschen Tierfleisch anoperierten, an einen Finanzmann, der mit Napal das große Geld verdiente. Die Menschen in der Sowjetunion standen jedoch vorwiegend Schlange, um sich den Film wegen seiner Filmmusik anzusehen. Deren Komponist war Alan Price, der 1962 die in der UdSSR sehr populäre britische Band The Animals gegründet hatte und in dem Film selbst auftritt. Als *O Lucky Man!* in die Kinos der Sowjetunion kam, war er Teil einer halbherzigen Öffnung gegenüber der westlichen Musik. Diese Phase hielt bis zur sowjetischen Invasion in Afghanistan Ende 1979 an. Anschließend begannen als Antwort auf die Kritik aus dem Westen orthodoxe Kommunisten erneut, wie gezeigt, Druck auf die einheimische Rock-Szene auszuüben.[23]

Die meisten Staaten Osteuropa folgten in den siebziger Jahren mit der Einrichtung von Diskotheken dem Beispiel der Sowjetunion. In Polen öffnete die erste im Jahr 1970, und Mitte des Jahrzehnts existierten bereits ungefähr 100 derartiger, lizensierter Tanzsäle, daneben weitere ohne staatliche Genehmigung.[24] In der DDR wurden Jugendfreizeitheime und die so genannten Singeklubs seit den frühen siebziger Jahren zu Geburtsstätten der dortigen Diskotheken – auf Anordnung der Partei ausdrücklich mit „k“ geschrieben, um sie von den westlichen Discos abzuheben, diesen nach Meinung der FDJ-Zeitung „glitzernden Ghettos“, in denen die Ideologen des Kapitals alle Register ihrer Propaganda zogen. Nach den Weltjugendspielen des Jahres 1973 in Ost-Berlin konnte die Partei den Wunsch der Jugend nach Discos nicht mehr ignorieren, zumal alsbald das „Saturday Night Fever“ über die Mauer schwappte.

Um jedoch den Westen nicht einfach zu kopieren, hatten die ostdeutschen Diskotheken nach dem Willen der Kulturfunktionäre wie auch in der UdSSR nicht nur als Tanzflächen zu dienen, sondern die DJs – auf Anordnung der Partei „Schallplattenunterhalter“ genannt – hatten in die Veranstaltungen Quizrunden, Spiele, Modeschauen, Dokumentarfilme und politische Belehrungen einzubauen. Zudem hatten sie das 60/40-Prozent-Gebot zu beachten, das heißt, 60 Prozent der Titel mussten aus der DDR oder dem sozialistischen Ausland stammen. Die restlichen 40 Prozent konnten von den DJs, die eine staatliche Spielerlaubnis besaßen und die alle zwei

23 Zhuk 2010, 251–255; Ryback 1990, 149–166.

24 Markus Krzoska, *Ein Land unterwegs. Kulturgeschichte Polens seit 1945*. Paderborn: Schöningh, 2015, 188.

Jahre stattfindende Eignungsprüfung bestanden hatten, in Form von nichtsozialistischen Lizenzplatten erworben werden. In unregelmäßigen Abständen boten die staatlichen Plattenläden kleine Mengen solcher Platten mit Westmusik an. Ferner konnten die DJs Westtitel, die in der Sendung *Podiumsdiskothek* des DDR-Rundfunks vorgestellt wurden, mitschneiden.

Kaum einer dieser „Schallplattenunterhalter" hielt sich trotz unangemeldeter Kontrollen an diese Vorgaben. Sie wollten ihr Publikum nicht vergraulen. Viele nutzten die vom Sender Freies Berlin eigens für die Ost-DJs auf der anderen Seite der Mauer entwickelten Musiksendungen, die man ohne störende Moderation mitschneiden konnte. Größere Probleme bereitete auch die völlig unzureichende Technik, da sich mit zwei 50-Watt-Lautsprechern und rückkoppelnden Mikrofonen keine Diskothek ausreichend beschallen ließ. Um dem abzuhelfen, waren Organisationstalent, technisches Können und, wenn dies alles nichts half, Westkontakte nötig.

Vom Äußeren her hatten die meisten DDR-Diskotheken mit den westlichen Glitzer-Discos nur wenig gemein. Ehe seit den siebziger Jahren spezielle Jugendclubs in den städtischen Neubaugebieten errichtet wurden, dienten meist die Speisesäle großer Fabriken und auf dem platten Land auch Gastwirtschaften und Schuppen als Diskotheken, wo die Jugendlichen, umweht von Sauerkraut- und Rotkohldüften, John Travolta zu imitieren versuchten.[25]

Letztlich aber mussten die Machthaber in Ost-Berlin Discomusik akzeptieren, wenn auch ohne den im Westen damit verbundenen Kommerz. Sie holten sogar gegen wertvolle Devisen oder Meißner Porzellan einige West-Stars ins Land, wo sie im Fernsehen auftraten und euphorisch gefeiert wurden, so etwa 1976 die Gruppe Silver Convention, die einen Sound präsentierte, den die volkseigenen Studios mit ihrem völlig überalterten Gerätepark überhaupt nicht produzieren konnten. In den Achtzigern wurden schließlich neue Großraumdiskotheken mit westlichem Disco-Sound im Nachtleben von Ost-Berlin zum großen Renner. Die FDJ stellte die Gelder bereit, um die Jugend zu beschäftigen. Zähneknirschend hatten die Funktionäre erkannt, dass Tanzen systemerhaltender ist als Demonstrieren.[26]

Die ersten Jahrzehnte der Popgeschichte nach dem Zweiten Weltkrieg hatten verdeutlicht, wie sehr kaufmännisches Geschick und technische Neuerungen die globale Verbreitung der Popmusik vorantrieben und zugleich politisch-ideologische Widerstände sie behinderten. Weiterhin sahen viele kommunistische Hardliner in der aus dem Westen kommenden Musik Schallwaffen, die es abzufangen und zu zerstören galt. Innerhalb der Phalanx der Gegner von Rock und Pop schoben sich seit Mitte der Sechziger, sehr viel stärker aber ein Jahrzehnt später, religiöse Fanatiker nach vorne, in erster Linie strenggläubige Muslime.

In Algerien predigte eine einflussreiche Gruppe von Moslems mit Verweis auf den Koran, die Gesellschaft durch Ächtung der Popmusik von vielen tatsächlichen und vermeintlichen Übeln erlösen zu können. Sofort nach seiner Machtergreifung

25 *Studio 89. Das Original. Der real existierende DJ in der DDR*, in www.studio89.de/ddr.php [28.04.2018]; Westbam 2016, 117.

26 Wagner 1999, 112–113 u. 172.

im Jahr 1965 hatte Präsident Houari Boumedienne mit der Einführung eines islamischen Sozialismus die westliche Popmusik verbieten lassen. Als Kompensation hatte die lebensfrohe städtische Jugend auf den Raï, eine traditionelle Volksmusik, zurückgegriffen und diese durch den Einsatz westlicher Instrumente wie E-Gitarre und Geige sowie der Übernahme von Jazz- und Rockelementen dem internationalen angloamerikanischen Stil angenähert und zu einer Art Popmusik weiterentwickelt. Nach dem Tod von Boumedienne Ende 1976 kamen Synthesizer und Drumcomputer hinzu, verschiedentlich Trompete, Saxophon und Akkordeon. Aus einer einfachen Hirtenmusik aus Marokko und dem Umland von Oran, vorgetragen mit improvisierten Texten und von Flöten begleitet, hatte sich aus dem Zusammenwirken nordafrikanischer, französischer und spanischer Musiker inzwischen eine technisch und kompositorisch anspruchsvolle Musik entwickelt, die nicht mehr wie bisher eine reine Frauendomäne war, sondern auch männlichen Interpreten offenstand.

Diese enorm beschleunigte, nervös-fiebrige Musik, die nichts mehr zu tun hatte mit den Klängen von Schalmeien in einer arkadischen Idylle, traf auf eine Jugend, die angesichts einer desolaten Wirtschaftspolitik, eines weiterhin extremen Bevölkerungswachstums und einer hohen Jugendarbeitslosigkeit ohne jegliche Illusionen in die Zukunft blickte. Die 17-jährige Sängerin Chaba Fadela verwandelte 1979 mit ihrem im ganzen Land gesungenen Hit *Ana Ma H'Lali Ennoum – Ich kann nicht schlafen* – die Frustration in Wut. Ihr Auftritt im Minirock im französischen Fernsehen machte sie auf einen Schlag berühmt. Innerhalb kürzester Zeit schlossen sich andere Sänger wie der später mit *Aïcha* weltweit berühmt gewordene Cheb Khaled ihr an. Sie alle waren stolz auf ihre Jugend und firmierten auf ihren Musikkassetten alle als „Cheb“ (junger Mann) oder „Chaba“ (junge Frau), um sich von den älteren, auf Tradition setzenden Musikern abzusetzen. Sie thematisierten Angst und Frustration, Liebe und Verlangen, Freiheit und freie Rede. Sie sangen gegen die Schattenseiten des Systems an, gegen die heuchlerische Moral, die Unterdrückung der Sexualität, die hohe Arbeitslosigkeit, die Korruption sowie gegen eine politische Elite, die sich große Teile der riesigen Einnahmen aus den Erdölexporten aneignete. Mit dem Raï-Pop identifizierte sich alsbald eine ganze Altersgruppe, die ihrer Freude am Leben Ausdruck verleihen wollte und die mit Unverständnis und Zorn auf alle reagierte, die sie daran zu hindern versuchten.[27]

Die Regierung, alarmiert durch den Aufstand der Berber in der Kabylei im Jahr 1980, der sich gegen die Arabisierungspolitik in Algier richtete und von der Frustration über die wachsende soziale Not gespeist war, verbot den Raï-Pop in Rundfunk und Fernsehen, konnte aber nicht verhindern, dass sich die Songs über die inzwischen überall erhältlichen Musikkassetten rasch verbreiteten. Die Kassetten ermöglichten es, die Songs leicht aufzunehmen und leicht zu kopieren. Auf jedes verkaufte Exemplar eines Hits, kamen etwa zehn Raubkopien. Allein Cheb Khaled nahm bis 1988 über einhundert Kassetten auf und wurde so zum Roi du Raï, zum König des Raï. Chaba Fadela brachte 1983 zusammen mit ihrem Ehemann Cheb Sahraoui den Song *N'sel Fik – Du gehörst mir* – heraus, der zum Welthit wurde.

27 Tenaille 2003, 50–55.

Nachdem die Regierung einige Jahre lang hilflos mitansehen musste, wie diese Musik unter den Jugendlichen zunehmend Anhänger fand, hob sie 1985 notgedrungen ihren Bann auf.[28]

Stattdessen attackierten islamistische Vereinigungen, denen 1986 der Kollaps des Ölpreises, Wohnungsnot, Teuerung und Jugendarbeitslosigkeit ein Heer von Unzufriedenen in die Arme trieben, die Raï-Musiker als ehrlose Feinde Gottes, als irdisches Gebrechen und Gift. In diesen so genannten „Schwarzen Jahren", als der von den Islamisten angezettelte Bürgerkrieg über 200.000 Menschen das Leben kostete, darunter 128 Journalisten, wurden Ladenbesitzer, die Kassetten mit Raï-Musik verkauften, mit dem Tode bedroht, weil sie damit „die Unzucht innerhalb der muslimischen Gesellschaft förderten" und „bei der Jugend die Triebe entfesselten und Gott in Vergessenheit geraten ließen", so in den Drohbriefen. Zahlreiche Sänger erhielten zusammen mit derartigen Warnungen ein Stück Seife, wie es die Araber zur Leichenwaschung benutzen.

Cheb Khaleb sah sich bereits 1986 zur Flucht gezwungen und ging nach Frankreich, wo er 1992 mit *Didi* seinen ersten großen Hit landete. Andere, die trotz aller Attacken der „Rechtschaffenden" weiter ihre Lieder sangen und sich weigerten, ins Exil zu gehen, bezahlten für ihre Musik mit dem Leben. Cheb Hasni, der bedeutendste Vertreter des „Raï sentimental" wurde wegen seiner Liebeslieder 1994 von zwei Mitgliedern der GIA, der Groupe Islamique Armé, mit zwei Kopfschüssen für immer zum Schweigen gebracht, während die Killer „Allahu Akbar" schrien. In den folgenden zwei Jahren exekutierten islamistische Fanatiker im Namen Allahs weitere vier im ganzen Land berühmte Raï-Musiker wegen angeblicher Gotteslästerung. Zu den Toten zählte auch Cheb Aziz, der zwar im Exil in London lebte, sich aber anlässlich einer Hochzeit für wenige Tage wieder nach Algerien gewagt hatte. Er wurde in Constantine entführt und zwei Tage später tot mit herausgeschnittener Zunge aufgefunden. Ein Jahr zuvor hatten die „Gotteskrieger" in Oran Rachid Baba Ali Ahmed in seinem Auto mit einer Maschinenpistole exekutiert. Ahmed galt zusammen mit seinem Bruder als der bedeutendste Produzent und Arrangeur des Raï-Pop und hatte mit allen großen Raï-Künstlern zusammengearbeitet. Doch trotz des Hasses und der Gewalt lebte der Raï weiter und verbreitete sich mit den Exilalgeriern besonders in Frankreich und über französische Medien.[29]

Die Angriffe gegen die westliche Popmusik nahmen weiter zu, als in dem für den Nahen Osten höchst ereignisreichen, aber horribelen Jahr 1979 der religiöse Absolutismus im Iran die Macht übernahm, sunnitische Extremisten die Große Moschee von Mekka besetzten und die Sowjets in Afghanistan einrückten. Während in Saudi-Arabien das Königshaus als Reaktion auf die Besetzung der Großen Moschee von Mekka durch eine Extremistengruppe, die die Rückkehr zum frühen Islam forderte, den Spielraum der reaktionären wahhabitischen Geistlichkeit erweiterte und damit den Export von deren extremistischer Ideologie förderte, verbanden

28 Broughton/Ellingham/Trillo 1999, 417–422.

29 Nasser Al-Taee, *Running with the Rebels: Politics, Identity and Sexual Narrative in Algerian Rai*, in Echo: A Music-Centered Journal Bd. 5, H. 1, Jg. 2003; Tenaille 2003, 72–80; Arian Fariborz, *Das Schweigen brechen – vom Raï zum HipHop in Algerien*, in Leggewie/Meyer 2017, 332–339; Lipsitz 1999, 185–186.

im Iran gleichzeitig schiitische Fundamentalisten um den grimmigen Greis Ajatollah Chomeini ihre absolutistische und autoritäre religiöse Ideologie mit politischen Forderungen und diskreditierten den Säkularismus und die Westbindung von Schah Reza Pahlavi als Teufelswerk.

Chomeini, der als „Gottgesandter“ und „Hort der Wahrheit“ von seinem Pariser Exil aus dem iranischen Volk noch die Aufhebung der Zensur, uneingeschränkte Meinungsfreiheit sowie die völlige gesetzliche Gleichheit von Mann und Frau versprochen hatte, beendete nach seiner Rückkehr eine 2.500 Jahre alte Monarchie, ersetzte sie durch eine Theokratie, um anschließend die Meinungsfreiheit, die politischen Rechte und die Rechte der Frauen massiv einzuschränken, eine Geschlechter-Apartheid zu installieren, den Wohlstand der Bevölkerung zu senken, und das Recht, sich zu vergnügen, zu streichen. Fortan war neben Märtyrergesängen nur noch Marschmusik erlaubt, die während des sinnlosen, achtjährigen Ersten Golfkrieges (1981–1988) den Soldaten die Angst vor dem Tod auf dem Schlachtfeld nehmen und die Schreie der Verwundeten übertönen sollte, die schließlich den Tod von mindestens einer halben Million Iraner musikalisch umrahmte und das Angstgejammer der als „Minenräumer“ eingesetzten Kinder übertönen sollte. An sie hatte Revolutionsführer Ali Chamene'i zuvor Plastikschlüssel verteilen lassen, um damit die Pforte zum Paradies aufzuschließen.

Westliche Popmusik wurde als satanisch verboten und gleichzeitig alles, was die Tugendwächter mit ihr in Verbindung brachten: Haarmoden, Kleidermoden bis hin zum Besitz von E-Gitarren, deren Klang schon zuvor zahlreichen kommunistischen Parteifunktionären höllische Angst eingejagt hatte. Das Regime zwang den Menschen seine rückwärtsgewandte Kultur auf oder das, was die Ajatollahs und alle biegsamen Politiker, die ihnen die Füße küssten, für Kultur hielten. Die Würde und das Wohlergehen der Menschen hatten speziellen Glaubenssätzen und Praktiken den Vortritt zu lassen, waren sie auch noch so antiquiert und weltfern.

Der unter dem Schah florierende iranische Pop verstummte abrupt. Der „Sultan des Pop“, der iranische Musiker armenischer Abstammung Vigen, der als Erster mit einer E-Gitarre aufgetreten war und iranische Lyrik mit westlichen Kompositionen vereint hatte, emigrierte nach Los Angeles. Die Pop-Diva und Schauspielerin Googoosh erhielt Auftrittsverbot, und über ihre Songs, für die sie zuvor auf internationalen Festivals mit Preisen überschüttet worden war, sprachen die Sittenwächter den Bann aus. Googoosh hatte seit Anfang der sechziger Jahre mit ihrem Gesang den Anstoß zu einer neuen iranischen Popmusik gegeben und viel dazu beigetragen, dass die traditionelle iranische Musik, die stehengeblieben war, sich weitentwickelte.[30] Iranische Komponisten hatten sich von der Musik eines James Brown und den Klangexperimenten der Motown-Pioniere inspirieren lassen und der überkommenen iranischen Musik durch Vermischung mit Blues, Jazz, Funk und Rock, besonders aber durch den Einsatz westlicher Musikinstrumente wieder neues Leben verliehen und damit einen Großteil der Jugend begeistert. Sie hatten sich mit der internationalen Musikszene ausgetauscht, hatten Titel amerikanischer Stars

30 Breyley/Fatemi 2016, 121–126.

gecovert, und das Fernsehen hatte diese neue Musik im ganzen Land populär gemacht.

Damit war es ab 1979 vorbei. Ajatollah Chomeini erließ eine Fatwa gegen die Künste, insbesondere gegen die westliche Rock- und Popmusik. Der Klerus erklärte Musik mit jenseitigen Argumenten zu Teufelswerk, belegte Künstler mit Auftrittsverboten, von denen viele nach Europa flüchteten, mehr aber noch in die USA, wo die iranischen Exilanten in Los Angeles eine sehr vitale Musikszene aufbauten, die iranischen Popsongs mit viel mehr Drive versahen, mit einem Mix aus iranischem Pop, Rap und Tanzmusik experimentierten und fast nur noch westliche Musikinstrumente einsetzten.

In Chomeinis Gottesstaat hatten es den Ajatollahs indes besonders Sängerinnen angetan. Wie alle Frauen hatten sie erneut ihre „sündigen" Haare und Beine zu verhüllen, und sie hatten zu schweigen. Die alten Männer mit ihren wallenden „frommen" Gesichtshaaren verurteilten den Klang der Frauenstimmen als dämonische Verführung, da er fremde Männer erregen könnte. Eilfertig machte sich das Heer der Sittenwächter, Zensoren und Kniefälligen daran, alle unbekleidete Haut aus der Öffentlichkeit zu verbannen und jeden Verstoß gegen die Schminkverordnung mit Peitschenhieben zu bestrafen. In den Illustrierten ließen sie nackte Haut überkleben, kleideten Gauguins nackte Tahitianerinnen ein und verlängerten selbst Mahatma Gandhis Lendenschurz zu einer Hose. Die Popmusik verschwand im Untergrund und begleitete nur noch flüsternd und hinter verschlossenen Türen private Feiern.[31]

Nach dem Ende des Ersten Golfkrieges eröffnete Chomeini sofort eine neue Front, indem er am Valentinstag 1989 in einer Fatwa den Autor des Buches *Die Satanischen Verse*, Salman Rushdie, zum Tode verurteilte und alle Muslims dazu aufrief, „ihn, ohne zu zögern, zu töten". Chomeini suchte sich nach dem verlustreichen Krieg gegen den Irak ein neues Feindbild, um die innere Zerrissenheit des Iran mit seinen Machtkämpfen und seinem repressiven und inkompetenten Mullah-Regime zu übertünchen. Er löste „im Namen des Propheten" nochmals ein weit über die Grenzen des Landes reichendes Morden aus, das Samuel P. Huntington zu der These vom *Kampf der Kulturen* veranlasste mit dem Clash zwischen der westlichen Welt und dem Islam im Zentrum.[32]

Der Mordaufruf des Religionsführers forderte zahlreiche Opfer: Kritiker der Fatwa, Übersetzer und Verleger des Romans. Religiöse Fanatiker nutzten seine Rechtfertigung des Tötens wegen angeblicher Gotteslästerung, um mit Waffengewalt Jahr für Jahr ihnen nicht genehme Künstler für immer zum Schweigen zu bringen. Der niederländische Regisseur Theo van Gogh war eines der ersten Opfer; die Journalisten und Karikaturisten von Charlie Hebdo sicherlich nicht die letzten. „Wir haben den Propheten Mohammed gerächt!", riefen die beiden Attentäter von Paris im Januar 2015 bei ihrer Flucht, so wie zuvor in Algerien und zahlreichen

31 Broughton/Ellingham/Trillo 1999, 356–360; Fariborz 2010, 31–32; Nils Metzger, *Irans Pop-Kultur: Die lange Stille*, in Neue Zürcher Zeitung vom 29. Sept. 2014; *Die Untergrund-Bands von Teheran. Verbotene Bilder einer verbotenen Musik*, in Der Tagesspiegel vom 14. Aug. 2014.

32 Samuel P. Huntington, *The Clash of Civilizations and the Remaking of World Order*. New York: Schuster & Schuster, 1996.

anderen Ländern die Mörder von Musikern ihre Taten zu rechtfertigen versuchten.[33] Davon wird noch die Rede sein.

Im Nachbarland des Iran, dem ebenfalls muslimischen Pakistan, hatte die Musik aus dem Westen in den sechziger Jahren als eine Mischung aus Pop, Rock 'n' Roll und Twist über einheimische Filme landesweit Verbreitung gefunden. 1966 sang der damals 32-jährige Ahmed Rushdi als bekanntester Playbacksänger der pakistanischen Filmindustrie in dem Film *Armaan* das Liebeslied *Ko-Ko-Korina* und wurde damit zum ersten Popstar des Landes, wenn nicht des ganzen indischen Subkontinents. Gleichzeitig spielten in den großen Hotels und Nachtclubs in Karatschi, Hyderabad und Lahore wie schon vor dem Krieg weiterhin zahlreiche Bands zum Tanz auf und fanden mit amerikanischem Swing und Coverversionen der Songs von Ahmed Rushdi und anderen vor allem bei der Oberschicht des Landes begeisterten Anklang.

Als im folgenden Jahrzehnt das Fernsehen den Film und damit die Filmmusik in den Hintergrund drängte, orientierten sich die neuen Stars weiter vornehmlich an westlicher Popmusik. 1973 trat der damals 18-jährige Alamgir mit *Albela Rahi*, eine in der pakistanischen Amtssprache Urdu gesungene Coverversion des aus Kuba stammenden Welthits *Guanatanamera,* im staatlichen TV auf, und die Zuschauer krönten ihn alsbald zum King des pakistanischen Pop. Die Musik aus dem Westen stand für Modernität und Frische, während die Musik des einfachen Volkes als gewöhnlich und altbacken galt.

1977 riss jedoch der Stabschef des Heeres, der für seine religiöse Besessenheit und Verklemmtheit bekannte Mohammed Zia ul-Haq, mit einem Militärputsch die Macht an sich. Während ein Großteil der Pakistani bis dahin dem toleranten Sufismus gefolgt war, der in der Musik eine „Nahrung für die Seele" sieht, setzte ul-Haq auf den extremen und intoleranten, aus Saudi-Arabien importierten wahhabitischen Islam, der die Musik eher als „Hingabe an weltliche Vergnügen" interpretiert. In den elf Jahren seiner Militärdiktatur verdoppelte sich die Zahl der Medresen, der Koranschulen von Moscheen, auf mehr als 1.745. Sie dienten teils zur Rekrutierung junger gläubiger Männer für den Krieg in Afghanistan, teils zur Abschottung gegen die religiösen Einflüsse aus dem Iran von Ayatollah Chomeini. Hand in Hand mit den im Council für Islamische Ideologie vertretenen Geistlichen trieb ul-Haq die „Sunniisierung" der Verfassung voran und ließ im ganzen Land eine Parallelgerichtsbarkeit in Form von islamischen Gerichten einrichten, die nach der Scharia urteilten, das hieß, die Dieben unter Umständen die Hand abhacken, Ehebrecherinnen steinigen und Trinker auspeitschen ließen. Obwohl weltliche Gerichte viele solcher Urteile kassierten, führte Zias Religionspolitik zu einer tiefgehenden Spaltung der Gesellschaft in eine gemäßigte, aber machtlose Mehrheit, sowie in eine bis zu den Zähnen bewaffnete Minderheit von „Soldaten Allahs", die als Fundamentalisten sofort damit begannen, allen anderen ihre Weltsicht zu predigen und sie in Geiselhaft zu nehmen.

33 Gerd Schwerhoff, *Ein Zusammenprall der Kulturen?*, in Frankfurter Allgemeine Zeitung vom 11. Febr. 2019, 8.

Zugleich verschärften sich unter ul-Haq die innermuslimischen Auseinandersetzungen sowohl zwischen den verschiedenen sunnitischen Gruppierungen wie auch zwischen diesen und den Schiiten. Die schiitische Minderheit betrachtete den Staat fortan als Feind, radikalisierte sich und gründete 1979 eine Organisation, die sich seit Mitte der achtziger Jahre für zahlreiche Attentate auf Repräsentanten des Staates und Terroranschläge gegen andersgläubige Muslime verantwortlich erklärte. Die sunnitischen Deobandi, die zwar der Militärherrschaft von ul-Haq kritisch gegenüberstanden, aber von seiner Islamisierungspolitik profitierten, antworteten 1985 mit der Gründung der „Armee der Prophetengenossen in Pakistan", die in der Folge weit über 1.000 Anschläge auf schiitische Aktivisten, Politiker und Richter verübte.[34]

Zia ul-Haq heizte die innerstaatlichen Konflikte weiter an, als er 1979 in einer öffentlichen Ansprache an die Nation die westliche Kultur, Mode, Tanz und Musik als dekadent verurteilte, als mit dem Koran nicht vereinbar und als Werkzeug des Satans. Er untersagte dem nationalen Fernsehen, weiterhin Videos mit westlicher Musik auszustrahlen, vor allem Videos mit Frauen. Deren Platz nahmen patriotische Lieder ein. Als Folge der neu eingeführten Geschlechtertrennung durften Sänger im Fernsehen nicht mehr zusammen mit Frauen auftreten. Dies galt selbst für Geschwister. Die Filmindustrie wurde mit neuen Steuern belegt, die meisten Kinos in Lahore und in anderen Städten geschlossen, womit auch die Filmmusik verstummte.

Als Zia ul-Haq 1979 seinen einstigen Dienstherren und Vorgänger im Amt Zulfikar Ali Bhutto an den Galgen brachte, wurde er endgültig zum international geächteten Paria. Die Sowjets verhalfen ihm jedoch nur wenige Monate später mit ihrem Einmarsch in Afghanistan ungewollt zu neuerlicher internationaler Anerkennung. Fortan galt er für den Westen als letztes Bollwerk gegen die kommunistische Expansion in Richtung Persischer Golf. Die USA und Saudi-Arabien bedachten das Land fortan derart reichlich mit Militär- und Wirtschaftshilfe, dass ein wirtschaftlicher Aufschwung fast zwangsläufig folgte, der neben den Reichen vor allem der urbanen, säkularen Mittelschicht nützte.

Mit der Wirtschaftshilfe und dem Wirtschaftsaufschwung hielt neben der wahhabitischen Intoleranz aber auch westliche Lebensart verstärkt Einzug in Pakistan und vertiefte die Spaltung der Gesellschaft noch weiter. Große Teile der städtischen Ober- und Mittelschicht bekannten sich in der Folgezeit, wenn auch diskret, zu westlicher Bildung, Mode und Musik und setzten sich damit demonstrativ von den muslimischen Traditionalisten ab.[35]

Der mit dem Wirtschaftsaufschwung einhergehende Import von Musikkassetten hebelte das Verbot westlicher Pop- und Rockmusik im Fernsehen teilweise aus. Die vielen in der Golfregion, in Großbritannien, Hongkong und den USA arbeitenden Pakistani sowie die an westlichen Eliteuniversitäten studierenden jungen Pa-

34 Friedrich Wilhelm Graf, *Götter global*. Bonn: Bundeszentrale für politische Bildung, 2014, 228–236.

35 *Pakistan. Stunde der Prüfung*, in DER SPIEGEL vom 22. Aug. 1988, 120–121.

kistani brachten zusätzliche Tonträger ins Land. Kassetten, CDs und Videos machten die städtische Jugend mit der Rockmusik von Pink Floyd, Led Zeppelin und Deep Purple sowie den Discoklängen von ABBA und Boney M. bekannt. Erste Rockbands wurden gegründet, die zumeist aus genau den sozialen Schichten kamen, die von dem Wirtschaftsaufschwung der achtziger Jahre am meisten profitierten. Sie traten aber weiterhin nur in großen internationalen Hotels, in Universitäten, auf Armeebasen oder bei privaten Feiern auf, um vor religiösen Fundamentalisten halbwegs sicher zu sein.

Salman Ahmad, der spätere Gründer der Sufi-Rockband Junoon, erfuhr nach seinem Studium in den USA in seiner Heimat Punjab am eigenen Leib den abgrundtiefen Hass militanter Glaubensfanatiker auf die Musik aus dem Westen. Als er bei einer Talentshow Eddie Van Halen's legendären Gitarrenriff *Eruption* aus dem Jahre 1977 vorführte, stürmten junge Moslems aus einer nahegelegenen Koranschule die Bühne, schrien ihn nieder, bezichtigten ihn der Blasphemie und zertrümmerten seine E-Gitarre.[36]

Dennoch gelang der Musik aus dem Westen ein erster Durchbruch, als der mit seinen Fernsehshows und -serien bekannt gewordene Fernsehdirektor Shoaib Mansoor die Rockband Vital Signs bat, von ihm geschriebene Texte zu vertonen. Mansoor überlistete die Zensur mit einem patriotischen Text – *Dil Dil Pakistan*; frei übersetzt: Mein Herz gehört Pakistan. Das Video, das das pakistanische Fernsehen am Unabhängigkeitstag 1987 im Rahmen eines Song Contests ausgestrahlte, zeigte die Musiker von Vital Signs in Jeans, T-Shirts und Denim-Jacken, die der Staatspräsident zuvor aus dem Fernsehen verbannt hatte. 90 Prozent der Zuschauer votierten für *Dil Dil Pakistan*. Der Song wurde zum Mega-Hit und Vital Signs stieg zu der Erfolgsband Pakistans auf.[37]

Mit der Rückkehr von Benazir Bhutto aus ihrem Exil in Großbritannien und ihrer Wahl zur ersten Regierungschefin eines islamischen Landes Ende 1988 schien die Diktatur der religiösen Eiferer beendet. Sofort lud Bhutto Vital Signs ein, als Symbol eines neuen, modernen und toleranten Pakistans bei ihrer Amtseinführung aufzutreten. Kurze Zeit später beauftragte sie zudem Shoaib Mansoor mit der Organisation eines großen Popkonzerts, bei dem neben Vital Signs und anderen bekannten pakistanischen Musikern auch die junge in Karatschi geborene und in London lebende Sängerin Nazia Hassan zusammen mit ihrem Bruder auftrat. Nazia Hassan hatte 1980 in dem indischen Bollywood-Streifen *Qurbani* das Lied *Aap Jaisa Koi* gesungen und war im folgenden Jahr mit ihrem Debütalbum *Disco Deewane*, das in Pakistan und Indien alle Verkaufsrekorde brach, zur populärsten Sängerin des gesamten Subkontinents aufgestiegen. Für die Mullahs war Nazia Hassan jedoch eine typische Vertreterin des dekadenten, sündigen Westens, da sie in ihren Videos Seite an Seite mit ihrem Bruder tanzte und dabei ihre Beine zu sehen waren.

36 Ahmad 2010, 10–13.

37 Ahmad 2010, 106–107; Rob Asghar, *A Rock and Roll Jihad for the Soul of Pakistan*, in www.huffingtonpost.com vom 6. Juni 2009; Nadeem F. Paracha, *Times of the Signs*, in DAWN vom 28. März 2013, www.dawn.com [28.04.2018].

Nach der Ausstrahlung des Popkonzerts, das 70 Millionen Zuschauer verfolgten, erfasste eine Art Vitalmania das Land, vergleichbar mit der Beatlemania der sechziger Jahre im Westen. Die religiösen Extremisten waren schockiert und sahen ihre bisherigen Erfolge bei der Kontrolle von Köpfen und Herzen dahinschwinden. Wiederholt wurden Vital Signs bei ihren zahlreichen Auftritten im ganzen Land mit dem Tode bedroht, und ein fanatischer Islamist bohrte dem Gitarristen eine Kalaschnikow in den Rücken. Angestachelt von gewaltbereiten Religionsführern zogen Schlägertrupps der religiösen Parteien und ein grölender Mob durch die Straßen, zerschlugen in den Cafés die Fernsehapparate und warfen Molotowcocktails in die Fernsehstudios von Lahore.

Benazir Bhutto, mit der ersten Krise ihrer Amtszeit konfrontiert, gab den Forderungen der Mullahs nach, um die Unruhen zu beenden. Die Magnetbänder mit der Aufzeichnung des großen Popkonzerts des Jahres 1989 verschwanden ebenso aus dem Fernseharchiv wie die einer Fernsehshow von Vital Signs. Sie wurden nie mehr gezeigt, bis im neuen Jahrhundert YouTube die Kontrollmacht der selbsternannten Vertreter der „reinen" Lehre beendete.[38]

Der Vormarsch der westlichen Rock- und Popmusik war nicht mehr aufzuhalten, als im Zuge der Globalisierung und Privatisierung das staatliche Fernsehmonopol auslief und international tätige Unternehmen die Begeisterung großer Teile der Jugend für diese Musik zur Werbung für ihre Produkte nutzten. 1990 ging in Pakistan mit NTM die erste private Fernsehstation auf Sendung und bot mit ihrer wöchentlichen Musikshow *Music Channel Charts* jungen Talenten die Möglichkeit, sich und ihre Musik bekannt zu machen. Wenige Jahre später kam das amerikanische Satellitenfernsehen mit MTV India hinzu, brachte die gesamte Palette der westlichen Rock- und Popmusik sowie Hip-Hop in die Wohnstuben der Pakistani und verschaffte den dortigen Musiker die Möglichkeit, sich im Ausland zu präsentieren. Gleichzeitig schlossen die großen international tätigen Getränkegiganten Pepsi Cola und Coca-Cola mit den beiden berühmtesten Rockbands des Landes gutdotierte Werbeverträge ab – 1990 Pepsi Cola mit Vital Signs, 1996 Coca-Cola mit Junoon, deren Song *Jazba-e-Junoon* als Titelsong den Cricket World Cup dieses Jahres begleitete. Plattenverträge mit EMI erhöhten die Bekanntheit beider Bands auch in anderen Ländern. 1993 gaben Vital Signs ihr erstes Konzert in den USA. Vier Jahre später folgte Junoon. Größeres Aufsehen erregten jedoch die Einladung des in Mumbai ansässigen indischen Kabel- und Fernsehsenders Zee TV an Junoon, die anschließende höchst erfolgreiche Tournee der Band durch mehrere indische Städte sowie der Riesenerfolg ihres Albums *Azadi*, das allein in Indien innerhalb weniger Wochen über eine Million Käufer fand. Gleichwohl mussten alle pakistanischen Rock- und Popmusiker weiterhin mit Verboten und staatlichen Zwängen leben.

38 Ahmad 2010, 111–122; Rob Asghar, *A Rock and Roll Jihad for the Soul of Pakistan*, in www.huffingtonpost.com vom 6. Juni 2009; Nadeem F. Paracha, *Times of the Signs*, in DAWN vom 28. März 2013, www.dawn.com; ders., *Vital Signs and Junoon: The magic, the rivalry, the history*, in DAWN vom 21. Mai 2015, ebd. [28.04.2018]; Broughton/Ellingham/Lusk 2009, 701–703.

Auch unter den beiden Staatspräsidenten Benazir Bhutto und Nawaz Sharif regierte in den neunziger Jahren weiterhin die Zensur, zumal Nawaz Sharif zur Islamisierungspolitik von Zia ul-Haq zurückkehrte. Als die Sufi-Rockband Junoon gegen die Korruption in der Politik ansang, verhängte die Bhutto-Regierung den Bann über die Gruppe, und als sie 1997 in ihrem Song *Khudi* Verse des als Nationaldichter und „geistigen Vater" Pakistans verehrten Philosophen Muhammad Iqbal zitierte, verbot die Sharif-Regierung allen Rundfunk- und Fernsehanstalten des Landes, weiterhin Musik von Junoon zu senden. Als die Band ein Jahr später zudem gegen die pakistanischen Atombombentests protestierte und für ein friedliches Nebeneinander von Pakistan und Indien plädierte, verschärfte die Regierung ihren Bann. Dabei sangen die Mitglieder der Band als überzeugte Sufis lediglich von Liebe und Lebensfreude, ernteten aber wie alle praktizierenden Anhänger dieser mystischen Form des Islam bei radikalen Islamisten und denen, die vor ihnen kuschten, nur Hass und Drohungen.

Oft genügten den von Glaubensfanatikern kontrollierten Zensoren Kleinigkeiten. So verweigerte das staatliche Fernsehen PTV der 1997 gegründeten Hard-Rockband Karavan einen Auftritt wegen zu langer Haare sowie zu ausgefallener, greller Kleidung. Alle diese Schikanen erwiesen sich letztlich als vergebliche Versuche religiöser Ideologen, die Zeit zurückzudrehen. Die technische Entwicklung hatte derartige Verbote inzwischen unwirksam werden lassen. Mit dem Satellitenfernsehen hatte die Regierung die Kontrolle über das Fernsehen verloren. Alsbald kam das Internet hinzu.[39]

Während im Iran, Algerien, Pakistan und anderswo religiöse Traditionalisten über die westliche Popmusik ganz oder teilweise einen Bann verhängten, brachten in anderen Ländern die Fortschritte in der Kommunikationstechnologie vor allem die Jüngeren mit dieser Musik in Berührung. Wieder andere Länder öffneten sich als Zeichen ihres Modernisierungswillens erstmals der Musik aus dem Westen. Im Libanon, wo bis in die siebziger Jahre hinein die traditionelle arabische Musik das Programm von Radio und Fernsehen dominierte, gewannen während des Bürgerkriegs in den Jahren 1975 bis 1990 im liberalen Beirut die neuesten Musikstile aus dem Westen vermehrt Anhänger. Selbst die Sängerin und „Mutter der Nation" Fairuz präsentierte sich seit den achtziger Jahren unter der Regie ihres Sohns Ziad Rahbani mit jazzigem Sound und Alltagslyrik.

1984 profilierte sich erstmals auch die junge, in einer christlich-orthodoxen Familie aufgewachsene Lydia Canaan unter dem Namen „Angel" als Rocksängerin. Sie trat stets in einem schwarzen Lederrock auf, die blonden Haare hüftlang. Sie sang ausschließlich in Englisch und brachte ihre Konzerte zusammen mit der Heavy-Metal-Band Equation auch dann zu Ende, wenn in der Nähe die Bomben niedergingen. Mit ihren Platten erklomm sie die Spitze der Charts, und die Presse feierte sie alsbald als ersten Rockstar des Mittleren Ostens. 1987 startete sie mit eigenen Songs eine Solokarriere, die zwei Jahre später nach ihrer Übersiedlung in die Schweiz in einer internationalen Karriere mündete.

39 LeVine 2008, 213–242; Ahmad 2010, 144–170.

Offenbar waren Rock und Heavy Metal in der Zeit des Krieges die einzige Musik, mit der sich der Tod verheißende Höllenlärm heranfliegender Raketen und explodierender Bomben übertönen ließ. Heavy-Metal-Fans veranstalteten Head-Bangers-Balls, um die allgemeine Aggressivität abzubauen, sahen sich jedoch staatlichen Schikanen und Verfolgungen ausgesetzt, nachdem ein Mitglied der Szene, der Sohn eines Generals, sich 1997 das Leben genommen hatte. Tonträger mit Musik von Nirvana und Metallica wurden verboten und konfisziert. Die Behörden nahmen Männer mit langen Haaren, Ohrringen und schwarzen T-Shirts als Zeichen von Satanismus und Drogenmissbrauch ins Visier. Das Verteidigungsministerium brachte mehrere Musiker ins Gefängnis und verhörte andere. Zur größten Rockgruppe des Libanon und des Mittleren Ostens und nach Ansicht von Mark LeVine zu einer der besten Hardrock-Bands überhaupt stieg gegen Ende des Jahrtausends die 1992 gegründete Gruppe The Kordz auf, eine Gründung von Studenten der American University of Beirut. Sie spielten zunächst klassischen Rock und Reggae, die sie mit Melodien und Rhythmen des arabischen Raums vermischten.[40]

Ägypten dagegen trauerte indes noch immer seinen großen alten Zeiten nach, in denen Umm Kulthum unter dem Beifall der führenden Politiker und der ganzen Nation stundenlang über Freiheit und Vaterland gesungen hatte. Die als nationale Demütigung empfundene Niederlage im Sechstagekrieg von 1967 durch Israel markierte eine Wende auch in der populären Musik. Der Stolz auf die traditionelle Musik des Landes schwand. Der städtischen Jugend erschien sie zunehmend als angestaubt und realitätsfern. Sie setzte dagegen auf neue Klänge und Themen, die den wachsenden westlichen Einfluss erkennen ließen.

Anfang der siebziger Jahre feierte der Sänger Ahmed Adaweyah mit Songs im Slang der Straßen Kairos erste Erfolge. Seine Texte waren gespickt mit Doppeldeutigkeiten, vorgetragen in der Sprache der Arbeiter und handelten von den Schwierigkeiten und Frustrationen des modernen Lebens. Diese so genannte Sha'abi-Musik, also die Musik „des Volkes", entsprach mit ihren „leichten" Liedern zwar nicht dem Geschmack der Regierung und der staatlichen Rundfunkanstalt, verbreitete sich jedoch mit Hilfe der neuen Audiokassetten rasend schnell in den Straßen von Kairo und Alexandria.[41]

Schließlich öffnete sich in den achtziger Jahren auch die neue Mittelschicht unter dem Einfluss von Disco vermehrt der Musik aus dem Westen, übernahm Stilelemente von Jazz, Rock und Disco sowie Musikinstrumente wie Keybords, E-Gitarren und Schlagzeug und ersetzte die langen arabischen Songs durch kurze und schnelle Pop-Songs. Diese neue Tanzmusik, *shababi* genannt, orientierte sich zwar

40 David Sinclair, *Global Music Pulse*, in Billboard vom 10. Mai 1997,49; Justin Salhani, *Lydia Canaan: The Mideast's first rock star*, in The Daily Star, Lebanon vom 17. Nov. 2014, 4; Tom O'Connor, *Lydia Canaan one step closer to Rock 'n' Roll Hall of Fame*, in The Daily Star, Lebanon vom 27. April 2016, 3; Otterbeck 2008, 218–219; LeVine 2008, 143–145 u. 153–155; Burkhalter 2013, 42–43.

41 Andrew Hammond, *Pop Culture Arab World! Media, Arts, and Lifestyle*. Santa Barbara: ABC Clio, 2005, 15; James R. Grippo, *What's Not on Egyptian Television and Radio! Locating the ‚Popular' in Egyptian Sha'bi*, in Frishkopf 2010, 137–162, hier 143–149; Broughton/Ellingham/Trillo 1999, 342–343.

weiterhin an den traditionellen arabischen Musikstilen und behielt die typischen arabischen Klänge bei, wurde aber mit westlichen und lateinamerikanischen Rhythmen angereichert und mit druckvollem Techno-Beat vorgetragen. Dieser Arab Pop mit seinen kurzen Songs war wie gemacht für die neuen Videoclips, die über das Satellitenfernsehen alsbald die arabischen Haushalte fluteten und entscheidend zum Aufstieg von attraktiven Sängerinnen zu panarabischen Stars beitrugen.[42]

Selbst China öffnete sich seit den achtziger Jahren der Musik aus dem Westen, um seine Abkehr von Maos Selbstisolierung und seinen Willen zu gesellschaftlichen Reformen zu demonstrieren. Der erste, der die Chance bekam, die Festlandchinesen mit Pop und Rock vertraut zu machen, war der Brite George Michael, der Mitte der Achtziger auf der Erfolgswelle des Synthie Pop surfte, um schnell zu einem der absoluten Superstars neben Michael Jackson, Madonna und Prince aufzusteigen. Mit Schmelz in der Stimme, melancholischem Blick, Zahnpastalächeln, geföhnter und blond gefärbter Lockenpracht, goldenen Ohrringen und dem Körper einer griechischen Bronzestatue ließ dieser Schwarm pubertierender Teenies seine jungen Fans in Europa und Amerika wie in Ekstase laut aufkreischen. Mal gab er sich viril, mal feminin, mal total aufgedreht, mal introvertiert, meist aber schmachtend. Zusammen mit seinem Schulfreund Andrew Ridgeley versprühte er als Wham! viel gute Laune und füllte die Tanzflächen – klatschsüchtig *Wake Me Up Before You Go-Go*, schmachtend *Careless Whisper*, wie eine Schlittenfahrt *Last Christmas*. Eifrige Kinobesucher jenes hedonistischen Jahrzehnts sahen sich bei den Auftritten des Duos an die beiden Lustknaben in Federico Fellinis Film *Satyricon* aus dem Jahr 1969 erinnert.

1985, neun Jahre nach dem Tod von Mao Zedong, gelang es dem Manager des Duos nach zähen Verhandlungen mit der chinesischen Regierung, für seine beiden Musiker zwei Auftritte in Peking und Guangzhou zu arrangieren. Es war eine Sensation, zumal die roten Machthaber unter dem zunehmenden Einfluss von Deng Xiaoping zwar bereits mit einer sehr vorsichtigen wirtschaftlichen Öffnung begonnen hatten, aber kulturell noch immer in der Isolation verharrten. Noch hatte sich der Bambusvorhang für keinen einzigen Musiker aus dem Westen gehoben. Mit ihrer Einladung wollte die Partei dem Ausland signalisieren, dass Fremde und vor allem ausländische Investitionen zukünftig willkommen wären. Bei den Auftritten des Duos, ihrem Besuch der Großen Mauer, eines Marktes und des Platzes des Himmlischen Friedens prallten zwei Welten aufeinander, wie in dem Dokumentarfilm über die Chinareise von Wham! zu sehen.[43] Die chinesische Bevölkerung reagierte, als wären Außerirdische bei ihnen gelandet. Hier die blau, grün und grau uniformierte und bedrückt wirkende einheimische Bevölkerung, dort die beiden bunt gekleideten Sänger, immer zu Faxen und albernen Späßen bereit.

Der Clash der Kulturen verlangte den Musikern einiges ab. Während sie im Westen daran gewöhnt waren, dass ihre Zuhörer fast jeden Song lautstark begleite-

42 Moataz Abdel Aziz, *Arab Music Videos and Their Implications for Arab Music and Media*, in Frishkopf 2010, 77–89, hier 80–81.

43 *Foreign Skies: Wham! in China* von Lindsay Anderson und Andy Morahan (1986).

ten, von den Sitzen aufsprangen und mitklatschten, blieben in Peking fast alle Zuhörer stumm, und wer es gleichwohl wagte, aufzuspringen und zu schreien, wurde von den zahlreich anwesenden Polizisten und Funktionären rasch zur Ordnung gerufen. „Ich konnte es nicht fassen, wie ruhig die Menge zunächst war", vermerkte George Michael anschließend. Und weiter: „Es war dies die härteste Vorstellung, die ich jemals in meinem Leben gegeben habe." Die Älteren verfolgten mit versteinertem Blick und sichtbarem Unverständnis das Geschehen auf der Bühne. Für sie war dies eine völlig fremde Musik, die sie nicht verstanden.

Wer noch immer der Meinung war, Musik sei eine universelle Sprache, sah sich hier eines Besseren belehrt. Die von dem britischen Duo vorgetragene Musik verkörperte die Sprache des Westens und hatte wenig gemein mit den Hörgewohnheiten vor allem älterer Chinesen. Dagegen öffnete sich für viele Jüngere eine ganz neue Welt, der sie sich mit offenem Mund hingaben, noch nicht wissend, was sie davon halten sollten. Erstmals erlebten sie westliche Popmusik, die sie mit ihrem riesigen technischen Equipment als eine laute bis sehr laute Musik regelrecht überflutete und volldröhnte, die zugleich als blinkende Lichterschau mit den Tänzern und Backgroundsängern in ihren bunten Fantasieuniformen sowie den beiden unaufhörlich auf und ab springenden Sängern die Augen der Zuschauer nicht zur Ruhe kommen ließ.

Wham! gab zwar nur einer kleinen Gruppe im chinesischen Riesenreich erstmals den Blick frei auf die westliche Popkultur, setzte damit jedoch jenen Prozess in Gang, der auch in anderen Ländern des Ostblocks die Ausbreitung der Popmusik auf den Weg brachte. Bald nach den Konzerten kursierten in chinesischen Großstädten Musikkassetten mit Mitschnitten der beiden Konzerte. Und wie in vielen anderen Ländern der Welt zeigte sich auch hier ein immer größerer Teil der Jugend fasziniert von der populären Musik des Westens oder wenigstens von einzelnen Kompositionen. Zugleich diente das Bekenntnis zu dieser Musik vielen als Distinktionsmerkmal. Mit ihren Hörgewohnheiten wollten sie Eigenständigkeit und Modernität demonstrieren, wollten irgendwie frei sein.[44]

George Michael leistete auch später während seiner 1987 begonnenen Solokarriere einiges für die weitere Verbreitung der Popmusik in der Welt. Um nicht wegen seiner Homosexualität zu straucheln, versteckte er sich seitdem hinter einer spiegelnden Sonnenbrille, gab sich mit Dreitagebart, Lederjacke, zerrissenen Jeans und Cowboystiefeln extrem viril und stöhnte *I Want Your Sex*. Sein 1987 veröffentlichtes Soloalbum *Faith* wurde auch dank seiner Welttournee zu einem internationalen Megaseller. Schon Jahre zuvor hatte er zusammen mit seinem Partner Andrew Ridgeley auf MTV gesetzt, um mit Hilfe von Videoclips einen noch besseren Zugang zu den Massen in der westlichen Welt zu finden.[45]

Als sich China ganz langsam für die Musik aus dem Westen öffnete, wollte auch die Sowjetunion nicht nachstehen. Sie entschied sich für eine unpolitische,

44 Celia Hatton, *When China woke up to Wham!*, in BBC News vom 9. April 2015; Shirley Zhao/Sarah Zheng, *George Michael in China*, in South China Morning Post vom 26. Dez. 2016 [11.01.2017].

45 Arno Frank, *Ein Mann, den die Welt lieben wollte*, in DIE ZEIT vom 29. Dez. 2016, 49.

aber flippige Musik aus dem Westen und erlaubte dem westdeutschen Duo Modern Talking, ihre Alben in der Sowjetunion zu verkaufen. Als Thomas Anders mit Engelslocken und rosafarbenem Lipgloss und Dieter Bohlen mit blond gefärbten Haaren und Alibi-Gitarre 1987 in zehn Konzerten in Moskau und Leningrad ihre Gute-Laune-Songs wie *Youre My Heart, Youre My Soul* vortrugen, waren manche Fans über tausend Kilometer weit angereist, um ein Ticket zu ergattern. Modern Talking prägten in der Sowjetunion den Musikgeschmack einer ganzen Generation.[46]

IM KRISENMODUS – MARKTSÄTTIGUNG UND INNOVATION

Während Wham! im Reich der Mitte auftraten und Mitschnitte der beiden Konzerte in Form von Musikkassetten unter Jugendlichen kursierten, waren Musikabspielgeräte und Musikträger kontinuierlich technisch weiterentwickelt und die Möglichkeiten weltweiter Fernseh- und Radioübertragungen wesentlich verbessert worden. Die Kommunikationstechnik hatte inzwischen entscheidend dazu beigetragen, dass die westliche Popmusik in Europa, Nord- und Südamerika, Australien und Japan in immer mehr Bereiche des Alltags vorgedrungen und zu dessen ständigem Begleiter geworden war. Gleichzeitig hatte der Preisverfall bei Kassettenrekordern und Kompaktkassetten diese auch für die ärmere Bevölkerung in Entwicklungsländern zugänglich gemacht und mit ihnen neben der traditionellen Volksmusik auch die westliche Popmusik, die über Rundfunk und Raubkopien in diese Länder vordrang.

Die weitergehende Urbanisierung begünstigte zusätzlich die Vielfalt an immer neuen Musikrichtungen und deren Verbreitung, und völlig neu entwickelte Musikinstrumente erweiterten das Klangspektrum. Die über viele Kanäle mit den Produzenten von Unterhaltungselektronik verbundene Tonträgerindustrie nutze alle diese technischen Neuerungen, um ihre Produkte weltweit abzusetzen und zwar nicht als global einheitliches Produkt, sondern wo immer möglich und profitabel als lokales, auf die jeweiligen Gegebenheiten zugeschnittene Ware. Manche Covervisionen durchliefen dabei einen mehrstufigen Anpassungsprozess. So wurde der Song *Y.M.C.A.* der Gruppe Village People aus dem Jahr 1978 umgehend von dem japanischen Sänger Hideki Saijo unter dem Titel *Young Man* gecovert, und diese Version diente wiederum als Vorbild für eine weitere in Hongkong und Singapur sehr erfolgreiche Covervision in Cantopop, jener Mischung aus westlicher Rock- und Popmusik sowie traditionellen chinesischen Klängen. Vor allem die japanische Musikindustrie filterte mit Vorliebe amerikanische und britische Popmusik, um sie dem asiatischen Geschmack optimal anzupassen. Ähnliches geschah mit den sich an westlichen Vorbildern orientierenden asiatischen Stars, deren Frisur, Kleidung und Verhalten schrittweise den Zuschauer-Präferenzen des jeweiligen Landes angenähert wurden. Die Globalisierung nahm Fahrt auf, indem sie sowohl zur Vereinheitlichung wie zur Vielfalt beitrug.[47]

46 Ann-Dorit Boy, *Modern Talking. Die Russen mögen's Anders*, in SPIEGEL ONLINE vom 24. April 2009.

47 Iwabuchi 2002, 98–99 u. 104; Oliver Seibt, *J-Pop*, in Leggewie/Meyer 2017, 307–314.

Mit dem Transistorradio, dessen Verbreitung in vielen Entwicklungsländern von den Regierungen seit Ende der sechziger Jahre gefördert wurde, um eine stete Verbindung mit den Bewohnern entlegener Regionen aufzubauen, drang zunächst die regionale Volksmusik bis in den letzten Zipfel des jeweiligen Landes vor. So lernte etwa die Bevölkerung in den kaum zugänglichen Bergregionen von Sulawesi erstmals die Musik von Java und Bali kennen.[48] Nach einigen Jahren kamen diese Menschen über Rundfunk und Fernsehen zudem mit westlicher Popmusik in Berührung, erst recht als reine Musiksender wie MTV rund um den Globus auf Sendung gingen. Ähnlich in Afrika, wo etwa in Kenia das Transistorradio seit Mitte der Siebziger in allen Haushalten Einzug hielt und mit ihm westliche Musik. Ab Mitte des folgenden Jahrzehnts dominierte Disco hier ganz eindeutig die Musiksendungen.[49]

Der weltweite Direktempfang über Fernsehsatelliten ermöglichte erstmals auch den finanziellen Erfolg von Musik-Großveranstaltungen wie das im Juli 1985 maßgeblich von Bob Geldof anlässlich der Hungersnot in Äthiopien organisierte Benefizkonzert *Live Aid.* Derartige Sendungen demonstrierten den Menschen in entlegenen Regionen der Erde zudem, welche Musik in den Weltmetropolen „in" war, was die Bewohner der „ersten" Welt hörten, was modern war. Sie bekamen dagegen nicht zu hören, was in Afrika gefragt war. Afrikanische Musiker standen nicht mit auf der Bühne. *Live Aid* als bis dahin größtes Rockkonzert der Geschichte, das mit 69 Solisten und Bands sechzehn Stunden lang abwechselnd im Londoner Wembley-Stadion und im John F. Kennedy Stadium in Philadelphia über die Bühnen ging und bei dem die damaligen internationalen Topstars der Musikszene wie Queen, U2, Bob Dylan, Sting und Phil Collins auftraten, wurde per Satellit im Fernsehen und Rundfunk in 150 Ländern übertragen und von fast 1,9 Milliarden Menschen verfolgt. Die Rock-Veteranen von Status Quo eröffneten das Megaevent mit *Rockin' All Over the World.* Am Ende konnten die Veranstalter 140 Millionen US-Dollar für die Hungerhilfe in Afrika verbuchen.[50]

Neben dem Transistorradio wurde auch der gegen Ende der sechziger Jahre entwickelte Radio- und Kassettenrekorder in den Entwicklungsländern alsbald zum Verkaufsschlager und mit ihm die Musikkassette. In vielen afrikanischen Ländern sowie in Südasien und Südamerika wurde noch zu Beginn des neuen Jahrtausends ein Großteil der Musikaufnahmen als Kassette verkauft, da Kassettenrekorder deutlich robuster als CD-Spieler sind und auch leichter zu reparieren. Zudem ermöglichte diese Technik Amateurmusikern, abseits von teuren Aufnahmestudios Songs und Tracks aufzunehmen und die selbstproduzierten Tapes zu verkaufen. Für diese Musiker war es ein Wettlauf mit der Zeit. Wollten sie mit ihrer Musik etwas Geld verdienen, mussten sie innerhalb der ersten zwei bis drei Wochen möglichst viele Exemplare verkaufen, ehe ihnen illegale Kopien das Geschäft kaputt machten.

48 Chanan 1995, 175.

49 Amadi Kwaa Atsiaya, *Popular music in Kenya*, in www.musicinafrica.net/magazine/popular-music-kenya [27.11.2017].

50 Peter Hillmore, *The greatest show on earth Live Aid.* London: Sidgwick & Jackson, 1985; Schneidewind 2013, 114–123.

Da viele Staaten davon absahen, Copyright-Gesetze zu erlassen, überschwemmten Musikkassetten mit Raubkopien aus Hongkong, Südkorea, Taiwan und Singapur zahlreiche Märkte. In Marokko, Algerien, Nigeria, Guinea, Kenia und Sambia waren in den achtziger Jahren 70 bis 80 Prozent der verkauften Musikträger illegal hergestellt.[51] In einigen Ländern zerstörten diese sogar die gesamte einheimische Musikindustrie, so etwa in Ghana, wo bis Anfang der neunziger Jahre über 2.700 Kopierläden etwa zwei Millionen Kassetten pro Jahr produzierten. Selbst große internationale Labels wie Decca und HMV waren gezwungen, sich aus dem Land zurückzuziehen.

Dasselbe gilt für Indien. Indische Arbeitsmigranten brachten den Kassettenrekorder seit den späten Siebzigern aus den Golfstaaten mit in ihre Heimat, wo die einheimische Elektronikindustrie umgehend mit der Produktion von Rekordern und Kassetten begann. 1991 warf sie 217 Millionen Kassetten auf den Markt und stieg zum weltweit zweitgrößten Produzenten von Leerkassetten auf. Bereits 1982 waren hier Vinyl-Schallplatten praktisch vom Markt verschwunden, und der einzig verbliebenen Schallplattenfirma, der Gramophone Company of India, standen über 200 Produzenten von Kassetten gegenüber. 1985 verkaufte die britische EMI, die seit der Unabhängigkeit Indiens 51 Prozent der Aktien an Gramco besessen hatte, den größten Teil davon an den Mischkonzern RPG Group in Mumbai. Zu dieser Zeit war das traditionsreiche Unternehmen aus dem Vereinigten Königreich nach einem drastischen Gewinneinbruch zu Ende der Siebziger noch immer gezwungen, sich von wenig ertragreichen Beteiligungen zu trennen.[52]

In Japan dagegen eröffnete eine Gruppe von Studenten 1980 in Vororten von Tokio zahlreiche kleine Läden, die Schallplatten verliehen. Dieses Geschäftsmodell fand rasch Nachahmer. Die Schallplattenindustrie erhob sofort Klage gegen die führenden Händler wegen Copyright-Verletzung. Als Reaktion gründeten die Ladeninhaber 1984 eine Vereinigung der Schallplattenverleiher, die sich noch im selben Jahr mit der Schallplattenindustrie auf die Zahlung von Gebühren an die Rechteinhaber einigte. Im folgenden Jahr wurde das Copyright-Gesetz dieser Praxis angepasst. Anschließend schnellte die Zahl dieser Shops steil in die Höhe, um im Jahr 1989 mit mehr als 6.200 Läden den Gipfel zu erreichen.[53]

Auch in Nordamerika und Westeuropa sah die Musikindustrie in den Achtzigern angesichts der rasch zunehmenden Zahl an Raubkopien ihre Existenz bedroht, jedenfalls äußerten sich ihre Sprecher dementsprechend. In Großbritannien versahen die Labels die Plattencovers mit einem Aufkleber, auf dem zum Bild einer Musikkassette und zwei gekreuzten schwarzen Knochen im Stil einer Piratenflagge zu lesen war: „Home Taping is Killing Music and it's Illegal". Ob diese Kampagne zum Ziel führte, muss bezweifelt werden. Nüchtern betrachtet fielen in den achtzi-

51 Chanan 1995, 173–174.

52 Gronow/Saunio 1999, 183; Chanan 1995, 174; Brian Shimkovitz, *Awesome Tapes from Africa*, in Leggewie/Meyer 2017, 138–144, hier 140–141; Bender 2000, 190; Peter Manuel, *Gramco (India)*, in Shepherd/Horn/Laing 2003, 725–726.

53 Masahiro Yasuda, *Japan*, in Marshall 2013, 152–170, hier 160; Recording Industry Association of Japan 2017, 19.

ger Jahren die Einbußen der Musikindustrie durch illegales Kopieren in den westlichen Ländern kaum ins Gewicht. Nachvollziehbare Berechnungen beziffern die Verluste lediglich auf rund ein Prozent, gemessen an der Zahl der verkauften Tonträger. Zwar hatten die Raubkopien in Entwicklungsländern teils einen wesentlich höheren Marktanteil, doch waren diese Märkte im Vergleich zum amerikanischen, japanischen, britischen und deutschen Musikmarkt verschwindend klein.

Wenn die Musikindustrie dennoch Zeter und Mordio schrie und mit Verweis auf die rückläufigen Verkaufszahlen ihren baldigen Untergang ankündigte, dann war dieser Rückgang zunächst das Ergebnis der Wirtschaftskrise im Anschluss an die zweite Erdölkrise sowie Ausdruck veränderter Konsumgewohnheiten und eines vielfach gesättigten Marktes. Die Nachfrage verschob sich verstärkt auf die Altersgruppe der 30- bis 40-Jährigen sowie auf höherwertigere Konsumgüter. Die Musikindustrie litt in erster Linie unter der rückläufigen Nachfrage nach Vinyl-Langspielplatten, die 1981 mit über 1,1 Milliarden Exemplaren ihren Zenit für immer überschritt. Sie fand jedoch schon bald eine sehr gewinnträchtige Lösung in der verstärkten Werbung für die neuen, deutlich teureren CDs, mit denen sie vermehrt auf die mittlere Generation zielte und so für einige Zeit die Zielgruppen von Rundfunk, Fernsehen und Tonträgerindustrie wieder in Übereinstimmung brachte.[54]

Neben der Musikkassette trug auch der ebenfalls mit Kassetten bestückte Videorekorder zur weltweiten Verbreitung der Popmusik bei, wenn auch erst seit den achtziger Jahren. Zwar waren die ersten Geräte für den Heimgebrauch im VCR-Format bereits Anfang der Sechziger auf dem Markt, doch machte erst die massenweise Produktion von Musikvideos zwei Jahrzehnte später derartige Geräte für die Musikfans interessant. Seitdem boomte auch dieser Markt, und wieder dominierten japanische Unternehmen wie Sony und JVC mit ihren VHS-Rekordern.

In der Sowjetunion, wo das Tonbandgerät seit den 1960er Jahren ganz entscheidend dazu beigetragen hatte, dass sich Jazz und Rockmusik aus dem Westen unter den Jugendlichen rasch verbreiteten, leitete der Video-Cassetten-Rekorder (VCR) seit Anfang der achtziger Jahre auch den Siegeszug westlicher Filme und später von Video-Clips ein. Erneut waren es Touristen, die von ihren Reisen ins sozialistische Ausland Westfilme und Abspielgeräte mitbrachten, die wie schon die Schallplatten über Schwarzmarkt und Raubkopien ihren Weg in die Haushalte nahmen. Zunächst fand die Rock-Oper *Jesus Christ Superstar* die meisten Abnehmer, mit großem Abstand gefolgt von *Rambo I* und *Rambo II* sowie *Highlander*. Etwa 60 Prozent aller zwischen 1983 und 1987 vom KGB konfiszierten Video-Filme betrafen Westmusik und 30 Prozent amerikanische Aktions- und Gangsterfilme.[55]

Der aus dem Diktiergerät zum Abspielgerät von Musikkassetten weiterentwickelte Walkman trug die Musik ab 1979 auch auf die Straße, wo vor allem Städter ihre Langweile beim Joggen, Einkaufen oder in Bus und Bahn mit Musikhören zu ertragen beziehungsweise den öffentlichen Sound mit musikalischen Klängen zu übertönen und damit zu ästhetisieren versuchten. Sie verwandelten den öffentlichen Raum Schritt für Schritt in ein privates Wohnzimmer. Während das Kofferradio

54 Kernfeld 2011, 196–198; Wicke 1993, 45; Morton 2004, 172–173.
55 Zhuk 2010, 297.

noch mit einem Musikkonsum in der Gruppe verbunden war, zwang der Walkman zu einem individuellen Hören. Technische Verbesserungen wie der Walkman für CDs ab 1984, für MiniDiscs ab 1991, der MP3-Walkman ab 2003, das iPod und schließlich der in Handys und Smartphones integrierte MP3-Player ließen die überall zu öffnenden Musikkonserven zu einem Alltagsgegenstand werden und in der allerneuesten Version auch zu einem Statussymbol.[56]

1977 feierte die Musikindustrie den einhundertsten Geburtstag von Edisons Phonograph. Noch feierte sie sich als Wachstumsindustrie. In den USA hatte sich der Schallplattenumsatz in den sechziger und siebziger Jahren wertmäßig nahezu versechsfacht, in erster Linie als Folge des stark gestiegenen Marktanteils der teuren LPs. Die großen Labels hatten verstärkt seit Mitte der siebziger Jahre eine Vielzahl an kleineren Labels eingesammelt, um alle neuen Musikrichtungen im Angebot zu haben und weltweit präsent zu sein, wenigstens in den wohlhabenden Ländern außerhalb des Ostblocks. Der Konzentrationsprozess in der Schallplattenindustrie ging weiter. Den Majors genügte nicht mehr ein Marktanteil von 10 Prozent am amerikanischen Popmarkt; sie wollten mehr. Die „Wirtschaftswunder" in Westeuropa und Japan und auch der wirtschaftliche Aufschwung in Ländern wie Mexiko und Australien schienen neben den hohen Masseneinkommen in den USA diese breit gefächerten Investitionen in den Musikmarkt zu rechtfertigen.

Doch die meisten, die sich von Investitionen in die Schallplattenindustrie satte Renditen versprachen, übersahen, dass die verstärkte Ausdifferenzierung der Musik zumeist auch kürzere Lebenszyklen von Künstlern und Trends nach sich zog. Das Musikgeschäft wurde schnelllebiger, und die Labels mussten Wege finden, dass ihre Investitionen sich rascher rentierten und das Pay-Back rascher erfolgte.[57] Die meisten der für das Plattengeschäft Verantwortlichen vergaßen offenbar auch, dass der weiter expandierende Privatrundfunk, ebenso die öffentlich-rechtlichen Rundfunkanstalten sowie das boomende Fernsehen das Angebot an Popmusik stetig erhöhten und damit deren Preis weiter drückten. Es bedurfte lediglich eines gesamtwirtschaftlichen Konjunktureinbruchs, um die Labels an diese Zusammenhänge zu erinnern.

Der schöne Traum vom ununterbrochenen Wachstum endete, nachdem die OPEC-Staaten im Jahr 1973 den Rohölpreis vervierfacht und 1979 zusätzlich verdoppelt hatten. Alsbald geriet die Wirtschaft der meisten von Erdölimporten abhängigen Industriestaaten in Schwierigkeiten. Mit dem Preisanstieg der vom Rohöl abhängigen Produkte veränderte sich zwangsläufig auch das Käuferverhalten. Vor allem in den USA und Großbritannien endete spätestens 1979 der Schallplattenboom, der mit dem Rock 'n' Roll begonnen hatte.

Schon seit Mitte des Jahrzehnts war hier eine Verringerung des Wachstumstempos unübersehbar. Während der weiterhin boomende japanische Musikmarkt von 1973 bis 1980 jährlich um durchschnittlich 4,7 Prozent und der ebenfalls

56 Tonio Postel, *Siegeszug des Walkman*, in SPIEGEL ONLINE vom 14. Jan. 2008; Chanan 1995, 154; Millard 2005, 324–327; Stevens 2008, 114; Heike Weber, *Vom Kofferradio zum Walkman*, in Paul/Schock 2013, 418–423.

57 Monti Lüftner, *Weltmusikmarkt*, in Moser/Scheuermann 1992, 17–26, hier 22.

expandierende westeuropäische Markt um 4,8 Prozent pro Jahr zulegten, verzeichnete die Zahl der verkauften Tonträger in den USA lediglich ein durchschnittliches jährliches Plus von 0,75 Prozent. Im Vereinigten Königreich war die Zahl der verkauften Tonträger seit 1978 sogar rückläufig. Als auch der Tonträger-Umsatz in den USA von 4,1 Milliarden US-Dollar im Jahr 1978 auf 3,6 Milliarden US-Dollar im Jahr 1982 absank, wähnte das US-Musikblatt Rolling Stone die Branche in der „schlimmsten Lage ihrer Geschichte".

Nahezu alle Unternehmen waren gezwungen, ihre Kosten zu reduzieren, ihr Budget für die Künstler herunterzufahren und Personal zu entlassen. Die Labels monierten, dass inzwischen viel weniger gekauft als gehört wurde, dass ganze Schulklassen und Belegschaften sich zusammentaten, von denen einer die teure Neuaufnahme von der Spitze der Hitliste kaufte und alle anderen sich davon Kopien auf billige Leerkassetten machten.[58] Das war sicherlich der Fall, verdeutlichte aber einmal mehr, welchen besonderen Konkurrenzverhältnissen die Schallplattenindustrie ausgesetzt war.

Nicht nur der Rundfunk drückte die Preise der Popmusik. Anfang der Achtziger war zudem mitentscheidend, dass die bisherigen platzraubenden Tonträger ihren Zenit erreicht hatten. Die von der Presse genau verfolgte technische Entwicklung der platzsparenden CD ließ viele Musikliebhaber zögern, sich ihre Wohnungen mit weiteren großformatigen Alben noch mehr vollzustopfen. Gleichzeitig trieb der von den Jugendlichen heiß begehrte Walkman die Verkaufszahlen der Musikkassetten für einige Jahre zu neuen Rekorden, ehe die CD die Umsätze der Vinylplatten und dann auch der Kassetten endgültig einbrechen ließ. In Japan als dem weltweit zweitgrößten Musikmarkt erreichte die Produktion der Plattenindustrie im Jahr 1980 ihren Höhepunkt. Anschließen verschwanden die Vinylplatten im Konkurrenzkampf mit der CD innerhalb eines Jahrzehnts nahezu vollständig vom Markt. Nur noch wenige Nostalgiker hielten ihnen die Treue. Die bis 1983 weiter gestiegenen Verkäufe von bespielten Musikkassetten erleichterten der Musikindustrie den Übergang von den schwarzen Vinylplatten zu den Silberlingen aus Polycarbonat. Dank der Musikkassetten sank die Musikproduktion in Japan von 1980 bis 1984 wertmäßig nur um knapp 7 Prozent (Abb. 4).

Besonders hart traf die Krise den britischen Schallplattenmarkt, wo die Verkaufszahlen im Zeitraum von 1977 bis 1981 von 231,6 Millionen Einheiten auf 170,2 Millionen einbrachen – ein Rückgang um 26,5 Prozent. Der damit verbundene Gewinneinbruch erschütterte in erster Linie die beiden großen einheimischen Labels Decca und EMI, zumal beide keine neuen Beatles vorweisen konnten. Decca half es nicht, eine honorable Vergangenheit vorweisen zu können. Das Unternehmen wurde 1980 von PolyGram geschluckt. Ihm wurde zum Verhängnis, dass es in den Siebzigern schlicht zu wenige Hits produziert hatte und die Aktienbesitzer in der Krise auf einen Verkauf drängten. Sehr viel größeres Aufsehen erregte im selben Jahr der Zusammenschluss von EMI mit dem englischen Fernsehkonzern Thorn. Das Major-Label hatte während der sechziger Jahre mit den Beatles und den

58 Errechnet nach Gronow/Saunio 1999, 137; *Schallplatten: Nichts läuft mehr so richtig*, in DER SPIEGEL vom 19. Dez. 1983, 133–134.

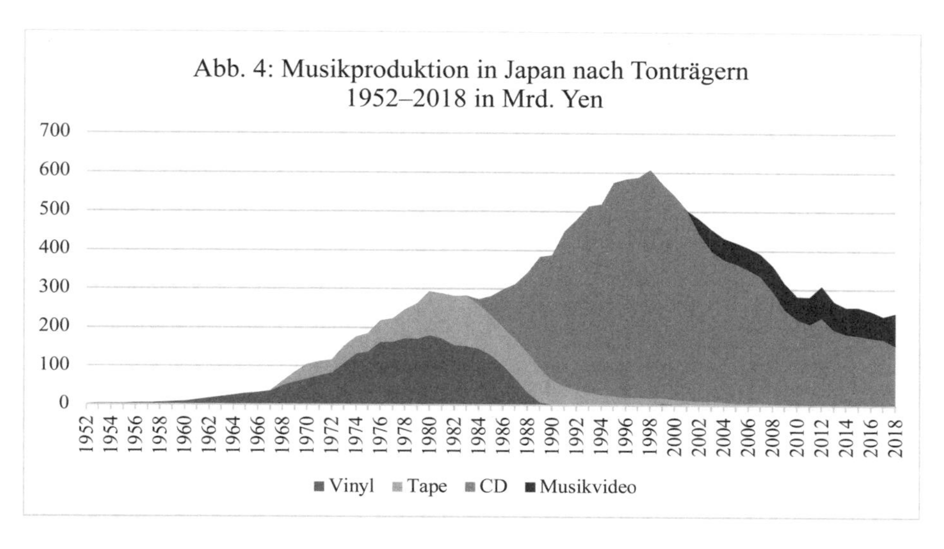

Abb. 4: Musikproduktion in Japan nach Tonträgern 1952–2018 in Mrd. Yen

Quelle: Recording Industry Association of Japan 2019, 12.

Beach Boys höchst produktive Goldesel unter Vertrag gehabt und stattliche Geldreserven angehäuft, die es ihm sogar erlaubten, neben dem Zukauf zahlreicher kleinerer Labels das Forschungslabor unter der Leitung des späteren Medizin-Nobelpreisträgers Godfrey Hounsfield weiter auszubauen, sodass dieser, aus dem Vollen schöpfend, in aller Ruhe zwischen 1967 und 1976 den ersten Prototypen eines Computertomographen (CT) entwickeln konnte. Anfang der Siebziger kündigten sich jedoch bereits die ersten Schwierigkeiten an. 1971 rutschte in den USA das Tochterlabel Capitol Records in die roten Zahlen, die Gewinne des Klassik-Labels gingen zurück, und mehrere gewinnbringende Bands wechselten zur Konkurrenz – Pink Floyd zu Columbia, Queen zu Elektra und Deep Purple zu Warner Brothers. Zudem kündigte EMI den Sex Pistols nach nur einer Platte, nachdem sich die Punk-Band über die Royals mokiert hatte.

Ende des Jahrzehnts nahmen die finanziellen Schwierigkeiten schließlich dramatische Formen an. Die Einnahmen der Medizinabteilung brachen ein, als in den USA General Electric mit einem eigenen CT das Rennen machte und die Gewinne der Musikabteilung von 75 Millionen Pfund im Jahr 1977 binnen zwei Jahren auf nur noch gut 2 Millionen sanken. Gleichzeitig jedoch investierte der Vorstand in einige weitere Labels und erwarb Anfang 1979 in den USA United Artists Records mitsamt dessen Unterlabels. Der Kauf vergrößerte den finanziellen Engpass, sodass das Unternehmen sich sogar gezwungen sah, seine wertvolle Sammlung historischer Grammophone zu versteigern und sich nach einem finanzstarken Partnerumzusehen.[59] Um sich zu retten, flüchtete EMI 1980 in die starken Arme von Thorn Electrical Industries und fusionierte zu Thorn EMI. Der neue Mischkonzern trennte sich in den folgenden Jahren von zahlreichen Sparten wie der Medizinelektronik,

59 Southall 2012, 33–35.

Hotels und Restaurants, um sich auf Unterhaltungselektronik, Verteidigung, Einzelhandel und Musik zu konzentrieren. Wie auch bei einigen amerikanischen Labels aber war Musik fortan nur eines von vielen Geschäftsfeldern des Konzerns und nicht das größte. Erst gut ein Jahrzehnt später konnte die Musiksparte von Thorn EMI ihren Expansionskurs erneut aufnehmen. So war auch 1984 noch nicht genug Geld in der Kasse, um den inzwischen gewinnträchtigen ATV Musikkatalog mit 251 Beatles-Songs zu erwerben. Michael Jackson dagegen erwies sich in dieser Situation als deutlich cleverer und finanzstärker.[60]

Wie in Großbritannien litten auch in den USA zahlreiche Schallplattenlabels unter dem Gewinneinbruch nach den beiden Ölpreiskrisen, sodass sich alle großen amerikanischen Radiogesellschaften entschlossen, sich von ihren Labels zu trennen, zumal Mischkonzerne mit ihren zum Teil völlig verschiedenen Sparten, die nur schwer und unter erheblichen Kosten zentral zu lenken waren, aus der Mode kamen. Bereits 1979 verkaufte die American Broadcasting Company (ABC) ihre gesamten Schallplattenlabels für 30 Millionen US-Dollar an die Music Corporation of America (MCA), darunter ABC Records, das neben anderen Paul Anka, Ray Charles und Cliff Richard unter Vertrag hatte. MCA war mit dem Musik-, Film- und Fernsehgeschäft groß geworden und als Medienkonzern erst 1962 auch in das Plattengeschäft eingestiegen, als man zusammen mit den Universal Filmstudios das amerikanische Label Decca Records erworben hatte, zu dem auch Coral und Brunswick Records gehörten. Anschließend erfolgte ein zielbewusster Ausbau der Musiksparte, wenn auch bis zum Kauf von ABC Records nur in ganz kleinen Schritten.

Als die Wirtschaftskrise den amerikanischen Plattenmarkt erreichte und die Schallplattenverkäufe einbrachen, musste MCA zwischen 1979 und 1982 enorme Verluste hinnehmen. Nach Meinung einiger Witzbolde standen die drei Buchstaben für „Music Cemetery of America“, für Musikfriedhof von Amerika. Die Chefs der MCA Corporation, der auch die Universal Studios gehörten, erwogen bereits, die Plattenfirma abzustoßen, als sie Irving Azoff mit der Leitung des Major-Labels beauftragten. Er rettete dieses vor dem Bankrott, indem er sofort die Verträge mit fast allen jungen, noch unbekannten Künstlern kündigte und Mitarbeiter entließ. Anschließend schloss er mit Motown Records einen Vertrag über eine Vertriebsgemeinschaft ab, um dieses seit Jahren weniger erfolgreiche Label schließlich nach Überwindung der Krise zusammen mit anderen Investoren zu kaufen. 1985 nahm MCA mit dem Kauf von Chess Records, das für seine Blues-, Rock ’n’ Roll- und R&B-Aufnahmen berühmt war, seinen Expansionskurs wieder auf, nachdem seine Gewinne wieder in den achtstelligen Bereich gestiegen waren.[61]

Auch das Major-Label CBS Records, das sich unter der Präsidentschaft von Clive Davis (1967–73) dem Rock geöffnet hatte, musste in der Krise tiefe Kratzer hinnehmen. 1975 war der raubeinige Walter Yetnikoff, der seit 1962 in Diensten von CBS stand, Präsident und CEO von Columbia geworden. Das Label konnte in den Siebzigern nicht so recht vom Disco-Boom profitieren, da die Verantwortlichen den Trend zu spät erkannt hatten. Ende des Jahrzehnts bemerkte Yetnikoff auch zu

60 Southall 2012, 35–41; Gronow/Saunio 1999, 188.
61 Dannen 1998, 183–186; Barfe 2005, 307–308.

spät, dass Disco inzwischen tot war. Während die Plattenläden bereits damit begonnen hatten, tonnenweise unverkaufte und unverkäuflichen LPs zurückzuschicken, wollte Yetnikoff unbedingt das auf Disco spezialisierte Label T.K. Records kaufen, das im Sommer 1974 mit *Rock Your Baby* des farbigen Sängers George McCrae einen Welthit gelandet hatte, der sich 11 Millionen Mal verkaufte. Zwischen 1975 und 1979 hatte zudem die KC & The Sunshine Band bei T.K. Records fünf Singles herausgebracht, die in den Charts der USA und zahlreicher anderer Länder alle auf Platz eins landeten.

Der Scheck für den Kauf von T.K. Records war bereits ausgestellt, als Bob John Backe, der Präsident des CBS-Konzerns und zweiter Mann hinter William Paley, den Kauf stoppte. Er hatte zum Glück für Columbia die vielen Retouren aus den Plattenläden mitbekommen. Er ahnte irgendwie, dass T.K. Records sechs Monate später Konkurs anmelden musste. Er sah zudem die Gewinne von CBS Records dramatisch sinken, wobei das Label wenig Vorzeigbares anzubieten hatte, das eine Umkehr versprach. Mitte 1982 sah sich der stellvertretende Präsident von Columbia, Dick Asher, sogar gezwungen, rund 15 Prozent der fest angestellten Mitarbeiter zu entlassenen. Der Tag ging als der Schwarze Freitag der Plattenindustrie in die Geschichte ein. Als die Jahresbilanz für 1982 vorlag, war der Gewinn von CBS Records auf mickrige 22 Millionen Dollar geschrumpft – der geringste Jahresgewinn des Unternehmens seit 1971. Zudem war die Gewinnspanne mit zwei Cents pro Dollar erschreckend niedrig – Resultat zu vieler erfolgloser LPs, der gesamtwirtschaftlichen Rezession und der hohen Zahlungen für die so genannte unabhängige Promotion, das heißt für Bestechungsgelder an Radioleute, um die Schallplatten von Columbia in die Radiosendungen zu bringen.

Ende des Jahres rettete schließlich das Tochterlabel Epic Records ihre Mutter vor dem Absturz in die roten Zahlen, indem es Michael Jackson's Monster-Hit *Thriller* herausbrachte. Das Album verkaufte sich mehr als 38 Millionen Mal, warf sieben Hit-Singles ab und brachte CBS Records mindestens 60 Millionen US-Dollar ein. 1983 schnellten die Gewinne von CBS nach den zahlreichen Entlassungen und neuen Erfolgen auf über 109 Millionen Dollar hoch – das beste Ergebnis aller Zeiten.[62] Alle Signale standen auf Grün. Ein erneuter Aufschwung war absehbar, und die Konsumgüterindustrie lockte mit viel Geld, um die Stars des Labels erneut in ihre Werbung einzubinden. 1984 sponserte Pepsi die *Victory Tour* von Michael Jackson und legte 5,5 Millionen Dollar auf den Tisch, damit dieser zusammen mit seinen Brüdern in zwei Werbespots des Getränkegiganten auftrat, seinen Hit *Billie Jean* in *Pepsi Generation* umschrieb und dazu den Moonwalk tanzte.[63]

Im Vergleich zu CBS Records überstand Warner Records die Krise weitgehend schadlos. Das Label hatte sich unter seinem Präsidenten Mo Ostin frühzeitig Heavy Metal und Hard Rock geöffnet und Bands wie Led Zeppelin, Black Sabbath, Deep Purple und Alice Cooper unter Vertrag genommen. 1978 konnte es durch die Übernahme von Sire Records seine Angebotspalette um Punkrock und New Wave nochmals erweitern. Die Verantwortlichen bei Warner entwickelten ein feines Gespür

62 Dannen 1998, 208–210, 301–302 u. 321; Knopper 2017, XXVIII.
63 Marcus 1992a, 102.

für kommende Stars und nahmen 1977 den noch völlig unbekannten 19-jährigen Sänger Prince unter Vertrag, in dem sie einen erotisch aufgeladenen Zwilling von Michael Jackson sahen. Prince lenkte mit anzüglichen Träumereien die Blicke auf sich, sang über Oralverkehr und Inzest und trat in High Heels und Kleinmädchenhöschen auf. Er suchte den Skandal. Das half, zum Star aufzusteigen.[64] Sire Records wollte nicht nachstehen und zog 1982 die ebenso unbekannte Sängerin Madonna an Land.

Warner Records gehörte seit 1969 zur Kinney National Company, die seit 1971 unter ihrem CEO Steve Ross als Warner Communications firmierte. Seit Beginn der Siebziger wuchs das Label in den USA vornehmlich durch Übernahmen kleinerer, aber innovativer Labels wie Elektra, Atlantic und Geffen Records. Mit WEA International baute es seit Anfang der Siebziger für sich, die übernommenen Labels und auch andere einen gemeinsamen Vertrieb für Tonträger in Australien, Westeuropa und Japan auf. Die mit Kabel-Fernsehen sehr erfolgreiche Muttergesellschaft stützte dieses Wachstum. Richtungsweisend war die Beteiligung des Kreditkartenunternehmens American Express an Warner Cable im Jahr 1979. Die daraus hervorgegangene Abteilung für Satellitenfernsehen gründete alsbald mehrere Spartensender, unter anderem den Musiksender MTV, der wesentlich zum erneuten Aufschwung der ganzen Schallplattenindustrie bis Ende des Jahrhunderts beitrug.

Problematisch wurde es für Warner Records lediglich, als die 1976 von der Muttergesellschaft erworbene Atari Inc., die Konsolen für Videospiele herstellte, 1983 in tiefrote Zahlen rutschte. Bis dahin hatte Atari in der Hochzeit des Star-Wars-Fiebers mit dem Videospiel *Space Invaders* Millionen Amerikaner vor seine Heimkonsolen gelockt und Warner riesige Gewinne beschert, und zwar ein Vielfaches dessen, was Schallplatten und Filmsparte einspielten. Mit der Übersättigung des Marktes, der Konkurrenz der ersten PCs sowie schlecht programmierten Spielen rutschte Atari in die Verlustzone. 1983 blieb das Unternehmen auf 3,5 Millionen Modulen sitzen, die es letztlich auf einer Mülldeponie in Mexiko entsorgte. Das Jahr 1983 endete für Atari mit einem Gesamtverlust von 536 Millionen Dollar, womit Warner Communications höchst verwundbar wurde und eine feindliche Übernahme durch Rupert Murdoch drohte. Die Rettung glückte 1984 durch den Verkauf der verlustreichen Heimcomputer-Sparte.[65]

Während CBS 1983 die Wende schaffte und Warner Records seine Anteile am amerikanischen Plattenmarkt kontinuierlich vergrößerte, hielt bei anderen Unternehmen die Krise an und führte zu zahlreichen Übernahmen. Als Mitte der achtziger Jahre die Radio Corporation of America (RCA) in finanzielle Schwierigkeiten geriet, kaufte ihre frühere Mehrheitseigentümerin General Electric im Jahr 1986 das Unternehmen auf, um es sofort aufzuspalten. Der neue Besitzer behielt die National Broadcasting Company (NBC) für sich, während er zur Finanzierung der Übernahme das Traditionslabel RCA Records, das auf eine acht Jahrzehnte wäh-

64 Reynolds 2017, 563–564.
65 Stephan Freundorfer, Game-Crash 1984. Als E.T. die Videospiele killte, in SPIEGEL ONLINE vom 10. März 2009; Goodman 1997, 240–249.

rende Erfolgsgeschichte zurückblicken konnte, noch im selben Jahr an den westdeutschen Medienkonzern Bertelsmann verkaufte, der ein Jahr später seine Musikaktivitäten unter dem Namen Bertelsmann Music Group (BMG) bündelte. Bertelsmann hatte Mitte des vorangegangenen Jahrzehnts damit begonnen, in die USA zu expandieren. 1977 erwarben die Deutschen eine erste Beteiligung am Verlag Bantam Books, ehe sie diesen größten Taschenbuchverlag bis 1981 ganz übernahmen. 1979 konnten sie außerdem von der Filmgesellschaft Columbia Pictures deren Label Arista Records erstehen, das geleitet wurde von Clive Davis, der 1973 von CBS gefeuert worden war.

Während der Krise an der Wende zu den achtziger Jahren schrieb Arista jedoch tiefrote Zahlen, sodass sich Bertelsmann 1983 gezwungen sah, 50 Prozent von Arista an RCA zu verkaufen. Beide zusammen betrieben das Label ab 1985 für kurze Zeit unter dem Namen RCA/Ariola International, ehe Bertelsmann im folgenden Jahr nach Übernahme der RCA Corporation durch General Electric den 50-Prozent-Anteil an dem Label zurückkaufte. Währenddessen verbesserte sich die finanzielle Lage von Arista erheblich. Label-Boss Clive Davis hatte 1983 die damals neunzehnjährige Sängerin Whitney Houston in einem New Yorker Nachtclub gehört und sie umgehend unter Vertrag genommen. 1985 erschien deren Debütalbum *Whitney Houston*, das sich schließlich 20 Millionen Mal verkaufte, davon 13 Millionen Mal in den USA – eines der erfolgreichsten Debüts, das je einer Künstlerin gelang. Es folgten sieben aufeinanderfolgende Nummer-eins-Hits in den US-Charts – auch dies ein einsamer Rekord.[66]

Auch dem deutsch-niederländischen Label PolyGram, das mit Unterstützung seiner beiden Muttergesellschaften Siemens und Philips bereits seit 1962 kontinuierlich in die USA expandierte, bescherte die Krise herbe Verluste. Anfang der Siebziger hatte PolyGram viel Geld in die Hand genommen, um vornehmlich in den USA, aber auch in Europa auf Einkauftour zu gehen. In Frankreich erwarb man 1978 das Label Disques Barclay, das Künstler wie Dalida, Charles Aznavour, Jacques Brel, Françoise Hardy und Juliette Gréco unter Vertrag hatte. In den USA hatte man 1972 MGM Records, das Musiklabel der Metro-Goldwyn-Mayer-Filmstudios, sowie Verve Records erworben und ein Jahr später die Vertriebsgesellschaft United Distribution Corporation (UDC). Damit waren die Würfel gefallen. PolyGram war gezwungen, seinen Anteil am Musikmarkt der USA im Bereich der Unterhaltungsmusik weiter auszubauen, da dieses nationale Vertriebsnetz mit klassischer Musik allein nicht auszulasten war.

1976 erwarb die deutsch-niederländische Gesellschaft für angeblich 10 Millionen US-Dollar einen 50-Prozent-Anteil an den nur Insidern bekannten Casablanca Records & Film Works sowie RSO Records. Casablanca, das in den USA die Langfassung von Donna Summers *Love to Love You Baby* herausbrachte und Village People unter Vertrag hatte, entpuppte sich auf den ersten Blick als wahre Goldgrube. Es wies Bruttoerlöse in Höhe von 55 Millionen Dollar aus und schien für

66 Hartmut Berghoff, *Vom Gütersloher Kleinverlag zum globalen Medien- und Dienstleistungskonzern*, in Bertelsmann 2010, 6–83, hier 48; Dannen 1998, 329–331; Barfe 2005, 305–306; Hofacker 2012, 386–387.

PolyGram ein Geschenk des Himmels zu sein. Es hatte Künstler unter Vertrag, die in diesen Jahren heiß begehrt waren – Donna war heiß, Kiss waren heiß, und die Funk-Band Parliament war mit ihren Alben *Chocolate City*, *Mothership Connection* und *The Clones of Dr. Funkenstein* heiß.

Die Verantwortlichen bei PolyGram ließen sich zunächst von den enormen Umsätzen blenden und übersahen die noch höheren Kosten und damit die sich mehrenden roten Zahlen. Der Gründer des Labels, Neil Bogart, war nach den späteren Aussagen seines Anwalts „wahrscheinlich der größte Impresario, den es im Musikgeschäft jemals gegeben hat. [...] Geld ausgeben, Partys, Promotion, DJs einfliegen, fünfundzwanzig Promo-Leute einstellen. Koste es, was es wolle." Bogart ließ am Sunset Boulevard in Los Angeles eine neue Firmenzentrale hochziehen und nach Rick's Café in dem Film *Casablanca* ausgestalten. Im ganzen Haus und allen Büros dröhnte rund um die Uhr laute Discomusik, und nachmittags nahm eine junge Frau Drogenbestellungen für den nächsten Tag entgegen.[67]

Ein weiteres Geschenk des Himmels schien für PolyGram RSO Records zu sein, dessen Gründer, der Australier Robert Stigwood, die Idee zu *Saturday Night Fever* entwickelt hatte. Die Soundtrack-Alben zu dem Film sowie zu *Grease* verkaufte RSO jeweils 30 Millionen Mal. Das hatte PolyGram in seinen kühnsten Träumen nicht erwartet. Als das Major-Label die Umsätze aller seiner Sublabels im Jahr 1978 addierte, kam es auf eine Summe von 1,2 Milliarden US-Dollar. Niemals zuvor hatte eine Plattenfirma mehr als eine Milliarde Dollar im Jahr eingenommen. Zugleich war der Marktanteil von PolyGram in den USA von 5 auf 20 Prozent hochgeschnellt. Auch das hatte es noch nie gegeben. Mitte 1979 feierte sich PolyGram mit einer glamourösen Party in Palm Springs, zu der auch Henry Kissinger als Redner eingeladen war.

Bereits zu diesem Zeitpunkt musste allen Verantwortlichen eigentlich klar sein, dass den hohen Umsatzzahlen viel zu hohe Kosten gegenüberstanden, dass die Gewinnspanne alarmierend gering ausfiel und das US-Geschäft nach Abzug der beiden Soundtrack-Alben kaum profitabel war. Jeder Kenner des Geschäfts wusste, dass 30-Millionen-Seller nicht jedes Jahr glückten und Disco-Gruppen wie Village People abgenudelt waren. Auch waren Casablanca und RSO inzwischen außer Kontrolle geraten. Von einigen der neuen Platten ließen die Bosse, berauscht vom Erfolg der letzten Jahre, viel zu viele pressen, sodass die Unmengen an Retouren die Bilanzen ins Minus drückten. So verkaufte RSO von der Doppel-LP mit der Filmmusik zu *Sgt. Pepper's Lonely Hearts Club Band* etwa drei Millionen Exemplare, hatte aber acht Millionen ausgeliefert. Der Einzelhandel schickte fünf Millionen Alben an das Label zurück, die schließlich für 25 Cents pro Stück an einen Cutout-Händler verscherbelt wurden. Als es 1979 nicht gelang, neue Bestseller wie *Grease* oder Monster-Hits auf den Markt zu bringen, und der Disco-Boom endete, produzierten die Warenlager schnell wachsende Verluste. Das riesige, 1973 erworbene Vertriebsnetz war nur zum Teil ausgelastet, und das Label saß auf Tonnen an Tonträgern, die niemand mehr kaufen wollte. 1980 war PolyGram gezwungen, allein in den USA rund 15 Millionen unverkäufliche Platten einzuschmelzen. Bis

67 Knopper 2017, XXVI–XXVIII.

1983 summierten sich die Verluste des Unternehmens auf stattliche 220 Millionen US-Dollar. Dennoch setzte das Label seinen Expansionskurs zunächst fort, erstand 1980 auch die übrigen 50 Prozent an Casablanca Records, zwang aber Bogart, seinen Hut zu nehmen. Auch erwarb es den Musikbereich des maroden englischen Decca-Konzerns, womit sich PolyGram die Rechte an dessen klassischem Repertoire sowie an den Rolling Stones sicherte. Trotz der Krise ließen die einzelnen Sublabels nicht davon ab, Dutzende neuer Sänger und Bands unter Vertrag zu nehmen, obwohl jeder neue Vertrag zunächst rund 100.000 Dollar kostete, noch bevor die Promotion begann.

Vor allem Siemens als Miteigentümer von PolyGram begegnete diesem Expansionskurs zunehmend mit Skepsis. Der Konzernzentrale in München kam es daher nicht ungelegen, dass Warner Communications Anfang 1983 eine Fusion der beiden Major-Labels vorschlug. Obwohl PolyGram noch immer in den roten Zahlen steckte, verfügte es über zwei Stärken, die Warner fehlten: seine starke Präsenz in Europa sowie sein riesiger Katalog im Bereich der klassischen Musik. Das Vorhaben wurde Ende Juni 1983 offiziell bekanntgegeben. Es sah zwei Joint Ventures vor: eins in den USA, das zu 80 Prozent Warner gehören sollte, und eins außerhalb der USA mit Warner und PolyGram als gleichstarken Partnern.

Obwohl das Kartellamt in Deutschland zunächst keine Einwände erhob, die amerikanische Federal Trade Commission (FTC) unter Präsident Reagan inzwischen zahlreiche Megafusionen gebilligt hatte und PolyGram in Gefahr lief, in Konkurs zu gehen, kam das Vorhaben nicht zustande. CBS-Boss Walter Yetnikoff, dessen Label nach der Fusion nicht mehr die größte Plattenfirma gewesen wäre, schwor die gesamte Plattenbranche der USA gegen den Zusammenschluss ein, und seine Anwälte legten Beschwerde bei der FTC ein. Zur großen Überraschung von Warner reichte diese eine Klage gegen den Zusammenschluss beim Bezirksgericht ein. Zwar verlor die FTC vor dem Bezirksgericht, doch das Berufungsgericht hob diese Entscheidung auf und blockierte damit die Fusion für die nächsten Jahre.

PolyGram sah sich angesichts der weiter auflaufenden Verluste zu harten Rationalisierungsmaßnahmen gezwungen. Ein neuer Geschäftsführer verordnete dem Unternehmen einen strikten Sparkurs, reduzierte die Zahl der Mitarbeiter von 13.000 auf 7.000 und die der unter Vertrag stehenden Künstler und Bands von 250 auf 80. Er schloss Warenlager, reduzierte die Zahl der regionalen Vertriebstellen und die der Produktionsstätten für Tonträger. Das Label gab die bisherige Konzentration auf einige wenige Superstars auf zugunsten einer breiteren Basis mit nationalen Stars. Auch verkaufte es den wertvollen Musikverlag Chappell Music für rund 100 Millionen US-Dollar. Das alles war eine ziemlich bittere Medizin, aber sie schlug an. Indessen setzte Philips auf den Erfolg der inzwischen zusammen mit Sony zu Marktreife gebrachten CD sowie den Verkauf von CD-Playern. Die Niederländer bauten in Hannover eine CD-Fabrik, die im Sommer 1982 die Produktion aufnahm, und übernahmen 1985/86 die 50-Prozent-Beteiligung von Siemens. Ab 1985 schrieb PolyGram wieder schwarze Zahlen.[68]

68 *PolyGram N.V. History*, in Tina Grant (Hg.), International Directory of Company Histories. Bd. 23. Detroit: St. James Press, 1998, 389–392; Dannen 1998, 217–243 u. 333–341; *Gorillas*

Mitten in den Krisenjahren kehrte einer der Granden der amerikanischen Musikindustrie in die Branche zurück, nachdem er im Jahr 1975 zur Filmproduktion gewechselt war und sich bald darauf wegen gesundheitlicher Probleme in den zeitweiligen Ruhestand verabschiedet hatte: David Geffen. 1970 hatte er das Label Asylum Records gegründet, das er einige Jahre später für 7 Millionen Dollar an Warner Communications verkaufte. 1980 hob er Geffen Records aus der Taufe, nahm Elton John und Donna Summer unter Vertrag, die das Label aber bald wieder verließen, ohne dass sie sich bezahlt gemacht hatten. Gewinnbringend für ihn war dagegen die Verpflichtung von John Lennon und Yoko Ono. Nachdem Lennon Ende 1980 ermordet worden war, ging das Lennon/Ono-Album *Double Fantasy* drei Millionen Mal über den Ladentisch. Anschließend setzte Geffen auf Heavy-Metal-Bands wie Guns N' Roses und Hardrockbands wie Whitesnake aus Großbritannien und zog damit das große Los. Die beiden ersten Platten von Guns N' Roses *Appetite for Destruction* und *GN'R Lies* von 1987 und 1988 verkauften sich mehr als 30 beziehungsweise 10 Millionen Mal. Gleichzeitig stiegen die Gewinne des Labels auf geschätzte 175 Millionen US-Dollar pro Jahr. Damit kündigten sich bereits die für die Schallplattenindustrie „goldenen Neunziger" an.[69]

Während die amerikanische und britische Schallplattenindustrie in der ersten Hälfte der Achtziger von der Absatzkrise heftig durchgeschüttelt wurden, ging die Globalisierung der westlichen Pop- und Rockmusik unvermindert weiter, zusätzlich angetrieben durch Unternehmen wie die bekannte amerikanische Einzelhandelskette Tower Records aus Sacramento in Kalifornien. Russ Salomon hatte dort 1960 einen ersten Musik-Shop eröffnet. Das Geschäftsmodell sollte als „Plattenladen" Teil der westlichen Jugendkultur werden. In diesem Laden konnten Jugendliche in einem riesigen Plattensortiment stöbern und sich die gewünschte Musik vor dem Kauf in speziellen Kabinen anhören.

Aus dem einen Plattenladen wurde in den siebziger Jahren eine Kette, dann eine amerikanische Institution, die 1979 zuerst nach Japan expandierte und in den Neunzigern in ein Dutzend weiterer Länder. Wie die Schallplattenindustrie boomten diese Läden, als ab 1983 die Musikfans ihre LPs durch CDs ersetzten. Ähnlich wie Tower Records trugen auch die 1976 gegründeten Virgin Megastores des britischen Unternehmers Richard Branson mit ihrem wesentlich breiteren Sortiment zur Verbreitung der westlichen Rock- und Popmusik in der Welt bei, ebenso die über viele Jahrzehnte im Besitz von EMI befindliche Kette MHV Retail, die bereits 1921 in der Oxford Street in London ein erstes Geschäft eröffnet hatte, sowie in den Niederlanden und Belgien die 1971 nach dem Vorbild von Tower Records gegründete Kette Free Record Shop.[70]

entscheiden, in DER SPIEGEL vom 25. Febr. 1980, 62–64; *Schallplatten: Nichts läuft mehr so richtig*, in DER SPIEGEL vom 19. Dez. 1983, 133–134.

69 Dannen 1998, 179–181.

70 Masahiro Yasuda, *Japan*, in Marshall 2013, 152–170, hier 160; Knopper 2017, 242–243; *HMV: How the top dog lost its bite*, in BBC News vom 15. Jan. 2013, in www.bbc.com [9.01.2017]; siehe auch den auf DVD erhältlichen Film *All Things Must Pass: The Rise and Fall of Tower Records* von Colin Hanks aus dem Jahr 2015.

In anderen Ländern räumten zunächst Elektrofachgeschäfte eine Ecke für Singles und LPs leer, ehe die kurze Blütezeit der reinen Schallplatten-Fachgeschäfte begann. Über die Bundesrepublik Deutschland zog sich nach Wegfall der Preisbindung für Schallplatten im Jahr 1972 alsbald ein Netz solcher neugegründeten Plattenläden, denen aber bereits nach wenigen Jahren in den Plattenabteilungen der großen Kaufhausketten gefährliche Konkurrenten erwuchsen. Schon 1972 präsentierte sich das neue technische Kaufhaus Saturn in Köln nach eigenen Angaben als „die größte Schallplattenschau der Welt". Anfang der neunziger Jahre waren von den etwa 15.000 Verkaufsstellen für Tonträger, die es Mitte der Siebziger in Westdeutschland gegeben hatte, nur noch gut die Hälfte übriggeblieben. In Frankreich und Belgien verfügte die Handelskette FNAC, die mit dem Verkauf von Büchern groß geworden war, seit ihrer Expansion in den späten 1970er Jahren über das breiteste Sortiment an Tonträgern.[71]

Mitten in der Krise der Schallplattenindustrie erfolgte ein weiterer Anstoß zur Globalisierung der Popmusik mitsamt den dazu gehörigen kommerziellen Accessoires und Lebensstilen. Anfang der achtziger Jahre führte der eben erst gegründete private US-amerikanischen Fernsehsender MTV Musikvideos und deren ökonomischer Verwertung ein und versprach: „Sie werden Musik mit ganz anderen Augen sehen." Noch wusste der Sender selbst nicht, wie sehr ihm die Pop-Fans alsbald Recht gaben. Vor der Gründung von MTV hatte das Fernsehen die Musiker lediglich beim Vortragen ihrer Songs aufgenommen. In den Musikvideos dagegen standen nicht mehr die Musiker beim Bedienen ihrer Instrumente im Mittelpunkt, sondern eher der Text des jeweiligen Songs, der schauspielerisch und mit den künstlerischen und technischen Möglichkeiten des Films interpretiert wurde.[72] Bereits in den 1930er Jahren hatten Swing-Big Bands in Kino-Kurzfilmen als Vorprogramm von Spielfilmen ihre neuesten populären Nummern dargeboten, und in den sechziger Jahren hatten die Beatles, Bob Dylan sowie Sonny & Cher kurze Werbefilme gedreht, in denen sie mit mehr oder weniger schauspielerischem Talent für den Kauf ihrer neuesten Schallplatten warben, so die Beatles 1967 für ihre Single *Penny Lane*. Es waren dies Promotion-Clips.

Das Musikvideo dagegen schöpfte alle Möglichkeiten des Films aus. 1975 hatte die britische Band Queen mit Freddie Mercury als Sänger eine unter vielen Möglichkeiten aufgezeigt, wie es besser zu machen wäre. Da ihr Terminkalender einen attraktiven Live-Auftritt bei der BBC zur Präsentation ihrer *Bohemian Rhapsody* nicht zuließ, drehte das Quartett als Ersatz einen Kurzfilm, in dem es durch vielfache Spiegelung als ein großer Chor auftrat. In den folgenden Jahren schließlich versuchten die Musikproduzenten mit sehr viel kreativeren und kurzweiligen Clips, den während der Wirtschaftskrise stagnierenden Plattenverkauf anzukurbeln. Gleichzeitig ebnete in der TV- und Kino-Werbung der vermehrte Einsatz von Popsongs als Erkennungsmelodien für die unterschiedlichsten Produkte den Weg für

71 Christian Stolberg/Wolfgang Orthmayr, *Vom Schallplattenladen zum Multimedia-Kaufhaus*, in Moser/Scheuermann 1992, 141–151, hier 142–143 u. 149.

72 Michael Altrogge, *Tönende Bilder. Interdisziplinäre Studie zu Musik und Bildern in Videoclips und ihre Bedeutung für Jugendliche*. 3 Bde., Berlin: Vistas, 2001.

den Videoclip als dem Erfolgsrezept von MTV.[73] Einen entscheidenden Meilenstein setzte Michael Jackson im Jahr 1982 mit seinem Video zu *Thriller*. Der Clip erzählte eine Geschichte, er arbeitete mit schnellen Bildschnitten und stand am Anfang einer ganz neuen Videokunst, die teilweise mit opulenten Bildfantasien aufwartete. Er zeigte Michael Jackson mit neu geschnitztem Gesicht und seine Freundin beim Besuch eines Horrorfilms sowie ihren nächtlichen Heimweg über einen Friedhof. Er setzte Spezialeffekte ein, wenn Tote aus den Gräbern stiegen und Jackson sich in einen Werwolf verwandelte. Er präsentierte den Sänger als Tänzer mit einem von ihm selbst kreierten Tanzstil inmitten der zu Leben erwachten Toten. Er rückte wiederholt das rote Outfit von Jackson ins Bild und machte Werbung für *Thriller* sowie Jacksons Kleidung. Selbst mit dem Clip machte die Produktionsfirma Geld. Er wurde weltweit auf Videokassette angeboten und trug entscheidend dazu bei, dass *Thriller* zum bis heute meistverkauften Album wurde.[74]

Mit Hilfe von MTV vermochte die Musikindustrie durch visuelle Reize zusätzliche Käufer für ihre Schallplatten zu gewinnen. In den fünfziger Jahren war es noch der Rundfunk gewesen, der ihre Produkte in der Bevölkerung bekannt gemacht hatte, in den Achtzigern dagegen eindeutig das Fernsehen. Allein ein einziger Auftritt eines Stars in einer der großen Samstagsabend-Shows in den USA, Großbritannien oder Deutschland ließ dessen Schallplattenabsatz in der nachfolgenden Woche um einige hunderttausend Exemplare steigen.[75]

Dann kreierte MTV für die vielen kleinen und großen Popgrößen eine ganz neue Plattform, um sich mitsamt verkaufsfördernden Skandalen ins rechte Bild zu rücken. Zugleich versuchten die Amerikaner die Betrachter mit schnell verdaulichen Reizen rund um die Uhr an den Sender zu fesseln und die jeweilige Mainstream-Musik aus dem Westen global zu verbreiten.

1979 hatte das Kreditkartenunternehmen American Express die Hälfte der Anteile des amerikanischen Kommunikationsunternehmens Warner Cable übernommen, woraus als neue Abteilung die Warner AMEX Satellite Entertainment Company (WASEC) hervorging, die mehrere Spartensender gründete, unter anderem den werbefinanzierten Musiksender MTV. Er ging im Sommer 1981 mit dem programmatischen Clip *Video Killed the Radio Star* von dem britischen New Wave-Duo The Buggles auf Sendung, begleitet von Originalbildern der ersten Mondlandung, nur dass Neil Armstrong nicht die „Stars and Stripes“ auf dem Mond platzierte, sondern eine Flagge mit dem MTV-Logo.

Bald ergänzten Nachrichten aus der Musikszene die Videos. Von Beginn an diente der Sender dem Warner-Medienkonzern als strategischer Rammbock im internationalen Konkurrenzkampf. Er profitierte zunächst von dem schnellen Ausbau des nordamerikanischen Kabelnetzes, dann von dem weltweiten Satellitenfernsehen und erreichte jedes Jahr neue Zuschauerrekorde.[76] MTV schnitt seine Clips sofort zielgenau auf die konsumfreudige Altersgruppe der 14- bis 30-Jährigen aus

73 Axel Schmidt, *Sound and Vision go MTV*, in Neumann-Braun 1999, 93–131, hier 94.
74 Wicke 1993, 83–88; Pade/Risi 2019, 161.
75 Wicke 1993, 44–45.
76 Wang 2014, 161–163.

Unter- und Mittelschicht zu. Diese galten bis dahin neben den alten Menschen als die Stiefkinder der TV-Werbekommunikation. Da sich aber die Zahl der Fernsehsender schneller erhöhte als die zur Verfügung stehenden Werbegelder, sahen sich alle kommerziellen Sender gezwungen, entweder ihre Einnahmen zu erhöhen und/oder ihre Ausgaben zu verringern. MTV entwickelte als Reaktion auf diese Zwänge eine ganz spezielle Strategie, indem der Newcomer Programm und Werbung aufs Engste verband und mit den Clips als Hauptinhalt seiner Sendungen ein qualitativ relativ hochwertiges Programm anbot, das er zum Nulltarif einkaufte und auch kostenlos ausstrahlte. MTV konnte die Schallplattenfirmen davon überzeugen, dass mit den Clips im Vergleich zu den Tourneen, mit denen die Labels zuvor neue Platten promotet hatten, deutlich geringere Kosten verbunden waren, dass Videos zudem eine weitaus größere Reichweite besaßen, dass sie ohne weitere Kosten reproduzierbar und von größerer Ästhetik waren und sich auch besser für die Strategien der Cross-Media-Promotion eigneten. MTV bot sich den Labels als kostenloser Distributionskanal für deren Videoclips an. Mit anderen Worten: MTV schlug den Labels vor, kostenlos für deren Musik Werbung zu machen, wenn sie andererseits dem Sender die Werbefilme für ihre CDs in Form von Musikvideos kostenlos zur Verfügung stellten.

So kam es denn auch. MTV wurde zu einem einzigen endlos langen Werbespot für MTV selbst, die kommerziellen Labels und andere Konsumartikel. Als Sender existierte MTV nur, um der Schallplattenindustrie kostenlos Werbezeit einzuräumen. Zu einer ertragreichen Geldbeschaffungsmaschine wurde MTV dagegen als weltweit sichtbare Werbefläche für alle möglichen Konsumartikel. Die Plattenfirmen reichten dem Sender jeden Tag kostenlos 200 bis 300 Musikvideos ein, die dieser als Gegenleistung im Fernsehen promotete und mit einer bunten Warenwelt umrahmte.

Der Deal zwischen MTV und den Labels, kostenloses Programm gegen kostenlose Werbung, funktionierte solange, bis die Produktionskosten für Clips Mitte der Achtziger explodierten. Vor allem die Major-Labels forderten von MTV daher Kompensationszahlungen in Form von Lizenzgebühren. Da beide Seiten aufeinander angewiesen waren, kam Mitte der achtziger Jahre ein neuer Deal zustande. In der Folge gewährten die großen Labels MTV als Gegenleistung für Lizenzzahlungen Exklusivrechte, die es MTV ermöglichten, die attraktivsten und neuesten Clips für sich auszuwählen und exklusiv zu senden. Bald übte MTV auch erfolgreich Druck auf einige Superstars aus, um deren Auftritte bei Konkurrenzsendern zu unterbinden. Das Management schloss zudem Exklusivverträge mit Kabelbetreibern ab, die sich verpflichteten, Musikclips von anderen Sendern nicht in ihrem Netz zu transportieren. Verschiedener Klagen wegen Wettbewerbsverzerrungen endeten letztlich ergebnislos.[77]

Die Kombination aus Musikvideos und Werbespots, die Mischung aus Musik, Mode, Kosmetik, Design und Drinks machte zuallererst Reklame für einen bestimmten Lebensstil. Sie verband Musik, Konsum und Kultur zu einer inneren Einheit. Sie vermischte Kunst und Kommerz. MTV setzte einen Schlussstrich unter

77 Axel Schmidt, *Sound and Vision go MTV*, in Neumann-Braun 1999, 93–131, hier 112–115.

das Gutenberg-Zeitalter, in dem Kultur auf Texten aufgebaut hatte. Mit seinen bunten und flüchtigen Bildern drängte der Sender den Text in den Hintergrund und mit seinem konsumsüchtigen Publikum den Leser. Dabei verlangte MTV seinen Zuschauern nichts ab – kein Mitdenken, keine Geistesschärfe, keine Kopfarbeit. Die Clips verzichteten auf verstrickte Handlungsmuster und subtile Charaktere. Der Zuschauer konnte jederzeit ein- und ausschalten, und verpasste nie etwas. MTV veranstaltete unter dem Titel „Musikkanal" eine riesige, teils lustvolle Verkaufsshow, in der die Musiker nur noch als Animateure inmitten eines bunten Warenangebots auftraten. Sie sollten den Konsum anregen und zwar nicht nur den Konsum von Schallplatten. So lieferte Madonna ihren Pop-Fans neben immer neuen Sounds auch immer neue Fashionvorlagen frei Haus. Wenn sie in den folgenden Jahren und Jahrzehnten beschloss, einmal wieder eine neue Frau zu sein und Kruzifixe, Lederarmbändchen, metallbeschlagene Cowboyhüte oder bauchfreie Tops trug, dann tauchten wie auf Verabredung an jeder Ecke rund um den Globus Kruzifixe, Lederarmbändchen und metallbeschlagene Cowboyhüte auf. Die jungen Frauen wagten sich mit bauchfreien Tops in die Discos und auf die Straßen und machten wie ihr Idol ihre Unterwäsche zur Oberbekleidung.[78]

MTV machte aus der populären Musik weniger eine Ware als vielmehr ein werbestrategisches Vehikel für Konsumgüter wie Kleidung, Schmuck, Lebensmittel und Autos. Seit MTV auf Sendung ging, ist ein Musikclip kaum noch von einem Werbespot zu unterscheiden. Musik wurde mit Hilfe von MTV von Firmen wie Levi's oder Nike zur Werbung für ihre Produkte instrumentalisiert, aber auch von Organisationen wie der FIFA zur Werbung für Sportevents, die über einen weltweit agierenden Medienverbund in einheitlicher Form rund um den Globus gejagt wurde. Wie es Thomas Langhoff ausdrückte: „Ein Musikvideo ist ein Werbeclip ist ein Imperativ: ‚Du sollst kaufen!'"[79]

Die Videos projizierten die Träume der Konsumgesellschaft auf den Bildschirm mit Spotlights auf schönen Autos, reizenden Frauen, schicken Klamotten und glänzendem Schmuck, unterlegt mit einem den Konsum anregenden Sound. Aus dem Blickwinkel der Jugendlichen schmiegte sich deren Kultur im ausgehenden 20. Jahrhundert noch enger als einige Jahrzehnte zuvor an Konsumgewohnheiten und Musikvorlieben und wurde noch sehr viel stärker zu einem medialen Konstrukt. Oder in der Sprache von Axel Schmidt: „Infantile Aufsässigkeitsinszenierungen verschleiern die Eingebundenheit der Jugendmedien in ökonomische Strukturzwänge.[80]

Mit dem Boom der Musikvideos vollzog sich zudem ein Wechsel der kulturellen Werte, die die einzelnen Richtungen der Popmusik bis dahin begleitet hatten. Die jugendlichen Fans der Rolling Stones, von Joan Baez oder der Sex-Pistols hatten sich mit den jeweiligen Stars und deren Musik immer auch sozial und kulturell

78 Mary Cross, *Madonna: a biography*. Westport: Greenwood, 2007.

79 Thomas Langhoff, *Video Killed the Radio Star*, in Kemper/Langhoff/Sonnenschein 2002, 261–275, hier 271.

80 Wicke 1992, 464; Wicke 1993, 61; Andrew Goodwin, *Dancing in the Distraction Factory. Music Television and Popular Culture*. Minneapolis: University of Minnesota Press, 1992, 45–47; Axel Schmidt, *Sound and Vision go MTV*, in Neumann-Braun 1999, 93–131, hier 129.

identifiziert. Ihre Idole hatten für Arbeiter, Friedensaktivisten, Aussteiger, Rebellen und andere mehr gestanden, zumal die Musikindustrie bis dahin immer darauf bedacht gewesen war, ihren Stars ein perfektes, glaubhaftes und stabiles Image zu verpassen. Sie sollten nicht einfach nur Musiker sein, sondern Manager und Produzenten hatten ihnen mit einer Vielzahl an Stories, Fotos, biografischen Details und entsprechender Kostümierung eine widerspruchsfreie Biografie und lebensnahe Identität zurechtgeschneidert, die ihren Songs Glaubwürdigkeit, Ehrlichkeit und Authentizität verleihen sollten. In den Händen gewiefter Imagegestalter waren die Stars so zu einem Medienkonstrukt geworden. Zur Ankurbelung des Plattenabsatzes hatte die Musikindustrie größte Anstrengungen unternommen, dass möglichst große Teile der Jugend sich mit diesen Stars identifizieren konnten, die zudem mit der von ihnen vertretenen Musikrichtung eine eigene Subkultur repräsentierten, die Musiker und Hörer verband.

Mit dem Aufkommen das Musikvideos trat dagegen an die Stelle von sozialen Identitäten „ein körperbezogenes Lustprinzip“, zusätzlich angeregt und angefeuert von den explosiven Tanzrhythmen der elektronischen Musik. Das Musikvideo brachte in mehrfacher Hinsicht Bewegung in die Musikszene. Zunächst machte MTV mit der „heavy rotation“ die Stars in immer kürzeren Abständen sichtbar, und die Musikfans ließen zuhause den Videorekorder rotieren. Dann nahmen die Stars selbst gewissermaßen Fahrt auf, ließen ab von ihrer gestischen Sparsamkeit und begannen wie etwa Mick Jagger, über die Bühne zu joggen und hyperaktiv zu zappeln.[81] Das neue Medium ebnete den Weg für Gesangsstars, die gleichzeitig auch gute Tänzer von außergewöhnlich physischer Präsenz waren – so Michael Jackson, Madonna und später Lady Gaga.

Kennzeichen des neuen Mediums wurden zudem rasante, durch den Rhythmus der Musik gesteuerte Bildschnitte, kurze und kürzeste, bis an die Grenze der Wahrnehmbarkeit reichende Sequenzen, ferner optische Effekte.[82] Dabei rückten die in den Clips präsentierten Rituale und der Glamour des jeweiligen Musikers in den Vordergrund und verdrängten die Bedeutung von Persönlichkeit, Biographie und Gegenkultur. Je mehr sich die Popmusik in den Clips als visuelles Gesamtkunstwerk präsentierte, desto mehr waren augenfällige Performer gefragt, weniger handwerklich versierte Musiker. Madonna, Michael Jackson oder Prince schlüpften in ihren Videos in immer neue Rollen, inszenierten nur noch Musik und präsentierten modische Accessoires. Wer dazu nicht fähig war, den entzauberte die permanente Bilderflut, weil er sich nicht mehr aus der riesigen Masse der über den Bildschirm Huschenden abhob.

Die Karrieren zahlreicher Stars begannen bei MTV als der neuen Herzkammer des kommerziellen Pop. So schaffte Madonna 1984 mit dem Video zu ihrem Album *Like a Virgin* den Durchbruch zum Weltstar, wobei sie wie auch bei ihren späteren Alben immer den Puls der Zeit im Auge behielt und sich mit ihrer kompromisslosen

81 Thomas Lau, *Idole, Ikonen und andere Menschen*, in Kemper/Langhoff/Sonnenschein 2002, 276–291, hier 281–282.

82 Dazu Peter Wicke, *Video Killed the Radio Star. Glanz und Elend des Musikvideos*, in PopScriptum 1997, www2.hu-berlin.de/fpm/textpool/texte/wicke_video-killed-the-radio-star.htm [24.02.2017].

Flexibilität zu jeder ihrer Tourneen in einem neuen Look präsentierte. Hätte Madonna keine Möglichkeit bekommen, sich in Videos zu präsentieren, und hätte nur Platten herausgebracht, dann wären ihre Erfolge weit weniger groß ausgefallen, womöglich wäre sie in der Masse der wirklich guten Sängerinnen völlig untergegangen. MTV bot zudem den Künstlern und denen, die es werden wollten, endlich die Bühne, von der herab sie mit kommerziellem Kalkül Provokationen und Eklats gut sichtbar um die Welt jagen konnten, oder was willfährige Medien daraus machten. Das Tête-à-Tête und Geknutsche von Madonna mit einem schwarzen Jesus, ihre Stigmata und ihr Tanz vor brennenden Kreuzen in dem Clip zu *Like a Prayer*, ihre gesamte entblößte Phase waren kalkulierte Provokationen, die die Verkaufszahlen in den Himmel fahren ließen.

Ohne Videobegleitung floppten viele Songs, und ohne Videopräsentation hatten es Musiker seit den achtziger Jahren deutlich schwerer, Anerkennung zu finden. Die Labels begriffen dies recht schnell. 1981 wurden erst 23 Prozent aller Top-100-Songs von einem Videoclip begleitet; Mitte 1984 waren es bereits 76 Prozent, obwohl sich die Kosten pro Clip inzwischen vervielfacht hatten.[83] Nur dank ihrer Dauerpräsenz auf MTV landete die britische Popgruppe Duran Duran zu Beginn des Jahrzehnts einige Superhits und wurde zu einem Emblem des Synthie Pop. Die stets tadellos frisierte und gekleidete Gruppe, die Mitte der Achtziger zur Pin-up-Band junger Mädchen aufstieg, präsentierte sich auf der Bühne und in ihren sündhaft teuren Videos als eine Mischung aus Glam-Rockern der Siebziger und Boygroups der Neunziger. Ihr Sänger Simon Le Bon galt als heiß, blendend aussehend und sexy – hot, hunk and sexy. In den Videoclips der Band umgab er sich gern mit Bikinischönheiten als Blickfang und setzte auf die Ästhetik von Hochglanzmagazinen wie dem Playboy und glücksverheißenden Werbefilmen.[84]

Auch MTV musste lernen. In den ersten Jahren hatten seine Programmgestalter allein das weiße Rock-Publikum im Visier und weigerten sich, Videos mit afroamerikanischen Musikern auszustrahlen. Der Rassismus-Vorwurf wurde erst fallengelassen, als der Sender im Jahr 1983 Michael Jacksons *Billie Jean* ausstrahlte. Aus finanziellen Gründen und, um zu viele Wiederholungen zu vermeiden, war MTV mit seinem 24-Stunden-Programm alsbald gezwungen, sein Repertoire und damit seine Musikrichtungen stetig auszuweiten. Zunächst ignorierten die Programmverantwortlichen über Jahre hinweg Hardcore und Rap, ehe sie die Begeisterung der Teenager für diese Musik nicht mehr übergehen konnten. 1988 startete *Yo! MTV Raps*, eine tägliche Show, moderiert von dem schwarzen Produzenten von Hip-Hop-Videos, Fab 5 Freddy, der zuvor Graffiti aus den U-Bahn-Schächten New Yorks in die trendigen Kunstgalerien der Stadt befördert hatte und 1981 in den Rap-Passagen von Blondies Hit *Rapture* als einer der Großen des Hip-Hop vorgestellt wurde: „Fab 5 Freddy told me everybody's fly." Fab 5 Freddy moderierte *Yo! MTV Raps* von der Straße aus, genau von dort, wo Hip-Hop groß geworden war.

83 Axel Schmidt, *Sound and Vision go MTV*, in Neumann-Braun 1999, 93–131, hier 105.
84 Shuker 2016, 94–96; Kirsten Borchardt, *Stop Making Sense*, in Kemper/Langhoff/Sonnenschein 2002, 200–213, hier 212.

Aus dem Stand heraus erzielte die Show die höchsten Einschaltquoten, die MTV je hatte, und feuerte den globalen Hip-Hop-Kapitalismus erst richtig an. Erst im Anblick der Hip-Hop-Clips, die MTV in endlosen Wiederholungen um die Welt jagte, schien die Jugend außerhalb Amerikas an die Existenz dieser neuen Musikrichtung wirklich zu glauben. Erst mit diesen Clips eroberten die Attitüden und Moden der amerikanischen Hip-Hopper die übrige Welt. Künstler übernahmen Kleidungsstile von der Straße, zeigten sie in ihren Videos, und die Bekleidungsindustrie brachte sie in die Kaufhäuser, ehe die Zuschauer diesen Stil wieder zurück auf die Straße brachten.[85]

In den Neunzigern fand MTV in nicht-englischsprachigen Ländern einige Nachahmer. In Deutschland schickte die Warner Music Group 1993 zusammen mit Sony, PolyGram und EMI den Musikkanal VIVA auf Sendung, der mit seinen quasi vom Schulhof weggecasteten Moderatoren seinen großen Konkurrenten aus den USA schnell überrundete. Erstmals waren Moderatoren und Moderatorinnen wie Heike Makatsch im Fernsehen wirklich jung und redeten wie junge Leute. Sie redeten, wie ihnen der Schnabel gewachsen war. Die halbwüchsige VIVA-Garde wurde mit ihrer unvollkommenen und unmittelbaren Art, auf die Zuschauer loszugehen, zu Stars einer neuen Gattung. Nach den Worten des Geschäftsführers des Senders sprangen sie völlig unbekümmert ins Programm – amateurhaft, unvollkommen, launisch. Der Sender sammelte so eine neue junge Generation um sich, die nicht mehr nur Fernsehen schaute, sondern dabei sein durfte. „Interaktiv“ lautete das neue Zauberwort, und die Zuschauer konnten per Telefon und Fax ihre Wünsche äußern. Mit dieser Masche gelang es VIVA für einige Jahre, dass junge Konsumenten ihren Blick auf dieses flimmernde Werbeplakat richteten.[86] Die Musikindustrie versorgte VIVA genauso wie MTV mit einer riesigen Fülle an Videoclips, von denen der Sender seinen Zuschauern jede Woche rund 70 neue Clips präsentierte. Dreimal so viele landeten gleichzeitig in der Mülltonne.

85 Poschardt 1997, 205–207; George 2002, 135–137.

86 Wagner 1999, 206–208; Thomas Langhoff, *Video Killed the Radio Star*, in Kemper/Langhoff/Sonnenschein 2002, 261–275, hier 264.

7 IM ZEICHEN DER DIGITALISIERUNG 1973–2000

In den siebziger Jahren hatten der skandalträchtige Punkrock und die glitzernde Disco-Welle im Verbund mit der verbesserten Unterhaltungselektronik und der zunehmenden Freizeit der Rock- und Popmusik einen stetig wachsenden Raum in der Alltagskultur verschafft. Zeitgleich befand sich in der Lebens- und Arbeitswelt der technische Fortschritt unaufhaltsam auf dem Vormarsch, und technische Geräte übernahmen immer mehr Funktionen im Alltag. Roboter ersetzten Menschen, und die Elektronik erleichterte in Produktion und Transport die Handhabung von immer weiteren Maschinen. Dieser Vormarsch der Elektronik machte auch vor der Musik nicht halt, weder vor der Audiotechnik, noch vor den Musikinstrumenten, noch vor der Musikproduktion, noch vor den Konzertveranstaltern. Es begann das Zeitalter der turbodigitalen Kultur. Es begann gemächlich und eher hinter verschlossenen Türen und erinnerte in vielfacher Hinsicht an die Anfänge der Discoszene. Auch die Pioniere des Techno und die Protagonisten der neuen Clubkultur in Chicago und Detroit experimentierten in leeren Fabrikhallen, um die Discokultur der Siebziger mit einem ganz neuen Sound wiederzubeleben, wobei sie die Technik des Plattenauflegens der Hip-Hop-Tradition übernahmen. Und sie nutzten die inzwischen stark verbesserten und verbilligten elektronischen Klangmaschinen für ihre Kompositionen.

ROBOTER – DER SOUND WIRD DIGITAL

Als der Disco-Hype bereits im Abklingen war und die Presse bereits seinen Tod verkündete, unterzogen einige amerikanische DJs im Untergrund den Disco-Sound einer Frischkur. Zahlreiche Musiker hatten inzwischen bereits die Fortschritte der Elektronik genutzt, um sich neue Klangwelten zu erschließen. 1964 hatte der Amerikaner Bob Moog den ersten spiel- und konfigurierbaren Synthesizer vorgestellt, der bald darauf zahlreiche Musiker dazu animierte, ihre Songs mit völlig neuen Klängen zu unterlegen. Ebenso wie E-Bass und E-Gitarre zuvor Blues und Tanzmusik revolutioniert hatten, so ab Ende der sechziger Jahre der Synthesizer die gesamte Popmusik und nicht nur sie. In Zusammenarbeit mit Bob Moog produzierten die beiden amerikanischen Musiker und Komponisten Walter Carlos und Rachel Elkind 1968 mit einem Moog-Synthesizer das Album *Switched On Bach*, das von 1969 bis 1972 die Klassik-Charts anführte und weitere Musiker veranlasste, zum Synthesizer zu greifen. So übernahmen die Beatles 1969 für ihr Album *Abbey Road* einige dieser synthetischen Klänge. Als Bob Moog 1970 schließlich für Bühnen- und Live-Auftritte den Minimoog entwickelte, nutzten immer mehr Gruppen diesen als zentrales Instrument, so Pink Floyd 1973 für ihr Album *The Dark Side of the Moon*, vor allem aber Stevie Wonder. Seine Alben wie *Innervisions*, *Fulfillingness'*

First Finale oder *Songs in the Key of Life* aus den Jahren 1973 bis 1976 präsentierten sich mit einem ganz neuen Sound, den erst der Synthesizer möglich machte.[1]

Die entscheidende Wirkung ging jedoch von der 1970 gegründeten deutschen Band Kraftwerk aus, die die New York Times 1997 als die „Beatles der elektronischen Tanzmusik" bezeichnete. Die Maschinenmusiker von Kraftwerk leiteten mit deutscher Elektronik und in deutscher Sprache die Wende vom Musizieren mit traditionellen und elektrischen Instrumenten hin zur elektronischen Musik ein. Sie erwiesen sich als gelehrige Schüler der Futuristen, die mit ihrem Kult um Fortbewegung und Tempo die Themen vorgegeben hatten: Auto und Eisenbahn, Roboter und Computer. Sie zeigten sich beeinflusst von Künstlern wie Andy Warhol und einer Aktionskunst wie Fluxus, von Filmemacher wie Rainer Werner Fassbinder und Fritz Lang, von Architekten wie Bruno Taut sowie den sowjetischen Konstruktivisten, schließlich den deutschen Minimalisten des Bauhauses.[2]

Mit ihrem 1974 erschienenen Album *Autobahn* veröffentlichte Kraftwerk erstmals eine elektronisch erzeugte Musik, die sich aus Melodiefragmenten, Soundeffekten und gesungenen Melodien zusammensetzte. Die Band entwickelte einen mechanischen, unpersönlichen Sound, der „wie Quecksilber" über alle Rassen- und Klassenschranken und Nationalitäten hinwegglitt, der nach deutschen Schnellstraßen und unendlichem Horizont klang, der als Teil der technisierten Welt mit dem Instrumentarium dieser Welt voller Technik erzeugt wurde. Auch ohne Übersetzung war die Musik der Düsseldorfer Band international verständlich, zumal Texte nie im Zentrum standen. Kraftwerk kreierte den Code für Elektropop, New Wave, Detroit Techno und mit ihrem Sprechgesang auch für den Hip-Hop.

Giorgio Moroder ließ sich von Kraftwerk beeinflussen, als er Donna Summer mit seiner Musik zur Disco-Queen machte, ebenso David Bowie bei seiner Ende der Siebziger erstellten *Berlin Trilogy,* ferner in den frühen achtziger Jahren eine Synthie Pop-Gruppe wie Depeche Mode, die sich am Sound von *The Man-Machine* von 1978 orientierte, sowie Afrika Bambaataa, der 1982 die Melodie von *Trans-Europe Express* und den Rhythmus von *Numbers* für seine ersten Rap-Hits auf *Planet Rock* kombinierte. In ihrem Düsseldorfer Kling-Klang-Studio produzierte Kraftwerk Musik mit Weltformat, wobei ihnen wahrscheinlich zunächst gar nicht bewusst war, wie sehr ihre Melodien speziell die schwarze Community der USA elektrisierten, zumal sie bei ihren Auftritten als vier Schaufensterpuppen im Anzug die denkbar schlechteste Voraussetzung boten, um eine solche Wirkung auf junge Schwarze auszuüben.[3]

An der Wende zu den Achtzigern wurde die Musik der Band aus dem Rheinland in völlig unterschiedlichen Clubs gespielt, so gleichzeitig in der New Yorker Diskothek Paradise Garage, dem Treffpunkt der schwulen schwarzen Community, sowie dem legendär-elitären Mudd Club im Tribeca-Viertel von Manhattan. Den Synthesizer benutzte Kraftwerk nicht mehr nur als Ersatz für andere Instrumente,

1 Trevor J. Pinch and Frank Trocco, *Analog days: the invention and impact of the Moog synthesizer*. Cambridge, Mass.: Harvard University Press, 2004; Shuker 2016, 26–27.

2 David Pattie, *Introduction: The (Ger)man Machines*, in Albiez/Pattie 2011, 1–12, hier 2; Heyer/Wachs/Palentien 2013, 74.

3 Toop 1994, 203–205.

sondern als eigenständiges Instrument, um auf künstlichem Weg neue Klänge zu erschaffen. „Wir sind die Roboter“, sang die Band 1978 zu Musik aus dem Sequenzer und schickte Roboter auf Tournee, die auf der Bühne zu dieser Musik aus dem Labor mechanische Bewegungen vollzogen.

Andernorts traten die Bandmitglieder in bewusster Abgrenzung zu langhaarigen und schmuddeligen Rockern als Hybride zwischen Mensch und Maschine auf und bewegten sich in maßgeschneiderten schwarzen Anzügen, mit schmalen Krawatten und mit Kurzhaarfrisur steif und emotionslos wie Puppen auf einem Fließband. In den frühen Achtzigern fügten sie ihrem Gerätepark den Sampler als digitalen Plattenspeicher sowie den Drumcomputer hinzu. Ende der siebziger Jahre hatten die beiden Australier Peter Vogel und Kim Ryrie mit dem Fairlight CMI den ersten digitalen Synthesizer mit Sampling-Technik entwickelt, mit dem umgehend Peter Gabriel, Stevie Wonder und Kate Bush experimentierten, um aus gesampelten Alltagsgeräuschen Rhythmen zu basteln. Kate Bush etwa integrierte in ihren Hit *Babooshka* aus dem Jahr 1981 den Klang von zersplitterndem Glas, hatte mit diesem neuen Sound Erfolg und fand zahlreiche Nachahmer.[4]

Mit dem Aufkommen des Musikvideos steigerte Kraftwerk ihre Außenwirkung nochmals. Sie demonstrierten noch mehr als zuvor das Roboterhafte und die Präzision. Sie spielten mit deutschen Klischees – Vorsprung durch Technik. Schon 1975 hatten sie in einem Interview erklärt: „Wir arbeiten mit der deutschen Sprache, unserer Muttersprache, die sehr mechanisch ist, wir nutzen dies als grundlegende Struktur für unsere Musik. Auch die Maschinen aus deutscher Herstellung.“[5] Kraftwerk setzten auf Entpersonalisierung ganz im Gegensatz zur Musikindustrie, die gleichzeitig zur Steigerung des Absatzes den Starkult als ihr grundlegendes Geschäftsmodell zum Superstarkult ausbaute. Kraftwerk setzten auf Nüchternheit. Ihre Musik hatte nichts zu erzählen. Sie umrankte die Künstler nicht mit Mythen und Erzählungen, um Käufer anzulocken. Sie huldigte keinem Künstler-Ego und wollte keine Ideologie verbreiten. Bei Presseauftritten ließ die Gruppe oft Puppen und Roboter an Stelle der leibhaftigen Bandmitglieder fotografieren.

Zur selben Zeit, als die rüpeligen Punk-Rocker ihre Botschaft von den Bühnen grölten, jeder könne ohne musikalische Kenntnisse eine Band gründen, mailten Kraftwerk eine eigene Do-it-yourself-Botschaft an die Jugend mit der Anmerkung, dazu wären nicht nur keine musikalischen Fähigkeiten nötig, sondern auch keine Band, da in der heutigen *Computerwelt* – so der Name des Albums von 1981 – Maschinen diesen Part übernähmen.[6] Drei Jahre später schrieb der Medientheoretiker Friedrich A. Kittler: „Nur Atavismen wie das Urheberrecht, das ja nicht umsonst aus der Goethezeit stammt, zwingen noch zur Namensnennung von Textern

4 Norm Leete, *Fairlight CMI (Retrozone)*, in SOS Sound On Sound vom April 1999.

5 Bangs 2008, 203.

6 Neil Strauss, *Call Them the Beatles Of Electronic Dance Music*, in The New York Times vom 15. Juni 1997; Carsten Brocker, *Kraftwerk: Technology and Composition*, in Albiez/Pattie 2011, 97–118, hier 109; David Pattie, *Kraftwerk: Playing the Machines*, in Albiez/Pattie 2011, 119–135, hier 119; Sean Albiez, *Europe Non-Stop: West Germany, Britain and the Rise of Synthpop, 1975–81*, in Albiez/Pattie 2011, 139–162, hier 150–152; Krohn/Löding 2015, 185–186.

und Komponisten (als ob es dergleichen im Soundraum gäbe). Viel eher wären die Schaltpläne der Anlagen und [...] die Typennummern der eingesetzten Synthesizer zu nennen."[7] Seit Ende des Jahrtausends belieferten weltweit immer mehr Unternehmen Musiker mit digitalen Instrumenten und Kompositionssoftware, und nur wenige Jahre später konnte man Maschinen bereits dabei zuhören, wie sie das Komponieren lernten.

Die Band um Ralf Hütter und Florian Schneider hatte das Glück, in den Jahren nach 1968 frei experimentieren zu können und in Düsseldorf von der Künstlerszene um Joseph Beuys und Jörg Immendorff beeinflusst zu werden. Sie gab Konzerte zur Eröffnung von Kunstausstellungen oder Kunstgalerien, spielte in Jazz-Kellern, hörte den Minimal-Rock der Detroiter Band The Stooges, den Soul von Motown und tourte durch das Ruhrgebiet. Ralf Hütter beschrieb später seine Gefühlslage dieser Jahre, in denen die neue Musik von Kraftwerk entstand: „Dieser Rhythmus, der industrielle Rhythmus, der war es, der mich inspirierte." Oder bei einer anderen Gelegenheit: „Wenn du abends [...] mit Beuys und seinem Team am Flipperautomaten oder Kicker spielst, kannst du am nächsten Tag nicht Schlagermusik machen."[8] Der Detroiter Radio-DJ Charles Johnson, besser bekannt als Electrifying Mojo, bekam Ende der siebziger Jahre *Autobahn* in die Hände und war sofort fasziniert von der hypnotischen elektronischen Energie dieser Platte, besorgte sich auch *Trans-Europe Express* und spielte regelmäßig Musik der Band aus dem Rheinland.

Inzwischen wurden Synthesizer und Sampler nach einem extremen Preissturz für jedermann erschwinglich. Mit Hilfe der neuesten technischen Geräte begann umgehend ein permanentes Recycling und wildes Kreuzen aller vorhandenen Formen und Inhalte der populären Musik zu einem High-Tech-Stilgemisch.[9] Während verschiedene Bands damit zunächst in sozialkritischer Absicht und als Ausdruck der Brutalität des modernen Alltags Industrielärm und andere Umweltgeräusche in ihre Musik hineinmischten, produzierten andere eine tanzbare und kommerziell erfolgreiche Musik, so Giorgio Moroder 1977 mit *From Here to Eternity*, eines der ersten reinen Synthesizer-Alben.

Auch gelangten mit den neuen Geräten vermehrt exotische Klänge in den westlichen Pop. Zuvor hatten nur ganz wenige Popstars Musikinstrumente aus anderen Kulturkreisen beherrscht, so etwa George Harrison die indische Sitar. Seit den Achtzigern waren solche Instrumente und Töne dagegen nur noch eine Floppy Disk entfernt.[10]

7 Friedrich A. Kittler, *Der Gott der Ohren*, in Dietmar Kamper/Christoph Wulf (Hg.), Das Schwinden der Sinne. Frankfurt a.M.: Suhrkamp, 1984, 140–155, hier 152.

8 Christoph Amend, *‚Und plötzlich standen wir im elektronischen Garten'*, in ZEIT MAGAZIN vom 18. Mai 2017, 14–23, hier 20; Mike Rubin, *Who Knew That Robots Were Funky?* in The New York Times vom 4. Dez. 2009; David Buckley/Nigel Forrest, *Kraftwerk: publikation*. Woodstock: Overlook, 2015.

9 Wicke 1992, 467.

10 Steve Jones, *Who fought the law? The American music industry and the global popular music market*, in Bennett/Frith/Grossberg 1993, 83–95, hier 90; Dirk Horst, *Synthiepop. Die gefühlvolle Kälte*. Norderstedt: Books on Demand, 2011, 120–121.

Der Elektropop beziehungsweise Synthie Pop, wie die neue Musik auch genannte wurde, entsprach mit seinen elektronischen Klanglandschaften ganz dem Geschmack der Zeit und erklomm in der ersten Hälfte der achtziger Jahre seinen kommerziellen Gipfel. Der Markt tendierte eindeutig zu massentauglichen und tanzbaren Songs, zu Ohrwürmern und Hits für den Augenblick, zu unterhaltsamer Musik, die eine gute Zeit versprach – Fast Food-Produkte aus der synthetischen Klangmaschine. Das britische Duo Eurythmics präsentierte 1983 und 1985 mit *Sweet Dreams* und *Be Yourself Tonight* solche launigen und quietschfidelen Stücke, die ganz dem Geist dieses technikverliebten Jahrzehnts entsprachen und der Spaßgesellschaft die gewünschte Hintergrundmusik lieferten. Gleichzeitig entwickelten sich Ableger des Synthie Pop, die mit ihren verführerischen Gute-Laune-Melodien ganz auf die Diskotheken zugeschnitten waren, so Italo Disco und Euro Disco.

Als Kraftwerk 1981 auf Welttournee ging, hatte die Gruppe soeben mit *Computerwelt* ihr achtes Album veröffentlicht und mit ihrer Musik als eine Mischung aus eiskalten Elektroklängen und betörenden Melodien bereits zahlreiche Nachahmer in England und Detroit gefunden.[11] In London formierte sich 1980 die Synthie-Pop-Gruppe Depeche Mode, die 1990 mit ihrem Album *Violator*, von denen sie 15 Millionen Exemplare verkaufte, ihren größten Erfolg feierte. Mit ihrem geheimnisvollen Sound gewann sie weltweit Anhänger, die von popverliebten Teenagern bis hin zu Metal-Fans reichten. Auch Depeche Mode sprengte völlig das äußere Erscheinungsbild einer Rockband, da sie alle Musikinstrumente von der Bühne verbannte und mit elektronischen Geräten fiepte, ballerte und wummerte. Die Band kombinierte neue, unkonventionelle Klänge mit traditionellen Songtexten, zeichnete alle möglichen Geräusche auf wie das Rauschen von Klimaanlagen und das Herunterpoltern von Blechtöpfen auf einer Treppe, baute sie in ihre Songs ein und bastelte einen Rhythmus daraus. Wie schon die Punk-Rocker verzichtete sie darauf, exzellente Musiker sein zu wollen, um einen Song zu verfassen. Sie übertrug das Punk-Konzept ohne dessen Aggressivität auf den Pop. Auch achtete sie darauf, dass Songs echte Songs blieben und einen eingängigen Refrain besaßen. Zudem legte sie großen Wert auf ihr Outfit. Die Gruppe betrat die Bühne in extrem weiten Reithosen und spitzen Schuhen, das Haar über den Ohren rasiert und den Rest mit Gel geformt.[12]

Einige Jahre später konfrontierte die britischen Rockband Radiohead unter der Regie ihres Soundtüftlers Jon Greenwood die Rockfans ebenfalls mit einer bis dahin noch nie gehörten Musik. Wie der österreichische Kunst- und Musikjournalist Klaus Winninger damals schrieb, zischen auf ihrem Album *OK Computer* von 1997 bizarre Computer-Geräusche durch die Grooves, und „lyrische Gitarren flirren durch den Cyberspace, bevor unerwartet furiose Soli durch den binären Nebel stoßen; E-Piano-Akkorde schwellen an und dematerialisieren sich gleich wieder; lieb-

11 Poschardt 1997, 229–233.

12 Jonathan Miller, *Stripped: Depeche Mode*. London: Omnibus Press, 2008; Kirsten Borchardt, *Stop Making Sense*, in Kemper/Langhoff/Sonnenschein 2002, 200–213, hier 209.

liche Glöckchen klingeln, Mellotrone seufzen, gespenstische, sakrale Chöre verhallen im Nirvana."[13] Dazu sang Thom Yorke über Fleisch, das trotz größter Anstrengung der Technik unterlegen ist, und Störgeräusche aus dem Radio nahmen die Skepsis gegenüber dem Internet und der Digitalisierung vorweg. Sie warnten die Menschen davor, sich von Maschinen steuern zu lassen. Sie warnten vor der Herrschaft der Computer über unser aller Leben.

Die Massenproduktion digitaler Instrumente führte seit den frühen Achtzigern zur Gründung immer neuer Bands, für die der Synthesizer gewissermaßen in die Rolle des Bandleaders und Songwriters schlüpfte. Mit großer Begeisterung reagierten vor allem die Japaner auf die elektronische Musik, die in vielen Varianten die Beziehung zwischen Mensch und Maschine thematisierte. Während jedoch Gruppen wie Kraftwerk mit ihrer sehr strengen und konzeptionellen synthetischen Musik eher eine düstere Zukunft mit gesichtslosen Robotern in Verbindung brachten, sahen die Japaner in der Technologie ganz allgemein etwas Positives und Befreiendes. Das Land war inzwischen auf dem Feld der Unterhaltungselektronik zum Weltmarktführer aufgestiegen, und ein Großteil der Bevölkerung antwortete auf das Produkt dieses Triumphes, das ihn zum Klingen brachte, geradezu enthusiastisch. Genauso wie Japan seit dem ausgehenden 19. Jahrhundert die in Europa und Nordamerika entwickelte technische Kultur übernommen und den japanischen Gegebenheiten angepasst hatte, so veränderten seine Musiker auch den Elektropop. Sie machten ihn fröhlicher, indem sie Anregungen aus anderen Richtungen der Popmusik übernahmen. Zur Startruppe avancierte alsbald das Trio Yellow Magic Orchestra (YMO), das durch seine Werbekampagne für Fujifilm einen Boom dieser in Japan Technopop genannten Musikrichtung auslöste. Der Trubel um YMO unterschied sich kaum von der Beatlemania der sechziger Jahre. Mit ihm war ebenfalls wie bereits mit der Musik der Beatles oder dem Punkrock ein eigener Modestil verbunden, unter anderem ein kurzer Haarschnitt, Techno Cut genannt.[14]

Anfang der achtziger Jahre, als der Disco-Sound bereits von gestern war, erwachte er in den „Gay-Clubs" von Chicago und New York zu neuem Leben – aber minimalistischer, hypnotischer und schneller als zuvor. Mit Hilfe des Drumcomputers steigerten die DJs das Tempo im $^4/_4$-Takt auf 110 bis 130 Beats pro Minute, wobei sie sich an dem künstlichen und monotonen Sound von Giorgio Moroder orientierten, mit dem sie ein Höchstmaß an Erotik herüberbrachten. Bald erhielt diese elektronische Tanzmusik den Namen House in Anlehnung an den ersten Club, in dem DJs diese Musik auflegten, dem Warehouse in Chicago. Im Gegensatz zu Detroit, wo sich gleichzeitig eine Maschinenbeat-Szene entwickelte, klang House stets etwas fröhlicher und grooviger ohne jeden negativen Unterton. Ebenso wie Disco und Hip-Hop war House anfangs lediglich der individuelle Stil eines DJs im Warehouse.[15] Das spezielle soziale und ökonomische Umfeld, in dem House, Hip-

13 Klaus Winninger, *Radiohead: ‚Computer'*, in SPIEGEL ONLINE vom 20. Juni 1997.

14 Andrew Stout, *Yellow Magic Orchestra on Kraftwerk and How to Write a Melody During a Cultural Revolution*, in SF Weekly Music vom 24. Juni 2011 [5. Dez. 2015]; Vladimir Bogdanov, *All music guide to electronica: the definitive guide to electronic music*. San Francisco: Backbeat Books, 2001, 565; Stevens 2008, 52.

15 Cohn 1992, 244–245.

Hop und Techno ihren Anfang nahmen, regte erneut zu großen Erzählungen an, die wie schon zuvor den Rock 'n' Roll, die Beatmusik oder den Punk mit einer besonderen Aura umgaben, ihnen Gewicht verliehen und den Fans das nötige Insiderwissen lieferten, um sich zu dieser Musik zu bekennen. Jugendarbeitslosigkeit, Kriminalität und Drogen bildeten ebenso wie die Ghettos von Detroit, Chicago und New York die düsteren Rahmenbedingungen für alle diese subkulturellen Szenen, die in Lagerhallen, leerstehenden Häusern und auf der Straße entstanden, alles Orte, die die Industriegesellschaft bereits als Ruinen hinter sich gelassen hatte, denen nun die Musik wieder ein wenig Leben einhauchte, wenn auch damit der industrielle Verfall nicht aufzuhalten war.[16]

Der neue Musikstil mit seinen monotonen Passagen, von denen eine euphorisierende und hypnotische Wirkung ausging, förderte ebenso wie Disco das ununterbrochene, endlose und ekstatische Tanzen bis zum Morgengrauen, zumal die einheitliche musikalische Struktur von House es den DJs möglich machte, die Geschwindigkeit der Platten einander anzupassen und übergangslos und ohne eine Veränderung von Takt und Beat eine Platte in die nächste einzublenden. Immer mehr Jugendliche verfielen diesem nächtelangen Tanzrausch, der sich langsam aber stetig auf einen Höhepunkt zubewegte mit einem kaum auszuhaltenden Lärm aus den Boxen, auf den das Publikum in völliger Selbstaufgabe mit wilden, hysterischen Schreien antwortete. Diesen Höhepunkt erlebten die meist unter Drogeneinfluss stehenden Tänzer wie ein Sinnenrauschen oder gar einen Orgasmus.[17]

Gestützt auf die zunehmend dichter verwebten und schnelleren Kommunikationsnetze lieferte House rund um den Erdball alsbald zahlreiche Anstöße zu neuen Musikstilen, die alle der Kultur des jeweiligen Landes entsprangen. In der schwarzen Community Südafrikas und Namibias entstand Anfang der Neunziger Kwaito, was im Slang der Townships bedeutet: „Diese Jungs sind heiß“. Es ist ein Musikstil, der ähnlich wie Hip-Hop vorgetragen und sich wie dieser gleichzeitig auch als Tanz- und Lebensstil versteht, der aufbaut auf der Zulu-Tanzmusik Mbaqanga, die wiederum Elemente von Soul, Jazz und Reggae enthält. Kwaito nahm seinen Anfang, als zwei Johannesburger DJs in Soweto aus den USA importierte House-Musik verlangsamt abspielten. Alsbald saugte diese Musik alles auf, was die südafrikanische Jugend in den neunziger Jahren hörte: Disco, Hip-Hop, Reggae und auch afrikanische Melodien.

Kwaito entwickelte sich schnell zu einer Spaßmusik, deren Sound bis heute mit der allerneuesten Computersoftware generiert wird. Vorgetragen mit den Posen des amerikanischen Gangsta-Rap und begleitet von lebhaften, stampfenden Tänzen, handelten seine in den verschiedenen Stammessprachen und dem Slang der Townships vorgetragenen Reime von Anfang an lustvoll von Sex und Geld, schnellem Genuss und Gewalt. Wie der Hip-Hop kam diese Musik aus dem Ghetto und entwickelte einen eigenen Dress-Code mit Spotti-Hut und All Stars-Schuhen. Und wie beim Gangsta-Rap sprach aus den Texten das neue Selbstbewusstsein der Schwarzen, die in den überfüllten Townships nach dem Ende der Apartheid von

16 Klein/Friedrich 2003, 56–57.
17 Poschardt 1997, 248–253 u. 263.

einem besseren Leben träumten und in dieser ihrer Musik eine Möglichkeit zu sozialem Aufstieg sahen.

Voller Stolz rappte der in Soweto geborene Arthur Mafokate Mitte der Neunziger von *Kaffir*, also von Kaffern. Auch wenn dies einem Teil des schwarzen Etablissements nicht gefiel, wurde der Song ein Riesenerfolg. Zumeist jedoch verlangten die Zuhörer von den Sängern nur Spaß und Unterhaltung. Sie bejubelten Texte voller Zweideutigkeiten und Zoten, vornehmlich Themen, die unterhalb der Gürtellinie spielten. 2005 rappte Arthur *Sika Lekhekhe*, was in Zulu heißt „Schneide diesen Kuchen", im übertragenen Sinne jedoch meint „Hab Sex mit mir". Das dazu passende Video wagten die Fernsehstationen erst dann zu zeigen, als der Produzent eine gesoftete Fassung anbot. Heute ist Kwaito in Südafrika Mainstream mit eigenen, von der farbigen Bevölkerung des Landes gegründeten profitablen Labels, mit eigenen DJs sowie einer entsprechenden Modeindustrie.[18]

Auch in Angola gab House in den späten 1980er Jahren den entscheidenden Anstoß, elektronische Musik aus Nordamerika und Europa in einheimische Musik einzubinden. In der Hauptstadt Luanda, der im Jahr 2015 teuersten Stadt der Welt, wo die Unterschiede zwischen Arm und Reich brutal und vulgär ins Auge springen und den Alltag bestimmen, entstand in den dortigen Armenvierteln der Kuduro als eine Mischung aus der traditionellen Karnevalsmusik Kazukuta und House; wenn man so will: eine Art Afro-House. Der Kuduro, was „Mistkerl" bedeutet, wurde von den Menschen als musikalische Revolution erlebt. Nach dem jahrzehntelangen Bürgerkrieg entwickelte er sich im Ghetto der Wellblechhütten als Musik der Kleinkriminellen und Alkoholiker, die diese aggressive und sexy Musik bald auch in die Reichenviertel hineintrugen, wo sie in den sündhaft teuren Clubs ein wahrhaftiges Kuduro-Fieber entfachte. Der Kuduro machte alle verrückt. Ohne Kuduro stieg keine Party. Sein minimalistischer und roher Sound verkürzte den Abstand zwischen Arm und Reich, wenn auch nicht ökonomisch. Mit seinem Tempo und seiner Energie ließ der Kuduro alle Alltagssorgen vergessen. Wie in anderen afrikanischen Ländern nutzten die Songschreiber auch in dieser ehemaligen portugiesischen Kolonie den Reggae als Beimischung. Sie wollten daran erinnern, dass dieser in seiner ursprünglichen Form die Kultur der europäischen Kolonialherren parodierte, persiflierte und mit karnevaleskem Spott überschüttete. Heute ist der Kuduro auch in den Diskotheken der portugiesisch sprechenden Länder von Lissabon bis Rio angekommen. Von seinen Fans wird er als afrikanische Musik gefeiert, die von den Klängen aus Nordamerika lediglich „fremdbestäubt" wurde.

Im westafrikanischen Kamerun stieg indes der Bikutsi als Pop-Variante zur populärsten Tanzmusik des Landes auf. Er baute auf der Xylophon-Tanzmusik des Volksstamms der Beti aus dem Süden des Landes auf, wobei zunächst E-Gitarren den Sound des Xylophons imitierten. Unter dem Einfluss von Pop-Rock-Agenten und im Ausland tätiger Musiker, des Fernsehens und Internets sowie Synthesizer

18 Mhlambi 2004, 116–127; Th. Groß, *Geister der Freiheit*, in DIE ZEIT vom 11. März 2004, in www.zeit.de/2004/12/Kwaito_Musik; Broughton/Ellingham/Trillo 1999, 652–653; Rangoato Hlasane, *Popular music in South Africa*, in www.musicinafrica.net/magazine/popular-music-south-africa [29.11.1017].

und Drum Machine entwickelte diese Musik mit ihrem computerisierten Sound alsbald eine „kosmopolitische Ästhetik“, zumal ein Teil der Songs, die rund um die Uhr im Radio zu hören waren und ohne die keine Feier stieg, in Musikstudios in Paris produziert wurde. Die begleitenden Videos mit ihren Tänzerinnen in knappen Shorts und kürzesten Röcken verkünden zumeist eine lebensfrohe Botschaft von Sex und Erotik, die Jean Maurice Noah sogar von „Bikutsi-Porno“ sprechen lässt. Auch der Bikutsi entwickelte sich keineswegs in einem völlig abgeschotteten Raum, sondern in einem fortwährenden Austauschprozess mit der übrigen Welt, besonders mit den alten Kolonialmächten.[19]

Kurz bevor in Südafrika der Kwaito, in Angola der Kuduro und in Kamerun der Bikutsi zur Musik der farbigen Jugend aufstiegen, experimentierten Mitte der Achtziger in der von Arbeitslosigkeit, Mord und Gewalt heimgesuchten, im Niedergang befindlichen Industriestadt Chicago einige offensichtlich von Hochtechnologie begeisterte DJs mit einem sehr spartanischen und harten Sound. Es gelang ihnen, mit dem kurz zuvor auf den Markt gekommenen Drum-Synthesizer Roland TBR-303 ein Blubbern und Zwitschern mit sehr hohen Frequenzen zu erzeugen, womit sie Zuhörer und Tänzer in tiefe Trance versetzen konnten, die viele an ihre ersten LSD-Trips erinnerte. In der schwarzen und zum Teil schwulen Clubszene Chicagos entwickelten diese DJs einen sägenden, wummernden und aggressiven Sound, der als Acid House schnell seinen Weg zu den Partyenthusiasten in Europa fand. Der DJ wurde hier zum Gefühlsdealer, der seine Kunden in einer extrem kühlen Weltraum-Disco zu den Sternen schickte.

Das neue Klangabenteuer Acid schwappte schnell als weichgespülte Variante auf die stets zum Feiern aufgelegte Ferieninsel Ibiza über und von dort ins poppige England, wo sich eine eigene Acid-Clubkultur herausbildete mit Beats von den Balearen gemischt mit Acid House. Die neue Musik setzte London ebenso wie zuvor der Punkrock zurück auf das Jahr null, wie sich ein Beteiligter ausdrückte. Tanzveranstaltungen fanden in freier Natur an Stränden oder auf dem freien Feld statt, wo oft Zehntausende zusammenkamen, um für zwei oder drei Tage zu tanzen. Als Untergrundkultur wurde Acid House 1988 von einem Medienhype mit Drogen wie LSD und Ecstasy sowie freier Liebe in Verbindung gebracht, worauf die BBC mit einem Boykott repetitiver Musik reagierte. Umgehend füllten einige Piratensender die Lücke. Polizeikontrollen, Razzien, der Boykott der Radiostationen und der Gesetzgeber mit seinem „Pay Party Act“ sorgten für ein schnelles Ende der Acid House-Szene in England.

Ihr Erkennungszeichen war der Smiley, den die Industrie umgehend auf die weiten T-Shirts und Kopftücher druckte, die zusammen mit Shorts, Sonnenbrillen und Turnschuhen den Acid House-Hype begleiteten. Der Smiley war schon nach wenigen Monaten als Massenartikel auch auf den Straßen der zerbröselnden Ostblockstaaten zu sehen. Als Logo signalisierte er das Ende jeder Streitkultur, die mit

19 Gödde 2013, 552–556; Anja Brunner, *Local Cosmopolitan Bikutsi – Encountering Cameroonian Pop Music in Yaoundé*, in Beyer/Burkhalter 2012, 84–99; Anja Brunner, *Bikutsi: Kameruner Popmusik abseits der Weltmusik*, in Leggewie/Meyer 2017, 366–372; Jean Maurice Noah, *Le bikutsi du Cameroun. Ethnomusicologie des „Seigneurs de la forêt“*. Yaoundé: Carrefour/Erika, 2004; Broughton/Ellingham/Trillo 1999, 440–444.

dem Rock immer verbunden gewesen war. Er signalisierte das Verschwinden eines revolutionären Mainstreams.

In Berlin und anderswo fanden Acid House-Veranstaltungen als eine Kombination aus Musik, Licht und Drogen meist in leerstehenden Fabriken oder Kellern statt und wurden ganz kurzfristig angesetzt. Es waren echte Untergrundveranstaltungen von Jugendlichen, denen die Musik in den Clubs zu langweilig, die Preise zu hoch und die Türsteher zu restriktiv waren.[20] Mit der welthistorischen Wende, als Mauer und Eiserner Vorhang fielen und der Ostblock zusammenbrach, erlebten auch House und Acid House 1989/90 eine Wendezeit. Wieder verbreitete sich diese Musik von West nach Ost – von den USA über England, Mittel- und Osteuropa nach Asien. Dabei fanden ihre verschiedenen Richtungen unter dem Oberbegriff Techno ein gemeinsames Zuhause.

In Detroit, wo Ende der Siebziger der Radio-DJ Charles Johnson, alias Electrifying Mojo, die Musik von Kraftwerk entdeckt und sie in jeder seiner Sendungen neben der von James Brown, Pink Floyd und Prince gespielt hatte, fühlten sich drei Schüler einer High School – Juan Atkins, Derrick May und Kevin Saunderson – geradezu hypnotisiert von diesen Klängen. Anschließend lernten sie in Chicago House und Acid House kennen und in New York *Planet Rock* von Afrika Bambaataa. Zurück in ihrer heruntergekommenen Heimatstadt Detroit, in der die Automobilindustrie ihrem Aus entgegensteuerte und ein Großteil der Läden mit Brettern zugenagelt war, wo Roboter Menschen ersetzten und Jugendarbeitslosigkeit wie Gewaltkriminalität ein bedrückendes Klima des Niedergangs und der Niedergeschlagenheit verbreiteten, schufen sie mit Detroit Techno eine Musik, die das gesamte Konfliktpotential dieser Stadt des alltäglichen Mordens in Töne einfing, die sie zugleich als Widerstand gegen die menschenverachtenden gesellschaftlichen Verhältnisse der einstigen Motor City verstanden. Oft bestanden die Tracks zwar nur aus Variationen von Acid House, betonten aber mehr das Trancehafte und pflegten einen extrem spartanischen Rhythmus.

Auch diese Musik war ganz auf den Tanz ausgerichtet, doch verzichtete sie mit ihrem kargen Beat im Gegensatz zur Discomusik der Siebziger fast völlig auf Melodien, außerdem auf allen Glamour, auf jede Botschaft und bisweilen auch auf jeden Urheber. Sie sollte die Menschen im gemeinsamen Tanz zusammenbringen im Unterschied zur kommerziellen Schallplatte, die dazu gedacht war, zu Hause aufgelegt und allein gehört zu werden. Die Techno-Maxis sollten nur im Club und dort nur als Instrument Verwendung finden. Detroit-Techno schuf eine nebelverhangene Traumwelt ohne jede Identität. Wie Martin Büsser anmerkte, sollte selbst der DJ „möglichst anonym bleiben, nicht als Star auftreten, sondern mit seinem Equipment und dem Publikum eine Einheit bilden, die pulsierende Mensch-Maschine." Angesichts der auf Stars fixierten Rockmusik klang dieses Ziel, Stars durch Maschinen zu ersetzen, vielversprechend. Als jedoch die Musikindustrie

20 Kai Fikentscher, *You Better Work! Underground Dance Music in New York City*. Hanover, NH: Wesleyan University Press, 2000; Sean Bidder, *Pump Up the Volume: A History of House Music*. London: MacMillan, 2001; Reynolds 2012a; Böpple/Knüfer 1998; Poschardt 1997, 295; Krohn/Löding 2015, 362.

Techno für sich entdeckte, wurden diese Träume schnell Makulatur und DJs zu neuen Stars.[21]

Ende der Achtziger war Techno immer noch der Soundtrack einer Subkultur, deren Anhänger sich im Underground tummelten und dort auch bleiben wollten, die einer Musik frönten, die auf dem Weg war zum reinen Geräusch – ein Sound, in den alle Arten von Geräuschen integriert wurden, ein brachialer Angriff auf die Gehörgänge, Töne ohne jeden Inhalt, pädagogisch nicht wertvoll. Diese Musik kam mit der Geste des Neuanfangs daher und nahm für sich in Anspruch, dem technischen Fortschritt zu folgen. In Berlin wurde sie zunächst im Ufo gespielt, einem schäbig-düsteren Underground-Club, der Ende 1988 im Keller eines Wohnhauses in der Köpenickerstraße eröffnete, um im Sommer 1989 in einen leeren Supermarkt in Schöneberg umzuziehen. Am ersten Standort mussten die Besucher an einer bestimmten Tür klopfen, dann stiegen sie durch eine Bodenklappe in einen niedrigen und feuchten Keller. Einer der Besucher erinnert sich: „Die Wackeltreppe war nicht nur der Eingang, sondern auch der einzige Ausgang aus der kleinen, nebligen Höhle, die schnell zum Massengrab für die Gäste hätte werden können. Da war links ein Schutthaufen in der Ecke, daneben die Theke, die ein Brett war, das auf ein paar Bierkästen lag. Die Tanzfläche, auf der rund dreißig Leute Platz hatten, war schuttfrei, völlig eingenebelt und wurde nur von einem Stroboskop beleuchtet."

Dann legte einer der DJs wie Dr. Motte oder Jonzon auf, die Nebelmaschine mit Erdbeerduft fing an zu blasen, die Stroboskope blitzten, und die Besucher tanzten wie in Ekstase.[22] Noch gab es keine Stars, noch keine VIPs. Die Namen der DJs waren weder auf den Flyern noch auf den Platten vermerkt. Es ging vorrangig um Spaß und eine innovative Musik. Bald eröffneten in weiteren dunklen Kellerlöchern und modrigen Hinterhof-Garagen, in die man nur durchs Fenster oder eine versteckte Tür gelangte, ähnliche Clubs. In ihnen wurde Techno zum Sound der Wiedervereinigung. Als nach dem Fall der Mauer die ersten Techno-Fans aus dem Osten eine der Ufo-Partys besuchten, hatten sie offenbar sehr viel mehr Glamour erwartet, jedenfalls nicht einen „Treffpunkt für ein paar wenige Bekloppte, Musikverrückte und Drogisten", wie ein DJ aus Ost-Berlin meinte. Ein anderer ergänzte: „Die Ufo-Leute kamen mir vor wie arme Schweine, so hausbesetzermäßig. Ich hab mich da immer gewundert. Ich hab ja im Osten nicht schlecht gelebt. Die aber hatten nicht mal Geld fürs Taxi."[23] Noch ging es nicht ums Geld. Die Veranstalter waren weit davon entfernt, mit diesen Clubs ihren Lebensunterhalt verdienen zu wollen. Wie ein Insider anmerkte, litten fast alle von ihnen an der so genannten Berliner Krankheit. „Die bestand im Wesentlichen darin, nichts auf die Reihe zu kriegen. Irgendwo sitzen mit dreckigen Fingernägeln, kein Geld haben und hoffen, dass jemand vorbeikommt, der noch einen Joint hat."[24]

21 Büsser 2013b, 180–181; Jackson Steel, *Das Lexikon der Musikrichtungen – Was ist eigentlich Techno?* München: neobooks, 2016; Mathias Kilian Hanf, *Detroit Techno*. Saarbrücken: VDM Verlag Dr. Müller, 2010; Krohn/Löding 2015, 51–52.

22 Kühn 2017, 134–138; *Die Pioniertage des Techno. Ein Geheimzirkel erobert die Welt*, in SPIEGEL ONLINE vom 31. Juli 2008; Westbam 2016, 132.

23 Denk/Thülen 2018, 87–88.

24 Denk/Thülen 2018, 136.

In diesen Clubs trafen sich nach dem Fall der Berliner Mauer Jugendliche unterschiedlichster Lebensstile – „Hooligans und Punks, Skinheads und Autonome, drogenverachtende Straight Edger und Pillenschlucker", so Klaus Farin.[25] Vor allem fanden bei den Techno-Partys ost- und westdeutsche Jugendliche sofort zusammen. Im Ostteil der Stadt feierte eine schnell wachsende Gemeinde drogenhungriger Raver die brachial laute Musik in leerstehenden Fabriken und finsteren Bunkern, in staubigen Ruinen und feuchten Kellern, auf verlassenen Truppenübungsplätzen oder bei nächtlichen Bootsfahrten. Überall lockten leerstehende Lagerhallen und Kellerräume mit ungeklärten Besitzverhältnissen. Die Raver nutzten das Machtvakuum, da die Polizei Ost-Berlins sich nicht darüber im Klaren war, ob sie diese Techno-Partys verbieten durfte.

Techno wurde zum Soundtrack der Anarchie im Anschluss an den Fall der Berliner Mauer. In dieser grau-trüben Millionenstadt mit ihrer bedrückenden Tristesse, ihren bröckelnden Altbauten und ihren von Einschusslöchern übersäten, blatternarbigen Fassaden, bildeten sich Nacht für Nacht lange Menschenschlangen vor den neuen Underground-Clubs wie dem WMF, dem Planet, dem Bunker und dem unterirdisch gelegenen Tresor, einer düsteren Beton-Stahlkammer mit verrosteten Schließfächern an den Wänden. Wie einer der DJs später anmerkte, hätte die Polizei diesen Laden sofort geschlossen, wenn sie nur einmal einen Fuß in diesen Keller gesetzt hätte: „Es gab unten keine Toiletten, es gab kein Treppengeländer an dieser echt schmierigen und glitschigen Treppe, und es gab definitiv keinen Fluchtweg."[26] Hier feierten die Techno-Fans bei Höllenlärm Wiedervereinigung und Weltuntergang zugleich und tanzten in verschiedenen Stadien der Entrückung, oder was sie für Tanzen hielten. Dagegen waren die zuvor angesagtesten Nachtasyle wie der grelle Dschungel in der Nürnberger Straße mit seiner dunklen Tanzfläche, seiner eleganten Cocktailbar und seiner glitzernden Discokugel plötzlich out. Sein gealtertes Publikum musste vor geschlossenen Türen umkehren und sich eine neue Bleibe suchen.

Einige von ihnen fanden sie ab dem Jahr 1993 in dem als Techno-Club eröffneten E-Werk in der Wilhelmstraße. Dieses denkmalgeschützte ehemalige Umspannwerk aus den zwanziger Jahren entwickelte sich schnell zu einem beliebten Treffpunkt der Techno-Fans sowie aller, die „in" sein wollten. Der neue Club entfaltete nach den Worten von DJ Westbam einen gewissen Zauber durch die einzigartige Mischung seines Stammpublikums aus „Schwulen, Ostkids und altem Westberliner Szene-Adel plus einer Beimischung aller Seltsamkeiten, die das Berliner Nachtleben so besonders machten, Pumper, Spinner, Künstler, Kleindealer, Heimatvertriebene, Hollywoodstars und einiges mehr."[27] Mit der Eröffnung des E-Werks verließ Techno gewissermaßen den Underground mit seinen versifften und dunklen Kellern, um fortan in einer lichtdurchfluteten Kathedrale, umgeben von viel Prominenz und im Scheinwerferlicht des Fernsehens Hochamt zu feiern. Wer

25 Klaus Farin, *Love, Peace & Happiness*, in www.bpb.de/geschichte/zeitgeschichte/jugendkulturen-in-deutschland/36283/love-peace-happiness [25.10.2018].

26 Denk/Thülen 2018, 268.

27 Westbam 2016, 280.

das Ganze nüchtern betrachtete, sah auch bereits Dollar-Zeichen in den Augen der Betreiber funkeln.[28]

In den düsteren Kellern des Undergrounds war Techno eine Musik von Außenseitern gewesen. Doch bereits zu Beginn der neunziger Jahre begannen einige der Mitwirkenden an seiner Überführung in den Pop und an seiner Kommerzialisierung zu arbeiten. 1991 organisierten in Berlin Fabian Lenz und sein Bruder Maximilian, besser bekannt als DJ Westbam, zusammen mit der Szene-Zeitschrift Frontpage eine erste riesige Techno-Party zur Rettung des Radiosenders DT 64. Sie entwickelte sich unter dem Namen „Mayday“ als „Mutter aller Raves“ mit jeweils 20.000 bis 25.000 Besuchern schnell zum größten Indoor-Rave Deutschlands und ließ die Veranstalter von einer weltumspannenden Bewegung träumen. Zu diesen Veranstaltungen erschienen viele Raver wie zu einem Kindergeburtstag im Karneval „in den seltsamsten Technooutfits: Papieranzüge, Malermasken, Taucherbrillen, Bergmannshelme und Müllfahrerwesten. Sie hielten Leuchtstäbe und Sonnenblumen in den Händen, hatten grobe Boots an den Füßen und übergroße Sonnenbrillen auf den Nasen“, so einer der Veranstalter. Anschließend tanzten sie „auf Pille mit erweiterten Pupillen und weiteren Pillen in den Taschen.“[29]

In Frankfurt am Main elektrisierten Techno und Trance gleichzeitig eine ganz andere Gruppe von Ravern. Wer in der deutschen Finanzmetropole hip sein wollte, vom Banker bis zum Zuhälter, ging teils in bunten Klamotten, blondierten Haaren und neonfarbenen Anzügen zunächst in die Großraumdisco Dorian Gray im Rhein-Main-Airport, wo ab 1984 vornehmlich elektronische Musik wie EBM, House, New Wave und dann auch Techno gespielt wurde. Ab 1988 war das Omen angesagt, wo DJs wie Sven Väth den Ton angaben. Dessen Single *Electric Salsa* von 1988 wurde ein Welterfolg und machte Väth zum Popstar, womit die DJs in Detroit eigentlich hatten brechen wollen. Mit der Gründung des auf Trance spezialisierten Labels Eye Q Records sowie des auf House und Techno spezialisierten Sublabels Harthouse durch Sven Väth und andere im Jahr 1992 begann, wie sich Westbam ausdrückte, ein „Wettlauf um die Pop-Idee“. Der glattpolierte Trance-Sound aus Frankfurt wurde immer dominanter, weil „der Rest von Deutschland näher am Dorian Gray mit seinem Bistro war als am Tresor mit seinem schimmligen Keller“, so Westbam. Es entbrannte eine Art Systemkampf zwischen den Frankfurter Labels und dem Berliner Label Low Spirit.[30]

Einige der an der Entwicklung von House, Techno und Trance beteiligten DJs wurden mit ihrer Musik zu Leitfiguren dieser neuen Subkultur. Sie beeinflussten Clubgänger und Künstler, Modemacher und Musiker, Produzenten und Designer. Für den Schriftsteller Rainald Goetz war Sven Väth sogar ein Fürst und ein Napoleon, ein Schamane und ein Medizinmann, ein Luzifer und ein Weiser.[31] Binnen weniger Jahre explodierte die Szene geradezu. Auf Techno, EBM und Trance spe-

28 Denk/Thülen 2018, 339–363.
29 Westbam 2016, 207 u. 226.
30 Büsser 2013b, 186; Wagner 1999, 199; Denk/Thülen 2018, 372–373.
31 Rainald Goetz, *Kronos: Berichte*. Frankfurt a.M.: Suhrkamp, 1993, 396.

zialisierte DJs und Produzenten aus dem Raum Frankfurt machten die elektronischen Clubmusik auch für das Radio kompatibel. *Rhythm Is a Dance* von Snap! machte 1992 den Anfang. *It's My Life* von Dr. Alban folgte wenige Monate später. Alsbald dröhnte diese „Eurodance" genannte Musik mit ihrer vollsynthetischen Instrumentierung und einzelnen Sprecheinlagen aus allen Radios und den Lautsprechern auf den Jahrmärkten. Sie verkam zur Kirmestechno, wie die Kritiker sagten. In der zweiten Hälfte der Neunziger zersplitterte die gesamte elektronische Tanzmusik schließlich in einzelne Musikstile, die nur noch wenige Berührungspunkte besaßen.

Der Aufstieg des DJs vom reinen Plattenaufleger zum Musikproduzenten markierte einen weiteren Rationalisierungsschub in der Musikbranche. Die Rockmusik war noch in hochgradiger Arbeitsteilung entstanden. An der Herstellung eines Rockalbums waren noch zahlreiche Personen und mehrere Berufsgruppen beteiligt. Für die Herstellung einer Techno-Maxi zeichnete dagegen allein der DJ zuständig, der seine Musik zudem meist als White-Label oder über ein eigenes Label herausbrachte. Er erstellte seine computergestützten Musikprodukte aus vorgefertigten Versatzstücken, so wie dies bereits Henry Ford als Hohepriester der industriellen Rationalisierung bei der Automobilproduktion getan hatte. Hier wie dort entstand das Endprodukt zum Zweck der Vereinfachung, Beschleunigung und damit der Kostenreduzierung aus fertigen Modulen. Die neue Generation der DJs verzichtete darauf, sich die Fähigkeit zur Musikproduktion durch eigenes Musizieren und fortwährendes Üben anzueignen, und erstellte ihre Produkte allein durch die Vermischung bereits existierender Musikstücke und Musikschnipsel per Tastendruck. Sie recycelte und vermischte, um dem Konsumenten bereits Konsumiertes in neuer Verpackung erneut zum Konsum anzubieten. Letztlich degradierte sie Popmusik noch mehr zur Wegwerfware, als diese es bereits zuvor gewesen war, zu einer „Musik To Go", bestimmt zum einmaligen Gebrauch, ein Produkt von geringem Gebrauchswert. Die neue Laptop-Musik ließ die Halbwertzeit der Popmusik weiter drastisch sinken. Sie trieb der Popmusik jedes Gefühl für Geschichte aus und wies ihr lediglich eine dekorative und funktionale Rolle zu.[32]

Die Rationalisierungseffekte wurden teilweise wieder rückgängig gemacht, als die Musikindustrie mit ihren Major-Labels und auch die Werbebranche das Undergroundphänomen Techno enterten. Bald war der Sound überall zu hören – am Baggersee, der Bushaltestelle, auf dem Schulhof. 1992 tauchte die von Alex Christensen technoisierte Titelmelodie des Films *Das Boot* sogar an der Spitze der Charts auf, um den endgültigen Startschuss für eine gnadenlose Kommerzialisierung der neuen Tanzmusik zu geben.

Die Industrie erkannte auch, was dieser Musik fehlte, um die Kassen klingeln zu lassen. Aus jahrzehntelanger Erfahrung wussten die Manager, dass eine massenhafte Vermarktung nur mit wiedererkennbaren Gesichtern gelingen konnte. Stars zum Anfassen waren vonnöten und keine anonymen Plattenaufleger. Für gewitzte DJs wurde Techno schnell zu einer wahren Goldgrube, und mit Hilfe solcher DJs

32 Diederichsen 2014, 171–174, 227–229 u. 449.

sowie finanzstarker Investoren verbreitete sich Techno rasend schnell um den ganzen Erdball.[33]

Überall in England wie in Deutschland verbanden die Raver ihren musikalischen Minimalismus mit einem moralischen Minimalismus. Im Gegensatz zu zahlreichen Musikern und Fangruppen der sechziger Jahre wollten sie keinerlei „message“ verbreiten, es sei denn die, Arbeit Arbeit sein zu lassen und sich ganz egoistisch dem Vergnügen, dem Genuss und der Freude hinzugeben, aus dem Alltag auszusteigen, sich zu einer sprachlosen Musik selbstversunken auf der Tanzfläche zu bewegen, sich in eine kollektive Ekstase zu steigern, sich ganz der oft brachialen Gewalt dieser Musik zu unterwerfen und sich von den schnellen Beats wie von einem fliegenden Teppich forttragen zu lassen. Und wen der DJ nicht in die dazu notwendigen Schwingungen versetzte und die Musik nicht über die Wolken katapultierte, der griff zur Glückspille. Techno erhob den Anspruch, durch den Verzicht auf Texte Weltmusik zu sein, eine universell verständliche Musik, die alle Sprachbarrieren überwand. Ihre Tracks waren offen für stilistische und kulturelle Einflüsse aus der ganzen Welt, sodass sehr bald deren Herkunft nicht mehr verortbar war.[34]

Schnell machten auch Musiker aus Ländern von sich reden, die aus sprachlichen Gründen bis dahin im Schatten der von der angloamerikanisch dominierten Popwelt gestanden hatten. So entwickelte sich Frankreich zu einem neuen Zentrum der Club Culture, und die 1993 gegründete französische Formation Daft Punk eroberte mit ihrer French House-Musik die Charts. Der internationale Erfolg stellte sich 1997 mit Veröffentlichung ihres ersten Studioalbums *Homework* ein, besonders aber mit der Auskoppelung von *Around the World* und *Da Funk,* drei Jahre später zudem mit *One More Time*. Da die Sprache nicht mehr gleichberechtigt neben der Musik stand, fanden Künstler aus Frankreich oder Finnland auch außerhalb ihrer Heimatländer Gehör. Mit Techno entstand die erste Musikszene unter wirklich globalen Voraussetzungen.[35]

Mit der Kommerzialisierung verwandelte sich eine düstere Ghettokultur in einen Tanzstil für die Kids der Mittelschicht, und aus illegalen Undergroundtreffen wurde ein Pop-Phänomen. Schließlich wurde aus Techno eine kommerzialisierte Spaßkultur mit der Loveparade als millionenfachem Beleg dafür, dass der Mainstream die Raver inzwischen aus dem Untergrund herausgespült hatte. Dieser Sommerkarneval begann bereits 1989 als private Geburtstagsfeier. DJ Dr. Motte hatte die Idee, auf dem Berliner Ku'damm eine Party zu veranstalten und diese als Demo anzumelden. Sie sollte sich gegen nichts und niemanden richten. Die Stadtverwaltung gab grünes Licht, da es in der Stadt, wie sich Westbam ausdrückte, keine „Spaßverhinderungsbehörde“ gab und auch keine Sperrstunde. „Man hatte nie das Gefühl, dass irgendwas verboten ist. Schon gar nicht zu tanzen.“ Unter dem Motto „Friede, Freude, Eierkuchen“ versammelten sich schließlich die Überlebenden der Westberliner Acid-Techno-House-Szene am Wittenbergplatz, um hinter

33 Wagner 1999, 200–201.

34 Michael Huber, *Detroit/ Wien/ Tokio. Interkultureller Dialog durch elektronische Musik?*, in Barber-Kersovan/Huber/Smudits 2011, 49–63, hier 58–59.

35 Büsser 2013b, 197.

drei klapprigen Gefährten, aus denen schrille Techno-Musik dröhnte, tanzend über den Ku'damm zu ziehen. Nach Dr. Motte gab es drei Wagen: „Einen VW-Bus, ein Bully mit Schiebetür. Und vorneweg eine Kartoffelpritsche mit Doppelkabine." Als Westbam, der als einer der DJs für die Musik zuständig war, aus der U-Bahn-Station am Wittenberg-Platz herauskam, entdeckte er nach eigenen Worten gegenüber auf einem Grünstreifen die kleine Gruppe der Partyteilnehmer: „Die Leute sahen aus wie eine Schulklasse, die für einen Ausflug verabredet war und auf den Bus wartete. [...] Es könnten um die neunzig Leute gewesen sein. Eine Polizeiwanne fuhr voraus, eine hinterher. [...] Die kleine Schar in den komischen Outfits marschierte tanzend den drei alten Frontladern hinterher über den Ku'damm. Es muss sehr seltsam ausgesehen haben. Ein paar Touris standen fassungslos am Bürgersteig."[36]

Sechs Jahre später war der von atonalen Krach umhüllte Umzug bereits zu einem Massenevent ausgeartet, als die verschiedensten Technoszenen aus ganz Deutschland daran teilnahmen und rund 500.000 Besucher aus aller Welt zu markerschütternden Beats, metallischen Rhythmen und wummernden Bässen auf Berlins Straßen tanzten, als zahlreiche Fernsehsender Bilder von den schrillsten Szenen und Outfits bis in die entlegensten Dörfer sendeten und Reiseveranstalter die Loveparade bereits als Pauschalreise anboten. Wieder zwei Jahre später zählte man eine Million Besucher und 1999 bereits 1,5 Millionen. Dieses größte Technoevent Europas entwickelte sich innerhalb kurzer Zeit zu einem musikalischen und hedonistischen Massenhappening, zu einem Schaulaufen von Körpern und Neigungen, zu einer quietschenden Kakophonie aus schrillem Fiepen, dumpf-monströsem Hämmern und metallischem Stampfen, übertönt von Zehntausenden Trillerpfeifen und umrahmt von ebenso vielen Leuchtstäben und Wasserpistolen. Das Ganze war eher ein Spiel, und keiner der Spielführer dachte auch nur daran, irgendwelche existentielle Aussagen über das Leben und diese Welt zu machen. Seine Dirigenten warben für einen hedonistischen Eskapismus, dem jede Betroffenheit fremd ist. Sie machten Reklame für die „House-Kultur" als „eine Gegenkultur gegen den normalen stumpfen spaßlosen Alltag" sowie „gegen die herkömmliche Diskotheken- und Freizeitkultur".[37] Sie trommelten für den rauschhaften Tanz bis zur Ekstase. Dazu William Röttger, Mitbegründer des Labels Low Spirit und Geschäftsführer der Mayday GmbH: „Das war eben auch etwas Neues: Sound-Systems auf Lastwagen zu laden, durch die Straßen zu fahren und auf diese Weise zu demonstrieren – ohne ‚Ho Tschi Minh' zu schreien und mit Pflastersteinen Fensterscheiben kaputtzuschmeißen."[38]

Die Musikindustrie kreuzte alsbald Techno mit Pop und Hip-Hop, wobei einzelne Produzenten sehr erfolgreich auf die infantile Seite der Techno-Fans setzten, nachdem Kids mit Zipfelmützen zu den Raves erschienen waren. Manche hatten

36 Westbam 2016, 148 u. 155–158; Denk/Thülen 2018, 58.
37 Poschardt 1997, 338.
38 Zit. nach Wagner 1999, 197.

auch einen Schnuller im Mund, und im New Yorker Limelight wagten sich besonders mutige sogar mit Windeln auf die Tanzfläche.[39] Während die meisten Raver in knappen Klamotten gegen den Alltagsfrust antanzten, Zunge, Nase und Nabel gepierct, die Rückenpartie unter einem kurzen Top tätowiert und die Müdigkeit in Aufputschmitteln ertränkt, bat die Musikindustrie die Unschuldskinder zur Kasse, unterstützt von einigen Szenegängern der ersten Stunde, die Techno in eine finanziell lukrative Mainstream-Pop-Bewegung überführen wollten.

Die als DJ und Moderatorin tätige Deutsch-Griechin Marusha schaffte es 1994 mit der Neuvertonung von *Over the Rainbow* und verzerrtem Minimalgesang in die Charts. In dem dazu aufgenommenen Video hoppelte sie in Schlafmütze, kurzem Hemdchen und mit grün angemalten Augenbrauen inmitten eines Zoos aus Plüschtieren und Puppen herum, während trommelnde Plüschhasen sie beim Singen begleiteten: „There's a land that I heard of once in a lullaby." Das Sampling machte es möglich, beliebte Songs aus der Sesamstraße und der Augsburger Puppenkiste zu recyceln, mit einem Housebeat zu unterlegen und neu zu veröffentlichen.

Um die Kassen klingeln zu lassen, konnte sich die Musikindustrie darauf beschränken, fast nur fremde Kompositionen von hohem Wiedererkennungswert in Techno aufzubereiten, von den Songs fast nur die Refrains zu nutzen und die Tempi bis auf 200 Beats pro Minute zu steigern. *Eine Insel mit zwei Bergen*, die Titelmelodie von Jim Knopf, beamte die Raver zurück in ihre Kinderstube.

Zahlreiche Gruppen plünderten zudem Melodien der James-Bond-Filme, die süffigen Big-Band-Aufnahmen von James Last und das Holiday-Feeling von Bossa-Nova-Rhythmen, um vom kurzen Glück des Wiedererkennens zu profitieren. Abgehalfterte Volksmusiker recycelten ihre alten Hits in neu abgemischte Techno-Versionen und fanden damit auch bei der älteren Generation erneut Gehör.[40]

Wie alle musikalischen Erfolgswellen des Pop erfasste auch Techno alsbald die Kleidermode. Modebewusste Raver gaben sich bei ihrem nächtlichen Tanzmarathon nicht mehr mit einem simplen Käppi und Schlabbershirt zufrieden, sondern wollten wenigstens mit ihrem Outfit aus der wabernden Masse der stundenlang auf und ab Hüpfenden hervorstechen. Die Modeindustrie reagierte. 1994 tat sich der Pariser Hip-Designer Lamine Kouyaté, alias Xuly Bët, mit der Sportartikelfirma Puma zusammen und verwandelte Fußballtrikots in schicke Schlauchkleider. Sport-Fashion als eine Fusion von Sport, Nachtleben, House oder Techno wurde fortan zu einem immer wichtigeren Markt für etablierte Marken wie auch viele kleine Labels, die mit ihren Kreationen ein bestimmtes Lebensgefühl zum Ausdruck brachten. Alsbald kleideten sich die Moderatoren von MTV und VIVA in diesen Look, ebenso die Mimen von Vorabend-Serien. Die Kids folgten nur allzu willig, bald auch viele Erwachsene.[41]

39 Westbam 2016, 231–232.

40 Marc Pendzich, *Von der Coverversion zum Hit-Recycling*. Berlin: LIT, 2013, 234; Reynolds 2012a; Böpple/Knüfer 1998.

41 Ralf Niemczyk, *Neue Straßenmode mit Überbau*, in taz am Wochenende vom 11. Febr. 1995.

COMPACT DISC – DER WEG AUS DER KRISE

Während westliche Popmusik nach dem Fall des Eisernen Vorhangs immer mehr Länder und Kulturen auf dem Globus überflutete und den Alltag immer mehr besetzte, wurde der Plattenmarkt wie in den 1950er Jahren vom technischen Wandel erfasst, veränderte sein Aussehen und fand aus der Krise der frühen achtziger Jahre heraus. In den beiden letzten Jahrzehnten des Jahrhunderts hielt alle Welt Vinyl für den Kunststoff der Vergangenheit. Die Nachfrage nach Vinyl-Langspielplatten verschwand in der Bedeutungslosigkeit. Dagegen boomten zunächst die bespielten Musikkassetten und erreichten 1989 mit weltweit 1,5 Milliarden verkauften Exemplaren ihren Höhepunkt. Sie wiederum wurden abgelöst von der Compact Disc, der CD, deren Verkaufszahlen kontinuierlich bis auf 2,45 Milliarden verkaufte Exemplare im Jahr 2000 stiegen. In Japan wurden 1986 erstmals mehr CDs als Langspielplatten verkauft, in den USA zwei Jahre später.

Die im Vergleich zu einem LP-Album deutlich teureren Silberlinge bescherten der Musikindustrie saftige Gewinne und ließ die Plattenindustrie jubeln. Die CD wurde billiger hergestellt und teurer verkauft. Während in den USA ein LP-Album 8,98 Dollar kostete, ging dasselbe Album als CD für 16,95 Dollar über den Ladentisch. Es war schon irgendwie verrückt. Ein Platte von Mozart oder Beethoven, die auf Vinyl für 3,99 Dollar zum Ladenhüter wurde, ging als CD für den vierfachen Preis weg wie warme Semmel. Die Plattenindustrie konnte zusätzlich jubeln, weil viele Musiklieber einen Teil ihrer Vinyl-Schätze nochmals als CDs erwarben. So erhöhte sich denn auch der Anteil der klassischen Musik, der sich zuvor weltweit auf etwa 5 Prozent aller Plattenverkäufe eingependelt hatte, bis zum Jahr 1990 auf 8 Prozent, um bis zur Jahrtausendwende wieder auf den alten Wert und darunter zu sinken.[42]

Die neunziger Jahre entwickelten sich für die Musikindustrie zum goldenen Jahrzehnt. Die Major-Labels hatten inzwischen unter der Führung US-amerikanischer Medien- und japanischer Elektronikkonzerne einen globalen Charakter angenommen und zielten mit der CD und der neuesten Unterhaltungselektronik in erster Linie auf das zahlungskräftige Publikum aus den Mittelschichten. In den USA stellten Mitte der Neunziger die über 30-Jährigen bereits 42 Prozent der Musikkonsumenten, während der Anteil der unter 24-Jährigen weiter zurückging.

Auch der „Nostalgie-Rock“ trug viel dazu bei. Die erfolgreichen Tourneen von verwitterten Rockbands wie den Rolling Stones und Pink Floyd bewiesen es. Radiostationen reagierten und bedienten die ergraute Gesellschaft mit speziellen Sendern, die rund um die Uhr nur alte Hits spielten – Oldies But Goldies in Deutschland, Radio Nostalgie in Frankreich, Star 60's in Schweden, Classic Rock Hits und viele andere in den USA.[43] Gleichzeitig setzten die großen Labels als Reaktion auf die Zersplitterung des Marktes in immer neue Musikrichtungen wie Jazzrock, Hard-

42 Lee Marshall, *The recording industry in the twenty-first century*, in Marshall 2013, 53–74, hier 62; Goodman 1997, 363; International Federation of the Phonographic Industry (IFPI), *Global Recording Industry in Numbers 2006*, 17.

43 Shuker 2016, 179.

rock, Punk, Disco und Hip-Hop und den damit verbundenen schrumpfenden Gewinnmargen mit Erfolg auf das Superstarprinzip. Michael Jackson, Madonna, Prince, Elton John, George Michael, Bruce Springsteen und andere ließen die Kassen klingeln und vergessen, dass die allermeisten der veröffentlichten Tonträger weiterhin keine oder nur sehr geringe Gewinne einfuhren.[44]

Mit dem erneuten wirtschaftlichen Aufschwung seit Mitte der Achtziger stieg auch das Selbstbewusstsein der Musikindustrie in zuvor nie gekannte Höhen. Sie sah sich endgültig als Kulturindustrie und als Architekt eines der Eckpfeiler der modernen Massenkultur. Mit dem Beginn der Zweiten Globalisierung und der sie vorantreibenden multinationalen Konzerne und Institutionen wollte auch die Musikindustrie nicht nachstehen, und vor allem die Major-Labels vervielfältigten ihre Anstrengungen, überall in der Welt präsent zu sein, zunächst nur im Westen und in einigen Entwicklungsländern, mit der Öffnung des Ostens aber in der ganzen Welt. In vorangegangenen Jahrzehnten konnten sich die Menschen noch für oder gegen einen Musikstil entscheiden. Sie konnten gegen Rock 'n' Roll oder Disco votieren, das Radio abschalten und die Tür zum Kinderzimmer zumachen. Seit den Achtzigern dagegen gehörte die Popmusik zum Alltag. Sie war endgültig der Soundtrack des Lebens. Sie wummerte aus den Kopfhörern der Walkmen und aus den Autoradios. Sie wurde zur Hintergrundmusik eines jeden Einkaufs und zum Sirenengesang jeder Werbung. Sie gehörte wie Luft und Wasser zur Grundausstattung des Lebens.

Während Denkmäler für die Helden vergangener Kriege nach und nach aus dem Blickfeld der Öffentlichkeit verschwanden, entstanden erste Ehrenmale für die Helden des Pop – nur größer und funkelnder. Auf Anregung von Ahmet Ertegün, dem Gründer von Atlantic Records, begannen einige führende Mitglieder der Musikbranche Mitte der Achtziger, das Konzept einer Rock and Roll Hall of Fame zu entwickeln. Cleveland in Ohio, wo Discjockey Alan Freed Anfang der Fünfziger die nächtliche Radiosendung *The Moondog Rock & Roll House Party* moderiert hatte, wurde Standort des Museums, das 1995 als Ruhmeshalle der Großen der Rockmusik eröffnet wurde – nicht nur von Interpreten, sondern auch von Songschreibern und Produzenten, Tontechnikern, Leitern von Labels und Musikjournalisten – eine glitzernde Pyramide am Ufer des Erisees.

Zugleich nahm unter Wissenschaftlern als Reaktion auf die Pop-Explosion das Interesse an der Rock- und Popmusik zu. Seitdem das mediale Bombardement und darunter besonders die populäre Musik zu einem glitzernden und betörenden Überbau der Alltagsexistenz nicht nur von Jugendlichen geworden waren, widmeten sich soziologische Studien vermehrt der Popkultur, die Zahl der Biografien über Popmusiker füllte ganze Bücherregale, und Wissenschaftler taten sich zusammen, um mit der Arbeit an Enzyklopädien der populären Musik zu beginnen.

In der zweiten Hälfte der achtziger Jahre war endgültig abzusehen, dass sich der Tonträgermarkt dank der CD wieder aus den roten Zahlen befreite und die Pro-

44 Gronow/Saunio 1999, 191–192; Peter Tschmuck, *Die Rezession in der Musikindustrie – eine Ursachenanalyse* vom 25. Juni 2009, in https://musikwirtschaftsforschung.wordpress.com [02.02.2017].

duzenten der entsprechenden Audiogeräte Zugang zu wohlhabenden Käuferschichten fanden. Dabei nutzten neben PolyGram in erster Linie japanische Firmen die Gunst der Stunde. Mitte des Jahrzehnts wurden in Europa 60 Prozent aller CDs in dem PolyGram-Werk in Hannover gepresst, und die japanischen Elektrogiganten Sony, Sanyo und Matsushita, die bis dahin kaum Platten produziert hatten, stampften mehr als ein halbes Dutzend CD-Fabriken aus dem Boden. Sie reagierten als Erste auf die schnell gestiegene Nachfrage, da viele Musikliebhaber nicht nur Neuerscheinungen kauften, sondern auch ihre Lieblingsmusik, die sie bereits in Form von Langspielplatten seit vielen Jahren in ihrem Plattenschrank stehen hatten, noch einmal als CD besitzen wollten. Die Preise der Silberlinge pendelten sich auf einem recht hohen Niveau ein: bei 30 D-Mark für Pop- und bei 35 D-Mark für Klassikaufnahmen. In den Boomjahren der CD strichen besonders die Majors riesige Superprofite ein.[45]

Bis Ende der Achtziger hatte sich in der „Pop-Industrie“ eine weltweite Spezialisierung herausgebildet. Während Nordamerika und Westeuropa die neuesten Sounds lieferten, die von der übrigen Welt im Original übernommen oder als Coverversionen mit Texten in der jeweiligen Landessprache unterlegt wurden, lieferte Japan an erster Stelle die elektronischen Geräte zur Herstellung und zum Abspielen dieser Musik – Kassettenrekorder, Walkmen, Videorekorder, CD-Player sowie Bild- und Tonbänder, schließlich Keyboards und Synthesizer. Während die europäischen Produzenten von Unterhaltungselektronik rote Zahlen schrieben oder wie die französischen am Tropf des Staates hingen, expandierten die japanischen Video- und Hi-Fi-Produzenten ungebremst weiter.[46] Mit dem Siegeszug des Hip-Hop wurden die Plattenspieler MK1200 und der MK1210 der Firma Technics weltweit Standard in Clubs und Diskotheken. Mit dem Vordringen der elektronischen Musik schoben sich Hersteller wie Yamaha und Roland in den Vordergrund. Yamaha belieferte die ganze Welt neben traditionellen Musikinstrumenten und Lautsprechern vor allem mit Keyboards und Synthesizern, während Roland mit seinem Gitarrenverstärker Jazz Chorus JC-120 neue Standards setzte und für die Techno-Fans der Basssynthesizer TB-303 zu einem Kultgerät aufstieg. Diese ganze neue Technik bot den größten Performern wie Madonna und Michael Jackson fortan auch die Möglichkeit, auf der Konzertbühne teilweise auf Live-Gesang zu verzichten und sich auf ihre sehr spektakulären, aber kraftraubenden Choreographien zu konzentrieren.

So sehr jedoch japanische Unternehmen inzwischen die Märkte für Musikinstrumente und Audiosysteme, später auch für Computerspiele beherrschten, als Trendsetter, Produzenten und Exporteure von Popmusik spielten sie dagegen weltweit keine Rolle und verzeichneten nur in Ost- und Südostasien einige Erfolge. Ein Grund dafür war zum einen die Sprache, die im Gegensatz zum Englischen nur von wenigen Menschen außerhalb Japans gesprochen wird. Ein zweiter Grund war die Erinnerung vieler asiatischer Staaten an das japanische Expansionsstreben während

45 *Phantastische Zahlen*, in DER SPIEGEL vom 5. Aug. 1985, 53–55.
46 Durgut 2014, 25–26.

des Zweiten Weltkriegs. Sie widersetzten sich lange Zeit Importen japanischer Kultur wie Filmen und Songs und tun dies zum Teil noch bis heute.[47]

Mit ihren steil ansteigenden Gewinnen und ihrer weltweiten Präsenz wurde die Musikindustrie für global agierende Großkonzerne erneut attraktiv. Während der fünfziger Jahre war der Rock 'n' Roll-Kapitalismus noch so unbedeutend gewesen, dass keiner der großen Konzerne viel Geld in die Hand genommen hätte, um mit Popmusik seine Bilanzen zu verbessern. Hinzu kamen die vielen unberechenbaren Stars, mit denen die in rationalem Denken geschulten Juristen und Betriebswirte in den Chefetagen als Geschäftspartner nicht umzugehen wussten. Das hatte sich inzwischen grundlegend geändert. Eine sich gewaltig auftürmende Übernahmewelle rollte heran und erfasste neben der Musik- auch die Filmindustrie. Sie wurde ausgelöst von Herstellern von Unterhaltungselektronik, denen sich mit der Digitalisierung neue Absatzmöglichkeiten für ihre Geräte eröffneten, sowie von Medienkonzernen, die in der modernen Gesellschaft mit ihrem stetig steigenden Unterhaltungs- und Informationsbedarf möglichst alle Felder abdecken und Synergieeffekte nutzen wollten. Den Herstellern von Unterhaltungselektronik war daran gelegen, ihre breite Palette an Hardware durch die dazu passende Software zu ergänzen, und für die Medienkonzerne war es fast selbstverständlich, dass in ihrer traditionell breiten Palette an Informations- und Unterhaltungsangeboten die Unterhaltungsmusik nicht fehlen durfte. Das bald einsetzende Wettrennen um die begehrten Major-Labels wurde in erster Linie zwischen japanischen, westeuropäischen und amerikanischen Konzernen ausgetragen. Es gewann an Schärfe aufgrund der zunehmenden Dominanz der Finanzmärkte, die mit ihren hohen Renditeerwartungen insbesondere die großen Mischkonzerne gehörig unter Druck setzten, die Renditen durch Einsparungen, Entlassungen und Abspaltungen weiter zu erhöhen.

Die Übernahmewelle rollte seit Mitte der achtziger Jahre mit viel Getöse über den amerikanischen Musikmarkt hinweg, begünstigt durch die Dollarschwäche beziehungsweise die künstliche Abwertung des US-Dollar. Im September 1985 kamen die USA, Großbritannien, Frankreich, Japan und die Bundesrepublik Deutschland als Reaktion auf das wachsende Handelsdefizit der Vereinigten Staaten im so genannten Plaza-Abkommen überein, durch Einflussnahme auf die internationalen Währungsmärkte eine Abwertung des US-Dollars gegenüber dem Yen und der Deutschen Mark zu erreichen. In der Folge werteten Yen und D-Mark gegenüber dem Dollar deutlich auf, wodurch die amerikanischen Exportchancen zwar stiegen, es für westdeutsche Unternehmen wie Bertelsmann und für finanzstarke japanische Konzerne aber auch günstiger wurde, in die USA zu expandieren. Vor allem japanische und westeuropäische Elektronikproduzenten, die an „Software" für ihre Geräte interessiert waren, begaben sich in den USA auf Einkaufstour und ließen die beiden zuvor getrennten Branchen Elektronik- und Tonträgerindustrie immer mehr zusammenwachsen.

Der japanische Elektronikkonzern Sony machte den Anfang. Das erst nach dem Zweiten Weltkrieg gegründete Unternehmen war schnell mit Unterhaltungselekt-

47 Iwabuchi 2002, 26 u. 86; Pendzich 2008, 205.

ronik groß geworden und hatte sich mit der Miniaturisierung von Audio- und Videogeräten sowie mit der Entwicklung der Compact Disc (CD) einen Namen als innovatives Unternehmen gemacht. 1988 erwarben die Japaner von dem amerikanischen Mischkonzern Columbia Broadcasting System (CBS) für rund 2 Milliarden US-Dollar das weltweit größte Plattenlabel CBS Records, zu dem auch Columbia Records gehörte, und brachten die Branche in Aufruhr. Der Kauf war zwar logisch, der Verkauf kam jedoch überraschend.

Innerhalb des amerikanischen Konzerns mit seinen vier Fernseh- und 17 Rundfunkstationen hatte die konjunkturanfällige Musiksparte als eine unter vielen nur noch wenig zur Gewinnsteigerung beigetragen, wenn auch die Renditen in den beiden letzten Jahren wieder kräftig nach oben geschnellt waren. Entscheidender war, dass inzwischen mit Laurence „Larry" Tisch ein neuer CEO an der Spitze des Gesamtkonzerns stand, der alles daransetzte, dass sich seine Investition in den Rundfunk- und Fernsehkoloss bezahlt machte. Tisch war einer jener Investoren, die Unternehmen und Objekte, deren eigentliche Werte andere nicht erkannten, zu niedrigen Preisen kauften, um sie anschließend zu zerlegen und mit hohen Gewinnen einzeln wieder zu verkaufen. So war er zum Milliardär geworden.

Normalerweise weckte ein berühmtes Unternehmen wie CBS, das von vielen Analysten permanent durchleuchtet wurde und keine Geheimnisse barg, nicht sein Interesse. Aber diesmal wollte er sich mit einer amerikanischen Institution, die CBS zweifellos war, gegen wirtschaftliche Katastrophen absichern. Als im Frühjahr 1986 auf dem Markt ein großer Posten CBS-Aktien zum Verkauf angeboten wurde, griff er sofort zu, erhöhte seinen Anteil an CBS über die ihm gehörende Loews Corporation schnell auf 25 Prozent und kam so zu einem Sitz im Board von CBS. Als der bisherige Chairman Thomas Wyman bekanntgab, er habe Geheimgespräche mit der Coca-Cola Company über einen Verkauf von CBS geführt, wurde er noch am selben Tag entlassen, Tisch zum neuen CEO ernannte, und der inzwischen 85-jährige Unternehmensgründer Bill Paley übernahm erneut das Amt des Chairman.

Als CEO wollte Larry Tisch das seit Anfang der siebziger Jahre zu einem Mischkonzern ausgebaute Unternehmen wieder zu seinen Wurzeln zurückführen, das heißt zum ursprünglichen Rundfunk- und Fernsehgeschäft. Damit folgte er der Unternehmensphilosophie dieser Jahre, als die Investmentbanken ihren Kunden die Heilslehre vom Kerngeschäft verkündeten, während sie diese zuvor darin bestärkt hatten, aus Gründen der Risikostreuung auf eine Vielzahl unterschiedlicher Geschäftsfelder zu setzen. Und ebenso wie sie zuvor den Ausbau der Unternehmen zu Gemischtwarenläden honorarpflichtig begleitet hatten, begleiteten sie diese jetzt beim Verkauf der nicht zum Kerngeschäft zählenden Unternehmensteile sowie, als die Kassen der Unternehmen aufgrund der Verkäufe prall gefüllt waren, auch bei den Zukäufen zur Stärkung des Kerngeschäfts.

Zunächst veräußerte Larry Tisch die Verlags- und Magazin-Abteilungen von CBS sowie die beiden Sparten Spielzeug- und Instrumentenbau. Tisch war bekannt dafür, dass er bereit war, alles zu verkaufen, wenn der Preis stimmte. Als ein Investor im Oktober 1986 bei ihm anfragte, ob auch die Musikabteilung zum Verkauf stünde, nannte er als Preis 1,25 Milliarden US-Dollar, was dem sechszehnfachen

Durchschnittsgewinn der letzten fünf Jahre entsprach. Sony, mit dem CBS seit 1968 über ein Joint Venture eng verbunden war, war sofort zum Kauf bereit, um endlich sein breites Sortiment an Hardware mit der dazugehörenden Software zu ergänzen. Der japanische Konzern hatte in den siebziger Jahren die bittere Erfahrung machen müssen, dass sein technisch überlegener Videorekorder Betamax den Konkurrenzkampf mit dem VCR-System verlor, weil die Zuschauer Software, also Filme sehen wollten und nicht nur Technologie. Auch andere japanische Elektronikriesen wie Hitachi, JVC, Toshiba und Denon besaßen bereits eigene Schallplattenfirmen oder zumindest Beteiligungen.

Der Kauf scheiterte jedoch zunächst, da Bill Paley sein Veto einlegte. Aber Tisch war fest entschlossen, Columbia Records entweder an die Börse zu bringen oder zu verkaufen. Die erste Option entfiel nach dem so genannten Schwarzen Montag vom 19. Oktober 1987, an dem der Dow-Jones-Index um 22,6 Prozent abstürzte, dem größten prozentualen Crash innerhalb eines Tages in der damals mehr als hundertjährigen Geschichte dieses Börsenbarometers. Daraufhin erhöhte Tisch den Verkaufspreis von 1,25 auf 2 Milliarden US-Dollar und schreckte damit jeden anderen Interessenten ab außer Sony. Am 18. November war das Geschäft perfekt.[48]

Mit dem Erwerb von CBS Records gingen auch dessen Namensrechte für einige wenige Jahre an Sony. Für den Vertrieb von Schallplatten und CDs nutzte der Konzern fortan den Namen Columbia Records, für das er 1990 von EMI auch die Namensrechte außerhalb der USA, Kanadas und Japans erwarb. Mit dieser Übernahme stieg Sony kurzzeitig zum größten Musiklabel weltweit auf. 1991 gab der Konzern seiner Plattensparte schließlich den Namen Sony Music Entertainment. 1989 erwarb er zudem von der Coca-Cola Company deren Unterhaltungsholdings mit dem Filmstudio Columbia Pictures.[49] Kurz nach dem Kauf erkannten die Japaner die vielen Versäumnisse der Führungsriege unter Walter Yetnikoff, die die Marktanteile des Labels in den letzten Jahren hatten schrumpfen lassen. Anfang September 1990 entließen sie Yetnikoff.

In den neunziger Jahren zielte Sony mit seinem Expansionskurs vor allem auf Schwellenländer. Ab 1997 war Sony Music auch auf dem riesigen indischen Markt aktiv, nachdem das Land zwei Jahre zuvor der Welthandelsorganisation (WTO) beigetreten war und damit seine Grenzen für ausländische Firmen geöffnet hatte. Sony stieg mit seinen zahlreichen Sublabels schnell zum drittgrößten Musiklabel Indiens auf und widmete sich dort wie auch die meisten einheimischen Labels vor allem der Filmmusik.[50]

Im Jahr 1989 stieg auch der größte japanische Medienkonzern, die Fujisankei Communications Group, die über TV-Anstalten, Zeitungen und Rundfunkanstalten verfügte, in das englischsprachige Musikgeschäft ein, indem sie sich mit 25 Prozent

48 Dannen 1998, 397–409; Knopper 2017, 42–45; Goodman 1997, 364–366; *Geld genug*, in DER SPIEGEL vom 1. Febr. 1988, 144–147; Jonathan Kandell, *Laurence A. Tisch, Investor Known for Saving CBS Inc. from Takeover, Dies at 80*, in The New York Times vom 16. Nov. 2003.

49 Peter J. Boyer, *Sony and CBS Records: What a Romance!*, in The New York Times vom 18. Sept. 1988.

50 Dannen 1998, 449.

an Virgin Records des britischen Unternehmers Richard Branson beteiligte, dem letzten verbliebenen großen und unabhängigen Label. Zu Fujisankei gehörte das japanische Unternehmen Pony Canyon, das 1966 als Musiklabel gegründet worden war und sich mit der bei den japanischen Teenagern sehr beliebten „Idol Music" einen Namen gemacht hatte. Später kamen VHS-Videos, Filme und Video-Spiele zur Musiksparte hinzu. 1992 zog sich Fujisankei jedoch wieder aus Europa zurück, nachdem EMI Mehrheitsaktionär bei Virgin Records geworden war. Die Japaner expandierten stattdessen unter dem Namen Fujipacific Music in Südostasien und errichteten zahlreiche Niederlassungen in Singapur, Taiwan, Hongkong und Malaysia, von denen die meisten Joint Ventures mit einheimischen Labels eingingen.[51]

Auf die durch die Dollarschwäche begünstigte Invasion ausländischer Medien- und Elektronikkonzerne wie Bertelsmann, Rupert Murdoch, Philips und Sony antworteten amerikanische Großkonzerne zunächst im Jahr 1989 in einem 14-Milliarden-Dollar-Deal mit dem Zusammenschluss von Time Inc. und Warner Communications zu dem weltweit größten Mediengiganten Time Warner, der als vertikal gegliederter Medienmulti alles selbst machen wollte: produzieren, senden und vermarkten. Die Time Gruppe brachte in den neuen Konzern vor allem Druckerzeugnisse wie das Nachrichtenmagazin Time und das Wirtschaftsblatt Fortune ein, Warner dagegen Filmstudios, TV-Programme und Schallplattenlabels, beide zudem Kabelfernsehkanäle. Dieser Zusammenschluss stand in den USA am Beginn einer mächtigen Fusionswelle, die die Regierung in Washington scheinbar völlig kritiklos hinnahm, während die Kartellbehörde derartige Fusionen bis dahin behindert, wenn nicht verhindert hatte. Er stand auch am Anfang explodierender Gehälter für das oberste Management derartiger Konzerne, wie auch kleinerer Firmen. Als 1995 der Walt-Disney-Konzern im bis dahin zweitgrößten Take-Over der amerikanischen Wirtschaftsgeschichte die US-Fernsehkette ABC übernahm, hob die Regierung auch die Bestimmung auf, wonach Filmstudios und Fernsehketten voneinander zu trennen waren.

Bereits vor der Fusion mit Time Inc. hatten Warner Communications ihren erfolgreichen Expansionskurs im Musiksektor fortgesetzt und dabei ihr schon zuvor riesiges Synergiepotential optimal zur Geltung gebracht. So war der von Prince komponierte Soundtrack für den Film *Batman* von 1989 Teil einer riesigen multimedialen Marketing-Kampagne, um das Interesse für diesen Film mit Michael Keaton, Jack Nicholson und Kim Basinger in den Hauptrollen zu wecken. Warner investierte 35 Millionen US-Dollar in *Batman*, den der Konzern als ein Paket von parallelen und zukünftigen Projekten konzipierte, als eine Serie von Filmen, Musikalben, Comics und Erzählungen. Zu seiner Vermarktung gehörte selbst die kurze Affäre von Prince mit Kim Basinger, die die Aufmerksamkeit der Presse zusätzlich auf Film und Album lenkte. Sie trug dazu bei, dass der Film samt Video und Merchandising 1,4 Milliarden US-Dollar einbrachte und das Batman-Album von Prince mit dem Soundtrack zum Film sieben Millionen Käufer fand.[52]

51 Gronow/Saunio 1999, 189; Dave Laing, *Pony Canyon (Japan)*, in Shepherd/Horn/Laing 2003, 750.

52 Shuker 2016, 130–131; Barfe 2005, 313–318.

Warner-Elektra-Atlantic, die Musikabteilung von Warner Communications, bei der Prince unter Vertrag stand, hatte sich als kleinstes unter den Major-Labels während der Krise der frühen Achtziger erfolgreich gegen eine ausländische Übernahme gestemmt und war in der zweiten Hälfte achtziger Jahre wieder auf einen Wachstumspfad zurückkehrt. Mit der Finanzmacht von Time Warner im Rücken ging es ab 1989 im großen Stil in zahlreichen europäischen Ländern sowie in Japan und Brasilien auf Einkaufstour und erreichte 1995 auf dem amerikanischen Musikmarkt eine dominierende Stellung mit einem Anteil von 22 Prozent. So erwarb man in verschiedenen Ländern selbst kleine und kleinste Labels, etwa 1989 CGD Records in Italien und Fazer Musik in Finnland, bald darauf Carrere und Erato Records in Frankreich. In Japan kauften die Amerikaner das gemeinsam mit dem Elektronikunternehmen Pioneer betriebene Label Warner/Pioneer, das fortan als Warner Music Japan firmierte.

Die offensichtlich kaum begrenzten Wachstumsmöglichkeiten dieses Major-Labels, das sich ab 1991 Warner Music Group nannte, wurden zwischen 1992 und 1995 jedoch von öffentlichen und internen Querelen stark beeinträchtigt. Zunächst beschädigte im Jahr 1992 die heftige öffentliche Diskussion um das Album *Cop Killer* der Gruppe Body Count mit dem Rapper Ice-T an der Spitze das Image des Labels. Zahlreiche Politiker, unter ihnen Präsident George Bush, prangerten Warner Music wegen dieser Veröffentlichung an. Gleichzeitig bezichtigte US-Vizepräsident Dan Quayle das höchst profitable Label Interscope, an dem Atlantic Records zur Hälfte beteiligt war, der Mitschuld am Tod eines texanischen Polizisten. Dieser war von einem Kriminellen erschossen worden, in dessen gestohlenem Lkw die Polizei im Kassettendeck ein Album des Gangsta-Rappers Tupac Shakur fand.

Auch andere Politiker beschuldigten die Leiter von Interscope der Verherrlichung von Gewalt und der Erniedrigung von Frauen. Vorstandsmitglieder von Time Warner erhielten Morddrohungen, und Polizeiorganisationen riefen zum Boykott von Produkten des Konzerns auf. Dieser gab dem öffentlichen Druck nach, kündigte den Vertrag mit Ice-T auf und verkaufte 1995 seinen 50-Prozent Anteil an Interscope den beiden Gründern Jimmy Iovine und Ted Field, die diese Hälfte wiederum alsbald an das Major-Label MCA Music weiterreichten. Mit dem Verzicht auf Hip-Hop büßte Warner Music jedoch alsbald seine führende Stellung auf dem US-Musikmarkt ein. Neun Jahre später überschritt der Verkauf von Hip-Hop-Platten die Ein- Milliarde-Dollar-Grenze, und Warner Music hatte kaum Anteil daran.

Schon vor *Cop Killer* war nach dem Tod von Steven Ross, dem langjährigen CEO von Time Warner, Ende 1992 ein „regelrechter Bürgerkrieg“ unter den Führungskräften von Warner Music ausgebrochen, wie die New York Times schrieb.[53] Mehrere renommierte Leiter der verschiedenen Labels verließen das Unternehmen und gingen zur Konkurrenz. Zu ihnen gehörte Doug Morris, seit 1990 Co-CEO von Atlantic Records, der das Joint Venture mit Interscope Records eingefädelt hatte, das wiederum sehr kontroverse, aber innovative Künstler wie Tupac, Snoop Dogg,

53 Sallie Hofmeister, *The Media Business. Rifts Shake and Rattle Warner Music*, in The New York Times vom 1. Nov. 1994; Goodman 2010, 59–70; Knopper 2017, 55–60.

Dr. Dre und Nine Inch Nails unter Vertrag hatte. 1994 übernahm Morris als Chairman und CEO innerhalb des Konzerns die Leitung von Warner Music für den US-Markt. Doch bereits Mitte 1995 kam es zu unüberbrückbaren Differenzen mit dem neuen Musikvorstand des Gesamtkonzerns. Noch im selben Jahr ging Morris als Chairman und CEO zu der inzwischen vom Seagram-Konzern erworbenen MCA Music Entertainment Group, kaufte im folgenden Jahr Interscope Records für das Major-Label, das er nach dem Erwerb von PolyGram als Universal Music Group weitgehend neu organisierte und zum weltweit führenden Label ausbaute.[54]

Zu Beginn der Neunziger sorgten weiter ausländische, vor allem japanische Unternehmen mit Übernahmen für Schlagzeilen. Nachdem der japanische Mitsubishi-Konzern die Amerikaner 1989 mit dem Kauf des Rockefeller-Centers bereits gehörig geschockt hatte, folgte ein Jahr später schließlich die bis dahin größte und teuerste Übernahme einer amerikanischen durch eine japanische Gesellschaft, als der Elektronikgigant Matsushita – später besser bekannt unter dem Namen Panasonic – es seinem japanischen Erzrivalen Sony gleichtat und für gigantische 6,1 Milliarden US-Dollar die gesamte Holding der Music Corporation of America (MCA) mit ihren Filmstudios und zahlreichen Schallplattenlabels erwarb. Auch Matsushita hoffte auf eine gewinnsteigernde Verbindung seiner Hardware, bestehend aus Fernsehern, Kassetten- und Videorekordern, mit der Software von MCA, bestehend aus Filmen und Musik. Mit der Übernahme kam es zugleich zu einem Joint Venture von MCA und JVC als Tochtergesellschaft von Matsushita.[55]

Die Musikabteilung von MCA war bereits zu Mitte des vorangegangenen Jahrzehnts wieder auf Expansionskurs eingeschwenkt und hatte nach dem Erwerb von Chess Records im Jahre 1988 zusammen mit der Investmentbank Boston Ventures auch das legendäre Label Motown Records für 61 Millionen US-Dollar erworben. Mit Boston Ventures beteiligte sich erstmals ein Risikokapitalgeber an der Schallplattenindustrie. Bald sollten weitere folgen. Der niedrige Kaufpreis für Motown offenbarte, dass abgesehen von dem begehrten R&B-Katalog das Label kaum noch etwas wert war. 1981 hatte das Duett Diana Ross und Lionel Richie mit der Pop-Ballade *Endless Love* einen letzten Mega-Hit für Motown gelandet. Doch die Zeit der weichgespülten Chöre und toupierten Haarsprayfrisuren war schon lange passé. 1990 gingen auch GRP sowie Geffen Records an MCA. David Geffen hatte sein berühmtes Label allen Majors zum Kauf angeboten. Er entschied sich für MCA, von dem er als Gegenleistung 10 Millionen MCA-Aktien erhielt, die damals 540 Millionen Dollar wert waren – ein glänzendes Geschäft für Geffen, dessen Label erst seit einem Jahrzehnt existierte und in seinem allerbesten Jahr etwa 40 Millionen Dollar Gewinn gemacht hatte. 1980 war Geffens Reinvermögen auf 30 Millionen Dollar geschätzt worden. Als schließlich im November 1990 MCA an Matsushita ging, stieg der Wert von Geffens Aktien auf 660 Millionen Dollar.[56]

54 Goodman 2010, 49–78; Diane Bailey, *The Story of Interscope Records*. Broomall, Pa.: Mason Crest, 2013.

55 Goodman 1997, 370–372; *Matsushita Electric Industrial Co., Ltd. History*, in www.fundinguniverse.com/company-histories/matsushita-electric-industrial-co-ltd-history [28.07.2017]; Dave Laing, *Victor (Japan)*, in Shepherd/Horn/Laing 2003, 767–768.

56 Dannen 1998, 434–435, Barfe 2005, 309–310.

Einen noch größeren Deal als Matsushita visierte 1992 der japanische Technologiekonzern Toshiba an, indem er Verhandlungen mit Time Warner aufnahm, die aber im Sand verliefen.

Gleichzeitig mit dem Eintritt der japanischen Elektronikunternehmen ins amerikanische Musik- und Filmgeschäft kehrte auch die westeuropäische Musikindustrie auf ihren Expansionskurs zurück mit den USA als ihrem wichtigsten Ziel, ohne dabei andere Länder zu vernachlässigen. 1989 brachte Philips 16 Prozent des Aktienkapitals von PolyGram an die Börse, um mit dem Erlös noch im selben Jahr für 272 Millionen US-Dollar das jamaikanische Label Island Records zu erwerben und im folgenden Jahr in Los Angeles für 460 Millionen Dollar A&M Records. 1993 folgte mit Motown Records, das fünf Jahre zuvor von MCA und der Investmentgesellschaft Boston Ventures für 61 Millionen US-Dollar erworben und nun mit einem satten Gewinn für 325 Millionen an PolyGram weitergereicht wurde. Nicht ohne Grund griffen die Niederländer tief in die Tasche, um das einst führende Label „schwarzer" Musik zu erwerben. Unter seinem neuen Präsidenten und CEO Jheryl Busby schien das seit 1972 in Los Angeles ansässige Label seinen wirtschaftlichen Niedergang beendet zu haben. Mit den Boyz II Men feierte Motown inzwischen den größten Erfolg seiner an Erfolgen so reichen Geschichte. Deren ersten beiden Alben – *Cooleyhighharmony* sowie *II* – verkauften sich zusammen weltweit mehr als 23 Millionen Mal, und deren Single *End of the Road* führte 1992 dreizehn Wochen lang die Charts an. 1995 erwarb PolyGram zudem in Venezuela mit Rodven Records die größte unabhängige lateinamerikanische Plattenfirma, ferner eine 50-Prozent-Beteiligung an dem auf Hip-Hop spezialisierten Label Def Jam Records. Nach der Übernahme von CBS durch Sony begann PolyGram, zahlreiche Spitzenleute von seinem Konkurrenten abzuwerben, was ihm in der Branche den Spitznamen „Columbia West" bescherte.[57]

Die deutsche Bertelsmann-Gruppe, die nach dem Erwerb von RCA Records im Jahr 1985 innerhalb weniger Jahre vom Marktführer in der Bundesrepublik Deutschland zu einem Global Player mit einem weltweiten Marktanteil von knapp 15 Prozent aufgestiegen war und fortan als Bertelsmann Music Group firmierte, verbuchte 1988 mit diesem Label den höchsten Gewinn ihrer Geschichte. Im selben Jahr gelang dem Unternehmen über ein Joint Venture mit der Japan Victor Company (JVC) der Sprung auf den asiatischen Kontinent. Aus BMG-Victor wurde seit 1997 BMG Japan, nachdem Bertelsmann den Anteil von JVC an dem gemeinsamen Unternehmen übernommen hatte. Nicht weniger wichtig war 1991 der Erwerb einer 25-Prozent-Beteiligung an der Zomba-Gruppe, eines der kreativsten Unternehmen der Pop-Geschichte. Seit 1987 verging kein Jahr, in dem nicht eine Übernahme, Joint Venture oder Neugründung BMG weiter wachsen ließen zusätzlich zu der Anfang der neunziger Jahre möglich gewordenen Expansion nach Osteuropa.[58]

57 *PolyGram N.V. History*, in Tina Grant (Hg.), International Directory of Company Histories. Bd. 23. Detroit: St. James Press, 1998, 389–392; Dannen 1998, 346 u. 432.

58 Peter Wicke, *Ein Konzern schreibt Musikgeschichte*, in Bertelsmann 2010, 172–207, hier 198–200; Dave Laing, *Victor (Japan)*, in Shepherd/Horn/Laing 2003, 767–768.

Auch Thorn EMI setzte nach einer rund zehnjährigen Unterbrechung seinen Wachstumskurs mit Hilfe von Akquisitionen weiter fort. Zunächst erwarb der britische Konzern im Jahr 1989 für 295 Millionen US-Dollar den Songkatalog SBK Entertainment World mit über 300.000 Popsongs. Bald darauf übernahm er für 75 Millionen US-Dollar 50 Prozent des britischen Labels Chrysalis Records, das Billy Idol und Blondie unter Vertrag hatte. Schließlich nahmen die Briten sehr viel Geld in die Hand, nach Meinung zahlreicher Beobachter zu viel Geld, um 1992 für knapp eine Milliarde US-Dollar vom britischen Mischkonzern Virgin Group des Unternehmers Richard Branson dessen Label Virgin Records zu kaufen, das größte aller unabhängigen Labels, das die Rolling Stones und Janet Jackson unter Vertrag hatte. Der Marktanteil von Thorn EMI erhöhte sich von 1989 bis 1991 von 11 auf 13,9 Prozent. 1994 besaß EMI Music 64 Labels und war in 38 Ländern aktiv.[59]

Mit dem erneuten Aufschwung der Musikindustrie erfasste auch eine Gründungswelle unabhängiger Labels die USA. Vor allem die schnell gewachsene Hip-Hop-Szene führte zur Gründung zahlreicher auf Rap spezialisierter Firmen, von denen viele aber nur lokale Bedeutung besaßen. Andere wie Def Jam, gegründet 1984, Priority, gegründet 1985, oder LaFace, gegründet 1989, warfen schnell ansehnliche Gewinne ab, wurden von den Majors umworben und verschiedentlich aufgekauft. Auch beteiligten sich Majors wie BMG an der Finanzierung derartiger Labels, um sich ein Vorverkaufsrecht zu sichern.[60]

Ein weiteres Kennzeichen der Phase seit den späten Achtzigern war das Vordringen der Majors in kleine und kleinste nationale Märkte überall auf der Welt. Nach dem Fall des Eisernen Vorhangs konnten sie ihre grenzüberschreitenden Netzwerke noch weiter spannen, wenn auch China ihnen den Zugang zu seinem Markt versperrte und lediglich Niederlassungen von Unternehmen aus Taiwan und Hongkong, die im Besitz von Chinesen waren, duldete. Dennoch trug die Musikindustrie gegen Ende des 20. Jahrhunderts entscheidend dazu bei, die Globalisierung wirtschaftlich und kulturell voranzutreiben. Dies gilt vor allem für die Majors und die mit ihnen verbundenen Wirtschaftszweige wie die Unterhaltungselektronik und das Fernsehen.

1990 sah es so aus, als ob japanische und westeuropäische Unternehmen in Zukunft den weltweiten Musikmarkt beherrschen würden, während sich die noch ein Jahrzehnt zuvor übermächtigen amerikanischen Musiklabels mit Ausnahme der Warner Music Group auf dem Rückzug befänden. An der Spitzen des globalen Musikgeschäfts rangierten im Jahr 1990, als der Eiserne Vorhang gefallen war, MCA und Columbia als Töchter der japanischen Großkonzerne Matsushita und Sony, das britische Label EMI, ferner PolyGram als Tochter des niederländischen Elektrokonzerns Philips sowie schließlich die deutsche BMG.

Bis dahin hatte sich die Wall Street kaum oder gar nicht für diese Branche interessiert, da sie die Musikindustrie mit ihrer „Produktion“ und Pflege von Stars nicht für ein echtes Business hielt. Zudem waren die großen Labels wie Warner,

59 Southall 2012, 44–52; Jeff Kaye/Chuck Philips, *Thorn Obtains Virgin Music*, in Los Angeles Times vom 7. März 1992.

60 Dave Laing, *The recording industry in the twentieth century*, in Marshall 2013, 31–52, hier 46.

RCA und Columbia Teil größerer Konzerne und keine eigenständigen Aktiengesellschaften. Wieviel sie wert waren, wurde von den Spezialisten an der Wall Street nie genau ergründet, und es interessierte auch kaum jemanden, ebenso wenig, wieviel die Rechte an Songs der Beatles oder von Bob Dylan wert waren. Eine Ausnahme bildete die 1922 gegründete private Investment-Bank Allen & Company aus New York, die in der Öffentlichkeit kaum bekannt war, da sie auf jede Werbung verzichtete. Sie hatte sich spezialisiert auf die Technologie-, Medien- und Entertainment-Branchen und bei der Akquisition von MCA durch Matsushita beratend mitgewirkt. Ihr CEO Herb Allen, der ehemalige Vorsitzende von Columbia Pictures, galt als der fähigste Deal-Maker in der Unterhaltungsindustrie. Er beriet große Medienunternehmer wie Rupert Murdoch und Barry Diller, und seine legendäre, seit 1982 in Idaho stattfindende Sun Valley Konferenz ließen sich sogar Investment-Barone wie Warren Buffett oder Bill Gates nie entgehen.[61]

Angelockt von den schnell gestiegenen Gewinnen der Musikindustrie und dem zunehmenden Glanz der neuen Medien- und Unterhaltungswelt mit Film und Fernsehen im Zentrum, mit Satelliten- und Kabelfernsehen, Mobiltelefonen und Computern, betrat 1994/95 ein weiterer Akteur den weltweiten Musikmarkt, der in den folgenden fünfzehn Jahren entscheidend dazu beitragen sollte, dass sich die Gewichte zwischen den Majors im Zeitalter des Internets erneut verschoben: der amerikanische Unternehmer Edgar Bronfman Jr., seit 1994 CEO des weltweit größten Spirituosenherstellers Seagram. Nachdem er die Leitung des Unternehmens von seinem Vater übernommen hatte, begann der 39-Jährige umgehend mit dem Umbau von Seagram in einen Medien- und Unterhaltungskonzern.

Bronfman fühlte sich seit seinen Jugendjahren zur Unterhaltungsbranche hingezogen. In den siebziger Jahren hatte er sich noch ohne jeden Erfolg als Filmproduzent versucht, aber 1986 für Barbra Streisand *Love Like Ours* getextet und Anfang der neunziger Jahre für Celine Dion das Liebeslied *To Love You More*, das als Single in Japan anderthalb Millionen Käufer fand. Schon bevor er die Leitung des Unternehmens offiziell von seinem Vater übernahm, begannen beide mit dem Umbau ihrer „Getränkefirma in einen Unterhaltungskonzern mit Schnapsabteilung", wie die Presse später witzelte. Zunächst versuchten sie ab Frühjahr 1993 über den Kauf größerer Aktienpakete eine beherrschende Stellung bei Time Warner zu erreichen, diesem weltweit tätigen Unternehmen und einer der großen amerikanischen Marken neben Coca-Cola und Walt Disney. Zu dem Medienkonzern gehörten der Fernsehprogrammanbieter HBO, ferner Warner Brothers Pictures und Time Warner Cable, Printmedien wie Time, Fortune und People sowie die Warner Music Group.

Der Moment schien günstig. Nach dem Tod von Steve Ross, dem CEO von Time Warner, Ende 1992 fehlte dem Konzern ein stabiles Management und wegen der sehr breit gestreuten Aktionärsstruktur auch ein Großaktionär. Edgar Bronfmans langfristige Strategie sah vor, den 25-Prozent-Anteil von Seagram an DuPont in einen 25- bis 30-Prozent-Anteil an Time Warner zu verwandeln. Schrittweise erhöhte er seinen Anteil auf 15 Prozent, scheiterte aber bei dem Versuch, einen Sitz

61 Goodman 2010, 36–37.

im Board von Time Warner zu erhalten. Obwohl der Einstieg bei dem Mediengiganten und der Verkauf seines 25-Prozent-Anteils an DuPont für 9 Milliarden US-Dollar an den Chemiekonzern im Jahr 1995 bei den Rating-Agenturen und an der Wall Street nicht gut ankamen, war Bronfman fest entschlossen, den Wechsel von der Alkohol- in die Unterhaltungsbranche zu vollziehen.[62]

Während Seagram noch mit der Veräußerung seines DuPont-Anteils beschäftigt war, fragte ein Anwalt von Matsushita bei dem Getränkekonzern an, ob dieser an der Übernahme der Music Corporation of America (MCA) interessiert wäre. Dem japanischen Industriegiganten war inzwischen klargeworden, dass MCA mit seinen Universal-Filmstudios in Hollywood, seinen Themenparks und seinem einzig in den USA operierenden Label innerhalb des Konzerns einen Fremdkörper darstellte. Dann ging alles sehr schnell. Drei Tage, nachdem der Verkauf des DuPont-Anteils endgültig abgewickelt war, kaufte Seagram mit einem Teil des Erlöses vom Matsushita-Konzern für etwa 5,7 Milliarden US-Dollar 80 Prozent der Music Corporation of America mitsamt Universal Pictures, den Universal Studios und MCA Television.[63] MCA galt mit seinen höchst erfolgreichen Rockgruppen wie Aerosmith und Guns N' Roses als sehr profitabel. 1996 fasste der neue Besitzer die verschiedenen Labels unter dem neuen Namen Universal Music Group (UMG) zusammen und erwarb eine 50-Prozent-Beteiligung an dem auf Hip-Hop spezialisierten Label Interscope Records, das in der Folge mit Rappern wie Eminem und dem vornehmlich als Produzenten wirkenden Dr. Dre satte Gewinne einfuhr.[64]

Wieder ein Jahr später kaufte Bronfman Jr. zur Stärkung der Fernsehsparte für 1,7 Milliarden US-Dollar ein 50-Prozent-Anteil an USA Networks hinzu und begann, um weitere größere Akquisitionen tätigen zu können, mit dem Verkauf seines 15-Prozent-Anteils an Time Warner. Er dachte an EMI, das ganz im Gegensatz zu Universal in den USA schwach, dafür aber in Europa und in der übrigen Welt stark aufgestellt war – eine augenscheinlich ideale Ergänzung. Gespräche begannen, und ein Kaufpreis wurde festgesetzt, als Bronfman klar wurde, dass EMI bei weitem nicht so gesund war, wie er geglaubt hatte.

Umgehend nahm er PolyGram ins Visier und erwarb 1998 für 10,4 Milliarden US-Dollar vom Philips-Konzerns dessen Musiksparte, die ein Jahr zuvor nach einer Umstrukturierung einen Gewinn von 17 Prozent erzielt hatte und zur größten Plattenfirma weltweit aufgestiegen war. 1989, als Philips 16 Prozent des Aktienkapitals von PolyGram an die Börse gebracht hatte, war der Wert des gesamten Unternehmens noch auf 5,6 Milliarden US-Dollar taxiert worden. Um den Kauf zu stemmen, musste Bronfman sich rund 8 Milliarden US-Dollar besorgen, die er größtenteils mit dem Verkauf des Kerngeschäfts von Seagram einsammelte. Die australische Tochter ging an die Foster's Group, die beiden Champagnerhäuser Mumm und Perrier-Jouet an eine amerikanische Investorengruppe und die Fruchtsaftmarke Tropicana Mitte 1998 für 4 Milliarden US-Dollar an verschiedene Unternehmen, der

62 Goodman 2010, 38–40.

63 Goodman 2010, 42–44; Knopper 2017, 62–63.

64 Kelly Kenyatta, *You Forgot about Dre. The Unauthorized Biography of Dr. Dre and Enimen*. London: Amber Books, 2001; Ronin Ro, *Dr. Dre. The Biography*. New York: Thunder's Mouth Press, 2007.

Großteil an PepsiCo. Außerdem trennte er sich von die ihm verbliebenen Time Warner-Aktien, die ihm nochmals gut 700 Millionen US-Dollar einbrachten. Bronfman, der nach dem Erwerb von MCA lediglich einen Anteil von 6 Prozent an den weltweiten Plattenverkäufen gehabt hatte, konnte diesen Anteil mit dem Erwerb von PolyGram auf 23 Prozent steigern.

Es hatte nur etwas mehr als drei Jahre gedauert, um aus einem Spirituosenkonzern mit einem hochprofitablen Standbein in der Chemischen Industrie ein Musik- und Unterhaltungsunternehmen mit einem profitablen Standbein auf dem Getränkemarkt zu machen, wobei letzteres aber nur noch knapp 30 Prozent der gesamten Einnahmen des neuen Unternehmens erwirtschaftete.[65] Die Investmentbanker, die den Deal forcierten und abwickelten, rieben sich die Hände, dass der junge CEO es viel reizvoller fand, sich mit schillernden Hollywood-Größen zu umgeben, als farblose Dividendenbescheide von DuPont zu verbuchen.[66]

Als Chef der neu erworbenen Unternehmen verwandte Bronfman sofort viel Energie für Kosmetik – in die Umbenennung der neuerworbenen Firmen. Aus MCA Inc. wurde Universal Studios Inc. und aus der MCA Music Entertainment Group und PolyGram die Universal Music Group (UMG), der größte Musikproduzent der Welt. Auf dem Terrain der Universal Studios ließ er die Straßen zu Ehren berühmter Sänger wie Jimi Hendrix, Buddy Holly und Ella Fitzgerald umbenennen. Da sich Edgar Bronfman seiner fehlenden Erfahrung im Musikgeschäft bewusst war, übertrug er die Musikabteilung des Konzerns umgehend einem in dieser Branche erfahrenen CEO, der sofort ein Drittel der 3.000 Künstler entließ, ebenso 2.000 Angestellte, Labels schloss und Überschneidungen in Produktion und Vertrieb beseitigte. Auch trennte er sich von dem Konzertveranstalter Universal Concerts, einer Tochtergesellschaft, die in den USA 20 Konzertsäle besaß, betrieb oder kontrollierte. In den ersten fünf Jahren, nachdem Bronfman die DuPont-Aktien abgestoßen und in das Musik- und Filmgeschäft eingestiegen war, kletterte der Aktienkurs von Seagram zwar um beachtliche 71 Prozent, gleichzeitig jedoch nahm der Kurs anderer amerikanischer Medienkonzerne einen sehr viel steileren Verlauf. Der von Viacom erhöhte sich in diesen Jahren vor dem Platzen der Dotcom-Blase um 125 Prozent und der von Time Warner gar um 197 Prozent.[67]

Der Boom auf dem Schallplattenmarkt und neue Musikstile ermunterten überall auf der Welt Musikliebhaber zur Gründung neuer Labels, die zunächst nur eine kleine regionale Fangemeinde bedienten, um einige Jahre später die Möglichkeiten des Internets zu nutzen und sich zu nationalen Marken zu entwickeln. So wurden in den Jahren 1997 bis 2000 in Frankreich die drei Indie-Labels Crydamoure, Black

65 Faith 2007, 243–243; Geraldine Fabrikant, *The MCA Sale: The Deal; Seagram Puts the Finishing Touches on its $5.7 Billion Acquisition of MCA*, in The New York Times vom 10. April 1995; Goodman 2010, 92–95.

66 Geraldine Fabrikant, *The MCA Sale: The Deal*, in The New York Times vom 10. April 1995; Sallie Hofmeister, *Seagram to Buy USA Networks for $1.7 Billion*, in Los Angeles Times vom 23. Sept. 1997; *PolyGram N.V. History*, in Tina Grant (Hg.), International Directory of Company Histories. Bd. 23. Detroit: St. James Press, 1996, 389–392; McQueen 2004, 111–122.

67 McQueen 2004, 198–199 u. 221; *HOB Entertainment, Inc. History*, in www.fundinguniverse.com/company-histories/hob-entertainment-inc-history [19.01.2018]; Knopper 2017, 64–65.

Jack und Grand Prix gegründet, die sich mit Erfolg auf French House spezialisierten. 2002 kam Ed Banger Records hinzu mit dem Schwerpunkt auf elektronischer Musik. Schon 1990 veröffentlichten in Italien das neue Techno-Label ACV Records die ersten Platten und in Australien 1998 Modular Recordings. Der Aufstieg der elektronischen Musik löste in vielen Ländern der Welt eine neue Gründungswelle kleiner unabhängiger Labels aus, von denen manche aber nur wenige Jahre überlebten.

Mit dem erneuten Aufschwung der Musikindustrie entdeckten die großen Musikkonzerne endgültig auch das riesige Gewinnpotential, das in den Verwertungsrechten der Popsongs steckte. Speziell MTV erwies sich als perfektes Vehikel, um Copyrights in einer Vielzahl von Medien und Märkten zu Geld zu machen. In der Folge trat die Plattenindustrie in zunehmendem Maße auch als Händler von Rechten auf und nicht nur als Warenproduzent. Auch verdiente sie vermehrt damit, ihre Stars, Songs und Videoclips als Werbemedium für andere Produkte zu vermarkten.[68] Als mit dem Aufstieg von MTV der Verkauf von Fernsehunterhaltung boomte, gelang es der Plattenindustrie seit Mitte der achtziger Jahre auch, Lizenzgebühren für die Ausstrahlung von Videoclips durchzusetzen.[69]

Einzelne Investoren hatten die Musikindustrie wachgerüttelt und mit ihrem Einstieg in dieses Geschäft die Preise geradezu explodieren lassen. Welche Gewinnmöglichkeiten der Besitz solcher Rechte bot, machte Michael Jackson 1985 vor, als er von der britischen Fernsehgesellschaft ACC für 47,5 Millionen US-Dollar ATV Music Publishing erwarb, eine Gesellschaft, die mit dem so genannten Northern Songs-Katalog im Besitz der Verlagsrechte an 251 Beatles-Songs der Jahre 1963 bis 1970 war. Umgehend begann das Management des Sängers, diese Rechte in Form von Lizenzvergaben für Werbezwecke zu vermarkten – als Soundtracks für Sportschuhe, Alkohol und Autos.

Schnell folgten einige der Major-Labels und private Investoren diesem Beispiel. 1986 gründeten zwei amerikanische Unternehmer aus der Unterhaltungsindustrie zusammen mit einem Investor die SBK Entertainment, die von dem Radionetzwerk CBS für 125 Millionen US-Dollar einen Katalog mit Rechten an 300.000 Popsongs erwarb. Nur drei Jahre später verkauften sie diesen Katalog für satte 295 Millionen US-Dollar an Thorn EMI. Ebenfalls 1986 erwarb PolyGram den britischen Musikverlag Dick James Music mit seinen rund 12.000 Urheberrechten, darunter Songs von Elton John und den frühen Beatles. Der Besitzer, Dick James, war nach einem verlorenen Rechtsstreit mit Elton Jones, der ihn vermutlich rund 5 Millionen Pfund kostete, an einem Herzinfarkt gestorben, worauf sein Sohn den Musikverlag abstieß. Nur ein Jahr später übernahm Warner von PolyGram für 275 Millionen US-Dollar Chappell Music, der seitdem als Warner/Chappell firmierte und 1994 nach der Übernahme von CPP/Belwin zum weltweit größten Musikverlag aufstieg. Drei Jahre zuvor hatte der Musikverlag der Sony Corporation, die Sony Music Publishing, Verhandlungen mit Michael Jacksons ATV Music Publishing aufgenommen, die 1995 zur Fusion beider Musikverlage unter dem Namen

68 Pendzich 2008, 346.

69 Axel Schmidt, *Sound and Vision go MTV*, in Neumann-Braun 1999, 93–131, hier 99.

Sony/ATV Music Publishing führten. Da der ATV-Katalog wertvoller war als der von Sony, zahlten die Japaner an den Künstler rund 100 Millionen US-Dollar, der außerdem einen 50-prozentigen Anteil an dem fusionierten Katalog erhielt sowie das volle Vetorecht bei sämtlichen Entscheidungen über Lizenzrechte.[70]

Seit Ende des 20. Jahrhunderts wurden mit der Vermarktung von Rechten an einem erfolgreichen Song höhere Umsätze und Gewinne erzielt als aus dem Verkauf von Tonträgern. Unternehmen, die solche Songs für ihre Werbung benutzen, entscheiden heute ganz entscheidend mit über „gute" und „schlechte" Musik. Nach den Worten von Peter Wicke ist Jugend heute „keineswegs mehr eine zentrale Kategorie des Musikgeschäfts".[71] Zeitgleich mit dem zunehmenden Wert von Rechten verstärkte die Recording Industry Association of America (RIAA) noch vor der Jahrtausendwende, als Globalisierung und internationaler Freihandel Hochkonjunktur hatten, ihre Lobbyarbeit. Sie erreichte zahlreiche Verbesserungen von Copyright-Abkommen mit anderen Ländern und sorgte dafür, dass in der Musikindustrie die Kassen noch mehr klingelten und verschiedene Großinvestoren die Musikindustrie als lohnendes Investment entdeckten.[72]

Das alles klang für die Tonträgerindustrie nach goldenen Zeiten, und im Rückblick waren sie es auch. Dennoch verdeckten die finanziellen Erfolge verschiedene Probleme, die erst im folgenden Jahrzehnt klar erkennbar wurden. So wussten die großen Labels mit dem Techno-Boom zunächst wenig anzufangen. Es gab tausend White Labels, von denen sich eins anhörte wie das andere. Und es gab zahlreiche Indies, die die Technoszene in kleinen Stückzahlen belieferte. Noch mehr als bisher versagten die in der Branche tätigen Talentsucher dabei vorherzusagen, was ein Hit werden würde.[73] Noch gravierender war, dass die Major-Labels kaum Interesse an dem dritten Pfeiler der Musikindustrie zeigten: den Live-Konzerten, Tourneen und Festivals. Angesichts der sprudelnden Einnahmen aus dem Verkauf von CDs sahen sie keine Veranlassung, in den Konzertmarkt groß zu investieren. Sie brachten nur relativ geringe Summen auf, um Handelsunternehmen zu erwerben, die T-Shirts mit Namen ihrer Künstler und andere Fanartikel vertrieben.[74]

Seitdem in den Achtzigern der Fernsehkanal MTV für eine Visualisierung der Popmusik gesorgt hatte, wollten immer mehr Musikfans ihre Idole aber nicht mehr nur hören, nicht mehr nur Standbilder von ihnen betrachten, sondern sie auch in Aktion bewundern, zunächst auf der Mattscheibe und in der Folge auch live. Als

70 Dave Laing, *The recording industry in the twentieth century*, in Marshall 2013, 31– 52, hier 47; Susan Crimp/Patricia Burstein, *The Many Lives of Elton John*. New York: Carol Publ., 1992, 37; Pade/Risi 2019, 165–168 u. 237.

71 Wicke 1993, 64–65; Marcus Theurer, *Das Erbe des King of Pop*, in Frankfurter Allgemeine Zeitung vom 27. Juni 2009; J. Randy Taraborrelli, *Michael Jackson: The Magic and the Madness*. London: Pan Books, 2004, 617; Lynton Guest, *The Trials of Michael Jackson*. Vale of Glamorgan: Aureus Publishing, 2006, 12–13; Sophie Norris, *Sony buys out Michael Jackson's ATV Music Publishing for $750m*, in The Guardian vom 15. März 2016.

72 Steve Jones, *Who fought the Law? The American music industry and the global popular music market*, in Bennett/Frith/Grossberg 1993, 83–95, hier 91.

73 Westbam 2016, 256.

74 Dave Laing, *The recording industry in the twentieth century*, in Marshall 2013, 31– 52, hier 47.

finanzstarkes Unternehmen gelang es MTV, diese Visualisierung weltweit voranzutreiben und sich ein internationales Image zuzulegen. Nachdem American Express 1984 aus dem Joint Venture mit Warner Communications ausgestiegen war, gliederte Warner die beiden Sender MTV und Nickelodeon als Aktiengesellschaft mit dem Namen MTV Networks aus, die 1985/86 von dem amerikanischen Medienkonglomerat Viacom mit Aktivitäten im Fernseh-, Film-, Rundfunk- und Kabelbereich aufgekauft wurde. Für Viacom sollte MTV auch als Distributions- und Werbekanal für die übrigen Produkte des Konzerns dienen, zumal das Unternehmen im folgenden Jahrzehnt mit Erfolg in den Vertrieb von Videos, Tonträgern und Merchandising-Produkten unter der Trademark „MTV" einstieg. 1987 wurde MTV Networks Europe gegründet, womit MTV den großen Plattenlabels auf den Pfaden der Globalisierung folgte. Nach Ansicht der Programmverantwortlichen sollte eine Jugend, die weltweit die Jeans von Levi's trug, in den Shops von Benetton einkaufte, Swatch-Uhren bevorzugte und sich mit Coca-Cola erfrischte, sich bei ihrem Musikkonsum wie auch ihren übrigen Konsum weltweit an MTV orientieren, dessen Musik und Clips eine global verständliche Sprache sprächen. In seinem Promotionsvideo verkündete der Sender voller Stolz: „Unsere Zuschauer sind markenbewusste Entscheider – Europas junge Ultrakonsumenten."[75]

MTV Europe ging mit dem ersten computergenerierten Video auf Sendung, dem Song der britischen Rockband Dire Straits *Money for Nothing*, einer ironischen Auseinandersetzung mit dem Musik- und Mediengeschäft. Zu Beginn des Liedes singt der britische Musiker Sting mit Kopfstimme den Satz *I want my MTV*. Ebenfalls 1987 war das Programm von MTV erstmals auch in Australien zu sehen und 1990 in Brasilien. 1992 folgte Japan, ein Jahr später Lateinamerika, 1995/96 China, Südostasien und Indien sowie 1999 Afrika. Da MTV in Europa nur rund 30 Prozent seiner Sendezeit für einheimische Künstler reservierte und in Asien sogar nur 20 Prozent, machte der Musikkanal außerhalb von Nordamerika mehr noch als jeder andere Sender Werbung für die Popmusik und Künstler aus den USA. Noch entscheidender für die Programmmacher war, erneut einen Weg gefunden zu haben, ohne große Programmkosten zu expandieren. Überall auf der Welt sendete MTV fast dieselbe Musik. Und überall auf der Welt konnte MTV auf dieselben Konserven zurückgreifen.

Als Reaktion auf konkurrierende Musikunternehmen, die in verschiedenen Ländern ebenfalls Musikfernsehsender aufbauten wie VIVA seit Ende 1993 in Deutschland, konterte MTV in der zweiten Hälfte der neunziger Jahre mit dem Aufbau von Sendern in der jeweiligen Landessprache.[76] Dabei untertitelte MTV die in Englisch vorgetragenen Songs in zahlreichen Sprachen dieser Welt. Viele Jugendliche nutzten diese Übersetzungshilfe, um ihre Englischkenntnisse zu verbessern. So kamen sie automatisch in Kontakt mit westlichen Musikszenen wie etwa dem Punkrock, Reggae und Metal, die in den Neunzigern über MTV und den Tourismus

75 Axel Schmidt, *Sound and Vision go MTV*, in Neumann-Braun 1999, 93–131, hier 109–111; Thomas Langhoff, *Video Killed the Radio Star*, in Kemper/Langhoff/Sonnenschein 2002, 261–275, hier 261.

76 Greg Prato, *MTV Ruled the World. Early Years of Music Video*. New York: Greg Prato, 2010; Nye 2004, 49; Shuker 2016, 156–158.

selbst auf der für ihre traditionelle Musik bekannte Insel Bali Einzug hielten.[77] Um den Werbeeffekt der zwischen die Musikvideos eingestreuten Werbespots noch weiter zu erhöhen, tauchten auch in diesen immer öfter die Stars der Musikszene auf. Pepsi Cola warb mit Michael Jackson und Madonna, VISA mit Paul McCartney.[78] Schon nach wenigen Jahren war MTV zu einem bevorzugten Partner der Werbeindustrie aufgestiegen. Die mit bekannten Songs unterlegten Videos strahlten mit ihren schnellen Schnitten und dem pulsierenden Beat ein hohes Maß an Dynamik aus und sprachen insbesondere die jüngere Generation an. Sie machten den Musiksender für die auf jugendliche Konsumenten zielenden Marketingleute noch interessanter.[79]

Die Song-Videos läuteten in der Werbewelt eine neue Epoche ein – Marketing durch Musik bis hin zu umfassenden Marketingstrategien mit Musik im Zentrum. 1989 startete die R. J. Reynolds Tobacco Company ein erstes derartiges voll integriertes Musik-Marketing Programm. Es bestand aus traditioneller Printwerbung, Werbe-Events in Nachtclubs, Direkt-Aufzeichnungen der Veranstaltungen und einem alle zwei Monate erscheinendem Musikmagazin. Andere Unternehmen sponserten weiterhin Welttourneen bekannter Sänger, so etwa Pepsi Cola im Jahre 1987 Michael Jackson und VISA 1990 Paul McCartney. Volkswagen brachte 2001 eine eigene CD heraus mit dem Titel *Street Mix: Music from Volkswagen Commercials*. 2003 schloss DaimlerChrysler einen mit über 14 Millionen Dollar dotierten Vertrag mit der Sängerin Céline Dion ab, die in der Werbung des Autobauers auftrat, während dieser zugleich als Sponsor der jahrelangen Show der Sängerin in Las Vegas in der Glücksspielmetropole für sich Reklame machte.[80]

Da Werbung in der zweiten Hälfte des 20. Jahrhunderts zur Bilderwelt und zum Soundtrack des Alltags gehörte, stieg die „funktionale Musik“ von Jingles vereinzelt zu einem Top-Hit auf, so 1991 Kate Yanais *What a Feeling* als Fernsehwerbung für Bacardi-Rum. Werbefrei schob sich der Song unter dem Titel *Summer Dreaming* umgehend an die Spitze der Charts. Musik und Werbung rückten noch enger zusammen, da jede Seite der anderen helfen konnte, ihre Botschaft besser und weiter zu verbreiten. Musik ist cool, und Werbung ist cool.

Die großen weltweit tätigen Konzerne der Konsumgüterindustrie waren auch mit die ersten, die nach dem Fall des Eisernen Vorhangs dafür sorgten, dass die westliche Pop- und Rockmusik in jenen Ländern fest Fuß fasste, in denen die Bevölkerung ihre bisherigen kommunistischen Regierungen gestürzt hatte. In Kambodscha fand nach dem Ende der Roten Khmer-Diktatur und der anschließenden Besetzung durch vietnamesische Truppen die westliche Musik seit 1993 zunächst nur über Raubkopien Verbreitung. Pol Pot hatte nahezu alle einheimischen Musiker in den Todeslagern ermorden lassen, unter ihnen Sinn Sisamouth, Pan Ron und Ros Serey Sothea, die in den späten sechziger Jahren die kurze „goldene“ Ära des kambodschanischen Pop eingeläutet hatten. Es dauerte etwa ein Jahrzehnt, ehe eine

77 McIntosh 2010, 3; Baulch 2007.
78 Wang 2014, 165.
79 T.D. Taylor 2012, 185–187.
80 T.D. Taylor 2012, 194–195, 213 u. 221.

neue Musikergeneration herangewachsen war, die, gesponsert von Pepsi Cola und Angkor Beer, mit einer Mischung aus westlicher und einheimischer Musik sofort großen Anklang fand und über das Fernsehen im ganzen Land bekannt wurde. Die erfolgreichsten Pop-Sänger übernahmen aus dem Westen unterschiedliche Stilrichtungen wie Hip-Hop, Disco, kraftvolle Balladen und harmlose Liebeslieder und präsentierten sich auf den Covers ihrer CDs mal in bäuerlicher Kleidung mit einer Flöte in der Hand, mal im schwarzen Glitzerjackett am Piano, mal als städtischer Rapper in Hip-Hop-Kluft. Auch machte seit der Jahrtausendwende die US-kambodschanische Band Dengue Fever mit ihrem psychedelischen Rock auf die von den Roten Khmer blutig beendeten „goldenen“ Jahre des kambodschanischen Pop aufmerksam, indem sie frühere Songs von Sinn Sisamouth und Ros Serey Sothea coverte.[81]

Die neunziger Jahre gingen als das goldene Jahrzehnt der Schallplattenindustrie in die Geschichte ein. 1999 sollte die Branche mit einem weltweiten Umsatz von 27,3 Milliarden US-Dollar den Gipfel erreichen. Während der Krise zwei Jahrzehnte zuvor hätte niemand ein derartiges Resultat für möglich gehalten. Erstmals richtete die Wall Street ihren Blick auf die Tonträgerindustrie, und sofort stiegen die Übernahmepreise in Höhen, die wenige Jahre zuvor undenkbar gewesen wären. Die Branche genoss ihr neu hinzugewonnenes Ansehen, schwelgte in ihrem Glück, und die meisten Label-Bosse glaubten, diese Entwicklung würde in den folgenden Jahren ungebremst weitergehen (Abb. 5).

Abb. 5: Musikerlöse in den USA nach Tonträgern 1960–2018 in Mio. US-Dollar

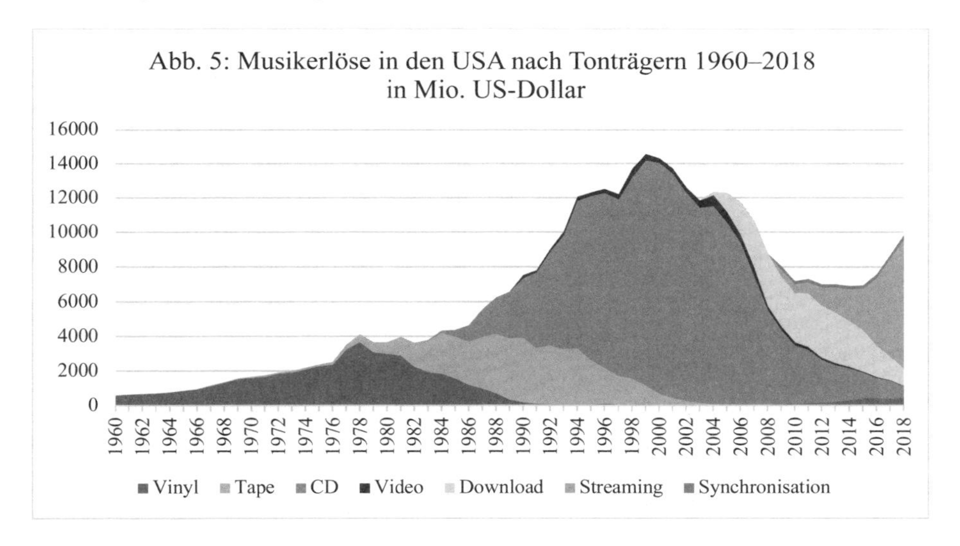

Quelle: Recording Industry Association of America (RIAA), *U.S. Sales Database,* www.riaa.com/us-sales-database [04.04.2019]; Gronow/Saunio 1999, 96 u. 137.

81 Jonathan Sterne, *How the MP3 became ubiquitous*, in Gopinath/Stanyek 2014, 37–54, hier 43–49; Jayson Beaster-Jones, *Music Piracy, Commodities, and Value: Digital Media in the Indian Marketplace'*, in Gopinath/Stanyek 2014, 434–455, hier 452; Mamula 2008, 32–33; Broughton/Ellingham/Lusk 2009, 483.

In der dünnen Höhenluft entging ihnen jedoch, dass die Käufer ihre Lieblings-LPs inzwischen alle durch CDs ersetzt hatten und diese Sonderkonjunktur zukünftig wegfiel. Sie verschlossen zwar nicht die Augen vor dem Internet und erkannten recht bald die Gefahren, die von den neuen Tauschbörsen ausgingen, ahnten jedoch nicht, wie die Käufer auf die Möglichkeit reagieren würden, einzelne Songs statt ganze Alben zu erwerben. Und sie verkannten, fett und träge geworden, den wachsenden Wunsch der Musikliebhaber, Musik nicht nur zu konsumieren, sondern auch zu erleben. Sie übersahen, dass die moderne Gesellschaft mit ihrer Trends setzenden akademischen Mittelschicht nach Events mit hoher Symbolkraft gierte, und dazu zählte nicht der Musikkonsum im stillen Kämmerlein, ebenso wenig die Berieselung mit den neuesten Hits in der U-Bahn oder beim Sport. Letztendlich schenkten sie den vielfältigen Professionalisierungsbemühungen der Livemusiksparte keine Beachtung.

Dabei hätten die kommerziell höchst erfolgreichen Welttourneen einiger Bands eigentlich ein Weckruf sein müssen. Sie waren nur möglich, weil die Techniker inzwischen Sound- und Lichtsysteme entwickelt hatten, die Livekonzerte auch in Großarenen möglich und attraktiv machten. Sie waren zudem möglich, weil die Organisatoren mit Hilfe vielfältiger Rationalisierungsmaßnahmen die Kosten gesenkt und zugleich neue Einnahmequellen erschlossen hatten sowie deutlich professioneller arbeiteten.[82] An erster Stelle zeigte der kanadische Konzertveranstalter Michael Cohl mit seinem 1973 in Toronto gegründeten Unternehmen Concerts Productions International (CPI), wie man eine Tournee für die Bands und das Publikum attraktiver gestalten und gleichzeitig auch einen ansehnlichen Gewinn erwirtschaften konnte. Cohl rationalisierte und perfektionierte das Tour-Konzept, das zuvor nach den Worten von Marek Lieberberg die Veranstalter immer an den Rand des Nervenzusammenbruchs gebracht und sie gezwungen hatte, einen „Balanceakt auf schmalem Grat zwischen unendlichem Erwartungshorizont und finanziellem Risiko" zu vollführen. In der Regel mussten die Veranstalter den Künstlern einen vorher festgelegten Anteil an den Netto- oder Bruttoeinnahmen garantieren, wobei der Künstler stets den jeweils höheren Betrag erhielt, selbst wenn die Garantiesumme nicht eingespielt wurde.[83]

Als Tourneeveranstalter feierte Cohl seinen ersten großen Erfolg, als er Michael Jackson's *Victory Tour 1984* organisierte. Anschließend erkannte er offenbar frühzeitig den sich verändernden Musikgeschmack einer alternden Gesellschaft, die die glorreiche Vergangenheit des Rock für sich wiederentdeckte und millionenfach CDs mit Rock-Retrospektiven kaufte. Auf fast wundersame Weise genossen alte Rockhelden der ersten Stunde plötzlich wieder den besten Ruf, den viele von ihnen durch ihren übermäßigen Drogenkonsum und die dadurch verlorengegangene Qualität ihrer Musik inzwischen eingebüßt hatten, so die Rolling Stones. Von deren Manager Prinz Rupert von Loewenstein angeheuert, übernahm Cohl 1989 die Stones von Bill Grahams Agentur und garantierte der Band für deren *Steel Wheels Tour*

82 Brennan 2010, 7.
83 Marek Lieberberg, *Tourneeveranstaltungen*, in Moser/Scheuermann 1992, 309–316, hier 309 u. 311.

durch Nordamerika Einnahmen in Höhe von 65 Millionen US-Dollar für insgesamt 50 Auftritte. Anschließend nahm er neben anderen auch Prince, Pink Floyd und U2 unter Vertrag und organisierte David Bowies erste Welttournee. Als Gegenleistung mussten ihm die Künstler die Einnahmen und alle Rechte an den Konzerten übertragen, zudem die Einnahmen aus dem Sponsoring, dem Merchandising und der medialen Verwertung. Die lokalen Konzertveranstalter hatten sich mit einem Fixum zu begnügen, mit dem alle Kosten abzudecken waren. Cohl rationalisierte das Tourneegeschäft, machte es spektakulärer und sorgte mit Monstertourneen für höhere Einnahmen.

Das neue Geschäftsmodell verhalf den Stones in den neunziger Jahren bei 333 Shows zu bis dahin niemals erahnten Einnahmen in Höhe von mehr als 750 Millionen US-Dollar. Wie Ernst Hofacker vermerkte, besetzten sie „als Denkmäler ihrer selbst und Premiummarke das neue Genre des Classic Rock“. Michael Cohl trug auch entscheidend dazu bei, den lukrativen Sekundärmarkt mit Büchern, Filmen, DVDs, TV-Specials und dem Merchandising auszubauen und potente Sponsoren wie TDK, Budweiser, Castrol, Telekom, American Express und Volkswagen mit ins Boot zu holen. Dies gab ihm die Möglichkeit, einen Teil der durch Sponsoring und Merchandising erzielten Mehreinnahmen dazu zu verwenden, reine Konzerte zusätzlich in Spektakel zu verwandeln. Mit seinen nationalen Stadientouren und den damit verbundenen Paketlösungen konnte er im Gegensatz zu den kleinen lokalen Veranstaltern eventuelle Verluste bei einem Auftritt oder in einem Geschäftsbereich durch anderweitig anfallende Gewinne ausgleichen. 1996 wandelte Cohl sein Unternehmen in The Next Adventure (TNA) um.[84]

Die Erwartungen der Fans hatten sich verändert, und Tourneeveranstalter wie Cohl reagierten darauf. Während Ende der Sechziger bei einem Auftritt von Janis Joplin noch zwei oder drei Scheinwerfer rechts, zwei oder drei Scheinwerfer links und in der Mitte ein Mikrofon nebst einer Flasche Whiskey genügt hatten, verbanden die Künstler fortan ihre Musik mit Tanz und theatralischen Elementen und einer zunehmend bunteren Multimedia-Show. Die technikbegeisterte Britin Kate Bush, die als erste Popkünstlerin ein kabelloses Headset für ihre Konzerte entwickeln ließ, machte 1979 mit ihrer innovativen *Tour of Life* den Anfang, die der Melody Maker damals als „das großartigste Spektakel“ lobte, das die Rockwelt je gesehen habe.[85]

Dann explodierte der Aufwand geradezu. In den Achtzigern rollten bei einem Auftritt der Stones zehn oder mehr Trucks an. Die großen Veranstalter wollten den Zuhörern ein wirkliches Event und Spektakel bieten. Sie umrahmten die Auftritte der Superstars mit einer bunten Bühnenshow, mit Videowänden, Lichteffekten und aufblasbaren Puppen, die etwa bei dem Stones-Song *Honky Tonk Women* links und rechts der Bühne riesengroß und stilgerecht aufstiegen. 1990 lockte die *Magic Summer Tour* der US-amerikanischen Boygroup New Kids on the Block allein in den USA in 63 Stadien über zwei Millionen Zuschauer an und führte in Nordamerika, Europa und Asien zu Menschenaufläufen wie zu Zeiten der Beatles.

84 Shuker 2016, 132; Budnick/Baron 2012, 211–214; Tschmuck 2017, 33; Hofacker 2018, 86.

85 David Sinclair, *Dear Diary: The Secret World of Kate Bush*, in *Rolling Stone* vom 24. Febr. 1994; Reynolds 2017, 559.

Zunehmend wurden mit Merchandising-Artikeln riesige Umsätze erzielt, die den technischen Aufwand und die vorher nicht gekannten hohen Garantiezahlungen an die Bands erst ermöglichten. Es begann unter den tourenden Bands ein regelrechter Wettstreit um die größte Zahl der Lastwagen und die höchste Tonnage, um die Kilometer verlegter Kabel und die Größe der Lichtshows. Angesichts des überraschenden Publikumserfolgs dieser Tourneen und der damit verbundenen medialen Aufmerksamkeit witterten umgehend weltweit tätige Großunternehmen die Chance, an diesen Erfolgen zu partizipieren. Volkswagen sponserte 1994 die ebenfalls von Michael Cohl gemanagte *Division Bell Tour* von Pink Floyd, die durch 68 Städte führte mit durchschnittlich 45.000 Zuhörern pro Konzert. Der Wolfsburger Automobilkonzern brachte begleitend zu dieser Tournee den Golf „Pink Floyd“ als Sonderedition heraus und präsentierte dieses Fahrzeug bei jeder Show.

Noch im selben Jahr toppten die Rolling Stones mit ihrer wiederum von Michael Cohl veranstalteten und ebenfalls von Volkswagen gesponserten *Voodoo Lounge* Welttournee Pink Floyd hinsichtlich Zuhörer, Umsatz und Gewinn. Die Bühne für diese Tournee übertraf alles bisher Dagewesene. Den Mittelpunkt bildete eine dem Hals und Kopf einer Kobra nachempfundene, feuerspeiende Säule vor riesigen Videowänden. Während der Konzerte entfalteten sich riesige Gestalten und Objekte, stellvertretend für Zauber, Wunder, Okkultismus, Glücksspiel und Gottesverehrung – Spielwürfel und ein Ziegenkopf, die Hindu-Göttin Durga und die Jungfrau Maria, ein Pope und der Papst sowie Elvis Presley und andere mehr. Über allem aber prangten die Logos von Coca-Cola, Mobil und Capital Ideal.

Auch die irische Rockband U2 demonstrierte gleichzeitig mit zahlreichen höchst erfolgreichen Welttourneen, was die Fans von ihren Idolen zukünftig erwarteten. Die Gruppe um ihren Sänger Bono, die bereits Anfang der achtziger Jahre mit ihrem Album *War* ihr politisches Engagement hatte erkennen lassen, war durch das *Live Aid*-Konzert vom Juli 1985 zur Bekämpfung der Hungersnot in Äthiopien rund um den Globus bekannt geworden. Ihre erste große Tournee, die sie 1987 nach Veröffentlichung ihres Albums *The Josua Tree* mit 112 Auftritten in Nordamerika und Westeuropa unternahm, fand ebenso vor ausverkauften Häusern und Stadien statt wie ihre so genannte *Lovetown Tour*, die sie 1989/90 zusammen mit B. B. King nach Australien, Neuseeland, Japan und vier westeuropäische Länder führte. Nachdem die Gruppe mit ihrem Album *Achtung Baby* Ende 1991 einen radikalen Stilwandel vollzogen hatte mit Songs, die von Industrial, Alternativ Rock und elektrischer Tanzmusik beeinflusst waren, startete sie zu ihrer zweijährigen *ZooTV Tour*, die in Nord- und Mittelamerika, Europa, Australien, Neuseeland und Japan Massen von Musikfans anlockte und bei der Multimedia dominierte. Die auf den Großbildschirmen in rascher Folge aufblitzenden Bilder und Slogans sollten auf die Gefahren der neuen Medien hinweisen und besonders auf die Rolle der Medien im Irakkrieg. Im Jahr 1997 trat U2 nach dem Erscheinen ihres neuen Albums *Pop* im Rahmen ihrer *Popmart-Tour* erstmals auch in Israel, Südamerika, Bosnien, Polen, Tschechien, Griechenland und Südafrika auf.[86]

86 Alan McPherson, *The World and U2. One Band's Remaking of Global Activism*. Lanham: Rowman & Littlefield, 2015.

Die Kommerzialisierung des Starkults und der Tourneen erreichte einen ersten Höhepunkt, als die 1996 als weibliche Take That gegründete Girl Group The Spice Girls mit *Wannabe*, einem frechen Pop-Song für Zehnjährige, in zahlreichen Ländern die Spitze der Charts eroberte und eine Art Spicemania auslöste, als Scory, Baby, Ginger, Posh und Sporty Spice im Jahr 1998 auf Tournee gingen, um ihren Fans jeweils eine zwei- bis dreistündige kollektive Auszeit zu bescheren. *Spiceworld* mit insgesamt 97 Auftritten in Europa und Nordamerika lockte 2,1 Millionen Fans in Hallen und Stadien, wo sie für eine riesige Werbeshow Eintritt bezahlten und den Veranstaltern allein in den USA bei 40 Auftritten 60 Millionen US-Dollar in die Kassen spülten. Während der Shows wurden die Zuschauer wie bei Verkaufsveranstaltungen mit brachialer Werbung für alle möglichen Spice-Produkte bombardiert – für Spice-Puppen, Spice-Kleider, Spice-Krawatten, Spice-Deos, Spice-Schuhe, Spice-Bettdecken, Spice-Lollis, Spice-Christbaumkugeln und viele andere Artikel, die noch weniger nützlich sind als Gartenzwerge und Lavalampen.

Vor und während der Shows präsentierten zahlreiche Großbildschirme diesen überbordenden Einkaufswagen mit seinen vielen auf Hochglanz polierten Wegwerfprodukten und priesen sie als Überlebenshilfe an. Zwar bezeichnete das Online-Magazine Slate die Fünf als „außergewöhnlich untalentierte Sänger- und Tänzerinnen", doch den Produkten aus dem Kramladen dieser „cheeky hucksters" – dieser unverschämten Hausierer – konnte keiner entkommen, weder in den großen Kaufhäusern, viel weniger noch in Spielzeugläden wie Toys R' Us. Auch konnte sich niemand vor den pinkfarbenen Seifenblasen ihres lauten, bunten und glitzernden Kaugummi-Pop retten. Das wahre Erbe der Spice Girls war, so der Guardian, dass sie zu den eigentlichen „Pionieren der Band als Marke" wurden. Sie degradierten den Pop zu einem giftigen Marketing-Trick und sorgten dafür, dass Merchandising- und Sponsoring-Geschäfte seitdem den kommerziellen Pop endgültig dominieren.[87]

Das große Geld und die nostalgischen Bedürfnisse einer alternden Gesellschaft, die mit Rock und Pop großgeworden war, ließen auch zahlreiche Bands wieder auf die Bühne zurückkehren – von The Who über Blondie bis zu den Sex Pistols. Seitdem deren Musik nichts mehr mit Rebellion zu tun hatte, eilten selbst Großväter mit ihren Enkeln zu diesen Konzerten. Generationsübergreifend erlebten die Anwesenden, dass es bei der populären Musik letztlich meist um ganz elementare Dinge wie Liebe und Einsamkeit, Angst und Trauer, Wut und Tod geht. Sie erlebten, wie erhebend es ist, diese Gefühle mit anderen Menschen zu teilen, sei es in einem großen Stadium oder in einem kleinen Keller.

Auch außerhalb der USA versammelten sich seit den Neunzigern um nationale Stars riesige Zuhörermassen. 1998 füllte die französische Rock-Ikone Johnny Hallyday fünf Mal hintereinander das Pariser Fußballstadion Stade de France mit seinen über 80.000 Plätzen, und zwei Jahre später feierte er mit mehr als einer halben Million Zuschauern auf dem Pariser Marsfeld sein 40-jähriges Bühnenjubiläum mit

87 David Plotz, *The Spice Girls. Cherish these cheeky hucksters before they're gone*, in Slate vom 16. Nov. 1997; Sylvia Patterson, *The 1990s were the best of times ... until the Spice Girls ruined everything*, in The Guardian vom 4. Juli 2016.

einem Gratiskonzert. An der Tonträgerindustrie ging dieser Boom weitestgehend vorbei. Die Labels gaben sich wie schon in den fünfziger Jahren damit zufrieden, dass die Tourneen ihrer Stars den Absatz der Tonträger beflügelten, obwohl die Veränderungen im Publikumsgeschmack kaum zu übersehen waren.

Einen letztlich entscheidenden Schritt zur Umwandlungen von Tourneen in Großevents und zu deren Kommerzialisierung und Rationalisierung unternahm in der zweiten Hälfte der Neunziger der US-amerikanische Unternehmer und Besitzer zahlreicher Radio- und Fernsehsender, Robert F. X. Sillerman. Er hatte 1978 zusammen mit dem legendären New Yorker Radiomoderator Bruce Morrow begonnen, einzelne Radio- und Fernseh-Stationen aufzukaufen, die er ab 1993 in dem neuen Unternehmen SFX Broadcasting zusammenfasste, das von der Rundfunkliberalisierung des Jahres 1996 mit dem neuen Telecommunications Acts entscheidend profitierte. 1998 verkaufte Sillerman seine inzwischen 71 Radiostationen für 2,1 Milliarden US-Dollar und strich dabei einen satten Gewinn ein.

Nach dem gleichen Muster hatte er zwei Jahre zuvor angefangen, lokale US-amerikanischer Konzertveranstalter aufzukaufen, die er ab 1997 in dem neuen börsennotierten Unternehmen SFX Entertainment zusammenführte. So übernahm er innerhalb weniger Monate den Top-Promoter Bill Graham Presents aus San Francisco und die PACE Entertainment Corp. aus Houston mitsamt Tochterunternehmen. Bis zum Jahr 2000 kamen so insgesamt 28 Konzertveranstalter zusammen, darunter auch Michael Cohls TNA sowie vier Unternehmen aus Großbritannien, den Niederlanden und Schweden. Innerhalb weniger Jahre stieg SFX Entertainment zum weltweit größten Veranstalter von Live-Unterhaltung auf und veränderte die Spielregeln der Branche grundlegend.

Seine Einnahmen beruhten auf dem Verkauf von Eintrittskarten sowie von Snacks und Getränken, den Einnahmen aus Parkgebühren sowie Werbung und Sponsoring. Mit der Übernahme der Konzertveranstalter war Sillerman zudem in den Besitz zahlreicher großer Hallen, Konzertsäle, Clubs und Plakatwänden quer durch die USA gekommen. Er nutzte umgehend die Größenvorteile der so genannten Amphitheater und Arenen, mit ihren 5.000 bis 30.000 beziehungsweise 5.000 bis 20.000 Sitzplätzen, um zahlungskräftigere Sponsoren zu gewinnen. Bereits nach wenigen Jahren war es Sillerman gelungen, die einzelnen Stufen der Wertschöpfungskette miteinander zu verknüpfen und zu kontrollieren – von Konzertveranstaltungen in Eigenregie, über den Betrieb von Spielstätten bis hin zum Verkauf der Eintrittskarten. Sillerman steigerte die Effizienz und die Gewinne des Konzertgeschäfts. Die höheren Einnahmen erlaubten ihm zudem, berühmten Bands deutlich höhere Einnahmen zu garantieren, als dies die kleinen lokalen Veranstalter vermochten.

An der Wende zum neuen Jahrtausend kontrollierte Sillermans SFX bereits mehr als 40 Prozent des US-Konzertmarktes, dazu kamen Motorsportveranstaltungen und Tourneen wie die des Magiers David Copperfield und von Musicals wie *Jekyll & Hyde* und *Evita*. Im Jahr 1999 organisierte oder promotete SFX Entertainment rund 7.000 Musikveranstaltungen und 13.000 Theateraufführungen und hatte

650 Künstler unter Vertrag. Bei einem Umsatz von 1,5 Milliarden US-Dollar erzielte das Unternehmen einen Gewinn von 209 Millionen Dollar – vier Mal mehr als ein Jahr zuvor.[88]

Insider gingen davon aus, dass Sillerman wie schon zuvor mit seinen Radiosendern lediglich die Preise in die Höhe treiben wollte, um schließlich Kasse zu machen. Derweil formierte sich der erste Widerstand gegen den Newcomer, der den US-Konzertmarkt zu monopolisieren drohte. Elf konkurrierende Konzertveranstalter gründeten die Independent Promoters Organization, und verschiedene Künstler wie Eric Clapton, Celine Dion und Shania Twain weigerten sich in Veranstaltungsorten von SFX Entertainment aufzutreten. Auch gelang es SFX nicht, Universal Concerts zu erwerben, von dem sich Edgar Bronfman nach der Übernahme von PolyGram trennte, um seine Schulden zu reduzieren. Das Unternehmen ging 1999 an House of Blues Entertainment (HOB), ein Unternehmen aus Los Angeles mit zahlreichen Themen-Restaurants, Konzertsälen und Freiluftbühnen, das mit dieser Übernahme zum zweitgrößten Konzertveranstalter der USA aufstieg.[89] Leitende Persönlichkeiten aus der Unterhaltungsindustrie wie Barry Diller, der CEO von USA Networks, kritisierten in der Presse das Vorgehen von Sillerman, der potentielle Übernahmekandidaten mit ungewöhnlich hohen Summen lockte, anschließend lokale Konzertveranstalter ausschaltete und sofort die Eintrittspreise kräftig anhob. Auch das Justizministerium prüfte, ob das Unternehmen gegen die Monopolgesetze verstieß, stellte jedoch die Untersuchung alsbald wieder ein.

Besonders die Kritik des Medienmoguls Barry Diller ließ aufhorchen, zu dessen Unternehmen Ticketmaster gehörte, die Ende der neunziger Jahre größte Ticketverkaufs- und -vertriebsgesellschaft in den USA. Mit der Verbreitung von Kreditkarten hatte sich die Ticketing-Branche inzwischen rasant entwickelt und erfuhr in der zweiten Hälfte der neunziger Jahre durch den Internetverkauf einen weiteren Entwicklungsschub. Ticketmaster war 1974/75 von drei Studenten gegründet worden und hatte seit den frühen achtziger Jahren mit finanzieller Unterstützung der Hyatt Management Corp. jenes Geschäftsmodell entwickelt, dem es seinen Erfolg verdankte, das ihm aber auch vielfältige Kritik bescherte. Das Unternehmen zog eine schnell wachsende Zahl lokaler Konzertveranstalter auf seine Seite, indem es ihnen Vorschüsse gewährte, Marketing- und PR-Mittel zur Verfügung stellte und sie an den Bearbeitungsgebühren beteiligte, um im Gegenzug das alleinige Verkaufsrecht an den Eintrittskarten zu erhalten. Viele der meist kleinen Veranstalter willigten ein, um ihre Risiken zu verringern, die in diesen Jahren markant anstiegen, seitdem mit dem Superstar-Business die finanziellen Forderungen der Künstler bisher nicht gekannte Höhen erreichten. Deren Manager gaben sich nicht mehr mit einem 50-Prozentanteil an den Kartenerlösen zufrieden, sondern forderten 80 bis 90 Prozent. Damit wiederum stiegen die Eintrittspreise, zusätzlich befeuert von Ticketmaster, das die Bearbeitungsgebühr verdoppelte. Seine Leiter sahen sich

88 Budnick/Baron 2012, 192.

89 *Seagram Plans to Sell Its Concerts Unit*, in Los Angeles Times vom 27. Juli 1999; *HOB Entertainment, Inc. History*, in www.fundinguniverse.com/company-histories/hob-entertainment-inc-history [19.01.2018].

ebenso wie SFX immer wieder mit dem Vorwurf konfrontiert, an den schnell steigenden Ticketpreisen schuld zu sein. Gleichwohl machten die neuen digitalen Anbieter wie Ticketmaster den Kartenverkauf transparenter, während bis dahin lokale Veranstalter das finanzielle Ergebnis eines Konzerts leicht manipulieren konnten, indem sie ein Teil der Karten an den Künstlern und der Steuer vorbei gegen Bares verkauften.[90]

Mit dem Kauf von Konzertveranstaltern war SFX Entertainment ganz automatisch ebenfalls zu einer großen Vertriebsgesellschaft von Tickets geworden, wenngleich Ticketmaster dreimal mehr Eintrittskarten verkaufte und auch mit seiner 1996 eingerichteten Internetplattform technisch im Vorteil war. Anstatt gegeneinander um Marktanteile zu kämpfen, setzten sich die Verantwortlichen beider Unternehmen zusammen und unterzeichneten schon nach wenigen Tagen einen Vertrag, mit dem SFX für die nächsten sieben Jahre den Ticketverkauf für alle seine Veranstaltungen exklusiv an Ticketmaster übertrug und zudem seine beiden eigenen Verkaufsgesellschaften an Ticketmaster abgab. Damit nahmen beide Gesellschaften ihren Zusammenschluss vorweg, der 2010 erfolgen sollte.

Die zahlreichen Kritiker von SFX sahen sich inzwischen bestätigt. Seitdem das Unternehmen im Jahr 1996 in das Geschäft mit Live-Unterhaltung eingestiegen war, hatten die Ticketpreise um fast 50 Prozent zugelegt – von durchschnittlich 25,82 Dollar auf 38,56 Dollar in der ersten Hälfte von 1999. Als dann zur Jahrtausendwende die Übernahmepreise ihren Höhepunkt erreichten, tat Sillerman genau das, was viele Insider vorausgesagt hatten. Im Jahr 2000 verkaufte er SFX Entertainment für insgesamt 4,4 Milliarden US-Dollar an die weltweit größte Radiokette Clear Channel, die den Aktionären von SFX drei Milliarden Dollar zahlte und außerdem die Schulden von SFX übernahm. Clear Channel verfügte zur Jahrtausendwende über mehr als eintausend Radio- und 19 Fernsehstationen sowie rund 550.000 Plakatwände. Die Verantwortlichen erhofften sich von dem Kauf weitreichende Synergieeffekte zwischen Radio-Promotion, Konzertveranstaltungen und der Vermietung von Werbeflächen. Der Zusammenbruch des Neuen Marktes sowie die Verlängerung der gesamtwirtschaftlichen Probleme nach 9/11 sollten Clear Channel jedoch zunächst einmal einen Strich durch diese Rechnung machen.[91]

Auch in anderen Ländern trieb der Boom der Livemusik den Konzentrationsprozess voran, entscheidend beschleunigt durch die Fortschritte der IT. In Deutschland und Europa gingen die entscheidenden Impulse von dem Bremer Klaus-Peter Schulenberg aus, der 1973 während seines Studiums die Konzertagentur KPS gegründet und 1996 den defizitären Ticketvermarkter Computer Ticket Service (CTS) übernommen hatte. Schnell gelang es ihm, ein IT-Netzwerk aufzubauen und alle stationären Ticket-Verkaufsstellen miteinander zu verbinden. Noch steckte der Ticketverkauf über das Internet in den Kinderschuhen. Schulenberg brachte das Unternehmen im Jahr 2000 unter dem Namen CTS Eventim an die Börse, um im neuen

90 Budnick/Baron 2012, 63–85; Renner/Wächter 2013, 204–205.
91 Budnick/Baron 2012, 154–194; *SFX Entertainment, Inc. History* und *Ticketmaster Group, Inc. History*, beide in www.fundinguniverse.com/company-histories [19.01.2018].

Jahrtausend schnell zum größten europäischen Ticketverkäufer aufzusteigen. Er erkannte frühzeitig, dass der Event-Vermarktung aus einer Hand die Zukunft gehörte.[92]

Die rasch gestiegenen Umsätze der Labels, die enormen Investitionen in den Musikmarkt und die schnell wachsende Bedeutung von Musik-Events belegen die stark gewachsene wirtschaftliche Bedeutung der Musikindustrie während der zwei letzten Jahrzehnte des 20. Jahrhunderts. Gleichzeitig stiegen Popmusik und Popkünstler auf der gesellschaftlichen Werteskala einige Sprossen nach oben, erkennbar unter anderem an dem zunehmenden Interesse von Journalisten und Schriftstellern an den Lebensläufen und Lebensleistungen von Musikern.

Seit den Achtzigern ergoss sich eine schnell ansteigende Flut an entsprechenden Biografien über den Buchmarkt. Sie verstanden sich als Reflex auf die wachsenden Fangemeinden und den Starruhm; sie dienten als Marketing und Promotion.[93] Einige Journalisten spezialisierten sich auf das Verfassen von Musikerbiografien, so der amerikanische Musikkritiker Dave Marsh mit seinen Büchern über Bruce Springsteen, Elvis Presley, The Who und Michael Jackson,[94] oder der Ire Johnny Rogan mit seinen detaillierten Biografien über The Byrds, Van Morrison, The Kinks und Wham![95] In den Neunzigern und zu Beginn des neuen Jahrtausends kamen weitere Autoren hinzu, so der Amerikaner Peter Guralnick mit seinen beiden Elvis-Biografien. Er hatte sich schon zuvor mit seinem Buch über Rhythm and Blues und seiner Einbindung der Musik- in die Sozialgeschichte einen Namen als innovativer Autor gemacht.[96]

Andere setzten eher auf den Skandal, indem sie gegen die herrschende Meinung anschrieben und die skandalösen Aspekte von Stars in den Vordergrund schoben, so der Amerikaner Albert Goldman in seinen Biografien über Elvis Presley und John Lennon.[97] Auch Musiker griffen zur Feder und ließen sich dabei wie Ice-T und Keith Richards von professionellen Musikjournalisten unterstützen.[98]

92 Bernd Mertens, *Warum Ticketriese Eventim so umstritten ist*, in WirtschaftsWoche vom 17. Mai 2014.

93 Shuker 2016, 164–165.

94 Dave Marsh, *Born to Run: The Bruce Springsteen Story*. London: Omnibus, 1979; ders., *Elvis*. New York: Times Books, 1982; ders., *Before I Get Old: The Story of The Who*. London: Plexus, 1983; ders., *Trapped: Michael Jackson and the Crossover Dream*. Toronto: Bantam, 1985; ders., *Glory Days: Bruce Springsteen in the 1980s*. New York: Pantheon, 1987.

95 John Rogan, *Timeless Flight: The Definitive Biography of The Byrds*. London: Scorpion, 1981; Johnny Rogan, *Van Morrison: A Portrait of the Artist*. London: Elm Tree, 1984; ders., *The Kinks: The Sound and the Fury*. London: Elm Tree, 1984; ders., *Wham! Confidential: The Death of a Supergroup*. London: Omnibus, 1987.

96 Peter Guralnick, *Last Train to Memphis: The Rise of Elvis Presley*. Boston: Little, Brown, 1994; ders., *Careless Love: The Unmaking of Elvis Presley*. Boston: Little, Brown, 1999; ders., Sweet Soul Music: Rhythm *and Blues and the Southern Dream of Freedom*. New York: Harper & Row, 1986.

97 Albert Goldman, *Elvis*. New York: McGraw-Hill, 1981; ders., *The Lives of John Lennon*. London: Bantam, 1988.

98 Ice T/Heidi Siegmund, *The Ice Opinion: Who gives a fuck?* New York: St. Martin's Press, 1994; Keith Richard/James Fox, *Life*. Boston: Little, Brown, 2010.

Schließlich unterzogen verschiedene Musikkritiker mit dem Gestus von unfehlbaren Päpsten jeden einzelnen Song einer Prüfung, erstellten wie im Tennis eine Weltrangliste und veröffentlichten diese in so genannten Pop-Bibeln.[99] Die Popmusik und die Popindustrie waren mitten im Leben angekommen und zwar nicht nur in der westlichen Welt, sondern nach dem Fall des Eisernen Vorhangs überall auf dem Globus. Und wo noch immer die traditionelle Musik den Ton angab, machte sich die Musikindustrie daran, dies schnellstens zu ändern.

99 Scott Plagenhoef/Ryan Schreiber (Hg.), *The Pitchfork 500: Our Guide to the Greatest Songs from Punk to the Present*. New York: Simon & Schuster, 2008; Mike Walsh (Hg.), *The XFM Top 1000 Songs of All Time*. London: Elliott & Thompson, 2010.

8 IM ZEICHEN VON HIP-HOP SEIT 1979

Mit dem Hard Rock und dem Punkrock hatte die populäre Musik demonstriert, dass sie für Minderheiten und Außenseiter sehr wohl einen Artikulationsraum schaffen konnte. Dies sollte sie seitdem noch mehrfach unter Beweis stellen. Speziell in den siebziger Jahren hatte die Popmusik eine erstaunliche Produktivität und Innovationsfähigkeit an den Tag gelegt. Neben Punk hatte sie Glam, Heavy Metal, Funk, Reggae, Dub, Disco und andere Genres hervorgebracht. Dann kreierte sie mit dem Hip-Hop etwas, das neuer war als alles andere, das sich in den Straßen amerikanischer Ghettos entwickelte, ehe es in die Radios kam, das außerhalb des Blickfeldes der Öffentlichkeit entstand, ehe es plötzlich quasi aus dem Nichts auftauchte und sich mitsamt Kleidung und Slang rasend schnell über die ganze Erde ausbreitete.

Seit Mitte der siebziger Jahre schufen sich farbige Musiker aus den New Yorker Ghettos mit dem Hip-Hop eine Alternative zu dem von den Weißen dominierten Rock, vor allem zum geschmeidigen und flachen Disco-Sound. Da allen, die in diesen Vierteln jenseits des Reichtums lebten, meist das Geld für die teuren E-Gitarren und ein Drum-Set sowie für den Eintritt in die angesagten Clubs der damaligen Discokultur fehlte, passten sie die neue Musik und das Outfit ihren finanziellen Möglichkeiten an. In seiner frühen Form reflektierte der Hip-Hop die Traditionen, Sitten und Zwänge dieses Teils der amerikanischen Gesellschaft. Anschließend wurde er Ausdruck ihres Zorns, ihrer Frustration und ihrer Entfremdung, ihrer Rebellion und ihrer sexuellen Wünsche, ehe er in einen unwirklichen Protz und Pomp abtriftete. Bereits nach der Ermordung von Martin Luther King Anfang April 1968 war das schwarze Amerika aufgrund der fortdauernden Diskriminierungen in den Südstaaten, der Brutalität einer extrem rassistischen Polizei und des Vietnamkrieges, in dem überdurchschnittlich viele Schwarze verheizt wurden, auf Distanz zum weißen Amerika gegangen. Die meisten Labels der Schwarzen hatten eine Vielzahl an Platten herausgebracht, die sich mit politischen und sozialen Fragen beschäftigten, so 1970 *War* von Edwin Starr oder ein Jahr später *There's a Riot Goin' On* von Sly Stone.

Im Hip-Hop dagegen steigerten die Zurückgelassenen nochmals ihren Zorn und Frust über den völlig verblassten amerikanischen Traum. Als dann der zügellose Kapitalismus endgültig Fahrt aufnahm, reagierten sie in ihren Erzählungen zudem auf die rasche Verbreitung von Crack und Heroin, die aus Ghettozonen Kriegszonen machten, wo rivalisierende Dealerbanden mit großkalibrigen Wummen um die lukrativsten Straßen und Wohnblöcke kämpften, damit das große Geld machten, den Gegensatz zwischen Arm und Reich, zwischen Dealern und Süchtigen, riesig werden ließen und einen stetig größer werdenden Teil der schwarzen Community mit dem Gesetz in Konflikt und ins Gefängnis brachten. Letztendlich artikulierten die Rapper ihre Wünsche. Sie wollten Geld verdienen, besser leben, Partys feiern und Sex haben.

In den sozialen Problemvierteln von New York begannen Anfang der siebziger Jahre einige Diskjockeys mit Schallplattenspielern zu experimentieren, und am 11. August 1973 legte ein gewisser DJ Kool Herc in einem Gemeinschaftsraum zwei identische Platten auf und mixte daraus die ersten Breaks – so jedenfalls lautete später die Saga. Er und andere gaben sich nicht mehr damit zufrieden, lediglich die Platten zu wechseln und den nächsten Titel anzusagen. Sie empfanden sich vielmehr als Künstler am Plattenteller, den sie von einem Abspielgerät in ein Musikinstrument verwandelten. Seit Mitte des Jahrzehnts griffen sie kreativ in die von ihnen präsentierte Musik ein, spielten nur noch den Beat eines Musikstückes, wiederholten durch schnelles Rückwärtsdrehen, dem sogenannten Backspinning, einen Abschnitt der Platte, ließen einen Song ohne Unterbrechung in den nächsten übergehen und erzeugten aus Bruchstücken verschiedener Aufnahmen einen ununterbrochenen Musik-Flow, der wiederum ein ununterbrochenes Tanzen im selben Rhythmus ermöglichte. Diese Neuerung sollte auch Disco und Techno verändern.[1]

Die neue Musik kam aus der Gosse, aus der South Bronx – Mitte der 1970er Jahre das eigentliche Problemviertel von New York und ein nationales Symbol für Verfall. Der Stadtteil war durch den Bau des Cross Bronx Expressway, den damit verbundenen Abriss von rund 60.000 Wohnungen und die Umsiedlung von 170.000 Menschen zu einer extremen Problemzone verkommen, zu einem Albtraum aus Armut, Gewalt, Drogen und schließlich, als wäre dies alles noch nicht genug, auch noch Aids. Ein Insider schrieb: „Kinder tragen automatische Waffen [...] und verkaufen Crack auf der Straße. Babys werden mit Aids geboren und Teenager erschossen, um ihnen ihre Schuhe wegzunehmen."[2]

Die Bronx hatte ein Gang-Problem, sie hatte ein Heroin-Problem, aber keine ökonomische Basis. Schwarze Kriminelle, die bis dahin mit Prostitution, Raub, Hehlerei und Betrug Geld gemacht hatten, setzten nun auf Heroin. Fortan bestimmten die Junkies das Straßenbild, bettelten um Geld, klauten Autoradios und lagen zusammengerollt in den Hauseingängen. Während die meisten Weißen in die Vorstädte im Norden geflüchtet waren, blieben Schwarze und Hispanos in den Trümmern zwischen ausgebrannten Häusern, kaputten Straßen, zugemüllten Hinterhöfen und mit Brettern vernagelten Geschäften zurück. Vermieter leerstehender Häuser steckten diese in Brand, um bei der Versicherung abzukassieren. Der Satz eines Baseball-Reporters wurde zum Schlagwort: „Ladies and Gentlemen, the Bronx is burning!" Drogengangs beherrschten Straßenecken und Mietskasernen im 40. Bezirk, und nachts loderten die Feuer.

Die ganze Dritte Welt schien hier versammelt und versuchte zu überleben. Viele dieser Menschen hatten als Einwanderer eine noch trostlosere und kaputtere Welt hinter sich gelassen. Die meisten Jugendlichen waren in Gangs organisiert, waren in Hunderten Schlachten groß geworden und hatten viele Kumpel dabei sterben sehen. Das weiße Amerika sah weg, und erst als im Juli 1977 während eines 27-stündigen Stromausfalls in New York Hunderte von Geschäften in der Bronx

1 Mark Katz, *Capturing Sound. How Technology has changed Music*. Berkeley: University of California Press, 2010, 127–131; Shuker 2016, 120–123.

2 Toop 1994, 266.

und anderen Problemvierteln geplündert und verwüstet wurden, erwachte von einem Tag auf den anderen das Interesse der Medien. Regisseur Michael Wadleigh drehte in den Trümmern der South Bronx den Horrorfilm *Wolfen*, in dem ein in den Ruinen lebendes Wolfsrudel sich gegen den Abriss ihres verbliebenen Lebensraums und gegen Neubauten zur Wehr setzt. Wenig später beschrieb Tom Wolfe in seinem Bestseller *Fegefeuer der Eitelkeiten* die tiefsitzende Angst der weißen New Yorker, nachts aus Versehen in die Bronx zu geraten und dort auf schwarze Bewohner zu treffen.[3]

STRASSENKULTUR – BREAKDANCE, GRAFFITI UND RAP

Einige Farbige wollten mit diesem andauernden Morden nichts zu tun haben und entwickelten eine neue Straßenkultur als Alternative zu Gewalt und Drogen. Anstatt in der Trostlosigkeit zwischen Mietkasernen aus Beton und einstürzenden Ruinen zu verrotten und sich den Tod zu holen, gruppierten sie sich um Musik und nahmen mit Straßentanz und dem Bemalen von Hauswänden und Mauern öffentliche Räume in Besitz. Während die Straßengangs in Bandenkriegen um Macht und Anerkennung rangen, suchten DJs, Breakdancer, Graffiti-Writer und schließlich auch Rapper im Wettstreit nach Prestige, Achtung und Anerkennung. Nach den Worten von Nik Cohn entstand Hip-Hop „en passant durch und für die Ausgeschlossenen". Den Anfang machten Graffiti und Breaken, während die Rolle der MCs – der Masters of Ceremonies – zunächst nur darin bestand, die Zuhörer anzuheizen und die DJs zu unterstützen. Sie hatten die Anwesenden mit flotten Sprüchen auf der Tanzfläche festzuhalten – „Ya rock and ya don't stop". Erst als die Pioniere des Hip-Hop – der Jamaikaner Kool Herc, Grandmaster Flash und Grand Wizard Theodore – die typischen Breaks sowie das Scratchen, Backspinning und Slicen entwickelt hatten, also das Spiel mit der Plattennadel als Instrument, traten die MCs ins Rampenlicht und legten zerhackte Disco-Beats unter ihre Gedichte.[4]

Es ging diesen Gemeinschaften darum, besonders gut tanzen, sprühen, Platten auflegen und rappen zu können, das heißt, die Musik vom Plattenteller mit einem rhythmischen Sprechgesang und Tanzeinlagen zu begleiten, wie ihn ähnlich bereits das Ghetto-Kid James Brown, der Godfather of Soul, mit großem Erfolg demonstriert hatte. Zu seinem Hit *Get on the Good Foot* aus dem Jahr 1972 ließen sich die Tänzer erstmals auf den Boden fallen, um sich zu drehen und passend zur Musik wieder in die Höhe zu springen. Damit nahm das so genannte B-Boying seinen Anfang, das die Medien später Breakdance nannten. Der Begriff verweist darauf, dass die Tanzeinlagen während der Breaks einsetzen, wenn der DJ rhythmische und sich wiederholende Instrumentalparts einspielte. Anfang der achtziger Jahre präsentierten sich die Breaker erstmals in New Yorker Straßen, oftmals nur ausgestattet mit einem Ghettoblaster und einer dünnen Unterlage aus Pappe oder Linoleum.

3 Tricia Rose, *A Style Nobody Can Deal With*, in Ross/Rose 1994, 71–88, hier 76–78.
4 Cohn 2008, 94–96; Wicke 2011, 57; Toop 1994, 38–39.

Schnell entwickelte sich dieser Tanz in Richtung Akrobatik. Was später als Breakdance um die Welt ging, war ein Medley von Bewegungen ganz unterschiedlicher Herkunft – „die schlurfenden, rutschenden Schritte von James Brown, die dynamischen Plateausohlen-Tänze aus Don Cornelius' Fernsehshow *Soul Train*“, zudem die roboterhaften Bewegungen von Michael Jackson in dem Video zu *Dancing Machine* der Jackson 5 sowie schließlich die athletischen Tritte und Drehungen aus den Kung-Fu-Filmen. Die Tänzer ließen sich beeinflussen von den asiatischen Martial Arts-Filmen und deren Helden wie Bruce Lee, der rasch zu einem der großen Heroen der Hip-Hop-Szene aufstieg, da er Weiße und Europäer mit seiner Nahkampftechnik besiegte.[5]

Von anderen Gemeinschaften grenzten sich die Tänzer durch eine eigene Kleidung und einen eigenen körperlichen Style ab – tiefsitzende Baggy Jeans, Sneakers, seitwärts getragene Baseball-Caps, T-Shirts mit ironischen Statements, einen lockeren, latschenden Gang, einen eigenen Slang sowie eine Art Kriegerhaltung. Die B-Boys fixierten im Wettkampf ihre Gegner mit finsterer Miene und verschränkten Armen. Sie verhöhnten mit ihren falschen Gucci-Logos auf Jeansjacken und Sneakers sowie mit falschen Diamanten und Medaillons aus Glas Reichtum und konventionellen Schick. Die Graffiti-Maler dagegen wählten Kapuzenpullover, um bei illegalen Aktionen mit Magic Marker und Sprühdosen ihren Kopf schnell verhüllen zu können.[6]

Gleichzeitig erweiterte ein anderer Hip-Hop-Pionier, der scharfzüngige Afrika Bambaataa, den klanglichen Horizont des neuen Musikstils. Er integrierte alles in seine DJ-Mixe, was ihm in den New Yorker Secondhandshops an Platten in die Finger kam – von afrikanischer Musik bis zum Jazz, von karibischen Sounds bis hin zum Elektropop von Kraftwerk aus Deutschland, von Beethoven bis zu Geräuschplatten aus Japan. Er wollte damit die universelle Sprache der Musik betonen. Er wollte möglichst viel Musik aus der ganzen Welt in seine Kompositionen einbauen. Er wollte zeigen, dass die Grenzen zwischen so genannter schwarzer, weißer, elektronischer und Rock-Musik fließend sind. Nach dem Tod eines Freundes, der im Kampf der schwarzen Gangs von neun Kugeln niedergestreckt wurde und starb, ging Bambaataa weiter auf Distanz zu diesen gewalttätigen Gruppen und gründete gegen Ende der Siebziger das DJ-Kollektiv Zulu Nation bestehend aus Breakdancern, Rappern und Graffitikünstlern. Er sah darin eine Möglichkeit, aus dem Teufelskreis der Gewalt auszubrechen, ohne den Schutz einer Gruppe zu verlieren.[7]

Die endlosen Texte der Songs mit ihren Doppeldeutigkeiten und Übertreibungen, ihren ironischen Übertreibungen und Slang-Einlagen handelten vom Alltag, von der Armut und dem Stress, in der Bronx zu überleben, von den Träumen und Albträumen der Rapper, von Drogen und Gewalt, von der Manipulation durch die

5 George 2002, 34–36.

6 Eva Kimminich, *HipHop, B-Boys, Tanz und Körperwissen*, in Richard/Krüger 2010, 81–97, hier 83–86; Rode 2016, 97–109; Cohn 2008, 96–97; Wicke 2011, 59.

7 Bozza 2003, 180; Poschardt 1997, 179–185; Heike Blümner, *Street Credibility*, in Kemper/Langhoff/Sonnenschein 2002, 292–306, hier 294.

Medien und dem Teufelskreis aus Kriminalität und Gefängnis. Sie handelten vorwiegend von dem brutalen Leben im Ghetto. Oft waren es auch witzige Prahlereien über die Männlichkeit des Vortragenden am Mikro und im Bett. Jeder Rapper plusterte sich auf, sang sein eigenes Loblied, balzte wie ein Paradiesvogel um die Gunst der Frauen und bezeichnete sich mit einem Augenzwinkern als Gabe Gottes für alle schönen Weiber – er flirtete.

Vieles von dem war nicht neu. In den Weiten Westafrikas hatten die Griots bereits seit Jahrhunderten mit einer Art Sprechgesang der dort lebenden Bevölkerung Geschichten und neuere Nachrichten übermittelt und dabei mit Spott und Ironie nicht gespart. Auch der schwarze Radio-DJ Douglas ‚Joko' Henderson war in den fünfziger Jahren in New York als Sprachverdreher und Meister des „doubletalk" zu Ruhm gekommen und hatte dabei für seine wunderschönen Reime recht elegant Alltags- und Kunstsprache vermischt.[8] Schließlich gingen der Scat-Gesang der Swing- und Bebop-Ära sowie der Gospel schwarzer Prediger in den Rap ein, der aus Musik und Nachrichten aus dem Ghetto bestand und für das Ghetto stand.

Die meisten DJs und Rapper legten ihren bürgerlichen Namen ab, der für ihre berufliche Perspektivlosigkeit stand, und wählten einen Künstlernamen nach dem Vorbild jamaikanischer DJs, die mit ihren Sound-Systemen als fahrende Diskotheken schon in den Fünfzigern übers Land gezogen waren, um in den Dörfern bei Straßenfesten die neuesten Platten aufzulegen und dazu zu „toasten", das heißt, gereimte Geschichten als eine Vorform des Rap vorzutragen.[9] Der aus Barbados stammende Elektrotechniker Joseph Saddler nannte sich DJ Grandmaster Flash. Er fühlte sich während seiner Block- und Hauspartys in den Parks, Hinterhöfen und verlassenen Wohnblocks der Bronx, für deren Stromversorgung die Straßenlaternen angezapft wurden, nach eigenen Worten als „Superhero der Nacht" und als „Mischwissenschaftler". Er und seine Kollegen benutzten einzelne Songs aus ihrer Plattensammlung als Steinbrüche, aus denen sie sich Bausteine für ihre eigenen Musikkompositionen herausklopften und als Collagen zu einem neuen Musikstück aufbereiteten. Grandmaster Flash zog bei seinen Live-Auftritten als DJ dazu eine eigene Show ab, während die anderen Mitglieder seiner Band – The Furious Five – für den Rap sorgten, der aus einem „Krieg der Worte" bestand, bei dem der Klügere, Schlagfertigere und Coolere den Sieg davontrug. Flash machte die MCs zur Hauptattraktion des Abends.[10]

Andere Hip-Hop-DJs präsentierten sich als Akrobaten am Plattenteller. Dr. Rock von The Force MDs konnte „mit seinem Ellenbogen mixen, mit seinem Kinn, seinen Füßen, mit Handschellen, mit verbundenen Augen [...] und mit seinen Füßen scratchen."[11] Gleichzeitig entwickelte sich aus den Tanzeinlagen zu dieser Musik der Breakdance als eigenständiger Tanzstil, eine Fitnesskunst verbunden mit einem kräftigen Schuss Wettkampfpotential. Als Afrika Bambaataa 1982 die Platte *Planet*

8 Poschardt 1997, 90–91.

9 Hofacker 2012, 379.

10 *Grandmaster Flash: ‚Ich bin ein Mischwissenschaftler'*, in Frankfurter Allgemeine Zeitung vom 15. Juni 2007, Feuilleton [03.01.2016]; Poschardt 1997, 164–171; Bradley/Dubois 2010, 64–65; Rode 2016, 22–25; Kühn 2017, 117–120.

11 Zit. nach Rode 2016, 20.

Rock veröffentlichte, der Melodie und Rhythmus von zwei Stücken von Kraftwerk zugrunde lagen, veränderte sich dieser Tanzstil erneut, indem die Tänzer zuckende Roboter imitierten. Dem DJ oblag es, auf das Geschehen auf der Tanzfläche durch eine Verstärkung oder Abschwächung der Spannung zu reagieren und die Beats leiser oder fetter zu machen. Seit Ende der Siebziger hatte sich das Ganze zu einer besonderen Art der Party-Kultur als Alternative zur kommerziellen Disco-Welle entwickelt.

Im Gegensatz zu den späteren Erzählungen waren die allermeisten dieser Blockpartys in der Realität eher trist und trivial als künstlerisch wertvoll. Mobile Diskjockeys tauchten mit einer Kiste voller Schallplatten und zwei Lautsprechern unvermutet in einem Park auf, um stundenlang der ganzen Gegend einzuheizen. Der US-amerikanische Schriftsteller David Foster Wallace, der 1990 eine der ersten Analysen des Rap vorlegte, schrieb damals: „Der Rapper [...] gibt einen Text zum Besten, der in Versen mit durchgezogenem Reim gesprochen oder gebrüllt wird, wobei er Syntax und Metrum oft für den Rhythmusgewinn vergewaltigt oder ein Reim-dich-oder-ich-fress-dich praktiziert [...]. Die überwiegend ichbezogenen Texte sind in der Regel Variationen zu ungefähr einem halben Dutzend Grundthemen, die beim ersten Hören nicht mal unbedingt fremd oder schockierend, sondern vor allem hohl wirken. Z.B. wie *bad* / *cool* / *fresh* /*def* ein Rapper und seine Texte sind; dass seine musikalischen Rivalen genau das eben nicht sind; wie lästig, dumpfbackig und geldgeil Frauen sind; wie wunderbar es ist, fürs Rappen ‚voll' bezahlt zu werden, statt dealen oder stehlen zu müssen; dass Gangs wahre Familien sind; dass Koks nie Gutes verheißt. Und vor allem, dass Sex und Gewalt und Yuppie-Spielzeuge perfekt den urbanen schwarzen Lifedrive des amerikanischen Ruhms der späten 80er wiedergeben."[12]

Die Saga hat das Ganze später mit einem hell leuchtenden Heiligenschein umgeben und verklärt. Danach war die Entwicklung dieser durchaus originellen und eigenständigen Subkultur eine Antwort von Jugendlichen aus dem Ghetto auf ihre soziale Ächtung durch die herrschende weiße Mehrheit. Mit ihrer Innovation opponierten sie gegen die herrschende Ästhetik und kreierten eine Kunst, die ihren Vorstellungen von Schönheit entsprach. Im kulturellen Untergrund nutzten sie die Möglichkeiten der Selbstverwirklichung, die ihnen im beruflichen Alltag nur sehr begrenzt zur Verfügung standen. Sie ließen nach den Worten von David Foster Wallace mit ihrer Lyrik „aus der Kloake Bäume wachsen".[13] Sie waren nicht an utopischen Versprechungen interessiert, sondern an einem Raum, in dem sie frei und ungestört leben, in dem sie Musik hören und tanzen konnten, in dem ihnen die Flucht aus dem Kreislauf von Arbeitslosigkeit, Kriminalität, Gewalt und Drogen gelang – so jedenfalls lautet die mythische Erzählung, mit der die Anhänger des Hip-Hops ihrer Musik eine kulturell-ehrbare Basis verschafften.

In der Isolation des Ghettos gelang ihnen jedenfalls die Entwicklung einer Kultur, die seit den Achtzigern den Rest der Welt erobern und viel berühmter werden sollte als selbst die Reden von Martin Luther King und Malcolm X. Mit dem Hip-

12 Wallace/Costello 2014, 52–53.
13 Wallace/Costello 2014, 49.

Hop meldete sich die schwarze Kultur rund um den Globus lautstark und erfolgreich zu Wort. Sie beanspruchte für sich allein das Urheberrecht an Rap, Breakdance und der Guerilla-Kunst Graffiti, obwohl neben den Afroamerikanern auch andere gesellschaftliche Randgruppen, vor allem Latinos aus der Karibik, an deren Entstehung und Entwicklung beteiligt waren. Die Musikindustrie unterstützte diesen Anspruch, indem sie zunächst fast nur Afroamerikaner unter Vertrag nahm.[14]

Der Hip-Hop entwickelte sich zu einer weltumspannenden Musikrichtung und Teil der Popkultur, nachdem die Musikindustrie ihr kommerzielles Potential erkannt hatte. Das aber dauerte, da die großen Labels zunächst versuchten, den Rap nicht zur Kenntnis zu nehmen. Für die Musikindustrie war die neue Musik zunächst nur ein neuer Modespleen, nach den Worten von Nik Cohn so kurzlebig und fad wie Pet Rocks und Lavalampen. Wie bei fast jedem neuen Musikstil riefen die Herren in den Chefetagen zunächst einmal den Tod der wahren und echten Musik aus und überließen wie bei allen neuen Musikrichtungen den kleinen Labels das Risiko. Auch die Medien nahmen sich erst Jahre später des neuen Trends an, brachten aber den Rap zunächst nur mit asozialen Aktionen vorpubertärer Schwarzer in Verbindung, wobei „die entsprechenden Leitartikel auf gespenstische Weise an die Reaktionen der Kritiker und des Establishments auf den frühen Elvis, Bill Haley, Gene Vincent u.a. (erinnerten)“, so David Foster Wallace.[15]

Im Jahr 1979 hatte das eben erst von der farbigen Sängerin und Musikerin Sylvia Robinson und ihrem Ehemann Joe gegründete Plattenlabel Sugar Hill Records einzelne Rap-Songs erstmals in Vinyl gepresst. Die später als „The Mother of Hip-Hop“ geadelte Produzentin war einige Jahre zuvor mit dem R&B-Label All-Platinum, das sie ebenfalls zusammen mit ihrem Ehemann betrieben hatte, pleite gegangen. Beide stiegen erneut in das Geschäft ein, als sie in Harlem erstmals Rap hörten. Finanzieren ließen sie sich von dem Inhaber des Labels Roulette Records, Morris Levy, der nicht nur wegen seiner illegalen Geschäftspraktiken bei der Registrierung von Urheberrechten in der Branche einen sehr zweifelhaften Ruf genoss.[16] Zunächst stellten die Robinsons die Gruppe Sugarhill Gang zusammen, deren Mitglieder niemals zuvor auf einer der vielen Ghetto-Partys aufgetreten waren. In der Bronx wussten alle, dass die von Sylvia Robinson herausgebrachte Platte *Rapper's Delight* ein großer Betrug war. Ihre Reime stammten von echten Bronx-Rappern, während die Sugarhill Gang keine echte Rap-Gang war.[17] Alle Rapper mussten erst noch lernen, dass in der Welt des Rap Abzocke und Plagiat gang und gäbe sind wie falsche Komplimente und falsche Brillis, und ein Drei-Minuten-Tape war nun mal eben in drei Minuten kopiert. Zum Entsetzen und Erstaunen der echten Rapper verkaufte sich *Rapper's Delight* sofort mehr als zwei Millionen Mal. Am Ende waren es über acht Millionen verkaufte Exemplare.

Viele „Heroen der Nacht“ witterten sofort ihre Chance. Grandmaster Flash & the Furious Five kamen umgehend unter Vertrag und boten Anfang der Achtziger

14 Poschardt 1997, 350–355 u. 410; Juan Flores, *Puerto Rican And Proud, Boyee!*, in Ross/Rose 1994, 89–98.

15 Wallace/Costello 2014, 57.

16 George 2002, 55; Carlin 2016, Kap. 9.

17 Poschardt 1997, 196–200; Bradley/Dubois 2010, 96–97; Toop 1994, 125–126.

auch inhaltlich Neues. Sie verzichteten auf die bis dahin üblichen Party- und Nonsenstexte und formulierten sozialkritische Songs als Reflexion des Lebens in der Bronx. Sie berichteten von Drogen, Arbeitslosigkeit und Polizeiwillkür. Sie erzählten Geschichten aus Vierteln und Milieus der Großstadt, der kein Journalist auch nur eine Zeile widmete. Mit ihren ersten Schallplatten markierten sie zudem einen epochalen Einschnitt in der Geschichte des Rap, indem sie aus einer Ereignis- eine Konsumkultur machten. Fortan erreichten die Erzählungen dieses Sprechgesangs Millionen Jugendliche, die das soziale Umfeld, in dem Rap entstanden war, nicht kannten, und die nie einen Fuß in eins dieser Ghettos gesetzt hatten.

Aus einem Party-Spaß wurde die Stimme der Marginalisierten – zuerst an der amerikanischen Ostküste, bald auch an der Westküste und anschließend in der ganzen Welt. Das schloss nicht aus, dass sich viele Texte weiterhin in Selbstbeweihräucherungen und Beschimpfungen anderer verloren. Der Szenejargon nannte diese Anfangsjahre mit Afrika Bambaataa und Grandmaster Flash, als Hip-Hop abseits der großen Öffentlichkeit und vor allem abseits des weißen Publikums noch eine rein afroamerikanische Angelegenheit war und sich auf die Bronx beschränkte, „Old School".

Sie endeten mit Gründung des Def-Jam-Labels, als die Rapper der „New School" in Los Angeles ins Rampenlicht der Öffentlichkeit traten und mit provozierenden Texten, härteren Beats, Skandalen und Zensur den kommerziellen Erfolg suchten. Dann entdeckten auch Musiker außerhalb der Ghettos den Hip-Hop. Bereits Anfang der Achtziger roch die Punk-Veteranin Blondie das große Potential dieser Musik und bezog den Rap in ihre Musik mit ein, trug damit aber auch entscheidend zu ihrer weltweiten Verbreitung bei. Ihr 1981 erschienener Nummereins-Hit *Rapture* bestand im zweiten Teil aus langen Rap-Passagen, in der die Sängerin Grandmaster Flash huldigte und den sie zusammen mit anderen New-Wave-Stars wie The Clash unterstützte.[18]

Wie bereits bei anderen Subkulturen verstärkten und beschleunigten Filme die weltweite Verbreitung der Hip-Hop-Kultur – *Wild Style!* aus dem Jahr 1982 des jungen New Yorker Regisseurs Charlie Ahearn sowie zwei Jahre später *Beat Street* von Stan Lathan. Zunächst im *Zweiten Deutschen Fernsehen ZDF* ausgestrahlt, erzählt *Wild Style!* zur Musik von Blondie's *Rapture* die Geschichte des Graffiti-Künstlers Zoro. Der Film machte den Zuschauern die Bedeutung der Graffiti verständlich, deren tanzende Buchstaben die Sprache der Rapper visualisieren. *Beat Street* dagegen zeigt einen Battle zwischen zwei Gruppen aus der Bronx und regte als Breakdance-Film viele Jugendliche weltweit zu neuen Tanzfiguren und -bewegungen an. Schon wenige Monate nach Erscheinen von *Wild Style!* interessierten sich auch die ersten weißen Jugendlichen, denen sowohl Bronx wie Migration fremd waren, für den Hip-Hop. Dessen Exotik und Coolness zog sie geradezu magisch an.[19] In Westberlin tauchten sofort die ersten Graffiti nach dem Vorbild des

18 Bradley/Dubois 2010, 15–17; Rode 2016, 36–38.
19 Klaus Farin, *Einführung und Rapper's Delight*, in www.bpb.de/gesellschaft/kultur/jugendkulturen-in-deutschland [12.01.2016].

Films auf, und in Westdeutschland fanden zugewanderte Jugendliche, die unter kaputten Familienverhältnissen, Diskriminierung und Arbeitslosigkeit litten, im Hip-Hop eine neue Heimat fernab vom für sie verlogenen Liebesgedudel der Popmusik.[20]

Als *Wild Style!* als Kinofilm 1983 in Tokio Premiere feierte, machten sich umgehend zahlreiche junge Japaner daran, sich selbst DJ-ing und Breakdance beizubringen. In Musikclubs wetteiferten Rapper um den besten Song, und bald starteten einige von ihnen eine Hip-Hop-Karriere.[21] Schon zwei Jahre zuvor hatte die Techno-Band Yellow Magic Orchestra mit *Rap Phenomena* eine erste Hip-Hop-Platte herausgebracht. Wie schon bei anderen importierten Musikstilen gesehen, so verhalfen japanische Rapper auch dem Hip-Hop zu einem eigenen unverwechselbaren Stil, indem etwa einige wie Samurais auftraten.[22] Andere wie der seit Mitte der Neunziger international bekannt gewordene DJ Krush setzten traditionelle japanische Instrumente ein und entwickelten eine eigenständige Ästhetik und Rhythmik, die sie deutlich vom amerikanischen Rap abhoben.[23] Gleichzeitig schlug auf den Philippinen der Pinoy Rap wesentlich ruhigere und sanftere Töne an, indem Rapper wie Francis M die Verse nutzten, um ihrer Liebe zu ihrem Heimatland auszudrücken.[24]

Hip-Hop entwickelte sich wie schon frühere Pop-Genres für viele alsbald zu einem lukrativen Geschäft. Zum großen Vorbild für viele Rapper und Geschäftsleute der Jahrtausendwende wurden zunächst die beiden Studenten am City College von New York, Rick Rubin und Russell Simmons, die 1984 in ihrem Studentenwohnheim das Musik-Label Def Jam Recordings gründeten, das sich auf Hip-Hop spezialisierte. Damit begann die Ära der „New School“ mit ihren geschäftlich erfolgreichen und selbstbewussten schwarzen Rappern, Gangstern und Rebellen, die zuvor keine der großen Plattenfirmen unter Vertrag genommen hätte. Rubin und Simmons produzierten Platten, die keine Radiostation zu spielen wagte. Sie trieben einen Keil in die Musikindustrie mit den extrem Liberalen auf der einen Seite, die sich gegen jede Art von Zensur wehrten, und den christlichen Fundamentalisten auf der anderen Seite, denen die Zensur so heilig war wie die Bibel. Viele Rapper, die in den Straßen der Ghettos groß geworden waren, rieben sich verstört die Augen, als Rubin und Simmons, die mit wohlhabenden Eltern in sauberen Eigenheimen, mit eigenen Autos und regelmäßigem Taschengeld aufgewachsen waren, so breitbeinig und cool auftraten wie schwarze Dealer aus der Bronx. Bereits im ersten Jahr erhielt die bei Def Jam unter Vertrag stehende Gruppe Run-D.M.C. eine Goldene

20 Heinz-Hermann Krüger, *Vom Punk bis zum Emo*, in Richard/Krüger 2010, 13–41, hier 28; Klein/Friedrich 2003, 20; Eva Apraku, *Madonna, Blondie, Grandmaster Flash, HipHop, Graffiti, Breakdance: ‚Wild Style'-Regisseur Charlie Ahearn über New York 1982. Alle waren so neugierig aufeinander*, in Berliner Zeitung vom 16. Aug. 2008.

21 Rose 1994; Alex Ogg/David Upshal, *The hip-hop years: a history of rap*. London: Channel 4 Books, 1999; Eva Apraku, *Alle waren so neugierig aufeinander*, in Berliner Zeitung vom 16. Aug. 2008 [04.01.2016]; Ian Condry, *A history of Japanese hip-hop*, in Mitchell 2001, 222–247; Condry 2006, 62–64; Poschardt 1997, 218–220.

22 Condry 2006, 49–53.

23 Murray/Nadeau 2016, 20–22.

24 Murray/Nadeau 2016, 38.

Schallplatte, der bald Platin folgte. Diese Gruppe, die ebenfalls nicht aus der Bronx kam und sogar einen High-School-Abschluss besaß, kreierte jene Street-Attitüde, die der Gangsta-Rap bald darauf übernahm. Schon vor ihrem Song *My Adidas* von 1986 umgaben sich die drei Rapper mit einem Outlaw-Image, indem sie ihre Adidas-Schuhe ohne Schnürsenkel trugen und ihre Jeans ohne Gürtel. Die meisten interpretierten dies als Solidaritätsbekundung mit allen Inhaftierten, denen aus Sicherheitsgründen das Tragen von Schnürsenkeln und Gürteln verboten ist. Run-D.M.C. brachten Hip-Hop mit weißem Hardrock zusammen und sprachen damit auch jene kaufkräftigen weißen Käufer an, ohne die ihren Platten der kommerzielle Erfolg versagt geblieben wäre. Mit den Erfolgen von Run-D.M.C. wurde die Rap-Musik Mainstream, wie The New York Times im Mai 1988 titelte.[25]

Die beiden Label-Gründer Rubin und Simmons schufen zudem Vermarktungslizenzen, um mit Hilfe von Namen und Logos auf T-Shirts und anderen Merchandising-Produkten die weißen Vorstädte für den Rap zu erobern. 1985 drehten sie mit dem jungen Rapper LL Cool J, der Soul-Sängerin Chaka Khan sowie den beiden Hip-Hop-Gruppen Beastie Boys und The Fat Boys als Akteure den Film *Krush Groove*, der ihnen etwa 20 Millionen US-Dollar Gewinn bescherte. Musikalisch ergänzten sie die Beat-Vorlieben der Rapper um Heavy Metal-Schwingungen und führten damit auch die Rock-Fans an den Hip-Hop heran. Dann stieß die Gruppe Public Enemy zu dem Label, veränderte mit ihren ersten drei Alben, vor allem mit *It Takes A Nation Of Millions To Hold Us Back* von 1988, die politischen Texte des Hip-Hop von Grund auf und revolutionierte die Samplingkunst. Die Gruppe ritt in ihrem den Black Panthers entlehnten Outfit wütende Attacken gegen die Machtverhältnisse in den USA, klopfte radikale Sprüche, thematisierte immer wieder das wachsende Drogenproblem sowie den ausgedehnten Fernsehkonsum und hatte damit Erfolg. Sie rappte gegen Elvis, der den Schwarzen den Rock 'n' Roll gestohlen habe, und gegen einen Rassisten wie John Wayne. Public Enemy wurden zu einem Medienereignis, und die Journalisten reagierten teils begeistert, teils erschüttert, verängstigt oder wütend. Nachdem Bandmitglieder öffentlich gegen Homosexuelle und Juden gehetzt hatten, wandte sich ein Teil der Fans wieder von der Gruppe ab.[26]

Bereits 1986 trennte sich an der Spitze des Labels Rick Rubin von seinem Partner und gründete mit Def American ein eigenes Label, um 2007 zum Co-Chef von Columbia Records aufzusteigen. Dagegen baute Russell Simmons sein Unternehmen unter dem Namen Rush Communications zu einem der erfolgreichsten Hip-Hop-Imperien aus. Er gliederte dem Label eine Management-, Film- und Fernsehproduktionsfirma an, ferner eine Werbeagentur. Er wurde Herausgeber des schwarzen Lifestyle-Magazins One World und gründete das Modelabel Phat Farm mit einem eigenen Laden in SoHo. 1991 startete auf dem Privatsender HBO die *Russell Simmons' Def Comedy Jam*, die mit ihren profanen und analen Witzen das Publikum polarisierte. Ebenso wie der Gangsta-Rap entfernte sie sich in einem bis dahin

25 Toop 1994, 247–252; Peter Watrous, *It's Official: Rap Music Is in the Mainstream*, in The New York Times vom 16. Mai 1988, 11.

26 Heike Blümner, *Street Credibility*, in Kemper/Langhoff/Sonnenschein 2002, 292–306, hier 297–298; Kage 2002, 74–77.

nicht gekanntem Maße lautstark und obszön von jedem guten Geschmack. 1999 verkaufte Russell Simmons sein Plattenlabel für 120 Millionen US-Dollar an die Universal Music Group und fünf Jahre später auch sein Modelabel für 140 Millionen US-Dollar.[27]

Wie schon bei früheren Musikstilen begleiteten spezielle Zeitschriften den Aufstieg des Hip-Hop und sicherten ihn damit ab. 1988 gründete der Harvard-Student David Mays zusammen mit einem anderen Harvard-Studenten, dem als Rapper erfolglosen Jonathan Shecter, das Magazin The Source, das mit seinen anfänglich zwei Seiten 2,50 Dollar kostete, ehe es nach seinem Umzug nach New York als farbiges Monatsmagazin mit den Schwerpunkten Hip-Hop, Politik und Kultur erschien und zum umsatzstärksten und einflussreichsten Blatt dieses Genres aufstieg. Source fand so sehr Anklang, dass Quincy Jones und Time-Warner das Magazin erwerben wollten. Da Mays und Shecter sich weigerten zu verkaufen, starteten Jones und Time-Warner 1992 mit Vibe ein Konkurrenzblatt. In Los Angeles erschien 1990 zudem URB sowie wiederum zwei Jahre später Rap Sheet mit Reportagen über Rap, die Hip-Hop-Kultur und das Musik-Business. 1994 wurde Rap Sheet zu einem rein digitalen Magazin, das zahlreichen schwarzen Rappern wie Snoop Dogg aus dem Untergrund ans Licht der Öffentlichkeit verhalf und damit zu Ansehen und Reichtum.[28]

Einen ersten Schlussstrich unter die Entwicklung sowohl von Hip-Hop wie auch Disco und House zogen im Jahr 1987 drei britische DJs in Zusammenarbeit mit einer Elektronikband, als sie die erste kommerziell sehr erfolgreiche Sampling-Platte herausbrachten – *Pump Up The Volume* von M/A/R/R/S. Diese avantgardistische Soundcollage, für die rund 40 Samples verwendet wurden, vermischt mit technisch perfekten Scratch-Einlagen, vereinte erstmals alle Formen der Dancefloor-Musik – House, Hip-Hop und Disco – zu einem neuen Ganzen, das jeden Bezug zum realen Umfeld gekappt hatte, in dem jede dieser Musikrichtungen entstanden war. Nichts sollte mehr an die schwarzen Ghettos in der Bronx und die Schwulenclubs in Chicago und New York erinnern. Der Sound sollte nicht mehr Ausdruck einer Subkultur unterdrückter Minderheiten sein, sondern Ausdruck von Spaß und Experimentierfreude von Kindern aus der weißen Mittelschicht, die mit sich und der Welt zufriedenen waren und tanzend hoffnungsvoll in die Zukunft blickten. So klang denn auch der Sound nach Aufbruch in neue Sphären und Eroberung des Alls.

Das Musikvideo zeigte Szenen aus der Raumfahrt – Astronauten beim Training, Raketenstarts, Raumkapseln und die Landung von Raumsonden auf fernen Planeten. Die Musik bestand aus einer wilden Mischung von Stilarten, Platten und Geräuschen, die jeder der beteiligten DJs am meisten mochte. Sie bestand aus einer neuartigen Klangwelt aus klassischem Soul und Jazz, groben Techno-Geräuschen und Funk bis hin zu Predigtfetzen von Ayatollah Chomeini. Diese Mixtur klang in

27 Wicke 2011, 60–61; Büsser 2013b, 142; Alex Ogg, *The men behind Def Jam: The radical rise of Russell Simmons and Rick Rubin*. London: Omnibus, 2002; Russell Simmons, *Life and Def: Sex, Drugs, Money, + God*. New York: Three Rivers Press, 2001; George 2002, 117–118.

28 George 2002, 102.

den Ohren nicht nur der DJs gut, sie bildete einen eigenen Stil, und man konnte dazu tanzen. Damit waren die wichtigsten Kriterien für ihre Schöpfer erfüllt. Sie dokumentierte zudem die Zersplitterung des Musikmarktes in zunehmend kleinere Marktsegmente. Sie verwies auf die Gleichzeitigkeit von zahlreichen Musikstilen und Musiktrends – anything goes.[29]

KALKULIERTER ZORN – GANGSTA-RAP

Pump Up The Volume signalisierte, dass Hip-Hop inzwischen zu einem festen Bestandteil des Pop- und Rock-Universums geworden war. Dabei war der Rap Anfang der neunziger Jahre noch dabei, inmitten von Glamour und Hype seine Herkunft zu verraten und mit leichtgewichtigen Texten im süßen Pop zu versinken. Die Musikindustrie war auf den Zug aufgesprungen und hatte pflegeleichte und kraftlose Rapper aufgebaut wie den US-Amerikaner MC Hammer, der mit flachen und eingängigen Tracks und mit den Hooklines anderer Musiker aufwartete und für fromme Gebete, harte Arbeit und ein geradliniges Leben warb. Zwar nahm ihn niemand besonders ernst, aber mit seinem hyperbeweglichen Tanzstil in schlabberigen Haremshosen und seinem videogerechten Image wurde er zu einem Goldesel für die Industrie. Sein Album *Please Hammer, Dont' Hurt 'Em* verkaufte sich 18 Millionen Mal. Pepsi Cola nahm ihn unter Vertrag, der Spielzeug-Konzern Mattel brachte zwei Hammer-Puppen für Kinder heraus, und Videospiele liefen unter seinem Namen. Zugleich aber wurde die Kritik an ihm immer lauter, und andere Rapper wie Ice Cube verulkten ihn in ihren Videos. Sein Stern verblasste ebenso schnell, wie er aufgegangen war. Sein aufwendiger Lebensstil und sein riesiges Anwesen, 200 Angestellte und zwei Helikopter verwandelten sein Vermögen, das 1991 noch rund 33 Millionen US-Dollar betragen hatte, innerhalb von nur fünf Jahren in einen gewaltigen Schuldenberg in Höhe von fast 14 Millionen US-Dollar. MC Hammer alias Stanley Kirk Burrell musste Privatinsolvenz anmelden.[30]

Das goldene Zeitalter für die wahren Rapper schien vorbei und viele Fans konnten die sozialkritischen Erweckungspredigten von Gruppen wie Public Enemy nicht mehr hören, die über schwarzen Stolz rappten, aber damit überhaupt nichts änderten. Zwar verbanden sie das soziale Bewusstsein eines Martin Luther King mit dem Ruf nach politischen Wandel eines Malcolm X, aber bei den jüngeren Rappern ernteten sie mit solchen sozialpädagogischen Predigten nur ein müdes Gähnen, zumal inzwischen an der Westküste der USA andere Rapper bereitstanden, um nochmals neu anzufangen und jedes Tabu zu brechen.

1986 fanden sich in Los Angeles die drei weitgehend unbekannten Rapper Ice Cube, Eazy-E und Dr. Dre zur Gruppe Niggaz Wit Atitude (N.W.A.) zusammen und mimten plötzlich knallharte Gangster, während Dr. Dre zuvor noch bei seinen

29 Poschardt 1997, 268–274.
30 Toop 1994, 325–331; *MC Hammer $33 Million 1991*, in News 24 by 7 vom 11. Febr. 2012 [16.10.2018].

Auftritten in glitzernden Kostümen und mit Lippenstift mehr Spott als Erfolg geerntet hatte. Ende 1988 erschien bei einem kleinen Label ihr zweites Album *Straigth Outta Compton* mit drei Tracks, die wie Dynamit wirkten: *Fuck Tha Police*, ferner *Gangsta, Gangsta* sowie *Straigth Outta Compton.* Zwar beschrieben die Texte wie auch schon der frühe Hip-Hop das Leben der Farbigen auf der von brutalen Gangs beherrschten Straße, aber nicht kritisch, sondern mit sichtlichem Stolz. Allein das „Nigga" im Namen der Band, dieses beleidigende und sozial abwertende Schimpfwort, war eine Provokation und kam einem Tabubruch gleich. N.W.A. zerrte den Begriff, den die Political Correctness aus dem Sprachgebrauch verbannt hatte, nicht nur wieder aus dem Dreck heraus, sondern präsentierte ihn selbstbewusst und hochnäsig.

Diese Niggaz schilderten, den Revolver stets griffbereit, die Regeln der Straße und die gelebte Gesetzlosigkeit als irren Spaß und lustvolle Freizeitbeschäftigung – Schießereien mit anderen Gangs oder auch mit Cops, Belästigung und Missbrauch von Frauen, brutalen Sex. N.W.A. gab den Startschuss zu einer wahren Revolution. Die Gruppe definierte den Rap völlig neu. *Straigth Outta Compton* stand für Chaos und Gewalt. Die Gruppe feierte das Dealen mit Drogen und Schießereien mit Bullen, sie beklatschte die Unterdrückung von Frauen und den heißesten Sex. Sie warf mit Beleidigungen um sich – schockierte Bürger zählten über zweihundert Mal das Wort „Fuck". Die Songs versprühten Stolz und Geltungsbedürfnis, jedenfalls sehr viel mehr als die bisherige Hymne des schwarzen Selbstbewusstseins *Say it Loud – I'm Black and I'm Proud* von James Brown aus dem Jahr 1968.

Das alles war mehr als sexistisches Getue und Gestöhne, das war reales Leben, sehr viel mehr reales Leben als das Geplapper von Madonna und Michael Jackson. Das war mehr als das Geballere mit Platzpatronen, das waren Originaltöne aus Vierteln, in denen es jede Nacht Schießereien gab und jeden Tag Leute begraben wurden. Das waren Geschäftsberichte von Dealern, die sich durch den Verkauf von Crack über Wasser und durch den Ankauf von automatischen Waffen am Leben hielten, ehe weiße Cops sie in überfüllte Gefängnisse hineinprügelten. Das waren Augenzeugenberichte aus Stadtvierteln, in denen sich Klassen- und Rassennachteile gegenseitig potenzierten und der Geruch von Crack alle anderen Gerüche überdeckte. Das war Überlebenskampf im Ghetto, wo jeder versuchte, es bis zum nächsten Morgen zu schaffen, und das Gesetz als rotes Tuch betrachtete.

Die Gangsta-Rapper forderten Freiheit für die Gangs, wenn auch Tausende dadurch starben. Sie erklärten, wie man sich eine fette Wumme nimmt und damit herumballert oder einen Cop abknallt. Sie machten auf cool als Zeichen ihrer Überlegenheit in jeder Situation. Sie verzichteten auf große Gesten und eine betonte Mimik. Sie bewegten sich langsam und entspannt – eben cool. Gangsta-Rap verstand sich als radikaler Tabubruch mit der Kultur des weißen Amerika und allen Grundregeln des Zusammenlebens.[31]

Die meisten Gangsta-Rapper waren mit den US-amerikanischen Blaxploitation-Filmen groß geworden, die in den siebziger Jahren in die Kinos kamen als Antwort der Filmindustrie auf das mit der Bürgerrechtsbewegung stark gewachsene

31 Rose 2008, 42–50.

Selbstbewusstsein der afro-amerikanischen Bevölkerung. Sie weideten sich an dem aggressiven schwarzen Heldentum dieser Filme mit ihren knallharten, humorlosen und eisig-kalten Schwarzen, die sofort zurückschossen, sich mit großkalibrigen Waffen aus- und aufpolsterten, die „erhobenen Hauptes durch die dickste Scheiße" marschierten und schweißtreibenden Sex hatten, „bei dem die Betten zu Bruch" gingen, so Nelson George. Und weiter: „Noch nie in der Geschichte des amerikanischen Kinos hatte es so viele aggressive da-scheiß-ich-drauf Amerikaner auf der Leinwand gegeben." Rapperinnen nahmen sich die schlagkräftigen und schießwütigen Filmfiguren Foxy Brown, Coffy und Sheba zum Vorbild, die von der Schauspielerin Pam Grier dargestellt wurden – weibliche Äquivalente zum lässig-eleganten Superdetektiv Shaft, der als James Bond in Schwarz mit Verstand und Muskeln in Harlem aufräumte und sich über die weißen Autoritäten lustig machte. Als 1983 der düstere und gewalttriefende Streifen *Scarface* nach dem Drehbuch von Oliver Stone in die Kinos kam, hatten die Gangsta-Rapper in dem aus Kuba eingewanderten Drogendealer Tony Montana ein weiteres Vorbild gefunden. Sein Aufstieg zum Gangsterboss und damit zu Geld, Macht und Frauen sowie seine ruppige, realitätsnahe und von Schimpfworten überquellende Sprache dienten zahlreichen Rappern als Vorbilder für ihre Rhymes und Lebensziele.[32]

Vor allem die weißen Cops hatten es den Gangsta-Rappern angetan. Nach den Worten des Rappers Ice-T, der in einem Problemviertel von L.A. aufgewachsen war, ist der Cop im Ghetto „der Hundefänger". „Man kriegt automatisch Angst, wenn man ihn sieht, denn wenn er der Hundefänger ist, bist du der Hund. Also versteck dich vor ihm, beiß ihn, knall ihn ab, aber denk bloß nicht, dass du mit ihm reden kannst."[33] Die so genannten L.A.-Riots vom April 1992, als sich die Wut der schwarzen Bevölkerung wegen eines Freispruchs von vier weißen Polizeibeamten durch eine weiße Jury in Plünderungen entlud, denen wiederum ein blutiger Polizeieinsatz mit 58 Toten folgte, schien die These von Ice-T zu bestätigen, dass Rap lediglich die tatsächlich vorhandene Gewalt und Aussichtslosigkeit der Schwarzen widerspiegle, dass Rap die Reaktion von Menschen sei, die bei Polizeikontrollen Angst haben, von diesen staatlich alimentierten Gangs erschossen zu werden, weil sie schwarz sind. Allein die A-Seite von *Straight Outta Compton* prahlte mit 51 Gewalttaten, davon 27 Schießereien und neun Messerstechereien, fast alle Schwarz gegen Schwarz, alle Tatsachenberichte aus dem Ghetto der Verzweifelten.[34]

Für alle Pfarrer und Politiker, die die Rapper zur Selbstverantwortung und Selbstzucht ermahnten, hatten diese nur ein müdes Lächeln übrig. Sie sahen jeden Tag die Drogenbarone in ihren Luxusschlitten durch die Stadt cruisen, die goldene Rolex am Handgelenk und dicke Klunker an den Fingern, knapp bekleidete Klassefrauen an ihrer Seite und stiernackige Leibwächter im Schlepp. Jedem war klar, dass alles dies im Ghetto der Hoffnungslosen und der Ein-Dollar-Leben nicht auf dem Weg der Selbsthilfe zu erreichen war, sondern nur über den Handel mit Drogen und mit Gewalt, mit viel Gewalt.

32 George 2002, 140–145.
33 Ice T 1995, 12.
34 Wallace/Costello 2014, 168.

Nach den Worten des US-amerikanischen Autors, Musik- und Kulturkritikers Nelson George ist Gangsta-Rap „ein unmittelbares Nebenprodukt von Crack“. Zuerst verbreiteten sich die Crack-Rocks, dann der Gangsta-Rap. Während Heroin-Süchtige nach einem Schuss stundenlang in ihrem Traumland verweilen, erleben Crack-Süchtige nur einen kurzen Sturm, der schnell wieder abflaut. Fünf Minuten später sehnen sie sich bereits wieder nach dem nächsten Rock. Crack ist Fastfood. Es ist ein Produkt für den ganz schnellen Umsatz. In den achtziger Jahren schlug Crack bis in die sozialen Einrichtungen durch, wo es überall tiefe Narben hinterließ – in der Sozialhilfe, der Kinderfürsorge, der medizinischen Notversorgung. Um nochmals Nelson George zu zitieren: „Vor dem Familiengericht konnte man täglich Großmütter beobachten, die um den Zusammenhalt ihrer Familie kämpften, indem sie das Sorgerecht für ihre verstoßenen oder vernachlässigten Enkel übernahmen. Es war eine Tragödie, die den Großeltern ihren wohlverdienten Ruhestand raubte, sie um ihre geringen Finanzpolster brachte und ihr Leben verkürzte.“

Crack verschärfte zudem den Wettbewerb um die Absatzgebiete und förderte den Besitz immer größerer und furchteinflößenderer Waffen. Crack trug dazu bei, dass die Amerikaner wieder vermehrt aufeinander schossen – am Anfang der Achtziger mit der 45er Automatik, am Ende bereits mit der österreichischen Glock und der israelischen Maschinenpistole Uzi, beide Kaliber 9x19, sowie den amerikanischen Mossberg Flinten Kaliber 12. Sie feuerten die Mordraten in immer neue Rekordhöhen.[35]

Wie Ice-T 1995 anmerkte, ist Crack und Kokain für die Minderheiten in Amerika „der Arbeitgeber Nummer eins. Es ist schwer, so ’nen Job an den Nagel zu hängen.“[36] Der Crack-Boom hatte seit Ende der Siebziger eine stetig steigende Anzahl junger Schwarzer hinter Gittern gebracht, während außerhalb der Gefängnisse immer weniger Idole auszumachen waren. Immer mehr Rapper berichteten jetzt vom Leben im Knast, und sie taten es voller Stolz. Aus einer Strafe war ein Initiationsritus geworden, der den Beginn der Männlichkeit markierte. Die Erzählungen wurden härter. Sie drangen in die düstersten Untiefen von Mord und Sexismus vor. Sie signalisierten Macht. Protzig und laut dissten muskelbepackte Rapper die Scheuen, Unsicheren und Introvertierten.

Die Kids aus dem Mittleren Westen und anderen Regionen ließen sich sofort von dieser neuen Rap-Rebellion mitreißen, zumal Schusswaffen und Frauenfeindlichkeit noch nie ihre Wirkung auf pubertierende amerikanische Jungs verfehlt hatten. Sie, die noch nie ein Ghetto betreten hatten und in plüschigen Eigenheimsiedlungen aufgewachsen waren, stürzten sich mit Heißhunger auf diese Erzählungen. Für sie war der Gangsta-Rap die neue willkommene Musik der Rebellion wie früher der Rock. Bald zogen sich die Kids wie Gangster an, sprachen in einem ähnlichen Slang und versuchten solche Partys zu feiern wie die Gangs im kalifornischen Compton. Auch Hollywood reagierte und brachte das crack- und blutreiche Ghettoleben der Westküste auf die Leinwand: 1991 *Boyz’N The Hood* und zwei Jahre später *Menace II Society* – ersterer ein Streifen über das Erwachsenwerden in dem

35 George 2002, 66–68.
36 Ice T 1995, 51.

Problemviertel South Central von Los Angeles, letzterer ein wesentlich härterer Film über mordende und dealende Jugendliche im Distrikt Watts in L.A.

Voller Zorn oder wenigstens mit grimmiger Miene riefen die Gangsta-Rapper ihre Kumpels dazu auf, sich das allseits ersehnte Geld direkt zu holen und zwar in bar, als Waren, als Autos, als Gold und Platin. Sie sagten, was Sache ist, dass nämlich Geld zählt, möglichst viel Geld. Sie untermalten ihre Songs, ihre obszönen Geschichten und ihr wirres Gebrüll mit einer angsterregenden Collage aus Schüssen und Sirenen, Schreien und Flüchen. Sie rappten über den wüsten Alltag in ihrem Viertel, über Bandenkriege, Crackdealer und Kopfschüsse. Natürlich würzten sie ihre Geschichten mit einem gehörigen Schuss Prahlerei. Viele waren lediglich Maulhelden und Blender, aber das war nicht neu. Die Kultur des Aufschneidens und der theatralen Inszenierungen war von Anfang an mit dem Hip-Hop verbunden.

Dennoch rappten hier keine Afroamerikaner mit College-Abschluss und Eigenheim. Hier rappte niemand im nordamerikanischen Standardenglisch, sondern im Slang der Niggaz, der Langzeitarbeitslosen und Halbanalphabeten, die ohne Vater aufgewachsen waren oder mit einem Vater im Knast, die, wenn sie Arbeit hatten, mit weniger als dem Minimallohn nach Hause kamen. Aus den Texten sprach abgrundtiefer Hass, blinde Wut, Frauenfeindschaft, extremes Machogehabe, letztlich aber totale Hoffnungslosigkeit.

Bald nach Veröffentlichung des N.W.A.-Albums ging bei dem Label ein Brief des FBI ein, das sich darüber beschwerte, dass die Rapper zur Gewalt gegen die Polizei aufriefen. Die Produzenten wurden aufgefordert, die Platte sofort vom Markt zu nehmen.[37] Die jedoch dachten nicht daran und machten den Brief publik. Eine bessere Reklame hätten sie sich nicht ausdenken und erst recht nicht bezahlen können. Obwohl kaum eine Radiostation den Song spielte und auch MTV sich beharrlich weigerte, explodierten die Verkaufszahlen bis auf 3,5 Millionen. Das aber war erst der Anfang. Bald feierte jedes einzelne Mitglied von N.W.A. einen Plattenabsatz, wie ihn der Hip-Hop bis dahin noch nie erlebt hatte, angefangen bei Ice Cubes Meisterwerk *AmeriKKKa's Most Wanted* von 1990 bis zu Dr. Dres *The Aftermath* aus dem Jahr 1996.[38]

Viele Rapper fanden alsbald Gefallen an dieser intellektuell wenig anspruchsvollen Art des Geld speienden Marketings. Die Gruppe 2 Live Crew aus Miami setzte dabei zum Soundtrack von Strip Clubs vorrangig auf Sex, auf harten Sex und dessen detaillierte Schilderung. Für sie wie auch für die meisten anderen Gangsta-Rapper gehörte Frauenverachtung zum guten Ton. Damit machten sie Kohle und übertünchten ihre mangelhafte Reimfähigkeit. 1989 veröffentlichten die vier Rapper das Album *As Nasty As They Wanna Be* mit Songs wie *Me So Horny*, *The F**k Shop* und *If You Believe in Having Sex*, die alle hielten, was ihre Titel versprachen, aber wie meist pure Angeberei waren. Wie insgeheim erhofft, reichte ein Rechtsanwalt umgehend bei dem Gouverneur von Florida Klage gegen das Album wegen Obszönität ein und unterrichtete davon auch die Gouverneure anderer US-Staaten.

37 Steve Hochman, *Comton Rappers Versus the Letter of the Law: FBI Claims Song by N.W.A. Advocates Violence on Police*, in Los Angeles Times vom 5. Okt. 1989.

38 Cohn 2008, 101–107; George 2002, 183.

Die Musiker wurden festgenommen, ebenso die Besitzer von Plattenläden, die das Album verkauften.

Die damit verbundene Publicity machte die Songs der 2 Live Crew schnell zu einem festen Bestandteil der jährlichen Spring-Break-Exzesse an den Sonnenküsten Floridas und Mexikos mit ihren nassen T-Shirt-Wettbewerben und „Show your tits!"-Sprechchören, wenn für ansonsten brave und behütete amerikanische Schüler und Studenten nur noch Sonne, Sex und Delirium gelten. 1991 griffen auch N.W.A. unter die Gürtellinie und veröffentlichten ihr Album *Niggaz4Life*, das explizite sexistische Anspielungen und Anweisungen enthielt: „Find'em fuck'em and flee". In Großbritannien veröffentlichte die Gruppe im Jahr 1990 eine Single, auf der sie in dem Song *She Swallowed It* über Oralsex rappte. Demonstrativ weigerte sich die Mehrzahl der Plattenläden, die Single in ihr Sortiment aufzunehmen. Wieder ging es um die alte Frage, wie weit das Recht auf freie Rede reicht, und wo die Beleidigung beginnt.[39]

Als Reaktion auf den Gangsta-Rap gewannen Mitte der Achtziger nicht nur im prüden Amerika die Zensoren Oberwasser. Seit den Provokationen von Ice-T und Public Enemy wurde Hip-Hop von der weißen Öffentlichkeit als Bedrohung der bestehenden Ordnung wahrgenommen, von den meisten als böswillige Verletzung des guten Geschmacks, als Erniedrigung der Frauen, als Bruch mit allen gesellschaftlichen Normen. 1985 hatten einige Tugendwächter dreißig Jahre nach Elvis' erstem Hüftschwung das Parents Music Resource Center gegründet, ein Gremium, das sich zum Ziel setzte, die Verrohung in den Texten der aktuellen Popmusik zu diagnostizieren und dagegen vorzugehen. Es ging ihnen um Sex und Gewalt, Drogen und Okkultismus; es ging um Homosexualität und Respektlosigkeit gegenüber Autoritäten.

Zu den Gründern zählten Tipper Gore, die Frau des späteren US-Vizepräsidenten Al Gore, sowie Susan Baker, die Frau von Finanzminister James Baker. Sie erstellten mit der so genannten *Filthy Fifteen* eine Liste mit den ihrer Meinung nach fünfzehn schmutzigsten Liedern, auf der sich Madonna mit *Dress You Up* ebenso wiederfand wie Prince mit *Darling Nikki* und AC/DC mit *Let Me Put My Love into You*. Sie entwickelten einen Warnhinweis, der als Parental-Advisory-Aufkleber zukünftig alle beanstandeten Platten schmücken sollte: „Parental Advisory – Explicit Content/Lyrics". Das Album von 2 Live Crew zierte als erstes dieser Aufkleber – es verkaufte sich über zwei Millionen Mal. Es zierte zudem das Cover von Frank Zappas *Jazz from Hell*, obwohl die LP ausschließlich Instrumentalstücke enthielt. Viele vermuteten, die Rechtschaffenden wollten damit die Jugendlichen vor dem Anblick des Liedtitels *G-Spot Tornado* bewahren. Der so genannte Tipper-Sticker zierte aber niemals Countrymusik, obwohl auch sie lustvoll über Sex, Gewalt und Alkohol trällerte.

Dagegen hätten die Moralsheriffs die Platte *Frankenchrist* der kalifornischen Punk-Band The Dead Kennedys am liebsten ganz verboten, die mit bitterem Sarkasmus die Korruption im amerikanischen Wahlsystem und die US-amerikanische Finanzierung lateinamerikanischer Diktaturen kommentierte. Da sie aber keine

39 Shuker 2016, 238–239; George 2002, 231.

Möglichkeit sahen, einen Gerichtsprozess wegen politischer Inhalte zu gewinnen, nahmen sie das der Platte beigefügte Plakat *Penis Landscape* des oscarprämierten schweizerischen Künstlers HR Giger zum Anlass, die Platte als jugendgefährdend einzustufen. Das Plakat zeigt eine Wand aus mehr als einem halben Dutzend männlicher und weiblicher Geschlechtsteile beim Akt. Zahlreiche Händler nahmen gehorsamst alle beanstandeten Platten aus den Regalen. Der Einzelhandelskonzern Walmart verzichtete in seinen Filialen sogar auf den Verkauf der Rockzeitschriften Rolling Stone, Hard Rock, Spin und Tiger Beat.[40]

Weiterhin hatte es den Anschein, als ob Gangsta-Rapper alles taten, um mit einem Tipper-Sticker wie mit einem funkelnden Verdienstorden geehrt zu werden. Anfang der Neunziger gründete der Rapper Ice-T aus Los Angeles die Heavy-Metal-Crossover-Band Body Count, die 1992 mit zwei Songs ihres Debütalbums und dem Plattencover für noch mehr Aufregung nicht nur im Parents Music Resource Center sorgte – mit *Cop Killer* und *KKK Bitch*. Das Cover zeigte einen muskelbepackten Gangster mit einem Revolver an der Seite und einer Schlosskette in der Hand, auf der Brust die Worte *Cop Killer* tätowiert. Der Song brachte im countryseligen Amerika umgehend verschiedene Polizeivereinigungen in Rage, weil er angeblich die kriminellen Elemente in den Straßen von Los Angeles gegen die Ordnungshüter aufhetzte. Präsident Georges Bush nannte das Lied „krank" und sein Vize Dan Quayle das Album „obszön". Der Republikaner Pat Buchanan machte sogar alle Rapper, die den Mord an Polizisten feierten, für die gewalttätigen Unruhen in Los Angeles nach Erscheinen des Albums verantwortlich, und Altstar Charlton Heston empfahl als Waffenlobbyist härtere Gesetze, um mit noch mehr Gewalt gegen die Gewalt auf der Straße vorzugehen. Ice-T verteidigte sich: „Der Song war als Protestsong gedacht – keine Drohung, sondern eine Warnung für die Autorität: ‚He, Polizei: Wir sind menschliche Wesen. Behandelt uns auch dementsprechend. Sobald ihr das Gesetz übertretet, ist es nur fair, wenn wir dasselbe tun. Und irgendeiner wird dabei draufgehen, besser ihr als ich.'"

Nicht weniger heftig wurde der Song *KKK Bitch* angeprangert, in dem Ice-T in drastischen Worten wilden Sex mit den beiden zwölfjährigen Nichten von Tipper Gore andeutete. Seine Verteidigung: „Der KKK", also der Ku-Klux-Klan, „ist eine Hassorganisation, die es darauf anlegt, alles abzuschlachten, was nicht weiß, angelsächsisch und protestantisch ist. Ich hasse sie, weil sie mich am liebsten tot sehen würden." Auch erteilte er allen Bewohnern der sündhaft teuren Appartements und Villen in Manhattan und Hollywood wie ein geduldiger Grundschullehrer Nachhilfeunterricht in Ghetto-Slang und dessen Fülle an Zweideutigkeiten: „Wenn man das Wort ‚Schlampe' (bitch) durch ‚Mädchen' ersetzt, dann ist es keine Street-Platte, sondern Pop. ‚Schlampe' gehört zur Straße. ‚Mädchen' entspricht Pop. [...] Ich sage ‚Schlampe' und ‚Nigger' und ‚fuck', mein Publikum erwartet von mir nichts anderes. [...] Meine Platten richten sich an ziemlich harte Burschen. [...] Stephen King

40 Peter Pritchard, *Hör dies nicht!*, in ZEIT ONLINE vom 5. Dezember 2013, in www.zeit.de/online/2007/50/explicit-lyrics; Shuker 2016, 237–238; Hunter Schwarz, *25 years ago, 2 Live Crew were arrested for obscenity*, in The Washington Post vom 11. Juni 2015.

interessiert die dunkle Seite des Lebens, und darum geht's mir auch. Mit dem einzigen Unterschied, dass meine Themen nicht erfunden sind."[41] Den in Hollywood-Schaukeln träumenden Kritikern erklärte er, die umstrittenen Raps würden nur Menschen schockieren, die nicht Tag für Tag mit Gewalt konfrontiert seien.

Die Radikalität der Rap-Lyrik war letztlich auch Ausdruck des gestiegenen Selbstbewusstseins der Afroamerikaner, die mit den Kämpfen der Bürgerrechtsbewegung und Black Power groß geworden waren und dabei in ihrem Ghetto eine eigene Sprache entwickelt hatten, die sich gegen die Sprache der Herrschenden richtete. Der Rapper KRS-One als moralische Instanz der Szene, der sich niemals mit dicken Autos, blitzenden Gold-Klunkern und knapp bekleideten Frauen umgab, versuchte das Wortgeballer als Theaterdonner zu verteidigen: „Sie schauspielern, machen ein Spektakel. Wo ist die Grenze? Du gehst ins Kino und guckst dir Leute an, die aufeinander schießen, und dann hörst du N.W.A., und man nennt sie gewalttätig."[42]

Andere wurden deutlicher. David Foster Wallace erklärte dem weißen Amerika, viele Hardcore-Rapper würden ganz konsequent über das wahre Leben texten, das die Weißen aus ihrem Weltbild ausblenden: „Echte Hardcore-Raps kommen direkt von der Quelle und fordern von weißen Hörern einen wahren Zugang zur Misere des ‚um Leben und Tod' und zur Haltung einer amerikanischen *Community* auf der Kippe zu Implosion und Explosion, einer abstoßenden neuen Subnation, die wir bislang konditioniert gemieden, an den Rand zurückgeschickt und nicht einmal *gesehen* haben, außer durch [...] abschwächende Filter:" durch Polizeiserien im Fernsehen, durch abgekupferte Modetrends, durch staatliche ernannte Drogenbeauftragte oder Leitartikel in den Zeitungen.[43] Es half alles nichts. Time Warner Music, die Plattenfirma von Body Count, bekam zwei Bomben zugeschickt und erhielt Todesdrohungen. Das Label sah sich gezwungen, deren Album aus dem Verkehr zu ziehen und den Vertrag mit Ice-T zu kündigen.

Auch in Neuseeland zerrte die Polizei Songschreiber und das Label von *Cop Killer* vor das dortige Indecent Publications Tribunal und erhob erstmals in der Geschichte des Landes Klage wegen der Veröffentlichung eines anstößigen Popsongs. Letztlich aber verwarf das Tribunal die Klage mit dem Hinweis, der vorherrschende Effekt des Albums sei komplex, der Song *Cop Killer* stelle keine Ermunterung zum Töten dar, das Album verfolge ein ehrenwertes Ziel und sei nicht unanständig.[44]

Trotz aller Proteste, oder gerade deswegen, umgaben sich alle Stars des Gangsta-Rap mit dem Image von knallharten, brutalen Jungs, die mit ihrem Leben voller Gewalt, Drogen und Sex prahlten, die aber auch wie Tupac Shakur vielfach sozial engagiert waren, ihrer Mutter Liebeslieder widmeten und dennoch wegen zahlreicher Delikte immer wieder im Gefängnis landeten und schließlich bei Schießereien den Tod fanden.[45] Sie erzählten Geschichten aus dem Gangster-, Zuhälter-

41 Ice T 1995, 130, 137, 206 u. 209.
42 Zit. nach Kage 2002, 80.
43 Wallace/Costello 2014, 63.
44 Shuker 2016, 239–240.
45 Jacob Hoye, *Tupac: Ressurrection, 1971–1996*. New York: Atria, 2003.

und Drogenmilieu und übernahmen Reime, die schon lange in diesen Kreisen kursierten und mit denen sich harte Jungs als Insider auswiesen:

> Strollin' through the city in the middle of the night,
> Niggas on my left and niggas on my right,
> Yo I cr-cr-cr-cripped every nigga I see,
> If you bad enough come fuck with me.[46]

Der Gangsta-Rap wurde an der Westküste geboren; die Ostküste zog angesichts fetter Gewinne bald nach. Auch hier war Echtheit gefragt, und mit Echtheit und Glaubwürdigkeit prahlten diese Rapper in ihren Tracks – mit den Wunden, die sie sich als Drogendealer, Drogenkonsumenten und Kriminelle zugezogen hatten, und mit den Umständen, die sie hatten zum Gangster werden lassen. Wer Erfolg bei der ewigen Jagd nach dem nächsten Scheck haben wollte, musste ein möglichst langes Vorstrafenregister vorweisen können und mindestens ein Dutzend Freunde aufzählen, die er hatte sterben sehen. Wer unsterblich werden wollte, musste selbst erschossen werden.

Alle Gangsta-Rapper waren von einer tiefsitzenden Angst besessen, schwach zu scheinen. Im Dschungel der Ghettos stand und steht Männlichkeit ganz hoch im Kurs, und der Schwache wird ganz selbstverständlich zum Opfer des Stärkeren. Der im New Yorker Stadtteil Queens geborene Rapper 50 Cent, der 2003 sein erstes Album veröffentlichte, kannte seinen Vater nicht, und seine Mutter wurde ermordet, als er acht Jahre alt war. Er verbüßte schon als Jugendlicher mehrere Gefängnisstrafen wegen Dealens mit Drogen. Entdeckt wurde er von einem später ermordeten Labelboss, vor dessen Tonstudio er selbst niedergestochen wurde. Wenig später trafen ihn bei einer Schießerei neun Kugeln in Gesicht, Armen und Beinen. Seither verbarrikadierte er sich in einer schusssicheren Weste. Schließlich verurteilte ihn ein Gericht zu einem Antiaggressionstraining und regelmäßigen Drogentests, weil er während eines Konzerts drei Frauen verletzt und eine Schlägerei ausgelöst hatte. So stand ihm als Hip-Hop-Star nichts mehr im Wege. Sein erstes Album mit dem programmatischen Titel *Get Rich or Die Tryin' – Werde reich oder stirb bei dem Versuch* wurde 15 Millionen Mal verkauft. Sein zweites Album *The Massacre* „nur" über 11 Millionen Mal.[47] Wie die amerikanische Soziologin Tricia Rose kritisierte, wurden viel zu viele wie 50 Cent und Jay-Z dadurch reich, dass sie mit der Verherrlichung brutaler Geschichten „das schwarze Leid ausbeuteten" und die am meisten gefährdeten Kids ermuntern, ihrem Männlichkeitsmodell nachzustreben.[48]

Die Wutmaschine Hip-Hop fochte den Krieg der Banden auf den Straßen zunächst nur in Worten aus – mit Beleidigungen, Beschimpfungen und Drohungen, so die Gruppe N.W.A. Nachdem diese sich im Streit um das liebe Geld aufgelöst

46 Zit. nach Rode 2016, 42.
47 50 Cent, *From pieces to weight: once upon a time in Southside Queens*. New York: Pocket Books, 2006.
48 Rose 2008, 57–58.

hatte, gründete Dr. Dre zusammen mit seinem damaligen, ebenfalls aus dem kalifornischen Compton stammenden Bodyguard Suge Knight das Label Death Row Records, benannt nach dem Zellengang von US-Gefängnissen, in dem die zum Tode verurteilten Straftäter einsitzen. Beide starteten ihr Label mit der Produktion der zwei Alben *The Chronic* sowie *Doggystyle*, das von den Jugendschutzvereinen heftig kritisierte Debütalbum des Gangsta-Rappers Snoop Doggy Dogg, der nicht nur den knallharten Gangster spielte, sondern auch wegen Mordes angeklagt war. Beide Alben dissten lustvoll Eazy-E, das ehemalige Mitglied von N.W.A. Das von MTV immer wieder abgespielte Musikvideo zu *Fuck wit Dre Day* zeigte eine Eazy-E ähnliche, völlig heruntergekommene Person, die mit einem Pappschild und der Aufschrift „Will Rap for Food" herumläuft und später von Dr. Dre erschossen wird. Eazy-E konterte mit dem Album *It's On (~~Dr. Dre~~) 187um Killa* und dem Track *Real Muthaphuckkin G's* sowie einer makakbren Todesanzeige für Dr. Dre im Booklet des Albums.

Hier und anderswo spielte der Rap den Kampf Schwarze gegen Schwarze in den Ghettos zunächst nur nach. Er verwandelte ihn jedoch in finstere, teils blutige Realität, als im November 1994 der Rapper Tupac Shakur vor einem Tonstudio am New Yorker Times Square von zwei schwarzen Männern mit fünf Kugeln niedergeschossen wurde. Die Killer stahlen ihm Schmuck im Wert von 40.000 Dollar und ließen ihn liegen im Glauben, er sei tot. Tupac überlebte und wurde zur Ikone. Damit begann ein regelrechter Krieg zwischen den Rappern der Ost- und der Westküste, bei dem über die Frage gestritten wurde, wer den härteren und authentischeren Hip-Hop produziere, New York oder L.A. Auch ging es darum, wer es unterlassen habe, der anderen Seite den gebührenden Respekt entgegenzubringen. Und es ging für zwei Labels – Death Row Records in L.A. und Bad Boy Records in New York – nicht zuletzt um das viele Geld, das mit Gangsta-Rap zu verdienen war.

Nach dem Anschlag verdächtigte Tupac Shakur sofort seinen einstigen Freund, den New Yorker Rapper The Notorious B.I.G., sowie dessen Mentor Sean „Puffy" Combs, bekannt als Puff Daddy und Inhaber von Bad Boy Records, den Mordversuch in Auftrag gegeben zu haben. Stetig wiederholte er in Interviews seine Anklage und rief in seinem Song *Hit' em Up* in mörderischer Wut zur Rache und zum Mord an den Rappern von Bad Boy auf: „Fuck'em/We're Bad Boy Killaz". The Notorious B.I.G. antwortete mit dem Schmähsong *Who Shot Ya?* Shakur revanchierte sich mit einem Song, in dem er behauptete: „I fucked your wife, you fat motherfucker." Der Konflikt griff schnell auf andere Rapper über. Die Chefs der beiden Labels jubelten. Die gegenseitigen Beleidigungen verkauften sich gut, sehr gut sogar. Viele vermuteten eine einvernehmlich abgesprochene Marketingstrategie, um fette Schlagzeilen zu bekommen.

Knapp zwei Jahre später, im September 1996 war Tupac tot. Als sein Labelchef und er nach dem Besuch eines Boxkampfes von Mike Tyson in Las Vegas mit ihrem schwarzen BMW 750i an einer roten Ampel stoppten, eröffneten die Insassen eines neben ihnen anhaltenden Wagens das Feuer auf Tupac. Von zwölf Kugeln trafen ihn drei; eine durchschlug seine Lunge. Sofort kursierten die wildesten Gerüchte. Für die einen war das FBI für den Mord verantwortlich, für andere Sean Combs, alias Puff Daddy. Wieder andere verdächtigten The Notorious B.I.G. Die

Rache konnte nicht ausbleiben. Sie folgte sechs Monate später im März 1997. The Notorious B.I.G. wurde nach einem Auftritt in Los Angeles auf die gleiche Art hingerichtet wie Tupac zuvor in Las Vegas. Er saß auf dem Beifahrersitz eines schwarzen GMC Suburban, als an einer Ampel ein Wagen neben ihm hielt, aus dem sieben Kugeln auf ihn abgefeuert wurden. Soeben hatte der Rapper das Doppelalbum *Life After Death* aufgenommen, dessen letzter Song den Titel trug *You're Nobody (Til Somebody Kills You)*.

Die Mörder der beiden Rapper wurden zwar nie gefasst, dafür aber stiegen die Toten zu Legenden und Märtyrern auf. Die Schüsse auf sie verwandelten sich in Gold. Tupac brachte kurz nach dem ersten Anschlag auf sich das Album *Me Against The World* heraus, das ihn zum Hip-Hop-Superstar machte. Nach seiner Ermordung folgte gewissermaßen die Heiligsprechung. Für den Chef seines Plattenlabels, den 120 Kilogramm schweren Marion Hugh Knight Jr., der seine Firma wie eine Mafiafamilie leitete, war der tote Tupac eine auch im Jenseits weiterhin aktive Gans, die goldene Eier legt. Der britische Guardian bezeichnete den Rapper als „die fleißigste Leiche im Pop-Geschäft". Bis heute wurden rund 75 Millionen seiner Alben verkauft, davon der Großteil nach seinem Tod.

Der übergewichtige The Notorious B.I.G., der sich selbst den Titel „König von New York" verlieh, stand ihm kaum nach. Die nach seinem Tod herausgekommenen Doppel-CD *Life After Death* verkaufte sich allein in den USA mehr als fünf Millionen Mal. Zwei Jahre später schob sein geschäftstüchtiges Label mit *Born Again* ein weiteres Album nach, das in den USA zwei Millionen Käufer fand. Aber nicht nur im Hip-Hop-Universum leben Tote länger. Im Jahr 2012 erschien der ermordete Westcoast-Rapper Tupac Shakur beim Coachella Festival in Kalifornien wieder auf der Bühne – fast leibhaftig, als Hologramm. Der ebenfalls verblichene schwarze Notorious B.I.G. darf seinem ehemaligen Kontrahenten natürlich nicht nachstehen. 2016 gab das Unternehmen ARHT Media bekannt, auch an einem Hologramm dieses schwergewichtigen Ostküstenrappers zu basteln, um ihn wiederauferstehen zu lassen.[49] Allein kommerzielle Erwägungen führten zu dieser Verlängerung künstlerischer Karriere über den Tod hinaus.

Nachdem sich der Gangsta-Rap von der West- und Ostküste bereits landesweit etabliert hatte, entwickelte der Süden der USA mit Bounce ebenfalls einen eigenen, extrem sexualisierten Hip-Hop-Stil, der sich mit all den Rhythmen umgab, die New Orleans berühmt gemacht hatten – der Mardi Gras Indian Tradition, den Marschkapellen, dem Gospel, Jazz und Funk. An Themen akzeptierte die Bevölkerung auch in den Ghettos von Big Easy einzig und allein Sex und Mord, vor allem aber Sex und Geschichten über heiße Bräute in Rückenlage. Auch hier prahlte der

49 Tayannah Lee McQuillar/Fred L. Johnson, *Tupac Shakur. The Life and Times of an American Icon*. Cambridge, Mass.: Da Capo Press, 2010; Cheo Hodari Coker, *Unbelievable. The Life, Death, and Afterlife of the Notorious B.I.G.* New York: Three Rivers Press, 2003; Greg Kading, *Murder Rap*. United States: One Time Publishing, 2011; Sebastian Leber, *Der Ost-West-Dialog. Rapperkrieg mit Ansage*, in Der Tagesspiegel vom 4. März 2012; Gerrit Bartels, *Heiliger Gangster*, in Der Tagesspiegel vom 21. Sept. 2016; Felix Zwinzscher, *Waren Gangsta-Rapper überhaupt jemals real?*, in Welt vom 13. April 2016, www.welt.de/kultur/pop/article154311314.

schwarze Rapper aus der Unterstadt damit, er lasse die ganze Nacht die Bettfedern ächzen. Diese Hypermaskulinität, so die Soziologen, kannte man auch aus anderen Regionen. Im feierwütigen New Orleans jedoch, dem amerikanischen Zentrum der Libertinage, wo die barbusige Statue der „42 inch bust" Sandra Sexton, die Schutzheilige aller Stripperinnen ein Verkaufsschlager ist, ging es bei den Live-Auftritten der Rapper wesentlich heißer her. Hier präsentierten sich diese mehr noch als anderswo als Hengste, für die, wie David Foster Wallace sich ausdrückte, „die Frauen ausschließlich als Steckdosen für Körperteile" taugen. Der DJ gab die Anweisungen, und die meist zahlreich anwesenden Frauen, die unter- wie die meist übergewichtigen, gehorchten. Sie gehorchten voller Begeisterung. Der DJ sagte ihnen, sie sollten sich bücken, bis die Hände flach auf dem Boden lagen und der Po in die Luft ragte, und die Frauen taten es. Er sagte ihnen, mit dem Po zu wackeln, als hingen sie an einer Steckdose, und die Frauen taten es. Dann rief der DJ zum Tiddy Bop auf, und die Frauen zogen jauchzend das Top hoch und zeigten ihre Brüste und so weiter.[50]

Der Großteil dieser Songs war ohne Firlefanz, ohne Raffinesse. Die Rapper stiegen auf den Beat ein und ließen es sofort krachen. Nach einer kurzen Einleitung folgten die Tanzanleitungen, und dann ging es unter die Gürtellinie und danach ins Bett, wo man auf Anweisung der Rapper besser die Batterien aus den Feuermeldern herausnehmen sollte, so höllisch heiß ging es angeblich rund.[51] Da es aber in den schwarzen Vierteln von New Orleans jede Nacht Schießereien gab und jeden Tag Leute begraben wurden, erzählten die Rapper auch von der Straße in seiner ganzen Hässlichkeit und Schönheit, vom Zoff und dem Krieg in ihrem Viertel, vom sinnlosen Morden und der wilden Freude am Leben, von Triumphen und Gefallenen, von Racheschwüren und ihrer Umsetzung, von Verhaftungen und der Zeit im Knast, und natürlich immer wieder von scharfen Girls, je drastischer, desto besser. In ihrem Selbstverständnis hatten Verbrechen etwas Erotisches, auf das die Frauen abfuhren. Wie an der Westküste präsentierten sich auch die Spitzenrapper des Südens perfekt gestylt, mit Kopftuch und höhnischer Miene, mit viel Bling-Bling und immer in Krieger- oder Lümmelhaltung. Rap war Show und Spaß. Die meisten Rapper sahen in ihm ein Ticket nach draußen, wenn auch nur ganz wenige dieses Ticket einzulösen vermochten.

Angelockt von den zahlreichen Erfolgsstorys der ersten Gangsta-Rapper stürmten alsbald ganze Horden eisig grinsender Möchtegerngangster den Markt, nach den Worten von Nik Cohn „die meisten so falsch wie ein Dreidollarschein". Wenn sie keine kriminelle Vergangenheit vorweisen konnten, versuchten sie diese mit einer blutbesudelten und brutalen Fassade, mit Goldzähnen, martialischen Tattoos und viel Bling-Bling zu übertünchen. Sie rappten auf der Jagd nach schnellen Dollars von Killern und Schlampen, von Straßenschlachten und heißem Sex. Sie bedienten feuchte Bubenträume von scharfen Frauen, dicken Autos und teurem

50 Wallace/Costello 2014, 130; Cohn 2008, 30; Krohn/Löding 2015, 72.
51 Ice T 1995, 105.

Champagner. Sie bedienten die Karikatur des Proll-Gangsters. Sie prahlten, glitzerten, feierten sich selbst und machten ihre Widersacher mit giftigen Schmähreden nieder.[52]

Gleichzeitig verlangte der Markt nach Gangsta-Babes mit möglichst deftigen Rundungen und alle so nackt, wie es das Gesetz gerade noch zuließ. The Notorious B.I.G schickte seine Freundin Lil' Kim mit *Hard Core* ins Rennen. Sie radikalisierte ihr Image nach den Worten von Diedrich Diederichsen „als Königsschlampe" und ließ nur noch „Juwelen und Gang-Tattoos an ihren immer nackteren Körper".[53] Zu ihr gesellten sich Foxy Brown mit den harten und teils obszönen Texten von *Ill Na Na* sowie Trina mit den ebenfalls sehr krassen und schlüpfrigen Songs von *Da Baddest Bitch*. Alle rappten über Sex, und sprachen damit auch über Geld. „No money, money, no licky licky, fuck you dicky, dicky", verkündete Lil' Kim – brauchst du Kohle, dann besorg es einem Kerl, so ihre Botschaft. Da der kriminelle Star zur Rap-Folklore gehört wie dicke Ketten, blinkende Goldzähne und massige Autos, konnten auch viele dieser Bitches den Beleg erbringen, mit der Justiz in Konflikt geraten zu sein.[54]

Die Erfolgreichsten unter den Gangsta-Rappern stiegen mit ihrem unflätigen Geschnatter zu internationalen Stars auf, weil die weiße Vorstadtjugend in den USA und anderen Ländern ihre mörderischen und die Misshandlung von Frauen preisenden Platten kaufte, weil sie den zum Star erkor, der das längste Vorstrafenregister, die meisten Verwundungen und die meisten Kerben in seiner Glock vorzuweisen hatte. Während die schwarzen Jugendlichen im Ghetto sich diese Platten als Raubkopien besorgten, ließen die weißen Vorstadtkids die Kassen der Labels klingeln. Diese mit Taschengeld reichlich gesegneten Jugendlichen, und nicht nur sie, rochen das Blut, das aus diesen Platten tropfte, und spürten instinktiv, dass sie damit ihre Eltern wieder gehörig schockieren konnten. Jeder noch so schmalbrüstige und pickelige Jugendliche ahnte, dass er mit diesem „Nigganigga, fuckthisfuckthat bitchbitchbitch suckmydick" etwas in die Hand bekam, um die neugierigen oder neidischen Blicke anderer auf sich zu lenken. Andere ließen sich von dem Rhythmus mitreißen, von dem Groove, von dem Verschobenen, Treibenden, der verzögerten Betonung im Takt.

Ende der Neunziger tauchte plötzlich wie aus dem Nichts ein stets missgelaunter blasser Blonder auf und widerlegt die allgemeine Meinung, Weiße könnten nicht rappen – Eminem. Zuvor hatten lediglich die weißen Beastie Boys, die von ihrem schwarzen Manager von einer Hardcore-Punk-Band zu echten Rappern umgemodelt worden waren, 1986 mit *Licensed to Ill* Millionenerfolge vorweisen können. Eminem aber wurde mit seinen respektlosen, wütenden und beleidigenden Rhymes zu einem wirklichen Superstar, zum ersten Superstar des neuen Jahrhunderts. Er hatte sein Handwerk als Sohn einer drogenabhängigen, gewalttätigen und alleinerziehenden Mutter in einem verfallenen Problemviertel von East Detroit inmitten von Afroamerikanern von der Pike auf gelernt und mit dieser knackigen Unterlage

52 Cohn 2008, 108–111.

53 Diederichsen 2005, 32; Goldsmith/Fonseca 2019, Bd. 1, 424–425.

54 Kerstin Grether, *Material Girls*, in Kemper/Langhoff/Sonnenschein 2002, 344–353, hier 347.

seine höchst aggressiven, meist beleidigenden Texte verfasst, die mit ihren Gewaltphantasien viele schockierten und aufheulen ließen, aber die Kassen zum Klingeln brachten. Eminem tat das, was unter Rappern eigentlich verpönt war. Als Loser erzählte er genau von diesen Nackenschlägen und seiner Mutlosigkeit. Er entblößte sich und entweihte seine eigene Mutter. Seine Texte bestanden, wie sein Biograph Anthony Bozza schrieb, aus einem „schnoddrigen Nihilismus, Selbstekel, Zerstörungswut, scharfzüngigen Battle-Raps, abgefuckter Familienpathologie und Comedy-Elementen, sowohl in ihrer subtilen als auch slapstickmäßigen Form“.[55]

Seine Platten waren genau das Gegenteil der erfolgreichen Teenie-Musik jener Jahre mit ihrem keuchen Sexappeal und ihrem süßen Dance-Pop. Gleichwohl verkauften sich Eminems um sich schlagende Attacken auf seiner *Marshall Mathers LP* letztlich 32 Millionen Mal. Darauf befindet sich ein Track mit dem Namen *Kim*, benannt nach seiner damaligen Noch-Ehefrau. Es ist ein rasend schneller Rap über einen Ehestreit, der blutig endet, als der Rapper schließlich seiner Frau mit den Worten „Blute, Schlampe, blute“ die Kehle durchschneidet und sie in dem Kofferraum seines Wagens entsorgt. Bei seinen öffentlichen Auftritten veranschaulichte Eminem diesen Streit, indem er eine aufblasbare Sexpuppe beschimpfte und scheinbar vergewaltigte.

Umgehend fühlten sich viele beleidigt und bedroht – Politiker, Prominente, Eltern, Schwule und Lesben. Für sie war Eminem ein moralischer Krimineller und eine Bedrohung für die gesamte Nation: ein Rattenfänger, den die Kids liebten und die Eltern fürchteten. Eltern sahen eine Teenie-Apokalypse aus schlechtem Benehmen, Drogen und Gewalt auf sich zurollen. Protestierende Frauenrechtsgruppen und Schwulenaktivisten begleiten mit Trillerpfeifen und Transparenten seine Konzerte mit dem Höhepunkt während der Zeremonie zur 43. Grammy-Verleihung im Februar 2001 in L.A., als Eminem diese Proteste mit einem gemeinsamen Duett mit dem englischen Popstar Elton John konterte, der bekanntlich offen zu seiner Homosexualität stand. Die größte feministische Organisation der USA, die National Organization for Women (NOW), ging die Musikindustrie vehement an, weil sie diese Musik veröffentlichte, um damit Geld zu verdienen.

Madonna dagegen sprang Eminem zur Seite und schrieb in einem offenen Brief an die Los Angeles Times: „Ich halte die Sprache von George W. Bush Jr. für sehr viel anstößiger. Ich finde es gut, dass Eminem rotzig ist, zornig und politisch unkorrekt. Er hat wenigstens eine Meinung. Er tritt Sachen los, bringt das Blut der Leute zum Kochen. Er spiegelt wider, was gerade in der Gesellschaft los ist.“[56] Die gesamte öffentliche Diskussion kreiste erneut um die Grenzen der freien Meinungsäußerung und den Einfluss der Popmusik auf die Jugend.

Eminem kam bei den Jugendlichen an, weil er über Erfahrungen rappte, die viele seiner Fans mit ihm teilten: unterbezahlte und miese Jobs, zerrüttete Elternhäuser und Drogenmissbrauch. Gleichzeitig jedoch artikulierte er seinen Gefühlzustand, über den die meisten lieber schwiegen: Hass auf Eltern, Hass auf das andere

55 Bozza 2003, 36.
56 Zit. nach Bozza 2003, 141; Paytress 2012, 302–303; Nick Hasted, *The dark story of Eminem*. London: Omnibus, 2003.

Geschlecht, Hass auf sich selbst.[57] Angesichts des Riesenerfolgs des weißen Rappers wollte auch Hollywood nicht abseits stehen und diese Gewinnchance nicht verpassen. Der Oscar- und Emmy-prämierte Spielfilm *8 Mile* mit Eminem in der Rolle des „B-Rabbit" Jimmy Smith Jr. ließ ganz plötzlich die wutgeladenen Vorbehalte vieler aus der älteren Generation schwinden. Mehr und mehr Journalisten und Eltern arrangierten sich irgendwie mit Amerikas bösem Buben, sahen in ihm plötzlich den hart arbeitenden, alleinerziehenden Vater und wippten anschließend glücksversunken im Takt zu des Rappers Musik.

Andere blieben bei ihrer ablehnenden Haltung. Der Chicagoer Musikkritiker Jim DeRogatis sah in Eminem ein industriell gefertigtes Massenprodukt und ein von seinem Manager massengerecht manipuliertes Rebellengebrüll. Für ihn war Eminem ebenso ein Produkt der Musikindustrie wie Britney Spears. Wörtlich: „Eigentlich gibt es gar keine so großen Unterschiede, allerdings ist seine Taktik die der billigen Sensationsmache und des Schockierens, während im Unterschied dazu Britney eben ihre künstlich vergrößerten Brüste ausstellt. Popmusik ist von Natur aus Wegwerfware. [...] Wenn man ein echtes Problem mit einer Frau hat, sollte man mit dem Reimtalent eines Eminem doch eigentlich geeignetere Ausdrucksmöglichkeiten finden, als darüber zu fantasieren, sie zu töten, aufzuschlitzen, und die Leiche zu Hackfleisch zu verarbeiten."[58]

Die Inhaber der Labels klopften sich indes vor Freude auf Schenkel und Brieftaschen, weil die meisten Gangsta-Rapper im In- und Ausland Politiker, Geistliche, Kommentatoren und Eltern gegen sich aufbrachten und damit einige Hip-Hopper in noch ertragreichere Goldesel verwandelten. Behörden und Eltern prangerten diese Verherrlichung von Mord und Totschlag, Rassismus und Frauenfeindlichkeit, Drogen- und Alkoholmissbrauch sowie die Missachtung des Gesetzgebers und der Behörden weiterhin lautstark an. Elternverbände riefen zum Boykott von Plattenkonzernen, -läden und Rundfunksendern auf, die Rap im Programm hatten, und das FBI legte dem Kongress eine Studie über „Rap und seine Auswirkungen auf die nationale Sicherheit" vor. Die öffentliche Aufregung und die Angstlust der weißen Mittelschicht machten den Rap erst wirklich bekannt und ließ die Absatzzahlen geradezu explodieren. Musikindustrie und Medien akzeptierten zwar eine gewisse Selbstzensur und boykottierten „schmutzige" Songs, erreichten damit jedoch meist das Gegenteil. Die auf dem Index stehenden Platten wurden zu Kultobjekten, schossen in den Charts an die Spitze, und die Rapper mit den krassesten Provokationen erreichten den höchsten Bekanntheitsgrad.[59] Die großen Labels wussten zwar mit dem Hip-Hop lange Zeit nichts anzufangen, wurden aber von dessen Erfolg angelockt und gingen zunehmend Partnerschaften mit unabhängigen Labels ein. Die sollten für sie die Kärrnerarbeit leisten – neue Talente entdecken, Trends setzen und Prügel einstecken.

57 Bozza 2003, 48–50.
58 Zit. nach Bozza 2003, 153–154.
59 Ice-T 1995; Klaus Farin, *Who gives a f...?* und *Rap light*, in www.bpb.de/gesellschaft/kultur/jugendkulturen-in-deutschland [12.01.2016].

Hip-Hop war „in", und blieb es, weil immer neue Rapper immer neue Varianten des Sprechgesangs produzierten und ihn mit irgendwelchen Besonderheiten garnierten, die für Schlagzeilen sorgten. Das schwül-feuchte Klima der Südstaaten der USA schien irgendwie besonders geschaffen für einen extrem schlüpfrig-zotigen Hip-Hop, der in heißen Reimen von prallen „bad bitches" und deren speziellen Qualitäten schwärmt, der geradezu zärtlich die geliebte Maschinenpistole besingt und Kochrezepte für den allerbesten Crack unter den Hörern verteilt. Natürlich prahlten die Rapper auch hier auch weiterhin mit ihrem Super-Bling-Bling – mit Luxusmarken wie „Saatshi", soll heißen: Versace. Auch sie träumten weiterhin von einem coolen Amerika und sozialem Aufstieg.

Kurz vor Ende des ersten Jahrzehnts des neuen Jahrhunderts entwickelte sich im schwül-heißen Atlanta mit Trap schließlich eine weitgehend neue Spielart des Hip-Hop. Sein Name verweist auf seine Herkunft – auf die kaputten Häuser als Quartiere der Drogendealer und auf den Sumpf von Drogen und Gewalt in der Hauptstadt des US-Staates Georgia. Mit seinen verschleppten Beats, grellen Sounds, tiefen Synthie-Bässen, stotternden Kick-Drums und wiederholt extrem beschleunigten Beckenschlägen schaffte er eine düstere, aggressive Atmosphäre, eine fast dunkle Übellaunigkeit beziehungsweise ein passendes Klima für alle diese Songs, die Geld und Gewalt verherrlichen, sexuelle Minderheiten als Scherzartikel nutzen und Frauen auf Körperöffnungen reduzieren, wie Paul-Philipp Hanske anmerkt. Nur gut, dass der Hörer Vieles von dem geradezu herausgesabberten Südstaaten-Slang und den kryptischen Abkürzungen und Verweisen nicht versteht.

Dazu passt, dass die in Atlanta produzierten Trap-Raps zunächst in dem teuren Strip-Club Magic City getestet wurden, wo dralle Stripperinnen auf dem Laufsteg und an Turngeräten ihre gymnastischen Lockerungsübungen vollzogen, während gleichzeitig Tausende von Dollarscheinen auf sie herunterregneten. Ein Rap-Song bestand hier seine Hit-Tauglichkeit, wenn er den Einfallsreichtum der Stripperinnen beflügelte und das Publikum ausflippte. Erst dann wurde er zum Verkauf freigegeben.

Mit dieser Promotion, ihrem kunstvoll verflochtenen polyfonen Rap und ihren aufreizenden Hooks haben sich harte Jungs wie Gucci Mane, Baauer und Fetty Wap in die Charts gekämpft, entscheidend unterstützt von Produzenten wie Zaytoven, dessen Vater als Prediger und dessen Mutter als Chorleiterin ihren Sprössling vormals jeden Tag mit in die Kirche nahmen. Das Ergebnis mochte den Eltern nicht gefallen. Als Produzent der drei Migos – Quavo, Offset und Takeoff – brachte der Sohn Alben in die Charts, die selbst in der liberalsten Kirche keine Gnade und Vergebung fänden. 2017 demonstrierten die Migos mit ihrem stotternd vorgetragenen Album *Culture*, was sie außer der von ihnen besungenen Protzwelt und den Gangster-Mythen unter Kultur verstehen: „I fucked the bitch and gave her back."

Trotz seiner meist recht einfältigen Texte aus dem Ghetto-Gockelland ist Trap heute genauso angesagt wie zuvor der Gangsta-Rap. Sogar chinesische Rapper wie die Higher Brothers fahren auf ihn ab, die Electronic Music streut den Sound heute über die ganze Welt, Pop-Stars wie Rihanna haben ihn übernommen und der 2018 meistgestreamte Latino-Künstler Bad Bunny aus Puerto Rico vermischt den düsteren Trap-Sound aus Atlanta mit Reggaeton und anderen karibischen Rhythmen zu

Latin-Trap. Derweil präsentiert in Paris der im Kongo geborene Rapper und Sänger Maître Gims auf seinem Album *Ceinture Noire* Afro Trap – fast zweieinhalb Stunden lang in 40 Tracks ein Wortgeballere aus harten Worten unterlegt mit dröhnenden Trapbeats.[60]

Da aber für den Rap als Wegwerfware das Frischhaltedatum ebenso schnell abläuft wie für den übrigen Pop, war es irgendwie abzusehen, dass nach dem ermüdenden Geprahle über Shoot-outs und Sexpartys die geschäftstüchtigsten Rapper vor ihre Fans auch einmal im Schafspelz auftreten würden, um diese mit frommen Sprüchen zu schockieren, um mit ihrer angeblichen Wandlung vom Saulus zum Paulus die Aufmerksamkeit auf sich zu lenken und das Taschengeld der Kids in ihre Kassen umzulenken. Kanye West, dessen permanente Selbstüberhöhung immer mehr krankhafte Züge annahm, nannte sein 2016 erschienenes Album *The Life of Pablo* in Anspielung auf den Apostel Paulus, nachdem er drei Jahre zuvor bereits mit seinem Album *Yeezus* noch höher hinauf auf der Himmelsleiter geklettert war, sich auf eine Stufe mit Jesus gesetzt hatte sowie in dem Stück *I Am A God* mit Gottvater selbst. In seinem Song *Wolves* verglich er später seine Ehefrau, die mit Sexvideos und ihrem Auftritt im Reality-TV bekannt gewordene Kim Kardashian, mit der Heiligen Jungfrau Maria.

Der mit dem Pulitzerpreis geehrte Kendrick Lamar hüllte sich derweil in dem Video zu seinem Album *Damn* aus dem Jahr 2017 zuerst in den Ornat des Papstes, um anschließend im Kreise von Freunden an einem Tisch Leonardo da Vincis *Abendmahl* nachzustellen.

Schließlich konnte der kalifornische Hip-Hop-Star Snoop Dogg, der stets voller Stolz seine intensiven Kontakte zum organisierten Verbrechen hinausposaunt hatte, der Versuchung nicht widerstehen, in der Rolle eines christlichen Apostels Nächstenliebe und Vergebung zu predigen und sein Album *The Bible of Love* „mit schmachtenden Chören und seufzenden Kirchenorgeln und ‚*Praise the Lord!*' jauchzenden Sängern zu unterlegen, so Daniel Haas.[61] Gleichwohl ist es wahrscheinlich verfrüht, das endgültige Ende des Härter-Fetter-Reicher-Hip-Hop zu verkünden. Noch immer fällt weltweit vielen Rappern nichts anderes ein, als alle Attribute eines extrem hedonistischen Lebensstils durchzudeklinieren sowie von Konsumrausch und frauenverachtendem Sex als einzigem und höchstem Lebensziel zu schwadronieren.

Inzwischen ist Hip-Hop in die Jahre gekommen und gilt doch noch immer als eine ganz junge Musikrichtung und Jugendkultur. Obwohl die Stars der Old School, falls sie überlebt haben, heute bereits im Rentenalter sind, bleibt der Hip-Hop in der öffentlichen Wahrnehmung ein Jugendphänomen. Seine inzwischen einsetzende Musealisierung lässt seine grauen Schläfen jedoch in strahlendem Glanz erscheinen.

60 Paul-Philipp Hanske, *Hip-Hop aus Atlanta ist der Pop der Stunde*, in Süddeutsche Zeitung vom 8. Febr. 2017; Felix Zwinzscher, *Diese Band hält das Netz für die beste der Welt*, in Welt N24 vom 1. Febr. 2017, in www.welt.de/kultur/pop/article161716747 [09.10.2017]; Gian-Andrea Gottini, *‚Ceinture Noire': Maître Gims zementiert seinen Status als Superstar*, in hiphop.de vom 13. April 2018.

61 Balzer 2016, 228–229; Daniel Haas, *Der Gott des Pop*, in DIE ZEIT vom 17. Mai 2018, 55.

2007 wurden Grandmaster Flash & the Furious Five in die Rock and Roll Hall of Fame in Cleveland aufgenommen. 2009 folgten Run-DMC, 2012 die Beastie Boys, 2013 Public Enemy, 2016 N.W.A. und ein Jahr später Tupac Shakur. 2015 beziehungsweise 2017 möbelten die Regisseure F. Gary Gray mit dem Film *Straight Outta Compton* sowie Benny Boom mit *All Eyez On Me* das Rapmuseum mit zusätzlichen Ausstellungsstücken auf. 2016/17 veröffentlichte Netflix schließlich die elfteilige Serie *The Get Down* über den Urknall des Rap in der Bronx, wo eine Gruppe von Jugendlichen um Ezekiel ‚Zeke' Figuero mit Hip-Hop der Armut zu entkommen suchte. Unter Einsatz aller filmischen Mittel strickten die Regisseure weiter fleißig an der Legendenbildung. Schon die Episodentitel verstanden sich als Mythen, Fabeln und Erbauungsdichtung: *Wo Ruinen sind, gibt es Hoffnung* oder *Du hast Flügel, lerne zu fliegen* oder *Der Beat weist dir den Weg.*[62]

BLING-BLING – DIE GREAT GATSBY-ÄRA DES HIP-HOP

Viele Labels rieben sich hocherfreut die Hände, da sie mit dem Gangsta-Rap auf eine mächtige Goldader gestoßen waren. Und mit ihnen jubelten auch Geschäftsleute, die die entsprechenden Accessoires auf Lager hatten – Klunker und Kleidung, mit den sich die Stars der Szene behängten, Kapuzenshirts und Baggy-Jeans, aber auch dicke goldglänzende Ketten und protzige Ringe. Die neuen Klamotten garnierten die Kids mit authentischen Gesten und einem authentischen Slang oder was die Jugendlichen, die sich mit latschendem Gang einander näherten, sich abklatschten und Dog nannten, für authentisch hielten. Vor allem Weiße machten auf Schwarz, auf Ghetto-Schwarz, und Modemacher verwandelten den Ghettomüll in Glamour und Sexy-Schick und vor allem in Gold. Es war schon irgendwie verrückt, wenn die schwarzen Rapper von Public Enemy über die Renaissance schwarzer Militanz, über Revolution und amerikanische Apokalypse rappten, während ihnen die Besitzer des schneeweißen Labels CBS Records dafür Millionen hinblätterten, um „ihre Aufrufe zum Durchschneiden von Unternehmer-Kehlen vertickern" zu dürfen, so David Foster Wallace.[63]

Es hatte Jahre gedauert, ehe Rap, Graffiti und Breakdance von der Bekleidungsindustrie wahrgenommen wurden und auf die Mainstreammode abfärbten. In den Kindertagen des Hip-Hop hatten noch selbst bemalte Trainingsanzüge mit falschen Logos, seitlich getragene Baseballkappen oder Skimützen genügt, um sich als Mitglied der Szene auszuweisen. Improvisation war gefragt gewesen – je schriller, desto besser. Noch trennten Lichtjahre die Welt des Ghettos und die der Fashion Weeks. Noch wusste die Bekleidungsindustrie überhaupt nicht, was sich auf den Straßen und Hinterhöfen der Bronx abspielte.

Die ersten, die mit dem Outfit der Hip-Hopper Geld verdienen wollten, kamen aus dem direkten Umfeld der Szene. Der später als Designer berühmt gewordene

62 Felix Zwinzscher, *Hip-Hop ist schon lange Geschichte*, in Welt vom 11. Aug. 2017, www.welt.de/kultur/pop/article165502943.

63 Wallace/Costello 2014, 114.

Dapper Dan hatte zunächst mit dem Verkauf gestohlener T-Shirts, Blousons und Hosen bekannter Marken, die bei Rappern und Breakdancern „in“ waren, seinen Lebensunterhalt bestritten. Ab Mitte der Achtziger begann er mit eigenen Kreationen, die noch recht tief fliegenden Protz-Träume von Rappern und zu Geld gekommenen Crackdealern zu erfüllen. Für die farbenprächtigen und aufgeplusterten Pfauen, die beim Schaulaufen in den Straßen der Bronx die Blicke auf sich lenken wollten, entwarf er seidig schimmernde Jacken mit extrem breiten Schultern und dick wattierten Ärmeln, in giftigen Farben und stets mit einem falschen und übergroßen Logo einer Luxusmarke wie Gucci, Fendi oder Versace versehen – eine Mode für Prahler, Poseure und Dicktuer.[64] Gleichzeitig ließ sich der Designer Will Smith von den frühen Hip-Hoppern inspirieren. Er heuerte mehrere Sprayer an, die für ihn T-Shirts mit Neonfarben und graffitiartigen Aufdrucken entwarfen.

Allmählich begriffen die ersten Rapper, dass sich nicht nur mit Schallplatten Geld verdienen ließ, sondern auch mit den Botschaften der Songs. Den Anfang machte der geschäftstüchtige Russell Simmons, dessen Label Def Jam bereits erste Erfolge mit LL Cool J und den Beastie Boys aufzuweisen hatte. Er empfahl seinem Bruder Run, Mitglied des Trios Run-D.M.C., über ihre Kleidung einen Track zu schreiben. Das war keineswegs revolutionär, da alle Rapper in ihren Songs schon immer ihr unmittelbares Umfeld und ihre Vorlieben beschrieben hatten. Die Drei traten stets in Trainingsanzügen und Sneakern von Adidas auf, auf dem Kopf Fedora-Hüte, wie sie Humphrey Bogart in *Casablanca* getragen hatte, und um den Hals dicke Goldketten. Andere Rapper bevorzugten Schuhe von Reebok oder Nike, fanden die Klamotten von Polo Ralph Lauren cooler als alle anderen und träumten von berühmten Modemarken aus Paris und Mailand. Für Run-D.M.C. waren dagegen Sneakers von Adidas das Größte: blaue und schwarze, gelbe und grüne, rote und weiße, für den Sport, für die Straße, für die Konzertbühne. Ihr Song *My Adidas* geriet zu einer Liebeserklärung für die Sportschuhe mit den drei Streifen, die die Rapper nicht gestohlen, sondern ehrlich erstanden hatten, in deren Besitz sie keineswegs wie andere als Crack-Dealer gekommen waren, wie sie immer wieder betonten.

Als das Trio mit seinem neuen Album *Raising Hell* im Sommer 1986 auf Tournee ging, lud der Tour-Manager den in L.A. wohnenden amerikanischen Marketing-Manager von Adidas, Angelo Anastasio, zu einem Konzert seiner Schützlinge im New Yorker Madison Square Garden ein. Anastasio war nach Ende seiner Karriere als Fußballprofi, während der er 1974 und 1975 als Verteidiger bei New York Cosmos für kurze Zeit zusammen mit Pelé gespielt hatte, zu Adidas gestoßen. 1984 war ihm ein erster Coup für den deutschen Sportartikelhersteller gelungen. Er hatte erreicht, dass der Schauspieler Sylvester Stallone in der Rolle des Rocky Balboa in *Rocky IV – Der Kampf des Jahrhunderts* nicht mehr wie zuvor in Nike-, sondern in Adidas-Boxstiefeln in den Ring gestiegen war. Im Madison Square Garden konnte Anastasio indes beobachten, wie Run Simmons den Song *My Adidas* mit einem den

64 Benedict Browne, *Dapper Dan: Harlem's Hip Hop Tailor*, in The Rake. The Modern Voice of Classic Elegance vom Sept. 2017, in www.therake.com/stories/icons/dapper-dan-harlems-hip-hop-tailor.

jugendlichen Zuschauern bereits vertrauten Ritual einleitete. Der Rapper zog seine Adidas-Sneaker aus, hielt sie in die Luft, worauf ein Großteil der 20.000 Zuschauer es ihm gleichtat. In den vielen tausend hochgehaltenen Adidas-Schuhen und dem frenetischen Jubel erkannte Anastasio sofort das riesige Käuferpotential, das alle Sportartikelproduzenten bisher übersehen hatten. Adidas, Puma, Nike und alle anderen verstanden sich noch immer als reine Sportmarken und setzten in den USA vor allem auf Spieler der National Basketball Association (NBA) als Werbebotschafter, nicht jedoch auf afroamerikanische Jugendliche aus städtischen Problemzonen.

Angelo Anastasio musste der Familie Dassler zuerst erklären, was Rap-Musik ist. Noch gab es in Deutschland keine Rapper, und den Film *Wild Style!* hatten sich 1983 nur einige wenige Jugendliche im Fernsehen angesehen. Letztendlich gelang es Anastasio, die Firmeninhaber davon zu überzeugen, Run-D.M.C. mit einem Sponsoring-Vertrag in Höhe von einer Million US-Dollar an Adidas zu binden. Den von den Rappern besungenen Sneaker *Superstar* mit seiner prägnanten muschelartigen Gummikappe brachte die Firma aus Herzogenaurach anschließend mehrfach in limitierter Auflage heraus. Es sollte der erste Vertrag zwischen einer Sportartikelfirma und Stars von außerhalb des Sports sein. Damit vollzog Adidas den ersten Schritt vom Sport in die Kultur und engagierte sich nicht mehr nur auf dem Performance-Markt mit seinem Höher, Schneller und Weiter. Nike folgte alsbald. Fortan musste man kein Basketballstar mehr sein, um gegen gute Bezahlung erfolgreich für Basketballschuhe zu werben.

Noch wichtiger war, dass diese Sportschuhe fortan nicht mehr nur von Sportlern beim Sport getragen wurden, sondern von jedermann und jederzeit als Lifestyle. Aus einem Sport-Look wurde ein hochprofitabler Street-Look, der das Feeling der urbanen Jugend sichtbar machte: Ich bin locker drauf, bin cool und dynamisch. Die Hip-Hop-Pioniere trugen mit diesem Vertrag ganz wesentlich dazu bei, Sportschuhe und Sportbekleidung von dunklen und schmutzigen Hinterhöfen auf den lichten und glitzernden Boulevard sowie die Rap-Musik von den Problemvierteln in den weißen Mainstream zu befördern. Hip-Hop wurde sichtbarer und gewann an Glaubwürdigkeit.

Für Adidas wurde die Zusammenarbeit mit Run-D.M.C. endgültig zum Erfolg, als MTV 1988 seine Sendung *Yo! MTV Raps* mit dem Moderator Fab 5 Freddy startete und der Sender das Video zu *Raising Hell* und damit Run-D.M.C. in ihrem Adidas-Outfit in die Heavy Rotation brachte.[65] In den neunziger Jahren sah sich schließlich auch die elitäre Mode gezwungen, die Energie der Straße aufzunehmen, zumal die Kids als ihre zukünftigen Kunden nur noch Sportmarken trugen. Bei den großen Modeschauen trabten fortan Models im Trainingsanzug und in Tennissocken über den Laufsteg. Die Industrie der Träume setzt seitdem vermehrt auf eine komfortable Mode.

65 Nicholas Smith, *Kicks. The Great American Story of Sneakers*. New York: Crown Publishing, 2018, Kap. 11; Barbara Smit, *Sneaker Wars*. New York: HarperCollins Publishers, 2008, 193–195; Hess 2007, 79–84.

Seit Ende der achtziger Jahre zeigten sich auch immer mehr Firmen bereit, erfolgreiche Rapper als Werbeplattform zu nutzen, und immer mehr Rapper dienten sich von sich aus großen Markenfirmen an. Genauso wie die professionellen Griots in Westafrika schon immer ein Loblied auf diejenigen Herrscher gesungen hatten, die sie finanziell unterstützten, so auch zahlreiche Rapper. Grand Puba, zunächst Mitglied von Masters of Ceremony, war einer der ersten. 1992 rappte er zusammen mit Mary J. Bliges und lobte in *What's the 411?* die Klamotten von Tommy Hilfiger. Als Dank durften sich Puba und seine Leute in den Geschäften von Hilfiger kostenlos bedienen. Auch andere Rapper bedachten die Marke daraufhin mit Reimen, worauf Hilfiger auf den Hip-Hop-Zug aufsprang und junge schwarze Modedesigner einstellte, die seine Kollektionen auf diesen Jugendmarkt zuschnitten – extra weite und tief sitzende Jeans ohne Gürtel, vielfach in den Farben Weiß, Blau und Rot, Unterwäsche, Pullover und T-Shirts mit immer größeren, fetteren und bunteren Logos. Erfolgreiche Rapper wie Snoop Dogg ließen sich vor einem Fernsehauftritt mit den jeweils neuesten Kreationen des Hauses kostenlos einkleiden, um anschließend Hilfiger in ihren Reimen zu erwähnen. Der Deal nützte beiden Seiten. In den folgenden Tagen stürmten die Kids Platten- und Modeläden und liefen in den Straßen als lebende Reklametafeln kostenlos Werbung für Hilfiger.

In der Mode der neunziger Jahre schien unter dem wachsenden Einfluss von Straße und Popmusik alles möglich. Zu Beginn des Jahrzehnts folgte ein Teil der Haute Couture plötzlich dem Minimalismus und der Schlichtheit des Österreichers Helmut Lang, ein anderer orientierte sich am Outfit der Grunge-Stars Kurt Cobain und Courtney Love. Andere Herolde der elitären Mode begannen einen heftigen Flirt mit der Straße. Karl Lagerfeld schickte Models mit Gliederketten und Logos auf die Laufstege, als sollten sie in einem Hip-Hop-Musikvideo auftreten. Bei der Präsentation der Frühjahr/Sommer-Kollektion von Chanel betrat Linda Evangelista mit Surfbrett, Chanel-Jacke und Radlerhose den Runway, und drei Jahre später demonstrierte Karl Lagerfeld die Nähe zur Pop-Kultur mit Rollerskates, Strickmützen, boyischen Anzügen mit weiten Hosen, Bermuda-Shorts und Kettengürteln.[66]

Derweil umkreisten einige der nach Glanz und Glorie lechzenden Rapper die italienische Modemarke Versace und ihren Gründer Gianni Versace. Die Geschwister Versace galten Mitte der Neunziger neben Christian Lacroix und Chanel als die Götter des Bling. Ihr Name stand für die lauteste, auffälligste und glamouröseste Mode, die Reichtum anstatt scheuen Minimalismus demonstrierte. Das neobarocke Design der meisten dieser Kreationen, die seidig glänzenden Stoffe mit ihren leuchtenden, teils knalligen Farben und Marmorierungen, der Flitter, die Logo Designs, Edelsteine, Goldketten sowie das luxuriöse Leben ihres Schöpfers zogen alle Rapper an, die Luxus, Protz und Bling-Bling über alles liebten. Gianni Versace, der Tupac Shakur zum „schönsten Mann der Welt" erkor, halb Gangster, halb Verführer, ließ diesen im klassischen Versace-Look mit gemusterten Oberteilen aus Seide, breiten Goldketten und riesigen Goldmedaillons über den Catwalk stolzieren oder auch im goldenen Anzug, aufgemotzt mit globigen goldenen Uhren und Ringen.

66 Hella Schneider, *Das waren Karl Lagerfelds legendärste Kollektionen für Chanel*, in VOGUE vom 19. Febr. 2019, www.vogue.de.

Der Modeschöpfer hoffte von der Globalisierung des Hip-Hop zu profitieren, die in diesen Jahren vor allem von MTV vorangetrieben wurde. Diese Hoffnungen zerschlugen sich mit den beiden Morden an Tupac und Gianni Versace. Der Rapper starb im September 1996, der Modeschöpfer zehn Monate später. Damit endete diese Episode, ehe sie richtig begonnen hatte.[67]

Dagegen setzten gegen Ende des Jahrzehnts während der Hochzeit des Gangsta-Rap schwarze Modeschöpfer die entscheidenden Akzente. Die größte dieser afroamerikanischen Erfolgsgeschichten schrieb der aus Brooklyn stammende Carl Williams, nachdem er sich 1989 in Los Angeles als Karl Kani niedergelassen hatte. Er roch früh den Baggy-Trend der neunziger Jahre, warf bereits 1991 Super-Baggys und Sweatshirts mit dicken Aufschriften auf den Markt und gewann Rapper wie Tupac Shakur als Werbebotschafter. Bald schlüpften andere bekannte Rapper wie The Notorious B.I.G., Dr. Dre und berühmte Schauspieler wie Will Smith in die luftig geschnittenen Stoffe von Karl Kani, der es mit seinen überweiten Trainingshosen, Jeans und Jacken schon bald in die großen Malls schaffte. Sein Umsatz explodierte geradezu und stieg bis Ende der neunziger Jahre auf rund 60 Millionen US-Dollar.[68]

Seine Erfolge ermunterten umgehend weitere Afroamerikaner, auf dieser Erfolgswelle mitzusurfen. 1990 gründete der Designer Carl Jones in L.A. das Hip-Hop-Modelabel Cross Colours, das für seine bunten Klamotten mit dem Slogan „Clothing without Prejudice“ warb. Zwei Jahre später folgte der Afroamerikaner Daymond John mit FUBU, als er einen kleinen Laden in seinem Elternhaus in Hollis, Queens eröffnete und mit seinem Hip-Hop-Stil und dem Slogan „For Us, By Us“ einen Kassenschlager landete. Angesichts dieser Erfolge mit Mode begannen immer mehr Rapper, jene Klamotten und Klunker selbst zu verhökern, die sie mit ihrem Geschnatter unentwegt in den Himmel lobten: Sneaker, T-Shirts, Jacken, Schmuck, Alkohol und anderes mehr. Die 1992 gegründete Hip-Hop-Gruppe Wu-Tang Clan aus New York machte den Anfang und legte sich mit der Bekleidungsmarke Wu Wear ein zweites Standbein zu. Ihre Produkte mit dem Logo einer als W stilisierten Fledermaus brachten ihnen bald mehr ein als ihre Songs.

Fast optimal nutzte Sean Combs, alias Puff Daddy, diese Synergieeffekte und machte als Labelboss, Rapper, Filmproduzent, Schauspieler und Geschäftsmann in der Mode-, Kosmetik- und Gastronomiebranche Ghetto zum millionenschweren Geschäft. Combs wurde nach den Worten von Uh-Young Kim zur „personifizierten Erfolgsstory des HipHops“, zum „wahrgewordenen, afroamerikanischen Traum“. Er nutzte den Rap „als ultimatives Werkzeug des Kapitalismus“. Drei Monate nach dem Mord an seinem Bad-Boy-Schützling The Notorious B.I.G. brachte er die Ballade *I'll Be Missing You* auf den Markt, eine posthume Hommage an diesen Gewaltprediger und Kriminellen, der ihm mit seinen Alben bereits sehr viel Geld eingebracht hatte, mehr noch aber nach seinem Tod. Combs setzte sich bedenkenlos über die im Hip-Hop so wichtige Authentizität hinweg. Echtsein war anfangs der große heilige Schwur des Hip-Hop und ein Rap immer ein persönliches Tagebuch

67 Zucchet 2013, 21—36.
68 George 2002, 211–214.

gewesen. Wer dagegen verstieß, gab zu, dass er nichts zu sagen hatte. Jetzt aber ging es nur noch darum, Brieftasche und Bankkonto zu füllen, wie auch immer. Combs schrieb die Texte seiner Rap-Songs nicht mehr selbst, sondern ließ andere für sich kreativ sein und leitete mit aufgemotzten Ghettosounds Geldströme in seine Kassen um. So war denn auch *I'll Be Missing You* eine Coverversion des Hits *Every Breath You Take* von The Police. Der Refrain, gesungen von Faith Evans, der Witwe des Ermordeten, wurde direkt übernommen, aber umgetextet in „Every step I take/Every move I make". Er machte den Song, der sich weltweit rund zehn Millionen Mal verkaufte, zum Ohrwurm.

Combs stand für den Ausverkauf der Hip-Hop-Kultur. Er war in den Neunzigern der meistgehasste Mann der Rapwelt. Sobald seine Geschäfte nicht wie gewollt liefen, wusste er die Flaute mit gelegentlichen Handgreiflichkeiten oder einer berühmten Freundin auf Zeit zu überbrücken. So blieb er im Gespräch.[69] Schließlich gründete er im Jahr 1998 nach dem Vorbild von Wu-Tang Clan die Modemarke Sean John und vertrieb unter diesem Namen Kleidung, Schuhe, Schmuck und Kosmetika für die Hip-Hop-Kultur, das heißt hängende Hosen so groß wie Müllsäcke, Damenjacken so dick wie Schlafsäcke und Trainingsanzüge so teuer wie Kleider von Chanel.[70]

Gegen Ende des Jahrhunderts hatten einige Rapper mit der Glorifizierung des Gangster-Lebens und der Ghettoexzesse sowie mit Hymnen auf Bling-Bling bereits zig Millionen gescheffelt. Bling-Bling steht seitdem für alles, was teuer ist und glänzt. Es steht dafür, dass man genug Eis, also Juwelen besitzt, um Schlittschuh darauf laufen zu können. Es steht für dicke Schlitten mit den teuersten Felgen und goldglänzenden Muttern. Es steht für Partys am Pool und Surfen auf dem Sunset-Boulevard im fetten Hummer-SUV. Zur gleichen Zeit als die Aktienkurse der Dotcom-Unternehmen schwindelerregende Höhen erreichten, Großunternehmen mittels irrwitzig teurer Fusionen zur absoluten Nummer eins in der Welt aufsteigen wollten und die krassesten Auswüchse der Ökonomie den lautesten Beifall einheimsten, ließ auch das Bling-Bling-Universum alle Hemmungen fallen. Es ließ die Mode funkeln, ein Traum jagte den nächsten, und die Werbung machte das Leben zu einem einzigen Shoppingevent. Zwar hatten alle Rapper schon immer mit Besitztümern geprotzt, aber Ende der Neunziger uferte dieser Protz ins Elitäre aus. Zu Beginn hatten Run-D.M.C. über *My Adidas* gerappt, Puffy dagegen tat es nun nicht mehr unter Prada und Chanel. Zu Beginn gehörten Trainingsanzug und Ghettoblaster zur Grundausstattung eines Rappers, nun mussten es Nerzmäntel, Designerklamotten, Edelsteine und edle Autos sein.

Die erfolgreichsten Rapper hatten inzwischen ihrer Wut abgeschworen und durch Versace, Gucci und Louis Vuitton ersetzt. Puffy und andere schlürften Champagner und begossen damit die Great-Gatsby-Ära des Hip-Hop. Busta Rhymes schwärmten in *Pass The Courvoisier* von französischem Cognac als edlem Helfer

69 Uh-Young Kim, *Rap-Mogul P. Diddy. HipHops Dieter Bohlen*, in SPIEGEL ONLINE vom 1. Nov. 2006 [28.02.2017].

70 George 2002, 165–168; Lars Jensen, *HipHop-Mode. ‚No Logo, please!‘* in Stern vom 23. März 2006.

in allen Lebenslagen. Als Bling-Bling-Rapper scheffelten sie mehr Geld als die Spekulanten an der Börse. Sie verlegten die Blockpartys auf den Ocean Drive in Miami, wo sie von sprudelnden Whirlpools, schnellen Motorbooten und dem obligatorischen Mercedes mit Flügeltüren schwärmten, alles garniert mit Triple-A-Frauen. In dem Video zu *Still D.R.E.* von Dr. Dres zweitem Soloalbum *2001* aus dem Jahr 1999, das sechsfach mit Platin ausgezeichnet wurde, dekorierten sich die mit restaurierten Cadillacs über die Strandpromenade cruisenden Homies mit einem Heer von Bikini-Schönheiten, die ihre „boobs“ und ihren „tasty ass“ ebenso in Schwingungen brachten wie ihre Kumpels die Straßenkreuzer: „No more living hard, barbecues every day, driving fancy cars.“

Jay-Z setzte im selben Jahr noch einen drauf, feierte sich selbst als *Big Pimpin'* auf der allergrößten Jacht, die er in Trinidad auftreiben konnte, umgab sich mit einem Dutzend halbnackter junger Frauen, die er angesichts der Hitze mit seinem damaligen Lieblingschampagner Roederer Cristal abduschen ließ, ehe er sich in den Karneval von Trinidad stürzte, um von der Ladefläche eines Lkw herab Dollarscheine auf die Zuschauer regnen zu lassen. Das alles war weit entfernt vom Alltag in der Hood; das klang eher nach Beach Boys und *Good Vibrations,* nach Krösus und Geldprotz. Wer Gaunereien und Gewalt thematisierte, präsentierte sie nun als Light-Version, wirkte damit aber irgendwie unecht bis lächerlich und kam bei der an scharfe Kost gewohnte Jugend nicht so recht an.

Wie schon die großen Mafia-Epen der Filmregisseure Martin Scorsese und Francis Ford Coppola beteten nun auch die Gangsta-Rapper in ihren Songs erneut den amerikanischen Mythos vom Aufstieg der kleinen Straßengangster zu Millionären nach. Sie überboten jedoch die Mafia-Gangster als Prolls und Protze, indem sie fast nur noch über extreme Statussymbole rappten – über Geld und nochmals Geld, über die teuersten Schlitten und die größten Jachten, über Designerklamotten und fette Brillis, über massive Uhren und den edelsten Champagner, immer umgeben von den tollsten und schärfsten Frauen als Dekoration und Zeitvertreib. Alles musste fett und fetter sein. Kaufte sich ein normaler Millionär einen Mercedes AMG GT, musste sich ein Gangsta-Rapper gleich fünf in unterschiedlichen Farben in die Garage stellen, natürlich mit vergoldeten Felgen und Sitzen. Für Jay-Z zählten auch im neuen Jahrhundert weiterhin nur die schnellsten Jachten, mit denen er vor Monte Carlo seine Kreise zog und große Wellen schlug, ebenso die schnellsten und teuersten Ferrari, mit denen er durch die Straßen der Jet-Set-Metropole kurvte, und natürlich der Bling-Bling-Champagner Armand de Brignac, auch „Ace of Spades“ genannt, mit dem er im Spielkasino groß auftrumpfte. In dem Video zu *Show Me What You Got* aus dem Jahr 2006 wies er den ihm zuerst angebotenen Edelchampagner Louis Roederer Cristal geringschätzig zurück, obwohl er ihn noch kurz zuvor mit Vorliebe in sich hineingeschüttet und als „Cris“ in seinen Liedern besungen hatte: „Let's sip the Cris and get pissy-pissy“. Damit war es vorbei, nachdem der Chef von Roederer die Beliebtheit seiner Marke unter den schweren und inzwischen schwerreichen Jungs der Hip-Hopper und Drogendealer als „nicht willkommen“ bezeichnet hatte.

Andere liebten es noch prolliger und zeigten der realen Welt den Mittelfinger. Ein gewisser Rakim Mayers, inmitten der Ruinen von Harlem aufgewachsen und mit einer höchst erfolgversprechenden Grundlage für eine steile Rapper-Karriere ausgestattet – Vater im Knast, Bruder erschossen, er selbst Drogendealer –, nannte sich fortan mit Großbuchstaben und Dollarzeichen A$AP Rocky. Mit seiner sehr tiefen Stimme ließe sich Geld verdienen, meinte Sony und schloss mit ihm einen Vertrag über drei Millionen Dollar. Und A$AP enttäuschte das Label nicht. Er hatte Erfolg mit Liedern über Alkohol, Bitches, Gras und Sex. In dem Video zu *Goldie* aus dem Jahr 2013 ist alles aus Gold – sein Gebiss, seine Sneaker, sein Revolver, seine vielen Ketten und Ringe wie auch der Schmuck seiner ansonsten nackten Bitches. Selbst der Eiffelturm, an dem er in einem Edelcabrio entlangcruist, ein Bein lässig auf der Wagentür, erstrahlt in seiner Gegenwart golden. Dazu plätschert der Edel-Champagner Armand de Brignac golden auf den Asphalt. Allein das Gefängnis, in dem er sich 2019 in Stockholm nach einer Schlägerei wiederfand, glänzte überhaupt nicht golden.

Immer mehr Rapper legten sich ein zweites oder drittes Standbein zu, um bis an ihr Lebensende finanziell über die Runden zu kommen. Sie begannen oftmals mit dem eigenen Plattenlabel, dann kam eine eigene Modekollektion dazu, dann das eigene Parfüm und die eigenen Getränke, bevorzugt edle Tropfen der alten Eliten – Cognac und Champagner. Die einträglichsten Investments tätigte Jay-Z, der 1999 das Modelabel Rocawear und 2008 unter Mithilfe von Live Nation das Plattenlabel Roc Nation gründete, 2012 bei der Cognac-Marke D'Ussé einstieg, 2014 die Champagner-Edelmarke Armand de Brignac kaufte, sich im folgenden Jahr am Streamingdienst Tidal beteiligte und schließlich 2019 an der kalifornischen Cannabis-Firma Caliva. Alles dies machte ihn zum ersten Hip-Hop-Milliardär.

Dr. Dre dagegen, der 1996 das Label Death Row Records im Streit mit seinem Mitgründer Suge Knight verlassen und mit Aftermath Entertainment ein neues Label unter dem Dach von Interscope Records eröffnet hatte, machte wenige Jahre später mit einem ganz anderen urbanen Statussymbol das große Geld. Nachdem er immer seltener als Rapper und immer öfter als Produzent in Erscheinung getreten war, gründete er 2006 zusammen mit Jimmy Iovine, dem Präsidenten von Interscope Records, das Unternehmen Beats Electronics, eine Firma für Kopfhörer und Lautsprecher. Alsbald trug jeder, der „hip" und „in" sein wollte, vom Fußballstar bis zum Leiharbeiter, auf dem Weg zum Sport und in den Straßencafés die bunten Kopfhörer mit dem unübersehbaren „b". Obwohl dieses Produkt aus Santa Monica, in dem die Bässe heftiger knallen als bei der Konkurrenz, bei neutralen Vergleichstests meist auf den hinteren Rängen landete, glaubte ein Großteil der Popfans, ohne diese Ohrringe der Marke *beats by dr. dre* als Hinterwäldler abgestempelt zu werden. Es war eine Firmengründung eines äußerlich völlig verschiedenen Paars – auf der einen Seite Dr. Dre, ein Berg von einem Mann, der Hip-Hop-König der Westküste, der den Gangsta-Rap zur Explosion gebracht hatte, auf der anderen Seite der kleine und schmale Rock-Produzent Jimmy Iovine, ein Italoamerikaner von der Ostküste, nach den Worten eines Journalisten mit „Augenbrauen wie ein Urwald und Augenringen wie ein Kanalisationsschacht. Ein Trickser, ein Spieler, ein Gauner. Ein Kerlchen wie ein Möchtegern-Mafiosi aus einem Scorsese-Film". Im Frühjahr 2014 erwarb Apple Inc. das Unternehmen für 3,2 Milliarden US-Dollar. Zwei ehemals arme Jungs hatten einen Weg aus der Gosse zu den Goldminen gefunden.[71]

Ansonsten aber waren es vor allem Bekleidungsfirmen, in die Rapper investierten. Im neuen Jahrhundert glaubte fast jeder halbwegs erfolgreiche amerikanische Rapper, mit einer eigenen Modelinie seinen Ruhm mehren und sein Bankkonto füllen zu können. Die Inflation einfallsloser und sich wiederholender Hip-Hop-Klamotten ließ viele zwangsläufig scheitern.

Erfolg versprach dagegen eine Zusammenarbeit mit den weltweit führenden Sportartikelfirmen, die nach dem Vorbild von Adidas weiterhin erfolgreiche Rapper an sich banden und unter deren Namen hochpreisige Sportschuhe als Sondereditionen verkauften. Reebok verpflichtete 2003 Jay-Z, dessen S. Carter Sneaker sofort reißend Abnehmer fanden. Es folgten weitere Verträge etwa mit Rapper 50 Cent. Noch größeren Ruhm versprach indes eine Zusammenarbeit mit großen, stilprägenden Modehäusern. Die Zeit schien günstig, da einige dieser Häuser modisch in der Vergangenheit stehengeblieben und angesichts der Globalisierung, des Aufstiegs unzähliger Neureicher in Asien und Afrika und schnell wechselnder Moden auf neue Impulse angewiesen waren. Hip-Hop, Haute Couture und Luxusmarken fanden zusammen, als Letztere nach 1989 in die milliardenschweren Märkte Asiens vordrangen und dazu frische Ideen benötigten, als sie zugleich hip und traditionell sein wollten. Gleichwohl war es für eine exquisite Kundschaft arbeitende Modemacher äußerst riskant, die Luxus-Tradition mit der Straßen-Ästhetik zu verknüpfen, noch riskanter, die Entscheidung über das äußere Erscheinungsbild des Geldadels den als neureiche Protze verschrienen Rappern zu überlassen.

Der Luxus näherte sich der Subkultur nur mit äußerster Vorsicht und in kleinsten Schritten. Zwar präsentierte Jean Paul Gaultier als Enfant terrible der französische Mode bereits Mitte der neunziger Jahre bei seinen Modeschauen gepiercte und stark tätowierte Models, doch wollte er damit lediglich die Aufmerksamkeit auf sich lenken. Dagegen ging der im Jahr 1854 in Paris gegründete Hersteller von edelstem Reisegepäck und Handtaschen Louis Vuitton seit Beginn des neuen Jahrtausends, wenn auch mit äußerster Vorsicht, recht zielbewusst auf die Hip-Hop-Kultur zu. Zunächst integrierte er sie in einige seiner Kollektionen als Pop Art und verkaufte seine neuen Kreationen als moderne Kunst. Als Ikone der französischen Luxusmarken zielte er vorrangig auf Menschen, die sich mit ihren Käufen nicht Bedürfnisse, sondern Wünsche erfüllten, die hervorstechen wollten und Erlebnisse kauften. In den 1980er Jahren war das Unternehmen als Reaktion auf die Globalisierung und den weltweiten Aufstieg einer konsumfreudigen Mittelschicht in den Luxus-Massenmarkt eingestiegen, beschränkte sich aber auch nach seiner Fusion mit dem Spirituosenhersteller Moët Hennessy im Jahr 1987 zunächst weiterhin auf die Herstellung von Taschen und Koffern mit dem goldenen LV-Monogramm auf beigem Grund, das rund um den Globus als Synonym für exklusive und teure Produkte stand. Daran sollte sich nach den Vorstellungen der Konzernspitze von

71 Julian Dörr, *Wer, wenn nicht wir*, in Süddeutsche Zeitung vom 22. März 2018, 15.

LVMH auch in Zukunft nichts ändern. Zusätzliche Gewinne versprach man sich lediglich von einer Vermehrung der Produktlinien.

1997 verpflichtete der Konzern dazu den US-amerikanischen Modedesigner Marc Jacobs, Mitinhaber eines Mode-Unternehmens, dessen hochpreisige Damen-Kollektion bei den Kritikern großes Lob geerntet hatte, während seine zuvor für Perry Ellis entworfene Grunge-Kollektion bei den Kunden völlig durchgefallen war. Besucher hatten sich nach Präsentation der Kollektion Buttons mit dem Slogan „I Hate Grunge“ angeheftet, und die Inhaber des Labels hatten den Grunge-Fan Jacobs sofort gefeuert. Jacobs machte nie ein Hehl daraus, wie sehr er auf der wilden Musik des Sex Pistols, der New York Dolls und der Ramones stand, wie sehr ihn diese Musik als Designer inspirierte, ebenso wie die Graffitis und unfertig-primitiven Zeichnungen und Kritzeleien des New Yorkers Jean-Michel Basquiat.[72]

1998 etablierte Jacobs bei LVMH die erste Prêt-à-porter-Sparte des Traditionsunternehmens. Indes wurde dem neuen Kreativdirektor klar, dass mit dem traditionellen, rentnerbeigen Design des Hauses, das schon Mütter und deren Großmütter kannten, eine junge, konsumverrückte und stets nach Neuem gierende Generation nicht zu begeistern war. Er verschloss die Augen nicht vor den sich seit 1989 in nie gekanntem Tempo vollziehenden Veränderungen in der Welt, vor allem in Asien, wohin Louis Vuitton bereits rund 40 Prozent seiner Produkte verkaufte. 2001 tat er sich mit dem New Yorker Künstler und Modedesigner Stephen Sprouse zusammen. Beide wollten ein frisches, lebensnahes Design entwerfen, zunächst aber testen, wie die Kundschaft auf ein subkulturelles Flair reagiere. Stephen Sprouse hatte zuvor spektakuläre Mode für Debbie Harry von Blondie, David Bowie, Duran Duran, Mick Jagger und Billy Idol entworfen und im Jahr 1989 seine erste und einzige Kunstausstellung organisiert, auf der er sechs Siebdrucke mit dem Konterfei von Sid Vicious, dem Bassisten der Sex Pistols, präsentierte. Sprouse verhehlte nicht seine Begeisterung für Punk, Andy Warhol und Graffiti. In Paris sprühte er auf ganz normale, beige Vuitton-Taschen mit ihren goldenen LV-Monogrammen mit leuchtenden Graffiti-Farben und viel Schwung mehrfach die drei Worte „Louis Vuitton Paris“.

Das Unternehmen, das bisher mit seinem seit Generationen immer gleichen Design jedes Innovationsrisiko vermieden hatte, ging nun erstmals ein hohes Risiko ein, indem es seiner eher konservativen Kundschaft diese Taschen mit ihrer aus den städtischen Slums stammenden Zeichensprache anbot. Mit einer extrem limitierten Auflage, die allein für die prominentesten Kunden reserviert war, sowie langen Wartelisten suchte die Firmenleitung das Wagnis zu begrenzen, löste damit jedoch einen geradezu hysterischen Hype nach den bunten Bags aus. Jacobs sah sich auf dem richtigen Weg. Er machte eine klassische Luxusmarke zu einem coolen Trendsetter, indem er einer nach Aufmerksamkeit und Einmaligkeit lechzenden zahlungskräftigen Kundschaft ein hybrides Produkt in die Hand gab – halb modisches Accessoire, halb Kunstwerk.[73]

72 Claudia Riedel, *Das rockende Schneiderlein*, in ZEIT ONLINE vom 26. April 2001.
73 Sarah Mower, The man who put Marc in the pink, in The Guardian vom 8. Febr. 2009; Titton 2014, 64.

Die Zusammenarbeit von Modedesignern und bildenden Künstlern war keineswegs neu. 1937 etwa ließ sich die italienisch-französische Modeschöpferin Elsa Schiaparelli von Salvador Dalí einen Hummer auf ein weißes Abendkleid malen und von Jean Cocteau Stoffmuster entwerfen, und 1967 fand Yves Saint Laurent die Inspiration für seine Minirock-Kollektion bei Piet Mondrian. Modehäuser wie Louis Vuitton setzten auf Kunst und führten sie mit Fashion zusammen, weil die meisten Käufer mit ihr Originelles und Geniales verbinden, etwas Einzigartiges und Einmaliges fernab jeder Massenproduktion, weil für sie ein Künstler ein schöpferisches, kreatives Genie ist, ein Designer dagegen eher ein Handwerker. Künstler rangieren in der gesellschaftlichen Hierarchie über Handwerkern, und – wichtig für LVMH und andere Luxusproduzenten – Kunst ist auf einem deutlich höheren Preisniveau angesiedelt als Produkte des Handwerks. Marc Jacobs wurde nicht müde, Stephen Sprouse gegenüber der Presse immer wieder als Künstler zu bezeichnen, nicht als Designer. Für ihn waren dessen Graffiti auf den Handtaschen nicht nur einfache Design-Elemente, sondern Kunstwerke aus der Hand eines der größten Genies der Jahrtausendwende, wie er betonte. Im neuen Jahrtausend positionierte sich der Pariser Konzern systematisch in die Nähe von Kunst. Er nutzte die Wertschätzung von Kunst und Künstlern durch die kunstverständige und einkommensstarke obere Mittelschicht, um weltweit neue Käufer für seine hochpreisigen Luxusgüter zu gewinnen.[74]

Das geglückte Experiment mit Stephen Sprouse ermunterte Marc Jacobs, mit Hilfe von Kunst und Künstlern sich noch weiter von dem traditionellen Design des Hauses zu entfernen. 2003 engagierte er den japanischen Künstler Takashi Murakami, um sowohl das Japangeschäft des Hauses neu zu beleben wie auch einen zweiten Angriff auf das goldene LV-Monogramm auf beigem Grund zu starten. Murakami war bekannt für seine schrille und bunte Bilderwelt in der Tradition der Pop Art. Wie Andy Warhol, Damien Hirst und Jeff Koons verband er Kunst mit banaler Massenkultur, Kunst mit Kommerz. Wie diese lieferte er nur noch die Ideen und Skizzen für seine Kunst, die ein Heer handwerklich visierter Helfer anschließend in seinem Namen anfertigte. Er kombinierte klassische japanische Kunst mit den in Japan äußerst populären Mangas, den Comics aus seinem Heimatland. Seine Botschaften waren eingebettet in eine fantastische Fauna und Flora. In von Farben überbordenden Blumenwiesen tummelten sich bizarre Mangafiguren mit dicken Köpfen und großen Ohren, die meisten von ihnen als lächelnde Blumen verkleidet. Mit dieser eher infantilen Kunst brachte Murakami Farbe in die Lederwaren-Kollektionen von Louis Vuitton. Fortan leuchteten die bisher goldenen LVs in 33 verschiedenen Farben auf weißem oder schwarzem Hintergrund. Zugleich entwarf Murakami für Taschen und Accessoires das so genannte Cherry-Blossom-Muster – rote und rosa Blumen mit lachenden Cartoon-Gesichtern auf traditionellem LV-Muster.[75]

74 Titton 2014, 62–65.
75 Peter Bengtsen, *Fashion Curates Art: Takashi Murakami for Louis Vuitton*, in Annamari Vänskä/Hazel Clark (Hg.) Fashion Curating. Critical Practice in the Museum and Beyond. New York: Bloomsbury Academic, 2017, 199–212.

2007 bat Marc Jacobs schließlich den amerikanischen Künstler Richard Prince, mit ihm zusammen eine weitere Handtaschenkollektion für Louis Vuitton zu entwerfen. Als Maler und Fotograf war Prince ein Vertreter der Appropriation Art. Er war Ende der achtziger Jahre bekannt geworden mit seiner Serie *Cowboys*, die aus fotografierten Ausschnitten von Malboro-Anzeigen bestand. Als Jacobs bei Prince anfragte, wechselte soeben ein Bild aus dieser Serie auf einer Auktion bei Sotheby's in New York den Besitzer für den Rekordpreis von 3,4 Millionen US-Dollar. Auch Prince besprühte die Handtaschen von Louis Vuitton mit Farbe, sodass die traditionellen LVs kaum noch zu sehen waren. Die Kollektion wurde in allen Modezeitschriften zwar lebhaft diskutiert, war kommerziell jedoch sehr viel weniger erfolgreich. Wichtiger war die Botschaft der Zusammenarbeit von Louis Vuitton mit den Pop Art-Künstlern. Sie lautete: Fashion ist Kunst, und Kunst ist Fashion.[76]

Aber auch Musik ist Kunst. Im Jahr 2004 wagte es Louis Vuitton erstmals, mit einem ausgewiesenen Rapper zusammenzuarbeiten – nicht mit einem Gangsta-Rapper, das hätte die Kundschaft des Hauses wahrscheinlich nicht verstanden und akzeptiert. Der Luxusproduzent hoffte, mit einem coolen Künstler als Aushängeschild, dem Millionen weltweit nahezu blind folgten, einen neuen Markt zu schaffen, in den er hochpreisige Fetischprodukte hineinpumpen konnte. Als perfekter Vermittler zwischen der Luxus-Tradition des Pariser Hauses und der Straßen-Ästhetik des Hip-Hop bot sich der US-amerikanische Rapper Pharrell Williams an, der mit keiner Dealer-Vergangenheit belastet war, sich als Musikproduzent für Popstars wie Madonna, Britney Spears und andere einen Namen gemacht und auch für sich selbst Ohrwürmer wie *Happy* geschrieben hatte. Williams war bereits mehrfach zum Produzenten des Jahres gewählt worden und hatte 2003 zusammen mit dem japanischen Modedesigner, DJ und Musikproduzenten Nigo das Modelabel Billionaire Boys Club gegründet, das „sanft infantilisierte Streetwear für Dauerjugendliche mit Affinität zu Hip-Hop und Rollbrett" anbot, wie ein Journalist anmerkte.[77]

Zwar waren der Rapper und die anderen Musiker, die mit Bekleidungsunternehmen später zusammenarbeiteten, keine ausgebildeten Designer, aber sie besaßen doch ein ausgeprägtes Gespür für den Zeitgeist. Noch wichtiger war, dass ein Großteil ihrer Fans sich bei der Wahl ihres Outfits an ihnen orientierte, um damit gewissermaßen den Erfolg und den Glanz der Stars auf sich selbst zu übertragen. Marc Jacobs bat Pharrell und den Japaner Nigo, in einem für Louis Vuitton eher unbedeutenden Geschäftsfeld mitzuwirken: an der Entwicklung von Sonnenbrillen mit vielen goldenen Verzierungen. Im Herbst 2004 präsentierte Louis Vuitton die farbenfrohe, mit exotischen Namen und atemberaubenden Preisschildern versehene Kollektion des Rappers der Öffentlichkeit.[78]

Der offenbar erfolgreiche Flirt mit der Hip-Hop-Ästhetik und einem berühmten Rapper ermunterte Marc Jacobs, einen weiteren Schritt in diese Richtung zu wagen.

76 Titton 2014, 68–70.
77 Jeroen van Rooijen, *Pop goes Fashion*, in Neue Zürcher Zeitung vom 28. Mai 2015.
78 *Living the LV Dream*, in VOGUE vom 26. Okt. 2004, www.vogue.co.uk [02.04.2019].

Im Jahr 2008 beauftragte er Pharrell Williams erneut, diesmal zusammen mit Vuittons Schmuckdesigner Camille Miceli eine Schmuckkollektion mit Namen „Blason" zu entwerfen. Dabei deckten sich die auf Luxus programmierte Markenpersönlichkeit mit der Persönlichkeit des Musikers, der sich als Rapper inzwischen mit einem eher dezenten Luxus schmückte. Nach der Präsentation der Schmuckkollektion berichtete Le Figaro Madame, Pharrell, der sich noch vor ein paar Jahren stets mit mehr Juwelen behängt habe als in jedem Schaufenster am Place Vendôme auslägen, habe dem protzigen Bling-Bling inzwischen entsagt. Seine Hand schmücke lediglich noch ein fehlerloser Diamant von 23 Karat, und in jedem seiner Ohrenläppchen stecke nur noch ein Stein von 10 Karat. Sein mit Diamanten gepflasterter Schlüsselanhänger wiege zwar ein halbes Kilo und seine Uhr sei rundum mit Diamanten besetzt, aber sein BlackBerry bestehe lediglich aus 18 Karat Gold.

Im besten MTV-Stil machte Pharrell die Kollektion mit einem eigens angefertigten Video weltweit bekannt. Darin machte er Werbung für sich als Musiker und als Designer, für seine Musik und den von ihm mitentworfenen Schmuck. Zur Musik von *Everyone Nose* seiner Hip-Hop-Band N.E.R.D. spazierte er bei sich tiefgründig gebendem Sprechgesang in weinrotem Jackett durch ein mittelalterlich anmutendes Zimmer, in dem die Schmuckstücke auf uralten verstaubten Büchern und Möbeln lagen und bei jeder Berührung federleicht in die Höhe schwebten. Für Louis Vuitton wurde Bling endgültig zur Geldmaschine. Inzwischen war für die meisten Fans von Pharrell dessen Outfit weitaus wichtiger als seine Musik. Er selbst präsentierte sich als Künstler vornehmlich in Sachen Mode und verfasste regelmäßig Kolumnen in Modezeitschriften wie der internationalen Ausgabe der VOGUE. Er verband aufs Engste Hip-Hop mit Mode – mit Luxusmode. Während seine Fans in einer auf Äußerlichkeiten fixierten Gesellschaft nur noch wenige Cent für seine Musik bezahlten, die sie über Kopfhörer für die Öffentlichkeit kaum noch sichtbar konsumierten, blätterten sie mehrere Hundert beziehungsweise Tausend Euro auf die Ladentheke, um eine bunte Sonnenbrille oder einen goldglänzenden Schmuck mit dem Schriftzug des Musikers zu erwerben.[79]

Im Jahr 2009 beauftragte Marc Jacobs zudem den soften US-amerikanischen Rapper Kanye West, für Louis Vuitton eine Sportschuhlinie zu entwerfen. Der extrem egozentrische West, der in seinen Songs immer mal wieder mit Jesus plauderte, war berühmt-berüchtigt für seine überbordende Sucht nach öffentlicher Aufmerksamkeit sowie nach allen Trophäen und Triumphen, die das Leben auf dieser Erde anzubieten hat. West hatte sich zuvor den einzelnen Marken des LVMH-Konzerns wie Céline und Fendi geradezu angebiedert, vor allem aber Louis Vuitton. „I'm Kan the Louis Vuitton Don", rappte er 2006 in *Freshmen Adjustment 2*. Nach seinem Engagement bei dem Pariser Nobelhaus verstieg er sich beim Anblick der

79 Zucchet 2013, 37–55; Miller 2011, 119–120; Fabienne Reybaud, *Louis Vuitton et Pharrell Williams célèbrent des noces d'or et de diamants*, in *LE FIGARO madame* vom 14. Febr. 2008, www.madame.lefigaro.fr [02.04.2019].

Preisschilder der von ihm mitentworfenen Sportschuhe in völliger Selbstüberschätzung zu: „I think I'm Marc Jacobs, I think I'm Lagerfeld".[80] Dennoch ging das Pariser Haus auch mit West kein allzu großes Risiko ein. Der Rapper stammte aus gutbürgerlichen Verhältnissen und hatte als Musikproduzent wesentlich zur Entwicklung des so genannten Hipster-Rap, dem Gegenentwurf zum Gangsta-Rap, beigetragen. Er repräsentierte das neue Gesicht des Hip-Hop: friedfertig, globalisiert von New York bis Tokio, offen für hochwertige Mode und die Lebensart der oberen Mittelschicht.

Dabei drängte er mit aller Macht in die Welt der Kunst. Da er sich schon immer zu Größerem berufen fühlte, wollte er nicht mehr nur mit glänzender Muskelmasse und obszönen und selbstverliebten Reimen Kohle scheffeln, sondern sich mit anerkannter Kunst dekorieren und sich der Welt auch als Künstler und Kunstwerk präsentieren. Zunächst ließ er sich von Takashi Murakami das Cover seines neuen Albums *Graduation* entwerfen, das zwar eher an Pop und Kindergeburtstag erinnert als an inhaltsschwere Texte, das aber von einem weltbekannten Künstler stammte. Auch das Cover seines fünften Studioalbums *My Beautiful Dark Twisted Fantasy* entwarf ein ausgewiesener Künstler, der amerikanische Maler George Condo. In dem Video zu seinem Duett mit Keri Hilson *Knock You Down* aus dem Jahr 2009 griff er schließlich selbst zu Pinsel und Staffelei, um eine leicht bekleidete junge Frau im Rasterstil des US-amerikanischen Malers Chuck Close auf die Leinwand zu bannen und sich und das Werk in einer Vernissage feiern zu lassen. Wie kaum ein anderer Rapper inszenierte West seine Musik als Kunstwerk. In seinem Narzissmus de luxe sah er sich selbst als Künstler auf einer Stufe mit den Beatles und Jimi Hendrix, meist aber weit darüber.

Während seine 2006 eingeführte Pastelle-Bekleidungslinie nicht sonderlich gut lief und nach vier Jahren eingestellt wurde, durfte Kanye West für Nike als erster Nicht-Athlet einen Sportschuh mitentwickeln, der 2009 als *Air Yeezys* auf den Markt kam. Im selben Jahr stellte er auf der Pariser Fashion Week seine für Louis Vuitton entworfenen blutroten Sneaker vor, die in den Läden zu echten LV-Preisen für 600 bis 1.000 Euro angeboten wurden. Sie entsprachen ganz dem Geschmack beider Seiten. Als Statussymbol erhöhten sie die Gewinnspanne im Vergleich zu ihrem Produktions- und Gebrauchswert um ein Vielfaches. Sie standen für Luxus pur. Louis Vuitton engagierte mit West ein für sein Luxusleben berühmten Musiker, um auch im neureichen und auf Goldglanz fixierten Kardashian-Kosmos mit seinem grellen Zur-Schau-Stellen des schnell erwirtschafteten Vermögens den Rahm abzuschöpfen. Mit Hilfe der Designer des Hauses durfte der Rapper ein Paar rot leuchtende Straßenschuhe entwerfen, die zwar nicht besser waren als viele ähnliche Sneaker, deren Preisschilder sich mit dem Namen und Bild des Künstlers aber entscheidend aufhübschen ließen und alsbald alle die zierten, die einen Werbefilm lebten. Wie schon bei Pharrell Williams traf hier erneut Luxus auf Luxus. Beide Seiten konnten ihre eigene Marke werbewirksam zu Schau stellen und vom sozialen

80 In dem Song *Blazin' feat* auf dem Album von Nicki Minaj *Pink Friday* aus dem Jahr 2010. Soo-Young Kim, *The Complete History of Kanye West's Brand Reference in Lyrics*, in www.complex.com vom 18. Juni 2013.

Prestige des jeweils anderen profitieren.[81] Der beiderseitige Erfolg und die zunehmende Medienpräsenz des Rappers ließ weitere Engagements fast zwangsläufig folgen.

Angesichts der Supergewinnspannen der unter dem Namen bekannter Rapper vertriebenen Sneaker legten die führenden Sportartikelhersteller achtstellige Summen auf den Tisch, um die größten Stars an sich zu binden. 2013 verließ Kanye West Nike und wechselte zu Adidas, wo er sich an der Entwicklung der immer sofort ausverkauften Yeezys Sneaker mit ihren revolutionären Boost-Sohlen beteiligte. Mit jeder Neuauflage dieser Turnschuhe mit dem Look von Luftkissenbooten steigerte sich der Hype. Bisweilen waren die Interessenten bereit, vor den Stores zu campieren, um ein Paar der angesagten Schuhe zu erwerben. 2014 kam auch Pharrell Williams zu Adidas und brachte im folgenden Jahr die von ihm mitgestalteten und in 50 verschiedenen Farben leuchtenden Lifestyle-Sneaker NMD „Human Race" heraus. Mit solchen Aktionen erinnerte die Marke mit den drei Streifen immer wieder daran, dass sie von Anfang an die Hip-Hop-Kultur begleitet hatte. Nike wiederum band 2013 den kanadischen Rapper Drake an sich, während das US-amerikanische Sportlabel Under Armour sich im Jahr 2018 mit dem Rapper A$AP Rocky zusammentat, der noch im selben Jahr einen schwarzen klobigen Schuh vorstellte, wie ihn Skater benutzen, der aber für den Alltagsgebrauch gedacht war.

Dabei verschwammen nicht nur bei den Preisen die Grenzen zwischen Streetwear und Luxus. 2017 präsentierte der britische Sänger und Songschreiber Craig David auf Instagram stolz seine weißen Adidas NMD, deren Streifen und Fersenkappen er mit dem traditionellen Louis-Vuitton-Design und dessen Sohlenkante er mit 24 Karat Gold zu einem Ausstellungsobjekt für die Museumsvitrine aufgepäppelt hatte. Derweil entwickelten sich bestimmte streng limitierte Turnschuhmodelle zu Kultobjekten und begehrten Sammlerobjekten mit zum Teil horrenden Preisschildern. So produzierte Nike im Frühjahr 2019 knöchelhohe Air Jordan-Basketballschuhe, pushte den Preis mit dem Namen des Rappers Travis Scott auf rund 150 Euro und limitierte die Auflage. Innerhalb weniger Stunden war die Kollektion ausverkauft. Bereits im August 2019 wurde der Sneaker auf dem Zweitmarkt von speziellen Internetplattformen für über 4.150 Euro angeboten.[82]

Zuvor hatten einige Firmen den Promifaktor von Musikern für weitere Produktionslinien genutzt. 2014 gewann Adidas die Sängerin Rita Ora für die Mitarbeit an Lifestyle-Kollektionen mit Sneakern, Fashion und Accessoires. Im selben Jahr nahm Konkurrent Puma die Sängerin Rihanna unter Vertrag, um Schuhen und Fitnesskleidung einen für Absatz und Preis förderlichen Promi-Touch zu verpassen. 2017 brachte schließlich LVMH zusammen mit Rihanna die Kosmetiklinie Fenty Beauty heraus, die so erfolgreich war, dass der Konzern die Berühmtheit der Sängerin nutzte, um 2019 mit ihr zusammen das Luxus-Modelabel Fenty zu gründen.[83]

Nüchtern denkende Zeitgenossen schütteln derweil verständnislos den Kopf und fragten sich, warum sehr hart arbeitende Dauerjugendliche derart viel Geld für

81 Zucchet 2013, 47; Strähle 2018, 123.
82 So von dem Online-Marktplatz für hochpreisige Mode Farfetch.
83 Strähle 2018, 123–124.

T-Shirts, Hosen und Sneaker ausgeben, die sich nur in kaum wahrnehmbaren Nuancen von sehr viel billigeren T-Shirts, Hosen und Sneakern unterscheiden. Für den Schweizer Stilpapst Jeroen van Rooijen ist dies eine logische Folge der neuen Technik, Musik zu konservieren und seinen Musikgeschmack damit unsichtbar zu machen. Dadurch, dass „Pop-Musik heute nicht mehr auf Tonträgern gekauft, sondern nur noch aus Datenwolken ausgeliehen wird", sucht fast jeder Musikfan nach irgendeiner Reliquie, „um seinen Idolen zu huldigen. Ein Pullover oder Turnschuh sind das Minimum."[84]

Unterdessen näherte sich Louis Vuitton noch mehr der mit reichlich Gewinnmöglichkeiten versehenen Welt des Hip-Hop und engagierte den farbigen US-Amerikaner Virgil Abloh als künstlerischen Leiter seiner Herren-Kollektionen. Abloh war als Kind ghanaischer Einwanderer in der Streetwear- und Skater-Szene von Chicago aufgewachsen, hatte bereits auf der High School und während seines Architekturstudiums als DJ gearbeitet und 2009 mit seinem alten Freund Kanye West bei dem Modeunternehmen Fendi in Rom ein Praktikum absolviert. 2013 gründete er das erfolgreiche Streetstyle-Label Off-White, das Signalfarben und große Prints in die Modewelt zurückbrachte, und das er über Instagram und die sozialen Medien innerhalb kürzester Zeit weltweit bekannt machte. Bei Louis Vuitton wollte er aber nicht nur als Modemacher glänzen, der lediglich klassische Streetstyle-Elemente wie Kapuzenpullis in die Luxusmode überführte, sondern trat auch als eine Art Coach für moderne Lebensart auf mit Mode, Musik und Pop-Kunst als den für ihn wichtigsten Eckpfeilern. Während seiner Tätigkeit als Couturier blieb er weiterhin der Welt der DJs treu und spielt bis heute auf allen Kontinenten in Clubs und auf Festivals.

Zusammen mit Takashi Murakami präsentierte er eine Serie schreiend bunter Pop Art, jedenfalls wurde das, was beide gemeinsam produzierten, als Kunst vermarktet. Sie besteht aus Murakamis quietschbunten und schallend lachenden Märchenblumen mit den vier Pfeilen von Ablohs Off-White-Logo als Untergrund beziehungsweise aus diesen vier Logo-Pfeilen mit den bunten, großohrigen Manga-Mäusen des Japaners als Hintergrund. Anders ausgedrückt: Zwei geschäftstüchtige Aufmerksamkeitskünstler taten sich zusammen, um Kunst und Kommerz noch inniger zu vermischen und sich selbst zu neuen Preisschildern zu verhelfen. Ablohs Tätigkeiten als Pop Art-Künstler und DJ dienen ihm als Tribüne, um ein möglichst breites Publikum zu erreichen. Er selbst versteht sich nicht als Erfinder oder radikaler Neuerer. Als Modemacher handelt er nach denselben Rezepten wie als DJ und bildender Künstler. Er überführt einzelne Sinnesreize aus der Bilderwelt des Alltags in die Mode, wo er sie ebenso zusammenmixt wie als DJ seine Tracks aus Bruchstücken alter und neuer Songs oder als Künstler alltägliche Objekte leicht verfremdet zu Kunstobjekten erklärt.

Auch andere für LVMH erfolgreiche Hip-Hopper suchten vermehrt die Nähe zur Kunst. Pharrell Williams legte im Sommer 2009 seine Diamanten ab, hüllte sich in einen unförmigen Mantel und setzte sich einen breitkrempigen Hut auf, um auf der Art Basel Joseph Beuys zu mimen und eine zusammen mit Takashi Murakami

84 Jeroen van Rooijen, *Pop goes Fashion*, in Neue Zürcher Zeitung vom 28. Mai 2015.

entworfene Skulptur namens *The Simple Things* vorzustellen – ein popartiger Alien aus Stahl, Glasfaser und Acryl, dessen Kopf der Comicfigur Mr Dob nachempfunden war. Wie die Presse schrieb, stopfte Pharrell Williams „in dessen gefräßiges Maul Konsumklassiker wie Pepsi, Cupcake, Ketchup, Doritos, Johnsons Baby Lotion, die er mit 2.600 Edelsteinen“ dekorierte. Er wollte damit nach eigenen Worten lediglich darin erinnern, „wie essenziell diese Produkte im Alltag sind“, mehr nicht. Bei derartigen Banalitäten und dem phrasendreschenden und eitlen Gepose selbstverliebter Hip-Hopper verkam die einstige Königsdisziplin weißer Kulturproduktion zu einer inhaltsleeren „Amüsierzone“, in der sich Künstler, Modemacher, Rapper und Promis Champagner schlürfend tummeln und gegenseitig auf die Schultern klopfen.[85]

Louis Vuitton wertete das Ansehen der von ihm engagierten Künstler und seines eigenen modernen Stils weiter auf, indem es sie in seinem 2014 eröffneten und von Frank Gehry entworfenen futuristischen Privatmuseum im Pariser Bois de Boulogne wie auf einem Hochaltar präsentierte. Im März 2015 durfte Kanye West in diesem Kunsttempel vier Konzerte geben. 2018 empfing auch das Werk von Takashi Murakami dort höhere Weihen. Ende desselben Jahres folgte der einstige Warhol-Protegé Jean-Michel Basquiat. Er war bis vor Kurzem als Künstler noch höchst umstritten, passte aber als Graffitikünstler, der in seine Werke Alltag, Konsum- und Werbewelt integrierte, bestens in das Konzept von Louis Vuitton, Luxus und Hip-Hop-Subkultur zusammenzubringen. Auch eigneten sich die Motive des bereits 1988 im Alter von 27 Jahren an einer Überdosis Heroin verstorbenen Künstlers aus New York bestens, sie auf alle möglichen Konsumartikel zu übertragen, um deren Preisen einen fulminanten Entwicklungsschub zu verpassen. Die Brücke zwischen Straße und Luxus war endgültig geschlagen. Wer jetzt „Street“ sagte, meinte Hip-Hop.

Mit ähnlichen Problemen wie Louis Vuitton sah sich seit den achtziger Jahren auch das 1952 gegründete Modeunternehmen Givenchy konfrontiert, dessen Parfümsparte 1987 und dessen Modesparte ein Jahr später in den Besitz von LVMH übergegangen war. Noch immer zehrte das Haus vom Ruhm des „kleinen Schwarzen“, das Audrey Hepburn 1961 in *Frühstück bei Tiffany* getragen hatte. Doch inzwischen hatte sich dieser Ruhm in eine Bürde verwandelt. Die Zeiten waren endgültig passé, in denen eine Frau aus dem Bürgertum sich nie ohne Hut und Handschuhe aus dem Haus wagte. Während in anderen großen Häusern Designer wie Gianni Versace auf Bombast und Exzess setzten und damit Erfolg hatten, wollte Hubert de Givenchy Frauen immer nur schön machen. 1995 drängte ihn jedoch Konzernchef Bernard Arnault angesichts stagnierender Absatzzahlen, jungen und wilden Moderebellen Platz zu machen. Doch auch sie schafften die Trendwende nicht.

Diese gelang erst, als im Jahr 2005 der Italiener Riccardo Tisci Kreativdirektor von Givenchy wurde und für alle Kollektionen des Hauses einschließlich Haute Couture verantwortlich zeichnete. Er verwandelte das Modehaus umgehend in eine Luxusmarke. Er wollte nicht mehr nur ein Couturier für den Sonntag sein, sondern

85 *Kunst der HipHopper. Rapper entdecken Malerei*, in taz.die tageszeitung vom 7. Aug. 2009.

für alle Wochentage. Er wollte Luxusmode für den Alltag schaffen. Tisci hatte sein Studium in London absolviert, war dort mit Hip-Hop in Berührung gekommen und zu einem großen Fan von Notorious B.I.G. und Jay-Z geworden. Im Studium hatte er sich auf Streetwear spezialisiert und anschließend ganz folgerichtig beim Sportartikelhersteller Puma unterschrieben.

Als Kreativdirektor von Givenchy befreite er das Haus aus den Fesseln seiner Tradition, ohne die angestammten Kunden zu verprellen. Den Weg zur Straße fand er über eine eigene Hip-Hop-Ikonografie mit Bildern von Rottweilern und Dobermännern, überdimensionierten Kreuzen und Nasenringen. Die Werbung für die neue Damenkollektion zeigte Models auf einem Schrottplatz umgeben von einer Meute wütender Rottweiler. Tisci selbst warb in Anzeigen für diesen Stil in Abendgarderobe, das Gesicht blutverschmiert, auf den Schultern einen dieser bissigen Hunde. Zugleich suchte er die Nähe zu den beiden Luxus-Rappern Jay-Z und Kanye West, entwarf das Design für deren gemeinsames Studioalbum *Watch The Throne* aus dem Jahr 2011, für Single-Auskopplungen wie *H·A·M* sowie das Bühnenoutfit der beiden Künstler für die *Watch The Throne Tour*. Eines der schwarzen XXXL-T-Shirt war bedruckt mit dem Portrait von Kanye West als blutrünstigem Dobermann.

Ohne Zweifel ging Givenchy damit ein hohes Risiko ein, und einige Führungskräfte fürchteten, das Haus könnte wie Cristal Roederer zur Luxusmarke der Hip-Hopper und Drogendealer werden. Sie suchten das Risiko zu begrenzen, indem sie die Luxus-Kleidung etwa im Pariser Kaufhaus Printemps am Boulevard Haussmann im 4. Stockwerk unter dem traditionellen Label „Givenchy" verkauften, die junge Mode jedoch zwei Stockwerke tiefer unter „Givenchy By Riccardo Tisci". Nur hier fand man Hoodies und T-Shirts mit Rottweilern. Das Risiko zahlte sich aus. Bald kleideten sich Madonna, Beyoncé und Kim Kardashian in Givenchy. Die Marke verkaufte sich wie noch nie und verzeichnete Jahr für Jahr zweistellige Zuwachsraten. Seitdem kommen die Modetrends in der Regel von der Straße auf den Laufsteg und nicht umgekehrt.[86]

Im Jahr 2018 setzten Beyoncé und Jay-Z mit ihrem ersten gemeinsamen Album *Everything Is Love* dem Protz-Rap und dem narzisstischen Größenwahn der Rapper die Krone auf, indem sie neun Tracks lang mit blasierter Miene ihren sozialen Aufstieg feierten, besonders aber ihren immensen Reichtum. Breitbeinig rappten sie darüber, dass sie mehr Gulfstream Airplanes, mehr Philippe Patek, mehr Givenchy, mehr Lamborghinis und viel bessere Freunde hätten als jeder andere. Für das Video zu *Apeshit* mieteten sie kurzerhand den Louvre, um ihre „schwarze" Kunst vor diesem Hochaltar der „weißen" Kunst zu zelebrieren, als beanspruchten sie für sich selbst einen Stellplatz zwischen der Venus von Milo, Jacques-Louis Davids *Kaiserkrönung* und der Mona Lisa. Letztere, die mit Verzicht auf jeden Schmuck und Pomp Weltruhm erlangte, schaute derweil milde lächelnd auf die beiden gelangweilt dreinblickenden ruhm- und prunksüchtigen Großsprecher herab, die mit kiloweisen Blings an Hals und Armen sowie Klamotten von mehr als tausend Mindestlöhnen die Blicke auf sich zu lenken versuchten. Bereits im Jahr 2013 hatte

86 Zucchet 2013, 56–65.

Beyoncé nicht ihrem Wunsch widerstehen können, sich selbst zur Königin aller Königinnen zu krönen. Im Video zu *Bow Down I Been On* setzte sie sich wie weiland Napoleon I. selbst die Krone auf, nahm das Zepter in die Hand und schmückte sich kiloschwer mit Kronjuwelen.

SOZIALKRITISCH – AUF DER WELTWEITEN ERFOLGSWELLE

Die Hysterie um den Gangsta-Rap hat dem Hip-Hop letztlich zu globaler Aufmerksamkeit verholfen. Keine der anderen westlichen Musikrichtungen übersprang derart mühelos nationale und kulturelle Grenzen und erreichte schneller eine weltweite Verbreitung. Den Fans des Hip-Hop und den einheimischen Produzenten gelang es umgehend, die Inhalte der Songs und die Attitüde der Rapper der Kultur des jeweiligen Landes beziehungsweise Ethnie anzupassen. Nachdem Spielfilme wie *Wild Style!* und *Beat Street* in einzelnen Ländern einen kleinen Teil der dortigen Jugend in die Hip-Hop-Welt eingeführt hatten, war es vor allem das Musikfernsehen mit MTV im Zentrum, das mit seinen Videoclips für deren weltweite Verbreitung sorgte, während Regionalsender wie VIVA in Deutschland eine nationale Ausprägung begünstigten und lokale Rapper in ihrer unmittelbaren Umgebung nach Anregungen suchen ließen. Die weltweit zirkulierende Bilderwelt des Hip-Hop brachte lokale Hip-Hop-Kulturen hervor, die sich anschließend unter dem Einfluss ihrer unmittelbaren Umgebung in unterschiedliche Richtungen weiterentwickelten. Die weltweite Verbreitung des Hip-Hop ist keinesfalls mit Amerikanisierung gleichzusetzen. Sie erfolgte vielmehr als Wechselspiel von Globalem und Lokalem. „Das Eigene im Gemeinsamen suchen“, ist nach Gabriele Klein und Malte Friedrich „die Grundmaxime der lokalen HipHop-Szenen.“[87]

Noch mehr als frühere Richtungen des Pop entwickelte sich der Hip-Hop zu einem hybriden Musikstil. Wo auch immer in der Welt Rapper sich zu Hip-Hop-Gemeinschaften zusammenfanden, artikulierten sie sich wie selbstverständlich nicht in der Popsprache Englisch, sondern in ihrer Muttersprache, orientierten sich an lokalen Ereignissen und Problemen, um ihren Reimen die notwendige Authentizität und das erwünschte Echo zu verschaffen. Auch unterlegten sie ihre Lyrik mit der Musik ihrer Heimat. Sie integrierten in ihre Werke regionale Dialekte und ethnische Traditionen, thematisierten im Rap lokale Probleme und eigneten sich ihre Stadt mit individuell gestalteten Graffiti an. Andererseits verstehen sich die lokalen Hip-Hopper rund um den Globus spätestens seit Beginn des Internet-Zeitalters als Teil einer weltweiten, digital vernetzten Gemeinschaft. Im Gegensatz zu den meisten Fans der Rock- und Popmusik fühlen sie sich nicht als Konsumenten, sondern leben und inszenieren Hip-Hop. Sie sehen sich als Gestalter und Künstler, wenn sie dies auch oft nur mit tiefhängenden Hosen und stümperhaft hingeschmierten Tags zum Ausdruck bringen.

In Europa setzte die Musikindustrie zunächst auf einen weichgespülten, unterhaltsamen und bisweilen gefühlsduseligen Rap für gelangweilte und verwöhnte

87 Klein/Friedrich 2003, 94.

Kids aus der Mittelschicht, die nie ein Leben in der Bronx und im Ghetto kennengelernt hatten, nie auf der Straße leben mussten und einzig mit der Sesamstraße groß geworden waren. Als Amalgam aus Rap und Pop zielte er auf eine saturierte Jugend, der die Rebellion, und selbst die Pose der Rebellion zu anstrengend war.[88] Mitte der neunziger Jahre überschüttete die Modeindustrie zudem picklige und hühnerbrüstige Jugendliche, die sich als harte Jungs aufplustern wollten, mit den notwendigen Accessoires: mit Turnschuhen ohne Schnürsenkeln, mit tiefsitzenden Jeans und Caps mit dem Emblem einer amerikanischen Baseballmannschaft. So als Gangster ausgewiesen, konnten sie am Steuer ihres elterlichen VW mit pumpenden Bässen durch das Ghetto der Lindenstraße rollen, dass die Scheiben zitterten – eine männlich klingende Musik für Möchtegernmänner. Dagegen nutzten Kinder von Einwanderern, hin- und hergerissen zwischen mehreren Kulturen, den Rap, um ihrer Heimatlosigkeit Ausdruck zu verleihen:

> Ich hab 'nen grünen Pass mit 'nem goldenen Adler drauf,
> doch bin ich fremd hier.
> Nicht anerkannt, fremd im eignen Land.
> Kein Ausländer und doch ein Fremder,

reimte in Deutschland Advanced Chemistry 1990. Dort orientierten sich besonders die Deutsch-Türken aus der zweiten und dritten Generation an den schwarzen Vorbildern aus den USA und integrierten umgehend deren Macho-Gesten in das Repertoire ihrer eigenen traditionellen Männlichkeitsrituale.

In vielen Ländern fühlten sich Zuwanderer aus anderen Kulturräumen als Erste vom Hip-Hop angezogen. In England rappten Jamaikaner, in den Niederlanden Surinamesen und in Frankreich Nordafrikaner. Dort stellten aus dem Maghreb stammende Jugendliche zunächst schikanöse Praktiken und Kontrollen der Polizei an den Pranger, während in den Erzählungen der einheimischen Rapper die Wahlerfolge des Front National breiten Raum einnahmen.[89]

Im neuen Jahrhundert nahmen sich schließlich dauerpubertierende Jung-Rapper wiederum den Gangsta-Rap zum Vorbild, um sich mit weißen Cops, Homosexuellen und Frauen ein ihrer Meinung nach ungemein reizvolles Feindbild beziehungsweise Objekt ihrer Erniedrigungsphantasien aufzubauen. Mit ihrer permanenten Gradwanderung zwischen vermeintlichem Tiefsinn und offensichtlichem Schwachsinn schafften es viele locker, die inhaltliche Leere ihrer Prollkultur mit Reizwörtern zu übertünchen, um mit ihren gegen jede Kultur gerichteten Versen gelangweilten Wohlstandskindern das Geld aus der Tasche zu ziehen. Gleichwohl entfernte sich der Rap seit Mitte des ersten Jahrzehnts im neuen Jahrhundert immer mehr von dieser Gangster-Attitüde und ging musikalisch in den Klängen von Indiepop und elektronischer Tanzmusik auf. Zunehmend verschwammen die Grenzen zwischen Rap und Musik. Immer weniger waren krasse und schockierende Reime

88 Klein/Friedrich 2003, 75.

89 Zit. nach Rode 2016, 58–59; Gabriele Klein/Malte Friedrich, *Globalisierung und die Performanz des Pop*, in Neumann-Braun/Schmidt/Mai 2003, 77–102, hier 96; Hüser 2003, 171–184.

gefragt, immer öfter dagegen ein gutes Lied, sei es politisch oder poppig, sei es humorvoll oder auch aggressiv.

Das hielt viele weiterhin nicht davon ab, mit der Verherrlichung von Gewalt und dem Lob von Vergewaltigungen die Absatzzahlen in die Höhe zu treiben. Für so genannte Muskel-Rapper, die ihre muskelbepackten Körper in ihren tief ausgeschnittenen Muskelshirts zur Show stellten und ihre fehlende Geisteskraft hinter der Größe ihres Bizeps und der Breite ihrer Schultern zu verstecken versuchten, dienten zunächst die in sich gekehrten Weichlinge auf der Yogamatte und die dünnhäutigen Rohkostveganer als Punchingball. „Bruder, besser, du hast ein Rumsteak parat/Denn jeder weiß, der Bizeps schrumpft vom Salat", rappten Kollegah und Majoe. Im permanenten Überbietungswettbewerb des Rap vergriffen sich Kollegah und Farid Bang schließlich an „Auschwitzinsassen" als ihrem neuen Punchingball, präsentierten Ausländerfeindlichkeit und Antisemitismus zum Mitklatschen und ließen jeden guten Geschmack und jeden moralischen Kompass vermissen. Allein Verkaufszahlen und Tantiemen im Blick ignorierten sie völlig, welches Bild von Frauen, Autoritäten und Minderheiten sie ihren jugendlichen Fans vermittelten. Mit Hass als Geschäftsmodell benutzten sie Jugendliche, die noch auf der Suche nach Werten und Moral sind, um Kasse zu machen. Nur die rüpelhafte Verherrlichung von Gewalt und Vergewaltigungen kam ihnen als Erfolgsrezept in den Sinn.[90]

Während in den USA fett und träge gewordene Rapper nur noch über glitzernden Luxus und abgehobenen Lifestyle reimten, blubberte ab 2002 aus dem Schmutz des Londoner Eastend ein roher, aggressiver und meist düsterer Undergroundsound hervor – Grime. Er entstand als Reaktion auf die Hoffnungslosigkeit der verarmten Bevölkerung in den heruntergekommenen Vierteln der Metropole des Casino-Kapitalismus. Grime war eine wütende Drecksmusik für und von Kids, die das Swinging-London in wüste Drecksviertel ausgelagert hatte. Zwar behandelten die Britrapper die Frauen nach dem Vorbild ihrer amerikanischen Kollegen ebenfalls „wie benutzte Kondome", so Simon Reynolds, aber den im Sumpf der ehemaligen englischen Industriestädte groß gewordenen MCs wie Wiley und Dizzee Rascal war keinesfalls zum Scherzen zumute. Sie umgaben sich vielmehr mit einer Aura von grimmigem und tödlichem Ernst. Aus ihnen sprach Verzweiflung. Aus ihnen sprach Wut. Aus ihnen sprach Rache.[91] Sie sorgten mit ihren Reimen dafür, dass Jugendliche ohne Zukunft sich sofort stärker fühlten.

In den vermüllten Problemvierteln von London, Manchester und Liverpool fanden im neuen Jahrtausend immer mehr arbeitslose Jugendliche Gefallen am verbalen Pistolengefuchtel ihrer amerikanischen Schicksalsgenossen, ohne diese direkt zu imitieren. In Grime spiegelte sich die deprimierende Schäbigkeit und Aussichtslosigkeit englischer Industriestädte mit ihren zu Ruinen verfallenen, schon lange keinen Wohlstand mehr verheißenden Fabriken, die ihre Produktion und ihr Fach-

90 Lars Weisbrod, *Mehr Dissidenz geht nicht*, in DIE ZEIT vom 20. Juli 2017, 38; Constantin van Lijnden, *Politisch und politisch unkorrekt*, in Frankfurter Allgemeine Zeitung vom 14. April 2018, 9.

91 Simon Reynolds, *Aus dem Spiegelkabinett*, in taz.die tageszeitung vom 4. Febr. 2005, www.taz.de/!646623/ [02.05.2019].

wissen längst nach China ausgelagert hatten. Grime verstand sich als Begleitmusikmusik zum Vormarsch von Maschinen, die alles können, was Menschen auch können, dies aber ohne Menschen können. Dieser Welt mit ihrem stillgelegten Leben entkam kaum einer noch durch Arbeit, weil es für viele Jugendliche keine Arbeit mehr gab, noch nicht einmal Beschäftigung.

Aus Grime sprach der Pessimismus von Kids, die mit dem Gefühl der Unbrauchbarkeit bereits in der zweiten und dritten Generation aufwuchsen, für die der stark reduzierte Wohlfahrtsstaat zur Erhaltung ihrer Lebensfunktionen lediglich einen minimalen Geldbetrag bereithielt und bis heute bereithält. Für ein wenig Ablenkung sorgen bis heute ausländische Milliardäre mit dem Import von Fußball spielenden Söldnern, um die „Ausschussware des Kapitalismus vom Erhängen oder Randalieren oder Nachdenken" abzuhalten, wie Sibylle Berg in ihrem düsteren Roman *GRM Brainfuck* anmerkt. Die meisten der bettelarmen Verehrer kickender Multimillionäre können noch so krank und obdachlos sein, solange ihr Verein gewinnt, ist die Welt für sie in Ordnung.[92] Solange die von ihnen angehimmelten Superstars mehr Tore schießen als die gegnerische Mannschaft, reihen sie sich mit leuchtenden Augen in die endlosen Schlangen vor den Lebensmitteltafeln ein, so etwa vor dem kirchlichen Gemeindezentrum im heruntergekommenen Liverpooler Arbeiterviertel Anfield direkt gegenüber dem Stadion des erzkapitalistischen FC Liverpool. Während die Tafel versucht, mit erbettelter Wegwerfware und abgelaufenen Lebensmitteln die Bedürftigsten halbwegs satt zu bekommen, überweist der Fußballkrösus Woche für Woche rund 200.000 Pfund allein auf das Konto seines besten Stürmers.

Wie ihre amerikanischen Kollegen präsentierten Grime-Rapper seit Anfang des Jahrtausends den Wunschzettel längst abgehängter Jugendlicher – Goldketten, dicke Schlitten, goldene Taschen, Versace und bunte Sneaker. Derweil langweilten sich diese Kids und glotzten mit leeren Köpfen stundenlang auf irgendwelche Bildschirme, wo immer sehr viel mehr los war als in den öden Straßen ihrer Viertel mit ihren vernagelten Geschäften und pflanzenlosen Vorgärten. Andere versuchten ihr nutzloses Leben dadurch aufzumöbeln, indem sie sich gegenseitig bekriegten und sich mit Hilfe von Drogengeschäften Waffen besorgten, mit denen sie ihr Viertel terrorisierten, andere erschossen und letztlich auch sich selbst. Mit ihren von mangelhaftem Essen und harten Drogen verrotteten Körpern, ihren schlechten oder nicht mehr existierenden Zähnen sowie ihrer verschlissenen Kleidung gaben sie sich jedem als Angehörige des sozial resignierenden Milieus zu erkennen. Zwar interessierten sich zu Anfang des Jahrtausends Teile der übrigen Welt zunächst für das High-Speed-Wortgeballere aus englischen Garagen, doch der Cockney-Dialekt und die eher schwachbrüstigen Prahlereien waren nichts für an härtere Kost gewohnte amerikanische Ohren. Grime kehrte daher schon bald wieder in seine Heimat zurück, wo die Szene gleichwohl weiter rappend um ihre Müllhalden und Gräber tanzte.

Dann erschütterte die Finanzkrise von 2007/08 die westliche Welt. Die Armut wurde unmenschlicher und radikaler, und der Britrap fand erneut auch abseits von

92 Sibylle Berg, *GRM Brainfuck*. Köln: Kiepenheuer & Witsch, 2019, 51–52.

England einige Aufmerksamkeit. Nachdem gierige Banker als selbsternannte Masters of the Universe mit riskanten Wetten die Weltwirtschaft an den Rand des Zusammenbruchs manövriert und sich ihre vulgären Fehlleistungen mit millionenschweren Boni hatten vergolden lassen, riefen sie genau den Staat zu Hilfe, den sie eigentlich verabscheuten. Sie ließen die Champagnerkorken knallen, als unterbezahlte Arbeiter die Rechnung für ihre Exzesse beglichen.

Das Wutgeheul von Grime wurde noch lauter, als David Cameron, seit Mai 2010 Premierminister, die Rezession nutzte, um den Sozialstaat weiter zu attackieren und das Land auf einem neoliberalen Kurs zu halten – Markt vor Staat, Wettbewerb vor Solidarität. Unter der Regie der Innenministerin und Pfarrerstochter Theresa May wurde im öffentlichen Dienst fast eine halbe Million Arbeitsplätze eingespart, der nationale Gesundheitsdienst dem Wettbewerb unterworfen, die Ausbildungsförderung gestrichen, die Studiengebühren verdreifacht, die Zahlungen an die Kommunen mehr als halbiert, Hunderte Jugendhäuser geschlossen, die staatlichen Programme gegen Jugendarbeitslosigkeit gekürzt und die Unterstützung für Geringverdiener zusammengestrichen. Für die Angehörigen der Unterschicht blieben, wenn überhaupt, nur noch schlecht bezahlte Jobs in Supermärkten und Callcentern. Es blieben Minijobs, Jobs für Job-Hopper und Leiharbeit. Das Gebrauchtwerden tendierte zu Einstundenverträgen. Mehr und mehr Jugendliche aus Problemvierteln landeten in Straßengangs. Die Schere zwischen Arm und Superreich öffnete sich immer weiter, und London erwarb sich den zweifelhaften Ruhm, einer der Orte mit der größten sozialen Ungleichheit in der westlichen Welt zu sein mit einem hautnahen Nebeneinander von Luxus und Verelendung.

Es bedurfte nur irgendeines Anstoßes, dass diese Spannungen sich in einem Beben entluden. Im August 2011 erschütterten gewaltsame Unruhen mit Plünderungen große Teile Londons und andere Städte Englands. Vier Nächte lang tobte ein gewaltbereiter Mob durch die Straßen ihrer eigenen Viertel, plünderte Supermärkte und kleine Läden und steckte Wohnhäuser in Brand. Die Lunte entzündete sich in Tottenham, nachdem die Polizei dort zwei Tage zuvor einen unbewaffneten schwarzen Familienvater erschossen hatte.

Es war ein Wutausbruch einer sozial ausgegrenzten Bevölkerung, die für die Erwirtschaftung des Sozialprodukts nicht mehr benötigt wurde. Der Journalist David Goodhart bezeichnete die blutige Revolte als „unehelichen Abkömmling einer krass konsumgeilen und ungleichen Gesellschaft", in der die arbeitslosen Habenichtse für die Industrie als Konsumenten uninteressant geworden waren. Anschließend mussten sich die Arbeitslosen von der Regierung und dem exzentrischen Londoner Bürgermeister Boris Johnson noch weiter ausgrenzen lassen. Cameron forderte, allen Sozialmietern, die sich an den Krawallen beteiligt hatten, die Wohnung zu kündigen, und Johnson bezeichnete die Plünderer verächtlich als Unterschichtenmob. Wie der Soziologe Richard Sennett dazu anmerkte: „Wenn man Menschen so nennt, will man sie nicht mehr erreichen."[93]

93 Zit. nach *Krawalle in England*, in SPIEGEL ONLINE vom 11. Aug. 2011; Owen Jones, *Krawalle in England. Woher kommt diese Wut?*, in Frankfurter Allgemeine Zeitung vom 14. Aug. 2011, Feuilleton [02.05.2019].

Die Unruhen machten Grime endgültig bekannt und zum Soundtrack der Riots. Er thematisierte die sozialen Spannungen in England sowie die Armut und die Alltagskämpfe der Heranwachsenden, besonders die der schwarzen Jugendlichen. Er wurde aber auch für die Unruhen mitverantwortlich gemacht, weil er wie der amerikanische Gangsta-Rap die Gewalt verherrlichte, weil er, wie sich David Goodhart ausdrückte, den Ghettobewohnern einimpfte: „Das System treibt ein abgekartetes Spiel. Die weiße Gesellschaft wird dir niemals eine Chance geben. Das Leben in einer Gang und gewaltsame Verstöße sind der einzig vernünftige und in der Tat einzig ehrenvolle Weg." Als Beispiele nannte er *Sirens* von Dizzee Rascal und *You'll Get Wrapped* von Lethal Bizzle, beide aus dem Jahr 2007. Vor allem letzterer sei ein Aufruf zu den Waffen.[94]

Die Szene verteidigte sich, ihre Kritiker würden Ursache und Wirkung verkehren. Ihre Songs seien keine Drohung, sondern Warnung. Grime lebte weiter und versteht sich bis heute als Drohung und Widerstand, aber mehr und mehr auch als Spaß und Hoffnung. Der Sound begleitet mit seinen gereimten Kommentaren die weiter fortschreitende Spaltung der Gesellschaft in Arm und Reich sowie die zahlreichen gewalttätigen Jugendbanden, die mit ihren Messer- und Säureattacken und vielen Morden Angst und Schrecken verbreiten. Grime wurde aber auch wie der amerikanische Gangsta-Rap zum Kommerz. Seine Sätze reimten sich vermehrt auf Herzklopfen und Rolex. Die Wut machte Platz für Gucci, Cris, Brilli und Bling.

Indes schwappte die Hip-Hop-Welle auch über den Eisernen Vorhang hinweg, wie bei jeder neuen Musikrichtung ausgelöst durch entsprechende Musiksendungen im deutschsprachigen Rundfunk und Fernsehen. In den größeren Städten der DDR versammelten sich Mitte der Achtziger Jugendliche in kleinen Gruppen, um auf der Straße zu rappen und zu breakdancen. Zunächst lösten die örtlichen Sicherheitskräfte solche öffentlichen Auftritte auf. Bald jedoch entdeckten die Funktionäre die sozialkritischen Aspekte dieser Jugendkultur und versuchten sie für ihre ideologischen Ziele zu nutzen. 1985 gab das Ministerium für Kultur in Ost-Berlin den US-amerikanischen Film *Beat Street* mit Harry Belafonte als Co-Produzenten für die Kinos frei. Der Streifen über die frühe Hip-Hop-Szene in der Bronx sollte die ostdeutsche Jugend zu überzeugten Kritikern des Kapitalismus erziehen. Die jedoch stürmten die Kinos, um sich eine detaillierte und praktische Gebrauchsanleitung für Rap, Breakdance und Graffiti zu besorgen, dazu eine Nähvorlage für die angesagtesten Klamotten. Die meisten Fans schauten sich den Film mehrfach an und schnitten die Musik mit, um sofort nach der Vorstellung damit zu beginnen, den Kinohelden nachzueifern.

Diesmal verzichtete die Staatsmacht auf Repression, die schon bei den Punks nicht zu dem erhofften Resultat geführt hatte. Sie band die Hip-Hop-Fans vielmehr in die bestehenden Institutionen ein und erlaubte ihnen, in den Jugendclubs zu rappen, zu tanzen und Wände „in Rapschrift" zu bemalen. Jugendliche und Behörden organisierten zusammen Breakdance-Workshops und nationale Meisterschaften, und die Besten durften im Jahr 1987 beim Festumzug zum 750. Geburtstag von

94 David Goodhart, *The riots, the rappers and the Anglo-Jamaican tragedy*, in Prospect Magazine vom 17. Aug. 2011, www.prospectmagazine.co.uk/magazine/riots-goodhart [02.05.2019].

Berlin als „akrobatische Volkstänzer“ ihr Können zeigen. Auch standen sie im Palast der Republik auf der Bühne. Ansonsten aber blieb der öffentliche Raum der DDR für Hip-Hop eine Tabuzone.[95]

In der ganzen Welt griffen Jugendliche zum Rap, den sie bisweilen als Sprachrohr für sozialen Protest nutzten, bisweilen als vereinendes Band einer Subkultur oder ganz einfach als Mittel, um sich zu unterhalten und Spaß zu haben. Nach den Worten des US-amerikanischen Rappers Chuck D, Mitglied von Public Enemy, Radioreporter und politischer Aktivist, ist Hip-Hop heute vielfach auch ein „letzter Hilferuf, er gibt jungen Schwarzen eine Identität, und er ist in den letzten Jahren wichtiger geworden: Er ist die einzige authentische, laute Stimme, die die schwarze Kultur hervorgebracht hat. Heute können sich die Unterdrückten auf der ganzen Welt mit Rap identifizieren.“[96]

In Indonesien entdeckte die Mittelschichtjugend zu Ende des Jahrhunderts den Rap für ihre Kritik an der New Order-Politik von Präsident Suharto (1967–98). Obwohl der Staatsminister für Forschung und Technologie Bacharuddin Jusuf Habibie, der spätere Präsident des Landes, den Rap als primitiv und vulgär verurteilte sowie der Kultur und den Werten Indonesiens wesensfremd, tat dies der Begeisterung der Jugendlichen für diese Musik keinen Abbruch. Der einheimische Rapper Iwa-K erreichte vielmehr Spitzenplätze in den Pop-Charts. Zwar stimmte die Mehrheit Habibie zu, wenn er den amerikanischen Rap als niveaulos und krank kritisierte, doch konnten die Künstler mit Recht darauf verweisen, dass der indonesische Rap sehr viel höflicher und von konstruktiver Kritik sei. Vor allem die indonesische Mittelschicht bevorzugte Gruppen, die in englischer Sprache rappten. Sie steht der nordamerikanischen Kultur aufgrund ihrer Ausbildung, Reisen und ihrem Einkommen wesentlich näher als die Reisbauern aus Sulawesi. Sie konsumierte zudem, um ihre englischen Sprachkenntnisse zu verbessern, mit Vorliebe englischsprachige Fernsehsendungen. Einige indonesische Rapper bevorzugten die englische Sprache zudem, um in anderen Ländern wie Malaysia, Singapur und Japan erfolgreich zu sein.[97]

In den Philippinen, wo sich aufgrund des amerikanischen Einflusses die erste Hip-Hop-Szene Asiens bereits in den achtziger Jahren gegründet hatte, thematisierten die Rapper vorrangig Frustration, Trauer und Lebensangst. Die Gruppe Tondo Tribe sang über ihre Überlebenskämpfe in Tondo, einem Armenviertel von Manila, das wegen seiner riesigen Mülldeponie und den damit verbundenen katastrophalen Lebensbedingungen immer wieder Schlagzeilen produzierte und bis heute produziert.[98] In Südkorea, wo mit dem Reformprogramm von 1987 der Übergang in ein demokratisches System begonnen hatte, feierte der Hip-Hop als eine Mischung aus Tanzmusik und leichtem Rap seit 1992 ebenfalls große Erfolge, nachdem sich die

95 Schmieding 2014; Denk/Thülen 2018, 25–26.

96 Zit. nach Rode 2016, 55.

97 Bodden 2005, 1–19.

98 Lilli Breininger/Mika Reckinnen, *Alternative Jugendkultur*, in Südostasien Bd. 4, Jg. 2012, 48–50.

bis dahin im Untergrund und besonders an den Universitäten agierende Popkultur zunehmend freier entfalten konnte.[99]

In Japan thematisierten die Rapper nach der Asienkrise zunächst die äußerst elenden Lebensbedingungen vieler Arbeiter. Nach der Dreifachkatastrophe vom 11. März 2011 mit Erdbeben, Tsunami und der Reaktorkatastrophe von Fukushima – 3.11 genannt – waren sie die ersten, die gegen die Politik der Regierung protestierten. Rapper und Rapperinnen wie Rumi Arai führten die nachfolgenden Großdemonstrationen in Koenji, Shibuja und Tokio an und formulierten Slogans gegen die japanische Atompolitik wie auch 2014 gegen die Militärpolitik der Regierung Abe. Als provokante Antwort priesen dagegen nationalistische Hip-Hop-Gruppen den Pazifik-Krieg als „heiligen Krieg", als „nobel und groß", und riefen nicht nur angesichts der Bedrohung aus Nordkorea zur Wiederbewaffnung auf.[100]

In Afrika fand der Hip-Hop sofort unzählige begeisterte Anhänger, da der in vielen Regionen des schwarzen Kontinents seit Urzeiten gepflegte Sprechgesang nun in moderner Form gewissermaßen wieder zurück nach Hause fand. Im Savannengürtel Westafrikas hatten professionelle Sänger, die so genannten Griots, den rhythmischen Sprechgesang schon immer genutzt, um mit zum Teil beißendem Spott Geschichten zu erzählen, Nachrichten zu verbreiten und dabei den jeweiligen Herrscher zu preisen, von dem sie unterstützt wurden. Dabei lauschten die Zuhörer den Erzählern keineswegs schweigend, sondern kommentierten die Geschichten und Nachrichten mit Zwischenrufen und Wiederholungen.[101]

Ab Mitte der Achtziger ließen sich immer mehr Jugendliche in afrikanischen Großstädten vom Hip-Hop inspirieren, lehnten jedoch den amerikanischen Gangsta-Rap ab und thematisierten verstärkt die sozialen und politischen Probleme ihres jeweiligen Landes sowie lokale Missstände. Sie griffen afrikanische Musiktraditionen und Musikinstrumente auf und integrierten sie in ihre Tracks. So vermischten sie an der Elfenbeinküste Hip-Hop mit dem an der Universität von Abidjan entstandenen landestypischen Musikstil Zouglou und in Angola mit dem in allen Bevölkerungsschichten populären Kuduro.

Hip-Hop entwickelte sich vor allem in Westafrika zu einem wirkungsmächtigen Instrument der Sozialkritik und zu einem Sprachrohr einer selbstbewussten jungen Generation. Viele Rapper sprachen mit ihrer engagierten Musik aus, was Journalisten nicht zu schreiben wagten. Die kurz vor der Jahrtausendwende entstandenen privaten Rundfunk- und Fernsehsender trugen entscheidend zur Ausbreitung des Hip-Hop bei. Wie in der übrigen Welt setzte sich auch in Afrika über alle Ländergrenzen hinweg eine einheitliche Szenekleidung durch – extrem weit herunterhängende Hosen ohne Gürtel, Kapuzenpullover, seitwärts gedrehte Kappen und klobige Turnschuhe.

Ab 1985 stieg die senegalesische Hauptstadt Dakar zu einem Zentrum des Hip-Hop auf dem afrikanischen Kontinent auf. Erste Künstler wie MC Lida sangen in

99 Son 2012, 57–61.

100 Murray/Nadeau 2016, 22–24; David Z. Morris, *Rap artist Rumi stokes nuke fires*, in The Japan Times vom 16. Juni 2011.

101 Bender 2000, 28–31; Toop 1994, 47–48.

französischer Sprache und vermischten den Hip-Hop mit der in Westafrika populären Musikrichtung Mbalax, die seitdem mit ihren schnellen Läufen der Tama-Trommler den Rhythmus der dortigen Rapper prägt. Andere trugen ihren Rhymes mit einem eher kosmopolitischen Anspruch in einem sprachlichen Mix von Englisch, Französisch, Wolof, Serer und Mandinka vor. Ende der Achtziger gründeten die Anführer von zwei rivalisierenden Jugendgangs in Dakar die Gruppe Positive Black Soul (PBS) und rappten in Englisch, Französisch und vor allem in Wolof, der Umgangssprache im Senegal. Sie nutzten traditionelle Musikinstrumente und kreierten damit einen eigenen Stil und unverwechselbaren Sound.

Zum Star der Gruppe stieg alsbald Didier Awadi auf, der zum Paten des politischen Hip-Hop in Westafrika wurde. Zusammen mit PBS nahm er einige der wichtigsten Platten des westafrikanischen Hip-Hop auf, so 1994 *Boul Faalé*, in der er die Korruption in seinem Land anprangerte, oder als Soloalbum 2005 *Un autre monde est possible* in der Hoffnung auf eine bessere Welt. Im Senegal ist Hip-Hop inzwischen allgegenwärtig und zu einem wichtigen Medium der politischen Auseinandersetzung aufgestiegen. Die 1994 gegründete Gruppe Daara-J unterstützte im Jahr 2000 während des senegalesischen Wahlkampfs die Antikorruptionskampagne des Präsidentschaftskandidaten Abdoulaye Wade und trug mit zur Abwahl des bisherigen Präsidenten Abdou Diouf bei. Mit ihrem stark von karibischen und afrikanischen Einflüssen geprägten Hip-Hop machten sie sich schnell auch in der internationalen Musikszene einen Namen. Wie die meisten anderen westafrikanischen Gruppen rappen sie über Globalisierung, die Bedrohung der afrikanischen Kultur durch die westliche Moderne und über die Gefährdung der Umwelt. Und sie rappten über Spiritualität.

Das Netz und teils auch das Fernsehen übernahm Anfang des neuen Jahrtausends schließlich in moderner Form die Tradition der in den Savannen umherziehenden professionellen Sänger, die mit Sprechgesang Nachrichten verbreitet hatten. Seit April 2013 etablierte sich im Senegal das so genannte JT Rappé – Journal Télévisé Rappé –, eine Art politischer Tagesschau, in der zwei Rapper und Gäste mit gerappten Nachrichten in Videos von acht- bis zehnminütiger Länge die vielfältigsten Probleme der Menschen voller Humor und Leichtigkeit angehen. Sie rappen, um die Jugend und vor allem die vielen Analphabeten anzusprechen. Ihre Reime handeln von Umweltverschmutzung und Mietpreisen, von Unruhen und Gewalt, von Inflation und Einwanderung. Inzwischen haben auch andere westafrikanische Länder eine derartige Nachrichten-Plattform aufgebaut, ebenso Vietnam und Jamaika.[102]

In Ghana imitierten Jugendliche zunächst den amerikanischen Rap, indem sie lediglich die Texte in einheimische Sprachen übertrugen. Erst im neuen Jahrtausend unterlegten die Rapper ihre Reime mit der in Westafrika sehr populären Highlife-Musik und kreierten mit Hiplife einen eigenen Stil. Einige Hiplifer taten sich mit

102 Paul Loobuyck, *Sénégal – Dakar: Le JT Rappé, un concept média qui se classe en haut des charts*, in https://lefilrouge.media [28.11.2017]; Jonathan Fischer, *Rapper Didier Awadi. Darum riskiert Afrikas Jugend für Europa ihr Leben*, in Welt vom 23. Jan. 2015, www.welt.de/kultur/pop/article136686047; Bender 2000, 67–69.

alten Highlife-Musiker zusammen, andere wiederum benutzten auch traditionelle Rhythmen oder Instrumente. Luxushotels reservierten ganze Strandabschnitte für Hiplife-Partys, und Hiplife dominiert bis heute die Radiosender, Nightclubs sowie die Werbespots für Bier und Kaffee. Völlig verpönt war in Ghana wie in vielen anderen afrikanischen Ländern von Anfang an der Gangsta-Rap.[103]

In Nigeria, wo das staatliche Fernsehen seit den Achtzigern Spielfilme, Sitcoms, Soaps und Musikvideos aus dem Westen ausgestrahlte und südafrikanische Bezahlsender seit Mitte der Neunziger mit mehreren Musikkanälen wie MTV und VH1 auf Sendung gingen, war der Krakeel der sich arrogant und unflätig gebenden amerikanischen Rapper alsbald in allen Hotellobbys, Pubs, Geschäften und Restaurants zu hören. Er ermunterte zahlreiche einheimische Jungs zum Hip-Hop, seit der Jahrtausendwende unterstützt von neugegründeten Labels und Fernsehsendern wie HipTV, die sich ganz auf Rap spezialisierten. Anfang des neuen Jahrhunderts trat eine neue Generation von Rappern ins Scheinwerferlicht, die vornehmlich über Sex, Reichtum und Gewalt schwadronierten. Gleichzeitig provozierte auch der berühmteste Fuji-Musiker Abass Akande Obesere mit derben, obszönen und vulgären Texten, obwohl die Fuji-Musik als beliebtester Musikstil Nigerias sich in den 1960er Jahren aus der muslimischen Fastenmusik entwickelt hatte.

In die Rolle des Enfant terrible der einheimischen Hip-Hop-Szene schlüpfte jedoch Eedris Abdulkareem. Sein Gassenhauer *Jaga Jaga*, was so viel wie Chaos oder total fertig meint, geriet 2004 zu einer Kampfansage an den regierenden Präsidenten Olusegun Obasanjo, der den Track aus dem Radio verbannen ließ. In diesem größten Land Afrikas mit seinen mehr als 190 Millionen Einwohnern, in dem die Bevölkerung schneller wächst als die Wirtschaft, in dem die Korruption blüht und der Terror von Boko Haram die Hoffnung auf eine bessere Zukunft welken lässt, zeichnete der Rapper Folarin Falana, genannt Falz, im Jahr 2018 in seinem Video *This Is Nigeria* ein sehr drastisches Bild von den vielen Missständen in seinem Heimatland. Der Clip zeigt brutale Gangster und raffgierige Polizisten, er zeigt Islamisten, die Menschen die Köpfe abschlagen, er zeigt Arme und Kranke. Dazu rappt Falz über eine nie endende Rezession, über Diebe und Mörder, die bei den Wahlen kandidieren, sowie Politiker, die Millionen und Milliarden gestohlen haben, und dafür nicht ins Gefängnis müssen. Er rappt über den täglichen Zusammenbruch der Stromversorgung und die völlig ungenügende medizinische Versorgung. Umgehend untersagte die Regierung den Fernsehstationen des Landes, den Videoclip wegen seines „vulgären“ Textes auszustrahlen. Der Bann half recht wenig. Bei YouTube war das Video sofort ein Renner mit rund 18 Millionen Klicks allein bis Mitte 2019. In den meisten Ländern, in denen die Bevölkerung unter unfähigen oder korrupten Politikern zu leiden hat, dient Hip-Hop den Menschen heute als Ventil. Selbst im Norden Nigerias, wo im Jahr 2000 die Scharia eingeführt wurde, ist Hip-Hop heute die dominierende Musikform.[104]

103 Stefan Franzen, *Zwischen Hiplife und Afrofunk*, in Beyer/Burkhalter 2012, 232–244, hier 237–238.

104 Wilson Akpan, *And the Beat Goes On? Message Music, Political Repression and the Power of Hip-Hop in Nigeria*, in Drewett/Cloonan 2016, 91–106; Annett Busch, *Lagos. Wir haben 50*

Im ostafrikanischen Tansania sowie in den Nachbarstaaten Kenia und Uganda, wo der Rap den Namen Bongo Flava führt, wurde er zunächst vornehmlich in Suaheli vorgetragen und von traditionellen Musikinstrumenten wie Marimba, Flöten und Trommeln begleitet. Heute rappen die Künstler dagegen meist in Sheng, jener im Osten Afrikas weit verbreiteten neuen Jugendsprache, die sich in den Slums der großen Städte Kenias, Tansanias und Ugandas seit den siebziger Jahren als einer Mischung aus Suaheli, Englisch, kenianischen und nichtkenianischen Sprachen entwickelt hat. Flava bedeutet in Sheng Musik. Die Texte handeln auch hier von den Problemen des Landes, der weitverbreiteten Korruption, der mangelhaften medizinischen Versorgung sowie von AIDS, wobei zahlreiche Rapper die staatlichen Aufklärungskampagnen mit ihren Songs unterstützen.

In Uganda hatten sich die ersten Rapper zunächst gänzlich am amerikanischen Hip-Hop orientiert. Die Regierung zwang sie jedoch, ihren Stil und die Inhalte zu ändern, sodass heute nur der von den amerikanischen Rappern übernommene Kleidungsstil, der schaukelnde Gang und die Art zu sprechen geblieben sind.[105] In Ruanda wiederum rappen die meisten der vielen jungen Stars wie Bull Dog und Riderman in Kinyarwanda, der Sprache der Hutu, Tutsi, Twa und anderer Ethnien, und unterlegen ihren Sprechgesang mit R&B, Reggae und Pop.

Im Südafrika der Apartheid begann in den frühen achtziger Jahren die spätere Hip-Hop-Band Black Noise zuerst als Graffiti- und Breakdance-Gruppe, um sich gegen Ende des Jahrzehntes auch der Musik zuzuwenden. 1989 übernahmen auch andere Farbige den Hip-Hop, um ihre Loyalität zu den im Apartheidsystem unterdrückten Schwarzen zu bekunden. Die Regierung, alarmiert wegen der sozialkritischen Ausrichtung des Hip-Hop, erließ umgehend ein Verbot, das bis 1993 bestehen blieb.[106]Nach dem Ende der Apartheid entstand mit dem Kwaito ein ganz neuer Musikstil aus einer Synthese verschiedener Richtungen wie House, R&B, Reggae, Afrobeat und Hip-Hip. Er wird mit Posen des amerikanischen Gangsta-Rap vorgetragen, aber ist vor allem eine Spaßmusik, in der es dauernd um Sex, Mobilität und schnellen Genuss geht. Er dröhnt aus den Radios, den Straßencafés, Bars und übervollen Kleinbussen und Sammeltaxis, die die Bewohner der Vorstädte in die Zentren der Städte befördern. Heute füllen Rapper in Südafrika Großhallen und Stadien, so Cassper Nyovest.

Gleichzeitig haben aber auch solche Rapper Erfolg, die mit ihrem Sprechgesang nicht auf soziale und politische Probleme fixiert sind. Den prolligsten Internet-Hype entfachte 2010 die Rap-Rave-Band Die Antwoord aus Kapstadt mit ihrem

Cent, in Dax/Waak 2013, 350–355, 353; Katung Kwasu, *Nightlife in Northern Nigeria*, in www.musicinafrica.net/magazine/nightlife-northern-nigeria [28.11.2017].

105 Klaus Raab, *Rapping the Nation: die Aneignung von HipHop in Tanzania*. Münster: LIT, 2006; Wolfgang Bender, *Hip-Hop, Kwaito und Co. – Trends in der afrikanischen Musikszene*, in www.bpb/internationales/afrika/afrika/59145 [15.02.2016].

106 Hauke Dorsch, *Westafrikanische Musik: Vom Preisgesang zum Pop*, in Leggewie/Meyer 2017, 299–306, hier 303; Adam Haupt, *Stealing Empire. P2P intellectual property and hip-hop subversion*. Cape Town: HSRC Press, 2008, 142–215; Eric Sunu Doe, *La musique populaire au Ghana*, in www.musicinafrica.net/node/13634; Achiro P. Olwoch, *La musique populaire en Ouganda*, in www.musicinafrica.net/ node/13628 [27.11.2017].

Video *Enter the Ninja*, das in seiner ganzen Hässlichkeit und Rätselhaftigkeit, seiner Geschmacklosigkeit und seinem Knast-Charme, seinem Chaos und seinem hintergründigen Humor zum Markenzeichen der Gruppe wurde. Ninja präsentierte sich mit seinen bellenden Raps als ein knasttätowierter ausgemergelter Proll, der mit seinen Goldzähnen ebenso der Ghettowelt der Townships entsprungen schien wie seine beiden Mitmusiker, die zierliche Yo-Landi Vi$$er mit ihrer kieksenden Micky-Maus-Stimme und ihrem debilen, platinblondem Raspelpony, sowie das fette und stets schläfrige Riesenbaby DJ Hi-Tek. Sie rappen in einer Mischung aus Englisch, Afrikaans und einem Proleten-Dialekt, der einen Penis zum „Boesman“ erklärte. Mit ihren Texten und Bildern von Orgien, Drogen und Dämonen lassen diese Durchgeknallten ihre Fans weltweit bis heute zwar meist verunsichert und ratlos zurück, können aber mit ihrem Klamauk auf eine große Fangemeinde zählen.[107]

Im benachbarten Botswana, das nach seiner Unabhängigkeit im Jahr 1966 aufgrund von Diamantenfunden und einer weitsichtigen Wirtschaftspolitik zu einem der am schnellsten wachsenden Volkswirtschaften und stabilsten Ländern Afrikas aufstieg, hatte sich seit Mitte der siebziger Jahre eine rasch wachsende Mittelschicht entwickelt, die stark von den Produkten und Ideen des Westens, besonders der USA, beeinflusst wurde. Bereits in den frühen achtziger Jahren kam der Hip-Hop in das Land, um im folgenden Jahrzehnt von den Kindern der gut situierten Mittelschicht als Musik, Mode und Lifestyle angenommen und weiterentwickelt zu werden. Radio-DJs unterstützten mit Sendungen wie *Rap Blast* diesen Trend. Um die Jahrtausendwende setzten neue Stars wie Mr T und Zeus auf eine Fusion des amerikanischen, in Englisch vorgetragenen Hip-Hop mit einheimischen Sprachen. Dieser so genannte Motswako Hip-Hop übertraf alsbald Kwaito an Popularität. Die Rap-Lyrik des Motswako wird meist als Mix aus Englisch und Setswana vorgetragen, aber auch mit Zulu oder Afrikaans gemischt. In einem Land, in dem die Gleichberechtigung von Mann und Frau durch die Regierung erfolgreich vorangetrieben wird, stiegen alsbald auch weibliche Rapper zu Stars auf, so etwa Sasa Klaas. Die Großen der Szene füllen heute das 20.000 Zuschauer fassende Nationalstadium in Gaborone bis auf den letzten Platz.[108]

Überall in Afrika von Tunis im Norden bis Kapstadt im Süden ist Rap heute angesagt, und aus den vielen Ghettoblastern wummern überall auf dem Kontinent Dutzende knalliger Hip-Hop-Hits. In Nordafrika nahmen algerische Jugendliche seit Ende 1988 wiederholt Anregungen aus Frankreich und den USA auf, um gegen die Brutalität der Sicherheitsorgane sowie die Raffgier und Verschwendungssucht der herrschenden Familien in ihrem Land anzusingen. Sie klagten die Machthaber an wegen zunehmender Arbeitslosigkeit und sozialem Elend, wegen Ungerechtigkeit und staatlichem Terror. Als im Oktober 1988 in Algier Tausende Schüler und Arbeitslose aus Protest gegen die Erhöhung der Lebensmittelpreise und das marode Bildungssystem auf die Straße gingen, reagiert die Staatsmacht mit brutaler Härte

107 Jürgen Zimmer, *Fokken, fokken, fokken*, in ZEIT ONLINE vom 30. Sept. 2010; Goldsmith/Fonseca 2019, Bd. 1, 175–176.

108 Problem Masau, *Hip hop in Botswana*, in www.musicinafrica.net/magazine vom 2. Juli 2018.

und veranstaltete eine mehrtägige Menschenjagd mit fünfhundert bis tausend Toten. Die an den Protesten beteiligten Jugendlichen nannten sich fortan „Oktobermärtyrer“ in polemischem Gegensatz zu den „Novembermärtyrern“ ihrer Elterngeneration aus dem Unabhängigkeitskrieg gegen Frankreich, deren fast einhundert hohes „Monument der Märtyrer“ die Hauptstadt des Landes überragt.

Innerhalb weniger Jahre lief der Rap dem populären Raï-Pop als Protestmusik den Rang ab. Die Regierung belegte zahlreiche Rapper zwar mit drakonischen Strafen und Auftrittsverboten, doch gelang es den Zensur- und Sicherheitsbehörden im Zeitalter von Satellitenfernsehen und Internet immer weniger, diese Art des Protestes gänzlich zu unterbinden. Bands wie Hamma Boys und Le Micro Brise le Silence (MBS) – Das Micro bricht das Schweigen – wurden zum eigentlichen Sprachrohr einer verlorenen Generation. „Werfen wir die Stille in ein Leichentuch. Der Rap ist die Waffe, mit der ich meine Wut reinige“, rappte MBS.

Die Erzählungen und Anklagen der Rapper wurden härter, als im Jahr 1992 nach der Annullierung des Wahlerfolgs der Islamischen Heilsfront FIS das Militär die Macht übernahm und ein Bürgerkrieg zwischen Islamisten und Regierungstruppen ausbrach, der mindestens 150.000 Menschen das Leben kostete. Über 6.000 blieben für immer vermisst. Allein 1997 richtete die Bewaffnete Islamische Armee (GIA) beim Ramadan-Fest in Algier ein Massaker mit Tausenden von Zivilopfern an. Die Regierungstruppen reagierten mit einer ähnlichen Brutalität. Die Sprachjongleure des Hip-Hop dokumentierten diese Gewaltexzesse und Massenmorde beider Seiten. In dem Debütalbum der Gruppe Intik von 1999 heißt es in dem Song *Va le dire à ta mère – Sag's deiner Mutter*: „Ich erzähle euch von Kindern, die verbrannt wurden/Und von meinen Schwestern, die vergewaltigt wurden/Wir sind wie Vögel in einem Käfig, die nicht entfliehen können/Und wir dürsten nach Freude und Freiheit“. Wegen ihrer ungeschönten Berichte über die Realität fanden sich die Rapper alsbald auf den Todeslisten der Islamisten und des Militärs wieder. Die meisten von ihnen retteten sich, indem sie den algerischen Raï-Musikern ins Exil nach Frankreich folgten.

Als schließlich Präsident Abdelaziz Bouteflika im Jahr 2005 mit einer Generalamnestie sowohl die militanten Islamisten wie auch die Sicherheitskräfte begnadigte und über das „schwarze Jahrzehnt“ einen Mantel des Schweigens zu legen versuchte, meldete sich aus Frankreich wiederholt Rabah Ourrad von MBS und kritisierte in scharfen Tönen sowohl die Amnestie der islamischen Schlächter wie auch die Vetternwirtschaft und Korruption der herrschenden politischen Klasse. In seinem Song *Monsieur Le Président* höhnte er: „Wozu noch darüber im Fernsehen reden!/Diese Leute töten nicht mehr, also lasst sie doch!/Unsere Generäle haben sich die Taschen vollgestopft, na und?/Wem nützen schon die Namen und die Nummern der Schweizer Konten?/Man ist auf den Kaimaninseln“.

Schließlich begleiteten zahlreiche Rapper mit kritischen Songs auch die seit Februar 2019 jeden Freitag stattfindenden Massenproteste gegen „Ali Baba und die 40 Räuber“ des korrupten Regimes von Langzeitpräsident Bouteflika. Als dieser, inzwischen schwer krank, an einen Rollstuhl gefesselt und kaum noch zu einem Wort fähig, seine Kandidatur für eine fünfte Amtszeit ankündigte, eskalierten die Proteste. Zum Soundtrack dieser Massendemonstrationen wurde die Rap-Hymne

Liberté von Rapper Soolking. Zehn- oder Hunderttausende sangen sie, während sie durch die Straßen von Algier zogen: „Offenbar kann man Macht kaufen/Freiheit, das ist alles, was uns bleibt". In Algerien protzten Hip-Hopper aus tristen Vorstädten von Beginn an nicht mit Bling und Brillis, sondern sprachen über die Realität und wurden so zu einem zusätzlichen Motor der Protestbewegungen. Hier wie in den Nachbarländern hat der Rap nichts gemein mit dem hemmungslosen Hedonismus, der für den amerikanischen Rap typisch ist, sondern er sprich Klartext über die Realität, über den deprimierenden Alltag mit seiner Massenarbeitslosigkeit, über politisches Unrecht, über Terror und Krieg.[109]

Dies gilt auch für Israel und Palästina, wo das Hip-Hop-Trio DAM ähnlich wie MBS in Algerien seit 1998 mit Worten statt mit Steinen gegen die gesellschaftliche Ausgrenzung und Unterdrückung ankämpfte, die Arbeitslosigkeit und Armut genauso ansprach wie die Drogenkriminalität in ihrer heruntergekommenen Heimatstadt Lod. „Protestrap" nannten sie ihre Musik – ein Aufschrei, rebellisch, politisch und voller sozialem Engagement. Mit ihrem Song *Min Irhabi? – Wer ist der Terrorist?* – landen sie 2001 einen Riesenerfolg. „Wie kann ich Terrorist sein, wenn du mir mein Land weggenommen hast?", klagten sie an. Bald folgten andere wie das Künstlerkollektiv Ramallah Underground ihrem Beispiel und gerieten, da sie Gewalt ablehnten, ins Fadenkreuz religiöser Eiferer wie auch der radikalen Hamas, die im September 2005 Schüsse auf ein Konzert der Palestinian Rapperz in Gaza-Stadt abfeuerten. Bis heute nehmen die Rapper von DAM und anderer Gruppen eindeutig Stellung zum Palästina-Konflikt und werden daher von den israelischen Radiostationen boykottiert.[110]

In Tunesien versuchte die Regierung zunächst, dem Musikgeschmack der Jugend entgegenzukommen, indem sie eine weichgespülte, nur leicht kritische Rapmusik tolerierte und eine unpolitische Popmusik förderte. Der Tunesier Balti wurde so zum „offiziellen Rapper der Regierung Ben Ali", der seit 1987 als Präsident autokratisch über das Land regierte. Als sich schließlich ab 2010 die Protestsongs von Rappern und Sängern mehrten und die Protestierenden in Algier, Casablanca, Kairo, Bengazi und Manama einstimmten, entwickelte sich Hip-Hop zum Soundtrack der Arabellion. Der in Sfax geborene Pharmaziestudent El Général bezichtigte den Präsidenten der Korruption und machte ihn in seinem Song *Rais Lebled – Der Chef meines Landes* – verantwortlich für Polizeiwillkür und die desolate Lage der Jugend des Landes: „Herr Präsident, Ihr Volk stirbt/die Menschen essen Müll/viele haben kein Dach über dem Kopf/jeden Tag höre ich von Gerichtsverfahren/in denen die Armen betrogen werden [...]." Während Kommentatoren im Westen den jungen Rapper für solche Verse feierten, ignorierten sie die Töne, die er ansonsten anschlug. In seinem Song *Allah Akbar* erklärte er „im Namen Gottes" einer Welt den Krieg, in der „die Araber zu Knechten und die Juden zu Herren"

109 Zit. nach Fariborz 2010, 66–84; Arian Fariborz, *Das Schweigen brechen – vom Raï zum Hip-Hop in Algerien*, in Leggewie/Meyer 2017, 332–339, hier 337; Thomas Burkhalter, *Vom französischen Raï zum algerischen Rap*, in Neue Zürcher Zeitung vom 26. Juli 2001.

110 Fariborz 2010, 85–107; Cornelia Wegerhoff, *DAM – palästinensischer Hip-Hop aus Israel. ‚Jerusalem muss eine Stadt des Friedens sein'*, in Deutschlandfunk Kultur vom 7. März 2018.

wurden. Begleitet von einem von kriegerischen Symbolen und Szenen überbordenden Video-Clip rappte er weiter: „Ich habe heute entschieden, ein Glaubenskrieger zu sein/Entweder Sieg oder Märtyrertod."

Zur gleichen Zeit reagierte der tunesische Rapper Bayram Kilani, alias Bendir Man, mit Satire und Humor auf die Probleme in seiner Heimat, womit er aber auch nicht Zensur, Überwachung, Verhaftung und Schlägen entging. Seinen Song *99% chabaa dimuqratiya – 99% voll Demokratie,* mit dem er sich über die stets utopischen Wahlergebnisse in seinem Land lustig machte und Präsident Ben Ali zur Witzfigur degradierte, ahndeten die Machthaber mit seiner Ausweisung. Auch im benachbarten Algerien wollte Langzeitpräsident Bouteflika nicht nachstehen und untersagte 2012 einen Auftritt von Bendir Man in Algier mit der Begründung, dieser exportiere die Revolution. Viele dieser regimekritischen Songs stiegen schnell zu Hymnen der Jasmin-Revolution auf, verbreiteten sich über YouTube und befeuerten auch in anderen arabischen Staaten die Proteste dieses Jahres. Sie wirkten als „Wassertropfen, die die Blumen der Freiheit sprießen ließen", so der algerische Sänger Cheikh Sidi Bémol.[111]

Auch in Ägypten begleiteten im Januar 2011 Musiker der unterschiedlichsten Stile, darunter Rapper und Sänger, die „Tage des Zorns" auf dem Kairoer Tahrir-Platz. Während Amr Diab, der größte Popstar Ägyptens als Gefolgsmann von Präsident Mubarak eilends in seinem Privatjet nach London floh, prangerten andere den Stillstand und die Missstände in der ägyptischen Gesellschaft an und forderten wie der Rapper Mohammed El Deeb einen radikalen Wandel. Die Songs von Ramy Essam *Irgal – Verschwinde!* – und der Gruppe Arabian Knightz *Rebel* wurden in Kairo Hymnen der Revolution.

Gut drei Jahre später trieb es die Rapper erneut auf den zentralen Platz Kairos, um nun Präsident Mursis Rücktritt zu fordern und gegen die Muslimbrüder zu protestieren, die inzwischen alle Schaltstellen der Macht an sich gerissen hatten und dabei waren, nicht nur die moderne Musik zu strangulieren. Aber auch unter dem neuen Präsidenten Abdal-Fattah as-Sisi, der im Sommer 2014 an die Macht kam, ist Kritik weiterhin tabu, vor allem Kritik an der Person des Präsidenten. Als einzelne Rapper es dennoch wagten, signalisierten die Machthaber ihnen sofort, eine rote Linie überschritten zu haben. Wie der Rapper Temraz, der 2006 in Alexandra das Label Revolution Records gegründet hatte, im Jahr 2017 eingestand, hat er inzwischen den Versuch aufgegeben, in Ägypten etwas zu verändern. Am Nil trällert die einheimische Mainstream-Musik bis heute nur von Liebe, nie aber von den wirklichen Problemen des Landes.[112]

111 Zit. nach Mattes 2012, 4–6; Felix Wiedemann, *Der Rapper El Général im Prisma der Identitätsproblematik.* Bachelorarbeit im Studiengang Islamischer Orient in der Fakultät Geistes- und Kulturwissenschaften der Universität Bamberg, 2012, www.norient.com/files2013/06; siehe auch Thomas Burkhalter, *Im Rhythmus der Revolution*, in Neue Zürcher Zeitung vom 23. März 2011.

112 Mattes 2012, 4; Jonathan Fischer, *Pop. Ägyptischer Rapper. ‚Wir weisen die Islamisten in ihre Schranken'*, in Welt vom 24. Juli 2013, www.welt.de/kultur/pop/article118323813; Mat Nashed, *Ägyptische Rapper kämpfen gegen Zensur*, in Deutsche Welle vom 10. Juni 2017, www.dw.com [27.11.2017].

Diese und andere Künstler, die mit ihren Liedern die Arabellion begleiteten, überlebten, wenn auch einige von ihnen wie Le Général kurzzeitig verhaftet wurden. Dagegen musste in Syrien der populäre Volkssänger Ibrahim Kashush für seine Protestlieder gegen das Asad-Regime mit seinem Leben bezahlen. Nachdem die Teilnehmer einer Großdemonstration in der syrischen Stadt Hama Anfang Juli 2011 seine Lieder wie *Bachar, hau ab!* gesungen hatten, ermordeten die Schergen des Regimes umgehend den unbequemen Kritiker und warfen seinen Leichnam mit herausgeschnittener Zunge in einen Fluss.

In Libyen dagegen suchten alle Rapper, die Machthaber Muammar Gaddafi mit Songs wie *Gaddafi, die Memme* attackierten, den Schutz der Anonymität. Nach dem Vorbild des bekanntesten libyschen Rappers, der sich hinter dem Pseudonym Ibn Thabit versteckte und ein „aufrechtes Leben auf den Füßen statt Demütigung auf den Knien" einforderte, nutzten zunächst alle Rapper die sozialen Medien und das Internet, um ihre Protestsongs einer breiten Öffentlichkeit bekanntzumachen. Seit dem „Tag des Zorns" im Februar 2011 mehrten sich diese Rap-Attacken auf Gaddafi. Erst nach der Befreiung von Bengasi Ende März 2011 wagten sich die ersten Rapper aus ihrer Anonymität heraus. Radiostationen wie Benghazi Free Radio spielten ihre Songs, und die Rapper verteilten ihre CDs an die Demonstranten. Auch nach der Revolution legten einzelne Gruppen ihre gesellschaftskritische Haltung nicht ab. Ihre Themen kreisten weiterhin nicht um Bling-Bling, Alkohol und Sex. Die Gruppe LIBYaN CReW rappte über die anhaltende Korruption in Justiz und Gesundheitswesen, über die riesigen Öleinnahmen, die in dunklen Kanälen versickerten und anonyme Konten im Ausland speisten. Sie rappten von Armut, Wohnungsnot und Arbeitslosigkeit.[113]

In allen Ländern, die sich ihrer damaligen Herrscher entledigten, treten Rapper seitdem in Rundfunk, Fernsehen und im Internet auf. In der panarabischen Castingshow *Arabs Got Talent* gehören Rapper inzwischen fest zum Programm. Sie erhielten die Möglichkeit zum Auftritt, weil der arabische Hip-Hop trotz aller Kritik an der politischen und sozialen Realität die Schimpftiraden der amerikanischen Rapper mit ihrem sexistischen und aufgepumpten Krakeel nicht übernommen hat und nur selten gegen islamische Sitten und Gebräuche ansingt. Der Tunesier El Général tritt etwa dafür ein, dass Frauen Kopftuch tragen, und verurteilt ausdrücklich Drogen, Flüche und Beleidigungen, ohne die der amerikanische Rap offenbar nicht auskommt. Dissen und Bitches fehlen im arabischen Rap. Selbst im erzkonservativen Saudi-Arabien hat sich inzwischen eine lebendige Hip-Hop-Gemeinde gebildet, obwohl die Sittenwächter diese mit Argusaugen überwachen und einschreiten, wenn von Politik oder Sex die Rede ist.[114]

In Lateinamerika dagegen griffen einige Musiker ganz zu Ende des vorigen Jahrhunderts einige zentrale Themen des Gangsta-Rap auf, um sie mit Hilfe des aus

113 Mattes 2012, 5; *Syria: Protest singer Ibrahim Kashoush had his throat cut*, in Freemuse vom 6. Juli 2011, www.freemuse.org [27.11.2017]; Goldsmith/Fonseca 2019, Bd. 1, 423.

114 Edo Reents, *Die Rapper der Revolution*, in Frankfurter Allgemeine Zeitung Feuilleton vom 7. Okt. 2012 [11.01.2016]; Jannis Hagmann, *Die Mittelschicht Rapper*, in Fluter. Magazin der Bundeszentrale für politische Bildung vom 20. Aug. 2015 [11.01.2016]; Klaus Farin, *Jugendkulturen heute – Essay*, in www.bpb.de/apuz/32643/jugendkulturen-heute-essay [22.02.2016].

Kolumbien stammenden, aber inzwischen in ganz Südamerika verbreiteten Musikstils Cumbia Gehör zu verschaffen. Sie erweiterten diese Musik, die zunächst unter den Arbeitern und seit den neunziger Jahren auch unter den Jugendlichen aus der Mittel- und Oberschicht eine große Anhängerschaft um sich scharen konnte, um elektronische Sounds und monotone Riffs, schließlich seit etwa 2005 auch um Elemente des Electro Pop, Hip-Hop und Reggae. Die mit Slang durchsetzten Texte handeln vom Leben in den Slams, von Drogen, Alkohol, Kriminalität und Sex, sie üben Kritik an Politikern und Polizei, jedoch niemals gewaltverherrlichend, sondern stets mit einer gehörigen Prise Humor gewürzt.

Als Argentinien zur Jahrtausendwende in den Abgrund der Schulden- und Währungskrise stürzte, wurde diese Cumbia Villera genannte Musik zum Sound der dortigen Wirtschaftskrise. Wegen ihrer unkritischen Darstellung des Drogenkonsums verbannte sie die argentinische Rundfunkbehörde jedoch aus Radio und Fernsehen, worauf eine sanftere Version entstand, die auch in den Nachbarländern rasch Anhänger fand. Wie die Hip-Hop-Fans sind auch die Cumbia-Fans an ihrer Kleidung zu erkennen – an ihren weiten Hosen, den Sweatshirts mit Kapuzen, den Baseballkappen und Turnschuhen.[115]

In Kuba, wo die ersten Hip-Hopper zunächst nur den amerikanischen Gangsta-Rap mit seinem Großsprech von Gewalt und Sex imitierten, begannen einzelne Musiker in den frühen neunziger Jahren Rap mit traditionellen kubanischen Musikstilen zu mischen und die Alltagsprobleme der kubanischen Gesellschaft zu thematisieren, über die ansonsten nur hinter vorgehaltener Hand gesprochen wurde. 1995 ging mit Hilfe der staatlichen Organisation für Nachwuchskünstler das erste offizielle Rap-Festival im Havanna-Distrikt Alamar über die Bühne. Als aber im neuen Jahrhundert immer mehr junge Rapper ihren Frust über Fidel Castro und seine Revolution deutlich und laut in Verse fassten und nach Wandel riefen, begann das Regime spätestens ab 2005, sozialkritische Rapmusik systematisch zu unterdrücken.[116]

Hip-Hop ist heute weltweit die mit Abstand größte und am weitesten verbreitete Jugendkultur. Selbst in China, wo die westliche Rock- und Popmusik es nach der langen und rigiden Isolation des Landes noch immer sehr schwer hat, Gehör zu finden und verstanden zu werden, blüht der Rap und begeistert nicht nur die Jüngeren. Seit etwa 2015 hat er wie kein anderes Pop-Genre Fahrt aufgenommen. Verantwortlich dafür waren Sendungen wie *The Rap of China* und *The Singer*, die von vielen hundert Millionen im Fernsehen und an den Bildschirmen ihrer PCs und Smartphones verfolgt wurden. Allein *The Rap of China*, ein Wettstreit von 46 Rappern, der ab Juni 2017 in zwölf Episoden über die Bühne ging, wurde insgesamt von 2,5 Milliarden Menschen verfolgt. Gewinner wurde der 23-jährige PG One, wie er sich selbst ganz nach dem Vorbild amerikanischer Rapper nannte. Er war Ende 2017 der neue chinesische Superstar, gewissermaßen ein Vorbild, bis wenige

115 Pablo Semán/Pablo Vila (Hg.) *Youth Identities and Argentine Popular Music Beyond Tango*. New York: Palgrave Macmillan, 2012, Kapitel 4–6; Diederichsen 2005, 187–190.

116 Knut Henkel, *Rap cubano – ein musikalisches Stiefkind*, in Neue Zürcher Zeitung vom 8. März 2001; Max Wend, *Hip-Hop in Havanna. Reime gegen Fidel*, in ZEIT ONLINE vom 29. Juli 2010.

Tage später zuerst in der Boulevardpresse, dann in der Parteipresse, Berichte über eine Affäre des Rappers mit einer elf Jahre älteren, verheirateten und allseits bekannten Filmschauspielerin und Mutter einer Tochter erschienen.

Umgehend nahmen Pekings Nachrichtenoffiziere die Liedertexte von PG One unter die Lupe und wurden schnell fündig. 2015 hatte er in *Christmas Eve* darüber gerappt, am Tag zu schlafen und nachts laut zu schreien sowie von weißem Pulver auf dem Brett. Und er hatte sich gerühmt, einer „bitch" Gewalt angetan zu haben. Eine Frauenvereinigung bezichtigte ihn, den Drogenkonsum unter Jugendlichen anzuheizen und mit seiner vulgären Sprache öffentlich Frauen zu beleidigen. Derartige Anschuldigungen durch Politiker und Verbände hatten zwar auch in den USA den Gangsta-Rap begleitet, in China aber nutzten Partei und Behörden die Gelegenheit, um im Januar 2018 umgehend den Bann über solchen Rap auszusprechen. Künstler, die sich vulgär und obszön präsentieren, werden seitdem nicht mehr im Fernsehen geduldet. Und da die allmächtige Partei schon dabei war, klopfte sie die zukünftigen Standards sofort fest – keine Tattoos, keine unangemessene Kleidung, keine privaten Skandale, keine vulgären und obszönen Worte, keine ideologischen Mängel.

Es half PG One und anderen Rappern nichts, dass sie sich sofort reuig und unterwürfig gaben und alle ihre Songs löschten. Zugleich machte sich die Zensurbehörde an die Arbeit und entfernte alle kritischen Songs von den Musikplattformen. Die Gruppe $hitMind-Boys aus Shanghai war gezwungen, sich einen neuen Namen zu geben. Sie treten seitdem als ShakeMindBoys auf – als Milchshakebubis – und rappen nicht mehr von Umweltverschmutzung und Smog atmenden Menschen, sondern fordern ihre Zuhörer auf, weniger Fleisch und Zucker zu essen und regelmäßig den Arzt aufzusuchen, damit der Grippevirus keine Chance habe.[117]

Natürlich unterliegen auch die chinesischen Rapper, die inzwischen im Ausland und vornehmlich in den USA auftreten, diesen rigiden Vorgaben. Die Gruppe Higher Brothers aus Chengdu, die sich nach der chinesischen Haushaltsgerätefirma Haier benannt hat, rappt in ihrem größten Hit *Made in China* voller Stolz über die vielen Massenartikel, die China für die ganze Welt produziert: „Der Wecker, der dich am Morgen weckt – Made in China/Auf deiner Zahnpasta und Zahnbürste steht – Made in China." Und die Partei klatscht wohlwollend Beifall.[118]

In vielen Teilen der Welt hat der Rap inzwischen viel von seiner früheren Vulgarität abgelegt, beziehungsweise eine von unerträglichen Tabubrüchen alarmierte Öffentlichkeit hat den menschen- und vor allem frauenverachtenden Rhymes und der Verrohung der Sprache den Kampf angesagt. Selbst in den USA haben heute offenbar die Rapper den größten Erfolg, die zum Gangsta-Rap mehr oder minder auf Distanz gehen. 2017 stieg der für seine hochartifiziellen Wortspiele bekannte Amerikaner Kendrick Lamar mit *Humble* zum Rap-Superstar auf. Mit seinen gottesdiensthaften Shows und seinen zur Demut aufrufenden Rhymes tritt er so auf,

117 Hendrik Ankenbrand, *Von jetzt an rosa*, in Frankfurter Allgemeine Zeitung vom 2. März 2018, 16; *China's fledgling hip-hop culture faces official crackdown*, in BBC News vom 24. Jan. 2018, www.bbc.com [03.03.2018].

118 Felix Zwinzscher, *Straight Outta Chengdu*, in welt.de vom 11. Aug. 2017, https://www.welt.de/kultur/pop/article167567953 [03.03.2018].

wie Eltern und Lehrer sich Rapper und Reime wünschen. Er rappt hauptsächlich über die Diskriminierung der Schwarzen und predigt Bescheidenheit. Der erfolgreichste Rapper des Jahrzehnts, der Kanadier Drake prahlt dagegen zwar noch immer mit seinem Frauenverschleiß und präsentiert sich als neureicher Proll, doch zugleich demonstriert er auch viel Feingefühl für Romantik und Melodie und liefert in seinen Musikvideos in der ganzen Welt imitierte Vorlagen für Dancemoves.[119]

Weltweit geht Hip-Hop heute mit den unterschiedlichsten Musikstilen Verbindungen ein, bisweilen dominierend, bisweilen zurückhaltend. Er erweist sich als ein Stil von großer Integrationskraft. Rap-Stars treten zusammen mit Pop-Stars auf. So singt Kendrick Lamar Duette zusammen mit Rihanna und U2. Insgesamt reicht das Spektrum des Hip-Hops heute von Partymusik bis zur politischen und religiösen Predigt, vom Gangsta-Rap bis zum zuckersüßen Kinderlied. Der Hip-Hop hat heute die Rockmusik in der Publikumsgunst ins zweite Glied zurückgedrängt.

119 Daniel Gerhardt, *Der meiste Rapper der Welt*, in ZEIT ONLINE vom 4. Juli 2018.

9 IM ZEICHEN VON GLOBAL POP SEIT 2000

Zu Ende des Jahrtausends hatten die CD und der Sampling-Boom das Interesse an der Vergangenheit von Rock und Pop neu geweckt und alte Songs in neuem Gewand in die Charts gehievt. Mit der elektronischen Musik und dem Hip-Hop waren zudem neue Musikstile ins Rampenlicht gerückt und hatten die Vielfalt der populären, weltumspannenden Musikstile sowie die Kombinationsmöglichkeiten um ein Vielfaches erhöht. Gleichzeitig beherrschten in der Gegenwelt des Teenie-Pop schnieke Boygroups mit synchronisiertem Gehüpfe die Szene, ebenso Sängerinnen, die kurz zuvor noch im Mickey Mouse Club die Kids vor den Bildschirm gelockt hatten – die Backstreet Boys und *NSYNC, Britney Spears und Christina Aguilera. Auch eroberten in der Nachfolge der Spice Girls unzählige Girl Groups die Bühnen, so die spanische Gruppe Las Ketchup, die mit dem *Ketchup Song (Asereje)* 2002 den Sommerhit und Partytanz des Jahres landete mit unverkennbaren Anleihen an *Rappers Delight* der Sugarhill Gang. Der Teenie-Markt versprach weiterhin das große Geld. Die knallbunte Popwelt der Neunziger und Jahrtausendwende klang extrem polyfon. Der Generationskonflikt zwischen Kids und ihren Eltern verlor an Schärfe, wogegen der zwischen den Kids und ihren größeren Geschwistern mit etwas mehr Leidenschaft ausgetragen wurde. Angesichts der nahezu permanenten und allgegenwärtigen Berieselung mit Pop und Rock taugte die populäre Musik immer weniger zur Abgrenzung von anderen. Die nahezu exklusive enge Verbindung von Pop- und Rockmusik mit Jugend war selbst in die Jahre gekommen.[1]

Die Gesellschaft der Jahrtausendwende, in der die ältere Generation mit Rock 'n' Roll, Beat und Punkrock sowie Musikkonserven zum Anfassen aufgewachsen war, während für die Jüngeren deren Entmaterialisierung bereits zum Alltag gehörte, spaltete sich auf in ältere Konsumenten, die weiterhin auf die CD und im zweiten Jahrzehnt in einem Anflug von Nostalgie zum Teil auch auf Vinyl setzten, sowie in jüngere Käufer, die sich wie selbstverständlich die Musik aus dem Internet herunterluden. Trotz einer zuvor noch nie erlebten Absatzkrise, die das World Wide Web der Musikindustrie bescherte, hatte diese letztlich noch Glück, dass nicht nur rebellierende und technikbegeisterte Teenager ihre Musik kauften, sondern auch erwachsen gewordene und auf eine ältere Technik eingeschworene Babyboomer, die ihre wilden Zeiten längst hinter sich hatten und sich vor ihren teuren Hi-Fi-Anlagen im bequemen Polstersessel gern Träumen an vergangene Zeiten hingaben und weiter hingeben.

Das Netz und über das Netz operierende Institutionen veränderten auch das Verhältnis von Stars und Fans. Junge Menschen benötigten schon immer Stars, um besser zu erkennen, wer sie selbst sind. Elvis und die Beatles waren aber noch ferne Stars, gewissermaßen fremde Wesen wie aus einer anderen Galaxie, denen man sich lediglich mit etwas Glück bei einem Konzert bis auf wenige Meter hatte nähern können und deren Portraits man sich als Ersatz für fehlende leibliche Nähe wie ein Heiligenbild zu Hause an die Wand geheftet hatte. Das änderte sich zunächst mit MTV, mehr noch aber mit dem Internet und den sozialen Medien.

Heute können Jugendliche etwa auf Instagram auf das kleine Herz unter dem Portrait ihres Stars klicken, sie können ihn liken und damit in eine engere Beziehung zu ihm treten – jedenfalls wird es ihnen suggeriert. Die neuen Popstars selbst leben ebenso wie ihre Fans online, um Nähe zu simulieren und ein Gefühl der Nähe zu vermitteln. Sie lassen ihre Fans glauben, sie an ihrem Leben teilhaben zu lassen, gewissermaßen backstage zu sein. Die permanente Präsenz im Netz zwingt die Media-Teams der Künstler aber dazu, unentwegt Geschichten zu produzieren und seien diese auch noch so banal. Sie suchen die Stars heute mit sehr viel mehr Stories im Gespräch zu halten als ehedem die Produzenten von Elvis oder Bill Haley. Mit dem täglichen Kommunizieren über Twitter, Facebook oder Instagram endet die Ära der abgehobenen Superstars. Heute wissen alle Fans alles über ihre Stars. Jedenfalls glauben sie, es zu wissen.[1]

Das Netz sorgte zudem für eine viel raschere Weltumkreisung lokaler Sounds und Szenen. Es ließ die Welt endgültig zu einem globalen Dorf schrumpfen. Es schuf mehr Möglichkeiten, fremde Musik kennenzulernen und auf sie zuzugreifen, mit fremden Musikkulturen Umgang zu pflegen und subkulturelle Moden zu übernehmen. Musiker, Produzenten und Blogger von Anchorage bis Kapstadt agieren heute transnational. Damit wurde die jeweilige Szene samt ihrem Musikstil von ihrem Geburts- und Heimatort weitestgehend entkoppelt. Sie wurde entfremdet und virtuell. Viele Songschreiber bedienen sich heute nonchalant in allen Winkeln der Erde, nehmen sich dort, was sie brauchen und was gefällt, schweißen unterschiedliche Rhythmen zusammen und legen darüber einen Gesang, der aus allen Epochen der Musikgeschichte stammen kann. Sie mischen Sounds, Stile und Ideen wild durcheinander und verpflanzen sie in einen neuen Kontext. Die heutigen DJs der Dance-Kultur setzen Musik lediglich wie in einem Lego-Baukasten neu zusammen und eliminieren jedes Gefühl für Geschichte. Sie repräsentieren nicht mehr das Industrie-, sondern das Informationszeitalter.[2]

Das sich mit rasanter Geschwindigkeit ausbreitende Netz führte gleichwohl zu einer sehr viel stärkeren Präsenz der Vergangenheit, das heißt der älteren Pop- und Rockmusik der fünfziger bis achtziger Jahre. Als „unendliche Jukebox“ halten Portale wie YouTube diese Produktionen allesamt bereit und in Sekunden greifbar, und digitale Musikfirmen wie iTunes und eMusic bieten diese Musik weiterhin zum Kauf an. Dagegen hatten die traditionellen Plattenläden allein aus Kosten- und Platzgründen vorrangig neuere und neueste Schallplatten auf Lager. Als nach dem Jahr 2000 die Digitalisierung von Musik und Filmen die Lagerkosten drastisch re-

1 Shuker 2016, 187–188; Gabriele Klein/Malte Friedrich, *Globalisierung und die Performanz des Pop*, in Neumann-Braun/Schmidt/Mai 2003, 77–102, hier 85; Axel Schmidt/Klaus Neumann-Braun, *Keine Musik ohne Szene? Ethnografie der Musikrezeption Jugendlicher*, in Neumann-Braun/Schmidt/Mai 2003, 246–272, hier 266.

2 Andy Bennett/Richard A. Peterson (Hg.), *Music scenes: local, translocal and virtual*. Nashville, Tenn: Vanderbilt University Press, 2004, 10; Reynolds 2012b, 366–371.

duzierte, ermöglichte dies den digitalen Musikfirmen eine massive Ausweitung ihres Bestandes. Im Gegensatz zu Plattenläden waren sie nicht mehr gezwungen, in ihren Lagerräumen für Neuerscheinungen permanent Platz zu schaffen, sondern sie können seitdem ohne größeren Kostendruck auch ältere Musik anbieten. Hinzu gesellen sich die Vertreter derjenigen Musikstile, die im Sampler ihr wichtigstes Musikinstrument sehen und wie in Dance und Hip-Hop unverfroren frühere Epochen musikalischer Kreativität ausschlachten und durch den digitalen Fleischwolf drehen. Heute sind Techno und die elektronische Tanzmusik die erfolgreichsten und am meisten verbreitete Formen des musikalischen Zitierens. Andere bedienen sich im riesigen Archiv der Popmusik, um den Sound von gestern als Remix als neuesten Schrei zu verkaufen.

Aus der Sicht von Optimisten rücken damit Vergangenheit und Zukunft näher zusammen und befruchten sich gegenseitig, zumal die Komponisten auf die stetig wachsende Halde kultureller Artefakte direkt und unbegrenzt zurückgreifen können. Bob Dylan schuf daraus eine eigene Kunstform. Mit seinem an jenem katastrophalen 11. September 2001 herausgekommenen Album *Love And Theft* machte er aus Raub eine Kunstform, indem er aus alten Platten ganze Melodien mit nur geringen Modifikationen übernahm sowie aus literarischen Werken von Mark Twain und F. Scott Fitzgerald ganze Wendungen und Figuren.[3] Andere arrangierten alte Songs, die aus welchem Grund auch immer zunächst keinen Anklang gefunden hatten, völlig neu und stürmten damit an die Spitze der Charts. So brachte der niederländische DJ und Musikproduzent Junkie XL im Jahr 2002 einen Remix von Elvis Presleys Song *A Little Less Conversation* heraus, der sowohl 1968 wie auch bei dem legendären Comeback Special gefloppt hatte. Der elektronische Remix dagegen wurde ein Nummer-eins-Hit in mehr als zwanzig Ländern und in einer speziellen TV-Version zum höchst erfolgreichen Titel-Song der Werbekampagne von Nike zur Fußballweltmeisterschaft 2002 in Südkorea und Japan.[4]

Pessimisten wie der englische Kulturwissenschaftler Mark Fisher interpretieren dagegen dieses vermehrte Recycling der Vergangenheit als Selbstblockade in einer nostalgischen Wiederholungsschleife. Sie sehen darin Stagnation und Rotation, eine saft- und kraftlose Absage an die Zukunft, eine bleierne Melancholie und Musealisierung. Sie befürchten einen Verzicht auf jeden erhebenden Schock und jegliches Herzflattern, das sich in der Vergangenheit immer dann einstellte, wenn völlig Neuartiges den geschmeidigen Pop und den knallharten Rock wieder einmal unter Strom gesetzt und der Jugend wie im Rausch das Gefühl vermittelt hatte, in eine himmlische Zukunft gelupft zu werden. Dieses Gefühl überwältigte die junge Generation letztmalig zu Beginn des Punkrock wie auch des 80er-Hip-Hops und des 90er-Rave.[5]

Heute dagegen ist ein Großteil der Fans populärer Musik völlig verrückt nach Erinnerung und der Musik von gestern, zumal Rock und Pop nicht mehr nur zur

3 Detering 2016, 142–143.
4 Heidingsfelder 2016, 233.
5 Mark Fisher, *Ghosts of my life: writings on depression, hauntology and lost futures*. Winchester, UK: Zero Books, 2014.

Welt der Jugend gehören, sondern auch zu der der älteren Generation, die mit ihnen groß geworden ist. Die Stadien und Hallen füllen seit zwei Jahrzehnten greise Musiker, die in ihrem geriatrischen Lebensstadium nochmals kräftig auf den Putz hauen und damit Erfolg haben. Pop und Jugendkultur sind nicht mehr identisch. Mit musikalischen Waffen ausgetragene Grabenkämpfe zwischen den Generationen und Subkulturen gehören der Vergangenheit an, seitdem 17-Jährige 70-Jährigen zujubeln, die seit einem halben Jahrhundert dieselbe Show abliefern. Heute ist Musik nicht mehr mit Rebellion verbunden, zumal nichts so wirkungsvoll jede Rebellion erstickt wie die Erlaubnis und das Einverständnis von Eltern, die selbst mit Punkrock, Hardrock und Gangsta-Rap groß geworden sind, ganz abgesehen davon, dass die Jugendlichen heute beide Ohren mit Kopfhörern plombieren und ihre Lieblingsmusik an den Eltern vorbei inhalieren. Wie man dieses Recyceln der Vergangenheit auch immer interpretiert, die Geschichte der Pop- und Rockmusik ist heute präsenter denn je und verhilft der gegenwärtigen populären Musik zu einer nie gekannten Bandbreite und einem zuvor nie gekannten Bekanntheitsgrad.

Seit der Jahrtausendwende bietet die Musik kaum noch Neues. Inzwischen haben alle vergangenen Jugendkulturen jegliche Schockwirkungen eingebüßt und mit ihnen die entsprechenden Antimoden von zerrissenen Jeans bis zu herunterhängenden Hosen. Den ultimativen neuen Trend gibt es nicht mehr, allein neue Kombinationen und einen wechselnden Bezug zur Gegenwart. Seit dem Aufstieg von Techno in den Neunzigern entpuppte sich das nachfolgende Jahrzehnt trotz eines weiterhin sehr regen Treibens als Hochplateau, auf dem lediglich die Namen und die Mikro-Trends in hektischer Unbeweglichkeit wechselten, sogar noch schneller als jemals zuvor. Zwar zeigen sich Hip-Hop und die elektronische Dance Music schweißüberströmt ob ihrer vielfältigen Aktivitäten, doch stagnieren sie in ihrer Weiterentwicklung. Noch immer sucht eine Vielzahl an Rappern als Protz und Prolet den Erfolg. Noch immer geben sich die Rockfans wie elektrisiert, wenn eine ihrer in die Jahre gekommene Lieblingsband die Bühne erklimmt, doch stammt der letzte grandiose Gitarren-Riff, der eine erfolgreiche Weltumrundung feiern konnte, aus dem Jahr 2003. *Seven Nation Army* von den White Stripes löste als letztes „Meisterwerk der Primitivität" (Edo Reents) anschließend einen regelrechten Hype aus, vornehmlich unter den Fußballfans Europas, die diese Melodie in einigen Arenen Europas zu ihrer Stadionhymne kürten. Insgesamt aber ist der Stillstand nicht zu übersehen, wenn auch einzelne Künstler immer wieder neue Kombinationen unterschiedlicher Musikrichtungen auf dem Markt werfen und damit ganz neue Klänge erzeugen.

Die meisten Musikstile und Subkulturen aus der zweiten Hälfte des 20. Jahrhunderts sind weiterhin präsent, gehören weiterhin zum festen Inventar und rekrutieren jedes Jahr neue Anhänger.[6] Der Mainstream besteht, wie Simon Reynolds schreibt, aus einem Omnipop, „der alle Register der 80er- und 90er-Clubmusik zieht und sie mit R&B, Elektro und House, ‚Euro' und Trance vermischt, um einen zuckersüßen, dreisten Sound plärrender Aufregung zu kreieren." In Zukunft sei ein

6 Immanuel Brockhaus, *Kultsounds. Die prägendsten Klänge der Popmusik 1960–2014*. Bielefeld: Transcript, 2017.

musikalischer Fortschritt nur noch von Ländern wie China und Indien zu erwarten, die von diesem Omnipop bisher noch nicht infiziert sind.[7]

Dagegen verliert Afrika seine Tradition immer mehr im modernen Stil des Westens, zumal durch den zunehmenden Gebrauch elektronischer Instrumente dieser Transformationsprozess weiter Fahrt aufnimmt. Hinzu kommt, dass zahlreiche afrikanische Musiker aus politischen oder wirtschaftlichen Gründen inzwischen nach Europa oder Nordamerika ausgewandert sind oder wie der Raï-Sänger Cheb Khaleb, um vor islamistischen Schergen zu fliehen. In den Zentren der westlichen Musikindustrie wie Los Angeles, London oder Paris passten sie ihre Musik den dortigen Hörgewohnheiten an, um zu internationalen Stars aufzusteigen. Sie wurden dabei unterstützt von auf afrikanische Musik spezialisierten Rundfunksendern und Labels. So entwickelte sich Paris seit den späten 1970er Jahren zu einem Zentrum der modernen afrikanischer Musik. Hier werden seitdem die meisten Platten und CDs dieser Musik produziert, die Vertriebswege geregelt und internationale Kontakte geknüpft. Hier erscheinen auch die meisten relevanten Musikzeitschriften, und hier können die Künstler im Unterschied zu den meisten ihrer afrikanischen Herkunftsländer mit der Auszahlung von Tantiemen rechnen.[8]

Revival und Recycling sind heute die eigentlichen Hits. Sie lassen die Plattenfirmen jubeln, die einen alten Elvis-Song schnell einmal mit einem Rap unterlegen und damit gleich mehrere Generationen glücklich machen. Damit nähern sich die einzelnen Musikgattungen einander an und verkommen zu einem Einheitsbrei, zumal nach dem Willen der Medienkonzerne die Toningenieure die Stücke mit einer konstant hohen Lautstärke aufnehmen. Hits aller Genres ähneln sich zunehmend in Lautstärke, Klangfarben und Melodien bei weiter reduziertem Wortschatz. Die seit der Jahrtausendwende auf dem Markt befindliche Kompositionssoftware fördert die Eintönigkeit weiter, indem sie die Instrumente ihrer charakteristischen Klangfarben beraubt und die Hitproduzenten zu den gleichen Rezepturen greifen lässt. Diese kopieren, was sich als erfolgreich erwiesen hat, obwohl die Soundkataloge die kreativen Möglichkeiten geradezu explodieren lassen. Im Jahr 2009 schrieb Eric Harvey auf Pitchfork: „Möglicherweise sind die letzten zehn Jahre das erste Jahrzehnt der Popmusik, an das man sich aufgrund seiner musikalischen Technologie erinnert und nicht wegen seiner Musik.“[9] Napster, iPod, iPhone, YouTube, MySpace und Spotify nehmen den Platz der Beatles, der Stones, der Sex Pistols und von Nirvana ein. Zudem verkommt die Popkultur unter dem Einfluss des Internets mit seinem täglichen Bombardement an Scheinnachrichten vermehrt zu einem Bad in einer lauwarmen Infokloake.

Gleichwohl schreitet die gesellschaftlich-kulturelle Aufwertung eines Großteils der Stile der populären Musik immer weiter voran. In den Feuilletons führender Zeitungen und in den Kultursendungen des Fernsehens finden Popmusik und

7 Reynolds 2012b, 360.

8 James A. Winders, *Paris Africain. Rhythms of the African Diaspora*. Basingstoke: Palagrave Macmillan, 2006, 30–31; Bender 2000, 36–37, 55–65, 111 u. 128–129.

9 Eric Harvey, *P2K. The Social History of the MP3*, in Pitchfork vom 24. Aug. 2009, 1.

Popmusiker vermehrt Berücksichtigung. Pop schiebt sich als soziologisches Forschungsfeld immer sichtbarer in den Vordergrund, und die Universitätsbibliotheken räumen der Popmusik in ihren Regalen einen Platz neben Bach und Beethoven ein. Einzelne Politiker wollen inzwischen wie Popstars wirken oder ihr Image mit Hilfe des flockigen Pop ein wenig aufbessern.

Auch hat sich der Musikfilm vielfach von inhaltsleeren und seichten Stories verabschiedet, und bekannte Regisseure bringen mit berühmten Schauspielern besetzte Biografien von Popstars auf die Leinwand. 1991 kam *The Doors* von Oliver Stone in die Kinos. 2004 drehte Taylor Hackford mit *Ray* eine Biografie über die Soul-Legende Ray Charles. Ein Jahr später ließ James Mangold die Filmliebhaber über *Walk The Line,* einem Film über das Leben des Country-Sängers Johnny Cash, laut Beifall klatschen. Die Beispiele ließen sich fortführen bis hin zu *Get On Up* von Tate Taylor aus dem Jahr 2014 über die Lebensgeschichte von James Brown oder *Bohemian Rhapsody* von Bryan Singer über die Rockband Queen und deren Sänger Freddie Mercury aus dem Jahr 2018. Im selben Jahr flimmerte *Leto* von Kirill Serebrennikow über die Leinwand, ein Film über den Aufstieg junger russischer Rockmusiker um Wiktor Zoi und seiner Kultband Kino sowie über eine sich nach Freiheit sehnenden Generation kurz vor der Perestroika.[10] Symptomatischer noch ist die Verleihung des Literatur-Nobelpreises im Jahr 2016 an Bob Dylan „für seine poetischen Neuschöpfungen in der großen amerikanischen Songtradition", wie es in der Begründung des Nobelpreis-Komitees hieß. Bob Dylan vereint Lyrik und populäre Musik.

DIE NEUE HERAUSFORDERUNG – DIE MUSIKFANS GEHEN ONLINE

Wie bereits seit Beginn des 20. Jahrhunderts trug auch im neuen Jahrtausend der technische Fortschritt weiterhin entscheidend zur weltweiten Verbreitung der westlichen Popmusik bei, konfrontierte die Musikindustrie aber auch mit neuen Problemen und Aufgaben. Jedes neue Sound-System vom Kofferradio über die Hi-Fi-Stereoanlage, den Kassettenrekorder, Walkman und CD-Player bis hin zum iPod, PC und Smartphone, alle diese neuen Geräte wurden begleitet von signifikanten Veränderungen des Hör- und Kaufverhaltens. Wie, wo und wann wir Musik hören, änderte sich mit jedem neuen Sound-System. Die Jahrtausendwende brachte jedoch nicht nur neuartige Wiedergabegeräte hervor, sondern läutete auch den Einstieg in die Ära der Vierten Industriellen Revolution ein, in der die physische Welt zu schrumpfen und die digitale, vernetzte und virtuelle Welt zu wachsen begann mit gravierenden Folgen nicht nur für die Tonträgerindustrie.

Nachdem in den neunziger Jahren die CD sehr viel Geld in die Kassen der Musikindustrie gespült und ein Großteil der Musikfreunde ihre LPs durch CDs und ihren Schallplattenspieler durch einen CD-Player ersetzt hatten, fand mit der Jahrtausendwende diese Sonderkonjunktur ein jähes Ende. Die Wirtschaftskrise nach

10 Shuker 2016, 148–149.

dem 11. September 2001 ließ die Verkaufszahlen der gewinnträchtigen CDs zusätzlich einbrechen. Schlimmer noch: das alte Geschäftsmodell funktionierte nicht mehr, als das Internet die Beziehungen zwischen den Konsumenten von populärer Musik, den Händlern, Künstlern und der Musikindustrie grundlegend veränderte und die Dematerialisierung der Tonträger die Plattenindustrie mit ganz neuen Herausforderungen konfrontierte.

Für die Labels erwies sich das Internet zunächst als Zerstörer, als eine Neuerung, die nicht aufbaut, sondern vorrangig einreißt – Regeln, Gewohnheiten, Institutionen. Bereits seit den achtziger Jahren hatten die meisten Musikfans mit dem Kauf von CDs ihre raumfüllenden und schwergewichtigen Schallplattensammlungen gegen die platzsparenden und leichteren Silberlinge eingetauscht. Die neuesten Speichermedien erlaubten nun sogar, Tausende Songs in einer Box von der Größe einer Zigarettenpackung aufzubewahren und überall zu Gehör zu bringen. Da sich die musikalischen Trends zudem bereits seit den Neunzigern in geradezu atemberaubender Schnelligkeit ablösten, Musik immer kurzlebiger, flüchtiger und geradezu zur Wegwerfware wurde, war es nur folgerichtig, Songs nicht mehr wie unverzichtbare Möbel dauerhaft in seiner Wohnung zu lagern. Die neuen miniaturisierten und beweglichen Musikspeicher eigneten sich optimal für eine hochmobile Gesellschaft, die immer öfter ihr Zuhause wechselt, immer öfter unterwegs ist, stets nach Neuem giert und dabei auf eine musikalische Berieselung nicht verzichten möchte; für die jeder tonlose Tag eine harte Strafe bedeutet.

Es war in erster Linie das Netz, das die Verbrauchersouveränität entscheidend vergrößerte und den Musikkonsumenten ermöglichte, einige der traditionellen Mittler in der Musikindustrie zu umgehen und damit ihre Kosten zu reduzieren. Teile der Tonträgerindustrie wie auch des Einzelhandels bekamen dies bitter zu spüren. Während die Plattenindustrie über Jahre hinweg weiter hoffte, sie könnte mit dem erneuten gesamtwirtschaftlichen Aufschwung zu ihrem alten Geschäftsmodell und auf ihren Wachstumspfad zurückkehren, suchten ihre Kunden derweil nach einfacheren, bequemeren und kostengünstigeren Wegen, um an ihre Lieblingsmusik zu gelangen. Auch nutzten sie ihre geringer werdenden Aufwendungen für Musikkonserven zum Besuch von Musikevents. Die MP3-Technologie, die rasch steigende Leistungsfähigkeit der digitalen Datenträger, die vielen kostenlosen Musikangebote im Internet sowie die Attraktivität von Live-Events wurden zu erbitterten Konkurrenten für die CD als der Haupteinnahmequelle der Labels. Zudem untergruben die frei zugängliche Software für das MP3-Format und das P2P-Filesharing das Copyright und damit einen der Grundpfeiler der Tonträger- sowie großer Teile der Musikindustrie.

Die Umsätze der Labels brachen weltweit fünfzehn Jahre lang immer weiter ein, wenn auch von Land zu Land in ganz unterschiedlichem Ausmaß. Während sie auf den größten Märkten in den USA, Japan und Deutschland im ersten Jahrzehnt des neuen Jahrtausends um 51, 32 beziehungsweise 39 Prozent zurückgingen (Abb. 4, 5 u. 6), legten sie gleichzeitig in Indien und Südkorea deutlich zu. Vor allem der

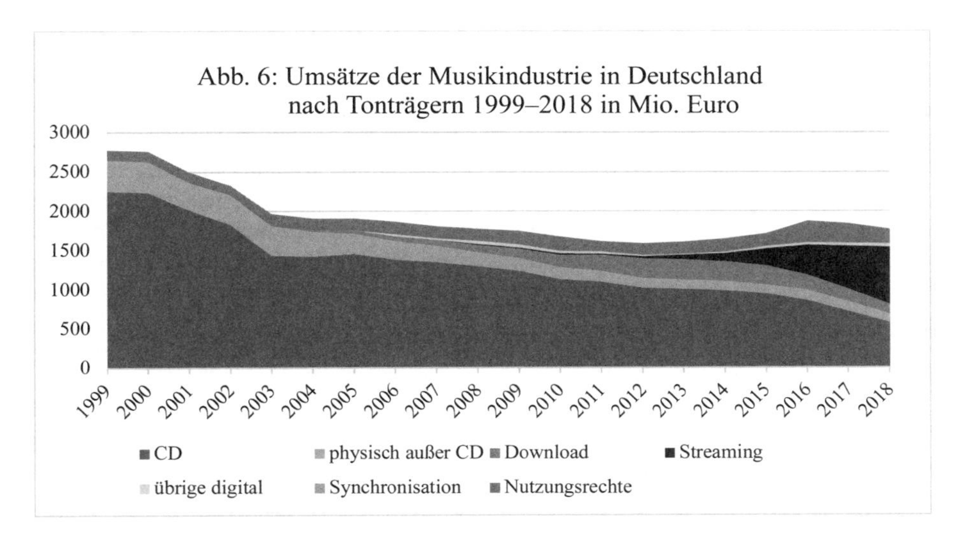

Quelle: Bundesverband Musikindustrie IFPI.DE, *Musikindustrie in Zahlen*, 2008 u. 2019

Absatz von CDs brach in diesen zehn Jahren wertmäßig regelrecht ein – in Deutschland um 49 Prozent, in Japan um 58 Prozent und in den USA gar um 75 Prozent.[11]

Die Major-Labels wussten die Schuldigen für die rückläufigen Umsätze scheinbar sofort zu benennen: die neuen technischen Möglichkeiten zum Kopieren digitalisierter Musik sowie das Internet mit seinen Tauschbörsen. Zuvor hatte sich beim Duplizieren von Songs mit Hilfe von Tonbändern die Qualität mit jedem Kopiervorgang verringert, mit CD-Rohlingen war es jedoch erstmals möglich, perfekte Klone zu erstellen. Während in vielen Schwellenländern schon vor dem Aufkommen der CD die Musikpiraterie boomte und in den großen Städten an jeder Straßenecke Musikkassetten mit Raubkopien angeboten wurden, sorgten die Einführung der CD, die MP3-Technologie und die Digitalisierung für eine nochmalige Steigerung, die diesmal auch die wichtigsten Märkte in Nordamerika, Europa und Japan erfasste. Auch machte das MP3-Verfahren den Online-Vertrieb von Musik möglich und läutete das Ende der Schallplattenläden ein. In fast allen Ländern der Dritten Welt waren nach der Jahrtausendwende überwiegend Raubkopien im Umlauf. Keiner verstand dort, warum er die um ein Vielfaches teureren Original-CDs kaufen sollte. Deren Marktanteil belief sich etwa in Tunesien und anderswo lediglich auf weniger als zehn Prozent.[12] In den meisten afrikanischen Ländern schossen um die Jahrtausendwende unzählige kleine Studios aus dem Boden, die die beliebteste Musik auf CDs brannten und für wenig Geld verkauften. In diesen an jeder Straßenecke angesiedelten Raubkopierern sahen Vertreter der afrikanischen Musikindustrie „den neuen Gorilla, der den Künstlern das Essen vom Teller klaut.“ In

11 Lee Marshall, *The recording industry in the twenty-first century*, in Marshall 2013, 53–74, hier 56; Shuker 2016, 17–20.

12 Kernfeld 2011, 191.

Simbabwe überlebte die einheimische Musikindustrie nur, indem sie CDs und DVDs zum selben Preis wie die Piraten verkaufte.[13]

Ein Großteil der heute in der Welt zirkulierenden Musik ist nach amerikanischen Maßstäben illegal kopiert. Die je nach Land unterschiedliche Copyright-Gesetzgebung verschafft Produzenten von so genannten Raubkopien vielerorts bis heute die Möglichkeit, Musiktitel „legal" auf eine CD zu brennen oder auf eine andere Art zu speichern. Einige Staaten schützen zwar die einheimischen Musiker und deren Musik, nicht aber die ausländischen. Andere wiederum schützen Studioaufnahmen, nicht aber Aufnahmen von Live-Konzerten. Wieder andere verzichten ganz auf ein Copyright oder sind nicht in der Lage oder bereit, dieses zu kontrollieren und durchzusetzen. Zugleich verringerten sich die Kontrollmöglichkeiten der Musikindustrie, als vornehmlich ostasiatische Länder die Produktion der CDs übernahmen. Bereits 1992 verfügten die acht CD-Hersteller in Taiwan über eine Kapazität von 80 Millionen CDs, von denen sie 70 Millionen exportierten. Nach dem Fall des Eisernen Vorhangs eröffneten zudem in Osteuropa zahlreiche CD-Fabriken, die das Copyright ebenso locker handhabten wie ihre Konkurrenten in den meisten Ländern Asiens. Sie überschwemmten vornehmlich die osteuropäischen Märkte mit qualitativ minderwertigen Kopien der neuesten Songs aus dem Westen, sodass das riesige Staatsunternehmen Melodiya einen Konkurs nur knapp umschiffen konnte und 1991 Rettung in einer Kooperation mit dem deutschen Major-Label BMG suchte, die bis 2003 andauerte.[14]

Während die Musikindustrie das Copyright auf ihren wichtigsten Märkten in den USA, Japan, Deutschland, Großbritannien und anderen Ländern schon vor der Jahrtausendwende weitgehend durchsetzen konnte, verlor sie danach auch dort die Kontrolle trotz existierender Copyright-Gesetze. Zusammen mit dem Gesetzgeber hinkte sie dem Einfallsreichtum der Musikkonsumenten fast hilflos hinterher. Letztlich aber ging die Digitalisierung der Musik nicht, wie die rückläufigen Umsätze der Labels vermuten lassen, auf Kosten des Musikkonsums, sondern auf Kosten alter Vertriebswege und veralteter Tonträger. Während Musikläden pleite gingen und die Umsätze der CDs einbrachen, boomten die Downloads und bald auch das Streaming. Bei allen Wehklagen der Tonträgerindustrie sollte man aber auch nicht vergessen, dass vertikal gegliederte Konzerne wie Sony selbst in Entwicklungs- und Schwellenländern, wo die meiste westliche Popmusik von Raubkopien stammt, noch immer Gewinne mit dem Verkauf der zum Abspielen dieser Musik notwendigen Geräte erzielen.

Das Internet erhöhte die Möglichkeiten des Kopierens von Musikstücken nochmals. Vor allem die Jüngeren sahen in dem Netz etwas Naturgegebenes wie Licht und Luft bei selbstverständlich freier und kostenloser Nutzung. Für sie, die nur über sehr begrenzte finanzielle Mittel verfügen, ist das Teilen von Gütern etwas ganz Normales. Innerhalb weniger Jahre wurde das Internet zum neuen Jugendzentrum und Marktplatz, wo man sich mit Freunden traf, sich gegenseitig Wichtiges und

13 *The history of Zimbabwe's recording industry*, in www.musicinafrica.net/magazine/history-zimbabwes-recording-industry [13.10.2017].

14 Kernfeld 2011, 186.

Unwichtiges mitteilte und neben vielen anderen Dingen auch Musikstücke tauschte, so wie man dies schon immer in der Schule und unter Freunden getan hatte. Der neue Umfang des Tauschs überschritt jedoch für die Labels eine Schmerzgrenze, zumal das Downloaden oft in wahren Orgien mit randvollen Festplatten ausartete, deren Inhalt anzuhören oder gar zu genießen, jedem Download-Süchtigen die Zeit fehlte.

Bei den Labels und einem Großteil der Künstler löste vor allem das so genannte File-Sharing wütende Abwehrreaktionen aus. Wieder einmal war die Schallplattenindustrie gefordert, ihr Copyright zu verteidigen, und sie tat es. Sie ging mit juristischen und technischen Mitteln gegen Tauschbörsen und illegales Kopieren vor, zerrte permanent Einzelne, deren sie habhaft werden konnte, vor Gericht und machte horrende Schäden geltend. Sie verwies auf ihre vielen Leistungen bei der Produktion von Musik und dem Aufbau von Künstlern. Alle, die in dem kostenlosen Tausch und dem Herunterladen von Songs eine Art Menschenrecht sahen, erinnerte sie daran, dass auch der Besuch von Konzerten und Sportveranstaltungen den Kauf eines Tickets voraussetzt.[15] Zwar gelang es der Musikindustrie, die Laufzeit des Copyrights beträchtlich zu verlängern, aber die Einnahmen daraus gingen dennoch kontinuierlich zurück. In den USA wurde die Gültigkeit des Copyrights für die einzelnen Werke bereits 1998 auf 120 Jahre ab Entstehung beziehungsweise auf 95 Jahre ab Erstveröffentlichung verlängert, und auch die Europäische Union weitete 2011 das Copyright von auf Tonträgern gespeicherten Song von 50 auf 70 Jahre aus.[16]

Ob die Tauschbörsen der eigentliche Grund für den Rückgang der Verkaufszahlen und Einnahmen waren, darüber gingen die Meinungen weit auseinander.[17] Letztlich signalisierte dieser Massentausch von Songs, dass die Labels inzwischen einen viel zu hohen Preis für ihre Produkte forderten. Die Schallplattenindustrie verschreckte vor allem die Jugendlichen mit der Hässlichkeit ihrer Preisschilder. Die Millionen Musikliebhaber, die sich an den Tauschbörsen tummelten, drückten als Erste die Preise. Das stetig wachsende Angebot an Pop- und Rockmusik erhöhte den Preisdruck zusätzlich, ebenso die vielen neuen privaten Rundfunksender, die rund um den Globus vor allem auf Musik setzten. Selbst die in rund 50 Ländern präsente Coffee-Shop-Kette Starbucks griff die traditionellen Plattenfirmen an, indem sie Aufnahmen von Bob Dylan, Norah Jones, Paul McCartney, Ray Charles und anderen neben Espresso und aufgeschäumter Milch zu kleinem Preis verkaufte und es ihren Kunden erlaubte, an den Computern der Kaffeehäuser Stücke aus der hauseigenen Musiksammlung herunterzuladen und vor Ort zu einer Wunsch-CD zu brennen. Unternehmen wie die französische Telefongesellschaft Orange lockten gar mit einem kostenlosen und unbegrenzten Zugriff auf Musik. Noch gravierender war, dass die neuen Download-Portale die Möglichkeit boten, lediglich einzelne Songs zu erwerben, was die Nachfrage nach den gewinnbringenden Alben weiter

15 Goodman 2010, 281.
16 Tschmuck 2017, 65.
17 Dazu Tschmuck 2017, 44–45.

verringerte. Dann erhöhte YouTube das kostenlose Angebot an Songs und Videoclips nochmals. Musik wurde mit ihrer Dauerverfügbarkeit zur Selbstverständlichkeit, zur zerstreuenden Nebensache und zu einem fast natürlichen Hintergrundgeräusch, für viele zu einer nicht mehr wegzukriegenden Sucht, keineswegs bewusstseinserweiternd, sondern ein stetes Verlangen wie nach der nächsten Zigarette. Im Jahre 2002 meinte David Bowie: „Musik wird so etwas werden wie fließendes Wasser und elektrischer Strom." Sie war es bereits. Die Marktkräfte waren dabei, sich mit Macht durchzusetzen. In den USA sank der durchschnittliche Preis für eine CD von 14,19 Dollar im Jahr 2001 im Verlauf von zehn Jahren auf nur noch 8,99 Dollar.[18]

Das Musikangebot und die Musikpräsenz waren bereits in den neunziger Jahren im Zuge der weltweiten wirtschaftlichen Liberalisierung beträchtlich gestiegen, als in vielen Ländern wie schon zuvor in Nordamerika und Westeuropa neue private Rundfunkstationen auf Sendung gingen, die sehr viel stärker auf Popmusik setzten als die staatlichen Anstalten. Mit dem Internet und dem Ausbau der Breitbandnetze nahm seit Anfang des neuen Jahrtausends die Zahl der Musiksender nochmals zu. Letztere sind seitdem weltweit über das Netz zu hören. Wie noch niemals zuvor in der Geschichte sind heute alle Musikrichtungen rund um den Globus zu empfangen. Gleichzeitig entdeckte das Fernsehen überall auf der Welt Musikvideos als kostengünstige Programmfüller, die sich zudem bequem mit Werbung umrahmen lassen. Wegen des hohen Bedarfs an Unterhaltung ihrer Bevölkerung sahen sich selbst dem Westen fernstehende Kulturkreise oftmals gezwungen, ihre Programme mit westlicher Popmusik und Musikclips zu füllen. Über das Satellitenfernsehen und das Internet dringt diese Musik inzwischen auch in zuvor aus ideologischen und kulturellen Gründen abgeschottete Reservate vor.

Seit der Jahrtausendwende locken zudem neuartige Musiksendungen viele Millionen Fans Woche für Woche vor die Fernseher. Zu den schon seit den fünfziger Jahren existierenden Musikwettbewerben wie dem 1956 gestarteten *Eurovision Song Contest*, bei dem mehr oder minder bekannte Künstler auftreten, kamen seit der Jahrtausendwende rund um den Globus Musik-Castingshows hinzu, in denen nichtprofessionelle Sänger Songs internationaler Stars covern. Das neue Format verhalf den Labels scheinbar zu einer zusätzlichen Möglichkeit, neue Künstler zu entdecken, vermehrte jedoch lediglich die Zahl der TV-Musikformate. A&R-Profis wie Clive Davis hielten es von Anfang an zu Recht für „grundsätzlich undenkbar", auf diesem Weg zu einem wirklich großen Star aufzusteigen. Der Boom der Boy- und Girlgroups mit ihren gewollt unterschiedlichen Sängern und Sängerinnen gaben den Anstoß zu diesem Format. Während der neunziger Jahre hatten Gruppen wie New Kids on the Block und Spice Girls den Labels eine Menge Geld in die Kassen gespült. Ihre Erfolge animierten mehrere Produzenten, mit Hilfe von Castingshows weitere solche Gruppen zusammenzustellen.

18 John Williamson/Martin Cloonan, *Contextualising the contemporary recording industry*, in Marshall 2013, 11–29, hier 16; Renner/Wächter 2013, 300.

In den USA startete im Jahr 1999 der Musikmanager Lou Pearlman, der zuvor die beiden Boy-Bands Backstreet Boys und *NSYNC geformt hatte, die landesweite Castingshow *Making the Band*. Gleichzeitig machte sich in Neuseeland der einheimische Producer Jonathan Dowling mit seiner Castingshow *Popstars* auf die Suche nach einer neuen Girlgroup. Sein Konzept verkaufte er anschließend in mehr als 50 Länder. Die Show ging zunächst in Australien und England über den Bildschirm. *Popstars* wiederum regte den englischen Musikproduzenten Simon Fuller, der zuvor die Spice Girls gemanagt hatte, zu der Castingshow *Pop Idol* an. Während er für diese Sendung in den USA anfangs keinen Abnehmer fand, begeisterte sie in Großbritannien ein Millionenpublikum. Elizabeth Murdoch, die Tochter des Medienunternehmers Rupert Murdoch, die in London für ihren Vater arbeitete, machte diesen auf die Sendung aufmerksam, worauf ihr Vater umgehend die Rechte an dem Format für seine US-Fernsehgesellschaft Fox Broadcasting Company erwarb. 2002 flimmerte die erste Staffel unter dem neuen Namen *American Idol* über die Bildschirme, da „Pop“ in den USA eine leicht negative Konnotation besitzt. Die Sendung brachte Fox den lang ersehnten Publikumserfolg. Seit 2004/05 ist *American Idol* das meistgesehene Format in den USA. Es wurde weltweit mit großem Erfolg in über 40 Länder exportiert und lockte fast überall Millionen vor die Fernsehgeräte, so in Deutschland als *Deutschland sucht den Superstar*. Dazu gehörten auch Kooperationsverträge der Fernsehsender mit Printmedien, die die Show zu einem Top-Event hochstilisierten und damit bis heute ihre Seiten füllen.[19]

Auch in Asien und Afrika wurde die Sendung schnell zu einem Zuschauermagnet, so in Afghanistan unter dem Namen *Afghan Star*. In Ruanda hat sich die von der Brauerei Bralirwa seit 2011 gesponserte Casting-Show *Primus Guma Guma Super Star*, bei der die Teilnehmer Songs in Hip-Hop, R&B und Afrobeat vortragen, inzwischen zu dem musikalischen Top-Ereignis des Landes entwickelt.[20] Alle die Shows trieben jedoch die Flüchtigkeit des Pop weiter auf die Spitze. Ist schon die Karriere eines normalen Popstars erschreckend kurz, so ist nichts so alt und bemoost wie der Castingstar von gestern. Viele von ihnen buhlen bereits nach ein oder zwei Jahren bei Betriebsfeiern und der Eröffnung von Supermärkten um ein bisschen Restaufmerksamkeit.

Neben dem Fernsehen verlieh der boomende Ferntourismus mit seinem immensen Bedarf an Unterhaltung der westlichen Popmusik bei ihrer Weltumrundung zusätzlich Schubkraft. Die Touristen entwickelten regelrechte „Infektionsherde“, die sich über die in der Tourismusindustrie arbeitenden Einheimischen rasch ausbreiteten. Seit der Jahrtausendwende errichten finanzstarke Investoren in nahezu allen Metropolen dieser Welt sowie in den Touristenzentren die nötige Infrastruktur für die in Mode gekommenen Musikevents, die der Globalisierung in den letzten Jahren weiteren Schwung verliehen. Davon wird noch die Rede sein. Auch die aus dem westlichen Ausland zurückkehrenden einheimischen Studenten verstanden

19 Wang 2014, 174–179; Seabrook 2015, 124–127.

20 Stanley Gazemba, *Popular music in Rwanda*, in www.musicinafrica.net/magazine/popular-music-rwanda [28.11.2017].

sich oftmals als Missionare der globalisierten Moderne, zu der ganz eindeutig die Popmusik des Westens zählt.

Im Vergleich dazu nahmen sich die Internationalisierungsbemühungen der Tonträgerindustrie nach der Jahrtausendwende recht bescheiden aus, zumal den mit finanziellen Problemen kämpfenden Majors schnell klar wurde, dass der Zukauf neuer Labels ihre Gewinne kaum oder gar nicht erhöhte. Die Zahl der Übernahmen ging zurück. Nur wenn die politischen und rechtlichen Rahmenbedingungen dies erlaubten und die Größe des Marktes Erfolg versprach, wagten sie einen Kauf. So erwarb Warner Music im Sommer 2012 das russische Label Gala Records, zwei Jahre später das chinesische Label Gold Typhoon und 2016 in Indonesien das dortige Label PT Indo Semar Sakti.[21] Bei der weltweiten Verbreitung des Pop-Virus ist die Tonträgerindustrie heute nicht mehr der Hauptakteur.

Als Reaktion auf den Rückgang der CD-Verkäufe, sahen sich die großen Plattenlabels Anfang des neuen Jahrtausends alsbald gezwungen, ihre Budgets für Musikvideos drastisch zu kürzen. Sie ließen weniger Videos produzieren, womit bei den auf Musik spezialisierten Spartenkanälen der Anteil an Musikclips kontinuierlich zurückging, damit aber auch die Werbeeinnahmen und die Gewinne. Ihre steigenden Kosten und die vermehrten kostenlosen Angebote im Internet versuchten die Musiksender rund zehn Jahre lang mit Billigserien, Charts, einer lärmenden Programmvorschau und Klingeltonwerbung zu kontern, rutschten damit aber noch tiefer in die Krise. Als sie sich mit diesem Programm wie auch die übrige Musikwirtschaft immer mehr von ihren Zuschauern und Hörern entfremdeten, blieb ihnen letztendlich nur der Rückzug.

Ihre Rolle übernahm binnen weniger Jahre das auf Individualität ausgerichtete Internet. Seine Nutzer sind nicht mehr an die Sendezeiten und das starre Programmschema der Sendeanstalten gebunden, sondern können sich die individuell gewünschten Musikvideos anschauen, wann immer und wo immer sie wollen. Nachdem das Netz im neuen Jahrhundert die Möglichkeit bot, Videos hochzuladen und anzuschauen, gründeten im Jahr 2005 drei ehemalige PayPal-Mitarbeiter die Videoplattform YouTube, die gut ein Jahr später von Google aufgekauft und ausgebaut wurde. Sie löste vornehmlich in Nordamerika und Europa das dort in den neunziger Jahren noch boomende Musikfernsehen ab, als immer mehr Musikliebhaber die Plattform nutzten, um ohne Beachtung des Urheberrechts Videos mit Songs bekannter Künstler ins Netz zu stellen, seien es Mitschnitte von Konzerten, Mitschnitte von Fernsehsendungen oder von bekannten Songs untermalte eigene Videos. MTV wanderte alsbald ins werbefreie Bezahlfernsehen ab, während sich andere Sender von Musikvideos auf ganz spezielle Musikrichtungen wie etwa die Volksmusik konzentrierten.[22] Für den deutschen Musiksender VIVA, der 2004 von dem US-amerikanischen Medienkonzern Viacom übernommen worden war, gingen ein Vierteljahrhundert nach seiner Gründung Ende 2018 die Lichter sogar endgültig aus. Dagegen boomte in anderen Erdteilen das Musikfernsehen erst im neuen

21 https://en.wikipedia.org/wiki/Warner_Music_Group [14.09.2017].

22 Kolja Reichert, *Bezahlsender MTV. Fast Forward im Zeitgeistarchiv*, in ZEIT ONLINE vom 6. Jan. 2011 [31.01.2018].

Jahrhundert, als mit der weltweiten Liberalisierung auch dort private Fernsehsender den öffentlichen oder staatlichen Anstalten Konkurrenz machten, so im arabischen Raum und in Pakistan. Auch davon wird noch die Rede sein.

YouTube und Google trieben letztlich auch die Ausweitung und Verfügbarkeit des menschlichen Gedächtnisses in nie gekannter Geschwindigkeit voran. Der Zeitaufwand für das vormals langwierige Suchen von Musikstücken in Plattenläden reduziert sich heute meist auf Sekunden. YouTube ist inzwischen im Verbund mit Google zu einer öffentlichen Bibliothek beziehungsweise zu einem riesigen Flohmarkt für alle möglichen Aufnahmen geworden. Auch demokratisierte YouTube das Verbraucherverhalten, indem es die ganze Palette an Musikstilen vor den Musikliebhabern ausbreitete und diesen die Gelegenheit gab, Neues zu entdecken und das zu hören und zu sehen, was sie wollen und wann sie wollen.[23] Den Liebhabern von Musik und Musikvideos bietet das Netz heute einen Komfort, den für sie bis dahin noch nicht einmal die eigene Schallplatten-, CD- und Video-Sammlung geboten hatte.

Von Beginn an nutzten zahlreiche Künstler Portale wie YouTube, MySpace oder Soundcloud auch, um ihre Musik zu promoten und sich bekannt zu machen. Derzeit weltberühmte Popstars wie Lady Gaga oder Ed Sheeran sind Schöpfungen des Internet-Zeitalters. Sie debütierten bei YouTube, bauten sich im Netz eine Fangemeinde auf, mit der sie anschließend permanent über Facebook, Twitter und Instagram kommunizierten. Seitdem immer mehr Radiosender fast nur noch die Charts spielen, ist eine solche Präsentation im Netz für viele junge Künstler nahezu die einzige Möglichkeit, bekannt zu werden. Mit Hilfe der digitalen Kommunikation und des World Wide Net können heute Künstler aus nahezu allen Ländern die Blicke von Musikliebhabern aus der ganzen Welt auf sich lenken. Sie sind nicht mehr auf die großen Labels aus dem Westen angewiesen. Sie können zu erfolgreichen Do-it-yourself-Unternehmern werden und die sozialen Medien zur Selbstvermarktung nutzen, wenn sie auch auf sich allein gestellt sind und die Konkurrenz riesig ist.

All dies bedeutet, dass kommende Musikstars heute nicht mehr nur auf Konzertbühnen und in kleinen Clubs zu entdecken sind, sondern immer öfter auch in der kaum zu überblickenden weiten Welt des Internets. Damit die Labels ihre Sonderstellung beim Auffinden und Gestalten von Stars nicht ganz verlieren, versuchen inzwischen junge Unternehmer, potentielle Stars und zukünftige Musiktrends in den sozialen Netzwerken mit Hilfe von „intelligenten" Algorithmen aufzuspüren. Anfang 2015 gründete der Brite Conrad Withey, der zuvor als Talentscout für Warner Music gearbeitet hatte, das Unternehmen Instrumental, das heute Universal, Sony und Warner zu seinen Kunden zählt, ebenso den weltweit größten Konzertveranstalter Live Nation. Andere junge Musik-Analytik-Startups wurden 2018 von den Großen der Branche übernommen: Sodatone, gegründet 2016, von Warner Music und Asaii, gegründet 2017, von Apple.[24]

23 Shuker 2016, 69–71 u. 159–160.

24 Marcus Theurer, *Die Hitmaschine*, in Frankfurter Allgemeine Zeitung vom 29. Dez. 2018, 21.

Zur globalen Verbreitung der Popmusik trugen im neuen Jahrtausend wie auch schon zuvor weltweit agierende Unternehmen bei, die eingängige Tracks für ihre Produktwerbung nutzen. Seit der Jahrtausendwende ergriffen sie die Chancen, die ihnen das Internet zusätzlich zu Radio, Film und Fernsehen als Werbeträger bot. Sie lockten die Menschen mit Musik vor die Lautsprecher und Bildschirme, um sie für ihre Produkte zu gewinnen, und betätigten sich gleichzeitig als höchst erfolgreiche Missionare der westlichen Rock- und Popmusik, so etwa Pepsi Cola und Coca-Cola bei ihrem permanenten weltweiten Zweikampf um Marktanteile und neue Märkte. In Pakistan etwa förderte PepsiCo nach dem Tod von Staatspräsident Zia ul-Haq im Jahr 1988, der die Westmusik zuvor als mit dem Koran unvereinbar erklärt hatte, zunächst einzelne im Untergrund tätige Rockbands wie Vital Signs, ehe der Getränkekonzern im Jahr 2002 mit der zuerst von Radio und Fernsehen und später auch von YouTube übertragenen Musiksendung *Pepsi Battle of the Bands* die Rockmusik endgültig aus dem Untergrund hervorholte und als Teil der Jugendkultur in Pakistan etablierte. Coca-Cola, seit 1996 Sponsor der Sulfi-Rockband Janoon, konterte 2007 mit dem so genannten *Coke Studio* und präsentierte neben westlicher Rockmusik auch traditionelle Musikstile in modernem Gewand, vorgetragen mit aus dem Westen stammenden Instrumenten. MTV und YouTube trugen diese Sendungen und diese Musik in die übrige Welt hinaus und machten vor allem Janoon rund um den Globus bekannt. Bald berichteten führende Zeitungen wie die New York Times über die Band, bezeichneten ihre Musik als Asiens Antwort auf Santana und verglichen ihre Songs mit denen von U2. Höchst ehrenvolle Einladungen zu Konzerten folgten, so von UN-Generalsekretär Kofi Annan ins UNO-Hauptquartier in Manhattan oder vom Nobelpreiskomitee in Oslo anlässlich der Verleihung des Friedensnobelpreises an den früheren US-Vizepräsidenten Al Gore und den UNO-Klimarat.[25]

Seit ihrer Gründung beschleunigten YouTube und andere Portale nochmals die Weltumrundung der westlichen Popmusik, zumal mit dem Ausbau der sozialen Medien viele Nutzer von Facebook oder Twitter ihre Friends oder Followers auf neueste Songs im Netz aufmerksam machen. Hinzu kommen Musikblogs, wo Blogger ausgewählte Tracks zum Vorhören und Downloaden anbieten.[26] Mit dem Boom der sozialen Netzwerke büßte die Musikindustrie zwar viel von ihrer Kontrollmacht über den Musikmarkt ein, andererseits aber gewann die Kommunikation über das was „in“ und gut ist, erheblich an Reichweite und Intensität hinzu. Marketing erfolgt heute zunehmend als Mund zu Mund-Propaganda im Netz.

Das Überangebot an Musik ist im neuen Jahrtausend allerorts zu hören. Rock- und Popmusik erklingt rund um die Uhr aus den vielen neuen Radiosendern, die sich zum Teil auf eine einzige Musikrichtung spezialisiert haben. Sie begleitet die Menschen in den Einkaufzentren, Kaufhäusern und Boutiquen bis hinein in die Aufzüge und Umkleidekabinen, auf den Flughäfen bis hinein in die Flugzeuge und in den Hotels bis in die Zimmer. Sie ist die Hintergrundbeschallung der vielen öffentlichen Veranstaltungen, deren Zahl in der Freizeitgesellschaft stetig zunimmt.

25 Ahmad 2010, 181–201.
26 Wang 2014, 185–195.

Sie ist zur öffentlichen Dauerberieselung geworden. Schließlich ist sie für die vielen, die im Walkman und iPhone ein normales Kleidungsstück sehen, die einzig akzeptierte Geräuschkulisse, wo immer sie sich auch bewegen. Immer mehr Menschen wenden sich bewusst ab von den Stimmen und Klängen des sozialen Raums und privatisieren den öffentlichen Raum. Sie wenden sich ebenfalls ab von der Musik aus dem Radio, das Musik noch mit dem Alltag verbunden und die Außenwelt nie ausgeblendet hatte. Walkman, iPod, Smartphone und Kopfhörer machten Musik für die „Generation Ich" zu einem ständigen Begleiter, damit aber auch zu etwas Normalem, Alltäglichem, Profanem und überall Vorhandenem. Musik ist heute mehr denn je ein öffentliches Gut, eine Art Grundversorgung wie der Strom aus der Steckdose und das Wasser aus der Leitung. Mit dieser Inflation büßte sie aber weiter an Wert ein und wurde zu einem gewöhnlichen Gebrauchsgegenstand, der keine tiefere emotionale Bindung verlangt. Sie wurde billig.[27]

IM NEUEN KRISENMODUS – DIE MUSIKINDUSTRIE IM NEUEN JAHRTAUSEND

Als um die Jahrtausendwende die Umsätze der Musikindustrie zurückgingen, versuchten die Labels zunächst, über ihre traditionellen Werbekanäle die Verkaufszahlen der CDs wieder zu steigern – mit sehr mäßigem Erfolg. Im Jahr 1999 erzielten alle zusammen mit traditionellen Tonträgern weltweit noch einen Umsatz in Höhe von 25,2 Milliarden US-Dollar. Dann ging es kontinuierlich und steil bergab. Ab 2000 brach der Umsatz der Branche mit physischen Tonträgern weltweit dramatisch ein und erreichte im Jahr 2018 nur noch 4,7 Milliarden US-Dollar – ein Rückgang um über 81 Prozent.

Wenn die Branche dennoch überlebte und nach dem Tiefpunkt im Jahr 2014 wieder steigende Umsätze aufweist, dann zeigt dies, dass sie inzwischen eine Antwort oder zumindest eine Teilantwort auf den technologischen Wandel gefunden hat. 2015 erwirtschaftete sie über die digitalen Kanäle erstmals höhere Einnahmen als über die physischen. 2018 betrug der Umsatz in den digitalen Geschäftsfeldern vornehmlich aufgrund des Siegeszugs von Streamingdiensten wie Spotify und Apple Music bereits 11,2 Milliarden US-Dollar – rund das Zweieinhalbfache des Umsatzes in den physischen. Dabei fällt die Akzeptanz des Streamings je nach Land recht unterschiedlich aus. Während die Musikindustrie weltweit über 70 Prozent ihres gesamten Umsatzes mit digitalen Musikformaten machte, waren es in Deutschland gleichzeitig lediglich 56,7 Prozent und in Japan sogar nur 21,2 Prozent. Dagegen verzeichnete ein Land wie Südkorea überdurchschnittliche Werte.[28] Doch trotz aller Erholung ist der globale Tonträgermarkt heute noch immer um ein knappes Drittel kleiner als vor der Jahrtausendwende (Abb. 7).

27 Reynolds 2012b, 130–137.

28 *Deutsche Musikindustrie 2018 in digitaler Umbruchphase stabil auf Kurs*, www.musikindustrie.de/umsatz [07.03.2019]; Recording Industry Association of Japan, *RIAJ Yearbook 2019*, 1–2.

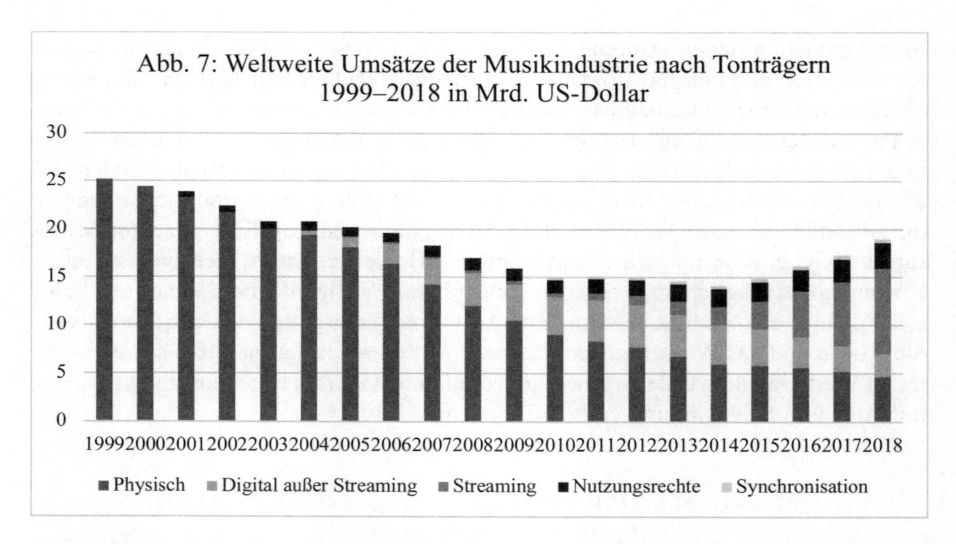

Abb. 7: Weltweite Umsätze der Musikindustrie nach Tonträgern 1999–2018 in Mrd. US-Dollar

Quelle: International Federation of the Phonographic Industry, *IFPI Global Music Report 2019*.

Früher als die meisten der übrigen Branchen mussten die Schallplattenlabels lernen, auf den radikalen technologischen Wandel richtig zu reagieren, um nicht wie zahlreiche andere Wirtschaftsbereiche und Unternehmen seit Beginn der Industrialisierung ganz vom Markt zu verschwinden. Sie mussten eine Lösung finden für das veränderte Verhalten ihrer Kunden, die seit der Jahrtausendwende zunehmend im Internet nach Musik suchten und die CDs in den Plattenläden verstauben ließen. Sie musste lernen, dass die hochmobile junge Generation des 21. Jahrhunderts nicht mehr gewillt war, ihr jeweiliges Zuhause mit Regalen voller Schallplatten und CDs zuzustellen, und den Besuch eines Plattenladens als Zeitverschwendung ansah. Wer weiterhin zur CD griff, bevorzugte zunehmend einen selbstgebrannten Silberling. 2001 überstieg die Zahl der gebrannten Musikkopien erstmals die Zahl der verkauften CD-Alben. Seit dem zweiten Jahrzehnt des neuen Jahrtausends sehen die Musikfans zudem nicht mehr ein, ihre Festplatten mit Musik-Downloads zu überladen und zu verstopfen. Auch wollen sie Musik nicht mehr nur allein im stillen Kämmerlein als Konserve konsumieren, sondern bisweilen auch als Massenevent zusammen mit Freunden, als Spaß und Party, im wahrsten Sinne des Wortes als bewegendes Erlebnis. Zum Glück für die Musikindustrie ist ein Großteil der alternden Gesellschaft jedoch noch immer anderer Meinung und sucht die Erinnerung an ihre Jugendjahre mit Elvis und den Beatles als Vinyl oder CD festzuhalten.

Der im Jahr 2000 plötzlich erfolgte und unerwartet nachhaltige Umsatzeinbruch überraschte die etwas träge gewordenen Schallplattenlabels und erzwang gnadenlos eine Antwort auf das digitale Zeitalter. Zunächst ahnte kaum einer, dass der Umsatzeinbruch nicht nur von den Tauschbörsen, den verbesserten Kopiermöglichkeiten und der allgemeinen Wirtschaftsflaute herrührte. Bevor die ersten Downloadportale wie iTunes erfolgreich im Markt operierten, war auch noch nicht abzusehen, dass die Kunden sich in Zukunft immer seltener zwingen ließen, neben den ein oder zwei Songs, an denen sie interessiert waren, mit den kompletten Alben noch zahlreiche weitere Songs als teure Zwangsbeigabe zu kaufen. Im Jahr 2003 begann iTunes, den Musikerwerb zu revolutionieren, und die Labels blieben immer öfter auf ihrem überteuerten Beiwerk sitzen. Die Kunden degradierten die zuvor teuer bezahlten Zwangskäufe zu Ladenhütern. Sie erwarben in erster Linie Digital-Singles und nicht mehr ganze Alben. 2012 wurden in den USA bereits sieben Mal mehr Digital-Singles aus dem Netz heruntergeladen als CDs verkauft. Zusätzliche Gewinneinbußen der Musikindustrie waren die logische Folge. Der Absatz von CDs, der mit 2,4 Milliarden Stück im Jahr 2000 seinen Höhepunkt erreicht hatte, fiel stetig und erreichte 2015 nur noch 0,67 Milliarden Stück. Gleichzeitig stiegen die digitalen Umsätze. Die Abkehr von den mit teurer „Sonderausstattung" überfrachteten Alben ließ letztlich auch die Verhandlungsmacht der neuen Partner steigen, während die Einnahmen der Musiker sanken.[29]

Als Reaktion auf den Gewinneinbruch setzten die Labels zunächst auf Konfrontation und Abschreckung. Ab 2003 verklagten sie Konsumenten, die sich Musik im Internet kostenlos herunterluden, als Raubkopierer. Zur eigentlichen Zielscheibe, auf die sich die Musikindustrie einschoss, wurde die Tauschplattform Napster. Sie ging 1999 online und entwickelte sich für ihre Nutzer rasend schnell zu einer riesigen, von Mythen umrankten Jukebox. Die junge Netzgemeinde machte sich sofort daran, an einer großen Erzählung über die Heldentaten der Entwickler des P2P-Netzwerks zu stricken. Sie krönte den damals 19-jährigen Napster-Erfinder Shawn Fanning zum Robin Hood der Cyberwelt, der als unehelicher Sohn eines Rockmusikers auf der Durchreise sein bahnbrechendes Programm angeblich einfach so aus Spaß in nächtelanger Arbeit bei Pizza und Kaffee geschrieben habe – freie Downloads für freie Bürger.

Mit Hilfe von Napster wurde das Herunterladen von MP3-Musikdateien zu einem Massenphänomen. Nach Ansicht vieler „Happy Pirates" schädigten sie mit ihren illegalen Downloads nicht die Künstler, sondern die multinationalen Konzerne, die sich auf Kosten der Kreativen mästeten. Im Februar 2000 hatte Napster 524.000 Nutzer, vier Monate später waren es bereits 4,6 Millionen. Der Musikkonzern Universal verglich Napster mit Hitler, Time Warner sah wie bei einer Flugzeugentführung böse Mächte am Werk, und Peter Zombik, Geschäftsführer des deutschen Bundesverbands Phono, fühlte sich durch die MP3-Technik gar an eine Atombombe erinnert.

Der Branchenverband der großen Schallplattenfirmen zog, unterstützt von mehreren Musikern, vor Gericht und verklagte Napster der Piraterie. Selbst der Rapper Eminem, in diesen Jahren des böseste aller bösen Buben, pochte darauf, für seine ehrliche Arbeit ehrlich entlohnt zu werden. Bevor die Napster Mitte 2001 verboten wurde, zählte das Portal in Spitzenzeiten 70 Millionen Nutzer. Umgehend

29 Peter Tschmuck, *Die Rezession in der Musikindustrie – eine Ursachenanalyse* vom 25. Juni 2009; ders., *Das Schicksal der CD – eine internationale CD-Marktanalyse* vom 2. Dez. 2016, in https://musikwirtschaftsforschung.wordpress.com [02.02.2017].

nahmen andere, technisch verbesserte Anbieter seinen Platz ein, so Kazaa, eine dezentral organisierte Tauschbörse und gleichzeitig ein weltweites Geflecht von Firmen in Großbritannien, den Niederlanden, Vanatu in der Südsee, Australien und Estland, ebenso Gnutella, eDonkey 2000 oder in Schweden The Pirate Bay, die erst im Jahr 2009 nach zahlreichen Klagen ihren Betrieb einstellen musste.[30]

Gleichzeitig startete die Musikindustrie eine riesige Publikumsbeschimpfung, überschüttete die Konsumenten mit Schuldzuweisungen, zettelte einen Kleinkrieg gegen Netznutzer an, bastelte an einem Kopierschutz, schleuste unzählige manipulierte Musiktitel in die Tauschbörsen ein und ging weltweit strafrechtlich gegen Zehntausende von Nutzern der Tauschbörsen vor, was sich aber angesichts der länderübergreifenden Netzwerke und dem je nach Land unterschiedlichen Urheberrecht als höchst problematisch erwies. Fachleute gehen davon aus, dass die Plattenindustrie jährlich bis zu 1 Milliarde US-Dollar in ihrem Kampf gegen die Piraterie ausgab, letztlich mit mäßigem Erfolg. Auch ließ sich der stetige Rückgang der Umsätze nicht nur auf die Piraterie zurückführen, da inzwischen absatzstarke Supermarktketten wie Wal-Mart in den USA und Tesco in Großbritannien bei den Labels hohe Rabatte durchgesetzt hatten, was deren Gewinnmargen weiter schmälerte. Hinzu kam eine wachsende Konkurrenz durch andere Medien wie etwa Computerspiele. Als schließlich die CD mehr und mehr vom Downloaden und Streaming abgelöst wurde und Unternehmen wie iTunes, Amazon, Google, Spotify, Tidal und Deezer diese Aufgabe übernahmen und sogar ein Lebensmittel-Discounter wie Aldi das Musikstreaming für sich entdeckte und mit Kampfpreisen punktete, verloren die Major-Labels auch ein Großteil der Einnahmen, die sie bis dahin mit der Distribution der Musikträger unabhängiger Labels erzielt hatten.[31]

Letztlich fiel der Vorwurf der Piraterie teilweise auf die Musikindustrie zurück. Während der hitzig geführten öffentlichen Diskussion über die Tauschbörsen und das private Brennen von CDs kamen Details der Plattenverträge ans Licht, die die Major-Labels mit den Künstlern abschlossen. Kritisiert wurde in erster Linie die Höhe der den Künstlern in Rechnung gestellten Kosten für die Produktion der Platten und Videos, für Studiozeit und Anzeigenwerbung, für Promotion und heimliche Schmiergeldzahlungen an Radiostationen, für Verpackungskosten und Tour-Support – kurzum für so gut wie alles. Kritisiert wurde außerdem das alleinige Kontrollrecht der Labels über Verkaufs- und Rechenschaftszahlen, ferner die langen Laufzeiten der meisten Verträge, die es den Plattenfirmen sogar erlaubten, einander Verträge mit Musikern zu verkaufen.

Dann rechnete die Witwe des Nirvana-Frontmanns Kurt Cobain der Öffentlichkeit vor, dass eine Newcomer-Band, deren erste CD sich 1 Millionen Mal verkauft, von der Plattenfirma lediglich ein kleines Honorar überwiesen bekommt, während

30 Röttgers 2003, 13–24 u. 48–50; Emes 2004, 61–63; Goodman 2010, 128–129; Knopper 2017, 213–229; Thomas Groß, *Desire to be Wired! Napster und die Folgen*, in Neumann-Braun/Schmidt/Mai 2003, 23–37, hier 24 u. 29.

31 Röttgers 2003, 53–69; Emes 2004, 75–78; Goodman 2010, 152–153; John Williamson/Martin Cloonan, *Contextualising the contemporary recording industry*, in Marshall 2013, 11–29, hier 15; Lee Marshall, *The recording industry in the twenty-first century*, in Marshall 2013, 53–74, hier 57–64.

das Label einen Gewinn von circa 6 Millionen Dollar erzielt. Schließlich startete Michael Jackson im Sommer 2002 eine Kampagne gegen seine Plattenfirma Sony und deren Chef Tommy Mottola. In einer Rede in der Zentrale der Bürgerrechtsorganisation National Action Network in Harlem bezichtigte er die Plattenfirmen: „Sie stehlen, sie betrügen, sie tun, was sie können, besonders gegen die schwarzen Künstler." Auch schalte er Tommy Mottola einen Rassisten: „Er ist sehr, sehr, sehr teuflisch."[32] Seit dem Punk Rock waren die Major-Labels für viele Indies zum Feind geworden, der, wie sich DJ Westbam ausdrückte, „alles aufkauft, die Macht übernimmt, die Künstler knebelt, alles ausschlachtet, den Trend ausweidet, die Szene zerstört, um sich schließlich, wenn alles kaputt ist, etwas Neuem zuzuwenden, während ihre Künstler von gestern auf der Müllhalde landen."[33]

Die großen Firmen rechtfertigten die den Künstlern in Rechnung gestellten hohen Kosten damit, dass ein Major-Label in jeden neuen Künstler, den sie unter Vertrag nimmt, zwischen 500.000 und 2 Millionen US-Dollar investiert, dass es viel Geld in die Nachwuchsförderung und Promotion steckt, dass 95 Prozent aller Alben nicht profitabel sind, dass 89 Prozent aller veröffentlichten Alben nur 1.000 und weniger Käufer finden. Sie verwiesen darauf, dass sie mit ihren Vorschüssen an die Künstler zwar diese unter Druck setzen können, bis die Vorauszahlungen abgegolten sind, dass die Plattenfirmen selbst aber zunächst unkalkulierbare finanzielle Risiken auf sich nehmen. Das war korrekt. Für 2011 berichtete Nielsen SoundScan, dass in den USA 1,95 Prozent aller veröffentlichten Alben 88,5 Prozent des gesamten Umsatzes erzielten. Die Labels verschwiegen jedoch, dass in den großen Firmenkonglomeraten, die alle Stufen der Musikproduktion und –distribution mitsamt der Audio- und Videotechnik umfassen, die Verluste eines Tochterunternehmens ohne große buchhalterische Kniffe bei anderen Töchtern seit jeher als Gewinne verbucht werden. Sie verheimlichten, dass sie den Großteil der Produktionskosten aus den Tantiemen der Künstler bezahlten und nicht aus den Bruttoeinnahmen. So wie die Verträge abgefasst waren, konnte die Plattenfirma mit einem Album Gewinn machen, während das Tantiemen-Konto des Künstlers noch immer tiefrote Zahlen aufwies.[34]

Gleichwohl währte die Schockstarre, während der sich die Musikindustrie stur an überkommene Geschäftsmodelle klammerte und auf Blockade setzte, nur kurz. Angesichts spektakulärer Erfolge von Unternehmen wie Microsoft, Apple oder Amazon sowie der Euphorie um die vielen kleinen Internetunternehmen, die in der Dotcom-Blase ihren sichtbarsten Ausdruck fand, erörterten die Verantwortlichen in der Musikindustrie schon bald Möglichkeiten und Nutzen des Internets für ihre Branche. In Deutschland startete der Bundesverband Phono zusammen mit der Deutschen Telekom bereits 1997 im Internet das Musikprojekt Music on Demand. Gegen Gebühr konnten Nutzer rund 70.000 Titel probehören, downloaden und

32 Golo Föllmer, *Klangwelten des digitalen Zeitalters*, in Paul/Schock 2013, 564–569, hier 566; Pade/Risi 2019, 281–284.

33 Westbam 2016, 142.

34 Röttgers 2003, 111–121; Dannen 1998, 195; Tschmuck 2017, 86; Diederichsen 2005, 60–61; Witt 2016, 235–236.

meist auch brennen. Eine erfolgreiche bundesweite Einführung scheiterte jedoch an technischen Problemen.[35]

Bei Bertelsmann forcierte der neue Vorstandsvorsitzende Thomas Middelhoff schon vor seinem Amtsantritt im November 1998 die Internet-Aktivitäten, bezeichnete die Verkaufsmöglichkeiten über das World Wide Web als „unendlich" und drückte aufs Tempo: „Wer zögert, hat verloren!" 1999 drängte er auf eine Fusion von Bertelsmann und AOL mit Hilfe eines Aktientauschs, wurde aber von der Eigentümerfamilie daran gehindert, die in dem neuen Großkonzern aufgrund des aberwitzig hohen Kurses der AOL-Aktien zur Randfigur geschrumpft wäre. Zur Modernisierung seines Musiksektors steigerte Bertelsmann gleichwohl seine Präsenz im Internet, übernahm im Jahr 2000 die US-Musik-Website CDnow und ging im selben Jahr mit Musicload.de online, einer Download-Plattform für das Repertoire der Bertelsmann Music Group. „Das ist der Startschuss in eine neue Ära und ein Meilenstein für die kommerzielle Nutzung von Musik im Internet", verkündete Thomas M. Stein, verantwortlich für das deutschsprachige Musikgeschäft der Bertelsmann Music Group (BMG). Letztlich aber reagierten alle Musikanbieter auf den Übergang von der CD aus dem Plattenladen auf die MP3-Datei aus dem Netz über Jahre hinweg nur mit überteuerten und im Alltag untauglichen Online-Angeboten.[36]

Im Juli 2000 trafen sich auf der jährlich stattfindenden Konferenz des Investmentbankers Herb Allen in Sun Valley, Idaho einige leitende Persönlichkeiten aus der Medienbranche mit dem CEO von Napster, Hank Barry, darunter ein Vertreter von Sony sowie Thomas Middelhoff und Edgar Bronfman. Am Ende des Meetings waren sich die Vertreter der Musikindustrie sicher, dass es in Kürze zu einer Übereinkunft mit Napster in Form von Beteiligungen der Major-Labels an der Tauschbörse kommen werde. Die Verhandlungen scheiterten aber bereits eine Woche später, als Napster die potentiellen Käufer mit einem Einstiegspreis von 2 Milliarden US-Dollar schockte. Die Hoffnung der Besitzer von Napster auf einen großen Zahltag lösten sich jedoch sehr schnell in Luft auf, als wenige Tage später ein US-Gericht dem Antrag der Schallplattenindustrie auf einstweilige Verfügung stattgab und einen sofortigen Stopp der Geschäftstätigkeit von Napster anordnete.

Nur einer ließ nicht von seinen Plänen ab, die illegale Tauschbörse in einen kostenpflichtigen Abo-Dienst umzuwandeln.[37] Im Oktober 2000 ging Thomas Middelhoff für Bertelsmann eine strategische Allianz mit Napster ein und sicherte sich durch einen 50 Millionen-Dollar-Kredit die Option für den Mehrheitserwerb. Er hoffte, die Zahlungsbereitschaft der Kunden durch Qualitätsverbesserungen herzustellen und das Weiterkopieren mit einem Kopierschutz zu unterbinden. Er wollte die Popularität und das technische Know-how von Napster nutzen, da die eigenen Versuche mit Musikplattformen nicht vorankamen. Ein Jahr später, nachdem ein US-Berufungsgericht das Urteil vom Vorjahr gegen Napster bekräftigt hatte, tat sich BMG zudem mit EMI und Warner Music zusammen, um ihren Kunden über

35 Emes 2004, 63.

36 Peter Wicke, *Ein Konzern schreibt Musikgeschichte*, in Bertelsmann 2010, 174–207, hier 201; Golo Föllmer, *Klangwelten des digitalen Zeitalters*, in Paul/Schock 2013, 564–569, hier 564.

37 Goodman 2010, 145–146; Knopper 2017, 138–144.

die Plattform MusicNet erstmals eine legale Möglichkeit zum kostenpflichtigen Download ausgewählter Musikdateien zu geben.[38] Zum gemeinsamen Vertrieb der im Besitz der Universal Music Group und von Sony Entertainment befindlichen Musiktitel schlossen sich wenige Monate später auch Sony Music und Vivendi Universal zu Duett zusammen, das bald in Pressplay umbenannt wurde. Der CEO von Vivendi Universal, Jean-Marie Messier, kaufte zudem die Internet-Musikhändler MP3.com und Emusic.com und nahm Yahoo als Distributionskanal mit in sein Boot. Erklärtes Ziel beider Allianzen war die Reduzierung der Anzahl der illegalen Downloads im Internet. Dieses Ziel wurde jedoch weit verfehlt. Pressplay registrierte im Oktober 2002 lediglich 535.000 Zugriffe, während es bei der Tauschbörse Kazaa gleichzeitig rund 14 Millionen waren.[39]

Alle diese frühen Aktivitäten, das Internet für den künftigen Musikabsatz zu nutzen, scheiterten vor allem an technischen Problemen. Kein Unternehmen verkannte die Gefahren, die ihm durch Digitalisierung und Internet drohten. Alle erlebten hautnah, wie die Digitalfotografie Giganten wie Polaroid und Kodak trotz aller Gegenwehr in den Ruin trieb und Zehntausende ihren Arbeitsplatz verloren. Der Musikindustrie gelang der entscheidende Anstoß zur Wende aber nicht selbst. Er kam im Jahr 2003 von außen, als das US-amerikanische Unternehmen Apple zusätzlich zur Entwicklung des iPods seine Internet-Handelsplattform iTunes Store startete. Die ersten iPods konnten tausend Songs speichern, womit der wiederholte Gang hin zum CD-Player entfiel. Vor allem die Integration des iPods in iTunes machte aus dem iPod mehr als einen einfachen MP3-Player. Obwohl die Plattform zunächst nur in den USA mit Hilfe von Apple-Produkten und dem neuesten Betriebssystem des Konzerns genutzt werden konnte, wurden bereits in der ersten Woche eine Million Musikstücke verkauft. Die Menschen liebten diesen kleinen weißen Kasten, der zu einem unabdingbaren Muss für jeden Jogger wurde wie Laufschuhe und T-Shirts von Nike und Adidas. Die CD stand fortan für die Vergangenheit und das iPod für die Zukunft. Mit dem Duo iPod und iTunes nahm der Verkauf von digitaler Musik im Internet seinen eigentlichen Anfang, löste ihn von nationalen Grenzen und machte ihn unabhängig von Ort und Zeit.[40]

Dennoch gingen die illegalen Musikdownloads weiter und ließen die Umsätze der Labels weiter bröckeln. Viele Musikliebhaber berappten zwar rund 500 Dollar für ein iPod, weigerten sich aber, für die Plattenindustrie zehn Cent herauszurücken. Zwar stiegen die digitalen Verkäufe, aber noch schneller gingen die Einnahmen aus den CD-Verkäufen zurück. Die Branche wurde immer mehr von Apple abhängig, und Steve Jobs konnte den Musikkonzernen seine Konditionen umso mehr diktieren, je mehr die Umsätze der Labels einbrachen und die der Kalifornier stiegen.

In dieser für die Musikindustrie äußerst misslichen Situation entwickelte der junge Schwede Daniel Ek ein ganz neues Geschäftsmodell, indem er Musik nicht

38 Hartmut Berghoff, *Vom Gütersloher Kleinverlag zum globalen Medien- und Dienstleistungskonzern*, in Bertelsmann 2010, 6–83, hier 63–66; Goodman 2010, 148–150; Knopper 2017, 145–148.

39 Emes 2004, 67.

40 Emes 2004, 78–79; Goodman 2010, 206–208; Knopper 2017, 177–182; Shuker 2016, 34–35; Witt 2016, 155–158 u. 192.

mehr verkaufte, sondern gewissermaßen verlieh. Er erkannte, dass angesichts der Musikinflation nicht mehr der Besitz von Musik entscheidend war, sondern deren schnelle Verfügbarkeit. Eine mit Musikalben vollgestellte Wohnung beeindruckte niemand mehr. Sie versprühte eher den Geist eines verstaubten Museums. Ek ging zudem davon aus, dass ein gewinnbringendes Geschäftsmodell die Musik-Piraterie nur mit einer besseren Technologie besiegen könnte. Die größte Schwachstelle der Tauschbörsen sah er in dem zu Beginn des neuen Jahrhunderts noch recht zeitraubenden Downloaden. Ek war sich sicher, dass die meisten Menschen, die Lust auf Musik haben, diese sofort hören wollen, und zwar vorrangig ihre Lieblingsmusik. Er wünschte sich eine Technik, die fähig war, jedem einzelnen Nutzer seine Favoriten quasi automatisch anzubieten ohne jede mühsame Suche nach einzelnen Titeln. Ek setzte letztlich auf Zeitersparnis, um die Tauschbörsen zu schlagen.[41]

2006 gründete Daniel Ek zusammen mit Martin Lorentzon in Stockholm den Musikstreaming-Dienst Spotify, der zwei Jahre später ins Netz ging und zunächst nur in Schweden arbeitete. 2009 gewann er den Napster-Gründer und langjährigen Erzfeind der Musikschaffenden Sean Parker als Investor, der zwischenzeitlich auch Präsident von Facebook gewesen war. Parker half Ek dabei, Kontakte zu den Bossen der beiden Major-Labels Universal und Warner zu knüpfen sowie zu Facebook. Über die neue Plattform konnte sich jeder Kunde auf Knopfdruck fast jeden denkbaren Song zu Gehör bringen, als wäre er auf dem eigenen Gerät gespeichert – eine Riesen-Jukebox mit Millionen Songs für die Hosentasche. Zudem eine Jukebox für monatlich einige wenige Euro anstatt der 99 Cent je Download, die iTunes verlangte.

Zugleich arbeitete Spotify mit Hochdruck daran, mit Hilfe von psychologischen Erkenntnissen und „smarten Algorithmen" möglichst tief in die Köpfe und Seelen der Nutzer hineinzuschauen, um deren Hörgewohnheiten zu analysieren. Die Schweden setzten sich zum Ziel, den Musikgeschmack ihrer Kunden zu entschlüsseln, um auf jeden einzelnen Hörer und seine täglichen Aktivitäten zugeschnittene Liederlisten zu erstellen – eine Aufwachliste, eine Kaffeepausenliste, eine Bier- und Burgerliste, eine Joggingliste und andere mehr, eher entspannende Musik am Abend, eher energiegeladene Stücke tagsüber. Die beiden Schweden wollten schon vor dem User wissen, was dieser sucht. Zwar liefen sie dabei in Gefahr, wie in einer Endlosschleife die immer gleiche Musik zu promoten, sahen sich aber auch in der Lage, in der Nachfolge von Radio-DJs und MTV-Moderatoren einen Song zum Hit zu machen. Ein Platz auf einer solchen Playlist hat für Labels und Künstler denselben Effekt wie früher der Auftritt in einer TV-Sendung am Samstagabend. Auch verdrängten diese Playlists zunehmend die Alben.

Insgesamt führte der Boom des Musik-Streamings dazu, dass die Nutzer noch sehr viel weniger an der Geschichte der einzelnen Songs und Sänger interessiert sind, dass sie diese Musik gedankenlos durch sich hindurchrauschen lassen und sie ebenso beiläufig konsumieren wie Erdnüsse und Chips vor dem Fernseher. Dadurch veränderte sich auch die Struktur der Songs. Während im 20. Jahrhundert noch Intros von etwa 30 Sekunden Länge üblich waren, wird dieses musikalische Vorspiel

41 Seabrook 2015, 290–291.

in heutigen Songs immer öfter auf ein paar Sekunden reduziert. Die Musiker sehen sich heute gezwungen, mit dem Refrain sofort die Aufmerksamkeit auf sich zu ziehen. Sie müssen den Hörer sofort beim ersten Akkord wissen lassen, um was es geht, damit dieser nicht mit einem Wisch zum nächsten Song weiterklickt.[42]

Seitdem die großen Labels Lizenzvereinbarungen mit Spotify und den anderen Streamingdiensten abgeschlossen haben, sind CD, MP3 und Downloads von gestern. Daniel Ek verhalf der Musikindustrie, die kurz vor dem Kollaps stand, zu ihrem eigentlichen Comeback. Die Labels taten gut daran, mit diesem innovativen und technisch versierten Unternehmen zu kooperieren, damit ihre Musik über Streaming-Plattformen unbegrenzt auch auf Notebooks, Smartphones, Tablets und PCs gehört werden kann. Inzwischen hatten in der Musikindustrie aber beinharte Sanierer und mit allen Wassern gewaschene Renditejäger das Sagen, die den jungen Spotify-Gründer zwar ermunterten, sein Geschäftsmodell umzusetzen, die ihm jedoch ihre Konditionen weitgehend diktierten. Majors und Indies zwangen Ek, ihnen 18 beziehungsweise 3 Prozent seiner Firma zu übertragen, ehe sie ihm die Rechte ihrer Künstler freigaben. Zudem setzten sie so genannte „garantierte Mindestzahlungen" durch, die auch dann an die Majors sowie an Merlin Network, die Rechteagentur der Indies, zu überweisen sind, wenn weniger Menschen als prognostiziert in einem Land Spotify nutzen.[43]

Das Streaminggeschäft funktioniert bis heute zwar glänzend, aber nur für die Musikindustrie. Während Spotify im ersten Quartal 2019 in rund 65 Ländern aktiv war und 217 Millionen Nutzer verzeichnete, davon allerdings nur 100 Millionen zahlende Abonnenten, blieb das Unternehmen hochdefizitär. Obwohl es mit seinem riesigen Umsatz eine sehr viel stärkere Verhandlungsposition besitzt als die kleinen Einzelhändler in der Hochzeit von Schallplatte und CD, profitieren bis heute in erster Linie die Plattenfirmen vom Musik-Streaming. Spotify, das zunächst von Investoren wie Goldman Sachs und Coca-Cola finanziert wurde, ehe es an die Börse ging, konnte seine Umsätze von 2011 bis Ende 2018 zwar von 188 Millionen Euro auf knapp 5,3 Milliarden Euro steigern, gleichzeitig stiegen aber auch die jährlichen Verluste von 40 Millionen Euro kontinuierlich bis auf 1,23 Milliarden Euro im Jahr 2017. Seit seiner Gründung summierten sich die Verluste des Streaming-Dienstes auf 2,3 Milliarden Euro. Dagegen verbuchte allein Universal Music im Jahr 2018 aus dem Geschäft mit Tonträgern und Einnahmen aus dem Musikverlag einen operativen Gewinn von 902 Millionen Euro. Dem Startup-Unternehmen verbleiben von jedem eingenommenen Euro lediglich etwas mehr als 16 Cent. Der Rest geht an die Labels und Rechteinhaber. Nach Abzug aller Kosten, die mit der Zahl der Nutzer immer weiter stiegen, schreibt Spotify Jahr für Jahr tiefrote Zahlen.

42 Seabrook 2015, 287–288; Philipp Alvares de Souza Soares/Jonas Rest, *Wird Spotify den eigenen Erfolg überleben?*, in Manager Magazin vom 15. Mai 2017, www.manager-magazin.de/magazin/artikel/spotify-wird-das ... –a-1145729-druck; Marcus Theurer, *Spotify macht Ernst mit der Börse*, in Frankfurter Allgemeine Zeitung vom 5. Jan. 2018, 22; Marcus Theurer, *Die Hitmaschine*, in Frankfurter Allgemeine Zeitung vom 29. Dez. 2018, 21; Kühn 2017, 72–73.

43 Tschmuck 2017, 178–179.

Auch in Afrika, wo eine lebendige Musikszene und ein Heer von Raubkopierern weiterhin aller lizensierten Musik das Leben schwer macht, ist ein Ende des boomenden Verlustgeschäfts nicht abzusehen. Hohe Kosten für das Datenvolumen, fehlende Bankkonten, eigene Streaming-Plattformen der nationalen Mobilfunkbetreiber sowie die chinesische Konkurrenz bremsen auch hier nicht nur Spotify aus. Zugleich erhöhte sich der Konkurrenzdruck, als Apple, Amazon und andere das Geschäftsmodell kopierten. Heute ist Spotify mit einem Marktanteil von 40 Prozent immer noch mehr als doppelt so groß wie Apple Music, gefolgt von Amazon und der französischen Plattform Deezer. Die Schweden unternehmen weiterhin viel, um endlich aus den roten Zahlen herauszukommen, gegen die Konkurrenz zu bestehen und ihre Verhandlungsmacht auszubauen. So gab der Vorstand Ende 2017 eine Überkreuzbeteiligung mit dem chinesischen Internetgiganten Tencent bekannt und ging Anfang April 2018 an die Börse, wo sich der Marktwert des Unternehmens in den folgenden Monaten bei rund 27 Milliarden US-Dollar einpendelte. Mit Tencent Music Entertainment (TME), dem Streamingdienst der Tencent Holding, kann Spotify bei der Zahl der Nutzer und des Geschäftsergebnisses nicht mithalten. Im ersten Quartal 2019 zählten die Chinesen 654 Millionen aktive Nutzer, dreimal so viele wie Spotify, wenn auch nur über 28 Millionen zahlende Abonnenten. Doch im Gegensatz zu den Schweden operiert TME längst in der Gewinnzone.[44]

Obwohl alle Streaming-Dienste mit Ausnahme von Tencent Music Entertainment dunkelrote Zahlen schreiben, können es sich die Labels nicht leisten, sie scheitern zu lassen. Spotify und Co. sind heute zum wichtigsten Wachstumsmotor der traditionellen Musikindustrie geworden, während selbst der Verkauf von Musikdownloads längst rückläufig ist. Wer sich heute den Schweden oder einem der anderen Streaming-Plattformen widersetzt wie etwa die US-Sängerin Katy Perry, bekommt nach Meinung des Manager Magazins ein Problem. Trotz ausgiebigster Werbung floppte 2016 ihre Single *Rise*, worauf sie reumütig zu Spotify zurückkehrte. Alle Streaming-Dienste verstehen sich letztlich auch als Antwort auf die mit dem Internet geradezu explodierende Musikproduktion, die vor allem auf das Konto von Musikern geht, die bei keinem der großen Musikkonzerne unter Vertrag stehen. Während zuvor die Tonträgerindustrie monatlich ein paar tausend Neuveröffentlichungen herausbrachte, werden heute auf den Streaming-Plattformen im Monat zwischen 800.000 und 1,5 Millionen neue Stücke hochgeladen.

In der Musikbranche ist es kein Geheimnis, dass trotz rückläufiger Umsatzzahlen die Renditen im Tonträgerbereich immer noch fantastisch sind. Sie sind weiterhin traumhaft, da sie mehr denn je auf Kosten der Musiker gehen. Dennoch liefen zahlreiche Musiker nicht gegen die großen Labels Sturm, sondern gegen die Streaming-Dienste, die ihrer Meinung nach ein Künstler-Prekariat schaffen, da sie

44 *Aktionäre von Spotify brauchen starke Nerven*, in Frankfurter Allgemeine Zeitung vom 2. März 2018, 23; Aarni Kuoppamäki, *Brummendes Verlustgeschäft: Musik-Streaming in Afrika*, in www.msn.com/de-de/finanzen/top-stories vom 19. Aug. 2018; *Spotify macht nur Verlust* in orange.handelsblatt.com vom 27. Juli 2018 [25.08.2018]; Benedikt Kaufmann, *Tencent Music: Q1-Zahlen von Handelsstreit überschattet*, in Der Aktionär vom 14. Mai 2019; *Vivendi Annual Report 2018*, 206.

die Musiker mit winzigen Lizenzzahlungen von etwa 0,006 Cent pro Stream abspeisen. Sie übersahen, dass Spotify zwar Monat für Monat Pauschalsummen an die Rechteinhaber überweist, deren Höhe von dem Marktanteil des jeweiligen Katalogs abhängt, und den Labels detaillierte Daten über die Abrufe zur Verfügung stellt, diese jedoch entscheiden allein, wie sie diese Einnahmen und Informationen mit ihren Künstlern teilen, was sie ihnen davon ausbezahlen und mitteilen.

Während Spotify für viele Künstler zum Buhmann wurde, protestierte lange Zeit kaum einer gegen die weltweit größte Streaming-Plattform YouTube, die in Millionen Clips urheberrechtlich geschützte Musik nutzt, um mit daran gekoppelter Werbung zig Millionen zu verdienen, ohne die Künstler daran angemessen zu beteiligen. Diese werden quasi aus Kulanz mit Almosen abgespeist, indem die Kalifornier angeben, lediglich ein Marktplatz zu sein, auf dem Nutzer Musik hochladen, mit der sie nichts zu tun hätten. Trotz aller Kritik der Künstler und der vielen roten Zahlen scheint den Streamingdiensten aber die Zukunft zu gehören, da sie noch mehr als die Labels wissen, wie sich der Musikgeschmack verändert und was die einzelnen Nutzer hören wollen und zwar zur jeweiligen Tageszeit und während unterschiedlicher Tätigkeiten.[45] Derartige Informationen können aber auch andere Unternehmen wie Amazon, Google oder Apple sammeln und tun dies auch. Aufgrund ihrer zusätzlichen Geschäftsfelder sind sie zudem in der Lage, ihre Streamingdienste zusammen mit anderen Produkten zu einem größeren Paket zu schnüren und damit billiger anzubieten, so etwa Amazon unter Amazon Prime. Hierin sehen einige Analytiker die eigentliche Gefahr für reine Streamingdienste. Gleichwohl gehört die Zukunft nicht der CD und nicht Vinyl.[46]

Als die Umsätze der Labels nach der Jahrhundertwende immer weiter absanken, suchten diese, um zu überleben, verzweifelt nach neuen Geschäftsideen. Neben den normalen Alben begannen sie mit dem Verkauf von Delux-Versionen mit weitergehenden Informationen über das jeweilige Album, sowie mit Fotos und Videos. Sie nahmen Klingeltöne und anderes mehr in ihr Angebot und pflegten den Besitz von Musikrechten. In den USA erhöhten sich die Einnahmen aus diesen Rechten innerhalb von zehn Jahren um mehr als 70 Prozent, wobei der Boom der Live-Konzerte entscheidend zu den Mehreinnahmen beitrug. Gleichzeitig gelang es der Musikindustrie, den Umfang des Musik-Copyrights auszuweiten, woraus sich weitere Einnahmen ergaben.[47]

Schließlich organisierte sie für ihre Künstler vermehrt Live-Auftritte, verbunden mit vertraglich vereinbarten Anteilen an den damit erzielten zusätzlichen Einnahmen. Nach dem Vorbild des britischen Labels Sanctuary Records, das eine Rundumbetreuung von Künstlern in die Plattenindustrie einführte, versuchen etwa ab 2007 auch die Major-Labels mit Hilfe dieses so genannten 360-Grad-Modells und der Organisation von Live-Konzerten mitsamt Merchandising, ihre Einnahmen

45 Renner/Wächter 2013, 302–303; Seabrook 2015, 294; *Wer wirklich am Musik-Streaming verdient*, in Frankfurter Allgemeine Zeitung vom 20. Juli 2017, 23; *Spotify hat 60 Millionen Abo-Kunden*, in Frankfurter Allgemeine Zeitung vom 2. Aug. 2017, 21.

46 Seabrook 2015, 298–299.

47 John Williamson/Martin Cloonan, *Contextualising the contemporary recording industry*, in Marshall 2013, 11–29, hier 19 u. 22.

zu erhöhen. Alsbald machten sie dieses Vertragsmodell zum Standardvertrag. Auch ein Großteil der Künstler, deren Tantiemen aus den Musikstreamings nicht so üppig ausfielen wie beim Verkauf ganzer LPs und CDs, suchte von sich aus ihre Einkommen mit Live-Shows aufzubessern.[48] Wie alle Unternehmen in Not sahen sich die Labels schließlich zu einer sehr weitreichenden Rationalisierung gezwungen, das heißt zur Schließung Hunderter Unterlabels, zu Fusionen und der Reduzierung von fünf auf drei Major-Labels, konkret zum Abbau Tausender Arbeitsplätze.[49] Hatte es 1990 noch den Anschein, als wäre der Vormarsch besonders der japanischen Elektronikkonzerne nicht aufzuhalten, so änderte sich dies mit dem digitalen Zeitalter sowie der Asien-, Dotcom- und Finanzkrise erneut. Letztlich hat das Internet die Musikindustrie derartig tiefgreifend verändert, wie dies zuvor nur dem Rundfunk gelungen war, der in den 1920er Jahren die Umsätze der Tonträgerindustrie schon einmal hatte massiv einbrechen lassen.

Die heutige Struktur des Musikmarktes nahm Gestalt an, als sich Anfang 2000 die Wege von Edgar Bronfman Jr. als Oberhaupt des amerikanischen Mischkonzerns Seagram und damit Chef des größten Major-Labels Universal Music mit denen eines anderen Visionärs kreuzten, der ebenfalls im Unterhaltungsbereich seine Zukunft sah und in die Weltliga der großen Medienkonzerne wie AOL Time Warner und Bertelsmann aufsteigen wollte, koste es, was es wolle – der Franzose Jean-Marie Messier, seit 1994 CEO des französischen Mischkonzern Vivendi. Einige, die ihn näher kannten, beschrieben diesen Absolventen der französischen Elitehochschule ENA und früheren Investmentbanker als seltsame Mischung aus einem arroganten französischen Technokraten, einem Möchtegern-Hollywood-Star und einem charmanten Investmentbanker.[50]

Messier hatte den 150 Jahre alten französischen Konzern Compagnie Générale des Eaux (CGE), der vor allem in der Energieversorgung, der Abwasser- und Abfallverwertung sowie im Transport- und Bauwesen tätig war, 1998 in Vivendi umbenannt und ihm eine stärkere Ausrichtung in den Telekommunikations- und Medienbereich verordnet. Im Jahr 2000 gliederte er die Sparten Umwelttechnik in das neue Unternehmen Vivendi Environnement aus, während er den Unterhaltungs- und Telekommunikationssparten den Namen Vivendi Universal gab. Messier kokettierte in der Öffentlichkeit mit seinem übergroßen Ego, veröffentlichte bereits im Alter von 44 Jahren seine Autobiografie mit dem Titel *J6m.com* und unterschrieb auch seine Mails oftmals mit *J6m*, was bedeutete: Jean-Marie Messier, moi-même maître du monde – Jean-Marie Messier, ich selbst Herr der Welt. Eine derartige Selbstvergötterung hatte es in der Tonträgerindustrie, in der die Granden mit den Weltstars auf Du waren, immer wieder gegeben. Goddard Lieberson, von 1956 bis 1971 und erneut von 1973 bis 1975 Präsident von Columbia Records, hatte seine

48 John Williamson/Martin Cloonan, Contextualising the contemporary recording industry, in Marshall 2013, 11–29, hier 20; Lee Marshall, *The recording industry in the twenty-first century*, in Marshall 2013, 53–74, hier 68; Witt 2016, 234–235.

49 Marcus Theurer, *Wie die Musikindustrie überlebt hat*, in Frankfurter Allgemeine Zeitung vom 18. Mai 2017, 17.

50 Faith 2006, 266.

Briefe ebenso kurz mit „God“ unterschrieben.[51] Um die Jahrtausendwende half die Presse Messier als dem neuen Paradiesvogel zusätzlich dabei, sich derart aufzuplustern. Paris-Match nannte ihn „unseren Mega-CEO“, für Fortune war er „der erste Rockstar-CEO“, und Vanity Fair verstieg sich in die Aussage „Er ist Donald Trump und Lee Iacocca und Jack Welch in einem.“[52] In der Zeit der Megafusionen berauschte sich so mancher CEO am süßen Gift der öffentlichen Lobhudelei und ließ sich als „Master of the Universe“ feiern, um schließlich selbst davon überzeugt zu sein.

Messier und Bronfman wurden zunächst im Januar 2000 von der 160-Milliarden-Dollar Fusion des weltweit führenden Internet-Anbieters America Online (AOL) mit dem Unterhaltungskonzern Time Warner überrascht – dem bis dahin größten Zusammenschluss in der Wirtschaftsgeschichte. Mit ihr erreichte die Fusionswelle, die die Unterhaltungsindustrie in den neunziger Jahren erfasst hatte, ihren Höhepunkt. Mit ihr erlangten die Medien endgültig eine erdumfassende Reichweite. 1996 hatte die Walt Disney Company das Medienunternehmen Capital Cities, zu der auch die American Broadcasting Company (ABC) gehörte, für 19 Milliarden US-Dollar übernommen. 1999 wurde diese Fusion nochmals und zwar sehr deutlich getoppt, als der Medienkonzern Viacom, zu dem unter anderem Paramount Pictures, MTV Networks, Nickelodeon und zahlreiche Fernsehstationen gehörten, in einem 35-Milliarden-Merger mit der CBS Corporation zusammenging. Die Wall Street bejubelte derartige Zusammenschlüsse, sofern sie Synergieeffekte nutzen konnten, um vertikal integrierte Medienkonzerne entstehen zu lassen.[53]

In diesen Monaten, als die New Economy mit voll durchgetretenem Gaspedal auf steile Klippen zuraste, die Märkte die verrücktesten Saltos schlugen und irre Behauptungen wie auch wilde Gerüchte zig Millionen wert waren, schien das Zusammengehen von AOL und Time Warner zu beweisen, dass das Internet inzwischen erwachsen geworden war. Die Milliardenwerte, die der lange Zeit von alteingesessenen Unternehmen belächelte Internet-Yuppie AOL an der Börse inzwischen erreicht hatte, schienen Fakten zu schaffen, die sich aber bald als riesige, wenn auch glitzernde Seifenblase entpuppten. Allen voran hatten die Rechenkünstler an der Wall Street immer atemberaubendere Zahlen vorgelegt, mit denen sie beweisen wollten, was AOL alles verdienen könnte, wenn alle Menschen online wären. Nach ihrer Ansicht ergänzten sich beide Unternehmen prächtig. Während Time Warner die Kunden von AOL in 15 Ländern mit Filmen, Videos, Musik und Zeitschriften-Artikeln beliefern konnte, sollte AOL die Breitband-Kabelnetze von Time Warner nutzen, um Inhalte und neue Serviceangebote in den USA besser zu vermarkten. Damit würde sich Time Warner von seinen Konkurrenten weiter absetzen. Sein Chef Gerald Levin vor der Presse: „Beide Unternehmen ergänzen sich ideal; die aus der Fusion entstehenden Möglichkeiten sind grenzenlos.“[54]

51 Dannen 1998, 83.

52 Jean-Marie Messier, *J6m.com. Faut-il avoir peur de la nouvelle économie?* Paris: Hachette, 2000; zit. nach McQueen 2004, 267; Goodman 2010, 136–137.

53 Goodman 2010, 125.

54 Thomas Schuler, *Vom belächelten Nobody zum Koloss der Medienbranche*, in Berliner Zeitung vom 11. Jan. 2000.

Während die Wirtschaftspresse sich in Jubelorgien überbot und Business Week die beiden CEOs von AOL und Time Warner, Steve Case und Gerald Levin, als „Jahrhundertmänner“ feierte, reagierten Messier und Bronfman auf diese Fusion ganz unterschiedlich, beziehungsweise das Zusammengehen von AOL und Time Warner hatte für ihre Unternehmen unterschiedliche Auswirkungen. Messier wollte unbedingt auf der gewaltigen Fusionswelle dieser Jahre mitsurfen, wogegen Seagram von dieser Welle verschluckt zu werden drohte. Bronfmans Unternehmen war zu klein, um wirklich groß zu werden, und zu groß, um in der Masse der Kleinen abzutauchen. Es wurde, wie sich ein Betrachter ausdrückte, zu einem Hühnchen, das zwischen Elefanten tanzte. Und dieser Tanz konnte nur blutig enden. „AOL Time Warner macht mich nervös“, meinte Edgar Bronfman zu Recht und streckte seine Fühler in Richtung Disney und AT&T aus, wenn auch vergeblich.[55]

Auf seiner Suche nach Weltgeltung sah Messier derweil in einem transatlantischen Zusammenschluss von Vivendi, dessen Tochter Canal Plus und Seagram die Möglichkeit, dem US-Giganten AOL Time Warner Paroli zu bieten. Das neue Unternehmen würde durch die Verschmelzung von Film, TV, Musik, Internet und Telefonie zu einem der stärksten Medien- und Telekomgruppen der Welt emporsteigen mit einer Spitzenstellung im Bereich der Musik. Mitte Februar 2000 trafen sich Messier und Bronfman zu Fusionsverhandlungen, die bereits Mitte des Jahres in der Übernahme der kanadischen Medien- und Getränkegruppe durch Vivendi Universal sowie zur Integration der Fernsehgesellschaft Canal Plus in den neuen Konzern führten. Die Familie Bronfman erhielt als Gegenleistung ein Aktienpaket an Vivendi Universal, das zunächst 6,8 Milliarden US-Dollar wert war. Sie wurde mit acht Prozent Kernaktionär von Vivendi Universal, und Edgar Bronfman Jr. Stellvertreter von Jean-Marie Messier. Vor der Presse äußerte er sich geradezu euphorisch: „Wir beide haben beschlossen, das Internet swingen zu lassen.“[56] Andere reagierten auf den Zusammenschluss weniger euphorisch. Die Lex Kolumne der Financial Times beschrieb den Zusammenschluss bereits am 13. Juli als „die zweifellos heroischste Tat der Wertvernichtung in diesem Jahr.“[57]

Die Tinte unter dem Vertrag zwischen Vivendi und Seagram war noch nicht richtig trocken, als das Internet beide nicht swingen, sondern schwanken ließ. Im selben Monat, in dem der Zusammenschluss beider Konzerne bekanntgegeben wurde, stürzte der Aktienkurs von AOL Time Warner um 50 Prozent ab, und Panik brach aus. Das Aktienpaket des größten Einzelaktionärs, dessen Börsenwert bei der Fusion noch 7,2 Milliarden Dollar betragen hatte, war Anfang 2003 auf nur noch 1,85 Milliarden geschrumpft. Die Megafusion endete in Megaverlusten, die sich 2002 auf insgesamt 98,7 Milliarden US-Dollar summierten und vor allem AOL zugeschrieben wurden.[58]

Mit dem Platzen der Dotcom-Blase kam Vivendi Universal ebenso ins Straucheln wie sein großer amerikanischer Konkurrent. Messier faselte gleichwohl von

55 McQueen 2004, 223; Goodman 2010, 136.

56 *Vivendi kauft Seagram: Ein transatlantischer Mediengigant entsteht*, in Der Tagesspiegel vom 20. Juni 2000; Goodman 2010, 137–139.

57 Zit. nach Faith 2006, 279.

58 *AOL Time Warner. Megaverlust nach Megafusion*, in SPIEGEL ONLINE vom 30. Jan. 2003.

irgendwelchen alltäglichen Schwierigkeiten und fuhr mit seiner selbstherrlichen Einkaufstour fort, ohne die übrigen Mitglieder des Vorstands einzuweihen. Er erwarb Beteiligungen an den staatlichen Telefongesellschaften in Marokko und Polen, ein Verlagshaus in Boston und eine Internet-Musikplattform für insgesamt knapp 6 Milliarden US-Dollar. Im Dezember 2001 erstand er zudem den Kabel- und Satelliten-Fernsehkanal USA Network für 10,3 Milliarden US-Dollar, den Edgar Bronfman drei Jahre zuvor für nur 4,1 Milliarden US-Dollar an den Unternehmer Barry Diller verkauft hatte. Innerhalb von zwei Jahren hatte Messier damit insgesamt 60 Milliarden US-Dollar für Akquisitionen ausgegeben und ein Unternehmen zusammengekauft, das in Teilen schon bald als riesiger Scherbenhaufen zu enden drohte.

Als im Zuge der Dotcom-Krise der Kurs der Vivendi-Aktie rasant abstürzte, verlor auch das Aktienpaket der Bronfman-Familie dramatisch an Wert. Während der Aktienkurs von AOL Time Warner in den drei Jahren nach Ankündigung der Fusion um 78 Prozent zurückging, verloren die Aktien von Vivendi 84 Prozent ihres Wertes. Mit jeder eigenmächtigen Entscheidung von Messier wurde Edgar Bronfman mehr zu dessen erbittertem Gegner, während die französischen Mitglieder im Vorstand weiterhin ihrem „Mega-CEO“ *J6m* einträchtig folgten.[59]

Das änderte sich, als immer mehr Konzerne, die in diesen Jahren des entfesselten Kapitalismus im Größenwahn zusammengekauft worden waren, sich als gefräßige Geldvernichtungsmaschinen erwiesen und im Skandal untergingen. Investoren, die wenige Wochen zuvor solche Zusammenschlüsse noch lebhaft beklatscht hatten, bangten nun rund um den Erdball um ihr Geld. Als der amerikanische Energiekonzern Enron, der sich kurz zuvor noch selbst als „the World’s Greatest Company“ gerühmt hatte, Anfang Dezember 2001 Insolvenz anmeldete, glaubte der Finanzchef von Vivendi auch den französischen Mediengiganten am Ende. Die Rede war von „French Enron“, und Goldman Sachs warnte, der Konzern könnte innerhalb der nächsten Monate in die Pleite rutschen. Selbst Messier konnte die Schwierigkeiten nicht mehr völlig verbergen und musste im März 2002 einen Verlust von 11,8 Milliarden US-Dollar für das vorangegangene Geschäftsjahr eingestehen, den er jedoch den beiden Vorständen von Canal Plus ankreidete und sie entließ. Der gleichzeitig ans Licht gekommene WorldCom-Skandal verstärkte jedoch die unter den Aktionären umhergehende Angst vor weiteren Pleiten hochverschuldeter Unternehmen und beendete die selbstherrliche Ära Messier.

Die US-amerikanische Telefongesellschaft WorldCom war durch permanente Zukäufe ihres Konzernchefs Bernie Ebbers bis Ende des Jahrhunderts zum zweitgrößten Telekomkonzern der USA aufgestiegen. Auch dieser einstige Milchmann war noch wenige Monaten zuvor wie ein Popstar gefeiert worden. Unter seiner Regie hatte die WorldCom-Aktie im Sommer mit 64,50 US-Dollar ein Allzeithoch erreicht und war als eine der heißesten Aktien der Nasdaq gehandelt worden. Nach der gescheiterten Übernahme des Rivalen Sprint war der Kurs jedoch im Verlauf der Dotcom-Krise bis Ende April 2002 auf 2,35 US-Dollar eingebrochen, als zunächst der Schuldenberg von 28 Milliarden US-Dollar die Aktionäre nachdenklich

59 Goodman 2010, 167–169; Faith 2006, 280.

machte und schließlich Bilanzfälschungen in Höhe von 11 Milliarden US-Dollar bekannt wurden, die Ebbers für 25 Jahre ins Gefängnis brachten.[60] Auf den Zusammenbruch von WorldCom reagierten die beiden größten Kreditgeber von Vivendi, BNP Paribas und Deutsche Bank, schon am folgenden Tag. Sie informierten den Board, dass sie der Gesellschaft kein Geld mehr zur Verfügung stellten, solange Messier an der Spitze stünde.[61]

Der WorldCom-Skandal und die Reaktion der Banken riefen in Paris Claude Bébéar, den mächtigen Chairman des Versicherers AXA, auf den Plan. Er schaltete sich ein, da er um den guten Ruf der französischen Wirtschaft fürchtete. Mit seiner Hilfe gelang es Ende Juni 2002, Messier zum sofortigen Rücktritt zu bewegen, der sich dafür aber eine Abfindung in Höhe von etwa 20 Millionen Euro aushandelte. Der neue CEO, Jean-René Fourtou, ließ später verlauten, ohne die sofortige Absetzung von Messier wäre Vivendi Universal innerhalb von zehn Tagen bankrott gewesen.[62] Im Frühjahr des folgenden Jahres war amtlich, dass Vivendi Universal im Geschäftsjahr 2002 einen Verlust in Höhe von 23,3 Milliarden Euro verbuchte – der größte eines französischen Unternehmens in der bisherigen Unternehmensgeschichte. Die Ratingagentur Moody's senkte die Vivendi-Schuldtitel auf „Junk" – auf Ramsch.[63]

Um sich vor dem Zusammenbruch zu retten, schrieb Vivendi Universal im Laufe des Jahres 2003 Unternehmensteile im Wert von rund 12 Milliarden Euro zur Auktion aus, darunter an erster Stelle Teile, die zuvor Seagram eingebracht hatte. An dieser Auktion beteiligte sich auch ein von Edgar Bronfman geführtes Konsortium, der damit große Teile seiner drei Jahre zuvor an Vivendi Universal abgegebenen Unternehmen wieder zurückkaufen wollte. Er unterlag letztlich jedoch dem Mischkonzern General Electric, der für seine Tochter NBC den Zuschlag für die Unterhaltungssparte von Vivendi erhielt und daraus NBC Universal als drittgrößtes Medienunternehmen der Welt formte. Nicht enthalten in diesem Paket war die Universal Music Group, die bei Vivendi blieb. Die meisten Konzernverantwortlichen gingen ebenso wie Bronfman davon aus, dass die Musikindustrie alsbald auf ihren Wachstumspfad zurückkehren werde. Nach dem erfolgreichen Start von iTunes würden andere Dienste folgen, und der Verkauf von Musik über Mobiltelefone sei ein noch unerschlossener Markt mit einem riesigen Potential.[64]

Auch die Universal Music Group als Teil von Vivendi Universal musste infolge der riesigen Verluste des Gesamtkonzerns sowie des weiter rückläufigen CD-Marktes schmerzliche Einschnitte hinnehmen. In drei Schritten wurden über 2.000 Mitarbeiter des Major-Labels entlassen, das aber weiterhin mit einem Marktanteil von

60 Matthias Streitz, *WorldCom. Der Absturz des Telekom-Stars*, in SPIEGEL ONLINE vom 6. Febr. 2002; Carsten Matthäus, *WorldCom. Der tiefe Fall des Schuldenkönigs*, in SPIEGEL ONLINE vom 30. April 2002; Ulrike Sosalla, *Der WorldCom-Skandal*, in Capital vom 14. Mai 2013.

61 Goodman 2010, 170–173.

62 McQueen 2004, 273–280 u. 295.

63 McQueen 2004, 257–258, 263–264; Katja Noch, *Vom Mischkonzern zum Scherbenhaufen*, in Frankfurter Allgemeine Zeitung vom 2. Juli 2002.

64 *Bronfmans zweiter Comeback-Versuch*, in Frankfurter Allgemeine Zeitung vom 24. Nov. 2003; Goodman 2010, 179–180.

25,6 Prozent im Jahr 2005 unangefochtener Marktführer blieb und diese Position in den folgenden Jahren sogar weiter ausbaute. Die Gruppe war mit eigenen Niederlassungen und Lizenznehmern in 63 Ländern vertreten.[65] Vivendi Universal, das seit 2006 wieder als Vivendi firmierte, kaufte im selben Jahr von dem japanischen Konzern Matsushita die restlichen 20 Prozent an der Universal Music Group sowie von Bertelsmann dessen Musikverlag BMG Music Publishing und stieg damit auch zum größten Musikverlag der Welt auf. Bis 2016 konnte die Gruppe ihre Position durch Zukäufe vor allem von EMI auf 32,8 Prozent ausbauen.

Ebenso wie bei der Universal Music Group spielte Edgar Bronfman Jr. auch bei dem kleinsten Major-Label, der Warner Music Group (WMG), in diesen Jahren, als das Internet die Musikindustrie durcheinanderwirbelte, eine entscheidende Rolle. Vor der Jahrtausendwende war das Label zunächst Teil des weltgrößten Medienkonzerns Time Warner, expandierte durch den Zukauf kleinerer Labels und dominierte in den neunziger Jahren mit einem Marktanteil von rund 22 Prozent den US-amerikanischen Markt. Außerhalb der USA war es zwar durch Niederlassungen und Partner in über 70 Ländern vertreten, erreichte dort jedoch nur geringe Marktanteile.[66] Als mitten in der Dotcom-Euphorie der Mutterkonzern sich im Jahr 2000 in der Jahrhunderthochzeit mit dem weltweit führenden amerikanischen Internet-Provider AOL zu AOL Time Warner zusammenschloss, glaubte der neue Mediengigant auch in der Musikindustrie die führende Rolle einnehmen zu können. Gleichwohl scheiterten seine Versuche, EMI und die Bertelsmann Music Group (BMG) zu übernehmen, da beide selbst einen Expansionskurs verfolgten und die Kartellbehörden einem solchen Zusammenschluss ablehnend gegenüberstanden.[67]

Stattdessen sah sich der Mutterkonzern Time Warner nach dem Platzen der Dotcom-Blase gezwungen, mit Notverkäufen sein Kerngeschäft zu retten. Sein Zusammenschluss mit AOL erwies sich – wie gesehen – als eines der größten Debakel der US-Wirtschaftsgeschichte. Ab April 2000 büßte der Konzern innerhalb von zwei Jahren 200 Milliarden Dollar Aktienwert ein. Die Riesensumme verschwand gewissermaßen spurlos in den Tiefen des Netzes. Time Warner strich 2003 zum Zeichen des Neubeginns den Namen des Bankrotteurs aus dem Konzernnamen und bot seine Tochter Warner Music Group mitsamt dem Musikverlag Warner/Chappell dem Meistbietenden zum Kauf an.

Den Zuschlag erhielt 2004 für den Kaufpreis von 2,6 Milliarden US-Dollar eine Gruppe von vier Investoren, zu denen auch der weiterhin musikbegeisterte Edgar Bronfman Jr. gehörte. Die Presse sah in seinem Comeback den Versuch, sich nach einer Reihe von Tiefschlägen im Unterhaltungsgeschäft zu rehabilitieren. Mit im Boot war auch der gebürtige Ägypter Haim Saban, der als Musikproduzent, so für die Fernsehserie *Dallas*, den Grundstock seines Vermögens gelegt hatte, ehe er mit der Produktion von Zeichentrickserien einen Medienkonzern schmiedete. Alle de-

65 Emes 2004, 53; Witt 2016, 189.
66 Emes 2004, 57.
67 Goodman 2010, 134.

nen, die den Labels angesichts schwindender Gewinne jede gewinnträchtige Zukunft absprachen, zeigte Saban, wie im Medienverbund mit Musik sehr wohl Geld zu verdienen war.

Im August 2003 hatte er von der insolventen deutschen Kirch Media Gruppe die ProSiebenSat.1 Media AG als Hauptaktionär übernommen und sofort damit begonnen, zusätzliche Einnahmen mit der Musikverwertung zu erwirtschaften. Dazu gründete er 2005 innerhalb der Gruppe das Label Starwatch Entertainment sowie Kooperationslabels mit einzelnen Majors. Da die Fernsehsender der Gruppe ihre Einnahmen hauptsächlich mit Werbeeinnahmen erzielten, nutzte das Label leere Werbezeiten für Auftritte der bei ihm unter Vertrag stehenden Künstler, die zudem in hauseigene Sendungen und Trailer eingebunden wurden. Dies galt auch für Künstler aus sendereigenen Castingshows. Im Herbst 2006 verfolgten Millionen Zuschauer 15 Wochen lang auf ProSieben die Castingshow *Popstars*. Die drei Gewinnerinnen bildeten fortan die neuen Girlband Monrose, die bis zu ihrer Auflösung im Jahr 2011 dem Label mit ihren Alben und Videos, den öffentlichen Auftritten sowie dem Verkauf von Merchandising-Artikeln zusätzliche Einnahmen bescherte. Im Dezember 2006 verkaufte Haim Saban seine Anteile an ProSiebenSat.1, die er gut drei Jahre zuvor für 525 Millionen Euro erworben hatte, für 3,1 Milliarden Euro an andere Finanzinvestoren.[68]

In den USA realisierte Bronfman indessen bei der Warner Music Group (WMG) ein hartes Kostensenkungsprogramm, das 1.000 Mitarbeitern ihren Job kostete. Das schlank gewordene Major-Label lenkte alsbald die begierigen Blicke von EMI auf sich. Der spektakuläre, von WMG und EMI im Jahr 2006 vorgeführte Balztanz mit gegenseitigen Übernahmeangeboten blieb aber ohne reale Folgen. Stattdessen suchten die Verantwortlichen bei WMG ganz konsequent nach einem erfolgsversprechenden Weg, auch im Zeitalter des Internets gewinnbringend zu arbeiten. Das Label verabschiedete sich Schritt für Schritt aus der Produktion von CDs und verlegte sich zunehmend auf den Verkauf von Musik über Downloadportals und später über Streamingdienste. Das zu WMG gehörende Label Atlantic Records war das erste Unternehmen, das 2008 in den USA mehr als die Hälfte seiner Musik als digitale Produkte verkaufte. Während die Einnahmen der übrigen Major-Labels sanken, gelang es WMG unter Edgar Bronfman, sein Einnahmenniveau zu halten.[69]

2011 sahen die Investoren dann den Zeitpunkt gekommen, die Renditen ihres Investments zu realisieren, und die Warner Music Group zu verkaufen. Interesse zeigten der inzwischen für den schwedischen Streamingdienst Spotify tätige Napster-Gründer Sean Parker zusammen mit dem kalifornischen Investor Run Burkle sowie der russische Oligarch Len Blavatnik, der bereits seit 2004 mit rund 2 Prozent an WMG beteiligt war. Parker zog seine Offerte zurück, nachdem ihm Blavatnik zugesichert hatte, Lizenzvereinbarungen mit Spotify abzuschließen. 2011 ging

68 Renner/Wächter 2013, 219–220; Michael Hanfeld, *Haim Saban nimmt Abschied von Pro Sieben Sat.1*, in Frankfurter Allgemeine Zeitung vom 15. Dez. 2006.

69 Tim Arango, *Atlantic Records hits milestone on digital music sales*, in The New York Times vom 25. Okt. 2008; Goodman 2010, 242; Knopper 2017, 214–216.

WMG für 3,3 Milliarden US-Dollar an die US-amerikanische Beteiligungsgesellschaft Access Industries von Len Blavatnik. Der neue Besitzer erwarb Anfang 2013 zudem von der Universal Music Group für einen Kaufpreis von 765 Millionen US-Dollar das Parlaphone Label, das mit der Übernahme von EMI zunächst in den Besitz des Marktführers gekommen war, aber nach dem Willen der Europäischen Kommission aus Wettbewerbsgründen an einen seiner Konkurrenten abgegeben werden musste.[70]

Um 1990 hatte es noch den Anschein gehabt, als ob japanische und deutsche Musikunternehmen in Zukunft die führende Rolle im weltweiten Musikgeschäft einnehmen könnten. Sony Music Entertainment hatte 1988 die CBS Records Group übernommen, zwei Jahre später Matsushita die Music Corporation of America (MCA), und der deutsche Medienkonzern Bertelsmann hatte bereits 1986 RCA Records erworben. Das Platzen der Immobilienblase in Japan Anfang der neunziger Jahre und die starke Aufwertung des Yen warfen zunächst Matsushita aus dem Rennen, das 1995 MCA an Seagram verkaufte. Die Bertelsmann Music Group dagegen wuchs zunächst weiter, zumal zur Jahrtausendwende der hochprofitable Verkauf von AOL-Europe 7,5 Milliarden Euro in die Kassen des Unternehmens gespült hatte und der Vorstandsvorsitzende Thomas Middelhoff auf dem Weg zur Weltspitze riesige Akquisitionen ankündigte. Die Gruppe besaß im Jahr 2000 mehr als 200 Labels, war mit Tochterunternehmen in 53 Ländern vertreten, erzielte einen Umsatz von rund 4 Milliarden Euro und besaß mit dem ebenfalls zum Bertelsmann-Konzern gehörenden TV-Sender RTL vielfältige Möglichkeiten, sein Musikgeschäft und die unter Vertrag stehenden Künstler zu promoten.

Auch zu Beginn des neuen Jahrtausends wuchs BMG zunächst weiter trotz allgemein rückläufiger CD-Verkäufe, trotz des Absturzes des Neuen Marktes und trotz der allgemeinen wirtschaftlichen Probleme nach 9/11, als die Terrorangriffe die allgemeine Feierstimmung der Globalisierung zerstörten. Es war ein eher unfreiwilliges Wachsen. 2002 sah sich der Konzern gezwungen, die Zomba Music Group für die inzwischen viel zu hohe Summe von 2,74 Milliarden US-Dollar zu erwerben. 1991 hatten die Deutschen einen 25-Prozent-Anteil an dieser sehr kreativen Gruppe erworben, die Britney Spears und Erfolgsgaranten wie die Backstreet Boys und *NSYNC unter Vertrag hatte. Der damalige Besitzer, der südafrikanische Musikmogul Clive Calder, hatte sich gleichzeitig mit dem Verkauf des 25-Prozent-Anteils eine Put-Option auf die ganze Gruppe gesichert, die Bertelsmann verpflichtete, die restlichen 75 Prozent der Gruppe zu einem vorher festgelegten Kaufpreis zu übernehmen, wann immer Calder dies wünschte.[71]

Die Übernahme fiel in eine Zeit, als alle Labels unter dem Druck rückläufiger Umsatzzahlen bereits verstärkt nach Wegen für eine Kostenreduzierung suchten und nach dem Debakel des Neuen Marktes die Chancen und Risiken des Internets

70 Ben Sisario, *Warner Music Gains Approval to Buy Parlophone, a Last Piece of EMI*, in The New York Times vom 15. Mai 2013; McQueen 2004, 297–299; Seabrook 2015, 293.

71 Hartmut Berghoff, *Vom Gütersloher Kleinverlag zum globalen Medien- und Dienstleistungskonzern*, in Bertelsmann 2010, 6–83, hier 65–66; Peter Wicke, *Ein Konzern schreibt Musikgeschichte*, in Bertelsmann 2010, 174–207, hier 198–200.

neu einschätzten. Während der allgemeinen Euphorie hatte der Vorstandsvorsitzende von Bertelsmann, Thomas Middelhoff, ebenso wie Edgar Bronfman Jr. noch geglaubt, in der Allianz mit Napster den Stein der Weisen gefunden zu haben. Wie auch andere Verantwortliche der Musikindustrie wollte er Napster kaufen, um die Tauschplattform in ein rechtmäßiges Unternehmen zu verwandeln. Es war ein teures Missverständnis. Kaum einer der Nutzer von Napster war bereit, für Music-Downloads zu zahlen. Sie sahen sich vielmehr von geldgierigen Kapitalisten umzingelt, bombardierten Napster mit Hass-Mails und wechselten zu anderen kostenlosen Tauschbörsen.

Zudem brachte die Zusammenarbeit mit Napster Teile der Musikbranche gegen Bertelsmann auf. 2003 forderten mehrere amerikanische Musikverleger, Komponisten und Liedtexter von Bertelsmann in einer Sammelklage Schadensersatz in Höhe von 17 Milliarden Dollar – ein Mehrfaches des Eigenkapitals der Bertelsmann AG. Sie argumentierten, durch das Darlehen wäre Bertelsmann Miteigentümer von Napster und somit für den ihnen durch die Downloads entgangenen Umsatz verantwortlich. Die Auseinandersetzungen zogen sich über vier Jahre hin, ehe die Kontrahenten sich auf einen außergerichtlichen Vergleich in Höhe von 293 Millionen Euro verständigten. Der Prozess vergrößerte in dem deutschen Medienkonzern die Unsicherheiten, die bereits zuvor mit dem Crash des Neuen Marktes und dem nachfolgenden Konjunktureinbruch um sich gegriffen hatten, als Bertelsmann aufgrund seiner Internet-Aktivitäten empfindliche Verluste hinnehmen musste. Das Versprechen „großartiger Jahre", die Middelhoff mit dem Einstieg in die Internet-Technologien prophezeit hatte, verlor an Glaubwürdigkeit. Ende Juli 2002 wurde der umtriebige und von sich selbst eingenommene Vorstandsvorsitzende mit sofortiger Wirkung von seinen Aufgaben entbunden. Er musste gehen, weil er die Eigentümerfamilie Mohn drängte, sich von einem Großteil ihrer Aktien und Stimmrechte zu trennen, das Unternehmen an die Börse zu bringen, um ein kapitalmarktfinanziertes Wachstum zu ermöglichen. Middelhoffs Nachfolger begann sofort mit der Abwicklung unprofitabler Internet-Aktivitäten.

Einig war sich die gesamte Branche indes darüber, dass die hohen Kosten speziell der Major-Labels für Marketing und Vertrieb angesichts ihrer weltweiten Präsenz nur über weitere Zusammenschlüsse auf ein erträgliches Maß zu reduzieren waren. Erste Fusionsversuche der Großen scheiterten an den Kartellbehörden oder am Kaufpreis. 2003 brachten Zeitungsberichte über Fusionsgespräche zwischen Bertelsmann und dem anderen Mediengiganten AOL Time Warner die anderen Major-Labels unter Zugzwang. Als diese Gespräche über ein paritätisches Joint Venture ins Stocken gerieten, nahm Bertelsmann mit EMI und Sony Gespräche auf.[72]

In der Führungsetage von BMG gingen indes jedoch angesichts des weiter rückläufigen Musikgeschäfts die Meinungen darüber auseinander, ob ein weiterer Verbleib in diesem Geschäftsbereich sinnvoll sei. Man einigte sich zunächst auf eine Übergangslösung. Sie mündete 2004 in einem Joint Venture mit Sony Music Entertainment, dem zu dieser Zeit zweitgrößten Musiklabel der Welt. Um ein Veto

72 McQueen 2004, 202; *Bertelsmann. Fieberhafte Suche nach einem Partner*, in *Manager Magazin* vom 10. Okt. 2003.

der Kartellbehörden zu vermeiden, nahmen beide Seiten einige Teile der Musiksparten von der Fusion aus. Bertelsmann wollte Zeit gewinnen. Sollte sich der Musikmarkt nach einigen Jahren nicht erholt haben, wollte man BMG verkaufen. Sollte jedoch die Nachfrage nach Musik wieder steigen, wollte man Teil dieser Industrie bleiben. Das neue Unternehmen firmierte fortan unter dem Namen Sony BMG Entertainment und war je zur Hälfte im Besitz von Sony und Bertelsmann.

Trotz großer Rationalisierungserfolge existierte es jedoch aufgrund weiter rückläufiger Umsätze nur einige wenige Jahre. Es wurde verkauft, als die Familie Mohn beschloss, ihren Einfluss bei Bertelsmann nicht an das Management zu verlieren, sondern abzusichern. Im Jahr 2001 hatte Bertelsmann 29,9 Prozent der Aktien der RTL-Group von der belgischen Groupe Bruxelles Lambert (GBL) übernommen, damit seinen Anteil an der RTL-Group auf 67 Prozent aufgestockt und sich die Vorherrschaft am europäischen Free-TV-Geschäft gesichert. Finanziert hatte man diese Transaktion durch Übertragung von 25,1 Prozent der Bertelsmann-Aktien und 25 Prozent der Stimmrechtsanteile. Als GBL Anfang 2006 ankündigte, diese Bertelsmann-Aktien an die Börse zu bringen, entschloss sich die Familie Mohn zu einem Rückkauf des Aktienpakets. Einen Teil der Kaufsumme in Höhe von 4,5 Milliarden Euro deckte sie mit dem Verkauf des Musikverlags BMG Music Publishing für 1,63 Milliarden Euro an die Universal Music Group des französischen Medienunternehmens Vivendi. Innerhalb des deutschen Medienkonzern mit seinen Buchverlagen wie Random House und Zeitschriftenverlagen wie Gruner+Jahr war der Musikverlag eher unbedeutend, da auf ihn nur etwa zwei Prozent der Konzerneinnahmen entfielen.[73]

Da der Aktienrückkauf die Finanzschulden des Medienkonzerns verdoppelt hatte und damit die Expansionskraft des Unternehmens beschränkte, trennte man sich wieder zwei Jahre später zudem vom Tonträgergeschäft, das mit seinem Riesenapparat und den damit verbundenen hohen Kosten nur einen vergleichsweise geringen Gewinn einfuhr und dessen Umsatzrückgang sich 2007 weiter beschleunigt hatte. In der Konzernzentrale in Gütersloh sah man mit Sorge, wie verletzlich die Musikindustrie geworden war, da sie in erster Linie von jugendlichen Käufern abhängig war, die bei zunehmender Jugendarbeitslosigkeit weiterhin auf kostenlose Musik im Internet zurückgriffen, trotz aller Erfolge der Labels in Sachen Copyright vor Gericht. Im Sommer 2008 übernahm Sony den BMG-Anteil für 1,2 Milliarden US-Dollar.[74]

Wieder zwei Jahre später stieg Bertelsmann gleichwohl erneut in das Musikgeschäft ein, verzichtete jedoch zunächst auf die Produktion von Musik und spezialisierte sich auf das Musikverlagsgeschäft mit der Vermarktung und Verwertung von Musikrechten, das vergleichsweise hohe Renditen versprach. Zusammen mit dem US-Finanzinvestor Kohlberg Kravis Roberts & Co. (KKR) gründete Bertelsmann das BMG Rights Management und übernahm 2013 die inzwischen profitable Firma als hundertprozentige Tochter, um anschließend weltweit zu expandieren, seit 2014

73 Shuker 2016, 13.
74 Stefan Schmid (Hg.) *Strategien der Internationalisierung. Fallstudien und Fallbeispiele*. München: Oldenbourg, 2013, 209–213.

auch in China. Durch die Übernahme zahlreicher kleiner und mittelgroßer Musikverlage wie Virgin Music Publishing stieg das Unternehmen schnell zum weltweit viertgrößten Musikverlag auf mit Rechten an 2,5 Millionen Songs im Jahr 2018. Anstatt aber nur Rechte zu verwalten, finanziert das neue Unternehmen inzwischen seinen Musikern auch die Aufnahme und Vermarktung ihrer Aufnahmen, geht also erneut ins Risiko.[75]

Von den drei Unternehmen aus Japan und Deutschland, die 1990 noch den Anschein erweckt hatten, als würden sie den weltweiten Musikmarkt in Zukunft beherrschen, konnte nach der Jahrtausendwende nur Sony diese Erwartungen halbwegs erfüllen. Dennoch kamen auch die Japaner an schmerzlichen Rückschlägen nicht vorbei. Als das Major-Label im Jahr 2002 operative Verluste in Höhe von rund 142 Millionen US-Dollar einfuhr, in der Rangliste der größten Plattenfirmen auf Platz drei abrutschte und Weltstars wie Mariah Carey und Michael Jackson ihre Verträge kündigten, musste CEO Tommy Mottola im Januar 2003 seinen Hut nehmen. Ihm wurde zum Verhängnis, dass zahlreiche Künstler wie besonders Michael Jackson sich in aller Öffentlichkeit gegen ihn wandten und er zehn Mal so viel verdiente wie der Chef der japanischen Sony Corporation Nobuyuki Idei. Der Mutterkonzern profitierte indes als Produzent von Computern, Unterhaltungselektronik und CD-Brennern von dem illegalen wie legalen Kopieren von Musik.[76]

Bereits wenige Jahre nach der Jahrtausendwende nahm der Konzern erneut viel Geld in die Hand, um über Zukäufe wieder auf den Erfolgskurs zu gelangen. Im Sommer 2008 übernahm Sony Music Entertainment, wie gesagt, von Bertelsmann BMG mi den drei traditionsreichen Labels Ariola, Arista und RCA Records. Zwei Jahre später 2010 war der Konzern sogar bereit, mit den Erben von Michael Jackson einen Vertrag über mindestens 200 Millionen US-Dollar abzuschließen, der zehn Alben in sieben Jahren umfasste. Wie ein Nachrichtenmagazin damals schrieb: „Tote Popstars lassen sich wohl tatsächlich besser vermarkten als lebendige. Keine kreativen Krisen, keine Skandale, keine unberechenbaren künstlerischen Anwandlungen."[77] So kam es denn auch. Im Jahr 2016 rangierte Michael Jackson auf der Forbes-Liste der bestverdienenden toten Prominenten mit 825 Millionen US-Dollar einsam an der Spitze.[78]

Noch weitaus größere Summen investierte Sony in den Ausbau seines Musikverlags. Nach dessen Fusion im Jahr 1995 mit Michael Jacksons ATV Music Publishing, die dem Künstler neben einer Prämie von 100 Millionen US-Dollar eine 50-prozentige Beteiligung an dem fusionierten Katalog beschert hatte, erwarb Sony im Jahr 2016 für 750 Millionen US-Dollar Michael Jacksons Anteil an diesen Musikrechten. Vier Jahre zuvor hatte ein Investorenkonsortium, an dem Sony und die Michael Jackson Nachlassverwaltung mit zusammen 38 Prozent beteiligt waren,

75 Hartmut Berghoff, *Vom Gütersloher Kleinverlag zum globalen Medien- und Dienstleistungskonzern*, in Bertelsmann 2010, 6–83, hier 65–77; Renner/Wächter 2013, 326.
76 Emes 2004, 55.
77 *Postume Platten. Rekorddeal für Michael Jackson*, in SPIEGEL ONLINE vom 16. März 2010.
78 Zack O' Malley Greenburg, *The Highest-Paid Dead Celebrities Of 2016*, in Forbes vom 12. Okt. 2016.

für annähernd 2,2 Milliarden US-Dollar EMI Music Publishing ersteigert. Die Führung des Konsortiums hatte zunächst der Mubadala-Staatsfonds Abu Dhabis inne, der Sony/ATV mit der Bewirtschaftung der Rechte beauftragte. Im Mai 2018 erwarb Sony schließlich für 2,3 Milliarden US-Dollar den 60-Prozent-Anteil des Mubadala-Fonds an EMI Music Publishing und im Juli desselben Jahres für 287 Millionen US-Dollar die noch fehlenden 10 Prozent von den Erben Michael Jacksons an diesem Katalog. Damit war Sony der größte Musikverlag der Welt mit einem Marktanteil von rund 26 Prozent vor Universal und Warner/Chappell. Die Rechteverwertung blieb auch nach der Jahrtausendwende weiterhin auf Wachstumskurs. Weltweit vervierfachten sich die Einnahmen aus dem Copyright im Zeitraum von 2001 bis 2017 auf letztlich 2,4 Milliarden US-Dollar, wenn auch je nach Katalog in ganz unterschiedlichem Maße.[79]

Während Bertelsmann nur aus dem Tonträgergeschäft ausstieg, wurde das britische Major-Label EMI das prominenteste Opfer der digitalen Revolution auf dem Musikmarkt. An der Wende zu den neunziger Jahren hatte sich der damals noch als Thorn EMI firmierende Konzern nach einer langen Durststrecke wieder auf Expansionskurs befunden. Mit dem Kauf des Songkatalogs SBK Entertainment sowie der beiden Labels Chrysalis Records und Virgin Records hatten sich die Briten anschließend für einige Jahre sogar den zweiten Platz hinter dem weltweiten Marktführer Universal gesichert. Da jedoch das Geschäftsmodell der Musiksparte zunehmend von dem der übrigen Konzernteile abwich, votierten die Eigner im Jahr 1996 für eine Aufspaltung des Großkonzerns in die beiden unabhängig voneinander operierenden Gesellschaften Thorn und EMI Group, wobei Letztere im Gegensatz zu den anderen Majors ohne Medienkonzern als Rückhalt auskommen musste.

Mit der Jahrtausendwende begann auch für EMI die Zeit stark schwankender Marktanteile und Gewinne, abhängig von den jeweiligen Verkaufserfolgen ihrer großen Stars. Ob einer der mit hohen Vorschüssen geköderten Superstars die Erwartungen letztlich erfüllte, ließ sich weiterhin nur schwer kalkulieren. Das Geschäftsmodell der Majors verlangte weiterhin, Superstars zu produzieren und sie an sich zu binden. Nur so glaubte man die hohen Kosten ausgleichen zu können, die die Masse ihrer Künstler verursachte, die nicht zu Millionensellern aufstiegen. Als jedoch im Oktober 2001 der Aktienkurs von EMI einbrach, sah das Unternehmen keinen anderen Ausweg, als zahlreiche Künstlerverträge vorzeitig zu kündigen, rigoros Stellen abzubauen, unprofitable Labels zu schließen sowie seine Beteiligungen an der Handelskette HMV und dem deutschen Musiksender VIVA zu verkaufen. Andererseits zahlten die Briten im Jahr 2002 Robbie Williams die Rekordsumme von 157 Millionen US-Dollar, für die der Popstar sechs Alben zu liefern sowie einen Teil der Einnahmen aus Fanartikeln, Bildern und Berichten an das Label abzutreten hatte.[80]

79 Tschmuck 2017, 77–80; Pade/Risi 2019, 238–239 u. 610; *Sony Music. Der die Puppen tanzen ließ*, in Manager Magazin vom 10. Jan. 2003; *Sony kauft sich mehr Musik*, in Frankfurter Allgemeine Zeitung vom 23. Mai 2018, 19.

80 Emes 2004, 59.

Aufgrund ihrer Abhängigkeit von den wenigen Superstars glaubte EMI wie alle anderen Major-Labels auch, Verträge über derartige Summen akzeptieren zu müssen, obwohl sie das unternehmerische Risiko drastisch erhöhten. Man wusste zwar, dass auch Superstars verschiedentlich Flops produzierten. Auch registrierte man, dass langandauernde Musikerkarrieren wegen des immer schnelleren Wechsels von Moden und Geschmäckern immer seltener wurden, glaubte aber, keine Alternative zu haben.[81] In den folgenden Jahren entpuppten sich denn auch eher die US-amerikanische Sängerin Norah Jones und die britische Rock-Band Coldplay als Gewinngaranten.

Ab der Jahrtausendwende war auch EMI genauso wie seine Konkurrenten unablässig auf der Suche nach einer schlüssigen Antwort auf Digitalisierung, Internet und Musiktauschbörsen. Der Vorstand zeigte sich der neuen Technologie und dem Downloaden gegenüber durchaus aufgeschlossen, diskutierte intensiv über die Umwandlung von EMI in ein „digitales Unternehmen" und schloss bereits Ende 2000 einen Lizenzvertrag ab mit dem ein Jahr zuvor gegründeten Online-Musikdienst Streamwaves über die Nutzung eines EMI-Katalogs. Als der Konzern 2001 beim weltweiten Umsatz auf den dritten Platz hinter Universal und Sony abrutschte, wurden Kosteneinsparungen zu einem permanenten Tagesordnungspunkt jeder Vorstandssitzung. Dazu gehörte auch, sich nach einem Fusionspartner umzusehen. Erste Gespräche mit der Warner Musik Group und Bertelsmann führten wegen rechtlicher Bedenken der Kartellbehörden zu keinem Ergebnis.[82]

Als 2003 nach dem Platzen der Dotcom-Blase Time Warner aufgrund seines riesigen Verlustes verschiedene Vermögensteile verkaufen musste, darunter die Warner Music Group (WMG), stieg EMI sofort in den Bieterwettbewerb ein. Das Angebot der Briten in Höhe von 1,5 Milliarden US-Dollar, davon 1 Milliarde in bar, fiel jedoch viel zu gering aus, um zum Zug zu kommen. Den Zuschlag erhielt – wie gesagt – die Investorengruppe um Haim Saban und Edgar Bronfman Jr.[83] Anschließend begann zwischen EMI und WMG ein regelrechter Balztanz, den EMI Anfang Mai 2006 mit einem Angebot an Warner Music über umgerechnet 3,6 Milliarden Euro eröffnete. WMG lehnte ab und antwortete selbst mit einem eigenen Übernahmeangebot in Höhe von 3,7 Milliarden Euro.

Dann legten die beiden Konkurrenten ihre Pläne über ein Zusammengehen für ein halbes Jahr auf Eis, nachdem der Europäische Gerichtshof in Luxemburg im Juli 2006 die zuvor von der EU-Kommission erteilte Fusionsgenehmigung für Sony und BMG gekippt und ein neues Genehmigungsverfahren eingefordert hatte.[84] Ende des Jahres trat die europäische Private-Equity-Gruppe Permira mit einem

81 Pendzich 2008, 359–361.
82 Southall 2012, 145–146.
83 Southall 2012, 157–162.
84 *Fusionspläne. EMI legt Kauf von Warner Music auf Eis*, in Der Tagesspiegel vom 27. Juli 2006; Goodman 2010, 223–226.

Überangebot an EMI heran, das der Vorstand jedoch wegen des zu geringen Kaufpreises umgehend ablehnte.[85] Im Februar 2007 erfolgte ein weiteres Angebot von Warner Music, das EMI ebenso zurückwies.[86]

Die Briten gerieten jedoch völlig in die Defensive, als der Vorstand für das Geschäftsjahr 2006/07 einen dramatischen Einbruch auf dem britischen Musikmarkt und einen Verlust von 260 Millionen Pfund vor Steuern verkündete. Es half nichts, dass er den berühmten Capitol Records Tower in Hollywood, der 1956 eröffnet worden war, verkaufte.[87] Dann ging alles sehr schnell. Im Sommer 2007 unterbreitete die von dem britischen Finanzinvestor und früheren Investmentbanker Guy Hands fünf Jahre zuvor gegründete Private-Equity-Firma Terra Firma Capital Partners den EMI-Aktionären ganz überraschend ein Kaufangebot in Höhe von stattlichen 2,4 Milliarden Pfund, zu dieser Zeit etwa 4,73 Milliarden US-Dollar beziehungsweise 3,49 Milliarden Euro – ein, wie sich später herausstellte, viel zu hoher Preis für eine nach Ansicht der Presse legendäre, „aber schon damals ziemlich heruntergewirtschaftete Plattenfirma". Da weder Warner Music noch ein anderes Unternehmen ein Gegenangebot vorlegten, willigten die Eigner von EMI im September 2007 in die Übernahme ein.

Mitsamt den übernommenen Schulden ließ sich Terra Firma das Engagement rund vier Milliarden Pfund kosten. Den Kauf finanzierte die US-amerikanische Citigroup mit einem drei Milliarden schweren Kredit. Zur Refinanzierung des Kaufpreises luden die Investoren EMI den Großteil ihrer Schulden auf. Die Presse rätselte darüber, wie Guy Hands es schaffen wollte, für die von ihm kontrollierte Beteiligungsgesellschaft angesichts des weiter rückläufigen Musikgeschäfts eine zufriedenstellende Rendite zu erzielen. Dieser kündigte sofort einen radikalen Sparkurs an, strich weltweit etwa ein Drittel aller Stellen und verabschiedete sich von dem südostasiatischen Markt. Da er nicht einsehen wollte, dass neun von zehn der 14.000 EMI-Musiker keine Gewinne abwarfen, kritisierte er die nach seiner Meinung überhöhten Tantiemen einzelner „fauler Künstler", wie er sich ausdrückte. Umgehend verließen zahlreiche Musiker wie die Rolling Stones und Paul McCartney empört das Label. Hands musste sich vorwerfen lassen, keinerlei Verständnis für diese Branche mit ihren sensiblen Kreativen und divenhaften Stars aufzubringen.

Anschließend sahen sich die neuen Besitzer im Sog der globalen Finanzkrise mit weiteren Problemen konfrontiert. EMI büßte Jahr für Jahr weitere Marktanteile ein und verbuchte im Geschäftsjahr 2008/09 trotz eines profitablen operativen Geschäfts aufgrund von Abschreibungen auf Musikrechte und des hohen Schuldendienstes einen Nettoverlust von knapp 1,6 Milliarden Pfund und im folgenden Jahr von einer weiteren halben Milliarde Pfund. Anfang 2010 war der Musikkonzern nach Einschätzung von Fachleuten nur noch die Hälfte wert und kämpfte bereits

85 *Kaufofferte. Permira an EMI interessiert*, in Manager Magazin vom 28. Nov. 2006; Southall 2012, 188.

86 Julia Werdigier, *Warner Music Makes Another Bid for EMI*, in The New York Times vom 21. Febr. 2007.

87 Golden 2016, 365 u. 441–450.

ums Überleben. Mit den zusätzlichen Finanzspritzen der Gesellschafter wuchs zudem sein Schuldenberg, der das Betriebsvermögen bereits um mehr als 400 Millionen Pfund überstieg. Eine Besserung war nicht in Sicht. Als EMI Anfang 2011 seinen Zinsverpflichtungen nicht mehr nachkommen konnte und die Citigroup als Gläubigerbank den Popkonzern pfändete, mussten die Beteiligungsgesellschaft und die Großbank eingestehen, dass EMI für sie zu einem Milliardengrab und Milliardendebakel geworden war. Guy Hands Terra Firma verlor ihren Eigenkapitalanteil in Höhe von 1,7 Milliarden Pfund und die Citigroup durch Kreditabschreibungen zunächst 2,2 Milliarden Pfund. Ferner büßte der zuvor noch als Finanzgenie geltende Guy Hands persönlich rund 200 Millionen Euro ein. Die Übernahme erwies sich als einer der größten Fehlschläge der so genannten Leveraged Buyouts, dieser überwiegend durch Fremdkapital finanzierten Unternehmensübernahmen. Letztlich konnte die New Yorker Großbank ihre Verluste durch Zerschlagung von EMI und den anschließenden Verkauf deutlich reduzieren. Im November 2011 gingen das Tonträgergeschäft von EMI für 1,9 Milliarden Dollar an den Weltmarktführer Universal Music des französischen Vivendi-Konzerns und der EMI-Musikverlag für 2,2 Milliarden Dollar an ein Konsortium, an dem der Mubadala-Staatsfonds Abu-Dhabis die Mehrheit übernahm, an dem aber auch der japanische Sony-Konzern beteiligt war, der in den folgenden Jahren die Rechte des gesamten EMI-Musikverlags bewirtschaftete. Der Erlös von insgesamt 4,1 Milliarden US-Dollar entsprach damals etwa 2,56 Milliarden Pfund.[88]

Unter der Krise der Plattenindustrie im frühen 21. Jahrhundert hatten in erster Linie Tausende von Arbeitnehmern zu leiden. EMI entließ allein zwischen dem Jahr 2000 und 2008 rund 5.000 seiner Mitarbeiter, Sony in den Jahren 2000 bis 2003 etwa 2.400 und Warner nach der Übernahme durch Bronfman rund 1.000. Schätzungen gehen davon aus, dass die Schallplattenindustrie im ersten Jahrzehnt des neuen Jahrhunderts ein Viertel ihrer Stellen abbaute, in gleicher Größenordnung auch die Zahl der unter Vertrag stehenden Künstler. Die Krise gab der Schallplattenindustrie ein neues Gesicht. Übrig geblieben sind nur noch drei Majors, von denen Ende 2018 die Universal Music Group mit einem weltweiten Marktanteil von 30,3 Prozent unangefochten den Marktführer stellte, gefolgt von Sony Music Entertainment mit 20,7 Prozent und der Warner Music Group mit 18,3 Prozent. Doch ist auch dies lediglich eine Momentaufnahme. Im Sommer 2019 deutete sich an, dass die Universal Music Group durch Verkauf von bis zu 20 Prozent ihres Kapitals an den chinesischen Internetkonzern Tencent schon bald die Möglichkeit bekommen könnte, auch auf dem bevölkerungsreichsten Markt der Welt zu expandieren.[89]

88 Marcus Theurer, *Plattenfirma. Citigroup übernimmt Musikkonzern EMI*, und *Musiklabel. EMI wird zerschlagen*, in Frankfurter Allgemeine Zeitung vom 1. Febr. 2011 u. 11. Nov. 2011; Southall 2012, 260–320; Goodman 2010, 243–247; Lee Marshall, *The recording industry in the twenty-first century*, in Marshall 2013, 53–74, hier 66–67; Knopper 2017, 214.

89 Lee Marshall, *The recording industry in the twenty-first century*, in Marshall 2013, 53–74, hier 68; *Marktanteile der größten Plattenfirmen weltweit in den Jahren 2011 bis 2018*, in de.statista.com; Christian Schubert, *China greift nach Bob Dylan und den Beatles*, in Frankfurter Allgemeine Zeitung vom 7. Aug. 2019, 22.

Unter dem rückläufigen CD-Absatz hatten neben den Labels auch die vielen kleinen Plattenläden und die Plattenabteilungen der großen Kaufhäuser zu leiden. Als man seit der Jahrtausendwende die Rock- und Popmusik nicht mehr anfassen konnte, diese immer flüchtiger und substanzloser wurden und die Karrieren von Bands immer kürzer, reduzierten alle Plattenläden zunächst sehr drastisch ihr Angebot an Titeln, die sie auf Lager hatten, bevor die meisten von ihnen für immer ihre Tore schlossen. Selbst die berühmte US-amerikanische Kette Tower Records, die den Aufstieg der Schallplattenindustrie begleitet hatte, musste 2004 und 2006 Konkurs anmelden. Ihr Gründer, Russ Solomon, bezahlte teuer für seinen zu schnellen Expansionskurs. Er verlor viel Geld in Argentinien und Mexiko, England, Taiwan und Hongkong, da er nicht an digitale Musik geglaubt hatte. 89 Stores schlossen und 3.000 Mitarbeiter verloren ihre Jobs.

In den Niederlanden kam 2013/14 das endgültige Ende für die in zahlreichen europäischen Ländern tätige niederländische Kette Free Record Shop, die in ihren Glanzzeiten 200 Plattenläden umfasste.[90] Erfolgreicher als Tower Records und Free Record Shop beim Vertrieb der westlichen Rock- und Popmusik waren und sind bis heute die 1976 gegründeten Virgin Megastores des britischen Unternehmers Richard Branson mit ihrem breiteren Sortiment, das auch Non-Music Produkte wie etwa Spiele umfasst, sowie die Kette MHV Retail, die bereits 1921 in der Oxford Street in London ein erstes Geschäft eröffnet hatte und sich über viele Jahrzehnte im Besitz von EMI befand.[91]

Wie die Plattenläden hatten auch Produzenten traditioneller Musikinstrumente zu leiden. Anfang Mai 2018 verkündete der Gitarrenhersteller Gibson, dem Rocklegenden wie Slash oder Santana zum Kultstatus verhalfen, seine Zahlungsunfähigkeit. Das im Jahr 1902 in Nashville, Tennessee gegründete Unternehmen hatte 1936 mit der ES-150 die erste Gitarre auf den Markt gebracht, die serienmäßig mit einem elektromagnetischen Tonabnehmer ausgestattet war. Nach dem Weltkrieg machte Chuck Berry mit seinem auf einer roten ES-355 gespielten Johnny B. Goode-Riff die Gibson-Gitarren unter den Rock-Liebhabern endgültig bekannt, und die berühmte Les Paul wurde zum Lieblingswerkzeug von Stars wie John Lennon und Johnny Cash. Seitdem jedoch ein Großteil der Jugendlichen auf Rap und elektronische Musik setzt statt auf den klassischen Rock-Dreiklang aus E-Gitarre, Schlagzeug und Bass und die großen Gitarren-Helden wie Motörhead aussterben, fiel die Nachfrage nach E-Gitarren steil bergab. Hinzu kommt, dass in der modernen Rock- und Popmusik die Suche nach einem bestimmten Sound im Zentrum steht. Woher diese Klänge jedoch kommen, ist letztlich egal. Gitarrenriffs werden nicht mehr gespielt, sondern gesampelt und in die Songs gemischt.[92]

90 Hans Breukhoven en Juan da Silva, *Free!: de opkomst en ondergang van een eigenwijs bedrijf*. Uithoorn: Karakter Uitgevers B.V., 2015.

91 Masahiro Yasuda, *Japan*, in Marshall 2013, 152–170, hier 160; Knopper 2017, 242–243; *HMV: How the top dog lost its bite*, in BBC News vom 15. Jan. 2013, www.bbc.com [9.01.2017]; siehe auch den auf DVD erhältlichen Film *All Things Must Pass: The Rise and Fall of Tower Records* von Colin Hanks aus dem Jahr 2015.

92 Thomas Fromm, *E-Gitarren-Kulthersteller Gibson bangt um seine Existenz*, in Süddeutsche Zeitung vom 20. Febr. 2018; Edward Helmore, *Never felt more like singing the blues: Gibson*

LIVE MUSIC – MUSIK WIRD ZUM EVENT

Spätestens seit den Beatles hatten die meisten Musiker Schallplattenaufnahmen genutzt, um über das hinauszugehen, was auf der Bühne möglich ist. Seit Beginn des Punkrock sehnten sich jedoch immer mehr Musikfans nach einer authentischen, lebensnahen Musik. Ihnen missfiel, dass ihre Heroen Musikstücke nur für Tonträger komponierten und einspielten. Damit waren sie lange Zeit einverstanden und fanden es aufregend oder in Ordnung. Im neuen Jahrtausend jedoch, in dem uns diese Musik überall umgibt, uns abstumpft bis langweilt, genügte ihnen dies nicht mehr. Immer mehr Musikfans verabschiedeten sich von der Konservenkultur der Schallplatte mit ihren auf absolute Perfektion getrimmten Songs.

Als Musikkonserven zu einem ganz alltäglichen Gebrauchsgut wurden, das jeder ohne große Kosten konsumieren und transportieren kann, an dem kein Mangel herrscht und das wir uns meist als flachen, dünnen MP3-Klang mit Hilfe von Computern oder Smartphones zu Gehör bringen, stieg der Wert der Livemusik, während sich gleichzeitig die Entwertung der konservierten Musik beschleunigte. Die Ingenieure am Fraunhofer-Institut in Erlangen hatten in den achtziger Jahren das MP3-Verfahren entwickelt, um Hörern, die gleichzeitig einer anderen Tätigkeit nachgehen oder sich in einer lauten Umgebung befinden, die also nicht genau hinhören oder den Lärm ihrer Umgebung unterdrücken wollen, mit einem angenehmen Sound zu bedienen. Sie boten MP3 als Fast Food an, nicht als Hochgenuss. Bereits mit dem Walkman hatten sich die Musikkonserven verstärkt in lebensbegleitende Töne verwandelt, in akustische Reize, die vornehmlich entspannen, ablenken und die Stimmung heben, die Alleinsein und langweilige Arbeit erträglicher machen sollten.

Livemusik dagegen wurde und wird, seitdem moderne Audiosysteme dies ermöglichen, als Delikatesse angepriesen und von den Musikliebhabern auch so empfunden. Entsprechend stiegen die Preise in immer neue Höhen, angetrieben von den Musikern selbst, die stetig höhere Gagen forderten, sowie von den Veranstaltern, den stetig gestiegenen Kosten für Sicherheit und Personal sowie begünstigt durch den Konzentrationsprozess auf dem Markt der Livemusik. Hinzu kam ein undurchsichtiger Zweitmarkt, auf dem Karten für ausverkaufte Konzerte zu immer horrenderen Preisen angeboten wurden. Die Erlebniskonsumenten nahmen diese Preissteigerungen mit erstaunlicher Zahlungsbereitschaft an, obwohl die Preise der Konzerttickets angesagter Bands sehr schnell die Höhen von Sterne-Restaurants erreichten. In Nordamerika kletterten sie allein zwischen 1996 und 2003 um 82 Prozent und legten anschließend Jahr für Jahr um durchschnittlich mehr als 12 Prozent weiter zu.[93] Livemusik und vor allem die Konzerte der Pop-Giganten zählen in der heutigen Welt des kulturellen Kapitalismus als etwas Einzigartiges und Besonderes, wenn man auch angesichts der vielen zehn- oder hunderttausend Zuhörern, die

guitar firm files for bankruptcy, in The Guardian vom 1. Mai 2018, www.theguardian.com [02.05.2018].

93 John Williamson/Martin Cloonan, *Contextualising the contemporary recording industry*, in Marshall 2013, 11–29, hier 17.

solchen Konzerten beiwohnen, kaum noch von Singularitäten sprechen kann. Doch eine ausgeklügelte Werbung, die diese Veranstaltungen mit allen Möglichkeiten des modernen Marketings aus dem grauen Meer des Profanen in einen sonnendurchfluteten Himmel liftet, lässt alle die, die nach einer zündenden Selbstinszenierung lechzen und es sich leisten können, die Ticketportale stürmen, um noch während des Konzerts ihren gesamten Freundeskreis mit Selfies von ihrer Einzigartigkeit zu überzeugen.

Live-Konzerte von bekannten Musikern wurden ebenso wie Techno-Partys mit bekannten DJs im neuen Jahrtausend zu ganz besonderen Ereignissen, mit denen sich die Besucher von den Konsumenten profaner Musikkonserven abzusetzen glauben. Der Boom der Live-Konzerte ist Teil des Booms der städtischen Großevents, die als Kultur-, Kunst- oder Sportevents zu wichtigen Standortfaktoren geworden sind, um zubetonierte und im Individualverkehr erstickende Städte für ihre Bewohner lebenswerter zu machen und Investoren und Touristen anzulocken. Bei einem unwiederholbaren Ereignis dabei gewesen zu sein, ist heute ein Mittel der sozialen Distinktion. Es festigt den sozialen Status und mehrt die Lebensqualität. Die weltweite Werbung für derartige Events und der Verkauf der Eintrittskarten via Internet machen es zusammen mit gesunkenen Transportkosten im neuen Jahrhundert erstmals sogar möglich, Musikfestivals, Großkonzerte und Clubevents selbst in anderen Ländern und Erdteilen zu besuchen beziehungsweise in seinen Urlaub und die Ferien zu integrieren.

Ungeachtet einer gigantischen Preisexplosion erhöhte sich in Japan, dem Land mit dem weltweit zweitgrößten Musikmarkt, die Zahl der Besucher von Musikfestivals von 2001 bis 2009 um mehr als das Dreifache.[94] Konzerte werden immer öfter besucht und zwar von Menschen jeden Alters. Techno und elektronische Tanzmusik machten die Bands keineswegs arbeitslos. Sie zwangen die Musiker vielmehr, sich noch mehr anzustrengen. Sie mussten mehr arbeiten, wollten sie von ihrer Musik leben. Sie mussten heraus aus den warmen Aufnahmestudios und hinauf auf die zugigen Bühnen, wo sich der Erfolg nur dann einstellte, wenn sie schweißtriefend der Aufforderung des Publikums nach Zugaben folgten. Während bis weit ins letzte Viertel des 20. Jahrhunderts Live-Auftritte von Popgrößen meist der Werbung für eine neue Platte dienten, veröffentlichen diese heute Alben, um ihre Konzerte zu fördern. Live-Auftritte entwickeln sich im 21. Jahrhundert für Musiker und Veranstalter zunehmend zur wichtigsten Einnahmequelle. Die meisten Musiker bestreiten heute wieder ihren Lebensunterhalt mit dem Verkauf von Dienstleistungen und immer weniger mit der Verwertung von Rechten an Musiktiteln. Sie verkaufen diesen Service an Veranstalter von Konzerten und Festivals, an Clubbesitzer und an Film-, Werbe- und Medienunternehmen, an Kreuzfahrtschiffe und Kasinos. Sie treten bei Großevents und familiären Festen auf.[95]

94 Jun'ichi Nagai, *A History of Japanese Rock Festivals and Live Music Venues*, in Mitsui 2014, 139–155, hier 140.

95 Simon Frith, *The Value of Live Music*, in Helms/Phleps 2013, 9–22, hier 13.

Nicht anders in Afrika, wo die einheimischen Labels und Musiker nach dem Boom der neunziger Jahre ebenfalls unter den digitalen Tauschbörden, dem Umstieg von CDs auf Downloads und Streaming und den damit verbundenen rückläufigen Einnahmen litten und weiterhin leiden. Die meisten afrikanischen Musiker geben seitdem immer öfter öffentliche Konzerte zumeist in Restaurants und Bars, die sie an den Einnahmen beteiligen und ihnen die Möglichkeit geben, ihre CDs und Kassetten zum Kauf anzubieten. Alle suchen sich Sponsoren, und haben sie einen gefunden, rühmen sie diesen in ihren Liedern, wie das in alten Zeiten die Griots, die berufsmäßigen Sänger Westafrikas, getan hatten.[96]

Seitdem CDs und Streaming den Musikern immer weniger Geld einbrachten, sahen sich die meisten überall auf der Welt gezwungen, mehr Konzerte zu spielen, einen Sponsor zu finden und auf Tournee zu gehen. Bald sammelten die angesagtesten Künstler Marketingpartner wie Trophäen, während die, die leer ausgingen, das Künstlerprekariat weiter vergrößerten und sich auf eine Neverending-Tour begaben, um zu überleben. Zugleich entwickelten sich die extrem aufwendigen Tourneen der generationsübergreifend bekanntesten Musiker im Verbund mit Medienunternehmen, der Tourismusbranche und Industriekonzernen zu einer renditestarken Goldgrube. Madonna, Shakira, Robbie Williams oder Coldplay füllten ganze Stadien, und eine alternde Gesellschaft, die mit dem Besuch eines Konzertes an die eigene Jugend erinnert werden möchte und den Kauf eines Tickets nicht von zehn oder zwanzig Euro mehr oder weniger abhängig macht, ist auch bei Nostalgiekonzerten wie denen der Rolling Stones oder U2 Garant für volle Stadien und Kassen.

Umgehend verkündeten etliche Bands, die bereits vor Jahrzehnten völlig zerstritten auseinandergegangen waren, ihre Wiedervereinigung. Sie gingen auf Tour, um von der Faltenbildung des Rock finanziell zu profitieren und die sentimentale Dankbarkeit ihrer ebenfalls älter gewordenen Fans nochmals auszukosten. Sie kletterten erneut auf die Bühne, weil die Tantiemen aus ihren vor Jahrzehnten aufgenommenen Alben nur noch spärlich flossen, während zugleich Konzertveranstalter mit fetten Schecks lockten. Auf diesen Tourneen begegneten sich Stars und Fans in ganz neuem Outfit. Seit Jahren ergraute und von Arthritis geplagte Punkbands, das Gesicht von den Narben eines sehr intensiven Lebens entstellt, spielen heute vor einem Publikum kahl und schwerhörig gewordener ehemaliger Punks, denen das ohrenbetäubende Lärmgewitter die Tränen in die Augen treibt.

Das wohl spektakulärste Reunion-Konzert veranstalteten im Dezember 2007 in der Londoner O2-Arena, ganze 27 Jahre nach ihrer Auflösung, die drei längst ergrauten Rock-Rentner von Led Zeppelin – Leadsänger Robert Plant, Gitarrist Jimmy Page, Bassist John Paul Jones sowie als Ersatz für den verstorbenen Drummer John Bonham, der bereits 1980 sein Leben im Wodka ertränkt hatte, dessen Sohn Jason. Angeblich bewarben sich 20 Millionen Fans weltweit um die 20.000 Eintrittskarten, die schließlich per Los unters Volk gebracht wurden. Viele der umgerechnet 175 Euro teuren Tickets waren kurz darauf bei eBay für einige Tausend Euro zu erwerben. Fans aus über 50 Länder traten die Reise in die Docklands an,

96 Tiburce M. Bhatnagar, *Opportunities for musicians in Congo-Brazzaville*, in www.musicinafrica.net/magazine vom 18. Aug. 2016.

um nochmals ein goldenes Zeitalter der Rockmusik zu feiern, wenn die alten Herren Klassiker wie *Good Times, Bad Times* und *Stairway To Heaven* heraushauten, dass den Zuhörern fast die Ohren wegflogen.[97] Um alle Peinlichkeiten eines Reunion-Konzertes zu vermeiden, kündigten ABBA im Frühjahr 2018 an, sich nach 35 Jahren zwar wieder mit neuen und alten Songs auf Bühnen zu präsentieren, aber nicht mit ihren inzwischen gealterten Körpern, sondern als täuschend echt aussehende Hologramme, die die elastischen Körper der scheinbar wiedergeborenen Mittdreißiger nur widerspiegeln, während die inzwischen rund 70-jährigen Schweden mit welker Haut zu Hause im Relaxsessel schlummern.

Im neuen Jahrtausend stiegen die Einnahmen aus den Tourneen gegenüber den neunziger Jahren nochmals markant an. Madonna spielte 2006 mit ihrer *Confessions*-Tour einen Gewinn von 260 Millionen US-Dollar ein, die irische Rockgruppe U2 im selben Jahr mit der *Vertigo*-Tour 389 Millionen US-Dollar und die Rolling Stones ein Jahr später mit der *Bigger Bang*-Tour mehr als 500 Millionen US-Dollar.

Einen anderen Weg, der aber zu einem ähnlichen Resultat führte, beschritt Prince, der seine im Juli 2007 erschienene neue CD *Planet Earth* ohne Rücksprache mit seiner Plattenfirma Sony-BMG kostenlos der britischen Sonntagszeitung The Mail On Sunday beilegen ließ, die zusätzlich zu ihrer üblichen Auflage von 2,3 Millionen noch weitere 600.000 Exemplare druckte. Die Sonntagszeitung kostete umgerechnet 3 US-Dollar, während Prince von dem Zeitungsverlag 500.000 US-Dollar erhielt sowie Tantiemen von jeder verkauften CD. Der Trubel um diesen Coup war dermaßen groß, dass Prince im August und September 2007 in der Londoner O2 Arena 21 Konzerte geben konnte, die alle ausverkauft waren, von insgesamt 352.000 Zuschauern besucht wurden und Einnahmen in Höhe von 22 Millionen US-Dollar erbrachten.[98] Andere waren mit weniger zufrieden, nutzten aber alle den neuen Boom um das Live Entertainment. Wenn sich in Las Vegas Elton John ans Klavier setzte, kosteten die teuersten Plätze vor der Bühne des Hotels Caesars Palace mehr als 700 Dollar.[99]

2008 berichteten Statistiker, die britischen Konsumenten hätten erstmals seit dem Zweiten Weltkrieg mehr Geld für Livemusik als für Musikkonserven ausgegeben.[100] In den folgenden zwei Jahren löste der Konzertmarkt den Tonträgervertrieb als umsatzstärkstes Segment im weltweiten Musikgeschäft ab. In Deutschland erreichte die Livemusik 2013 einen Marktanteil von 53 Prozent am gesamten Musikmarkt.[101] Findige Konzertveranstalter lockten angesichts dieser Entwicklung und dieser Zahlen alsbald die Goldesel der Branche – und nur sie – mit Rundum-Sorglos-Paketen. Sie überredeten sie, aus allen oder den meisten ihrer bisherigen

97 Christoph Dallach, *Led Zeppelin-Reunion. Die Legende bebt*, in SPIEGEL ONLINE vom 11. Dez. 2007.

98 Ronin Ro, *Prince: Inside the Music and the Masks*. New York: St. Martin's Press, 2011, 351–352; Jason Draper, *Prince: Life and Times*. Buchanan, NY: Quayside Publishing, 2016, 183; Mick Wall, *Prince. Purple Reign*. London: Orion, 2016, 178.

99 Marcus Theurer, *Geldregen auf der Bühne*, in Frankfurter Allgemeine Zeitung vom 19. Sept. 2007.

100 John Williamson/Martin Cloonan, *Contextualising the contemporary recording industry*, in Marshall 2013, 11–29, hier 13.

101 PricewaterhouseCoupers, *German Entertainment & Media Outlook 2018–2022*, 2018, 130.

Verträge auszusteigen und alle ihre Aktivitäten zentral von ihnen managen zu lassen. Dabei setzten die Agenturen nur auf die kommerziell umtriebigsten Künstler, besonders auf die, die mehr als nur Platten aufnehmen. Ähnlich wie bei den Tonträgern sind es auch bei diesen Live-Konzerten weltweit etwa zwanzig Bands, die die Mehrheit der Umsätze generieren.

In den USA setzte sich die kalifornische Live-Events Company Live Nation eindeutig an die Spitze. Das Unternehmen war 1993 unter dem Namen SFX Entertainment von dem amerikanischen Unternehmer Robert F. X. Sillerman gegründet worden, der in den folgenden Jahren knapp 30 Konzertveranstalter in Nordamerika und Europa aufgekauft hatte, um im Jahr 2000 das Unternehmen an die größte US-amerikanische Radiokette Clear Channel zu verkaufen, die damit Synergieeffekte zwischen Radio, Konzertveranstaltungen und der Vermietung ihrer mehr als einer halben Million Werbeflächen nutzen wollte. Der Zusammenbruch der Neuen Marktes und die nachfolgende Rezession der Weltwirtschaft, die durch 9/11 verlängert wurde, verhinderten, dass Clear Channel seine mit dem Kauf von SFX angehäufte Schuldenlast abbauen konnte. Auch gelang es der Gruppe nicht, die erhofften Synergien zu realisieren. Radio-DJs wurden entlassen und durch automatisierte Playlists ersetzt. Als zudem verschiedene Künstler dem Konzern vorwarfen, sie zu Touren in konzerneigenen Veranstaltungsstätten zu zwingen und ein Kongress-Hearing 2003 die Marktkonzentration auf dem Gebiet des Rundfunks unter die Lupe nahm, entschloss sich der Medienkonzern im Jahr 2005, seine Live-Entertainment-Sparte als eigenständiges Unternehmen unter dem Namen Live Nation auszugliedern. Zu diesem Zeitpunkt wurde der Konzertveranstalter nur noch mit etwa 1,5 bis 2 Milliarden US-Dollar bewertet und hatte gegenüber dem Jahr 2000 mehr als die Hälfte seines Wertes eingebüßt.[102]

Sofort knüpfte Live Nation an seinen früheren Expansionskurs an. 2006 übernahmen die Kalifornier für 350 Millionen US-Dollar mit HOB Entertainment ihren größten Konkurrenten, der unter dem Namen House of Blues firmierte und acht Konzerthallen für Livemusik und zehn Clubs besaß, darunter das berühmte House of Blues am Sunset Strip in West Hollywood mit seinem Konzertsaal für tausend Zuhörer, einem Restaurant mit Bühne für 250 Gäste und einem kleinen, exklusiven Club mit einhundert Plätzen.[103] Zusätzlich kaufte sich Live Nation mit 50 Prozent in das von Michael Cohl gegründete Unternehmen Grand Entertainment ein. Da der Vertrag mit Ticketmaster auslief, schlossen sie im Sommer 2007 einen neuen Kooperationsvertrag mit dem deutschen Ticketunternehmen CTS Eventim ab, zu dieser Zeit das zweitgrößte Ticketportal weltweit mit der technologisch ausgereiftesten und innovativsten Internet-Plattform für Eintrittskarten. Für beide Firmen war die Zusammenarbeit von Vorteil, zumal keine größeren Investitionen notwendig waren. Das Bremer Unternehmen versprach sich von der Kooperation, die ihm den exklusiven Ticketverkauf für Live Nation-Veranstaltungen in Europa einbrachte,

102 Budnick/Baron 2012, 221–225.

103 Charles Duhigg, *House of Blues Sold to Live Nation*, in Los Angeles Times vom 6. Juli 2006.

Millionen zusätzlich verkaufter Eintrittskarten. Live Nation dagegen erreichte einen Einstieg ins profitable Ticketing-Geschäft, indem ihm Eventim seine Plattform für das Nordamerika-Geschäft zur Verfügung stellte.

Mit der 50-Prozent-Beteiligung von Live Nation an Grand Entertainment übernahm dessen Gründer, der Kanadier Michael Cohl, gleichzeitig eine verantwortliche Position bei dem kalifornischen Unternehmen, um dort sofort das Geschäftsmodell einzuführen, das er schon seit Ende der achtziger Jahre mit seiner Firma CPI mit großem Erfolg praktiziert hatte. Zunächst arbeitete er mit Madonna, U2 und Jay-Z so genannte 360-Grad-Verträge aus, mit denen alle drei einen Großteil ihrer Rechte an Tourneen und deren Vermarktung an Live Nation übertrugen, um dafür im Gegenzug mit Millionen entlohnt zu werden. Pop-Diva Madonna machte 2007 den Anfang, kehrte ihrer langjährigen Plattenfirma Warner Music den Rücken und unterschrieb einen Zehnjahresvertrag über 120 Millionen US-Dollar, der Konzerttourneen, drei neue Studioalben und den Verkauf von Fan-Artikeln umfasste. Im März 2008 folgten U2, die sich für 100 Millionen US-Dollar zwölf Jahre lang an Live Nation banden, ein Monat später der Rapper Jay-Z, der für rund 150 Millionen US-Dollar einen Zehnjahresvertrag aushandelte. Die Partnerschaft umfasste Tourneen, Ticketing, Merchandising, Sponsorships, Werbeverträge, Verlagsrechte, VIP-Geschäfte, TV-Rechte sowie Einnahmen aus Fanclub- und Website-Projekten. Gleichzeitig gründete Jay-Z zusammen mit Live Nation das Plattenlabel Roc Nation, deren Gewinne sich beide teilten. Im Jahr 2008 wechselten auch Shakira und Nickelback für jeweils etwa 70 Millionen US-Dollar zu Live Nation. Als aber Michael Cohl begann, auch relativ unbekannte Gruppen dauerhaft unter Vertrag zu nehmen, weigerte sich Live Nations CEO Michael Rapino, diese Verträge zu unterschreiben. Rapino wollte höchstens sechs Superstars langfristig an sich binden, keinesfalls aber zu einem Plattenlabel werden. Er wollte keinerlei Risiko eingehen und nur mit hundertprozentigen Erfolgsgaranten arbeiten. Auch lehnte er es strikt ab, weniger bekannte Künstler mit Hilfe der Gewinne der großen Stars zu subventionieren, so wie dies die Major-Labels immer getan hatten. Den Aufbau junger Künstler und die Kreation von Stars überließ Live Nation weiterhin den Majors und übrigen Labels. Michael Cohl erhielt eine satte Abschlagszahlung und verließ im Sommer 2008 den Konzertveranstalter.[104]

Wie viele andere Unternehmen auch traf Live Nation die weltweite Finanzkrise von 2007/08 mit aller Wucht. Sein Aktienkurs büßte allein im Jahr 2008 rund 70 Prozent seines Wertes ein, und als im Januar 2009 in den USA das neue, von Eventim übernommene Ticketingsystem zusammenbrach, waren weitere Kursverluste auch wegen des damit verbundenen Imageschadens abzusehen. Nachdem Live Nation die Tickets für die Sommertour der wiedervereinigten Band Phish ins Netz gestellt hatte, wollten angesichts des abzusehenden Erfolgs dieser Tournee unge-

104 Budnick/Baron 2012, 311–313; Matthias Schönebäumer, *Musikindustrie. Seid umschlungen, Milliarden*, in ZEIT ONLINE vom 3. April 2008; Ben Sisario, *Shakira Signs With Live Nation*, in The New York Times vom 3. Juli 2008; *Michael Cohl resigns from Live Nation*, in https://www.hollywoodreporter.com/news/114309 [31.01.2018].

wöhnlich viele professionelle Wiederverkäufer von Eintrittskarten an diesem Erfolg partizipieren. Sie setzten spezielle Computerprogramme ein, von denen jedes innerhalb weniger Sekunden mehrere Tausend Kartenbestellungen im Internet aufgab. Die Ticket-Plattform war diesem Massenansturm nicht gewachsen und stürzte ab.[105] Nach Auffassung von Live Nation aber konnte sich das Unternehmen als weltweit größter Konzertveranstalter eine solche Panne nicht erlauben.

Schon einen Monat später gab der Vorstand die Fusion mit dem weltweit größten Vertrieb von Eintrittskarten, dem US-amerikanischen Ticketmaster, bekannt, mit dem man zuvor bereits sieben Jahre lang erfolgreich zusammengearbeitet hatte. Inzwischen war Ticketmaster weiter kräftig gewachsen. Nach dem Platzen der Dotcom-Blase hatte der Marktführer zahlreiche internetbasierte Ticketing-Unternehmen aufgekauft, die seit den späten neunziger Jahren als Start-ups auf den Markt gedrängt waren. Auch hatte es den Kampf mit den vielen Wiederverkaufsplattformen aufgenommen, die sich darauf spezialisiert hatten, binnen weniger Minuten massenweise Eintrittskarten von attraktiven Konzertveranstaltungen aufzukaufen, um sie anschließend zu Schwarzmarktpreisen zu veräußern. Auch war Ticketmaster auf dem Feld des VIP-Ticketing aktiv geworden, stellte VIP-Karten-Pakete zusammen, um sie als Luxusevent mit einem beträchtlichen Gewinnaufschlag anzubieten.[106]

Der Merger von Live Nation und Ticketmaster produzierte sofort viele besorgte Schlagzeilen, da der weltweit größte Konzertveranstalter nicht nur mit dem weltweit größten Ticketingunternehmen fusionierte, sondern dadurch auch noch in den Besitz von Irving Azoffs Front Line kam, einer der weltweit größten Künstleragenturen. Künstler und Journalisten waren entsetzt. Die Berliner Zeitung meinte: „Wenn nun zwei Schwergewichte im weltweiten Entertainmentgeschäft, zwei Fastschon-Monopolisten, fusionieren, kann das nichts Gutes bedeuten: Je größer die Konzerne werden, desto weniger zählt Kultur, umso mehr der Profit. Und natürlich werden Ticketpreise nicht sinken, wenn Monopolisten weltweit Künstler, Spielstätten und Ticketverkaufsstellen in ihrer einen Hand haben."[107] Die Zeitung formulierte die Ängste der Musikfans. Der Vorstand von Live Nation dagegen sah in der Fusion eine absolut notwendige Maßnahme zur Reduzierung seines Risikos, da reine Konzertveranstalter bis heute Gefahr laufen, dass die nur ungenügend kalkulierbaren Aufwendungen für Konzerte und Tourneen ihnen Verluste bescheren. Weitgehend risikolos ist dagegen der Verkauf von Tickets, da der Ticketverkäufer weder in Vorkasse treten noch die Tickets auf eigene Rechnung erwerben und verkaufen muss. So entfielen denn auch im Jahr 2018 zwar mehr als vier Fünftel der gesamten Umsätze von Live Nation auf das Veranstaltungsgeschäft, doch drei Viertel des operativen Gewinns stammten aus dem Ticketverkauf und der Rest aus dem Sponsoring. Mit seinen Konzertveranstaltungen schrieb das Unternehmen dagegen rote Zahlen.[108]

105 Budnick/Baron 2012, 313.
106 Budnick/Baron 2012, 287–296.
107 Berthold Seliger, *Die neue Macht der Ticketverkäufer*, in Berliner Zeitung vom 16. Febr. 2009.
108 Live Nation Entertainment, *2018 Annual Report*, 33–36.

Im Jahr 2009 setzten Musikfans und Konkurrenten von Live Nation ihre Hoffnung auf die US-Kartellbehörde. Nur sie konnte den Zusammenschluss der beiden Marktführer noch verhindern. Doch obwohl der Vorstand von Live Nation in den Hearings eingestehen musste, dass ihr Unternehmen 75 Veranstaltungsorte direkt oder indirekt kontrollierte und es anderen Veranstaltern fast unmöglich machte, in diesem Marktsegment tätig zu werden, und obwohl Ticketmaster CEO Irving Azoff ausführte, sein Unternehmen wickle für rund 85 Prozent der Veranstaltungsstätten exklusiv den Kartenverkauf ab, genehmigten die Behörden im Januar 2010 die Fusion unter einigen wenigen Auflagen. Während die Fans von Musik-Events sich veralbert fühlten und Wirtschaftsliberale die Marktwirtschaft in Gefahr sahen, jubelte die Börse. In den Tagen der Fusion Mitte Februar 2009 notierte eine Aktie des neuen Unternehmens, das sich den Namen Live Nation Entertainment gab, mit umgerechnet 2,50 Euro. Sofort nach der Genehmigung der Fusion durch die Kartellbehörde Mitte Januar des folgenden Jahres sprang der Kurs auf 8,50 Euro, um im Sommer 2019 die 60-Euro-Marke zu überspringen. Inzwischen hatten sich weitere Künstler nach dem Vorbild von Madonna und Jay-Z für millionenschwere Komplettpakete von Live Nation Entertainment entschieden. Sie profitieren davon, dass dieses marktbeherrschende Unternehmen, das auch die meisten Veranstaltungsorte für die Tourneen selbst besitzt oder langfristig gemietet hat und die höchsten Werbeeinnahmen erzielt, ihnen höher dotierte Verträge garantieren kann, als die viel kleineren Konkurrenten. Ohne von anderen groß daran gehindert zu werden, kann Live Nation an der Preisschraube drehen und nach den Worten der beiden Musikjournalisten Dean Budnick und Josh Baron, das Publikum „skalpieren“.[109]

2018 hatte Live Nation Entertainment rund 400 Künstler unter Vertrag. Es veranstaltete in diesem Jahr rund 35.000 Shows in 44 Ländern, die von 93 Millionen Fans besucht wurden und bei denen 4.500 Künstler auftraten. 237 Veranstaltungsorte waren in seinem Besitz oder von ihm gepachtet, wurden von ihm betrieben oder es hatte das alleinige Recht, diesen zu buchen. Von 2011 bis 2018 konnte der Gigant seine Umsätze von 5,38 auf 10,8 Milliarden US-Dollar verdoppeln, und dabei im letztgenannten Jahr rund 480 Millionen Tickets verkaufen. Dagegen erreichte die Universal Music Group als größtes Major-Label gleichzeitig mit seinen Tonträgern nur einen Umsatz von 6,02 Milliarden Euro, zu dieser Zeit etwa 6,8 Milliarden US-Dollar.[110] Dem auf höchste Renditen programmierten Unternehmen gelang es in seiner Doppelfunktion als Konzertveranstalter und Ticketverkäufer, die bereits zuvor enge Liaison von Kunst und Kommerz, von Pop und Profit, noch enger zu schnüren und zunehmend höhere Einnahmen zu erzielen, wobei es sich als Konzertveranstalter immer hart an der Grenze zu den roten Zahlen bewegte und

109 Budnick/Baron 2012.

110 Matthias Schönebäumer, *Seid umschlungen, Milliarden*, in ZEIT ONLINE vom 3. April 2008; Kolja Reichert, *So geht Gewinnmaximierung*, in ZEIT ONLINE vom 18. Januar 2010; *Millionendeal: Madonna verlässt Warner für Konzertveranstalter*, in SPIEGEL ONLINE vom 16. Okt. 2007; Goodman 2010, 236–237 u. 260–264; Knopper 2017, 244; Shuker 2016, 21; Live Nation Entertainment, *2018 Annual Report*; *Vivendi Annual Report 2018*, 205; Ben Sisario/Graham Bowley, *Live Nation Rules Music Ticketing, Some Say With Threats*, in The New York Times vom 1. April 2018.

diese Grenze bisweilen auch überschritt. Ohne die Erschließung zusätzlicher Geldquellen wie Fanartikel, Speisen und Getränke bis hin zu Toilettengebühren wäre dieser Grenzübertritt wohl öfter erfolgt.

In Deutschland folgte CTS Eventim dem Erfolgsrezept von Live Nation. Das Unternehmen baute seine Marktmacht kontinuierlich aus, indem es die Creme der deutschen Konzertveranstalter sowie seine größten heimischen und einige europäische Konkurrenten auf dem Markt für elektronische Ticketsysteme übernahm. Es erhielt den Zuschlag für die Vermarktung der Tickets für Sport-Großveranstaltungen wie die Fußballweltmeisterschaft 2006 in Deutschland und die Olympischen Sommerspiele 2016 in Rio. Auch veranstaltet CTS Eventim bis heute zahlreiche Musikfestivals wie Rock am Ring, Rock im Park, Hurricane, Southside in Deutschland und Lucca Summer in Italien. Das Unternehmen betreibt Spielstätten wie die Berliner Waldbühne, die Kölner Lanxess Arena sowie unter dem Namen Eventim Apollo das berühmte Hammersmith Apollo in London. Ebenso wie für Live Nation war und ist auch für Eventim das Ticketing der eigentliche Garant für wirtschaftlichen Erfolg. Während 2018 das Segment Live-Entertainment für über 65 Prozent der Umsätze des Unternehmens verantwortlich zeichnete, sorgte das Segment Ticketing für 85 Prozent des operativen Gewinns.[111]

Große Konzertveranstalter wie Live Nation setzen auf die ganz großen Künstler, deren Tourneen sie mit teuren und aufwendigen Shows umrahmen. Jedes Musikevent muss ein großes Spektakel aus Lichteffekten, Kostümen und Bühnenshows bieten – immer größer, immer lauter, immer denkwürdiger. Allein zur Vorbereitung derartiger Events reisen etwa 400 Personen an, die meisten von ihnen Techniker und Bühnenarbeiter.[112] Ein derartiger Aufwand lohnt sich nur in den größten Städten, was zur Folge hat, dass die berühmtesten Musiker nur noch dort auftreten – in New York, London, Paris, Berlin und Mailand. Wer dagegen in Boston, Manchester, Kassel oder Florenz wohnt, muss heute reisen, möchte er seine Stars erleben.

Der rasche Aufstieg von Live Nation und CTS Eventim verdeutlicht, wie sehr sich der Musikmarkt und das Hörverhalten im neuen Jahrhundert verändert haben und weiter verändern. Offensichtlich ist es mehr und mehr passé, sich mit Hilfe von Tonträgern Musik ins Haus zu holen, um diese im stillen Kämmerlein immer wieder und immer wieder anzuhören. Die riesigen Musikdateien auf dem eigenen Smartphone oder bei den Streamingdiensten erlauben dagegen neben einer sehr viel größeren Auswahl die Nutzung der Musik an den unterschiedlichsten Orten.

Gleichzeitig geht der Trend vom Artefakt zum Erlebnis, von der Konserve zur lebenden Bühne, die zusätzlich Emotionen bietet und die Zuhörer mitreißt. Zu den unzähligen Konzerten einzelner Künstler und Bands kommt heute in den Sommermonaten eine kaum noch zu überblickende Zahl an Open Air-Festivals hinzu, angefangen vom seit 1971 jährlich stattfindenden Roskilde-Festival in Dänemark bis hin zum Sziget Festival auf einer Donauinsel der ungarischen Hauptstadt Budapest,

111 Bernd Mertens, *Warum Ticketriese Eventim so umstritten ist*, in WirtschaftsWoche vom 17. Mai 2014; Eventim, *Geschäftsbericht 2018*, 26–28.

112 Renner/Wächter 2013, 106.

das 2019 über eine halbe Million Menschen aus ganz Europa anlockte. Live-Konzerte sind die letzte Bastion, um eine authentische musikalische Erfahrung zu vermitteln beziehungsweise zu erleben.[113]

Dies gilt nicht nur für die Popmusik. Weltweit findet heute Jahr für Jahr eine nicht mehr überschaubare Vielzahl an Musikveranstaltungen unterschiedlichster Genres statt – vom Opernball in Wien und den Salzburger Festspielen über das Montreal International Jazz Festival und das Montreux Jazz Festival bis hin zu Rock am Ring und dem jährlichen Bluesfest im australischen Byron Bay. Hinzu kommen zahlreiche Feste als Kombination aus Karneval, Tanz und Musik wie etwa der Notting Hill Carnival in London, nicht zu vergessen die Riesenevents der elektronischen Tanzmusik, von denen noch die Rede ist.

Teilweise ersticken sie im Kommerz, so das seit 1999 jährlich in der südkalifornischen Wüste stattfindende Coachella Valley Music and Arts Festival, dessen besonderer Ruf inzwischen nicht mehr auf den Musikdarbietungen beruht, sondern auf seinen horrenden Eintrittspreisen und den massenhaft angereisten Influencern, die als Modepüppchen im Verbund mit den anwesenden Auto-, Mode- und Kosmetikmarken sowie Instagram für sich und die Industrie Werbung betreiben. Der Tourismus, vor allem der neue Event-Tourismus, macht es möglich, dass derartige Veranstaltungen zu internationalen Begegnungsstätten von Musikliebhabern werden und allen denen, die daran verdienen wollen.[114]

Seit den 1980er Jahren hat die Zahl der Musikfestivals stark zugenommen, sowohl Festivals der klassischen und elektronischen Musik, der Rock- und Popmusik. Viele dieser Musik-Großveranstaltungen sind trotz kontinuierlich steigender Preise schon nach wenigen Tagen oder gar Stunden ausverkauft. Sie profitieren von der Berichterstattung in Radio, Fernsehen und den Printmedien, die wiederum finanzstarke Sponsoren anlockt. Musik-Festivals haben sich mit ihren vielen zusätzlichen Angeboten inzwischen als eine Attraktion von hohem Freizeitwert etabliert. Sie verstärken den allgemeinen Trend zum mehrfachen Kurzurlaub und sind selbst ein Teil davon.

Als Outdoor-Veranstaltungen können sie um die Bühne ein sehr viel größeres Publikum scharen als jedes Indoor-Konzert. Den Veranstaltern bieten sie dadurch die Möglichkeit, in zusätzliche Attraktionen und Spektakel zu investieren, noch mehr Besucher anzulocken und ihre Gewinne zu steigern. Entscheidende Voraussetzung für die massenhaften Pilgerfahrten zu den Festivals waren die stark gefallenen Transportkosten. Sie haben den Einzugsbereich der Besucher erheblich ausgeweitet und garantieren Teilnehmerzahlen, um derartige Großveranstaltungen nicht zu einem Verlustgeschäft werden zu lassen.[115]

113 John Williamson/Martin Cloonan, *Contextualising the contemporary recording industry*, in Marshall 2013, 11–29, hier 18.

114 Carsten Wergin, *Tourismus*, in Leggewie/Meyer 2017, 195–203.

115 Simon Frith, *The Value of Live Music*, in Helms/Phleps 2013, 9–22, hier 14.

PLASTIC PEOPLE – IM TECHNO-RAUSCH

Während die Plattenindustrie gegen fallende Umsätze ankämpfte, zog neben den Live-Konzerten der Rock-, Pop- und Hip-Hop-Stars seit der Jahrtausendwende zunächst Techno zahlreiche Investoren und Konsumenten an. Zu Beginn war Techno noch mit allen Kennzeichen einer Subkultur behaftet gewesen, dessen Fans sich etwa in Berlin in versifften Kellern und stillgelegten Fabrikruinen getroffen hatten. Auch die Loveparade verstand sich anfänglich noch als privates Tanzvergnügen, als Tanz in den Straßen Berlins. Zur Jahrtausendwende aber hatten einige der Mitveranstalter „nur noch Dollarzeichen in den Augen", wie ein Techno-DJ und Organisator der Loveparade anmerkte. Und weiter: „Die wollten nur noch Kohle scheffeln. Die wollten rausholen, was geht."[116]

2006 war in Berlin endgültig Schluss, als der letzte Umzug bereits zu einem Marketinginstrument einer Fitnessstudio-Kette verkommen war. Gleichzeitig stieg Berlin mit seinen vielen unkonventionellen Clubs, Musikern und Produzenten zur weltweiten Techno-Hauptstadt auf, wo die wildesten Partys gefeiert wurden. Technofans in anderen Ländern folgten bald dem Berliner Vorbild. In Paris nahmen jährlich Zehntausende an der dortigen Techno Parade teil, in Zürich an der Streetparade, in Bologna an der Street Rave Parade, in Tel Aviv und Kapstadt an der Loveparade, in Buenos Aires an der Energy Parade und in San Francisco an der Fuckparade. Fortan erklang das abgehackte Klackern und Zirpen des Minimaltechno von den südamerikanischen Lagerhäusern bis hin zu den Chichi-Nachtclubs auf Ibiza.

Die damit einhergehende Kommerzialisierung war begleitet von der Eröffnung großer bis riesiger Clubs, in die die Investoren mit gewinnträchtigen Massenevents lockten. Bald hetzte der Teil der Spaßgesellschaft, der sein Bedürfnis nach Tanzen, Trinken und Drogen mit der Electronic Dance Music (EDM) verband, zu den neuen Clubdiskotheken, den Locations und Open Airs, wo der Track „groovte", der DJ „geil" auflegte, und die Party insgesamt „fett" war. Alles dies musste zuallererst Spaß machen, musste ein Erlebnis sein, von dem man erzählen und mit dem man in den sozialen Medien prahlen konnte. Der Konsum von EDM und das routinierte Feiern formte soziale Milieus als neue Erlebnisgemeinschaften. Wie der Soziologe Gerhard Schulze schrieb: „Wissen, was man will, bedeutet wissen, was einem gefällt. ‚Erlebe dein Leben!' ist der kategorische Imperativ unserer Zeit." Und weiter: „Der Erlebniswert von Angeboten überspielt den Gebrauchswert."[117]

Angesichts dieses Trends explodierten im neuen Jahrtausend die Angebote, hervorgerufen auch durch die gewaltige Vermehrung des Kapitals, das auf der Suche nach lukrativen Anlagemöglichkeiten um die Welt zirkuliert. Die Investoren setzten auf die Modedroge Electronic Dance Music, die halbe Völkerwanderungen auslöste und mit der Aussicht auf tage- und nächtelange Raves lockte. Die Sucht der Konsumenten, ihr Leben mit immer mehr und immer neuen Erlebnissen zu füllen, und die Sucht der Investoren nach hohen Renditen, verhalfen EDM schnell zum

116 Zit. nach Kühn 2017, 144.
117 Schulze 1993, 59.

Sprung aus dunklen Kellern und windigen Ruinen in das Scheinwerfergewitter der auf Hochglanz polierten Clubs. Sie führten die Millionen Teilnehmer der kostenlosen Loveparaden direkt zu den Eintrittskassen der teuren Clubs und Festivals, wo sie allein für den Clubeintritt 60 oder 70 Euro hinblättern, um einige EDM-Stars live zu erleben und zu unfassbar lauter Musik stundenlang auf und ab zu hüpfen und Hände und Handys hochzurecken.

In der heutigen Welt des Dauererlebens arbeiten professionelle Erlebnishelfer wie Entertainer, Animateure, Diskjockeys, Designer, Journalisten und andere unablässig daran, dass das Event zwar mit einem Kater, aber nicht in Enttäuschung endet, dass mit Hilfe von Variationen das Angebot nichts von seiner Attraktivität einbüßt, dass der Erlebnismarkt weiter expandiert, dass der Appetit auf ein noch tolleres Event nicht nachlässt, dass das Erlebte ein wirkliches Erlebnis suggeriert, dass die Renditen stimmen – noch größer, noch bunter, noch lauter, noch teurer, noch einträglicher.

Seit der Jahrtausendwende stieg die Mittelmeerinsel Ibiza zu einem der attraktivsten Konsum- und Identifikationsangebote der kommerziellen Freizeitindustrie und gleichzeitig zu einem der effizientesten Kraftwerke der elektronischen Tanzmusik auf. House und Techno hatten mit den Strandpartys britischer Urlauber erstmals Einzug auf der Insel gehalten. Die Kommerzialisierung ließ nicht lange auf sich warten. Seitdem pilgern den Sommer über täglich Zehntausende junger Leute aus ganz Europa und vielen anderen Ländern in die neuen angesagten Clubs der Insel wie das Privilege – den größten Club der Welt – oder das Amnesia. Sie ziehen sich in solchen Commerz-Tempeln vor der Realität zurück, schalten gemeinsam das Denken aus und lassen in einem Dauerrausch zu treibenden Bässen und vibrierenden Beats ihre Körperteile zucken. Wer es sich erlauben kann, verbringt einen ganzen Sommer oder wenigstens ein paar Wochen mit Tanzen, Trinken, Feiern und den Körper zeigen, lebt nachts und schläft am Tag. Viele fliegen freitags ein, um als Marathontänzer zwei oder drei wilde Nächte lang zu ihrem Alltag und ihrem Selbst auf Distanz zu gehen und am Montag ausgepowert, aber happy wieder in die Arbeitswelt einzusteigen. Synthetische Drogen und Energy-Drinks halten viele Raver wach. Während in den Acidhouse-Partys der neunziger Jahre noch LSD, andere Psychedelika und dann Ecstasy konsumiert wurden, stieg ein Großteil der Partygänger seit Ende des Jahrzehnts von Gefühls- auf Leistungsdrogen auf der Basis von Amphetaminen um, um über Tage hinweg durchtanzen und durchhalten zu können.

In die 25 Meter hohe Halle des Privilege in der Größe eines Flugzeughangars passen zehntausend Menschen, denen die DJs wie von einem Hochaltar herab mit der Geste von Hohepriestern den Rhythmus vorgeben, nach dem sich alle zusammen bewegen, wenn auch jeder als kollektiver Individualist für sich allein. Die DJs dirigieren den kollektiven Rausch, die Euphorie, den Exzess und den Exhibitionismus. Sie geben den aufgestylten Barbie Girls eine Bühne, die in winzigen Bikinis mehr Gynäkologie als Verführung zu bieten haben. Sie ermöglichen den selbstverliebten Bodybuildern ihre vor Spiegelwänden einstudierten Selbstdarstellungsrituale zu zelebrieren. Sie übernehmen die Rolle des Dirigenten in der Club-Kultur, die sich als schweißtreibende Körperkultur versteht. Sie beschleunigen den Beat, drehen die Lautstärkenregler hoch und lassen die Lichtblitze des Stroboskopgewitters auf die Raver niederzucken. Sie beschallen die Tänzer mit einer Brutalität, die bis hart an die Grenze zur Folter reicht und die Hörfähigkeit vieler Jugendlicher schrumpfen lässt. Sie arbeiten mit Bässen, die kaum noch gehört, dafür aber umso mehr gefühlt werden, die rüde auf die Bauchdecke und die Eingeweide einprügeln, die aber irgendwie wohltuend schmerzen und sogar sexy wirken. Sie legen eine Musik auf, die jeder kennt – eine Mainstream-Musik, eine Musik ohne jeden Charakter, ohne Herz, die aber die Massen hüpfen lässt.

Jeder weiß um das immer gleiche Schema der Songs und will es nicht anders. Zu Beginn singt eine einschmeichelnde Stimme ein eingängiges Thema, ehe ein mal sanfter, mal härterer Beat einsetzt. Dann folgt das, was die vielen schwitzenden Leiber ausrasten und nach den Worten von Johanna Dürrholz am besten mit den Geräuschen einer Berg- und Talbahn auf einer Kirmes beschreiben lässt: „ein Scooter-ähnlicher Anschlag, ein alarmartiges Aufwärtsgetöse, das immer schneller wird [...] und sich in einem Wummern entlädt, das die ersten 15 Reihen erzittern lässt, wie eine Welle, die sich ins Publikum ergießt, eine Beat-Erlösung, die alle in die Höhe reißt, auf und ab, auf und ab."[118]

Wenn schließlich die Party auf ihren Höhepunkt zusteuert, wenn wie bei einem Kindergeburtstag Konfetti und Luftschlangen von der Decke herunterrieseln und künstlicher Nebel von unten aufsteigt, wenn wie beim Holi-Fest in Indien die hopsende Masse mit Farben überschüttet und nassgespritzt wird, dann lassen Disney World und Las Vegas grüßen. Wenn schließlich die rote Sonne wieder über Ibiza aufgeht, ist die Party noch lange nicht zu Ende.[119] Raver hüpften sich zu einem Synonym für Hedonismus und Konsum, für politisches Desinteresse und fehlende Kreativität.

Im Vergleich zu den riesigen Techno-Tempeln auf Ibiza erscheinen die Techno-Clubs in Berlin klein und bescheiden, was jedoch ihre Anziehungskraft keineswegs schmälert. 2004 eröffnete dort als größter Club das für 1.500 Gäste ausgelegte Berghain in einem völlig umgebauten Heizkraftwerk und erlangte alsbald weltweite Bekanntheit. Es hatte einen Vorläufer in dem 1998 gegründeten Techno-Club Ostgut, der für seine schwulen Fetisch- und Sexpartys bekannt war. Im Berghain herrscht Fotografierverbot, um die Anonymität der Besucher zu wahren sowie die Freiheit, sich zu kleiden, wie jeder will, oder auch nicht. Es gibt keine Reklame für irgendwelche Markenartikel, und es gibt keine unablässig hochgereckten Smartphones. Der DJ thront auf keiner Kanzel, sondern sein Pult steht ebenerdig, unbeleuchtet und unscheinbar in einer Ecke. Nicht seine Person ist der Star, sondern die Musik, auf die sich die Besucher konzentrieren sollen. Heute kommen Millionen Besucher nach Berlin nicht wegen des Brandenburger Tors und der Museumsinsel, nicht wegen der Spree und des Regierungsviertels, sondern wegen der dortigen heftig pulsierenden Clubszene. Um diese herum gruppierten sich seit Beginn des neuen Jahrtausends verschiedene Labels, Agenturen und DJs, die von Berlin aus zu ihren Auftritten in die ganze Welt starten. Heute verfügt jede westliche

118 Johanna Dürrholz, *Last night a DJ stole my life*, in Frankfurter Allgemeine Magazin vom August 2018, 24–28, hier 26.

119 Andrea Ritter, *Der größte Club der Welt*, in stern.de vom 15. Okt. 2006 [18.02.2016].

Metropole mindestens über eine Clubdisco, die sich weitgehend an das Berliner Modell anlehnt.[120]

Die Elektro-Szene ist Teil der riesigen Bandbreite erlebnisorientierter Freizeitstile, angetrieben und hochgepuscht durch gestiegene Einkommen und den Boom der Freizeitindustrie, durch gesunkene Transportkosten und als Ganzes befördert durch das stetig gewachsene und professionell gemanagte Angebot an Freizeitaktivitäten. Die Kommunikationsrevolution versorgt den Einzelnen nicht nur mit Informationen über die momentan angesagten Szenen und Events, sondern gibt ihm über die sozialen Netzwerke auch die Möglichkeit, für einzelne Szenen und Events unter Freunden und Bekannten zu werben – I like it! Smiley. Dieser Teil der aktuellen jugendlichen Szenelandschaft hat nur noch wenig gemein mit den Jugendkulturen der 1950er bis 1970er Jahre. Sie ist vielmehr kurzlebig und auf die Freizeit beschränkt. Sie wird getragen von vielen Szenesurfern, denen vor allem an einem kurzweiligen Ereignis gelegen ist, das unter Freunden und Bekannten der Rede wert ist. Wie fast alle heutigen Jugendkulturen ist auch die EDM-Szene nicht mehr milieuspezifisch.[121] Zwar hatten Techno und House ihren Ursprung in den USA, doch Erfolge feierten beide Musikrichtungen und in der Folge EDM zunächst nur im deutschsprachigen Raum, in Großbritannien, den Beneluxländern, Frankreich und Japan. Auch in der Volksrepublik China startete die elektronische Tanzmusik seit der Jahrtausendwende erste zaghafte Gehversuche in Clubs, auf der Großen Chinesischen Mauer und gestützt auf ausländische DJs.[122]

Bald sprang der Funke auch nach Südeuropa über, wenig später nach Australien und Südamerika und seit etwa 2012 zurück in die USA. Auch in Indien, wo die Software-Industrie boomt und die Stadt Bangalore als das „Silicon Valley" Asiens gilt, gibt die elektronische Musik immer mehr den Ton an, nicht minder in Südafrika. Selbst auf der für ihre traditionellen Tänze berühmten indonesischen Insel Bali haben Fernsehen und Tourismus die einheimische Jugend inzwischen mit Disco, Techno, EDM und den entsprechenden Tanzformen bestens vertraut gemacht, wobei die einheimischen Teenager die im Westen üblichen Bewegungen mit solchen aus der traditionellen balinesischen Tanzästhetik kombinieren.[123]

Mit dem wirtschaftlichen Aufstieg einiger Schwellenländer wollte auch deren gutsituierte Mittelklasse nicht mehr länger hinter Amerikanern und Europäern zurückstehen und sich ebenso amüsieren. Auch sie gierte danach, den neuesten Trends zu folgen und zwar hier und heute. Die elektronische Tanzmusik und die Investoren, die die dazu benötigte Infrastruktur aufbauten, wurden weltweit zu Nutznießern der von den Smartphones und sozialen Medien ausgehenden Dynamik. Rund um den Globus eröffneten in Metropolen und Ferienorten immer neue Clubs nach dem Vorbild von Ibiza, wo in neondurchfluteten Phantasiewelten zu aggressivem Lärm und musikalischem Minimalismus jede Nacht die Post abgeht, so im Papaya auf der Ferieninsel Pag in Kroatien.

120 Balzer 2016, 250–251; Kühn 2017, 155–157.
121 Heinz-Hermann Krüger, *Vom Punk bis zum Emo*, in Richard/Krüger 2010, 13–41, hier 26.
122 O'Dell 2011, 157.
123 McIntosh 2010, 9–26.

Derartige Clubs sind heute fast überall auf dem Planeten zu finden, in Angola ebenso wie in Delhi, Kuala Lumpur, Shanghai und Seoul. Weltenbummler erklärten 2016 den Techno-Tempel Green Valley in der brasilianischen Küstenstadt Camboriú zur weltweiten Nummer eins. Im folgenden Jahr zählten das Ushuaïa auf Ibiza, Becca Antoon in Washington D.C. und Octagon in Seoul zu den großen Favoriten, für Besucher Londons seit vielen Jahren das 1999 eröffnete Fabric. Bald schon dürften andere diesen Platz einnehmen – vielleicht das Zouk in Singapur oder einer der zahlreichen Clubs in Dubai. Im Jahr 2017 rangierten die Clubs in der georgischen Hauptstadt Tbilissi (Tiflis) unter den Top-Favoriten, und die besten DJs taten alles, um dort auftreten zu dürfen. Moden und Geheimtipps im Clubbing sind wie vieles andere extrem fluid. Gleichwohl scheinen sich die Investitionen zu lohnen, zumal die Clubbetreiber vom boomenden Tanztourismus profitieren. Clubbing und Tourismus gehören heute zusammen; sie schaukeln sich gegenseitig hoch. EDM funktioniert noch sehr viel universeller als Blues und Jazz. EDM gelang offenbar der entscheidende Schritt zu einer wirklich universellen Musik.

Wie viele Fans der elektronischen Tanzmusik sind auch die DJs als Stars der Szene Touristen. Jeder Club der „in" sein und bleiben will, ist gezwungen, regelmäßig die weltweit bekanntesten DJs einzuladen, deren explodierende Gagen den globalen Boom der elektronischen Tanzmusik widerspiegeln. Obwohl Detroit-Techno dem Star-Rummel ein Ende bereiten wollte, werden heute einige DJs nicht weniger gefeiert als Mick Jagger und Kendrick Lamar. „Die Hände Gottes" lautete eine Schlagzeile im Spex-Magazin, und das Foto dazu zeigte die Hände von Jeff Mills beim Plattenauflegen. Wieder einmal bewahrheitete sich, dass jede Zeit sich eine eigene Version von Kunstschöpfungen kreiert, um sich demonstrativ abzusetzen vom Gestern.[124] Als die eigentlichen schöpferischen Kräfte gelten heute nicht mehr Sänger und Musiker, sondern die Produzenten am Mischpult. Sie sind die Kreativen, die Helden der jungen Generation, die Superstars des Mainstreams. Dennoch ist ihr Privatleben von weitaus weniger Interesse als das der bekanntesten Teenie-Stars. Sie müssen vielmehr funktionieren, müssen die weltweiten EDM-Fans bei bester Laune halten, müssen stets bereit sein, um den Globus zu jetten, um die Massen an die Ticketschalter zu locken und sie hüpfen zu lassen. Und wie die Superstars von Rock und Pop sind die gefragtesten Plattenaufleger heute Top-Verdiener. Wer 2017 den schottischen DJ Calvin Harris, den Holländer Tiësto oder den Franzosen David Guetta für einen zweistündigen Auftritt buchen wollte, musste für jeden von ihnen 350.000 US-Dollar auf den Tisch legen. Spitzenverdiener Harries kam so auf ein Jahreseinkommen von 63 Millionen US-Dollar, Tiësto auf 38 Millionen und Guetta auf 28 Millionen.[125]

Aufgrund der weltweiten Nachfrage lassen sich die Top-50 der DJs von den Global Players unter den Künstleragenturen vertreten, und ihre Manager sind gezwungen, fast täglich die verschiedenen Kanäle der sozialen Netzwerke und die zahllosen Blogs zu bedienen. Während DJs vor zwei Jahrzehnten noch gesichts- und namenlos die Plattenteller bedienten, wissen die heutigen Fans genau, wem sie

124 Büsser 2013b, 193.
125 Daten nach www.maxima.at [22.02.2018].

die Arme entgegen recken und welche Posen für den jeweiligen DJ typisch sind. Sie kennen zwar meist nicht sein wahres Gesicht, sondern erkennen ihn nur an seiner jeweiligen Arbeitskleidung mit Sonnenbrille, Mütze, Kopfhörern und speziellem T-Shirt, aber auch die meisten Rock- und Popstars waren zuvor hinter den von der Musikindustrie produzierten Masken nie wirklich zu erkennen gewesen.[126] Einige EDM-Musiker halten ihr Gesicht sogar völlig bedeckt, damit ihre Fans sich ganz auf die Musik konzentrieren und nicht auf die, die dahinter stecken, so das französische Elektro-Duo Daft Punk, das 2013 mit seinem Album *Random Access Memories* und seiner Single *Get Lucky* an die Spitze der Hitparaden stürmte und ein Jahr später bei den Grammy Awards als erfolgreichste Künstler gekürt wurde. Beide verbergen sich hinter spiegelnden Robotermasken.

Wieder einmal nutzte die Musikindustrie eine ehemalige kleine Subkultur, um diese richtig heiß zu machen und zum Mainstream aufzublasen, um den Erdball zu jagen und damit das große Geld zu verdienen. Da viele Clubs die teils horrenden Gagen der Spitzen-DJs nicht zahlen können oder wollen, ebenso wenig die vielfach ausgefallenen Sonderwünsche, platzieren die großen Agenturen ihre Stars immer öfter auf Festivals. Auf Dance spezialisierte Veranstalter wie das niederländische Entertainment- und Medienunternehmen ID&T organisieren seit dem ausgehenden 20. Jahrhundert für die Fans der elektronischen Tanzmusik Massenevents für einige zehntausend oder auch mehr als hunderttausend Raver – von Amsterdam bis Santiago de Chile, von Sankt Petersburg bis Melbourne.

Eines der größten dieser jährlich stattfindenden Events ist *Tomorrowland* in der belgischen Kleinstadt Boom, wohin jährlich weit über 200.000 Fans der elektronischen Tanzmusik aus aller Welt pilgern, um sich drei Tage lang zur Musik von 300 der berühmtesten DJs wie David Guetta und DJ Black Coffee oder der Aufsteigerin der letzten Jahre, der Koreanerin Peggy Gou, in einer Traumwelt zu verlieren. Hier trifft sich die ganze Welt – Jugendliche aus mehr als 200 Ländern. Hier finden Menschen zusammen, die nicht aus demselben Dorf, derselben Stadt, demselben Land kommen. Hier und anderswo kommuniziert Musik selbst dann, wenn Worte versagen. Wenn der weltweite Kartenverkauf im Internet beginnt, sind die 400.000 Tickets mit bis zu über 270 Euro für drei Tage bereits nach einigen Minuten restlos ausverkauft. Rave kann hier auch als Pauschalreise gebucht werden inclusive Unterkunft, Verpflegung und pausenlosem Happiness, das schon im Flugzeug beginnt.

Die Fans verabschieden sich vom Alltag und der realen Welt, wenn sie wie in den großen Clubs in einem Themenpark der Jugendkultur flanieren. Sie tauchen ein in diese künstliche Märchenwelt à la Disneyworld mit ihren bunten Plastikschlössern, ausgeleuchtet mit dem ganzen Spektrum der Farbpalette, zu Leben erweckt mit Pyro-Fontänen und elektronisch erzeugten Kunsttönen – eine Gegenwelt zu Natur und Alltag. Im brasilianischen Itu nahe São Paulo, wo *Tomorrowland* seit 2015 ebenso wie im US-amerikanischen Atlanta ein Dance-Festivals veranstaltet, bestand die gigantische Hauptbühne aus überdimensionierten Märchenbüchern.

126 Alexis Waltz, *Techno-Kapitalismus. So läuft der Tanz ums große Geld,* in Groove 149: Juli/August 2014.

2017 internationalisierten die Veranstalter das Event noch weiter durch Live-Übertragungen des Festivals nach Dubai, Taiwan, Südkorea, den Libanon, Israel, Malta, Barcelona und ins Ruhrgebiet.[127]

Ähnlich wie *Tomorrowland* gaben im neuen Jahrhundert rund um die elektronische Tanzmusik immer neue Festivalmarken ihr Debut. Sie profitierten vom Boom dieser Musik und der Freiluftfestivals und arbeiteten daran, beide rund um den Erdball zu etablieren. Während die Schallplattenlabels mit ihren Musikkonserven die immer weiter einbrechenden Verkaufszahlen zu stoppen versuchten, setzten die Festivalbetreiber auf weiter steigende Besucherzahlen. Zur international am weitesten verbreiteten Festivalmarke entwickelte sich *Ultra Worldwide*. Sie ging hervor aus der Abschlussveranstaltung der Musikmesse Winter Music Conference, die seit 1985 jährlich in Miami stattfindet und sich ausschließlich mit elektronischer Tanzmusik beschäftigt. 1999 ging das Festival erstmals am South Beach in Miami über die Bühne, ehe es im folgenden Jahr in größere Parks außerhalb des Stadtzentrums auswich. 2013 zählten die Veranstalter auf dem bisherigen Höhepunkt an zwei Wochenenden etwa 330.000 Besucher. 2007 begann die Internationalisierung des Festivals mit einer mehrtägigen Veranstaltung auf Ibiza, die inzwischen nach Kroatien abgewandert ist.

Heute strömen Jugendliche im südafrikanischen Kapstadt ebenso wie in Buenos Aires und Seoul in Massen zu diesem Festival und recken auf Bali ebenso wie in Singapur und vielen anderen Städten ihre Arme in die Höhe nach den von weltbekannten DJs vorgegebenen Rhythmen. Bald werden Raver in Australien und Shanghai ihrem Beispiel folgen. In Tokio versammeln sich Jahr für Jahr jugendlichen Raver im Schatten des Fernsehturms in immer schrilleren Kostümen, manche wie Aliens verkleidet, die meisten mit bunt bemalten Gesichtern, die Haare in allen Farben des Regenbogens gefärbt, viele ihre neuesten Tattoos wie ein Designerkostüm präsentierend. Mit leuchtenden Augen erwarten sie vor einer riesigen Bühne mit überdimensionalen Bildschirmen die Kommandos, um nach der Choreographie der aus aller Welt eingeflogenen DJs und leichtbekleideter Vorturnerinnen sich einem stundenlangen Aerobic-Fitnesstraining hinzugeben. Während die DJs mit standardisierten Gesten die Anpeitscher geben und wie Schwerstarbeiter an ihren Reglern drehen, schießen wie aus einem Geysir Feuer- und Nebelfontänen in den Himmel, Feuerwerkskörper explodieren und bunte Luftschlangen schweben auf die in eine Traumwelt gehüpfte Masse hinab, die zum Abschluss mit ihren leuchtenden Smartphons signalisiert, wir leben noch.[128]

Viele dieser Festivals haben sich in den letzten Jahren in einen ausgelassenen Karneval verwandelt, verbunden mit einer quietschbunten und schrillen Riesenkirmes mitsamt Planschbecken und Kinderzoo. Sie gleichen mit ihren Achterbahnen, Karussells und Wasserrutschen einem riesigen Oktoberfest ohne Bierzelte. Sie wer-

127 Ingmar Kreienbrink, *Festival Tomorrowland startet in Brasilien durch*, in Westdeutsche Allgemeine Zeitung (WAZ) vom 30. April 2015 und ders., *Wie Tomorrowland 2015 die Festival-Fans fasziniert*, in WAZ vom 27. Juli 2015 [20.02.2016]; ders. *Tomorrowland 2017 hat den Zauber des Festivals neu entfacht*, in WAZ vom 31. Juli 2017 [03.08.2017].

128 Siehe die Filme auf https://ultramusicfestival.com.

den anstatt von Schunkelliedern von elektronischer Tanzmusik in Wallung gebracht, deren Fiepen, Zirpen und Wummern digitale Synthesizer produzieren und nicht blecherne Blasinstrumente. Es sind Töne wie aus dem Flipperautomaten und dem einarmigen Banditen. Im Takt der künstlichen Töne blitzen Stroboskopen auf, grüne Leuchtspuren aus Hunderten Laserkanonen durchschneiden den nächtlichen Himmel, und ein Plastikwald aus in allen Farben des Regenbogens leuchtenden Bäumen, Riesenpilzen und Stäben lädt zum Flanieren ein. Clowns und Fabelwesen wie von einem anderen Stern empfangen die Besucher, die mit ihren bizarren Kostümen das Outfit dieser Marsmenschen zu toppen versuchen. Ein solcher Musikpark bietet alles, was die irdische Natur nicht zu bieten hat – eine Kirmes in cool.

In den USA finden sich auf dem Las Vegas Motor Speedway jährlich rund 130.000 Raver zu dem dreitägigen Electric Daisy Carnival ein, alle sparsamst bekleidet, aber mit möglichst ausgefallenen Accessoires geschmückt. Auf 14 Bühnen lassen mehr als 400 DJs wie Tiësto, David Guetta und die Swedish House Mafia die Plattenteller kreisen, um schlafresistente junge Fans bei ihrem Hüpfmarathon zu begleiten. Techno, Dubstep, Hardstyle und Trance übertönen selbst die lautesten Schreie der Raver, die hier außerhalb der Faschingszeit einen bunten Karneval feiern, bunter als jeder Karneval in Rio und Köln.

In Deutschland strömen indes seit 2016 in jedem Sommer bunt gekleidete Massen, von denen viele offenbar direkt dem Kinderfernsehen entsprungen sind, nach Parookaville, einem künstlichen Dorf auf einem ehemaligen Militärflugplatz an der deutsch-niederländischen Grenze. Hier feiert die Spaßgesellschaft vor der größten Festivalbühne Europas Trance-Ikonen wie Armin van Buuren, mehr aber noch sich selbst, fährt Achterbahn, springt ins Schwimmband oder lässt sich in der von einer Brauerei gesponserten Dorfkirche in aller Freundschaft von einem DJ trauen.

Während derartige EDM-Festivals in China erst langsam Anklang finden und das im November 2016 in Shanghai erstmals veranstaltete *Electric Zoo* Festival lediglich 5.000 Besucher anlockte, zieht die elektronische Tanzmusik selbst im größten muslimischen Staat, in Indonesien, inzwischen Jahr für Jahr eine stetig wachsende Schar jugendlicher Raver an und lässt sie die allgemeine Kleiderordnung vergessen. Nur noch leicht bekleidet, Leuchtsohlen unter den Füßen und jeden nur erdenklichen Schmuck auf dem Kopf – von Nikolausmützen, über Indianerfedern bis zur Trump-Maske – pilgern sie jeden Dezember in das Internationale Ausstellungszentrum in Djakarta sowie 2018 nach Bali. In der riesigen Hüpfburg nimmt sie ein überdimensionierter, in allen Farben leuchtender Urzeitvogel, der über einer riesigen Bühne schwebt, unter seine ausgebreiteten Fittiche. Dieses seit 2010 stattfindende, über lange Zeit größte Festival der elektronischen Musik in Südostasien, das Djakarta Warehouse Project, zog Ende 2017 rund 90.000 Besucher an.

Inzwischen strömen zum Sunburn Festival im indischen Pune an den drei Tagen rund 350.000 Fans der elektronischen Tanzmusik zusammen, die wie alle anderen Raver auf solchen Großveranstaltungen in Singapur, Kuching, Taiwan, Hongkong oder Tokio sich für eine Nacht ganz der Musik hingeben, zu Stimmen wie von einem anderen Stern Hände und Handys schwenken, auf Befehl des DJs erstarren, um anschließend umso höher zu hüpfen. Als Andenken an diese Beautiful Night bespritzt am Ende ein Fabeltier die Besucher aus einem Feuerwehrschlauch mit Farbe, Böller krachen, Feuerwerksorgasmen zucken, die unvermeidlichen Luftschlangen flattern herab und Nebelmaschinen tauchen alle und alles in ein Wolkenmeer, in eine Traumwelt.[129]

Die langen Schlangen an den Einlasstoren der EDM-Festivals ließen die bekanntesten Renditenjäger, denen Rock und Pop schon in der Vergangenheit Millionen in ihre Kassen gelenkt hatten, nicht ruhen. Erneut nahm der Amerikaner Robert Sillerman, der bereits Ende des 20. Jahrhunderts mit dem An- und Verkauf von Radiosendern und Konzertveranstaltern das große Geld gemacht hatte, viele Millionen in die Hand, um mit EDM sein Vermögen weiter zu mehren. 2012 reaktivierte er sein Unternehmen SFX Entertainment, kaufte zahlreiche Veranstalter von elektronischer Tanzmusik auf, dazu das Internetportal Beatport sowie 75 Prozent der Aktien des niederländischen Dance-Veranstalters ID&T, der jährlich das berühmte *Tomorrowland*-Festival im belgischen Boom organisiert. Im Herbst 2013 brachte er sein Unternehmen an die Börse und erwarb die amerikanische Veranstaltungsagentur Made Event, die seit 2009 das *Electric Zoo*-Festival organisierte, das ein Jahr zuvor rund 110.000 Raver nach New York gelockt hatte. Anschließend kaufte SFX die deutsche Veranstaltungsagentur i-Motion, die in jedem Sommer das Festival *Nature One* auf der ehemaligen Raketenbasis Pydna im Hunsrück veranstaltet, sowie *Mayday* in der Dortmunder Westfalenhalle. Ferner sicherte sich SFX die Aktienmehrheit an dem europäischen Ticketing-Portal Paylogic. Allein im ersten Halbjahr 2015 war SFX an mehr als 500 Veranstaltungen beteiligt, darunter an 41 Festivals mit jeweils mehr als 10.000 Besuchern.

Doch obwohl der Ticketverkauf, die Verwertung von Musik sowie die Eintrittsgelder Millionen in die Kassen von SFX spülten, kam das Unternehmen nicht aus den roten Zahlen heraus. Zwar explodierte der Umsatz aufgrund der zahlreichen Zukäufe, doch summierten sich die Verluste in den Jahren 2013 und 2014 auf jeweils über 100 Millionen US-Dollar. Analysten monierten, Sillerman habe für die Festivals einen viel zu hohen Preis entrichtet. Der Aktienkurs von SFX sackte in der Folge von 13 US-Dollar im Oktober 2013 auf 91 Cents im August 2015 ab. Diesmal gelang es Sillerman nicht wie seinerzeit auf dem Höhepunkt des Neuen Marktes, sein Unternehmen mit einer exorbitanten Rendite verkaufen. Er sah sich im Februar des folgenden Jahres vielmehr gezwungen, Konkurs anzumelden. Mit dem neuen Namen LiveStyle Inc., neuem Chef und dem Verkauf zahlreicher Vermögenswerte rettete sich das Unternehmen noch im selben Jahr aus dem Bankrott.[130]

Neben den vielen hochkommerziellen Veranstaltungen der elektronischen Tanzmusik, deren Zahl stetig zunimmt, erleben auch die an andere Musikstile gekoppelten Festivals im neuen Jahrtausend einen nie gekannten Boom. In Indonesien etwa, wo schon einige Jahre vor Ende des Suharto-Regimes 1998 Metal-Bands die Politik des Machthabers und die chronische Korruption scharf kritisierten, pilgern

129 Siehe die Filme auf www.djakartawarehouse.com.

130 Ben Sisario, *SFX Entertainment Emerges From Bankruptcy With New Name: LiveStyle*, in The New York Times vom 7. Dez. 2016.

seit 2012 Tausende Heavy Metal-Fans alljährlich nach Jakarta zum dortigen Hammersonic Festival. Die dortige Heavy Metal-Szene erlangte weltweit Aufmerksamkeit, als 2014 mit Joko Widodo – genannt Jokowi – der erste „Heavy Metal-Staatspräsident" der Welt gewählt wurde. Jokowi outete sich schon während des Wahlkampfs als Fan der britischen Gruppe Napalm Death und der US-amerikanischen Gruppen Metallica, Megadeth und Lamb of God, streifte sich deren T-Shirts über und zeigte den Teufelsgruß. Inzwischen ermutigte er sogar junge Muslimas, diese schrille Krachmusik selbst auszuüben. 2014 taten sich im erzkonservativen Westjava drei muslimische Teenager zu Gruppe Voice of Baceprot (VoB) zusammen und begannen in engen Jeans und weiten T-Shirts, die Haare mit einem schwarzen Kopftuch verdeckt, in einer Mischung aus Englisch und Indonesisch über Gedankenfreiheit, religiöse Toleranz und Klimawandel zu rocken. Viele Gleichaltrige jubelten ihnen begeistert zu, während Erwachsenen der Atem stockte und konservative Moslems ihnen mit dem Tode drohten.[131]

Wer sich dagegen in Deutschland beim Auftritt seiner Lieblingsband mit der Mano cornuta – hier auch „Pommesgabel" genannt – und mit wildem Headbangen als Heavy Metal-Fan outet, zieht es dagegen womöglich in den Schlamm des norddeutschen Holy Wacken Land. In diesem 1.800-Seelen-Dorf treffen sich jedes Jahr Anfang August etwa 80.000 Verächter leiser Töne und heißer Duschen auf einer riesigen Kuhweide, um sich drei Tage lang mit viel Dreck unter den Fingernägeln und ungewaschenen Haaren in ihren mit Bier getauften Kutten bei Gerstensaft als Grundnahrungsmittel rund um die Uhr von den härtesten Bands beschallen zu lassen. 1990 hatten Jugendliche aus einer Bierlaune heraus in einer Senke am Rande des Dorfes erstmals eine wilde Freiluft-Party mit sechs Bands gefeiert, die sieben Jahre später bereits zu einer Invasion von 10.000 schwarz gekleideter, langhaariger und nietenbestückter Metaller führte. 2006 kam die Filmemacherin Sung-Hyung Cho nach Wacken und machte mit ihrem Film *Full Metal Village* Dorf und Open Air auch außerhalb der Metal-Szene bekannt. Da viele der großen Jungs aber inzwischen älter geworden sind und für sich und ihre Familien etwas mehr Komfort bevorzugen, bieten die Veranstalter für Metalheads samt deren Frauen und Kindern inzwischen auch Metal-Kreuzfahrten als Urlaub an. Dabei können die Fans den harten und lauten Tönen ihrer Lieblingsband im weichen Sessel eines noblen Kreuzfahrtschiffes lauschen, um sich anschließend in einer wohltemperierten Kabine in sauberen Laken vom ohrenbetäubenden Lärm zu erholen.

Im neuen Jahrtausend explodierte die Zahl derartiger Festivals geradezu. Die Fans jeder Musikrichtung wollen sich und ihre Musik wenigstens einmal pro Jahr feiern und dabei alte und neue Musikfreude treffen. Sie wollen inmitten von Gleichgesinnten bei ihrer Lieblingsmusik ein paar unvergessliche Tage verbringen und die ganze Welt mit Hilfe von Selfies, die sie zu Tausenden ins Netz stellen, daran teilnehmen zu lassen. Einige dieser Festivals arten in einen wahren Karneval aus,

131 Jeremy Wallach, *Underground Rock Music and Democratization in Indonesia*, in Beyer/Burkhalter 2012, 172–181, hier 179; Kate Lamb, *The schoolgirl thrash metal band smashing stereotype Indonesia*", in The Guardian vom 9. Juni 2017, www.theguardian.com; Joe Cochrane, *In Indonesia, 3 Muslim Girls Fight for Their Right to Play Heavy Metal*, in The New York Times vom 2. Sept. 2017 [05.02.2018].

so das Elvis-Festival in der australischen Kleinstadt Parkes im Outback, rund 300 Kilometer westlich von Sydney. Am 8. Januar, dem Geburtstag des „King of Rock 'n' Roll", treffen sich seit 1992 Jahr für Jahr Tausende Elvis-Fans – 2019 waren es mehr als 27.000 –, um vier Tage lang mit Hüftschwung, Bling, dicken Koteletten, schwarzen Perücken und weißen Hosenanzügen Elvis nicht sterben zu lassen. Die meisten reisen in Glitzerklamotten in bis auf den letzten Platz ausverkauften Sonderzügen an, dem „Elvis Express" und „Blue Suede Express"; andere im offenen Cadillac. Sie feiern im Bahnhofspub, der zum „Heartbreak Hotel" wird, und ernähren sich von Elvis' Gitarre aus Biskuitkuchen mit Erdbeerfüllung oder kauen „Graceland" aus Lakritze. Sie besuchen den Elvis-Gottesdienst mit Gospel-Gesang und ehren ihr Idol mit einer großen Straßenparade. Elvis-Imitatoren, die meisten so körperbetont wie der echte Elvis gegen Ende seines Lebens, lassen sich mit Elvis-Tolle, falschem Brusthaar und goldenen Sonnenbrillen bejubeln und überschütten, unterstützt von falschen Priscillas, ihre verzückten Bewunderer mit tausend Küssen.[132]

Die Zuschauerzahlen der großen Festivals der elektronischen Tanzmusik mögen gigantisch erscheinen, im Vergleich mit anderen populären Veranstaltungen, bei denen die Musik aufspielt, schrumpfen sie jedoch zu eher zweitrangigen Events. Wenn Ende September die Blaskapellen in den Bierzelten des Münchner Oktoberfestes ihre Schunkellieder anstimmen, strömen Jahr für Jahr zwischen 6 und 7 Millionen Besucher auf die Wiesn'. Dort treffen Einheimische auf die globale Spaßgesellschaft, um inmitten eines riesigen Volksfestes Jahr für Jahr – oans, zwoa, gsuffa – weit über 7 Millionen Liter Bier zu trinken und in alte und neue Wiesn-Hits einzustimmen. Auch dieses Groß-Event der „German Gemütlichkeit" ist wie Tomorrowland zu einem Exportschlager geworden, und von Kitchener in Kanada über Qingdao in China, Windhoek in Namibia bis Brisbane in Australien wird heute wie in München bei Schweinshaxe, Bratwurst, Sauerkraut, Bier und Blasmusik gefeiert. Auch hier gehen wie bei EDM-Feten *die Hände zum Himmel*.

ASIEN-POP – DIE QUIETSCHBUNTE WERBESHOW

Die euro-amerikanische Pop- und Rockmusik dominiert heute neben den nationalen Volksmusiken die Musikmärkte nahezu aller Länder, China und Indien ausgenommen. Sie hat überall spezielle Subkulturen entstehen lassen mit Musikrichtungen wie Punkrock, Heavy Metal, Hip-Hop, Techno oder EDM im Mittelpunkt. Sie ist ein gewichtiger Teil des westlichen Kulturexports mit den USA als Hauptexporteur, der zugleich vor allem auf Hollywood, McDonalds, Nike, *Baywatch*, Microsoft und Apple setzt, um in anderen Ländern für seine Kultur zu werben. Diese Musik ist erfolgreich, weil sie sich speziell im Zeitalter des Internets zu einem globalisierten Sound entwickelt hat, was heißt, dass sie inzwischen Elemente von Musikstilen aus

132 Andreas Stummer, *Das Mini-Memphis im australischen Outback*, in Deutschlandfunk Kultur vom 15. Jan. 2018 www.deutschlandfunkkultur.de/elvis-festival-parkes-das mini-memphis [21.01.2018].

vielen Kulturen integriert hat und ebenso den Klang von Musikinstrumenten aus vielen Ländern. Diese Art der kulturellen Globalisierung trieb auch die Weiterentwicklung des Jazz voran, der vor allem in den letzten Jahrzehnten viele Traditions- und Stilgrenzen leichtfüßig übersprang und sich mit Pop und Electronica kreuzte.

Im Gegensatz zu der von den USA dominierten Popmusik hat sich bis heute keine der vielen nationalen Varianten, die sich aus der westlichen Popmusik heraus entwickelten, weltweit durchsetzen können, auch nicht der japanische Pop. Obwohl Japan den weltweit zweitgrößten Musikmarkt besitzt und Musikinstrumente Made in Japan zum Inventar aller Studios gehören, konnte der so genannte J-Pop jenseits der Grenzen des Landes lediglich in Ost- und Südostasien einige Erfolge verbuchen, ganz im Gegensatz zu Videospielen, Mangas oder Produkten der japanischen Pop-Kultur wie *Hello Kitty*.

Dagegen feiern die der westlichen Musiktradition entnommenen Songs in Japan weiterhin riesige Erfolge. Heute streamen die jungen Japaner bevorzugt jene Musik und feiern am lautesten solche einheimischen Musikgruppen, die alle Stile der westlichen Popmusik in ihrem Repertoire haben und gleichzeitig durch einen außergewöhnlichen Gesangstil oder ein unverwechselbares Äußeres auffallen. So sind die Songs der 1988 gegründeten, sehr erfolgreichen japanischen Rockband Glay zwar im Pop-Rock verwurzelt, sie enthalten aber auch zahlreiche Elemente von Punkrock, Elektronic Rock, R&B, Folk und Reggae. Nur wenige ihrer Songs trägt die Band in Englisch vor. Die Regel sind japanische Texte mit englischen Einsprengseln, wie es für den J-Pop typisch ist.[133]

Seit dem Zweiten Weltkrieg hat Japan stets auf die aus Nordamerika und Westeuropa kommende Pop- und Rockmusik mit eigenen Varianten geantwortet, hat diese Musik mit offenen Armen angenommen, um sie sofort umzuformen und ihr eine spezifische, teil irre Note zu geben. In den beiden letzten Jahrzehnten trieben seine Pop-Fans ihre Begeisterung für die elektronische Musik und alle Formen elektronischer Unterhaltung auf die Spitze, indem sie den rein virtuellen Popstar Hatsune Miku in die Hitlisten beförderten – ein Geschöpf gänzlich aus dem Rechner geboren. Viele meist junge Japaner jubelten der 2007 aus einer Manga-Figur entwickelten Sängerin mit ihren knöchellangen türkisfarbenen Zöpfen und ihrer zu kurz geratenen Schuluniform frenetisch zu und himmelten sie als zuckersüßes Sexsymbol an. Dabei stammt die etwas blecherne Stimme der Kunstfigur wie auch ihre äußere Erscheinung lediglich aus dem Computer, und bei ihren Live-Auftritten wird dieser Pop-Avatar als dreidimensionales Hologramm auf die Bühne projiziert. Seit 2009 begibt sich die Sechzehnjährige als erste synthetische Pop-Ikone auf Tourneen ins In- und Ausland. Ihre Konzerte besuchen bisweilen 30.000 meist junge Zuhörer, kreischend und grüne Leuchtstäbe schwenkend. Miku ist perfekt; sie kann alles, fast alles. Sie kann höher und schneller singen als jeder Mensch. Sie singt Heavy Metal, Hip-Hop und Balladen und trifft dabei immer die richtigen Töne. Sie lebt das Leben eines Stars ohne alle Skandale, und sie altert nicht.

In einer Welt, die sich immer schneller dreht und stets nach Neuem giert, erntet auch im Fernen Osten der den größten Beifall, der sich mit seiner Darbietung aus

133 Chapman/Johnson 2016, 205–206.

der Masse heraushebt – durch seine Stimme, sein Auftreten, seine Kleidung, bisweilen auch durch einen Skandal. Das war bereits so in der Zeit des Rock 'n' Roll und des Punkrock. Dennoch hielten viele Heavy Metal-Fans, die auf etwas Krawall und Anarcho-Posen programmiert sind, 2013 erstaunt inne, als keine harten Kerls, sondern drei schmächtige Japanerinnen mit dem Charme von Schulmädchen, 15 bis 17 Jahre alt, in kurzen Tüllröckchen, mit wippenden Zöpfen und zarten Stimmen wie aus einem Manga auf die Bühne hüpften, und zu harten Klängen und viel Lärm in einem irren Tempo kreischten und piepsten – Babymetal: eine Mischung aus quietschigen Techno-Melodien und Metal vorgetragen von der Sängerin Su-metal und den beiden Tänzerinnen Yui-metal und Moa-metal. „Kawaii metal", ein süßer, niedlicher Metal, ist ein typisches Erfolgsprodukt der japanischen Popkultur. Kein Europäer und auch wohl kein Amerikaner wäre wohl auf diese Idee gekommen und hätte sie erst recht nicht realisiert.[134]

In den beiden letzten Jahrzehnten ist in Fernost indes Südkorea zu dem erfolgreichsten Exporteur einheimische Popmusik aufgestiegen, der das auf Werbung beruhende Geschäftsmodell von MTV professionell weiterentwickelte und in Korea, Japan, Thailand, China, Malaysia, Indien und Vietnam eine eigene, vom Westen losgelöste Jugendbewegung auf den Weg brachte. Das Land hatte sich während der Entwicklungsdiktatur von Park Chung-hee grundlegend gewandelt, als es mit Siebenmeilenstiefeln nach dem Vorbild Japans den Weg der Modernisierung einschlug. 1961 hatten noch mehr als 70 Prozent der Bevölkerung auf dem Land gelebt; 1979 dagegen, im Jahr von Parks Ermordung, lebten bereits mehr als 60 Prozent in Städten. In den frühen sechziger Jahren hatte das Bruttosozialprodukt pro Kopf lediglich 100 US-Dollar betragen, 2010 dagegen rund 20.000 US-Dollar.

Bis zu den Olympischen Sommerspielen 1988 in Seoul dominierte als populärer Musikstil unangefochten Trot, während der westliche Rock lediglich von regimekritischen Studenten im Untergrund als Ausweis ihres Widerstands ausgeübt wurde. Das änderte sich in den Jahren nach den Olympischen Spielen, als mit der zunehmenden Demokratisierung des Landes und seinem wirtschaftlichen Aufstieg zahlreiche Koreaner, die bis dahin in den USA gelebt hatten, mit neuen Ideen und dem Willen, diese zu realisieren, in ihr Heimatland zurückkehrten. Zu ihnen zählte Lee Soo-man, der 1972 in Seoul als Sänger debütiert hatte, später als Radio-DJ bekannt wurde, ehe er Anfang 1980 eine kurzlebige Hard-Rock-Band gründete. Da die Militärregierung unter General Chun Doo-hwan seit dem Putsch Ende 1979 alle Forderungen nach Demokratisierung blutig niederschlagen ließ und zahlreiche Musiker ins Gefängnis steckte, ging Lee 1980 in die USA, wo er in Kalifornien Computer-Engineering studierte. Dort erlebte er den phänomenalen Aufstieg von MTV und die damit verbundenen spektakulären Erfolge der neuen MTV-Superstars wie Michael Jackson. Nach Abschluss des Studiums kehrte er 1985 nach Südkorea zurück mit der festen Absicht, in seinem Heimatland eine Musikindustrie nach US-amerikanischem Muster aufzubauen. Zunächst arbeitete er als DJ und Moderator,

134 Enrico Ahlig, *Babymetal: Verrückter Metal-Trend aus Japan*, in https://www.metal-hammer.de [22.08.2017].

eher er 1989 die Unterhaltungsfirma SM Studio gründete, die er 1995 in SM Entertainment umbenannte.

Seinen ersten großen Erfolg feierte das junge Unternehmen im Jahr 1990 mit dem Sänger und Hip-Hop-Tänzer Hyun Jin-young. Ehe dieser jedoch zu einem wirklichen Star aufstieg, wurde er wegen Drogenbesitzes verhaftet. Für Lee wurden Festnahme und Verurteilung seines Schützlings zu einem ersten folgenreichen Schlüsselerlebnis. Sofort veränderte er seine Personalpolitik, um seitdem eine rigide Kontrolle über die bei ihm unter Vertrag stehenden Künstler auszuüben. Nach dem Vorbild von Lee sind bis heute in nahezu allen südkoreanischen Unterhaltungsunternehmen und Talentagenturen längerfristige Knebelverträge die Norm. Sie erlauben den Unternehmen, Plattenabsatz und Streaming, Konzerte und Werbung, Sponsoring und TV-Auftritte sowie das Privatleben ihrer Künstler bis ins Detail zu regeln, zu beaufsichtigen und bei Verstößen zu sanktionieren. Im Gegensatz zu den USA und England, wo zukünftige Stars zunächst ganz auf sich allein gestellt sind und in der Regel in der elterlichen Garage oder in kleinen Clubs mit dem Musizieren beginnen, bevor sie von Musikmanagern entdeckt werden und Labels sich ihrer annehmen, suchen sich die südkoreanischen Unterhaltungsgesellschaften die zukünftigen Mitglieder der Boy- und Girlgroups über landesweite Castings aus, handeln mit den Eltern die Verträge aus und verfrachten die Kinder in Trainingscamps, wo sie nach den Vorstellungen der Musikindustrie bis zu vier Jahre lang ausgebildet werden.

Schlagzeilen machte der Fall des chinesischen Tänzers Han Geng, der 2001 von SM Entertainment unter Vertrag genommen wurde und nach einer vierjährigen Ausbildung im Jahr 2005 als Mitglied der Gruppe Super Junior debütierte. 2009 verklagte er seinen Arbeitgeber, ihn im Alter von 18 Jahren zu einem 13-Jahresvertrag gezwungen zu haben. Auch musste er zwei Jahre lang ohne einen einzigen freien Tag arbeiten. Nur einen Bruchteil der erzielten Gewinne erhielt er ausbezahlt und wurde mit einer Geldstrafe belegt, wenn er nicht genau das tat, was das Unternehmen von ihm verlangte. SM Entertainment verteidigte die langlaufenden Verträge mit hohen, in die Millionen US-Dollar gehenden Kosten für Unterkunft, Verpflegung und fünfjährige Ausbildung.[135]

Einen neuen Weg beschritt Lee Soo-man auch mit den TV-Auftritten seiner Künstler. Als Vorlage diente ihm das MTV-Musikvideo *My Prerogative* von Bobby Brown aus dem Jahr 1988, das mit seiner schlichten Choreographie, seiner hippen Mode und seiner popnahen Melodie zur Geburtsstunde der Boygroups der Neunziger wurde. Brown's Tanzstil, an dem sich auch seine Backgroundtänzer orientierten, fand nach den Worten von John Seabrook den „Weg in K-Pop's DNA“. Brown's Bühnenshow lieferte das Vorbild für die Auftritte der Boy- und Girlbands des K-Pop.[136]

Zur eigentlichen Geburtsstunde dieser Musik wurde der Auftritt der Heavy Metal-Band Seo Taiji and Boys im Jahr 1992 in der TV-Castingshow *The X Factor*. Während die Juroren den Rap-Song der Band mit Schaudern und Unverständnis

135 Seabrook 2015, 164.
136 Seabrook 2015, 150.

verfolgten und ihn auf den letzten Platz verbannten, bejubelten die jugendlichen Zuschauer die Band, demonstrierten damit ihre Vorliebe für die Musik aus dem Westen und degradierten Trot zu einer Alte-Leute-Musik. Die dreiköpfige Band machte das Land mit Rap und Hip-Hop bekannt und schloss die große zeitliche Kluft, die sich bis dahin zwischen der südkoreanischen und der amerikanischen Popmusik aufgetan hatte. Die Geräuschkulisse des Landes unterscheidet sich seitdem kaum noch von der Nordamerikas und Europas. Zudem verknüpften Seo Taiji and Boys nach amerikanischem Vorbild die Hip-Hop-Ästhetik mit Bling-Bling und Baggy-Klamotten und wurden zum Vorbild für ein neues Körperideal. Die längliche Gesichtsform, die feinen Gesichtszüge und die schlanke Figur traten an die Stelle des ländlichen Ideals des runden Gesichts und des gedrungenen, robusten Körpers. Vor dem Auftritt von Seo Taiji hatten die Musiker zudem fast unbeweglich und emotionslos ihre Stücke dargeboten. Danach gehörten Gesten und Tanzeinlagen zu jeder guten Performance. Die Gruppe begnügte sich nicht mit Tanzschritten wie Foxtrott und Hustle, die den meisten Koreaner bekannt waren, sondern präsentierte einen akrobatischen Break Dance. Der Auftritt von Seo Taiji and Boys kam für die populäre Musik Südkoreas einer Zeitenwende gleich. Die Gruppe gab das erfolgreiche Startzeichen für eine neue, am Westen orientierte Musik. 1996 löste sich die Band auf. Während Seo Taiji für zwei Jahre in die USA ging und danach eine Solokarriere startete, gründeten die beiden anderen Bandmitglieder Lee und Yang ein eigenes Label, das heute unter dem Namen YG Entertainment zu den drei größten Unterhaltungsunternehmen des Landes zählt.[137]

In den neunziger Jahren orientierten sich viele südkoreanischen Musiker noch am japanischen Pop, dem so genannten J-Pop mit seiner auf Japanisch gesungenen Lyrik, durchsetzt mit einigen englischen Fragmenten, aber stets versehen mit einem englischen Titel und einem englisch klingenden Namen des Interpreten. Verschiedene südkoreanische Popgruppen sangen mit Blick auf die finanziell potenteren Musikliebhaber im Nachbarland in Japanisch und hatten damit Erfolg. Nachdem im Jahr 1996 die Backstreet Boys bei ihrem Stopp in Seoul einen riesigen Menschenauflauf verursacht hatten, gab diese Begeisterung für Lee Soo-man den Anstoß zur Gründung der Boygroup H.O.T. Sie machte den K-Pop noch populärer. Schreiende junge Mädchen bedrängten die Band fortan bei den Konzerten, und junge Männer übernahmen von H.O.T. Haarschnitt – vorne lang und hinten kurz – und Kleidungsstil – Hemden in Übergrößen und Freizeithosen. Bis dahin galt der Bürstenhaarschnitt als Einheitsfrisur koreanischer Jungen, während die Mädchen die schwarzen Haare glatt und kurzgeschnitten trugen. Lange glatte Haare waren dagegen typisch für junge Japanerinnen. Seit Mitte der Neunziger war Schluss mit dem Einheitsschnitt, und die Frisuren von Jungen und Mädchen veränderten sich je nach individuellen Vorlieben – mal kurz, mal lang, mal glatt, mal lockig, mal braun, mal blond. Wenn seitdem eine der angesagten Girlgroups mit grünen Haaren über die Bildschirme hüpft, schmückt alsbald dieses Grün viele Köpfe in den Straßen

137 Lie 2015, 57–59; Seabrook 2015, 151.

der Städte. Und da H.O.T. und alle nachfolgenden Gruppen ihre Songs meist inmitten einer bunten Warenwelt vortrugen, entwickelte sich der K-Pop schnell zu einer riesigen Werbeshow.[138]

Die asiatische Finanz-, Währungs- und Wirtschaftskrise von 1997/98, die auch Südkorea hart traf und den Traum vom ewigen Wirtschaftswachstum abrupt unterbrach, verstärkte die Bemühungen des Landes, in die Zukunft zu investieren. Dabei bezog die exportorientierte Wirtschaft des Tigerstaates auch die bis dahin unansehnliche und unbedeutende Musik- und Unterhaltungsindustrie des Landes in ihre Exportoffensive mit ein. Die Musikbranche erfand sich weitgehend neu, um wie die Werften des Landes, die Produzenten elektronischer Geräte, Halbleiter und Automobile über den Export zu wachsen. Sie kopierte die Erfolgsrezepte der amerikanischen Popmusik, passte sie dem digitalen Zeitalter an und nutzte die Unterhaltungsmusik als attraktiven Blickfang und Aufhänger für jede Art von Werbung. K-Pop wurde zu einer bekannten Marke wie Samsung für Fernsehgeräte und Smartphones oder Hyundai für Autos. Die meist in den USA geschulten Leiter südkoreanischer Unterhaltungsunternehmen trieben das in der Ära des Rock 'n' Roll begonnene Bündnis von Popmusik und American Way of Life ins Extrem. Sie übernahmen alle erfolgreichen Stilrichtungen der westlichen Popmusik wie Rock, Punk, Metal, Disco, Hip-Hop und Techno und vermischten sie zu teilweise extrem hybriden Songs. Um ihre Exportchancen in Südostasien zu steigern, würzten einige Gruppen wie die 2009 gegründete Girlgroup 2NE1 ihre Songs wie *I Am the Best* zusätzlich mit Elementen der Musik und der Choreographie von Bollywood.

Einen Teil seines Erfolgs verdankt der K-Pop dem schnellen Ausbau der digitalen Infrastruktur durch die südkoreanische Regierung nach der Asienkrise. Im Land von Samsung und LG ist die gesamte Bevölkerung heute ununterbrochen im Netz, und die Mehrheit der Koreaner starrt permanent auf die Bildschirme ihrer Mobilfunkgeräte, ob sie zu Fuß unterwegs sind, in einem Café sitzen oder auf die U-Bahn warten. Wie der italienische Philosoph Franco Berardi bei seinem letzten Besuch Südkoreas feststellte, fordern die kleinen Bildschirme der Smartphones „die ungeteilte Aufmerksamkeit der aneinander vorüberziehenden Massen, während sie sich ruhig und schweigend durch die Stadt bewegen, die Köpfe geneigt." Und weiter: Der Südkoreaner „ist ein lächelnder, einsamer Nomade, der sich in zärtlicher, ununterbrochener Interaktion mit Fotos, Tweets und Spielen, die ihm aus seinem persönlichen Bildschirm entgegenspringen, durch den urbanen Raum bewegt", und nicht nur bewegt. Legion sind die Smartphone-Pärchen in Seouls Restaurants, die anderthalb Stunden lang ohne jeden Augenkontakt miteinander speisen können. Entstanden ist nach Berardi „eine Art digitales *Second Life*, das das erste Leben verschlungen hat und den gesamten Bereich der Vorstellungskraft und der Kommunikation vereinnahmt."[139] Die Musikbranche des Landes nutzte den Ausbau der digitalen Sphäre und setzte weitgehend auf digitale Musik, auf MP3-Player sowie auf Internet-basierte Technologien wie die sozialen Medien, YouTube, Downloads

138 Lie 2015, 63.
139 Franco „Bifo" Berardi, *Helden. Über Massenmord und Suizid*. Berlin: Matthes & Seitz, 2016, 225 u. 229–230.

und Streaming.[140] Damit wurde diese Musik deutlich fiebriger und flüchtiger als bei einer Speicherung auf Schallplatte oder CD, woraus sich eine vermehrte Produktion von extrem kurzlebigen Songs ergab.

Zu jedem Song produzierten die Unterhaltungsgesellschaften nach dem Vorbild von MTV ein eigenes Video. Mitte des ersten Jahrzehnts im neuen Jahrtausend, als YouTube ins Netz ging, die sozialen Medien ihren Aufstieg begannen und große Teile der Bevölkerung Smartphones in die Hand nahmen, um sie nicht mehr aus dem Auge zu lassen, erlangte in Südkorea der visuelle Aspekt der Popmusik dieselbe Bedeutung wie der auditive. Nach dem Vorbild der 1993 gegründeten US-amerikanischen Backstreet Boys setzten die vier großen K-Pop-Unterhaltungsgesellschaften – SM-, YG-, JYP- und FNC Entertainment – vornehmlich auf Boy- und Girlgroups, die sie in Singen, Tanzen, Umgangsformen und Fremdsprachen ausbildeten, um sie schließlich mit Hilfe der sozialen Medien auch im Ausland bekannt zu machen. Die sieben Mitglieder der im Jahr 2013 gegründeten, inzwischen führenden südkoreanischen Gruppe Bangtan Boys, die in ihren Videoclips alle mit unterschiedlichen Haarfarben auftreten, haben es inzwischen auch in nordamerikanische und europäische Charts geschafft und erzielten 2017 weltweit die meisten Twitter-Engagements – über 500 Millionen Tweets und Retweets –, womit sie sogar Justin Biber und US-Präsident Donald Trump deutlich übertrafen. Auch die Boygroup Big Bang hat den K-Pop in den USA, Europa, Lateinamerika und im Mittleren Osten bekannt gemacht und verzeichnet über 140 Millionen verkaufte Tonträger. Die Fünf präsentieren ihre auf Koreanisch gesungene Elektro-Hymne *Fantastic Baby* mit Rap-Einsprengseln und einzelnen englischen Jauchzern: „Dance dance dance!“[141]

Nach der Asienkrise ermunterten die Exporterfolge der 20-teiligen koreanischen TV-Serie *Winter Sonata*, auch bekannt als *Winter Love Story*, die koreanische Musikindustrie zum Gang ins Ausland. Zahlreiche solcher TV-Serien erreichten seit Mitte der neunziger Jahre in den Nachbarländern Japan, Taiwan und Philippinen sowie in Malaysia ungewöhnlich hohe Zuschauerquoten. Im Preis unterboten sie die Konkurrenzprodukte aus Japan und Hongkong, und in der Qualität überboten sie die Filme aus anderen asiatischen Ländern. Sie wurden zu wahren Rennern, als die Serie *Was Liebe heißt* im Jahr 1997 in China höchst erfolgreich über die Bildschirme flimmerte und auch die Japaner seit 2004 diese Serien mit der *Winter Sonata* als Höhepunkt enthusiastisch feierten. Bis heute werden Südkoreas Fernsehdramen wie *Herbstmärchen* von China bis in den Nahen Osten begeistert aufgenommen. Die Rede ist von *Hallyu*, vom Koreaboom auf dem Feld der Kultur.

Um auch den K-Pop zum Exportschlager zu machen, boten Gesangsgruppen im Vergleich zu Einzelsängern einige wirtschaftliche und logistische Vorteile. Ausscheidende Mitglieder konnten sofort ersetzt werden, und unterschiedliche Sprachkenntnisse der Sänger machten es möglich, jeden Song in vier verschiedenen Spra-

140 Lie 2015, 110–120.

141 Sohee Kim, *Mogul Behind K-Pop Boy Band BTS Considers IPO*, in www.blomberg.com [20.04.2018].

chen aufzunehmen – in Koreanisch, Japanisch, Chinesisch und Englisch. Hinzu kamen dem jeweiligen Geschmack angepasste Tanzarrangements. Da K-Pop schnell in Thailand populär wurde, nahm etwa die Gruppe 2PM auch einen Thailänder auf. Andere Gruppen integrierten Chinesen, um diesen riesigen Markt besser bedienen zu können. Obwohl der Wert der Exporte von Musik, Filmen, Fernsehserien, Comics und Animes im Jahr 2008 lediglich 0,12 Prozent der Gesamtexporte des Landes ausmachte, sind sich Regierung und Industrie bis heute sicher, dass der Konsum von Produkten der koreanischen Kulturindustrie auch zu einer höheren Wertschätzung für koreanische Industrieprodukte beiträgt und die Marke Korea aufwertet.[142]

Eingebettet in diese Exportstrategie waren Bestrebungen, Südkorea zu einem weltweiten Zentrum für Mode, Design und Schönheitschirurgie aufzubauen. Die Musiker sollten in den Musikvideos wie Mannequins die neuesten Kreationen einheimischer und ausländischer Modemacher präsentieren und auch die exzellenten Fähigkeiten südkoreanischer Chirurgen. So bestanden denn auch die Clips aus einer wilden Mixtur von Tanzbewegungen, Klamotten und Fetischobjekten aus der Skateboard-Kultur, das Ganze gewürzt mit Goth, Disney, Ballett und der dandyhaften Eleganz kongolesischer Sapeurs sowie verknüpft mit Kleidern aus Science-Fiction-Filmen, mit Fetischkleidung und Retro-Vintage. Nach den Worten von Simon Reynolds traf in den Musikvideos Luxus auf Militarismus, „amerikanische Sportkultur auf japanische Uniformen".[143] Zugleich hatten alle Mitglieder südkoreanischer Gruppen der rigiden K-Pop-Ästhetik zu entsprechen – groß und schlank mussten sie sein, die Boys mit Waschbrettbauch, die Girls mit langen Beinen, beide mit scharfen und klaren Gesichtszügen. Die bereits perfekte Haut der Jungs musste auf dem Bildschirm wie Porzellan glitzern, die der hyperfemininen Mädchen wie die von Barbie-Puppen.

Wo die Natur den Vorstellungen der Manager nicht entsprach, sprangen meist Schönheitschirurgen helfend ein. Die vier Mitglieder der Girlband SixBomb legten sich wie viele andere unters Messer, ließen sich die Brüste vergrößern, die Augen westlicher formen und die Wangenknochen abschaben, um ein schmaleres Gesicht zu bekommen. Sie feierten diese Schönheits-OP im Jahr 2017 in dem Song *Becoming Beautiful* und zeigten das Resultat voller Stolz in einem Video als Vorher-Nachher-Vergleich. Die vielen von geschickten Händen modellierten Bildschirm-Schönheiten ließen Seoul wie erhofft zu einem Zentrum der plastischen Chirurgie in Ostasien aufsteigen. Die Stadt ist heute für Zehntausende Männer und Frauen aus Japan, China und Singapur zu einem Wallfahrtsort geworden ist, um sich dort nach dem Vorbild bekannter K-Pop-Stars umformen oder auf Jugend liften zu lassen.[144] K-Pop ist als strategisch geplantes Exportprodukt nicht weniger durchdacht als die anderen wichtigen Exportgüter des Landes wie Autos und Smartphones.

Schöne Körper sind bis heute oberstes Kriterium und ein Muss für jeden südkoreanischen Musikstar – reizende oder sexy Girls sowie maskuline und muskulöse

142 Lee Eun-Jeung, Hallyu: *Der Boom der südkoreanischen Populärkultur in Asien*, in Lee Eun-Jeung/Hannes B. Mosler (Hg.), Länderbericht Korea. Bonn: Bundeszentrale für politische Bildung, 2015, 391–404.
143 Reynolds 2017, 605.
144 Seabrook 2015, 158.

Boys. Als Objekte der sexuellen Begierde haben Girls wie Boys zudem stets Singles zu bleiben. Ihre Kleidung hat immer modisch zu sein und muss dem letzten Schrei entsprechen. Bis etwa 2007 bildete sich diese K-Pop-Formel heraus. Völlig tabu waren zunächst Tattoos und Piercings sowie im Gegensatz zu vielen westlichen Rockstars jegliche Verbindung zu Sex und Drogen. Skandale killten die Karriere. Übernommen wurden zwar die Erfolgsgaranten westlicher Musikstile, aber mit Rücksicht auf den asiatischen kulturellen Konservatismus nur in abgemilderter Form. Sexualität durfte nicht zu sexy herüberkommen, Exzentrik nicht zu ausgefallen, ein Kleidungsstil und Gebaren nicht zu „Ghetto".[145] Südkoreas produziert seitdem einen märchenhaften Augen- und Ohrenschmaus, „der so unnatürlich und hypergrell ist, dass es schwerfällt, sich eine Realität hinter den Pixeln aus Feenstaub vorzustellen, die über die Bildschirme flackern", so Simon Reynolds.[146] Die Unterhaltungsgesellschaften bauten K-Pop wie eine Marke auf. Jeder sollte im Voraus wissen, was sich dahinter verbirgt: ein Verschmelzen von leichten Texten, süffiger Musik und nachvollziehbaren Tanzschritten, die Musik eingepackt in ein mit Mode und Accessoires gefülltes Video, ergänzt durch kleine Alltagsgeschichten bei vorherrschenden Themen wie Leidenschaft und romantischer Liebe, vorgetragen in einem einfachen Koreanisch, Englisch oder einer anderen Sprache. Seit etwa 2010 übertreten einige wenige Songs und Videos vorsichtig diese Grenzen und zeigen selbstbewusste Frauen in Lack und Leder, die wie die Gruppe Brown Eyed Girls in *Abracadabra* Sexszenen nach dem Vorbild des Kinofilms *Basic Instinct* andeuten oder den Beinahe-Kuss zweier Mädchen.[147]

Gleichzeitig bauten die Unterhaltungsgesellschaften Hand in Hand mit den Medien einige wenige Musiker mit ebenso viel Aufwand zu Stars auf. In ganz Südkorea ist die Sängerin und Schauspielerin Lee Hyori bekannt, deren Karriere 1998 als Mitglied der Girlgroup Fin.K.L. begann. Obwohl keine herausragende Sängerin, startete sie nach Auflösung der Gruppe 2003 eine Solokarriere und wurde dabei allein aufgrund ihres Aussehens und Sex-Appeals von den Medien hochgepuscht. Wichtiger als ihre Stimme waren ihr Gesicht und Körper, die als attraktive Maske, Kleiderständer und Schmuckschatulle bis heute für alles dienen, was Kosmetik- und Modeproduzenten anzubieten haben. Bald war Lee Hyori rund um die Uhr omnipräsent – im Fernsehen, auf YouTube, auf den Titelseiten von Modezeitschriften und Illustrierten, auf Plakaten. Sie mimte in einer TV-Serie, und im Internet war ihr Name der am zweitmeisten angeklickte Begriff. Man sprach vom „Hyori Syndrome", und das Jahr 2003 wurde zum „Year of Hyori". Mit der Zeit zeigte die junge Frau immer mehr nackte Haut; sehr viel mehr als jede andere Koreanerin vor 1990 in der Öffentlichkeit jemals gezeigt hatte. Auch sie parodierte in dem Video zu ihrem Song *Bad Girls* aus dem Jahr 2013 Sharone Stones Befragungsszene in *Basic Instinct*. Sie wurde zum Vorbild für einen Großteil der jungen Koreanerinnen. Sie wurde zum Star – zum Star gemacht.[148]

145 Lie 2015, 96–109.
146 Reynolds 2017, 605.
147 Lie 2015, 140–148.
148 Mark James Russell, *K-Pop Now! The Korean Music Revolution*. Tokyo: Tuttle, 2014, 118.

K-Pop versteht sich heute als optimale Mischung aus Massenproduktion und Massenkonsum, als enge Verbindung aller Stilrichtungen der westlichen Popmusik mit einer riesigen Palette an Konsumartikeln und Lebensstilen.[149] Mit seinen hemmungslos kommerzialisierten Musikvideos, die mehr und mehr über die sozialen Netzwerke weltweit Verbreitung finden, treibt der K-Pop die Kommerzialisierung der Musik auf die Spitze. Zum einen werben die großen Industriegiganten Südkoreas, wie auch im Westen üblich, mit speziellen Songs direkt und unverblümt für ihre Produkte, etwa der Elektronikkonzern LG im Jahr 2009 mit dem Song *Lollipop* der Girlgroup 2NE1 für sein neuestes *Cyon Lollipop Phone*. Doch die meisten Videos machen nicht nur für einzelne Produkte Reklame, sondern mehr noch für Lebensgestaltung und Umgangsformen, Kleidungstile und Lebensstile. Sie bedienen sich dabei ebenso wie Modemacher im Westen hemmungslos bei den Subkulturen und präsentieren als den neuesten Chic von den Punks abgeschaute, mit silbernen Stacheln bestückte Jacken aus feinstem Leder. Die Videos zwingen nicht mehr zu einem starren Blick auf den Bildschirm, sondern sollen mit süffigen Songs, aufmunternden Tanzeinlagen und konsumanregenden Bildern den Alltag begleiten. Sie treten nicht als Verkaufsshows mit nervtötenden Marktschreiern auf, sondern umarmen ihr Publikum auf scharmante Weise, nehmen es an der Hand und führen es durch eine Traumwelt.

Der koreanischen Musikindustrie ist es inzwischen gelungen, mit dem süffigen K-Pop das Leben unzähliger junger Asiaten gewissermaßen zu kapern und Pop zum Alltag zu machen. Aus Thailand und China reisen heute Teenager in Scharen nach Seoul, wo sie bereits in der U-Bahn auf großen Plakaten aufgefordert werden, die Geburtstage ihrer Stars ja nicht zu vergessen. Die Tourismusbehörde drückt ihnen einen Stadtplan in die Hand, in dem alle Lokalitäten eingetragen sind, in denen ihre K-Pop-Stars sich vergnügen. Als absolutes Muss verweist sie auf den Apgujeong-Boulevard – die „K-Star Road" – im teuren Stadtteil Gangnam, wo auf einer Länge von einem Kilometer 30 Mickymaus ähnliche Figuren an die bekanntesten Musikgruppen des Landes erinnern. Als Tiefgläubige des Pop versäumen es die angereisten Teenager nie, sich in den Traumtempeln der großen Entertainment-Gesellschaften von ihren Idolen den Segen abzuholen, obwohl diese singenden und tanzenden Götter dort nur als Hologramm über die Bühne wirbeln. Doch auch abseits dieser Pilgerstätten sind sich Stars und Fans immer nah. Die Fantasiefiguren des K-Pop laden auf der populären „V-App" täglich kleine Privatvideos von sich hoch und sind natürlich in den sozialen Netzwerken omnipräsent.[150]

Mit dem K-Pop versucht die ostasiatische Musikindustrie parallel zum wirtschaftlichen Aufstieg der Region den kulturellen Einfluss des Westens zu kontern und der weiterhin vom Westen dominierte Popmusik einen stärkeren asiatischen Touch zu verleihen. Sie versucht mit Künstlern aus dem ostasiatischen Raum und eigenen Shows, das Musikgeschäft fester in die eigene Hand zu bekommen und damit auch den Konsum entsprechend zu steuern. Um nochmals Franco Berardi zu zitieren: „Südkorea ist das Laboratorium der konnektiven, neomenschlichen Welt.

149 Murray/Nadeau 2016, 24–27.

150 Ulf Lippitz, *Die verrückte Welt des Seoul-Pop*, in Tagesspiegel vom 30. Aug. 2016.

Es ist das Ground Zero der Welt, eine Blaupause für die Zukunft des Planeten."[151] Man könnte hinzufügen: Und auch der Popmusik als seinem Soundtrack.

Trotz des enormen Erfolgs der südkoreanischen Boy- und Girlgroups in weiten Teilen Ost- und Südostasiens wurde 2012 mit Psy ein eher rundlicher Sänger und mittelmäßiger Performer ein Weltstar. Er erzielte mit seinem Hit *Gangnam Style* einen globalen Sensationserfolg – dem Tanz eines Reiters, dem sein Gaul abhandengekommen ist. Der pferdelose Cowboy in seinem edlen Outfit verwies mit dem Titel auf den verschwenderischen und luxuriösen Lebensstil im Seouler Trendviertel Gangnam, wo die Frauen Gucci, Balmain und Prada tragen. Psy konnte nur in der neuen Welt der Bits und Bytes weltweit zu einem Shooting-Star aufsteigen. Ohne das Internet hätte sein Song nicht derart schnell die Gehörgänge der ganzen Welt erobert. Wovon er sang, war für Nicht-Koreaner nicht verständlich, musste es auch nicht. Die Betrachter seines Videos lachten Tränen über seine Tanzeinlagen, die eher Zuckungen glichen. Wer den Song mitsingen wollte, für den waren nur zwei Textstellen von Bedeutung „Hey, sexy lady" und „Gangnam Style" sowie die Tanzschritte: der Ritt auf einem imaginären Pony und das imaginäre Lasso-Werfen, um Kontakte zu knüpfen.[152]

Das stalinistisch regierte Nordkorea empfindet alle diese Töne aus dem Süden der Halbinsel weiterhin als Schallwaffen, zumal das südkoreanische Militär an der demilitarisierten Zone seine Kollegen auf der anderen Seite bis zu jenem spektakulären Schritt vom Machthaber Kim Jong-un über die Demarkationslinie am 27. April 2018 tagtäglich über weitreichende Lautsprecher mit K-Pop beschallte. Doch trotz aller Abwehr- und Störversuche sind die Stars aus dem Süden inzwischen auch im Norden zu heimlichen Stars aufgestiegen. Ihre Musik gelangt auf USB-Sticks, CDs und DVDs über die löchrige Grenze mit China ins Land. Zudem hat Kim Jong-un im Rahmen seiner Scharm-Offensive vom Frühjahr 2018 einige Popstars aus dem Süden wie die Girlband Red Velvet und den Musikveteran Cho Yong-pil in die nordkoreanische Hauptstadt Pjöngjang eingeladen.

Auch erlaubte der Machthaber der nordkoreanischen Moranbong Band, die bisher nur Volks- und Revolutionslieder in ihrem Repertoire hatte und Kim Jong-uns Raketenstarts hüftschwingend begleitete, auch Stücke von Mozart, Frank Sinatra und Modern Talking zu spielen, moderne E-Gitarren und E-Bässe, E-Drumsets und Synthesizer zu nutzen sowie ihre Frisuren zu modernisieren und ihre Röcke zu kürzen. Ihre Lead-Sängerin Hyon Song-wol stieg im Oktober 2017 als nichtständiges Mitglied in das Zentralkomitee der Arbeiterpartei auf, war bei den Olympischen Winterspielen in Pyeongchang anwesend und begleitete Kim Jong-un als Kulturbotschafterin Ende Februar 2019 zu dessen zweitägigen Treffen mit Donald Trump

151 Franco „Bifo" Berardi, *Helden. Über Massenmord und Suizid*. Berlin: Matthes & Seitz, 2016, 222.

152 Lie 2015, 156–158.

nach Hanoi. Selbst die ehemals oberste Regierungsband Pochonbo Electric Ensemble covert inzwischen westliche Musik wie den Modern-Talking-Klassiker *Brother Louie* aus dem Jahr 1986.[153]

Etwa zur gleichen Zeit, als Südkorea mit der Produktion seiner seichten und quietschbunten Pop-Clips begann, startete der saudische Prinz und Geschäftsmann Al-Waleed bin Talal im arabischen Raum sein Unterhaltungsnetzwerk Arab Radio Television (ART). Der Prinz, der in den USA studiert hatte, versorgte seit 1994 von Rom aus 22 islamische Staaten via Satellit mit einem westlich gestylten Unterhaltungsprogramm – mit Filmen aus Hollywood, amerikanischen Seifenopern, mit Talkshows sowie Videoclips nach dem Vorbild von MTV. Erstmals konnten die Araber von Casablanca bis Dubai und Beirut ein panarabisches Programm konsumieren, das alles im Angebot hat: von Nachrichten über seichte Unterhaltung bis zu religiösen Sendungen. Gleichzeitig stieg Al-Waleed in die 1987 mit saudischem Kapital gegründete Entertainment Company Rotana ein, die er durch weitere Zukäufe ab 2003 völlig unter seine Kontrolle brachte und in die er die fünf Musik-Kanäle von ART integrierte.

Die Rotana Group eroberte sich mit ihren Studios, Fernseh- und Radiostationen, Labels, Magazinen und Hotels quasi eine Monopolstellung auf dem arabischen Musikmarkt und der Produktion von Musikvideos. Auch nahm sie die meisten Popstars am Golf, in Ägypten und im Libanon unter Vertrag und sicherte sich mit Hilfe von rigiden Knebel-Verträgen das Verfügungsrecht über deren Auftritte, Konzerte, CDs und Videoclips. Schon bald dominierten diese Clips mit ihren leicht bekleideten, teils wunderschönen jungen Frauen das arabische Satellitenfernsehen. Sie präsentierten als Musik vornehmlich eine Mischung aus westlichem Pop und arabischer Musik, oftmals begleitet von traditionellen arabischen Instrumenten wie Rohrflöte, Laute und Handtrommel. Sie sangen über Familienglück und romantische Liebe.[154]

Wie in Südkorea treten auch die arabischen Sänger in den Musikvideos meist in Designer-Outfit auf, präsentieren einen im Fitnessstudio gestählten Body, cruisen wie auch die Sängerinnen in teuren Autos durch die Landschaft und räkeln sich auf luxuriösen Betten in luxuriösen Villen. Sie präsentieren sich oft als lebende Werbeflächen, und besonders die Softdrink-Giganten Coca-Cola und Pepsi Cola bedienen sich ihrer. Sie tragen ihre Lieder zumeist in mehreren Sprachen beziehungsweise Dialekten vor – im libanesischen Dialekt, im Golf-Dialekt, im Dialekt Ägyptens. Und sie singen vornehmlich von Liebe und Sehnsucht, wobei sich die Frauen an immer neuen Varianten des zuckersüßen Seufzers versuchen, um mit verklärtem Blick von ihrem „Habibi", ihrem Schatz, ihrem Liebling, ihrem Geliebten zu träumen.

Als hätte die arabische Welt nur auf das Satellitenfernsehen und seine Musikvideos gewartet, füllten sich seit den neunziger Jahren die Cafés von Beirut bis Abu

153 Martin Benninghoff, *Propaganda Style*, in Frankfurter Allgemeine Zeitung vom 20. April 2018, 6; Friederike Böge, *Musikdiplomatie*, in *Frankfurter Allgemeine Zeitung* vom 27. Febr. 2019, 8.

154 Gholam Khiabany, *The Middle East*, in Birkinbine/Gómez/Wasko 2017, 273-287, hier 281.

Dhabi plötzlich mit Wasserpfeifen rauchenden Männern, die sich dort MTV und die Shows der Sender von Al-Waleed anschauten. Bald installierte fast jede Familie, ob arm oder reich, eine Satellitenschüssel an Fenster oder Balkon. Die Musikclips entwickelten sich zu den Hinguckern überhaupt, führten aber auch zu einer Spaltung der Gesellschaft und zum Kontrollverlust der Regierungen über die Inhalte der Sendungen.

Während die Mehrheit der städtischen Bevölkerung sich offenbar an diesen Videos mit ihren Hüften schwenkenden Sängerinnen nicht genug sattsehen konnte, stießen sie auf dem Land eher auf Ablehnung. Während für die jüngere Generation derartige Clips wie selbstverständlich zum modernen Leben gehörten ähnlich wie Smartphones und Internet, schockten sie mit ihrer freizügigen Darstellung von Frauen die Älteren. Und während die säkulare Mittelschicht mit diesen Musikfilmen einen Teil ihrer Unterhaltungsbedürfnisse befriedigte, verdammten die meisten frommen Muslime sie als Sünde und protestierten lautstark gegen einzelne Sendungen und Künstler. Im Gegensatz zu den Popfans, die etwa den beiden hocherotischen und freizügigen Sängerinnen Haifa Wehbe und Nancy Ajram aus dem Libanon zujubelten, verurteilten konservative Kritiker deren gewagte Videos und zweideutige Texte. Bald wurde Ajram untersagt, in Kuwait und Bahrain aufzutreten. Das Parlament von Bahrain forderte ein Auftrittsverbot von Wehbe, und die ägyptische Regierung verbannte ein aufreizendes Video der Sängerin aus dem Fernsehen. Besonders die Ägypterin Rania Hussein Mohammad Tawfiq, besser bekannt unter ihrem Künstlernamen Ruby, geriet ins Kreuzfeuer der Kritik, weil sie im Outfit einer Bauchtänzerin zu Techno-Pop und Sha'abi-Pop mit den Hüften wackelte, viel nackte Haut zeigte und ein hohes Maß an Erotik ausstrahlte. Auch die amerikanische Pop-Sängerin Beyoncé musste sich bei ihrem Auftritt in Port Ghalib am Roten Meer im November 2009 wegen ihres freizügigen Bühnenoutfits von einem Abgeordneten der Muslimbruderschaft vorwerfen lassen, sie veranstalte eine „Sex-Party". Alle Verbote und Anfeindungen steigerten aber letztlich nur den geschäftlichen Erfolg dieser Künstlerinnen.[155]

Die Kritik an den Videoclips mit ihren oftmals leicht bekleideten Sängerinnen ging von zwei Gruppen aus – den Verfechtern der althergebrachten Kultur sowie der muslimischen Geistlichkeit. Beide sahen sich von dem Satellitenfernsehen überrollt, zumal die neuen Sender ihr Programm oftmals von Europa oder den USA aus in den Äther jagten und sich daher nicht so einfach zensieren ließen. In Ägypten, das sich noch immer als Zentrum und Bollwerk der arabischen Kultur wähnte, wurde dem kulturellen Establishment schmerzlich bewusst, dass die „goldenen"

155 Thomas Burkhalter, *Frauenrollen und Popmusik in der arabischen Welt*, in Helms/Phleps 2011, 189–200, hier 190–193; Moataz Abdel Aziz, *Arab Music Videos and Their Implications for Arab Music and Media*, in Frishkopf 2010, 77–89, hier 86; Abdel-Wahab Elmessiri, *Ruby and the Checkered Heart* in Frishkopf 2010, 163–172; Negar Azimi, *Islam's Answer to MTV*, in The New York Times Magazine vom 12. Aug. 2010, www.nytimes.com/2010/08/15/magazine/15Pop-t.html?pagewanted=all; Otterbeck 2008, 221–222; Charles Thibo, *Libanon: Sexy Skandal um Haifa Wehbe in Beirut*, in Mitteldeutsche Zeitung vom 28. Okt. 2003, www.mz-web.de/politik/...10009812; *Music in Lebanon*, in fanack.com vom 28. Sept. 2014, https://fanack.com/lebanon/society-media-culture/culture/music.

sechziger und siebziger Jahre, als die ägyptische und arabische Kultur noch identisch und Sängerinnen wie Umm Kulthum bis in den Maghreb noch als panarabische Ikonen anerkannt und verehrt wurden, der Vergangenheit angehörten. Die Träger der arabischen Hochkultur mussten mitansehen, wie die kulturellen Standards inzwischen von anderen Ländern gesetzt wurden, die in ihren Augen einen kulturellen Imperialismus betrieben. Viele beklagten, dass eine „vulgäre" westliche Musik nun Radio und Fernsehen beherrsche und die Clips einem dekadenten, völlig abgehobenen Lebensstil huldigten, der kaum etwas mit dem Alltag und der gelebten Kultur zu tun habe. Sie empörten sich, dass die Liebeslieder zu reiner Erotik verkommen seien, die Clips den Körper zur einzigen Quelle von Identität herabwürdigten und Mann und Frau auf einen sexuell aufgeladenen Körper reduzierten.

Den meisten Kritikern wurde erst Anfang des neuen Jahrtausends bewusst, dass Ägypten sich mit den wirtschaftsliberalen Reformen des vorangegangenen Jahrzehnts und den Neuerungen der Kommunikationstechnologie in den globalen Markt integriert und damit seine Grenzen geöffnet hatte für Restaurants, Bars und Einkaufmalls im westlichen Stil sowie für private Fernsehsender wie Melody, Mazzika und Rotana. Deren Programm lief inzwischen ohne Unterbrechung in diesen Restaurants, Bars und Malls, wo die neue, weltoffene Mittelschicht speiste oder einen Cappuccino zu sich nahm. Viele wollten nicht einsehen, dass Ägypten nach den verlorenen Kriegen gegen Israel und dem wirtschaftlichen Aufstieg der Golfstaaten seinen Spitzenplatz als Zentrum der arabischen Filmindustrie eingebüßt und an die neureichen Ölstaaten am Golf, vor allem an Dubai abgegeben hatte.[156]

Zusammen mit den Verteidigern der arabischen Kultur lehnten tiefgläubige Muslime die Musikvideos vor allem wegen der darin enthaltenen Tanzszenen ab, zumal die meisten der gefeierten Stars aus dem Libanon kamen, die als Christen von den Mullahs als Ungläubige diskriminiert wurden. Prominente Geistliche sahen in den Clips einen hinterhältigen Angriff des Westens, um die muslimische Familie zu zerstören, die arabische Jugend ins Verderben zu stürzen und Scheidungen zu fördern. Mit den vulgären und vor Sex strotzenden Videos von Madonna und Michael Jackson exportiere der Westen eine minderwertige und unheilbringende Kultur, verführe die Jugend zu einem exzessiven Konsum, zu illegalen Handlungen und unterminiere die Geschlechterrollen und besonders die religiösen Praktiken. Die Sängerinnen würden mehr noch als mit ihren Stimmen mit ihren schamlosen Bewegungen die Männer erregen und zu Sünde und Unzucht verleiten. Tanzende Frauen im Fernsehen: das sei *haram*, das sei Sünde. Kurzum: Für die meisten Frommen waren die Musikvideos reine Porno-Clips.

Der einflussreichste TV-Geistliche der islamischen Welt, der in Ägypten geborene Rechtsgelehrte Scheich Yusuf al-Qaradawi, der seine Botschaften über den in Doha beheimateten Sender Al Jazeera verbreitete, verbot zwar keineswegs Musik, machte jedoch die Begleiterscheinungen davon abhängig, ob sie *halal* oder *haram*

156 Walter Armbrust, *What Would Sayyid Qutb Say?*, in Frishkopf 2010, 231–254, hier 238–241; Patricia Kubala, *The Controversy over Satellite Music Television in Contemporary Egypt*, in Frishkopf 2010, 173–224, hier 173–192.

seien. Der Scheich verurteilte insbesondere die den Gesang begleitenden von ihm so genannten „horizontalen" Tänze, bei denen die Sängerinnen in unanständiger Kleidung stehend, sitzend oder im Liegen tanzen, um seiner Meinung nach die Zuschauer sexuell zu erregen.[157]

Als Gegenstrategie gegen die Petro-Satellitensender und das Heer der Hüften schwenkenden Popsternchen, aber auch im Unterschied zu den rein religiösen Sendern mit ihrer permanenten Koran-Lektüre und ihren langbärtigen Predigern, die nur über Sünden sprechen, wurde im Jahr 2009 in Ägypten der neue Sender 4Shbab gegründet. Er positionierte sich nach eigenen Angaben in der Mitte zwischen dem Islam und dem Popmusik-Business. 4Shbab, was „Für die Jugend" bedeutet, konzentrierte sich auf die Produktion von Clips mit religiöser Musik und frommen Botschaften, um als „islameigenes MTV" zum Schutz und Rehabilitation der muslimischen Jugend beizutragen sowie Moral und religiöse Werte zu fördern. Die Leiter nahmen alle leichtbekleideten Frauen aus dem Programm sowie die meisten Frauen generell. Dafür ließen sie den in Teheran geborenen und in London lebenden Pop-Prediger Sami Yusuf mit seinen Balladen und eher kitschigen Texten Allah für die Schönheit der Schöpfung preisen und seine Liebe zum Propheten Mohammed besingen. Der Sender wandte sich an junge, kosmopolitische Moslems, die trotz aller westlicher Einflüsse an ihrer Kultur festhalten wollten – und wurde umgehend von konservativen Moslems kritisiert: Das Wort Gottes genüge, um die Jugend zu erreichen.[158]

Auch in der Türkei gingen einzelne Sender und Labels diesen Weg, indem sie international bekannte Melodien nutzten, um Allah zu preisen und für einen islamischen Lebensstil zu werben: Yesil Pop – Grüner Pop. Zu den Klängen von Rock, Reggae und Dance preisen die Sänger und Rapper die Allwissenheit Gottes, singen und rappen über das Paradies, wiederholen permanent „Gott ist groß!" und hetzen in den Videos wie jeder andere Rockstar auch über den Bildschirm. Sängerinnen und Rapperinnen sucht man dagegen vergeblich, obwohl sie in der säkularen türkischen Popszene sehr populär sind. Innerhalb weniger Jahre entwickelte sich eine ganze Industrie aus dieser Kombination von Rock und religiöser Botschaft.[159]

Während der gesamten Diskussion über das Für und Wider der Musikclips kam nicht zur Sprache, dass viele der arabischen Popsternchen von Geschäftsleuten und Politikern, die sich in der Öffentlichkeit gern mit schönen Schauspielerinnen und Sängerinnen umgeben, wie Prostituierte gehalten wurden. Nur unter vorgehaltener Hand deuteten Insider an, die meisten weiblichen Popstars seien nur deshalb erfolgreich, weil sie sich bei Scheichs, Politikern und Geschäftsleuten prostituierten. Sie legten zwar keine handfesten Beweise vor, ihre Anschuldigungen schienen sich aber zu bestätigen, als im Sommer 2008 die libanesische Popsängerin Suzan Ta-

157 Patricia Kubala, *The Controversy over Satellite Music Television in Contemporary Egypt*, in Frishkopf 2010, 173–224, hier 194.

158 Ebd., 207–212; Théo Corbucci, *4Shbab: MTV version islamique*, in ina global vom 26. Okt. 2010, www.inaglobal.fr/television/article/4shbab-mtv-version-islamique [29.08.2018].

159 Dorian Jones, *Islamische Musik in der Türkei. ‚Grüner' Pop mit religiöser Botschaft*, in Quantara.de vom 2. Febr. 2007.

mim, deren lange Liste an mannstollen Affären eine sensationslüsterne Öffentlichkeit mit sichtlichem Vergnügen verfolgte, in ihrem Luxus-Appartement in Dubai verstümmelt und erstochen aufgefunden wurde. Auftraggeber des Mordes war, wie bald bekannt wurde, ein eifersüchtiger Liebhaber, ein steinreicher ägyptischer Unternehmer und Mitglied des Oberhauses. Tamim war eine typische Vertreterin dieser Schnulzen trällernden Schönheiten, die als Sexobjekte die Blicke und Wünsche auf sich lenkten. Wo an ihrem Körper die Natur versagt hatte, musste der Schönheitschirurg zum Messer greifen. Suzan Tamim erhielt zunächst passend zu ihren grünen Pupillen Katzenaugen modelliert, ehe sie sich mit schweren Brüsten ausstatten ließ, ohne die das Showbiz des Nahen Ostens offenbar nicht auszukommen scheint. Bei der Obduktion fanden die Gerichtsmediziner ein Kilo Silikon in Brust, Po und Backenknochen des Leichnams. Ihr Äußeres und ihre sexy Auftritte machten Tamims Musikvideos zu Bestsellern, während sie auf ihre Stimme weniger vertraute und computergenerierte Schlager sang.[160]

Als eine Art Gegenprogramm zur panarabischen Satelliten-TV-Pop-Industrie ist um die Jahrtausendwende zuerst im Libanon im Umkreis der internationalen Universitäten und Kunstschulen eine neue Kunst- und Musikszene entstanden mit Indie und Post-Punk über Elektropop bis hin zu härtestem Hip-Hop. Die meisten dieser Musiker leben zwar für ihre Musik, können aber nicht von ihrer Musik leben. Das Land ist zu klein. Es existiert kein Gesetz gegen Musikpiraterie, und nur die kommen finanziell über die Runden, die auch im Ausland auftreten können und dort einen Plattenvertrag ergattern.

Ein Beispiel dafür ist die 2008 in einem Musik-Workshop der American University of Beirut entstandene fünf Mitglieder umfassende Indie-Rockband Mashrou' Leila. Ihr gelang es, die inzwischen bereits recht antiquierte Fusion aus Rock und arabischem Sound zu entstauben. Mit ihren satirischen Texten über Liebe und Krieg, Sicherheit und Attentate, Geschlechterbeziehungen und Homosexualität sprach sie äußerst sensible Themen an, eckte damit vor allem in der muslimischen Welt an und erhielt etwa in Jordanien Auftrittsverbot.[161]

Verschiedene Richtungen der westlichen Popmusik aus dem Westen gehören heute wie selbstverständlich zur Geräuschkulisse vieler Kulturräume, in denen noch vor wenigen Jahren und Jahrzehnten nur einheimische Melodien und einheimische Instrumente zu hören waren. Die transnational agierenden Unternehmen der Musikindustrie weiten ihr Aktionsfeld permanent aus. Weder staatliche, ideologische noch kulturelle Grenzzäune können sie daran hindern. Die Musikindustrie sowie Weltunternehmen aus unterschiedlichen Branchen, die Musikstars und Musikevents zur Eigenwerbung nutzen, haben mit immer ausgefeilteren Marketingmethoden alle Richtungen der populären Musik, wenn sie nur kommerziellen Erfolg versprachen, bis in den dunkelsten Urwaldwinkel hineingetragen. Heute bedienen

160 Ulrike Putz, *Tod einer Pop-Prinzessin*, in SPIEGEL ONLINE vom 20. Aug. 2008; *Ein Kilo Silikon im Leichnam*, in Neue Zürcher Zeitung vom 18. Jan. 2009.

161 Hellmuth Vensky, *Musikszene im Libanon. Die skeptische Nation singt*, in ZEIT ONLINE vom 1. Sept. 2011.

die Hits von Lady Gaga und Beyoncé weltweit ein Publikum, das zu denselben Rhythmen tanzt.

Gleichzeitig schreiten in den riesigen Malls, die mit ihren attraktiven Läden westlicher Nobelmarken rund um den Globus zu finden sind und in denen sich in den Großstädten der tropischen und subtropischen Gebiete die konsumfreudige Mittelschicht trifft und vergnügt, die Besucher über einen Klangteppich aus westlicher beziehungsweise hybrider Musik. Auch hat diese Musik die Straßen erobert. In indischen Städten, um nur ein Beispiel zu nennen, plärrt sie in Straßen und auf Plätzen aus fest installierten Lautsprechern und Lautsprecherwagen, vor allem aber tönt sie aus Autoradios und Walkmen, womit die Menschen den Lärm der vielen Autos mit ihrem andauernden Hupen, der Fahrradklingeln, Baumaschinen und Marktschreier zu überdecken versuchen.[162]

Selbst in der Volksrepublik China wagte sich die westliche Musik nach 1989 langsam aus dem Untergrund hervor, während die Kommunistische Partei Chinas die Rockmusik zuvor als dekadent und pornografisch verurteilt hatte. Die jahrzehntelange Gehirnwäsche tat ein Übriges. Nachdem Wham! mit George Michael 1985 zu zwei Konzerten in China aufgetreten war, der Cantopop von Hongkong aus auf dem Festland vordrang und Teresa Teng mit ihrem an das Shanghai der dreißiger Jahre erinnernden Stil von Taiwan aus zur beliebtesten Sängerin des Riesenreichs aufgestiegen war, brachte der Musiker Cui Jian als Pionier der chinesischen Rockmusik 1988 das erste Rockalbum der Volksrepublik heraus mit dem bezeichnenden Titel *Rock and Roll on the New Long March*, das die chinesischen Medien jedoch mit keinem Wort erwähnten. Wie ihre kommunistischen ‚Brüder' in der noch existierenden UdSSR fürchteten sie das Rebellische und Aufrührerische des Rock und das unbändige Kampfgeschrei der E-Gitarren, obwohl Cui seinen Sound zunächst mit traditionellen chinesischen Instrumenten wie der Suona anreicherte, um seine Landsleute langsam an die neue Musik heranzuführen. Da sein Lied *Ich habe nichts* 1989 zur Hymne der Studenten auf dem Tian'anmen wurde, durfte Cui Jian fortan nicht mehr in Peking auftreten.

Gleichwohl erlaubte die Partei im folgenden Jahr erstmals einigen Rockmusikern, sich in aller Öffentlichkeit zu zeigen. Im Februar 1990 trat die Heavy Metal-Band Tang Chao mit staatlicher Erlaubnis vor Tausenden Jugendlicher auf. Im Mai desselben Jahres erhielt sie zudem die Genehmigung, in der Halle der Arbeiter vor über 100.000 Zuschauern anlässlich der Eröffnung der „1990 Asian Games" zu spielen. Tausend weitere Rockbands wie Heibao und Lingdian folgten. Die meisten verabschiedeten sich alsbald wieder von ihren Fans und gerieten in Vergessenheit. Typisch für alle war, dass sie ihre chinesische Herkunft und Kultur betonten, indem sie neben den westlichen Instrumenten wie E-Gitarre und Synthesizer auch traditi-

162 Sindhumathi Revuluri, *Stereos in the City: Moving trough Music in South India*, in Gopinath/Stanyek 2014, 382–398, hier 382.

onelle chinesische Musikinstrumente wie Suona, Zitter und Gongs in ihr Spiel einbauten. Aber China blieb weiterhin ein popmusikalisches Entwicklungsland. Seine Stars sind nur einer kleinen Fangemeinde bekannt.[163]

Dies änderte sich langsam, als der Staat seit der Jahrtausendwende begann, überall im Land Musikfestivals zu organisieren und sich damit von einem Monopolisten in der Musikproduktion in einen Kultur-Beauftragten und Regulator verwandelte. Erstmals garantierte die Fülle dieser Festivals den Rock-Bands ein gutes und stetiges Einkommen. Allein von 2007 bis 2010 vervierfachte sich die Zahl solcher großen Open-Air-Veranstaltungen. Hinzu kamen viele kleinere Festivals. Viele Städte wollten sich mit derartigen Events nach westlichem Vorbild landesweit einen Namen machen und von dem Tourismus-Boom profitieren. Dagegen hoffte die Partei, mit einer eigenen, nicht mehr von Hongkong, Seoul und Taiwan dominierten chinesischen Pop-Kultur den gleichen Einfluss im Ausland zu gewinnen wie Amerikaner und Japaner mit Rock, Beat, Techno oder Hip-Hop. Sie zeigte sich offen für eine hybride Popmusik als einer Mischung aus westlichen und chinesischen Elementen, falls die Songtexte keine Kritik an der Partei und den sozialen Zuständen im Land enthielten.

Auch entstanden überall in den Großstädten, vor allem in den weltoffeneren Küstenstädten, Discos nach westlichem Vorbild. Den Parteioberen war durchaus bewusst, dass sich eine solche Soft Power nur in einer offenen Gesellschaft entwickeln kann. Wie auch im Bereich der Wirtschaft, wo chinesische Produzenten sich an ausländischer Spitzentechnologie orientieren sollten, so auch im Bereich der Musik. Ausländische Stars sollten auf diesen Festivals auftreten, um den chinesischen Musikern als Vorbild zu dienen. Hinzu kamen nach westlichem Vorbild Musikwettbewerbe im Fernsehen wie Super Girl, Super Boy, The Voice of China, Chinese Idol und The X Factor.[164]

Gleichwohl hat es die westliche Popmusik weiterhin schwer, sich gegen die traditionelle chinesische Musik durchzusetzen, konkret gegen die Musik der Peking Oper sowie des von Mao verordneten Musikstils einer „pentatonischen Romantik", das heißt der Verbindung von chinesischen pentatonischen Melodien und der spätromantischen Harmonik. Rock ist auch heute weiterhin ein Randphänomen. Die Tencent Music Entertainment Group, der größte Streaming-Anbieter Chinas mit 600 Millionen Kunden pro Monat, davon 15 Millionen mit einem kostenpflichtigen Abo im Sommer 2017, bietet einen Musikkatalog mit rund 17 Millionen Tracks an, von denen rund 60 Prozent von westlichen Labels lizensiert sind. Neben moderner Popmusik enthält der Katalog auch vier Prozent traditionelle chinesische Musik. Auf diese vier Prozent entfallen jedoch rund 80 Prozent aller Plays, obwohl Jüngere im Alter zwischen 15 und 27 Jahren vier Fünftel der Kunden dieses Streaming-

163 Steen 1995, 8 u. 14; Andreas Steen, *Cui Jian*, in Edward L. Davis (Hg.), Encyclopedia of Contemporary Chinese Culture. London: Routledge, 2005, 118; Gunde 2002, 101–102; Broughton/Ellingham/Lusk 2009, 515–519.

164 Groenewegen-Lau 2014, 3–26; Anthony Fung, *Western Style, Chinese Pop: Jay Chou's Rap and Hip-Hop in China*, in Asian Music Bd. 39, H.1, Jg. 2008, 69–80; Heidi Netz Rupke/Grant Blank, *‚Country Roads' to Globalization: Sociological Models for Understanding American Popular Music in China*, in The Journal of Popular Culture 42, 2009, 126–146.

Dienstes stellen. Dabei will die relativ kleine Gruppe der Jugendlichen, die auf westlicher Musik steht, nur das Allerneueste und nur die aktuellen Stars hören. Oldies wie die Beatles, die Stones und die Bee Gees interessieren sie nicht. Noch zu Beginn des Jahrtausends beschränkte sich der Konsum amerikanischer Popmusik auf Studenten mit englischen Sprachkenntnissen.

Noch betrachten die meisten Chinesen die Musik als ein freies Gut, für das sie nichts bezahlen müssen. Noch kommen die meisten Musiker, die in China als Superstars gefeiert werden, von außerhalb, vornehmlich aus Hongkong, Singapur und Taiwan. Das alles wird sich sehr bald ändern, zumal sich auch die Major-Labels des Westens für chinesische Musiker interessieren. Im April 2018 nahm die Universal Music Group den chinesischen Superstar Kris Wu unter Vertrag, um ihn auch im Westen an die Spitze der Charts zu führen und die westliche Popmusik mit einem chinesischen Touch zu bereichern.[165] Zugleich verzeichnen die ostasiatischen Musikmärkte ein überdurchschnittliches Wachstum und gewinnen zunehmend an Bedeutung. Während der japanische Musikmarkt bereits seit Jahrzehnten hinter dem unangefochtenen Spitzenreiter USA den zweiten Platz einnimmt, drängen insbesondere Südkorea und China mit Macht nach vorne. Beide nahmen im Jahr 2007 noch den 30. beziehungsweise 34. Platz ein. 2018 rangierten Südkorea bereits auf dem sechsten und China auf dem siebten Rang.[166]

WORLD MUSIC – EINE KULTURSCHMELZE

Wie bereits in früheren Jahrzehnten, als die Großen des Jazz oder auch die Beatles und Rolling Stones mit indischen und arabischen Klängen experimentierten, so taten sich auch schon vor der Jahrtausendwende immer wieder Musiker aus dem Westen mit Musikern aus Asien, Afrika oder Südamerika zusammen, um ihrer eigenen Musik neue Impulse zu verleihen oder die Musik anderer Kulturen im Westen bekanntzumachen. Der Kassettenrekorder hatte es möglich gemacht, Musik aus New Guinea oder Grönland seit den späten siebziger Jahren erstmals im Original in Amerika und Europa hören zu können.[167] 1981 veröffentlichten die beiden Briten David Byrne und Brian Eno gemeinsam unter dem Begriff World Music *My Life in the Bush of Ghosts*, wozu sie vorwiegend ethnische Musik aus verschiedenen arabischen Ländern verwandten. Seitdem versteht man in der Musikbranche unter Weltmusik zumeist Musiken, die nicht aus Nordwesteuropa und Nordamerika

165 Interview mit Andy NG, dem Chef der Tencent Music Entertainment Group am 06. Juni 2017, in dasfilter.com/gesellschaft/ich-mach-das-mit-gehirnwaesche; *Tencent Music's Andy Ng talks China and expansion* in musically.com/2017/06/06/tencent-music-andy-ng-China-midem; *Musikalisches Leben in China*, in www.bpb.de/internationales/asien/china/44311/musik [14.08.2017]; *Focus on China. China's phenomenal potential unlocked by streaming*, in International Federation of the Phonographic Industry IFPI (Hg.), Global Music Report 2018. Annual State of the Industry, 11 u. 34–35.

166 International Federation of the Phonographic Industry, *IFPI Global Music Report 2008* u. *2019, 13.*

167 Gronow/Saunio 1999, 183–185.

stammen, in den Ohren von Westeuropäern und Nordamerikanern von einer gewissen Exotik sind, sowie „sinnlich in Bezug auf ihre Tanzbarkeit, mystisch bezüglich ihrer Philosophie, anziehend und doch nicht gleichwertig oder wert, dokumentiert zu werden." Andere zählen dazu auch Musiken aus Europa, Amerika und Australien, die von unterdrückten oder marginalisierten Minderheiten ausgeübt werden, wie etwa die Musik der Aborigines in Australien. [168] Allgemein lässt sich sagen, Weltmusik ist die Begegnung mit fremden Musiken.

Einige Künstler nutzten solche Musik zur Inspiration oder für Teilplagiate, wieder andere übernahmen lediglich den Stil, um ihn für die Plattenkäufer im Westen aufzupolieren. Für viele jedoch war sie ein Steinbruch, um sich bedenkenlos daraus zu bedienen. Dabei lieferte die so genannte Dritte Welt wie auch auf anderen Gebieten nur den Rohstoff, während die Erste Welt den Verwertungsprozess kontrollierte und die Gewinne einstrich. Der Begriff des „musikalischen Kolonialismus" machte die Runde. Viele kritisierten eine solche Ausbeutung anderer Kulturen, was besonders bei Fragen des Urheberrechts deutlich wurde. Auch verwiesen sie darauf, dass die Musik weitgehend aus ihrem kulturellen und politischen Zusammenhang gerissen würde und nur die vom Westen definierte Ästhetik gelte.

1986 ging der Amerikaner Paul Simon, ausgestattet mit reichlich Geld, Technik und Marketingmitteln, nach Südafrika, wo er mit dortigen schwarzen Musikern das Album *Graceland* aufnahm, das sich millionenfach verkaufte, und für das er mit einem Grammy geehrt wurde. Simon ließ sich inspirieren von fertig arrangierten Songs, die von Musikern in südafrikanischen Townships in deren Dialekt vorgetragen wurden. Er legte englischsprachige Texte über Instrumental-Tracks schwarzer südafrikanischer Bands und rekrutierte andere südafrikanische Musiker, die mit lokalen Musikstilen wie Kwela, Mbube und Mbaqanga vertraut waren, um weitere seiner Kompositionen zu begleiten.

Graceland machte Hörer in der westlichen Welt mit der Vielfalt und dem Erfindungsreichtum der Musik farbiger Südafrikaner bekannt, jedoch lediglich mit solcher Musik, die sich nach Meinung von Simon für ein internationales Publikum eignete. Auch bearbeitete er diese Musik, um sie dem westlichen Geschmack anzupassen. Er ermunterte die afrikanischen Musiker, sich an der Fortentwicklung einer globalen Mischkultur zu beteiligen. Er trug dazu bei, dass Musik, die an festumrissenen Orten und in einem bestimmten gesellschaftlichen Kontext entstanden war, in der ganzen Welt als austauschbare Ware vermarktet wurde.[169] Die Musikethnologin Jocelyne Guilbault von der Universität Berkeley monierte, dass Musiker aus der Dritten Welt nur dann Zugang zu einem weltweiten Publikum finden, wenn sie sich dem „internationalen Sound" anpassen, was heißt, dass sie die „europäischen

168 Glaucia Peres da Silva, *Weltmusik: Ein politisch umstrittener Begriff*, in Leggewie/Meyer 2017, 9–16, hier 12; Shuker 2016, 123–124; Jocelyne Guilbault, *World music*, in Frith/Straw/Street 2001, 176–192.

169 Lipsitz 1999, 106–111.

Tonarten und Stimmungen, Harmonien und elektronischen Instrumente verwenden" sowie „tanzbare Rhythmen und eine auf euroamerikanischen Konventionen beruhende Intonation".[170]

Bei vielen dieser Projekte sind die Machtverhältnisse offensichtlich. Wer das Geld hat, bestimmt die Melodie und den Sound. Während des Disco-Booms, als vielfach Disco-Songs mit einer Prise Exotik attraktiver gemacht wurden, baute der deutsche Musikproduzent Frank Farian in den Hit *Ma Baker* der von ihm gegründeten Gruppe Boney M. die Melodie eines tunesischen Volksliedes ein. Als Plagiatsvorwürfe laut wurden, flog Farian kurzerhand nach Tunis und kaufte dort von dem tunesischen Musikverlag diesen Titel nebst 80 Prozent des gesamten Verlagskatalogs einfach auf.[171]

Für die World Music engagierte sich ab 1987 vor allem der Brite Peter Gabriel mit seinem Label Real World sowie mit seinem WOMAD-Festival, das die Illusion hervorzaubern sollte, in einer idealen Welt zu leben. Gabriel präsentierte Amerikanern und Europäern einige im Westen bis dahin völlig unbekannte Musikrichtungen sowie Musiker wie Fateh Ali Khan aus Pakistan und Youssou N'Dour aus dem Senegal.[172] Khan nutzte umgehend seine Kontakte zu westlichen Musikern, um seiner südostasiatischen Musik westliche Klänge hinzuzufügen. Die von ihm gepflegte Tanzmusik Bhangra entwickelte sich so zu einer Mischung aus westlichem Pop und traditioneller Volksmusik aus dem Punjab. In Großbritannien lebende Musiker indischer Abstammung mischten anschließend dem Bhangra weitere Elemente wie Hip-Hop, Reggae, moderne indische Musik sowie westliche Musikinstrumente bei und führten ihn so in die Charts, in indische, britische und nordamerikanische Diskotheken sowie in das Programm von MTV. Inzwischen ist daraus eine Musik geworden, die sowohl den Vorstellungen vieler Einwohner des Westens von Indien entspricht, als auch dem Bedürfnis indischer Migranten in Europa und Nordamerika nach einem idealisierten Heimatland.[173]

In den neunziger Jahren entwickelte der Brite indischer Abstammung, Apache Indian, diese Musik nochmals weiter, indem er, inspiriert von Bob Marley und Steel Pulse, zusätzlich Hip-Hop und Reggae in den Bhangra integrierte. Seine Platten verkauften sich besonders gut in der indischen und karibischen Diaspora in Nordamerika und London, von wo die Begeisterung um diese Musik wiederum nach Indien und Südostasien zurückschwappte.[174] Und genauso wie beim modernen Bhangra inzwischen moderne, in Japan oder im Westen entwickelte Musikinstrumente den Ton erzeugen, so auch bei anderen traditionellen Musikrichtungen in vielen Teilen der Welt. So werden etwa auf Bali einheimische populäre Songs von

170 Jocelyne Guilbault, *Zouk: World Music in the West Indies*. Chicago: University of Chicago Press, 1993, 150.

171 Pendzich 2008, 220–225.

172 Taylor 1997, 41–53; Taylor 2007, 127–129 u. 133; Broughton/Ellingham/Trillo 1999, 622.

173 Laura Leante, *Shaping Diasporic Sounds: Identity as Meaning in Bhangra*, in The World of Music Bd. 52, Jg. 2010, 229–252; Taylor 2007, 146–155; Melissa Ursula Dawn Goldsmith/Anthony J. Fonseca, *Bhangra-Beat and Hip-Hop*, in Babacar M'Baye/Alexander Charles Oliver Hall (Hg.), Crossing Traditions. American Popular Music in Local and Global Contexts. Lanham: The Scarecrow Press, 2013, 157–174, hier 159–161; Murray/Nadeau 2016, 58–61.

174 Lipsitz 1999, 56–57; Taylor 1997, 155–159 u. 165–169.

westlichen Instrumenten wie E-Gitarren und Keyboards begleitet. Auch tönen heute in griechischen Tavernen griechische Volkslieder mit synthetischen Rhythmen unterlegt aus den Lautsprechern, und der selbst in Argentinien fast ausgestorbene Tango feierte als Elektrotango ein Comeback, jedenfalls als Folklore zur Unterhaltung von Touristen.[175] Derweil entwickelte sich WOMAD zu einem global agierenden Unternehmen mit Tonträgern, Labels, Verlagen, Studios, Agenturen und der Promotion seiner Musik über Festivals und spezielle Charts, bis hin zu Ausstellungen von Kunsthandwerk.[176]

Labels wie World Music möchten nicht allein das Interesse an nichtwestlicher Musik wecken, sondern mit Salsa, Afro Rock, Fuji, Jùjú, Raï und anderen Richtungen Gewinne erwirtschaften. Um diese Musik aber den westlichen Hörgewohnheiten anzupassen, reichern die Produzenten sie mit westlichen Instrumenten an und bringen sie mit modernster Technik auf Tonträger. Sie säubern fremde Musikstile von allem, was ihrem Konsum durch ein Massenpublikum im Weg stehen könnte. So wurde Ende 1982 in dem Song und Video *Pass The Dutchie* der Reggae-Band Musical Youth der Reggae auf einige wenige, simple Licks reduziert und die Musik völlig aus ihrem ursprünglichen antirassistischen Kontext herausgelöst. Das Video verzichtete ganz auf Dreadlocks und die religiöse Zeichensprache der Rastafari, sodass viele Zuschauer die jungen Musiker lediglich als „Rasta-Schlümpfe“ wahrnahmen.[177] Anhand solcher hybriden Musik wird ersichtlich, dass aufgrund der Zusammenarbeit von Musikern aus verschiedenen Weltregionen, die durch neue Technologien und die Digitalisierung heute problemlos möglich ist und zunehmend realisiert wird, eine genaue geografische und kulturelle Verortung der dabei produzierten Musik nicht mehr möglich ist. Damit verliert auch die Gegenüberstellung von westlicher und nicht-westlicher Musik zunehmend an Aussagekraft.[178]

Andere Musiker wiederum produzierten eine Art Global Pop, indem sie der Musik bestimmter Kulturen mehr Geltung verschafften und sie durch eine enge Verbindung und Vermischung mit dem Pop aus dem Westen künstlerisch voranbringen wollten. Damon Albarn, zuvor Sänger und Gitarrist der Britpop-Band Blur, engagierte sich Anfang des neuen Jahrtausends in Mali und im Kongo für afrikanische Musik, um diese mit westlich geprägtem Pop zu kreuzen. Das 2011 in Kinshasa mit rund 50 einheimischen Musikern aufgenommene Album *Kinshasa One Two* vereint elektronische Musik mit traditionellen afrikanischen Klängen. Dancehall, Techno und Hip-Hop treffen auf Rock, Rumba und Cha-Cha.[179]

In den letzten Jahrzehnten spülten die verschiedenen Migrationswellen, ausgelöst durch Kriege, Hungersnöte, relative Armut sowie die Saugkraft reicher Länder, auch zahlreiche Musiker aus Osteuropa, Kleinasien und Afrika nach Westeuropa

175 Binas-Preisendörfer 2010, 116–119.

176 Binas-Preisendörfer 2010, 120; Jean Trouillet, *A World of Music Arts and Dance: Peter Gabriel und Real World Records*, in Leggewie/Meyer 2017, 109–116; Daniel Bax, *Weltmusik als Markt und Marke*, in Leggewie/Meyer 2017, 155–164; McIntosh 2010, 5–7.

177 Lipsitz 1999, 152–156 u. 164.

178 Glaucia Peres da Silva, *Weltmusik: Ein politisch umstrittener Begriff*, in Leggewie/Meyer 2017, 9–16, hier 13–14.

179 Jens Uthoff, *Damon Albarn: Netzwerker des Gobal Pop*, in Leggewie/Meyer 2017, 131 –137.

und Nordamerika, wo sie sich der Pflege der Musik ihrer alten Heimat verschrieben, um die Erinnerung an ihre alte Heimat wachzuhalten und dieser Musik zu größerer Popularität zu verhelfen. So kamen nach dem Zerfall der Sowjetunion und den jugoslawischen Bürgerkriegen zahlreiche russische, serbische und kroatische Rock-Musiker nach Berlin, Hamburg, Amsterdam und Paris, im Gepäck den „Balkan-Rock" und die „Russendisco", eine Mischung aus westlicher Popmusik und bosnischer beziehungsweise russischer Musiktradition. Lokal erreichten sie einigen Bekanntheitsgrad, Einfluss auf den Mainstream erlangten sie aber nicht.[180]

In der Volksrepublik China stellten gleichzeitig Manager, um auf ausländischen Märkten kommerziell erfolgreich zu sein, aus zwölf an traditionellen Instrumenten ausgebildeten Chinesinnen eine Band zusammen, die unter dem Namen „12 Girls Band" eine hybride Mischung aus Techno, Rock und Folk auf traditionellen chinesischen Instrumenten darbot und dabei in Kostümen auftrat, die ebenfalls einen traditionellen einheimischen mit einem westlichen Kleidungsstil mischten. Die Band feierte vor allem in Japan ihre größten Erfolge, aber auch in Südostasien und den USA.[181] Sie beschrieb ihr erstes in Nordamerika erschienenes Album *Eastern Energy* als Kombination aus 1.500 Jahre alter chinesischer Musiktradition sowie zeitgenössischem Beat und Rhythmen aus dem Westen, als eine beschwingte Darbietung moderner Harmonien, dargeboten auf traditionellen Instrumenten. Mit ihrem Sound wollten sie alle kulturellen Schranken überschreiten.[182] Eine solche Musik kommt einer globalen Kulturschmelze gleich, die heute speziell auf dem Markt der populären Musik bereits sehr weit fortgeschritten ist.

Diese Kulturschmelze lässt sich auch auf dem Markt der Soundtracks beobachten, die für weltweit vertriebene Blockbusters erstellt wurden. Ihre Komponisten entwickelten Musikstücke, die in Sprache, Instrumentierung und Melodie nahezu alle Kulturen abdecken sollen – eine Art Musik-Esperanto. Der Waliser Karl Jenkins ließ in seinem Musikprojekt *Adiemus* in einer Mischung aus klassischer und Weltmusik den Chor einen Text aus erdachten Silben und Wörtern singen, die bei Zuhörern Assoziationen ans Lateinische und afrikanische Sprachen hervorrufen.[183]

Für den 2009 in die Kinos gekommenen Science-Fiction-Film *Avatar – Aufbruch nach Pandora* entwickelte der Linguist Paul Frommer eine fiktionale Na'vi-Sprache, die im Film von den Bewohnern des Planeten Pandora gesprochen wird und keiner menschlichen Sprache ähnelt, und der Komponist James Horner versuchte mit seinem Soundtrack eine Verbindung zu dieser Welt der Na'vi herzustellen, indem er dem Klang eines klassischen Sinfonieorchesters zahlreiche ethnische Flöten und Schlaginstrumente aus Afrika, Mexiko, Japan und China beimischte und den Chor in der Na'vi-Sprache singen ließ.

180 Alenka Barber-Kersovan, *Vom Balkan-Rock bis Russendisco: Eastern Rock Rolls West*, in Barber-Kersovan/Huber/Smudits 2011, 65–89.

181 Yang/Saffle 2010, 88–107.

182 Yang/Saffle 2010, 103.

183 T.D. Taylor 2007, 188–197.

TEUFLISCH – IM KREUZFEUER DER TUGENDWÄCHTER

Nach 1945 hatten kommunistische Machthaber während des Kalten Krieges in Jazz und Rock perfide Schallwaffen des Westens vermutet, mit denen vor allem die USA die Mauern und Grundfeste des Ostblocks zum Einsturz bringen wollten. Sie hatten eine Vielzahl an Abwehrmaßnahmen ergriffen, Rockmusiker ins Gefängnis geworfen und Punks zur Umerziehung in Arbeitslager verfrachtet. Es half alles nichts. Letztlich mussten sie sich zähneknirschend den Wünschen der Jugendlichen beugen. Indes machten konservative und militante Moslems gegen die Musik aus dem Westen mobil beziehungsweise gegen die Musik allgemein. Verschiedentlich trommelten sie nur gegen eine einzige Musikrichtung oder einzelne Musiker oder gegen die Musik begleitenden Tänze. Immer öfter jedoch feuerten radikale Islamisten gegen die gesamte Musik aus dem Westen, erklärten sie mit ihrer Religion als nicht vereinbar, sahen den Teufel am Werk und benutzten Zuwiderhandlungen, um ihren Machtanspruch mit brutaler Gewalt durchzusetzen. Sie erklärten Musik als Zeichen von Unsittlichkeit und Unmoral. Sie lenke vom Glauben ab und sei daher Sünde.

Ganz besonders hatte es Heavy Metal den Verteidigern der reinen Lehre angetan, oder was diese als reine Lehre aus dem Koran herauslasen. Als sich im muslimischen Westen von Java drei junge Mädchen 2014 zur Metal-Band Voice of Baceprot (VoB) zusammenfanden und öffentlich auftraten, prasselten umgehend Todesdrohungen und Hassmails wegen angeblicher Gotteslästerung und ihres für muslimische Mädchen ungebührlichen Verhaltens auf sie nieder. Steine flogen, und als sie 2017 anlässlich der Feierlichkeiten zum 72. Jahrestag der Unabhängigkeit Indonesiens vor Politikern und Geschäftsleuten in Jakarta auftraten und die sozialen Medien darüber berichteten, hagelte es erneut Morddrohungen. Zudem warnten muslimische Hardliner sie vor der Veröffentlichung ihres Albums. Sie würden dieses sofort verbrennen und die Musikerinnen köpfen. Zurückhaltender formulierte ihr Schuldirektor sein Missfallen. Er bezeichnete Musik für Moslems ganz generell als *haram* – als Tabu. Die Drei ließen sich von alle dem nicht einschüchtern, traten im nationalen Fernsehen und bei Großveranstaltungen auf, und als sie mit den ersten größeren Schecks nach Hause kamen, gaben ihre Eltern ihren Widerstand auf.[184]

In dem Höllenlärm von Heavy Metal und den Codes seiner Anhänger sahen und sehen weiterhin viele Moslems rund um den Globus ein Werk des Satans. In Marokko, wo Metal sich über MTV besonders in den großen Städten des Landes verbreitete, um zum Teil eine Liaison mit der rhythmusbetonten Musik der Bevölkerungsgruppe der Gnawa einzugehen, verhaftete die Polizei im Jahr 2003 zahlreiche Metal-Musiker und -Fans unter dem Vorwurf, den Teufel anzubeten. Vierzehn von ihnen wurden zu Gefängnisstrafen verurteilt wegen „Satanismus" und „Taten, die den Islam erschüttern könnten", wegen „Verachtung der Religion der Moslems" sowie wegen „Homosexualität" und des Verstoßes gegen die guten Sitten. Das Gerichtsurteil, das große Teile der marokkanischen Bevölkerung über Monate hinweg

184 Kate Lamb, *The schoolgirl thrash metal band smashing stereotype Indonesia*, in The Guardian vom 9. Juni 2017, www.theguardian.com; Joe Cochrane, *In Indonesia, 3 Muslim Girls Fight for Their Right to Play Heavy Metal*, in The New York Times vom 2. Sept. 2017 [05.02.2018].

heftig diskutierten, führte wiederum zu Protesten und einem Metal-Konzert vor dem Parlamentsgebäude. Es veranlasste den Regisseur Ahmed Boulane 2007 zu dem Film *Les Anges de Satan – Die Satansengel* – über das Leben und Treiben dieser Jugendlichen und den kafkaesken Prozess, in dem als einzige Beweismittel ein T-Shirt mit dem Aufdruck „Kiss My Ass", eine CD mit Heavy Metal-Musik und ein Totenkopf aus Plastik dienten. Die öffentliche Diskussion über Prozess und Urteil stärkte letztlich die Metal-Szene Marokkos. Einige Jahre später wurde die Frauen-Band Mystik Moods, eine marokkanische Girl-Version des Sex Pistols, sogar von der königlichen Familie in den Palast eingeladen. Ihre musikalische Botschaft war einfach. Sie wollten selbst bestimmen können, wie sie sich kleiden, wie sie musizieren und über was sie singen. Sie wollten frei sein. Und sie wollten als Frauen zeigen, dass Heavy Metal nicht nur von dicken Armen abhängt.[185]

Sehr viel schwerer als in Marokko hatten es die Headbanger in Ägypten. Auch dort hatte sich in den neunziger Jahren eine Metal-Szene gebildet, und die Community der Metaliens war innerhalb weniger Jahre rasant gewachsen. Aber bereits 1997 war Schluss damit, als die ägyptische Boulevardpresse und regierungsnahe Zeitungen das Gerücht in die Welt setzten, die Metalheads würden wilde Sex- und Drogenorgien mit dämonischen Riten in leerstehenden Villen veranstalten. Die Journalisten beschrieben sie als „tätowierte, teufelsanbetende Jugendliche, die Orgien abhielten, Katzen häuteten und ihre Namen mit Rattenblut" an die Wände schrieben. Die Rede war von der Anbetung des Satans und dem Trinken von Tierblut. Knapp einhundert junge Metal-Fans wurden verhaftet und ins Gefängnis gesteckt.

Der damalige Groß-Scheich der Al-Azhar-Universität in Kairo, Muhammad Tantawi, behauptete sofort, Israel sei die eigentliche Quelle einer derartigen Verderbnis und satanischer Einflüsse auf die Jugend. Kairos Großmufti Nasr Farid Wassel wollte nicht nachstehen und erklärte die Jugendlichen zu Apostaten, das heißt zu vom Islam Abtrünnigen. Sie müssten ihren verdorbenen Gedanken abschwören, sonst drohe ihnen die Todesstrafe. Da alle Inhaftierten aus gutem Hause stammten, in der internationalen Presse einige zynische Artikel über die Absurditäten in diesem konservativen islamischen Land erschienen und die Untersuchungen lediglich ein paar schwarze T-Shirts, schwarze BHs und schwarze Schminke zutage förderten, glätteten sich der Wogen der Empörung recht schnell. Dennoch wirkte der Schock der Razzien von 1997 über Jahre hinweg nach. Die Szene kollabierte, zumal die Öffentlichkeit sie anders als in Marokko nicht unterstützte.

Erst seit 2002 erhielt sie wieder ein wenig Zulauf. Unter den neuen Bands äußerten sich einige von der Bühne herab kritisch über die gesellschaftlichen Zustände in Ägypten, so etwa die erste und einzige Frauenband Massive Scar Era, kurz Mascara genannt, die Heavy Metal mit klassischer Musik und traditionellen ägyptischen Klängen mischte. Da jedoch jedes Echo auf ihre Kritik ausblieb, emigrierte ein Teil der Musikerinnen 2015 nach Kanada. Sie hatten die Hoffnung auf eine Modernisierung der sehr konservativen Gesellschaft ihres Landes aufgegeben. Noch immer hielt die Mehrheit der ägyptischen Bevölkerung es für ausreichend,

185 LeVine 2008, 28–31 u. 55–59.

einzig den Koran zu lesen, um ein mündiger Bürger zu sein. Wenn heute eine Metal-Band irgendwo in Ägypten in einem Club auftritt, muss sie weiterhin befürchten, dass die Polizei das Konzert stürmt, die Musiker wegen Blasphemie und Verachtung der Religion in den Kerker wirft und zu hundert Stockschlägen verurteilt.[186]

In Saudi-Arabien, wo eine rigide und machtvolle Religionspolizei die meisten westlich orientierten Musikszenen schon im Keim erstickte und Livemusik in der Regel verbot, fanden dennoch einige wenige Metal-Bands zusammen, die zunächst völlig unabhängig voneinander agierten und erst im neuen Jahrhundert über das Internet voneinander Kenntnis nahmen. Da sie höchstens im allerkleinsten privaten Kreis musizieren konnten, wichen Bands wie Creative Waste zu einigen wenigen Auftritten ins benachbarte Dubai, Abu Dhabi oder nach Bahrain aus. Gigs im eigenen Land scheiterten an den Gesetzen wie der strikten Geschlechtertrennung oder des Versammlungsverbots von mehr als 50 Personen. Ein im Sommer 2009 in Riad von einem saudischen und syrischen Promoter für 300 Zuhörern geplantes Konzert, löste die Religionspolizei auf, noch bevor der erste Ton erklungen war. Der Saudi musste für ein Jahr ins Gefängnis; der Syrer wurde des Landes verwiesen. Trotz aller Schikanen lebte die Metal-Szene weiter und genießt seit 2015 etwas mehr Freiheiten, die den Bands auch Tourneen durch Europa ermöglicht. Sie profitiert davon, dass der neue Kronprinz Mohammed ibn Naif erste zaghafte gesellschaftliche Reformen durchsetzte, vor allem aber die Macht der Religionspolizei beschnitt. Im Gegensatz zur Szene in anderen arabischen Ländern sind die saudi-arabischen Musiker weit entfernt von jeglichem Teufelskult. Auch sind sie nicht antireligiös. Sie beschränken sich auf Kritik an der Korruption in ihrem Land und an der trotz des Ölreichtums weit verbreiteten Armut.[187]

Seit Beginn des neuen Jahrhunderts mehren sich in vielen Teilen der Welt die Hetzkampagnen ultrakonservativer Politiker und im 7. Jahrhundert stehengebliebener muslimischer Fundamentalisten nicht nur gegen Heavy Metal, sondern gegen die gesamte westliche Pop- und Rockmusik. Sie hängen sich in ihrer Gier nach Prestige, Pfründen und Macht den Mantel der Religion um und hüllen ihre menschenverachtende Gewalt in göttliches Recht. Sie geben sich zur Erringung von Bedeutung als allwissende Rechtsgelehrte aus, verwandeln Musik in ein Hassobjekt, bezeichnen diese generell als ein Werk des Satans und Musikliebhaber als Götzen der Sinnlichkeit. In ihrer perversen Glaubensbrunst verschweigen sie bewusst die Passagen der mündlichen Überlieferungen des Islam, die davon berichten, dass auch der Prophet sich beim Hören von Musik von Reisestrapazen erholt und bei festlichen Anlässen Musik genossen hatte. Sie gehen darüber hinweg, dass sich im Koran kein einziger Satz findet, der Singen, Tanzen, Musizieren und Musik hören pauschal verbietet. Sie blenden aus, dass sich auch in den muslimischen Län-

186 Karim El-Gawhary, *In Ägypten ist der Teufel los: Satanskult am Nil*, in taz.die tageszeitung vom 10. Febr. 1997; Thomas Burkhalter, *Im Rhythmus der Revolution*, in Neue Zürcher Zeitung vom 23. März 2011; Fariborz 2010, 47–65; Crowcroft 2017, 82–97 u. 110; Daniel Guberman, *Massive Scar Era, Heavy Metal, and Two Tyrannies*, in Morgan/Reish 2018, 183–198.

187 Crowcroft 2017, 149–187.

dern bis heute fast überall ein reiches Musikleben bis hin zu reiner Unterhaltungsmusik entwickelt hat und selbst bei dem alljährlich im wahhabitischen Saudi-Arabien stattfindenden dreiwöchigen Kulturfestival al-Jenadriyah folkloristische Tänze und Musikaufführungen zu den größten Attraktionen zählen. Schriften und Schriftgelehrte warnen einzig vor Musik, wenn diese zu Trinkgelagen und verbotenen sexuellen Beziehungen führt und die Gläubigen von den religiösen Pflichten abhält.

Mit dem Siegeszug des Islamismus im Islam wurden in den letzten beiden Jahrzehnten die Rufe all derer lauter, die die Musik und besonders die Musik aus dem Westen zu einer Beleidigung des Koran erklären und Musiker ebenso zu kriminalisieren versuchen wie Homosexuelle und Juden. Behände finden sie eine Erklärung dafür, dass im Iran nach der Revolution neben traditionellen Liedern vor allem Kriegshymnen gespielt werden durften, die Hunderttausende mit Pauken und Trompeten in den Tod begleiteten. Der Islam wird heute mehr und mehr von reaktionären Interpreten dominiert, die Intoleranz großschreiben und offen predigen, die auf andere Kulturen ebenso verächtlich herabsehen wie auf Frauen, die wissenschaftliche Erkenntnisse wie die Evolutionstheorie leugnen, die jede Kritik an ihrer Ideologie mit einer Kritik am Islam an sich und allen Muslimen gleichsetzen und als einzige Antwort auf alles, was ihnen zuwider ist oder was sie nicht begreifen, nur noch Gewalt kennen.

Internationales Aufsehen erregten muslimische Tugendwächter im Dezember 2011, als sie in der Provinzhauptstadt Banda Aceh auf Sumatra mit Hilfe der Polizei ein Benefizkonzert indonesischer Punks auflösten, 64 Punker festnahmen, den Männern die Haare schoren und den Frauen Frisuren nach dem Vorbild von Polizistinnen verpassten. Alle wurden gezwungen, sich gemeinsam in einem See zu waschen, um mit reiner Haut vor den Muslimischen Kleriker-Rat zu treten und die reine Lehre in sich aufzunehmen zu können. Die Polizei begründete das Großreinemachen, die Punks hätten auf der Straße gelebt und weder geduscht noch gebetet. Die Tugendwächter gaben vor, die Gruppe bedrohe den Glauben und weiche weit von der islamischen Lehre ab.[188]

Vor allem in muslimischen Staaten, in denen Kleriker die politische Macht an sich gerissen haben und ihren Glauben politisch instrumentalisieren, reagieren diese auf die westliche Popmusik noch heftiger als kommunistische Machthaber nach dem Zweiten Weltkrieg. Sie hetzen mit Schaum vor dem Mund gegen diese wohlklingenden und bisweilen sehr lauten Töne aus dem Abendland, die die Rufe des Muezzins zu Misstönen degradieren oder übertönten. Sie versuchen zu verhindern, dass Musiker bekannter werden als Märtyrer und Geistliche. Im Iran hatte ein pragmatischer Präsident wie Mohammad Chatami in seiner Zeit als Regierungschef in den Jahren von 1997 bis 2005 zwar verstanden, dass der Staat den Jugendlichen ein Minimum an Freiheit zugestehen musste und eine politisch kontrollierte Reintegration der Musik ins tägliche Leben angestoßen, doch auch weiterhin blieben die Grenzen zwischen erlaubten und verbotenen Klängen unklar und oblagen dem freien Ermessen des Ershad-Ministeriums. Chatamis Nachfolger, der Hardliner

188 Jochen Buchsteiner, *Polizei rasiert Punks*, faz.net vom 14. Dez. 2011 [05.12.2016].

Mahmud Ahmadinedschad, verurteilte die westliche Popmusik erneut als dekadent und untersagte dem staatlichen Rundfunk deren Ausstrahlung. Noch unter Chatami war der Rapper Shahin Najafi für sein Lied *Ich habe einen Bart* zu drei Jahren Haft und hundert Peitschenhieben verurteilt worden. Im Winter 2005 floh er nach Deutschland, wo er weiterhin systemkritische Lieder anstimmte. Als er 2012 einen Song über den 10. Imam Naghi veröffentlichte, der als direkter Nachfahre des Propheten Mohammed sein Leben lang unter Hausarrest gelebt und trotzdem seinen Humor nicht verloren hatte, erließen zwei Großajatollahs gegen den Rapper ein Todesdekret wegen „Gotteslästerung und Abfall vom Glauben" und lobten ein Kopfgeld von 100.000 Dollar aus. Die Mullahs wollten es auch nicht hinnehmen, dass über eine halbe Million der Anhänger Najafis dessen Instagram-Auftritt abonniert hatten und seine regimekritischen Lieder millionenfach im Internet gehört wurden. Die klerikalen Despoten ließen im Iran 40 Abonnenten seiner Instagram-Seite festnehmen, und religiöse Fanatiker forderten in einem Video Najafis Tod. Sie drohten, auch seine Anhänger nicht zu verschonen, „nicht den Ticketverkäufer seiner Konzerte, nicht seinen Organisator, und auch nicht den Besucher seiner Konzerte und seine Fans im Internet."[189]

Dem Regime im Iran konnte es nicht gefallen, dass inzwischen vor allem der Hip-Hop unter den nach der Revolution Geborenen eine große Fangemeinde und viele zornige Männer um sich versammelt hatte, die zusätzlich von der großen und sehr aktiven iranischen Diaspora in Los Angeles angestachelt wurden. Das Verbot des Hip-Hop durch Ahmadinedschad wegen angeblich enger Verbindungen zu Drogen und sexuellen Ausschreitungen büßte im Internet jedoch viel von seiner Gültigkeit ein. Zudem flimmerten über Satellitenschüssel die Musikvideos des in Dubai ansässigen Persian Music Channel in die iranischen Haushalte. Das Regime antwortete mit Schikanen und Verhaftungen.

Im Oktober 2013 griffen sich Mitglieder der Revolutionsgarden die beiden Musiker Yousef Emadi und Mehdi Rajabian sowie dessen Bruder, den Filmemacher Hossein Rajabian, und hielten sie fast drei Wochen an einem unbekannten Ort und anschließend zwei Monate lang im Gefängnis in Einzelhaft fest, wo sie unter Androhung lebenslanger Haft und Misshandlungen ein „Geständnis" aus ihnen herausprügelten, ehe ein Revolutionsgericht sie 2015 in einem dreiminütigen Prozess zu sechs Jahren Gefängnis sowie zu einer Geldstrafe wegen „Beleidigung islamischer Heiligkeiten" und „Verbreitung von Propaganda gegen das System" verurteilte. Ihr Vergehen: Mehdi Rajabian betrieb seit 2009 die Webseite Barg Music für nicht lizensierte Musik und vertrieb persische Musik von iranischen Sängern und Sängerinnen, die im Ausland lebten und in ihren Liedern auch politische Themen oder gesellschaftliche Tabus ansprachen. Die Tugendwächter sahen rot, weil Barg Music schnell zu einer Attraktion in der boomenden iranischen Underground-Mu-

189 Fariborz 2010, 34–39; Uli Kreikebaum, *Exil-Iraner: Kölner Musiker Shahin Najafi wird massiv bedroht*, in Kölner Stadt-Anzeiger vom 14. Nov. 2016; Antje Stiebitz, *Rapper Shahin Najafi. Das gefährliche Lachen über den Islam*, in Deutschlandfunk Kultur vom 17. Mai 2015, www.deutschlandfunkkultur.de.

sikszene geworden war. Sie stießen sich vor allem an den von Sängerinnen vorgetragenen Liedern, da die Frauen mit ihrem Gesang unmoralische sinnliche Gelüste hervorrufen würden. Darunter hatte auch die 2005 gegründete Gruppe Master of Persia zu leiden, die Death Metal mit persischer Folkmusik verband. Sie geriet ins Visier der Religionswächter, weil sie sich auf vor-islamische Musiktraditionen bezog und – noch schlimmer – eine Frau die Musiker mit ihrer Stimme begleitete. Gefängnis und Folter waren die Folge, schließlich das Exil.[190]

Als im Jahr 2013 Hassan Rouhani zum Präsidenten des Iran gewählt wurde, hofften die meisten Künstler auf ein Mehr an Freiheiten. Ihre Hoffnungen zerschlugen sich schon bald. Weiterhin ist es Frauen untersagt, allein vor Männern zu singen, die nicht mit ihnen verwandt sind. Weiterhin sind einige Regeln und Gesetze so vage definiert, dass sie jederzeit zur Verfolgung und Inhaftierung missliebiger Künstler herangezogen werden können. 1914 wurden drei unverschleierte Frauen und drei Männer zu Bewährungs- und Prügelstrafen verurteilt, weil sie zu dem Lied *Happy* von Pharrell Williams getanzt hatten. Für Irans Autoritäten ist Happiness offenbar ein Vergehen. Im Frühjahr 2019 schließlich wähnten die Hardliner eine politische Verschwörung, und Bildungsminister Mohammad Bathahi setzte eine Untersuchungskommission ein, weil am 2. Mai, dem Tag des Lehrers, Schüler und Schülerinnen in einigen Grundschulen des Landes zu dem Lied *Gentleman* des iranischen Popsängers Sasy Mankan getanzt hatten. Schlimmer noch: Mankan lebte inzwischen in den USA, nachdem er 2009 kurzzeitig verhaftet worden war, weil er bei den umstrittenen Präsidentenwahlen dieses Jahres bei einem Live-Auftritt im Fernsehen demonstrativ für den Gegenkandidaten von Mahmud Ahmadineschad Partei ergriffen hatte. 2019 hielten die Ultrakonservativen Mankans *Gentleman* für einen US-amerikanischen Kulturangriff, eine gefährliche Bedrohung mit Schallwaffen, zumal etliche Schüler den trivialen Spaß mit ihren Handys gefilmt und ins Netz gestellt hatten.[191]

Die permanenten Schikanen der Hardliner verfehlten unter den Künstlern nicht ihre Wirkung. Bereits 2015 gab Irans erfolgreichste Popband, die im Jahr 2000 gegründete Gruppe Arian, entnervt auf, obwohl sie sich nach den strengen Kriterien des Ministeriums für Kultur und islamische Führung (Ershad) „islamisch korrekt" verhielt. Sie war zermürbt von den permanenten Auseinandersetzungen mit der staatlichen Zensur, die nur weichgespülte und verkitschte Texte akzeptierte. Für die Freigabe eines Albums musste die Band fast zwei Jahre auf das OK des Ershad-Ministeriums warten, und öffentlich durfte sie höchstens drei- bis viermal pro Jahr in Teheran und auf der Insel Kish auftreten. Im heutigen Iran gibt es zwar Rock und Pop und alle Accessoires der westlichen Musik – Alkohol und Drogen, wilde Partys und kurze Röcke –, aber alles dies nur im Verborgenen, hinter dicken Mauern und verschlossenen Türen, in Kellern und im Dunkeln oder aber im Schutz von Ge-

190 Saeed Kamali Dehghan, *Three jailed in Iran for distributing underground music*, in The Guardian vom 6. Juni 2016; Amnesty International, *Künstler in Haft*, in https://www.amnesty.de/urgent-action/ua-041-2016-3/kuenstler-haft 16. Aug. 2016 [02.03.2018]; Crowcroft 2017.

191 Rick Noack, *Iranian children are dancing to pop music; and the government is furious*, in The Washington Post vom 22. Mai 2019.

meindehäusern religiöser Minderheiten wie Christen und Juden. Die Feiernden dürfen sich jedoch nicht erwischen lassen, sonst drohen ihnen Peitschenhiebe oder Gefängnis. Doch erst die Verbote scheinen die aus dem Westen kommende Musik für viele wirklich interessant zu machen. Allein in Teheran sollen mehr als 500 verbotene Rockbands existieren.[192]

Das heftigste Roll-back mussten jedoch die Afghanen hinnehmen. Bereits unter Präsident Burhanuddin Rabbani und der Ausrufung des Islamischen Staates Afghanistan hatte das Ministerium zur Verhütung von Lastern und der Beförderung der Tugend 1994 mit der Zensur der Musik begonnen. Es verbot Liebes- und Tanzlieder, zog Verstärker aus dem Verkehr und untersagte allen Frauen, als Musikerinnen aufzutreten. Radio Kabul wurde in Sharia Radio umbenannt und jegliche Ausstrahlung von Musik beendet, wenn die Taliban auch weiterhin mit so genannten Tranehs, Gesängen ohne Musikinstrumente, ihre grausame Ideologie verbreiteten.

Dagegen war das Land noch in den 1960er und 1970er Jahren ein Sehnsuchtsort vieler junger Europäer gewesen, von denen nicht wenige auf ihrem Weg nach Indien dort oft jahrelang Station gemacht, das freiheitliche Leben in Kabul in vollen Zügen genossen und die weltweit größten Buddha-Statuen im Tal von Bamiyan bestaunt hatten. Bis zum Einmarsch der Sowjets 1979 war Afghanistan hip. Fotos aus dieser „goldenen Ära“ zeigen Kabul als eine Stadt mit modernen Autos und Plattenläden, mit Frauen in sehr kurzen Röcken und offenem Haar, in Blue-Jeans und T-Shirts, so als würden sie in London oder Paris durch die Straßen bummeln. Die Modezeitschrift VOGUE berichtete von Modeschauen in Kabul, und die ausländischen Besucher genossen zusammen mit den Einheimischen während des Fastenmonats Ramadan die nächtlichen Konzerte in Restaurants, Cafés und den Theatern der Stadt. Die Popmusik blühte auf mit Liedern aus dem Iran, Indien und Pakistan.

Damit war es unter der Herrschaft der Taliban und ihrer mittelalterlichen Gewaltideologie vorbei. Ab 1996 stellten die selbsternannten Gotteskrieger jede Form von Musik unter Todesstrafe, da sie angeblich vom Studium des Islam ablenke. Sie stellten gewissermaßen ihre Macht unter Beweis, indem sie Musik verboten. Sie konfiszierten Musikkassetten und Musikinstrumente. Sie erklärten der Musik den Krieg. Sie rissen Bilder von Menschen von den Wänden und verboten Menschen im Kino, Fernsehen und in Videos zu zeigen, ebenso auf Fotos und Gemälden. Sie prügelten die Frauen ins Haus, da sie nur dort und im Besitz eines Mannes keine Gefahr für die öffentliche Moral darstellten. Nach wenigen Monaten trug niemand mehr westliche Kleidung, und Mädchen besuchten keine Schule mehr und Frauen nicht mehr die Universität. Abends waren die Restaurants für die Kämpfer der Taliban reserviert, die letztlich alles Schöne und Leichte aus dem Leben verbannten.[193]

192 Gabriela M. Keller, *HipHop ist im Iran offiziell verboten: Die Rapper von Teheran*, in Berliner Zeitung vom 23. Mai 2005; *Die Untergrund-Bands von Teheran. Verbotene Bilder einer verbotenen Musik*, in Der Tagesspiegel vom 14. Aug. 2014.

193 John Baily, *Can you stop the birds singing? The censorship of music in Afghanistan*. Copenhagen: Freemuse, 2002; Ahmed Rashid, *Taliban. Afghanistans Gotteskämpfer und der neue Krieg am Hindukusch*. München: C.H. Beck, 2010; Mohammad Ali Karimi, *Die Stimme vom*

Nach dem Ende der Taliban-Herrschaft im Jahr 2001 fand die Musik aus dem Westen nur sehr langsam wieder in dieses auch von einem Kultur- und Glaubenskrieg verwüstete Land zurück, in dem die Religionspolizei weiterhin Angst und Schrecken verbreitete. Erst 2011 ging das erste Musikfestival in Kabul über die Bühne mit Rockbands aus Australien, Usbekistan, Kasachstan und Afghanistan. Radikal-islamische Muslime schlugen sofort zurück, attackierten Musikläden, Musiker und Frauen. Im Sommer 2012 berichtete die internationale Presse von einem Dorf im Süden Afghanistan, in dem die Taliban 17 Einwohner enthaupteten, weil sie Musik spielten und dabei tanzten. Bei diesem einen Massenmord blieb es nicht.[194] Anschließend nahmen die Taliban auch die Mitarbeiter der Mediengruppe Moby Group ins Visier ihrer Kalaschnikows, weil deren Fernsehsender Tolo TV und der Nachrichtensender Tolo News viele von den Taliban kreierte Tabus immer weiter nach hinten schoben. 2003 moderierten bei Tolo News erstmals ein Mann und eine Frau, die nicht miteinander verheiratet waren, gemeinsam Seite an Seite eine Sendung, und seit 2005 strahlt Tolo TV jedes Jahr die Castingshow *Afghan Star* aus, die inzwischen zu einer der beliebtesten Sendungen des Landes aufgestiegen ist. Obwohl der Sender dabei den Konservativen weit entgegenkommt und tiefe Ausschnitte und nackte Frauenarme nur gepixelt auf die Bildschirme bringt, haben die Taliban den Sender inzwischen zu einem militärischen Ziel erklärt und allein 2017 und 2018 neun Mitarbeiter von Tolo News getötet.[195]

Dagegen konnte sich im benachbarten Pakistan die westliche Pop- und Rockmusik selbst in Form von Heavy Metal im neuen Jahrhundert durchsetzen, trotz aller Widerstände und Attacken muslimischer Hardliner. Den Musikliebhabern kam gelegen, dass die USA nach 9/11 im so genannten Krieg gegen den Terror ihren Verbündeten Pakistan drängten, verstärkt gegen die Taliban, al-Qaida und radikale islamische Religionsschulen vorzugehen. Die Regierung unter Präsident Pervez Musharraf, auf die Wirtschaftshilfe aus dem Westen dringend angewiesen, stellte eine Teilrevision der von Zia ul-Haq eingebrachten islamischen Gesetze und Verordnungen zur Diskussion und trieb die Privatisierung der Wirtschaft weiter voran. Zahlreiche private Fernsehstation und reine Musiksender nach dem Vorbild von MTV gingen bald darauf auf Sendung und stießen die Gründung vieler neuer Popbands vor allem in den großen Städten des Landes an. Auch traten neue Sänger und Sängerinnen wie Annie Khalid in Rundfunk und Fernsehen auf. Die von Pepsi Cola und Coca-Cola gesponserten Fernsehshows *Pepsi Battle of Bands* und *Coke Studio* sowie seit 2013 *Pakistan Idol* verstärkten diese Wirkung und holten die in den neunziger Jahren gegründeten Hard-Rockbands wie Karavan aus dem Unter-

Hindukusch, www.bpb.de/internationales/asien/afghanistan-das-zweite-gesicht/153509/die-stimme-vom-hindukusch [13.06.2018].

194 Martin Petty, *Afghans rock at first music festival in three decades*, in Reuters vom 1. Okt. 2011, www.reuters.com; *Afghanische Männer und Frauen nach Feier von Taliban getötet*“, in ZEIT ONLINE vom 27. Aug. 2012, www.zeit.de.

195 Rainer Hermann, *Wir senden, um Hoffnung zu geben*, in Frankfurter Allgemeine Zeitung vom 28. Mai 2019, 13.

grund. Ein Teil der neuen Gruppen bevorzugte den von der Band Junoon eingeführten Sufi-Rock als eine Mischung aus westlicher Rockmusik und islamischer Sufi-Musik.[196]

Trotz dieses Booms setzten sich die Musiker bei öffentlichen Konzerten weiter der Gefahr aus, Zielscheibe radikaler Moslems zu werden. Weiterhin wurden die Inhaber von Plattenläden und westlicher Fast Food-Restaurants bedroht. Weiterhin mussten bewaffnete Sicherheitskräfte private Rockkonzerte gegen Angriffe muslimischer Eiferer absichern. Wo es diesen gelang, die Macht an sich zu reißen, standen immer wieder Künstler oben auf ihren Todeslisten wie etwa im grünen Swat-Tal im Nordwesten Pakistans. Dessen Bewohner waren im ganzen Land bekannt für ihre Kunst und Literatur mit der Musik als einem festen Bestandteil dieser Kultur. Nachdem die Taliban ab 2007 in das Tal eingesickert waren, hetzten die Männer mit den langen Bärten und langen Haaren über eine eigene Radiostation sofort gegen die „gottlose" Musik, gegen Tanz, Kunst und alle Formen der Unterhaltung, ferner gegen die Schulausbildung von Mädchen und auch gegen Impfungen. Sie strichen aus den populären Erzählungen Sätze wie „Ich mag dich" oder „Ich liebe dich". Sie verboten Kinos und zerstörten CD-Geschäfte, brannten Mädchenschulen nieder und verprügelten Frauen, die sich nicht vollständig verschleierten. Schließlich ermordeten sie bekannte Sängerinnen und Tänzerinnen, indem sie ihnen die Kehle durchschnitten und auf den Leichen Geldscheine und Musik-CDs hinterließen.[197] Die Musik macht die tiefgehende Spaltung der pakistanischen Gesellschaft bis heute hörbar und sichtbar, die ständig zwischen zivilen und militärischen Despoten hin- und herwechselt, während sie sich gleichzeitig den Kampfansagen unzufriedener Minderheiten und religiöser Fanatiker stellen muss.

Auch in anderen Ländern verwiesen Islamisten, die ihre Macht auf Waffen und Verboten aufbauen, auf eine ihnen genehme Stelle im Koran, interpretierten sie gemäß ihren politischen Zielen, um ihre Unterdrückung von Frauen und ihr Verbot jeglicher Musik zu begründen. Sie erfanden gewissermaßen ein Glaubenssystem, das das Töten und vieles mehr rechtfertigt. Im irakischen Basra griffen im Jahr 2005 Shia-Islamisten mit Gewehren und Knüppeln eine Gruppe von Studenten an, die in einem Park bei Musik und Tanz zu einem Frühlingspicknick zusammengekommen waren. Sie töteten zwei Studenten und verwundeten andere schwer. Sie rechtfertigten ihr Morden damit, die Studenten und Studentinnen hätten zusammen getanzt und wären nur spärlich bekleidet gewesen, was sie auch immer darunter verstanden. Ein älterer islamischer Gelehrter ergänzte ohne jeden Anflug von Reue: „Wir verprügelten sie, weil wir von Allah dazu ermächtigt waren. Es war unsere Pflicht. Wir müssen auf einen solchen Ungehorsam reagieren und nicht die Polizei." Die selbst ernannten Rechtspfleger veröffentlichten einen Film über ihre Aktion als Warnung an die ganze Bevölkerung. Musiker und Besitzer von Musikläden wurden angegriffen oder bedroht. Während die Mehrzahl der Moslems ihre Religion als eine Aufforderung zur Toleranz verstehen, nutzen nach Macht strebende Islamisten sie als

196 LeVine 2008, 218–223 u. 242–243.
197 John Braithwaite/Bina D'Costa, *Cascades of Violence: War, Crime and Peacebuilding Across South Asia*. Acton, ACT: ANU Press, 2018, 303–306.

Rechtfertigung für ihre Gewaltherrschaft und deklarieren Musik als Teufelswerk. Nach einem UN-Report wurden im Zeitraum von 2003 bis 2006 im Irak mehr als 75 Sänger ermordet, und die Künstlervereinigung des Landes schätzte, dass 80 Prozent der professionellen Sänger das Land verließen.[198]

Ähnlich in Mali, wo 2012 Teile der Armee gegen die Regierung von Staatspräsident Touré putschten. Dort nutzten islamistisch-dschihadistische Gruppen von Al-Qaida aus dem Maghreb zusammen mit islamistischen Tuaregrebellen das dadurch entstandene Machtvakuum im Norden des Landes, um die legendäre Wüstenstadt Timbuktu, diesen ehemals wichtigsten Umschlagplatz im Transsaharahandel und Zentrum der Gelehrsamkeit, einzunehmen. Bis dahin war die Stadt mit ihrem traditionell praktizierten toleranten Sufi-Islam und ihren zahlreichen Islamschulen ein Synonym für Aufklärung gewesen. Jetzt verboten die selbsternannten Glaubenskrieger der Bevölkerung, ihren Verstand zu benutzen. Sie hissten auf Hunderten Häusern die schwarze Fahne der Islamisten, machten sechs der 16 aus dem 15. und 16. Jahrhundert stammenden Mausoleen von Sufi-Priestern dem Erdboden gleich und zwangen der Bevölkerung ihre fundamentalistische Auslegung der Scharia auf. Neben der Zerstörung religiöser Denkmäler und Schriften des afrikanischen Islam, verwiesen sie alle Frauen hinter die Lehmmauern ihrer Häuser und drohten allen Musikern mit Verstümmelung und Tod. Sittenwächter durchkämmten die Straßen und nahmen alle Frauen fest, die keinen Schleier trugen. In den Vorstädten nahmen die Berichte über Vergewaltigungen zu.

Zuvor besaßen die Frauen in Timbuktu eine völlig selbständige Position im gesellschaftlichen Leben und in der Öffentlichkeit, und an Maouloud, dem Fest der Geburt und Taufe des Propheten, spielten die Musiker einer jeden Volksgruppe zum Tanz auf. Damit war mit dem Einmarsch der selbsternannten Sittenwächter Schluss. Die einheimische Bevölkerung fühlte sich verhöhnt, da ihnen die Fremden nun den „wahren" Islam einpeitschen wollten, während seit dem 13. Jahrhundert unzählige Gelehrte aus weiten Teilen Afrikas bei ihnen in Timbuktu den Islam studiert hatten. Zwar ist der Konflikt trotz einzelner Friedensverträge unter internationaler Ägide bis heute nicht beigelegt, aber Ende Januar 2013 gelang es französischen und malischen Truppen, Timbuktu zurückzuerobern und die ehemalige kulturelle Ordnung wiederherzustellen. Dagegen muss im Norden von Nigeria, wo die Scharia eingeführt ist, jedes neue Lied die Zensur passieren.[199]

Im ostafrikanischen Somalia mit seiner reichen musikalischen Tradition ist derweil ein blutiger Kulturkampf entbrannt. Seit 2010 versuchen die Islamisten dort mit brutaler Gewalt, mit der Androhung von Mord und Amputationen, ein völliges Musikverbot durchzusetzen. Mit dem willkürlichen Slogan „Musik ist Sünde" zwingen sie seitdem einen Großteil der Radiosender, auf jegliche Musik zu verzichten, damit nur noch die Rufe des Muezzins zu hören sind. Mit der Musik verweigern sie den Menschen gewissermaßen das Brot für die Seele. Sie lassen sie

198 Otterbeck 2008, 223–224.

199 Marc Engelhardt, *Heiliger Krieg – heiliger Profit*. Bonn: Bundeszentrale für politische Bildung, 2014, 93–97; Barbara Rocksloh-Papendieck/Henner Papendieck, *Die Krise im Norden Malis*, Studie der Friedrich Ebert Stiftung vom Dezember 2012, https://www.library.fes.de/pdf-files/iez/09526.pdf.

verhungern, während sie selbst in Gestalt der Terrororganisation Shabaab ein lukratives Konsortium von Geschäftsinteressen aufbauten, deren Führungselite die Profite bis heute in die eigenen Taschen lenkt. Zugleich erzählt diese Elite den Massen von ihrem völlig selbstlosen Kampf für einen islamischen Heilsstaat, an den sie nach den Worten von Marc Engelhardt selbst nicht zu glauben scheint.

Auch im multiethnischen Norden Nigerias, wo 1999 in Regionen mit überwiegend muslimischer Bevölkerung die Scharia eingeführt worden war, nahmen die Zensoren alsbald die Musik ins Visier, verboten jeden sinnenfrohen Text und jedes gemeinsame Tanzen von Mann und Frau. Sie verbannten die Liebe zu dem anderen Geschlecht aus der Musik. Künstler, die in ihren Musikvideos ein Händchen haltendes Liebespaar oder auch nur Sängerinnen zeigten, landeten ebenso im Gefängnis wie Sänger, die in ihren Liedern die staatliche Korruption anklagten. Umgehend verließ ein Großteil der Musiker diese Provinzen. Noch weiter gingen die Islamisten von Boko Haram im Bundesstaat Borno im äußersten Nordosten des Landes. Seit 2009 terrorisieren sie die Bewohner, entführen und morden, greifen Universitäten und Schulen an, ebenso Lehrer und Schüler, verbrennen Bücher und Musikinstrumente, töten Musiker und verbieten den Menschen, ihre eigene Musik aufzuführen und zu hören, selbst Beerdigungs- und Hochzeitsgesänge.[200]

In ihrem Hass auf die gesamte westliche Lebensweise schwangen sich in den letzten Jahren wiederholt radikale Moslems zu Hütern einer von ihnen definierten Wahrheit auf und schreckten vor Morden im Namen Allahs nicht zurück. Immer wieder diente ihnen die westliche Musik als Vorwand und eine freizügige Interpretation einer Sure als Rechtfertigung. Am 13. November 2015 überfielen zwei Islamisten im 11. Pariser Arrondissement das Theater Bataclan, in dem die US-amerikanische Rockband Eagles of Death Metal vor 1.500 Besuchern ein Konzert gab. Mit ihren Kalaschnikows töteten sie 90 Zuhörer, bevor sie sich selbst in die Luft sprengten. Ein Bekennerbrief der Terrororganisation IS rechtfertigte die Morde, sie seien im Namen von Allah, dem „äußerst Barmherzigen“, geschehen. Sie umschrieben den Massenmord als eine von Allah „gesegnete Attacke“ gegen das Bataclan, „wo sich hunderte Götzendiener in einer perversen Feier versammelt hatten“, mitten in Paris, der „Hauptstadt der Abscheulichkeit und der Perversion“.[201] Und sie mordeten weiter. Am 22. Mai 2017 starben in Manchester bei einem weiteren islamistischen Terroranschlag auf überwiegend jugendliche Besucher eines Konzerts der US-amerikanischen Sängerin Ariana Grande 23 Menschen, darunter der Attentäter. Über 500 wurden verletzt. Die Terrormiliz IS reklamierte auch diesen Anschlag auf einen „schamlosen Konzertsaal“, wie sie schrieb, für sich.[202]

200 Marc Engelhardt, *Heiliger Krieg – heiliger Profit*. Bonn: Bundeszentrale für politische Bildung, 2014, 35–36; Katung Kwasu, *Music censorship in Northern Nigeria*, in www.musicinafrica.net/magazine vom 22. Aug. 2018; Sada Malumfashi, *Cultural activism in Northern Nigerian music*, in www.musicinafrica.net/magazine vom 6. Nov. 2018.

201 *Terror-Attacke in Paris. Das mutmaßliche Bekennerschreiben des IS im Wortlaut,* in Focus Online vom 14. Nov. 2015.

202 *Ariane Grande überrascht verletzte Fans im Spital*, in Tages-Anzeiger vom 3. Juni 2017, www.tagesanzeiger.ch.

Wie bereits kommunistische Funktionäre Jahrzehnte zuvor vermuten radikale Muslime in der aus dem Westen kommenden Popmusik bis heute eine heimtückische Schallwaffe, um den Rest der Welt nach dem Vorbild des Westens zu gestalten. Für die religiösen Aktivisten ist diese Musik eine Art Höllenmaschine beim Kampf zwischen zwei miteinander unvereinbaren Kulturen beziehungsweise Religionen. Sie sehen in der säkularen Kultur des Westens und dem Liberalismus die eigentliche Religion des Westens, in der der Gottesglaube als Ordnungsfaktor in den Hintergrund gedrängt ist beziehungsweise nur ein Ordnungselement unter mehreren darstellt. In ihrer intoleranten und dogmatischen Schriftgläubigkeit deklarieren sie den weltweiten Vormarsch dieser säkularen Kultur als Kreuzzug des Westens gegen den Islam sowie als kulturellen Kolonialismus oder, wie sich Ayatollah Chomeini mit Bezug auf den Schriftsteller Jalal Al-i Ahmad ausdrückte, als Westtoxifikation mit Filmen aus Hollywood und Miniröcken aus Paris, mit Pornos und Schwulenbars, sowie mit Diskotheken und aufreizender Musik als Viren und Agenten.[203]

Sie glauben an eine Verschwörung des Westens gegen das islamische Ordnungsmodell mit den USA als Speerspitze. Indem führende islamische Geistliche die USA mit dem leibhaftigen Bösen gleichsetzen, den US-Präsidenten zum Stellvertreter des Teufels erklären, die westliche Kultur dämonisieren und Andersgläubige hinrichten lassen, sehen sich religiöse Fanatiker berechtigt, die säkulare Kultur des Westens mit hemmungsloser Gewalt zu bekämpfen, zumal ihre Religion ihre Gewalt angeblich moralisch sanktioniert und sogar göttliche Belohnung verspricht.

Nicht wenige Fanatiker sind zudem frustriert, weil sie die verlockenden Visionen der westlichen Kultur aufgrund persönlicher Unzulänglichkeiten und eigenem Versagen nicht zu nutzen verstehen. Dennoch greifen sie mit Vorliebe zu den Produkten der technischen Modernität des Westens wie Flugzeuge, Autos, Internet, Fernsehen, Mobiltelefone und Waffen, um damit die Resultate der kulturellen Modernität des Westens zu bekämpfen. Auch greifen salafistische Seelenfänger, die sich in die kargen Anfangsjahre des Islam zurückträumen, trotz des sich selbst auferlegten Musikverbots zu Liedern, um ihre Botschaften massentauglich zu verpacken. Sie unterlegen ihre Videos oftmals mit religiösen Songs, so genannten Nashids, um ihrer Botschaft ein künstlerisches Gewand zu verpassen und Orientierungslose zu umgarnen.[204]

Indessen bedienen sich andere Gruppen der Popmusik und instrumentalisieren Musiker, um ihre politischen und ideologischen Ziele durchzusetzen. In Deutschland sorgte im Sommer 2017 das international agierende, antizionistische und antisemitische Netzwerk BDS (Boycott, Divestment, Sanctions) für Aufsehen und zum Teil heftige Kritik, als es zum Boykott des Berliner Pop-Kultur-Festivals aufrief, weil die israelische Botschaft einer israelischen Sängerin einen Reisekostenzuschuss gewährt hatte. Dabei versteht sich dieses Festival als Diskussionsforum über

203 Jalal Al-i Ahmad, *Occidentosis: A Plague from the West*. Berkeley: Mizan Press, 1984.

204 Dazu Mark Juergensmeyer, *Die Globalisierung religiöser Gewalt. Von christlichen Milizen bis al-Qaida*. Bonn: Bundeszentrale für politische Bildung, 2009, 59–61, 66, 94–97 u. 402–403; Ronen Steinke, *Dschihad-Pop*, in Süddeutsche Zeitung vom 22. Juli 2016.

progressive Musik aus aller Welt mit Meinungs- und Kunstfreiheit als oberstem Gebot und Selbstverständlichkeit. Offenbar gilt dies aber nicht mehr für die arabische Welt, da unmittelbar nach dem Boykottaufruf Künstler aus Syrien, Ägypten und Tunesien, aber auch aus Großbritannien und Finnland, ihre Teilnahme absagten, weil ihnen, wie das ägyptische Trio Islam Chipsy & EEK erklärte, ansonsten Auftrittsverbot in arabischen Ländern und selbst in ihrem Heimatland gedroht hätte. Das Netzwerk BDS, in dessen Koordinierungskomitee an führender Stelle die Palestinian National and Islamic Forces tätig ist, eine Koalition teilweise militanter palästinensischer Organisationen, reiht sich damit ein in die zahlreichen ideologisch verblendeten Staaten und Organisationen, die versuchten, die populäre Musik des jeweiligen Landes für ihre Gesinnungsdiktatur zu missbrauchen, obwohl derartige Versuche längerfristig bisher immer kläglich gescheitert sind.[205]

205 Jens Balzer, *Kein Ton für Israel*, in DIE ZEIT vom 31. Aug. 2017, 50; Daniel Erk, *Bühnen des Boykotts*, in https://www.musikexpress.de/buehnen-des boykotts...935371 vom 6. Nov. 2017.

10 NACHWORT – ZU EINER ART HEILIGSPRECHUNG

Die aus dem Westen stammende Popmusik hat die Welt heute fest im Griff. Wir leben in einer von Musik gesättigten Welt. Wir können ihr kaum entgehen, wenn wir zu Hause Radio oder Fernsehen anschalten, im Internet surfen und im Auto sitzen, wenn wir ins Kino gehen oder in Supermärkte, in Fußgängerzonen, Hotellobbys, Aufzüge, Bars und Restaurants. Wir hören Musik als Appetizer der Werbung, in den Warteschleifen am Telefon, beim Zahnarzt und an vielen anderen Orten mehr. Selbst bei einer Fahrt mit der Achterbahn genügt uns nicht mehr das schneller werdende Rattern der Räder und die schrillen Schreie der Mitfahrer, wenn es steil und schnell bergab geht. Das Bauchkribbeln wird durch einen eigens dafür zusammengemischten Soundtrack noch weiter gesteigert. Auch die Ohren sollen sausen und das Grausen kriegen. Hintergrundmusik „möbliert" unser Leben wie zu Hause das Sofa und das Bild an der Wand. Sie bildet den wohligen Soundtrack des modernen Lebens, ist als Livemusik eines der großen Events, mit dem viele ihrer Freizeit einen Höhepunkt verschaffen. Es ist eine Musik, die, um immer wieder Neues zu bieten, angereichert ist mit Klängen aus fast der ganzen Welt. Die Popgemeinde in Nordamerika und Europa akzeptiert und honoriert im Zeitalter der Globalisierung diesen globalen Sound, so wie die Menschen aus anderen Kulturräumen seit dem Zweiten Weltkrieg die für sie fremden Töne aus dem Westen hatten aufhorchen und übernehmen lassen. Im Jahr 2010 stürmte *Waka Waka (This Time for Africa)*, gesungen von der kolumbianischen Sängerin Shakira, als offizielles Lied der Fußball-Weltmeisterschaft in Südafrika sofort an die Spitze der Charts in zahlreichen Ländern des Westens. Der Hit beruht auf einem traditionellen afrikanischen Soldatenlied und dem Song *Zangalewa* der kamerunischen Gruppe Golden Sounds aus dem Jahr 1985.[1] Auch der Jazz, mit dem alles angefangen hat, ist weiterhin auf Tour rund um den Globus. Er ist weiterhin dabei, die Globalisierung ein Stück weiter voranzutreiben – oder besser die Glokalisierung. Auch diese Musik, die einst von New Orleans und New York aus ihre Reise in die anderen Erdteile angetreten hatte, wird heute in allen Erdteilen praktiziert und durch viele lokale Einflüsse weiterhin bereichert.

Das Resultat dieser Weltumrundung von Jazz, Pop und Rock, Hip-Hop, Techno und EDM lässt sich heute vielleicht am eindrucksvollsten in den Vereinigten Arabischen Emiraten beobachten, etwa in Abu Dhabi. Dort wo sich zur Mitte des 20. Jahrhunderts lediglich ein paar windschiefe Palmhütten um ein kleines Fort aus Muschelkalk und Lehm gedrängt und Beduinen sich als Perltaucher ein kärgliches Zusatzeinkommen erarbeitet hatten, dominieren heute Wolkenkratzer den Strand.

1 Dibussi Tande, *Undermining African Intellectual and Artistic Rights: Shakira, Zangalewa & the World Cup Anthem*, in Scribbles from the Den vom 23. Mai 2010, www.dibussi.com [20.04.2018].

Vor dieser Kulisse findet seit 2009 im November jeden Jahres das Musik-, Film- und Kulturfestival *Yasalam* statt, in das auch das Formel 1-Rennen auf Yas-Island integriert ist. Wenn bei den über viele Jahre hinweg vom Volkswagen-Konzern gesponserten Rockkonzerten *Beats on the Beach* und den After-Race-Konzerten Jahr für Jahr mehrere Zehntausend Menschen an der Corniche und der Rennstrecke die Auftritte internationaler Rockstars wie Beyoncé, Kylie Minogue oder Rita Ora, Paul McCartney, Prince oder Eminen ebenso frenetisch begleiteten wie die Songs der philippinischen Indie-Band Bamboo, des Algeriers Cheb Khaled oder einheimischer Hip-Hop-Stars, dann demonstrieren Künstler wie Publikum, wie weit die Globalisierung der westlichen Popmusik inzwischen fortgeschritten ist und welche Wirkung sie hervorruft.

Die Zuhörer – Touristen aus dem Westen, Gastarbeiter aus Ägypten, Pakistan und den Philippinen, Rennsportbegeisterte aus aller Welt sowie Einheimische – lassen sich von den Songs mitreißen, weil diese viel Wohlbekanntes enthalten. Sie recken Arme und Smartphones bei den Auftritten von Metallica und Guns N' Roses in die Höhe und singen mit, als hätten sie nie eine andere Musik gehört. Wenn dann DJ Said Mirad, der Guru der arabischen Disco-Musik, an das Mischpult tritt, wird deutlich, dass auch mehr und mehr arabische Männer im Thawb, dem knöchellangen weißen Gewand, und arabische Frauen in der Abaya, dem schwarzen Übergewand, die westlichen Klänge keineswegs als moralische Pest wahrnehmen, sondern sich ebenso wie die Besucher aus dem Westen im Rhythmus der Rock-und Discoklänge bewegen. Dann wird erkennbar, wie sehr die Musik weltweit inzwischen eine gemeinsame Sprache geformt und Geschmäcker verändert hat, wie sich die Musikformen im Rahmen der Globalisierung und der riesigen Migrationsströme losgelöst haben von nationalen Ausdrucksweisen und ethischen Zuweisungen.

Dabei bleibt es nicht. Wenn das Festival endet, schlägt die Globalisierung sofort eine neue Notenmappe und ein neues Liederbuch auf. Die großen Hotels der Stadt und die riesigen Malls stellen bunt glitzernde Weihnachtsbäume auf und berieseln Besucher wie Angestellte rund um die Uhr mit Weihnachtsliedern – Merry Christmas allen Christen, Hindus, Buddhisten, Moslems und Gottlosen. Die Musik der Großstädte rund um den Globus wird heute von einer riesigen kulturellen Vielfalt getragen vergleichbar mit der Vielfalt an Produkten, die in den großen Malls von Abu Dhabi und dem benachbarten Dubai erhältlich sind, sowie der internationalen Kundschaft, die diese Konsumtempel bevölkert.

Während die Welt weiterhin zu Techno tanzt und die Popmusik nur noch neoliberal betriebsam wirkt, zeigt die Londoner Saatchi Gallery im Jahr 2016 die Ausstellung *Exhibitionism*, eine Schau über das Leben der Rolling Stones. Die ehemaligen Schock-Rocker werden resozialisiert zum Museumsstück, und die Massen paradieren an ihnen vorbei wie in Paris vor dem Bild der Mona Lisa oder in Hanoi vor dem Sarg von Ho Tsi Minh. Sie tun dies im Gedenken an große Zeiten, die eigentlich nie wirklich groß gewesen waren. Jedes Objekt, das irgendwie mit der ehemaligen Skandaltruppe in Berührung kam, wird wie eine Reliquie präsentiert im Dienst der Geschichte und der Kasse. Derweil lässt sich die Band mit gigantischen Tourneen und Jetset-Attitüde als Rock 'n' Roll-Aristokraten feiern, wobei Gitarrist Keith Richards, der einen langen Weg durch die Drogenhölle nahm und den der New Musical Express bereits 1974 als den „am elegantesten kaputtgegangenen Menschen der Welt“ bezeichnet hatte, sein Image als „lebende Leiche“ immer mehr perfektioniert, sein Lachen immer mehr dem Fauchen eines alten Drachen angleicht, nur noch träge bis faul klampft und entsprechend durch die Songs schlurft.

Mick Jagger lässt dagegen mit seinen hypervitalen Auftritten alle die nachdenklich zurück, die in ihrem Dasein haferflocken- und hagebuttengesund gelebt und ganz bewusst auf viele Freuden des Lebens verzichtet haben, um bis ins hohe Alter fit zu bleiben. Als Dauerläufer fetzt und zappelt Jagger wie eh und je im Glitzerjäckchen wie ein Derwisch über die Bühne, klatscht in die Hände und droht mit dem Zeigefinger, vollführt einen permanenten hektischen Tanz auf den Zehenspitzen, wackelt mit dem Po, jault und hechelt, posiert und windet sich – ein aufgedrehter Balletttänzer auf Speed. Zwar haben alle Frauen- und Drogen-Exzesse von Mick, Keith, Ron und Charlie tiefe Kerben in ihren Gesichtern hinterlassen, die sich mit ihren Furchen, Schluchten und Abgründen als Landkarten ihrer Leidenschaften präsentieren, doch machen ihre Auftritte ihr wahres Alter vergessen und lassen ihre Musik als Jungbrunnen erscheinen.

Zur selben Zeit, als die Stones ihre Reliquien im Museum ablegten, zog der fast 70-jährige, „fauchende, blond gebleichte, dionysische Rockgott Iggy Pop“ blank, um sich von 22 Künstlern auf Leinwand und Pappe abbilden zu lassen. Auch diese Aktbilder von einem „der am besten wiedererkennbaren Körper der Popkultur“, wie der britische Künstler Jeremy Deller betonte, wanderten in ein New Yorker Museum, wo sie neben antiken Skulpturen männlicher Körper aus Ägypten, Afrika und Indien sowie Gemälden von Egon Schiele und Robert Mapplethorpe die höheren Weihen eines kunstbegierigen Publikums empfingen.[2]

Schon 2005 hatte sich Kraftwerk auf der Biennale in Venedig von Künstlern, Galeristen und Sammlern als Klassiker der Moderne feiern lassen, um im Jahr 2015 an acht Abenden im New Yorker Museum of Modern Art vor ausverkauftem Haus die Musealisierung der Popmusik zu zelebrieren, sich endgültig vom schweißtriefenden und schweißtreibenden Markt zu verabschieden und sich auf dem kühlen und aseptischen Museumssockel mit neu arrangierten alten Stücken und einer dreidimensionalen Videoorgie als kunstvolles Sakralwerk zu positionieren. Andere sahen bei dieser Ausstellung von Geräuschen und der Aufnahme der Band ins Pantheon moderner Kunst betriebswirtschaftlich geschulte Manager am Werk, die die Gefräßigkeit der heutigen bildenden Kunst mit originellen Vertretern von Hybridkünsten zu stillen versuchen. Wie dem auch sei, irgendwie adelt das Museum, beziehungsweise die Künstler möchten, dass es adelt.[3]

Dennoch passen beide nicht zusammen: der Ort der Stille und Etikette sowie die lärmende und zügellose Vitalität von Rock und Pop. Im Museum lassen sich

2 Kin Woo, *Iggy Pop: Musician, Icon – and Now, Live Nude Model*, in The New York Times Style Magazine vom 3. Nov. 2016.

3 Jordan Mejias, *Kraftwerk spielen im MoMA. Das Quartett der Robotermenschen*, in Frankfurter Allgemeine Zeitung vom 11. April 2012.

zwar Gemälde eines kraftvollen Expressionismus nebeneinander präsentieren, keinesfalls aber akustische Exponate von welchem Musikstil auch immer. Sie würden zu einem kakophonischen Musikbrei verschmelzen. Doch der Klang verkörpert das Wesentliche von Musik, die im Kern aus Geräuschen besteht, der Rock sogar aus teils radikal lauten Geräuschen. Die in allen Musikmuseen ausgestellten Musikinstrumente dokumentieren lediglich einen Teil des Rahmens von Musik, nicht jedoch deren Innerstes. Sie sind lediglich stumm gewordene Zeugen von Herzklopfen, Ekstase und Aufruhr. Sie lenken von der eigentlichen Leistung und Bedeutung ab und verpassen den größten Unruhestiftern unter den Musikern, so etwa den Sex Pistols, einen aseptischen Glorienschein. Sie verniedlichen den Wahnsinn des Rock 'n' Roll. Schon Pistols-Gitarrist Steve Jones wusste: „Sobald man in ein Museum gesteckt wird, ist es aus mit Rock 'n' Roll."[4] So ist zwar Elvis Presleys Villa Graceland ein Pilgerort von Fans des King of Rock 'n' Roll, doch in seiner ganzen Plüschigkeit auch ein riesiger Kitschtempel.

Trotzdem wurden verschiedene Versuche unternommen, die Geschichte der Popmusik museal aufzubereiten. Das im Jahr 2000 in Seattle eröffnete und von dem Stararchitekten Frank Gehry entworfene Museum of Pop Culture (MoPOP) hat sie in eine rot, golden und silbern glänzende Metallhülle gepackt, in ein Gebäude wie zufällig beim Bleigießen entstanden. Es erinnert an metallene Seegurken, die voller Metastasen an Land geschwemmt wurden und dort unter Krämpfen ihr Leben ließen – ein futuristisches Mausoleum. Andere sehen darin einen weggeworfenen, zerbeulten Mülleimer oder eine geschlachtete Kuh. Für die Einheimischen ist es „die Hämorrhoide", für Musikenthusiasten, die mit innovativer Rock- und Popmusik groß geworden sind, eher eine Enttäuschung, sein Inhalt eher Plunder und Klimbim. Hier wird deutlich, dass sich die Dynamik, das Raue, der Lärm und der musikalische Radikalismus der Rockmusik nicht als einbalsamierte Museumsexponate eignen. Sie lassen sich nicht mit Hilfe von Kleidungsstücken vermitteln, die den Besuchern wie das Grabtuch von Turin oder der Heilige Rock in Trier in einem Glaskasten mottenfrei präsentiert werden. Rockmusik kann man nicht heiligsprechen und sollte es auch nicht versuchen.

Mit dem MoPOP kann jedes Heimatmuseum als Erinnerungsort konkurrieren – mit seiner Müllhalde an E-Gitarren, seinem popkulturellen Schrott, seinen Bühnenkostümen, Postern, Plattenhüllen, seinen aus den Mülleimern der Stars herausgefischten Abfällen wie etwa den wie Reliquien präsentierten Hendrix-Memorabilien: einer Umhängetasche der Trans World Airlines (TWA), die der Gitarrist bei seinen First-Class-Flügen mit sich führte, darin Babylotion, Aspirin, Rasierzeug und Haarbürste. Unter solchem Müll verschwinden die großen Schwierigkeiten, guten und erfolgreichen Rock und Pop zu produzieren. Der ganze Restmüll von Musikern, den das Museum als Kulturgut zu adeln versucht, verdeckt die vielfältigen Mühen der Künstler, in der unübersehbaren Masse der Konkurrenten auf sich aufmerksam zu machen, sich hochzuarbeiten und durchzusetzen. Er blendet die

4 Reynolds 2012b, 43 u. 49.

vielgestaltigen und raffinierten Bemühungen der Musikindustrie aus, die Intuitionen und Werke einzelner Musiker nicht nur in einem lokalen Echo enden zu lassen.[5]

An der Beweihräucherung von Rocker-Reliquien kam auch die 1995 eröffnete Rock and Roll Hall of Fame in Cleveland, Ohio nicht vorbei. Anders als in den Totentempel der Politik und der Kirchen, in denen die Bevölkerung kostenlos an den Einbalsamierten vorbeiflanieren darf, sind die Devotionalien der Rockheiligen dort jedoch nur gegen 23,50 Dollar den Blicken freigegeben. Die saftigen Eintrittspreise sollen daran erinnern, dass Popmusik schon immer Kommerz war. Indem die Hall of Fame am Ufer des Eriesees sogar eine Urne mit der Asche von Alan Freed zur Anbetung freigibt, macht sie sich selbst zum Mausoleum. Dennoch demonstriert sie mit ihrem Gesamtkonzept, dass Rockmusik aus mehr besteht als aus skurrilen Kostümen und Schals von David Bowie oder Freddy Mercury. Die von dem Architekten Ieoh Ming Pei in Form einer Pyramide entworfene Ruhmeshalle, die die Energie des Rock 'n' Roll symbolisieren soll, beschränkt sich nicht nur auf die Präsentation von Bildern und Gebrauchsgegenständen aus dem Umfeld berühmter Interpreten, sondern würdigt zugleich auch die Arbeit des ganzen Umfeldes der Stars, die ohne das Heer der in der breiten Öffentlichkeit meist unbekannten Songschreiber, Produzenten, Tontechniker, Journalisten, Disc-Jockeys sowie der großen Labels als lokale Größen meist schnell wieder in der Vergessenheit versunken wären. Dazu zeigt das Museum etwa Mischpulte, Schallplatten und Tonbandmaschinen aus dem legendären Sun Studio in Memphis. Und es beamt den Besucher mit einer 3D-Live-Show an die Seite von Bono auf die Bühne eines Großkonzerts von U2 in Buenos Aires.

Letztendlich versteht sich der Glaspalast am Eriesee als Denkmal zu Ehren all derer, die die moderne Rockmusik wie auch den Hip-Hop großgemacht, sie mit immer neuen Ideen gefüttert und über die Welt verbreitet haben, angefangen bei Elvis Presley, Buddy Holly und Chuck Berry bis hin zu Nirvana, N.W.A. und Tupac Shakur, von Alan Freed, Leonhard Chess und Leo Fender bis hin zu Clive Davis und David Geffen. Doch so sehr sich dieses Museum auch darum bemüht, die Schreine der Rockheiligen mit Leben zu füllen, mit der Einbalsamierung der wilden Rock- und Hip-Hop-Legenden macht sie diese familientauglich und verwandelt sie in zahme Popengel, die sie eigentlich nie sein wollten.[6]

Einen ganz speziellen Zugang zu Museum und Kunst wählte der New Yorker Rapper und ehemalige Drogendealer Jay-Z, dem kurz vor der Jahrtausendwende mit seinen am Pop angelehnten Alben wie *Reasonable Doubt* und *Hard Knock Life* zwar heftige Kritik aus der Rap-Szene entgegenschlug, der mit diesem Stil aber bestens bei Jugendlichen mit genügend Geld in der Tasche ankam. Auch er stieg im Zuge der aggressiven Mehrung des eigenen Vermögens in die Modeindustrie ein, gründete eine eigene Agentur zur Vermarktung von Musikern und Sportlern und beteiligte sich an der Champagnermarke Armand de Brignac, der Cognacmarke

5 Erica C. Barnett, *EMPty. The Experience Music Project is a flop on all fronts – financial, musical, and intellectual*, in The Stranger vom 17. Juni 2004, https://www.thestranger.com/seattle/Content?oid=18487.

6 Tina Eck, *Hall of Fame – Cleveland kann auch laut sein*, in Welt N24 vom 15. Juni 2010, www.welt.de/reise/article8053486.

D'Ussé, dem Musikdienst Tidal sowie dem Fahrdienst Uber, um mit seiner immer realitätsferneren Musik nach Ansicht der Zeitschrift Forbes zum Topverdiener unter den Rappern und als Unternehmer bis 2019 zum Vermögensmilliardär aufzusteigen. Er hatte es immer weniger nötig, nur mit Bling-Bling seinen Erfolg unter Beweis zu stellen, sondern protzte zuerst mit seinem Auto und seinem Boot, dann mit dem Kauf von Kunst, die er für 1 Million Dollar gekauft und die heute 8 Millionen Dollar wert sei, so in *The Story of OJ*.[7] Schließlich erklärte er sich zum neuen Picasso: „I'm the modern day Pablo", um sich bald darauf zusammen mit seiner Frau Beyoncé in dem Video zu *Apeshit* mit einigen Kilo Bling um den Hals im Pariser Louvre neben die milde lächelnde Mona Lisa zu platzieren.

Der Rapper hatte verstanden, wer als Berühmtheit heute über sein vieles Geld hinaus symbolisches Kapital anhäufen und von Weihrauch umnebelte Verehrung erlangen will, muss die Kunst wie einen Rohstoff ausbeuten, muss sich mit Kunst umgeben und selbst zum Kunstwerk werden. Er muss seine Anerkennung in der Kunstwelt abholen, in der offenbar eine Währung zirkuliert, die mehr Glanz verbreitet als jede Goldwährung, und die einer Heiligsprechung gleichkommt.

Schon im Sommer 2013 rappte Jay-Z in der New Yorker Pace Gallery vor der versammelten Kunstelite der Stadt auf einem weißen Podest sechs Stunden lang in Endlosschleife und Playback seinen Song *Picasso Baby*, während das geladene Publikum mit Absperrbändern wie vor der Mona Lisa auf Abstand gehalten wurde. Dann öffnete sich die Tür, und die Performance-Künstlerin Marina Abramovic trat herein, die von sich selbst sagt, sie sei eine Marke wie Coca-Cola. Sie stieg zu dem Rapper auf die Bühne, legte ihre Hände auf seine Schultern und schob ihn Stirn an Stirn vor sich her, während Kameraleute beide umkreisten und aus den Lautsprechern der sich tiefgründig gebende Sprechgesang des Mainstream-Rappers blubberte mit willkürlich aneinander gereihten Künstlernamen und sich darauf reimenden Objekten – „Jeff Koons – balloons". Wie der Journalist Kolja Reichert anmerkte, bekam Jay-Z so „seine Selfies mit der Kunstszene", und Marina Abramovic „bekam ihre Selfies mit Jay-Z". Indem vor laufenden Kameras Celebrity auf Celebrity traf und beide ihre Marke publikumswirksam platzierten, griffen sie beide das soziale Kapital des anderen ab, um das eigene zu mehren.[8]

Die Heiligen des frühen 21. Jahrhunderts sind nicht mehr jene Missionare, die die Welt selbstlos im Glauben an ihren Gott vereinen wollten, sondern die Musiker des Pop, die die unterschiedlichsten Kulturen im Dienste des Kommerzes in ihrer Begeisterung für dieselben Songs und in der Vergötterung derselben Stars zusammenführen. Und so wie die Heiligen der großen Weltreligionen schon immer vermarktet wurden und den Devotionalienhändlern reichlich Geld in die Kassen spülten, so finden auch die Devotionalien der Pop-Heiligen überall auf der Welt reißend Abnehmer. Die Hohepriester des Pop bedienen zusammen mit ihren Glöcknern einen riesigen, immer homogener werdenden Weltmarkt, in dem alle Menschen darauf programmiert sind, dieselben Dinge haben zu wollen, unabhängig von ihrem

7 Roland Lindner, *Vom Drogendealer zum Milliardär*, in Frankfurter Allgemeine Zeitung vom 5. Juni 2019, 20.

8 Kolja Reichert, *Die Kamera als Akteur*, in www.koljareichert.de/celebritive turn [13.07.2017].

kulturellen Hintergrund und individuellen Temperament. Zugleich fällt den Vorsängern des Pop zwar immer wieder Neues ein, aber die mächtigen Innovationsschübe, die Rock 'n' Roll, Beat und Hip-Hop auslösten, scheinen passé. Stattdessen tanzt die Jugend zu Endlosschleifen von altbekannten Musikschnipseln, beklatscht und entlohnt die Bediener der Plattenteller, die die Kompositionen früherer Musiker zerhacken und neu zusammenmischen. Gleichzeitig jubelt eine alternde Gesellschaft ihren noch schneller gealterten Rockstars zu, obwohl diese auf der Bühne oft nur noch ihren eigenen Leichnam mimen. Die Welt summt, singt und pfeift zu den Songs der jedes Jahr am Pop-Himmel neu auftauchenden und schnell wieder verlöschenden Sterne und Sternchen – ein wahrhaft globales Konzert, ein anschwellender Gesang, ein Sternschnuppengewitter.

Immer wieder aufs Neue betreten Musiker die Bühne, deren Gesang für die heutige Elterngeneration ebenso schwer zu verstehen und zu ertragen ist wie früher Elvis oder die Beatles für die Eltern der ersten Rock 'n' Roll- oder Beatles-Fans. Die Musik des Trap-Rap-Trios Migos aus Atlanta mit ihren wie aus einem Repetiergewehr herausgeschossenen Nonsens-Begriffen malträtiert heute die Ohren der Älteren genauso, wie vor Jahrzehnten die damaligen Senioren die Songs der Stones als Lärmattacke auf ihre Gehörgänge und ihren musikalischen Geschmack empfunden hatten. Aber die Musik der Migos klingt so, wie sie klingen muss, um heute eine riesige Fangemeinde um sich zu scharen, um die Zahl der Abrufe bei YouTube in den dreistelligen Millionen-Himmel zu hieven und aus Rappern aus dem Ghetto reiche Leute zu machen.

Bald aber werden die Songs der Migos in das riesige Meer aus Downloads, Streams und Videos eintauchen, auf das jeden Tag eine wahre Sturzflut an neuen Downloads, Streams und Videos niedergeht. Sie werden das Meer an Songs lediglich eine Winzigkeit ansteigen lassen, so als hätten sie eine winzige Pipette voller Musik in den Ozean geträufelt. Man wird die Migos auch später noch aus diesen Fluten herausfischen können, sie werden von Zeit zu Zeit nach oben geschwemmt und dann wieder untertauchen. Gleichwohl wird sich aber in 50 Jahren im Gegensatz zu den Beatles kaum noch jemand an sie erinnern, obwohl sie alle in demselben großen Pop-Meer schwimmen. Die Beatles hatten, wie Felix Zwinzscher sehr treffend und sehr schön anmerkt, den Vorteil, „dass sie in einer Zeit groß wurden, als dieses Meer aus Popmusik noch ein Teich war, auf den der Regen noch nicht so schnell fiel“, und über dem, so bleibt hinzuzufügen, sich noch nicht die Regenwolken aus der ganzen Welt zusammenbrauten und entluden.[9] Heute hat sich um dieses Meer fast die gesamte Weltbevölkerung versammelt, um sich an seinen Stränden zu erholen und am Rauschen der Wellen zu erfreuen. Und immer neue Massen streben diesem Arkadien entgegen. Es scheint, die Welt kann nicht genug von dieser Popmusik bekommen und diese nicht von der Welt.

Bleibt angesichts des derzeitigen politischen und kulturellen Epochenbruchs die Frage nach der Zukunft des besonders in den USA entstandenen und mit Hilfe

9 Felix Zwinzscher, *Diese Band hält das Netz für die beste der Welt*, in Welt N24 vom 1. Febr. 2017, www.welt.de/kultur/pop/article161716747 [09.10.2017].

einer kreativen Industrie in die ganze Welt hinausposaunten Pop. Indem die amerikanisch-westliche Dominanz, die nach dem Eintritt der USA in den Ersten und Zweiten Weltkrieg ihren Höhepunkt erreichte, sich heute ihrem Ende zuneigt, und die vom Westen betriebene ökonomische und kulturelle Globalisierung in Form von Flüchtlingen, Terrorismus, ökonomischer und kultureller Konkurrenz zurückschlägt, könnte auch der weltweite Siegeszug des westlichen Pop zu Ende gehen. Rock und Pop, Hip-Hop und elektronische Tanzmusik gelangten während des so genannten amerikanischen Zeitalters im Kielwasser der von den USA ausgehenden ökonomischen Globalisierung in die übrige Welt. Sie profitierten von der Wirtschaftskraft der USA, von der Strahlkraft, die von dem reichen Amerika ausging, von seiner militärischen und wirtschaftlichen Macht, die ein hohes Maß an Sicherheit garantierte und zur Nachahmung animierte. Die USA setzten ihre Lebenslust versprühende Musik als Teil des American Way of Life zunächst als „Schallwaffe" ein, ehe die Musikindustrie sie mit Hilfe ihres ausgeklügelten Marketings in die ganze Welt hinaustrug und in einen ertragreichen Goldesel verwandelte.

Der aus dem nordatlantischen Raum kommende Pop war immer auch Teil jener Soft Power gewesen, mit der die USA und der Westen im Kampf der Systeme punkteten. Die mitreißenden Klänge von Rock und Pop erhöhten die Attraktivität des westlichen Lebensmodells und förderten seine Verbreitung. Indem die USA aber derzeit für die Kosten einer Hegemonialmacht nicht mehr aufkommen wollen und nicht mehr gewillt sind, als Hüter der internationalen Ordnung Sicherheit, regelgebundene Handelsbeziehungen, eine international akzeptierte Währung, Menschenrechte, Umweltschutz und anderes mehr zu garantieren, sondern mit „America first" nur noch auf ihren eigenen Vorteil aus sind, wird auch die amerikanische Weltordnung mit ihren jetzigen Normen zerfallen. Damit wird auch der Glanz ermatten, der spätestens seit dem Zweiten Weltkrieg die Blicke von immer mehr Menschen auf das amerikanische Lebensmodell lenkte. Mit der Leuchtkraft werden wohl auch seine Gesellschaftsform, seine Kultur, seine Institutionen und wohl auch seine Lieder an Attraktivität einbüßen. Das ist jedenfalls zu befürchten. Wer jedoch als neues Vorbild und Hot Spot den Platz der USA einnehmen wird, liegt noch im Dunkeln.

11 LITERATURVERZEICHNIS

Addison, Paul (1995) *Now the War is over. A Social History of Britain 1945–51*. London: PIMLICO

Ahmad, Salman (2010) *Rock & Roll Jihad. A Muslim Rock Star's Revolution*. New York: Free Press

Albertine, Viv (2016) *A Typical Girl*. Berlin: Suhrkamp

Albiez, Sean/Pattie, David (Hg.) (2011) *Kraftwerk. Music Non-Stop*. New York: Continuum

Altschuler, Glenn C. (2003) *All shook up: how rock 'n' roll changed America*. New York: Oxford University Press

Athique, Adrian/Parthasarathi, Vibodh/Srinivas, S.V. (Hg.) (2018) *The Indian Media Economy*, 2 Bde. New Delhi: Oxford University Press

Atkins, E. Taylor (2001) *Blue Nippon. Authenticating Jazz in Japan*. Durham: Duke University Press

— (Hg.) (2003) *Jazz Planet*. Jackson: University Press of Mississippi

Balzer, Jens (2016) *POP. Ein Panorama der Gegenwart*. Berlin: Rowohlt

Bangs, Lester (2008) *Psychotische Reaktionen und heiße Luft. Rock 'n' Roll als Literatur und Literatur als Rock 'n' Roll*. Berlin: TIAMAT

Barber-Kersovan, Alenka/Huber, Harald/Smudits, Alfred (Hg.) (2011) *West Meets East. Musik im interkulturellen Dialog*. Frankfurt a.M.: Peter Lang

Barendregt, Bart (Hg.) (2014) *Sonic Modernities in the Malay World. A History of Popular Music, Social Distinction and Novel Lifestyles (1930s–2000s)*. Leiden: Brill Academic Pub

Barfe, Louis (2005) *Where have all the good times gone? The rise and fall of the record industry*. London: Atlantic Books

Baulch, Emma (2007) *Making Scenes: Reggae, Punk, and Death Metal in 1990s Bali*. Durham, N.C.: Duke University Press

Bean, Julian P. (1991) *With a little help from my friends. Joe Cocker*. Wien: Hannibal-Verlag

Bender, Wolfgang (2000) *Sweet Mother. Moderne afrikanische Musik*. Wuppertal: Peter Hammer Verlag

Bennett, John Reginald (1981) *Melodiya. A Soviet Russian L.P. Discography*. Westport, Conn.: Greenwood Press

Bennett, Tony/Frith, Simon/Grossberg, Lawrence (Hg.) (1993) *Rock and Popular Music. Politics, Policies, Institutions*. London: Routledge

Berendt, Joachim-Ernst/Huesmann, Günther (2014) *Das Jazzbuch. Von New Orleans bis ins 21. Jahrhundert*. Frankfurt a. M.: Fischer

Bertelsmann AG (Hg.) (2010) *175 Jahre Bertelsmann. Eine Zukunftsgeschichte*. München: C. Bertelsmann

Beyer, Theresia/Burkhalter, Thomas (Hg.) (2012) *Out of the Absurdity of Life – Globale Musik: Norient 012*. Deitingen: Traversion

Binas-Preisendörfer, Susanne (2010) *Klänge im Zeitalter ihrer medialen Verfügbarkeit. Popmusik auf globalen Märkten und in lokalen Kontexten*. Bielefeld: transcript

Birkinbine, Benjamin J./Gómez, Rodrigo/Wasko, Janet (Hg.) (2017) *Global Media Giants*. New York: Routledge

Bodden, Michael (2005) *Rap in Indonesian Youth Music of the 1990s: Globalization, Outlaw Genres, and Social Protest*, in Asian Music, Bd. 36, H. 2, 1–26

Böpple, Friedhelm/Knüfer, Ralf (1998) *Generation XTC: Techno & Ekstase*. München: dtv

Borscheid, Peter (1997) *Sinnenleid – Sinnenlust. Der Wandel der Lebenswelten der westdeutschen Nachkriegsgesellschaft*, in Haus der Geschichte der Bundesrepublik Deutschland (Hg.), Markt oder Plan. Wirtschaftsordnungen in Deutschland 1945–1961. Frankfurt a. M.: Campus, 167–185

Bourdaghs, Michael K. (2012) *Sayonara Amerika, Sayonara Nippon. A Geopolitical Prehistory of J-Pop*. New York: Columbia University Press

Bozza, Anthony (2003) *Eminem. Die Biographie. Whatever you say I am*. München: Wilhelm Heyne

— (2011) *Warum AC/DC die Größten sind*. München: Wilhelm Heyne

Bradley, Adam/Dubois, Andrew (Hg.) (2010) *The Anthology of RAP*. New Haven: Yale University Press

Brennan, Matt (2010) *Constructing a Rough Account of British Concert Promotion History*, in Journal of the International Association for the Study of Popular Music, Bd. 1, H. 1, 4–13

Breyley, GJ/Fatemi, Sasan (2016) *Iranian Music and Popular Entertainment. From Motrebi to Losanjelesi and beyond*. New York: Routledge

Broughton, Simon/Ellingham, Mark/Lusk, Jon (Hg.) (2009) *The Rough Guide to World Music. Europe and Asia*. London: Rough Guides

Broughton, Simon/Ellingham, Mark/Trillo, Richard (Hg.) (1999) *World Music*. Vol. 1: *Africa, Europe and the Middle East*. London: Rough Guides

Budnick, Dean/Baron, Josh (2012) *Ticket Masters: The Rise of the Concert Industry and How the Public Got Scalped*. New York: Penguin

Burkhalter, Thomas (2013) *Local Music and Globalization. Transnational Platforms in Beirut*. New York: Routledge

Buruma, Ian (2015) *'45. Die Welt am Wendepunkt*. München: Hanser

Büsser, Martin (2013a) *If the kids are united ... Von Punk zu Hardcore und zurück*. Mainz: Ventil

— (2013b) *On the Wild Side. Die wahre Geschichte der Popmusik*. Mainz: Ventil

Carlin, Richard (2016) *Godfather of the Music Business. Morris Levy*. Jackson: University Press of Mississippi

Chanan, Michael (1995) *Repeated Takes. A Short History of Recording and its Effects on Music*. London: Verso

Chapman, Ian/Johnson, Henry (Hg.) (2016) *Global Glam and Popular Music. Style and Spectacle from the 1970s to the 2000s*. New York: Routledge

Chu, Yiu-Wai (2017) *Hong Kong Cantopop: A Concise History*. Hong Kong: Hong Kong University Press

Clayton, Buck (1986) *Buck Clayton's Jazz World*. Oxford: Bayou Press

Cohn, Nik (1971) *AWopBopaLooBop ALopBamBoom. Pop History*. Reinbek bei Hamburg: rororo

— (1992) *Das Herz der Welt*. München: Carl Hanser

— (2008) *Triksta. Leben, Tod und Rap in New Orleans*. München: Carl Hanser

Collier, James Lincoln (1999) *Duke Ellington. Genius des Jazz*. Berlin: Ullstein

Condry, Ian (2006) *Hip-Hop Japan. Rap and the Paths of Cultural Globalization*. Durham: Duke University Press

Craig, Timothy J. (Hg.) (2000) *Japan Pop! Inside the World of Japanese Popular Culture*. Armonk, N.Y.: M.E. Sharpe

Crowcroft, Orlando (2017) *Rock in a Hard Place. Music and Mayhem in the Middle East*. London: Zed Books

Danielson, Virginia (1997), *The Voice of Egypt. Umm Kulthum, Arabic Song, and Egyptian Society in the Twentieth Century*. Cairo: The American University in Cairo Press

Dannen, Fredric (1998) *Hit Men. Makler der Macht und das schnelle Geld im Musikgeschäft*. Frankfurt a.M.: Zweitausendeins

Davenport, Lisa (1999) *Jazz and the Cold War: Black Culture as an Instrument of American Foreign Policy*, in Darlene Clarke Hine/Jacqueline McLeod (Hg.), Crossing Boundaries. Bloomington: Indiana University Press, 282–315

Dax, Max/Waak, Anne (Hg.) (2013) *Spex. Das Buch 33 1/3 Jahre Pop*. Berlin: Metrolit

Denk, Felix/Thülen, Sven von (2018) *Der Klang der Familie. Berlin, Techno und die Wende*. Berlin: Suhrkamp

Detering, Heinrich (2016) *Bob Dylan*. Stuttgart: Reclam

Diederichsen, Diedrich (2005) *Musikzimmer. Avantgarde und Alltag*. Köln: Kiepenheuer & Witsch

— (2014) *Über Pop-Musik*. Köln: Kiepenheuer & Witsch

Doering-Manteuffel, Anselm (2011) *Amerikanisierung und Westernisierung*, in Docupedia-Zeitgeschichte, www.docupedia.de/zg/Amerikanisierung_und_Westernisierung

Drewett, Michael/Cloonan, Martin (Hg.) (2016) *Popular Music Censorship in Africa*. London: Routledge Taylor & Francis Group

Durgut, Ismail (2014) *‚Cool Japan' und der ‚J-Boom'. Die japanische Unterhaltungsindustrie und ihre Rolle in der globalen Populärkultur seit den 1990er Jahren*. Hamburg: Diplomica

Emes, Jutta (2004) *Unternehmergewinn in der Musikindustrie. Wertschöpfungspotentiale und Veränderungen der Branchenstruktur durch die Digitalisierung*. Wiesbaden: Deutscher Universitäts-Verlag

Faith, Nicholas (2007) *The Bronfmans. The Rise and Fall oft he House of Seagram*. New York: St. Martin's Press

Fariborz, Arian (2010) *Rock the Kasbah. Popmusik und Moderne im Orient*. Heidelberg: Palmyra Verlag

Farin, Klaus (2006) *Jugendkulturen in Deutschland 1950–1989*. Bonn: Bundeszentrale für politische Bildung

Flender, Reinhard/Rauhe, Hermann (1989) *Popmusik. Aspekte ihrer Geschichte, Funktionen, Wirkung und Ästhetik*. Darmstadt: Wissenschaftliche Buchgesellschaft

Frishkopf, Michael (Hg.) (2010) *Music and Media in the Arab World*. Cairo: The American University in Cairo Press

Frith, Simon (1987) *Towards an aesthetic of popular music*, in Richard Leppert/Susan McClary (Hg.), Music and society: the politics of composition, performance and reception. Cambridge: Cambridge University Press, 133–149

— (1992) *Zur Ästhetik der Populären Musik*, in PopScriptum, Bd. 1, 1–14

— (Hg.) (2004) *Popular Music. Critical Concepts in Media and Cultural Studies*. London: Routledge

Frith, Simon/Brennan, Matt/Cloonan, Martin/Webster, Emma (2013) *The History of Live Music in Britain*. Vol. 1: *1950–1967: From Dance Hall to the 100 Club*. Farnham: Ashgate

— (2019) *The History of Live Music in Britain*. Vol. 2: *1968–1984: From Hyde Park to the Hacienda*. London: Routledge

Frith, Simon/Straw, Will/Street, John (Hg.) (2001) *The Cambridge Companion to Pop and Rock*. Cambridge: Cambridge University Press

Fuhr, Michael (2016) *Globalization and Popular Music in South Korea. Sounding Out K-Pop*. New York: Routledge

Gac, Scott (2005) *Jazz Strategy: Dizzy, Foreign Policy, and Government in 1956*, in Americana, Bd. 4, 1–17, www.americanpopularculture.com/journal/articles/spring_2005/gac.htm

George, Nelson (2002) *XXX Drei Jahrzehnte HipHop*. Freiburg: orange-press

Gibbs, Jason (2008) *How Does Hanoi Rock? The Way to Rock and Roll in Vietnam*, in Asian Music, Bd. 39, H. 1, 5–25

Gillespie, Dizzy/Fraser, Al (1988) *To Be or Not to Bop: Memoiren – Dizzy Gillespie*. Wien: Hannibal

Gioia, Ted (2011) *The History of Jazz*. Oxford: Oxford University Press

Gödde, Petra (2013) *Globale Kulturen*, in Akira Iriye/Jürgen Osterhammel (Hg.), Geschichte der Welt. 1945 bis heute. Die globalisierte Welt. München: C.H. Beck, 535–669

Golden, Reuel (Hg.) (2016) *75 Years of Capitol Records*. Köln: Taschen

Goldman, John (1989) *John Lennon. Ein Leben*. Reinbek: Wunderlich

Goldsmith, Melissa Ursula Dawn/Fonseca, Anthony J. (Hg.) (2019) *Hip Hop around the World: An Encyclopedia*. 2 Bde., Santa Barbara, Calif.: Greenwood

Gololobov, Ivan/Pilkington, Hilary/Steinholt, Yngvar B. (2014) *Punk in Russia. Cultural mutation from the ‚useless' to the ‚moronic'*. London: Routledge

Goodman, Fred (1997) *The Mansion on the Hill. Dylan, Young, Geffen, Springsteen, and the Head-on Collision of Rock and Commerce*. New York: Random House

— (2010) *Fortune's Fool. Edgar Bronfman Jr., Warner Music, and an Industry in Crisis*. New York: Simon & Schuster

Gopinath, Sumanth/Stanyek, Jason (Hg.) (2014) *The Oxford Handbook of Mobile Music Studies*. Bd. 1, Oxford: Oxford University Press

Groenewegen-Lau, Jeroen (2014) *Steel and Strawberries: How Chinese Rock Became State-Sponsored*, in Asian Music, Bd. 45, H. 1, 3–33

Gronow, Pekka/Saunio, Ilpo (1999) *An International History of the Recording Industry*. London: Cassell

Gunde, Richard (2002) *Culture and custome in China*. Westport, Conn.: Greenwood Press

Hauswald, Harald/Dieckmann, Christoph (2018) *Like a Rolling Stone. Dylan, Cocker, Springsteen – Weststars in der DDR*. Berlin: Jaron Verlag

Heidingsfelder, Markus (2016) *System Pop*. Berlin: Kulturverlag Kadmos

Heidkamp, Konrad (1999) *It's all over now. Musik einer Generation – 40 Jahre Rock und Jazz*. Berlin: Alexander Fest Verlag

Helms, Dietrich/Phleps, Thomas (Hg.) (2011) *Thema Nr. 1. Sex und populäre Musik*. Bielefeld: transcript Verlag

— (2013) *Ware Inszenierungen. Performance, Vermarktung und Authentizität in der populären Musik*. Bielefeld: transcript Verlag

Hermand, Jost (1986) *Kultur im Wiederaufbau. Die Bundesrepublik Deutschland 1945–1965*. München: Nymphenburger

— (1988) *Die Kultur der Bundesrepublik Deutschland 1965–85*. München: Nymphenburger

Hess, Mickey (Hg.) (2007) *Icons of Hip Hop. An Encyclopedia of the Movement, Music, And Culture*. Vol. 1. Westport, Connecticut: Greenwood Press

Heyer, Robert/Wachs, Sebastian/Palentien, Christian (Hg.) (2013) *Handbuch Jugend – Musik – Sozialisation*. Wiesbaden: Springer VS

Hill, Tim (2010) *The Beatles. Die Geschichte der vier Jungs, die die Welt veränderten*. Fränkisch-Crumbach: Edition XXL

Hofacker, Ernst (2012) *Von Edison bis Elvis. Wie die Popmusik erfunden wurde*. Stuttgart: Philipp Reclam jun.

— (2018) *Rolling Stones*. Ditzingen: Reclam

Hüser, Dietmar (2003) *Rap-Musik – Straßen-Politik – Bürger-Republik*, in Jannis Androutsopoulos (Hg.), Hip-Hop. Globale Kultur – lokale Praktiken. Bielefeld: transcript-Verlag, 168–189

Hüser, Dietmar (2007) *‚Rock around the clock'. Überlegungen zu amerikanischer Populärkultur in der französischen und westdeutschen Gesellschaft der 1950er und 1960er Jahre*, in Themenportal Europäische Geschichte, www.europa.clio-online.de/essay/id/fdae-1400

Ice T/Siegmund, Heidi (1995) *ICE T. Who Gives a Fuck?* München: Knaur

Iwabuchi, Koichi (2002) *Recentering globalization. Popular culture and Japanese transnationalism.* Durham: Duke University Press

Jones, Dylan (2018) *David Bowie. Ein Leben.* Reinbek: Rowohlt

Kage, Jan (2002) *American Rap. Explicit Lyrics – US-HipHop und Identität.* Mainz: Ventil

Kaiser, Gerhard/Jürgensen, Christoph/Weixler, Antonius (Hg.) (2017) *Younger than Yesterday. 1967 als Schaltjahr des Pop.* Berlin: Klaus Wagenbach

Keen, Benjamin/Haynes, Keith (2013) *A History of Latin America.* Belmont, Calif.: Wadsworth Cengage Learning

Kelley, Robin D. G. (2012) *Africa speaks, America answers. Modern jazz in revolutionary times.* Cambridge, Mass.: Harvard University Press

Kemper, Peter/Langhoff, Thomas/Sonnenschein, Ulrich (Hg.) (2002) *„alles so schön bunt hier". Die Geschichte der Popkultur von den Fünfzigern bis heute.* Leipzig: Reclam

Kernfeld, Barry (2011) *Pop Song Piracy. Disobedient Music Distribution since 1929.* Chicago: The University of Chicago Press

Klein, Gabriele/Friedrich, Malte (2003) *Is this real? Die Kultur des HipHop.* Frankfurt a.M.: Suhrkamp

Kleinsteuber, Hans J. (1993) *Hörfunk und Populärkultur in den USA der 50er Jahre*, in Axel Schildt/Arnold Sywottek (Hg.), Modernisierung im Wiederaufbau. Die westdeutsche Gesellschaft der 50er Jahre. Bonn: J.H.W. Dietz Nachf., 513–529

Knopper, Steve (2017) *Appetite for Self-Destruction. The Spectacular Crash of the Record Industry in the Digital Age.* Wroclaw: Amazon Fulfillment

Krohn, Philipp/Löding, Olu (2015) *Sound of the Cities. Eine popmusikalische Entdeckungsreise.* Berlin: Rogner & Bernhard

Kühn, Jan-Michael (2017) *Die Wirtschaft der Techno-Szene. Arbeiten in einer subkulturellen Ökonomie.* Wiesbaden: Springer

Lang, Michael (2009) *The Road to Woodstock.* New York: HarperColinns Publishers

Lees, Gene (2003) *Friends along the Way. A Journey through Jazz.* New Haven: Yale University Press

Leggewie, Claus/Meyer, Erik (Hg.) (2017) *Global Pop. Das Buch zur Weltmusik.* Bonn: Bundeszentrale für politische Bildung

LeVine, Mark (2008) *Heavy Metal Islam. Rock, Resistance, and the Struggle for the Soul of Islam.* New York: Three Rivers Press

Lie, John (2015) *K-Pop. Popular Music, Cultural Amnesia, and Economic Innovation in South Korea.* Oakland: University of California Press

Liebing, Yvonne (2005) *‚All you need is beat' – Jugendsubkultur in Leipzig 1957–1968.* Leizig: Forum

Lipsitz, George (1999) *Dangerous Crossroads. Popmusik, Postmoderne und die Poesie des Lokalen.* St. Andrä-Wördern: Hannibal

Mamula, Stephen (2008) *Starting from Nowhere? Popular Music in Cambodia after the Khmer Rouge*, in Asian Music, Bd. 39, H. 1, 26–41

Marcus, Greil (1992a) *Lipstick Traces. Von Dada bis Punk – kulturelle Avantgarden und ihre Wege aus dem 20. Jahrhundert.* Hamburg: Rogner & Bernhard

— (1992b) *Mystery Train. Der Traum von Amerika in Liedern der Rockmusik.* Hamburg: Rogner & Bernhard

Marshall, Lee (Hg.) (2013) *The International Recording Industries*. London: Routledge

Mattes, Hanspeter (2012) *‚Herr Präsident, ihr Volk stirbt!' Protestmusik und politischer Wandel in Nordafrika/Nahost*, in GIGA Focus, Nr. 9, 1–8, www.giga-hamburg.de/giga-focus/nahost

McIntosh, Jonathan (2010) *Dancing to a Disco Beat?: Children, Teenagers, and the Localizing of Popular Music in Bali*, in Asian Music, Bd. 41, H. 1, 1–35

McNeil, Legs/McCain, Gillian (2014) *Please Kill Me. Die unzensierte Geschichte des Punk*. Höfen: Hannibal

McQueen, Rod (2004) *The Icarus Factor. The Rise and Fall of Edgar Bronfman Jr*. Toronto: Doubleday Canada

Mhlambi, Thokozani (2004) *‚Kwaitofabulous'. The study of a South African urban genre*, in Journal of the Musical Arts in Africa, Bd. 1, 116–127

Millard, Andre (2005) *America on Record. A history of recorded sound.* Cambridge: Cambridge University Press

Miller, Janice (2011) *Fashion and Music*. Oxford: Berg

Mitchell, Tony (Hg.) (2001) *Global noise: rap and hip-hop outside the USA*. Middletown, Conn.: Wesleyan University Press

Mitsui, Toru (Hg.) (2014) *Made in Japan: Studies in Popular Music*. New York: Routledge

Morgan, Joseph E./Reish, Gregory N. (Hg.) (2018) *Tyranny and Music*. Lanham: Lexington Books

Morton, David L. (2004) *Sound Recording. The Life Story of a Technology*. Baltimore: The Johns Hopkins University Press

Moser, Rolf/Scheuermann, Andreas (Hg.) (1992) *Handbuch der Musikwirtschaft*. Starnberg: Josef Keller

Mrozek, Bodo (2019) *Jugend Pop Kultur. Eine transnationale Geschichte*. Berlin: Suhrkamp

Murray, Jeremy A./Nadeau, Kathleen M. (Hg.) (2016) *Pop Culture in Asia and Oceania*. Santa Barbara: ABC-CLIO

Nash, Alanna (2003) *The Colonel: the true story of Colonel Tom Parker and Elvis Presley*. New York: Simon & Schuster
Neumann-Braun, Klaus (Hg.) (1999) *VIVA MTV! Popmusik im Fernsehen*. Frankfurt a.M.: Suhrkamp
Neumann-Braun, Klaus/Schmidt, Axel/Mai, Manfred (Hg.) (2003) *Popvisionen. Links in die Zukunft*. Frankfurt a.M.: Suhrkamp
Nicholson, Stuart (2014) *Jazz and Culture in a Global Age*. Boston: Northeastern University Press
Nye, Joseph S., Jr. (2004) *Soft Power. The Means to Success in World Politics*. New York: Public Affairs

O'Dell, David (2011) *Inseparable – The Memoirs of an American and the Story of Chinese Punk Rock*. Portland, Oregon: Ma Nao Books
Otterbeck, Jonas (2008) *Battling over the Public Sphere: Islamic Reactions to the Music of Today*, in Contemporary Islam, Bd. 2, H. 3, 211–228

Pade, Sophia/Risi, Armin (2019) *Make That Change. Michael Jackson: Botschaft und Schicksal eines spirituellen Revolutionärs*. Jestetten: Govinda
Paper, Lewis J. (1987) *Empire. William S. Paley and the Making of CBS*. New York: St. Martin's Press
Paul, Gerhard/Schock, Ralph (Hg.) (2013) *Sound des Jahrhunderts. Geräusche, Töne, Stimmen 1889 bis heute*. Bonn: Bundeszentrale für politische Bildung
Paytress, Mark (2012) *Die Geschichte der Rockmusik*. Bath: Parragon
Pendzich, Marc (2008) *Von der Coverversion zum Hit-Recycling. Historische, ökonomische und rechtliche Aspekte eines zentralen Phänomens der Pop- und Rockmusik*. Berlin: Lit
Pickhan, Gertrud/Preisler, Maximilian (2010) *Von Hitler vertrieben, von Stalin verfolgt. Der Jazzmusiker Eddie Rosner*. Berlin: be.bra wissenschaft verlag
Pinckney, Warren R. (1989/1990) *Jazz in India: Perspectives on Historical Development and Musical Acculturation*, in Asian Music, Bd. 21, H. 1, 35–77
Poschardt, Ulf (1997) *DJ-Culture. Diskjockeys und Popkultur*. Reinbek bei Hamburg: Rowohlt
Prevots, Naima (1998) *Dance for Export: Cultural Diplomacy and the Cold War*. Middletown: Wesleyan University Press

Rauhut, Michael (1993) *Beat in der Grauzone. DDR-Rock 1964 bis 1972. Politik und Alltag*. Berlin: Basis Druc
Recording Industry Association of Japan (Hg.) (2017) *RIAJ Yearbook 2017. Statistics Trends*. Tokyo
Rempe, Martin (2015) *A la fin de tout, il reste la rumba. Musikleben im spätkolonialen Léopoldville und Brazzaville*, in Sven Oliver Müller/Jürgen Osterhammel/Martin Rempe (Hg.), Kommunikation im Musikleben. Harmonien und Dissonanzen im 20. Jahrhundert. Göttingen: Vandenhoeck & Ruprecht, 235–250

Renner, Tim/Wächter, Sarah (2013) *Wir hatten Sex in den Trümmern und träumten. Die Wahrheit über die Popindustrie*. Berlin: Berlin Verlag

Reynolds, Simon (2012a) *Energy Flash: a journey through rave music and dance culture*. Berkeley, Calif.: Soft Skull Press

— (2012b) *Retromania. Warum Pop nicht von seiner Vergangenheit lassen kann*. Mainz: Ventil Verlag

— (2017) *Glam. Glitter Rock und Art Pop von den Siebzigern bis ins 21. Jahrhundert*. Mainz: Ventil Verlag

Richard, Birgit/Krüger, Heinz-Hermann (Hg.) (2010) *inter–cool 3.0. Jugend Bild Medien*. München: Wilhelm Fink

Riermaier, Stefan (2003) *Heavy Metal aus Osteuropa*. Berlin: I.P. Verlag Jeske

Risch, William Jay (Hg.) (2015) *Youth and Rock in the Soviet Bloc. Youth Cultures, Music, and the State in Russia and Eastern Europe*. Lanham: Lexington Books

Rode, Dorit (2016) *Breaking. Popping. Locking. Tänze der HipHop-Kultur*. Marburg: Tectum

Rose, Tricia (1994) *Black Noise: Rap Music and Black Culture in Contemporary America*. Hanover, NH: University Press of New England

— (2008) *The Hip Hop Wars*. New York: Basic Books

Ross, Andrew/Rose, Tricia (Hg.) (1994) *Microphone fiends: youth music and youth culture*. New York: Routledge

Röttgers, Janko (2003) *Mix, Burn & R.I.P. Das Ende der Musikindustrie*. Hannover: Heinz Heise

Russell, Mark James (2008) *Pop Goes Korea: Behind the Revolution in Movies, Music, and Internet Culture*. Berkeley: Stone Bridge Press

Ryback, Timothy W. (1990) *Rock around the Bloc. A History of Rock Music in Eastern Europe and the Soviet Union*. New York: Oxford University Press

Sanjek, Russell (1988) *American Popular Music and Its Business*. Bd. 3: *From 1900–1984*. New York: Oxford University Press

Sanjek, Russell/Sanjek, David (1991) *American Popular Music Business in the 20th Century*. New York: Oxford University Press

Savage, Jon (2005) *England's Dreaming. Sex Pistols and Punk Rock*. London: Faber & Faber

— (2015) *1966. The year the decade exploded*. London: Faber & Faber

Schäfer, Frank (Hg.) (2010) *Helmut Salzinger. Best of Jonas Überohr. Popkritik 1966–1982*. Hamburg: Philo Fine Arts

— (2016) *1966. Das Jahr, in dem die Welt ihr Bewusstsein erweiterte*. Salzburg: Residenz

Schäfers, Anja (2014) *Mehr als Rock 'n' Roll. Der Radiosender AFN bis Mitte der sechziger Jahre*. Stuttgart: Franz Steiner

Schmidt-Joos, Siegfried (2016) *Die Stasi swingt nicht. Ein Jazzfan im Kalten Krieg*. Bonn: Bundeszentrale für politische Bildung

Schmidt-Rost, Christian (2011) *Heiße Rhythmen im Kalten Krieg. Swing und Jazz hören in der SBZ/DDR und der VR Polen (1945–1970)*, in Zeithistorische Forschungen/Studies in Contemporary History, Bd. 8, 217–238

Schmieding, Leonhard (2014) *„Das ist unsere Party". HipHop in der DDR*. Stuttgart: Franz Steiner

Schneidewind, Günter (2013) *Der Große Schneidewind. Rock- und Popgeschichten*. Tübingen: Klöpfer & Meyer

Schulze, Gerhard (1993) *Die Erlebnis-Gesellschaft. Kultursoziologie der Gegenwart*. Frankfurt a.M.: Campus

Seabrook, John (2015) *The Song Machine. Inside the Hit Factory*. New York: W.W. Norton & Company

Seifert, Jürgen (2016) *Pop & Rock. Die Geschichte der Pop- und Rockmusik*. Norderstedt: Books on Demand

Shaw, Arnold (1994) *Die Story des Rock 'n' Roll. Stars und Mythen der 50er Jahre*. St. Andrä-Wördern: Hannibal

Shepherd, John/Horn, David/Laing, Dave (Hg.) (2003) *Continuum Encyclopedia of Popular Music of the World*. Bd. 1: *Media, Industry and So*ciety. London: Continuum

Shipton, Alyn (1999) *Groovin' High. The Life of Dizzy Gillespie*. New York: Oxford University Press

Shuker, Roy (2016) *Understanding Popular Music Culture*. London: Routledge

Shumway, David R. (2014) *Rock Star. The Making of Musical Icons from Elvis to Springsteen*. Baltimore: John Hopkins University Press

Smith, Patti (2016) *Just Kids. Die Geschichte einer Freundschaft*. Frankfurt a. M.: Fischer

Son, Min-Jung (2012) *An Odyssey for Korean Rock: From Subversive to Patriotic*, in Asian Music, Bd. 43, H. 2, 47–70

Southall, Brian (2012) *The Rise & Fall of EMI Records*. London: Omnibus Press

Speitkamp, Winfried (1998) *Jugend in der Neuzeit*. Göttingen: Vandenhoeck & Ruprecht

Starr, S. Frederick (1983) *Red and Hot. The Fate of Jazz in the Soviet Union 1917–1980*. New York: Oxford University Press

— (1990) *Red and Hot. Jazz in Rußland von 1917–1990*. Wien: Hannibal

Steen, Andreas (1995) *Rockmusik in der VR China*, in PopScriptum, Bd. 3, 1–18

— (2006) *Zwischen Unterhaltung und Revolution. Grammophone, Schallplatten und die Anfänge der Musikindustrie in Shanghai, 1878–1937*. Wiesbaden: Harrassowitz

Stevens, Carolyn S. (2008) *Japanese Popular Music. Culture, authenticity, and power*. London: Routledge

Strähle, Jochen (Hg.) (2018) *Fashion & Music*. Singapore: Springer

Taylor, Timothy D. (1997) *Global Pop. World Music, World Markets*. New York: Routledge

— (2007) *Beyond Exoticism. Western Music and the World*. Durham: Duke University Press

— (2012) *The Sounds of Capitalism. Advertising, Music, and the Conquest of Culture*. Chicago: University of Chicago Press

Tenaille, Frank (2003) *Die Musik des Raï*. Heidelberg: Palmyra

Titton, Monica (2014) *Andy's Heritage – Collaborations between Fashion, Art, and Louis Vuitton*, in Elke Gaugele (Hg.), Aesthetic Politics in Fashion. Berlin: Sternberg Press, 60–73

Toop, David (1994) *Rap Attack. African Jive bis Global HipHop*. München: Wilhelm Heyne

Trültzsch, Sascha/Wilke, Thomas (Hg.) (2010) *Heißer Sommer – Coole Beats. Zur populären Musik und ihren medialen Repräsentationen in der DDR*. Frankfurt a.M.: Peter Lang

Tschmuck, Peter (2017) *The Economics of Music*. Newcastle upon Tyne: Agenda Publishing

Von Eschen, Penny M. (2004) *Satchmo blows up the world: jazz ambassadors play the Cold War*. Cambridge Mass.: Harvard University Press

Wagner, Peter (1999) *Pop 2000. 50 Jahre Popmusik und Jugendkultur in Deutschland*. Hamburg: ideal Verlag

Wallace, David Foster/Costello, Mark (2014) *Signifying Rappers. Warum Rap, den Sie hassen, nicht Ihren Vorstellungen entspricht, sondern scheißinteressant ist und wenn anstößig, dann bei dem, was heute so abgeht, von nützlicher Anstößigkeit*. Köln: Kiepenheuer & Witsch

Wang, Pinie (2014) *Musik und Werbung. Wie Werbung und Medien die Entwicklung der Musikindustrie beeinflussen*. Wiesbaden: Springer

Weinrich, Ines (2006) *Fayruz und die Brüder Rahbani. Musik, Moderne und Nation im Libanon*. Würzburg: Egon-Verlag

Westbam (2016) *Die Macht der Nacht*. Berlin: Ullstein

White, Bob W. (Hg.) (2012) *Music and Globalization. Critical Encounters*. Bloomington: Indiana University Press

Wicke, Peter (1992) *Jazz, Rock und Popmusik*, in Doris Stockmann (Hg.), Volks- und Popularmusik in Europa. Laaber: Laaber, 445–477

— (1993) *Vom Umgang mit Popmusik*. Berlin: Volk und Wissen

— (2001) *Von Mozart zu Madonna. Eine Kulturgeschichte der Popmusik*. Frankfurt a.M.: Suhrkamp

— (2011) *Rock und Pop. Von Elvis Presley bis Lady Gaga*. München: C.H. Beck

Wickström, David-Emil (2014) *Rocking St. Petersburg. Transcultural Flows and Identity Politics in Post-Soviet Popular Music*. Stuttgart: ibidem

Winkler, Willi (2002) *Mick Jagger und die Rolling Stones*. Reinbek bei Hamburg: Rowohlt

Witt, Stephen (2016) *How Music Got Free. The Inventor, the Mogul and the Thief*. London: Vintage

Wolfe, Tom (1988) *Das bonbonfarbene tangerinrot-gespritzte Stromlinienbaby*. Reinbek bei Hamburg: rororo

Yang, Hon-Lun/Saffle, Michael (2010) *The 12 Girls Band: Traditions, Gender, Globalization, and (Inter)national Identity*, in Asian Music, Bd. 41, H. 2, 88–112

Zhuk, Sergei I. (2010) *Rock and Roll in the Rocket City. The West, Identity, and Ideology in Soviet Dniepropetrovsk, 1960–1985*. Washington, D.C.: Woodrow Wilson Center Press

Zinnecker, Jürgen (1997) *Metamorphosen im Zeitraffer: Jungsein in der zweiten Hälfte des 20. Jahrhunderts*, in Giovanni Levi/Jean-Claude Schmitt (Hg.), Geschichte der Jugend. Bd. 2: Von der Aufklärung bis zur Gegenwart. Frankfurt a.M.: S. Fischer, 460–505

Zolov, Eric (1999) *Refried Elvis. The Rise of the Mexican Counterculture*. Berkeley: University of California Press

Zucchet, Antoine (2013) *Irregular around the margins. American rappers, fashion & luxury brands: a convergence*. Paris: Institut Français de la Mode

12 ABBILDUNGSVERZEICHNIS